Zitiervorschlag: *Gitschthaler,* Unterhaltsrecht² (2008) [Rz]

Printed in Austria

Alle Rechte, insbesondere das Recht der Vervielfältigung und Verbreitung sowie der Übersetzung, vorbehalten. Kein Teil des Werkes darf in irgendeiner Form (durch Fotokopie, Mikrofilm oder ein anderes Verfahren) ohne schriftliche Genehmigung des Verlages reproduziert oder unter Verwendung elektronischer Systeme gespeichert, verarbeitet, vervielfältigt oder verbreitet werden.

Sämtliche Angaben in diesem Werk erfolgen trotz sorgfältiger Bearbeitung ohne Gewähr; eine Haftung des Autors sowie des Verlages ist ausgeschlossen.

ISBN 978-3-214-06641-3

© 2008 MANZ'sche Verlags- und Universitätsbuchhandlung GmbH, Wien
Telefon: (01) 531 61-0
eMail: verlag@MANZ.at
World Wide Web: www.MANZ.at
Datenkonvertierung, Satzherstellung und Druck:
MANZ CROSSMEDIA, 1051 Wien

Vorwort zur 2. Auflage

Rund 6 Jahre sind seit dem Erscheinen der 1. Auflage vergangen. Deren freundliche Aufnahme sowohl durch die Rechtsprechung als auch durch die Vertreter der rechtsberatenden Berufe macht mutig. Mutig, nunmehr eine Neuauflage zu wagen. Inhaltlich notwendig ist sie jedenfalls schon lange. Der OGH produziert Entscheidungen zum Thema Unterhaltsrecht fast am laufenden Band – und die meisten davon haben weit über den Einzelfall hinaus Bedeutung. Aber auch die Literatur nimmt sich zunehmend des Familienrechts und dabei insbesondere des Unterhaltsrechts an. Zeit also, dies alles wieder „zu erfassen, zu sortieren und in einem systematischen Zusammenhang darzustellen", wie es sich bereits die 1. Auflage zur Aufgabe gemacht hatte.

Das Grundkonzept ist das gleiche geblieben. Einzig die Entscheidungen zur Unterhaltsbemessungsgrundlage wurden beim Kindesunterhaltsrecht zusammengefasst. Es spielt in diesem Bereich einfach keine Rolle, ob der Schuldner kindes-, ehegatten- oder geschiedenenunterhaltspflichtig ist; oft ist er auch alles auf einmal. Zur Vermehrung des Werkumfangs trugen besonders die Entscheidungen zu den Themen „Anrechnung der Familienbeihilfe auf Geldunterhaltsleistungen" und der „Unterhaltspflichtige in der Insolvenz" bzw „seine Bemessungsgrundlage nach Beendigung des Insolvenzverfahrens" bei. Neu erfasst wurden die Entscheidungen zum „Gesetzlichen Vorausvermächtnis des überlebenden Ehegatten", das nach überwiegender Ansicht auch Unterhaltscharakter hat. Entschlackt wurde das Werk dadurch, dass bei Rechtssätzen mit dutzenden Fundstellen letztere auf die wichtigsten Entscheidungen reduziert wurden.

Stand des Werkes ist November 2007; vereinzelt konnten auch noch spätere Entscheidungen berücksichtigt werden.

Wien, im Dezember 2007 *Edwin Gitschthaler*

Vorwort zur 1. Auflage

Dieses Werk basiert in seinen Grundzügen auf dem Buch von *Purtscheller/Salzmann*, Unterhaltsbemessung, das 1992 – ebenfalls im MANZ-Verlag – erschienen ist. Zu diesem Zeitpunkt hatte der OGH soeben erst begonnen, insbesondere im Bereich des Kindesunterhaltsrechts neue Grundsätze zu erarbeiten oder zweitinstanzliche Rechtsprechung auf ihre Richtigkeit hin zu prüfen. *Purtscheller/Salzmann* kam das Verdienst zu, die ersten und besonders wichtigen Entscheidungen des OGH, der sich ja aufgrund der WGN 1989 in der Gegenwart erstmals mit Unterhaltsbemessungsfragen befassen konnte, zu erfassen, zu sammeln und systematisch darzustellen.

In der Zwischenzeit sind beinahe 10 Jahre vergangen, und die Zahl der einschlägigen Entscheidungen des OGH ist explodiert. Nach der Absicht des Gesetzgebers sollte dem OGH im Unterhaltsbemessungsbereich zwar lediglich eine Leitfunktion zukommen (vgl 2 Ob 510/91), betrachtet man jedoch die Anzahl der in diesem Werk eingearbeiteten Entscheidungen, dann darf mit Fug und Recht bezweifelt werden, ob die Absicht des Gesetzgebers in der Praxis tatsächlich umgesetzt werden konnte. Erst die WGN 1997 brachte wohl eine gewisse Wende, hat sie doch den Zugang zum Höchstgericht tatsächlich erschwert. Die Sichtung der aktuellen Entscheidungen zeigt, dass der OGH wirklich nur mehr in wichtigen und über den Einzelfall an Bedeutung hinausgehenden Fällen entscheidet, wobei die Rechtsfrage und nicht die wirtschaftliche Bedeutung des einzelnen Verfahrens gemeint sein soll.

Dieses Werk hat sich – vor dem dargestellten Hintergrund – einerseits die Hauptaufgabe gestellt, die in den letzten 12 Jahren ergangenen Unmengen von unterhaltsrechtlich relevanten Entscheidungen des OGH zu erfassen, zu sortieren und in einem systematischen Zusammenhang darzustellen, uzw dort, wo es angezeigt erschien, nicht nur in einem kurzen Leitsatz, sondern durch Wiedergabe auch größerer Entscheidungsteile, um dem Benutzer die Möglichkeit zu geben, nicht nur das Ergebnis einer Entscheidung oder einer Rechtsprechungslinie, sondern auch deren Begründung kennen zu lernen. Ziel ist es, dem Anwender einen übersichtlichen und möglichst vollständigen Überblick über diese Unterhaltsjudikatur des OGH zu geben, wobei andererseits aber auch die älteren Entscheidungen zurück bis zu den großen Familienrechtsreformen der Siebzigerjahre Berücksichtigung fanden. Dass diese zum Teil durch jüngere Rechtsprechungstendenzen überholt erscheinen, spricht nur auf den ersten Blick gegen ihre Aufnahme in dieses Werk, denn es ist erstaunlich, wie oft in derartigen Entscheidungen Gedanken enthalten sind, die durchaus einer Wiederbelebung wert wären. Bloß deshalb, weil sie alt sind, müssen sie noch nicht veraltet sein. Damit bietet dieses Werk aber einen möglichst vollständigen Überblick über die Rechtsprechung des OGH im Unterhaltsbereich in all seinen Schattierungen (einschließlich der Ansprüche auf Ausstattung/Heiratsgut) über einen Zeitraum von etwa 25 Jahren. Ein besonderes Augenmerk wurde auch darauf gelegt, unveröffentlichte Entscheidungen aufzunehmen, weil diese sonst für breite Anwenderkreise nicht zugänglich wären.

Darüber hinaus wurde auch versucht, Widersprüche oder Unklarheiten in der Rechtsprechung herauszuarbeiten und zu verschiedensten Problemen den eigenen

Standpunkt durch eine kurze Anmerkung darzulegen, ohne dass es möglich gewesen wäre, allzu umfangreiche Ausführungen zu tätigen, wäre doch sonst der Umfang des Werkes endgültig aus allen Fugen geraten. Im Rahmen dieser Anmerkungen wurde auch versucht, die Entwicklung der jeweiligen Rechtsprechungslinien in der Zukunft unter Berücksichtigung von EheRÄG 1999 und KindRÄG 2001 zu skizzieren. Stand des Werkes ist März 2001, wobei versucht wurde, auch spätere Erscheinungen noch aufzunehmen.

Um von vornherein einem Einwand zu begegnen: Auch wenn in der heutigen Zeit zunehmend Entscheidungsdaten und -inhalte auf elektronischem Weg verfügbar sind, ist doch zu berücksichtigen, dass nicht immer und überall ein Zugang zu einer Datenbank besteht, dass die Datenbank idR lediglich unsortiert das Ergebnis der Suche „ausspuckt" und auch eine Stichwortsuche nicht immer ein vollständiges Ergebnis bringen muss; abgesehen davon, dass man – frei nach *Goethe* – nur dasjenige, das man schwarz auf weiß hat, auch nach Hause tragen kann.

Salzburg, im Sommer 2001
Edwin Gitschthaler

Inhaltsverzeichnis

	Seite
Vorwort	III
Abkürzungsverzeichnis	XI
Literaturverzeichnis	XIX
Hinweise für den Benützer	XXI

1. Kapitel: Kindesunterhalt

- I. Allgemeine Grundsätze
  - A. Unterhaltsbedarf 4
  - B. Anspruchsberechtigung 10
  - C. Betreuung 13
  - D. Geldunterhalt 21
  - E. Vergleich mit der intakten Familie 42
  - F. Rückwirkende Unterhaltsänderung 43
  - G. Unterhaltsverwirkung/Anspruchsverlust 48
  - H. Unterhaltsverzicht 53
- II. Bemessungsgrundlage
  - A. Einkommen 55
  - B. Anspannung 87
  - C. Abzüge, Ausgaben 123
  - D. Vermögen 146
  - E. Insolvenz des Unterhaltspflichtigen 152
- III. Unterhaltshöhe
  - A. Maßgebliche Beurteilungskriterien 161
  - B. Prozentwertmethode 162
  - C. Durchschnitts-, Regel-, Allgemeinbedarf 175
  - D. Belastbarkeitsgrenzen allgemein 178
  - E. Sonderbedarf 184
  - F. Unterhaltsvereinbarungen 204
- IV. Selbsterhaltungsfähigkeit
  - A. Allgemeines 211
  - B. Volle Selbsterhaltungsfähigkeit 212
  - C. Teilselbsterhaltungsfähigkeit 217
  - D. Eigeneinkommen 222
  - E. Fiktive Selbsterhaltungsfähigkeit 245
  - F. Ausbildung 248
  - G. Wegfall der Selbsterhaltungsfähigkeit 262
- V. Tod des Unterhaltspflichtigen 263
- VI. Unterhaltspflicht der Großeltern 266
- VII. Änderung der Verhältnisse/Umstandsklausel
  - A. Allgemeines 271
  - B. Vortitel: Beschluss/Urteil 273

	C. Vortitel: Vergleich	277
	D. Sachverhaltsänderungen	284
VIII.	Unterhaltsverfahren	
	A. Zuständigkeit/Verfahrensart	289
	B. Vertretung des Kindes	293
	C. Antragsprinzip	303
	D. Untersuchungsgrundsatz – Beweislast	303
	E. Rechtliches Gehör	314
	F. Beschluss	318
	G. Unterhaltsverfahren bei Konkurseröffnung	321
	H. Einzelfragen des erstinstanzlichen Verfahrens	324
	I. Rechtsmittelverfahren	325
	J. Exekutionsverfahren	330
IX.	Unterhaltsverfahren mit Auslandsberührung	
	A. Allgemeines	332
	B. Zuständigkeit/Verfahrensart	332
	C. Vertretung des Kindes	334
	D. Unterhaltsstatut	334
	E. Unterhaltsverletzung	337
	F. Bemessungsfragen	337
	G. Währungsstatut	339
	H. Verfahrensfragen	340

2. Kapitel: Ausstattungsanspruch

I.	Rechtslage	342
II.	Begriffsbestimmung	342
III.	Zweck der Ausstattung	343
IV.	Rechtsnatur des Ausstattungsanspruchs	343
V.	Anspruchsvoraussetzungen	
	A. Anspruchsberechtigter	344
	B. Anspruchsfälligkeit	344
	C. Ausschlussgründe	345
	D. Mehrere Ausstattungspflichtige	352
	E. Tod des Ausstattungspflichtigen	352
VI.	Bemessungsgrundlage	
	A. Einkommen	353
	B. Vermögen	353
	C. Abzüge, Ausgaben	355
	D. Schulden	356
	E. Weitere Ausstattungs- und Unterhaltspflichten	356
	F. Maßgeblicher Zeitpunkt	357
	G. Mangelnde Leistungsfähigkeit	359
VII.	Höhe der Ausstattung	
	A. Allgemeines	360
	B. Lebensverhältnisse des Ausstattungspflichtigen	360
	C. Lebensverhältnisse des Ausstattungsberechtigten	361
	D. Berechnung	361
	E. Anrechnung von sonstigen Leistungen des Ausstattungspflichtigen	362
	F. Zahlungsmodalitäten	363

VIII.	Verfahrensfragen	364
IX.	Exekutionsverfahren	366
X.	Ausstattungsverfahren mit Auslandsberührung	366

3. Kapitel: Unterhalt für Eltern und Großeltern 367

4. Kapitel: Unterhalt bei aufrechter Ehe

- I. Allgemeine Grundsätze
  - A. Unterhaltsbedarf 374
  - B. Geldunterhalt 376
  - C. Rückwirkende Unterhaltsänderung 391
  - D. Unterhaltsverwirkung durch Rechtsmissbrauch 391
  - E. Unterhaltsverzicht/Unterhaltsverschweigung 401
  - F. Vereinbarungen zwischen den Ehegatten 403
  - G. Dauer des Anspruchs 405
- II. Bemessungsgrundlage 407
- III. Unterhaltshöhe
  - A. Allgemeines 408
  - B. Ausschließliche Haushaltsführung durch einen Ehegatten (§ 94 Abs 2 Satz 1 und 2 ABGB) 409
  - C. „Bedürftigkeit" eines Ehegatten (§ 94 Abs 2 Satz 3 ABGB) 413
  - D. Eigenes Einkommen des Unterhaltsberechtigten 418
  - E. Eigenes Vermögen des Unterhaltsberechtigten 420
- IV. Tod des unterhaltspflichtigen Ehegatten 421
- V. Änderung der Verhältnisse 424
- VI. Verjährung 427
- VII. Gesetzliches Vorausvermächtnis 428
- VIII. Verfahrensfragen 433
- IX. Unterhaltsverfahren mit Auslandsberührung
  - A. Zuständigkeit/Verfahrensart 434
  - B. Unterhaltsstatut 435

5. Kapitel: Unterhalt nach Scheidung

- I. Unterhalt bei Scheidung wegen überwiegenden oder alleinigen Verschuldens
  - A. Allgemeine Grundsätze 438
  - B. Unterhaltsbedarf 438
  - C. Bemessungsgrundlage 439
  - D. Unterhaltshöhe 440
  - E. Änderung der Verhältnisse/Umstandsklausel 451
- II. Unterhalt bei Scheidung aus gleichteiligem Verschulden
  - A. Allgemeine Grundsätze 451
  - B. Unterhaltsbedarf 452
  - C. Bemessungsgrundlage 453
  - D. Unterhaltshöhe 453
- III. Unterhalt bei Scheidung aus anderen Gründen
  - A. Mit Schuldausspruch bei Scheidung nach §§ 50, 51, 52 EheG 454
  - B. Mit Schuldausspruch bei Scheidung nach § 55 EheG 455
  - C. Ohne Schuldausspruch 462

IV. Unterhalt auf Grund einer Vereinbarung/Unterhaltsverzicht
   A. Allgemeines 465
   B. Im Rahmen einer einvernehmlichen Scheidung (§ 55 a Abs 2 EheG) 468
   C. Auslegung eines Unterhaltsvergleichs 473
   D. Unterhaltsverzicht 473
   E. Beharren auf einer Unterhaltsvereinbarung 475
V. Unterhalt ohne Verschulden 481
VI. Belastungsbeschränkungen 485
VII. Art der Unterhaltsgewährung 486
VIII. Haftungsprioritäten 487
IX. Unterhaltsverschweigung 489
X. Unterhalt für die Vergangenheit 489
XI. Änderung der Verhältnisse
   A. Allgemeines 493
   B. Verwirkung des Unterhaltsanspruchs 497
   C. Wiederverheiratung des Berechtigten 503
   D. Lebensgemeinschaft des Berechtigten 504
   E. Begrenzung und Wegfall des Unterhaltsanspruchs 510
   F. Tod des Berechtigten 510
   G. Tod des Verpflichteten 511
XII. Verfahrensfragen 512
XIII. Unterhaltsverfahren mit Auslandsberührung 514

6. Kapitel: Provisorialunterhalt

I. Einstweiliger Unterhalt nach § 382 Abs 1 Z 8 lit a EO 517
II. Prozesskostenvorschuss 530
III. Vorläufiger Unterhalt nach § 382 a EO 532
IV. Provisorialverfahren mit Auslandsberührung 537

7. Kapitel: Rückforderbarkeit zu Unrecht bezahlter Unterhaltsbeiträge

I. Gegenüber dem Unterhaltsempfänger 538
II. Gegenüber einem Dritten (Bereicherungsausgleich) 543
III. Rückforderungsansprüche der öffentlichen Hand
   A. Des Sozialhilfeträgers 552
   B. Des Jugendwohlfahrtsträgers 553

8. Kapitel: Aufrechnung gegen Unterhaltsansprüche

I. Gesetzliche Unterhaltsansprüche 556
II. Vertragliche Unterhaltsansprüche 562
III. Verfahrensfragen 562
IV. Aufrechnung bei Auslandsberührung 563

Stichwortverzeichnis 565

Abkürzungsverzeichnis

aA	=	anderer Ansicht
aaO	=	am angeführten Ort
AB	=	Ausschussbericht
ABGB	=	Allgemeines bürgerliches Gesetzbuch JGS 1811/946
Abs	=	Absatz
abw	=	abweichend
abzügl	=	abzüglich
aF	=	alte Fassung
AfA	=	Absetzung für Abnutzung
AG	=	Antragsgegner(-in); Aktiengesellschaft
AHS	=	Allgemeinbildende Höhere Schule
AlVG	=	Arbeitslosenversicherungsgesetz BGBl 1977/609
AMFG	=	Arbeitsmarktförderungsgesetz BGBl 1969/31
AnfO	=	Anfechtungsordnung RGBl 1914/337 (Teil III)
AngG	=	Angestelltengesetz BGBl 1921/292
Anm	=	Anmerkung
AnwBl	=	Zeitschrift „Österreichisches Anwaltsblatt"
AO	=	Ausgleichsordnung BGBl 1934 II 221
Art	=	Artikel
ASt	=	Antragsteller(-in)
ASVG	=	Allgemeines Sozialversicherungsgesetz BGBl 1955/189
ATS	=	Österreichische Schillinge
AuslandseinsatzzulagenG	=	Auslandseinsatzzulagengesetz BGBl 1991/365
AußStrG	=	Außerstreitgesetz BGBl I 2003/111
AußStrG 1854	=	Außerstreitgesetz RGBl 1854/208
BAG	=	Berufsausbildungsgesetz BGBl 1969/142
BDG	=	Beamtendienstrechtsgesetz BGBl 1979/333
BeitrZPR	=	Schriftenreihe „Beiträge zum Zivilprozeßrecht"
Bekl	=	Beklagte(-m, -n, -r)
bekl	=	beklagte(-m, -n, -r)
betr	=	betreffend(-e, -em, -en, -er, -es)
BG	=	Bundesgesetz; Bezirksgericht
BGBl	=	Bundesgesetzblatt
BGHZ	=	Entscheidungen des (deutschen) Bundesgerichtshofes in Zivilsachen
BHS	=	Berufsbildende Höhere Schule
BJA	=	Bezirksjugendamt
B-KUVG	=	Beamten-Kranken- und Unfallversicherungsgesetz BGBl 1967/200
BlgNR	=	Beilagen zu den stenografischen Protokollen des Nationalrates
BMJ	=	Bundesministerium für Justiz
BMWF	=	Bundesministerium für Wissenschaft und Forschung
BPGG	=	Bundespflegegeldgesetz BGBl 1993/110

BRD	=	Bundesrepublik Deutschland
B-VG	=	Bundes-Verfassungsgesetz BGBl 1930/1
bzgl	=	bezüglich
bzw	=	beziehungsweise
ca	=	zirka
dBGB	=	deutsches Bürgerliches Gesetzbuch
dBSHG	=	deutsches Bundessozialhilfegesetz
DDR	=	Deutsche Demokratische Republik
ders	=	derselbe
dgl	=	dergleichen, desgleichen
dh	=	das heißt
dies	=	dieselbe
diesbzgl	=	diesbezüglich(-e, -em, -en, -er, -es)
ds	=	dies sind
DSG 1978	=	Datenschutzgesetz BGBl 1978/565
DSG 2000	=	Datenschutzgesetz BGBl I 1999/165
DSK	=	Datenschutzkommission
dVermögensbildungsG	=	deutsches Gesetz zur Förderung der Vermögensbildung der Arbeitnehmer
dzt	=	derzeit; derzeitig(-e, -em, -en, -er, -es)
E	=	Entscheidung(-en)
EB	=	Erläuternde Bemerkungen
EEG	=	Eingetragene Erwerbsgesellschaft
EF	=	Sammlung Ehe- und familienrechtlicher Entscheidungen
EGMR	=	Europäischer Gerichtshof für Menschenrechte
EG-V	=	Vertrag über die Gründung der Europäischen Gemeinschaft
EGzBGB	=	Einführungsgesetz zum (deutschen) Bürgerlichen Gesetzbuch
EGZPO	=	Einführungsgesetz zur Zivilprozessordnung RGBl 1895/112
EheG	=	Ehegesetz dRGBl 1938 I 807
ehel	=	ehelich(-e, -em, -en, -er, -es)
EheRÄG 1978	=	Eherechtsänderungsgesetz BGBl 1978/280
EheRÄG 1999	=	Eherechtsänderungsgesetz BGBl I 1999/125
EheRwG	=	Bundesgesetz über die Neuordnung der persönlichen Rechtswirkungen der Ehe BGBl 1975/412
einschl	=	einschließlich
einschr	=	einschränkend
einstw	=	einstweilig(-e, -em, -en, -er, -es); einstweilen
EKUG	=	Elternkarenzurlaubsgesetz BGBl 1989/651 (nunmehr VKG)
EMRK	=	Europäische Menschenrechtskonvention
EO	=	Exekutionsordnung RGBl 1896/79
EO-Nov 1991	=	Exekutionsordnungsnovelle BGBl 1991/628
ErgBd	=	Ergänzungsband
erstgen	=	erstgenannte(-m, -n, -r, -s)
EStG	=	Einkommensteuergesetz BGBl 1988/400
EU	=	Europäische Union
EuGVÜ	=	Europäisches Übereinkommen von Brüssel über die gerichtliche Zuständigkeit und die Vollstreckung gerichtlicher Entscheidungen in Zivil- und Handelssachen BGBl III 1998/167, 209

EuGVVO	=	Verordnung (EG) Nr 44/2001 des Rates vom 22. Dezember 2000 über die gerichtliche Zuständigkeit und die Anerkennung und Vollstreckung von Entscheidungen in Zivil- und Handelssachen, ABl 2001 L 12 S 1
EV	=	Einstweilige Verfügung
EvBl	=	Evidenzblatt (Österreichische Juristenzeitung)
ExMinV	=	Existenzminimumverordnung
f	=	folgende
FamLAG	=	Familienlastenausgleichsgesetz BGBl 1967/376
FamRZ	=	Zeitschrift „Familienrechtszeitung"
FB	=	Familienbeihilfe
ff	=	fortfolgende
FN	=	Fußnote
FS	=	Festschrift
GehG	=	Gehaltsgesetz BGBl 1956/54
gem	=	gemäß
GG	=	(deutsches) Grundgesetz
ggf	=	gegebenenfalls
ggt	=	gegenteilig(-e, -em, -en, -er, -es)
GlU	=	Sammlung von civlrechtlichen Entscheidungen des k.k. Obersten Gerichtshofes
GlUNF	=	Sammlung von civlrechtlichen Entscheidungen des k.k. Obersten Gerichtshofes, Neue Folge
GmbH	=	Gesellschaft mit beschränkter Haftung
GP	=	Gesetzgebungsperiode
GSVG	=	Gewerbliches Sozialversicherungsgesetz BGBl 1978/560
HGB	=	Handelsgesetzbuch dRGBl 1897, 219
HGG 1985	=	Heeresgebührengesetz BGBl 1985/87
HGG 1992	=	Heeresgebührengesetz BGBl 1992/422
HGG 2001	=	Heeresgebührengesetz BGBl I 2001/31
Hochschul-TaxenG	=	Hochschultaxengesetz BGBl 1972/76
Hrsg	=	Herausgeber(-in)
hRsp	=	herrschende Rechtsprechung
HS	=	Sammlung Handelsrechtlicher Entscheidungen
HTL	=	Höhere Technische Lehranstalt
idF	=	in der Fassung
idFd	=	in der Fassung des (der)
idR	=	in der Regel
idS	=	in diesem Sinne
idZ	=	in diesem Zusammenhang
ieS	=	im engeren Sinne
ImmZ	=	Zeitschrift „Österreichische Immobilienzeitung"
insb	=	insbesonders
IPRax	=	Zeitschrift „Praxis des Internationalen Privat- und Verfahrensrechts"
IPRE	=	Österreichische Entscheidungen zum internationalen Privatrecht
IPRG	=	Internationales Privatrechtsgesetz BGBl 1978/304
iSd	=	im Sinne des(-r)

iVm	= in Verbindung mit
iwS	= im weiteren Sinne
iZ	= im Zusammenhang
iZm	= im Zusammenhang mit
iZw	= im Zweifel
JAP	= Zeitschrift „Juristische Ausbildung und Praxisvorbereitung"
JB	= Judikatenbuch
JBl	= Zeitschrift „Juristische Blätter"
jew	= jeweils; jeweilig(-e, -em, -en, -er, -es)
JN	= Jurisdiktionsnorm RGBl 1895/111
Jud	= Judikat
JUS	= JUS-Extra, Aktuelle Informationen über Gesetzgebung, Rechtsprechung und Literatur, 5. Teil: OGH Zivilsachen (Z)
JWG 1954	= Jugendwohlfahrtsgesetz BGBl 1954/99
JWG 1989	= Jugendwohlfahrtsgesetz BGBl 1989/161
JWTr	= Jugendwohlfahrtsträger
Kärntner SHG	= Kärntner Sozialhilfegesetz
KBGG	= Kinderbetreuungsgeldgesetz BGBl I 2001/103
KEG	= Kommanditerwerbsgesellschaft
Kfz	= Kraftfahrzeug
KG	= Kommanditgesellschaft
KinderbetreuungsgeldG	= Kinderbetreuungsgeldgesetz BGBl I 2001/103
KindG	= Bundesgesetz über die Neuordnung des Kindschaftsrechts BGBl 1977/403
KindRÄG 1989	= Kindschaftsrechtsänderungsgesetz BGBl 1989/162
KindRÄG 2001	= Kindschaftsrechtsänderungsgesetz 2001 BGBl I 2000/135
Kl	= Kläger(-in)
km	= Kilometer
KO	= Konkursordnung RBGl 1941/337 (Teil I)
Komm	= Kommentar
KOVG	= Kriegsopferversorgungsgesetz BGBl 1957/152
krit	= kritisierend
leg cit	= legis citatae
LG	= Landesgericht; Lebensgemeinschaft
LGBl	= Landesgesetzblatt
LGVÜ	= Übereinkommen über die gerichtliche Zuständigkeit und die Vollstreckung gerichtlicher Entscheidungen in Zivil- und Handelssachen samt Protokollen und Erklärungen sowie Erklärung der Republik Österreich BGBl 1996/448
lit	= litera
LPfG	= Lohnpfändungsgesetz BGBl 1985/450
Mat	= Materialien
MDR	= Monatsschrift für Deutsches Recht
mE	= meines Erachtens
MGA	= Manz Große Ausgabe der Österreichischen Gesetze
Miet	= Sammlung Mietrechtlicher Entscheidungen
mj	= minderjährig(-e, -em, -en, -er, -es)
Mj	= Minderjährige(-m, -n, -r)

MRG	= Mietrechtsgesetz BGBl 1981/520
MSchG	= Mutterschutzgesetz BGBl 1979/221
mtl	= monatlich(-e, -em, -en, -er, -es)
mwN	= mit weiteren Nachweisen
nF	= neue Fassung
nö Gemeinde-BezügeG	= niederösterreichisches Gemeinde-Bezügegesetz
Nov	= Novelle
Nr	= Nummer
NZ	= Zeitschrift „Österreichische Notariats-Zeitung"
oä	= oder ähnliches
ÖA	= Zeitschrift „Österreichischer Amtsvormund"
odgl	= oder dergleichen
OG	= Offene Gesellschaft
OGH	= Oberster Gerichtshof Wien
OHG	= Offene Handelsgesellschaft
ÖJZ	= Zeitschrift „Österreichische Juristen-Zeitung"
ÖJZ-LSK	= Leitsatzkartei der Österreichischen Juristenzeitung
OLG	= Oberlandesgericht
OöBhG 1991	= oberösterreichisches Behindertengesetz 1991 LGBl 1997/63
OöSHG 1998	= oberösterreichisches Sozialhilfegesetz 1998 LGBl 82
oö WohnbeihilfenV	= oberösterreichische Wohnbeihilfenverordnung
ÖRpfl	= Zeitschrift „Der Österreichische Rechtspfleger"
ÖStZ	= Zeitschrift „Österreichische Steuerzeitung"
ÖStZB	= Beilage zur Zeitschrift „Österreichische Steuerzeitung"
PÄDAK	= Pädagogische Akademie
PKW	= Personenkraftwagen
PSG	= Privatstiftungsgesetz BGBl 1993/694
RATG	= Rechtsanwaltstarifgesetz BGBl 1969/189
RdA	= Zeitschrift „ Recht der Arbeit"
RdW	= Zeitschrift „Recht der Wirtschaft"
RevRek	= Revisionsrekurs
rk	= rechtskräftig(-e, -em, -en, -er, -es)
Rk	= Rechtskraft
RSA	= Sammelmappe für die Rechtspfleger-Besprechungen, Außerstreitsachen
RSE	= Entscheidungssammlung Exekutionssachen
Rsp	= Rechtsprechung
RV	= Regierungsvorlage
Rz	= Randzahl, -ziffer
RZ	= Zeitschrift „Österreichische Richterzeitung"
s	= siehe
sa	= siehe auch
SbgJWO	= Salzburger Jugendwohlfahrtsordnung
SbgSHG	= Salzburger Sozialhilfegesetz
SchKG	= Schweizer Schuldbetreibungs- und Konkursgesetz
SchUG	= Schulunterrichtsgesetz BGBl 1986/472
SHTr	= Sozialhilfeträger
sinngem	= sinngemäß

sog	=	sogenannte(-m, -n, -r, -s)
SozVTr	=	Sozialversicherungsträger
SpR	=	Spruchrepertorium des Obersten Gerichtshofes
SSV-NF	=	Sammlung sozialrechtlicher Entscheidungen des Obersten Gerichtshofes, Neue Folge
StGG	=	Staatsgrundgesetz RGBl 1867/142
stRsp	=	ständige Rechtsprechung
StruktAnpG 1996	=	Strukturanpassungsgesetz BGBl 1996/201
StudFG	=	Studienförderungsgesetz BGBl 1992/305
StudienberechtigungsG	=	Studienberechtigungsgesetz BGBl 1985/292
sublit	=	sublitera
SV	=	Zeitschrift „Der Sachverständige"; Sachverständige(-r)
SWK	=	Zeitschrift „Sozialwissenschaftliche Korrespondenz"
SZ	=	Entscheidungen des Obersten Gerichtshofes in Zivilsachen; Sonderzahlung(-en)
tgl	=	täglich(-e, -em, -en, -er, -es)
Tiroler LandesbeamtenG	=	Tiroler Landesbeamtengesetz
Tiroler RehabilitationsG	=	Tiroler Rehabilitationsgesetz
Tiroler SHG	=	Tiroler Sozialhilfegesetz
tw	=	teilweise(-m, -n, -r, -s)
tZGB	=	türkisches Zivilgesetzbuch
ua	=	und andere(-s)
uä	=	und ähnliche(-s)
UBGr	=	Unterhaltsbemessungsgrundlage
udgl	=	und dergleichen
ue	=	unehelich(-e, -em, -en, -er, -es)
UeKindG	=	Bundesgesetz über die Neuordnung der Rechtsstellung des unehelichen Kindes BGBl 1970/342
UGB	=	Unternehmensgesetzbuch dRGBl 1897, 219
Uh	=	Unterhalt
UhAnspr	=	Unterhaltsanspruch(-sprüche)
UhBed	=	Unterhaltsbedarf(-bedürfnisse)
uhber	=	unterhaltsberechtigt(-e, -em, -en, -er, -es)
UhBer	=	Unterhaltsberechtigte(-m, -n, -r)
uhpfl	=	unterhaltpflichtig(-e, -em, -en, -er, -es)
UhPfl	=	Unterhaltspflichtige(-m, -n, -r)
UhPflicht	=	Unterhaltspflicht
Unterhaltsstatutabkommen	=	Haager Unterhaltsstatutabkommen BGBl 1961/293
USchG	=	Unterhaltsschutzgesetz 1985 BGBl 452
usw	=	und so weiter
uU	=	unter Umständen
UV	=	Unterhaltsvorschuss(-schüsse)
uva	=	und viele andere
UVG	=	Unterhaltsvorschussgesetz BGBl 1985/451
uzw	=	und zwar
va	=	vor allem
VaStr	=	Verfahren außer Streitsachen
verstSenat	=	verstärkter Senat des Obersten Gerichtshofes
VersVG	=	Versicherungsvertragsgesetz BGBl 1959/2

VfGH	=	Verfassungsgerichtshof Wien
vgl	=	vergleiche
VKG	=	Väter-Karenzgesetz BGBl 1989/651 idFd BGBl I 2001/103 (früher: EKUG)
VlBgSpitalG	=	Vorarlberger Spitalsgesetz
VwGH	=	Verwaltungsgerichtshof
wbl	=	Zeitschrift „Wirtschaftsrechtliche Blätter"
WEG	=	Wohnungseigentumsgesetz BGBl 1975/417 bzw BGBl I 2002/70
WGN 1989	=	Wertgrenzennovelle 1989 BGBl 343
WGN 1997	=	Wertgrenzennovelle 1997 BGBl I 1997/140
WrJWG	=	Wiener Jugendwohlfahrtsgesetz
WrSHG	=	Wiener Sozialhilfegesetz
Z	=	Ziffer
ZAS	=	Zeitschrift „Zeitschrift für Arbeits- und Sozialrecht"
ZBl	=	Zeitschrift „Zentralblatt für die juristische Praxis"
ZfRV	=	Zeitschrift „Zeitschrift für Rechtsvergleichung"
ZfVB	=	Die administrativrechtlichen Entscheidungen des VwGH und die verwaltungsrechtlich relevanten Entscheidungen des VfGH in lückenloser Folge
ZPO	=	Zivilprozessordnung RGBl 1895/113
ZPR	=	Zivilprozessrecht
zT	=	zum Teil
zust	=	zustimmend
zutr	=	zutreffend(-e, -em, -en, -er, -es)
ZVR	=	Zeitschrift „Zeitschrift für Verkehrsrecht"
zw	=	zwischen
zzgl	=	zuzüglich

Literaturverzeichnis

Angst (Hrsg), EO-Kommentar (2000)
Arnold, PSG² (2007)
Bergschneider, Verträge in Familiensachen (2006)
Berka, Scheidung und Scheidungsreform 2000 (2001)
Birkner, Parteistellung und rechtliches Gehör im Außerstreitverfahren (1996)
Burgstaller/Deixler-Hübner (Hrsg), Exekutionsordnung (1999 ff)
Deixler-Hübner, Die rechtliche Stellung der Frau (1998)
–, Scheidung, Ehe und Lebensgemeinschaft⁸ (2004)
–, Das neue Eherecht (1999)
Deixler-Hübner/Mitgutsch, Rechtlicher Schutz in Familie und Partnerschaft (2007)
Dolinar, Österreichisches Außerstreitverfahrensrecht (1982)
Eccher, Antizipierte Erbfolge (1980)
Ehrenzweig/Kralik, Das Erbrecht³ (1983)
Ent/Hopf, Neuordnung der persönlichen Rechtswirkungen der Ehe, System und Kommentar (1976)
Fasching/Konecny (Hrsg), Kommentar zu den Zivilprozessgesetzen² (2000–2007)
Feil, Ehegatten-Unterhalt (1981)
–, Rechtsverhältnisse zwischen Eltern und Kindern nach dem KindRÄG (1989)
–, Unterhaltsansprüche mit Auslandsbeziehung (1991)
–, Exekutionsordnung⁴ (1996 ff)
–, Ehegesetz² (1999)
Feil/Holeschofsky, Unterhalt und Vermögensrechte nach der Scheidung² (1991)
Feil/Marent, AußStrG² (2007)
–, Familienrecht (2007)
Ferrari/Hopf, Eherechtsreform in Österreich (2000)
Floretta (Hrsg), Das neue Ehe- und Kindschaftsrecht (1979)
Giefing, Die familien- und exekutionsrechtlichen Aspekte des ehelichen Wohnens (1998)
Gitschthaler/Höllwerth, Kommentar zum Ehegesetz (2008)
Göppinger, Vereinbarungen anläßlich der Ehescheidung (1969)
Gschnitzer/Faistenberger, Österreichisches Familienrecht² (1979)
Harrer/Zitta (Hrsg), Familie und Recht (1992)
Hinteregger, Familienrecht³ (2004)
Holzhammer/Roth, Einführung in das Bürgerliche Recht mit IPR⁵ (2000)
Hopf/Kathrein, Eherecht² (2005)
Kerschner, Bürgerliches Recht V – Familienrecht² (2002)
Klang/Fenyves/Welser (Hrsg), ABGB³, *H. Pichler* §§ 137 bis 186 a ABGB (2000)
Klang/Kerschner/Vonkilch (Hrsg), ABGB³, *Hinteregger, Kissich* §§ 44 bis 100 ABGB (2006)
Klicka/Oberhammer, Außerstreitverfahren⁴ (2006)
König, Einstweilige Verfügung im Zivilverfahren³ (2007)
Koziol/Bydlinski/Bollenberger, ABGB² (2007)
Koziol/Welser, Grundriss des bürgerlichen Rechts¹³ I (2006), II (2007)
Lichtl/Kunz, Der Scheidungsvergleich (2003)
Mayr/Fucik, Das neue Verfahren außer Streitsachen³ (2006)
Möschl, Die nichteheliche Lebensgemeinschaft (1998)

Pelikan, Strafrechtliche und zivilrechtliche Unterhaltssicherung (1990)
Purtscheller/Salzmann, Unterhaltsbemessung (1992)
Rechberger (Hrsg), Kommentar zum Außerstreitgesetz (2006)
–, Kommentar zur Zivilprozessordnung³ (2006)
Rummel (Hrsg), Kommentar zum ABGB³ (2000 ff)
Ruppe (Hrsg), Handbuch der Familienverträge (1985)
Schwimann (Hrsg), Praxiskommentar ABGB³ (2005, 2006)
–, Unterhaltsrecht² (1999)
Schwimann/Kolmasch, Unterhaltsrecht³ (2004)
Schwind, Das Familienrecht (1984) – 3. Aufl von *Ehrenzweig,* System des österreichischen allgemeinen Privatrechts
Sozialwissenschaftliche Arbeitsgemeinschaft, Nichteheliche Lebensgemeinschaften – ihre Stellung in der österreichischen Rechtsordnung (1983)
Zechner, Forderungsexekution (2000)
–, Sicherungsexekution und Einstweilige Verfügung (2000)

Hinweise für den Benützer

Alle OGH-Entscheidungen – also auch veröffentlichte – werden zur besseren Identifizierung und für Querverweise mit dem Aktenzeichen zitiert.

Abkürzungen folgen den Abkürzungs- und Zitierregeln der österreichischen Rechtssprache (AZR) samt Abkürzungsverzeichnis, 5. Auflage (2001), von *Friedl/ H. Loebenstein* mit folgenden Ausnahmen:

- RSA steht für die „Sammelmappe für die Rechtspfleger-Besprechungen, Außerstreitsachen",
- RSE für die „Entscheidungssammlung Exekutionssachen",
- EF für die Entscheidungssammlung „Ehe- und familienrechtliche Entscheidungen",
- Miet für die Entscheidungssammlung „Mietrechtliche Entscheidungen" und
- JUS für „JUS-EXTRA, Aktuelle Informationen über Gesetzgebung, Rechtsprechung und Literatur, 5. Teil: OGH-Zivilsachen (Z)".

Es wurden die E des OGH den einzelnen Kapiteln primär nach dem Gesichtspunkt zugeordnet, um welche UhAnspr es sich im Einzelfall tatsächlich handelte, also Kindes-, Eltern-, Ehegatten- oder Geschiedenenunterhalt, erst sekundär nach Inhalten, also etwa Eigeneinkommen des Berechtigten usw. Der Grund hiefür war, dass dem Benützer dadurch der rasche Überblick ermöglicht werden soll, ob zu dem konkreten UhAnspr und zu der konkreten Unterhaltsfrage (etwa: Bezug eines Mietzuschusses durch den uhber geschiedenen Ehegatten) bereits Rsp vorhanden ist. Einzige Ausnahme von diesem Grundsatz: die UBGr; hier wurden alle E beim Kindesunterhalt zusammengefasst.

Geldbeträge in älteren E wurden – gerundet – von ATS in Euro umgerechnet und werden in beiden Währungen angegeben.

1. Kapitel
Kindesunterhalt

§ 140 ABGB. (1) Die Eltern haben zur Deckung der ihren Lebensverhältnissen angemessenen Bedürfnisse des Kindes unter Berücksichtigung seiner Anlagen, Fähigkeiten, Neigungen und Entwicklungsmöglichkeiten nach ihren Kräften anteilig beizutragen.

(2) Der Elternteil, der den Haushalt führt, in dem er das Kind betreut, leistet dadurch seinen Beitrag. Darüber hinaus hat er zum Unterhalt des Kindes beizutragen, soweit der andere Elternteil zur vollen Deckung der Bedürfnisse des Kindes nicht imstande ist oder mehr leisten müßte, als es seinen eigenen Lebensverhältnissen angemessen wäre.

(3) Der Anspruch auf Unterhalt mindert sich insoweit, als das Kind eigene Einkünfte hat oder unter Berücksichtigung seiner Lebensverhältnisse selbsterhaltungsfähig ist.

§ 166 ABGB. Mit der Obsorge für das uneheliche Kind ist die Mutter allein betraut. Im übrigen gelten, soweit nicht anderes bestimmt ist, die das eheliche Kind betreffenden Bestimmungen über den Unterhalt und die Obsorge auch für das uneheliche Kind.

Literatur: *J. Pichler*, Nemo pro praeterito alitur? ÖJZ 1964, 60; *Gamerith*, Die Neuordnung der Rechtsstellung des unehelichen Kindes, ÖA 1971, 24; *H. Pichler*, Einige Probleme des neuen Unehelichenrechts, RZ 1972, 37; *Knell*, Das neue Unterhaltsrecht in der Praxis, ÖA 1973, 1, 39, 61; *Holzberger*, Über die Bedürfnisse unterhaltsberechtigter Kinder, AnwBl 1973, 240; *H. Pichler*, Zum Bedarfsbegriff im Unterhaltsrecht im Verhältnis zur Sozialleistung, JBl 1974, 611; *Hartl*, Der angemessene Unterhalt. Gestern heute morgen, NZ 1975, 112; *Knell*, Probleme der Bemessung des Unterhalts für Kinder, NZ 1975, 201; *Schüch*, Die neue Rsp in Unterhaltssachen mj Kinder im Sprengel des Landesgerichtes für ZRS Wien, AnwBl 1975, 203 und 1976, 152, 206, 289; *Kropiunig*, Probleme der Bemessung des Unterhalts für Kinder, NZ 1976, 8; *H. Pichler*, Die Anspannungstheorie im Unterhaltsrecht, ÖA 1976, 53; *Schüch*, Grundzüge einer neuen Rsp des Landesgerichtes für ZRS Wien, RM-Senat 43, in Unterhaltssachen minderjähriger Kinder, NZ 1976, 3; *Reinl*, Unterhaltsvereinbarung und Umstandsklausel, JBl 1977, 176; *J. Berger*, Probleme der Bemessung des Unterhalts für Kinder, NZ 1976, 8; *H. Pichler/Cap*, Grundzüge des Außerstreitverfahrens für die Praxis des Amtsvormundes, ÖA 1977, 29; *Holzberger*, Beachtenswertes im neuen Unterhaltsrecht, AnwBl 1978, 145; *Schüch*, Das neue Unterhaltsrecht, ÖA 1978, 39; *Derka*, Einige Gedanken zur Selbsterhaltungsfähigkeit von Lehrlingen und sonstigen Minderjährigen mit geringem Einkommen, ÖA 1978, 71; *H. Pichler*, Das neue Kindschaftsrecht. Unterhalt, ÖA 1978, 21; *Schwimann*, Kindesunterhalt und elterliche Gewalt, in Floretta, Das neue Ehe- und Kindschaftsrecht (1979) 149; *Kryda*, Der Abfertigungsanspruch nach dem verstorbenen Ehegatten, SWK 1979, B I 1; *Holler*, Der Abfertigungsanspruch bei Beendigung des Arbeitsverhältnisses durch den Tod des Arbeitnehmers, ÖJZ 1980, 372; *Schüch*, Das österreichische Kindschaftsrecht, ÖA 1980, 31; *ders,* Das österreichische Kindschaftsrecht II. Unterhaltsrecht, ÖA 1980, 45; *ders,* Die Unterhaltsbemessungsgrundlage im Unterhaltsstreit, ÖA 1981, 65; *H. Pichler*, Neue Belastbarkeitsgrenzen, ÖA 1981, 41; *ders*, Zur Beweislastverteilung in der Unterhaltsbemessung, ÖA 1981, 67; *Marhold*, Neues Unterhaltsrecht und Abfertigung, ZAS 1981, 128; *Grübling*, Neugestaltung des Unterhaltsbemessungsverfahrens, ÖA 1982, 3; *Wit*, Probleme der Teileinklagung und Rechtskraft, unter besonderer Berücksichtigung der Unterhaltsansprüche, JBl 1981, 406; *Ch. Huber*, Familienbeihilfe und Unterhaltsrecht, JBl 1983, 225, 306; *Wagner*, Kurzdarstellung des österreichischen Unterhaltsrechts samt Spruchpraxis, ÖA 1983, 35; *Leitzenberger*, Kann eine einkommenslose Ehefrau zu einer Unterhaltsleistung für ein Kind aus einer früheren Ehe verpflichtet werden? ÖA 1984, 83; *Hirmann*, Zur Einkommensberechnung bei einem nicht buchführenden Landwirt, SV 1984/4, 2; *Edlbacher*, Geldunterhalt und Betreuung des Kindes im Haushalt, ÖA 1985, 8; *Knoll*, Reflexionen zum Kindesunterhalt, im besonderen zur Selbsterhaltungsfähigkeit, ÖA 1985, 65; *H. Pichler*, Wie lange noch: „Kein Unterhalt für die Vergangenheit?", JBl 1986, 335; *ders*, Die Verjährung von Unterhaltsansprüchen, ÖA 1986, 67; *Bauer*, Die Rechtsstellung der Kinder aus geschiedenen Ehen, AnwBl 1986, SN 19; *Schmidt*, Barunterhaltspflicht der wiederverheirateten, vermögens- und einkommenslosen Kindesmutter, RZ 1987, 158; *Gamerith*, Zum Unterhaltsanspruch von Ehegatten und volljährigen Kindern, ÖA 1988, 63; *H. Pichler*, Probleme des Unterhalts, ÖA 1987, 91; *Eypeltauer*, Die Kriterien zur Bestimmung der dem Kind zustehenden Ausbildung, ÖA 1988, 91; *Knoll*, Immer wieder: Lehrlingsentschädigung in der Unterhaltsrechtsprechung, ÖA 1988, 35; *H. Pichler*, Gedanken zum Unterhalt für die Vergangenheit, ÖA 1988, 68; *Hohenberger*, Die neuere Rsp des Rechtsmittelsenates 44 des LGZ Wien über die Bemessung der gesetzlichen Unterhaltsverpflichtung von Sozialhilfeempfängern, ÖA 1989, 35; *H. Hoyer*, Entscheidungsgründe im „besonders gelagerten Fall", JBl 1989, 199; *Salzmann*, Die Ermittlung der Unterhaltsbemessungsgrundlage, SV 1990/1, 8; *Wach*, Die Verletzung der Unterhaltspflicht (§ 198 StGB): Ein- oder Ausschluß ausländischer Rechtsgüter? ÖJZ 1990, 697; *Schwimann*, Inländische Gerichtsbarkeit für Personenrechts-, Familienrechts- und Unterhaltssachen, JBl 1990, 760; *H. Pichler*, Unterhalt für die Vergangenheit, JAP 1990/91, 42; *Apathy*, Unterhalt für die Vergangenheit bei Drittzahlung – Voraussetzungen des Aufwandersatzanspruches des Drittzahlers gegen den Schuldner, JBl 1991, 301; *Reischauer*, Zur Verjährungshemmung nach § 1495 ABGB, JBl 1991, 559; *Stabentheiner*, Scheidungsvergleich und pflegschaftsgerichtliche Genehmigung, RZ 1991, 250; *Kucera*, Zur Frage der Strafbarkeit der Verletzung der gesetzlichen Unterhaltspflicht, RZ 1991, 238; *Eypeltauer*, Verjährungshemmung und Familie, RZ 1991, 26; *ders*, Zum Geltungsbereich des § 1480 ABGB, ÖJZ 1991, 222; *Gitschthaler*, Kindesunterhalt im Licht der jüngsten Judikatur des OGH, ÖJZ 1992, 529; *ders*, Zum Anspruch des Kindes auf Taschengeld, NZ 1992, 145; *H. Hoyer*, Anspannungstheorie und Nebenbeschäftigung, JBl 1992, 173; *Gruber*, Aufwendungen für die Familienwohnung – kein Unterhalt für die Kinder? in Harrer/Zitta, Familie und Recht (1992) 713; *Harrer-Hörzinger*, Zur Auskunftspflicht zwischen dem Unterhaltsschuldner und dem Unterhaltsberechtigten, in Harrer/Zitta, Familie und Recht (1992) 29; *Rebhahn*, Familie und Gleichheitssatz, in Harrer/Zitta, Familie und Recht (1992) 145; *Breycha*, Sind nicht genehmigte Vergleiche im Pflegschaftsverfahren wirklich schwebend unwirksam? RZ 1992, 86; *Thöni*, Geldunterhalt und Naturalunterhalt, in Harrer/Zitta, Familie und Recht (1992) 3; *Adolf*, Tagesgeld unangemessen hoch? RdW 1993, 227; *Doralt*, Tagesgeld unangemessen hoch, RdW 1993, 157; *ders*, Glosse zu Adolf, RdW 1993, 228; *Gitschthaler*, Einige aktuelle Probleme des Kindesunterhaltsrechts, ÖJZ 1994, 10; *Reckenzaun*, Die Durchsetzung von Unterhaltsansprüchen gegen den Gemeinschuldner, ÖJZ 1994, 113; *Kulms*, Ausgewählte Probleme aus dem österreichischen Obsorge- und Unterhaltsrecht, in Dopffel, Kindschaftsrecht im Wandel (1994) 9; *Neuhauser*, Verzugszinsen für Unterhaltsforderungen – (k)ein Problem für den Jugendwohlfahrtsträger? ÖA 1994, 175; *H. Pichler*, Konkurs – Privatkonkurs – Unterhalt, ÖA 1995, 43; *Mitrovic*, Der Privatkonkurs und seine Auswirkungen auf den Kindesunterhalt, ÖA

1995, 176; *Gitschthaler,* Zur finanziellen Belastbarkeit eines Unterhaltspflichtigen – Anmerkungen zu OGH 22. 2. 1995, 9 Ob 507/95, JBl 1995, 811; *ders,* Die Anspannungstheorie im Unterhaltsrecht – 20 Jahre später, ÖJZ 1996, 553; *Stockart-Bernkopf,* Der leidige Unterhaltsbemessungs-Streit – ein geschichtlicher Rückblick in die Gegenwart, ÖA 1996, 75; *Lackner,* Die Unterhaltspflicht des nicht erwerbstätigen Ehegatten (Lebensgefährten) gegenüber vorehelichen, nicht familienzugehörigen Kindern, ÖA 1996, 175; *H. Pichler,* Die unterhaltsrechtliche Stellung des Elternteiles, der das Kind betreut, ÖA 1997, 109; *Schwimann,* Leistung von Kindesunterhalt aus eigenen Unterhaltseinnahmen der Eltern? NZ 1998, 289; *Eypeltauer,* Der Unterhalt des Kindes, in Lehner, Kinder- und Jugendrecht[2] (1998) 47; *Wilhelm,* Entscheidungsanmerkung zu 3 Ob 401/97 k, ecolex 1998, 464; *Fürst,* Mindestrechte von nicht obsorgeberechtigten Elternteilen, ÖA 1998, 89; *Eypeltauer,* Die Kriterien zur Bestimmung der dem Kind zustehenden Ausbildung, ÖA 1998, 96; *Fitzal,* Studentisches Unterhaltsprivileg etwas abgeschwächt, ecolex 1999, 302; *Weitzenböck,* Das neue österreichische Kindschaftsrecht, ÖA 1999, 210; *H. Hoyer,* Unterhaltsrechtsprechung findet den Weg zurück zum Gesetz, JBl 1999, 201; *Pfeiler/Taupe,* Zur Verjährungshemmung nach § 1495 erster Satz ABGB im Eltern-Kind-Verhältnis, ÖJZ 1999, 408; *Lachmann,* Parteienrechte und die Rolle des Jugendwohlfahrtsträgers in Pflegschaftsverfahren, ÖA 1999, 287; *Knoll,* Pfändung, Verpfändung und Abtretung von Unterhaltsvorschüssen, RZ 1999, 234; *Rudolf,* Kindesunterhalt – Die Pflicht zur Deckung des Sonderbedarfs, ÖJZ 2000, 172; *Csoklich,* Privatstiftung und Scheidung, RdW 2000, 371; *Wilhelm,* Aus der Küche des Gesetzgebers: Gemeinsame Obsorge Geschiedener – tragbarer Kompromiss, ecolex 2000, 845; *ders,* Mander – s'ist Zeit! Wider die Besteuerung des Unterhalts, ecolex 2000, 81; *Reischauer,* Unterhalt für die Vergangenheit und materielle Rechtskraft, JBl 2000, 421; *Brugger,* Die Barunterhaltspflicht eines vermögens- und einkommenslosen Elternteils gegenüber Kindern aus einer früheren Ehe, ÖJZ 2001, 11; *Deixler-Hübner,* Zur Anrechnung von Geld- und Naturalunterhalt, ecolex 2001, 110; *Battlogg,* Die Inflationskomponente im Unterhaltsrecht, AnwBl 2001, 313; *Hopf/Weitzenböck,* Schwerpunkte des Kindschaftsrechts-Änderungsgesetzes 2001, ÖJZ 2001, 485, 530; *Wilhelm,* „Familienbesteuerung" bei Haushaltstrennung, ecolex 2001, 581; *Schürmann,* Die Entnahme – Einblicke in die Lebensverhältnisse, FamRZ 2002, 1149; *Gitschthaler,* Familienbeihilfe und deren Anrechnung auf Kindesunterhaltsansprüche, JBl 2003, 9; *ders,* Familienbeihilfe, Kindesunterhalt und der Oberste Gerichtshof, ÖJZ 2003, 821; *ders,* Die neue Unterhaltsrechtsprechung nach der teilweisen Aufhebung des § 12 a FamLAG, ÖA 2003, 158; *Lochmann/Wachter,* Das unterhaltsrechtliche Einkommen der Selbstständigen im Lichte der aktuellen Rechtsprechung, ÖA 2003, 62; *dies,* Besonderheiten bei der Ermittlung des unterhaltsrechtlich relevanten Einkommens bei Beteiligung des Unterhaltsschuldners an Kapitalgesellschaften, ÖA 2003, 211; *Neumayr,* Der Weg zu § 12 a FamLAG neu, ÖA 2003, 153; *Neuhauser,* Die Durchsetzung von Unterhaltsforderungen im Abschöpfungsverfahren, ÖA 2003, 56; *G. Kodek,* Unterhalt und Konkurs – ein Leitfaden für die Praxis, Der Rechtspfleger 1/2004, 17; *Riedmann,* Privatstiftung und Schutz der Gläubiger des Stifters (2004); *Schwimann,* Zum Unterhalt volljähriger Kinder, NZ 2004, 97; *Buchegger/Wüger,* Private Ausgaben für Kinder, ÖA 2004, 284; *Weitzenböck,* Die Kinderkostenanalyse und ihre (möglichen) Auswirkungen auf die Unterhaltsjudikatur, ÖA 2004, 293; *Stockart-Bernkopf,* Direkte und indirekte Kinderkosten, ÖA 2004, 16; *Langheinrich/Ryda,* Kinder im Steuerrecht (Teil IIIa), FJ 2005, 346; *Wieland,* Auswirkungen der unentgeltlichen Nutzung einer Eigentumswohung auf die Unterhaltsbemessung, ÖA 2005, 138; *Faetan,* Internationale Rechtsgrundlagen im Unterhaltsrecht sowie Europäische und Internationale Vollstreckungsübereinkommen, ÖA 2005, 296; *Pöhlmann,* Der Regelbedarf – eine (un-)brauchbare Mogelpackung? ÖA 2005, 223; *Stabentheiner,* Kindesunterhalt und Verfahrenshilfe, EF-Z 2006, 9; *Hauß,* Unterhalt und Verbraucherinsolvenz, FamRZ 2006, 1496; *G. Kodek,* Zur Unterhaltsbemessung im Konkurs, Zak 2006,

146; *Kolmasch,* Anspannung des Unterhaltsschuldners bei Auslandsbeziehungen, Zak 2006, 150; *ders,* Die aktuellen variablen Werte im Kindesunterhaltsrecht, Zak 2006/8; *Zencica,* Konkurs der Unterhaltsbemessung? ÖA 2006, 63; *Mair,* Aktuelle Fragen zu den steuerrechtlichen Aspekten der Bemessung des Kindesunterhalts, RZ 2006, 162; *Haberl,* Der Regressanspruch des Sozialhilfeträgers, EF-Z 2007, 4; *Fischer-Czermak,* Patchworkfamilien: Reformbedarf im Unterhaltsrecht? EF-Z 2007, 50; *Neuhauser,* Unterhaltserhöhung durch Einleitung eines Abschöpfungsverfahrens? Zak 2007, 83; *Gitschthaler/Simma,* Die Sicherung der Existenz des Gemeinschuldners und seiner Familie im Konkurs (Teil I), EF-Z 2007, 130, (Teil II), EF-Z 2007, 170; *Wieland,* Privatentnahmen im Unterhaltsrecht, iFamZ 2007, 208; *Graba,* Die Entwicklung des Unterhaltsrechts nach der Rechtsprechung des Bundesgerichtshofs im Jahr 2006, FamRZ 2007, 421; *Nademleinsky/ Neumayr,* Internationales Familienrecht (2007); *C. Graf,* Auskunftspflichten im Unterhaltsrecht, Zak 2007, 243; *Fucik,* Unterhaltsdurchsetzung mit Auslandsbezug – Anspruchs- und Vollstreckungsgrundlagen, iFamZ 2007, 315; *Siart/Dürauer,* Der Beobachtungszeitraum für die Unterhaltsbemessung bei selbständig erwerbstätigen Unterhaltspflichtigen, EF-Z 2008, 9.

I. Allgemeine Grundsätze

A. Unterhaltsbedarf

Übersicht:

Rz

1. Allgemeines 1–4
2. Deckung des Unterhaltsbedarfs durch Dritte
   a) Öffentliche Hand .... 5, 5 a
   b) Ehegatte des Kindes 6
   c) Lebensgefährte des Kindes 7
   d) Nahe Angehörige 8, 9

1. Allgemeines

1 1. Der **Uh** dient zur Deckung des gesamten Lebensbedarfs, wozu **Nahrung, Kleidung, Hygiene, medizinische Betreuung** – bei Jugendlichen auch die Personenbetreuung – und sonstige Bedürfnisse wie **Kultur, Erholung** und **Freizeitgestaltung** gehören. 6 Ob 566/90 = EF 62.351 = ÖA 1991, 42/U 9 = RZ 1993/43; 6 Ob 1536/91; 4 Ob 204/99 z = ÖA 2000, 41/U 303 = EvBl 2000/40 = EF 88.904.

2. Des weiteren **Ferienkosten,** Kosten für **kulturelle und sportliche Bedürfnisse** und das **Taschengeld.** 4 Ob 57/98 f = ÖA 1999, 21/U 248 = EF 85.911.

3. Also auch der Aufwand für **Vergnügungen.** 7 Ob 515/55 = EvBl 1956/17; 1 Ob 6/71.

4. Ebenso **medizinische Versorgung, Erziehung, Unterricht** sowie kulturelle, soziale und sportliche Bedürfnisse. 5 Ob 2257/96 i = EF 79.872.

5. Sohin stellen **Krankheitskosten** einen UhBed dar. 3 Ob 303/54; 8 Ob 158/68.

6. Dgl **Kindergarten- und Schulkosten.** 4 Ob 564/91 = ÖA 1992, 88 = EF 64.952; 6 Ob 548/95 = ÖA 1996, 63/U 142 = EF 76.756.

7. Neben Verpflegung und Beherbergung gehören dazu auch **alle Aufwendungen, die mit der Lebensführung des Kindes verbunden sind,** sowie die Kosten

der Anschaffung und Pflege der Kleidung und **überhaupt die Betreuung.** 5 Ob 606/90 = EF 61.787.

8. Also die **Personenpflege.** 8 Ob 93/87.

9. Anmerkung: Zum Anspruch des UhBer auf Erbringung von Betreuungsleistungen s Rz 17 ff.

10. Begräbniskosten gehören hingegen **nicht** zum UhBed iSd § 140 ABGB. 4 Ob 204/99 z = ÖA 2000, 41/U 303 = EvBl 2000/40 = EF 88.906.

1. Der UhAnspr umfasst insb die **Wohnmöglichkeit.** 5 Ob 612/84 = EF 47.538; 6 Ob 566/90 = EF 62.351 = ÖA 1991, 42/U 9 = RZ 1993/43; 6 Ob 1536/91 uva; 4 Ob 204/99 z = ÖA 2000, 41/U 303 = EvBl 2000/40 = EF 88.904.

2

2. Der UhPfl hat dabei auch das Recht, seiner UhPflicht dadurch nachzukommen, dass er dem Kind **unentgeltlich eine Wohnmöglichkeit zur Verfügung stellt,** sofern nicht besondere Umstände entgegenstehen, was der Fall wäre, wenn das Kind mj ist, weil es dann der Obsorge bedarf, wozu auch die Betreuung im Haushalt zumindest eines Elternteils gehört (s § 144 ABGB). Ist aber das Kind nicht mj, so hat es – von Sonderfällen wie Pflegebedürftigkeit abgesehen – keinen Anspruch mehr auf Betreuung durch einen Elternteil und deshalb auch keinen Anspruch darauf, mit beiden oder mit einem Elternteil im gemeinsamen Haushalt zu leben. 3 Ob 2075/96 k = SZ 70/134 = EF 83.182 = RZ 1998/34 = ÖA 1998, 238/U 232.

3. Stellt der UhPfl dem volljährigen Kind eine seinen eigenen Lebensverhältnissen angemessene unentgeltliche Wohnmöglichkeit zur Verfügung, wobei im Falle der Weigerung des Kindes das ernstliche Anbieten genügt, so erlischt das aus dem UhAnspr abgeleitete Recht auf Benützung der Wohnung, über die der UhPfl verfügungsberechtigt ist, und das Kind ist in einem solchen Fall aufgrund einer Klage – auch ohne entsprechende Einwendungen des Bekl – Zug um Zug gegen Zurverfügungstellung der anderen Wohnmöglichkeit zur Räumung der bisher gemeinsam mit dem UhPfl benützten Wohnung zu verurteilen. 3 Ob 2075/96 k = SZ 70/134 = EF 83.074, 83.182, 83.183 = RZ 1998/34 = ÖA 1998, 238/U 232.

4. Anmerkung: Konsequenz dieser Rsp ist aber nicht nur, dass das uhber Kind die bisherige Wohnung zu verlassen hat. Der UhPfl deckt durch das Zurverfügungstellen einer angemessenen Wohnung – jedenfalls zum Teil – den UhBed des Kindes. Ist dieser Elternteil der einzige Elternteil, wird er dem Kind zwar daneben auch noch – soweit dies seine Leistungsfähigkeit zulässt – Geld zur Verfügung stellen müssen, weil das Kind von der Wohnung allein ja nicht leben kann. Hat das Kind aber auch gegenüber dem anderen Elternteil einen UhAnspr, wird durch die Deckung des Wohnbedarfs regelmäßig sein UhPflicht erfüllt sein. Bei einer Gegenüberstellung der einzelnen UhLeistungen ist der fiktive Wohnwert der Wohnung zu ermitteln. Zur Ermittlung der UhPflichten bei Eigenpflege des Kindes vgl Rz 26 ff.

Das Zurverfügenstellen der Wohnung muss, soll es tatsächlich uhrelevant sein, beim volljährigen uhber Kind aber ein umfängliches sein, dh dem Kind ist eine einem Mieter vergleichbare Stellung einzuräumen. Dies ergibt sich daraus, dass den Eltern gegenüber dem volljährigen Kind an sich ja kein Aufenthaltsbestimmungsrecht mehr zustehen würde. Zwingt man es nun aber übers UhRecht dennoch zum Aufenthalt in einer bestimmten Wohnung, muss es grundsätzlich auch frei über die Wohnung verfügen können.

5. Ein **familienrechtliches Wohnverhältnis** ieS liegt vor, wenn ein UhPfl dem UhBer Wohnräume zur Benützung überlässt; ein solches kann idR erst nach dem

Erlöschen der besonderen uhrechtlichen Verpflichtungen, also etwa bei einem Kind erst mit dem Eintritt der **Selbsterhaltungsfähigkeit**, durch Einbringung einer **Räumungsklage**, beendet werden. Es gibt aber auch familienrechtliche Wohnverhältnisse, die nicht auf einer UhPflicht beruhen, sondern nur aus dem natürlichen Zusammengehörigkeitsgefühl unter Familienangehörigen entspringen. Solche rein faktischen Benützungsverhältnisse können jederzeit ohne Vorliegen von Gründen beendet werden. 3 Ob 1565/90.

3 1. **Anmerkung:** Zum **Taschengeldanspruch** des Kindes, der sich immer im Rahmen des (allenfalls fiktiven) GeldUhAnspr des Kindes gegenüber seinen Eltern zu bewegen hat und daher nicht zum (Geld-)UhAnspr hinzutritt, weil er sonstige (geldwerte) Leistungen der Eltern substituiert, und seine gesetzlichen Grundlagen vgl ausführlich und mit weiteren Nachweisen *Gitschthaler*, NZ 1992, 145 (aA *H. Pichler* in Klang³ Rz 13 zu § 140 ABGB ohne nähere Begründung).

Höhe des Taschengeldanspruchs: Diese ist in Prozenten des jew (allenfalls fiktiven) GeldUhAnspr des Kindes gegenüber beiden Elternteilen zu ermitteln. Dies gilt auch bei gemeinsamem Haushalt des Kindes mit beiden Elternteilen und für den Fall, dass bei Haushaltstrennung der betreuende Elternteil über ein Einkommen verfügt, sodass hier der Grundsatz der NaturalUhGewährung durchbrochen wird.

Der Taschengeldanspruch beträgt im Alter
bis 7 Jahre 1% des jew GesamtUhAnspr (bei durchschnittlichen Verhältnissen, also bei einer UBGr von dzt rund € 1.450 [ausgehend von einem österreichweiten Medianeinkommen von € 1.750 brutto] und lediglich 1 Kind wären dies dzt rund € 2,50)

  7 bis 10 Jahre   5% (dzt rund € 13)
  10 bis 14 Jahre   8% (dzt rund € 23) und
  14 bis 19 Jahre   10% (dzt rund € 32).

Dass bei diesem Berechnungsmodell sich bei doppeltem Einkommen der Elternteile der Taschengeldanspruch des Kindes entsprechend erhöht, während bei einem Alleinverdienerelternpaar die NaturalUhLeistung des betreuenden Elternteils nicht berücksichtigt wird, erscheint durchaus sachgerecht, weil das Kind insgesamt ja dann in gehobeneren Verhältnissen lebt, wobei allerdings bei hohen Einkommen der Eltern auch die Rsp zum UhStopp (vgl Rz 252) mitzuberücksichtigen ist, damit es nicht auf dem Umweg über das Taschengeld zu einer Aushebelung dieses Grundsatzes kommt.

Für die Altersgruppe über 19 Jahre braucht kein eigener Anspruch errechnet werden, weil hier bei Divergenzen zw Kind und uhpfl Eltern ersteres von letzteren ohnehin GeldUh begehren kann.

Zur Frage der Geltendmachung der Taschengeldansprüche durch das Kind vgl Rz 446.

4 1. Das **Ausmaß des UhBed** ist entsprechend den Lebensverhältnissen der Eltern und den Anlagen, den Fähigkeiten, Neigungen und Entwicklungsmöglichkeiten des Kindes anzunehmen. 5 Ob 2257/96 i = EF 79.872.

2. **Einschr:** Der Bedarf eines Kindes an Nahrung, Kleidung, Wohnung, Schulunterricht usw richtet sich nach seinem Alter und ist insoweit jedenfalls unabhängig von den Lebensverhältnissen der Eltern. 2 Ob 533/85 = EF 47.569.

3. **Einschr:** Das **Maß der Bedürfnisse** des Kindes richtet sich nach dem Stand oder Beruf, zu dem es durch die bisherige Erziehung vorbereitet wurde, und nach

seiner äußeren Lebensführung, soweit sie nach dem Willen des Vaters geregelt ist. 2 Ob 51/63; 5 Ob 80/69 = EF 10.977; 5 Ob 118/73 = JBl 1974, 41.

4. Bei der UhBemessung ist also **stets auf den konkreten Bedarf des UhBer und nicht auf den theoretischen Bedarf einer Personengruppe,** die anders lebt als der UhBer, **abzustellen.** 5 Ob 567/90 = EvBl 1990/134 = ÖA 1991, 16 = JBl 1991, 41 = ÖA 1991, 41/U 3.

2. Deckung des Unterhaltsbedarfs durch Dritte

a) Öffentliche Hand

1. Anmerkung: Zu Fragen idZ vgl auch Rz 569, 671, 698; zu Fragen iZm dem Übergang der Ansprüche auf den JWTr bzw den SHTr vgl Rz 871 ff.

2. Eine Person, deren **UhBed** aufgrund einer **öffentlich-rechtlichen Verpflichtung** von einem Dritten (JWTr, SHTr) gedeckt wird, kann insoweit **keinen UhAnspr** gegen den zivilrechtlich UhPfl stellen, weil ihr UhBed in dieser Höhe gedeckt ist und **ein Anspruch auf Doppelversorgung grundsätzlich nicht besteht.** 6 Ob 531/79 = EF 32.941; 8 Ob 548/82 = SZ 55/129 = EF 40.714; 8 Ob 623/87 = EF 53.186 = ÖA 1988, 78 *(Gamerith)* uva; 6 Ob 18/98k; 6 Ob 257/01i = EF 95.353; 7 Ob 225/04w.

3. Ob der UhBer allenfalls doch einen Anspruch auf Doppelversorgung hat, ist nach dem Gesetzeszweck zu beurteilen. Anhaltspunkte für die Absicht des Gesetzgebers bieten die gesetzlichen Regelungen über den Rechtsübergang der UhAnspr und über die Kostenbeitragspflicht des UhPfl. Während verschiedene Landesgesetze **bei der Sozialhilfe Legalzessionen oder aufgeschobene Legalzessionen** (bei diesen wird die Zession mit einer Verständigung des UhPfl durch den SHTr bewirkt) vorsehen, sieht das **OöBhG 1991** idF LGBl 1997/63 keine Legalzession, wohl aber im § 43 Abs 1 eine **Kostenbeitragspflicht des Behinderten,** aber auch der für ihn gesetzlich uhpfl Personen vor. Aus dieser Kostenbeitragsbestimmung ist zu folgern, dass der Landesgesetzgeber auch (sogar) den behinderungsbedingten Mehraufwand vom UhPfl zumindest teilweise ersetzt erhalten will und dass jedenfalls in diesem Umfang keine Doppelversorgung eintreten soll. Dies muss auch für den nicht behinderungsbedingten Aufwand gelten. Die Auslegung der landesgesetzlichen Bestimmungen führt also zum Ergebnis, dass die öffentlich-rechtlichen Leistungen uhentlastend wirken, weil mit ihnen keineswegs beabsichtigt ist, dem UhBer einen Anspruch auf Doppelversorgung zu verschaffen. Für die Annahme einer solchen Überversorgung zu Lasten des UhPfl, auf dessen Leistungsfähigkeit der Landesgesetzgeber mit seiner Kostenbeitragsregelung durchaus Bedacht nimmt, fehlt jeder Anhaltspunkt. Mit der festgestellten Vollversorgung des uhber Kl durch die öffentlich-rechtlichen Leistungen nach dem OöBhG 1991 erfolgte eine volle Deckung der Bedürfnisse, weshalb dem Kl daher gegen seinen Vater kein UhAnspr zusteht. 6 Ob 257/01i = EF 95.354; 7 Ob 225/04w.

4. Der UhPfl hat nur insoweit Uh zu leisten, als die Bedürfnisse des UhBer nicht bereits durch die Leistungen nach dem Stmk BhG gedeckt sind. 7 Ob 225/04w.

1. Für die Dauer der Fürsorgeerziehung **ruht die UhPflicht.** 3 Ob 257/48; 1 Ob 580/49; 3 Ob 257/49 = SZ 22/118 = JBl 1949, 552; 3 Ob 437/49 = SZ 23/2; 8 Ob 548/82 = SZ 55/129 = EF 40.714.

2. Keinesfalls kann daher eine Mj, deren dzt **Unterbringung in einer Wohngemeinschaft** (gem § 26 Abs 1 SbgJWO) exorbitant hohe, außerhalb normaler privater Aufwendungsmöglichkeiten liegende Kosten verursacht, zu deren Tragung sie selbst nur mit einem Bruchteil ihrer Lehrlingsentschädigung beiträgt, sodass sie ganz offensichtlich von der öffentlichen Hand voll alimentiert wird, von ihrem Vater Uh verlangen. 8 Ob 591/91 = ÖA 1992, 52/U 26 = tw EF 65.131.

3. Dies setzt aber **voraus, dass das Kind im Rahmen der Fürsorgeerziehung den vollen Uh vom Träger dieser Erziehungsmaßnahme erhält,** was nicht der Fall ist, wenn der Mj an den Wochenenden zu seiner Mutter beurlaubt wird, ohne dass von Seiten des Trägers der Fürsorgeerziehung für die damit iZ stehenden Fahrtkosten und die Verpflegung des Mj während dieser Urlaubszeiten aufgekommen wird. Erhält aber ein in ein Erziehungsheim eingewiesenes Kind vom Träger der Fürsorgeerziehung für bestimmte Zeiträume keinen oder nicht den vollen Uh, dann besteht kein Hindernis, den UhAnspr für diese Zeiträume gegen den zivilrechtlich UhPfl geltend zu machen. 6 Ob 531/79 = EF 32.941.

4. Bei einer als Maßnahme der Unterstützung der Erziehung gewährten **Internatsunterbringung des Kindes während der Schulwoche** mindert die in dieser Zeit gewährte kostenlose Verpflegung den UhAnspr iSd § 140 Abs 3 ABGB. 7 Ob 591/94 = ÖA 1995, 119/UV 77.

5. Dort, wo allerdings **mit der Drittleistung ein bestimmter Sonderbedarf gedeckt** werden soll, bleiben dieser Bedarf und diese Beihilfe außer Betracht. 7 Ob 642/88 = RZ 1990/24 = EF 56.094; 7 Ob 591/94 = EF 73.993 = ÖA 1995, 119/UV 77; 1 Ob 570/95 = JBl 1996, 442 = SZ 68/157; 3 Ob 2202/96 m; 6 Ob 18/98 k.

6. **Anmerkung:** Vgl idZ insb Pflegegeldleistungen (Rz 288).

b) Ehegatte des Kindes

6 1. Die **UhPflicht der Eltern** für ein verheiratetes Kind ist gegenüber der EhegattenUhPflicht nur **subsidiär,** kommt also nur dann und soweit zum Tragen, als der in erster Linie uhpfl Ehepartner nicht in der Lage ist, seiner Verpflichtung nachzukommen, haftet doch selbst der uhpfl geschiedene Ehegatte vor den Verwandten des UhBer (§ 71 Abs 1 EheG). 6 Ob 504/93 = EF 70.751 = ÖA 1995, 158/U 136; 4 Ob 305/97 z = SZ 70/225 = EvBl 1998/54 = EF 83.234, 83.235.

2. Die **Verehelichung** hat aber **nicht schlechthin** das **Erlöschen der UhPflicht** des Vaters zur Folge, es geht ihr nur jene des Ehemanns vor. 1 Ob 183/66 = EvBl 1967/1 = JBl 1967, 481; 4 Ob 534/69.

3. Die Verpflichtung des Vaters, für seine erwerbsunfähige Tochter auch nach deren Verheiratung zu sorgen, greift also (subsidiär) in dem Falle Platz, als der Schwiegersohn auch bei der gebotenen äußersten Einschränkung des eigenen Bedarfs nicht imstande ist, seiner ihm nach § 94 ABGB obliegenden UhPflicht zu genügen. 2 Ob 699/26 = SZ 8/309.

c) Lebensgefährte des Kindes

7 1. Hat das Kind seine Selbsterhaltungsfähigkeit dadurch verloren, dass es nach Entbindung von einem Kind mit dem gemeinsamen Lebensgefährten dieses betreuen muss, und zieht es seinen Uh aus der LG (wofür der Anschein einer aufrechten LG spricht), ist sein UhAnspr gegenüber den Eltern (§ 140 ABGB) oder Großeltern (§ 141 ABGB) **auf jenes Ausmaß zu beschränken, wie es einem verheirateten Kind zustünde;** ein dennoch gestelltes UhBegehren ist als sittenwidrig anzusehen. 6 Ob 504/93 = EF 70.751 = ÖA 1995, 158/U 136.

2. Ein Lebensgefährte ist zwar gesetzlich nicht zum Uh verpflichtet, bis zum Beweis des Gegenteils ist aber davon auszugehen, dass **Lebensgefährten gemeinsam wirtschaften und auch ihre Einkünfte miteinander teilen.** 4 Ob 305/97 z = EvBl 1998/54 = SZ 70/225 = EF 83.228.

3. Die tatsächliche Bedeckung der Bedürfnisse im Rahmen einer LG (der Tochter) kann bedarfsmindernd wirken, sofern der UhPfl die (tw) Befriedigung von Lebensbedürfnissen der Mj durch deren Lebensgefährten unter Beweis stellt. 6 Ob 569/91 = EF 65.069.

4. Maßgeblich ist dabei im Einzelfall nicht, ob das Gesamteinkommen der Lebensgefährten (bei durchschnittlichen Lebensverhältnissen) zumindest den Ausgleichszulagenrichtsatz erreicht, sondern wieweit dem uhber Kind tatsächlich Uh von seinem Lebensgefährten zufließt. In diesem Umfang vermindert sich der Anspruch gegenüber den Eltern. 4 Ob 305/97 z = EvBl 1998/54 = SZ 70/225 = EF 83.228.

5. Anmerkung: Zum Begriff „LG" und zu deren Voraussetzungen vgl Rz 775 ff.

d) Nahe Angehörige

1. IZw ist davon auszugehen, dass Zuwendungen naher Anverwandter in Erfüllung einer (zumindest angenommenen) sittlichen Verpflichtung und nicht in der Absicht, den UhPfl zu entlasten, erbracht werden. **Leistungen der Großeltern an das Kind** haben daher keinen Einfluss auf die UhPflicht des Vaters. 7 Ob 568/93 = tw EF 70.737; 6 Ob 501/96 = ÖA 1997, 63/F 122.

2. UhLeistungen, die ein naher Angehöriger (hier: **Stiefvater**) aus moralischer Verantwortung für ein in seinem Haushalt lebendes Kind erbringt, sind nicht frei verfügbares eigenes Einkommen dieses Kindes iSd § 140 Abs 3 ABGB. 5 Ob 536/94.

3. Der **Lebensgefährte der Mutter** ist nicht verpflichtet, für den Uh ihres Kindes, auch nicht zumindest tw, aufzukommen. 4 Ob 191/97 k = EF 83.229.

1. Dass die UhPflicht primär den ehel Vater trifft, schließt nicht aus, dass sich ein Dritter – insb der **natürliche Vater** – zur Leistung des Aufwands für den erforderlichen Uh dem UhPfl gegenüber verpflichten kann. 1 Ob 35/72 = SZ 45/23; 1 Ob 136/72 = EvBl 1973/24.

2. Solange die durch die Legitimation festgestellte Ehelichkeit der Kinder nicht durch Statusklage beseitigt wird, trifft den **Ehemann der Mutter** die gesetzliche UhPflicht. 10 Os 264/71 = EvBl 1972/252.

3. Der Ehemann, für dessen Vaterschaft die gesetzliche Vermutung des § 138 ABGB streitet, ist daher so lange zur UhLeistung für das ehel Kind heranzuziehen, bis er mit seiner Bestreitungsklage rk durchgedrungen ist. 2 Ob 533/50 = JBl 1951, 135; 2 Ob 231/61; 6 Ob 298/65; 1 Ob 35/72 = SZ 45/23; 6 Ob 292/05 t.

4. Hat dabei der **Scheinvater** vorerst UhZahlungen vorgenommen, die umfänglich hinter jenen UhBeiträgen zurückblieben, die der tatsächlich UhPfl hätte leisten müssen, wenn seine UhPflicht bereits bekannt gewesen wäre, so bleibt der die Vergangenheit betr UhAnspr des Kindes nur im Ausmaß der Differenz zw diesen beiden Beträgen bestehen. 2 Ob 570/92 = EF 69.164 = ÖA 1993, 25.

5. Da die familienrechtlichen Beziehungen zw leiblichen Eltern und dem Wahlkind gem § 185 Abs 1 und 2 ABGB erst mit dem Eintritt der Rk des Aufhebungsbeschlusses wieder aufleben, ging die trotz der Adoption der Kinder durch den

Ehemann der Mutter aufrecht gebliebene **UhPflicht des leiblichen Vaters** den beiden Mj gegenüber bis zu diesem Zeitpunkt der UhPflicht des Wahlvaters im Range nach (§ 182 a Abs 1 und 3 ABGB). Der leibliche Vater könnte deshalb für diesen Zeitraum nur dann zu einer UhLeistung verhalten werden, wenn der frühere Wahlvater außerstande wäre, den Uh zu leisten. 1 Ob 507/91 = RZ 1991/70 = EF 65.122 = ÖA 1992, 112/U 46.

B. Anspruchsberechtigung

Übersicht:

	Rz
1. Person	10–12 a
2. Beginn	13
3. Fälligkeit des Unterhaltsanspruchs	14
4. Gleichrangigkeit mehrere Unterhaltsansprüche	15
5. Ende des Unterhaltsanspruchs	16

1. Person

10   1. Der **Anspruch auf Bezahlung von GeldUh steht dem Kind selbst zu,** sodass der Elternteil, der das Kind betreut, ihn nicht im eigenen Namen geltend machen kann. Wird das Begehren vom Vater oder von der Mutter des Kindes bei Gericht eingebracht, so ist aber mangels eindeutiger ggt Anhaltspunkte davon auszugehen, dass dies im Namen und als Vertreter des Kindes geschieht. 3 Ob 524/95 = ÖA 1996, 125/U 158; 3 Ob 540/95 = EF 77.905; 1 Ob 122/97 s = EF 83.772 = EF 83.773; 6 Ob 38/01 h = EF 95.366.

2. **Anmerkung:** Vgl nunmehr auch § 2 Abs 2 AußStrG seit der Reform 2003.

3. Gleichgültig ist es dabei, welchem Elternteil die Obsorge für das Kind zukommt; dieser Umstand ist nur dafür von Bedeutung, wer zur Vertretung des Kindes berufen ist. 1 Ob 122/97 s.

11   1. Der **Dritte** kann in der Absicht leisten, die UhPflicht des UhPfl zu erfüllen und ihm die Leistung zu schenken oder von ihm Ersatz einzuklagen. Im ersten Fall steht ihm kein, im zweiten Fall ein Anspruch nach § 1042 ABGB gegen den zur Leistung Verpflichteten zu. In beiden Fällen ist der Anspruch des Kindes, weil für den UhPfl geleistet wurde, durch Erfüllung erloschen. Der Dritte (die Mutter) kann aber nur nach **§ 1042 ABGB** vorgehen, wenn der UhPfl von seiner Schuld befreit wurde. Der Anspruch kann nur entweder dem Kind oder dem Drittzahler zustehen. Verwendete aber die Mutter, wie dies in einem Familienverband naheliegt, Geld nicht zum Nutzen des uhpfl Vaters, sondern **gleichsam vorschussweise** für das ihrer Obsorge anvertraute Kind in der Absicht, dessen Ansprüche nicht zum Erlöschen zu bringen und sich nach Durchsetzung der unberührt gebliebenen UhAnspr des Kindes Ausgleich zu verschaffen, so hat sie keinen Anspruch nach § 1042 ABGB gegen den Vater, und dieser hat weiter an das Kind das Geschuldete zu leisten. 3 Ob 606/90 = JBl 1991, 309 *(Apathy)* = EF 63.305.

2. Ist die **Mutter dem Antrag** des Kindes **beigetreten,** ist es naheliegend, dass sie im Zuge der Versorgung des Kindes **kurzfristig Beträge vorschießen wollte,** ohne für den Vater leisten und diesen entlasten zu wollen und ohne Ersatz von ihm zu verlangen. 3 Ob 606/90 = JBl 1991, 309 *(Apathy)* = EF 63.305.

3. Letzteres gilt auch dann, wenn die **Mutter selbst** namens des Kindes den **Erhöhungsantrag gestellt** hat. 6 Ob 529/91 = EF 66. 374; 1 Ob 633/90 = EF XXVIII/1; 8 Ob 1666/92 = ÖA 1993, 144/F 64; 2 Ob 506/93 = EF 72.231; 7 Ob 2031/96 v; 6 Ob 41/00 y.

4. Oder der Antrag des UhSachwalters mit Wissen der Mutter gestellt wurde. 7 Ob 505/92 = ÖA 1992, 153/F 45.

5. Auch dann, wenn eine parallele Geltendmachung des Anspruchs auf Ersatz der **bezahlten Kosten der kieferorthopädischen Behandlung** des Kindes einmal durch das Kind im VaStr und einmal durch die Mutter im Prozessverfahren nicht vorliegt, ist davon auszugehen, dass eine mit Wissen der Mutter erfolgte Geltendmachung des Anspruchs durch das Kind im VaStr ihren Willen ausdrückt, den von ihr bezahlten Betrag dem Kind nur vorschussweise gegeben zu haben. 7 Ob 505/92 = ÖA 1992, 153/F 45 = EF 68.587; 7 Ob 2031/96 v.

6. Aus dem Umstand, dass eines der beiden Kinder, für die Uh zu leisten ist, nicht mehr beim Vater, sondern bei einer Schwester lebt, ist für die Mutter nichts zu gewinnen, weil die Schwester dies im Einvernehmen mit dem Vater macht, sodass nicht anzunehmen ist, die Schwester komme statt des Vaters für den Uh auf und es drohten Ersatzansprüche nach § 1042 ABGB gegen die Mutter. 3 Ob 1505/91 = EF 69.161.

1. Die Frage, ob ein vom Kind erhobener UhAnspr erloschen ist, weil die Mutter in Erwartung des Ersatzes durch den Vater geleistet hat, ist allerdings **nur zu untersuchen, wenn der Vater diesen Einwand erhebt.** 3 Ob 606/90 = JBl 1991, 309 = EF 63.308; 1 Ob 683/90 = EF 63.308; 6 Ob 529/91 = EF 66.371; 2 Ob 506/93 = EF 72.227; 7 Ob 2031/96 v = EF 81.572.

12

2. Bei UhBegehren für die Vergangenheit, insb wenn der UhPfl keinen Uh geleistet hat, spricht der erste Anschein für eine Leistung des Uh durch einen Dritten. Dafür, dass die Voraussetzungen des § 1042 ABGB nicht gegeben sind, ist der UhBer behauptungs- und beweispflichtig, weshalb ein allfälliges Beweisdefizit zu seinen Lasten geht. 3 Ob 1501/91 = EF 69.147.

1. Anmerkung: Vgl iZm der **Rückforderung** von gegenüber dem uhber Kind erbrachten Leistungen gegenüber einem Dritten ausführlich Rz 857 ff.

12a

2. Beginn

1. Der UhAnspr entsteht mit der **Geburt.** 1 Ob 2201/96 z = SZ 70/84 = JBl 1997, 655 = RZ 1998/41; 7 Ob 61/97 i = ÖA 1998, 127/F 157 = EF 83.410 = ÖA 1998, 27/F 148; 7 Ob 39/00 m = ÖA 2000, 176/U 319.

13

2. Er hängt **nicht von der Kenntnis des UhPfl** von seiner UhPflicht ab bzw davon, ab wann dieser „absolute Gewissheit, als Vater in Betracht zu kommen", haben musste. Lediglich bzgl der UhPflicht des ue Vaters für ein von der Mutter im Ehebruch empfangenes Kind wurde Abweichendes ausgesprochen (EF 55.648). 10 Ob 2032/96 p = EF 80.289.

3. Kommt die **Annahme an Kindes Statt** auch durch einen schriftlichen Vertrag zw dem Annehmenden und dem Wahlkind (und durch gerichtliche Bewilligung auf Antrag eines Vertragsteils) zustande (§ 179 a Abs 1 ABGB), entstehen doch zw dem Annehmenden und dem Wahlkind mit dem Zeitpunkt des Wirksamwerdens der Kindesannahme die gleichen Rechte, wie sie durch die ehel Abstammung begründet werden (§ 182 Abs 1 ABGB). Zu den aus dieser Abstammung hervorgehenden Rechten zählt insb der Anspruch des Kindes gegenüber seinen Eltern auf Uh (EF 40.944). Der dem Wahlkind gegenüber seinen Wahleltern zustehende gesetzliche UhAnspr verliert seinen Charakter dann nicht, wenn die Auswirkungen dieses Anspruchs auf den UhAnspr dritter Personen (ehel Kinder) zu prüfen sind. 7 Ob 712/88 = EF 56.148.

3. Fälligkeit des Unterhaltsanspruchs

14 1. Fälligkeit des UhBeitrags tritt jew am **Monatsersten** ein (§ 1418 ABGB). 4 Ob 505/92 = EF 69.163 = ÖA 1992, 114/U 54 = ÖA 1992, 163.

2. Ein erst **während des UhVerfahrens erbrachter UhAufwand** ist nicht geeignet, die vorher bereits eingetretene UhVerletzung zu beseitigen. Uh muss dem UhBer nämlich jeden Monat zur Verfügung stehen. 8 Ob 94/97 z = ÖA 1998, 62/F 154 = EF 83.083.

4. Gleichrangigkeit mehrerer Unterhaltsansprüche

15 1. Die Beteiligung der konkurrierenden UhAnspr an den verfügbaren UhMitteln richtet sich nach dem Stand der einzelnen UhBer (Ehegatten, Eltern, Kinder, Enkelkinder) und – bei gleichem Stand – nach Alter, Bedarf und weiteren Bemessungskriterien. Dies trifft jedenfalls zu, wenn UhAnspr von Kindern mit UhAnspr anderer Kinder oder eines Ehegatten konkurrieren. 4 Ob 236/04 s.

2. UhAnspr **von Kindern aus zwei oder mehreren Ehen** sind also grundsätzlich gleichrangig. 1 Ob 595/91 = EF 65.242, 65.248; 7 Ob 615/91 = RZ 1992/24 = ÖA 1992, 52/U 25; 3 Ob 520/92 = ÖA 1992, 146/U 61 uva; 9 Ob 373/97 m = EF 85.953; 7 Ob 241/00 t = EF 95.487; 3 Ob 213/00 w = ÖA 2001, 315/UV 183 = EF 95.795; 4 Ob 236/04 s; 7 Ob 279/05 p = EF 110.136.

3. Einschr: Dies besagt aber nicht, dass auch Kinder, die keine eigenen Einkünfte beziehen, gleich viel zur Deckung ihres LebensUh zur Verfügung haben müssen, wie Kinder, die zT ihre Lebensbedürfnisse aus eigenem Einkommen decken können. 3 Ob 520/92 = EF 67.724 = ÖA 1992, 146/U 61.

4. Ebenso **UhAnspr von Kindern mit solchen eines Ehegatten**. 1 Ob 180/98 x = ÖA 1999, 117/U 268 = EF 85.954.

5. Die konkursrechtlichen Maßnahmen haben auf die Festsetzung des Uh keinen Einfluss. Da dies auch für die – im bürgerlichen Recht festgelegte – UhPflicht gegenüber den Kindern gilt, die mit dem Gemeinschuldner im gemeinsamen Haushalt leben, besteht nicht die Gefahr der Ungleichbehandlung von Kindern, die NaturalUh beziehen, und solchen, die einen Anspruch auf GeldUh geltend machen. 2 Ob 202/98 i = ÖA 1999, 54/F 192 = EF 86.019.

6. Da bei der UhBemessung auf die **Lebensverhältnisse beider Elternteile** Bedacht zu nehmen ist, liegt es in der Natur der Sache, dass es bei **unterschiedlichem Einkommen** mehrerer Väter von Kindern einer Mutter zu verschiedenen UhBeiträgen kommen kann. 6 Ob 609/84; 3 Ob 1509/90.

5. Ende des Unterhaltsanspruchs

16 1. Nach seinem Wesen erlischt der UhAnspr mit dem **Tod des** uhber **Kindes** (vgl § 77 Abs 1 EheG), was eine Forderung der Verlassenschaft nach dem uhber

Kind auf Zahlung der Begräbniskosten aus dem Titel des Uh ausschließt. 4 Ob 204/99 z = ÖA 2000, 41/U 303 = EvBl 2000/40 = EF 88.913.

2. Die Verpflichtung der Eltern zur Tragung – anteilig und unabhängig davon, wer das Kind betreut hat – der **Kosten des Begräbnisses** ergibt sich vielmehr aus dem Grundsatz, dass die nahe Verwandtschaft, aus der die UhPflicht folgt, gegenseitige Rechte und Pflichten begründet, die sich nicht in UhLeistungen erschöpfen. 4 Ob 204/99 z = ÖA 2000, 41/U 303 = EvBl 2000/40 = EF 88.914.

C. Betreuung

Übersicht:

Rz
1. Begriff 17
2. Betreuung und Geldunterhalt 18–22
3. Eingeschränkte Betreuungsleistungen 23–25
4. Drittpflege – Eigenpflege .... 26–28 a

1. Begriff

1. Mit dem Ausdruck der tatsächlichen Betreuung wird auf die **Obsorge abgestellt, die ein Kind im Rahmen eines (geordneten und funktionierenden) Haushalts im Allgemeinen erfährt.** Hiezu zählen insb die Zubereitung der Nahrung, die Instandhaltung und Reinigung der Kleidung und Wäsche sowie die Pflege im Krankheitsfall. 5 Ob 644/78 = 5 Ob 645/78 = EF 30.731; 3 Ob 614/79 = EvBl 1980/163 = ÖA 1981, 78 = ÖA 1983, 45; 8 Ob 93/87; 8 Ob 618/90 = RZ 1992/5 = EF XXVII/8; verstSenat 1 Ob 560/92 = SZ 65/114 = EvBl 1993/12 = JBl 1993, 238 = ÖA 1992, 147/UV 43 uva; 1 Ob 16/02 p = ÖA 2002, 138/U 356 = JBl 2002, 516; 6 Ob 230/01 v = ÖA 2002, 172/U 358; 10 Ob 53/03 x = EF 103.263. 17

2. Die **Begriffe „Uh" und „Pflege und Erziehung" decken sich nicht.** Unter Uh sind nicht die Betreuung, sondern nur die geldwerten Aufwendungen zu verstehen. Allerdings enthält § 140 Abs 1 ABGB einen UhBegriff iwS, der neben dem eigentlichen Uh auch die Haushaltsführung und die Betreuung des Kindes umfasst. Bloßes Spielen und Spazierengehen mit dem Kind fallen aber nicht einmal unter den Begriff der Betreuung. 7 Ob 11/83; 2 Ob 106/83.

3. In den Mat zum BG über die Neuordnung des Kindschaftsrechts werden als Betreuungsleistungen zwar nur die **Zubereitung der Nahrung, die Instandhaltung der Kleidung und Wäsche sowie die Pflege im Krankheitsfall** aufgezählt, der in Wahrheit viel weitere Begriff der Betreuung umfasst jedoch nicht nur die für die körperliche Pflege des Mj notwendigen Leistungen, sondern neben der **Überlassung der Wohnung zur Mitbenützung** va auch die **geistig-seelischen Erziehungsmaßnahmen,** die sich in Geld nicht ausdrücken lassen. VerstSenat 1 Ob 560/92 = SZ 65/114 = EvBl 1993/12 = JBl 1993, 238 = ÖA 1992, 147/UV 43; 7 Ob 592/92 = ÖA 1993, 102/UV 55; 10 Ob 517/95 = 10 Ob 520/95 = ÖA 1996, 120/U 153 = EF 76.884 uva; 1 Ob 16/02 p = ÖA 2002, 138/U 356 = JBl 2002, 516; 1 Ob 117/02 s = EF 99.224.

4. Außerdem gehören zur erforderlichen Betreuung nicht nur die für die körperliche Pflege des Kindes notwendigen Leistungen, sondern ferner auch die **Überlassung der Wohnung zur Mitbenützung.** 1 Ob 117/02 s = EF 99.225.

Anmerkung: Vgl zum Wohnbedarf auch Rz 2.

5. Die **Art der Betreuung richtet sich** naturgemäß **nach dem Alter des Kindes;** je älter das Kind wird, desto weniger bedarf es der körperlichen Pflege und Beaufsichtigung; die Erziehungsarbeit tritt in den Hintergrund und gewinnen die Gewährung der Unterkunft, die Naturalverpflegung und die Besorgung der Kleider an Bedeutung. Es ist dabei auf die übliche **Obsorge in einem geordneten und wohlfunktionierenden Haushalt** abzustellen. 8 Ob 618/90 = RZ 1992/5 = EF XXVII/8; 8 Ob 1508/91; 9 Ob 1741/91; 7 Ob 577/94 = ÖA 1995, 98; 3 Ob 555/94; 6 Ob 230/01 v = ÖA 2002, 172/U 358.

2. Betreuung und Geldunterhalt

18 1. Die Anordnung, dass der Elternteil, der den Haushalt führt, in dem er das Kind betreut, dadurch seinen Beitrag leistet, bezieht sich nur auf das Verhältnis zw den beiden Elternteilen. VerstSenat 1 Ob 560/92 = SZ 65/114 = EvBl 1993/12 = JBl 1993, 238 = ÖA 1992, 147/UV 43.

2. Die **Betreuung** ist als **vollwertiger UhBeitrag** anerkannt, der ohne Rücksicht auf die nach dem Lebensalter unterschiedliche Mühe und Zeit der UhLeistung des anderen Elternteils, der für alle übrigen Bedürfnisse des Kindes aufzukommen hat, an Gewicht gleichkommt. Die Betreuungsleistung der Mutter kann daher nicht aus der Erwägung vernachlässigt werden, dass der 17-jährige Lehrling nicht mehr eine gleich aufwendige Fürsorge in Anspruch nimmt wie ein Klein- oder Schulkind. 7 Ob 628/90 = RZ 1991/25 = ÖA 1992, 111/U 41; 3 Ob 523/91 = tw ÖA 1992, 51/U 22; 1 Ob 117/02 s.

3. Betreut die Mutter den wegen psychischer Beeinträchtigungen nicht erwerbs- und daher nicht selbsterhaltungsfähigen Sohn in dem von ihr geführten Haushalt, dann sind zur Bedeckung aller über die Betreuungsleistungen hinausreichenden UhBed des Kindes zunächst die vollen Kräfte des Vaters auszuschöpfen; erst dann wäre ein Zurückgreifen auf weitere Leistungen der Mutter zu erwägen. 6 Ob 652/90 = EF 61.960.

4. Die Erfüllung der UhPflicht durch Betreuung ist **unabhängig vom Bestehen des Obsorgerechts** zu sehen. 2 Ob 3/06 i.

Anmerkung: Vgl dazu ausführlich auch Rz 39.

19 1. Die **Lebens(Einkommens-)verhältnisse des Elternteils,** bei dem sich das Kind **aufhält,** sind bei der UhBemessung grundsätzlich nicht mitzuberücksichtigen. 8 Ob 1517/90 = ÖA 1992, 119/F 10; 1 Ob 16/02 p = ÖA 2002, 138/U 356 = JBl 2002, 516; 1 Ob 176/04 w = EF 107.018.

2. Dies gilt insb hier, wo Berücksichtigung finden muss, dass mit dem Auslandsaufenthalt des Kindes erheblich höhere finanzielle Aufwendungen verbunden sind, die Sonderbedarf sind, und der betreuende Vater offensichtlich ohnehin diese Mehrkosten trägt, womit er UhLeistungen erbringt, die seine Entlastung in Form des Entfalls der unmittelbaren Betreuungstätigkeit aufwiegen. Daraus folgt, dass die Einkommensverhältnisse des Vaters ohne Bedeutung sind, zumal er für die beiden Kinder SonderUhLeistungen der Mutter zur Bestreitung des Sonderbedarfs gar nicht geltend gemacht hat. 1 Ob 16/02 p = ÖA 2002, 138/U 356 = JBl 2002, 516.

3. Auch seine **erhöhte Leistungsfähigkeit** führt nicht zu einer Verminderung des zu leistenden GeldUh. 2 Ob 508/79 = EF 32.903; 3 Ob 548/93 = EF 70.661; 6 Ob 211/00 y.

4. Der den Haushalt führende Elternteil ist allerdings dann zur GeldUhLeistung heranzuziehen, wenn der **andere Elternteil nicht imstande** ist, die Bedürfnisse des Kindes voll zu decken. 3 Ob 510/52 = SZ 25/259; 8 Ob 618/90 = RZ 1992/5 = EF XXVII/8; 4 Ob 564/91 = ÖA 1992, 88; 8 Ob 279/97 f = ÖA 1998, 126/UV 106.

5. Uzw in der Höhe der üblichen Prozentkomponente, weil die Betreuungsleistungen nicht mit zusätzlichem Geldaufwand verbunden sind und daher nicht die Fähigkeit zur Aufbringung der Geldmittel mindern. 4 Ob 388/97 f = SZ 71/9 = ÖA 1998, 206/U 230.

6. Dass der Vater mit seinem Einkommen für den Uh seiner 3 Kinder in bescheidenem Rahmen aufkommen kann, besagt noch nicht, dass die subsidiäre (Geld-)UhPflicht der Mutter von vorneherein nicht in Betracht käme, auch wenn dadurch der Lebensstandard der Kinder erhöht wird. 8 Ob 230/74.

entfällt. 20

1. Verfügt der die Kinder **betreuende Elternteil** über ein im Vergleich zum 21 anderen Ehegatten **beträchtlich höheres Einkommen,** aus dem der Uh derselben zur Gänze oder zum Großteil geleistet wird oder geleistet werden kann, sodass die dem anderen Teil zumutbare Alimentierung im Vergleich dazu bei lebensnaher Betrachtung aller Umstände nicht mehr ins Gewicht fällt, könnte dies auch zu einer **gänzlichen Befreiung** von der Alimentationspflicht führen. 8 Ob 651/90 = EF 64.966; 7 Ob 1644/93; 10 Ob 502/96 = EF 79.947 = JBl 1996, 651 = ÖA 1996, 189/U 162; 6 Ob 97/00 h = ÖA 2000, 215/U 322; 10 Ob 56/06 t = EF-Z 2006/13 *(Gitschthaler).*

2. Es haben nämlich die Einkommensverhältnisse der Eltern zu einer **billigen Berücksichtigung** bei der Ausmittlung des der Mutter aufzuerlegenden UhBeitrags in der Form zu führen, dass ihr weniger als die üblicherweise von den Gerichten als Orientierungshilfe herangezogenen Prozentsätze auferlegt wird (EF 64.966). 7 Ob 526/93 = ÖA 1994, 20/U 85 = EF 70.999.

3. Das Billigkeitsargument des erheblichen Einkommensunterschieds der Eltern in den E 8 Ob 651/90, 7 Ob 526/93 und 10 Ob 502/96 führt jedoch im Ergebnis zu einer Ausweitung der im § 140 Abs 2 ABGB ausdrücklich angeführten Fälle einer subsidiären Beitragspflicht des betreuenden Elternteils, obwohl dieser nur zu einem ergänzenden Beitrag verpflichtet ist, wenn der andere Elternteil zur vollen Deckung der Bedürfnisse des Kindes nicht imstande ist oder mehr leisten müsste, als es seinen eigenen Lebensbedürfnissen angemessen wäre. Die ggt Auffassung schafft im Ergebnis den ersten Satz des § 140 Abs 2 ABGB und die daraus abgeleitete subsidiäre UhPflicht des betreuenden Elternteils ab und verwandelt dessen nur subsidiäre UhPflicht (Ergänzungspflicht) in eine primäre. 6 Ob 211/00 y; 9 Ob 80/01 g = EF 99.235; 1 Ob 16/02 p = ÖA 2002, 138/U 356 = JBl 2002, 516.

4. Die Anwendbarkeit der in 8 Ob 651/90 = EF 64.966 angestellten Überlegungen ist daher auf Fälle beschränkt, in denen das Einkommen des geldhupfl Elternteils so gering ist, dass der betreuende Elternteil **nahezu 100% der Bedürfnisse des Kindes in Erfüllung seiner subsidiären UhPflicht decken muss** und beim geldhupfl Elternteil nur ein ganz geringfügiger Geldbetrag abschöpfbar wäre. Dies ist aber bei einer UBGr von ATS 30.516 (= € 2.217,72) nicht mehr der Fall. 9 Ob 80/01 g = EF 99.236.

5. Die in 8 Ob 651/90 = EF 64.966 vertretene Auffassung, eine teilweise oder gänzliche Befreiung des UhPfl, dessen Einkommen dort nahe dem Existenzmini-

mum lag, sei dann denkbar, wenn der betreuende Elternteil über ein im Vergleich zum anderen **beträchtlich höheres Einkommen** verfüge, sodass die dem anderen Teil zumutbare Alimentierung im Vergleich dazu bei lebensnaher Würdigung der Umstände nicht mehr ins Gewicht falle, ist aber durchaus zutr. 1 Ob 16/02 p = ÖA 2002, 138/U 356 = JBl 2002, 516.

6. Der erkennende Senat hat bereits zum Ausdruck gebracht, dass die ältere, auf der E 8 Ob 651/90 basierende Rsp durchaus zutr gewesen, in der Folge jedoch über Gebühr dahin ausgedehnt worden sei, dass sich ein auch durchaus leistungsfähiger geldupfl Elternteil auf eine Reduzierung seiner UhPflicht wegen des beträchtlichen Unterschieds zw seinem und dem Einkommen des anderen Elternteils berufen habe dürfen; für eine derartige Ausdehnung habe aber keine gesetzliche Handhabe bestanden.

Geht man vorliegendenfalls davon aus, dass die der Mutter auferlegten UhBeiträge **jew etwa dem halben, an sich für die Mj geltenden „Regelbedarf"** entsprechen, ist die vom RekursG vertretene Auffassung, von derartigen UhBeiträgen könne nicht mehr gesagt werden, dass sie iSd dargestellten Rsp nicht ins Gewicht fielen, nicht zu beanstanden. 1 Ob 229/04 i = EF 110.143.

7. Auch UhBeiträge in Höhe zw € 77 und 155 sind nicht solche, die iS dieser Rsp nicht ins Gewicht fielen. 3 Ob 54/05 w.

8. **Anmerkung:** Den Ausführungen der E 6 Ob 211/00 y, wonach das Billigkeitsargument des erheblichen Einkommensunterschieds der Eltern in den E 8 Ob 651/90, 7 Ob 526/93 und 10 Ob 502/96 im Ergebnis zu einer Ausweitung der im § 140 Abs 2 ABGB ausdrücklich angeführten Fälle einer subsidiären Beitragspflicht des betreuenden Elternteils führt, ist inhaltlich und dogmatisch durchaus beizupflichten. Es ist richtig, dass in Einzelfällen auch bei höheren Einkommen des gelduhpfl Elternteils Billigkeitserwägungen angestellt wurden, was der 6. Senat zutr abgelehnt hat. Allerdings scheint diese Rsp-Linie für gewisse Übergangsbereiche, also etwa jene Bereiche, wo der geldupfl Elternteil ein Einkommen rund um das Existenzminimum oder darunter bezieht, durchaus auch unter dem Gesichtspunkt der Billigkeit ihre Berechtigung zu haben, uzw gerade dann, wenn der vom geldupfl Elternteil noch zu leistende UhBeitrag bei lebensnaher Betrachtung aller Umstände, also insb des Lebenszuschnitts des betreuenden Elternteils, an dem ja das Kind unmittelbar Teil hat, nicht mehr ins Gewicht fällt, andererseits der geldupfl Elternteil jedoch auf ein ihm verbleibendes Resteinkommen beschränkt wird, das mE manchmal schon zur Existenzangst (oder zur Flucht dieses Elternteils aus der – legalen – Einkommenserzielung) führen muss. Darauf hat der 1. Senat zuletzt offensichtlich auch abgestellt (1 Ob 16/02 p; 1 Ob 229/04 i; ebenso 10 Ob 56/06 t).

1. Die **Einkommenslosigkeit des betreuenden Elternteils** ist bei der Bemessung des vom anderen Elternteil zu leistenden Uh nicht zu berücksichtigen, weil nicht einzusehen ist, warum dieser deshalb entlastet werden müsste, weil der das Kind betreuende Elternteil über die Betreuung hinaus zu UhLeistungen nicht imstande ist. 2 Ob 2132/96 k = ÖA 1998, 110/U 210 = RZ 1998/23 = tw EF 83.170, 83.174.

2. Die schlechten wirtschaftlichen Verhältnisse der Mutter begründen aber andererseits auch keinen höheren UhAnspr des Kindes. 3 Ob 13/98 b = EF 85.934.

3. **Bescheidenere Verhältnisse des betreuenden Elternteils** könnten (nur) im Extremfall von Bedeutung sein, wenn ein krasses Missverhältnis zw dem Kind und

dem Elternteil, in dessen Haushalt es aufwächst, vermieden werden soll. Die bloße Tatsache, dass die Mutter im Haushalt tätig ist und über kein eigenes Einkommen verfügt, rechtfertigt dabei noch keineswegs eine Kürzung des prozentuell errechneten GeldUh. 6 Ob 2098/96 i = EF 79.895 = tw EF 79.933 = ÖA 1997, 60/U 171; 3 Ob 204/02 z = EF 99.238; 1 Ob 242/03 z = EF 103.275.

3. Eingeschränkte Betreuungsleistungen

1. Der Elternteil, der den Haushalt führt, in dem er das Kind betreut, leistet dadurch grundsätzlich seinen Beitrag nur dann, **wenn er das Kind auch tatsächlich betreut.** 5 Ob 644/78 = 5 Ob 645/78 = EF 30.731; 3 Ob 614/79 = EvBl 1980/163 = ÖA 1983, 45 = ÖA 1981, 78 = EF 35.276; 8 Ob 630/86 = EF 50.403 uva; 10 Ob 53/03 x = EF 103.270.

2. **Gelegentliche Besuche** eines im Übrigen getrennt lebenden Mj stellen hingegen die Voraussetzungen für den Tatbestand nach § 140 Abs 2 ABGB nicht her. 10 Ob 205/96; 10 Ob 53/03 x = EF 103.270.

3. Der Elternteil leistet Betreuungsaufgaben aber auch dann, wenn er dies nur **während bestimmter Tageszeiten** oder an bestimmten Tagen tut und das Kind **tagsüber bei Dritten oder den Großeltern unterbringt.** 5 Ob 644/78 = 5 Ob 645/78 = EF 30.731; 8 Ob 630/86 = EF 50.404, 50.406; 8 Ob 597/87 = EF 53.248; 1 Ob 571/95 = ÖA 1996, 94/U 148 = SZ 68/146 = EF 76.885, 76.887.

4. Der Aufenthalt des Kindes **während des Schuljahrs in einem Internat** und während der Ferien und verlängerten Wochenenden bei der obsorgeberechtigten Mutter ist kein Grund für eine Minderung der im Rahmen der Prozentmethode auferlegten UhLeistung. Es genügt nämlich, wenn die Mutter weiter für Wäsche und Kleidung sorgt und das Kind während bestimmter Zeit zu sich nimmt. 5 Ob 644/78 = 5 Ob 645/78 = EF 30.731; 8 Ob 618/90 = RZ 1992/5 = EF XXVII/8; 4 Ob 1568/91 uva; 8 Ob 347/97 f = EF 83.169 = ÖA 1998, 214/F 173.

5. Oder sie die Aufsicht behält und das Kind während der Wochenenden und Ferien betreut. 8 Ob 630/86 = EF 50.405, 50.409; 8 Ob 597/87 = EF 53.247, 53.249.

6. Oder die Kinder in einem **Hort** untergebracht sind, was aber nicht bedeutet, dass deshalb die Kinder, weil sie ihren Uh von 3. Seite erhalten, insoweit keinen UhAnspr gegen den Vater hätten, zahlt doch die Mutter die Hortkosten aus den UhBeiträgen des Vaters. 1 Ob 620/78; 8 Ob 630/86 = EF 50.407; 4 Ob 1568/91 = EF 65.003.

7. Oder das Kind unter der Woche zwecks Ausbildung auswärts lebt. 2 Ob 89/03 g = EF 103.268; 6 Ob 120/03 w = EF 103.268.

8. Die Tochter wohnt nunmehr in einer **eigenen Wohnung,** wird aber vom Vater betreut. Diese teilweise Fremdunterbringung hindert die Anwendung des § 140 Abs 2 ABGB nicht, soferne der betreuende Elternteil in den Restzeiten tatsächlich Betreuungsleistungen in seinem Haushalt erbringt. 2 Ob 196/02 s = EF 99.230.

9. Auch wenn das Schwergewicht der psychologisch-psychiatrischen Betreuung des **drogenkranken Sohnes** (in diesem Sonderfall) beim Krankenhauspersonal und bei den Ärzten liegt, verbleibt der Mutter letztendlich zusätzlich zu ihren Naturalleistungen die schwierige Aufgabe der Fürsorge und des familiären Haltes für ihren Sohn, von der sich der Vater offenbar ganz zurückgezogen hat. Gerade ein derart negativer psychischer Zustand, wie er beim Sohn aufgetreten ist, bedarf besonderer Geduld und Zuwendung, sodass die Mutter zweifelsohne einer großen Belastung

ausgesetzt ist, auch wenn sie sich nicht ständig und unmittelbar um das psychische und physische Wohl ihres Sohnes kümmern muss. 7 Ob 577/94 = ÖA 1995, 98 = EF 73.910.

24 1. Selbst **bei Volljährigen oder der Volljährigkeit nahen Kindern,** wo die körperliche Pflege und Beaufsichtigung in den Hintergrund tritt und die Erziehungsarbeit, die Gewährung der Unterkunft, Naturalverpflegung und Besorgung der Kleidung an Bedeutung gewinnt, leistet der Elternteil seinen Beitrag, wenn das Kind unter der Woche zwecks Ausbildung auswärts lebt. 8 Ob 618/90 = RZ 1992/5 = EF XXVII/8; 8 Ob 1508/91 = EF 65.002; 9 Ob 1741/91; 7 Ob 577/94 = ÖA 1995, 98 = EF 73.910; 3 Ob 555/94; 7 Ob 531/95 = ÖA 1996, 61/U 140 = EF 76.891.

2. Wenn auch ein gesundes, volljähriges Mädchen selbst seine Wäsche versorgen (waschen und bügeln) und Kochen erlernen kann, ist es doch in einem durchschnittlichen österreichischen Haushalt üblich, dass der den Haushalt führende Elternteil (idR die Mutter) im Rahmen der Haushaltsführung diese Arbeiten für ihre studierenden Kinder miterledigt. 8 Ob 618/90 = RZ 1992/5 = EF XXVII/8; 7 Ob 577/94 = ÖA 1995, 98; 5 Ob 9/97 b.

3. Nach stRsp haben auch **bereits erwachsene, aber noch nicht selbsterhaltungsfähige Kinder** Anspruch auf Betreuung, uzw auch dann, wenn das Kind unter der Woche zwecks Ausbildung außerhalb lebt. Die Bedenken *Gitschthalers* (Unterhaltsrecht[1] Rz 24/3), dass in solchen Fällen die tatsächlich erbrachten Betreuungsleistungen wohl nur als äußerst rudimentär bezeichnet werden könnten und die Mutter darüber hinaus auch noch die FB beziehe, sind insofern überholt, als nach Aufhebung des § 12a FamLAG als verfassungswidrig eine entsprechende Anrechnung auf den UhAnspr vorzunehmen ist. Für die Annahme „äußerst rudimentärer" Betreuungsleistungen durch die Mutter besteht hier kein Anhaltspunkt. 3 Ob 135/03 d = ecolex 2004, 172/77; 3 Ob 223/02 v = EF 103.266.

4. **Anmerkung:** Nach der Rsp, die der OGH trotz der in der Vorauflage vorgetragenen Kritik ausdrücklich aufrecht erhält, liegt also bei einem Kind, das zu Hause noch über ein Zimmer verfügt, regelmäßig die Wäsche zum Waschen schickt und/oder nach Hause kommt, also etwa bei einem Studenten, der „außerhalb" studiert, noch keine Eigenpflege vor, sondern erbringt die – idR – Mutter durch ihre Betreuungsleistungen vollen (Natural)Uh, während der gelduhpfl Elternteil (im Rahmen seiner Leistungsfähigkeit) für sämtliche sonstigen Bedürfnisse des Kindes aufzukommen hat.

Richtig ist, dass durch die teilw Aufhebung des § 12 a FamLAG ein wesentliches Begründungselement der Kritik weggefallen ist. Es darf aber weiterhin nicht gänzlich außer Acht gelassen werden, dass damit auch in einem Fall, in dem auch die „betreuende" Mutter über Einkommen verfügt, trotz dieses Umstands praktisch die gesamte UhLast der gelduhpfl Vater zu tragen hat. Die Betreuungsleistungen, die § 140 Abs 2 ABGB dem GeldUh gleichstellt, bestehen aber nicht nur in der Zubereitung der Nahrung, der Instandhaltung der Kleidung und Wäsche sowie der Pflege im Krankheitsfall; der in Wahrheit viel weitere Begriff der Betreuung umfasst auch die Überlassung der Wohnung zur Mitbenützung und va auch die geistig-seelischen Erziehungsmaßnahmen, die sich nicht in Geld ausdrücken lassen. Gerade diese Leistungen werden jedoch einem auswärts studierenden Studenten üblicherweise nicht erbracht; jedenfalls müsste eine derartige Behauptung konkret hinterfragt werden, um Missbrauch zu Lasten des gelduh Vaters hintan zu halten.

1. Nach dem Standpunkt des UhPfl sind der Mutter in der Ausübung ihrer **25** Personenfürsorge für den mj Sohn **schuldhafte Versäumnisse** unterlaufen. Dies ändert aber nichts daran, dass die Mutter ihr krankes Kind in dem von ihr geführten Haushalt betreute und damit ihren Beitrag nach § 140 Abs 2 ABGB leistete. Zu weiteren Beiträgen könnte sie erst nach Ausschöpfung der zur Deckung des KindesUh anzuspannenden Kräfte des Vaters verpflichtet sein. Die vom UhPfl vertretene These, eine mangelhafte, wegen **schwerwiegender Versäumnisse unzureichende Betreuung und Erziehung** des Kindes sei überhaupt **kein** nach § 140 Abs 2 ABGB zu veranschlagender **Beitrag,** ist **abzulehnen.** 6 Ob 652/90 = EF 61.960.

2. Der uhpfl Vater darf nicht schon deshalb die Alimentierung seines Kindes verweigern, weil er mit **Erziehungsmaßnahmen der Mutter nicht einverstanden** ist. 2 Ob 319/61; 6 Ob 22/72.

4. Drittpflege – Eigenpflege

1. Anmerkung: Auch wenn in der Rsp die Begriffe Dritt- und Eigenpflege **26** meist nicht mit der nötigen Trennschärfe verwendet werden, ist doch darauf hinzuweisen, dass betreuungsbedürftige Kinder sich – gegebenenfalls – in Drittpflege, nicht mehr betreuungsbedürftige (etwa ein Student) hingegen in Eigenpflege befinden. Im Rahmen der UhBemessung bedarf es dieser Unterscheidung lediglich insoferne, als sich der GesamtUhBed unterscheiden wird, haben doch letztere eben keinen Betreuungsbedarf mehr. Ihr GesamtUhBed wird daher allenfalls niedriger sein.

2. Wenn sich das Kind in sog „**Drittpflege**" befindet, sind **beide Elternteile** nach Maßgabe ihrer Lebensverhältnisse zur Zahlung einer **Geldrente** verpflichtet. 2 Ob 514/91 = ÖA 1992, 56/F 6; 6 Ob 238/98 p = EF 86.031 = ÖA 1999, 48/UV 125; 6 Ob 2127/96 d.

3. Sie haben den Bedarf des Kindes anteilig zu tragen. Wieviel jeder zu leisten hat, richtet sich dabei nach seinen Lebensverhältnissen. Die UhBemessung kann daher auch nicht isoliert für nur einen Elternteil erfolgen. 1 Ob 564/91 = EvBl 1991/166 = ÖA 1992, 21 = EF 65.006 = ÖA 1992, 19/U 19; 2 Ob 514/91 = ÖA 1992, 56/F 6 = EF 65.005 uva; 6 Ob 238/98 p = EF 86.03 = ÖA 1999, 48/UV 125; 1 Ob 16/02 p = ÖA 2002, 138/U 356 = JBl 2002, 516; 6 Ob 120/03 w; 10 Ob 53/03 x.

4. Uzw unabhängig davon, ob das Kind auch gegen den anderen Elternteil einen UhFestsetzungsantrag gestellt hat; wird nicht gegen beide Elternteile ein gemeinsamer Titel geschaffen, ist die Leistungsfähigkeit beider zu ermitteln. 1 Ob 564/91 = EvBl 1991/166 = ÖA 1992, 21 = EF 65.006 = ÖA 1992, 19/U 19; 10 Ob 53/03 x = EF 103.279.

5. Die **UhQuoten** der Eltern sind nach ihrer Leistungsfähigkeit zu bestimmen, uzw nicht nach jenen **Prozentsätzen,** die angemessen wären, wenn der andere Elternteil seinen Beitrag durch die Betreuung des Kindes leistete, sondern derart, dass alle Beteiligten in etwa gleichem Maß in der Lage sein sollen, ihre Bedürfnisse zu befriedigen. Anteilige Heranziehung bei verschieden großer Leistungsfähigkeit bedeutet dann aber, dass vor der Aufteilung die für den eigenen Uh erforderlichen Beträge von der UBGr abgezogen und erst danach die für den zu ermittelnden GesamtUhBed erforderlichen Beträge im Verhältnis der Restsummen aufgeteilt werden. 1 Ob 564/91 = EvBl 1991/166 = ÖA 1992, 21 = EF 65.006 = ÖA 1992, 19/U 19; 3 Ob 555/94; 10 Ob 502/96 = EF 79.952 = JBl 1996, 651 = ÖA 1996, 189/U 162 uva; 4 Ob 388/97 f = SZ 71/9 = ÖA 1998, 206/U 230.

6. Abzuziehen ist vom Nettoeinkommen jedes Elternteils zunächst das UhExistenzminimum iSd § 291 a Abs 3 EO iVm Tabelle 2 cm der ExMinV. 9 Ob 222/02 s; 6 Ob 120/03 w; 10 Ob 53/03 x.

7. **Anmerkung:** Der GeldUhAnspr bei Dritt- bzw Eigenpflege errechnet sich daher wie folgt:

a) Zunächst sind die UBGr der beiden UhPfl zu errechnen.

b) Das UhExistenzminimum (UntExM) richtet sich nach der 1. Spalte der Tabelle 2 cm der ExMinV.

c) Der GesamtUhBed (GUntB) des uhber Kind liegt entweder in einem Fixbetrag (etwa Heimkosten) oder beim doppelten Durchschnittsbedarf, der den Lebensverhältnissen der Eltern entsprechend durch Zu- oder Abschläge zu variieren ist (vgl Rz 27). Bezieht das Kind Eigeneinkommen, so ist der GUntB um dieses zu verringern (vgl dazu Rz 315 ff).

d) Der GeldUhAnspr gegenüber dem Vater errechnet sich folgendermaßen:

$$\frac{GUntB \times (UBGr\ Vater - UntExM)}{(UBGr\ Vater - UntExM) + (UBGr\ Mutter - UntExM)}$$

e) Der GeldUhAnspr gegenüber der Mutter errechnet sich folgendermaßen:

$$\frac{GUntB \times (UBGr\ Mutter - UntExM)}{(UBGr\ Vater - UntExM) + (UBGr\ Mutter - UntExM)}$$

f) In jedem Fall darf der Uh grundsätzlich nicht höher festgesetzt werden, als es der Leistungsfähigkeit des UhPfl nach der Prozentwertmethode (UBGr × %) entspricht.

27 1. Bei der Ermittlung des angemessenen Uh eines in Drittpflege befindlichen Kindes darf primär **nicht auf den sog „Regelbedarf" abgestellt** werden. Vielmehr ist der Uh nach den konkreten Lebensverhältnissen der Eltern und den konkreten angemessenen Bedürfnissen des Kindes zu ermitteln. 6 Ob 355/97 t = EF 83.178 = ÖA 1998, 214/F 174.

2. Auch auf den Richtsatz nach § 293 Abs 1 lit a bb ASVG kann es bei der Ermittlung des UhBed des Kindes nicht ankommen, weil dieser dort eingesetzt wird, wo ein Elternteil Betreuungsleistungen vornimmt, dies aber bei Drittpflege gerade nicht der Fall ist. 9 Ob 222/02 s = EF 103.283.

3. Der **GesamtUhBed** ergibt sich vielmehr aus den Drittpflegekosten und einem Zuschlag für zusätzliche Bedürfnisse wie Kleidung, Ferienkosten uä (*Schwimann*, Unterhaltsrecht[1], 23; *Gitschthaler*, ÖJZ 1994, 12). 7 Ob 2337/96 v = ÖA 1997, 203/S 12 = EF 79.951.

4. Da der GesamtUhBed der Mj neben der – hier unentgeltlichen – Drittpflege nur noch aus den zusätzlichen Bedürfnissen wie etwa Kleidung, Ferienkosten, Kosten für kulturelle und sportliche Bedürfnisse, Taschengeld udgl besteht, sind bei den bei der Mutter anzunehmenden durchschnittlichen Lebensverhältnissen diese zusätzlichen, in die GeldUhPflicht beider Elternteile fallenden Bedürfnisse mit dem Regelbedarf abzugelten; der doppelte Regelbedarf ist nicht aufzubringen. 4 Ob 57/98 f = ÖA 1999, 21/U 248 = EF 86.032.

28 1. Die Frage, ob derjenige Elternteil, der den Haushalt führt, in dem er das **Kind** betreut, dadurch auch den ihm obliegenden anteiligen Beitrag zum Uh des

Kindes leistet, wenn das Kind nicht im Haushalt des erziehungsberechtigten Elternteils, sondern – uzw im Einvernehmen mit diesem und daher gewissermaßen „**stellvertretend**" für ihn – **von dessen Eltern gepflegt und betreut** wird, ist im Gesetz zwar nicht geregelt, zu EvBl 1980/163 und 1 Ob 530/84 wurde aber darauf hingewiesen, dass die Ansicht, die Mutter leiste ihren Beitrag schon allein dadurch, dass sie das Kind ausschließlich im Haushalt ihrer Mutter unterbringe, offenbar gesetzwidrig sei. 4 Ob 575/79 = EF 35.081; 1 Ob 530/84; 2 Ob 514/91 = ÖA 1992, 56/F 6.

2. Steht die Obsorge für das Kind den **Großeltern** zu, leistet kein Elternteil seinen Beitrag durch die Betreuung des Kindes. 1 Ob 564/91 = EvBl 1991/166 = ÖA 1992, 21 = EF 65.006 = ÖA 1992, 19/U 19.

28 a 1. Ist das Kind in einem Heim untergebracht, wird es aber alle 14 Tage von der Mutter betreut, die es auch mit Kleidung udgl versorgt, und bezahlt der Vater den Uh direkt an das Heim oder dessen Rechtsträger, müsste eine dem Vater zur steuerlichen Entlastung zuzubilligende UhVerminderung durch Anrechnung von FB und Kinderabsetzbeträgen mit einer entsprechenden **Anhebung der UhLeistung der die FB beziehenden Mutter** korrespondieren. 7 Ob 174/02 t = JBl 2003, 111.

D. Geldunterhalt

Übersicht:

Rz

1. Allgemeines .... 29, 29 a
2. Tilgung 30
3. Unterhaltsverletzung 31–35
4. Alimentierungsgestaltungsfreiheit 36
5. Haushaltstrennung 37–39
6. Anrechnung von Naturalunterhaltsleistungen
   a) Allgemeines 40–41
   b) Ausmaß der Anrechnung .... 42–44 b
   c) Besuchsrechtskosten 45, 46
   d) Betreuung des Kindes durch den Geldunterhaltspflichtigen ... 47, 47 a
   e) Geschenke 48–50
   f) Versicherungsprämien/Vermögensbildung 51, 52
   g) Wohnversorgungskosten 53–58
   h) Wohnungsbenützungskosten 59
   i) Verschiedenes 60

1. Allgemeines

29 1. Bei **aufrechter Haushaltsgemeinschaft** besteht ein **NaturalUhAnspr** des Kindes. 1 Ob 756/82 = EF 40.118; 3 Ob 545/86 = EF 50.275; 1 Ob 551/91 = RZ 1992/66 uva; 6 Ob 230/01 v = ÖA 2002, 172/U 358; 9 Ob 94/03 v = EF 107.041.

2. Mit Zustimmung der Beteiligten kann allerdings die Leistung von Geld- anstelle von NaturalUh vereinbart werden. 1 Ob 756/82 = SZ 55/174 = ÖA 1984, 103 = EF 40.111; 7 Ob 532/88; 1 Ob 629/90 uva; 9 Ob 410/97 b.

29 a 1. In den von den Gerichten zugesprochenen UhBeiträgen ist keine Komponente enthalten, die auch den Entfall der Betreuungsleistung des nunmehrigen

GeldUhPfl berücksichtigen würde. Der betreuende Elternteil reicht den NaturalUh, der – idR – aus dem vom GeldUhPfl geleisteten GeldUh finanziert wird, und erbringt (dabei) Betreuungsleistungen. Damit kommt er der ihm obliegenden UhVerpflichtung im Allgemeinen zur Gänze nach. Im Gegensatz dazu erbringt der gelduhpfl Elternteil seine UhLeistung (allein) in Form der Geldzahlung, mit der er der ihm obliegenden UhVerpflichtung gleichfalls zur Gänze nachkommt; dass er keine Betreuungsleistungen erbringt, ist bei der UhBemessung nicht zu berücksichtigen. 1 Ob 90/02 w = ÖA 2003, 26/U 369; 1 Ob 117/02 s = EF 99.268.

2. Tilgung

30 1. Eine Schuld wird mangels abweichender Vereinbarung nur getilgt, wenn der UhPfl das leistet, was er schuldet (vgl §§ 1412 ff ABGB). Die vereinbarte oder gerichtlich festgestellte Verpflichtung zur Bezahlung des Uh in Geld kann daher an sich nur durch **Bezahlung des geschuldeten Geldbetrags** erfüllt werden. 3 Ob 16/89 = EF 58.880.

2. Uzw **grundsätzlich nur durch Zahlung an den Vertreter eines nicht geschäftsfähigen UhBer;** direkte Zahlungen an den geschäftsunfähigen UhPfl wirken nur insoweit schuldbefreiend, als die Leistung zu seinem Nutzen verwendet wurde und – im Falle einer UhFestsetzung – die erfolgten Zahlungen überdies aus den festgesetzten UhBeiträgen zu decken sind. 4 Ob 541/76; 3 Ob 169/94 = EF 76.921.

3. Die vom UhPfl eingehaltene Art der **Übersendung durch Postanweisung** entsprach sowohl hinsichtlich des Termins als auch hinsichtlich der Anschrift, an der die Auszahlung zu erfolgen hat, der von den Parteien geübten Praxis; die empfangsberechtigte Mutter war bei den Zustellversuchen jedoch nicht anwesend. Wenn der Postbote nicht eine schriftliche Benachrichtigung zurückließ, dass der Geldbetrag beim Postamt zur Abholung bereitgehalten wird, sondern dessen Rückzahlung in die Wege leitete, trifft dies nicht den UhGläubiger; das Fehlverhalten des Zustellers ist nicht auf Umstände zurückzuführen, die von ihm bzw dessen empfangsberechtigter Mutter zu verantworten wären. Die Zustellung des Geldbetrags wurde nie bewirkt; mangels Zustellung durch Bereithaltung zur Abholung beim Postamt endete nicht die Gefahrtragung des Kl als Geldschuldners. **Da der Geldbetrag nicht beim Gläubiger eingegangen ist, trifft den Kl das Verlustrisiko.** 3 Ob 2405/96 i = EF 87.286, 87.287 = RZ 1999/28 = ÖA 1998, 216/S 17.

4. **Später fällige UhPflichten** gelten **vor früher fälligen als getilgt,** weil vom UhPfl Geleistetes dem nächstliegenden, dringendsten Zweck zugeführt werden muss, um den laufenden Uh sicherzustellen. 8 Ob 636/91.

5. Der Schuldner hat **aufgrund verschiedener Titel mehreren Gläubigern Zahlung** an einen gemeinsamen Empfänger (Mutter der uhber Kinder) geleistet. Dass die Verrechnungsregel des § 1416 ABGB unanwendbar ist, wenn der UhPfl die Alimente für zwei oder mehrere Kinder an deren obsorgeberechtigte Mutter überweist, entspricht der Rsp und wird auch von der hL gebilligt (*Heidinger* in Schwimann[3] Rz 2, 29 zu § 1416; *Reischauer* in Rummel[3] Rz 2 zu § 1416). Bei Gläubigermehrheit steht es dem Schuldner frei zu entscheiden, welchen er befriedigen will. Fehlt eine Willenserklärung des Schuldners, so ist eine verhältnismäßige Tilgung vorzunehmen. Dabei ist anzunehmen, dass das vom UhPfl Geleistete dem nächstliegenden, dringendsten Zweck, also regelmäßig der Deckung des laufenden Uh zugeführt werden muss. 3 Ob 292/05 w.

3. Unterhaltsverletzung

31
1. **Anmerkung:** Zu Fragen idZ vgl auch Rz 571.
2. Die **Verletzung der UhPflicht** bringt den Anspruch auf GeldUh zum Entstehen und stellt das **Rechtsschutzinteresse des UhBer** außer Zweifel. 1 Ob 684/77; 6 Ob 15/98 v = ÖA 1998, 240/U 235 = EF 85.902; 7 Ob 2141/96 w = ÖA 1997, 60/U 172 = 79.869; 6 Ob 230/01 v = ÖA 2002, 172/U 358.
3. Dies gilt auch für den Fall, dass eine solche **Verletzung** (lediglich) **droht.** 6 Ob 15/98 v = ÖA 1998, 240/U 235 = EF 85.902; 7 Ob 2141/96 w = ÖA 1997, 60/U 172 = 79.869.
4. Also die Gefahr besteht, dass der UhPfl sich in Zukunft seiner UhPflicht entziehen werde. 7 Ob 595/92 = tw EF 67.695, 67.696, 67.707 = ÖA 1993, 100/U 74; 10 Ob 517/95 = 10 Ob 520/95 = ÖA 1996, 120/U 153; 7 Ob 2141/96 w = ÖA 1997, 60/U 172; 6 Ob 230/01 v = ÖA 2002, 172/U 358.
5. **Anmerkung:** Bei Annahme einer drohenden UhVerletzung muss aber schon ein strenger Maßstab angelegt werden, hat doch eine GeldUhFestsetzung für den UhPfl bedeutende Konsequenzen.

32
1. Eine UhVerletzung ist gegeben, wenn der UhPfl **keinen Uh leistet.** 1 Ob 756/82 = EF 40.118; 3 Ob 545/86 = EF 50.278; 10 Ob 517/95 = 10 Ob 520/95 = ÖA 1996, 120/U 153 = EF 76.747; 7 Ob 2141/96 w = ÖA 1997, 60/U 172 = EF 79.865.
2. Oder bei NaturalUhLeistung, wenn der Wert der dem UhBer zugekommenen UhLeistungen unter jenem Betrag liegt, der ihm nach dem Gesetz als GeldUh gebühren würde, wobei unbedeutende Abweichungen vernachlässigt werden können. 3 Ob 2101/96 h; 8 Ob 94/97 z = ÖA 1998, 62/F 154 = EF 83.080; 1 Ob 10/03 g = EF 103.290; 6 Ob 195/04 a = EF 110.154.
3. Es besteht also ein – der Schaffung eines Exekutionstitels zugänglicher – **Anspruch auf GeldUh,** wenn die **NaturalUhPflicht auch nur zT verletzt wird.** 1 Ob 756/82 = SZ 55/174 = ÖA 1984, 103; 1 Ob 1019/84 = EF 44.910; 3 Ob 545/86 = EF 50.275 uva; 6 Ob 2286/96 m = ÖA 1997, 196/U 188 = EF 79.864; 6 Ob 230/01 v = ÖA 2002, 172/U 358; 6 Ob 195/04 a = EF 110.153.
4. Zusammengefasst sohin, wenn der UhPfl **weniger leistet, als es dem Gesetz entspricht.** 1 Ob 756/82 = EF 40.118; 3 Ob 545/86 = EF 50.278; 1 Ob 551/91 = EF 64.945 = RZ 1992/66 uva; 1 Ob 154/00 d.
5. Dabei sind sämtliche Geld- und Naturalleistungen zu berücksichtigen, die der UhPfl erbracht hat. 5 Ob 544/91 = EF 64.946; 6 Ob 230/01 v = ÖA 2002, 172/U 358; 6 Ob 195/04 a = EF 110.152.
6. Erfüllt der UhPfl hingegen **freiwillig seine UhPflichten,** ist ihm kein Auftrag zur Zahlung des Uh zu erteilen, also kein Exekutionstitel zu schaffen. 6 Ob 103/70 = SZ 43/79; 5 Ob 239/70 = EF 14.658; 6 Ob 219/74 uva; 7 Ob 2141/96 w = ÖA 1997, 60/U 172; 3 Ob 6/03 h = EF 103.292.

33
1. Auch eine **verspätete UhZahlung** stellt eine UhVerletzung dar. 7 Ob 2141/96 w = ÖA 1997, 60/U 172 = EF 79.868.
2. Es muss also **termingerecht geleistet** werden. 7 Ob 595/92 = tw EF 67.695, 67.696, 67.707 = ÖA 1993, 100/U 74; 10 Ob 517/95 = 10 Ob 520/95 = ÖA 1996, 120/U 153; 7 Ob 2141/96 w = ÖA 1997, 60/U 172.
3. Eine Umwidmung einer Forderung des UhPfl gegenüber der Mutter auf die UhPflicht gegenüber dem uhber Kind ist zwar zulässig; erfolgt sie aber erst nach Erhebung des UhBemessungsantrags, kann sie die bereits eingetretene UhVerletzung

nicht mehr beseitigen und berechtigt das Kind, sich einen Titel zu verschaffen. 7 Ob 595/92 = tw EF 67.695, 67.696, 67.707 = ÖA 1993, 100/U 74; 10 Ob 517/95 = 10 Ob 520/95 = ÖA 1996, 120/U 153; 7 Ob 2141/96 w = ÖA 1997, 60/U 172.

34 1. Leistet der Vater weniger Uh, als nach dem Gesetz zu Recht begehrt wird, hat er nicht etwa bloß den fehlenden Betrag in Geld zu entrichten, sondern ist **ausschließlich zu Geldzahlungen** zu verhalten, weil der NaturalUh im **Exekutionsverfahren** nicht oder nicht wirksam genug durchgesetzt werden kann. 1 Ob 551/91 = RZ 1992/66 = tw EF 64.948; 1 Ob 541/92 = EvBl 1992/108 = ÖA 1992, 91.
  2. Der Vater hat also im Fall der UhVerletzung nicht nur den Differenzbetrag, sondern den GesamtUh in Geld zu leisten. 1 Ob 629/90 = tw EF 61.781, 61.784; 7 Ob 532/88; 3 Ob 43/91 = SZ 64/52; 7 Ob 524/96; 10 ObS 2446/96 w.

35 1. Durch das bloße Bereitstellen von **Lebensmitteln,** ohne auch Geldmittel zur Verfügung zu stellen, kann der Uh von Kindern nicht gedeckt werden; es liegt eine UhVerletzung vor. 7 Ob 735/79 = EF 32.915; 1 Ob 756/82 = EF 40.118.
  2. Durch die Übergabe von **Wirtschaftsgeld an die haushaltsführende Person** wird jedoch NaturalUh für das Kind geleistet. 6 Ob 230/01 v = ÖA 2002, 172/U 358 = EF 99.315; 2 Ob 128/04 v.
  3. Es ist zwar richtig, dass der UhAnspr rasch durchsetzbar sein soll; dies ändert aber nichts daran, dass dann, wenn behauptet wird, der Uh werde durch tatsächliche und ständige finanzielle Zuwendungen (hier: Überlassung von Benützungsentgelt aus einem Liegenschaftsanteil) ohnedies gedeckt, dieser Einwand einer zielführenden Überprüfung zugeführt werden muss. Dabei ist allerdings davon auszugehen, dass der **UhPfl** hiefür **beweispflichtig** ist und dass demnach unaufgeklärt gebliebene Umstände nicht zu Lasten des KindesUh berücksichtigt werden können. 2 Ob 522/92 = ÖA 1993, 24 = EF 67.794.
  4. Der Grundsatz, dass bei Verletzung des auf NaturalUh gerichteten Anspruchs auch nur zT der UhPfl ausschließlich zu Geldzahlungen zu verhalten ist, gilt daher nicht ohne weiteres auch für den Fall, dass der UhPfl die Kosten der dem UhBer zur Verfügung stehenden Wohnung trägt. In diesem Fall vermindert sich der GeldUhAnspr wegen der Deckung eines Teiles der Lebensbedürfnisse. 7 Ob 613/95.
  5. Da unbestritten die Eltern des Kindes betr die Tragung der Kosten der Lebensführung vereinbart hatten, dass der Vater die gesamte Miete bezahlt und die Zahlungen für Betriebskosten (Gas, Strom, Heizung), Telefon, Telekabel, Rundfunk und eine Bedienerin von beiden Elternteilen je zur Hälfte getragen werden, dies so gehandhabt wurde und im hier relevanten Zeitraum auch so funktionierte, stellt sich nur die Frage nach einer etwaigen Minderleistung von NaturalUh durch den Vater. Dabei sind die mtl Naturalleistungen zu ermitteln und mit der Höhe des nach der Prozentmethode bemessenen angemessenen (oder allenfalls des höheren vereinbarten) fiktiven GeldUh zu vergleichen. Nur wenn der Wert der tatsächlichen UhLeistungen den errechneten GeldUhBeitrag eindeutig unterschreitet, ist von einer UhVerletzung auszugehen, die den GeldUhAnspr des Kindes begründet. 6 Ob 230/01 v = ÖA 2002, 172/U 358.
  6. **Anmerkung:** Vgl zur Berücksichtigung von Wohnungs- und Wohnungsbenützungskosten als NaturalUhLeistungen ausführlich Rz 40 ff.
  7. Die Einräumung einer **Zeichnungsberechtigung für ein Konto,** das keine abhebbaren Guthaben aufweist, kann nicht als UhGewährung angesehen werden. 8 Ob 94/97 z = ÖA 1998, 62/F 154 = EF 83.084.

8. Bei gemeinsamem Haushalt der Eltern mit dem Kind, weshalb letzterem nur ein Anspruch auf NaturalUh zusteht, kann bei Uneinigkeit der Eltern und bei Widerspruch des betreuenden Teiles gegen die **ausschließliche Verwendung der FB für das Kind** nicht von vorneherein davon ausgegangen werden, eine UhVerletzung des nicht betreuenden Elternteils sei schon deshalb nicht gegeben, weil die FB (unfreiwillig) ohnedies dem Kind zugute gekommen sei. 6 Ob 511/96 = EF 79.871 = ÖA 1997, 190/U 184.

4. Alimentierungsgestaltungsfreiheit

1. Grundsätzlich sind die Eltern in der finanziellen Gestaltung ihrer Lebensverhältnisse und in der E, in welchem Umfang (sparsam oder großzügig) sie NaturalUh an ihre Kinder leisten wollen, solange der gesetzliche Uh nicht unterschritten wird, frei. 6 Ob 511/96 = EF 79.871 = ÖA 1997, 190/U 184.

2. **Anmerkung:** Leben die UhPfl mit dem uhber Kind im gemeinsamen Haushalt, ist dessen UhAnspr naturaliter zu befriedigen; die Eltern sind in der finanziellen Gestaltung der Lebensverhältnisse und in der E, in welchem Umfang sie Uh leisten wollen, also sparsam oder großzügig zu sein, grundsätzlich frei. Dies entspricht wohl auch einer allgemeinen Auffassung, wonach Eltern ihre Kinder grundsätzlich nach ihren Vorstellungen aufziehen können.

Der OGH hat nun aber diese „Freiheit" insoferne eingeschränkt, als sie nur solange besteht, als der gesetzliche Uh nicht unterschritten wird, dh solange dem uhber Kind Leistungen mit UhCharakter (seien es Geld- oder Naturalleistungen) zukommen, die in Summe zumindest annähernd die Höhe des fiktiven GeldUhAnspr erreichen. Damit wurde die von ihm dargestellte „Freiheit" praktisch konterkariert. Den Eltern steht nämlich nur das Recht zu, auch höhere UhLeistungen zu erbringen. Für eine derartige Aussage würde man nicht unbedingt ein Höchstgericht benötigen!

Die E entkräftet allerdings ein von getrennt lebenden geldupfl Elternteilen häufig gebrauchtes Argument, wird doch immer wieder bemängelt, dass während aufrechter Haushaltsgemeinschaft völlige Gestaltungsfreiheit bezüglich Art und Ausmaß der Alimentierung der Kinder bestehe (Stichworte: „Erziehung zur Sparsamkeit" oder „Keine Befriedigung von Luxusbedürfnissen"), nach der Trennung aber plötzlich „von außen" angeordnet werde, wie viel den Kindern zur Verfügung zu stellen sei. Tatsächlich ist aber eben auch bei aufrechter Haushaltsgemeinschaft die Gestaltungsfreiheit nicht unbegrenzt.

Berücksichtigt man, dass im Hinblick auf § 1480 iVm § 1495 Satz 1 ABGB UhLeistungen auf 3 Jahre zurück geltend gemacht werden können und diese Drei-Jahres-Frist solange gehemmt ist, bis dem uhpfl Elternteil die Obsorge zur Gänze entzogen worden ist (vgl Rz 72), dann könnte rein theoretisch ein uhber Kind bis zu seinem 21. Geburtstag (Erreichen der Volljährigkeit mit 18 plus 3-jährige Verjährungsfrist) bis zu seiner Geburt zurück die (angebliche) Differenz zw den tatsächlichen UhLeistungen und seinem fiktiven GeldUhAnspr geltend machen (vgl dazu auch *Pfeiler/Taupe,* ÖJZ 1999, 414). An sich müssten dann die Eltern den Beweis erbringen, dass die von ihnen erbrachten Geld- und insb Naturalleistungen diesen fiktiven Betrag tatsächlich erreicht haben. Für den Praktiker erscheint diese Vorstellung eine Art Super-GAU zu sein, für manchen UhBer hingegen eine scharfe Waffe. Ob sich der OGH dieser Konsequenzen bewusst gewesen ist? Für Durchschnittsfälle – also für Fälle, in denen nicht ein auffälliges Auseinanderklaffen von Einkommen (Lebensstandard) der Eltern und Alimentierung der Kinder offensichtlich ist – wird man sich jedoch mit der Vermutung behelfen können, dass durch Leistung von NaturalUh bei aufrechter Haushaltsgemeinschaft eine ausreichende Alimentierung gegeben gewesen war; das „auffällige Auseinanderklaffen" hat dann aber das antragstellende Kind zu beweisen.

5. Haushaltstrennung

37 1. **Anmerkung:** Zu Fragen idZ vgl auch Rz 570.

2. Bei Haushaltstrennung hat das Kind gegenüber dem UhPfl einen **UhAnspr in Geld.** 3 Ob 545/86 = EF 50.275; 4 Ob 539/88 = EF 55.966; 7 Ob 524/96 = EF 79.863 uva; 9 Ob 410/97 b = EF 85.896.

3. Uzw **nur eine Geldforderung.** 7 Ob 532/88; 3 Ob 43/91 = SZ 64/52; 1 Ob 551/91 = RZ 1992/66 = EF 64.943; 1 Ob 541/92 = EvBl 1992/108 = ÖA 1992, 91 = EF 67.693, 67.702; 10 ObS 2446/96 w.

4. Der Anspruch des uhpfl Kindes auf NaturalUh durch Wohnversorgung verwandelt sich aber nicht schon dadurch in einen solchen auf GeldUh, dass der UhPfl aus der Wohnung auszieht. In einem solchen Fall hat das Kind das Recht, die **Wohnung weiterzubenützen** und dennoch darüber hinaus zur Befriedigung seiner übrigen Bedürfnisse GeldUh zu verlangen. 1 Ob 541/92 = EvBl 1992/108 = ÖA 1992, 91 = EF 67.801; 10 Ob 517/95 = 10 Ob 520/95 = ÖA 1996, 120/U 153; 3 Ob 2075/96 k = SZ 70/134 = RZ 1998/34 = ÖA 1998, 238/U 232.

5. Der dem Antrag des mj Kindes auf UhLeistung in Geld entgegengesetzte Einwand des Vaters, das Kind könne in seinem Haushalt den Uh in natura erhalten, ist unbeachtlich. 5 Ob 190/62.

6. **Einschr:** Ausnahmsweise hat jedoch unter sehr berücksichtigungswerten Umständen selbst ein großjähriges, dem Haushalt des Vaters nicht mehr angehöriges Kind nur einen Anspruch auf die ihm angebotene Naturalverpflegung am väterlichen Tisch. 4 Ob 199/33 = SZ 15/117.

7. **Anmerkung:** Diese Umstände müssten im Einzelfall aber schon „sehr berücksichtigungswürdig" sein; nach heutigem Verständnis wird diese E wohl als überholt anzusehen sein.

38 1. **Getrennte Haushaltsführung** liegt vor, wenn sich das Kind im Haushalt des obsorgeberechtigten Elternteils befindet und der andere Elternteil, dessen UhPflicht in Frage steht, diesem Haushalt nicht angehört. 1 Ob 541/92 = EvBl 1992/108 = ÖA 1992, 91 = EF 67.694.

2. **Bloße Besuche des Vaters** bei seinen Kindern erfüllen den Tatbestand des Lebens im gemeinsamen Haushalt nicht. 7 Ob 159/98 b = EvBl 1999/79 = EF 87.620.

39 1. Der Elternteil, in dessen Haushalt das Kind nicht betreut wird, hat nach seinen Kräften auch dann GeldUh zu leisten, wenn ihm die Obsorge allein zukommt, sich das **Kind** jedoch **gegen seinen Willen (rechtswidrig) im Haushalt des anderen Elternteils** aufhält, weil das Gesetz **keinen allgemeinen Verwirkungstatbestand** für den KindesUh kennt und die Betreuung durch den nicht obsorgeberechtigten Elternteil gegen den Willen des anderen Elternteils grundsätzlich nichts an der sich aus § 140 Abs 2 Satz 1 ABGB ergebenden Pflichtenverteilung für die Eltern zur UhLeistung ändert. 3 Ob 540/95 = EF 76.741; 3 Ob 524/95 = EF 76.741 = ÖA 1996, 125/

U 158; 3 Ob 72/97b = ÖA 1998, 62/F 152 = EF 83.176 uva; 3 Ob 290/98p = ÖA 1999, 124/U 272 = EF 86.029; 2 Ob 3/06i.

2. Es ist also unerheblich, ob der Verbringung der Kinder an den dzt inländischen Wohnsitz des Vaters ein faktisches oder rechtliches Hindernis entgegensteht. 2 Ob 185/23 = SZ 5/69; 2 Ob 427/53; 2 Ob 783/54; 6 Ob 84/64.

3. Er kann die UhLeistung auch nicht mit dem Hinweis darauf verweigern, die Mutter entzöge ihm das Kind widerrechtlich. 1 Ob 393/54; 2 Ob 718/54; 1 Ob 720/54.

4. Einschr: Uzw jedenfalls dann nicht, wenn ein gerechtfertigter Grund für den Aufenthalt des Kindes im Haushalt des nicht zur Obsorge berechtigten Elternteils vorliegt. 1 Ob 707/83; 7 Ob 548/92 = tw EF 67.706 = ÖA 1993, 18/U 67; 1 Ob 2107/96a = ÖA 1997, 124/U 177.

5. Einschr: Bzw über die Zuteilung der Obsorge noch nicht entschieden ist. 7 Ob 548/92 = ÖA 1993, 18/U 67 = EF 67.706; 2 Ob 196/02s = EF 99.266.

6. Einschr: Bzw kommt einer eigenmächtigen Ansichnahme der Kinder dann keine Bedeutung mehr zu, wenn der zunächst widerrechtliche Zustand durch Zuweisung der Elternrechte in der Form einer bestimmten Haushaltszugehörigkeit sanktioniert wurde. 7 Ob 733/79 = EF 32.919; 3 Ob 545/79 = EF 32.919.

7. Ggt: Die UhPflicht ruht, wenn das Kind von der Mutter ohne Wissen und Genehmigung des Vaters ins Ausland verbracht wurde und dauernd unbekannten Aufenthalts ist. 5 Ob 237/68 = SZ 41/106 = EvBl 1965/55; 5 Ob 53/75 = ÖA 1976, 62; 2 Ob 569/88 = tw EF 55.967.

8. Ggt: Der Vater ist zur Leistung von GeldUh für das gegen seinen Willen aus seinem Haushalt verbrachte Kind grundsätzlich nicht verpflichtet. 5 Ob 56/61 = EvBl 1961/289; 5 Ob 104/62; 6 Ob 343/65 = EF 6108, 6109.

9. Ggt: Derjenige Elternteil, der zur Pflege und Erziehung nicht berechtigt ist, kann sich nämlich nicht darauf berufen, durch tatsächliche Betreuung seinen Beitrag zum Uh zu leisten. 2 Ob 1007/53 = SZ 27/17; 5 Ob 65/73; 5 Ob 53/75 = ÖA 1976, 62; 8 Ob 630/86; 3 Ob 2115/96f; 9 Ob 118/97m = ÖA 1997, 204 = EF 83.165.

10. Anmerkung: Jener Rsp, die lediglich auf die Betreuung Bedacht nimmt, nicht aber auf die Obsorge, ist in rein dogmatischer Hinsicht der Vorzug zu geben, weil die GeldUhVerpflichtung ja mit der Haushaltstrennung entsteht. Aus der Sicht des an sich obsorgeberechtigten Elternteils, dem das Kind nunmehr entzogen worden ist und der dennoch GeldUh zu leisten hat, obwohl er das Kind in seinem Haushalt naturaliter alimentieren würde und könnte, erscheint dies aber wohl schwer verständlich.

Vgl im Übrigen auch Rz 47 zur Frage, inwieweit sich der nicht obsorgeberechtigte Elternteil bei tatsächlicher gemeinsamer Betreuung (nunmehr etwa im Rahmen einer gemeinsamen Obsorge) diese Leistungen auf seine GeldUhVerpflichtung anrechnen kann, sowie zum Problem der gemeinsamen Obsorge iZm uhrechtlichen Überlegungen.

6. Anrechnung von Naturalunterhaltsleistungen

a) Allgemeines

1. Anmerkung: Zu Fragen idZ vgl auch Rz 574.

2. NaturalUh ist die **unmittelbare Befriedigung** der angemessenen Kindesbedürfnisse **durch Sach- oder Dienstleistungen,** die der UhPfl entweder selbst erbringt oder deren Erbringung durch Dritte er bezahlt. 6 Ob 230/01 v = ÖA 2002, 172/U 358; 2 Ob 128/04 v.

40 a   1. Die Auffassung, **gemischter Uh (bestehend aus Natural- und Geldleistung)** sei grundsätzlich unzulässig, wird damit begründet, dass der NaturalUh im Exekutionsverfahren nicht bzw nicht effizient durchgesetzt werden könne. Bei der Leistung von NaturalUh durch Zurverfügungstellung einer Wohnung besteht dieses Hindernis für den UhBer erkennbar nicht. Auch kann diese Art der (Natural-)Uh-Gewährung bei Bemessung des GeldUh für die übrigen Bedürfnisse des UhBer berücksichtigt werden. 1 Ob 541/92 = EvBl 1992/108 = ÖA 1992, 91; 7 Ob 529/93; 3 Ob 517/93 = ÖA 1994, 18/U 81; 3 Ob 526/93 = ÖA 1994, 67/U 91; 1 Ob 519/93; 4 Ob 518/94 = tw EF 73.948; 7 Ob 613/95.

2. Sachleistungen eines zum GeldUh Verpflichteten können also durchaus berücksichtigt werden. 4 Ob 2084/96 s = ÖA 1998, 16/U 196.

3. **Abw:** Gemischte UhLeistungen (Geld- und Naturalleistungen) sind dann, wenn eine Verpflichtung zur Leistung von GeldUh besteht, grundsätzlich unzulässig. 1 Ob 519/93; 10 Ob 118/97 v = EF 83.077.

4. **Anmerkung:** Diese unterschiedlichen Aussagen in der Rsp zum sog „gemischten Uh" sind idR auf eine gewisse Sprachverwirrung zurückzuführen: Richtig ist, dass bei Bestehen einer GeldUhVerpflichtung der gesamte Uh in Geld festzusetzen ist. Das Gericht könnte somit nicht „gemischten Uh" in der Weise festsetzen, dass angeordnet wird, der UhPfl habe mtl einen bestimmten Betrag und daneben die Kosten für die Wohnung zu tragen (daran hat wohl auch § 94 Abs 3 1. Satz ABGB idF EheRÄG 1999 im EhegattenUhRecht nichts geändert), andererseits können aber bestimmte NaturalUhLeistungen (vgl Rz 45 ff) auf eine bestehende GeldUhVerpflichtung angerechnet werden. Dies hat zur Konsequenz, dass zwar an sich GeldUh geschuldet wird, der UhPfl im Anrechnungsbereich aber nicht doppelt leistet.

40 b   1. **Anmerkung:** Der Anrechnung von NaturalUhLeistungen muss, wenn es sich um künftigen Uh handelt (s Rz 40 c), eine Vereinbarung zugrunde liegen, zumindest muss der UhBer mit der Leistung von Uh in dieser Weise einverstanden sein; dabei kann auch eine schlüssige Einigung erfolgen. Darüber hinaus wird verlangt, es müsse aufgrund eines stabilen Verhaltens des UhPfl die begründete Annahme bestehen, dass dieser die NaturalUhLeistungen auch künftig erbringen wird. Unter diesen Voraussetzungen wird auch die Festsetzung „gemischten Uh" als zulässig angesehen (1 Ob 519/93). Wird hingegen **Uh für die Vergangenheit** geltend gemacht, kommt es auf eine derartige Vereinbarung nicht an – insofern ist die E 3 Ob 1030/91 = 3 Ob 1031/91 abzulehnen –, die im Übrigen ohnehin schon anzunehmen wäre, wenn der UhBer die Leistungen angenommen hat; der UhBer hat ja keinen Anspruch auf Doppelversorgung. Vielmehr ist neben dem UhCharakter der Leistung und der Bedarfsdeckung zu prüfen, ob es durch die Leistung zu einer ausgewogenen Abdeckung der Bedürfnisse und nicht zu einer sachlich nicht gerechtfertigten Überalimentation in einem Teilbereich bei gleichzeitiger Kürzung in einem anderen Teilbereich gekommen ist. Zu prüfen ist weiters, ob der UhPfl die NaturalUhLeistungen auch erbracht hätte, wenn er bereits zur Zeit ihrer Leistung von der ihn rückwirkend treffenden GeldUhVerpflichtung Kenntnis gehabt hätte, wobei im Zweifel eine solche Absicht nicht zu vermuten ist.

2. Die Auffassung, dass dann, wenn durch die Naturalleistungen des UhPfl die UhBed in einem Maß und in einer Art gedeckt werden, dass der UhBer zur Bestrei-

tung seines vollständigen Uh nur mehr eines geringeren als des festgesetzten Geldbetrags bedürfte, der Grundsatz, gemischter Uh sei grundsätzlich unzulässig, nicht zum Tragen komme, gilt sinngemäß insb auch für die Festsetzung des Uh für die Vergangenheit. 3 Ob 526/93 = ÖA 1994, 67/U 91.

3. Da die freiwillig erbrachten Naturalleistungen idR irreversibel sind, also in Kenntnis der wahren UhPflicht bzw des wahren UhAnspr nicht mehr rückgängig gemacht werden können, erscheint es, wenn Uh für die Vergangenheit begehrt wird, unter diesen Umständen im Hinblick auf die Ähnlichkeit der Problematik durchaus vertretbar, bei Prüfung der UhVerletzung grundsätzlich alle Geld- und Naturalleistungen (mit UhCharakter) in Anschlag zu bringen. Davon ausgehend muss – um rückblickend eine gerechte Lösung zu finden – geprüft werden, ob der **UhPfl diese Naturalleistungen auch dann erbracht hätte, wenn er bereits zur Zeit deren Leistung von der ihn rückwirkend treffenden höheren UhPflicht Kenntnis gehabt hätte.** IZw ist eine solche Absicht des UhPfl nicht zu vermuten. 5 Ob 544/91 = tw EF 64.946; 7 Ob 535/93; 3 Ob 526/93 = ÖA 1994, 67/U 91 = EF 72.228 uva; 4 Ob 2084/96 s = ÖA 1998, 16/U 196 = tw EF 81.574.

4. Das Kind hat **keinen Anspruch auf Doppelversorgung.** Bei einem Begehren auf rückwirkende UhErhöhung sind daher die in der Vergangenheit erbrachten, den Geldtitel übersteigenden Naturalleistungen mit UhCharakter uhmindernd anzurechnen, uzw unabhängig von einer Zustimmung des anderen Elternteils. Dies gilt auch für die erstmalige UhFestsetzung, wenn auch dabei für die Vergangenheit Uh begehrt wird. 6 Ob 2362/96 p = ÖA 1998, 23/U 203 = EF 83.075, 83.186.

5. Abw: Die Anrechnung von geleistetem NaturalUh würde eine **Vereinbarung** voraussetzen. Das mindestens **schlüssige** Zustandekommen einer solchen kann nur aus einem gewissen Zuwarten der UhBer mit ihren Exekutionsanträgen noch nicht abgeleitet werden, zumal es überdies an einer pflegschaftsgerichtlichen Genehmigung fehlte (EF 58.880). 3 Ob 1030/91 = 3 Ob 1031/91 = EF 65.027.

40 c

1. NaturalUhLeistungen sind nur unter bestimmten Voraussetzungen zu berücksichtigen: Der UhBer muss sich durch den obsorgeberechtigten, für die Naturalversorgung primär verantwortlichen Elternteil damit einverstanden erklären; ferner muss aufgrund eines stabilen Verhaltens des UhPfl die begründete Annahme bestehen, dass dieser die **NaturalUhLeistungen auch künftig erbringen** werde. Und schließlich muss die Zuwendung unzweifelhaft UhCharakter haben, dh sie muss angemessene Bedürfnisse des uhber Kindes mit Regelmäßigkeit in einem Umfang decken, dass das Kind nicht mehr den vollen GeldUh benötigt. Ob und in welchem Ausmaß eine Reduktion des GeldUhAnspr vorzunehmen ist, ist eine E, der keine über den Einzelfall hinausgehende Bedeutung zukommt. 6 Ob 20/97 b = EF 83.185 = ÖA 1998, 128/F 158 = ÖA 1998, 27/F 149; 10 Ob 11/04 x = EF-Z 2006/11 *(Gitschthaler).*

2. Die Erklärung des gesetzlichen Vertreters bedarf gem § 154 Abs 3 ABGB der **Genehmigung des Gerichts,** wenn es sich um eine Vermögensangelegenheit handelt, die von besonderer Wichtigkeit ist und daher nicht zum ordentlichen Wirtschaftsbetrieb gehört. Dies gilt besonders für einen UhVerzicht, für eine Änderung der UhVereinbarung und schließlich auch für die Annahme einer anderen als der geschuldeten Leistung an Zahlungs Statt, wenn sie **für längere Zeit vereinbart** wird, weil die Vereinbarung dann einer Änderung der bestehenden UhVereinbarung

gleichkommt. 3 Ob 16/89 = EF 58.880; 4 Ob 1505/91; 3 Ob 1030/91 = 3 Ob 1031/91 = tw EF 65.027; 6 Ob 2080/96 t; 9 Ob 502/94 = EF 76.845 = ÖA 1995, 60/U 112; 10 Ob 118/97 v = EF 83.184; 3 Ob 202/02 f = EF 103.298.

3. Anmerkung: Jene E, die eine pflegschaftsgerichtliche Genehmigung für die Vereinbarung, anstelle des geschuldeten GeldUh für das Kind NaturalUh zu leisten, verlangen, mögen zwar dogmatisch „durchkonstruiert" sein, erscheinen aber doch etwas lebensfremd, uzw insb dann, wenn man sie dahin verstehen müsste, dass die Anrechnung von NaturalUhLeistungen immer einer derartigen Genehmigung bedarf. Man stelle sich nur den Aufwand für die Pflegschaftsgerichte vor. Allerdings dürfte dies dem OGH nicht vorgeschwebt sein, sondern beziehen sich diese E auf eine „für längere Zeit geschlossene Vereinbarung". Hier stellt sich dann aber schon die Frage der Rechtssicherheit! Wie soll ein UhPfl, der mit der Mutter seines uhber Kindes eine derartige Vereinbarung schließt und sich dann auch daran hält, nun im Konkreten wissen, ob seine Vereinbarung als „für längere Zeit geschlossen" angesehen werden muss oder nicht. Holt er keine pflegschaftsbehördliche Genehmigung ein, wäre diese aber notwendig gewesen, ist er einer Exekutionsführung durch das Kind ausgesetzt, dem er in einem mühseligen Oppositionsverfahren die einzelnen NaturalUhLeistungen entgegenhalten müsste (behaftet mit allen Beweisschwierigkeiten). Ein unzumutbarer Zustand jedenfalls in jenen Fällen, in denen tatsächlich derartige Vereinbarungen getroffen wurden und nicht nur der UhPfl versucht, Geschenke oder sonstige freiwillige Leistungen an das Kind in seine UhLeistungen „hineinzuschmuggeln".

Die dargestellten E erscheinen aber auch dogmatisch nicht unbedingt zwingend, weil die Vereinbarung, anstelle des GeldUh NaturalUhLeistungen zu erbringen und anzunehmen, nicht mit einem UhVerzicht verglichen werden kann (so aber 3 Ob 16/89). Dies wäre ja nur dann gegeben, wenn die NaturalUhLeistungen in Summe nicht den Wert des (gesetzlichen) GeldUh erreichen würden. Dass eine derartige Vereinbarung der pflegschaftsbehördlichen Genehmigung bedürfte (die im Übrigen wohl nie erteilt werden würde), scheint klar zu sein; angemessene NaturalUhLeistungen substituieren jedoch den GeldUh lediglich und bedürfen daher mE keiner pflegschaftsbehördlichen Genehmigung.

Im Übrigen ist auch in einzelnen E (etwa 4 Ob 2084/96 s, insb 6 Ob 20/97 b) von einer pflegschaftsbehördlichen Genehmigung nicht einmal ansatzweise die Rede.

41
1. Der Anspruch auf NaturalUhLeistungen kann **nicht gerichtlich geltend gemacht** werden. 7 Ob 303/64.

2. Bei der Festsetzung des ersten GeldUhTitels sind die vom Vater (in Geld) erbrachten Leistungen wie geleistete GeldUhZahlungen abzugsfähig (**Spruch:** Abänderung des angefochtenen Beschlusses dahin, „dass auf die darin dargelegte UhPflicht des Vaters als NaturalUh der Betrag von ATS/€ ... für ... angerechnet wird"). 1 Ob 684/90 = ÖA 1992, 112/U 43.

3. NaturalUh muss **in einer Weise gewährt werden, der der Würde der Ehefrau und Mutter der Kinder entspricht,** was dann nicht der Fall ist, wenn die Ehefrau gleichsam ständig von der Gnade des Ehemanns abhängig ist, ob er jew rechtzeitig Leistungen erbringen, ob er die jew Entnahmen billigen oder ob er jede einzelne Ausgabe zum Gegenstand einer unzumutbaren Diskussion machen werde. 3 Ob 545/86 = EF 50.282.

b) Ausmaß der Anrechnung

1. Uh muss den gesamten Lebensbedarf des UhBer, also alle seine UhBed, **42** den Lebensverhältnissen entsprechend **ausgewogen abdecken** und darf daher nicht zu einer sachlich **nicht** gerechtfertigten **Überalimentation in einem Teilbereich** bei gleichzeitiger Kürzung in einem anderen Teilbereich der Bedürfnisse führen. 5 Ob 544/91; 7 Ob 535/93 = 7 Ob 536/93 = EF 72.228; 3 Ob 526/93 = ÖA 1994, 67/U 91 = EF 72.228 uva; 4 Ob 2084/96 s = ÖA 1998, 16/U 196.

2. Die **aufwändigen freiwilligen Leistungen des Vaters** entsprächen wertmäßig dem DurchschnittsUhBed gleichaltriger Mj für mehrere Monate, sodass für den laufenden Uh in diesem Zeitraum zwangsläufig wenig bis nichts übrig bliebe. Da eine Ausmessung des Uh und nicht eine Berechnung stattzufinden hat, ist es daher sachgerecht, unter Bezug auf den Vortitel und die Leistungen des Vaters diese zum GesamtUhBedürfnis des Mj in Teilbereichen überproportionalen freiwilligen Zuwendungen von der Anrechnung auszunehmen. Der UhPfl könnte sonst zwar kostspielige Fernreisen des Kindes finanzieren, zum Uh in der übrigen Zeit aber nichts beitragen. 9 Ob 502/94 = EF 78.576 = ÖA 1995, 60/U 112.

3. Die **NaturalUhLeistungen sind nicht aus einem längeren Zeitraum,** also etwa für ein halbes Jahr, **zu berücksichtigen.** Dem UhBer muss nämlich in jedem Monat der ihm nach dem Gesetz gebührende Uh zur Verfügung stehen. Etwas anderes gilt nur, wenn er aus früheren UhLeistungen noch Nutzen zieht oder Nutzen ziehen könnte, was bei für einen längeren Zeitraum bezahlten Versicherungsprämien, bei einem nicht zur Gänze verbrauchten Wirtschaftsgeld, bei Aufwendungen für Bekleidung oder bei der Reparatur eines Kraftfahrzeugs der Fall sein könnte. 3 Ob 2101/96 h = EF 82.453.

4. Ist der UhBer in der Lage, den ihm (in natura) geleisteten **Sonderbedarf** (nämlich einen Computer) in Raten aus dem ihm gewährten, den Regelbedarf deutlich übersteigenden UhBeitrag zu bestreiten, dann verringert sich die vom UhPfl zu erbringende laufende mtl UhLeistung entsprechend den dem UhBer zumutbaren Ratenzahlungen, wenn der UhBer Uh für die Vergangenheit begehrt. Dabei tritt weder eine Überalimentierung in einem Teilbereich noch eine einschneidende Kürzung in anderen Teilbereichen des UhBed des UhBer ein. 1 Ob 415/97 d = EvBl 1998/102 = ÖA 1998, 205/U 229.

1. Erbringt der UhPfl für **mehrere gemeinsam lebende UhBer Geld- oder Na- 43 turalleistungen,** so sind diese idR nach Kopfteilen anzurechnen. Wer einen anderen Aufteilungsschlüssel für den „MischUh" anstrebt, muss die dafür erforderliche Sachverhaltsgrundlage behaupten und beweisen. 7 Ob 616/91 = 7 Ob 617/91 = RZ 1992/46; 8 Ob 552/92 = ÖA 1992, 147/U 64 = EF 67.800; 3 Ob 517/93 = EF 70.730 = ÖA 1994, 18/U 81 uva; 7 Ob 194/98 z.

2. Das Ausmaß der Anrechnung ist grundsätzlich eine **Frage des Einzelfalls.** 4 Ob 41/05 s = EF 110.178; 7 Ob 95/05 d; 4 Ob 142/06 w.

1. Anmerkung: Vgl zur Anrechenbarkeit von **Wohnungsbenützungskosten 44** auch Rz 59, weiters 577 ff.

2. Durch die Bestreitung der Wohnungsbenützungskosten leistet der Vater seinen Töchtern (Natural-)Uh. Allerdings können diese Leistungen nicht zur Gänze auf den UhAnspr angerechnet werden, weil sie auch den Eltern zugute kommen. In solchen Fällen sind diese Leistungen **nach Köpfen anzurechnen.** 1 Ob 551/91 = RZ

1992/96 = EF 65.051; 6 Ob 22/02 g = EF 99.295; 2 Ob 89/03 g = EF 103.329; 2 Ob 220/04 y; 2 Ob 264/04 v.

3. Jedenfalls iZw ist daher davon auszugehen, dass diese Auslagen allen zu versorgenden Personen etwa **gleichteilig** zugute kommen. 10 Ob 508/96; 6 Ob 22/02 g = EF 99.295.

4. Anmerkung: Es ist nur auf jene Personen abzustellen, die in einer uhrechtlichen Beziehung zum UhPfl stehen, also im Regelfall der betreuende Elternteil und die (eigenen) Kinder. Nicht zu berücksichtigen sind aber etwa der neue Lebensgefährte der uhber Frau oder deren weitere Kinder, weil ansonsten der UhPfl durch einen höheren GeldUh iVm der Leistung der Benützungskosten diese Personen mitalimentieren würde, dgl aber auch nicht bei ue Kindern die Mutter, weil auch hier keine uhrechtliche Beziehung besteht (würde man ihren Kopfteil mitrechnen, würde der uhpfl Vater die [ehemalige] Lebensgefährtin mitalimentieren, obwohl ihr gegenüber nie eine UhPflicht bestehen oder entstehen kann).

5. Wohnt der UhPfl weiter mit seiner Familie **in der Ehewohnung,** konsumiert er von den von ihm zur Verfügung gestellten Geld- und Naturalleistungen auch seinen Anteil. Mit der Bestreitung der Generalunkosten für die Wohnung, der Zurverfügungstellung von Lebensmitteln und der Beistellung eines Wirtschaftsgeldes leistet er sohin nicht ausschließlich Uh, weil diese Leistungen nicht nur den UhBer, sondern auch der Eigenversorgung des UhPfl dienen. 7 Ob 616/91 = 7 Ob 617/91 = RZ 1992/46; 1 Ob 551/91 = RZ 1992/96 = EF 65.051; 7 Ob 613/95; 10 Ob 508/96.

6. Bei unterschiedlichem Lebensalter der UhBer kann nicht von vornherein von gleichen Kopfteilen aller Wohnungsbenützer ausgegangen werden. 8 Ob 552/92 = ÖA 1992, 147/U 64; 3 Ob 2101/96 h = EF 82.445.

7. Die gleichteilige Anrechnung ist dann zweifelhaft, wenn die Mutter über beträchtliches eigenes Einkommen verfügt und deshalb von ihrem Ehegatten keinen oder doch nur in geringem Umfang Uh verlangen kann. 1 Ob 551/91 = RZ 1992/96 = EF 65.051.

44 a **1. Anmerkung:** Vgl zur Anrechenbarkeit von **Wohnversorgungskosten** Rz 53 ff, weiters 577 ff.

2. Alle Wohnungskosten sind zur Vermeidung einer Doppelalimentierung nach Kopfteilen auf die die Wohnung benützenden UhBer zu gleichen Teilen aufzuteilen. 10 Ob 75/06 m.

3. Eine allein auf den Kopfteil abstellende Anrechnung der Mietersparnis könnte zwar zu einer (fiktiven) Überalimentierung in diesem Teilbereich und, damit verbunden, zu einer unangemessenen Verkürzung des GeldUh führen (vgl *Gitschthaler,* Unterhaltsrecht[1] Rz 56). Das wäre insb dann der Fall, wenn die überlassene Wohnung, etwa wegen ihrer nicht (mehr) erforderlichen Größe, nicht den Lebensverhältnissen der Beteiligten entspricht. Ob das zutrifft, hängt aber von den Umständen des Einzelfalls ab. 4 Ob 142/06 w.

4. Wegen des Hälfteigentums des Vaters an der Wohnung (am Mindestanteil) ist es nicht zu beanstanden, wenn das RekursG dabei nur die Hälfte des ersparten Betrags als anrechenbaren NaturalUh ansieht; die andere Hälfte „leistet" die Mutter. 4 Ob 142/06 w.

44 b **1. Anmerkung:** Der aktuelle Stand der Rsp zur **Anrechnung von Wohnungs(benützungs)kosten** – dies gilt sowohl im Kindes- als auch im Ehegatten- und im GeschiedenenUhRecht – lässt sich dahin zusammenfassen, dass die vom UhPfl für die von den UhBer benutzte Wohnung (vormalige Ehewohnung) getragenen Wohnungsbenützungskosten sowie Mietzinszahlungen oder ein „fiktiver Mietwert" grundsätzlich auf alle die Wohnung benutzenden Personen (vgl dazu ausführlich Rz 44/4) zu gleichen Teilen anzurechnen sind. Die nach der Prozentwertmethode ermittelten UhBeiträge sind um die aliquoten Teile zu reduzieren. Dies gilt grundsätzlich auch dann, wenn der UhPfl für eine noch nicht vollständig ausbezahlte Eigentumswohnung (Haus) Darlehensrückzahlungen vornimmt. Auch wenn er dadurch für sich und den (uhber) Ehegatten Vermögen durch Schuldentilgung schafft und dies an sich nicht zu Lasten der Kinder gehen darf, ersparen sich diese doch auch bei dieser Konstellation Wohnaufwand, sodass ihr UhBed reduziert ist. Derartige Zahlungen kann sich der UhPfl daher gegenüber dem Ehegatten – unabhängig davon, ob dieser Miteigentümer der Wohnung ist oder erst in einem nachehel Aufteilungsverfahren Anspruch auf Aufteilung der Wohnung haben wird – zur Hälfte (vgl Rz 579 a, 579 b) anrechnen lassen, während der Anrechnung gegenüber den Kindern nicht die (vom UhPfl beeinflussbaren) Darlehensrückzahlungen zugrunde zu legen sind, sondern die Hälfte (die Wohnung wird den Kindern wirtschaftlich gesehen ja nur mehr zur Hälfte vom UhPfl zur Verfügung gestellt) des fiktiven Mietwerts der Wohnung unter Berücksichtigung aller die Wohnung benutzenden Personen (Bsp: Frau und 2 Kinder bewohnen die Wohnung, UhPfl leistet mtl € 1.200 an Darlehensrückzahlungen, der fiktive Mietwert beträgt € 900 – auf den Uh der Frau sind die halben Darlehensrückzahlungen [€ 600] und auf jenen der beiden Kinder jew ein Drittel des halben fiktiven Mietwerts [€ 150] anzurechnen). Zur allfälligen Deckelung der Anrechnung vgl Rz 582 a.

c) Besuchsrechtskosten

1. Die Kosten des Verkehrs des Kindes mit dem nicht sorgeberechtigten Elternteil und des Aufenthalts bei diesem Elternteil gehören zu den **Kosten des Uh.** 2 Ob 521/53; 2 Ob 108/57. **45**

2. Ein die **übliche Dauer überschreitendes Besuchsrecht** kann aber zu einer Reduzierung der UhPflicht führen. 8 Ob 602/90 = ÖA 1992, 120/F 18; 8 Ob 1661/93 = ÖA 1995, 63/F 88 = EF 73.954 = ÖA 1994, 191/F 86; 4 Ob 518/94 = EF 73.948 uva; 2 Ob 319/99 x = ÖA 2000, 73/U 307.

3. Dabei ist nicht von den Aufwendungen des UhPfl, sondern ausschließlich **von den ersparten Aufwendungen der Mutter auszugehen.** 8 Ob 1661/93 = ÖA 1995, 63/F 88 = EF 73.956 = ÖA 1994, 191/F 86; 6 Ob 20/97 b = ÖA 1998, 128/F 158 = EF 83.198 = ÖA 1998, 27/F 149; 6 Ob 2362/96 p = EF 83.198 = ÖA 1998, 23/U 203; 2 Ob 319/99 x = ÖA 2000, 73/U 307 = EF 88.937.

4. **Anmerkung:** Diese Reduzierung erfolgt aber nicht durch Anrechnung der ersparten Aufwendungen auf den UhBeitrag, sondern durch Abzug von der UBGr (vgl Rz 200 ff).

entfällt. **46**

d) Betreuung des Kindes durch den Geldunterhaltspflichtigen

1. Zu einer Reduzierung der UhPflicht kann es führen, wenn sich ein Kind **47** tagsüber (ständig!) im Haushalt des nicht sorgeberechtigten Elternteils aufhält. In

diesem Fall wird der sorgeberechtigte Elternteil nur einen Teil jener Aufwendungen haben, die der GeldUh abgelten soll, sodass der UhBer zur Bestreitung seines vollständigen Uh nur mehr eines geringeren Geldbetrags bedarf. In einem solchen Fall ist gemischter Uh, bestehend aus Natural- und Geldleistung, zulässig. 4 Ob 518/94 = EF 73.948.

2. Die im Einverständnis beider Elternteile erfolgende Unterbringung der Mj im wöchentlich wechselnden Turnus bei Vater und Mutter rechtfertigt eine Herabsetzung des unter der Voraussetzung der ausschließlichen Versorgung durch die Mutter vereinbarten GeldUh des Vaters. 3 Ob 657/80 = EF 35.803.

3. Anmerkung: Auch wenn nach der **Rechtslage vor dem KindRÄG 2001, also vor dem 1. 7. 2001,** die gemeinsame Obsorge nur in sehr eingeschränktem Umfang vereinbart und gelebt werden konnte, häuften sich doch in der Praxis jene Fälle, in denen nach der Trennung der Eltern der Kontakt des Kindes auch zum nichtobsorgeberechtigten Elternteil in einem Ausmaß aufrecht erhalten blieb, das die übliche Dauer von Besuchen (iSd Rsp zu § 148 ABGB) uU bei weitem überschritt, und in denen de facto – wenn auch wohl contra, jedenfalls aber praeter legem – eine gemeinsame Obsorge im Betreuungsbereich praktiziert wurde. Das Gesetz bot in diesen Fällen für UhFragen jedoch überhaupt keine Handhabe, die höchstgerichtliche Rsp musste als unbefriedigend angesehen werden, uzw nicht deshalb, weil sie zu einem unbefriedigenden Ergebnis kam, sondern weil sich der OGH konsequent weigerte, Position zu beziehen. Er zog sich nämlich immer wieder auf Stehsätze zurück, die (jedenfalls zT) ohnehin nicht zu bestreiten waren, nämlich einerseits, dass nur bei einem die übliche Dauer von Besuchen überschreitenden Ausmaß uU eine Reduzierung der UhPflicht in Betracht kommen könne, und andererseits, dass es jedenfalls nicht auf die Aufwendungen des UhPfl, sondern ausschließlich auf die ersparten Aufwendungen des betreuenden Elternteils ankommen müsse.

Der OGH sagte aber nicht, in welchem konkreten Ausmaß die GeldUhVerpflichtung des nichtobsorgeberechtigten Elternteils zu reduzieren wäre bzw nach welchen Grundsätzen hier vorgegangen werden müsste; und dies nicht einmal in einem Aufhebungsbeschluss, in welchem er ein entsprechendes Ansinnen des Vaters als durchaus berechtigt angesehen hat (4 Ob 518/94). Die Unterinstanzen ließ er hier mit den lichtvollen Ausführungen allein, „das ErstG habe nicht geprüft, ob und in welchem Ausmaß der Vater, bedingt durch den Aufenthalt der Mj in seinem Haushalt, Naturalleistungen erbringe, die ansonsten der sorgeberechtigten Mutter oblägen, weshalb es das Verfahren idS zu ergänzen habe. Erst danach könne beurteilt werden, ob und in welchem Ausmaß die Naturalleistungen des Vaters bei der Bemessung des GeldUh zu berücksichtigen seien".

Zweitinstanzliche Rsp (vgl etwa LG Korneuburg RSA 8563) wollte idZ prüfen, welcher Geldleistungsbedarf noch beim UhPfl verbleibe, welchen Teil seiner UhPflicht er also durch Naturalleistungen erfülle und welche noch durch Geld abgegolten werden müssten, wenn die Bedürfnisse des Kindes nicht bloß durch Geldleistungen, sondern durch namhafte und über die üblichen Besuchsrechtskontakte hinausgehende Betreuungs- bzw Naturalleistungen befriedigt würden.

47 a **1.** Es liegt hier de facto ein der **gemeinsamen Obsorge nach dem KindRÄG 2001** vergleichbarer Fall vor, für den bereits in der RV zu diesem Gesetz erwogen wird, dass zwar die dargestellte Rsp zur UhMinderung bei übermäßiger Besuchsdauer angewendet werden könnte, dass jedoch die Kosten für die Bereithaltung von

Wohnraum oder die Anschaffung langlebiger Güter vom Aufenthalt beim anderen Elternteil unberührt blieben (zit von *Gitschthaler,* Unterhaltsrecht[1] Rz 46).

Wie *Gitschthaler* (aaO) zutr darstellt, führt die gemeinsame Obsorge notwendig zu einem insgesamt erhöhten Aufwand. Schon aus diesen Erwägungen ginge es keinesfalls an, etwa derartige zusätzliche Kosten für Wohnraum oder Anschaffung langlebiger Güter als uhmindernd zu berücksichtigen. Dabei bleibt aber festzuhalten, dass im vorliegenden Fall mangels Vorliegens einer gemeinsamen Obsorge über deren Auswirkung auf die UhAnspr nicht zu befinden ist. Berücksichtigt man, dass der Mj zu etwa $3/7$ der Zeit vom Vater betreut wird und von ihm NaturalUh bezieht, in der übrigen Zeit aber bei der Mutter wohnt und von dieser betreut wird, besteht kein Einwand gegen die Reduzierung des GeldUh auf $4/7$ des bei alleiniger Betreuung durch die Mutter zustehenden GeldUh. Eine **Kompensation der Aufenthaltsquoten entbehrt jeder Grundlage.** 3 Ob 222/02 x = EF 99.280; 7 Ob 277/03 s.

2. Nach stRsp zur Rechtslage vor dem KindRÄG 2001 kann nur ein die übliche Dauer überschreitendes Besuchsrecht zu einer Reduzierung der UhPflicht führen, wobei aber nicht von den Aufwendungen des UhPfl, sondern ausschließlich von den ersparten Aufwendungen des Sorgeberechtigten auszugehen ist (RIS-Justiz RS0047452). An dieser Rsp wurde allerdings zum Teil in der Lit Kritik geübt und ausgeführt, mit der gesetzlichen Einführung der gemeinsamen Obsorge müsse man sich von dem besuchsrechtlichen Ansatz lösen (*Gitschthaler,* Unterhaltsrecht[1] Rz 46; *Deixler-Hübner,* ecolex 2001, 113). Dieser Kritik ist der OGH aber schon in 3 Ob 222/02 x entgegengetreten und hat auf die Gesetzesmaterialien hingewiesen, die einen Verweis auf die in der Rsp entwickelten Grundsätze, also insb auch darauf, dass bei der Reduzierung des GeldUh nur das zu berücksichtigen sei, was sich der andere Elternteil erspare (RV 296 BlgNR 21. GP 66), enthielten. Es ist also nicht von den Aufwendungen des UhPfl, sondern von den Ersparnissen des anderen Elternteils auszugehen. Auch ein zeitweiliger Aufenthalt des Kindes beim gelduhpfl Elternteil führt grundsätzlich nicht zu einer Reduzierung der außerhalb der Betreuung liegenden weiteren Bedürfnisse. **Ein Ausgleich zw den Eltern hat sich am ersparten Aufwand des Obsorgeberechtigten zu orientieren.** 2 Ob 293/03 g = EF 107.047; 7 Ob 277/03 s; 4 Ob 4/04 y.

3. Eine **Reduktion des UhAnspr um 10% pro wöchentlichem Betreuungstag,** der über das übliche Ausmaß hinausgeht, ist dabei jedenfalls nicht zu beanstanden (vgl idS 7 Ob 277/03 s). 8 Ob 62/04 g = EF 107.048; 10 Ob 11/04 x = EF-Z 2006/ 11 *(Gitschthaler);* 7 Ob 178/06 m.

4. Anmerkung: Nach der E 7 Ob 277/03 s wäre allerdings eine Reduzierung des GeldUhAnspr um 40% bei 3 Betreuungstagen vorzunehmen gewesen (vgl idS auch LGZ Wien EF 103.303), also knapp 15% pro Betreuungstag. Da die Betreuungsleistungen des an sich gelduhpfl Elternteils von der – nunmehr wohl als ständig zu bezeichnenden – Rsp ohnehin nur in einem sehr geringen Ausmaß berücksichtigt werden, war es mE nicht notwendig, die Prozentwerte auch noch übermäßig abzurunden (13,33 liegt näher bei 15 als bei 10).

5. Uzw unabhängig davon, ob gemeinsame Obsorge besteht oder nicht. 10 Ob 11/04 x = EF-Z 2006/11 *(Gitschthaler);* 7 Ob 178/06 m.

6. Es ist aber grundsätzlich nicht möglich, allgemein verbindliche Prozentsätze für Abschläge für übermäßige **Betreuungsleistungen** des gelduhpfl Elternteils festzulegen. 10 Ob 11/04 x = EF-Z 2006/11 *(Gitschthaler).*

7. Hier bestritt die Mutter während des Aufenthalts des Kindes in ihrem Haushalt nur die mit der Betreuung zusammenhängenden alltäglichen Kosten (inkl der Reichung eines Taschengelds), genauso wie in der übrigen Zeit (50%) der Vater, der allerdings zusätzlich sämtliche Aufwendungen für Bekleidung, Schuhwerk und alle größeren, längerlebigen Anschaffungen trägt. **Nur wenn die Mutter auch diese Aufwendungen zur Hälfte getragen hätte, könnte von einer völligen Bedarfsdeckung des Kindes im Wege von Naturalleistungen durch beide Elternteile ausgegangen werden.** Nach dem festgestellten Sachverhalt erbringen die **Elternteile zwar gleichwertige Betreuungsleistungen;** der damit nicht gedeckte **weitere Lebensaufwand wird aber vom Vater bestritten.** Der auf den Regelbedarf noch fehlende GeldUh ist von der nicht obsorgeberechtigten Mutter im Ausmaß ihrer Leistungsfähigkeit zu bestreiten. 6 Ob 182/02 m = EF 99.279.

8. **Ggt:** Betreuungsleistungen stellen **keinen geldwerten NaturalUh** dar, sind deshalb nicht in Geld umzurechnen und sind auch nicht bei der Frage einer Verletzung der NaturalUhVerpflichtung zu berücksichtigen (vgl 4 Ob 388/97 f). Die bloße Anwesenheit in der Wohnung gemeinsam mit dem Kind verbunden mit einer gewissen Beaufsichtigung und Erziehung ist eine selbstverständliche Elternpflicht, führt idR zu keiner zusätzlichen finanziellen Belastung des UhPfl und hat demnach bei der Bewertung der vom UhPfl erbrachten Leistungen in Geld, um die Frage einer Verletzung seiner Pflichten zur Reichung von NaturalUh beurteilen zu können, regelmäßig außer Betracht zu bleiben. 6 Ob 230/01 v = ÖA 2002, 172/U 358 = EF 99.276, 99.277.

9. **Anmerkung:** Die mit dem KindRÄG 2001 eingeführte gemeinsame Obsorge scheint sich in der Praxis zu bewähren, dh es häufen sich jene Fälle, in denen (auch) die Betreuung des Kindes zw den Eltern geteilt wird, wo also beide Elternteile Betreuungsleistungen erbringen, die über das Ausmaß eines üblichen Besuchsrechts hinausgehen. Gerade dies ist ja wohl auch Ziel der Gesetzesänderung gewesen. Eine konkrete Lösung des in der Praxis immer wieder auftretenden Problems, dass Eltern gemeinsam die Verantwortung für ihr Kind trotz Trennung wahrnehmen wollen, sich jedoch in uhrechtlichen Auseinandersetzungen verfangen, bot die Neuregelung allerdings nicht; dem Gesetzestext lässt sich auch nicht entnehmen, dass sich die Eltern bei Vereinbarung der gemeinsamen Obsorge hinsichtlich der uhrechtlichen Problematik geeinigt haben müssten, was mE auch durchaus richtig ist, weil der Umstand, dass die getrennt lebenden Elternteile hinsichtlich des „wechselseitig" zu leistenden Uh Meinungsdifferenzen haben, wohl nicht zwingend bedeutet, dass sie auch nicht in der Lage wären, gemeinsame Verantwortung für das Kind in wechselseitiger Abstimmung wahrzunehmen.

Der in der Vorauflage geäußerte Wunsch, zumindest eine klare Rsp möge derartige Meinungsdifferenzen verhindern, wurde erhört. Dieser Rsp ist auch zugute zu halten, dass sie relativ einfach umsetzbar ist: Aufgrund der Rsp zu § 148 ABGB ist davon auszugehen, dass der nichtobsorgeberechtigte Elternteil das Kind im Schnitt 1 Tag pro Woche betreut. Dieser Tag ist in der Prozentwertmethode bereits berücksichtigt. Für jeden Betreuungstag mehr ist der errechnete GeldUh um 10% zu kürzen. Müsste der GeldUhPfl also € 500 Uh bezahlen und betreut er das Kind 3 Tage in der Woche, reduziert sich seine Verpflichtung um 2 × 10% von € 500 auf € 400. Gerade dieses Beispiel zeigt aber auch, dass die Regelung von Seiten des GeldUhpfl als wenig angemessen angesehen werden wird, auch wenn die RV zum KindRÄG 2001 insofern wohl zutr ausführte, es sei ja zu beachten, dass durch die vorübergehende Betreuung des Kindes durch den gelduhpfl Elternteil beim anderen, also bei demjenigen, bei dem sich das Kind hauptsächlich aufhalte, nur einzelne Teilbereiche des Uh (zeitlich begrenzt) entfielen (etwa Verköstigung und Reinigung der Wäsche), andere Aufwendungen (etwa die Bereithaltung von Wohnraum oder die Anschaffung langlebiger Güter, etwa eines Computers, aber auch der Bekleidung) davon idR jedoch unberührt blieben. Hält sich das Kind nämlich beim GeldUhPfl immer wieder über einen längeren Zeitraum auf, fallen wohl dort ähnliche Kosten wie beim obsorgeberechtigten Elternteil an; dennoch kann sich der GeldUhPfl nur einen kleinen Teil des GeldUh ersparen (im Einzelfall vielleicht nur Bagatellbeträge).

10. Im vorliegenden Fall haben beide Elternteile ihre Kinder bis zur rk Obsorgezuteilung an die Mutter auch nach der Trennung – abwechselnd zu zeitlich (völlig) gleichen Anteilen – betreut, ohne eine Vereinbarung zu treffen, wo sich die Kinder hauptsächlich aufhalten werden; der Vater hat also seinen UhBeitrag in einer der Mutter (zeitlich) gleichwertigen Weise erbracht (vgl 7 Ob 277/03 s). Zu Recht beruft sich die Mutter aber darauf, dass die Kinder lediglich während der halben Zeit in der Vergangenheit, für die hier noch Uh begehrt wird, am Lebensstandard des Vaters teilhaben konnten.

Vom besonderen Fall einer völligen Bedarfsdeckung im Wege von Naturalleistungen durch beide Elternteile ist nur auszugehen (vgl 6 Ob 182/02 m), wenn beiden Elternteilen ein annähernd gleich hohes bzw ein solches Einkommen (wenn auch in unterschiedlicher Höhe) zur Verfügung stünde, dass jew zu über der Luxusgrenze liegenden UhAnspr der Kinder führte. Dies steht hier jedoch bisher nicht fest. 7 Ob 145/04 f = EF 110.168.

11. Anmerkung: Vom OGH noch nicht eindeutig entschieden ist somit der Fall, in dem beide Elternteile etwa gleich viel verdienen und sich das Kind im Schnitt je zur Hälfte bei dem einen und bei dem anderen Elternteil aufhält. Es wurde schon in der Vorauflage (dem zwischenzeitig ausdrücklich zweitinstanzliche Rsp [LG Ried im Innkreis und LGZ Wien je EF 103.305] folgte; vgl aber auch 7 Ob 145/04 f) darauf hingewiesen, dass dann eine wechselseitige GeldUhVerpflichtung kein Thema sein könne, auch wenn naturgemäß in diesen Fällen auf beiden Seiten ein erhöhter Aufwand entsteht (zwei Kinderzimmer, doppelte Kleidungskosten udgl). Voraussetzung dafür ist aber weiters, dass die Aufwendungen für das Kind (Kleidung, Schule usw) entweder von den Eltern zu gleichen Teilen getragen werden – oder eben das Kind über eine „doppelte Ausstattung" verfügt (auf diesen Umstand zutr hinweisend 6 Ob 182/02 m). Weichen von diesem Idealfall entweder die beiderseitigen Einkommen oder die Aufenthaltsdauer ab, dann müsste dies durch eine Art ausgleichende GeldUhLeistung entsprechend berücksichtigt werden. Verfügt hingegen ein Elternteil über keinerlei Einkommen, dann müsste bei der Annahme, dass sich das Kind je zur Hälfte bei beiden Elternteilen aufhält, der halbe – übliche – UhBeitrag festgesetzt werden, bei einem Abweichen der Aufenthaltsdauer wäre der UhBeitrag entsprechend zu erhöhen oder zu verringern (vgl idS wohl 3 Ob 657/80 = EF 35.803). Die Richtigkeit dieser dargestellten Auffassung lässt sich mE auch damit begründen, dass der nicht obsorgeberechtigte Elternteil nach der hRsp so lange den üblichen UhBeitrag bezahlen muss, bis sich das Kind so viel in seinem Haushalt aufhält, dass von einer Haushaltstrennung von obsorgeberechtigtem Elternteil und Kind ausgegangen werden muss. In diesem Fall „springt" dann die GeldUhVerpflichtung auf den obsorgeberechtigten Elternteil um (vgl Rz 39). Es erschiene aber wohl sachgerechter, einen fließenden Übergang zu finden anstelle eines abrupten Umspringens.

e) Geschenke

48 1. Geschenke, die zu besonderen Anlässen gemacht werden, **gehören nicht zum Uh.** 3 Ob 604/89 = RZ 1990/56.
2. Ebenso wenig **Zuwendungen** des Vaters an ein bereits **selbsterhaltungsfähiges Kind.** 2 Ob 221/67 = JBl 1968, 201 = EF 8.440; 2 Ob 229/70.

49, 50 entfallen.

f) Versicherungsprämien/Vermögensbildung

51 1. Dass der UhPfl den Aufwand des uhber Kindes für eine private **Krankenversicherung** trägt, muss angemessen berücksichtigt werden. 1 Ob 620/81.
2. Hinsichtlich der **Krankenzusatzversicherungsprämien** wurde zT die Ansicht vertreten, dass sie erbrachte UhLeistungen darstellen (EF 88.334), zT aber auch ausgeführt, sie seien nicht auf den GeldUhAnspr des Kindes anzurechnen (EF 65.053). Der OGH schließt sich insoweit den Ausführungen von *Gitschthaler* (Unterhaltsrecht¹ Rz 51) an, wonach bei überdurchschnittlichen Lebensverhältnissen eine derartige Versicherung zum Lebensstandard gehört, während bei geringen Uh-Leistungen verhindert werden muss, dass durch die Anrechnung der Prämien zu wenig an tatsächlich geleistetem GeldUh verbleibt. 2 Ob 89/03 g = EF 103.759.
3. Abw: Krankenzusatzversicherungsprämien des Kindes, die vom GeldUhPfl bezahlt werden, dienen der Vorsorge für den Krankheitsfall und damit der Deckung von UhBedürfnissen, sodass sie zwar nicht von der UBGr in Abzug gebracht werden können, wohl aber bereits erbrachte UhLeistungen darstellen. 1 Ob 620/81 = EF 39.757; 3 Ob 19/97 h = ÖA 1999, 15/U 245 = EF 88.334.
4. Abw: Zusatzkrankenversicherungsprämienzahlungen des UhPfl für das uhber Kind sind nicht auf den GeldUhAnspr des Kindes anzurechnen. 3 Ob 1030/91 = 3 Ob 1031/91 = EF 65.053.
5. Die Anrechnung von Zahlungen des UhPfl für eine **freiwillige Weiterversicherung in der gesetzlichen Krankenversicherung** ist zulässig. 7 Ob 517/94.

52 1. Der UhPfl ist nicht berechtigt, die dem UhBer für die Deckung seiner unmittelbaren Lebensbedürfnisse zu leistenden Zahlungen mit der Begründung zu vermindern, er erbringe dafür eine andere Leistung, die vielleicht einmal dem UhBer zugute kommen könnte. Der Abschluss einer **Lebensversicherung** zugunsten des UhBer kann als UhLeistung nur dann angesehen werden, wenn es sich hiebei um eine Lebensversicherung handelt, die unter den gegebenen Umständen für die Aufrechterhaltung der entsprechenden Lebensumstände notwendig und in diesem Ausmaß auch üblich ist. 7 Ob 626/88 = EF 55.927.
2. Abw: Zahlungen des UhPfl auf Lebensversicherungsverträge dienen der Vermögensbildung und können daher grundsätzlich dem UhBegehren der Kinder nicht entgegen gehalten werden. 8 Ob 94/97 z = ÖA 1998, 62/F 154; 3 Ob 89/97 b = JBl 1997, 647 = EvBl 1997/175.
3. Es widerspricht auch dem Alimentationszweck, den den Regelbedarf übersteigenden UhTeil auf ein **Sparbuch** zu legen. 8 Ob 1661/93 = ÖA 1995, 63/F 88 = EF 73.897 = ÖA 1994, 191/F 86.
Anmerkung: Vgl dazu allerdings Rz 257.
4. Zahlungen des UhPfl für **Bausparverträge** des uhber Kindes dienen der Vermögensbildung und können daher dem UhBegehren der Kinder nicht entgegen

gehalten werden. 8 Ob 94/97 z = ÖA 1998, 62/F 154; 3 Ob 89/97 b = JBl 1997, 647 = EvBl 1997/175.

g) Wohnversorgungskosten

1. **Anmerkung:** Zu Fragen idZ vgl auch Rz 577 ff, aber auch Rz 44 ff. **53**

2. Dass der UhPfl den Aufwand des uhber Kind an den **Reparaturkosten am Haus** trägt, muss angemessen berücksichtigt werden. 1 Ob 620/81.

3. Die ehel Kinder leben mit der Mutter in einem dem Vater allein gehörigen Haus, der Vater ist ausgezogen. Die Vorinstanzen **kürzten die UhAnspr der Kinder** je um ⅓ unter Hinweis auf die **Wohnversorgung.** Der OGH wies den RevRek mit der Begründung zurück, es entspreche der stRsp, dass ein UhBer, der nicht auch für die Kosten seiner Wohnversorgung aufzukommen habe, regelmäßig nicht mehr des gesamten GeldUh bedürfe, um seinen vollständigen Uh zu decken. 7 Ob 52/03 b = ÖA 2003, 276/U 405 = EF 103.326.

4. Nur zur Befriedigung der übrigen Bedürfnisse kann noch zusätzlicher Geld-Uh verlangt werden. 2 Ob 158/02 b; 7 Ob 52/03 b = ÖA 2003, 276/U 405 = EF 103.326.

5. Auch beim KindesUh können also Leistungen des gelduhpfl Elternteils für die – unter anderem – von den Kindern benützte Wohnung (etwa **Mietzinszahlungen**) oder die Zurverfügungstellung einer Wohngelegenheit durch diesen Elternteil nicht mehr von vornherein als von der Beurteilung als (anrechenbare) NaturalUh-Leistung ausgeschlossen angesehen werden. 4 Ob 41/05 s = EF 110.178; 7 Ob 95/05 d; 4 Ob 142/06 w; 2 Ob 169/05 z; 10 Ob 75/06 m.

6. Im Schrifttum (*Gitschthaler,* Unterhaltsrecht[1] Rz 57/3) wurde allerdings darauf hingewiesen, es müsse darauf geachtet werden, ob nicht die Überlassung der Wohnung oder des Hauses iZm der nachehel Vermögensaufteilung zw den Ehegatten (Eltern) eine Gegenleistung des gelduhpfl Elternteils dargestellt habe. Diesen Überlegungen ist grundsätzlich zu folgen, wäre doch sonst der gelduhpfl Elternteil mehrfach bevorzugt, wenn er zunächst für die Überlassung der Wohngelegenheit an den betreuenden Elternteil von diesem eine Gegenleistung (etwa in Form der Eigentumsübertragung) lukriert und sich dann einen Teil seiner UhLeistungen mit dem Argument ersparen könnte, die uhber Kinder hätten einen geringeren UhBed aufgrund bestehender Wohnversorgung. In diesem Fall wäre nämlich zu berücksichtigen, dass letztlich der betreuende Elternteil die Kosten der Wohnversorgung der Kinder getragen hat bzw trägt und nicht der gelduhpfl Elternteil. 4 Ob 41/05 s = EF 110.181; 2 Ob 169/05 z.

7. Die Anrechnung ist also ausgeschlossen, wenn der GeldUhPfl für das Zurverfügungstellen des Wohnraums eine **Gegenleistung erhält oder erhalten hat.** 4 Ob 142/06 w; 2 Ob 169/05 z.

8. Dass dem Recht der Mutter und der Kinder, die bisherige Ehewohnung weiter zu benützen, eine Gegenleistung der Mutter iZm mit der nachehel Vermögensaufteilung gegenüber gestanden wäre, die es ausschlösse, die Wohnungskosten als NaturalUh auch für den Mj zu werten, ist dem Vergleich nicht zu entnehmen. Ist der Vergleich aber idS auszulegen, so kann die Anrechnung der anteiligen Wohnungskosten nur abgelehnt werden, wenn sich aus dem Verhältnis zw dem ursprünglich festgesetzten Uh und dem der UhFestsetzung zugrunde gelegten Ein-

kommen ergeben würde, dass die Wohnversorgung (dem Mj gegenüber) zusätzlich geleistet werden sollte. 4 Ob 41/05 s = EF 110.182.

9. Es spielt keine Rolle, dass die Mutter nunmehr den gesamten Wohnraumkredit zurückzahlt. Diese Rückzahlung führt ebenso wie das Tragen (zumindest) der verbrauchsunabhängigen Aufwendungen auf die Liegenschaft (zB Grundsteuer, Versicherungsprämien etc) nach § 839 ABGB zu einem anteiligen Rückersatzanspruch der Mutter gegen den Vater. Diese Leistungen der Mutter können daher mangels darauf gerichteter Vereinbarung nicht, wie in der E 1 Ob 159/03 v erwogen, als Äquivalent für die Überlassung der gesamten Wohnung an sie und die Kinder gedeutet werden. Denn der Vater wäre doppelt belastet, wenn die Anrechnung als NaturalUh um den letztlich von ihm zu tragenden Anteil an den Kosten beschränkt würde: einerseits müsste er entsprechend mehr GeldUh zahlen, andererseits wäre er aber auch seiner Miteigentümerin zum Ersatz verpflichtet. Dieses Problem kann nur durch eine auf die formalen Rechtspositionen abstellende Betrachtungsweise gelöst werden. Das Kind kann sich daher bei der Anrechnung von NaturalUh nicht auf mögliche Regressansprüche seiner Mutter berufen. Umgekehrt könnten aber auch Kreditrückzahlungen durch den Vater bei einer Anrechnung der Wohnversorgung als NaturalUh nicht gleichzeitig von der UBGr abgezogen werden. Das wäre wiederum eine schon in der E 4 Ob 41/05 s abgelehnte doppelte Bevorzugung des gelduhpfl Elternteils. 4 Ob 142/06 w.

10. Hier ist noch keine Aufteilung iSd § 81 EheG erfolgt. Es **fehlen auch jegliche Anhaltspunkte** dafür, ob der Vater Leistungen zur Anschaffung oder Erhaltung der Ehewohnung erbracht hat (oder ob diese nicht von der Mutterseite stammt). Eine Anrechnung der Wohnung auf den KindesUh kommt daher dzt nicht in Betracht. 2 Ob 169/05 z.

54 1. Ggt: Im Hinblick auf § 97 ABGB betreffen Leistungen eines Ehegatten für die Ehewohnung ausschließlich das familienrechtliche Verhältnis zw ihm und dem anderen Ehegatten, von welchem das Kind das Mitbenützungsrecht der Wohnung ableitet. Solche Leistungen stellen keine NaturalUhLeistungen an das Kind dar. 1 Ob 812/82 = EF 40.128; 1 Ob 685/87 = EF 53.126; 1 Ob 684/90 = tw EF 61.933 = ÖA 1992, 112/U 43 uva; 8 Ob 162/00 g; 2 Ob 1/01 p = EF 95.437; 6 Ob 22/02 g = 99.290; 2 Ob 220/04 y; 2 Ob 180/02 p; 2 Ob 264/04 v; 2 Ob 128/04 v; 5 Ob 117/04 y; 7 Ob 291/05 b.

2. Ggt: Dies gilt für Leistungen für die Beschaffung und Erhaltung der Ehewohnung. Mit diesen Leistungen wird, anders als durch die Wohnungsbenützungskosten, den Kindern kein NaturalUh geleistet. 4 Ob 2234/96 z = ÖA 1997, 195/ F 136 = EF 79.982.

3. Ggt: Und für Kreditbelastungen hinsichtlich Inventar und Renovierungsarbeiten der (vormaligen) Ehewohnung. 10 Ob 118/97 v = EF 83.210.

4. Ggt: Diese Grundsätze müssen auch in einem Fall, in dem die Eltern Miteigentümer der Liegenschaft sind, auf der sich die Ehewohnung befand, dann gelten, wenn die Ehe bereits rk geschieden wurde. 1 Ob 560/91 = RZ 1991/88 = tw ÖA 1992, 51/U 21 = EF 65.049.

5. Ggt: Wurde das Haus, in dem das uhber Kind mit seiner Mutter wohnt, letzterer im Zuge eines Aufteilungsverfahrens überlassen, ist dies nicht anders zu behandeln, wie wenn der UhPfl sonst in der Wohnung des anderen Elternteils wohnt. Der Ausgleich für die Überlassung des Hauses an die geschiedene Ehegattin hat nicht

im UhVerfahren betr eines der Kinder zu erfolgen, sondern im Aufteilungsverfahren selbst. 5 Ob 1580/90 = ÖA 1992, 121/F 28.

6. Ggt: Bei den Aufwendungen für die Wohnung handelt es sich nicht um den Kindern, sondern um der Mutter der Kinder zukommende UhLeistungen, weil es sich um Aufwendungen für eine „Buwog-Wohnung" handelt, sohin um Kosten einer **Mietwohnung.** 1 Ob 812/82.

7. Ggt: Mietzinszahlungen sind keine anrechenbaren NaturalUhLeistungen. 7 Ob 193/99 d = tw EF 88.946 = ÖA 1999, 297/U 300; 6 Ob 230/01 v = ÖA 2002, 172/U 358; 2 Ob 180/02 p; 2 Ob 264/04 v.

8. Ggt: Uzw insb dann, wenn der uhpfl Vater die Mietzinszahlung für die von seiner geschiedenen Ehegattin und von dem ihm gegenüber uhber Kind benützte Wohnung in Anrechnung auf den von ihm der Mutter aufgrund der Ergebnisse des Aufteilungsverfahrens zu zahlenden Betrag leistet, wird der Mietzins für diese Wohnung dann doch in Wahrheit aus Vermögensbestandteilen der Mutter, nicht aber vom uhpfl Vater geleistet. 5 Ob 1582/93 = ÖA 1994, 104/F 78 = EF 70.735.

9. Ggt: Der fiktive Mietwert einer dem Ehegatten unentgeltlich zur Verfügung stehenden Ehewohnung ist nach Auszug eines Ehegatten nicht auf den GeldUhAnspr des verbleibenden Ehegatten anzurechnen; dies gilt auch im KindesUhRecht. 8 Ob 162/00 g.

10. Ggt: Ein Wohnungskostenteilaufwand für die im Alleineigentum des Vaters stehende ehemalige Ehewohnung, die aufgrund vertraglicher Vereinbarung (Mietvertrag) von der Mutter gegen Entgelt benützt wird und in der auch die mj Kinder ihr Wohnbedürfnis befriedigen, stellt keinen NaturalUh an die Kinder dar. 9 Ob 123/98 y = EF 85.887.

11. Ggt: Ist die Mutter zur Benützung der vormaligen Ehewohnung aufgrund ihres im Aufteilungsanspruch fortdauernden Anspruchs nach § 97 ABGB berechtigt, liegt es an ihr, ihren selbsterhaltungsfähigen Sohn zur Beteiligung an den Kosten oder zur Räumung der Wohnung zu verhalten. 4 Ob 510/94.

12. Ggt: Die Mutter, von der die Kinder ihr Mitbenützungsrecht an der Wohnung ableiteten, verlor nach Auflösung der Ehe mit dem UhPfl und Erlöschen ihres Aufteilungsanspruchs gem §§ 81 ff EheG infolge Verfristung den Rechtstitel zur Benützung der vormaligen Ehewohnung; damit verloren auch die Kinder ihren von der Mutter abgeleiteten (Mit-)Benützungs-Rechtstitel in Ansehung der Wohnung. 1 Ob 541/92 = EvBl 1992/108 = ÖA 1992, 91 = EF 67.801.

entfallen. 55–58

h) Wohnungsbenützungskosten

1. Anmerkung: Vgl zu Fragen idZ auch Rz 577 ff, 44 ff. 59

2. Aufwendungen, die der Vater lediglich deshalb erbringt, um die von den UhBer (mit-)benützte **Wohnung in benützungsfähigem Zustand zu erhalten,** dienen (auch) der Beistellung von Wohnraum für die UhBer und sind deshalb als **NaturalUhLeistungen** zu beurteilen, soweit damit nicht der andere Ehegatte infolge von Zahlungsrückständen doch wieder der Gefahr ausgesetzt wird, die Wohnung zu verlieren (vgl etwa die Kündigungsmöglichkeit nach § 30 Abs 2 Z 1 MRG).

Dazu gehören die **Betriebskosten** und die **Kosten für elektrische Energie, Gas, Heizung** udgl. 1 Ob 551/91 = RZ 1992/96 = EF 65.050; 8 Ob 552/92 = ÖA 1992,

147/U 64; 2 Ob 522/92 = ÖA 1993, 24 uva; 7 Ob 193/99 d = EF 88.956, 88.957 = ÖA 1999, 297/U 300; 6 Ob 230/01 v = ÖA 2002, 172/U 358; 6 Ob 22/02 g = EF 99.292; 2 Ob 89/03 g = EF 103.328; 2 Ob 180/02 p; 2 Ob 264/04 v; 2 Ob 128/04 v.

3. Ebenso Leistungen für **Rundfunkgebühren.** 1 Ob 684/90 = ÖA 1992, 112/U 43.

4. Oder zur **Bildung einer Rücklage iSd WEG.** 3 Ob 2101/96 h = EF 82.444.

5. Dass der UhPfl (etwa) die Betriebskosten trägt, muss also angemessen berücksichtigt werden. 1 Ob 620/81.

i) Verschiedenes

60   **1.** Uh wird auch durch die Erbringung von **Ersatzleistungen an den SHTr** geleistet. 10 ObS 440/89 = ÖA 1990, 139; 10 ObS 2203/96 k.

2. Anmerkung: Diese Rsp gilt auch für jene Selbstbehalte, die der UhPfl für das Kind an SozVTr etwa nach dem B-KUVG leistet; vgl dazu nunmehr im GeschiedenenUhRecht ausdrücklich 3 Ob 306/98 s (Rz 743).

3. Auch Leistungen des Vaters etwa für die **Klaviermiete** sind als NaturalUh anrechenbar, uzw insb dann, wenn die Mutter diese Zahlungen des Vaters mit Wirkung für das Kind angenommen hat. 1 Ob 684/90 = ÖA 1992, 112/U 43.

4. Anmerkung: Die Begründung liegt hier wohl darin, dass die Mutter der Anrechnung zugestimmt hat; ansonst wäre zu prüfen, ob deckungspflichtiger Sonderbedarf gegeben ist; vgl dazu Rz 271 ff.

5. Zum NaturalUh gehört auch ein dem Kindesalter und den elterlichen Lebensverhältnissen angemessenes **Taschengeld** für die individuelle Befriedigung höchstpersönlicher Bedürfnisse wie etwa Konsumationen außer Haus oder von kulturellen, sportlichen oder gesellschaftlichen Freizeitbedürfnissen. 6 Ob 230/01 v = ÖA 2002, 172/U 358; 2 Ob 128/04 v.

E. Vergleich mit der intakten Familie

61   **1.** E in UhSachen haben sich an der **fiktiven intakten Familie** zu orientieren. 6 Ob 87/99 h = EF 88.992 = ÖA 1999, 293/U 297.

2. Die Vermögensauseinandersetzung der Eltern anlässlich der Scheidung kann den Kindern grundsätzlich nicht zum Nachteil gereichen und vermag ihren UhAnspr nicht zu schmälern. 7 Ob 524/96 = EF 80.100.

3. Der UhBer darf demnach durch die Trennung oder Scheidung weder besser noch schlechter als bei Fortdauer der Ehe gestellt werden. Maßgeblicher Bezugspunkt für die UhBemessung sind nämlich die „ehel Lebensverhältnisse". Es ist also zu fragen, wie sich der UhPfl verständigerweise bei Fortdauer der ehel Gemeinschaft verhalten hätte. Die tatsächliche Handhabung während der intakten ehel Gemeinschaft ist aber nicht allein maßgebend, sondern es ist ein objektiver Maßstab anzulegen. 7 Ob 662/90 = JBl 1991, 720 = EvBl 1991/50 = ÖA 1992, 110/U 37; 1 Ob 501/93 = ÖA 1994, 62 = ÖA 1994, 64/U 86; 6 Ob 501/96 = ÖA 1997, 63/F 122; 2 Ob 2132/96 k = ÖA 1998, 110/U 210 = RZ 1998/23 = EF 83.126.

4. Die Figur eines **maßgerechten Durchschnittsmenschen** dient als Fiktion bei der Lösung zahlreicher Rechtsprobleme (im UhRecht: bonus pater familias). 6 Ob 285/98 z = JBl 1999, 311 = EvBl 1999/94 = ÖA 1999, 129/U 275 = EF XXXV/5.

F. Rückwirkende Unterhaltsänderung

Übersicht:
Rz
1. Festsetzung/Erhöhung 62–65
2. Herabsetzung/Enthebung 66–68b
3. Verjährung/Verschweigung 69–71a

1. Festsetzung/Erhöhung

1. **Anmerkung:** Zu Fragen idZ vgl auch Rz 401 ff, 586, 748 ff. **62**

2. **Zukünftiger Uh** ist ab Antragstellung zuzusprechen. 8 Ob 552/92 = ÖA 1992, 147/U 64 = EF 69.162.

3. Allerdings können nunmehr **UhAnspr grundsätzlich auch für die Vergangenheit** geltend gemacht werden. VerstSenat 6 Ob 544/87 = EF XXV/3 = JBl 1988, 586 (zust *Pichler*) = EvBl 1988/123 = SZ 61/143 = ÖA 1988, 79; 6 Ob 580/88 = ÖA 1990, 15; 8 Ob 626/87; 8 Ob 588/89; 4 Ob 533/90 = ÖA 1991, 18 = EF 63.306 uva; 4 Ob 319/98 k = EF 87.406 = ÖA 1999, 121/U 270; 7 Ob 71/02 w = ÖA 2003, 35/ U 375; 6 Ob 159/02 d; 4 Ob 180/03 d; 10 Ob 18/04 a; 1 Ob 38/07 f.

4. Der für die Vergangenheit begehrte Uh ist dabei nach **denselben Grundsätzen** zu ermitteln **wie der laufende Uh.** Er hat sich an der Leistungsfähigkeit des UhPfl und den Bedürfnissen des UhBer zu orientieren. 6 Ob 579/91.

5. ISd nunmehr geänderten Rsp können auch **Sonderausgaben** aufgrund nachträglicher Antragstellung zuerkannt werden. 8 Ob 624/90 = EF 63.314 = ÖA 1992, 120/F 17.

6. **Anmerkung:** So auch schon JBl 1986, 312 zu Sonderbedarfskosten vor dem Rechtsprechungswandel durch den verstSenat 6 Ob 544/87.

1. Eine Änderung der UhBemessung für die Vergangenheit kann auch dann **63** erfolgen, wenn **für diese Zeit eine gerichtliche Festsetzung oder eine vergleichsweise Regelung vorlag,** die aber wegen Änderung der Verhältnisse zufolge der ihr innewohnenden Umstandsklausel nicht mehr bindend blieb. 5 Ob 610/89 = EvBl 1990/50; 5 Ob 520/90; 7 Ob 503/90; 4 Ob 533/90 = ÖA 1991, 18; 7 Ob 661/90 = ÖA 1992, 121/F 26; 8 Ob 1508/91 = EF 66.368.

2. UhBeiträge können also auch **rückwirkend erhöht** werden. 8 Ob 588/89 = EF 60.103; 5 Ob 520/90 = EF 63.307; 8 Ob 624/90 = EF 63.307; 7 Ob 652/90 = EF 63.307 = RZ 1991/26; 4 Ob 507/92 = EF 69.150 = ÖA 1992, 57; 10 Ob 536/94 = EF 78.582; 1 Ob 549/95 = EF 78.582; 4 Ob 253/97 b; 1 Ob 122/97 s.

3. Der maßgebliche Sachverhalt muss sich aber in der Vergangenheit verwirklicht haben. 9 Ob 23/98 t; 4 Ob 180/03 d = EF 103.331; 1 Ob 38/07 f.

4. **Erbrachte** der Vater in der Vergangenheit **UhLeistungen,** sind diese auf die Höhe des ermittelten UhAnspr **mindernd anzurechnen,** weil dazu keine pflegschaftsbehördliche Genehmigung der Vereinbarung der Eltern notwendig war. 6 Ob 230/01 v = ÖA 2002, 172/U 358; 2 Ob 128/04 v.

5. Dies gilt auch für UhLeistungen, die – im Fall einer UhErhöhung – in der Vergangenheit die **ursprünglich titulierte UhPflicht überstiegen,** was sich schon aus der Erwägung ergibt, dass kein Rechtsgrund ersichtlich ist, dem Kind einen schon (in natura) erbrachten Uh nochmals, uzw in Geld, zu erbringen; das Kind hat

ja **keinen Anspruch auf Doppelversorgung.** 6 Ob 230/01 v = ÖA 2002, 172/U 358; 2 Ob 128/04 v.

64 1. Die Geltendmachung eines UhAnspr für die Vergangenheit hängt nicht davon ab, ob der UhPfl sein **Einkommen verbraucht** hat. 3 Ob 1505/91 = EF 69.146; 1 Ob 229/04 i = EF 110.193.

2. Der UhPfl kann sich also nicht auf einen gutgläubigen Verbrauch seines Einkommens berufen. Jud 33 neu ist auch nicht analog anzuwenden. 4 Ob 253/97 b.

3. Der UhPfl ist wegen des Unterbleibens einer früheren Geltendmachung der Ansprüche nicht zu schützen, weil die gesetzliche UhPflicht unmittelbar mit den Bedürfnissen des nicht selbsterhaltungsfähigen Kindes, das keine eigenen Einkünfte hat, entsteht und nicht erst durch deren gerichtliche Geltendmachung. Die **UhPflicht ist eine Bringschuld,** die der UhPfl dem Kind laufend zu erbringen hat. Kommt er seiner gesetzlichen Verpflichtung nicht, wie dies bei jeder anderen fälligen Schuld auch zu erwarten ist, aus eigenem nach und muss er dazu mit gerichtlicher Hilfe gezwungen werden, kann er sich innerhalb der Verjährungsfrist nicht auf eine durch seine eigene Säumnis entstandene „Vertrauenslage", also die Hoffnung, er werde nicht zur Einhaltung seiner gesetzlichen Verpflichtungen herangezogen werden, berufen. 6 Ob 529/91 = EF 66.376; 4 Ob 253/97 b; 7 Ob 71/02 w = ÖA 2003, 35/U 375.

4. **Befürchtungen,** der Mj werde durch den Empfang des Rückstands (ATS 14.000 [= € 1.017]) zum – für seine Verhältnisse – sorglosen Umgang mit Geld verleitet, werden nicht geteilt. 4 Ob 253/97 b = EF 83.154.

65 1. **Anmerkung:** Zur Anrechnung von **Naturalunterhaltsleistungen** s Rz 40 ff.

2. Herabsetzung/Enthebung

66 1. **Anmerkung:** Zu Fragen idZ vgl auch Rz 401 ff.

2. Aus der Änderung der Rsp zur Geltendmachung von UhAnspr folgerte die Lehre zutr (*Pichler,* ÖA 1988, 69), dass nun auch die **Einstellung oder Herabsetzung** der UhPflicht **für die Vergangenheit** möglich ist, sofern sich der hiefür maßgebliche Sachverhalt in der Vergangenheit verwirklichte. Dem ist beizupflichten, uzw umso mehr, als auch schon bisher im Fall der Exekutionsführung seitens des UhBer über **Oppositionsklage** des UhPfl solche vergangene Zeiträume betr Einstellungen oder Herabsetzungen der UhPflicht möglich waren. Es ist nicht einzusehen, warum der UhPfl gehalten sein sollte, erst eine Exekutionsführung seitens des UhBer abwarten zu müssen, um die von ihm behauptete Minderung der UhPflicht für die Vergangenheit geltend machen zu können. 5 Ob 564/90 = SZ 63/181 = RZ 1991/52 = tw EF 63.310.

3. **UhBeiträge** können also **rückwirkend eingeschränkt oder aufgehoben** werden. 5 Ob 564/90 = EF 63.310; 3 Ob 535/92 = SZ 65/54 = ÖA 1993, 17/U 65 = EF 69.156 = SZ 65/54; 8 Ob 596/93 = EF 72.224; 2 Ob 541/94 = EvBl 1995/56 = ÖA 1995, 60/U 111 = EF 75.480; 6 Ob 159/02 d; 6 Ob 91/03 f = ÖA 2003, 220/U 396 = EvBl 2004/10; 6 Ob 120/03 w = EF 103.359; 10 Ob 18/04 a; 1 Ob 38/07 f.

4. Der UhPfl kann dies durch einen entsprechenden **Antrag auf Herabsetzung der UhLeistung oder auf völlige Befreiung** von der UhLeistung im VaStr erwirken. Bis zum Abschluss dieses Rechtsschutzverfahrens ist er zwar weiterhin verpflichtet, den Uh in der bisher festgesetzten Höhe zu leisten. Durch die **Erfüllung**

der **Leistungspflicht** bis zum rk Abschluss dieses Verfahrens wird ihm aber das **Rechtsschutzbedürfnis** an der E über seinen Antrag **nicht genommen**. 8 Ob 600/78 = EF 33.448; 3 Ob 535/92 = EF 69.157 = SZ 65/54 = ÖA 1993, 17/U 65.

67 1. Mit einer UhEnthebung für die Vergangenheit hat die Frage, ob infolge einer rückwirkenden Enthebung von der UhPflicht oder einer Herabsetzung der Uh-Leistung **bereits bezahlte Beträge rückgefordert** werden können oder ein solcher Rückforderungsanspruch daran scheitert, dass der UhBer den Uh in gutem Glauben verbraucht hat, nichts zu tun. Der Meinung, eine Enthebung sei für Zeiträume ausgeschlossen, in denen ein Uh geleistet wurde, ist nicht zu folgen. 3 Ob 535/92 = EF 69.157 = SZ 65/54 = ÖA 1993, 17/U 65; 4 Ob 180/03 d = EF 103.360; 10 Ob 18/04 a.

2. Diese Fragen sind vielmehr **im streitigen Verfahren zu klären.** 4 Ob 293/00 t; 4 Ob 180/03 d = EF 103.360.

3. Setzte der UhPfl dem Erhöhungsantrag keine Einwendungen entgegen (§ 185 Abs 3 AußStrG 1854; *nunmehr § 17 AußStrG*), obwohl seine damalige finanzielle Lage keinesfalls die Zahlung des begehrten Uh ermöglichte, so steht einer Uh-Herabsetzung für die Vergangenheit nur die Tatsache entgegen, dass er wusste, seine schlechte finanzielle Lage werde über einen längeren Zeitraum anhalten. 10 Ob 536/94 = ÖA 1995, 155/U 132.

68 1. Wurde der Uh auf Basis eines fiktiven Einkommens bemessen, scheidet eine – zwar auch für die Vergangenheit zulässige – UhHerabsetzung auf Grundlage des tatsächlich erzielten Einkommens von vorneherein aus. Die Herabsetzung wäre nur möglich, wenn die Voraussetzungen für eine Anspannung des UhPfl weggefallen wären. Dieser kann sich aber nicht darauf berufen, dass er in dem Zeitraum, in dem der Uh auf Basis eines fiktiven Einkommens bemessen wurde, nur ein geringeres Einkommen erzielt hat, weil gerade dies die Voraussetzung für seine Anspannung auf ein seinen Fähigkeiten und Verpflichtungen entsprechendes Einkommen war. 4 Ob 293/00 t.

68 a 1. Der VfGH hat in seinem Erkenntnis EF 99.923 ausdrücklich angeordnet, dass der aufgehobene Teil des **§ 12 a FamLAG** (auch außerhalb der eigentlichen Anlassfälle) nicht mehr anzuwenden ist; **bei jeder dem Erkenntnis nachfolgenden Gerichtsentscheidung** ist daher **die neue Rechtslage anzuwenden.** 6 Ob 91/03 f = ÖA 2003, 220/U 396 = EvBl 2004/10; 1 Ob 82/03 w = ÖA 2003, 223/U 398; 6 Ob 120/03 w = EF 103.361.

2. Eine steuerliche Entlastung des Vaters durch Verrechnung des steuerfrei zu stellenden Teils seines UhBeitrags auch mit der FB hat aber auch **für den Zeitraum vor Teilaufhebung des § 12 a FamLAG durch den VfGH** zu erfolgen. 4 Ob 52/02 d = EvBl 2003/45 = ÖA 2003, 20/U 367 = EF 99.971; 1 Ob 79/02 b = ÖA 2003, 23/U 368; 1 Ob 114/02 z = ÖA 2003, 28/U 371; 1 Ob 177/02 i = ÖA 2003, 29/U 372 = EvBl 2003/61; 1 Ob 186/02 p = ÖA 2003, 31/U373; 2 Ob 197/02 p; 6 Ob 83/02 b; 6 Ob 140/02 k = EF 99.971; 4 Ob 266/02 z = EF 103.362; 6 Ob 196/02 w; 6 Ob 94/03 x = JBl 2004, 101; 6 Ob 257/02 s; 10 Ob 4/04 t; 8 Ob 139/03 d; 7 Ob 198/03 y; 10 Ob 55/03 s; 1 Ob 294/04 y; 2 Ob 47/04 g.

3. Dies gilt jedenfalls für Verfahren über die UhFestsetzung, die im Zeitpunkt der Kundmachung des Erkenntnisses des VfGH EF 99.923 bereits anhängig waren. 1 Ob 135/02 p = EF 103.363; 3 Ob 81/02 m; 3 Ob 56/03 m; 1 Ob 242/03 z.

4. Wurde der **Herabsetzungsantrag** hingegen **erst nach der Kundmachung des Aufhebungserkenntnisses des VfGH am 13. 9. 2002 anhängig** gemacht, kommt

eine rückwirkende Berücksichtigung der Anrechnung der Transferleistungen erst ab dem Kundmachungszeitpunkt (also konkret ab 1. 10. 2002) in Betracht. 8 Ob 139/03 d; 7 Ob 198/03 y; 10 Ob 55/03 s; 1 Ob 167/04 x; 1 Ob 294/04 y; 6 Ob 7/05 f.

5. **Abw:** Eine zwecks steuerlicher Entlastung allenfalls erforderliche Reduzierung des GeldUh über die Höhe des Kinderabsetzbetrags hinaus ist grundsätzlich erst ab Kundmachung des Aufhebungserkenntnisses des VfGH am 13. 9. 2002 möglich, weil bei der bis dahin geltenden Rechtslage § 12a FamLAG aF eine Anrechnung der FB auf den GeldUh verhinderte; in den Anlassfällen ist allerdings Art 140 Abs 7 B-VG zu beachten. 7 Ob 167/02 p = JBl 2003, 107 = ÖA 2003, 45/U 380; 7 Ob 174/02 t = JBl 2003, 111; 7 Ob 193/02 m = JBl 2003, 113; 7 Ob 5/02 i; 7 Ob 77/02 b; 7 Ob 91/02 m = EF 99.973; 7 Ob 54/03 x = EF 103.365.

6. Diese vom Senat 7 des OGH vertretene (Minder-)Meinung wird abgelehnt. 4 Ob 12/03 y; 2 Ob 296/02 x; 6 Ob 120/03 w = EF 103.364.

68 b 1. Der OGH hat seit der teilweisen **Aufhebung des § 12 a FamLAG** (EF 99.923) in zahlreichen E die neue Rechtslage bei der UhFestsetzung berücksichtigt, dies allerdings nicht im Wege einer Judikaturänderung bei gleichbleibender Gesetzeslage, sondern iS seiner Anträge auf Gesetzesaufhebung (EF 96.200, 99.922) ausschließlich aufgrund der nun durch den VfGH geänderten Gesetzeslage. Die Frage der Rückwirkung hängt damit nicht von einer Änderung der Uh-Rsp des OGH, sondern von einer **Gesetzesänderung** wie bei einer Änderung durch den Gesetzgeber selbst ab, also von den Übergangsbestimmungen, die der Gesetzgeber bzw der VfGH verfügt hat, hier im Besonderen in seinem Erkenntnis EF 99.923. 6 Ob 159/02 d; 1 Ob 135/02 p; 6 Ob 57/03 f = ÖA 2004, 23/U 409; 6 Ob 91/03 f = ÖA 2003, 220/U 396 = EvBl 2004/10; 6 Ob 94/03 x = JBl 2004, 101; 6 Ob 120/03 w (alle EF 103.367); 8 Ob 139/03 d; 9 Ob 137/03 t; 10 Ob 18/04 a.

2. Der VfGH sieht keine Veranlassung, eine Frist für das Außerkrafttreten der aufgehobenen Wortfolge zu bestimmen. Er geht davon aus, dass mit der Aufhebung des zweiten Halbsatzes in § 12a FamLAG für die Zivilgerichte kein Hindernis mehr besteht, im Fall entsprechend begründeter Herabsetzungsanträge die FB im verfassungsrechtlich gebotenen Ausmaß auf die UhPflicht des GeldUhPfl anzurechnen. Es war vielmehr auszusprechen, daß die aufgehobene Wortfolge nicht mehr anzuwenden ist. VfGH 19. 6. 2002, G 7/02 = ARD 5326/21/2002 = ÖStZB 2002/574 = EF 99.923.

3. Die Rückwirkungsanordnung des VfGH erfasst jedenfalls nicht die schon rk erledigten Zeiträume bis zum Entscheidungszeitpunkt im vorangegangenen Verfahren. In diesem Umfang steht dem UhHerabsetzungsantrag des Vaters die materielle Rk der UhEntscheidung entgegen. 6 Ob 159/02 d; 1 Ob 135/02 p; 6 Ob 57/03 f = ÖA 2004, 23/U 409; 6 Ob 91/03 f = ÖA 2003, 220/U 396 = EvBl 2004/10; 6 Ob 94/03 x = JBl 2004, 101; 10 Ob 55/03 s.

4. **Maßgeblicher Stichtag für die Bindungswirkung** ist dabei im VaSt der Tag der Erlassung des erstinstanzlichen Beschlusses im vorangegangenen UhVerfahren. 6 Ob 159/02 d; 2 Ob 296/02 x.

3. Verjährung/Verschweigung

§ 1480 ABGB. Forderungen von rückständigen jährlichen Leistungen, insbesondere Zinsen, Renten, Unterhaltsbeiträgen, Ausgedingsleistungen, sowie zur Kapitalstilgung vereinbarten Annuitäten erlöschen in drei Jahren; das Recht selbst wird durch einen Nichtgebrauch von dreißig Jahren verjährt.

§ 1495 ABGB. Auch ... zwischen Minderjährigen oder anderen Pflegebefohlenen und den mit der Obsorge betrauten Personen, Sachwaltern oder Kuratoren kann, solange ... die Obsorge, Sachwalterschaft oder Kuratel durch dieselbe Person andauert, die Ersitzung oder Verjährung weder anfangen, noch fortgesetzt werden. ...

1. Der UhAnspr muss nicht sofort nach Entstehen geltend gemacht werden, sondern lediglich **innerhalb der (3-jährigen) Verjährungsfrist** des § 1480 ABGB. VerstSenat 6 Ob 544/87 = EF XXV/3 = JBl 1988, 586 (zust *Pichler*) = EvBl 1988/123 = SZ 61/143 = ÖA 1988, 79; 1 Ob 529/92; 4 Ob 2393/96 g = EF 84.515; 4 Ob 533/90 = ÖA 1991, 18 = EF 63.306 uva; 4 Ob 319/98 k = EF 87.405 = ÖA 1999, 121/U 270; 6 Ob 230/01 v = ÖA 2002, 172/U 358; 7 Ob 132/02 s = EF 103.371; 2 Ob 128/04 v; 5 Ob 8/05 w. **69**

2. Nur diese Frist bildet regelmäßig die Grenze für die Verfolgbarkeit eines UhAnspr. 7 Ob 623/89; 4 Ob 533/90 = ÖA 1991, 18 = EF 63.306; 7 Ob 652/90 = RZ 1991/26 uva; 4 Ob 319/98 k = ÖA 1999, 121/U 270.

3. UhAnspr, die sich auf einen **mehr als 3 Jahre vor Erhebung der Vaterschaftsfeststellungs- und Unterhaltsklage** liegenden Zeitraum beziehen, verjähren auch dann, wenn es dem kl Kind nicht möglich war, im Zeitraum zwischen Rk des Ehelichkeitsbestreitungsurteils und Erhebung der Vaterschaftsklage den richtigen leiblichen Vater ausfindig zu machen. 5 Ob 8/05 w.

4. Das im Persönlichkeitsrecht wurzelnde (grundsätzliche) Recht des Kindes auf UhGewährung ist dem Grunde nach allerdings unverjährbar. 1 Ob 317/97 t = ÖA 1999, 22/U 250 = EvBl 1999/22.

5. § 72 EheG ist nicht anzuwenden. VerstSenat 6 Ob 544/87 = EF XXV/3 = JBl 1988, 586 (zust *Pichler*) = EvBl 1988/123 = SZ 61/143 = ÖA 1988, 79; 1 Ob 529/92; 4 Ob 2393/96 g = EF 84.515.

6. Anmerkung: Vgl idZ Rz 748 (GeschiedenenUh).

7. Eine **Mahnung** (das Inverzugsetzen) ist im KindesUhRecht wegen der besonderen familienrechtlichen Nahebeziehung **entbehrlich**. 3 Ob 78/05 z = EF 111.321.

1. In **Zukunft** fällig werdende UhAnspr **verjähren** auch dann **in 3 Jahren** (§ 1480 ABGB), wenn es sich um eine **Judikatsschuld** oder eine ihr gleichzuhaltende Verbindlichkeit aus einem **gerichtlichen Vergleich** handelt. 3 Ob 141/90; 5 Ob 1592/94; 3 Ob 126/95. **69 a**

2. Anmerkung: Diese Rsp bedarf insoferne eines besonderen Hinweises, als es in der Praxis nicht immer klar ist, dass auch UhTitel nach 3 Jahren „verjähren" und insoferne nicht wie eine übliche Judikatsschuld, die immerhin 30 Jahre lang betrieben werden kann, zu behandeln sind. Aus Gründen der Rechtssicherheit, insb auch für den UhPfl, ist sie aber zu begrüßen.

1. Ob der UhBer oder dessen Vertreter in der Lage gewesen wäre, den UhAnspr (früher) geltend zu machen, ist unerheblich. Das **Unterlassen der Geltendmachung** eines Anspruchs führt grundsätzlich **nicht** zu dessen **Verlust**. Bloße **Untätigkeit** genügt regelmäßig auch nicht für die Annahme eines **schlüssigen Verzichts**. 7 Ob 652/90 = RZ 1991/26 = EF 63.306; 4 Ob 533/90 = ÖA 1991, 18 = EF 63.306; 2 Ob 551/90 = ÖA 1992, 109/U 32; 1 Ob 566/91. **70**

2. Die Unterlassung der gerichtlichen Geltendmachung am Tag des Eintritts der Fälligkeit ist kein allgemeiner Schulderlöschungsgrund. 7 Ob 595/92 = ÖA 1993, 100/U 74.

71 1. Mit dem Zeitpunkt, in dem einem Elternteil die alleinige Obsorge über ein mj Kind zukommt, endet auch die **Verjährungshemmung** nach § 1495 ABGB gegenüber dem anderen Elternteil. 3 Ob 508/94 = JBl 1995, 167 = ÖA 1995, 88/U 116; 1 Ob 117/01 i.

2. **Anmerkung:** Die Verjährungshemmung des § 1495 ABGB wird in der Praxis häufig übersehen, wenn etwa der UhPfl die Familie verlässt, ein Obsorgeverfahren jedoch nicht eingeleitet wird. Als ehel Vater kommt ihm weiterhin die Obsorge zu; das Kind ist mit rückwirkenden UhForderungen (Erhöhungsbegehren) nicht auf die 3 Jahre des § 1480 ABGB beschränkt. Außerdem müssen sich auch Väter, die nach der Scheidung die „gemeinsame Obsorge" anstreben, bewusst sein, dass sie sich nicht auf Verjährung berufen können, wenn das Kind später rückwirkend Forderungen stellt. Dies sollte insb Vätern vor Augen gehalten werden, die die Forderung nach „gemeinsamer Obsorge" zu einem Partoutstandpunkt machen.

3. **Überholt:** Die Hemmung der Verjährung von UhForderungen zw Kind und einem Elternteil wird durch die Scheidung der Ehe der Eltern und Überlassung des Kindes in Pflege und Erziehung des anderen Elternteils nicht berührt. 8 Ob 166/63; 2 Ob 501/81.

4. Die Hemmung der Verjährungsfrist hinsichtlich eines UhAnspr kann daher erst mit dem Erreichen der Volljährigkeit wegfallen. 2 Ob 501/81.

5. **Anmerkung:** Gemeint ist hier, dass sich die UhAnspr des Kindes gegen den oder die Elternteile richten, in dessen Obsorge es sich befindet.

6. **Anmerkung:** Anerkennt der UhPfl vor Ablauf der Verjährungsfrist den UhAnspr zumindest dem Grunde nach, beginnt die Verjährungsfrist gem § 1497 ABGB neu zu laufen (vgl 3 Ob 169/06 h); dabei reicht ein deklaratives Anerkenntnis aus. Dieses führt außerdem zu einer Beweislastumkehr, dh der UhPfl hat nunmehr zu beweisen, dass die UhPflicht nicht besteht (vgl [verstSenat] 1 Ob 27/01 d = SZ 74/80).

71a 1. Im Hinblick auf § 1501 ABGB ist die Verjährung im Verfahren erster Instanz geltend zu machen; **eine amtswegige Wahrnehmung findet nicht statt.** 7 Ob 132/02 s = EF 103.372.

2. Wobei an die Bestimmtheit eines Antrags, um eine Verjährungsunterbrechung herbeizuführen, im VaStr keine allzu strengen Anforderungen zu stellen sind. 5 Ob 67/03 v = EF 103.374.

3. **Anmerkung:** Daran hat sich durch die Außerstreitreform 2003 nichts geändert.

G. Unterhaltsverwirkung/Anspruchsverlust

Übersicht:

	Rz
1. Allgemeines	72
2. Verhalten des Kindes	73–73 d
3. Zurechnung des Verhaltens des Obsorgeberechtigten	74–76

1. Allgemeines

72 1. Der **UhAnspr der Kinder kann grundsätzlich nicht verwirkt werden.** 2 Ob 130/73 = EvBl 1974/37; 3 Ob 197/82 = EF 44.241; 2 Ob 196/02 s = EF 99.328.

2. Eine Verwirkung des UhAnspr ist auch dem UVG fremd. 3 Ob 536/91 = ÖA 1992, 54/UV 22 = ÖA 1992, 164 = EF XXVIII/5.

3. Allerdings ist aus § 795 ABGB, wonach selbst dem Noterben, der von seinem Pflichtteil gesetzmäßig ausgeschlossen wird, gegen den Erben der notwendige Uh ausgemessen werden muss, abzuleiten, dass der Uh des Kindes auf das **notdürftige Ausmaß beschränkt** wird, wenn es Handlungen setzt, die die **Entziehung des Pflichtteils rechtfertigen**. 1 Ob 526/76 = JBl 1977, 594; 1 Ob 689/79 = EF 32.978; 5 Ob 503/83 = EF 42.737 uva; 7 Ob 577/94 = EF 74.053 = ÖA 1995, 98.

4. Bei UhVergleichen, in denen sich ein in dürftigen Verhältnissen lebender Vater zu UhLeistungen verpflichtet, die seine wirtschaftlichen Kräfte bis an die äußerste Grenze in Anspruch nehmen, ist anzunehmen, dass sie nur erbracht werden, wenn auch das Kind der Verpflichtung zur Ehrfurcht gegenüber dem Vater nachkommt. Besonders krasse **Verletzungen dieser sittlichen Pflicht** (§ 137 ABGB) durch das Kind berechtigten den Vater, die Herabsetzung des Uh jedenfalls auf das gesetzliche Ausmaß (§ 140 ABGB) zu verlangen. 5 Ob 164/61 = SZ 34/78 = EvBl 1961/520; 1 Ob 566/91; 1 Ob 588/93 = ÖA 1994, 99/U 94.

5. Anmerkung: Die Begründung dieser E liegt wohl darin, dass sich nach vergleichsweiser Regelung die Umstände dadurch geändert haben, dass das uhber Kind seine Beistandspflichten nach § 137 ABGB „krass" verletzte. Zu denken wäre in einem solchen Fall aber überhaupt daran, ob nicht die Voraussetzungen des § 768 Z 2 ABGB erfüllt sind; dann hätte der UhPfl nicht nur Uh im „gesetzlichen Ausmaß" zu bezahlen, sondern nur den notdürftigen.

6. Abw: Die Verneinung eines UhAnspr wegen Rechtsmissbrauchs greift auch beim KindesUh ein, wobei Voraussetzung ein vorsätzliches Verhalten ist, das die durch die UhLeistungen abzudeckenden Bedürfnisse erst schafft oder das Zulangen der vor dem Akutwerden der geltend gemachten Fremdleistungspflicht auszuschöpfenden Mittel (also etwa auch einer eigenen Erwerbstätigkeit des uhber Kind) beeinträchtigt. 6 Ob 652/90 = EF 61.953; 7 Ob 577/94 = ÖA 1995, 98.

7. Abw: Eine Verwirkung des UhAnspr des Kindes infolge mangelnden Wohlverhaltens ist dem österreichischen UhRecht fremd. Nur wenn aus dem Verschulden des Kindes Mehrkosten entstehen oder kein Eigeneinkommen erzielt wird, könnte eine Einschränkung des UhAnspr in Betracht kommen. 3 Ob 536/91 = ÖA 1992, 54/ UV 22 = ÖA 1992, 164 = EF XXVIII/5.

8. Anmerkung: Diese scheinbaren Abweichungen im Grundsätzlichen lassen sich dahingehend erklären, dass in den letzten E von einer fiktiven Selbsterhaltungsfähigkeit des Kindes auszugehen ist; dies entspricht aber durchaus der hRsp (vgl Rz 354 ff). Darüber hinaus ließe sich wohl ein allgemeiner Rechtssatz dahingehend formulieren, dass im Privatrecht überall dort, wo sich jemand rechtsmissbräuchlich verhält, ihm Ansprüche nicht zustehen können.

9. Hängt die **Selbsterhaltungsfähigkeit** des Kindes von dessen Erwerbsfähigkeit ab, mindert eine **vorsätzliche Ver- oder Behinderung dieser Erwerbsfähigkeit** durch das Uh begehrende Kind also dessen UhAnspr oder schließt es, je nach dem Gegenwert des verhinderten Einsatzes der eigenen Kräfte, völlig aus. Soweit das uhber (ergänzungsberechtigte) Kind seine eigene Erwerbsfähigkeit absichtlich beschränkt, ist es uhrechtlich so zu behandeln, als läge diese Beschränkung der Erwerbsfähigkeit nicht vor. IdS obläge es einem kranken und deshalb nur beschränkt oder gar nicht erwerbsfähigen Kind, sich einer nach Erfolgsaussichten, Gefährlichkeit und Kostendeckung **zumutbaren Behandlung** nicht vorsätzlich **zu entziehen,**

sollte sein UhBegehren nicht als **Rechtsmissbrauch** zu werten sein. 6 Ob 652/90 = EF 61.954, 61.960.

Anmerkung: Vgl iZm der Anspannungstheorie dazu Rz 152 a.

2. Verhalten des Kindes

§ 540 ABGB. Wer gegen den Erblasser eine gerichtlich strafbare Handlung, die nur vorsätzlich begangen werden kann und mit mehr als einjähriger Freiheitsstrafe bedroht ist, begangen oder seine aus dem Rechtsverhältnis zwischen Eltern und Kindern sich ergebenden Pflichten dem Erblasser gegenüber gröblich vernachlässigt hat, ist so lange des Erbrechts unwürdig, als sich nicht aus den Umständen entnehmen läßt, daß ihm der Erblasser vergeben habe.

§ 768 ABGB. Ein Kind kann enterbt werden
1. [*aufgehoben*]
2. wenn es den Erblasser im Notstande hilflos gelassen hat;
3. wenn es wegen einer oder mehrerer mit Vorsatz begangener strafbarer Handlungen zu einer lebenslangen oder zwanzigjährigen Freiheitsstrafe verurteilt worden ist;
4. wenn es eine gegen die öffentliche Sittlichkeit anstößige Lebensart beharrlich führt.

73 1. Wird dem Kind, das weitergehende Ansprüche durch Handlungen verwirkt hat, die es vom Pflichtteil gesetzmäßig ausschließen, immer noch der notdürftige Uh zugebilligt, kann das Verhalten des Kl, das auch nicht annähernd einem Enterbungsgrund nahekommt (**Beschimpfungen** des Vaters mit Schimpfworten wie Schwein und Arschloch, Vorhalt, ein beruflicher Versager zu sein, **Ausspucken** vor dem Vater, **Stoßen des Vaters gegen die Schlafzimmertür**), nicht die gleiche oder eine noch weitergehende Einschränkung seines UhAnspr zur Folge haben, setzt doch etwa § 540 ABGB für die Erbunwürdigkeit, die nach § 770 ABGB die Entziehung des Pflichtteils zulässt, voraus, dass die gegen den Erblasser vorsätzlich begangene gerichtlich strafbare Handlung mit mehr als einjähriger Freiheitsstrafe bedroht ist (Fassung BGBl 1974/496, früher Verbrechen). 5 Ob 503/83 = EF 42.738.

2. Ebenso wenig **wiederholte Beschimpfungen,** das Erheben der Hand gegen den Vater und das Wegstoßen von der Wohnungstüre. 1 Ob 689/79 = EF 32.979.

3. Auch der **Versuch eines Verbrechens** macht hingegen erbunwürdig, doch muss sich das Verbrechen gegen die Person des Erblassers richten und nicht etwa nur gegen eine ihm nahestehende Person und muss auch noch zu dessen Lebzeiten begangen worden sein; ein Angriff gegen die Rechtssphäre des Erblassers genügt nicht. 3 Ob 271/53 = 3 Ob 272/53; 7 Ob 43/07 k.

73 a 1. Keine UhVerwirkung löst die **strikte Ablehnung des väterlichen Besuchsrechts** aus. 1 Ob 180/98 x = ÖA 1999, 117/U 268 = EF 85.971.

2. **Anmerkung:** Auch wenn die Situation für den UhPfl tragisch sein mag, so ist die Auffassung schon allein im Hinblick darauf richtig, dass dem uhber (mündigen) Mj nach § 108 AußStrG jetzt sogar vom Gesetzgeber ausdrücklich das Recht eingeräumt ist, die Ausübung des Besuchsrechts zu verweigern; dieser Grundgedanke muss im UhRecht dann aber wohl für alle Kinder gelten.

3. Soweit nicht ohnehin von einer weitgehenden Identität dieser Tatbestände auszugehen ist, ist der Erbunwürdigkeitstatbestand des § 540 2. Fall ABGB jedenfalls

noch enger (**gröbliche Vernachlässigung**), keinesfalls aber weiter als jener des § 768 Z 2 ABGB zu sehen. 7 Ob 505/95; 2 Ob 252/00 y.

4. Der durch das ErbRÄG 1989 neu eingeführte Erbunwürdigkeitsgrund des § 540 zweiter Fall ABGB liegt somit nicht vor, wenn schon der Enterbungstatbestand des § 768 Z 2 ABGB zu verneinen ist. 2 Ob 252/00 y.

5. Unter **Notstand** ist jeder Zustand der Bedrängnis zu verstehen, der nach den Grundsätzen der Menschlichkeit gerechter Weise zu der Erwartung berechtigt, dass der Pflichtteilsberechtigte dem Erblasser helfen werde. 6 Ob 113/64; 6 Ob 368/64 uva; 10 Ob 2379/96 t; 2 Ob 252/00 y; 9 Ob 27/07 x.

6. Notstand (Bedrängnis) ist vor allem finanzielle Hilfsbedürftigkeit. 1 Ob 2222/96 p; 9 Ob 27/07 x.

7. Dies ist aber nicht nur wirtschaftlich gemeint. 10 Ob 2379/96 t; 9 Ob 27/07 x.

8. Nur die schuldlose Unkenntnis von der Hilfsbedürftigkeit des Erblassers kann den Pflichtteilsberechtigten vom Vorwurf, den Enterbungsgrund gesetzt zu haben, befreien. 7 Ob 505/95; 2 Ob 252/00 y.

9. Vom Noterben kann nicht verlangt werden, dass er unter allen Umständen und unter Hintansetzung seiner eigenen berechtigten Interessen dem in einen Zustand der Bedrängnis geratenen Erblasser beistehe. Insb kann der Noterbe nicht verpflichtet werden, andere gleiche oder noch gewichtigere Verpflichtungen zu verletzen, um dem Erblasser die erwartete Hilfe leisten zu können. In einer echten Konfliktsituation wird die E nicht zum Nachteil des Noterben ausfallen dürfen. 5 Ob 279/71; 5 Ob 756/81; 8 Ob 549/84

10. Die Vernachlässigung anderer Personen als des Erblassers bildet keinen Enterbungsgrund – auch nicht nach § 768 Z 4 ABGB -; eine sinngemäße Ausdehnung des Enterbungsgrunds nach §§ 769, 768 Z 2 ABGB ist ausgeschlossen. 3 Ob 252/75 = NZ 1979, 194.

11. Ebenso wenig die Erstattung einer **begründeten Strafanzeige** gegen den Erblasser. 6 Ob 182/64.

1. Die UhPflicht ist von der **Zusendung einer Schulbesuchsbestätigung** unabhängig. 8 Ob 1514/92 = EF 67.890. **73 b**

1. Bei der Beurteilung des Enterbungsgrunds des § 768 Z 4 ABGB muss einerseits auf die Zeitanschauung, somit auf die – sich auch wandelnden – allgemeinen Wertevorstellungen einer Gesellschaft, andererseits auf die Anschauungen und den gesellschaftlichen Lebenskreis des Erblassers – muss doch die Lebensart geeignet sein, das Ansehen der Familie in der Öffentlichkeit herabzusetzen – und schließlich darauf Rücksicht genommen werden, was im allgemeinen Sprachgebrauch sowie im Sprachgebrauch der österreichischen Gesetze unter Verstößen gegen die öffentliche Sittlichkeit verstanden wird. Fortgesetzte strafbare, nicht unbedeutende Eigentumsdelikte, die zu verbüßten Haftstrafen führten, sind geeignet, in der Öffentlichkeit Anstoß zu erregen und das Ansehen der Erblasserin herabzusetzen. 6 Ob 204/97 m = SZ 70/229. **73 c**

2. Eine lange dauernde ehebrecherische LG gegen den Willen der Erblasserin (Mutter) ist als Enterbungsgrund nach § 768 Z 4 ABGB anzusehen. 8 Ob 117/86.

3. Anmerkung: Diese E wird möglicherweise nach heutigem Verständnis überholt sein.

73 d 4. „Beharrlichkeit" setzt ein bewusstes und gewolltes Festhalten an der anstößigen Lebensart voraus, das sich freilich idR aus der Fortsetzung der anstößigen Lebensweise durch längere Zeit bzw der Vielzahl der Verstöße erschließen lassen wird. 1 Ob 185/65; 1 Ob 95/97 w; 6 Ob 204/97 m = SZ 70/229.

73 d 1. Das Verhalten muss dem Pflichtteilsberechtigten **vorwerfbar** sein. 1 Ob 2222/96 p.

3. Zurechnung des Verhaltens des Obsorgeberechtigten

74 1. Der Sohn braucht sich das **Verhalten seiner Mutter** im Rahmen der Obsorge während seiner Minderjährigkeit in den uhrechtlichen Beziehungen gegenüber seinem Vater nicht anrechnen zu lassen, umso weniger ein Verhalten der Mutter nach dem Erlangen der Eigenberechtigung. Wenn der UhPfl geltend macht, dass er eine zur wirksamen Behandlung des Kindes notwendige Mitbehandlung seiner geschiedenen Ehefrau nicht erzwingen könne, so gilt dies in gleicher Weise für den Sohn und könnte diesem daher von seinem Vater in keiner Weise angelastet werden. 6 Ob 652/90 = EF 61.954, 61.960; 7 Ob 577/94 = ÖA 1995, 98.

2. Der Vater kann von der UhPflicht nur befreit werden, wenn sein mj Kind selbsterhaltungsfähig ist oder wegen eines ihm als Verschulden anzurechnenden Verhaltens wie ein Selbsterhaltungsfähiger zu behandeln ist. Als **Repressalie gegen Erziehungsfehler der Mutter** (hier: wegen Anhaltung des Mj zu einem seine Fähigkeiten übersteigenden Studium) ist diese Maßnahme unzulässig. 1 Ob 20/69 = SZ 42/24 = EvBl 1969/299; 6 Ob 286/71.

75 1. Der Einwand, die **UhZahlungen** würden **nicht ausschließlich zur Alimentierung des UhBer verwendet** werden (sondern auch zur Erhaltung der geringer alimentierten Kinder aus erster Ehe der Mutter), ist bei der UhFestsetzung unbeachtlich und kann nur nach § 176 ABGB aufgegriffen werden. 5 Ob 590/82; 1 Ob 668/86; 1 Ob 678/89; 8 Ob 1658/93 = ÖA 1994, 105/F 81 = tw EF 70.844; 3 Ob 89/97 b = EvBl 1997/175 = JBl 1997, 647 = EF 83.295; 1 Ob 415/97 d = EF 86.161 = EvBl 1998/102 = ÖA 1998, 205/U 229.

2. **Anmerkung:** Diese Rsp erscheint etwas formalistisch, weil derartige Überlegungen – wenn nicht eine tatsächliche und erhebliche Gefährdung des Wohles des konkreten uhber Kind gegeben ist – nie zu einer Entziehung der elterlichen Rechte führen wird, was auch uU gar nicht iSd uhpfl Vaters liegen muss; außerdem könnte das Wohl des Kindes gefährdet werden, wenn es wegen eines UhStreits seiner erziehenden Mutter weggenommen würde.

3. Der Vater kann allerdings die **widmungswidrige Verwendung des GeldUh durch das Pflegschaftsgericht überprüfen lassen**. 1 Ob 415/97 d = EF 86.161 = EvBl 1998/102 = ÖA 1998, 205/U 229.

4. **Anmerkung:** Bzw könnte auch der Einwand geltend gemacht werden, dass das Kind gar keinen so hohen UhBed hat, wenn trotz widmungswidriger Verwendung des UhBeitrags sein Wohl dennoch nicht gefährdet erscheint, wenn also sein UhBed immer noch gedeckt wird, obwohl ihm nicht sämtliche UhLeistungen zugute kommen. Denkbar wäre in diesen Fällen die Verpflichtung des obsorgeberechtigten Elternteils zur Rechnungslegung, dies aber wohl nur in analoger Anwendung des § 176 ABGB, also bei Kindeswohlgefährdung. Richtig ist zwar, dass der OGH (EF 70.844; JBl 1997, 647) meint, grundsätzlich bestehe keine Rechnungslegungspflicht

des erziehenden Elternteils hinsichtlich des KindesUh gegenüber dem UhPfl, doch hat er etwa in 8 Ob 155/72 im Rahmen eines vom Vater für das Kind vertraglich zugesicherten Übermaßes an Uh die Mutter durchaus zur rechnungspflichtigen Anlegung des Überschusses verhalten (vgl auch 4 Ob 164/98 s und jüngst 3 Ob 22/07 t).

Diesen Überlegungen stehen auch nicht die Neuregelungen des KindRÄG 2001 bzw die Außerstreitreform 2003 iZm der Rechnungslegungspflicht von Eltern und Sachwaltern entgegen, weil § 205 Abs 2 AußStrG 1854 ausdrücklich die Möglichkeit vorsah, dass das Gericht die Erstellung einer Pflegschaftsrechnung aufträgt (bzw dessen Abs 3 eine Einschränkung der Rechnungslegungspflicht nur zuließ, wenn kein Nachteil für den Pflegebefohlenen zu besorgen war) und § 133 AußStrG nunmehr die Überwachung der Vermögensverwaltung durch das Gericht anordnet, wenn dies zur Abwehr einer unmittelbar drohenden Gefahr für das Kindeswohl erforderlich ist. Nach der RV zum KindRÄG 2001 wäre ein solcher Auftrag dort erforderlich, wo besondere Anhaltspunkte für fehlenden guten, an den Interessen des Kindes orientierten Verwaltungswillen bestehen. Gibt es nun tatsächlich Anhaltspunkte dafür, dass die UhBeiträge widmungswidrig verwendet werden und dadurch das Wohl des Kindes iSd § 176 ABGB (hier kann es wohl nicht nur um seine körperlichen, sondern auch um seine finanziellen Interessen gehen) gefährdet wird, spricht mE nichts gegen den **Auftrag zur Rechnungslegung** auch hinsichtlich jener Teile des UhBezugs, die etwa den konkreten Regelbedarfssatz überschreiten.

Was die Überprüfung der widmungsgemäßen Verwendung des GeldUh betrifft, so steht dem Vater kein Antrags-, sondern lediglich ein Anregungsrecht zu.

76   1. Die einen Elternteil treffende Verpflichtung zur Leistung von Uh ist nicht davon abhängig, ob ihm ein **Besuchsrecht** zum uüber Kind zuerkannt wird. 1 Ob 637/87 = EF 53.163; 1 Ob 504/95 = ÖA 1995, 124 = EF 76.847.

2. Dass die Mutter dem Vater die Ausübung des Besuchsrechts verweigert, hat auf seine UhPflicht demnach keinen Einfluss. 7 Ob 707/78 = EF 30.788.

3. Ebenso wenig, ob er dieses Recht tatsächlich ausübt bzw ob ihm die Ausübung dieses Rechtes – allenfalls sogar in rechtswidriger Weise – unmöglich gemacht wird, weil die zwischenmenschlichen Kontakte zw den beiden für die Lebensverhältnisse, an denen sich die UhBemessung orientiert, ohne Bedeutung sind. Dies gilt auch bei einem Teilhaben des UhBer an überdurchschnittlichen Lebensverhältnissen des UhPfl. 1 Ob 504/95 = ÖA 1995, 124 = EF 76.847.

4. **Anmerkung:** Richtig ist zwar, dass der UhAnspr des Kindes nichts mit der Ausübung des Besuchsrechts durch den Vater zu tun haben kann, „hintertreibt" die obsorgeberechtigte Mutter jedoch beharrlich die Kontaktaufnahme – sei es unmittelbar gegenüber dem Vater, sei es mittelbar durch Einflussnahme auf das Kind – so wäre einerseits mit Beugemaßnahmen nach § 79 AußStrG und andererseits mit einer Kürzung des UhAnspr der Mutter selbst vorzugehen (vgl auch Rz 772).

H. Unterhaltsverzicht

1. Minderjährige Kinder

77   1. Das im Persönlichkeitsrecht wurzelnde **Recht des Kindes auf UhGewährung** ist zwar grundsätzlich **unverzichtbar**. 1 Ob 317/97 t = ÖA 1999, 22/U 250 = EvBl 1999/22; 4 Ob 231/99 w = EF 88.990.

2. Selbst wenn ein solcher Verzicht ausdrücklicher Inhalt einer Vereinbarung wäre, hätte er demnach keinerlei Bedeutung für die Zukunft. 5 Ob 516/76 = SZ 49/28.

3. Es ist aber nur der **Verzicht auf den notwendigen Uh** als **unzulässig** anzusehen. 4 Ob 587/78 = EF 32.982; 2 Ob 517/81 = SZ 55/193 = RZ 1984/5; 1 Ob 633/82; 7 Ob 670/86; 8 Ob 577/88.

4. Außerdem kann auf **Teile von UhLeistungen oder** auf **einzelne UhLeistungen** verzichtet werden. 4 Ob 231/99 w = EF 88.990.

78 1. Der Ansicht, dass ein UhVertrag, der Leistungen unter der nach § 140 ABGB zu bemessenden Höhe vorsieht, selbst bei pflegschaftsbehördlicher Genehmigung einer Neubemessung auch bei unveränderten Verhältnissen der Vertragspartner nicht im Wege stehe, weil einem darin allenfalls zu erblickenden Teilverzicht für die Zukunft keine Bedeutung zukomme (EF 26.510), kann in dieser Allgemeinheit nicht beigetreten werden, weil das Gesetz keine Berechnungsmethode zur Verfügung stellt, die es ermöglichen würde, den gesetzlich gebührenden Uh der Höhe nach präzise festzustellen, und weil nur der **Verzicht auf den notwendigen Uh** als **unzulässig** anzusehen ist. Dass der unter ausdrücklicher Vereinbarung der Umstandsklausel geschlossene Vergleich wegen Sittenwidrigkeit eines damit verbundenen Teilverzichts unverbindlich sei, kann somit nicht allgemein gesagt werden. 4 Ob 587/78 = EF 32.982; 1 Ob 633/82; 8 Ob 577/88.

2. Zw geschiedenen Ehegatten ist auch ohne pflegschaftsbehördliche Genehmigung eine Vereinbarung möglich, dass die Gattin die Versorgung eines mj Kindes auf sich nimmt und auf einen Rückersatz verzichtet, soweit die gegenseitigen Ansprüche der Eltern in Frage kommen; wenn sie jedoch selbst zum Uh des Kindes nicht verpflichtet wäre, so würde eine solche Verzichtserklärung eine unentgeltliche Vermögenszuwendung an den uhpfl Vater darstellen. 2 Ob 952/54 = SZ 28/81 = JBl 1955, 333; 2 Ob 594/57; 3 Ob 825/52 = SZ 26/12 = EvBl 1953/180; 2 Ob 612/83.

3. **Anmerkung:** Zur Frage der Notwendigkeit einer pflegschaftsbehördlichen Genehmigung eines UhVerzichts vgl Rz 310.

79 1. Die Rechtsmeinung, dass ein Erhöhungsantrag, soweit die UhFestsetzung auf Parteiendisposition beruhe, nur dann zulässig sei, wenn in der letzten UhFestsetzung der Durchschnittsbedarf des UhBer nicht annähernd erreicht worden sei (LGZ Wien EF 35.797, 40.594, 30.595, 50.998), ist mangels gesetzlicher Grundlage nicht zu billigen, zumal im **Unterlassen der Geltendmachung eines (höheren) Anspruchs** auch kein schlüssiger Verzicht auf diesen (höheren) Anspruch zu erblicken ist. 4 Ob 565/91; 4 Ob 507/92 = ÖA 1992, 57.

2. Volljährige Kinder

80 1. Grundsätzlich kann zwar auf jedes auch künftige Recht verzichtet werden, das Recht darf aber nicht nach seiner Zweckbestimmung unverzichtbar sein; der Verzicht darf also nicht durch positive Anordnung des Gesetzes ausgeschlossen sein. **Selbst volljährige Kinder können auf den ihnen zustehenden gesetzlichen Uh nicht schlechthin verzichten, wohl aber auf Teile von UhLeistungen und auf einzelne UhLeistungen.** 1 Ob 561/87 = 1 Ob 562/87 = EF 53.262.

2. Dabei ist **auf einen überschaubaren Zeitraum bis zur Selbsterhaltungsfähigkeit abzustellen** (etwa Studium). 7 Ob 209/97 d = EF 83.297.

II. Bemessungsgrundlage
A. Einkommen
Übersicht:

	Rz
1. Allgemeines	81–83
2. Selbstständig Erwerbstätige	
a) Allgemeines	84
b) Beobachtungszeitraum	85–87
c) Privatentnahmen	88–90
d) Steuer	91–95
e) Verschiedenes	96
3. Unselbstständig Erwerbstätige	
a) Allgemeines	97
b) Beobachtungszeitraum	98
c) Einmalzahlungen	99, 100
d) Abfertigung	101–104a
e) Diäten/Reisekosten	105–107
f) Zulagen	108–110
g) Sonstige Einkommen(sbestandteile)	111–114b
h) Steuer	115–117
4. Öffentlich-rechtliche Leistungen	
a) Allgemeines	118
b) Bei Arbeitslosigkeit	119
c) Familienbeihilfe	120–122
d) Bei Geburt eines Kindes	123
e) Pensionsbezüge	124–126
f) Bei Pflegebedürftigkeit	127, 128
g) Präsenz-/Zivildienst	129
h) Sozialhilfeleistungen	130, 131
5. Privatversicherungsleistungen	132
6. Unterhaltsempfänge	133–134
7. Privatstiftungen	135

1. Allgemeines

81   **1.** Maßgebend für die Beurteilung der **Leistungsfähigkeit** des UhPfl ist in erster Linie **seine wirtschaftliche Lage.** 2 Ob 223/98 b = ÖA 1999, 30/U 256 = EF 85.941; 5 Ob 254/05 x = EF-Z 2006/70.

2. Wobei sein uhrechtlich relevantes Einkommen die **Summe aller ihm tatsächlich zufließenden Mittel** ist. 1 Ob 614/92 = SZ 65/126 = ÖA 1993, 108 = JBl 1993, 244; 1 Ob 621/93 = ÖA 1995, 159/U 137; 4 Ob 557/94 = SZ 67/38 = ÖA 1995, 68; 3 Ob 503/96 = SZ 69/33 uva; 2 Ob 223/98 b = ÖA 1999, 30/U 256 = EF 85.941; 3 Ob 308/98 k = JBl 2001, 55 *(Schober);* 5 Ob 254/05 x = EF-Z 2006/70; 7 Ob 13/06 x = FamZ 58/06.

3. Also **sämtliche tatsächlich erzielten Einkünfte welcher Art immer.** 8 Ob 1676/92 = ÖA 1993, 144/F 66 = EF 71.096; 3 Ob 28/94; 6 Ob 194/97 s = ÖA 1998, 128/F 161 = EF 83.468; 5 Ob 140/98 v; 6 Ob 212/02 y = EF 100.917.

4. Wenn der UhPfl **über sie frei verfügen** kann. 1 Ob 2040/96 y = EF 80.373; 8 Ob 2156/96 k = EF 80.373; 5 Ob 3/97 w = ÖA 1998, 21/U 200 = EF 83.466; 1 Ob 260/97 k = ÖA 1998, 124/U 222 = EF 83.466; 5 Ob 140/98 v; 1 Ob 337/99 m = ÖA 2000, 173/U 318 = EvBl 2000/114; 4 Ob 129/02 b = ÖA 2002, 257/U 365; 7 Ob 14/02 p = ÖA 2002, 180/U 362; 1 Ob 143/02 i = EF 99.344; 7 Ob 174/02 t = JBl 2003, 111; 8 Ob 140/05 d; 5 Ob 254/05 x = EF-Z 2006/70.

5. Daher ist nur das **Nettoeinkommen** maßgeblich; vom Bruttoeinkommen ist die nach den steuerrechtlichen Bestimmungen zu bezahlende Einkommensteuer abzuziehen. 7 Ob 321/01 h = EF 99.154.

81 a **1.** Weitere Voraussetzung ist, dass der UhPfl die Einkünfte **aufgrund eines Anspruchs** bezieht. 2 Ob 514/94 = EF 73.979 = ÖA 1994, 185/U 102; 1 Ob 180/97 w = ÖA 1998, 118/U 215 = RZ 1997/87 = EvBl 1997/197 = EF 83.465; 6 Ob 18/98 k = EF 85.872; 6 Ob 122/98 d = EF 85.872; 6 Ob 89/01 h = ÖA 2001, 312/U 341 = EF 95.498.

2. Wie etwa den Arbeitslohn. 6 Ob 5/04 k = EF 107.099.

3. Bloß freiwillig geleistete, jederzeit widerrufliche **Zuwendungen von Familienangehörigen,** die ohne rechtliche Verpflichtung aus familiären Gründen erbracht werden, sollen nur dem Unterstützten und nicht auch dessen uhber Kindern helfen, sodass sie nicht in die UBGr einzurechnen sind. Dazu gehört auch die in der kostenlosen Wohnmöglichkeit liegende Ersparnis, wenn es sich um eine ohne Rechtsanspruch unentgeltlich und gegen jederzeitigen Widerruf zur Verfügung gestellte Wohnmöglichkeit handelt, oder ein ausschließlich aus familiären Gründen für Privatfahrten zur Verfügung gestellter PKW. Die in 1 Ob 552/93 vertretene Auffassung hatte offensichtlich im Auge, dass die uhpfl Mutter gegenüber ihrer Familie selbst UhAnspr haben könnte. 6 Ob 5/04 k = EF 107.114; 10 Ob 96/05 y = EF 110.225; 10 Ob 8/07 k = EF-Z 2007/83 *(Gitschthaler).*

4. Es sei denn, die Zuwendungen sollen nach dem Willen des Zuwendenden auch dem UhBer zugute kommen. 10 Ob 8/07 k = EF-Z 2007/83 *(Gitschthaler).*

5. Abw: Zur UBGr zählen auch freiwillige Drittleistungen, über die der UhPfl verfügen kann oder die zumindest seine Bedürfnisse verringern. 6 Ob 278/01 b = EF 95.500.

6. Anmerkung: Dass Zuwendungen Dritter, die vom UhPfl zur Deckung seiner Lebensbedürfnisse verwendet werden, in die UBGr einzubeziehen sind, entspricht auch zweitinstanzlicher Rsp (etwa LG Eisenstadt und LGZ Wien EF 95.513).

Zu UhEmpfängen vgl Rz 133 ff.

82 **1.** Zu den maßgeblichen Einkünften gehören jene **aus einer Erwerbstätigkeit und die Erträgnisse aus** einem **Vermögen.** 4 Ob 2025/96 i = EF 82.468; 6 Ob 278/01 b = EF 95.500.

Anmerkung: Zu den Vermögenserträgnissen vgl Rz 224 ff.

2. Aber auch **öffentlich-rechtliche Leistungen.** 6 Ob 2222/96 z = ÖA 1997, 203/F 140 = EF 80.374.

3. Und **auch unpfändbare Leistungen** an den UhPfl. 1 Ob 337/99 m = ÖA 2000, 173/U 318 = EvBl 2000/114; 1 Ob 218/00 s.

4. Auch ein **Zusatzeinkommen** aus offenbar „schwarz", also im Pfusch durchgeführten Reparaturen ist als Einkommensbestandteil in die UBGr einzubeziehen. 7 Ob 26/02 b = ÖA 2003, 33/U 374.

1. Die Einkünfte können **in Geld oder geldwerten Leistungen** bestehen. 5 Ob **82 a**
3/97 w = ÖA 1998, 21/U 200 = EF 83.466; 1 Ob 260/97 k = ÖA 1998, 124/U 222 = EF
83.466; 5 Ob 140/98 v; 1 Ob 337/99 m = ÖA 2000, 173/U 318 = EvBl 2000/114; 6 Ob
89/01 h = ÖA 2001, 312/U 341 = EF 95.501; 6 Ob 212/02 y = EF 100.917; 4 Ob 129/
02 b = ÖA 2002, 257/U 365; 7 Ob 14/02 p = ÖA 2002, 180/U 362; 1 Ob 143/02 i = EF
99.344; 7 Ob 174/02 t = JBl 2003, 111; 3 Ob 296/02 d; 8 Ob 140/05 d; 5 Ob 254/05 x =
EF-Z 2006/70.

2. Also **Natural- oder Geldleistungen welcher Art auch immer.** 6 Ob 18/
98 k = EF 85.872; 6 Ob 122/98 d = EF 85.872; 6 Ob 89/01 h = ÖA 2001, 312/U 341 =
EF 95.498; 6 Ob 8/03 z; 5 Ob 254/05 x = EF-Z 2006/70.

3. Deshalb sind auch alle geldwerten Naturalbezüge (**Sachbezüge mit Einkommensersatzfunktion**) zu berücksichtigen. 2 Ob 514/94 = EF 73.979 = ÖA 1994,
185/U 102; 1 Ob 180/97 w = ÖA 1998, 118/U 215 = RZ 1997/87 = EvBl 1997/197 =
EF 83.465; 1 Ob 11/97 t = ÖA 1998, 64/U 208 = EF 83.493; 1 Ob 7/98 f = EF 86.436;
9 Ob 123/98 y = EF 86.428; 6 Ob 5/04 k = EF 107.102; 10 Ob 4/07 x = EF-Z 2007/84.

4. Wie **verbilligter Strombezug.** 1 Ob 11/97 t = ÖA 1998, 64/U 208 = EF
83.493; 1 Ob 7/98 f = EF 86.436; 10 Ob 4/07 x = EF-Z 2007/84.

5. Oder ein **Firmenwagen,** der für Privatfahrten benützt wird. 5 Ob 1582/93 =
EF 71.134 = ÖA 1994, 104/F 78; 3 Ob 351/97 g = EF 83.489 = ÖA 1998, 201/U 226;
9 Ob 123/98 y = EF 86.428; 1 Ob 143/02 i = EF 99.347; 3 Ob 296/02 d; 6 Ob 5/04 k =
EF 107.105; 10 Ob 4/07 x = EF-Z 2007/84.

6. Oder eine **Dienstwohnung.** 3 Ob 351/97 g; 1 Ob 529/92 = 1 Ob 530/92;
10 Ob 4/07 x = EF-Z 2007/84.

7. Die geldwerte Leistung muss – wie im Einkommensteuerrecht (§ 15 Abs 2
EStG 1988; *Doralt*, EStG[8] § 15 Rz 10) – **Zuwendungscharakter** haben, um als Sachbezug des UhPfl berücksichtigt zu werden. Deshalb ist eine Ersparnis des Vaters aus
den behaupteten Vorteilen, die sich aus der Lage der Dienstwohnung ergäben, nicht
zu veranschlagen, werden doch diese Vorteile dem Vater von seinem Dienstgeber
nicht zugewendet. 10 Ob 4/07 x = EF-Z 2007/84.

8. Es geht es außerdem nicht an, in jedem einzelnen Fall weitwendige Ermittlungen anzustellen, um den Umfang der tatsächlichen privaten Nutzung eines Firmenfahrzeugs abzuklären; vielmehr ist grundsätzlich davon auszugehen, dass der
vom Dienstgeber bisher **unbeanstandet verrechnete Wert des Sachbezugs** den Gegebenheiten entspricht und einen reellen Einkommensbestandteil bildet. 1 Ob 143/
02 i = EF 99.349.

9. Hat der UhPfl aber keinen Einfluss darauf, welche Dienstwohnung ihm sein
Dienstgeber zur Verfügung stellt, ist als Wert der verbilligten Wohnmöglichkeit (des
Sachbezugs) die Differenz zw dem Mietzins, den er auf dem örtlichen Wohnungsmarkt für eine seinem Lebensstandard entsprechende angemessene kleinere Wohnung zahlen müsste, und dem für die Dienstwohnung zu zahlenden Entgelt heranzuziehen. 10 Ob 4/07 x = EF-Z 2007/84.

1. **Nicht in die UBGr** gehören hingegen solche Einnahmen, die der **Abgeltung** **83**
von effektiven Auslagen dienen. 5 Ob 3/97 w = ÖA 1998, 21/U 200 = EF 83.467;
1 Ob 260/97 k = ÖA 1998, 124/U 222 = EF 83.467; 1 Ob 218/00 s; 6 Ob 89/01 h = ÖA
2001, 312/U 341 = EF 95.816; 7 Ob 174/02 t = JBl 2003, 111; 8 Ob 18/02 h; 8 Ob 140/
05 d.

2. Oder der **Abdeckung eines tatsächlichen beruflichen Mehraufwands.**
2 Ob 514/94 = EF 73.979 = ÖA 1994, 185/U 102; 1 Ob 180/97 w = ÖA 1998, 118/
U 215 = RZ 1997/87 = EvBl 1997/197 = EF 83.465 uva; 6 Ob 89/01 h = ÖA 2001, 312/
U 341 = EF 95.817; 6 Ob 8/03 z; 8 Ob 140/05 d.

3. Dies allerdings nur dann, wenn sie auch **tatsächlich für den Widmungszweck eingesetzt** werden. 3 Ob 194/97 v = ÖA 1998, 114/U 213 = EF 83.470.

4. Ebenso auszuscheiden sind **Einkünfte, die nach gesetzlichen Bestimmungen außer Betracht zu bleiben** haben. 2 Ob 514/94 = EF 73.979 = ÖA 1994, 185/
U 102; 1 Ob 180/97 w = ÖA 1998, 118/U 215 = RZ 1997/87 = EvBl 1997/197 = EF 83.465; 6 Ob 18/98 k = EF 85.872; 6 Ob 122/98 d = EF 85.872; 8 Ob 140/05 d.

5. Auch **Optionsrechte,** die der Vater noch gar nicht gezogen hat, können uhrechtlich nicht relevant sein. 3 Ob 296/02 d = EF 103.400.

2. Selbstständig Erwerbstätige

a) Allgemeines

84 1. Für das Einkommen selbstständig Erwerbstätiger ist nicht der steuerliche Reingewinn maßgebend, sondern der **tatsächlich verbleibende Reingewinn,** wie er sich aus den realen Einnahmen unter Abzug realer Betriebsausgaben sowie der Zahlungspflicht für einkommens- und betriebsgebundene Steuern und öffentliche Abgaben ergibt. 7 Ob 52/98 t = EF 86.200; 6 Ob 119/98 p = EF 89.007 = ÖA 1999, 188/
U 284; 1 Ob 71/05 f = EF 110.234; 1 Ob 156/06 g.

b) Beobachtungszeitraum

85 1. Bei selbstständig erwerbstätigen UhPfl ist das **Durchschnittseinkommen aus den letzten 3, der Beschlussfassung vorangehenden Wirtschaftsjahren** festzustellen, um die UBGr verzerrende Einkommensschwankungen, die auf steuerliche Gestaltungsmöglichkeiten zurückzuführen sind, auszuschalten. 1 Ob 656/90 = ÖA 1991, 43/U 18 = EF 61.998 = SZ 63/153 = ÖA 1992, 110/U 36; 1 Ob 535/92 = JBl 1992, 702; 7 Ob 629/94 uva; 4 Ob 293/00 t; 2 Ob 91/01 y = ÖA 2001, 310/U 340 = EF 95.548; 9 Ob 68/01 t = EF 95.548; 2 Ob 294/03 d; 3 Ob 181/04 w = EF 107.135; 7 Ob 143/05 p; 5 Ob 254/05 x = EF-Z 2006/70.

2. Uzw sowohl bei solchen, die den Gewinn durch Einnahmen/Ausgabenrechnung („Betriebseinnahmen-Betriebsausgaben-Rechner") gem **§ 4 Abs 3 EStG** ermitteln. 1 Ob 656/90 = ÖA 1991, 43/U 18 = EF 61.998 = SZ 63/153 = ÖA 1992, 110/
U 36.

3. Als auch bei einer Gewinnermittlung durch Bilanzierung nach **§ 4 Abs 1 EStG,** weil auch hier einkommensverzerrende Gestaltungsmöglichkeiten gegeben sind, mag dies auch nicht so leicht und in einem solchen Ausmaß geschehen können wie im Falle der Gewinnermittlung nach § 4 Abs 3 EStG. 5 Ob 501/93 = EF 70.868, 70.869.

4. Maßgeblich sind dabei die **der Beschlussfassung vorangegangenen 3 Wirtschaftsjahre,** nicht die dem Bemessungszeitraum vorangegangenen. 3 Ob 248/00 t = ÖA 2002, 29/U 342 = EF 95.549; 3 Ob 202/01 d = EF 95.549; 3 Ob 181/04 w = EF 107.136.

5. Dieser Berechnungsmethode ist immanent, dass dabei zukünftige Einkommensschwankungen zunächst unberücksichtigt bleiben und erst in einem allenfalls

folgenden 2. Verfahrensschritt (nämlich im Zuge eines nachträglichen UhErhöhungs- oder -herabsetzungsantrags) im Nachhinein eine Übereinstimmung zw tatsächlich erzieltem Einkommen und geleistetem Uh pro Periode erzielt werden kann. Es kommt aber auch in solchen Fällen nicht zu einer rechtspolitisch unerwünschten **„doppelten" UhBemessung** mit verzerrenden Ergebnissen, sondern es wird damit nur nachträglich die UhLeistung einer bestimmten Periode mit den tatsächlich erzielten Einnahmen derselben Periode in Abstimmung gebracht, um weder den UhPfl durch sinkende Einkünfte in auf die Schaffung des UhTitels nachfolgenden Wirtschaftsjahren zu benachteiligen noch dem UhBer eine Teilnahme an einem gegenüber dem Entscheidungszeitpunkt erhöhten Einkommen des UhPfl zu verweigern. 4 Ob 319/98 k = ÖA, 1999, 121/U 270 = EF 86.199.

6. Anmerkung: Die angeführte Begründung ist zwar dogmatisch durchaus nachvollziehbar, in der Praxis kann es aber zu einer sachlich nicht gerechtfertigten Ungleichbehandlung von UhPfl und UhBer kommen: Ergibt nämlich die nachträgliche Überprüfung der UBGr, dass der selbstständig Erwerbstätige ein höheres Einkommen erzielen konnte, als dies aufgrund der Durchschnittsberechnung zu erwarten gewesen ist, dann kann der UhBer einen rückwirkenden Erhöhungsantrag stellen. Kommt hervor, dass die Einkünfte tatsächlich geringer waren, kann zwar theoretisch ein rückwirkender Herabsetzungsantrag gestellt werden, idR wird der UhBer die ihm zugeflossenen UhBeiträge aber schon gutgläubig verbraucht haben (vgl dazu Rz 845 ff), sodass dem UhPfl die Rückforderung versagt bleibt. Bei durchschnittlichen UhBeiträgen wird idR auch eine Aufrechnung mit künftigen Beiträgen nicht möglich sein (vgl dazu Rz 875 ff).

Dass der UhBer über die (schlechtere) wirtschaftliche Entwicklung des UhPfl informiert und daher bei Verbrauch des Uh nicht gutgläubig war, wird zwar regelmäßig nicht angenommen werden können. Erkennt der UhPfl jedoch den schlechten Geschäftsgang und teilt er dies dem UhBer bzw dessen Vertreter auch konkret (denkbar wäre dabei etwa die Übersendung einer entsprechenden schriftlichen Stellungnahme des Steuer- oder Unternehmensberaters) mit, ist schon die Frage zu stellen, ob der UhBer bzw sein Vertreter sich tatsächlich noch auf den Gutglaubensschutz berufen können.

7. Auch wenn **Privatentnahmen** die UBGr bilden, sind die **Ergebnisse der letzten 3 abgeschlossenen Wirtschaftsjahre** zu ermitteln. War das Durchschnittseinkommen in diesen Jahren niedriger als die in diesem Zeitraum tatsächlich getätigten Privatentnahmen (vermindert um die auf den Unternehmensgewinn entfallende Einkommensteuer), bilden die Nettoprivatentnahmen die UBGr, wenn der Uh für die Zukunft bemessen werden soll. 5 Ob 38/99 w = EF 88.846; 2 Ob 91/01 y = ÖA 2001, 310/U 340 = EF 95.559; 2 Ob 294/03 d; 7 Ob 143/05 p.

8. Es muss aber geprüft werden, inwieweit die Privatentnahmen ein verlässlicher Indikator für die künftigen Lebensverhältnisse des UhPfl sind. 4 Ob 102/99 z = EF 89.022; 5 Ob 38/99 w = EF 88.846; 9 Ob 68/01 t = EF 95.560.

9. Finden daher die den Gewinn übersteigenden Privatentnahmen eines bestimmten Jahres in der Differenz zw tatsächlichem Einkommen und Privatentnahmen des vorangegangenen Jahres Deckung, so kann auch bei einer geringfügigen Überschreitung des tatsächlichen Einkommens durch Privatentnahmen in dem bestimmten Jahr noch nicht geschlossen werden, dass sich der UhPfl bei künftigen Entnahmen nicht am Betriebsergebnis orientieren wird. In einem solchen Fall kann nicht auf die Privatentnahmen abgestellt werden, sondern ist der Uh für die Zukunft auf der Grundlage des tatsächlichen Durchschnittseinkommens der letzten 3 Wirtschaftsjahre zu bemessen. 9 Ob 68/01 t = EF 95.560; 1 Ob 156/06 g; 10 Ob 8/07 k = EF-Z 2007/83 *(Gitschthaler).*

86 1. Es ist grundsätzlich auch auf die konkreten Indikatoren für die jew **Unternehmensaussichten** Bedacht zu nehmen. 3 Ob 395/97 b = ÖA 1998, 242/U 236.

2. Dabei kommt es zwar nicht auf spekulative **Prognosen** zukünftiger Umstände, insb künftiger Einkommensveränderungen, an. 1 Ob 2040/96 y = EF 80.141.

3. Es müssen aber auch zur Verfügung stehende **gesicherte aktuelle Daten** verwendet werden. 7 Ob 52/98 t.

4. Oder solche, die ohne nennenswerte Verzögerung zur Verfügung stehen würden. 4 Ob 555/91 = EF 65.190; 3 Ob 395/97 b = ÖA 1998, 242/U 236 = EF 86.198.

5. Nach der Art des Einkommens des UhPfl (Gesellschaftsbeteiligung), das aufgrund der immer erst im Nachhinein über ein Geschäftsjahr erstellten **Rechnungsabschlüsse** genau ermittelbar ist, sind **Einschätzungen** aufgrund der Geschäftserfolge vorangegangener Jahre für das für die UhBemessung aktuelle Jahr unter Bedachtnahme auf konkrete Indikatoren für die allgemeine Wirtschaftsentwicklung und die konkreten Unternehmeraussichten unvermeidlich und in **analoger Anwendung des § 273 ZPO** zulässig. 6 Ob 505/92 = EF 67.924.

87 1. Bei der UhBemessung ist vom Einkommen des UhPfl in **dem der E unmittelbar vorangehenden Bezugszeitraum** auszugehen; dies allerdings nur bei einem Zuspruch für die Zukunft iSd § 406 Satz 2 ZPO. 3 Ob 144/99 v; 3 Ob 248/00 t = ÖA 2002, 29/U 342 = EF 95.553; 3 Ob 202/01 d = EF 95.553.

2. Muss hingegen für **konkrete vergangene Zeitabschnitte** geprüft werden, ob das Einkommen des UhPfl seiner UhPflicht entsprochen hat, dann ist die **tatsächliche finanzielle Leistungsfähigkeit** des UhPfl genau **für diese UhPerioden** zu ermitteln. 1 Ob 549/95 = EF 77.030; 1 Ob 2082/96 z; 1 Ob 2040/96 y = EF 80.141; 3 Ob 395/97 b = ÖA 1998, 242/U 236; 4 Ob 293/00 t; 3 Ob 248/00 t = ÖA 2002, 29/U 342 = EF 95.555; 9 Ob 68/01 t = EF 95.555; 3 Ob 202/01 d = EF 95.555; 3 Ob 181/04 w = EF 107.140; 5 Ob 254/05 x = EF-Z 2006/70; 1 Ob 156/06 g.

3. **Einschr:** Dies gilt jedenfalls bei Festsetzung von Uh für einen länger in der Vergangenheit liegenden Zeitraum. 3 Ob 144/99 v.

4. Es ist also – soweit feststellbar – das im jew Zeitraum erzielte tatsächliche Einkommen maßgebend. 4 Ob 94/99 y; 4 Ob 102/99 z; 4 Ob 293/00 t; 1 Ob 179/00 f.

5. Also das **effektive Einkommen** in den für die E maßgeblichen **Bezugszeiträumen ziffernmäßig exakt zu erheben;** sodann sind für diese Perioden uU entsprechende **Durchschnittswerte** zu ermitteln. 2 Ob 318/99 z.

6. Auf welche tatsächlichen Verhältnisse abzustellen ist, hängt dabei von der Grundlage ab, auf der der Uh bemessen wurde; bei **auf fiktiver Grundlage bemessenem Uh** kommt es darauf an, ob die für die Anspannung maßgebenden Verhältnisse vorgelegen sind; dass das Einkommen tatsächlich gering war, bestätigt nur die Berechtigung der Anspannung und kann nicht zur Herabsetzung des Uh für die Vergangenheit führen. 4 Ob 293/00 t.

7. Für die UhBemessung unter Heranziehung der **Privatentnahmen** gilt nichts anderes: Ist der Uh für die Vergangenheit zu bemessen und haben die Privatentnahmen im maßgebenden Zeitraum den Gewinn überschritten oder wurde gar kein Gewinn erzielt, so bilden die Privatentnahmen (einschließlich allfälliger weite-

rer Einkünfte) als die dem UhPfl verfügbaren Mittel die UBGr. 4 Ob 102/99 z = EF 89.022; 9 Ob 68/01 t = EF 95.558.

8. Ist die Frage zu klären, ob dem Einkommensverlust in einem bestimmten Jahr die Absicht des Vaters, den UhAnspr seiner mj Kinder zu verkürzen, zugrunde liegt oder dafür – als uhrechtlich bedeutsame Umstandsänderung gegenüber den beiden davor liegenden Einkommensjahren – betriebliche Schwierigkeiten, die durch den Streit der Eltern verursacht wurden, ausschlaggebend sind, kommt es auf die Ergebnisse der konkreten Jahre an. 1 Ob 2082/96 z = EF 82.471; 1 Ob 97/99 t = tw EF 89.021.

c) Privatentnahmen

1. Tätigt der UhPfl **höhere Privatentnahmen, als es dem Reingewinn entspricht,** greift er den Stamm des Vermögens an. Sieht sich der UhPfl zu einer solchen Vorgangsweise zur Befriedigung eigener Bedürfnisse veranlasst – und möglicherweise ohne Gefährdung der Existenzgrundlage (= des Unternehmens) sogar berechtigt –, liegt darin eine Gestaltung der Lebensverhältnisse des UhPfl, an denen die angemessenen Bedürfnisse des Kindes zu messen sind. Es bilden daher Privatentnahmen die UBGr sogar dann, wenn der UhPfl **mit einem bilanzmäßigen Verlust abschließt.** Es entscheidet die tatsächliche Verfügbarkeit. 5 Ob 501/93 = EF 70.870, 70.871; 5 Ob 564/93 = EF 72.378; 4 Ob 1611/94 = EF 74.091 = ÖA 1995, 91/F 93 uva; 5 Ob 38/99 w = EF 88.846; 3 Ob 38/01 m = EF 95.538; 9 Ob 34/01 t = EF 95.540; 2 Ob 91/01 y = ÖA 2001, 310/U 340 = EF 95.540; 4 Ob 129/02 b = ÖA 2002, 257/U 365 = EF 99.372, 99.374; 2 Ob 180/02 p = EF 107.127; 1 Ob 71/05 f = EF 110.235; 1 Ob 156/06 g; 6 Ob 126/07 h. **88**

2. Der UhPfl, der aus dem verlustbringenden Unternehmen Privatentnahmen zur Aufrechterhaltung seines Lebensstandards tätigt, muss also auf dieser Basis die UhBer an seinen Lebensverhältnissen teilhaben lassen. 5 Ob 564/93 = EF 72.378; 1 Ob 2082/96 z; 3 Ob 89/97 b; 1 Ob 12/98 s = ÖA 1998, 215/F 178; 3 Ob 130/00 i.

3. Einschr: Nur dann, wenn das ermittelte Durchschnittseinkommen niedriger ist als die tatsächlichen Nettoprivatentnahmen, sind diese als UBGr heranzuziehen. 1 Ob 4/97 p.

4. Ist der UhPfl **an Unternehmen beteiligt, die mit Gewinn arbeiten und aus denen er einen seine Privatentnahmen übersteigenden Gewinnanteil bezieht,** so müssen diese dennoch in die UBGr einbezogen werden, weil ihm neben seinem Gewinnanteil und sonstigen Einkünften weitere Mittel zur Verfügung stehen, die seine wirtschaftliche Lage bestimmen. In einem solchen Fall nimmt der UhBer nur dann angemessen an den Lebensverhältnissen des UhPfl teil, wenn auch die Privatentnahmen berücksichtigt werden und damit auf die tatsächliche wirtschaftliche Lage Bedacht genommen wird. 4 Ob 94/99 y = EF 89.014 = ÖA 1999, 257/U 290.

1. Zu den Privatentnahmen zählen **alle nicht betrieblichen Bar- und Naturalentnahmen.** 1 Ob 2082/96 z = EF 82.477; 1 Ob 12/98 s = ÖA 1998, 215/F 178 = EF 88.325; 6 Ob 119/98 p = EF 89.010 = ÖA 1999, 188/U 284; 7 Ob 52/98 t = EF 86.203; 9 Ob 34/01 t = EF 95.543; 6 Ob 221/05 a = EF 110.238. **89**

2. So etwa auch **Prämienzahlungen für Privatversicherungen.** 6 Ob 119/98 p = EF 89.010 = ÖA 1999, 188/U 284; 7 Ob 52/98 t = EF 86.203; 9 Ob 34/01 t = EF 95.543; 6 Ob 221/05 a = EF 110.238.

3. Oder bei **Verwendung eines Unternehmens-PKW für private Zwecke** die darauf entfallenden Anteile. 1 Ob 2082/96 z = EF 82.477; 1 Ob 12/98 s = ÖA 1998, 215/F 178 = EF 88.325; 6 Ob 119/98 p = EF 89.010 = ÖA 1999, 188/U 284; 7 Ob 52/98 t = EF 86.203; 9 Ob 34/01 t = EF 95.543; 6 Ob 221/05 a = EF 110.238.

4. Oder Entnahmen für **UhZahlungen und eigene Verpflegung**. 9 Ob 34/01 t = EF 95.543; 6 Ob 221/05 a = EF 110.238.

5. Ob und in welchem Ausmaß Privatentnahmen zu berücksichtigen sind, ist im Allgemeinen keine der Überprüfung durch den OGH zugängliche erhebliche Rechtsfrage. 6 Ob 126/07 h.

89 a **1.** Dienen die **Privatentnahmen nicht in voller Höhe der privaten Lebensführung**, dürfen sie auch nicht in voller Höhe der UhBemessung zugrunde gelegt werden. Soweit sie nämlich der Sicherung und Erhaltung der wirtschaftlichen Existenz des UhPfl dienen oder sonstige betrieblich veranlasste Aufwendungen darstellen, vermindern sie wie sonstige Betriebsausgaben die UBGr. Dabei kann es sich auch um einen Kredit handeln, den der UhPfl als Alleingesellschafter und Geschäftsführer einer GmbH (als Privatperson) dieser gewährt hat. 6 Ob 119/98 p = EF 89.013 = ÖA 1999, 188/U 284; 9 Ob 34/01 t = EF 95.545; 4 Ob 129/02 b = ÖA 2002, 257/U 365 = EF 99.378; 1 Ob 71/05 f; 6 Ob 221/05 a.

2. Ohne Einfluss auf die Leistungsfähigkeit des selbstständig erwerbstätigen UhPfl ist das Einkommen seiner Ehegattin selbst dann, wenn sie in seinem Betrieb beschäftigt ist, weil deren Einkommen als Betriebsausgabe – und daher die UBGr mindernd – nicht anders behandelt werden darf, als wenn die entsprechende Leistung zum hiefür üblichen Entgelt von einer anderen Person erbracht würde. 5 Ob 501/93 = EF 70.997.

3. Die Verluste des Vaters aus der **Beteiligung an Bauherrenmodellen** wurden bei der UhBemessung ausgeklammert. Entsprechend der uhrechtlichen Neutralität dieser „Nebentätigkeit" hat das RekursG in den Jahren, in denen der wirtschaftliche Reingewinn als UBGr diente, die Steuervorteile des Vaters aus seinen Verlustbeteiligungen nicht zu seinen Lasten berücksichtigt. Dies muss aber auch im Fall der Heranziehung der Privatentnahmen gelten, weil es mit der uhrechtlichen Neutralität dieser Beteiligungen nicht zu vereinbaren wäre, die daraus resultierenden **Steuervorteile** unter dem Titel der Privatentnahmen doch in die UBGr einzubeziehen. Diese Erwägung wird durch das Argument deutlich, es müsse, wenn man sich in einem fiktiven Idealfall bei den Entnahmen genau nach dem wirtschaftlichen Erfolg richte, genau jener Betrag an überschüssigem Geld verbleiben, der der durch die steuerlichen Verluste aus der „Nebentätigkeit" ausgelösten Steuerminderbelastung entspreche. Diese Steuervorteile können den UhBer ebenso wenig zugute kommen, wie sie andererseits auch die (höheren) Verluste aus den Beteiligungsmodellen nicht belasten. 2 Ob 91/01 y = ÖA 2001, 310/U 340 = EF 95.547.

90 **1.** Sind die Privatentnahmen in die UBGr einzubeziehen, spielt es keine Rolle, ob der UhPfl die den Reingewinn übersteigenden Privatentnahmen **aus Reserven oder Rückstellungen finanziert oder seine Bankschulden erhöht**. 6 Ob 119/98 p = EF 89.009 = ÖA 1999, 188/U 284; 9 Ob 34/01 t = EF 95.541.

2. Ebenso wenig kommt es darauf an, ob ein Gesellschafter **mit den Privatentnahmen sein Entnahmerecht überschritten** hat und allenfalls in Zukunft Beträge rückerstatten muss. Ob dies bei künftigen UhBemessungen zu berücksichtigen sein wird, kann offen bleiben; bei einer UhBemessung für vergangene Zeiträume sind jedenfalls immer die tatsächlichen Lebensverhältnisse des UhPfl im jew Zeitraum maßgebend. Keine Rolle spielt auch, ob der UhPfl an Unternehmen beteiligt ist, die miteinander verbunden sind. Auch in einem solchen Fall entspricht die festgestellte UBGr nur dann der tatsächlichen wirtschaftlichen Lage, wenn für jedes einzelne Unternehmen die Auswirkungen auf die Einkünfte des UhPfl festgestellt werden. Zw Gewinnanteilen und diese übersteigenden oder trotz deren Fehlens getätigten Privatentnahmen besteht insoweit kein Unterschied. 4 Ob 94/99 y = EF 89.014 = ÖA 1999, 257/U 290.

3. Anmerkung: Diese E berühren ein sehr heikles Thema der UhBemessung bei selbstständig Erwerbstätigen, weil durch die Aufnahme der Bankschulden, aus denen die UhBeiträge bezahlt werden (müssen) und die dann der privaten Lebensführung zugerechnet werden, weshalb es sich wieder um die UBGr bildende Privatentnahmen handelt, der UhPfl in eine Spirale nach unten gezogen werden kann, die letztlich wahrscheinlich in die Insolvenz führen wird, was letztendlich – weil es bei der UhBemessung ja belanglos ist, ob die festgesetzten UhBeiträge auch tatsächlich eingebracht werden können – die Gewährung von UhVorschüssen bedeutet. Dass auch dem OGH dieses Problem bewusst ist, zeigt der 4. Senat insoferne, als er einräumt, dass bei Überschreiten des Entnahmerechts durch den Gesellschafter dies bei künftigen UhBemessungen möglicherweise berücksichtigt werden könnte; ein Unterschied zu Bankschulden ist mE jedoch nicht ersichtlich. Nimmt daher ein UhPfl neue Kredite auf oder tätigt er Entnahmen, um die UhSchulden befriedigen zu können, kann dies mE bei einer UhFestsetzung für die Zukunft demnach nicht in der Weise zu seinen Lasten berücksichtigt werden, dass diese Kredittilgungen wiederum als maßgebliche Privatentnahmen angesehen werden. An diesen Überlegungen vermögen auch die Ausführungen der folgenden E nichts zu ändern.

4. Der Ansicht, Privatentnahmen über dem Unternehmensgewinn des laufenden Wirtschaftsjahrs seien „sodann mit Gewinnen" aus früheren oder späteren Perioden auszugleichen, weil das Unternehmen sonst „durch Vermögensabgang in den Ruin geführt" werde, demnach könnten „in Jahren, in denen der Gewinn buchhalterisch höher" als die Privatentnahmen sei, „ebenfalls nur die Entnahmen" maßgebend sein, den „3-jährigen Entnahmen" sei dann der „über 3 Jahre hinweg ermittelte Gewinn des Unternehmens" gegenüberzustellen, ist nicht beizutreten. **Sinn der Rsp zu Privatentnahmen** über der Leistungskraft des Unternehmens ist nämlich, dass der Unternehmer nicht zu Lasten der Substanz in „Saus und Braus" leben können soll, währenddessen sich die UhBer „mit einer kärglichen Lebensführung aufgrund der fehlenden oder geringen objektiven Gewinne abfinden müssen". Somit kann aber der Leistungspflichtige die Höhe der UhAnspr durch das Ausmaß seiner Privatentnahmen zu Lasten der Substanz des Unternehmens selbst steuern. Soweit er diese Substanz zur Befriedigung seiner Privatbedürfnisse in Anspruch nimmt, hat er daran auch die UhBer teilnehmen zu lassen. 1 Ob 179/00 f.

d) Steuer

1. Die **Steuerbemessungsgrundlage** des UhPfl ist erforderlichenfalls **nach uhrechtlichen Grundsätzen zu korrigieren.** 1 Ob 535/92 = JBl 1992, 702; 8 Ob 1614/92; 8 Ob 1676/92 = ÖA 1993, 144/F 66; 5 Ob 501/93 uva; 1 Ob 130/98 v = EvBl

1998/175 = ÖA 1999, 14/U 243; 5 Ob 140/98 v; 3 Ob 144/99 v; 5 Ob 254/05 x = EF-Z 2006/70.

2. Weil die **steuerliche Behandlung des Einkommens ohne Bedeutung** für den uhrechtlichen Einkommensbegriff ist; das steuerpflichtige Einkommen ist sohin nicht mit dem uhrelevanten identisch. 5 Ob 67/99 k = EF 89.016 = ÖA 1999, 266/ F 198.

3. Einzubeziehen sind nämlich **steuerlich absetzbare Beträge, denen keine Einkommensminderung gegenüberstand.** 3 Ob 89/97 b = EvBl 1997/175 = JBl 1997, 647 = EF 83.309; 9 Ob 302/97 w = EF 83.309; 5 Ob 67/99 k = EF 89.016 = ÖA 1999, 266/F 198.

4. Ebenso **Steuerbegünstigungen,** denen keine effektiven Ausgaben gegenüberstehen. 3 Ob 56/95 = JBl 1997, 260; 3 Ob 503/96 = SZ 69/33 = JBl 1996, 601; 3 Ob 144/99 v; 1 Ob 65/03 w = EF 103.406; 5 Ob 254/05 x = EF-Z 2006/70.

5. Steuerliche Vorschriften, die einem (insb selbstständigen) Steuerpflichtigen die Möglichkeit geben, Aufwendungen als Abzugsposten geltend zu machen, können daher nicht ohne weiteres auch bei der UBGr berücksichtigt werden. 10 Ob 2416/96 h = ÖA 1998, 26/F 145.

6. Auch die in einer bestimmten Leistung liegende Zweckbestimmung allein führt noch nicht zum Ausscheiden aus der UBGr. Gleiches muss auch für aus bestimmten Gründen vorgenommene Steuerabschreibungen gelten, die ein höheres Nettoeinkommen des UhPfl verursachen. 3 Ob 194/97 v = ÖA 1998, 114/U 213 = EF 83.470.

92   **1.** Die laufende (normale) **Absetzung für Abnützung** (AfA) führt zu keiner Reduktion der UBGr. 3 Ob 503/96 = EF 81.675 = SZ 69/33 = JBl 1996, 601; 1 Ob 2349/96 i = ÖA 1998, 26/F 146 = EF 83.507; 8 Ob 2156/96 h = EF 80.448; 1 Ob 180/ 97 w = ÖA 1998, 118/U 215 = RZ 1997/87 = EvBl 1997/197 = EF 83.507.

2. Sie dient nämlich einer Verteilung der Anschaffungs- oder Herstellungskosten eines Vermögenswerts auf die Gesamtdauer seiner wirtschaftlichen Verwendung oder Nutzung und soll eine Amortisation des Kapitals ermöglichen, ohne betriebswirtschaftlichen Zielsetzungen – wie etwa der Ansammlung von Mitteln zur Ersatzbeschaffung für ein wirtschaftlich abgenutztes Vermögensgut – zu dienen. Sie mindert die UBGr daher nur dann, wenn ihr reale Ausgaben zugrunde liegen. 3 Ob 194/97 v = ÖA 1998, 114/U 213 = EF 83.470.

3. Die Ausgabenpost „**Sofort-AfA geringwertige Wirtschaftsgüter**" bedeutet keine Abschreibung über einen gewissen Zeitraum, sondern eine sofortige gänzliche Abschreibung der Wirtschaftsgüter iSd § 13 EStG; es kommt somit zu keiner Minderung der UBGr. 1 Ob 2349/96 i = ÖA 1998, 26/F 146 = EF 83.508.

4. Eine **Abfertigungsrückstellung** in der Steuerbilanz mindert hingegen die UBGr; erst ihre Aktivierung bei Auflösung und Rückstellung ohne tatsächliche Verwendung für Abfertigungen bewirkt eine Erhöhung der UBGr. 3 Ob 56/95 = SZ 69/ 203 = JBl 1997, 260; 3 Ob 89/97 b = EvBl 1997/175 = JBl 1997, 647 = EF 83.315.

5. Wenn eine **erfolgswirksame Aktivierung der Schadenersatzforderung** unterblieben ist, obwohl es nach den betriebswirtschaftlichen Grundsätzen ordnungsgemäßer Buchführung erforderlich gewesen wäre, ist der wegen des Schadensfalls in der Gewinn- und Verlustrechnung eingesetzte außerordentliche Aufwand dem bilanzmäßigen Unternehmensgewinn hinzuzurechnen. 5 Ob 501/93 = EF 71.148.

1. Die nach den steuerlichen Bestimmungen zu zahlende **Einkommensteuer** **93**
ist von der UBGr abzuziehen. 5 Ob 501/93 = EF 71.203; 5 Ob 60/97 b = ÖA 1997,
133 = EvBl 1997/135 = EF 83.525.

2. Uzw nicht die tatsächlich bezahlte, sondern **die zu bezahlende.** 1 Ob 535/
92 = JBl 1992, 702; 1 Ob 2082/96 z = EF 82.480; 7 Ob 52/98 t.

3. Einkommensteuer betr nicht entnommenes Geschäftsführergehalt stellt einen zwangsläufig erwachsenen Aufwand dar, weil die Einkommensteuer auf die Erzielung und nicht auf die Verwendung des Einkommens abzielt. 5 Ob 60/97 b = ÖA 1997, 133 = EvBl 1997/135 = EF 83.526.

1. Abschreibungen und später durchgeführte **Investitionen** dürfen die wahren Einkommensverhältnisse des UhPfl nicht zu Lasten des UhBer verzerren. 3 Ob 194/97 v = ÖA 1998, 114/U 213 = EF 83.470. **94**

2. Dabei stellen zunächst einmal nur jene Investitionen einen Abzugsposten dar, die Zwecken des UhBer dienen bzw ihm zugutekommen und **nicht von vornherein unangepasst hoch** sind. 7 Ob 52/98 t.

3. Maßgeblich ist also das Nettoeinkommen des UhPfl und dessen steuerliche Beurteilung. Verluste, soweit sie etwa auf **Anlagenabschreibungen** beruhen und keine tatsächlichen Mittelabflüsse (wirtschaftliche Vermögensverminderungen) bewirken, sind daher nicht zu berücksichtigen. 8 Ob 49/06 y.

4. Der Bilanzgewinn ist um den **Investitionsfreibetrag** zu erhöhen. 5 Ob 501/93 = EF 70.877, 70.883; 7 Ob 1589/95 = EF 80.134 = ÖA 1996, 98/F 106; 1 Ob 2040/96 y; 3 Ob 56/95 = SZ 69/203 = JBl 1997, 260; 1 Ob 2082/96 z = EF 82.476; 9 Ob 302/97 w; 8 Ob 49/06 y.

5. Die Bildung der **Investitionsrücklage** nach § 9 EStG, der effektive Ausgaben nicht gegenüberstehen, wirkt sich steuerlich als vorweggenommener Investitionsfreibetrag aus und mindert nicht die wirtschaftliche Leistungsfähigkeit des UhPfl. 1 Ob 535/92 = EF 67.671 = JBl 1992, 702.

6. Auch Investitionsrücklagen mindern den Betriebsgewinn daher nur insoweit, als ihnen effektive Ausgaben entsprechen. 7 Ob 52/98 t = EF 86.192.

7. Genauso wenig wie eine doppelte Berücksichtigung von Abschreibungen und später durchgeführten tatsächlichen Investitionen zu Lasten des UhBer die wahren Einkommensverhältnisse verzerren darf, widerspräche es diesem Grundsatz, die **Investitionsrücklage im Jahr ihrer Auflösung** zu Lasten des UhPfl nochmals als Einkommensbestandteil zu werten. Die in der Überschussrechnung als sonstiger Ertrag eingesetzte Auflösung der Investitionsrücklage ist daher von den Bruttobeträgen **in Abzug zu bringen.** 1 Ob 535/92 = JBl 1992, 702; 3 Ob 503/96 = SZ 69/33; 3 Ob 89/97 b = EvBl 1997/175 = JBl 1997, 647; 3 Ob 194/97 v = ÖA 1998, 114/U 213.

8. Sanierungsgewinne iSd § 36 EStG sind nicht als vom UhPfl tatsächlich erzielte Einnahmen und diesem effektiv zur Verfügung stehende Mittel in die UBGr einzubeziehen. 5 Ob 254/05 x = EF-Z 2006/70.

1. Aufgrund der überdurchschnittlichen Einkünfte des Bekl als Steuerberater, die auch künftig zur angemessenen Deckung aller gesetzlichen UhAnspr ausreichen werden, können die bereits seit Jahren andauernden und auch in näherer Zukunft zu erwartenden **Verluste aus dem Hotelbetrieb,** der nicht der Existenzsicherung durch betriebliche Einkünfte dient, **nicht zu Lasten der UhBer** gehen. Bei Ausklammerung der Verluste aus dem Hotelbetrieb muss dann jedoch bei Errechnung der UBGr auch die auf die übrigen Einkünfte entfallende **fiktive Einkommensteuer ermittelt** **94 a**

werden, die nur aufgrund der Verluste aus dem Hotelbetrieb nicht vorgeschrieben wurde. 6 Ob 46/97 a = EF 84.631.

95 1. **Einkommensteuerbescheide** für sich allein sind nicht als UBGr heranzuziehen. 5 Ob 1571/92 = ÖA 1993, 22/F 59 = tw EF 67.921; 5 Ob 501/93 = EF 70.875; 6 Ob 555/93 uva; 5 Ob 67/99 k = ÖA 1999, 266/F 198.

2. Uzw insb nicht bei Betriebseinnahmen-Betriebsausgaben-Rechnern, bei denen im Einkommensteuerbescheid das Ergebnis einer Überschussrechnung ausgewiesen ist, bei der steuerlich geltend gemachte Betriebsausgaben bereits berücksichtigt sind. 9 Ob 302/97 w = EF 83.306.

3. Damit kann aber umso weniger von einer Bindung des Gerichts an **Steuerbescheide als rk Verwaltungsbescheide** iSd § 190 Abs 1 ZPO die Rede sein. 6 Ob 36/63 = SZ 36/20.

4. Oder könnte gar von dem vom UhPfl den **Finanzbehörden bekannt gegebenen Einkommen** ausgegangen werden. 8 Ob 641/91.

e) Verschiedenes

96 1. Von einem selbstständig Erwerbstätigen erbrachte **Ausgedingsleistungen** können die UBGr verringern, wenn sie als Entgelt für die Übernahme eines Betriebs erbracht werden und somit Voraussetzung für die Schaffung einer – auch dem UhBer zugute kommenden – Erwerbsmöglichkeit sind. In einem solchen Fall stellen die Ausgedingsleistungen eine Investition in eine auf Erzielung von Einkünften gerichtete Erwerbsmöglichkeit dar und sind mit einer bloßen Ansammlung von Vermögenswerten nicht vergleichbar. Sie müssen daher gleich einer Betriebsausgabe bei Festlegung der UBGr Berücksichtigung finden. 4 Ob 237/97 z = JBl 1998, 60.

2. Liegen Kommanditisten bindende Gesellschaftsbeschlüsse vor, dass der ihnen sonst zukommende Gewinn zT zur **Eigenkapitalbildung** als Gewinnrücklage dem Kapitalkonto gutzuschreiben ist, stehen solche Beträge nicht zur freien Verfügung des UhPfl; sie sind daher nicht Bestandteil der UBGr. Nach § 169 Abs 1 Satz 2 HGB *(nunmehr: UGB)* haben Kommanditisten nämlich nur Anspruch auf Auszahlung des ihnen zukommenden Gewinnes. Demnach hat der Vater kein **Entnahmerecht**, sofern ihm ein solches nicht nach dem Gesellschaftsvertrag zugebilligt wird. 3 Ob 89/97 b = EvBl 1997/175 = JBl 1997, 647 = EF 83.474.

3. **Anmerkung:** ME kann es allerdings nicht allein auf die Gesellschaftsbeschlüsse ankommen, sondern ist zu hinterfragen, ob der UhPfl auf diese Einfluss nehmen konnte oder hätte können. Hätte er eine Gewinnverteilung erreichen können, dann muss in einem weiteren Schritt geprüft werden, ob die Eigenkapitalbildung aus der Sicht des Unternehmens wirtschaftlich notwendig gewesen ist, wobei zur Beurteilung die Bestimmungen des URG heranzuziehen sein werden. Grundsätzlich ist aber doch zu berücksichtigen, dass es sich bei einer Eigenkapitalbildung letztlich um Vermögensbildung zu Gunsten des UhPfl handelt, die jedoch nie zu Lasten des UhBer gehen kann.

Diese Grundsätze müssen wohl für sämtliche UhPfl gelten, die Gesellschafter sind (OG, GmbH).

Zur Gewinnthesaurierung vgl ausführlich Rz 230.

4. Bei einem Landwirt sind **EU-Förderleistungen** in die UBGr einzubeziehen. 1 Ob 180/97 w = ÖA 1998, 118/U 215 = RZ 1997/87 = EvBl 1997/197 = EF 83.528; 1 Ob 49/02 s = 99.371.

3. Unselbstständig Erwerbstätige

a) Allgemeines

1. In die UBGr einzubeziehen ist bei einem unselbstständig Erwerbstätigen **97** das **Arbeitsentgelt,** also das, was der Arbeitgeber dem Arbeitnehmer für das Zurverfügungstellen der Arbeitskraft leistet, soweit damit nicht tatsächliche Aufwände abgegolten werden. Es wird an den **arbeitsrechtlichen Entgeltbegriff** angeknüpft. 7 Ob 302/99 h = EF 89.023.

2. Also bei unselbstständig Erwerbstätigen das **Nettoeinkommen,** dh das Bruttogehalt einschließlich Feiertagsentgelt, Entgeltfortzahlung im Krankheitsfall und Sonderzahlungen, vermindert um Lohnsteuer und Sozialversicherungsbeiträge. 10 Ob 18/04 a = EF 107.144.

3. Aufwandsentschädigungen, die nicht nachweislich und ausschließlich für einen entsprechenden berufsbedingten Mehraufwand verwendet werden, sind iZw in die UBGr einzubeziehen. Was von solchem Einkommen für den widmungsgemäßen Zweck jedoch nicht benötigt wird, kann nicht anders beurteilt werden als Einkommen, weil es ja auch als Einkommen zur Verfügung steht. 6 Ob 191/97 z = EF 84.635.

4. Wenn Nebengebühren des UhPfl, die in die UBGr einzurechnen sind, ein vermehrter kongruenter Aufwand gegenübersteht, dann ist dies jedoch bei der Uh-Bemessung auch als ein die Leistungsfähigkeit mindernder Umstand in Rechnung zu stellen. 1 Ob 570/93.

5. Während grundsätzlich jene Einnahmen, welche zur Gänze dem Ausgleich eines tatsächlichen Mehraufwandes dienen, nicht Teil der UBGr sind, sind **Zulagen und Zuschläge mit Entgeltscharakter** zum Gehalt zu addieren. 2 Ob 216/98 y = ÖA 1999, 29/U 255 = EF 86.456; 2 Ob 39/99 w = JBl 1999, 675 = EF 89.084 = ÖA 1999, 217/U 287; 2 Ob 153/99 k = EF 89.084 = ÖA 1999, 259/U 292.

b) Beobachtungszeitraum

1. Insb bei schwankendem Einkommen ist UBGr ein in einem **längeren Beob- 98 achtungszeitraum erzieltes Durchschnittseinkommen.** 4 Ob 517/93 = EF 70.853, 70.854; 4 Ob 2025/96 i; 3 Ob 308/98 k = JBl 2001, 55 *(Schober);* 7 Ob 248/99 t = ÖA 2000, 79/UV 141 = EF 89.004, 90.564; 6 Ob 81/00 f = ÖA 2000, 170/U 317; 7 Ob 302/06 x.

2. Uzw jenes in dem der E **unmittelbar vorangehenden Bezugszeitraum.** 4 Ob 517/93 = EF 70.853, 70.854; 4 Ob 2025/96 i; 7 Ob 302/06 x.

3. Es ist ein repräsentativer Beobachtungszeitraum zu wählen, idR 1 Jahr. 3 Ob 296/02 d; 9 Ob 49/04 b; 7 Ob 302/06 x.

4. Das **Durchschnittseinkommen** des UhPfl (eines Angestellten) **während eines Jahres** rechtfertigt die Annahme, dass auch sein künftiges Einkommen in dieser Höhe liegen werde. 2 Ob 584/91 = ÖA 1992, 159.

5. Nicht jedoch eine Gehaltsauskunft über die ersten 3 Monate eines Jahres, uzw insb dann nicht, wenn diese eine relevante Reduzierung des durchschnittlichen Monatsverdiensts gegenüber demjenigen aus dem Vorjahr ergibt. 6 Ob 16/98 s = EF 86.180 = ÖA 1998, 240/U 234.

6. Auch nicht eine solche über ein halbes Jahr bei schwankendem Einkommen. 7 Ob 302/06 x.

7. Bei **saisonbedingt** immer wiederkehrender kurzfristiger **Arbeitslosigkeit** des UhPfl bildet das auf der Basis des Jahresnettoeinkommens errechnete mtl Durchschnittseinkommen eine geeignete UBGr; es ist dabei dem UhPfl zumutbar, für die Zeit, in der von ihm nur ein geringeres Einkommen in Form von Arbeitslosenentgelt bezogen wird, zum Zwecke einer gleichmäßigen Alimentierung Reserven zu schaffen. 7 Ob 248/99 t = ÖA 2000, 79/UV 141 = EF 89.026; 6 Ob 81/00 f = ÖA 2000, 170/U 317; 7 Ob 302/06 x.

c) Einmalzahlungen

99 1. **Beträchtliche Einmalzahlungen** dienen bei wirtschaftlich sinnvoller Betrachtungsweise dazu, auf einen längeren Zeitraum – entsprechend den gegebenen Umständen auch auf mehrere Jahre – Vorsorge für ein höheres Einkommen zu treffen. Das uhber Kind hat an derartigen Einkünften im Rahmen seiner Lebensverhältnisse teilzuhaben. 7 Ob 550/93 = ÖA 1994, 67/U 92 = EF 71.072.

2. Eine **relativ geringfügige Einmalzahlung** (ATS 10.000 [= € 727]), die keinen Versorgungs-, sondern eher Geschenkcharakter hat, aus einem bestimmten äußeren Anlass ist aber (nur) in jenem Monat (zur Gänze) in die UBGr einzubeziehen, in welchem sie dem UhPfl zugutekam. 7 Ob 550/95 = EF 76.706.

100 1. **Anmerkung:** Zu **Abfertigungen** vgl Rz 101 ff.

2. Eine einmalige Zahlung aus Anlass des **Dienstjubiläums** des UhPfl kann nicht zur Ermittlung des laufenden Uh ohne zeitliche Begrenzung in die UBGr einbezogen werden. Derartige Einkünftige sind in angemessener Weise – je nach Art und Höhe des einmaligen Bezugs – auf einen entsprechenden Zeitraum aufzuteilen. 7 Ob 564/95 = ÖA 1996, 91/U 143 = EF 77.276; 1 Ob 2292/96 g = EvBl 1997/103 = ÖA 1997, 191/U 185 = RZ 1997/57 = EF 80.391, 80.441; 3 Ob 2/98 k = EF 90.359; 7 Ob 291/05 b.

3. Ebenso eine **Jubiläumszuwendung** nach dem Tiroler LandesbeamtenG, die den Jubiläumsgeldern der Angestellten gleichzuhalten ist. 7 Ob 261/98 b = EF 86.413.

4. Oder eine solche nach § 20 GehG. Deren Aufteilung auf 2 Jahre ist nicht zu beanstanden (ATS 230.000). 3 Ob 31/05 p = FamZ 44/06 *(Deixler-Hübner)*.

5. Auch wenn derartige Jubiläumszulagen idR auf 12 Monate aufzuteilen sind. 6 Ob 180/03 v; 3 Ob 31/05 p = FamZ 44/06 *(Deixler-Hübner)*.

6. Oder **Pensionsabfindungen**. 1 Ob 2292/96 g = EvBl 1997/103 = ÖA 1997, 191/U 185 = RZ 1997/57 = EF 80.416; 9 Ob 60/03 v = EF 104.897.

7. Behält der Arbeitgeber aufgrund einer Betriebsvereinbarung Teile des Arbeitsentgelts des UhPfl a conto einer diesem aus Anlass seiner Pensionierung zu gewährenden **Betriebspension** ein, so stellt die Ausschüttung dieser Ansparungen bei einer vom uhpfl Arbeitnehmer getroffenen Wahl, keine Betriebspension, sondern den Barwert dieser Ansparungen zu beziehen, nichts anderes als den Bezug **angesparten Arbeitsentgelts** dar, an dem der UhBer teilzuhaben hat; wäre es zu keiner derartigen Betriebsvereinbarung gekommen, so wäre der UhBer schon vorher an diesen Bezügen beteiligt gewesen. Auch solche bei vorzeitiger Beendigung des Arbeitsverhältnisses ausgeschütteten Pensionssparbeträge stellen ein zu berücksichtigendes Arbeitsentgelt dar. 7 Ob 550/93 = ÖA 1994, 67/U 92 = EF 71.072; 1 Ob 2266/96 h.

8. Eine **Nachzahlung für Bereitschaftsdienst** für einen 24-monatigen Zeitraum ist auf 24 Monate aufzuteilen. 5 Ob 1571/92 = ÖA 1993, 22/F 59 = EF 68.109.

9. Auch bei Zahlungen nach dem **IESG** kommt es bei Ermittlung des Zeitraums, auf den einmalige Zahlungen aufzuteilen sind, auf die Umstände des Einzelfalls an. 3 Ob 74/03 h = ÖA 2004, 36/F 225.

10. Ebenso bei einer Globalabfindung von **Verdienstentgangsansprüchen.** 9 Ob 151/06 f.

11. Jährlich gewährtes **Bilanzgeld** ist auf 12 Monate aufzuteilen. 6 Ob 191/97 z = EF 84.627; 9 Ob 353/98 x = EF 88.850.

12. Ebenso Einmalzahlungen wie „**Stockablösen**", **Remunerationen** und **Treueprämien;** es ist auch hier nicht anzunehmen, dass der UhPfl die Beträge sofort verbraucht, sodass die Aufteilung auf einen längeren Zeitraum gerechtfertigt ist. 6 Ob 2246/96 d = EF 79.849.

13. Eine in Deutschland bezogene **Abfindung als pauschale Entschädigung für den Verlust des Arbeitsplatzes** ist nur bedingt mit einer Abfertigung nach österreichischem Recht vergleichbar; ihre Einbeziehung in die UBGr hängt von den Umständen des Einzelfalls ab. 6 Ob 229/01 x = EF 95.581.

d) Abfertigung

101 **1.** Eine Abfertigung, die (auch) Arbeitsentgelt ist, ist als einmalige Zahlung bei der UhBemessung in die UBGr einzubeziehen, wobei die Aufteilung stets **nach den Umständen und Lebensverhältnissen angemessen** vorzunehmen ist. 3 Ob 2/98 k = EF 90.355, 90.356, 90.359; 7 Ob 232/01 w = EF 95.571; 3 Ob 97/01 p = EF 100.925.

2. Es kommt also auf die Umstände des **konkreten Einzelfalls** an. 5 Ob 512/94; 1 Ob 504/95 = ÖA 1995, 124; 4 Ob 1577/95 = ÖA 1996, 64/F 106; 6 Ob 511/96 = ÖA 1997, 190/U 184 = EF 80.359 uva; 1 Ob 224/98 t = ÖA 1999, 120/U 269 = EF 86.368; 3 Ob 97/01 p = EF 100.925; 3 Ob 279/01 b; 7 Ob 219/02 k; 6 Ob 298/03 x; 2 Ob 59/04 x; 2 Ob 47/04 g = EF 110.256; 5 Ob 24/06 z; 10 Ob 51/07 h.

3. Die Ausarbeitung eines „Regelmodells" über die Berücksichtigung muss daran scheitern, dass gerade bei der UhBemessung auf die Umstände des Einzelfalls Bedacht zu nehmen ist. 3 Ob 97/01 p = EF 100.925.

4. Dies gilt jedenfalls im Fall sehr hoher Einmalzahlungen. 1 Ob 2266/96 h; 10 Ob 51/07 h.

5. Dass im Einzelfall **auch andere Einrechnungsmethoden denkbar** oder sogar zweckmäßig wären, rechtfertigt für sich allein nicht die Anrufung des OGH zur Wahrung der Rechtssicherheit, sofern das uhber Kind auch auf andere Weise – etwa durch ein rückwirkendes Erhöhungsbegehren – am kurzfristig erhöhten Einkommen des UhPfl partizipieren kann. 5 Ob 1561/94; 2 Ob 59/04 x; 6 Ob 202/06 h; 10 Ob 51/07 h.

6. Keine am konkreten Einzelfall orientierte und auch nicht unbillige Variante der Anrechnung ist jedenfalls ausgeschlossen. 1 Ob 21/98 i = EvBl 1998/109 = ÖA 1998, 204/U 228.

7. Eine Aufteilung des Gesamtbetrags der Abfertigung auf jenen Zeitraum, der den darin enthaltenen Urlaubsentgelten entspricht, kann ebenso gerechtfertigt sein, wie eine Zuschussrechnung zur Erhaltung des früheren mtl Durchschnittseinkommens oder schlechthin die Verteilung auf 1 Jahr oder auf einen sonstigen längeren Zeitraum bis hin zu einem Zeitraum, der der statistischen Lebenserwartung des

UhPfl entspricht. Da es sich dabei um eine Frage des konkreten Einzelfalls handelt, liegt **die bisweilen konstatierte Rsp-Divergenz in Wahrheit nicht vor bzw ist sie nur eine scheinbare.** 1 Ob 21/98 i; 7 Ob 232/01 w = EF 95.575; 6 Ob 202/06 h; 6 Ob 298/03 x; 7 Ob 211/02 h = EF 99.399; 10 Ob 51/07 h.

101 a 1. Bei der Ermittlung des dem Bruttobetrag der gesetzlichen Abfertigung des UhPfl entsprechenden Nettobetrags ist unter Anwendung des § 273 Abs 1 ZPO **vom Verhältnis der Bruttobeträge zum Nettoauszahlungsbetrag auszugehen.** 3 Ob 308/98 k = JBl 2001, 55 *(Schober).*

102 1. Vom UhPfl bezogene Abfertigungen sind auf **so viele Monate aufzuteilen, als diese Abfertigung Monatsentgelten entspricht.** 1 Ob 683/90 = RZ 1991/35; 5 Ob 1561/94 = EF 74.302; 3 Ob 183/94; 4 Ob 2327/96 a = EF 80.360; 6 Ob 2222/96 z = EF 80.360 = ÖA 1997, 203/F 140; 1 Ob 2266/96 h.

2. Eine Aufteilung der Abfertigung auf einen Zeitraum von 4 Jahren derart, dass die **Lebensverhältnisse** des Vaters **ungefähr dem Einkommen entsprechen, das** er **davor** erhalten hat, ist nicht zu beanstanden, zumal der Vater nur Pensionsvorschüsse erhält, die Abfertigung somit auch als Überbrückungshilfe bis zur Erlangung einer Invaliditätspension dienen konnte. 6 Ob 282/97 g = EF 83.457 = ÖA 1998, 123/U 221.

3. **Anmerkung:** Trotz unterschiedlicher Terminologie sollte mE immer versucht werden, unter Miteinbeziehung der Einmalzahlung das letzte Einkommen des UhPfl gleichsam „zu halten", wofür ja auch sprechen würde, dass der OGH den Überbrückungscharakter dieser Einmalzahlungen betont; eine starre Aufteilung einer Abfertigung von zB 6 Monatsgehältern auf 6 Monate erschiene schon allein deshalb nicht sachgerecht, weil der Anspruch ja über einen viel längeren Zeitraum erworben wurde.

4. Dies ist aber nur in jenen Fällen angemessen, in denen die Abfertigung zumindest in gewissem Maß als **Überbrückungshilfe** bis zur Erlangung eines neuen Arbeitsplatzes dient. 8 Ob 1562/91 = EF 64.920; 7 Ob 550/93 = ÖA 1994, 67/U 92 = EF 71.072; 6 Ob 1627/95 = ÖA 1996, 99/F 110; 1 Ob 504/95 = ÖA 1995, 124 = EF 77.239 uva; 3 Ob 2/98 k = EF 90.355, 90.356, 90.359; 7 Ob 232/01 w = EF 95.574; 6 Ob 229/01 x = EF 95.574; 7 Ob 211/02 h = EF 99.397; 6 Ob 8/03 z = EF 103.186; 9 Ob 60/03 v = EF 104.897.

5. Eine Abfertigung, die nach dem Gesetz gebührt, ist aufgrund ihres Entgeltcharakters zwar auf so viele Monate aufzuteilen, als sie den darin enthaltenen Monatsentgelten entspricht; andere Einmalzahlungen – wie auch die **freiwillige Abfertigung,** die ausschließlich dazu bestimmt ist, dem Arbeitnehmer möglichst den Einkommensausfall zu ersetzen, den er durch die Auflösung des Arbeitsverhältnisses erleidet – sind jedoch aufgrund ihrer Funktion als Ersatz des Einkommensausfalls auf die einzelnen Monate so aufzuteilen, dass unter Berücksichtigung des dem UhPfl anstelle des Arbeitseinkommens zufließenden Einkommens etwa der Betrag seines letzten durchschnittlichen Einkommens erreicht wird. 3 Ob 308/98 k = JBl 2001, 55 *(Schober).*

6. Auch einmalige Beträge, die vom Arbeitgeber neben der gesetzlichen Abfertigung bezahlt werden (freiwillige Abfertigung, Überbrückungshilfe und Pensionsabfindung), sind so auf die einzelnen Monate aufzuteilen, dass unter Berücksichtigung des dem UhPfl anstelle des Arbeitseinkommens zufließenden Einkommens

etwa der **Betrag seines letzten durchschnittlichen mtl Einkommens erreicht wird.** 3 Ob 28/94.

103 1. Eine solche Aufteilung (auf einen kürzeren Zeitraum) ist aber in einem Fall, in dem der UhPfl **laufend eine höhere Pension bezieht,** nicht angemessen, weil ein Bezieher beträchtlicher Einmalzahlungen anlässlich der Pensionierung diese bei wirtschaftlich sinnvoller Betrachtungsweise nicht binnen 12 Monaten verbraucht, sondern **auf einen längeren Zeitraum Vorsorge für ein höheres Einkommen** getroffen hätte. 8 Ob 1562/91 = EF 64.920; 7 Ob 550/93 = ÖA 1994, 67/U 92 = EF 71.072; 6 Ob 1627/95 = ÖA 1996, 99/F 110 va; 6 Ob 122/98 d = EF 85.875; 1 Ob 224/98 t = ÖA 1999, 120/U 269 = EF 86.372; 3 Ob 2/98 k = EF 90.357, 90.358; 9 Ob 60/03 v = EF 104.897.

2. **Abw:** Es bestehen keine Bedenken gegen eine **Aufteilung der Abfertigung** auf einen Zeitraum von **12 Monaten,** auch wenn dem Überbrückungscharakter der Abfertigung im Hinblick auf das nicht unbeträchtliche laufende mtl Pensionseinkommen des UhPfl und die Höhe der Abfertigung verhältnismäßig geringere Bedeutung zukommt. 5 Ob 512/94.

3. Dies gilt insb auch für **höhere Abfertigungsbeträge,** dienen doch beträchtliche Einmalzahlungen bei wirtschaftlich sinnvoller Betrachtungsweise dazu, für einen längeren Zeitraum Vorsorge für ein höheres Einkommen zu treffen, woran auch die uhber geschiedene Ehegattin im Rahmen ihrer Lebensverhältnisse teilnehmen soll. So wurde etwa eine einmalige Zahlung von ATS 680.000 (= € 49.420) auf 4 Jahre (ÖA 1994, 67) und eine solche von ATS 1,14 Mio (= € 82.850) auf die **statistische Lebenserwartung des UhPfl** (ÖA 1995, 124) aufgeteilt. 3 Ob 2/98 k = EF 90.357, 90.358.

4. Dies wird insb in den Fällen einer relativ hohen Abfertigung und einem nicht ganz geringen Eigeneinkommen des UhPfl vertreten, weil dann nicht davon auszugehen ist, dass die Abfertigung in einem kürzeren Zeitraum zur Gänze verbraucht wird. 6 Ob 229/01 x = EF 95.578.

5. Grundsätzlich gilt, dass **je höher die Abfertigungsbeträge** sind, desto eher sie über einen längeren Zeitraum angemessen verteilt werden müssen, um den tatsächlichen und wirtschaftlichen Verhältnissen gerecht zu werden. 7 Ob 550/93 = ÖA 1994, 67/U 92 = EF 71.072; 1 Ob 504/95 = ÖA 1995, 124 = EF 77.236, 77.238; 1 Ob 224/98 t = ÖA 1999, 120/U 269 = EF 86.370; 6 Ob 18/98 k = EF 85.875; 6 Ob 122/98 d = EF 85.875.

6. Die an der **statistischen Lebenserwartung des UhPfl** orientierte Aufteilung einer Abfertigung ist in diesen Fällen zu billigen. Der UhPfl hat aber bei sonst gleich bleibenden Verhältnissen Anspruch auf Herabsetzung des auferlegten UhBeitrags, sollte er über die statistische Lebenserwartung hinaus am Leben und noch immer uhpfl sein. 1 Ob 504/95 = ÖA 1995, 124; 3 Ob 2/98 k = EF 90.357, 90.358.

7. Dies gilt auch dann, wenn der UhPfl **zwar noch nicht das Pensionsalter erreicht** hat, **aber** angesichts seines Alters und beruflichen Werdegangs sowie seiner Kenntnisse und Fähigkeiten auf dem Arbeitsmarkt **nicht mehr vermittelbar** ist, und mit keiner (unselbstständigen) Beschäftigung, sei es auch mit einem zumutbaren geringeren Einkommen, zu rechnen ist. 1 Ob 224/98 t = ÖA 1999, 120/U 269 = EF 86.372; 6 Ob 8/03 z = EF 103.186.

8. Denn auch in einem solchen Fall steht die Vorsorge eines höheren Einkommens für einen längeren Zeitraum eindeutig im Vordergrund, weil klar ist, dass der UhPfl nicht nochmals eine Abfertigung erreichen kann. 6 Ob 8/03 z = EF 103.186.

9. Der UhPfl ist zu einer **gewinnbringenden Anlegung** (Vorsorge) auf einige Jahre, nicht zuletzt im Interesse der UhBer, verpflichtet. 6 Ob 229/01 x = EF 95.580; 5 Ob 24/06 z.

10. Nachdem der UhPfl mit einem Teil der Abfertigung Verbindlichkeiten abgedeckt hat, konnte in vertretbarer Beurteilung davon ausgegangen werden, dass er in den nächsten Jahren den restlichen Teil der Abfertigung nicht zur eigenen Existenzsicherung benötigt, was wiederum rechtfertigte, diesen Betrag gewinnbringend anzulegen. Das bedeutet keine „Verfügungssperre über die Abfertigung", sondern nur eine angemessene Berücksichtigung des väterlichen Vermögens bei der Ermittlung der UBGr. 5 Ob 24/06 z.

11. Da der UhPfl den Zeitraum für den Verbrauch der Zuwendung frei wählen kann, muss auch dem UhBer die Möglichkeit eingeräumt werden, über seinen Anteil zu verfügen und die Aufteilung auf einen kürzeren Zeitraum zu begehren. 5 Ob 512/94; 4 Ob 1577/95 = ÖA 1996, 64/F 106.

12. Dies gilt jedenfalls dann, wenn der GeldUhPfl tatsächlich die Abfertigung innerhalb weniger Jahre nach dessen Bezug für sich verwendete und damit keine „Vorsorge auf Lebenszeit" betrieben hat. 6 Ob 202/06 h.

104

1. Wurden zur Finanzierung der Bedürfnisse der Familie auch **Kredite verwendet,** dann entspricht es auch einer ordnungsgemäßen und verantwortungsvollen Gebarung, eine **angefallene Abfertigung zunächst zur Abdeckung** der aufgenommenen Kredite zu verwenden und nicht über einen kurzen Zeitraum den Lebensstandard weiter zu erhöhen, um in der Folge in noch größere finanzielle Schwierigkeiten durch weiter bestehende Kreditrückzahlungsverpflichtungen zu geraten. 6 Ob 511/96 = ÖA 1997, 190/U 184 = EF 80.363.

2. Kann schon die Aufnahme von Krediten für Wohnungszwecke zu keinem Abzug von der UBGr führen, so kann auch die vorzeitige Rückzahlung solcher Kredite aus Mitteln der Abfertigung nicht dazu führen, dass die Kredite auf diesem Umweg bei der Ermittlung der UBGr als Abzugsposten herangezogen werden. Die Rückzahlung dieser Kredite kann den Vater daher nicht von der Verpflichtung befreien, einen Teil des ihm mit der Abfertigung zugekommenen Vermögens, das er in den nächsten 2 bis 3 Jahren nicht unmittelbar benötigt, gewinnbringend anzulegen und damit auch den Umständen und Lebensverhältnissen entsprechend Vermögen zu bilden. 1 Ob 171/00 d = ÖA 2000, 225/F 203.

3. Anmerkung: Diese E lassen sich insoferne in Einklang bringen, als bei der Tilgung von Krediten mit bezogenen Abfertigungsbeträgen zunächst zu fragen ist, wofür diese Kredite aufgenommen worden sind. Wären auch die Kreditraten bemessungsmindernd (vgl dazu Rz 208 ff), kann sich der UhBer gegen die vom UhPfl vorgenommene Verwendung der Abfertigung nicht wehren; ansonsten wäre die Abfertigung – tatsächlich fiktiv, weil sie ja nicht mehr zur Verfügung steht – der UBGr hinzuzuschlagen.

104 a

1. Der UhPfl hat von der Möglichkeit Gebrauch gemacht, sich ein Drittel der Kapitaldeckungssumme seiner Pension auszahlen zu lassen. Dadurch erhielt er eine Einmalzahlung von rund € 180.000 („**lump-sum**"), bewirkte aber eine dauerhafte Reduktion seiner Pension um ein Drittel. Die Rechtsauffassung, diese Disposition könne nicht zu Lasten der UhBer gehen, sodass bei der UhBemessung von der ohne die Einmalzahlung gebührenden Gesamtpension des UhPfl auszugehen sei, ist eine jedenfalls nicht unvertretbare Art der Berücksichtigung der Einmalzahlung und ihrer Auswirkungen. 9 Ob 60/03 v = EF 104.900.

e) Diäten/Reisekosten

105 1. Ob Diäten (zT) in die UBGr einzubeziehen sind, stellt eine Rechtsfrage dar; ist ein Mehrverbrauch seitens des UhPfl nicht nachgewiesen, sind **Diäten zur Hälfte in die UBGr einzubeziehen.** 7 Ob 528/93; 9 Ob 123/98 y.

2. Der **Bezug eines Gemeinderatsmitglieds** (ohne Bürgermeisterfunktion) stellt gem § 2 des nö Gemeinde-BezügeG eine Entschädigung dar, mit der der mit der Ausübung des Mandats verbundene Aufwand als ersetzt gilt. Da der Bezug allerdings in der Größenordnung von 20% bis 25% des im Gesetz erwähnten Beamtengehalts liegt, ist die Auslegung geboten, dass der Gemeinderatsbezug zwar auch, aber nicht nur als Aufwandsersatz bestimmt ist. Die Behandlung als Aufwandsentschädigung global mit der Hälfte als Nettoeinkommen ist nicht gerechtfertigt, vielmehr wäre der tatsächliche mit der Mandatsausübung notwendigerweise verbundene Aufwand vom Bezugsberechtigten konkret zu behaupten und nachzuweisen. 6 Ob 595/94 = EF 74.338.

106 1. Eine zusätzliche **Reiseaufwandsentschädigung** ist in die UBGr einzubeziehen, wenn damit die während der Dienstreisen erbrachten Überstunden als zusätzliche Arbeitszeit abgegolten werden. 7 Ob 616/91 = 7 Ob 617/91.

2. Handelt es sich beim Bezug von „Reisekosten" um eine reine Aufwandsentschädigung, dann ist dieser Betrag in die UBGr jedoch nicht einzubeziehen. 1 Ob 635/95 = ÖA 1996, 124/U 156 = EF 77.297; 1 Ob 262/99 g = tw JBl 2000, 738 = ÖA 2000, 214/U 321.

3. Kann ein solcher Befund nicht erstellt werden, bestehen keine Bedenken, die Reisekosten zT, etwa zur Hälfte, in die UBGr einzubeziehen. 1 Ob 262/99 g = tw JBl 2000, 738 = ÖA 2000, 214/U 321; 1 Ob 203/05 t.

4. Es sei denn, der UhPfl weist nach, dass die **Reisekostenentschädigung** zu mehr als der Hälfte der Abdeckung berufsbedingten Mehraufwands diente. 1 Ob 203/05 t.

5. **Weggelder,** die keine Fahrtkostenvergütung beinhalten, sind jedoch zur Gänze in die UBGr einzubeziehen. 2 Ob 514/94 = EF 74.404 = ÖA 1994, 185/U 102.

6. Eine **Fahrtkostenpauschale,** mit dem die tatsächlichen Aufwendungen abgegolten werden, ist aufgrund der allgemeinen Regel, dass nur Zulagen, die nicht der Abgeltung von effektiven Auslagen dienen, zum Nettoeinkommen gehören, nicht in die UBGr einzubeziehen. 4 Ob 132/02 v = EF 99.418.

107 1. Das **Trenngeld** wird als Aufwandsentschädigung qualifiziert, die nicht zum Entgelt zählt und die dem Umstand Rechnung trägt, dass ein Arbeitnehmer mit seiner Familie einen gemeinsamen Wohnsitz hat, dass er aber an einem Ort arbeitet, der von diesem Familienwohnsitz so weit entfernt ist, dass ihm eine tägliche Rückkehr nicht zugemutet werden kann und er daher am Arbeitsort oder in dessen Nähe ständig zu wohnen gezwungen ist. Durch das Trenngeld sollen die mit der getrennten Haushaltsführung verbundenen Mehrkosten abgegolten werden. 9 ObA 228/99 s; 7 Ob 302/99 h = EF 89.069.

2. **Taggelder** werden zur Hälfte in die UBGr einbezogen, sofern der UhPfl nicht nachweist, dass er mehr als die Hälfte zur Abdeckung seines berufsbedingten Mehraufwandes benötigt. 9 Ob 123/98 y = EF 86.445; 7 Ob 302/99 h = EF 89.069.

3. Jene Aufwendungen der privaten Lebensführung, die zur Erhaltung des Einkommens aus der unselbstständigen Tätigkeit zusätzlich erforderlich sind und durch diesen Aufwandsersatz abgegolten werden sollen, sind bei der Berechung der UBGr von dieser abzuziehen. Soweit ein UhPfl durch seine unselbstständige Tätigkeit gezwungen ist, einen „zusätzlichen" **Wohnsitz im Ausland** zu begründen, kann er dessen Kosten auch von den dafür gewährten Taggeldern für die Berechnung der UBGr abziehen. 7 Ob 302/99 h = EF 89.043.

f) Zulagen

108 1. Bezieht der gelduhpfl Elternteil eine **Auslandseinsatzzulage** nach dem AuslandseinsatzzulagenG, dann handelt es sich dabei hinsichtlich des Sockelbetrags nach § 3 und des Funktionszuschlags nach § 8 um feste Gehaltsbestandteile, die mangels Ausgleichs eines tatsächlichen Mehraufwandes ungekürzt in die UBGr einzubeziehen sind. Dies gilt auch für die Zuschläge nach § 4 (Zonen-, Klima-, Krisenzuschlag). 2 Ob 39/99 w = JBl 1999, 675 = EF 89.041 = ÖA 1999, 217/U 287; 2 Ob 153/99 k = EF 89.041 = ÖA 1999, 259/U 292.

2. Eine **Auslandsverwendungszulage**, die eine Pauschalierung der Diäten bezweckt und daher häufig mehr an Auslagenersatz enthält, als tatsächlich aufgewendet werden muss, kann einen versteckten Gehaltsbestandteil darstellen. An diesem Bezug hat die Familie grundsätzlich teilzunehmen, soweit damit nicht Barauslagen, die im Zuge der Auslandstätigkeit zwingend erwachsen, abgegolten werden (zB Repräsentationsspesen, Kosten für den zweiten Wohnsitz, allenfalls Beistellung von Hilfspersonal, Notwendigkeit eines PKW usw). 7 Ob 640/90 = EF 61.760/5; 2 Ob 216/98 y = ÖA 1999, 29/U 255 = EF 86.386; 2 Ob 39/99 w = JBl 1999, 675 = ÖA 1999, 217/U 287; 7 Ob 302/99 h = EF 89.042.

3. Grundsätzlich ist die Auslandsverwendungszulage aber nicht in die UBGr einzubeziehen, weil sie nur dem Zweck dient, die dem Beamten durch die Ausübung des Dienstes oder aus Anlass der Ausübung des Dienstes im Ausland entstehenden besonderen Kosten auszugleichen. Die dem Auslandsbeamten nach § 21 GehG zu bemessende Auslandsverwendungszulage berücksichtigt die aus der Tätigkeit im Ausland erwachsenden und für diese Tätigkeit typischen Aufwandskomponenten (VwGH ZfVB 1985/4/1371 und 5/1706). Sie ist nach einem ordnungsgemäßen Dienstrechtsverfahren, in dem alle rechtserheblichen Tatbestandsmerkmale zu erheben sind, mittels Bescheides festzustellen (VwGH ZfVB 1982/5/1628). Dass die zuständige Verwaltungsbehörde entgegen dem Gesetz über § 21 Abs 1 Z 2 und Abs 3 GehG hinaus Verwendungszulagen gewährt, ist (entgegen EF XXVII/5) keineswegs gerichtsbekannt (s auch § 290 Z 1 EO). 3 Ob 160/97 v = EF 83.486; 2 Ob 173/03 k = ÖA 2004, 17/U 406.

4. Was den **Auslandsaufenthaltszuschuss** eines Beamten nach § 21 Abs 1 GehG angeht, den er erhält, wenn ihm durch den Aufenthalt im Ausland besondere Kosten entstanden sind, so kann kein Zweifel daran bestehen, dass es sich um einen reinen Aufwandsersatz handelt, somit um keinen Einkommensbestandteil. Wenn auch der Gesetzgeber davon ausgeht, dass besondere Kosten nach § 21 Abs 1 Z 3 GehG bei einer Auslandsverwendung zwangsläufig entstehen müssen, wird doch – anders als bei der Kaufkraftausgleichszulage und der Auslandsverwendungszulage – ein solcher Zuschuss nur auf Antrag gewährt. Diese besonderen Kosten sind erst im Nachhinein, uzw jew für einen Monat als Abrechnungszeitraum auszuzahlen. 3 Ob 160/97 v = EF 83.486; 3 Ob 144/99 v.

5. Es ist dabei nicht gerichtsbekannt, dass sie über den tatsächlichen Mehrbedarf hinausginge, weshalb es Sache der UhBer gewesen wäre, derartiges zu behaupten und zu beweisen. 3 Ob 144/99 v.

6. Stellen **Zulagen** nur zT einen **versteckten Gehaltsbestandteil** dar, weil sie mehr als den Ersatz des dem UhPfl durch den **Auslandsaufenthalt** tatsächlich entstehenden Mehraufwandes enthalten, so ist bloß der übersteigende Teil der Zulage in die UBGr einzubeziehen. 2 Ob 318/99 z.

7. Die Beweispflicht für den Entgelt(Aufwandersatz)charakter für einen tatsächlichen Mehraufwand obliegt dabei dem UhPfl. 2 Ob 318/99 z.

8. Auch **Auslandszulagen** werden zur Hälfte in die UBGr einbezogen, sofern der UhPfl nicht nachweist, dass er mehr als die Hälfte zur Abdeckung seines berufsbedingten Mehraufwandes benötigt. 7 Ob 302/99 h = EF 89.040.

9. Die Kosten der im Inland liegenden Wohnung des Vaters sind dabei nicht als durch dessen Aufenthalt im Ausland verursacht anzusehen, weil er sie auch bestreiten müsste, wenn er im Inland berufstätig wäre. Sie können daher nicht als Aufwendungen angesehen werden, zu deren Deckung die Auslandsverwendungszulage bestimmt ist. 2 Ob 216/98 y = ÖA 1999, 29/U 255 = EF 86.386.

10. Die Ansicht, die **Kaufkraftausgleichszulage** sei zur Gänze aus der UBGr auszuscheiden (EF XXVII/5), kann nicht aufrechterhalten werden, weil dies nur dann berechtigt wäre, wenn der Vater das gesamte Einkommen ausschließlich für Verbindlichkeiten am (Erfüllungs-)Ort des Auslandseinsatzes verwenden würde; gibt er aber Teile seines Einkommens zur Bezahlung von Schulden mit anderem Erfüllungsort, so insb mit Erfüllungsort in Österreich aus, läge im Umfang solcher Zahlungen in der Gewährung der Kaufkraftausgleichszulage eine Erhöhung des Einkommens, der wirtschaftlichen Leistungsfähigkeit und damit der UBGr vor. Es ist daher zu prüfen, inwieweit die Kaufkraftausgleichszulage tatsächlich für Mehrwendungen benötigt wurde und welchen laufenden Verpflichtungen in Österreich der Vater während seines Auslandsaufenthalts weiter nachzukommen hatte. 3 Ob 160/97 v = EF 83.486.

11. Abw: Eine Kaufkraftausgleichszulage**,** die nur als eine den Wertverhältnissen am Dienstort entsprechende Valorisierung des Bezugs zu verstehen ist, ist aus der UBGr auszuscheiden, soweit sie nicht auf den Gattinnen- oder Kinderanteil der Auslandsverwendungszulage gewährt wird, weil diese im Inland leben. 7 Ob 640/90 = EF XXVII/5.

109 **1. Aufwandsentschädigungen** sind zu 50% in UBGr einzubeziehen, soweit nicht ein Mehraufwand nachgewiesen wird. 1 Ob 203/05 t.

2. Entfernungszulagen werden zur Hälfte in die UBGr einbezogen, sofern der UhPfl nicht nachweist, dass er mehr als die Hälfte zur Abdeckung seines berufsbedingten Mehraufwandes benötigt. 7 Ob 302/99 h = EF 89.040.

3. Aus welchen Gründen, allenfalls in welchem Umfang es sich bei der **Journaldienstzulage** (für Ärzte) und bei der **Kollegiengeldabgeltung** um eine nicht oder nur tw in die UBGr einzubeziehende Aufwandsentschädigung handeln soll, ist nach dem Charakter dieser Einkünfte nicht ersichtlich. 7 Ob 1620/91 = ÖA 1992, 122/F 36.

4. Montagezulagen werden ebenfalls zur Hälfte in die UBGr einbezogen, sofern der UhPfl nicht nachweist, dass er mehr als die Hälfte zur Abdeckung seines berufsbedingten Mehraufwandes benötigt. 7 Ob 302/99 h = EF 89.040.

5. Eine **Einsatzzulage aus einem Katastropheneinsatz** ist in die UBGr einzubeziehen, uzw je nach Einzelfall entweder einmal oder auf einen längeren Zeitraum aufgeteilt; die Aufteilung einer in einem Monat bezogenen Zulage auf ein Jahr ist keine Fehlbeurteilung des RekursG. 7 Ob 174/02 t = JBl 2003, 111.

6. Die **Erschwerniszulage** ist zur Gänze in die UBGr einzubeziehen; dass deren Einbeziehung aufgrund bestimmter Umstände nur zur Hälfte geboten sein könnte, unterliegt der Behauptungs- und Beweispflicht des UhPfl. 1 Ob 203/05 t; 6 Ob 26/06 a.

110 1. Während die Beurteilung, wie weit Zulagen in die UBGr einzubeziehen sind, bei Bezügen aufgrund des GehG aufgrund einer Interpretation dieser Norm bzw ihrer Mat möglich ist, scheitert eine solche Auslegung bei der von der **Bundeskammer der gewerblichen Wirtschaft erlassenen Besoldungsordnung,** weil nicht sicher ist, ob der mit dem Bekl abgeschlossene Arbeitsvertrag eine dem GehG des Bundes völlig deckungsgleiche Regelung von Zulagen vorsieht. Der konkrete Inhalt von Besoldungsverordnung und Arbeitsvertrag ist daher festzustellen. 7 Ob 640/90 = EF XXVII/5.

g) Sonstige Einkommen(sbestandteile)

111 1. Tatsächlich erzielte Einkünfte bilden selbst dann die UBGr, wenn keine Verpflichtung zur Ausübung der **zusätzlichen Erwerbstätigkeit** bestünde. 8 Ob 1676/92 = ÖA 1993, 144/F 66 = EF 71.096.

2. Somit auch ein bei einer **Teilzeitbeschäftigung** erzieltes Einkommen. 5 Ob 140/98 v = EF 86.391.

112 1. Zum Einkommen zählen auch **Sonderzahlungen.** 8 Ob 532/92 = ÖA 1992, 86 = JBl 1992, 705; 3 Ob 308/98 k = JBl 2001, 55 *(Schober).*

2. Sie sind **aliquot** in die UBGr einzubeziehen. 1 Ob 635/95 = EF 77.303 = ÖA 1996, 124/U 156.

3. Dies gilt auch für eine **Überstundenentlohnung.** 8 Ob 1686/92 = ÖA 1993, 144/F 68 = EF 71.163.

4. Bei der **Urlaubsentschädigung,** bei der es sich um ein durch Urlaubsverzicht angespartes Arbeitsentgelt, das in die UBGr einzubeziehen ist, handelt, spricht für die Berücksichtigung des gesamten Urlaubsentgelts im Jahr der Beendigung des Dienstverhältnisses, dass der Anspruch darauf, anders als etwa der Anspruch auf ein Entgelt für Bereitschaftsdienst, nicht über einen längeren Zeitraum hindurch entstanden und fällig geworden ist, sondern erst mit dem Ausscheiden aus dem Dienstverhältnis. 4 Ob 1577/95 = ÖA 1996, 64/F 106 = EF 76.708.

113 1. **Aufwandersatz für einen betriebsbezogenen Sachschaden,** uzw vom Arbeitgeber gem § 1014 ABGB zu tragende Kosten in Ansehung der Reparatur des mit seiner Billigung ohne besondere Vergütung für eine Dienstfahrt verwendeten PKW des Arbeitnehmers, ist dem Einkommen des UhPfl nicht zurechenbar. 1 Ob 11/97 t = ÖA 1998, 64/U 208 = EF 83.490.

2. Wenn einer der Ehegatten einen Hilflosenzuschuss bezieht, spielt dieser zwar bei der UhBemessung keine Rolle; wenn er aber einem Dritten als **Entschädigung für** dessen **Pflegeleistungen** zugewendet wird, kann er zu einem Einkommen dieses Dritten werden. 3 Ob 540/91 = EvBl 1992/27 = RZ 1992/25.

3. **Anmerkung:** Ist dieser Dritte uhpfl, gehört die Entschädigungsleistung also zu seiner UBGr.

114 1. Eine „**Klassenvorstandsbelohnung**" kann mangels ausreichender Bescheinigung eines entsprechenden Mehraufwandes nur mit der Hälfte als Abzugspost anerkannt werden. 4 Ob 116/98 g = ÖA 1999, 31/U 257 = EF 86.422.

2. Die **Geldaushilfe** nach § 23 Abs 4 GehG ist in die UBGr einzubeziehen. 4 Ob 66/97 b = EF 83.483.

114a 1. Vorteile aus der Nutzung von **Betriebseinrichtungen** des Arbeitgebers sind in die UBGr einzubeziehen, also etwa freie oder verbilligte **Mahlzeiten** und am Arbeitsplatz verabreichte **Getränke**. 6 Ob 278/01 b = EF 95.588, 95.607.

2. Vorteile aus der Abgabe von **Mitarbeiterbeteiligungen** sind in die UBGr einzubeziehen. 6 Ob 278/01 b = EF 95.610.

3. Ebenso Zuwendungen des Arbeitgebers für die **Zukunftssicherung** des UhPfl. 6 Ob 278/01 b = EF 95.643.

114b 1. **Leistungs-** und **Erfolgsprämien** sind in die UBGr einzubeziehen. 10 Ob 18/04 a.

h) Steuer

115 1. Auch beim unselbstständig erwerbstätigen UhPfl ist die **Höhe des Einkommens,** nach dem sich die Leistungsfähigkeit des UhPfl bestimmt, **mit dem steuerpflichtigen nicht identisch.** 3 Ob 2200/96 t = ÖA 1997, 123/U 176.

2. **Steuerbescheide** sind daher keine geeignete UBGr. 3 Ob 2200/96 t = ÖA 1997, 123/U 176 = EF 80.129; 3 Ob 135/03 d = ecolex 2004, 172/77.

115a 1. Nur jene Ausgaben für steuerlich zu berücksichtigende **Werbungskosten** verringern die UBGr, die auch ein **pflichtbewusster Familienvater** unter Berücksichtigung seiner Einkommensverhältnisse und der Bedürfnisse der UhBer aufgewendet hätte. 3 Ob 2200/96 t = ÖA 1997, 123/U 176 = EF 80.136.

116 1. Es ist die **wirklich geschuldete, nicht** die **fiktive Lohnsteuer** zu berücksichtigen; dies gilt auch bei Bewilligung von Freibeträgen für Sonderausgaben oder außergewöhnliche Belastungen, weil der UhPfl in beiden Fällen die staatlich eingeräumten Steuervorteile mit dem UhBer teilen soll. 3 Ob 128/87 = EF 55.143; 2 Ob 223/98 b = ÖA 1999, 30/U 256 = EF 86.548.

2. **Lohnsteuerrückzahlungen** sind als verfügbare Mittel des UhPfl in die UBGr einzubeziehen. 2 Ob 223/98 b = ÖA 1999, 30/U 256 = EF 86.423, 86.443.

3. Ebenso **Jahresausgleichsbeträge.** 3 Ob 517/93 = EF 71.114 = ÖA 1994, 18/U 81.

4. **Steuerzahlungspflichten** reduzieren im angemessenen Umfang die UBGr. 2 Ob 223/98 b = ÖA 1999, 30/U 256 = EF 86.577, 86.443.

5. Auch ein negativer Jahresausgleich bildet eine Abzugspost vom Bruttobezug. 3 Ob 517/93 = EF 70.879 = ÖA 1994, 18/U 81.

6. Bei unselbstständig Beschäftigten mit eher gleichbleibendem Einkommen ist es gerechtfertigt, derartige nicht periodengerechte Steuerzahlungen oder Steuerrückvergütungen im Jahr der Zahlung zu berücksichtigen. 3 Ob 395/97 b = ÖA 1998, 242/U 236 = EF 86.201.

7. Durch **Lohnsteuerrückvergütungen** wurden nämlich die für die Leistungsfähigkeit des UhPfl bestimmenden Mittel in dem Jahr vermehrt, in dem die Rückvergütungen dem Abgabenpflichtigen zugeflossen sind; es erscheint billig, diese Einkommensbestandteile auf dieses Jahr insgesamt aufzuteilen. 1 Ob 570/93 = EF 72.354.

8. Dies gilt unabhängig davon, ob die **Aufwendung, auf der die Steuerrückzahlung basiert,** uhrechtlich in einem weiteren Schritt von der UBGr abgezogen werden kann. 2 Ob 223/98 b = ÖA 1999, 30/U 256.

117 1. Die einem UhPfl nach § 33 Abs 4 Z 3 a EStG ausbezahlten **Kinderabsetzbeträge** haben – soweit sie der Erfüllung gesetzlicher UhPflichten dienen – bei der Bemessung des Uh für ein weiteres, nicht im Haushalt des UhPfl lebendes Kind außer Betracht zu bleiben. 6 Ob 16/97 i = ÖA 1998, 23/U 202 = EF 83.310; 6 Ob 186/98 s = ÖA 1999, 21/U 249 = EF 86.193; 3 Ob 223/02 v.

2. Die ggt E 7 Ob 1698/95 ist vereinzelt geblieben. 3 Ob 223/02 v.

3. Ggt: Dem **Lohnsteuerkinderzuschlag** iSd § 33 Abs 4 EStG fehlt eine Zweckwidmung. Er ist gleich einer Lohnsteuerrückvergütung als Einkommen anzusehen. 7 Ob 531/93 = ÖA 1993, 145.

4. Ggt: Uzw insb dann, wenn dem UhPfl damit für seine in seinem Haushalt lebenden 3 Stiefkinder eine Steuerbegünstigung gewährt wird, ohne dass ihn hinsichtlich dieser Kinder eine gesetzliche Sorgepflicht träfe. 7 Ob 1698/95 = EF 80.132 = ÖA 1996, 167 = ÖA 1996, 194/F 121.

5. Eine durch Nutzung steuerlicher Vorteile (**Alleinverdienerabsetzbetrag, Verkehrsabsetzbetrag**) erzielte Erhöhung des Nettoeinkommens ist jedoch in die UBGr einzubeziehen. 1 Ob 65/03 w = EF 103.409.

4. Öffentlich-rechtliche Leistungen

a) Allgemeines

118 1. Öffentlich-rechtliche Leistungen sind **in die UBGr einzubeziehen** und nicht allein wegen der in der Leistung liegenden Zweckbestimmung auszuscheiden. 1 Ob 614/92 = SZ 65/126 = ÖA 1993, 108 = JBl 1993, 244; 7 Ob 531/93 = ÖA 1993, 145; 7 Ob 620/93 = EF 71.124 uva; 6 Ob 97/00 h = ÖA 2000, 215/U 322; 6 Ob 89/01 h = ÖA 2001, 312/U 341 = EF 95.659; 6 Ob 8/03 z.

b) Bei Arbeitslosigkeit

119 1. Das **Arbeitslosengeld** ist als eine das entgangene Arbeitseinkommen ersetzende Versicherungsleistung in die UBGr einzubeziehen. 5 Ob 505/91 = RZ 1992/87; 6 Ob 561/94; 1 Ob 550/94 = JBl 1995, 62 = ÖA 1995, 58/U 108; 1 Ob 2266/96 h.

2. Ebenso Ansprüche auf **Beihilfen** gem §§ 19 f **AMFG**. 4 Ob 518/91.

3. Dabei hat der UhPfl jedem Kind jenen Beihilfenbetrag zu leisten, der sich nach der jew Gesamtzahl seiner den Beihilfenanspruch begründenden Kinder insgesamt durch Division ergibt, womit die dem öffentlichen Recht zuzurechnende Staffelung der Beihilfen nach Kinderzahl nichts zu tun hat. 6 Ob 281/70 = EvBl 1971/207.

4. **Familienzuschläge nach § 20 AlVG** sind Bestandteile des Arbeitslosengeldes, uzw auch dann, wenn sie nicht an den Arbeitslosen selbst, sondern gem § 53 leg

cit an den zuschlagsberechtigten Angehörigen oder dessen gesetzlichen Vertreter ausbezahlt werden; sie mindern nicht die UhPflicht als solche, sind aber als schuldtilgende Leistung anzurechnen; eine Herabsetzung der titelmäßigen Verpflichtung wird dadurch nicht gerechtfertigt. 6 Ob 528/87 = JBl 1987, 521 = EF 53.156; 6 Ob 654/90 = ÖA 1991, 43/U 17 = EF 61.937; 3 Ob 577/90 = ÖA 1991, 46/UV 16; 7 Ob 1571/93.

5. **Abw:** Ein an den gelduhpfl Elternteil ausbezahlter Familienzuschlag ist in die UBGr einzubeziehen. 6 Ob 538/91.

6. Der an den obsorgenden Elternteil zur Auszahlung gebrachte Familienzuschlag ist hingegen nicht auf den UhAnspr gegen den anderen Elternteil anzurechnen. 6 Ob 538/91.

7. Ebenso wenig der **Familienzuschlag für die Lebensgefährtin** des UhPfl. 1 Ob 2292/96 g = EvBl 1997/103 = ÖA 1997, 191/U 185 = RZ 1997/57 = EF 80.382, 80.383.

8. Oder jener für die Ehegattin. 3 Ob 250/97 d = ÖA 1998, 168/U 224 = EF 83.480.

c) Familienbeihilfe

1. Die FB wird zwar dem UhPfl ausbezahlt, ist aber ausschließlich **für den Uh-Ber zu verwenden.** 2 Ob 19/90; 2 Ob 49/90; 1 Ob 565/91 = RZ 1992/69; 7 Ob 613/95; 4 Ob 505/95 = EF 76.878 = ÖA 1995, 165/F 99; 1 Ob 223/97 v = ÖA 1998, 129/F 162.   **120**

2. Sie bildet daher keinen Bestandteil des Einkommens des UhPfl und ist auch aus der UBGr auszuscheiden. 7 Ob 7/75; 3 Ob 91/75; 7 Ob 620/93 = EF 71.104.

3. **Die für ein anderes als das Uh fordernde Kind bezogene FB** ist demnach aus der UBGr auszuscheiden. 4 Ob 517/93 = tw EF 71.103; 8 Ob 1661/93 = ÖA 1995, 63/F 88 = EF 74.331 = ÖA 1994, 191/F 86; 10 Ob 2018/96 d = EF 80.380 = ÖA 1998, 17/F 142; 6 Ob 89/01 h = ÖA 2001, 312/U 341 = EF 95.645; 10 Ob 35/04 a.

4. Dies gilt auch im EhegattenUhRecht; die vom UhPfl für die **von ihm zu alimentierenden Kinder** bezogenen **FB** sind aus der UBGr auszuscheiden, weil ein UhGläubiger an einer allfälligen Verkürzung konkurrierender UhBer nicht teilzunehmen hat. 6 Ob 1577/91 = tw EF 64.921.

5. **Anmerkung:** Durch die teilweise Aufhebung des § 12 a FamLAG durch den VfGH (vgl Rz 336 ff) hat sich an dieser Rsp nichts geändert (vgl 10 Ob 35/04 a).

1. Die FB **ist dem Kind nicht unmittelbar zuzuwenden,** weshalb jenes Kind, für das die FB bezogen wird, grundsätzlich auch nicht deren Herausgabe vom UhPfl neben dem UhBeitrag begehren kann; sie ist als **Einkommen des UhPfl** bei der Uh-Bemessung zu berücksichtigen. 3 Ob 656/81 = EF 41.028; 1 Ob 570/81 = SZ 54/52 = JBl 1982, 267 = ÖA 1983, 52; 3 Ob 183/83; 8 Ob 586/84 = SZ 59/19 = EvBl 1987/30 uva; 1 Ob 180/98 x = ÖA 1999, 117/U 268 = EF 86.402.   **121**

2. Dies gilt allerdings nur dann, wenn die **FB für das Uh fordernde Kind gewährt** wird. 4 Ob 517/93 = tw EF 71.102; 8 Ob 1661/93 = ÖA 1995, 63/F 88 = ÖA 1994, 191/F 86; 4 Ob 505/95 = EF 77.266 = ÖA 1995, 165/F 99 uva; 6 Ob 89/01 h = ÖA 2001, 312/U 341 = EF 95.645; 2 Ob 220/04 y.

1. Die uhpfl Mutter bezieht **FB aufgrund eines Eigenanspruchs** nach § 6 Abs 5 iVm § 6 Abs 2 lit d FamLAG (ihr Vater ist verstorben, die Mutter ist unbe-   **121 a**

kannten Aufenthalts, leistet somit für die unter Sachwalterschaft stehende Kindesmutter keinen Uh). Dieser dient dazu, die fehlenden UhLeistungen der Eltern zu substituieren und dem vom Wegfall uhpfl Eltern Betroffenen eine öffentlich-rechtliche Versorgungsleistung als Beitrag zu seinem UhBed zu sichern. Dieser Beitrag steht ihm als frei verfügbares Einkommen zur Verfügung und dient (anders als das Pflegegeld) nicht unmittelbar dem Ausgleich eines bestimmten Sonderbedarfs aufgrund der Behinderung. Der Eigenanspruch an FB ist gleich anderen, dem UhPfl zukommenden UhLeistungen zu behandeln und (wie diese) **in die UBGr einzubeziehen.** 6 Ob 89/01 h = ÖA 2001, 312/U 341 = EF 95.646.

122   1. Bei der FB handelt es sich um eine aus öffentlichen Mitteln (Ausgleichsfonds) gewährte Leistung; über die Bezugsberechtigung und die Rückforderung zu Unrecht bezogener Leistungen hat daher ausschließlich das zuständige Finanzamt zu entscheiden. Für den Anspruch (der Mutter gegen den Vater) auf **Herausgabe** der in der Vergangenheit empfangenen FB-Leistungen ist daher der **Rechtsweg nicht zulässig.** 9 Ob 713/91 = EvBl 1992/38 = JBl 1991, 309 = ÖA 1992, 25.

2. Davon zu unterscheiden ist die rein **privatrechtliche Frage,** ob ein Teil der Beträge, die der UhPfl an das Kind (dessen Vertreter) bezahlte, dazu bestimmt war, die **FB weiterzuleiten:** Hier wird nicht darüber entschieden, wer Anspruch auf die FB hatte und an wen eine zu Unrecht bezogene FB zurückzuzahlen ist. 3 Ob 1005/92.

3. Wird die Bezugsberechtigung für die FB geändert, kommt sie aber nach wie vor jenem gemeinsamen Haushalt zu, in dem die Kinder betreut werden, so beeinflusst dieser Wechsel nicht das Ausmaß der UhPflicht der Ehegatten untereinander. 8 Ob 586/84 = SZ 59/19 = EvBl 1987/30.

d) Bei Geburt eines Kindes

123   1. Gem § 162 Abs 1 ASVG gebührt weiblichen Versicherten für die letzten acht Wochen vor der voraussichtlichen Entbindung und für die ersten acht Wochen nach der Entbindung ein tägliches **Wochengeld.** Weibliche Versicherte nach Frühgeburten, Mehrlingsgeburten oder Kaiserschnittentbindungen erhalten das Wochengeld nach der Entbindung 12 Wochen. Dieses Wochengeld ist grundsätzlich in die UBGr einzubeziehen. 6 Ob 577/91 = EF 65.368.

2. Dies gilt – trotz seiner Unpfändbarkeit – auch für das **Karenzurlaubsgeld.** 6 Ob 577/91; 1 Ob 614/92 = SZ 65/126 = ÖA 1993, 108 = JBl 1993, 244 = EF 68.133; 1 Ob 621/93 = EF 71.116 = ÖA 1995, 159/U 137 uva; 1 Ob 76/99 d = RZ 2000/20 = ÖA 2000, 75/U 308 = EF 89.090; 1 Ob 108/01 s.

3. **Kinderbetreuungsgeld** ist – wie das Karenzurlaubsgeld – in die UBGr einzubeziehen. 7 Ob 170/04 g.

4. Dabei scheint es jedoch sachgerecht, einen nach den §§ 9 ff KBGG gewährten Zuschuss zum Kinderbetreuungsgeld nur dann in die UBGr einzubeziehen, wenn die Zahlung für jenes Kind gewährt wird, dessen Uh zu bemessen ist. 7 Ob 170/04 g = EF 107.199.

5. **Anmerkung:** Diese E sind im Hinblick auf § 42 KBGG in seiner Fassung ab 1. 1. 2008 überholt. Kinderbetreuungsgeld und Zuschuss sind nunmehr weder Einkommen des Kindes noch des beziehenden Elternteils.

e) Pensionsbezüge

124   **1.** Einkommen ist auch eine an die Stelle von Arbeitseinkommen tretende **Versicherungsleistung** für den Fall der Erwerbsunfähigkeit oder der geminderten Erwerbsfähigkeit. 6 Ob 2222/96 z = ÖA 1997, 203/F 140 = EF 80.375.

2. So ist etwa die **Schwerstbeschädigtenzulage** in die UBGr einzubeziehen. 1 Ob 260/97 k = ÖA 1998, 124/U 222 = EF 83.495.

3. Ebenso der **Zurechnungszuschlag** zur Erwerbsunfähigkeitspension nach § 140 GSVG. 1 Ob 260/97 k = ÖA 1998, 124/U 222 = EF 83.506.

4. Pensionseinkommen, auf das der Bezieher einen unbedingten Anspruch hat, ist in voller Höhe Einkommen, gleichgültig aufgrund welcher in der Vergangenheit liegender Umstände die tatsächlich ausgezahlte Höhe basiert. 6 Ob 233/98 b = EF 87.519.

125   **1. Kinderzuschüsse** iSd § 262 ASVG stellen nach dem gesetzlichen Wortlaut („für …") einen Ausgleich für den Mehraufwand des Bezugsberechtigten für dieses Kind dar. Es handelt sich daher um kein frei verfügbares Einkommen des Pensionisten. 7 Ob 531/93 = ÖA 1993, 145.

2. Sie sind zwar dem Kind als zweckgebundene Beträge zu leisten. 3 Ob 1505/91 = EF 67.790.

3. Ein direkter Anspruch des Kindes auf Herausgabe besteht jedoch nicht, weshalb sie in die UBGr einzubeziehen sind. 7 Ob 620/93 = EF 71.122; 6 Ob 299/98 h = ÖA 1999, 177/U 278 = EF 86.421.

4. Dies allerdings nur dann, wenn die Zahlung für das Kind gewährt wird, dessen Uh zu bemessen ist. 1 Ob 76/99 d = RZ 2000/20 = ÖA 2000, 75/U 308 = EF 89.092.

5. Eine **Kinderzulage,** die für ein anderes als das Uh fordernde Kind gewährt wird, ist hingegen nicht in die UBGr einzubeziehen. 2 Ob 220/04 y.

126   **1.** Die **Ausgleichszulage** wird in die UBGr einbezogen. 7 Ob 620/93 = EF 71.083; 1 Ob 550/94 = JBl 1995, 62 = ÖA 1995, 58/U 108; 3 Ob 160/94; 6 Ob 251/97 y = ÖA 1998, 122/U 219; 3 Ob 250/97 d = ÖA 1998, 168/U 224 = EF 83.464; 10 Ob 87/98 m; 6 Ob 299/98 h = ÖA 1999, 177/U 278 = EF 86.382; 1 Ob 76/99 d = RZ 2000/20 = ÖA 2000, 75/U 308 = EF 89.086; 1 Ob 108/01 s; 10 Ob 96/05 y.

2. Uzw unabhängig davon, ob sie im Hinblick auf einen im gleichen Haushalt mit dem UhPfl lebenden Ehegatten oder Kinder erhöht wird, weil diese keinen Anspruch darauf haben, sondern lediglich das Einkommen des UhPfl erhöht wird. 7 Ob 152/03 h = EvBl 2003/184.

3. Nach der Definition des § 292 Abs 3 ASVG gelten ua UhAnspr jeglicher Art als Einkünfte, die dem Nettoeinkommen des Pensionsberechtigten zuzurechnen sind. Nur soweit solche Ansprüche nach § 294 ASVG berücksichtigt werden, bleiben sie gem § 292 Abs 4 lit e ASVG bei Anwendung der Abs 1 bis 3 des § 292 ASVG außer Betracht. Andere als im § 294 Abs 1 lit a bis c ASVG genannte UhAnspr, daher auch solche subsidiärer Art gegenüber Großeltern, sind bei der Feststellung des Anspruchs auf eine Ausgleichszulage zur Pension (hier: Waisenpension) mit der vollen (tatsächlichen) Höhe zu berücksichtigen. 10 ObS 2168/96 p; 10 ObS 2446/96 w; 10 ObS 80/98 g.

f) Bei Pflegebedürftigkeit

127 1. Das dem Vater ausbezahlte **Pflegegeld** ist nicht in die UBGr einzubeziehen, weil damit der **Sonderbedarf an krankheitsbedingtem Personalaufwand abgedeckt** werden soll. 6 Ob 635/93 = SZ 66/167 = EvBl 1994/90 = EF 73.193 = ÖA 1994, 106; 7 Ob 620/93 = EF 71.139; 1 Ob 570/95 = JBl 1996, 442 = SZ 68/157; 6 Ob 591/95 = SZ 68/157 = ÖA 1998, 17/F 144 uva; 1 Ob 180/98 x = ÖA 1999, 117/U 268; 1 Ob 357/99 b = ÖA 2000, 136/U 311; 10 Ob 96/05 y.

2. Es ist **reiner (pauschalierter) Aufwandsersatz.** 6 Ob 97/00 h = ÖA 2000, 215/U 322.

Anmerkung: Vgl dazu auch Rz 203, 288.

128 1. Nach dem Tiroler RehabilitationsG bezogenes **Taschengeld sowie Überbrückungshilfe** sind öffentlich-rechtliche Sozialhilfeleistungen, also grundsätzlich frei verfügbares Einkommen und damit Grundlage für die UhBemessung, sofern sie nicht der Deckung eines bestimmten Sonderbedarfs dienen. Die von der Mutter gegen eine Einbeziehung des Taschengeldes vorgetragene Befürchtung eines negativen Therapieeffekts, wenn das Taschengeld (auch und tw) zur Deckung des KindesUh verwendet wird, ist kein Argument, andernfalls es ein UhPfl in der Hand hätte, unter Hinweis auf psychische Missempfindungen jegliche Arbeit und Einkommenserzielung und damit die Erfüllung der UhPflicht zu verweigern. 6 Ob 97/00 h = ÖA 2000, 215/U 322.

g) Präsenz-/Zivildienst

129 1. Während des **Grundwehrdiensts** verfügt der UhPfl über keine weiteren Einkünfte als sein Taggeld, ist sohin praktisch einkommenslos, und kann damit seiner UhPflicht nicht nachkommen. Für diesen Fall trifft das HGG Vorsorge für die Bedürfnisse derjenigen Personen, denen gegenüber der Präsenzdiener eine UhPflicht zu erfüllen hat. **Während der Ableistung des Grundwehrdiensts ruht** daher **die UhPflicht;** der UhAnspr bleibt aber in Form der Berechtigung auf Zuspruch von FamilienUh gegenüber dem Bund aufrecht. 7 Ob 572/91 = EvBl 1991/199 = EF 67.805, 67.806.

2. **Anmerkung:** Vgl idZ nunmehr §§ 23 ff HGG 2001.

3. Dies gilt auch dann, wenn der UhPfl **Zivildienst** leistet. 1 Ob 419/97 t = EvBl 1998/128 = ÖA 1998, 249/UV 115 = EF XXXV/1.

h) Sozialhilfeleistungen

130 1. Die Sozialhilfe hat ebenso wie eine Ausgleichszulage oder Notstandshilfe subsidiären fürsorgerechtlichen Charakter und soll die Führung eines menschenwürdigen Lebens ermöglichen. Sie fällt in die freie Verfügbarkeit des Beziehers und dient nicht der Abgeltung eines bestimmten Sonderbedarfs. Dann ist sie aber **als Einkommen der UBGr zugrunde zu legen.** 1 Ob 550/94 = EF 74.387 = JBl 1995, 62 = ÖA 1995, 58/U 108; 3 Ob 160/94; 1 Ob 590/95 = EF 77.308 uva; 1 Ob 76/99 d = RZ 2000/20 = ÖA 2000, 75/U 308 = EF 89.097; 6 Ob 257/01 i = EF 96.201; 1 Ob 135/01 m = EvBl 2001/200; 10 Ob 96/05 y.

2. Sozialleistungen, die also **nicht dem Ausgleich eines bestimmten Mehraufwandes für einen Sonderbedarf dienen** oder nach gesetzlichen Bestimmungen auf den Uh nicht anrechenbar sind, werden als Einkommen des UhPfl qualifiziert und

in die UBGr einbezogen. 6 Ob 299/98 h = ÖA 1999, 177/U 278 = EF 86.442; 1 Ob 76/99 d = RZ 2000/20 = ÖA 2000, 75/U 308 = EF 89.098; 1 Ob 108/01 s.

 3. Aus den Bestimmungen des dBSHG ist jedoch abzuleiten, dass die laufenden Leistungen nach Regelsätzen nicht als Einkommen des Vaters als des Haushaltsvorstands, sondern als eigenes Einkommen der bedürftigen Person anzusehen sind. Es geht daher keinesfalls an, auch die Regelbedarfsätze für die nunmehrige Ehefrau des Vaters und deren gemeinsames Kind in die UBGr einzubeziehen. 3 Ob 250/97 d = ÖA 1998, 168/U224 = EF 83.484.

 1. Die **Wohn- bzw Mietzinsbeihilfe** des Landes Oberösterreich dient der Deckung eines unzumutbaren Wohnungsaufwandes, somit eines typischen UhBed (§ 1 Abs 1 Z 1 OöWohnbeihilfenVO LGBl 1990/61, 1991/55), und ist daher in die UBGr einzubeziehen. 6 Ob 89/01 h = ÖA 2001, 312/U 341 = EF 95.662; 10 Ob 96/05 y. **131**

 2. Abw: Die der Mutter zukommende **Mietzinsbeihilfe** ist eine zweckbestimmte öffentlich-rechtliche Leistung, deren Einbeziehung in die UBGr daran scheitert, dass sie **nicht als frei verfügbares Einkommen** behandelt werden kann. Allerdings wird bei der Beurteilung der Leistungsfähigkeit der Umstand mitberücksichtigt werden können, dass sich die Mutter den Wohnungsaufwand als Teil der allgemeinen Lebenshaltungskosten erspart. 6 Ob 97/00 h = ÖA 2000, 215/U 322.

 3. Abw: Da der UhPfl einen „**Mietzuschuss**" bezieht, wodurch ihn – ähnlich einer Mietzinsbeihilfe – die Wohnungskosten nicht zur Gänze treffen, sondern zT von seinem Dienstgeber getragen werden, muss dieser Betrag aus der UBGr ausgeschieden werden. 2 Ob 318/99 z.

 4. Anmerkung: Diese Schlussfolgerung scheint mE nicht zwingend zu sein. Zu berücksichtigen ist doch, dass sich der UhPfl auf diese Art und Weise Mietkosten erspart, die sonst jeden UhPfl treffen. Der „Mietzuschuss" muss daher sehr wohl in die UBGr eingerechnet werden (6 Ob 89/01 h); jedenfalls ist aber bei Beurteilung der Leistungsfähigkeit auf die Wohnkostenersparnis Bedacht zu nehmen (6 Ob 97/00 h).

 5. Die iZm dem Arbeitslosengeld aufgestellten Erwägungen gelten auch für die **Notstandshilfe** (**Notstandsunterstützung**). Sie ist also als Einkommensbestandteil in die UBGr einzubeziehen. 5 Ob 505/91 = RZ 1992/87; 7 Ob 620/93 = EF 71.137; 6 Ob 561/94; 1 Ob 550/94 = JBl 1995, 62 = ÖA 1995, 58/U 108 uva; 1 Ob 76/99 d = RZ 2000/20 = ÖA 2000, 75/U 308 = EF 89.094; 1 Ob 108/01 s; 10 Ob 96/05 y.

 6. Ebenso die **Sondernotstandshilfe**. 6 Ob 2206/96 x = ÖA 1997, 193/U 186 = EF 80.424.

 7. Und das **Übergangsgeld** (§ 306 ASVG) samt Erhöhungsbeitrag für Angehörige. 4 Ob 518/91.

 8. Anmerkung: Zur **Ausgleichszulage** vgl Rz 126.

5. Privatversicherungsleistungen

 1. Einkommen ist auch eine an die Stelle von Arbeitseinkommen tretende **Versicherungsleistung** für den Fall der Erwerbsunfähigkeit oder der geminderten Erwerbsfähigkeit. 6 Ob 2222/96 z = ÖA 1997, 203/F 140 = EF 80.375. **132**

 2. Eine dem UhPfl zustehende – hier vergleichsweise kapitalisierte – **Verdienstentgangsrente** eines Haftpflichtversicherers des an einem Verkehrsunfall Schuld tragenden Lenkers ist in die UBGr einzubeziehen. 6 Ob 2222/96 z = ÖA 1997, 203/F 140 = EF 80.436.

3. Oder eine aus einer **privaten Unfallversicherung** iSd §§ 179 ff VersVG resultierende **Invaliditätsentschädigung**, die nicht dem Ausgleich eines konkreten Mehraufwandes dient oder wie das Schmerzengeld bzw das Pflegegeld einen bestimmten Sonderbedarf abdecken soll. 7 Ob 48/00 k.

4. Diese Leistungen sind so aufzuteilen, dass unter Berücksichtigung des sonstigen Einkommens etwa der Betrag des letzten durchschnittlichen Einkommens erreicht wird. 7 Ob 48/00 k.

5. Der Vater hat infolge Abschlusses einer Krankenzusatzversicherung die Wahl, bei stationärem Krankenhausaufenthalt entweder Sonderklasse in Anspruch zu nehmen oder Auszahlung eines **Krankenhaus-Taggelds** zu begehren; letzteres hat die gleiche Funktion wie Schmerzengeld und ist daher nicht in die UBGr einzubeziehen. 8 Ob 140/05 d.

6. Unterhaltsempfänge

133 1. Es besteht kein zwingender Grund, UhEmpfänge **eines Ehegatten** aus seinem Einkommen auszuscheiden, wenn es um die gegen ihn gerichteten UhAnspr seiner Kinder geht. Um die Abgeltung bestimmter effektiver Auslagen handelt es sich bei diesen Einnahmen nicht. Vielmehr erhöhen auch solche Zuflüsse seine allgemeine Leistungsfähigkeit, weshalb eine „Immunisierung" dieser Einnahmen gegen UhAnspr seiner Kinder nicht sachgerecht wäre. 5 Ob 3/97 w = ÖA 1998, 21/ U 200 = EF 83.472; 5 Ob 140/98 v; 1 Ob 337/99 m = ÖA 2000, 173/U 318 = EvBl 2000/114; 1 Ob 218/00 s; 6 Ob 97/00 h = ÖA 2000, 215/U 322; 9 Ob 80/01 g = EF 99.354; 1 Ob 288/04 s = EF 110.104; 7 Ob 164/06 b = EF-Z 2006/76.

2. Uzw auch dann nicht, wenn Abmachungen der Eltern darüber im Scheidungsvergleich davon abweichen, weil sie nicht zu Lasten des Kindes gehen dürfen. 7 Ob 526/93 = ÖA 1994, 20/U 85 = EF 70.658; 1 Ob 621/93 = ÖA 1995, 159/ U 137.

3. **Abw:** Die dem Großvater zur tw Deckung des UhBed seiner Tochter, der Mutter des pflegebefohlenen Kleinkinds, auferlegten UhLeistungen sind ausschließlich zur Deckung der höchstpersönlichen UhBed der Mutter und nicht auch zur Befriedigung der UhBed deren Kindes bestimmt. 6 Ob 506/93 = EF 71.642.

4. Der **Einfluss verspäteter UhZahlungen** (hier: Hereinbringung relativ großer UhRückstände in kurzer Zeit) soll sich zwar nicht zu Lasten der (geldupfl) Mutter und zu Gunsten des Kindes auswirken; wenn dem Kind aber in der Zeit, in der die Mutter keinen eigenen Uh erhielt, kein Geld-UhAnspr zustand, wäre es nicht sachgerecht, für die Zeit danach die Bezahlung des UhRückstands nicht als Einkommen der Mutter zu behandeln und nur vom tatsächlich geleisteten Uh in Titelhöhe auszugehen. Anders läge der Fall, wenn die Mutter in der Zeit vor dem Erhalt der UhZahlungen ihres geschiedenen Mannes ihren Lebensaufwand durch Aufnahme von Schulden bestritten hätte, sodass den einlangenden Rückstandsleistungen Verbindlichkeiten gegenüberstünden, die als Abzugsposten von der UBGr gewertet werden müssten. Die schlechte Zahlungsmoral des (betreuenden) Vaters darf sich also nicht zu Lasten des Kindes auswirken. Es hat Anspruch, an den jew Lebensverhältnissen des UhPfl teilzunehmen. Es sind daher grundsätzlich auch die UhRückstände für die Monate, in denen sie hereingebracht wurden, Teil der UBGr. 6 Ob 97/00 h = ÖA 2000, 215/U 322.

1. Auch **Sachleistungen** vermehren die UBGr. 1 Ob 337/99 m = ÖA 2000, **133 a**
173/U 318 = EvBl 2000/114; 4 Ob 42/01 g = JBl 2001, 645 = EF 95.516; 9 Ob 100/06 f.

2. Schon vor dem EheRÄG 1999 waren in die UBGr alle tatsächlichen Einkommen des UhPfl in Geld oder in geldwerten Leistungen einzubeziehen, über die er frei verfügen kann und soweit sie nicht bloß der Abgeltung effektiver Auslagen dienen, ja sogar GeldUhLeistungen an den UhPfl und unpfändbare Leistungen. Die Einbeziehung von GeldUhLeistungen in die UBGr war nur die logische Konsequenz der Übertragung des in der Rsp schon bisher vertretenen Grundsatzes, wonach auch Naturalbezüge als Einkommensbestandteil die UBGr erhöhen, auf das Verhältnis zw Geld- und NaturalUh. Daraus folgt aber, dass schon nach der vor dem EheRÄG 1999 geltenden Rechtslage bei Bestimmung der Leistungsfähigkeit eines UhPfl Natural-UhEmpfänge gleichermaßen zu berücksichtigen waren wie GeldUhLeistungen. Daran hat sich auch durch die Neufassung des § 94 Abs 3 ABGB nichts geändert: Auch nach der neuen Rechtslage und in jenen Fällen, bei denen die NaturalUhLeistung ganz oder teilweise durch eine GeldUhLeistung ersetzt wird, bleibt dies ohne jede Auswirkung auf die Bestimmung der Leistungsfähigkeit des UhPfl. 4 Ob 42/01 g = JBl 2001, 645 = EF 95.516.

3. Dies gilt jedoch nicht, wenn es sich um dem UhPfl von seinen Eltern erbrachte **lebensnotwendige Naturalleistungen** handelt; diesfalls könnten erst bei einem darüber hinausgehenden Geldeinkommen auf gewisse Dauer bezogene Sachleistungen dem Geldeinkommen zugeschlagen werden. 1 Ob 552/93 = ÖA 1994, 19/ U 83.

4. Es stellt sich nämlich das Problem, dass Naturalleistungen idR ausschließlich vom Empfänger verwendet bzw nicht sinnvoll in Geld umgewandelt und an das Kind weitergegeben werden können, sodass die Frage im Raum steht, wie weit der UhPfl im Rahmen seiner **Anspannungsobliegenheit** verpflichtet ist, seine rechtlichen Möglichkeiten auszunützen, den Natural- in GeldUh umzuwandeln, bzw was zu gelten hat, wenn eine solche Umwandung allenfalls aus rechtlichen Gründen – etwa im Hinblick auf den Billigkeitsvorbehalt des § 94 Abs 3 ABGB – ganz oder teilweise scheitert.

Hier ist der Vater allerdings auf die Möglichkeit zu verweisen, den unter Berücksichtigung der ihm zufließenden UhLeistung errechneten UhBeitrag für seinen Sohn aus seinem eigenen Arbeitseinkommen zu zahlen. Schließlich verbleibt ihm aus seinen Arbeitsbezügen auch nach Abzug des festgesetzten mtl Uh ein frei verfügbarer Geldbetrag, der die von der Rsp unter Zuhilfenahme der §§ 291 a, 292 b EO ermittelte Belastungsgrenze deutlich übersteigt und ihm – vor allem bei Berücksichtigung des Umstands, dass ein Teil seiner Bedürfnisse durch NaturalUhLeistungen gedeckt ist – die Bestreitung des jedenfalls in Geld zu deckenden Lebensbedarfs ermöglicht. Die Notwendigkeit, die vom Vater bezogenen und bei der UhBerechnung berücksichtigten NaturalUhLeistungen in GeldUh umzuwandeln, stellt sich damit hier nicht. 9 Ob 100/06 f.

5. Betreuungsleistungen von Großeltern gegenüber dem (Enkel-)Kind sind in die UBGr des uhpfl Elternteils nicht einzubeziehen, weil sie iZw in Erfüllung einer (zumindest angenommenen) sittlichen Verpflichtung und nicht in der Absicht erfolgen, den UhPfl zu entlasten. 6 Ob 238/98 p = EF 86.387 = ÖA 1999, 48/UV 125.

6. Abw: Beiträge Dritter (hier: der Ehegattin des Bekl) zum Gesamteinkommen der nunmehrigen Familie des UhPfl sind bei der UhBemessung nicht zu berücksichtigen. Es besteht kein Anspruch des uhber geschiedenen Ehegatten, an den

Lebensverhältnissen der Familie des UhPfl teilzuhaben. Dazu käme es aber im Ergebnis, wenn – wie von der Kl begehrt – die UhLeistung mit dem Ausgleichszulagenrichtsatz und damit mit 42% des Einkommens des Bekl bemessen würde. 4 Ob 51/06 p.

7. **Anmerkung:** Zu freiwilligen Drittleistungen vgl Rz 81 a, zu sonstigen Leistungen naher Angehöriger des Kindes Rz 9.

134 1. Erforderlichenfalls sind auch UhEmpfänge eines Ehegatten der UBGr zuzuzählen, wenn es um gegen ihn gerichtete UhAnspr seiner Kinder geht. IdS vertritt *Gitschthaler* (Unterhaltsrecht[1] Rz 180/4) zutr die Auffassung, dass der GeldUhAnspr des vom gelduhpfl Elternteil getrennt lebenden Kindes grundsätzlich nach jenem UhAnspr zu bemessen ist, „der dem gelduhpfl Elternteil seinerseits iSd § 94 Abs 3 ABGB in Geld (und Taschengeld) zusteht", wobei der gelduhpfl Elternteil auf die Geltendmachung dieses GeldUhAnspr auch nicht verzichten könne. Abzustellen ist hiebei naturgemäß stets auf die Umstände des jew Einzelfalls. Selbst wenn der Vater nach der mit seiner Ehegattin vereinbarten Gestaltung ihrer konkreten LG dies persönlich als „unbillig" erachten mag, weil er (ja ohnedies) „sämtliche Kosten der gemeinsamen Wohnung regelmäßig und rechtzeitig begleicht", so kann dies selbstredend nicht zu Lasten seines ihm gegenüber uhber Kindes gehen, zumal er als schlechter verdienender Partner nach hA diesen gesetzlichen Ergänzungsanspruch gegenüber der besser verdienenden Ehegattin unabhängig von der Haushaltsführung hat (*Schwimann/Ferrari* in Schwimann[3] Rz 24 zu § 94 ABGB).

Der Senat schließt sich diesen Lehrmeinungen an, woraus folgt, dass auch der **GeldUhAnspr des Vaters gegenüber seiner wesentlich besser verdienenden Gattin in die UBGr für dessen Kind einzubeziehen** ist. 7 Ob 164/06 b = EF-Z 2006/76; 9 Ob 100/06 f.

7. Privatstiftungen

135 1. Der Bekl bezieht aus der von ihm errichteten **Stiftung keine Erträgnisse**. Nach dem **Anspannungsgrundsatz** hat der UhPfl auch Kapital unter Abwägung von Ertrag und Risiko möglichst erfolgversprechend anzulegen. Die Sorgfalt eines pflichtbewussten UhPfl gebietet uU sogar die Heranziehung zumutbarerweise verwertbaren Vermögens zur UhLeistung; bei sorgfaltswidriger Verwendung des Vermögensstamms ist nach dem Anspannungsgrundsatz auch bereits verbrauchtes (hypothetisches) Vermögen in die UBGr einzubeziehen. Umso mehr müssen auch fiktive Erträge des – uhrechtlich – sorgfaltswidrig verwendeten (nicht mehr vorhandenen) Vermögens bei der UhBemessung berücksichtigt werden. Schädigungsabsicht ist nicht erforderlich. Im Falle einer Stiftung ist beim Stifter, dem die Erträgnisse der Stiftung widmungsgemäß nicht zukommen, jenes Einkommen, das aus dem Vermögen, dessen er sich zugunsten der Stiftung begeben hat, erzielbar gewesen wäre, bei der UhBemessung zu berücksichtigen, wobei allerdings dadurch der angemessene Uh, der sich nach dem von den Lebenspartnern einvernehmlich gewählten Lebenszuschnitt richtet, nicht überschritten werden darf. 2 Ob 295/00 x.

2. **Anmerkung:** UBGr ist das gesamte tatsächliche Einkommen des Stifters, weshalb (wie generell Erträgnisse aus Vermögen) auch Ausschüttungen aus einer Privatstiftung in die UBGr einzubeziehen sind. Ist ein Stifter nicht erwerbstätig, sondern bestreitet er seinen persönlichen Uh ausschließlich aus Ausschüttungen aus der

von ihm errichteten Privatstiftung, so ist überdies der „Anspannungsgrundsatz" anzuwenden und als UBGr – neben den Ausschüttungen – jenes Einkommen anzusetzen, das der Stifter nach seinen Kräften erzielen könnte. Dies ist nur dann nicht notwendig, wenn sich bereits aufgrund der Ausschüttungen ein UhAnspr ergibt, der durch den Unterhaltsstopp gedeckt wird (vgl dazu Rz 252 ff).

Sind diese Ansprüche nicht gegen den UhPfl durchsetzbar, etwa weil sein ganzes Vermögen in die Stiftung eingebracht wurde, kommt eine Anfechtung der Vermögenswidmung nach der AnfO bzw der KO in Betracht. Steht dem Stifter jedoch kraft Stiftungsurkunde ein Anspruch auf Ausschüttungen aus der Privatstiftung zu, kann dieser Anspruch auch gepfändet werden.

B. Anspannung

Übersicht:

	Rz
1. Allgemeines	136–139
2. Einleitung eines Anspannungsverfahrens	
a) Allgemeines	140–141 a
b) Einkommensverzicht	142–145
c) Unterlassung einer Antragstellung	146
3. Anspannungseinkommen	147–149
4. Verhaltenspflichten	
a) Allgemeines	150
b) Verschulden	151–152 a
c) Arbeitsplatzsuche	153–157
d) Überstunden/Nebenbeschäftigung	158, 159
5. Arbeitsplatzverlust	
a) Eigenkündigung	160, 160 a
b) Dienstgeberkündigung/Entlassung	161–164
c) Berufswechsel	165–168
6. Auslandswohnsitz	169, 170
7. Weiterbildung	171
8. Hochschulstudium	172
9. Haft des Unterhaltpflichtigen	173, 174
10. Aufenthalt in einer Entwöhnungsanstalt	175
11. Karenzurlaub	
a) Allgemeines	176
b) Tatsächliches Einkommen	177
c) Fiktives Einkommen	178, 179
d) Fiktiver Geldunterhaltsanspruch	180
e) Taschengeldanspruch	181–183
f) Betreuungspflichten	184, 185
g) Karenzurlaub des unterhaltspflichtigen Vaters	186, 187

1. Allgemeines

136 1. Schon vor der Familienrechtsreform war anerkannt, dass der UhPfl alle Kräfte anzuspannen habe, um seiner Verpflichtung nachkommen zu können. Der Gesetzgeber der **Familienrechtsreform** brachte die Geltung dieses Grundsatzes dadurch zum Ausdruck, dass er in § 140 Abs 1 ABGB anordnete, die Eltern hätten zur Deckung der ihren Lebensverhältnissen angemessenen Bedürfnisse des Kindes unter Berücksichtigung seiner Anlagen, Fähigkeiten, Neigungen und Entwicklungsmöglichkeiten **nach ihren Kräften** beizutragen.

Den UhPfl trifft demnach die **Obliegenheit, im Interesse seiner Kinder alle persönlichen Fähigkeiten,** insb seine Arbeitskraft **so gut wie möglich einzusetzen.** Tut er dies nicht, wird er so behandelt, als bezöge er Einkünfte, die er bei **zumutbarer Erwerbstätigkeit** hätte erzielen können. 1 Ob 599/90 = SZ 63/74 = EvBl 1990/128 = ÖA 1991, 99 = EF 62.022 = RZ 1993/39; 6 Ob 655/90 = EF 62.022 = ÖA 1992, 110/U 38; 6 Ob 639/90 = ÖA 1991, 43/U 16 = EF 62.023 = ÖA 1992, 109/U 35 uva; 7 Ob 249/00 v; 2 Ob 108/02 z; 2 Ob 56/02 b = ÖA 2003, 274/U 404; 7 Ob 205/03 b; 7 Ob 194/03 k; 1 Ob 130/04 f; 2 Ob 79/05 i; 7 Ob 210/05 s; 7 Ob 121/07 f.

2. Dieser Anspannungsgrundsatz ist nunmehr – ebenso wie im § 140 ABGB – auch im § 94 ABGB **gesetzlich verankert.** 4 Ob 544/92; 6 Ob 552/93 = EF 70.573.

3. Auch bei einem UhAnspr nach § 66 EheG hat der UhPfl **nach Kräften zum Uh beizutragen** (Anspannungstheorie). 8 Ob 503/92 = EF 69.275; 6 Ob 587/93 = SZ 66/114 = EF 72.342.

137 1. Die **Anwendung des Anspannungsgrundsatzes** richtet sich jew nach den besonderen Verhältnissen des **Einzelfalls.** 7 Ob 582/91 = EF 64.894; 6 Ob 552/93 = EF 70.574; 6 Ob 643/95 = ÖA 1996, 126/U 160 uva; 7 Ob 249/00 v; 2 Ob 108/02 z; 7 Ob 205/03 b; 5 Ob 102/05 v; 2 Ob 79/05 i; 7 Ob 210/05 s; 3 Ob 108/05 m.

2. Ebenso die **Art der Anspannung.** 5 Ob 1562/91 = EF 67.437; 8 Ob 1607/90 = ÖA 1992, 121/F 29 = EF 67.437; 3 Ob 607/90 = EF 67.437 uva; 9 Ob 57/98 t = EF 86.224.

3. Und die **Verschuldensfrage.** 5 Ob 1575/91 = ÖA 1993, 21/F 49; 9 Ob 1622/94; 1 Ob 1645/95; 2 Ob 161/02 v = EF 100.931; 7 Ob 121/07 f.

4. Und die Frage, ob der UhPfl bei Einsatz aller persönlichen Fähigkeiten, also seiner Leistungskraft unter Berücksichtigung seiner Ausbildung und seines Könnens, in der Lage ist, einen Arbeitsplatz und ein bestimmtes Einkommen zu erlangen. 8 Ob 1615/93; 1 Ob 645/95; 7 Ob 121/07 f.

5. Auch die Frage, ob die **Arbeitslosigkeit verschuldet** ist oder der UhPfl nicht die ihm **zumutbaren Anstrengungen** unternimmt, um wieder einer geregelten Arbeit nachzugehen, hängt von den Umständen ab und stellt daher idR keine Rechtsfrage von der im § 14 Abs 1 *(nunmehr: § 62 Abs 1)* AußStrG umschriebenen Bedeutung dar. Ob die **Voraussetzungen für eine Anspannung** vorliegen, ist im **Einzelfall** zu entscheiden. 3 Ob 607/90.

138 1. Das Gesetz macht in Ansehung der Anspannung keinen Unterschied, ob es sich um einen **selbstständig** oder **unselbstständig Erwerbstätigen** handelt. 7 Ob 628/90 = RZ 1991/25 = ÖA 1992, 111/U 41 = EF 62.023; 8 Ob 509/91 = ÖA 1991, 142; 1 Ob 612/91 = RZ 1992/48 = RZ 1993/76 = ÖA 1992, 51/U 24; 1 Ob 537/92 = ÖA 1992, 114/U 55 = ÖA 1992, 145/U 58 uva; 6 Ob 116/00 b = ÖA 2000, 265/U 323; 9 Ob 8/05 z; 10 Ob 8/07 k = EF-Z 2007/83 *(Gitschthaler);* 1 Ob 82/07 a.

2. Auch der selbstständig Erwerbstätige hat nämlich sein Einkommen in zumutbarer Weise zu maximieren, dh seine Erwerbstätigkeiten mit der erforderlichen wirtschaftlichen Sorgfalt zu betreiben. 10 Ob 8/07 k = EF-Z 2007/83 *(Gitschthaler);* 9 Ob 71/06 s.

3. Von einem selbstständig erwerbstätigen UhPfl wird aber nicht verlangt, eine (neue) selbstständige Erwerbstätigkeit zu beginnen. Vielmehr hat sich der UhPfl im Hinblick auf seine UhPflicht so behandeln zu lassen, als hätte er seine bisherige Berufstätigkeit nicht aufgegeben. 1 Ob 82/07 a.
4. Nach der Anspannungstheorie ist der UhPfl zwar gehalten, alle seine Kräfte anzuspannen, um den laufenden Uh leisten zu können, er hat aber **nicht auch bereits für die Zukunft Vorsorge zu treffen.** 8 Ob 602/93 = EF 73.934 = ÖA 1994, 190/ UV 70.
5. Schwierigkeiten bei der Tatsachenfeststellung dürfen nicht durch Anwendung der Anspannungstheorie umgangen werden. 1 Ob 552/93 = ÖA 1994, 19/ U 83 = EF 71.615; 6 Ob 181/97 d = ÖA 1998, 112/U 212 = EF 83.345; 1 Ob 23/02 t = ÖA 2002, 176/U 360; 9 Ob 8/05 z.

139 **1.** Voraussetzung einer Anspannung ist, dass der **UhPfl überhaupt Kenntnis von der Vaterschaft zum uhber Kind erlangt,** wovon zu unterscheiden ist, dass der auf dem Gesetz beruhende UhAnspr eines ue Kindes bereits mit der Geburt entsteht, also nicht von der Kenntnis des UhPfl von seiner UhPflicht abhängt, woraus ua ja auch die Möglichkeit rückwirkender UhGeltendmachung folgt. 7 Ob 61/97 i = EF 83.410 = ÖA 1998, 127/F 157 = ÖA 1998, 27/F 148; 7 Ob 39/00 m = ÖA 2000, 176/ U 319.
2. Abw: Die Anspannungstheorie kann **auf den Zeitpunkt der Geburt des Kindes zurückbezogen** werden, weil der UhAnspr mit der Geburt entsteht und nicht von der Kenntnis des UhPfl von seiner UhPflicht abhängt. 10 Ob 2032/96 p = EF 80.289.
3. Hat der Vater von seiner UhPflicht für ein Kind nichts gewusst, kann der UhBemessung für die Vergangenheit demnach nur sein tatsächliches, nicht jedoch ein aufgrund der Anspannung erzielbares Einkommen zugrunde gelegt werden. 2 Ob 56/02 b = ÖA 2003, 274/U 404

2. Einleitung eines Anspannungsverfahrens

a) Allgemeines

140 **1.** Zur Ermittlung der UBGr sind grundsätzlich **zunächst die tatsächlich erzielten Einkünfte des UhPfl** heranzuziehen. Erst wenn **solche fehlen oder in auffälliger Weise hinter den nach den Umständen gerechtfertigten Erwartungen zurückbleiben,** ist die Frage nach den Vorausetzungen für eine **Anspannung** zu stellen. 6 Ob 586/93 = ÖA 1994, 101/U 96 = EF 70.894.
2. Also etwa wenn der ermittelte UhBeitrag **hinter dem Durchschnittsbedarf** der Altersgruppe des UhBer **zurückbleibt.** 3 Ob 298/97 p = RZ 1998/35 = ÖA 1998, 167/U 223; 4 Ob 181/98 s.
3. Bzw **der angemessene Uh nicht erreicht** wird. 7 Ob 192/97 d = EF 83.346; 6 Ob 116/00 b = ÖA 2000, 265/U 323.
4. Oder wenn schuldhaft die zumutbare **Erzielung deutlich höherer Einkünfte versäumt** wird. 4 Ob 181/98 s; 1 Ob 130/04 f; 2 Ob 79/05 i; 7 Ob 210/05 s; 7 Ob 121/07 f.
5. Eine Anspannung auf den konkret möglichen Verdienst kommt dann in Betracht, wenn der UhPfl es unterlässt, bei einem für den angemessenen Uh nicht ausreichenden Einkommen eine seinen Fähigkeiten entsprechende zumutbare Er-

werbstätigkeit zu entfalten, die ein deutlich höheres (den angemessenen Uh sicherndes) Einkommen verspricht. Der Uh gem § 66 EheG wird nach den Lebensverhältnissen der Ehegatten bemessen; werden diese durch Einkünfte aus Berufstätigkeit und aus Kapital- und Rentenerträgen bestimmt, sind für die Bemessung des Uh beide Einkunftsarten heranzuziehen. Der Anspannungsgrundsatz steht in einem solchen Fall einer schuldhaften Verminderung jeder der beiden Einkunftsarten entgegen. 6 Ob 212/02 y = EF 100.917.

6. Anzuspannen ist der UhPfl auch, wenn iZm einer UhVerweigerung oder einem Begehren auf UhHerabsetzung von ihm keine überzeugenden Gründe vorgebracht werden. 3 Ob 298/97 p = RZ 1998/35 = ÖA 1998, 167/U 223; 4 Ob 181/98 s.

7. Oder die dem UhPfl zufließenden Einkünfte **für längere Zeit durch Aufwendungen aufgezehrt** werden und er aus diesem Grund keinen Uh leisten kann. 10 ObS 58/89; 6 Ob 2319/96 i = ÖA 1997, 196/F 138.

8. Oder dem UhPfl ein Vermögen zur Verfügung stand, das er zur Schaffung einer Einkommensquelle hätte heranziehen können, und er daher ein Darlehen nicht hätte aufnehmen müssen. 10 ObS 58/89; 6 Ob 2319/96 i = ÖA 1997, 196/F 138.

9. Der UhPfl, nach dem seine uhber frühere Ehefrau einen **öffentlich-rechtlichen Versorgungsanspruch geltend machen könnte** (etwa iSd § 258 Abs 4 ASVG oä), ist im Rahmen des Möglichen und Zumutbaren verpflichtet, die gesetzlichen Voraussetzungen für einen solchen Versorgungsanspruch zu schaffen, andernfalls darin allein der Anspruch auf Verpflichtung zu UhLeistungen unabhängig von einer UhVerletzung begründet sein könnte. 6 Ob 752/80 = SZ 54/6.

10. Beim EhegattenUh kann auch die **Aufgabe einer Erwerbstätigkeit gegen den Willen des Ehepartners** zur Anwendung des Anspannungsgrundsatzes führen, also wenn etwa die Frau ihre unselbstständige Erwerbstätigkeit ohne Einvernehmen aufgegeben und somit die ehel Lebensverhältnisse nicht einvernehmlich gestaltet hat. 1 Ob 56/01 v = EF 95.293.

141   1. Dem UhPfl ist bei der Gestaltung seiner persönlichen Lebensverhältnisse nicht erst bei der Alimentierung über der „Luxusgrenze" ein Spielraum eingeräumt, weil § 140 ABGB **nicht** etwa die **UhMaximierung bis zur Luxusgrenze,** sondern nur die Deckung der angemessenen Bedürfnisse des Kindes bezweckt. 1 Ob 21/98 i; 1 Ob 78/00 b; 8 Ob 44/03 h = EF 103.636.

2. Ein UhPfl mit überdurchschnittlichen persönlichen Fähigkeiten hat zur Bedarfsdeckung jedoch nicht nur insoweit beizutragen, dass mit seiner Leistung der statistisch erhobene Durchschnittsbedarf von Kindern der betr Altersgruppe gedeckt werden könnte. Jedes Kind hat vielmehr das Recht, dass seine Bedürfnisse gem den Lebensverhältnissen der Eltern angemessen gedeckt werden. 1 Ob 599/90 = SZ 63/74 = EvBl 1990/128 = ÖA 1991, 99 = EF 62.022 = RZ 1993/39; 6 Ob 639/90 = ÖA 1991, 43/U 16 = tw EF 62.023 = ÖA 1992, 109/U 35; 6 Ob 655/90 = EF 62.022 = ÖA 1992, 110/U 38 uva; 6 Ob 586/93 = ÖA 1994, 101/U 96 = EF 70.898; 10 Ob 8/07 k = EF-Z 2007/83 *(Gitschthaler);* 7 Ob 121/07 f.

3. Wäre der UhPfl also zu UhLeistungen imstande, die über die Deckung des Regelbedarfs des uhber Kind hinausgehen, so ist seine Leistungskraft auch **über den Regelbedarf hinaus anzuspannen,** sofern ihm entsprechende Arbeitsplätze angeboten wurden und die Beschäftigung zumutbar war, sodass ein familienbewusster Vater in dessen Lage die Arbeit angenommen hätte, selbst wenn sie seinen Berufsvorstellungen nicht in allen Belangen gerecht werden konnte. 6 Ob 654/90 = ÖA 1991,

43/U 17 = tw EF 62.023; 7 Ob 628/90 = RZ 1991/25 = ÖA 1992, 111/U 41 = tw EF 62.023 uva; 7 Ob 192/97 d; 7 Ob 210/05 s = EF 110.330; 7 Ob 121/07 f.

4. Eine Anspannung ist also auch **auf gehobene Einkommensverhältnisse** möglich, wenn die Voraussetzungen als solche dafür gegeben sind. 2 Ob 591/95 = ÖA 1996, 192/U 165 = EF 80.182; 7 Ob 121/07 f.

5. Oder wenn der UhPfl grundlos überdurchschnittliche (gehobene) Lebens- und Einkommensverhältnisse aufgibt; er darf Änderungen in seinen Lebensverhältnissen, die mit Einschränkungen seiner UhPflicht verbunden sind, nur insoweit vornehmen, als dies bei gleicher Sachlage ein pflichtbewusster Familienvater in aufrechter Ehe ebenfalls tun würde. 7 Ob 210/05 s = EF 110.329.

6. Einschr: Die Anspannungstheorie ist idR in 2-facher Weise begrenzt: Zum einen ist im Allgemeinen nicht über den Durchschnittsbedarf hinaus, zum andern ist auf das in einem dem UhPfl zumutbaren Beruf erzielbare Durchschnittseinkommen anzuspannen. 3 Ob 1097/90 = ÖA 1992, 121/F 31; 9 Ob 168/98 s = EF 86.253.

7. Anmerkung: Der hRsp ist insoferne beizupflichten, als es nicht automatisch einen Anspannungsstopp beim Durchschnittsbedarf geben kann, muss doch auch darauf Bedacht genommen werden, dass sonst Kinder eines UhPfl, der aufgrund seiner Ausbildung (etwa ein Akademiker) in der Lage wäre, ein hohes Einkommen zu erzielen, mit jenen Kindern gleich behandelt werden würden, deren UhPfl vielleicht auch bei einer Vollerwerbstätigkeit nur ein Einkommen erzielen könnte, welches nicht einmal Uh in Höhe des Durchschnittsbedarfs ermöglichen würde. Wie meist im UhRecht kommt es aber auch hier auf den konkreten Einzelfall und eine Betrachtung mit Augenmaß an; eine (weitere) Anspannung wird wohl eher die Ausnahme sein, dies insb dann, wenn der tatsächlich geleistete Uh bereits erheblich über dem Durchschnittsbedarf liegt und/oder der UhPfl berücksichtigungswürdige Gründe für seinen – teilweisen – Einkommensverzicht angeben kann.

8. Eine Anspannung auf ein höheres Einkommen scheidet nämlich aus, wenn der Vater ohnehin Uh in Höhe des doppelten Regelbedarfs zu leisten imstande ist. 3 Ob 6/03 h.

9. Grundsätzlich bleibt es auch einem UhPfl jedenfalls so lange, als der angemessene Uh seines Kindes durch die zuerkannte Leistung **erheblich über dem Durchschnittsbedarf** gedeckt wird, unbenommen, zur Befriedigung seines persönlichen Erholungs- und Freizeitbedürfnisses Zeitausgleich anstelle eines Überstundenentgelts zu wählen; auch das UhRecht verwehrt dem UhPfl nicht einen angemessenen Gestaltungsspielraum bei der Befriedigung seiner eigenen Lebensinteressen, auch wenn eine derartige Selbstverwirklichung einer sonst bis zur Luxusgrenze möglichen UhMaximierung entgegensteht. EF 92.206 betraf einen Fall, in dem der UhPfl seine Vollerwerbstätigkeit in eine Teilzeitbeschäftigung von 60% umwandelte; auch dort kam eine Anspannung nicht in Frage. Das RekursG hat – diesen Grundsätzen folgend – bei einem Durchschnittsbedarf von ATS 3.830 (= € 278,34) einen mtl Uh von ATS 5.000 (€ 363,37) als ausreichend angesehen. Die Gründe für die **Annahme einer bloßen Teilzeitbeschäftigung** durch den UhPfl spielen daher keine entscheidende Rolle. 3 Ob 118/01 a = EF 99.523.

10. Auch die auf Wunsch des Vaters bewilligte **Umwandlung seiner Vollerwerbstätigkeit in eine Teilzeitbeschäftigung** von 60% bleibt für seine UhPflicht ohne Auswirkung, weil die Mj unter Heranziehung des verbleibenden väterlichen Einkommens als UBGr auch bei einem UhBeitrag von ATS 3.900 (= € 283) mtl immer noch angemessen alimentiert wird. 1 Ob 78/00 b.

141a   1. Wenn der UhPfl ohne zwingende Notwendigkeit nur einer **Halbtags- oder Teilzeitbeschäftigung** nachgeht, kommt es zur Anspannung. 2 Ob 79/05 i.

   2. Der Vater, der als Lehrer die gesetzliche Möglichkeit einer **Teilzeitbeschäftigung** in Anspruch nimmt, kann daher auf das fiktive Einkommen bei Vollbeschäftigung angespannt werden. 2 Ob 63/02 g = ÖA 2003, 41/U 378.

   3. Der uhpfl Vater hat seine Arbeitsleistung vorübergehend von 40 auf 25 Wochenstunden verringert, um seine mit ihm **im gemeinsamen Haushalt lebende Mutter persönlich pflegen zu können**. Besitzt das einem betagten hilfsbedürftigen Elternteil an sich beistandpflichtige (erwachsene) Kind seinerseits bereits Familie und würde die Beistandsleistung an den Elternteil zu einer Beeinträchtigung der berechtigten Interessen der Jungfamilie führen, muss der Beistandsanspruch des betagten Elternteils zurücktreten, was durch die vorzugwürdige Stellung der Jungfamilie gerechtfertigt ist. UhAnspr der Vorfahren des UhPfl sind mit jenen seiner Nachkommen nicht gleichrangig; bei der Bemessung des UhAnspr der Nachkommen kann ein (allfälliger) UhAnspr eines Vorfahren nicht berücksichtigt werden.

   Allerdings sind auch in einer intakten Familie Umstände denkbar, die den UhPfl wegen des dringenden Erfordernisses persönlicher Hilfeleistungen für einen bereits im gemeinsamen Haushalt lebenden und in eine Notsituation geratenen Vorfahren in die Lage versetzen, seine berufliche Arbeitsbelastung zum Nachteil uhber Kinder vorübergehend reduzieren zu müssen. Eine solche, dem hilfsbedürftigen Vorfahren ungeachtet aller uhrechtlichen Erwägungen unentgeltlich geschuldete Maßnahme könnte sich etwa für den Zeitraum bis zur Sicherstellung ausreichender Fremdbetreuung (etwa durch Unterbringung in einem Pflegeheim oder die Organisierung eines Hilfsdienstes) als notwendig erweisen, ebenso aber – wenn Fremdbetreuung aus besonderen Gründen nicht in Frage kommen sollte – bis zu einer dem UhPfl zumutbaren Neugestaltung seiner Lebensverhältnisse, die es ihm möglich macht, trotz der Betreuung des Vorfahren der vorrangigen UhPflicht gegenüber seinen Kindern wieder angemessen nachzukommen. Auch in derartigen Fällen obliegt es dem am Leitbild des pflichtgetreuen Elternteils zu messenden UhPfl jedoch, Ausmaß und Dauer der Beeinträchtigung der UhAnspr seiner uhber Kinder auf das unumgänglich Notwendige zu beschränken. 2 Ob 79/05 i = EF 110.336.

   4. Nicht anzuspannen ist ein Vater, der als Croupier tätig ist, Uh in Höhe des 1,9-fachen Regelbedarfs leistet, wiederverheiratet ist und 3 Monate im Jahr **unbezahlten Urlaub** nimmt, weil die (notwendige) zeitweilige Versetzung in diesem Zeitraum an einen anderen Casinoort sein Familienleben empfindlich beeinträchtigen würde bzw die Aufrechterhaltung eines möglichst weitgehenden Kontakts mit der Ehegattin mit erheblichen Kosten verbunden wäre. Der Vater nimmt nämlich nicht ohne triftige Gründe unbezahlten Urlaub in Anspruch, außerdem besteht bei einer hauptsächlich in den Abend- und Nachtstunden ausgeübten Tätigkeit ein grundsätzlich höheres Urlaubsbedürfnis; und schließlich hat **der UhBer keinen grundsätzlichen Anspruch darauf, dass der UhPfl bis zur Luxusobergrenze des 2,5-fachen Regelbedarfs angespannt wird**. 6 Ob 258/02 p = EF 99.524.

b) Einkommensverzicht

142   1. Die Anspannungstheorie kommt zur Anwendung, wenn der **UhPfl grundlos keinem Erwerb nachgeht**. 8 Ob 1603/93 = ÖA 1994, 105/F 80 = EF 74.117.

2. Oder es unterlässt, einer seiner Ausbildung und seinen Fähigkeiten entsprechenden Tätigkeit nachzugehen. 3 Ob 541/95 = ÖA 1996, 129 = EF 77.069; 1 Ob 597/95 = ÖA 1996, 96/U 149 = EF 77.069; 10 Ob 523/95 = ÖA 1996, 121/U 154 = EF 77.069.

3. Nimmt der UhPfl daher die **Stellung eines Hausmanns** an, kann dies nicht zu Lasten seiner uhber Kinder gehen. 4 Ob 556/94 = EF 74.172 = SZ 67/162 = ÖA 1995, 96.

4. Der Verzicht des Bekl auf die Gelegenheit, aus der **Übergabe der Diskothek** an seine beiden Töchter sich **Einkünfte zu sichern,** darf nicht zu Lasten der uhber Kl gehen. Es wäre dem Bekl zumutbar gewesen, sich von den Töchtern eine Ausgedingsleistung als bei Übergabe eines derartigen Betriebs an Kinder übliche Gegenleistung versprechen zu lassen. Das Verlangen nach einer derartigen einer Ausgedingsleistung ungefähr entsprechenden Gegenleistung entspricht auch der ausdrücklichen Bezeichnung der Zuwendung mit dem Wort „Übergabsvertrag". 7 Ob 2420/96 z = EF 83.052.

1. Die Anspannungstheorie ist nicht auf die Fälle bloßer Arbeitsunwilligkeit beschränkt, sondern greift auch Platz, wenn dem UhPfl die **Erzielung eines höheren als des tatsächlichen Einkommens zugemutet** werden kann. 7 Ob 615/91 = RZ 1992/24 = ÖA 1992, 52/U 25 = EF 65.240; 1 Ob 502/94; 2 Ob 596/94 uva; 3 Ob 128/00 w; 7 Ob 194/03 k = EF 103.533; 2 Ob 208/06 m; 7 Ob 121/07 f. **142 a**

2. Wenn er sich also **mit einem geringeren Einkommen begnügt, als ihm möglich wäre.** 5 Ob 1575/91 = ÖA 1993, 21/F 49 = EF 67.937; 6 Ob 554/92 = ÖA 1993, 18/U 68 = EF 67.937; 8 Ob 559/93 = ÖA 1993, 146 = EF 70.907 uva; 4 Ob 2236/96 v = ÖA 1997, 159/U 182 = EF 80.193.

3. Dies jedenfalls dann, wenn der **Verzicht auf die Erzielung eines höheren Einkommens** nicht durch besondere berücksichtigungswürdige Umstände erzwungen ist. 3 Ob 541/95 = ÖA 1996, 129; 4 Ob 2327/96 a = EF 80.232; 9 Ob 168/98 s = EF 86.238.

1. Es ist von einem „**ortsüblichen" Einkommen** auszugehen, wenn der UhPfl mit geringerem Einkommen als üblich **in einem Familienbetrieb** arbeitet. 1 Ob 532/95 = EF 77.178; 6 Ob 142/02 d = EF 99.520. **142 b**

2. Dass der uhpfl Gemeinschuldner, der im Unternehmen seiner Lebensgefährtin arbeitet, weder von ihr ein Gehalt bezieht noch aus der Konkursmasse für seinen und den Uh derjenigen, die gegen ihn einen Anspruch haben, Mittel erhält, ist auf die Rechtsgrundlage seiner UhPflicht ebenso ohne Einfluss. 1 Ob 535/81 = EF 37.593.

3. Der Vater hat nicht nur seinen vormaligen Arbeitsplatz aufgegeben, sondern auch sein Gewerbe, welches ihm ein nicht unbeträchtliches Zusatzeinkommen ermöglichte, ruhend gemeldet. Er ist im Rahmen dieses Unternehmens jedoch weiterhin – wenngleich im Namen seiner Lebensgefährtin – tätig, sodass er – bei entsprechendem Einsatz – durchaus in der Lage wäre, Einkünfte in dem früher erwirtschafteten Ausmaß zu erzielen. Damit ist aber nur eine **Vermögens-Einkommensverschiebung** bewirkt worden, die nicht zu Lasten der Mj gehen kann. Unter diesen Umständen kann der Vater daher ohne weiteres auf das seinerzeitige fiktive Gesamteinkommen, welches auch nicht wesentlich über durchschnittlichen Einkommensverhältnissen liegt, angespannt werden. 7 Ob 552/95 = ÖA 1996, 62/U 141 = EF 77.102.

4. Anmerkung: IdZ ist auch auf das Unterhaltsschutzgesetz hinzuweisen, dessen Hauptanwendungsfälle Klagen gegen den Lebensgefährten des trotz Sorgepflichten nicht erwerbstätigen Elternteils oder früheren Ehepartners sind. Wenn ein UhPfl seine gesetzlichen UhPflichten gegenüber einem geschiedenen Ehepartner oder Kindern verletzt und sein eigener Bedarf von einem Lebensgefährten finanziert wird, haftet der Lebensgefährte gegenüber dem UhBer unter den Bedingungen des § 1 USchG **als Bürge und Zahler iS des § 1357 ABGB** für die UhSchulden des UhPfl, die auf die Zeit der UhLeistung entfallen (also nicht für allfällige UhRückstände aus der Zeit vor der LG). Der UhSchutz sichert also den gesetzlichen UhAnspr gegen das „Aushalten" des UhPfl durch dritte Personen ab (*Koziol/Welser*, Bürgerliches Recht[13] I, 560).

§ 1 USchG. Geht jemand, der gesetzlich zur Leistung von Unterhalt verpflichtet ist, keinem Erwerb nach, der ihm die Erfüllung dieser Pflicht ermöglichen würde, und gewährt ihm ein Dritter in Kenntnis dieser Pflicht Unterhalt, ohne seinerseits hiezu gesetzlich verpflichtet zu sein, so haftet der Dritte dem Unterhaltsberechtigten als Bürge und Zahler für die Unterhaltsschulden, die auf die Zeit der Unterhaltsgewährung entfallen.

5. Der Anspruch des UhBer gegen den Dritten ist zwar ein selbstständiger Anspruch. 6 Ob 110/72.

6. Der Umfang der Haftung wird aber durch die gesetzliche UhPflicht des UhPfl und nicht durch die Leistungsfähigkeit des Dritten bestimmt; für die Prüfung der Leistungsfähigkeit des UhPfl ist grundsätzlich das Einkommen maßgebend, das er erzielen könnte, wenn ihn der als Bürge und Zahler in Anspruch genommene Dritte nicht von der Notwendigkeit enthoben hätte, selbst etwas zu erwerben. 7 Ob 207/57; 6 Ob 110/72.

7. Der Dritte wird von seiner Leistungspflicht nicht dadurch befreit, dass der UhBer öffentlich-rechtliche Unterstützungsleistungen (Sozialhilfe oä) bezieht. 10 Os 126/72; 10 Os 181/72.

8. Oder ein subsidiär UhPfl (etwa die betreuende Mutter) Leistungen erbringt. 10 Os 177/69 = EvBl 1970/274.

9. Die Anwendung des § 1 USchG hat nicht zur Voraussetzung, dass die Pflicht zum gesetzlichen Uh bereits gerichtlich festgesetzt ist. 10 Os 14/64; 10 Os 11/66; 10 Os 157/66; 10 Os 264/71; 10 Os 63/72; 10 Os 102/72; 9 Os 62/75.

10. Wohl aber bei Kindern das Feststehen der Vaterschaft (Ehe, Urteil, Anerkenntnis). 10 Os 123/63 = EvBl 1964/309.

143 1. Der UhPfl darf nicht grundlos seine **überdurchschnittlichen (gehobenen) Lebens- und Einkommensverhältnisse aufgeben** oder – im Falle des Verlusts eines überdurchschnittlich dotierten Arbeitsplatzes – nicht wiederzuerlangen trachten. 2 Ob 591/95 = ÖA 1996, 192/U 165.

2. Er darf Änderungen seiner Lebensverhältnisse, die mit Einschränkungen seiner UhPflichten verbunden wären, nur insoweit vornehmen, als dies bei gleicher Sachlage ein **pflichtbewusster Familienvater** in aufrechter Ehe tun würde. 4 Ob 4/98 m = EF 86.225 = ÖA 1998, 208/U 231; 9 Ob 168/98 s = EF 86.225.

144 1. Ist das Unternehmen eines **selbstständig Erwerbstätigen lange Zeit passiv**, ist er als Unternehmer zunächst auf eine zumutbare Nebenbeschäftigung anzuspannen, in weiterer Folge trifft ihn die Obliegenheit, die selbstständige Beschäftigung aufzugeben und eine zumutbare unselbstständige Betätigung aufzunehmen, deren voraussichtliche Entlohnung seinen UhPflichten gerecht wird. 6 Ob 2319/96 i = ÖA 1997, 196/F 138; 6 Ob 116/00 b = ÖA 2000, 265/U 323 = EF 80.247, 80.248; 3 Ob 89/ 97 b = EvBl 1997/175 = JBl 1997, 647; 4 Ob 4/98 m = EF 86.295 = ÖA 1998, 208/ U 231; 6 Ob 228/00 y.

2. **Einschr:** Dies allerdings nicht schon bei jedem Herabsinken des Betriebsergebnisses seines Unternehmens, sondern erst, wenn das Unternehmen über lange Zeit passiv ist; welcher Beobachtungszeitraum dem Vater zur Verfügung steht und ab welchem Zeitpunkt er anzuspannen ist, richtet sich nach den Umständen des Einzelfalls. 6 Ob 116/00 b = ÖA 2000, 265/U 323.

3. Der UhPfl ist dann auf **ein branchenübliches Einkommen aus unselbstständiger Tätigkeit** anzuspannen. 3 Ob 541/95 = ÖA 1996, 129 = EF 77.145.

4. Dies bedeutet aber nicht, dass ein UhPfl selbst nach jahrelanger, wenngleich nicht ertragreicher oder gar verlustbringender Tätigkeit als Unternehmer immer auf das – bis zum Bemessungszeitraum nach der jew Entwicklung aufgewertete – höhere Einkommen als UBGr anzuspannen wäre, das er als unselbstständig Erwerbstätiger vor seinem Wechsel in die Selbstständigkeit erzielt hat. 1 Ob 58/00 m = EvBl 2000/ 165 = JBl 2000, 725 = ÖA 2000, 165/U 315.

5. Würde nämlich ein Erwerbstätiger, der als Unternehmer gescheitert ist, zur Erfüllung seiner UhPflichten auf ein Einkommen angespannt, das er in einem seit vielen Jahren nicht mehr ausgeübten Beruf als unselbstständig Erwerbstätiger rein fiktiv erzielen könnte, ohne auf die realen Verhältnisse auf dem Arbeitsmarkt und die daraus ableitbaren konkreten Erwerbschancen des jew UhPfl Bedacht zu nehmen, so wäre darin ein Strafe für das Scheitern als Unternehmer zu erblicken, kann doch ein unselbstständig Erwerbstätiger, der, ohne Unternehmer werden zu wollen, aus seinem Verschulden eine Stellung mit gutem Einkommen verlor, auch nur auf ein nach seinen konkreten Erwerbschancen auf dem aktuellen Arbeitsmarkt erzielbares Einkommen aus einer weiteren unselbstständigen Tätigkeit angespannt werden. Ein solcher Wertungswiderspruch ist in Vollziehung des § 140 ABGB zu vermeiden. 1 Ob 58/00 m = EvBl 2000/165 = JBl 2000, 725 = ÖA 2000, 165/U 315.

6. **Abw:** Der Vater hat sich für die Aufgabe seiner Beschäftigung und die Aufnahme einer selbstständigen Tätigkeit als Hüttenwirt zwar im Einvernehmen mit seiner damaligen Ehegattin und Mutter der Kinder entschieden; daraus folgt aber nicht, dass sich die Kinder nicht auf dieses Einkommen berufen könnten, das der Vater als unselbstständig Beschäftigter erzielt hat. Auch bei einem im Einvernehmen durchgeführten Berufswechsel müssen die weiteren Verfügungen des UhPfl daran gemessen werden, was ein pflichtbewusster Familienvater in aufrechter Ehe bei gleicher Sachlage getan hätte. 4 Ob 4/98 m = EF 86.296 = ÖA 1998, 208/U 231.

145 1. Es ist durchaus möglich, dass neben **dem Bezug der Sozialhilfe** durch den UhPfl die Voraussetzungen für seine **Anspannung** bestehen bleiben. 4 Ob 2068/ 96 t = EF 81.825 = ÖA 1998, 17/F 143.

2. Ebenso bei **Bezug einer Arbeitslosenunterstützung,** wenn es dem UhPfl möglich gewesen wäre, eine angemessene Arbeit zu erhalten. 1 Ob 654/92 = EF 67.977 = ÖA 1993, 140/U 80.

3. Ein pflichtbewusster rechtstreuer Elternteil würde sich mit einer Arbeitslosigkeit über mehr als 7 Monate/Jahr und einem Nettoeinkommen von ATS 52.868 (= € 3.842) für eine Arbeitstätigkeit über 4 Monate und 20 Tage (bei welcher über-

dies noch hohe PKW-Kosten als einkommensmindernd zu Buche schlagen sollen) nicht abfinden. 6 Ob 1626/95 = ÖA 1996, 99/F 109 = EF 77.121.

c) Unterlassung einer Antragstellung

146 1. Unterlässt es der UhPfl aus in seiner Sphäre liegenden Gründen, einen **Antrag auf Gewährung einer öffentlich-rechtlichen Leistung** zu stellen, so muss er sich dieses ihm mögliche Einkommen iSd Anspannungstheorie für die UhLeistung anrechnen lassen. Dies wird bei einem der Hilfe bedürftigen UhPfl, der in LG lebt, nicht zur Folge haben können, dass er seine LG aufgeben müsste, um in den Genuss von Sozialhilfe gelangen zu können; er wird aber dann allenfalls den von seinem Lebensgefährten gereichten Uh zT zur Deckung des von ihm für seine Kinder zu leistenden UhBeitrags verwenden müssen. 1 Ob 559/92 = ÖA 1992, 152/UV 46 = EF 68.035; 1 Ob 550/94 = JBl 1995, 62 = ÖA 1995, 58/U 108; 3 Ob 160/94; 3 Ob 250/97 d = ÖA 1998, 168/U 224; 7 Ob 194/03 k.

2. Der Anspannungsgrundsatz berücksichtigt den zumutbaren Einsatz eigener Kräfte des UhPfl. Er zielt dagegen nicht auf die Ausübung rechtlichen Drucks auf den UhPfl ab, seine persönlichen Lebensverhältnisse so zu gestalten, dass letztlich die öffentliche Hand im alleinigen Interesse eines UhBer eine höhere Leistung zu erbringen habe. Den **UhPfl trifft keine Rechtspflicht dahin, seinen persönlichen Wunsch auf Begründung einer LG hintanzustellen, nur um dadurch die Voraussetzungen für einen höheren Karenzgeldanspruch,** der ihm erst (höhere) UhLeistungen ermöglichen würde, **zu schaffen.** Die Aufnahme einer LG durch den UhPfl rechtfertigt daher nicht den Vorwurf eines schuldhaften Verzichts auf ein höheres Einkommen aus öffentlichen Geldern. 1 Ob 115/98 p = ÖA 1999, 32/U 258 = EF 86.217.

3. Wer nicht nur Anspruch auf **Karenzurlaubsgeld,** sondern auch auf einen **Familienzuschlag** hat, weil er für den Uh des Kindes wesentlich beizutragen hat, um diesen Familienzuschlag aber nicht ansucht und ihn deshalb auch nicht ausbezahlt erhält, ist jedenfalls zur UhLeistung in Höhe dieses Betrags zu verpflichten, weil von dessen fiktivem Bezug auszugehen ist. 8 Ob 79/97 v = ÖA 1998, 62/F 153 = EF 83.420.

4. Dies gilt auch für den **Familienzuschlag zur Arbeitslosenunterstützung.** 8 Ob 525/95 = EF 77.183.

3. Anspannungseinkommen

147 1. Mit der Anspannung der Leistungskraft des UhPfl kann der Uh auf der Grundlage eines **zwar tatsächlich nicht erzielten, aber wohl erzielbaren Einkommens** bemessen werden. 7 Ob 628/90 = RZ 1991/25 = ÖA 1992, 111/U 41; 8 Ob 509/91 = ÖA 1991, 142; 8 Ob 554/91 = ÖA 1992, 55/UV 28; 1 Ob 612/91 = RZ 1992/48 = RZ 1993/76 = ÖA 1992, 51/U 24 uva; 6 Ob 181/97 d = ÖA 1998, 112/U 212 = EF 83.418.

2. Uzw des **bei zumutbarer Anspannung der Leistungskraft** des UhPfl **erzielbaren Erwerbseinkommens** (bei vollem und zumutbarem Arbeitseinsatz). 8 Ob 509/91 = ÖA 1991, 142 = EF 65.254; 6 Ob 517/91 = EF 65.254; 4 Ob 544/91 = ÖA 1992, 51/U 23; 8 Ob 544/91 = EF 65.254 = ÖA 1992, 55/UV 28.

3. Die Anspannung darf aber **nicht zu einer bloßen Fiktion** führen, sondern muss immer auf der **hypothetischen Feststellung** beruhen, welches **reale Einkom-

men der UhPfl in den Zeiträumen, für die die UhBemessung erfolgt, unter Berücksichtigung seiner konkreten Fähigkeiten und Möglichkeiten bei der gegebenen Arbeitsmarktlage zu erzielen in der Lage wäre. 6 Ob 530/92 = ÖA 1992, 147/U 63; 1 Ob 552/93 = ÖA 1994, 19/U 83; 7 Ob 528/94 = ÖA 1995, 60/U 110 = EF 74.133; 7 Ob 596/94 = ÖA 1995, 88/U 115 = EF 74.133; 2 Ob 576/94 = ÖA 1995, 88/U 117 = EF 74.133 uva; 6 Ob 228/00 y; 1 Ob 58/00 m = EvBl 2000/165 = JBl 2000, 725 = ÖA 2000, 165/U 315; 1 Ob 56/01 v; 2 Ob 108/02 z = EF 99.527, 99.529; 7 Ob 205/03 b = EF 103.550, 103.551; 7 Ob 194/03 k = EF 103.550, 103.552; 6 Ob 51/04 z = EF 107.228, 107.230; 6 Ob 91/04 g = EF 107.228, 107.230; 6 Ob 197/06 y; 10 Ob 8/07 k = EF-Z 2007/83 *(Gitschthaler)*.

4. Darüber sind **Feststellungen** zu treffen. 4 Ob 120/98 w = EvBl 1999/19 = JBl 1999, 182 = ÖA 1999, 12/U 241 = EF 86.247; 4 Ob 166/98 k = ÖA 1999, 33/U 259 = EF 86.247; 1 Ob 223/98 w = EF 89.111 = ÖA 1999, 219/U 289.

148 1. Maßgebend ist die **potentielle Leistungsfähigkeit** des UhPfl. 1 Ob 2330/96 w = ÖA 1998, 20/U 199 = EF 83.342.

2. Wobei von **seinen konkreten Lebensverhältnissen auszugehen** ist, mit denen das erzielbare Einkommen im Einklang stehen muss. 4 Ob 2327/96 a = EF 80.180.

3. Dieses ist nach einer den **subjektiven Fähigkeiten** und der **objektiven Arbeitsmarktlage** entsprechenden sowie zumutbaren Erwerbstätigkeit zu messen. Subjektive Fähigkeiten und Zumutbarkeit werden im Wesentlichen durch Alter, berufliche Ausbildung, körperliche und geistige Verfassung sowie familiäre Belastung bestimmt. In diesem Rahmen sind die konkreten Erwerbschancen auf dem Arbeitsmarkt ausschlaggebend. 8 Ob 191/97 i = ÖA 1998, 170/U 225 = EF 83.340; 1 Ob 2330/96 w = ÖA 1998, 20/U 199 = EF 83.340; 4 Ob 120/98 w = EvBl 1999/19 = JBl 1999, 182 = ÖA 1999, 12/U 241 = EF 86.251; 4 Ob 166/98 k = ÖA 1999, 33/U 259 = EF 86.251; 6 Ob 116/00 b = ÖA 2000, 265/U 323; 2 Ob 108/02 z = EF 99.532; 10 Ob 8/07 k = EF-Z 2007/83 *(Gitschthaler)*.

4. Dazu ist die Prüfung der Frage erforderlich, welche für die Arbeitsplatzsuche relevanten Kenntnisse und Fähigkeiten der Vater hat, welche schulische und berufliche Ausbildung er absolviert hat, in welchen Sparten er bisher tätig war und welche Berufstätigkeit mit welchem Einkommen ihm heute nach der Arbeitsmarktlage offenstünde. 1 Ob 552/93 = ÖA 1994, 19/U 83 = EF 71.013; 4 Ob 166/98 k = ÖA 1999, 33/U 259 = EF 86.254.

5. Verfügt der UhPfl über keine besondere Schulbildung, hat er aber in jahrzehntelanger Tätigkeit **weit überdurchschnittliche praktische Kenntnisse** und eine **reiche berufliche Erfahrung** angesammelt, kommt der **Schulbildung** kein besonderer Stellenwert mehr zu. 6 Ob 639/90 = ÖA 1991, 43/U 16 = ÖA 1992, 109/U 35.

6. Die Anspannung beruht also auf **realen Einkommenserwartungen** des UhPfl vor dem Hintergrund seiner beruflichen Kenntnisse und Fähigkeiten und der konkreten Arbeitsmarktlage im Zeitraum der UhBemessung. 1 Ob 165/01 y = EF 95.697; 7 Ob 194/03 k = EF 103.550, 103.552; 10 Ob 8/07 k = EF-Z 2007/83 *(Gitschthaler)*.

149 1. Der UhPfl kann aber nur auf ein **seiner Ausbildung entsprechendes Durchschnittseinkommen** angespannt werden. 3 Ob 1097/90 = EF 62.021 = ÖA 1992, 121/F 31; 7 Ob 581/93 = EF 74.160.

2. Dabei allerdings nicht automatisch auf ein Durchschnittseinkommen in einer bestimmten Branche, sondern sind vielmehr die Umstände des Einzelfalls zu berücksichtigen. 1 Ob 532/95 = EF 77.077.

3. Abw: Werden aus einer selbstständigen Tätigkeit durch längere Zeit hindurch keine entsprechenden Einnahmen erzielt, ist auf ein branchenübliches Einkommen aus unselbstständiger Tätigkeit anzuspannen. 3 Ob 541/95 = EF 77.145.

4. Verhaltenspflichten

a) Allgemeines

150 1. Der UhPfl hat **alle Kräfte anzuspannen,** um seiner Verpflichtung nachkommen zu können; er muss **alle persönlichen Fähigkeiten, insb seine Arbeitskraft,** so gut wie möglich einsetzen. 1 Ob 599/90 = SZ 63/74 = EvBl 1990/128 = RZ 1993/39 = ÖA 1991, 99; 8 Ob 651/90; 6 Ob 517/91; 8 Ob 651/90; 4 Ob 544/91 = ÖA 1992, 51/U 23 uva; 4 Ob 293/00 t.

2. Er hat alle ihm **zumutbaren Anstrengungen** zu unternehmen, ein der Sachlage nach angemessenes Einkommen zu erzielen. 6 Ob 2319/96 i = ÖA 1997, 196/F 138 = EF 80.171.

3. Bei Einsatz **aller Fähigkeiten und Kenntnisse.** 7 Ob 551/91 = EF 65.169; 2 Ob 596/94 = EF 74.119.

4. Sowie seine ganze Leistungskraft unter **Berücksichtigung seiner Ausbildung und seines Könnens auszuschöpfen.** 4 Ob 518/91; 4 Ob 544/91 = ÖA 1992, 51/U 23; 1 Ob 603/92 = RZ 1994/18 = ÖA 1993, 105; 1 Ob 552/93 = ÖA 1994, 19/U 83; 10 Ob 523/95 = ÖA 1996, 121/U 154; 4 Ob 2371/96 x; 10 Ob 2104/96 a = EF 80.174; 6 Ob 194/97 s = ÖA 1998, 128/F 161 = EF 83.341; 6 Ob 181/97 d = ÖA 1998, 112/U 212 = EF 83.341.

b) Verschulden

151 1. Der Anspannungsgrundsatz ist als **eine Art Missbrauchsvorbehalt** für jene Fälle zu sehen, wo schuldhaft die zumutbare Erzielung deutlich höherer Einkünfte versäumt wird. 8 Ob 191/97 i = ÖA 1998, 170/U 225; 4 Ob 120/98 w = EvBl 1999/19 = JBl 1999, 182 = ÖA 1999, 12/U 241 = EF 86.248; 4 Ob 166/98 k = ÖA 1999, 33/U 259 = EF 86.248; 6 Ob 116/00 b = ÖA 2000, 265/U 323; 7 Ob 249/00 v; 2 Ob 108/02 z = EF 99.540; 6 Ob 272/02 x; 1 Ob 130/04 f.

2. Voraussetzung der Anspannung ist die **Zumutbarkeit einer entsprechenden Erwerbstätigkeit.** 6 Ob 194/97 s = ÖA 1998, 128/F 161 = EF 83.341; 6 Ob 181/97 d = ÖA 1998, 112/U 212 = EF 83.342; 6 Ob 272/02 x; 7 Ob 13/06 x; 3 Ob 99/07 s.

3. Sie darf also nur dann erfolgen, wenn den **UhPfl ein Verschulden daran trifft, dass er keine Erwerbstätigkeit ausübt.** 3 Ob 547/94 = ÖA 1995, 60/U 112 = RZ 1995/76; 3 Ob 28/94; 2 Ob 576/94 = ÖA 1995, 88/U 117 = EF 74.108 uva; 1 Ob 115/98 p = ÖA 1999, 32/U 258; 1 Ob 23/02 t = ÖA 2002, 176/U 360; 6 Ob 272/02 x; 2 Ob 56/02 b = ÖA 2003, 274/U 404; 8 Ob 44/03 h; 7 Ob 205/03 b; 7 Ob 194/03 k; 1 Ob 130/04 f; 2 Ob 79/05 i; 7 Ob 210/05 s; 3 Ob 99/07 s; 10 Ob 8/07 k = EF-Z 2007/83 *(Gitschthaler);* 2 Ob 208/06 m.

4. Schuldhaft versäumte Einnahmen sind somit der UBGr hinzuzuzählen. 7 Ob 52/98 t; 6 Ob 272/02 x.

5. Verschulden kann dabei in **vorsätzlicher UhFlucht** bestehen. 1 Ob 23/02 t = ÖA 2002, 176/U 360; 7 Ob 205/03 b; 1 Ob 130/04 f; 2 Ob 79/05 i; 7 Ob 210/05 s; 3 Ob 99/07 s.

6. Es genügt aber auch **zumindest leichte Fahrlässigkeit** an der Herbeiführung des Einkommensmangels durch Außerachtlassung pflichtbewusster, zumutbarer Einkommensbemühungen. 2 Ob 576/94 = ÖA 1995, 88/U 117 = EF 74.105; 1 Ob 1645/95 = EF 77.052; 10 Ob 2184/96 s = EF 80.163 = ÖA 1997, 158/U 180; 4 Ob 2327/96 a = EF 80.163; 2 Ob 250/97 x = ÖA 1998, 68 = EF 83.323; 1 Ob 23/02 t = ÖA 2002, 176/U 360; 1 Ob 130/04 f; 2 Ob 79/05 i; 7 Ob 210/05 s; 2 Ob 208/06 m.

151 a 1. Wer hingegen – aus welchen Gründen immer (**Krankheit, Haft, Schwangerschaft, Alter**) – zu einer Erwerbstätigkeit nicht in der Lage ist, dem kann wegen der fehlenden Leistungsfähigkeit kein potentielles Einkommen unterstellt werden. 4 Ob 544/91 = ÖA 1992, 51/U 23; 4 Ob 120/98 w = EvBl 1999/19 = JBl 1999, 182 = ÖA 1999, 12/U 241 = EF 86.223; 4 Ob 175/98 h = EF 87.717 = ÖA 1999, 45/UV 122; 6 Ob 91/04 g.

2. Wenn er also etwa wegen einer Krankheit keinem Erwerb nachgehen kann und auf geringe Beträge angewiesen ist, die ihm an Notstandshilfe oder Krankengeld gewährt werden oder die er aus seinem TaschengeldUhAnspr gegen den Ehegatten erhält. 5 Ob 1575/91 = ÖA 1993, 21/F 49; 3 Ob 535/92 = SZ 65/54 = ÖA 1993, 17/U 65.

3. Eine **durch triftige Gründe** (Gesundheit, familiäre oder wirtschaftliche Gründe, Arbeitgeberkündigung) **verminderte Leistungsfähigkeit** löst mangels Verschuldens ebenfalls keine Anspannungsobliegenheit aus. 7 Ob 194/03 k.

4. Dem UhPfl kann das Unterlassen der Erzielung eines höheren Einkommens somit auch dann nicht vorgeworfen werden, wenn **betriebliche Erfordernisse seiner Weiterbeschäftigung entgegenstehen** und es ihm nicht möglich ist, eine ihm zumutbare Berufstätigkeit aufzunehmen. 3 Ob 28/94.

152 1. **Maßstab ist stets das Verhalten eines pflichtgemäßen rechtschaffenen Familienvaters.** 1 Ob 614/92 = SZ 65/126 = ÖA 1993, 108 = JBl 1993, 244; 4 Ob 557/94 = SZ 67/38 = ÖA 1995, 68; 3 Ob 541/95 = EF 77.057, 77.058 = ÖA 1996, 129; 10 Ob 523/95 = EF 77.057 = ÖA 1996, 121/U 154 uva; 4 Ob 181/98 s; 1 Ob 23/02 t = ÖA 2002, 176/U 360; 2 Ob 108/02 z; 8 Ob 44/03 h; 1 Ob 130/04 f; 2 Ob 79/05 i; 7 Ob 210/05 s.

2. Bzw eines **pflichtbewussten rechtsgetreuen Elternteils** in der Lage des konkreten UhPfl. 1 Ob 603/92 = ÖA 1993, 105 = RZ 1994/18 = EF 68.029; 7 Ob 581/93; 6 Ob 522/95; 4 Ob 2327/96 a = EF 80.166; 7 Ob 78/00 v; 8 Ob 133/00 t; 7 Ob 205/03 b; 2 Ob 208/06 m; 7 Ob 121/07 f.

3. Im EhegattenUhRecht ist **Maßstab der ordentliche familien- und pflichtbewusste Ehegatte,** der sich mit seinen Kräften dafür einsetzt, seinem UhBer angemessenen Uh leisten zu können. 4 Ob 181/98 s; 7 Ob 151/06 s; 3 Ob 99/07 s.

4. **Je umfangreicher die Sorgepflichten,** desto strengere Anforderungen sind dabei an die Anspannung des UhPfl zu stellen. 1 Ob 595/91; 7 Ob 615/91 = RZ 1992/24 = ÖA 1992, 52/U 25; 1 Ob 621/93 = ÖA 1995, 159/U 137; 1 Ob 502/94 = EF 74.116 uva; 7 Ob 251/98 g = ÖA 1999, 39/U 264 = EF 86.224; 1 Ob 2/02 d; 7 Ob 210/05 s.

5. Es ist zu prüfen, wie ein pflichtbewusster Familienvater in der konkreten Lage des UhPfl die diesem zur Erzielung von Einkommen zur Verfügung stehenden

Mittel an Arbeitskraft und Vermögen **vernünftigerweise** einsetzen würde. 6 Ob 116/00 b = ÖA 2000, 265/U 323; 7 Ob 249/00 v; 6 Ob 228/00 y; 1 Ob 2/02 d; 7 Ob 194/03 k; 7 Ob 121/07 f.

6. Vom UhPfl tatsächlich getroffene **E über Berufswahl, Wahl des Arbeitsplatzes, unternehmerische E bei selbstständig Erwerbstätigen, Vermögensveranlagung und Vermögensverwertung** sind grundsätzlich danach **zu beurteilen,** ob die E nach der subjektiven Kenntnis und Einsicht des UhPfl **im Zeitpunkt der jew E** zu billigen war. **Nicht eine** in **rückblickender Betrachtung** sich als bestmögliche E über den Einsatz der Kräfte darstellende Verhaltensweise ist maßgebend, sondern die vom UhPfl nach seinen jew gegebenen konkreten Umständen für den Entscheidungszeitpunkt als vertretbar zu erkennende Maßnahme. **Desto weniger eine bestimmte Disposition des UhPfl wirtschaftlich einzuleuchten vermag, desto mehr wird es an ihm liegen, sie aus seiner Sicht verständlich zu machen.**

Dabei können durchaus wirtschaftsfremde Erwägungen Berücksichtigung finden, im Anlassfall etwa der Verzicht auf den vollen wirtschaftlichen Gegenwert für die Überlassung einer Wohnung an jene Person, die die Mutter des UhPfl und Erblasserin pflegte und betreute und der gegenüber sich sowohl die Erblasserin als auch ihr Sohn moralisch verpflichtet erachtet haben mögen. Darin liegen systemimmanente Schranken der Anspannung. 6 Ob 586/93 = ÖA 1994, 101/U 96 = EF 70.898; 6 Ob 116/00 b = ÖA 2000, 265/U 323.

152 a   1. Verschulden – und damit eine Anspannung – scheidet aus, wenn der UhPfl **geisteskrank** ist und deshalb seinen Verpflichtungen nicht nachkommt, etwa einen Antrag auf öffentlich-rechtliche Leistungen zu stellen. 7 Ob 194/03 k = EF 103.567.

2. Bei geistigen Störungen und Erkrankungen ist bei Anwendung der Anspannungstheorie jedoch zu klären, ob die Weigerung des UhPfl, sich einer medikamentösen Therapie zu unterziehen, Folge einer gerade durch die Krankheit bzw geistigen Störung bedingten zumindest insoweit fehlenden oder verminderten Einsichtsfähigkeit ist, oder ob der UhPfl in der Lage wäre, die Notwendigkeit der **Behandlung** zu erkennen und nach dieser Einsicht zu handeln. 6 Ob 64/07 s = EF-Z 2007/109.

3. Dem UhPfl ist zur Wiederherstellung seiner Arbeitsfähigkeit jedenfalls die Durchführung von – allenfalls auch mehrmaligen – Operationen zumutbar; ebenso eine psychotherapeutische oder antidepressive Behandlung. 6 Ob 64/07 s = EF-Z 2007/109.

4. Auch eine unterlassene Heilbehandlung von beherrschbarem Alkoholismus stellt eine Obliegenheitsverletzung dar. Dies gilt freilich dann nicht, wenn die notwendige Behandlung mit unzumutbaren Gefahren verbunden ist. Außerdem betont der OGH idZ in stRsp, dass eine Obliegenheitsverletzung nur dann vorliege, wenn der **Alkoholismus noch beherrschbar** sei. IdS kann eine Alkoholentziehungskur nur beim noch beherrschbaren Fall von Alkoholabusus verlangt werden, wenn also dem UhPfl noch die erforderliche Willenskraft zur Alkoholabstinenz psychisch möglich und zumutbar ist. 6 Ob 64/07 s = EF-Z 2007/109.

c) Arbeitsplatzsuche

153   1. Ein Mangel an **zielstrebiger und tatkräftiger** Arbeitsplatzsuche löst die Anspannung aus. 2 Ob 108/02 z = EF 99.569; 7 Ob 205/03 b.

2. Die bloße Anmeldung des arbeitslosen UhPfl als Arbeit Suchender ist dabei im Allgemeinen nicht als ausreichend anzusehen, um eine sich aus dem Verlust des

Arbeitsplatzes ergebende UhHerabsetzung zu rechtfertigen; vielmehr kommt es in jedem Einzelfall darauf an, ob der UhPfl bei **Einsatz all seiner persönlichen Fähigkeiten,** also seiner Leistungskraft unter Berücksichtigung seiner Ausbildung und seines Könnens, in der Lage wäre, einen **Arbeitsplatz zu erlangen.** 4 Ob 544/91 = ÖA 1992, 51/U 23; 3 Ob 547/94 = ÖA 1995, 60/U 112 = EF 74.154 = RZ 1995/76; 1 Ob 223/98 w = EF 89.126 = ÖA 1999, 219/U 289; 1 Ob 165/01 y = EF 95.749; 7 Ob 205/03 b.

3. Er muss also neben den Vermittlungsversuchen des für ihn zuständigen Arbeitsamts auch **eigene Anstrengungen** unternehmen, **ein Arbeitsverhältnis einzugehen.** 8 Ob 1615/93; 4 Ob 2068/96 p; 2 Ob 250/97 x = ÖA 1998, 68 uva; 1 Ob 58/00 m = EvBl 2000/165 = JBl 2000, 725 = ÖA 2000, 165/U 315.

4. Also **Eigeninitiative** zum Erlangen eines Arbeitsplatzes entwickeln. 8 Ob 525/95 = EF 77.113; 8 Ob 133/00 t; 1 Ob 223/98 w = EF 89.126 = ÖA 1999, 219/U 289; 1 Ob 165/01 y = EF 95.749; 2 Ob 208/06 m.

5. Tut er dies nicht, kann er allerdings dennoch nicht ohne weiteres auf sein früheres Einkommen angespannt werden, sondern kommt es dann auf seine konkreten Erwerbschancen auf dem Arbeitsmarkt an. 1 Ob 58/00 m = EvBl 2000/165 = JBl 2000, 725 = ÖA 2000, 165/U 315.

6. Findet er trotzdem keine Arbeit, kommt es überhaupt nicht zur Anspannung. 4 Ob 2068/96 t = EF 80.300 = ÖA 1998, 17/F 143; 8 Ob 191/97 i = ÖA 1998, 170/U 225 = EF 83.416; 4 Ob 120/98 w = EvBl 1999/19 = JBl 1999, 182 = ÖA 1999, 12/U 241 = EF 86.339; 4 Ob 175/98 h = EF 87.717 = ÖA 1999, 45/UV 122.

7. Wurden dem UhPfl vom Arbeitsamt in einem Zeitraum von bloß etwas mehr als 5 Monaten 12 mögliche Dienstgeber genannt und kam es trotzdem ohne sein Verschulden nicht zum Abschluss von Arbeitsverträgen, kann ihm nicht angelastet werden, dass er zusätzliche Bemühungen, einen Arbeitsplatz zu finden, nicht unternommen hätte. 3 Ob 530/93 = ÖA 1994, 64/U 87 = EF 70.947.

154 1. Eine dem § 140 ABGB entsprechende Arbeitssuche kann für jenen Zeitraum nicht angenommen werden, in dem der UhPfl **nicht als Arbeit suchend vorgemerkt** war und für diese Zeit auch **keine triftigen Gründe** angeben kann. 1 Ob 654/92 = ÖA 1993, 140/U 80 = EF 67.965; 7 Ob 539/95 = ÖA 1995, 157/U 134 = tw EF 77.111; 1 Ob 1645/95 = EF 77.111; 2 Ob 2376/96 t = ÖA 1997, 199/U 191 = EF 80.210.

2. Und **ihm im Falle einer Meldung tatsächlich eine konkrete Arbeitsstelle hätte vermittelt werden können.** 2 Ob 2376/96 t = ÖA 1997, 199/U 191 = tw EF 80.214; 2 Ob 250/97 x = ÖA 1998, 68; 1 Ob 325/97 v = ÖA 1998, 172/F 165 = EF 83.362, 83.367.

3. **Anmerkung:** Diese letztgen Einschränkung ist wichtig und wurde in älterer Rsp nicht hinreichend beachtet; dem UhPfl muss der Einwand des rechtmäßigen Alternativverhaltens zustehen, was andererseits aber bedeutet, dass er auch dafür beweispflichtig ist, dass ihm tatsächlich eine konkrete Arbeitsstelle nicht hätte vermittelt werden können.

155 1. **Anzuspannen** ist ein uhpfl polnischer Staatsangehöriger, der seit 1981 in Österreich lebt und mit einer Österreicherin verheiratet ist, weil es ihm zumindest seit seiner Heirat zumutbar wäre, sich aufgrund seines Anspruchs auf einen Befreiungsschein in Österreich um eine **reguläre Beschäftigung** etwa **als Botenfahrer**

oder **Taxilenker** – Tätigkeiten, für die erfahrungsgemäß Stellen angeboten werden – zu bemühen. 6 Ob 567/93 = ÖA 1994, 100/U 95 = EF 74.171.

2. Oder ein UhPfl, der jahrelang nur während der Sommermonate bei ein und demselben Mietwagenunternehmen tätig war und es von vornherein abgelehnt hat, eine **Beschäftigung in einem anderen Bundesland** anzunehmen, um auch während der Wintermonate (etwa in Wintersportorten) eine Beschäftigung zu finden. 6 Ob 181/97 d = ÖA 1998, 112/U 212 = EF 83.350.

3. Oder ein rund 34-jähriger ehemaliger **Versicherungsangestellter,** der bei entsprechendem Bemühen eine Anstellung finden könnte. 4 Ob 544/91 = ÖA 1992, 51/U 23.

4. Oder ein **krankheitshalber in den Ruhestand versetzter Beamter,** dessen Krankheit geheilt ist und der daher wieder dienstfähig wäre und der sich – auch wenn kein Rechtsanspruch besteht, wieder in Dienst gestellt zu werden (§ 16 Abs 1 BDG) – nicht um eine Wiederaufnahme in den Aktivstand bemüht; lehnt die Dienstbehörde jedoch ab, käme eine Anspannung auf ein höheres als das tatsächlich als Ruhegenuss bezogene Einkommen nicht in Betracht. 3 Ob 401/97 k = JBl 1998, 506 = ÖA 1998, 243/U 237 = EF 86.284, 83.364.

156 1. Richtig ist aber, dass **Langzeitarbeitslosigkeit** Dienstgeber zurückschrecken lässt, ältere Dienstnehmer einzustellen. 4 Ob 120/98 w = EvBl 1999/19 = JBl 1999, 182 = ÖA 1999, 12/U 241 = EF 86.274.

2. Oder dass der Vater aufgrund seiner **exorbitanten Schulden und** des **drohenden Kridaverfahrens** nicht mehr vermittelbar ist. 6 Ob 116/00 b = ÖA 2000, 265/U 323.

3. Oder dass die **Frage des Alters** auf dem dzt Arbeitsmarkt im „graphischen Gewerbe" mit seinem revolutionären Umbruch eine entscheidende Rolle spielt. 1 Ob 2330/96 w = ÖA 1998, 20/U 199 = EF 83.421.

4. Zweifelhaft ist, ob ein 3-facher **Akademiker** auf eine weit **unter seiner beruflichen Qualifikation** liegende Arbeitsstelle vermittelbar ist. 4 Ob 120/98 w = EvBl 1999/19 = JBl 1999, 182 = ÖA 1999, 12/U 241 = EF 86.275.

5. Oder ob ein 46 Jahre alter Mann, in dessen Lebenslauf aufscheint, einen **Gastgewerbebetrieb in den Konkurs geführt** zu haben, in vertretbarer Entfernung von seinem Wohnsitz einen auf Dauer angelegten Posten als Restaurantdirektor oder Geschäftsführer eines Hotelbetriebsfinden kann. Dazu kommt, dass in den meisten Fremdenverkehrsorten Kärntens nur in der warmen Jahreszeit Saison ist und viele Hotels in der Wintersaison geschlossen haben, während es sich in der Schiregion umgekehrt verhält. Es liegt auf der Hand, dass Ganzjahresposten in der Gastgewerbe- und Fremdenverkehrsbranche für einen nicht mehr ganz jungen Menschen ohne Studium und ohne Maturaabschluss mit schon einmal gescheiterter beruflicher Existenz nicht allzu leicht zu finden sind. 7 Ob 596/94 = EF 74.141 = ÖA 1995, 88/U 115.

157 1. Das **Gericht** hat die Voraussetzungen der Anspannung unabhängig von der Beurteilung derselben Voraussetzungen in einem anderen, insb einem Verwaltungsverfahren **selbstständig zu beurteilen,** weshalb in der Bejahung der Arbeitsfähigkeit und -willigkeit eines Arbeitslosen durch die zuständigen Behörden als Voraussetzung für eine Leistungsgewährung nach dem AlVG nicht mehr als ein Indiz für das (Nicht-)Vorliegen der Anspannungsvoraussetzungen, aber keinesfalls eine das Gericht bei seiner E bindende Beurteilung gelegen sein kann. 6 Ob 578/91 = EvBl 1991/

167 = ÖA 1991, 138 = EF 65.191; 4 Ob 544/91 = ÖA 1992, 51/U 23 = EF 65.191; 1 Ob 654/92 = ÖA 1993, 140/U 80; 7 Ob 539/95 = ÖA 1995, 157/U 134; 7 Ob 140/97 g.

2. Die Bejahung der Arbeitsfähigkeit und Arbeitswilligkeit eines Beschäftigungslosen als Voraussetzung eines Leistungsbezugs nach dem AlVG durch die zuständige Verwaltungsbehörde indiziert das Nichtvorliegen der Anspannungsvoraussetzungen. Dennoch hat aber der UhPfl darzutun, dass er seiner Verpflichtung, zum Uh nach Kräften beizutragen, auch nachgekommen ist. 2 Ob 2376/96 t = ÖA 1997, 199/U 191 = EF 80.210; 1 Ob 325/97 v = ÖA 1998, 172/F 165 = EF 83.363.

3. **Anmerkung:** Eine strenge Bindung des Gerichts an Bescheide nach dem AlVG scheint wohl auch den letztgen E nicht vorzuschweben; aber auch die Gewährung von Arbeitslosenunterstützung als Indiz für das Nichtvorliegen der Anspannungsvoraussetzungen anzusehen, ist nicht zwingend, sieht doch das AlVG im Rahmen der Zumutbarkeitsprüfung für den ASt günstigere Regelungen vor, als sie im Rahmen der Anspannungstheorie vertreten werden (auch ein Facharbeiter könnte durchaus auf Hilfsarbeitertätigkeiten angespannt werden).

d) Überstunden/Nebenbeschäftigung

158 1. Solange der angemessene Uh des Kindes durch die zuerkannte Leistung erheblich über dem Durchschnittsbedarf gedeckt wird, muss es grundsätzlich dem UhPfl unbenommen bleiben, zur Befriedigung seines persönlichen Erholungs- und Freizeitbedürfnisses **Zeitausgleich anstelle Überstundenentgelts** zu wählen; auch das UhRecht verwehrt dem UhPfl nicht einen angemessenen Gestaltungsspielraum bei der Befriedigung seiner eigenen Lebensinteressen, auch wenn eine solche Selbstverwirklichung einer sonst bis zur Luxusgrenze möglichen UhMaximierung entgegensteht. Die Unterlassung, sich Überstunden auszahlen zu lassen, kann unter Beachtung des Umfangs der Alimentierung (fast 2-facher Durchschnittsbedarf bei einem Alter von vier Jahren) gar kein Rechtsmissbrauch sein. 1 Ob 21/98 i = EvBl 1998/109 = ÖA 1998, 204/U 228 = EF 86.258; 1 Ob 78/00 b.

2. Ist der den Lebensverhältnissen der UhBer und UhPfl angemessene Ehegatten-Uh auch durch das ermäßigte Einkommen des UhPfl gesichert, kommt eine **Anspannung auf Dauer auf einen aus Nebenbeschäftigungen erzielbaren Erwerb** des UhPfl auch deshalb nicht in Betracht, weil eine berufliche Überlastung erfahrungsgemäß mit dem vorzeitigen gesundheitlichen Verschleiß und mit frühzeitigem Verlust der Arbeitskraft verbunden ist. 7 Ob 582/91 = EF 64.894; 6 Ob 643/95 = ÖA 1996, 126/U 160.

3. Die Frage der Anspannung auf Fortsetzung von **Überstundenleistungen** eines Mittelschullehrers hängt von den besonderen Umständen des **Einzelfalls** ab. 3 Ob 1525/91.

159 1. Liegt der Grund für die **Einstellung einer Nebenbeschäftigung** durch den UhPfl allein darin, sich der **UhPflicht** (tw) **zu entziehen,** ist er so zu behandeln, als ob er Einkünfte bezöge, die er bei der bisherigen Tätigkeit hätte erzielen können. 2 Ob 532/91 = JBl 1992, 173 *(Hoyer)*.

2. Wenn dem Vater neben seiner dzt ausgeübten Teilzeitbeschäftigung als Musikschullehrer eine zusätzliche Tätigkeit nicht möglich sein sollte, dürfte er sich damit nicht zufrieden geben, sondern wäre er trotz Qualifikation als Musiklehrer bzw (ehemaliger) Tischler verpflichtet, auch eine minderqualifizierte Tätigkeit an-

zunehmen, wenn ihm diese die Erzielung eines Durchschnittseinkommens ermöglicht. 9 Ob 168/98 s = EF 86.240.

5. Arbeitsplatzverlust

a) Eigenkündigung

160 1. Hat der UhPfl seine bisherige **gut entlohnte Beschäftigung,** in der er durch jahrzehntelangen Einsatz besondere Kenntnisse und eine reiche Erfahrung angesammelt hatte, **ohne triftigen Grund aufgegeben,** so mag ihm dies im Rahmen seiner **Erwerbsfreiheit** zwar grundsätzlich unbenommen bleiben, kann aber nicht die Rechtsstellung ihm gegenüber uhber Personen, va mj Kinder, beschweren, die zur Bestreitung ihres Uh auf seinen Erwerb angewiesen sind und ihre Bedürfnisse auf dessen angemessene UhLeistungen – berechtigterweise – eingerichtet haben. 6 Ob 654/90 = ÖA 1991, 43/U 17 = tw EF 62.023; 1 Ob 599/90 = SZ 63/74 = EvBl 1990/128 = ÖA 1991, 99 = EF 62.022 = RZ 1993/39 uva; 10 Ob 523/95 = ÖA 1996, 121/U 154 = EF 77.087, 77.125.

2. **Grundlose Aufgabe des Arbeitsplatzes führt** also **zur Anspannung.** 4 Ob 2327/96 a = EF 80.200.

3. Nicht aber, wenn der UhPfl seine gut bezahlte Tätigkeit (als Fernfahrer) aus gesundheitlichen und familiären Gründen aufgegeben hat. 2 Ob 534/91.

4. Der zuletzt **häufige Wechsel des Arbeitsplatzes** des UhPfl in Zusammenhalt mit den immer kürzer werdenden Arbeitsperioden lässt mit dem in der Folge nach einem relativ kurzfristigen Arbeitslosenentgeltbezug folgenden Untertauchen seine Absicht erkennen, sich seiner UhPflicht zu entziehen. 7 Ob 551/91.

5. Der **Grund für die Einstellung der Erwerbstätigkeit** des UhPfl lag allein darin, sich **der UhPflicht** seiner Frau gegenüber (tw) **zu entziehen,** welche Absicht allein ein einseitiges Abgehen von der praktizierten Gestaltungsregelung der Ehegatten jedenfalls nicht rechtfertigen kann. 2 Ob 532/91 = JBl 1992, 173 = EF 64.895.

6. **Anmerkung:** Anwendung der Anspannungstheorie bedeutet in diesen Fällen nicht nur die Anspannung auf ein nunmehr zu erzielendes Einkommen, wenn der UhPfl sich etwa mit dem Arbeitslosengeld zufrieden gibt, sondern Anspannung auf das zuletzt erzielte Einkommen. Problematisch ist allerdings idZ, wie lange eine solche Anspannung dauern darf, wird man doch wohl nicht davon ausgehen können, dass der UhPfl nunmehr praktisch bis zum Ende seiner UhPflicht Uh aufgrund eines fiktiven Einkommens zu leisten haben wird. Zur Beantwortung dieser Frage ist im Einzelfall auf die Umstände abzustellen, unter denen es zur Kündigung gekommen ist – je eher diese tatsächlich in Schädigungsabsicht erfolgte, desto länger wird der Anspannungszeitraum anzusetzen sein, keinesfalls aber wohl mehr als 3 Jahre. Zu Beweisfragen idZ vgl Rz 456.

160 a 1. Bei einem krankheitsbedingten Berufswechsel ist ein pflichtgetreuer UhPfl bemüht, sein Recht auf vorzeitigen Austritt (oder Kündigung unter ausdrücklichem Hinweis auf den Austrittsgrund) zu wahren und sich damit den **Anspruch auf die Abfertigung zu sichern,** um die Einkommensminderung möglichst gering zu halten. Wären die Voraussetzungen für einen vorzeitigen Austritt gegeben und wäre dem UhPfl daher eine Abfertigung zugestanden, die er nur deshalb nicht erhalten hat, weil er es versäumt hat, sich diesen Anspruch durch eine entsprechende Gestaltung seiner Auflösungerklärung zu wahren, ist die Abfertigung in die UBGr einzubeziehen. Ein solches Verhalten ist in aller Regel als fahrlässig zu beurteilen. 4 Ob 2327/96 a = EF 80.232; 3 Ob 237/05 g = EF 110.367.

2. Daher ist auch ein uhpfl Vater anzuspannen, der die vorzeitige **Pensionierung aufgrund des § 22 g Abs 1 Bundesbediensteten-SozialplanG** anstelle der Versetzung in den Ruhestand wegen dauernder Dienstunfähigkeit nach § 14 BDG beantragt hat; bei einer entsprechenden – dem akademisch gebildeten Vater jedenfalls zumutbaren – Erkundigung wäre es ihm möglich gewesen, die ein höheres Einkommen nach sich ziehende Rechtshandlung zu wählen bzw die für ihn und folglich auch den UhBer ungünstigere zu unterlassen. Dies ist grundsätzlich als fahrlässig zu beurteilen. 3 Ob 237/05 g = EF 110.367.

3. Der vom Vater erhobene Einwand, die Nutzung dieser legalen Möglichkeit, vorzeitig in Pension zu gehen, könne und dürfe ihm doch nicht zum Nachteil gereichen, übersieht, dass es entsprechend dem Grundrecht der Erwerbsfreiheit auch völlig legal ist, etwa auch nach Belieben seinen Beruf zu wechseln. Dennoch kann ein mit einer Einkommenseinbuße verbundener Berufswechsel eines UhPfl zu dessen uhrechtlicher Anspannung führen. Der UhPfl hat zwar freie Berufswahl, muss jedoch auf seine Sorgepflichten Rücksicht nehmen und darf nicht einen Beruf wählen, durch dessen Ausübung der (entsprechende) KindesUh nicht sichergestellt wäre. 7 Ob 210/05 s = EF 110.368.

4. Ein pflichtbewusster Familienvater würde eine nach Bundesbediensteten-SozialplanG mögliche, aber mit massiven Einkommenseinbußen verbundene Pensionierung mit vollendetem 55. Lebensjahr mit Rücksicht auf seine UhPflichten im Übrigen überhaupt nicht beantragen. Tut er es dennoch, ist er bei Ermittlung der UBGr **auf sein Aktivgehalt anzuspannen.** 2 Ob 200/04 g.

b) Dienstgeberkündigung/Entlassung

1. Wenn die **Entlassung des UhPfl** von diesem **in der Absicht** herbeigeführt wurde, **sich der UhPflicht zu entziehen,** so ist seine mangelnde Anspannung, den Uh nach seinen Kräften zu leisten, augenscheinlich. In diesem Fall ist das Vorliegen der Voraussetzungen für eine Anspannung in der Weise zu bejahen, **dass er weiterhin den bisher festgesetzten Uh zu leisten hat.** 8 Ob 509/91 = ÖA 1991, 142 = EF 65.194; 6 Ob 654/90 = ÖA 1991, 43/U 17; 8 Ob 554/91 = ÖA 1992, 55/UV 28 = EF 65.194; 8 Ob 565/91 = EF 65.196; 7 Ob 596/94 = ÖA 1995, 88/U 115 = EF 74.129; 7 Ob 552/95 = ÖA 1996, 62/U 141 = EF 77.108.

2. **Auch bei verschuldetem Arbeitsplatzverlust** setzt die Anwendung der Anspannungstheorie aber voraus, dass der UhPfl den Verlust des Arbeitsplatzes tatsächlich **in Schädigungsabsicht** herbeigeführt hat. 1 Ob 2292/96 g = ÖA 1997, 191/U 185 = EvBl 1997/103 = RZ 1997/57 = EF 80.215.

3. Die **fristlose Entlassung** als Dienstnehmer bildet hingegen für sich allein – ebenso wie eine **Kündigung** des Dienstverhältnisses oder eine **strafgerichtliche Verurteilung** – noch kein Beurteilungskriterium für die Ausmessung des Uh und gestattet nicht im Einzelfall von vornherein ohne weitere Prüfung eine Anspannung in Höhe der zuletzt erzielten Einkünfte; sie kann jedoch ein Indiz dafür bilden, in welcher Weise der UhPfl bemüht ist, seine Kräfte anzuspannen, so etwa, wenn die Entlassung in der Absicht herbeigeführt worden wäre, sich der UhPflicht zu entziehen. 6 Ob 655/90 = EF 62.043 = ÖA 1992, 110/U 38; 8 Ob 554/91 = ÖA 1992, 55/UV 28;

8 Ob 509/91= ÖA 1991, 142; 8 Ob 565/91 uva; 1 Ob 58/00 m = EvBl 2000/165 = JBl 2000, 725 = ÖA 2000, 165/U 315.

4. Bei selbst verschuldetem Arbeitsplatzverlust dürfen nämlich 2 Dinge nicht vermengt werden: die Frage, ob ein UhPfl überhaupt angespannt werden kann, und die Frage, ob die Voraussetzungen für eine Anspannung auf das frühere Einkommen gegeben sind. Bei der ersten Frage wird darauf abgestellt, ob den UhPfl ein Verschulden trifft. Hat er, wenn auch nur leicht fahrlässig, den Verlust seines Arbeitsplatzes verschuldet, dann kommt eine Anwendung des Anspannungsgrundsatzes in Betracht. Trifft ihn am Verlust seines Arbeitsplatzes kein Verschulden, so kann er in keinem Fall auf das frühere Einkommen angespannt werden.

Auch bei einem verschuldeten Arbeitsplatzverlust kann der UhPfl aber nicht schon deshalb auf das frühere Einkommen angespannt werden, weil ihn ein Verschulden trifft. Die Anspannung auf das frühere Einkommen setzt voraus, dass der UhPfl die Entlassung in der Absicht herbeigeführt hat, sich der UhPflicht zu entziehen. In einem solchen Fall wird die Entlassung als Indiz gewertet, dass der UhPfl nicht bemüht sei, seine Kräfte anzuspannen. In allen anderen Fällen ist zu prüfen, wie sich der UhPfl nach dem Verlust seines Arbeitsplatzes verhalten hat. Wer seinen Arbeitsplatz aus eigenem Verschulden verliert, hat alles zu unternehmen, um einen neuen – seinen geistigen und körperlichen Anlagen, seiner Ausbildung und seinem Können entsprechenden – Arbeitsplatz zu finden. Dafür reicht es nicht aus, dass sich der UhPfl bei Arbeitsvermittlungsstellen meldet, sondern er hat darüber hinaus initiativ zu werden. Sind seine Bemühungen nicht ausreichend, so kann er auf jenes Einkommen angespannt werden, das er auf dem Arbeitsmarkt erzielen könnte. 4 Ob 245/01 k = EvBl 2002/71 = EF 95.738; 1 Ob 165/01 y = EF 95.740, 95.742, 95.744; 7 Ob 205/03 b = EF 103.592; 2 Ob 208/06 m.

162 1. **Nicht jede Verletzung arbeitsvertraglicher Verpflichtungen eines unselbstständig Erwerbstätigen** ist **automatisch auch als Verletzung der uhrechtlichen Obliegenheit** zum angemessenen Einsatz aller Kräfte zu werten, um zu einer erforderlichen Deckung der Bedürfnisse eines UhBer beitragen zu können. Nur solche arbeitsrechtlichen Pflichtwidrigkeiten, die auf einem Mangel an gebotenem Willen zur Erbringung der geschuldeten Arbeitsleistungen beruhen, sind auch als Verletzung der uhrechtlichen Obliegenheit zur Kräfteanspannung zu begreifen.

Der mit einem **Arbeitsplatzverlust** verbundene Einkommensentfall löst auch bei verschuldetem Arbeitsplatzverlust nur die **Obliegenheit** aus, **alle nach den konkreten persönlichen und Arbeitsmarktverhältnissen sinnvollen Anstrengungen zu unternehmen,** wieder einen Arbeitsplatz mit entsprechenden Verdienstmöglichkeiten zu finden. Dass sich der UhPfl selbst in die Lage gebracht hat, einen neuen Arbeitsplatz finden zu müssen, ist solange unerheblich, als ihm nicht nachgewiesen werden kann, er hätte es auf den Verlust des Arbeitsplatzes deshalb angelegt gehabt, um seine UhPflichten nicht erfüllen zu müssen. Denn es wäre sittenwidrig, sich auf eine solcherart verminderte UBGr zu berufen.

Im Fall eines sonstigen **selbst verschuldeten Arbeitsplatzverlusts** mögen die **Anforderungen an die eigenen Bemühungen zur Wiedererlangung eines neuen Erwerbseinkommens** gegenüber den Fällen unverschuldeten Arbeitsplatzverlusts **höher angesetzt** werden. Im Grundsatz kommt es aber nur auf das zielstrebige Betreiben oder Unterbleiben einer Arbeitsplatzsuche an.

Keinesfalls wäre aber der Forderung beizutreten, dass bei einem vom UhPfl verschuldeten Arbeitsplatzverlust in Anwendung des Anspannungsgrundsatzes automatisch davon auszugehen wäre, dass dem UhPfl weiterhin das verlorene Einkommen zur Verfügung stünde. 6 Ob 530/92 = EF 67.952 = ÖA 1992, 147/U 63; 6 Ob 554/92 = ÖA 1993, 18/U 68 = EF 67.952; 6 Ob 596/94 = tw EF 74.129 = ÖA 1995, 88/U 115; 7 Ob 552/95 = ÖA 1996, 62/U 141 uva; 6 Ob 228/00 y; 1 Ob 2/02 d = EF 99.563; 2 Ob 108/02 z = EF 99.563, 99.566; 7 Ob 205/03 b; 1 Ob 112/04 h.

2. **Grundsätzlich** kommt es daher **auch bei einer Entlassung** immer auf das **nachfolgende tatsächliche Verhalten des UhPfl,** also darauf an, ob er sich sodann über die bloße Anmeldung als Arbeit Suchender hinaus in jeder ihm zumutbaren Weise um die Wiedererlangung eines Arbeitsplatzes tatkräftig bemüht hat. 8 Ob 509/91 = ÖA 1991, 142 = EF 65.194; 6 Ob 654/90 = ÖA 1991, 43/U 17; 8 Ob 554/91 = ÖA 1992, 55/UV 28 = EF 65.194; 8 Ob 565/91 = EF 65.196.

3. Dies gilt auch bei **verschuldetem Berufswechsel;** auch hier kann nicht automatisch davon ausgegangen werden, dass dem UhPfl weiterhin das verlorene Einkommen zur Verfügung stünde, weshalb seine Anspannung auf ein höheres Einkommen nicht möglich ist, wenn er ein höheres als das von ihm aus der selbstständigen Tätigkeit tatsächlich gewonnene nicht hätte erzielen können. 6 Ob 636/95 = 6 Ob 637/95 = EF 78.712; 7 Ob 205/03 b.

4. Eine Anwendung der Anspannungstheorie kommt also ausschließlich bei **Säumnis in den Bemühungen um die Erlangung eines neuen Arbeitsplatzes** in Frage. 1 Ob 2292/96 g = EvBl 1997/103 = ÖA 1997, 191/U 185 = EF 80.217 = RZ 1997/57; 2 Ob 2376/96 t = ÖA 1997, 199/U 191 = EF 80.217; 1 Ob 223/98 w = EF 89.142 = ÖA 1999, 219/U 289; 1 Ob 58/00 m = EvBl 2000/165 = JBl 2000, 725 = ÖA 2000, 165/U 315.

5. Die Anspannung darf ja nicht zu einer bloßen Fiktion führen; vielmehr ist immer von dem Einkommen auszugehen, das der UhPfl bei Berücksichtigung seiner konkreten Fähigkeiten und Möglichkeiten bei gegebener Arbeitsmarktlage erzielen kann. 4 Ob 2236/96 v = EF 80.218 = ÖA 1997, 159/U 182; 2 Ob 2376/96 t = ÖA 1997, 199/U 191 = EF 80.218.

6. **Anmerkung:** Dieses Argument ist zwar an sich richtig, müsste dann aber dazu führen, dass auch bei einem in Schädigungsabsicht herbeigeführten Arbeitsplatzverlust (Eigenkündigung, Entlassung) eine Anspannung auf das bisher erzielte Einkommen unzulässig wäre; in diesen Fällen steht aber doch – und ist dies wohl auch richtig so – ein gewisser punitiver Ansatzpunkt der Anspannungstheorie („Anspannung als Missbrauchsvorbehalt"; vgl Rz 151) im Vordergrund.

1. Dem UhPfl kann das Unterlassen der Erzielung eines höheren Einkommens dann nicht vorgeworfen werden, wenn **betriebliche Erfordernisse** seiner Weiterbeschäftigung entgegenstehen und es ihm nicht möglich ist, eine ihm zumutbare Berufstätigkeit aufzunehmen. 3 Ob 28/94.

2. Eine Anspannung des Vaters auf sein früheres Einkommen gleichsam als Bestrafung eines älteren Arbeitnehmers, der dem Drängen seines Arbeitgebers auf Auflösung eines gut bezahlten Dienstverhältnisses nachgab, obgleich er in diesem Zeitpunkt die Erlangung einer gleich gut bezahlten anderen Arbeitsstelle nicht erwarten konnte, kommt nicht in Betracht. Der OGH sieht sich nicht veranlasst, die Grundsätze der UhBemessung durch solche **„Altersstrafen"** zu ergänzen. Somit kann aber der Vater nur auf das nach seinen konkreten Erwerbschancen auf dem ak-

tuellen Arbeitsmarkt erzielbare Einkommen aus einer weiteren unselbstständigen Tätigkeit angespannt werden. 1 Ob 165/01 y = EF 95.736.

3. Der UhPfl hat nicht seinen Arbeitsplatz verloren, sondern er ist unter Kürzung seiner Bezüge suspendiert worden. Damit liegt eine dem UhPfl vorwerfbare und die UBGr für seine UhPflicht mindernde Änderung seiner Lebensverhältnisse vor, die grundsätzlich geeignet ist, zu einer Anspannung zu führen. Der festgestellte Sachverhalt bildet jedoch keinen Anhaltspunkt für die Annahme, dass der Vater das zu seiner **Suspendierung** führende Delikt begangen hätte, um seine Kinder zu schädigen, oder dass er eine Schädigung der Kinder auch nur für möglich gehalten und in Kauf genommen hätte. Eine Anspannung auf das frühere Einkommen nur aufgrund der Suspendierung kommt daher nicht in Frage.

Der Vater ist jedoch anzuspannen, wenn er es trotz ihm offenstehender Möglichkeiten unterlassen hat, ein Zusatzeinkommen zu erzielen. Maßgebend ist daher, wie sich der Vater nach seiner Suspendierung verhalten hat, uzw insb ob er sich hätte bemühen können, die Einkommensminderung durch neue Einkünfte wettzumachen. Sein Verhalten muss, ebenso wie bei einer sonstigen mit einer UhEinschränkung verbundenen Änderung der Lebensverhältnisse, daran gemessen werden, wie sich ein pflichtbewusster Familienvater bei gleicher Sachlage verhalten würde. 4 Ob 245/01 k = EvBl 2002/71 = EF 95.737.

164	**1. Anmerkung:** Die große Anzahl von Entscheidungszitaten zeigt, dass sich der OGH in der Frage der Beurteilung einer Dienstgeberkündigung oder gar einer Entlassung eines UhPfl aus dem Blickwinkel der Anspannungstheorie dahingehend einzementiert haben dürfte, dass der UhPfl auf sein bisheriges Einkommen (nur) dann angespannt werden kann, wenn er den Arbeitsplatzverlust in der Absicht herbeigeführt hat, sich der UhPflicht zu entziehen. Aus der Sicht des UhBer ist diese Rsp allerdings unbefriedigend: Lag die Schädigungsabsicht tatsächlich vor, dann wird der UhBer sie nur in Ausnahmefällen auch nachweisen können; hat es der UhPfl lediglich aus anderen Gründen „darauf angelegt, seinen Arbeitsplatz zu verlieren", kommt es schon von vorneherein nicht zur Anspannung.

ME wäre in ersterem Fall, uzw jedenfalls bei einer Entlassung, prima facie davon auszugehen, dass der UhPfl in Schädigungsabsicht handelte, sodass er gleich gewichtige Umstände beweisen müsste, die dagegen sprechen (vgl die E 7 Ob 551/91, nach der häufiger Arbeitsplatzwechsel mit immer kürzer werdenden Arbeitsperioden verbunden mit einem relativ kurzfristigen Arbeitslosenentgeltbezug und folgendem Untertauchen die Absicht des UhPfl „erkennen ließ", sich der UhPflicht zu entziehen).

Hinsichtlich des zweitgenannten Falles wäre zu bedenken, dass im Rahmen der Anspannungstheorie immer wieder auf das Verhalten des pflichtbewussten Familienvaters abgestellt wird, ein solcher aber in Anbetracht seiner Sorgepflichten nicht ein Verhalten an den Tag legen würde, welches letztendlich zu seiner Entlassung führen würde. Derjenige, der Sorgepflichten hat, kann sich eben nicht so verhalten wie jemand, der nur für sein eigenes Leben zu sorgen hat und es deshalb durchaus riskieren kann, seinen Arbeitsplatz zu verlieren, ohne einen gleichwertigen Ersatz zu haben. Hat der UhPfl sich nun unter diesem Gesichtspunkt leichtfertig verhalten, indem er seinen Arbeitsplatz riskierte, und hat er ihn schließlich dann auch tatsächlich verloren, so wäre mE durchaus – jedenfalls für einen gewissen Zeitraum – in Anwendung der Anspannungstheorie vom bisherigen Einkommen auszugehen.

2. Selbst wenn man diese Rsp, wie *Gitschthaler* (Unterhaltsrecht[1] Rz 164) meint, aus der Sicht des UhBer als unbefriedigend empfindet und annehmen wollte, in einem Fall der nicht gerechtfertigten Eigenkündigung des UhBer sei dieser noch einen gewissen Zeitraum – abhängig von den Umständen des Einzelfalls (vgl *Gitschthaler*, aaO Rz 160) – auf das bisherige Einkommen anzuspannen, wäre dem im vorliegenden Fall ohnehin Genüge getan: Der Vater wurde ja, nachdem er gekündigt hatte, zwei Monate lang auf das bisherige Einkommen angespannt und erst dann seine UhPflicht vom nunmehrigen Verdienst bemessen. Ob dieser Zeitraum ausreicht, ist jedoch eine Frage des Einzelfalls. 7 Ob 205/03 b.

c) Berufswechsel

165 1. Das Recht des Vaters auf **freie Berufswahl** darf das Recht seines Kindes auf angemessenen Uh nicht völlig in den Hintergrund drängen. 1 Ob 2/02 d = EF 99.580.

2. Auch der geschiedene ehel Vater darf daher Änderungen in seinen Lebensverhältnissen, die mit Einschränkungen seiner UhPflichten verbunden wären, nur insoweit vornehmen, als dies bei gleicher Sachlage auch ein pflichtbewusster Familienvater in aufrechter Ehe getan hätte. 1 Ob 599/90 = SZ 63/74 = EvBl 1990/128 = ÖA 1991, 99 = EF 62.022 = RZ 1993/39; 6 Ob 655/90 = EF 62.022 = ÖA 1992, 110/U 38; 1 Ob 532/95 = EF 77.125; 3 Ob 541/95 = ÖA 1996, 129 = EF 77.125; 10 Ob 523/95 = ÖA 1996, 121/U 154 = EF 77.125.

3. **Einschr:** Im Gegensatz zum typischen Arbeitsplatzverlust wird zum (freiwilligen) Arbeitsplatzwechsel die Auffassung vertreten, ein mit einem „unerzwungenen" Berufswechsel verbundener Einkommensverlust führe grundsätzlich zur Anspannung des betr Elternteils und bewirke keine Schmälerung des UhAnspr des Kindes. 1 Ob 2/02 d.

4. Der Vater beruft sich zwar auf das **Grundrecht der freien Berufswahl,** womit er das im Art 6 Abs 1 StGG geregelte Grundrecht der Erwerbsfreiheit – jeder Staatsbürger kann unter den gesetzlichen Bedingungen jeden Erwerbszweig ausüben – ins Treffen führt; dass die Eltern nach Kräften zur Bedarfsdeckung beizutragen haben, also ihre gesamte Leistungskraft ausschöpfen müssen (Anspannungstheorie), ist jedoch im Gesetz (§ 140 Abs 1 ABGB) verankert. Hiedurch wird nicht die Berufswahl an sich beeinträchtigt, wohl aber sichergestellt, dass der UhPfl va seine Leistungsfähigkeit voll zur Geltung bringen muss, um seiner gesetzlichen UhPflicht seinen Kindern gegenüber nachzukommen. **Wer Sorgepflichten geschaffen hat, hat zunächst diese zu erfüllen und auch bei seinen Berufswünschen darauf Bedacht zu nehmen.** 1 Ob 617/84 = EF 45.118.

5. Der UhPfl hat also zwar freie Berufswahl, muss jedoch auf seine Sorgepflichten Rücksicht nehmen und darf nicht einen Beruf wählen, durch dessen Ausübung der KindesUh nicht sichergestellt wäre. 10 Ob 523/95 = EF 77.064 = ÖA 1996, 121/U 154; 6 Ob 228/00 y.

6. Es ist allerdings **nicht jede** auch schon im vorhinein **als bedenklich oder als unwirtschaftlich erkennbare wirtschaftliche Disposition** eines selbstständig Erwerbstätigen (idS auch der Entschluss eines unselbständig Beschäftigten, in eine selbstständige Berufstätigkeit überzuwechseln) **automatisch** als **Verletzung der Obliegenheit** des UhPfl zur angemessenen Nutzung aller Kräfte zu werten, um zu einer erforderlichen Deckung der Bedürfnisse eines UhBer beitragen zu können. 6 Ob

530/92 = ÖA 1992, 147/U 63; 6 Ob 554/92 = ÖA 1993, 18/U 68; 3 Ob 541/95 = ÖA 1996, 129 = EF 77.148; 3 Ob 541/95 = ÖA 1996, 129 = EF 77.138.

7. Die vom uhpfl selbstständig Erwerbstätigen tatsächlich getroffenen E sind grundsätzlich danach zu beurteilen, ob sie nach seiner subjektiven Kenntnis und Einsicht im Zeitpunkt der jew E zu billigen waren. Dabei ist nicht maßgebend, ob die zu beurteilende E in rückblickender Betrachtung sich als bestmöglich erweist; maßgebend ist vielmehr, ob sie nach den jew gegebenen konkreten Umständen im Entscheidungszeitpunkt als vertretbar anzuerkennen ist (*Gitschthaler*, ÖJZ 1996, 562). Hätte auch ein pflichtbewusster Familienvater in der konkreten Lage des UhPfl den Berufswechsel vorgenommen, müssen auch die UhPfl eine durch die Aufnahme der selbstständigen Tätigkeit eingetretene vorübergehende Reduktion ihrer Bedürfnisse in Kauf nehmen. Vorliegendenfalls konnten keine Anhaltspunkte dafür gefunden werden, dass nicht auch ein pflichtbewusster Familienvater in der Situation des hier UhPfl einen entsprechenden Berufswechsel vorgenommen hätte. 6 Ob 228/00 y; 1 Ob 2/02 d = EF 99.585.

8. Aber auch eine an sich tolerable Einkommensminderung kann Anspannungsobliegenheiten auslösen, wenn der **Berufswechsel missbräuchlich zur Einkommensverschlechterung hingenommen** wird. Wer in der Absicht, sich seiner UhPflicht zu entziehen, seine Beschäftigung aufgibt oder gegen eine geringer entlohnte wechselt, ist in jedem Fall anzuspannen. 2 Ob 108/02 z.

166 1. Bei **Begründung einer selbstständigen Erwerbstätigkeit** durch den UhPfl muss während der von der Art des Betriebs und der Zielstrebigkeit sowie den persönlichen Bemühungen des Unternehmers abhängigen Übergangsfrist vom UhBer auch eine vorübergehende UhReduktion in Kauf genommen werden, die aber nur dann hinzunehmen ist, wenn es sich um die **Begründung einer realistischen Einkommensquelle** handelt und **in absehbarer Zeit** mit einem **höheren angemessenen Einkommen** gerechnet werden kann. 10 Ob 523/95 = ÖA 1996, 121/U 154 = EF 77.142, 77.143; 7 Ob 140/97 g = tw EF 83.386; 6 Ob 83/02 b = EF 99.581; 2 Ob 180/02 p = EF 107.267.

2. Wenn also **begründete Aussichten auf eine wesentliche Verbesserung der finanziellen Situation** des UhPfl bestehen. 1 Ob 502/94 = EF 74.107; 4 Ob 345/97 g = ÖA 1998, 173/F 170 = EF 83.380, 83.394; 1 Ob 58/00 m = EvBl 2000/165 = JBl 2000, 725 = ÖA 2000, 165/U 315; 2 Ob 180/02 p = EF 107.268.

3. **Einschr:** Der UhPfl kann dann eine selbstständige Erwerbstätigkeit ausüben, wenn er abgesehen von einer gewissen Übergangszeit nach der Unternehmensgründung **mit wenigstens gleichem Einkommen** wie aus der zuletzt ausgeübten unselbstständigen Tätigkeit rechnen kann. 3 Ob 541/95 = EF 77.144 = ÖA 1996, 129.

4. Ein pflichtbewusster Familienvater in aufrechter Ehe würde eine **gut dotierte unselbstständige Tätigkeit** nicht wegen der nicht näher konkretisierten Hoffnung der Aufnahme einer **selbstständigen Tätigkeit im Ausland** aufgeben und einen nicht absehbaren Zeitraum der Einkommenslosigkeit auf sich nehmen. Nahm das Kind aufgrund der sozialen Stellung des UhPfl an einer Lebensgestaltung teil, die durchschnittliche Verhältnisse übertraf, handelt dieser pflichtwidrig, wenn er durch unbegründete Einkommensminimierung den Lebensstandard senken will. 1 Ob 599/90 = SZ 63/74 = EvBl 1990/128 = ÖA 1991, 99 = EF 62.022 = RZ 1993/39.

5. Derartige Minderungen der UhPflicht sind aber nicht hinzunehmen, wenn die **(allfällige) Einkommenserhöhung des UhPfl erst nach dem Erlöschen der UhPflicht zum Tragen kommen wird.** 2 Ob 180/02 p = EF 107.270.

1. Auch ein mj Kind muss bei Aufnahme einer selbstständigen Erwerbstätigkeit durch den UhPfl zwar eine vorübergehende Reduktion seiner Bedürfnisse in Kauf nehmen, weil eine **gewisse Anlauffrist zuzubilligen** ist, in welcher sich das Unternehmen konsolidieren soll. Sind aber in **absehbarer Zeit** keine entsprechenden Einkünfte aus selbstständiger Tätigkeit zu erwarten, ist der UhPfl verpflichtet, eine unselbstständige Erwerbstätigkeit anzunehmen. **167**

Wie lang die einem UhPfl zuzubilligende **Anlaufphase im Einzelfall** ist, ist **keine erhebliche Rechtsfrage** iSd § 14 Abs 1 *(nunmehr: § 62 Abs 1)* AußStrG. 8 Ob 1512/90 = ÖA 1992, 119/F 9; 8 Ob 1603/93 = ÖA 1994, 105/F 80; 3 Ob 541/95 = ÖA 1996, 129 = EF 77.140 uva; 1 Ob 56/01 v; 2 Ob 108/02 z.

2. Hinzunehmen ist jedenfalls eine **kurzfristige Schmälerung des Uh.** 5 Ob 60/97 b = ÖA 1997, 133 = EvBl 1997/135 = EF 83.385.

3. Eine **Dauer von 2 bis 3 Jahren** – je nach Einzelfallumständen – dürfte nicht unzumutbar lang bemessen sein; danach kann sich der UhPfl idR aber nicht mehr darauf berufen, eine UhErhöhung unter Anwendung der Anspannungstheorie sei ihm nicht zuzumuten. Ein familiengerecht denkender Mensch hätte nämlich jedenfalls ab diesem Zeitpunkt eingesehen, dass die Aufnahme einer selbstständigen Erwerbstätigkeit mit wesentlich geringerem Einkommen als zuvor als unselbstständiger Erwerbstätiger für das uhber Kind bzw die Familie unzumutbar ist. 3 Ob 541/95 = ÖA 1996, 129 = EF 77.147; 5 Ob 60/97 b = ÖA 1997, 133 = EvBl 1997/135 = EF 83.387; 3 Ob 89/97 b = JBl 1997, 647 = EvBl 1997/175 = EF 83.390; 1 Ob 58/00 m = EvBl 2000/165 = JBl 2000, 725 = ÖA 2000, 165/U 315; 6 Ob 228/00 y.

4. Wobei die dem Vater zuzugestehende Anlaufphase nicht schon in Zeiträume verlegt werden kann, während derer er noch unselbstständig tätig war. 6 Ob 228/00 y.

5. Einschr: Selbst wenn der Entschluss des Vaters, in ein – möglicherweise unsicheres, weil befristetes – (Probe)Dienstverhältnis zu wechseln, unter den konkreten Umständen noch als mit dem Maßstab eines pflichtgemäßen und rechtschaffenen Familienvaters vereinbar anzusehen ist, wäre der Vater jedenfalls gehalten gewesen, das **Risiko** einer Beeinträchtigung der UhAnspr der Kinder **durch andere Maßnahmen zu minimieren** und zumindest eine nahezu sein gesamtes Vermögen aufzehrende Investition so lange aufzuschieben, bis über das weitere Schicksal seines Arbeitsplatzes Klarheit herrscht. 1 Ob 2/02 d.

entfällt. **168**

6. Auslandswohnsitz

1. Dem **ausländischen Vater** kann nicht verwehrt werden, in seine Heimat zurückzukehren und dort einer Erwerbstätigkeit nachzugehen, auch wenn er für ein Kind in Österreich sorgepflichtig ist. 1 Ob 552/93 = ÖA 1994, 19/U 83 = EF 71.004; 3 Ob 128/00 w; 1 Ob 23/02 t = ÖA 2002, 176/U 360; 1 Ob 130/04 f = EF 107.275; 6 Ob 197/06 y. **169**

2. Uzw selbst dann nicht, wenn er zwar ausländischer Herkunft, jedoch österreichischer Staatsbürger ist. 6 Ob 360/97 b = EF 83.406 = ÖA 1998, 214/F 175; 1 Ob 23/02 t = ÖA 2002, 176/U 360; 1 Ob 130/04 f = EF 107.275; 6 Ob 197/06 y.

3. Dies gilt insb nach Scheidung seiner in Österreich geschlossenen Ehe, was naturgemäß auch für einen Vater gelten muss, der eine LG oder gar nur eine lose Beziehung in Österreich beendet und in seine Heimat zurückkehrt. 1 Ob 23/02 t = ÖA 2002, 176/U 360.

4. Ist dem UhPfl die Begründung eines Wohnsitzes im Ausland nicht iS einer Umgehung der UhPflicht vorwerfbar, ist bei Anwendung des Anspannungsgrundsatzes **von den ausländischen Arbeitsmarktverhältnissen und den Möglichkeiten des UhPfl, im Ausland Arbeit zu finden, auszugehen.** 1 Ob 552/93 = ÖA 1994, 19/U 83; 6 Ob 181/97 d = ÖA 1998, 112/U 212 = EF 83.392; 6 Ob 360/97 b = EF 84.870 = ÖA 1998, 214/F 175; 4 Ob 181/98 s; 1 Ob 23/02 t = ÖA 2002, 176/U 360; 1 Ob 130/04 f = EF 107.275.

5. Dabei steht ihm die Wahl des neuen Aufenthaltslands frei, uzw auch eines weit entfernten Landes (hier: Brasilien). 1 Ob 130/04 f = EF 107.275.

6. Allein die Tatsache, dass der UhPfl in Österreich einen höheren Monatsverdienst erzielen könnte, kann es somit nicht rechtfertigen, ihn auf eine solche Einkommensmöglichkeit zu verweisen. 1 Ob 23/02 t = ÖA 2002, 176/U 360; 2 Ob 108/02 z = EF 99.600

7. Erfolgt der Wohnsitzwechsel (auch) zur **Umgehung der UhPflicht,** wäre jedoch das in Österreich erzielbare Einkommen der UhBemessung zugrunde zu legen. 6 Ob 181/97 d = ÖA 1998, 112/U 212 = EF 83.392.

8. Hat der UhPfl mit seiner Familie bis zur Scheidung in Österreich gelebt und gearbeitet und seinen Wohnsitz danach bei seiner Lebensgefährtin in Deutschland begründet, ist ihm eine Wohnsitzverlegung zurück nach Österreich zumutbar, wenn er hier – im Gegensatz zu Deutschland – einen seinen Fähigkeiten und seinem Anforderungsprofil entsprechenden Arbeitsplatz finden kann. In Anwendung des Anspannungsgrundsatzes ist daher bei der UhBemessung auf die in Österreich erzielbaren Einkünfte abzustellen. 6 Ob 311/05 v = EF-Z 2006/69 = FamZ 20/06 *(Deixler-Hübner).*

170 1. Bei den dzt wirtschaftlichen Verhältnissen in Restjugoslawien bzw im früheren Serbien kann nicht davon ausgegangen werden, dass der Vater in der Lage wäre, in seinem Heimatland ein Einkommen zu erzielen, das ihm eine UhLeistung für das in Österreich aufhältige Kind ermöglichte. Daraus folgt aber, dass der Vater nach seinen Kräften offenbar zu einer UhLeistung nicht imstande ist. 1 Ob 633/94 = EF 75.705 = ÖA 1995, 91/UV 75.

2. Da eine bloße LG – entgegen dem Eheverhältnis – keine Pflicht zum gemeinsamen Wohnen und zum Beistand begründet, kann der UhPfl das Nichteingehen eines Arbeitsverhältnisses in Österreich nicht damit rechtfertigen, er finde in Spanien, wohin er seiner Lebensgefährtin, die eines südlichen Klimas bedürfe, gefolgt sei, keine Verdienstmöglichkeit. 5 Ob 1508/96 = ÖA 1996, 168 = EF 80.159.

3. Der vorbestrafte marokkanische UhPfl ist nach Marokko **abgeschoben worden.** Es kann als offenkundig und gerichtsbekannt vorausgesetzt werden, dass der Standard der wirtschaftlichen und sozialen Verhältnisse in Marokko jenen in Österreich bei weitem nicht erreicht, sodass es keinem Zweifel unterliegen kann, dass dort die Lebensverhältnisse und Erwerbsmöglichkeiten des – noch dazu vorbestraften – UhPfl jenen in Österreich aller Voraussicht nach nicht gleichgesetzt werden können, damit aber auch eine Anspannung bis zu dem in Österreich erzielbaren

oder tatsächlich erzielten Einkommen nicht in Betracht kommt. Es liegt vielmehr nahe, dass die UhPflicht zumindest dzt erloschen ist. 6 Ob 676/90 = EF 63.701.

7. Weiterbildung

1. Der Grundsatz, wonach der UhAnspr eines bereits selbsterhaltungsfähigen **171** Kindes wieder aufleben kann, wenn es sich nach einer **bereits abgeschlossenen Berufsausbildung** zu einer weiteren Ausbildung entschließt, um offenkundig bessere berufliche Fortkommensmöglichkeiten zu erlangen, kann wegen der im Gesetz vorgesehenen Anspannung nicht zu einer Entlastung eines UhPfl führen. 4 Ob 518/91; 5 Ob 606/90.

2. Das **Recht des Vaters auf freie Ausbildungs- und Berufswahl** darf das Recht seines Kindes auf angemessenen Uh nicht völlig in den Hintergrund drängen. 9 Ob 316/97 d = EF 83.330.

3. Die Anspannungstheorie ist daher gegenüber einem UhPfl anzuwenden, der ohne zwingenden Grund seine bisherige Stellung aufgibt und **sich einer anderen Berufsausbildung zuwendet.** Der UhPfl kann sich auch nicht darauf berufen, dass durch die höherwertige Ausbildung in Zukunft eine höhere UhLeistung zu erwarten wäre. 1 Ob 603/92 = ÖA 1993, 105 = RZ 1994/18 = EF 67.953.

4. Das Kind kann nicht auf eine künftige, idR gar nicht absehbare Besserstellung des UhPfl, welche erst nach einer Unterbrechung der bisher ausgeübten Tätigkeit und dem Abschluss einer neuen Berufsausbildung eintreten könnte, verwiesen werden. 4 Ob 518/91 = EF 65.176; 5 Ob 1571/92 = ÖA 1993, 22/F 59; 4 Ob 2327/96 a.

5. **Anmerkung:** Es mag schon sein, dass der UhBer nicht auf irgendwelche Luftschlösser des UhPfl betr künftiges Einkommen verwiesen werden darf; kommt es jedoch im konkreten Fall nach Abschluss der Weiterbildung tatsächlich zu einer Einkommenssteigerung, besteht wohl kein Zweifel, dass der UhBer an diesem höheren Einkommen partizipieren wird. Aus der Sicht des UhPfl wohl keine sehr befriedigende – oder gar als gerecht akzeptierbare – Situation. So wie beim Hochschulstudium (vgl Rz 172) wird man daher mE schon auch Bedacht darauf zu nehmen haben, ob nicht tatsächlich eine Einkommensverbesserung mit der Weiterbildung voraussichtlich verbunden sein wird, in welchem Fall sich auch der UhBer eine gewisse Einschränkung für einen überschaubaren Zeitraum gefallen lassen muss. Ist allerdings konkret vorhersehbar, dass das Kind – infolge dann eingetretener Selbsterhaltungsfähigkeit – an der Einkommensverbesserung des UhPfl nicht mehr teilhaben wird, scheidet eine UhReduktion aus (vgl 2 Ob 180/02 p).

8. Hochschulstudium

1. Auch bei einem Studenten ist grundsätzlich vom Anspannungsgrundsatz **172** auszugehen. Zwar ist der Vater eines mj Kindes während eines zielstrebig betriebenen Studiums nicht verpflichtet, eine derart zeitintensive Beschäftigung anzunehmen, welche die Studiendauer verlängern würde, doch kann von ihm verlangt werden, in den nicht unbeträchtlichen, übliche Erholungsphasen übersteigenden Ferienzeiten – soweit in diesen nicht verpflichtende Übungen oder Praktika vorgeschrieben sind – oder auch sonst einer nicht studienverlängernden (Neben-)Tätigkeit entsprechend seinen Fähigkeiten bei gegebener Arbeitsmarktlage nachzugehen, um

seiner UhPfl wenigstens im eingeschränkten Umfang nachkommen zu können. 12 Os 95/06 x.

2. Bei der Beurteilung der Frage, ob die Aufnahme eines Studiums durch den UhPfl einen bedeutsamen Grund bildet, der die Aufgabe seiner bisherigen, gut dotierten Beschäftigung und damit eine Verringerung des von ihm zu leistenden Uh-Beitrages zu rechtfertigen vermag, ist auch **zu prüfen, ob damit voraussichtlich auch eine zukünftige Besserstellung des UhBer verbunden sein wird** und es damit also auch in seinem Interesse liegt sowie ob der UhPfl die Übergangszeit möglichst kurz gestaltet und solcherart iSd Gesetzes alle seine Kräfte zur Erzielung eines entsprechenden Einkommens anspannt. Das Vorliegen dieser beiden Voraussetzungen steht nicht von vornherein fest, vielmehr ergeben sich für die diesbezügliche Beurteilung erfahrungsgemäß erst nach einer Zeit am Maße des zwischenzeitigen Fortschritts die erforderlichen Grundlagen. 8 Ob 559/93 = ÖA 1993, 146 = EF 70.978.

3. Der erbrachte Nachweis eines eifrig und erfolgreich betriebenen Studiums durch den UhPfl lässt die Einschätzung begründet erscheinen, das weitere Studium des UhPfl werde in Zukunft auch dem UhBer zum Vorteil gereichen. 8 Ob 559/93 = ÖA 1993, 146 = EF 70.978; 9 Ob 316/97 d.

4. Der Vater steht zwar noch ganz am **Anfang seines Studiums** und kann daher auch nicht auf bereits erzielte Studienerfolge verweisen. Seine sehr guten Leistungen als Absolvent einer „Abend-HTL" rechtfertigen aber die Ansicht, dass das (weitere) Studium zielstrebig und erfolgreich durchgeführt werden und daher dem UhBer zum Vorteil gereichen wird. Damit gleicht dieser Sachverhalt aber dem der E 8 Ob 559/93 zugrunde liegenden, welcher auch *Gitschthaler* (ÖJZ 1996, 553) zugestimmt hat (vgl auch *Schwimann*, Unterhaltsrecht², 67), sodass von einer gesicherten Rsp des OGH ausgegangen werden kann; dafür reicht nämlich das Vorliegen einer ausführlich begründeten, grundlegenden und veröffentlichten E, der keine ggt entgegenstehen, uzw insb dann, wenn sie auch im Schrifttum nicht auf beachtliche Kritik gestoßen ist. 7 Ob 249/00 v.

5. Die **einvernehmliche Gestaltung der ehel LG durch die Eltern** (nur die Mutter geht einer Beschäftigung nach, der Vater gibt seine auf, um ein Universitätsstudium zu beginnen) wirkt nach der Scheidung insofern nach, als das bei der obsorgeberechtigten Mutter befindliche Kind, deren Einkommensverhältnisse sich nicht zu ihrem Nachteil veränderten, vom Vater, der sein Studium zielstrebig betreibt, Uh nicht aufgrund fiktiver Einkommensberechnung begehren kann. 1 Ob 603/92 = ÖA 1993, 105 = RZ 1994/18 = EF 67.018.

9. Haft des Unterhaltspflichtigen

1. Ebenso wenig wie bei einem verschuldeten Arbeitsplatzwechsel kann bei der jew Verschulden voraussetzenden Haftverbüßung automatisch davon ausgegangen werden, dass dem UhPfl weiterhin das verlorene Einkommen zur Verfügung stünde. Dabei kann es keinen Unterschied machen, ob der UhPfl wegen des Delikts der Verletzung der UhPflicht oder aus anderen Gründen in Haft ist, weil die Art des jew begangenen Delikts nichts daran ändert, dass ihm die Teilnahme am Arbeitsmarkt und die Erzielung eines entsprechenden Einkommens während dieser Zeit (außer er hätte ausnahmsweise weiterlaufende Einkünfte oder entsprechendes Vermögen) jedenfalls unmöglich ist. Dass sich ein UhPfl deshalb der UhVerletzung schuldig macht, um in Haft genommen und dadurch eine Zeit lang von seiner Uh-

Pflicht befreit zu werden, kann ebenso wenig wie bei jedem anderen Delikt als Motiv für die Tat unterstellt werden. **Für die Haftzeiten kommt daher die Anwendung der Anspannungstheorie nicht in Betracht.** 7 Ob 528/94 = ÖA 1995, 60/U 110 = EF 74.209; 2 Ob 576/94 = ÖA 1995, 88/U 117.

2. Uzw jedenfalls dann nicht, wenn der UhPfl auch **vermögenslos** ist. 8 Ob 602/93 = ÖA 1994, 190/UV 70; 4 Ob 2237/96 s = EF 80.097; 9 Ob 354/97 t.

3. Der Vater war auch **nicht verpflichtet,** für die Zeit seiner bevorstehenden Strafhaft **Rücklagen für weitere UhZahlungen zu schaffen.** Nach der Anspannungstheorie ist der UhPfl gehalten, alle seine Kräfte anzuspannen, um den laufenden Uh leisten zu können. Er hat aber nicht auch bereits für die Zukunft Vorsorge zu treffen. 8 Ob 602/93 = EF 73.934, 75.712 = ÖA 1994, 190/UV 70.

4. Es besteht zwar kein Zweifel daran, dass ein arbeitsfähiger, jedoch arbeitsunwilliger Strafgefangener als UhPfl, wäre er in der Lage, sich als Arbeit Suchender am allgemeinen Arbeitsmarkt zu beteiligen, im Rahmen seiner individuellen Leistungsfähigkeit auf dasjenige Einkommen als UBGr anzuspannen wäre, das er nach verfügbaren realen Erwerbsmöglichkeiten erzielen könnte, doch lässt sich dieser Grundsatz nicht auf einen UhPfl übertragen, der **als Strafgefangener arbeitsunwillig** ist, weil ein solcher UhPfl seine UhPflicht selbst im Fall der Anspannung auf eine zufriedenstellende Arbeitsleistung nicht erfüllen könnte. 1 Ob 241/98 t = ÖA 1999, 50/UV 126 = EF 87.677.

5. Das **Ruhen der Pflicht zur UhLeistung** ist schon **mit dem auf den Beginn der Strafhaft folgenden Monatsersten** auszusprechen. 8 Ob 602/93 = ÖA 1994, 190/UV 70; 9 Ob 354/97 t.

1. Ist der UhPfl erst **aus mehrjähriger Strafhaft entlassen** worden, muss mit hoher Wahrscheinlichkeit damit gerechnet werden, dass er wenigstens innerhalb der nächsten Monate außerstande ist, nennenswerte UhLeistungen zu erbringen. 1 Ob 607/93 = EF 72.557 = ÖA 1994, 102/UV 63 = RZ 1995/5.

2. Der konkrete Zeitraum richtet sich dabei nach Haftdauer, Alter, Arbeitsfähigkeit des UhPfl und nach der Arbeitsmarktsituation und kann daher verschieden lang sein. 2 Ob 574/93 = ÖA 1994, 109 = EF 72.550; 8 Ob 532/94 = EF 75.716 = ÖA 1995, 121/UV 79.

3. Allerdings kann keinesfalls gesagt werden, dass jeder, der aus der Haft entlassen wird, einige Monate benötigt, um wieder einen Arbeitsplatz zu finden. Hat der UhPfl etwa einen Mangelberuf erlernt und hat die verbüßte Haftstrafe mit seiner beruflichen Tätigkeit nichts zu tun, so wird er ohne weiteres in der Lage sein, in kürzester Zeit wieder einen Arbeitspaltz zu finden. Ähnliches gilt wohl auch dann, wenn er sich bereits während der Haft – allenfalls mit Unterstützung öffentlicher Stellen – um einen Arbeitsplatz bemüht hat. 2 Ob 574/93 = ÖA 1994, 109 = EF 72.555; 8 Ob 532/94 = tw EF 75.717, 75.719 = ÖA 1995, 121/UV 79.

4. Auch der **flüchtige Strafgefangene** kann nach der Anspannungstheorie verpflichtet sein, einen UhBeitrag zu leisten, indem er infolge seiner rechtswidrigen Flucht gleich einem sonst in Freiheit lebenden UhPfl zu behandeln ist. 3 Ob 594/90 = ÖA 1991, 115 = EF 63.677; 1 Ob 590/90 = ÖA 1991, 114 = ÖA 1991, 44/UV 4 = EF 63.677.

5. Anmerkung: Die letztgen E ist nur unter dem Gesichtspunkt des UVG verständlich.

10. Aufenthalt in einer Entwöhnungsanstalt

175 1. Ist auch davon auszugehen, dass der Vater infolge seiner Drogenabhängigkeit als krank und (außerhalb einer stationären Therapiemaßnahme) nicht arbeitsfähig anzusehen ist und daher nicht auf ein fiktives Einkommen angespannt werden kann, so kann doch in dem hier – phasenweise – vorliegenden Fall der stationären Entwöhnungs- und zugleich Resozialisierungstherapie des UhPfl, während welcher er Krankengeld im Ausmaß von rund ATS 5.700 (= € 414) mtl und zusätzlich Taschengeld (im ersten Fall tgl ATS 35 [= € 2,54], im zweiten Fall ATS 300 [= € 21,80] wöchentlich) bezieht, aber sonst vollständig versorgt wird, seine Leistungsfähigkeit nicht allein nach dem „Geldeinkommen" (Krankengeld, Taschengeld, Arbeitslosengeld, Notstandshilfe udgl) beurteilt und nur dieses dem UhBed des UhBer nach der „Prozentjudikatur" oder der Rsp über die Belastbarkeit eines UhPfl zugrunde gelegt werden. Vielmehr ist in einem solchen Fall festzustellen, welche geldwerten Leistungen der UhPfl durch die volle stationäre Betreuung erhält bzw sich erspart, um von einer verlässlichen UBGr ausgehen zu können. Weiters wird auch – insb für die Zeiträume, in denen der Vater die begonnene Drogenentwöhnungstherapie eigenmächtig abgebrochen (unterbrochen) hat – zu ermitteln sein, ob der Vater nicht auch noch andere Einkünfte hat, mögen solche auch nur auf freiwilligen Unterstützungsbeiträgen beruhen. Dabei werden insb auch die Gründe des Vaters für die Unterbrechung der Therapie zur Beantwortung der Frage entscheidend sein, ob ihm die Unterbrechung in der Weise anzulasten ist, dass er sich die Verhältnisse während der Therapie zurechnen lassen muss. Dies wird insb dann der Fall sein, wenn die Unterbrechung nicht auf einem Krankheitsbild, sondern auf bloßem Mutwillen beruhte. 4 Ob 254/00 g.

11. Karenzurlaub

a) Allgemeines

176 1. Die **UhAnspr von Kindern** aus 2 oder mehreren Ehen sind einander **grundsätzlich gleichrangig**. Erfüllt der den Kindern aus **erster Ehe** zum GeldUh verpflichtete Elternteil seine UhPflicht gegenüber den Kindern aus der **zweiten Ehe** durch deren vollständige Betreuung im Haushalt, muss er seine Lebensverhältnisse derart gestalten, dass er sowohl seiner **Geldalimentations-** wie auch seiner **Betreuungspflicht** angemessen nachkommen kann. Es liefe dem Gleichbehandlungsgrundsatz zuwider, ließe er den Kindern aus der zweiten Ehe die volle UhLeistung in Form der häuslichen Betreuung zuteil werden, während er den Kindern aus der Vorehe den GeldUh unter Berufung auf seine Einkommenslosigkeit verwehrte. 1 Ob 595/9 = EF 65.248; 7 Ob 615/91 = RZ 1992/24 = ÖA 1992, 52/U 25; 2 Ob 585/92; 3 Ob 528/92 = tw EF 67.735, 68.017 = JBl 1993, 243 uva; 7 Ob 241/00 t = EF 95.487; 3 Ob 213/00 w = ÖA 2001, 315/UV 183 = EF 95.795; 9 Ob 120/03 t = EF 107.279; 1 Ob 7/04 t = EF 107.285.

2. Daran ändert auch nichts, dass ein UhPfl selbstredend berechtigt ist, sein Familien- und Berufsleben frei zu gestalten, doch darf aus dem Umstand, dass die Mutter eine neue Ehe eingeht, dem zu dieser Zeit bereits uhber Kind grundsätzlich kein Nachteil iS eines Unwirksamwerdens des bestehenden UhAnspr erwachsen. 1 Ob 677/83 = EF 42.857.

b) Tatsächliches Einkommen

177 1. **Anmerkung:** Grundsätzlich ist zunächst einmal zu prüfen, inwieweit der in Betracht kommende Elternteil über Einkommen verfügt, sei es Karenzurlaubsgeld, seien es Einkünfte aus Vermögen oder aus einer Teilzeitbeschäftigung. Wenn aufgrund dieser Einkünfte dem UhBer angemessener Uh zur Verfügung gestellt werden kann, bedarf es weiterer – iSd Anspannungstheorie – Überlegungen nicht mehr.

2. Bezieht die den Haushalt führende Mutter **Karenzgeld** in Höhe von rund ATS 6.400 (= € 465) mtl, steht ihr gegenüber ihrem rund ATS 24.600 (= € 1.788) netto mtl verdienenden Ehegatten kein GeldUh-("Taschengeld-")anspruch zu. Gegen die Bemessung des von der Mutter zu leistenden UhBeitrags auf der Grundlage des von ihr bezogenen Karenzgeldes bestehen daher keine Bedenken. 9 Ob 373/97 m = EF 86.293.

3. Die Mutter bezieht mtl netto € 600 an **Kindergeld**. Bei diesem Einkommen der UhPfl ist es, bedenkt man die Mehrzahl der UhAnspr von Kindern, durchaus gerechtfertigt, einen wenn auch geringen Teil für den Uh der beiden nicht in ihrem Haushalt befindlichen Kinder abzuzweigen. Der UhPfl muss so viel von ihrem Einkommen (Kindergeld) verbleiben, dass sie daraus ihren eigenen notwendigen Uh und den der beiden in ihrem Haushalt befindlichen Kinder decken kann, sonst wäre deren wirtschaftliche Existenz gefährdet. Verteilt man die für alle Uh-Pflichten insgesamt zur Verfügung stehenden Mittel bedarfsgerecht und lässt auch die beiden Mj, die nicht dem Haushalt der Mutter angehören, an deren Lebensverhältnissen angemessen teilhaben, dann entspricht ein mtl UhBeitrag von € 30 je Kind dem Betrag, für den ein UhTitel dzt geschaffen werden kann. 1 Ob 7/04 t = EF 107.285.

c) Fiktives Einkommen

178 1. In einer weiteren Stufe ist zu prüfen, ob es dem UhPfl zumutbar ist, durch Aufnahme einer Erwerbstätigkeit zumindest den sich aus der geforderten Anspannung ergebenden UhBeitrag ins Verdienen zu bringen. 3 Ob 569/94 = ÖA 1995, 90/U 119 = EF 74.174.

2. Die (einen Teil ihrer Kinder betreuende, den Haushalt führende) Mutter trifft nämlich im Interesse ihres uhber (beim Vater lebenden) Kindes aus erster Ehe die Obliegenheit, persönliche Fähigkeiten, insb auch ihre Arbeitskraft, soweit ihr das möglich und zumutbar ist, einzusetzen. Wäre ihr trotz der in ihrem Haushalt lebenden beiden Kinder – wenn auch nur tw – eine Erwerbstätigkeit möglich und zumutbar, müsste sie auf ein dadurch erzielbares Erwerbseinkommen angespannt werden. Anders als in dem vom OGH iZm karenzierten uhpfl Vätern zu beurteilenden Fällen stellt sich hier nicht die Frage, ob die UhPfl eine davor ausgeübte Berufstätigkeit zu Lasten der Kinder aus erster Ehe aufgegeben hat und deshalb auf diese angespannt werden könnte. Vielmehr kommt es ausschließlich darauf an, ob der Mutter eine Berufstätigkeit (allenfalls auch Teilbeschäftigung) zugemutet werden kann. 6 Ob 2360/96 v = ÖA 1998, 18/U 197 = EF 83.400.

3. Geht ein für ein ue Kind UhPfl deshalb keinem Erwerb nach, weil er den Haushalt führt oder weil er sich im Elternkarenzurlaub befindet, so ist bei der UhBemessung **von dem Einkommen auszugehen, das er unabhängig von der Führung**

des Haushalts und der Betreuung der ehel Kinder erzielen könnte. 3 Ob 569/94 = ÖA 1995, 90/U 119.

179 1. Ob der **Mutter** bei ihren eigenen Lebensverhältnissen eine Leistung von Uh zuzumuten war, hängt, weil feststeht, dass sie keine Einkünfte hatte, sondern ihr **Kleinkind betreute,** davon ab, ob es ihr vorzuwerfen ist, dass sie eine nach dem Gesetz gebührende **Leistung nach dem AlVG** (Notstandshilfe, allenfalls mit Familienzuschlägen) nicht in Anspruch genommen hat. 3 Ob 577/90 = tw ÖA 1991, 46/UV 16.

2. Unterlässt die Mutter eine zumutbare Beschäftigung und verhindert dadurch die Fortzahlung des Entgelts für die Dauer des Beschäftigungsverbots nach dem MSchG, ist eine Anspannung bis zur Höhe des Wochengeldes möglich. **Die im MSchG verankerten Beschäftigungsverbote nach der Geburt schließen eine der Anspannung zugrunde zu legende Tätigkeit nur im Fall eines in diesen Zeitraum fallenden erstmaligen Antrags auf UhBemessung aus.** 6 Ob 659/95 = ÖA 1997, 90/UV 93 = EF 80.229; 6 Ob 208/97 z = ÖA 1998, 126/UV 105 = EF 83.403, 84.956; 1 Ob 43/00 f = ÖA 2000, 178/UV 168.

3. Für die Zeiträume nach Beendigung der Schutzfrist nach dem MSchG kann der Anspannungsgrundsatz deshalb Anwendung finden, weil die Mutter Anspruch auf Bezug von Karenzurlaubsgeld hätte, wenn sie davor – ihrer Pflicht entsprechend – einer Arbeit nachgegangen wäre. Unterlässt die uhpfl Mutter jedoch eine zumutbare Beschäftigung und verhindert sie dadurch den Bezug von **Karenzurlaubsgeld,** ist eine Anspannung bis zur Höhe des Karenzurlaubsgeldes möglich, handelt es sich dabei doch um ein in die UBGr einzubeziehendes Einkommen des UhPfl. 6 Ob 208/97 z = EF 84.956 = ÖA 1998, 126/UV 105; 1 Ob 43/00 f = ÖA 2000, 178/UV 168.

4. **Anmerkung:** Eine Anspannung auf ein fiktives Wochengeld oder ein fiktives Karenzurlaubsgeld erscheint mE geradezu haarsträubend, hat doch die Mutter, wenn sie die Voraussetzungen mangels entsprechender Tätigkeitsentwicklungen in der Vergangenheit nicht vorweisen kann, keinerlei Möglichkeit, jenes Einkommen, auf das sie nunmehr angespannt wird, zu erzielen. Damit führt die Anspannung aber zu einer reinen Bestrafung der Mutter für rechtswidriges Verhalten in der Vergangenheit. In diese Richtung dürfte offensichtlich auch der 1. Senat in der E 1 Ob 115/98 p gedacht haben (vgl dazu auch *Gitschthaler,* ÖJZ 1996, 553 mwN). Außerdem erscheint es fraglich, wie diese Rsp-Linie mit dem in anderen E vertretenen Grundsatz in Einklang gebracht werden soll, wonach der UhPfl nach der Anspannungstheorie zwar gehalten sei, alle seine Kräfte anzuspannen, um den laufenden Uh leisten zu können, er aber nicht auch bereits für die Zukunft Vorsorge zu treffen habe (8 Ob 602/93).

d) Fiktiver Geldunterhaltsanspruch

180 1. Auch der **GeldUhAnspr** des uhpfl Elternteils gegenüber seinem wesentlich besser verdienenden Ehegatten ist in die UBGr für dessen Kind einzubeziehen. 7 Ob 164/06 b = EF-Z 2006/76; 9 Ob 100/06 f.

2. Es kann aber vom Ehegatten der Mutter nicht verlangt werden, er habe zum Uh des Kindes durch Erhöhung seiner UhLeistungen an sie beizutragen. 1 Ob 677/83 = EF 42.734; 7 Ob 593/85 = JBl 1987, 715 *(Schmidt).*

3. Eine auch nur mittelbare UhPflicht des Ehemanns der Mutter für nicht aus dieser Ehe stammende Kinder besteht somit nicht. 3 Ob 535/92 = EF 67.899 = SZ 65/54 = ÖA 1993, 17/U 65; 3 Ob 528/92 = JBl 1993, 242 = EF 67.017, 67.899; 1 Ob 553/95 = EF 77.963 uva; 2 Ob 4/99 y = EF 89.159 = ÖA 1999, 258/U 291.

4. Überholt: Die Heranziehung des fiktiven GeldUhAnspr der Mutter gegenüber ihrem Ehegatten als UBGr (wie er bei einer UhVerletzung oder im Fall der Scheidung zustünde) kommt schon deswegen nicht in Frage, weil bei aufrechter Ehe grundsätzlich nur ein Anspruch auf NaturalUh zusteht und die UhLeistungen des Ehegatten zweckgewidmet der Deckung der UhBed des Ehegatten dienen. Eine Anspannung auf ein fiktives Einkommen (hier auf einen fiktiven GeldUhAnspr) setzt die Erzielbarkeit des Einkommens voraus. Diese Voraussetzung fehlt bei UhAnspr des Ehegatten bei aufrechter Ehegemeinschaft, insoweit nur eine NaturalUhVerpflichtung besteht. 3 Ob 569/94 = ÖA 1995, 90/U 119 = EF 74.175; 6 Ob 2126/96 g = JBl 1997, 35 = EvBl 1997/10 = ÖA 1997, 91 = EF 80.230; 6 Ob 2360/96 v = ÖA 1998, 18/U 197 = tw EF 83.377; 9 Ob 373/97 m = EF 86.289; 5 Ob 140/98 v; 2 Ob 4/99 y = EF 89.159 = ÖA 1999, 258/U 291.

5. Anmerkung: Tragende Begründung dieser E war der Umstand, dass bei aufrechter Ehe grundsätzlich nur ein Anspruch auf NaturalUh zustehe und die Uh-Leistungen des Ehegatten zweckgewidmet der Deckung der UhBed des Ehegatten dienten. Im Hinblick auf § 94 Abs 3 Satz 1 ABGB idF EheRÄG 1999, der aber nunmehr gerade auch bei aufrechter Haushaltsgemeinschaft einen GeldUhAnspr zulässt, wurde dieser Rsp der Boden entzogen (7 Ob 164/06 b; 9 Ob 100/06 f; idS wohl auch *Stabentheiner* in Rummel[3] Rz 5 b zu § 140 ABGB und *H. Pichler* in Klang/Fenyves/Welser[3] Rz 16 zu § 140 ABGB). Der GeldUhAnspr des getrennt lebenden Kindes ist nunmehr grundsätzlich (und zunächst einmal) nach jenem UhAnspr zu bemessen, der dem gelduhpfl Elternteil seinerseits im Hinblick auf § 94 Abs 3 ABGB in Geld (und Taschengeld) zusteht (vgl auch Rz 134). ISd Anspannungstheorie kann der gelduhpfl Elternteil auf die Geltendmachung dieses GeldUhAnspr auch nicht verzichten (vgl 2 Ob 4/99 y).

Soweit *Brugger* (ÖJZ 2001, 15) darauf hinweist, dass rein wirtschaftlich betrachtet die Annahme einer UBGr ausgehend von GeldUhAnspr des nichtbetreuenden Elternteils gegenüber seinem nunmehrigen Ehegatten kaum relevant sei, ist dem insoweit zu folgen, als *Brugger* lediglich den Taschengeldanspruch anspricht (5% der UBGr des Ehegatten; vgl Rz 182), nunmehr aber der GeldUhAnspr nach § 94 Abs 3 ABGB heranzuziehen ist (idR 33%, allenfalls 29% oder 25%). Darüber hinaus kann auch nach der neuen Rechtslage nicht davon ausgegangen werden, dass es auch dann nur auf diesen GeldUhAnspr als UBGr ankommen kann, wenn (auch) dieser im Einzelfall tatsächlich „wirtschaftlich kaum relevant" sein sollte. Dann müsste eben geprüft werden, ob der nichtbetreuende Elternteil möglicherweise auf eine (zumindest Teilzeit-)Beschäftigung angespannt werden kann.

e) Taschengeldanspruch

1. Die Erwägungen zur **„Taschengeld"-Judikatur** sind nicht mehr aktuell, weil § 94 Abs 3 ABGB durch Einfügung eines ersten Satzes mit dem EheRÄG 1999 eine wesentliche Änderung erfahren hat. Dieser lautet: „Auf Verlangen des unterhaltsberechtigten Ehegatten ist der Unterhalt auch bei aufrechter Haushaltsgemeinschaft ganz oder zum Teil in Geld zu leisten, soweit nicht ein solches Verlangen, insbesondere im Hinblick auf die zur Deckung der Bedürfnisse zur Verfügung stehenden Mittel, unbillig wäre." Die Bestimmung ist nicht restriktiv zu handhaben, weil der Gesetzgeber mit dieser UhRegelung deutlich über das in der Rsp bis dahin zuerkannte „Taschengeld" hinausgehen wollte. 9 Ob 120/03 t.

182   1. **Überholt:** Da der Anspruch auf Taschengeld ein durchsetzbarer GeldUh-Anspr ist, kann er im Gegensatz zum NaturalUh für die Erfüllung von UhPflichten abgeschöpft werden, wobei das Ausmaß sich jew nach den Umständen des Einzelfalls richtet und primär von der Höhe des Taschengelds abhängt, dieses wieder von den Einkommensverhältnissen des Ehegatten. In der Praxis erscheinen etwa 5% des Nettoeinkommens des Ehegatten als angemessenes Taschengeld. Die Verwendung des Taschengelds unterliegt der freien Disposition des Empfängers; wenn diesen UhPflichten treffen, ist das Taschengeld zur Erfüllung dieser Pflichten zu verwenden und nach den Umständen des Einzelfalls sogar zur Gänze abschöpfbar. 6 Ob 2126/96 g = JBl 1997, 35 = EvBl 1997/10 = ÖA 1997, 91 = EF 80.230; 6 Ob 2360/96 v = ÖA 1998, 18/U 197 = tw EF 83.377; 9 Ob 373/97 m = EF 86.289; 5 Ob 140/98 v = EF 86.290; 6 Ob 285/98 z = JBl 1999, 311 = EvBl 1999/94 = ÖA 1999, 129/U 275 = EF XXXV/5; 2 Ob 4/99 y = EF 89.159 = ÖA 1999, 258/U 291.

2. **Überholt:** Die Auffassung, ein UhAnspr des UhPfl gegenüber einem Dritten sei grundsätzlich unbeachtlich und zähle nur dann zu seinen Lebensverhältnissen iSd § 140 ABGB, wenn „reichlich bemessenes Taschengeld" zur Verfügung stehe, wurde überzeugend widerlegt. 4 Ob 556/94 = SZ 67/162 = ÖA 1995, 96 = EF 73.866.

3. **Überholt:** Der UhPfl hat dem uhber Ehegatten für nicht existentielle Bedürfnisse eine angemessene Geldsumme (Taschengeld) zur freien Verfügung zu überlassen. Wenn die Lebensweise der Ehegatten derart wäre, dass der Frau ein reichlich bemessenes Taschengeld zur Verfügung stünde oder von ihr verlangt werden könnte, wäre die Frage zu prüfen, ob sie iSd § 140 ABGB verpflichtet werden könnte, einen Teil ihrer nicht existenziellen Bedürfnisse unbefriedigt zu lassen und den so angesammelten Betrag zur tw Erfüllung ihrer konkreten primären UhPflicht dem Kind gegenüber zu verwenden. 1 Ob 677/83 = EF 42.733; 7 Ob 593/85 = JBl 1987, 715 *(Schmidt).*

4. **Überholt:** Hat der gelduhpfl Elternteil gegenüber seinem nunmehrigen Ehepartner auf Taschengeld verzichtet, stellt dies ein absichtliches Zusammenwirken der Verzichtspartner zum Nachteil des gelduhber Kindes dar und ist sittenwidrig. 2 Ob 4/99 y = EF 89.159 = ÖA 1999, 258/U 291.

183   entfällt.

f) Betreuungspflichten

184   1. Hat die Mutter ein **Kleinkind zu versorgen,** ist ihr eine zusätzliche Erwerbstätigkeit im Allgemeinen solange nicht zumutbar, als dieses Kind **nicht durch Hilfe Dritter** (Verwandte, Pflegeperson, Kindergarten udgl) unter Bedachtnahme auf sein Alter ausreichend betreut werden kann. Bei Kleinkindern **bis zum Alter von etwa 3 Jahren** wird dies im Allgemeinen nicht anzunehmen sein, da sie bis dahin der besonderen mütterlichen Zuwendung iS ständigen oder doch zeitmäßig überwiegenden Kontakts zur Mutter bedürfen, um eine gedeihliche Entwicklung zu gewährleisten. 1 Ob 677/83 = EF 42.857; 5 Ob 1562/91 = ÖA 1992, 55/F 2 = EF 65.243,

65.252; 6 Ob 659/95 = ÖA 1997, 90/UV 93 = EF 80.255; 6 Ob 2126/96 g = JBl 1997, 35 = EvBl 1997/10 = ÖA 1997, 91 = EF 80.255; 9 Ob 373/97 m.

2. Mit Rücksicht auf die Geburt zweier weiterer Kinder, wobei eines erst 5 Jahre und das jüngere nicht einmal noch 1½ Jahre alt ist, ist der Mutter dzt keine (Teilzeit-)Beschäftigung möglich und zumutbar. Für die Zeit, in der sie lediglich Wochengeld von täglich € 10,76 erhält, ist eine UhPflicht daher zu verneinen. 1 Ob 7/04 t = EF 107.285

3. **Einschr:** Es mag zweifelhaft sein, ob eine Mutter, welche ein Kind im Alter von unter 3 Jahren betreut, keinesfalls auf eine (Teilzeit-)Beschäftigung angespannt werden darf. Es sind nämlich durchaus Fälle vorstellbar, in denen es eher vertretbar erscheint, von der Mutter oder auch dem den Haushalt führenden Vater zu verlangen, dass sie bzw er ein auch noch nicht 3-jähriges Kind in einer Tagesheimstätte oder einer ähnlichen Einrichtung unterbringen, um arbeiten zu gehen, als dass die auf GeldUh angewiesenen Kinder aus einer früheren Ehe in Not geraten. 4 Ob 2233/96 b = EF 80.256 = ÖA 1997, 93; 3 Ob 213/00 w = ÖA 2001, 315/UV 183 = EF 95.803.

4. **Ab dem 3. Lebensjahr** wird hingegen idR eine ausschließliche Zuwendung der Mutter an das Kleinkind nicht mehr in einem solchen Ausmaß erforderlich sein, sodass bei dessen Betreuung tw auch Dritte eingesetzt werden könnten und dadurch der Mutter die Ausübung einer zusätzlichen, zunächst wahrscheinlich aber doch nur **tw Erwerbstätigkeit** ermöglicht wird. Dabei wird auf die Umstände des Einzelfalls entsprechend Rücksicht zu nehmen sein. 1 Ob 677/83 = EF 42.857; 5 Ob 1562/91 = ÖA 1992, 55/F 2 = EF 65.252; 1 Ob 595/91 = EF 65.248; 6 Ob 2126/96 g = JBl 1997, 35 = EvBl 1997/10 = ÖA 1997, 91 = EF 80.255; 9 Ob 373/97 m.

5. Also insb darauf, ob die **Versorgung ihres Kleinkindes gesichert** ist. 6 Ob 2360/96 v = ÖA 1998, 18/U 197 = EF 83.396; 1 Ob 43/00 f = ÖA 2000, 178/UV 168.

6. Eine generelle Verweisung des UhPfl – ohne Berücksichtigung seiner besonderen Lebensumstände – auf die Möglichkeit einer **Ganztagsbeschäftigung** kommt jedoch nicht in Betracht. 5 Ob 1562/91 = ÖA 1992, 55/F 2 = EF 65.252; 6 Ob 2126/96 g = JBl 1997, 35 = EvBl 1997/10 = ÖA 1997, 91 = EF 80.255; 9 Ob 373/97 m.

7. Berücksichtigt man die Familiensituation der Mutter in ihrer nunmehrige Ehe (Erwerbstätigkeit des Ehemanns, Betreuung von Kindern im Alter von 4½, mehr als 3 und ca 1 Jahr), dann kann nicht gesagt werden, dass die Mutter bereits zu dem Zeitpunkt, als die Arbeitslosigkeit des Vaters des Kindes, von dem es nicht betreut wird, begann, die sich als sehr lang herausstelle, eine Teilzeitbeschäftigung hätte annehmen müssen. Solches könnte erst ab einem Zeitpunkt verlangt werden, zu dem sich eine längere Dauer dieser Arbeitslosigkeit abgezeichnet hat. 3 Ob 213/00 w = ÖA 2001, 315/UV 183 = EF 95.806.

185 1. Für die Vernachlässigung dieser Umstände **bei der Anspannung** uhpfl **Männer** findet sich kein Anhaltspunkt. 5 Ob 1562/91 = ÖA 1992, 55/F 2 = EF 65.252; 6 Ob 2126/96 g = JBl 1997, 35 = EvBl 1997/10 = ÖA 1997, 91 = EF 80.255; 9 Ob 373/97 m.

g) Karenzurlaub des unterhaltspflichtigen Vaters

186 1. Mit dem EKUG (nunmehr: VKG) hat der Gesetzgeber eine Wahlmöglichkeit der Eltern geschaffen, welcher Teil die Pflege nach der Geburt eines im gemeinsamen Haushalt lebenden Kindes übernehmen will, uzw aus Gründen der Gleichheit und Gleichbehandlung; beansprucht daher ein Vater einen Karenzurlaub, so tut er dies aufgrund eines ihm vom Gesetzgeber eingeräumten Rechtes. Dies ändert aber nichts daran, dass dadurch schon iSd **Gleichbehandlungsgrundsatzes** ein ue Kind, dem UhAnspr zusteht, nicht benachteiligt werden darf. Denn die **Verpflichtung der Eltern,** gem § 140 ABGB zur Deckung der Bedürfnisse auch des ue Kindes „nach ihren Kräften" beizutragen, wird durch die Inanspruchnahme eines Karenzurlaubs **nicht gemindert.** 6 Ob 573/91 = ÖA 1992, 21 = EF 65.241 = ÖA 1992, 19/U 20; 4 Ob 2233/96 b = ÖA 1997, 93 = EF 80.259; 8 Ob 44/03 h = EF 103.636.

2. Aus diesen Gründen haben die Mj daher Anspruch auf Uh aufgrund der **fiktiven UBGr** des vom Vater erzielbaren Einkommens. Geht man aber von einer fiktiven UBGr aus, dann müssen auch die damit verbundenen Folgen berücksichtigt werden. Im vorliegenden Fall steht fest, dass einer der Eheleute den Karenzurlaub tatsächlich in Anspruch genommen hat. Hätte ihn aber die voll berufstätige Ehefrau des uhpfl Vaters in Anspruch genommen, dann hätte diese gegenüber ihrem Ehemann Anspruch auf Uh gem § 94 Abs 2 ABGB, wobei ihre eigenen Einkünfte (hier Karenzurlaubsgeld) angemessen zu berücksichtigen wären. Die für diesen Fall Platz greifende **UhPflicht des Vaters gegenüber seiner Ehefrau** würde daher zu einer Verminderung seiner Leistungsfähigkeit bei der Beurteilung der UhAnspr seiner Kinder aus der Vorehe führen. 7 Ob 615/91 = RZ 1992/24 = ÖA 1992, 52/U 25 = EF 65.240; 1 Ob 502/94 = EF 74.173; 8 Ob 2007/96 x = tw EF 80.263.

187 1. Hinsichtlich der besonderen **Rechtfertigungsgründe für die Inanspruchnahme von Karenzzeiten durch Väter,** die mit weiteren Sorgepflichten belastet sind, ist der Maßstab eines pflichtbewussten Familienvaters in aufrechter Ehe heranzuziehen. 7 Ob 251/98 g = ÖA 1999, 39/U 264 = EF 86.315.

2. Wollen sich die Eltern eines Kindes das Karenzgeld zw dem 18. Lebensmonat und dem vollendeten 2. Lebensjahr nicht entgehen lassen, muss der andere Elternteil zumindest 6 Monate lang Karenzurlaub nehmen. In jenen Fällen, in denen die Mutter nicht wesentlich weniger als der Vater verdient, bedeutet daher die E, dass die Mutter die gesamte 2-jährige Karenzzeit absolviert, eine nicht unbeträchtliche Einbuße des Familieneinkommens, die durch die Berücksichtigung der vollen Sorgepflicht des Vaters für die Ehefrau bei der Bemessung seiner UhPflicht gegenüber den nicht in seinem Haushalt lebenden Kindern nicht aufgehoben wird. Dennoch ist auch einem **Vater,** der für nicht in seinem Haushalt lebende Kinder sorgepflichtig ist, grundsätzlich **zuzubilligen,** dass er **6 Monate lang anstelle der Mutter Karenzurlaub in Anspruch nimmt.**

Damit für diese Inanspruchnahme ein besonders berücksichtigungswürdiger Grund erblickt werden kann, der für eine Herabsetzung oder gar Enthebung von der UhPflicht für nicht im Haushalt lebende Kinder hinreicht, muss aber die **Einkommensrelation der Elternteile,** die sich den Karenzurlaub aufteilen, für diese Aufteilung sprechen; so muss etwa der Umstand, dass weder eine Betreuungsperson noch -einrichtung für das Kind zur Verfügung steht, erwiesen werden. Das Kind muss uneingeschränkt auf die Betreuung durch einen Elternteil angewiesen sein, und dieser muss damit derart ausgelastet sein, dass ihm eine anderwärtige Berufstätigkeit nicht zumutbar wäre. 7 Ob 251/98 g = ÖA 1999, 39/U 264 = EF 86.316; 3 Ob 12/00 m; 8 Ob 44/03 h = EF 103.636.

C. Abzüge, Ausgaben

Übersicht:

	Rz
1. Allgemeines	188, 188 a
2. Ausgaben des täglichen Lebens	189–190 a
3. Berufsbedingte Ausgaben	
a) Arbeitsplatzfahrtkosten	191–193
b) Fortbildung/Fachliteratur	194, 195
c) Beiträge	196
d) Existenzsicherung	197–199 a
e) Verschiedenes	199 b
4. Besuchsrechtskosten	200–200 c
5. Krankheitskosten	201–206
6. Pensionsvorsorge	207
7. Schulden/Kredite	
a) Allgemeines	208–210
b) Einvernehmen mit dem anderen Elternteil	211
c) Sonstige Belastungen	212, 213
8. Versicherungsprämien	214, 214 a
9. Vermögensbildung	215–217 a
10. Wohnversorgung	
a) Des Unterhaltsberechtigten	218
b) Des Unterhaltspflichtigen	219–223

1. Allgemeines

188 1. Grundsätzlich sind **uhrechtlich beachtliche Abzüge und Aufwendungen** des UhPfl zu berücksichtigen. 1 Ob 614/92 = SZ 65/126 = ÖA 1993, 108 = JBl 1993, 244; 1 Ob 621/93 = ÖA 1995, 159/U 137; 4 Ob 557/94 = SZ 67/38 = ÖA 1995, 68; 3 Ob 503/96 = SZ 69/33 uva; 4 Ob 210/98 f = JBl 1999, 182 = EvBl 1999/19 = ÖA 1999, 24/U 251 = EF 86.390.

2. Also **gerechtfertigte Abzüge**. 1 Ob 180/98 x = ÖA 1999, 117/U 268 = EF 86.172.

3. Dabei ist Maß am Verhalten eines **pflichtbewussten Familienvaters** zu nehmen, weshalb nur jene Aufwendungen die UBGr verringern, die auch ein „maßstabgerechter" Familienvater unter Berücksichtigung seiner Einkommensverhältnisse sowie der Bedürfnisse der UhBer machen würde. 5 Ob 60/97 b = ÖA 1997, 133 = EvBl 1997/135 = EF 83.516.

188 a 1. **Abzugsfähig** sind – allenfalls – nicht unmittelbar die **Lebensbedürfnisse des UhBer** betr Aufwendungen des UhPfl. 1 Ob 237/99 f = RZ 2000/3 = EF 88.873.

2. Daher sind auch Ratenzahlungen auf einen **Kredit** beachtlich, wenn er **dem UhBer zugute gekommen** ist. 7 Ob 531/95 = ÖA 1996, 61/U 140 = EF 77.442; 8 Ob 94/97 z = ÖA 1998, 62/F 154 = EF 83.191.

3. Auch Investitionen, die **der geschiedenen Frau samt uhber Kindern allein** zukommen, können beachtlich sein. 7 Ob 26/02 b = ÖA 2003, 33/U 374.

4. Die Investitionen dürfen aber nicht von vornherein unangemessen hoch gewesen sein. 7 Ob 194/98 z = EF 88.326 = JBl 1999, 178; 7 Ob 52/98 t = EF 86.496;

1 Ob 237/99 f = RZ 2000/3 = tw EF 88.810, 88.817, 88.874; 5 Ob 10/99 b = tw EF 88.817; 10 Ob 34/03 b = EF 103.149.

5. Kreditrückzahlungen, zu denen sich der uhpfl Vater im Zuge der **Vereinbarung nach § 55 a EheG** gegenüber der Mutter verpflichtete, bleiben als Ergebnis der nachehel Vermögensauseinandersetzung selbst dann ohne Einfluss auf die Höhe der UhPflicht gegenüber der Tochter, wenn die Rückzahlungen auch der Mj zugute kämen. 6 Ob 569/91 = EF 65.450; 1 Ob 568/93 = EF 72.374; 1 Ob 581/94 = EF 74.538; 7 Ob 531/95 = EF 77.471 = ÖA 1996, 96/U 140; 4 Ob 231/97 t = EF 83.600; 6 Ob 290/97 h = ÖA 1998, 129/F 164 = EF 83.598; 8 Ob 50/04 t = EF 107.366.

6. Anmerkung: IZm Aufwendungen für den UhBer ist aber immer auch zu prüfen, ob die konkret getätigten Leistungen als NaturalUhLeistung nicht nur die UBGr schmälern, sondern – sogar – auf den GeldUh angerechnet werden können (vgl dazu 40 ff). Im Übrigen darf der Grundsatz nicht generalisiert werden, stünde es doch sonst im Belieben des UhPfl, durch Aufnahme eines Kredits, dessen Verwendung für Anschaffungen zugunsten des Kindes und sodann Anrechnung entweder auf die UBGr oder gar auf die GeldUhVerpflichtung eine Zweckbindung seiner Uh-Leistungen herbeizuführen, was nach stRsp jedoch unzulässig ist.

2. Ausgaben des täglichen Lebens

189   1. **Ausgaben des tgl Lebens** sind grundsätzlich keine Abzugspost. 1 Ob 507/91 = RZ 1991/70 = ÖA 1992, 112/U 46 = EF 65.408; 4 Ob 1568/91 = EF 65.408; 6 Ob 628/91 = EF 65.408 = ÖA 1992, 122/F 35; 4 Ob 507/92 = ÖA 1992, 57 = EF 68.233 uva; 1 Ob 357/99 b = ÖA 2000, 136/U 311.

2. Dies gilt auch für **sonstige übliche Lebensaufwendungen.** 3 Ob 19/97 h = EF 86.545, 88.328 = ÖA 1999, 15/U 245.

190   1. **Keine Abzugspost** bilden Betriebskosten für privat benützte **Fahrzeuge.** 10 Ob 508/96 = EF 82.481.

2. Kosten der **Freizeitgestaltung** des UhPfl. 7 Ob 546/92 = RZ 1993/91.

3. **Gaskosten.** 6 Ob 587/93 = EF 72.358 = SZ 66/114.

4. Ausgaben für **Getränke.** 3 Ob 19/97 h = EF 88.327 = ÖA 1999, 15/U 245.

5. **Hygieneartikelkosten.** 9 Ob 1612/94 = ÖA 1995, 92/F 94 = EF 74.455.

6. **Kleidungskosten.** 9 Ob 1612/94 = ÖA 1995, 92/F 94 = EF 74.461; 4 Ob 388/97 f = SZ 71/9 = EF 86.557 = ÖA 1998, 206/U 230.

7. **Kleiderreinigungskosten.** 9 Ob 1612/94 = ÖA 1995, 92/F 94 = EF 74.460.

8. **Lebensmittelkosten.** 9 Ob 1612/94 = ÖA 1995, 92/F 94 = EF 74.466; 3 Ob 19/97 h = EF 88.327 = ÖA 1999, 15/U 245.

9. **Mediationskosten,** die wie Anwaltskosten behandelt werden. 5 Ob 38/99 w = EF 88.862.

10. **Mitgliedsbeiträge** bei Vereinen udgl. 7 Ob 546/92 = RZ 1993/91.

11. Kosten für **Nahrung.** 4 Ob 388/97 f = SZ 71/9 = EF 86.557 = ÖA 1998, 206/U 230.

12. Ebenso wenig Ausgaben für einen **Pokal für ein Fußballturnier.** 3 Ob 19/97 h = EF 88.327 = ÖA 1999, 15/U 245.

13. Kosten des **Scheidungsverfahrens.** 1 Ob 154/00 d.

14. Der Umstand, dass der UhPfl mit seinen **Steuerleistungen** in Rückstand geraten ist und sich deshalb „in einem finanziellen Engpass" befindet, ist selbst dann

unbeachtlich, wenn er durch den Kauf einer Liegenschaft in diese Lage geraten sein sollte, dem die uhber Frau seinerzeit zugestimmt hat; ihm steht es ja frei, die Liegenschaft wieder zu verkaufen. 4 Ob 284/97 m = EF 83.053.

15. Stromkosten. 6 Ob 587/93 = EF 72.358 = SZ 66/114.

16. Telefonkosten. 6 Ob 587/93 = EF 72.358 = SZ 66/114.

17. Dem UhPfl auferlegte **UhLeistungen.** 1 Ob 509/93; 7 Ob 52/98 t = EF 86.579.

18. Nachteilige Auswirkungen der Pauschalvereinbarung, aufgrund der der Vater der Mutter für ihren **UhVerzicht** einen bestimmten Betrag bezahlt hat, für die Kinder könnten nur behauptet werden, wenn außer Acht gelassen wird, dass der Vater weiterhin verpflichtet gewesen wäre, EhegattenUh zu zahlen. Hätte sich die Mutter ihren UhAnspr nicht durch einen Pauschalbetrag abgelten lassen, so hätte sie einen unbefristeten Anspruch auf Uh gehabt, der den UhAnspr der Kinder in jedem Fall gemindert hätte. Die Pauschalvereinbarung wirkt sich demnach in Wahrheit zu Gunsten der Kinder aus, weil die mit ihren Ansprüchen konkurrierenden UhLeistungen an die Mutter damit begrenzt wurden. Es erscheint daher sachgerecht, den Pauschalbetrag bei der Bemessung des KindesUh angemessen zu berücksichtigen, wobei idZ auf die bei der Berücksichtigung von Einmalzahlungen an den UhPfl entwickelten Grundsätze hinzuweisen ist. Danach sind einmalige Zahlungen, wie eine Abfertigung oder Pensionsabfindung, stets nach den Umständen und den Lebensverhältnissen im konkreten Einzelfall angemessen aufzuteilen. 4 Ob 129/01 a = EvBl 2002/60 = EF 95.895.

19. Nicht abzugsfähig sind weiters **Urlaubskosten** des UhPfl. 7 Ob 546/92 = RZ 1993/91.

20. Vereinsbeträge, wenn die Vereinsmitgliedschaft ausschließlich der Befriedigung privater Interessen dient; anders wäre dies nur, wenn es sich um berufliche Vereinigungen handeln würde. 7 Ob 546/92 = EF 67.676 = RZ 1993/91.

1. Die gesetzlich zu leistende **Kirchensteuer in der BRD** mindert hingegen die UBGr. 10 Ob 2416/96 h = ÖA 1998, 26/F 145 = EF 83.536. **190 a**

2. Anmerkung: Soweit ersichtlich, existiert keine E des OGH zur Frage, inwieweit in Österreich geleistete Kirchenbeiträge von der UBGr in Abzug gebracht werden können. Von der stRsp der Gerichte II. Instanz (vgl etwa LGZ Wien seit EF 42.971; LG Linz EF 110.438) wird dies jedoch verneint. Dieser Rsp ist wohl zu folgen, wird die Abzugsfähigkeit der in der BRD zu leistenden Kirchensteuer doch damit begründet, dass sie – anders als in Österreich – eine von der Lohn- bzw Einkommensteuer abhängige und zugleich einzuhebende bzw mit der Einkommensteuer vorzuschreibende Abgabe ist (vgl etwa auch OLG Wien EF 53.062 unter Hinweis auf *Göppinger,* Unterhaltsrecht[5] Rz 1007 a, 1042). Die Kirchenbeitragsleistungen wären uhrechtlich hingegen vergleichbar mit den Mitgliedsbeiträgen bei Vereinen.

3. Abzugsfähig sind gesetzliche **Sozialversicherungskosten.** 5 Ob 38/99 w = EF 88.863.

4. Die Bezahlung von **Versicherungsprämien** und der halben **Kreditrückzahlungsraten** für ein im gemeinsamen Eigentum der Ehegatten stehendes Landhaus ist geeignet, die UBGr zu schmälern, weil diese Aufwendungen im Interesse der UhBer gemacht werden; außerdem sind die Kreditraten als Vermögensbildung im Aufteilungsverfahren zu berücksichtigen. 1 Ob 237/99 f = RZ 2000/3 = EF 88.872.

5. Ein **für die Ballettausbildung der gemeinsamen Tochter aufgenommener Kredit**, den der UhPfl alleine zurückzahlt, ist angesichts seines Zwecks und des Einverständnisses der uhber Ehegattin und Mutter als einkommensmindernd zu beurteilen. 1 Ob 2223/96 k.

3. Berufsbedingte Ausgaben

a) Arbeitsplatzfahrtkosten

191   1. PKW- und Fahrtkosten von und zum Arbeitsplatz des UhPfl stellen **uU einen Abzugsposten** von der UBGr dar. 8 Ob 639/91.

2. Uzw wenn der UhPfl seinen Arbeitsplatz **mit öffentlichen Verkehrsmitteln nicht erreichen** kann. 1 Ob 507/91 = RZ 1991/70 = ÖA 1992, 112/U 46 = EF 65.376; 3 Ob 548/93 = EF 71.183; 9 Ob 518/95 = 9 Ob 1574/95 = EF 77.336 = ÖA 1996, 128/S 10; 3 Ob 2200/96 t = ÖA 1997, 123/U 176 = tw EF 80.450 uva; 7 Ob 317/01 w = ÖA 2002, 136/U 355; 2 Ob 150/02 a = ÖA 2002, 263/F 218.

3. Oder diese **mit seinen wechselnden Arbeitszeiten nicht in Einklang** gebracht werden können. 7 Ob 662/90 = EvBl 1991/50 = JBl 1991, 720 = ÖA 1992, 110/U 37.

4. **Abw:** Ist nicht erwiesen, dass dem UhPfl die Verwendung öffentlicher Verkehrsmittel zw Bregenz und Dornbirn grundsätzlich unzumutbar wäre, können die Arbeitsplatzfahrtkosten nur **zur Hälfte berücksichtigt** werden. 4 Ob 116/98 g = ÖA 1999, 31/U 257 = EF 86.466.

5. **Anmerkung:** Dies ist nicht ganz verständlich, denn ist ihm die Benützung öffentlicher Verkehrsmittel zumutbar, besteht überhaupt keine Abzugsmöglichkeit, ist sie ihm nicht zumutbar, hingegen schon. Da den UhPfl die Beweislast auch für die Unzumutbarkeit trifft, können Unklarheiten nur zu seinen Lasten gehen.

6. Fahrtkosten sind schon dann abzugsfähig, wenn sie die **durchschnittlichen Aufwendungen anderer UhPfl** aus diesem Titel **übersteigen**. 8 Ob 1528/94; 6 Ob 191/97 z = EF 84.638; 3 Ob 85/00 x; 10 Ob 59/06 h.

7. € 140 nach Abzug der fiktiven Kosten einer Nahverkehrskarte sind dabei als überdurchschnittlich anzusehen. 10 Ob 59/06 h.

191 a   1. Es kann auch eine Abgeltung der vom Vater für Berufsfahrten zurückzulegenden Kilometer gerechtfertigt sein. 4 Ob 388/97 f = SZ 71/9 = EF 86.469 = ÖA 1998, 206/U 230.

2. Ausgaben für einen PKW sind aber nur abzugsfähig, wenn dieser beruflich unbedingt notwendig ist. Dies ist dann der Fall, wenn die Verwendung des PKW zur Erzielung des Arbeitseinkommens erforderlich ist (*Gitschthaler*, Unterhaltsrecht[1] Rz 530). 7 Ob 317/01 w = ÖA 2002, 136/U 355.

3. **Anmerkung:** Hier geht es nicht um die Fahrtkosten von und zum Arbeitsplatz, sondern um berufliche Fahrten an sich (etwa eines Gerichtsvollziehers, eines Handelsvertreters udgl).

192   1. Bei einer Anfahrtsstrecke bis zu ca 15 km wäre auch die Verwendung eines **Mopeds** zumutbar. 7 Ob 662/90 = EvBl 1991/50 = JBl 1991, 720 = ÖA 1992, 110/U 37; 4 Ob 388/97 f = SZ 71/9 = EF 86.469 = ÖA 1998, 206/U 230.

2. Aus der Erwägung, dass der Vater als Lehrer uU Schularbeitshefte udgl auch bei schlechtem Wetter befördern muss, kann ihm ein PKW anstatt eines Mopeds zugebilligt werden. 4 Ob 388/97 f = SZ 71/9 = EF 86.469 = ÖA 1998, 206/U 230.

3. Anmerkung: Derartige Einwendungen bedürfen aber wohl einer strengen Prüfung, um nicht eine Ungleichbehandlung verschiedener UhPfl zu bewirken.
4. Der Vater kann sich nicht darauf berufen, dass er das Auto für Einkäufe, die Beförderung der bei der Mutter lebenden Kinder zu den Besuchstagen sowie für Behördenwege udgl benütze, weil es sich dabei um Ausgaben des tgl Lebens handelt. 4 Ob 388/97 f = SZ 71/9 = EF 86.469 = ÖA 1998, 206/U 230.

193 **1.** Auch bei grundsätzlicher Anrechenbarkeit sind die PKW-Arbeitsplatzfahrtkosten **nicht zur Gänze abzugsfähig,** weil sonst eine Besserstellung gegenüber anderen Arbeitnehmern erfolgen würde. 8 Ob 49/98 h = ÖA 1999, 54/F 190 = EF 86.465; 7 Ob 344/98 h = ÖA 1999, 133/U 277 = EF 86.465; 2 Ob 150/02 a = ÖA 2002, 263/F 218; 10 Ob 59/06 h.
2. Die Höhe des tatsächlichen Aufwands an Betriebsmitteln stellt regelmäßig eine Frage des Einzelfalls dar (8 Ob 49/98 h: ATS 1,70 [= € 0,12]; 7 Ob 344/98 h: ATS 2 [= € 0,15] jew pro km); jedenfalls können die abzugsfähigen Fahrtkosten **nicht generell** mit dem **amtlichen Kilometergeld** gleichgesetzt werden. 2 Ob 150/02 a = ÖA 2002, 263/F 218.
3. Das Kilometergeld, das der UhPfl erhält, deckt sämtliche mit der Anschaffung und der Haltung eines PKW verbundenen Kosten angemessen ab. Die auf die berufliche Verwendung des eigenen PKW entfallenden anteiligen Kosten werden daher voll ersetzt. Den mit der Berufsausübung des UhPfl verbundenen Auslagen für den PKW wird bereits durch das Ausscheiden der Wegegebühren aus der UBGr Rechnung getragen. Ein Abzug für Anschaffungs- und Erhaltungskosten eines Kraftfahrzeugs kann nur dann in Betracht kommen, wenn dem UhPfl derartige berufsbedingte Auslagen nicht vergütet werden. 7 Ob 522/94 = EvBl 1994/91 = EF 74.477.
4. Eine vollständige Zuordnung jedes mit dem eigenen PKW gefahrenen Kilometers als Dienst- oder Privatfahrt bzw die exakte Feststellung der Kosten eines auswärtigen Aufenthalts würde den Rahmen jedes UhVerfahrens sprengen, wenn vom Dienstgeber eine Pauschalabgeltung erfolgt. Eine Berücksichtigung derartiger Auslagen kann daher nur durch einen entsprechenden größenordnungsmäßigen Abzug von der UBGr erfolgen. 7 Ob 344/98 h = ÖA 1999, 133/U 277 = EF 86.467.
5. Die **Berücksichtigung des halben Kilometergelds** erscheint angemessen. 10 Ob 59/06 h.
6. Soweit der Dienstgeber für bestimmte dienstliche Verrichtungen Kilometergeld bezahlt, wird damit allerdings – neben dem Ersatz der laufenden Aufwendungen – auch auf die Refinanzierung der Fahrzeuganschaffung Bedacht genommen. 3 Ob 85/00 x.

b) Fortbildung/Fachliteratur

194 **1.** Gegen die Berücksichtigung eines nicht übermäßig hoch gegriffenen, für die **berufliche Weiterbildung und Verbesserung der Einkommensmöglichkeiten** vom UhPfl im Einzelfall aufgewendeten Betrags bestehen im EhegattenUhRecht keine Bedenken, berücksichtigt man, dass auch der Kl in annähernd gleicher Höhe Aufwendungen für eine Zusatzkrankenversicherung zugebilligt wurden. 6 Ob 233/98 b = EF 87.521.
2. Anmerkung: Diese Abzugsmöglichkeiten müssen dem UhPfl wohl auch dann zustehen, wenn bei der uhber geschiedenen Ehegattin keine korrespondierenden Aufwendungen berücksichtigt oder gar nicht geltend gemacht werden.

3. Als Abzugsposten zur Gänze sind daher die der existenznotwendigen **Weiterbildung** dienenden Aufwendungen und die Kosten für **schulisches Material** anzuerkennen. 4 Ob 116/98 g = ÖA 1999, 31/U 257 = EF 86.575 = EF 86.584.

4. Ausgaben für die **berufliche Weiterbildung** sind aber keine Abzugspost von der UBGr, wenn sie nicht existenznotwendig sind. 7 Ob 1620/91 = EF 65.380 = ÖA 1992, 122/F 36.

195   **1.** Bei den geltend gemachten Werbungskosten, die auch **Fortbildungskosten** des Vaters (eines Hochschullehrers) enthalten, also Kosten, die der Erweiterung der Kenntnisse in dem ausgeübten Beruf dienen, ist zu beachten, ob diese Kenntnisse nicht auch auf **andere, kostengünstigere und zumutbare Weise** erworben werden können. Dies gilt auch für Kosten von **Fachliteratur.** 3 Ob 2200/96 t = ÖA 1997, 123/U 176 = EF 80.136.

2. Der Bezug der Richterzeitung durch einen Richter ist jedenfalls sichergestellt, weil jedem Richter das Studium eines Bibliothekexemplars möglich ist. 3 Ob 19/97 h = EF 88.329 = ÖA 1999, 15/U 245.

3. Ausgaben für juristische **Fachbücher,** die bei jedem Gericht zur Verfügung stehen, kann ein Richter daher nicht von der UBGr abziehen. 3 Ob 19/97 h = EF 88.330 = ÖA 1999, 15/U 245.

4. Anmerkung: Diese Aussage wird sich wohl nicht nur auf Richter beziehen, erscheint im Übrigen aber ohnehin anzweifelnswert; ansonsten müsste diese Rsp wohl auch für Freiberufler gelten, die sich Fachbücher ja in öffentlichen Bibliotheken besorgen könnten. Außerdem lassen sich idZ wohl keine Unterschiede zw einem Hochschullehrer, der über eine Universitätsbibliothek verfügt, und einem Richter, der über eine Gerichtsbibliothek verfügt, erkennen. Da es letztlich ja nur um Fachliteratur gehen kann, die auch außerhalb des Arbeitsplatzes Verwendung finden soll, würde sich bei einer Differenzierung die Frage stellen, ob nach Auffassung des OGH zwar Hochschullehrer, nicht aber Richter (Höchstrichter?) zu Hause arbeiten.

5. Die Teilnahme eines **Richters** an vom Dienstgeber angebotenen beruflichen Bildungsveranstaltungen ist angesichts der Tatsache, dass ihm der Dienstgeber die „erforderliche und gängige Fachlektüre" – so auch Fachzeitschriften – unentgeltlich beistellt und bereits deren regelmäßiges Studium zur „Sicherung des erforderlichen Wissensstandes" genügt, nicht notwendig, um den für die judizierende Tätigkeit jew erforderlichen Wissensstand zu halten. Hat ein UhPfl sein Einkommen mit Personen zur Befriedigung ihrer angemessenen UhBed zu teilen, so sind ihm die – geringfügigen – **Mehranstrengungen** zumutbar, die durch eine **selbstständige Weiterbildung** an Hand der vom Dienstgeber beigestellten Hilfsmittel enstehen. **Reisekosten zu** diesen **Bildungsveranstaltungen** sind daher nicht von der UBGr abzuziehen. 3 Ob 85/00 x.

6. Anmerkung: Diese Überlegungen sind wohl verallgemeinerungsfähig, dürfen aber im Interesse der Qualitätssicherung der Arbeitsleistungen eines jeden UhPfl nicht überstrapaziert werden, uzw insb dann nicht, wenn uU die regelmäßige Nichtteilnahme an Fortbildungsveranstaltungen zum Verlust des Arbeitsplatzes führen kann, ist es doch nicht undenkbar, dass in einem solchen Fall dann der UhBer iSd Anspannungstheorie damit argumentiert, der UhPfl habe den Einkommensverlust nur deshalb erlitten, weil er sich nicht fortgebildet habe.

c) Beiträge

196 **1.** Der **Gewerkschaftsbeitrag** stellt keine Abzugspost dar. 3 Ob 19/97 h = ÖA 1999, 15/U 245 = EF 86.493, 88.329; 1 Ob 133/01 t = EF 95.843.

2. Ebenso wenig **Mitgliedsbeiträge** zu sonstigen **Berufsvereinigungen** (etwa der österreichischen Richtervereinigung). 7 Ob 546/92 = EF 67.676 = RZ 1993/91; 3 Ob 19/97 h = ÖA 1999, 15/U 245 = EF 86.556, 88.329.

3. Abw: Da sich die **Österreichische Richtervereinigung als Interessenvertretung** – neben anderen Zielen – um die Sicherung und Verbesserung der materiellen Existenzgrundlagen des Richterstandes bemüht und damit auch einen Beitrag zur Erhaltung der Sachgrundlagen für die richterliche Unabhängigkeit leistet, dient der Mitgliedsbeitrag mittelbar auch dem Interesse des UhBer daran, dass nicht nur das laufende Einkommensniveau eines Richters als UhPfl gesichert bleibt, sondern sich dessen Entlohnung überdies im Gleichklang mit dem Erfolg einer Volkswirtschaft entwickelt, woran ja auch ein UhGläubiger in angemessener Befriedigung seiner Bedürfnisse teilnimmt. 3 Ob 85/00 x.

4. Anmerkung: Da Berufsvereinigungen idR die Interessen ihrer Mitglieder – auch nach außen hin – wahrnehmen und damit auf diesem Weg auch deren wirtschaftlichen Erfolg stärken, wären mE – dies würde im Übrigen auch für den Gewerkschaftsbeitrag gelten – Mitgliedsbeiträge zu Berufsvereinigungen als Abzugspost anzuerkennen; eine Differenzierung zw der Österreichischen Richtervereinigung und sonstigen Berufsvereinigungen erscheint nicht angebracht.

Lediglich der Vollständigkeit halber sei aber im Hinblick auf den Richtervereinigungsbeitrag darauf verwiesen, dass sich dieser – mtl betrachtet – in einem äußerst bescheidenen Umfang zu Buche schlägt und daher für die UBGr im Einzelfall wohl keine Rolle spielen wird (so im Übrigen im Ergebnis auch 3 Ob 85/00 x).

d) Existenzsicherung

197 **1.** Grundsätzlich bilden lediglich tatsächliche Aufwendungen des UhPfl, die der **Sicherung seines Einkommens** dienen, eine Abzugspost von der UBGr. 1 Ob 180/97 w = ÖA 1998, 118/U 215 = RZ 1997/87 = EvBl 1997/197.

2. Oder die der **Erhaltung der Arbeitskraft** oder der **wirtschaftlichen Existenz** des UhPfl dienten. 7 Ob 52/98 t = EF 86.474.

3. Oder der **Sicherung und Aufrechterhaltung der wirtschaftlichen Existenzgrundlage.** 3 Ob 19/97 h = EF 88.328 = ÖA 1999, 15/U 245; 1 Ob 71/05 f.

4. Dabei müssen aber die Interessen des UhBer in vernünftiger Weise gewahrt werden. Die Anerkennung der Ausgaben als Abzugspost hat zwar die konkrete Situation des UhPfl zur Beurteilungsgrundlage, ist aber nicht nach subjektiven, sondern nach objektiven Kriterien vorzunehmen, wobei die Anwendung des § 273 ZPO zulässig ist. 7 Ob 546/92 = EF 67.675.

198 **1. Kreditrückzahlungen** sind zu **berücksichtigen,** wenn der Kredit zur **Erhaltung der Arbeitskraft des UhPfl** aufgenommen worden ist. 7 Ob 549/90 = ÖA 1991, 137/U 44 = EF 62.284; 6 Ob 1536/91 = EF 68.255; 3 Ob 1527/90; 7 Ob 662/90 = EvBl 1991/50 = JBl 1991, 720 = ÖA 1992, 110/U 37 uva; 1 Ob 217/99 i; 7 Ob 69/02 a; 7 Ob 129/02 z; 3 Ob 201/02 h; 7 Ob 26/02 b = ÖA 2003, 33/U 374; 10 Ob 265/02 x = EF 103.662; 8 Ob 69/05 p = EF 110.408.

2. Bzw zur **Erhaltung der Arbeitskraft des UhPfl und seiner Familie.** 6 Ob 382/97 p = ÖA 1998, 215/F 177; 4 Ob 210/98 f = JBl 1999, 182 = EvBl 1999/19 = ÖA 1999, 24/U 251 = EF 86.517.

3. Bzw der Kredit der **Sicherung und Erhaltung der wirtschaftlichen Existenz** des UhPfl (und seiner Familie) diente. 5 Ob 520/95 = EF 77.440 = ÖA 1996, 91/U 144; 10 Ob 2018/96 d = EF 80.529 = ÖA 1998, 17/F 142; 4 Ob 237/97 z = JBl 1998, 60 = EF 83.565; 7 Ob 52/98 t = EF 86.511.

4. Bzw (bei einer umfassenden Interessenabwägung) zur Finanzierung notwendiger und nicht anders finanzierbarer **Anschaffungen für den Beruf oder die allgemeine Lebensführung.** 1 Ob 8/98 b.

5. **Anmerkung:** Hinsichtlich der allgemeinen Lebensführung erscheint dies fraglich (vgl Rz 189 ff).

6. Bzw wenn der Kredit **für existenznotwendige Bedürfnisse** aufgenommen wurde. 7 Ob 549/90 = ÖA 1991, 137/U 44 = EF 62.284; 6 Ob 1536/91 = EF 68.255; 3 Ob 1527/90; 7 Ob 662/90 = EvBl 1991/50 = JBl 1991, 720 = ÖA 1992, 110/U 37 uva; 1 Ob 217/99 i.

7. Abzugsfähig sind auch Schulden, deren Begründung auf dem Boden einer ex-ante-Beurteilung erforderlich war, um die existenzsichernde **Ertragskraft eines Unternehmens** des UhPfl zu erhalten bzw zu verbessern. 3 Ob 201/02 h = EF 99.636; 8 Ob 69/05 p.

199 1. Zinsen und Rückzahlungsraten eines Darlehens, das zur **Schaffung einer Einkommensquelle** aufgenommen wurde, mindern die für den UhAnspr maßgebenden, aus dieser Quelle erzielten Einkünfte. Es besteht kein Grund, Aufwendungen, die durch die Schaffung einer Einkommensquelle verursacht werden, anders als jene zu behandeln, die zu deren Erhaltung dienen. 10 ObS 58/89; 10 ObS 263/89; 10 ObS 140/90; 6 Ob 382/97 p = EF 86.518 = ÖA 1998, 215/F 177.

2. Die Berücksichtigung derartiger Aufwendungen findet ihre Grenzen allerdings in der **Anspannungstheorie,** weil es dem UhPfl obliegt, alle Bemühungen zu unternehmen, jenes zusätzliche Einkommen, dessen Erzielung die Kreditaufnahme diente, auch zu lukrieren. 6 Ob 382/97 p = EF 86.519 = ÖA 1998, 215/F 177.

3. Die Verringerung der UBGr bei der Abdeckung von **Verlusten des neu gegründeten Unternehmens** des UhPfl durch den vorübergehenden Verzicht auf ein zusätzliches Geschäftsführergehalt, das die neue Gesellschaft in Wahrheit gar nicht zu leisten imstande wäre, ist zu billigen. 5 Ob 60/97 b = ÖA 1997, 133 = EvBl 1997/135; 4 Ob 237/97 z = JBl 1998, 60; 1 Ob 179/00 f.

4. Auch wenn bei einem unselbstständig Erwerbstätigen die **Verluste aus einer zusätzlichen selbstständigen Erwerbstätigkeit** grundsätzlich nicht als Abzugsposten von der UBGr anerkannt werden, so ist es doch ein Unterschied, ob ein unselbstständig Erwerbstätiger, der über ein regelmäßiges und weitgehend sicheres Einkommen verfügt, das finanzielle Risiko eines selbstständigen Zusatzerwerbs eingeht, oder ein selbstständig Erwerbstätiger, der stets um die Sicherung und Erhaltung seines Einkommens bemüht sein muss, was ihm oft nur durch die Erschließung neuer, zusätzlicher Erwerbsquellen gelingt. Das Maß ist auch hier am pflichtbewussten Familienvater zu nehmen. 5 Ob 60/97 b = ÖA 1997, 133 = EvBl 1997/135 = EF 83.602; 4 Ob 277/97 g.

5. Die Aufwendungen eines **selbstständig Erwerbstätigen für die Gründung weiterer Unternehmen** lassen sich nicht einfach als „Privatvergnügen" des Unter-

nehmers abtun. Dem Unternehmer dürfen trotz bestehender UhPflichten expansive Schritte nicht verwehrt bleiben. Das bedeutet für den Anlassfall, dass ex ante zu beurteilen ist, ob die Gründung der beiden Gesellschaften unter wirtschaftlichen Gesichtspunkten – also angesichts der damaligen Marktlage, des Kapitaleinsatzes und einer realistischen Prognose unter Heranziehung aller dafür bedeutsamen Parameter – sinnvoll oder gar durch betriebswirtschaftliche Erfordernisse des einzelkaufmännischen Unternehmens geboten war. Wäre das zu bejahen, so hätten die UhBer den bei Gründung der Gesellschaften nicht vorhersehbaren Misserfolg – wie bei intakten Familienverhältnissen – wirtschaftlich mitzutragen. Dann müssten die unvermeidlichen Zahlungen des Vaters zur Aufbringung des Stammkapitals der insolventen Gesellschaften von der UBGr abgezogen werden. 1 Ob 179/00 f.

6. Es kann allerdings nicht zu Lasten des UhBer gehen, wenn der UhPfl, der aufgrund seiner **unselbstständigen Erwerbstätigkeit** ein überdurchschnittliches Einkommen erzielt, die damit gegebene UBGr durch **Verluste,** die sich **aus einer selbstständigen Tätigkeit** des UhPfl ergeben, verringert. 5 Ob 1571/92 = ÖA 1993, 22/F 59 = EF 68.009; 5 Ob 1582/93 = EF 70.952 = ÖA 1994, 104/F 78; 3 Ob 541/95 = ÖA 1996, 129 uva; 4 Ob 116/98 g = ÖA 1999, 31/U 257 = EF 86.264.

7. Anmerkung: IdZ wird von der **Passivierung durch Nebenbeschäftigungen** gesprochen.

8. Schulden aus einer **früheren Erwerbstätigkeit** des UhPfl können bei Vorliegen konkret geltend gemachter Umstände durchaus bei der Ermittlung der UBGr berücksichtigt werden, wenn den UhPfl am Eingehen der Schulden kein Verschulden trifft und er sich zu dem ihm äußerst Möglichen bemüht hat, einerseits den Schuldensaldo durch Umschuldungen, Vermögensverkäufe udgl zu vermindern und andererseits durch intensive Arbeitssuche und Absolvierung von Umschulungen einen Beruf und damit ein Einkommen zu finden, das ihm dzt die Erfüllung der noch ausständigen Schuldentilgung ermöglicht. 7 Ob 172/99 s = EF 89.264 = ÖA 1999, 296/U 299.

9. Anmerkung: Vgl idZ auch die Rsp zur (Nicht-)Abzugsfähigkeit von Zahlungsplanraten bzw Abschöpfungsbeträgen nach Durchführung eines Schuldenregulierungsverfahrens über das Vermögen des UhPfl bei Rz 236 ff.

1. Eine **Amtshaftungsversicherung** stellt sicher, dass das Einkommen eines Richters nicht durch die Tilgung von berechtigten Regressansprüchen des Dienstgebers gekürzt wird, welche die UBGr verringern würden, weil sie sich auf das realisierte Haftungsrisiko der judizierenden Tätigkeit eines Richters als Einkommensquelle beziehen und zu erfüllen sind. Damit sind die Prämien abzugsfähig. 3 Ob 85/00 x. **199 a**

e) Verschiedenes

1. Die Kosten für eine **Bildschirmbrille** sind abzugsfähig. 10 Ob 18/04 a. **199 b**

4. Besuchsrechtskosten

1. Aufwendungen des UhPfl im Rahmen eines **üblichen Besuchsrechts** können die UBGr nicht schmälern. 4 Ob 507/92 = ÖA 1992, 57 = EF 68.202; 8 Ob 2263/96 v; 6 Ob 2362/96 p = ÖA 1998, 23/U 203; 6 Ob 382/97 p = EF 86.481 = ÖA 1998, **200**

215/F 177; 8 Ob 62/04 g; 7 Ob 102/06 k = EF-Z 2006/51 *(Tews, Gitschthaler)* = FamZ 71/06 *(Neumayr)*.

2. Der üblichen Dauer entspricht ein 14-tägiges Besuchsrecht zuzüglich eines Ferienbesuchsrechts von 4 Wochen. 7 Ob 102/06 k = EF-Z 2006/51 *(Tews, Gitschthaler)* = FamZ 71/06 *(Neumayr)*.

3. Daher haben nur die Dauer von **4 Wochen bzw 1 Monat übersteigende Aufenthalte** des Kindes beim GeldUhPfl Einfluss auf UhPflicht. 10 Ob 2018/96 d = EF 79.968 = ÖA 1998, 17/F 142; 8 Ob 62/04 g = EF 107.346.

4. Für Fälle, in denen die Dauer des Besuchsrechts durch die räumliche Entfernung bedingt in längeren Zeiträumen zusammengefasst ausgeübt wird, ist als maßgeblich anzusehen, ob die Besuchsrechtsausübung jenes Ausmaß übersteigt, das bei einem 14-tägigen Besuchsrecht (etwa 2 Tage am Wochenende) zuzüglich eines Ferienbesuchsrechts von 4 Wochen erreicht wird. 6 Ob 20/97 b = ÖA 1998, 128/F 158 = EF 83.197; 7 Ob 102/06 k = EF-Z 2006/51 *(Tews, Gitschthaler)* = FamZ 71/06 *(Neumayr)*.

5. **Anmerkung:** Dieser Gedanke ist durchaus konsequent, weil ja bei der Ermittlung des UhBed nach der Prozentwertmethode ein durchschnittliches Besuchsrecht berücksichtigt wird.

6. Ein uhpfl Elternteil muss seiner Besuchspflicht nachkommen können, ohne den eigenen Uh gefährden zu müssen. Eine den Uh des Vaters gefährdende Situation ist im hier zu beurteilenden Fall aber nicht gegeben. Dass er nicht dazu in der Lage wäre, die Fahrtkosten ohne Gefährdung seines eigenen Fortkommens aufzubringen und er daher ohne UhKürzungen auf Leistungen der Sozialhilfe angewiesen wäre, trifft aufgrund der Einkommenssituation des Vaters nicht zu. Eine Schmälerung der UBGr kommt im Hinblick darauf, dass der Umfang des Besuchsrechts insgesamt den üblichen Rahmen nicht überschreitet, somit nicht in Betracht. Nochmals ist zu betonen, dass auch betr das Besuchsrecht das Wohl des Kindes maßgebend ist. Es ist grundsätzlich nicht zu rechtfertigen, den UhAnspr des Kindes aufgrund eines **weit entfernten Wohnorts** des gelduhpfl Elternteils und der damit verbundenen allenfalls hohen, aber nicht existenzgefährdenden Kosten für Besuchsfahrten zu beschneiden. 7 Ob 102/06 k = EF-Z 2006/51 *(Tews, Gitschthaler)* = FamZ 71/06 *(Neumayr)*.

200 a 1. Bei Berücksichtigung von Besuchsrechtskosten ist dabei nicht von den Aufwendungen des besuchsrechtsausübenden Elternteils, sondern von den **ersparten Aufwendungen des betreuenden Elternteils** auszugehen. 8 Ob 1661/93 = ÖA 1995, 63/F 88 = EF 73.956 = ÖA 1994, 191/F 86; 6 Ob 20/97 b = ÖA 1998, 128/F 158 = EF 83.198 = ÖA 1998, 27/F 149; 6 Ob 2362/96 p = EF 83.198 = ÖA 1998, 23/U 203; 2 Ob 319/99 x = ÖA 2000, 73/U 307 = EF 88.937; 8 Ob 62/04 g = EF 107.346; 7 Ob 102/06 k = EF-Z 2006/51 *(Tews, Gitschthaler)*.

Anmerkung: Vgl dazu auch bei Rz 45.

200 b 1. Die Kosten des Verkehrs des Kindes mit einem nicht sorgeberechtigten Elternteil und des Aufenthalts bei diesem Elternteil gehören nach hM zu den Kosten des Uh (*Gitschthaler*, Unterhaltsrecht[1] Rz 45 mwN). In Fällen, in denen die Eltern **gemeinsam mit der Obsorge betraut** wurden, hat der OGH bereits mehrfach ausgesprochen, dass der vereinbarungsgemäß den Haushalt des „hauptsächlichen Aufenthalts" (iSd § 177 Abs 2 ABGB) führende Elternteil weiterhin als derjenige anzusehen ist, der seine UhPflicht durch Betreuung des Kindes iSd § 140 Abs 2 ABGB erfüllt, während der andere Elternteil (in den meisten Fällen der Vater) seinen UhBeitrag in Geld zu leisten hat. Dessen „Besuchsrechtskosten" sind daher gleichermaßen als Kosten des Uh anzusehen, wie bei einem nicht sorgeberechtigten Elternteil. 7 Ob 102/06 k = EF-Z 2006/51 *(Tews, Gitschthaler).*

1. Kosten für **gemeinsame Urlaube** des Vaters mit seinem Kind sind als Aufwendungen im Rahmen des Besuchsrechts anzusehen, die den UhAnspr des Kindes nicht schmälern. 6 Ob 176/00 a. **200 c**

2. Uzw selbst ein 3-wöchiger **Urlaubsaufenthalt** nicht. 10 Ob 2018/96 d = ÖA 1998, 17/F 142.

5. Krankheitskosten

1. Krankheitsbedingter Mehraufwand des UhPfl verringert die UBGr. 3 Ob 570/95 = SZ 68/247 = ÖA 1996, 125/U 159 = EF 77.450; 5 Ob 2233/96 k; 3 Ob 2200/96 t = ÖA 1997, 123/U 176; 3 Ob 401/97 k = JBl 1998, 506 = ÖA 1998, 243/U 237 = EF 86.550; 9 Ob 94/00 i. **201**

2. Also etwa die Kosten für **Therapie, Kleidung, Wäsche, Massage, Bäder, auswärtige Verpflegung** udgl. 9 Ob 94/00 i.

3. Oder krankheitsbedingte **PKW-Benützungskosten,** uzw wenn sich der UhPfl infolge einer starken Gehbehinderung eines Kfz bedienen muss, die dadurch entstehenden Mehrkosten auch für private Fahrten, wobei vom Verhalten eines pflichtbewussten Familienvaters auszugehen ist. 3 Ob 2200/96 t = ÖA 1997, 123/U 176 = EF 80.505; 6 Ob 145/98 m = ÖA 1999, 35/U 261.

4. Ebenso die Kosten der **behindertengerechten Ausstattung des Fahrzeugs** und – soweit diese Sonderausstattung auch eine Erhöhung der Versicherungs- und allenfalls der Betriebskosten bewirkt – auch diese Mehrkosten. 6 Ob 145/98 m = ÖA 1999, 35/U 261.

5. Es sei denn, diese Kosten würden durch einen **Zuschuss des SozVTr** abgedeckt. 6 Ob 145/98 m = ÖA 1999, 35/U 261 = EF 86.552.

6. Oder der angemessene Mehraufwand für die Anschaffung erforderlicher **Diätnahrung,** weil die zur Beschaffung der tgl erforderlichen Nahrung nötigen Mehrkosten einen unbedingt nötigen Aufwand darstellen, der den Bekl im Gegensatz zu anderen Personen, die „Normalnahrung" zu sich nehmen können, trifft. Hiebei sind die Einkommenssituation auf Seiten des UhPfl und die dem UhBer zufließenden UhBeiträge zu berücksichtigen. 7 Ob 528/93 = EF 71.200; 3 Ob 548/93 = EF 71.199; 3 Ob 401/97 k = JBl 1998, 505 = ÖA 1998, 243/U 237 = EF 86.486.

7. Anmerkung: Die letztgen Einschränkung überzeugt nicht: Ist der Mehraufwand nun notwendig oder nicht? Das kann doch wohl nicht davon abhängen, wieviel der UhPfl verdient.

8. Bei Bestimmung dieser Mehrkosten ist die **Anwendung des § 273 ZPO** *(bzw nunmehr des § 34 AußStrG* im VaStr) zulässig. 3 Ob 548/93.

1. Der UhPfl kann **keinesfalls alle Mehrkosten jeglicher medizinischer Behandlung** (etwa einer Zahnbehandlung) von der UBGr abziehen, sondern muss diese Ausgaben selbst tragen, wenn er mit der üblichen, von der gesetzlichen Kran- **202**

kenversicherung getragenen Heilbehandlung nicht das Auslangen findet. 3 Ob 19/ 97 h = ÖA 1999, 15/U 245 = EF 86.478, 88.331.

2. Trägt der SozVTr ohnehin die Kosten einer zweckmäßigen Heilbehandlung, ist an den Nachweis der Notwendigkeit **zusätzlicher, vom SozVTr nicht gedeckter Behandlungsmaßnahmen,** um ihre Kosten als existenziellen Aufwand zur Lebensführung anerkennen zu können, ein **besonders strenger Maßstab** anzulegen (etwa die Kosten eines Fitnessstudios). 5 Ob 2233/96 k = EF 80.497; 1 Ob 357/99 b = ÖA 2000, 136/U 311.

203 1. Ein dem UhPfl aus einer Behinderung entstandener krankheitsbedingter Sachaufwand wird durch das zur pauschalen Abgeltung von Pflegeleistungen erhaltene **Pflegegeld** nicht gedeckt und ist gleich den in der Rsp schon bisher anerkannten krankheitsbedingten Mehrauslagen von der UBGr abzuziehen. 6 Ob 145/98 m = ÖA 1999, 35/U 261 = EF 86.561; 7 Ob 316/98 s = ÖA 1999, 135/F 194 = EF 86.549; 9 Ob 94/00 i.

Anmerkung: Zum Pflegegeld vgl auch Rz 127, 288.

204 1. **Transsexualismus** kommt dann Krankheitswert zu, wenn die innere Spannung zw dem körperlichen Geschlecht und der seelischen Identifizierung mit dem anderen Geschlecht so ausgeprägt ist, dass nur durch die Beseitigung dieser Spannung schwere Symptome psychischer Krankheiten behoben oder gelindert werden. In diesem Fall mindern Behandlungskosten für psychotherapeutische Behandlung und die Kosten für die Vornahme einer Operation zur äußeren Geschlechtsumwandlung die UBGr ohne Rücksicht darauf, ob diese Kosten vom gesetzlichen SozVTr ersetzt werden, wenn ein verantwortungsbewusster Elternteil diesen Aufwand ebenfalls getätigt hätte. 3 Ob 570/95 = SZ 68/247 = ÖA 1996, 125/U 159 = EF 77.450; 10 ObS 2303/96 s = SZ 69/209.

205 1. Auch krankheitsbedingter Mehraufwand, den der UhPfl – als Sonderbedarf – für ein **konkurrierendes uhber Kind** zu tragen hat, mindert die UBGr. Damit können bei der Aufteilung der mit dem Sonderbedarf verbundenen Belastungen auf den UhPfl und mehrere UhBer die Umstände des Einzelfalls, im besonderen die finanzielle Leistungsfähigkeit des UhPfl und die Höhe des Sonderbedarfs, sachgerechter berücksichtigt werden als durch den (allzu schematisierenden) Abzug weiterer Prozentpunkte zugunsten des den Sonderbedarf benötigenden Kindes. 1 Ob 180/ 98 x = ÖA 1999, 117/U 268 = EF 86.553.

2. **Abw:** Erhebliche Zusatzkosten wegen der für ein Kind erforderlichen intensiven ärztlichen Betreuung sind bei Ermittlung des Uh der anderen Kinder durch einen entsprechenden prozentuellen Abzug zu berücksichtigen, weil der durch die Krankheit der Tochter bedingte Mehraufwand des Vaters die ganze Familie trifft. Es kann dabei uU auch ein entsprechend höherer prozentueller Abzug angemessen sein (über 3% hinaus). 3 Ob 19/97 h = ÖA 1999, 15/U 245 = EF 86.591, 88.338.

206 1. Ein krankheitsbedingt vermindertes Einkommen kann nur für den in jenem Zeitraum zustehenden Uh maßgebend sein, in dem das Einkommen tatsächlich vermindert ist. Bezieht der UhPfl wieder Überstundenentgelt und/oder Zulagen, dann muss der ab diesem Zeitpunkt zustehende Uh von dem damit (wieder) erreichten höheren Einkommen bemessen werden. 4 Ob 517/93 = EF 70.865.

2. Ein **Kredit,** der **zur Bestreitung eines krankheitsbedingten Mehraufwandes** diente, ist bei der UhBemessung zu berücksichtigen. 3 Ob 570/95 = SZ 68/247 = ÖA 1996, 125/U 159 = EF 77.450.

6. Pensionsvorsorge

1. Die wirksame Beitragsentrichtung für **Schul-, Studien- und Ausbildungs-** **207** kosten kann die UBGr nur dann schmälern, wenn diese Beitragsentrichtung zur Erlangung einer Pension, insb einer Frühpension, unabdingbar ist und nicht etwa bloß einer Erhöhung der künftigen Pensionsbezüge dient. 1 Ob 585/90 = SZ 63/81 = ÖA 1991, 100 = ÖA 1991, 41/U 2.

2. Erfüllt der Vater daher die Voraussetzungen für die **vorzeitige Alterspension** auch ohne gem § 227 ASVG „nachgekaufte Beitragszeiten", sodass diese bloß Grundlage eines höheren Bezugs sein könnten, ist die gesamte Abfertigung der UBGr hinzuzurechnen, weil die leistungswirksame Beitragsentrichtung dann ebenso wie eine vertragliche **Zusatzpensionsversicherung** den UhAnspr seines mj Sohnes nicht schmälern könnte. 1 Ob 585/90 = SZ 63/81 = ÖA 1991, 100 = EF 62.224 = ÖA 1991, 41/U 2.

3. **Anmerkung:** Es geht also um die Frage, inwieweit der Nachkauf von Beitragszeiten die UBGr schmälern kann. Jedenfalls dann, wenn vorhersehbar bei Antritt der vorzeitigen Alterspension noch ein UhAnspr besteht, ist die E 1 Ob 585/90 nicht sachgerecht, weil ja der UhBer wohl dann an der durch den Nachkauf erreichten höheren Pension teilnehmen wird; warum soll der Nachkauf dann aber nicht jetzt die UBGr schmälern? Dies gilt wohl insb für EhegattenUh.

7. Schulden/Kredite

a) Allgemeines

1. **Kreditrückzahlungsraten** sind **grundsätzlich nicht abzugsfähig.** 4 Ob **208** 1541/95 = 4 Ob 1542/95 = ÖA 1995/165/F 100; 1 Ob 217/99 i; 7 Ob 129/02 z; 10 Ob 265/02 x.

2. Sie sind jedenfalls **nicht grundsätzlich eine Abzugspost.** 7 Ob 172/99 s = EF 89.252 = ÖA 1999, 296/U 299.

3. Auch **sonstige Schulden** des UhPfl vermindern nicht schlechthin die UBGr. 7 Ob 636/90 = RZ 1991/44 = ÖA 1992, 116/UV 36; 1 Ob 2082/96 z = EF 82.479; 4 Ob 321/97 b = EF 83.590; 1 Ob 130/98 v = EvBl 1998/175 = ÖA 1999, 14/ U 243 = EF 86.571.

4. Allerdings ist eine **Reduktion** der UBGr durch Kreditrückzahlungsraten **in Ausnahmefällen** möglich. 1 Ob 8/98 b = EF 86.508; 7 Ob 172/99 s = EF 89.255 = ÖA 1999, 296/U 299.

1. Eine generelle Aussage über die Abzugsfähigkeit oder Nichtabzugsfähigkeit **209** von Schulden scheidet aus. 8 Ob 564/93 = EF 71.318 = ÖA 1995, 62/F 87 = ÖA 1994, 191/F 84.

2. Für eine **Interessenabwägung,** wie weit Schulden eine Abzugspost von der UBGr sind, sind der Zeitpunkt und die Art ihrer Entstehung, der Zweck, für den sie aufgenommen worden sind, das Einverständnis des Ehepartners zu dieser Schuld-

aufnahme, die Dringlichkeit der Bedürfnisse des UhPfl und des UhBer sowie das Interesse an einer Schuldentilgung, um die Verbindlichkeit nicht weiter anwachsen zu lassen und dadurch die Leistungsfähigkeit des UhPfl weiter herabzudrücken, maßgebend. Eine Berücksichtigung von Schulden ist unter diesen Gesichtspunkten nach billigem Ermessen vorzunehmen. 7 Ob 662/90 = EvBl 1991/50 = JBl 1991, 720 = ÖA 1992, 110/U 37; 1 Ob 507/91 = RZ 1991/70 = ÖA 1992, 112/U 46 = EF 65.497; 5 Ob 1571/92 = ÖA 1993, 22/F 59 uva; 6 Ob 285/98 z = JBl 1999, 311 = EvBl 1999/94 = ÖA 1999, 129/U 275 = EF XXXV/5; 1 Ob 217/99 i; 7 Ob 129/02 z = EF 99.716.

3. Dabei ist immer auf die **Lebensverhältnisse der Eltern** und nicht bloß auf den Regelbedarf des Kindes abzustellen. 7 Ob 172/99 s = EF 89.258 = ÖA 1999, 296/ U 299.

4. Bei Ehegatten ist auch zu fragen, wie sich der UhPfl verständigerweise **bei Fortdauer der ehel Gemeinschaft** in Bezug auf die Schuldentilgung verhalten hätte. 7 Ob 624/94 = EF 73.822.

5. Dies gilt insb bei Schulden, die **während aufrechter Ehe einvernehmlich aufgenommen** worden sind; es ist aber auch ein objektiver Maßstab anzulegen. 4 Ob 1541/95 = 4 Ob 1542/95 = EF 79.359 = ÖA 1995, 165/F 100.

6. **Leichtfertig und ohne verständlichen Grund oder zu luxuriösen Zwecken** gemachte Schulden sind jedenfalls keine Abzugspost. 7 Ob 662/90 = EvBl 1991/60 = JBl 1991, 720 = EF 62.332 = ÖA 1992, 110/U 37; 1 Ob 501/93 = ÖA 1994, 62 = ÖA 1994, 64/U 86 uva; 1 Ob 217/99 i; 3 Ob 85/00 x.

7. Nur wenn sich aus der Interessenabwägung ergibt, dass sich der UhPfl **wegen notwendiger und nicht anders finanzierbarer Anschaffungen für den Beruf oder die allgemeine Lebensführung** belastete, können solche in Kenntnis bestehender UhPflichten begründete Schulden die UBGr mindern. 7 Ob 129/02 z.

210 1. Dem UhPfl ist eine **Umschuldung** zur Verringerung der mtl Rückzahlungsverpflichtungen bis zum Eintritt der Selbsterhaltungsfähigkeit zumutbar, womit eine unmittelbare Verwertung seiner Liegenschaft vermieden werden kann. 1 Ob 507/91 = RZ 1991/70 = ÖA 1992, 112/U 46.

b) Einvernehmen mit dem anderen Elternteil

211 1. Auch eine während aufrechter Ehe unnötige Verschuldung der Eltern darf dem UhBer nicht zur Last fallen. Bei derartigen Verschuldungen haben die UhPfl die Schuldenlast ohne Schmälerung des KindesUh unter äußerster eigener Anstrengung abzudecken. Bei mj Kindern fällt daher das Einverständnis der Eltern, Kredite aufzunehmen, weniger ins Gewicht; überhaupt verwehrt die Kenntnis von der UhPflicht bei der Begründung von Schulden dem UhPfl idR eine Berufung auf völlige oder tw Leistungsunfähigkeit infolge dieser Schulden, es sei denn, dass es sich um **notwendige, nicht anders finanzierbare Anschaffungen** für den Beruf oder die allgemeine Lebensführung handelte. 7 Ob 662/90 = EvBl 1991/60 = JBl 1991, 720 = EF 62.332 = ÖA 1992, 110/U 37; 1 Ob 501/93 = ÖA 1994, 62 = ÖA 1994, 64/U 86; 1 Ob 511/94 = ÖA 1994, 184/U 99 = EF 74.564 uva; 7 Ob 132/98 g = JBl 1998, 776 *(Hoyer)* = ÖA 1999, 13/U 242.

2. Auch wenn die Anschaffung und die hiefür nunmehr aufgewendeten Kreditrückzahlungsraten für eine Liegenschaft seinerzeit im Einvernehmen der Ehegatten eingegangen wurden, so betreffen sie doch nicht die Ehewohnung bzw dienten

sie nicht zur Wohnraumbeschaffung, sodass sich diese die uhber Ehegattin keineswegs auf ihren UhBed anrechnen lassen muss; umso weniger müssen sich die aus der Ehe entstammenden mj Kinder diese Darlehensrückzahlungen anrechnen lassen. 10 Ob 508/96.

3. Für die Berücksichtigung von Schulden, die während aufrechter Ehe **im beiderseitigen Einvernehmen der Ehegatten** aufgenommen worden sind, ist maßgebend, wie sich ein UhPfl verständigerweise bei Fortsetzung der ehel Gemeinschaft verhalten hätte; es ist aber auch ein objektiver Maßstab anzulegen. Solche Schulden sind nach billigem Ermessen zu berücksichtigen. 5 Ob 1571/92 = ÖA 1993, 22/F 59 = EF 68.313; 1 Ob 581/94; 1 Ob 511/94 = ÖA 1994, 184/U 99 = EF 74.563; 4 Ob 1541/95 = 4 Ob 1542/95 = ÖA 1995/165/F 100; 10 Ob 508/96; 1 Ob 217/99 i.

4. Anmerkung: Diese Rsp-Linie erscheint aus der Sicht des UhPfl unbillig, hat er den Kredit doch im Einvernehmen mit dem nunmehr betreuenden Elternteil aufgenommen, ist nach der Scheidung zur Zahlung verpflichtet und kann sich die Rückzahlungsraten dennoch nicht in Anrechnung bringen lassen, während der betreuende Elternteil möglicherweise nach wie vor den Nutzen aus jenen Gegenständen erzielt, für deren Anschaffung der Kredit – im Einvernehmen – aufgenommen worden ist, ohne dass er noch irgendwelche Belastungen hinnehmen müsste, ja sogar – gleichsam im Umweg über das Kind – höhere Leistungen erhält.

c) Sonstige Belastungen

1. Nur Kredite zur Bestreitung **unabwendbarer außergewöhnlicher Belastungen** sind **abzugsfähig**. 7 Ob 636/90 = EF 62.329 = RZ 1991/44 = ÖA 1992, 116/UV 36; 1 Ob 507/91 = RZ 1991/70 = ÖA 1992, 112/U 46 = EF 65.439; 6 Ob 628/91 = ÖA 1992, 122/F 35 = EF 65.439; 4 Ob 507/92 = ÖA 1992, 57 = EF 68.259 uva; 1 Ob 217/99 i; 7 Ob 69/02 a; 3 Ob 201/02 h; 7 Ob 129/02 z; 7 Ob 26/02 b = ÖA 2003, 33/U 374; 10 Ob 265/02 x.

2. Oder solche zur Deckung **lebens- und existenznotwendiger Aufwendungen**. 4 Ob 388/97 f = SZ 71/9 = EF 86.472 = ÖA 1998, 206/U 230; 3 Ob 19/97 h = ÖA 1999, 15/U 245 = EF 86.472; 7 Ob 14/02 p = ÖA 2002, 180/U 362; 7 Ob 69/02 a; 4 Ob 132/02 v; 7 Ob 129/02 z; 3 Ob 201/02 h; 7 Ob 26/02 b = ÖA 2003, 33/U 374; 8 Ob 69/05 p.

3. Dies gilt aber nicht für **UhRückstände**. 4 Ob 507/92 = ÖA 1992, 57 = EF 68.328; 8 Ob 1661/93 = ÖA 1995, 63/F 88 = ÖA 1994, 191/F 86; 8 Ob 2263/96 v = EF 83.597; 7 Ob 346/97 a = ÖA 1999, 43/UV 119 = EF 87.702.

4. Oder Kredite, die zur Abdeckung von **Ausgaben des tgl Lebens** aufgenommen wurden. 6 Ob 628/91 = ÖA 1992, 122/F 35 = EF 65.465; 4 Ob 507/92 = ÖA 1992, 57 = EF 68.277; 7 Ob 550/93 = EF 71.285 = ÖA 1994, 67/U 92.

5. Einschr: Belastete sich der UhPfl jedoch wegen **notwendiger und nicht anders finanzierbarer Anschaffungen für die allgemeine Lebensführung,** können solche in Kenntnis von UhPflichten begründeten Schulden die UBGr mindern. 3 Ob 85/00 x.

6. Nicht abzugsfähig sind Rückzahlungsraten für **Kontoüberziehungen** zur Bestreitung der Ausgaben des tgl Lebens. 1 Ob 581/94 = EF 74.526; 4 Ob 116/98 g = ÖA 1999, 31/U 257 = EF 86.528.

7. Oder Kreditrückzahlungsverpflichtungen, die leibliche Eltern adoptierter Kinder während der Dauer der Annahme an Kindesstatt zur Finanzierung laufenden Lebensaufwandes (Deckung des Wohnbedarfs) eingingen, weil sie bei der Gestaltung ihrer finanziellen Verhältnisse nicht damit rechnen durften, dass die Adoption nicht wieder aufgehoben werden würde. 1 Ob 507/91 = RZ 1991/70 = EF 65.015 = ÖA 1992, 112/U 46.

8. **Anmerkung:** Die letztgen E erscheint schon etwas hart und wirft die Frage auf, wie lange die leiblichen Eltern gleichsam theoretisch (durch Anlegung eines Sparbuchs?) für den Fall Vorsorge zu treffen haben, dass die Adoption wieder aufgehoben wird.

213 1. Selbst **exekutiv betriebene Schulden** mindern die UBGr nicht. 6 Ob 16/98 s = EF 86.574 = ÖA 1998, 240/U 234.

2. **Pfändungen** in Bezug auf Mittel, die sonst dem UhPfl zur Verfügung stünden, sind keine Abzugspost, es sei denn, er brächte vor und stellte unter Beweis, dass die Pfändung zur Hereinbringung von ausnahmsweise als Abzugspost von der UBGr zu berücksichtigenden Schulden erfolgt wäre. 1 Ob 130/98 v = EvBl 1998/175 = ÖA 1999, 14/U 243 = EF 86.560; 1 Ob 35/07 i.

3. Ebenso wenig Ratenzahlungen auf einen Kredit, der aus Anlass der Verehelichung eines anderen als des den Uh fordernden Kindes aufgenommen worden ist. 3 Ob 580/91 = EF 68.288 = ÖA 1992, 153/F 42.

4. **Anmerkung:** Zur (Nicht-)Abzugsfähigkeit von **Zwangsausgleich-, Zahlungsplanraten und Abschöpfungsbeträgen** vgl Rz 236 ff.

8. Versicherungsprämien

214 1. **Krankenzusatzversicherungsprämien** für das Kind sind zwar keine Abzugspost von der UBGr, stellen aber erbrachte UhLeistungen dar. 3 Ob 19/97 h = ÖA 1999, 15/U 245 = EF 86.565.

2. **Abw:** Die freiwillige Zahlung von Prämien für eine **Zusatzkrankenversicherung** ist bei der UhBemessung überhaupt nicht zu berücksichtigen. 3 Ob 1030/91 = 3 Ob 1031/91 = EF 65.053.

Anmerkung: Vgl dazu ausführlich auch bei Rz 51.

3. (Gesetzlich) **verpflichtende Beiträge** zur Krankenversicherung sind aus der UBGr auszuscheiden. 3 Ob 250/97 d = ÖA 1998, 168/U 224 = EF 83.538; 7 Ob 14/02 p = ÖA 2002, 180/U 362.

214 a 1. Es kommt zu **keiner Reduktion der UBGr** wegen vom gelduhpfl Ehegatten getragener **Lebensversicherungsprämien,** weil sie vorwiegend der Vermögensbildung dienen. 5 Ob 38/99 w = EF 88.860; 7 Ob 191/05 x = EF 110.096 = FamZ 21/06 *(Deixler-Hübner).*

2. Auch Ausgaben für **private Altersvorsorge** stellen keine Abzugspost dar. 3 Ob 38/01 m = EF 95.961.

3. **Anmerkung:** Berechtigterweise diskutiert wird in jüngerer Zeit allerdings, ob es nicht auch einem uhpfl Menschen zugestanden werden müsste, in jenem Ausmaß Beträge für seine Altersvorsorge zu investieren, in dem der Staat die dzt gewährten Leistungen zur Pension zurückfährt. Nach zweitinstanzlicher Rsp sollen daher Leistungen für eine private Altersvorsorge (uU) als von der UBGr abzugsfähig angesehen werden können (LG Salzburg EF-Z 2006/73 *[Gitschthaler]).*

9. Vermögensbildung

215 **1.** Zahlungen zu Zwecken der **Vermögensbildung** schmälern die UBGr nicht. 3 Ob 89/97 b = JBl 1997, 647 = EvBl 1997/175 = EF 83.601.

2. Dies gilt auch für Ratenzahlungen auf ein für die Vermögensbildung aufgenommenes Darlehen. 5 Ob 1571/92 = ÖA 1993, 22/F 59 = EF 68.290; 7 Ob 132/98 g = JBl 1998, 776 *(Hoyer)* = ÖA 1999, 13/U 242.

3. Oder für Zahlungen für (eigene) **Bausparverträge.** 5 Ob 1571/92 = ÖA 1993, 22/F 59 = EF 68.199.

4. Oder bei Anschaffung einer Liegenschaft, selbst wenn die Verbindlichkeiten seinerzeit im Einvernehmen der Ehegatten eingegangen wurden. 10 Ob 508/96.

5. Der leibliche Vater, der das Ruhen seiner UhPflicht zur Vermögensbildung nützte, darf nicht bessergestellt werden als der UhPfl, der sein Vermögen schon vor Entstehen seiner UhPflicht erworben hatte. 1 Ob 507/91 = RZ 1991/70 = ÖA 1992, 112/U 46.

216 **1.** Es wäre nicht sachgerecht, wenn im Fall einer Nebentätigkeit eines unselbstständig Erwerbstätigen die erzielten Einnahmen zwar die UBGr erhöhten, die dafür aufgewendeten Ausgaben hingegen nicht als Abzugsposten anerkannt werden könnten. Die in 7 Ob 2085/96 k zum Ausdruck kommende ggt Ansicht, bei einer **kreditfinanzierten Vermietung von Wohnräumen** könne der Kreditrückzahlungsaufwand die UBGr nicht mindern, wird abgelehnt; ein derartiger Aufwand ist vielmehr als Abzugsposten den erzielten Mieteinnahmen gegenüberzustellen und nur ein sich danach allenfalls ergebender Saldo in die UBGr einzubeziehen (vgl *Gitschthaler*, JBl 1997, 33). 4 Ob 210/98 f = JBl 1999, 182 = EvBl 1999/19 = ÖA 1999, 24/U 251 = EF 86.392; 4 Ob 129/02 b = ÖA 2002, 257/U 365; 3 Ob 170/05 d = EF-Z 2006/46 *(Kiechl)*.

2. Vermietet ein UhPfl Wohnraum, ist diese „Nebentätigkeit" daher solange neutral, als die erzielten Einnahmen die laufenden Finanzierungskosten nicht übersteigen. 9 Ob 94/00 i.

3. Die den Vater iZm der Erzielung eines zusätzlichen Einkommens durch die Vermietung einer als Vermögensanlage angeschafften Eigentumswohnung treffenden Werbungskosten (in den Kreditraten enthaltener Zinsanteil) sind im konkreten Fall wegen des zu Ende gehenden Tilgungszeitraums schon so gering, dass sie bei der UhBemessung (nicht Berechnung) nicht ins Gewicht fallen. 5 Ob 1596/94 = EF 77.521.

4. Ggt: Rückzahlungen auf Wohnungskredite und Ratenzahlungen aus Wohnbauförderungsdarlehen bilden keine Abzugspost von der UBGr. Dabei kann es keinen Unterschied machen, ob der UhPfl die ihm gehörende Wohnung, auf die die Rückzahlungen zu leisten sind, selbst benützt, leerstehen lässt oder vermietet hat. 7 Ob 2085/96 k = JBl 1997, 33 *(Gitschthaler)* = ÖA 1997, 59/U 170 = EF 80.560; 7 Ob 132/98 g = JBl 1998, 776 *(Hoyer)* = ÖA 1999, 13/U 242 = EF 86.393.

5. Anmerkung: Wie *Hoyer* (JBl 1999, 201) aufgezeigt hat, sind allerdings trotz der Kehrtwendung des OGH noch verschiedene Fragen offen:

Geht man nämlich von einem bilanzierenden UhPfl aus, zeigt der Vergleich des Anfangs- mit dem Endvermögen der Bilanzierungsperiode den Vermögenszuwachs oder -verlust. Kontrolliert man das Ergebnis an der Gewinn- und Verlustrechnung, zeigt sich, dass Bestandzinseinnahmen netto sich als positive, Zahlungen an Kreditzinsen als negative Posten niederschlagen. Der Wertverlust der angeschafften Sachwerte ist negative Post, während einander Kreditrückzahlungsraten als Aufwand und Reduktion der aushaftenden Kreditsumme im Erfolg paralysieren. Vom allfälligen Gewinn sind noch entstandene Ertrags-(Einkommen-)steuerschulden abzuziehen. Sowohl bei vereinbarten Annuitäten als auch bei fixen Kapitalrückzahlungsraten ergibt sich eine zunächst hohe, dann aber sinkende Zinsentangente. Die Schwierigkeiten ergeben sich aus dem Bilanzieren der Sachentwertung. Dabei ist nicht der Liegenschaftsanteil anzusetzen, sondern nur der Bauwert, dieser aber einschließlich der Abbruchskosten am Ende der Nutzungsdauer. Von letzterer und der E zw linearer und degressiver Abschreibung hängt letztlich ab, welche Sachentwertungsrate jährlich rechnerisch anzusetzen ist.

Allerdings ist der bilanzierende UhPfl nicht der die Praxis beschäftigende Regelfall. Beim Einnahmen- und Ausgabenrechner oder der nachträglichen Rekonstruktion der Zahlungsströme (dies ist die überwiegende Mehrzahl der die Praxis beschäftigenden Fälle) muss man sich mit einer mehr oder minder genauen Annäherung begnügen, stehen doch Aufwand und Kosten einer mehrfachen Bilanzerstellung im Einzelfall in keiner vernünftigen Relation zum möglichen Erfolg. Da Voraussetzung für die Mieteinnahmen des UhPfl das kreditfinanzierte Anschaffen der schließlich vermieteten Eigentumswohnung gewesen ist, lässt sich sein daraus erzieltes Einkommen auch ohne Bilanzieren herausrechnen; es ergibt sich aus Nettozins (ohne USt und Betriebskosten) abzügl Aufwand an Kreditzinsen und Wertverlust des Bauwerksanteils (nicht notwendig des Liegenschaftsanteils) durch Alterung und Abwohnen durch den Mieter. Mit abzuziehen sind die auf die entsprechende Nutzungsdauer aufzuteilenden nicht kreditfinanzierten Aufwendungen für Vertragserrichtung, Provisionen, Grunderwerbsteuer uä, hat doch der UhBer nur Anspruch auf Beteiligung am Einkommen, dh dem nachhaltigen Einnahmenüberschuss des UhPfl. Eine allfällige Einkommensteuerbelastung wäre entsprechend zu berücksichtigen.

Damit wird die Frage der Fristenkongruenz angeschnitten, die im Fall des Bilanzierens durch Verlustvorträge weitgehend erreicht wird. Für den nichtbilanzierenden UhPfl folgt daraus aber, dass er frühere Verluste aus kreditfinanzierter Vermietung mit späteren Gewinnen ausgleichen kann. Im Grundsatz passiert nämlich durch einen Verlustvortrag nichts anderes als ein Strecken des Erhebungszeitraums, das auch bei vermögenslosen Personen, die Uh aus aufgenommenem Personalkredit leisteten, möglich sein muss. Die Leistungsfähigkeit des UhPfl richtet sich grundsätzlich nach dem frei verfügbaren Vermögen, bei vernünftigem Wirtschaften nach dem Einkommen. UhRechtlich ist das das Nettoeinkommen, also das Einkommen nach Abzug der Lohn- bzw Einkommensteuer sowie anderer mit der Einkunftsart unmittelbar zusammenhängender Gebühren und Abgaben. Eintragungsgebühr und Grunderwerbsteuer wie allfällige Kreditgebühren, deren Bezahlen erst das Einkommen aus kreditfinanzierter Vermietung ermöglichen, schmälern deshalb auch den Ertrag. Darauf, ob das fragliche Einkommen aus Haupt- oder Nebentätigkeit, erzielt von einem unselbstständigen oder selbstständig Erwerbstätigen stammt, kann es aus Gleichheitsgründen nicht ankommen.

217   1. Nach dem **dVermögensbildungsG** soll die Vermögensbildung der Arbeitnehmer durch vereinbarte vermögenswirksame Leistungen gefördert werden. Diese Geldleistungen, die der Arbeitgeber für den Arbeitnehmer anlegt, dienen zusammen mit einer staatlichen Förderung der Vermögensbildung des Arbeitnehmers. Dies bedeutet, dass einerseits der vom Arbeitgeber geleistete Teil der vermögenswirksamen Geldleistung als Einkommen des UhPfl anzusehen und damit in die UBGr einzubeziehen ist und dass andererseits der Arbeitnehmerbeitrag an der vermögenswirksamen Leistung, den er aus eigenem zur Vermögensbildung zahlt, ihm aber vom Arbeitgeber unmittelbar vom Gehalt abgezogen wird, die UBGr nicht vermindern kann. 6 Ob 2353/96 i = EvBl 1997/84 = EF 80.398.

217 a 1. **Leibrentenzahlungen,** die zum Erhalt von Vermögen aus einer Erbteilung und daher der Vermögensbildung dienen, sind idR keine Abzugspost von der UBGr. 1 Ob 12/98 s = ÖA 1998, 215/F 178 = EF 86.568; 4 Ob 237/97 z = JBl 1998, 60 = EF 83.548.

2. Es sei denn, sie dienten der Schaffung einer Existenzgrundlage (hier: Entgelt für die Übernahme eines Betriebs). 4 Ob 237/97 z = JBl 1998, 60 = EF 83.549.

3. Die Leibrentenverpflichtung des UhPfl wurde durch Erbübereinkommen nach seiner Mutter begründet, zu deren Nachlass auch eine Liegenschaft mit Haus von nicht unbeträchtlichem Wert gehörte. Soweit der UhPfl im Erbweg Vermögen erwarb, unterlagen jedenfalls die Erträgnisse dieses Vermögens schon bisher der Einbeziehung in die UBGr. Wenn der UhPfl anlässlich der Erbteilung die Gelegenheit wahrnahm, Alleineigentum an der zum Nachlass gehörenden Liegenschaft gegen Bezahlung einer Leibrente zu erwerben, ändert dies nichts daran, dass es sich bei der Leibrente um eine zur Vermögensbildung eingegangene Schuld handelte und dass die Erträgnisse der Liegenschaft als in die UBGr einzubeziehendes Einkommen zu behandeln waren. Die nachträgliche Veräußerung der Liegenschaft stellt nur eine Umschichtung im Vermögen dar und ändert nichts daran, dass die Leibrentenverpflichtung der Vermögensbildung und nicht der Schaffung einer Existenzgrundlage diente. Ob und inwieweit durch diese Umschichtung eine Erhöhung oder Verminderung des Vermögensertrags eingetreten ist, ist für die Frage der Abzugsfähigkeit der Leibrentenschuld bedeutungslos. 7 Ob 611/91 = EF 65.411 = ÖA 1992, 113/U 49.

4. Erwirbt ein UhPfl eine mit Leibrentenzahlungen belastete Liegenschaft, die Mieterträge abwirft, können diese Erträge – ebenso wenig wie im Fall einer sonst kreditfinanzierten Liegenschaft – nicht ohne weiteres mit einem Einkommen des UhPfl gleichgesetzt werden. Vielmehr sind die Leibrentenzahlungen ebenso wie Kreditrückzahlungen und Zinsenzahlungen aus der UBGr auszuscheiden. Dass der UhPfl möglicherweise bereits den Großteil der Leibrenten bezahlt hat, kann daran nichts ändern, wenn es um die Berücksichtigung der Leibrentenzahlungen für jene Zeit geht, für die Uh begehrt wird. 3 Ob 170/05 d = EF-Z 2006/46 *(Kiechl)*.

10. Wohnversorgung

a) Des Unterhaltsberechtigten

218 1. Bei den hohen Wohnungskosten, die bei der Ermittlung der UhVerpflichtung des Vaters berücksichtigt wurden, handelt es sich um **Rückzahlungen eines Darlehens,** das auf einem im Alleineigentum der Mutter stehenden Haus, in dem sie und das Kind wohnen, lastet. Die Berücksichtigung dieser Zahlungsverpflichtung bei dem vom Vater zu leistenden Uh würde bedeuten, dass dieser den unbelasteten Erwerb dieser Liegenschaft durch die Mutter zu finanzieren hätte. Dies entspricht aber nicht der Regelung des § 140 ABGB, wonach eben zu den Bedürfnissen des Kindes beizutragen ist, nicht aber zur **Vermögensbildung** in der Hand des anderen Elternteils. Der Wunsch der Mutter, durch die Zahlungen des Vaters den auf der in ihrem Alleineigentum stehenden Liegenschaft lastenden Kredit zurückzuzahlen, erhöht nicht den Bedarf des Kindes.

Auch das Argument, die Mutter werde nach 3 Jahren die vorläufig zur Abdeckung der hohen Kreditverbindlichkeiten erforderlichen Beträge an das Kind zurückzahlen, ist nicht überzeugend. Es ist auch nicht Zweck des vom Vater an das Kind zu leistenden Uh, dass dieses ihrerseits der Mutter ein Darlehen gewährt. 2 Ob 139/01 g = ÖA 2002, 32/U 344 = ZfRV 2002, 25/13 = EF 95.351.

2. Ratenzahlungen auf einen Kredit, der für einen **Eigenheimbau** aufgenommen worden ist, sind jedoch beachtlich, wenn das Eigenheim den Kindern zur Deckung ihres Wohnbedürfnisses überlassen worden ist. 6 Ob 658/95 = EF 77.446.

3. Darlehenszahlungen für die vom Kind mit einem Elternteil (mit-)benützte Ehewohnung, aus der der UhPfl ausgezogen ist, ist nicht als NaturalUh auf die Geld-UhAnspr des Kindes anrechenbar; nur ein Abzug von der UBGr käme in Betracht. Die Abzugsfähigkeit richtet sich dabei stets nach den Umständen des Einzelfalls. 1 Ob 194/04 t.

4. Abw: Anlässlich der **Scheidungsauseinandersetzung** vom Vater **übernommene Kreditverbindlichkeiten** für das der geschiedenen Frau und den Kindern überlassene **Haus** sowie für die **Anschaffung einer eigenen Wohnung** sind nicht abzugsfähig. 8 Ob 581/90.

5. Anmerkung: Völlig zutr ist wohl, dass der gelduhpfl Elternteil nicht im Umweg über Uh-Leistungen an den betreuenden Elternteil zu dessen Vermögensbildung beitragen muss und dass dies jedenfalls nicht zu Lasten des Kindes gehen kann, das dann ja letztlich tatsächlich die Last tragen müsste (2 Ob 139/01 g). Nicht unbeachtet gelassen werden darf idZ auch der Umstand, inwieweit die Überlassung der Wohnung bzw die Übernahme der Verbindlichkeiten Gegenstand der Vereinbarung zw den Eltern anlässlich der Ehescheidung gewesen sind; idR wird ja der gelduhpfl Elternteil, der Verbindlichkeiten übernommen hat, dennoch aber die Wohnung zurückließ, auf irgendeine Art und Weise andere Vorteile aus der Vereinbarung gezogen haben. Diese müssen sich die Kinder schon gar nicht anrechnen lassen.

Lebt das Kind allerdings in dem fremdfinanzierten Objekt, muss es sich seine Wohnkostenersparnis nach jüngerer Rsp anrechnen lassen; dies ist dann aber kein Fall eines Abzugs der Leistungen von der UBGr, sondern ein solcher der NaturalUh-Gewährung (vgl dazu ausführlich Rz 53 ff). Soweit daher 1 Ob 194/04 t meint, beim KindesUh käme allenfalls ein Abzug von der UBGr in Betracht, erscheint dies verfehlt und ergibt sich auch nicht aus der zit Rsp (RIS-Justiz RS0009551) oder der zit Lehre (*Schwimann/Kolmasch*, Unterhaltsrecht[3], 94, 98); dort (FN 1117 mwN) ist einerseits gerade nicht von Darlehenszahlungen die Rede und andererseits geht es dort gerade um den Abzug vom UhBeitrag und nicht von der UBGr.

b) Des Unterhaltspflichtigen

219 1. **Rückzahlungsraten für Eigentumswohnungen und auf Wohnungskredite** allgemein können als Ausgaben des tgl Lebens die UBGr nicht schmälern. 7 Ob 636/90 = EF 62.329 = RZ 1991/44 = ÖA 1992, 116/UV 36; 1 Ob 507/91 = RZ 1991/70 = ÖA 1992, 112/U 46 = EF 65.384, 65.413, 65.455; 4 Ob 1568/91 = EF 65.384,

65.413, 65.455 uva; 7 Ob 132/98 g = JBl 1998, 776 *(Hoyer)* = ÖA 1999, 13/U 242; 6 Ob 298/03 x.

2. Ebenso wenig Ratenzahlungen auf einen **Wohnungsanschaffungskredit.** 1 Ob 507/91 = RZ 1991/70 = ÖA 1992, 112/U 46 = EF 65.476; 4 Ob 1568/91 = EF 65.476; 6 Ob 628/91 = EF 65.476 = ÖA 1992, 122/F 35 uva; 7 Ob 2085/96 k = JBl 1997, 33 *(Gitschthaler)* = ÖA 1997, 59/U 170 = EF 80.561; 5 Ob 2233/96 k = EF 80.561; 2 Ob 264/04 v.

3. Uzw jedenfalls dann nicht, wenn der UhPfl die Wohnung benützt. 2 Ob 2132/96 k = ÖA 1998, 110/U 210 = RZ 1998/23 = EF 83.573; 4 Ob 210/98 f = JBl 1999, 182 = EvBl 1999/19 = ÖA 1999, 24/U 251 = EF 86.539.

4. Einschr: Es sei denn, die Aufnahme des Kredits hätte der Befriedigung eines dringenden Wohnbedarfs gedient. 8 Ob 522/93 = ÖA 1993, 147 = EF 71.300.

5. Nicht abzugsfähig sind Rückzahlungen für **Eigentumswohnungen.** 4 Ob 1568/91; 1 Ob 599/95 = EF 77.447; 6 Ob 658/95 = EF 77.447.

6. Oder auf einen Kredit, der für den **Eigenheimbau** aufgenommen worden ist. 5 Ob 1571/92 = ÖA 1993, 22/F 59 = EF 68.263, 68.269; 1 Ob 2233/96 f = EF 80.536.

7. Oder für den Bau eines **Einfamilienhauses.** 6 Ob 658/95 = EF 77.448.

8. Oder für den **Eigenheimkauf.** 1 Ob 2233/96 f = EF 80.537.

9. Bzw auf einen **Hauskaufkredit.** 7 Ob 531/95 = ÖA 1996, 61/U 140 = EF 77.453; 6 Ob 614/95 = EF 77.453.

10. Oder Ratenzahlungen zur Anschaffung einer **Genossenschaftswohnung.** 10 Ob 265/02 x.

11. Auch Ratenzahlungen auf **Wohnbauförderungsdarlehen** bilden keine Abzugspost von der UBGr. 1 Ob 581/94 = EF 74.539; 7 Ob 531/95 = ÖA 1996, 61/U 140; 7 Ob 2085/96 k = JBl 1997, 33 *(Gitschthaler)* = EF 80.559 = ÖA 1997, 59/U 170; 5 Ob 2233/96 k; 7 Ob 132/98 g = JBl 1998, 776 *(Hoyer)* = ÖA 1999, 13/U 242.

12. Oder Kreditrückzahlungen betr **Ankauf und Umbau des Wohnhauses.** 6 Ob 114/99 d = EF 89.314.

13. Ebenso wenig **Wohnungsanschaffungskosten.** 5 Ob 1571/92 = EF 68.333 = ÖA 1993, 22/F 59; 1 Ob 154/00 d; 7 Ob 26/02 b = ÖA 2003, 33/U 374; 10 Ob 265/02 x.

14. Dies insb dann, wenn es bereits mehrere Jahre nach Scheidung der Ehe (und Auszug der in die alleinige Obsorge der Mutter gewiesenen Kinder) in der ausschließlichen Disposition des UhPfl gelegen ist, das nur noch von ihm allein benützte Eigenheim zu vermieten oder zu veräußern. 6 Ob 599/93 = EF 71.275 = ÖA 1994, 102/U 97; 6 Ob 658/95 = EF 77.454.

15. Auch wenn der Vater das Haus nicht an einen Dritten veräußern kann, ohne sein obligatorisches Versprechen, es irgendwann einmal, spätestens von Todes wegen, dem uhber Sohn zukommen zu lassen, zu brechen, so stünde es ihm jederzeit frei, sich zu einer zinsbringenden Fremdnutzung zu entschließen oder das Haus jetzt schon an den Sohn zu übertragen; va ging der Vater aber die Verpflichtung zur Leistung der Abschlagszahlung und auch die Verpflichtung, die Liegenschaft nicht an Dritte zu veräußern, sondern für den Sohn aufzubewahren, in Kenntnis seiner Sorgepflichten für den Sohn ein, sodass sein Wunsch, die Liegenschaft trotz der von der Frau geforderten Auflagen nach der Scheidung für sich allein zu behalten, nicht zum Nachteil des UhBer und dessen laufenden UhAnspr gehen kann. 7 Ob 531/95 = EF 77.490 = ÖA 1996, 61/U 140.

220 1. Keine Abzugspost sind auch Ratenzahlungen auf einen **Wohnungseinrichtungskredit**. 4 Ob 1557/92 = 4 Ob 1558/92 = ÖA 1993, 22/F 55 = EF 68.303; 6 Ob 614/95 = EF 77.483.

2. Oder einen **Hauseinrichtungskredit**. 6 Ob 614/95 = EF 77.452.

3. Oder einen **Wohnungssanierungskredit**. 4 Ob 1557/92 = 4 Ob 1558/92 = ÖA 1993, 22/F 55 = EF 68.307; 6 Ob 614/95 = EF 77.489.

4. Oder einen **Haussanierungskredit**. 6 Ob 614/95 = EF 77.456.

5. Oder einen **Hausrenovierungskredit**. 7 Ob 531/95 = EF 77.455 = ÖA 1996, 61/U 140.

6. Oder einen **Wohnungsrenovierungskredit**. 7 Ob 531/95 = EF 77.488 = ÖA 1996, 61/U 140.

7. Oder einen Kredit zur **Wohnungsverbesserung**. 1 Ob 564/91 = EvBl 1991/166 = ÖA 1992, 21 = EF 65.487 = ÖA 1992, 19/U 19.

221 1. (Scheidungsbedingte) Ratenzahlungen etwa auf einen Wohnraumbeschaffungskredit sind jedoch dann eine Abzugspost, wenn die **Ehewohnung dem anderen Elternteil und dem uhber Kind überlassen** wurde. 8 Ob 1674/92 = ÖA 1993, 144/F 67 = EF 68.296; 5 Ob 1571/92 = ÖA 1993, 22/F 59 = EF 68.296; 7 Ob 550/93 = EF 71.303 = ÖA 1994, 67/U 92 uva; 9 Ob 123/98 y = EF 86.537; 7 Ob 26/02 b = ÖA 2003, 33/U 374; 4 Ob 132/02 v = EF 99.747; 10 Ob 265/02 x; 6 Ob 165/07 v.

2. Dies gilt auch dann, die Wohnung nicht auch einem Kind überlassen wurde, war der Bekl doch gezwungen, eine andere Wohnmöglichkeit zu finden, wobei es ihm auch aus uhrechtlicher Sicht unter den gegebenen Umständen nicht zumutbar war, mit der vorhandenen Substandard-Mietwohnung das Auslangen zu finden. 3 Ob 144/99 v; 6 Ob 298/03 x.

3. In diesen Fällen sind auch **Wohungseinrichtungskredite** zu berücksichtigen. 1 Ob 1666/95 = ÖA 1996, 99/F 111 = EF 77.486.

4. Voraussetzung ist aber, dass der **Aufwand den Lebensverhältnissen des UhPfl angemessen** war. 1 Ob 599/95 = EF 77.481; 3 Ob 351/97 f = EF 83.576, 83.577; 6 Ob 298/03 x; 6 Ob 165/07 v.

5. Und dass die Anschaffung der Wohnung nicht nur scheidungsbedingt, sondern auch existenznotwendig war, was der UhPfl zu behaupten und zu beweisen hat. 1 Ob 265/02 x; 6 Ob 298/03 x.

6. Die Schulden dürfen auch **nicht zu luxuriösen Zwecken eingegangen** worden sein. 3 Ob 351/97 f = EF 83.576, 83.577.

7. Was bei einem alleinstehenden UhPfl mit einer Eigentumswohnung im Ausmaß von 111 m^2 samt Gartenanteil von 107 m^2 aber der Fall ist; die Anschaffung diente der Vermögensbildung. 1 Ob 8/98 b = EF 86.587.

8. Bei einer mtl Kreditrückzahlungsrate von ATS 8.000 (= € 581; Bau eines behindertengerechten Einfamilienhauses) für die Familie mit schwerstbehindertem Kind (aus zweiter Ehe) nimmt ein Abzug von mtl ATS 2.000 (= € 145) ausreichend Bedacht auf den Umstand, dass der Neubau des Einfamilienhauses auch den Eltern des behinderten Kindes zugutekommt. 1 Ob 180/98 x = ÖA 1999, 117/U 268 = EF 86.527.

9. Scheidung und Kreditaufnahme dürfen außerdem **noch nicht lange Zeit zurückliegen**. 7 Ob 550/93 = EF 71.303 = ÖA 1994, 67/U 92; 3 Ob 351/97 f = EF 83.578; 6 Ob 165/07 v.

10. Vielmehr muss ein **zeitliches Naheverhältnis zur Ehescheidung** gegeben sein. 1 Ob 1666/95 = ÖA 1996, 99/F 111 = EF 77.479; 10 Ob 265/02 x; 6 Ob 165/07 v.

11. Ob die für eine Wohnungsanschaffung und -errichtung viele Jahre nach der Ehescheidung aufgenommenen Kredite noch als einkommensmindernd zu berücksichtigen sind, ist keine in ihrer Bedeutung über den Einzelfall hinausgehende Rechtsfrage. 8 Ob 1524/91 = ÖA 1992, 122/F 33.

12. Die Scheidung der Eltern des UhBer erfolgte nur etwas mehr als sechs Jahre vor der Beschlussfassung des ErstG. Im Hinblick auf die übliche Laufzeit von Krediten zur Wohnraumbeschaffung bzw -verbesserung lässt sich dabei der erforderliche zeitliche Zusammenhang mit dem Scheidungsverfahren nicht a priori verneinen; auch erscheinen die vom Vater behaupteten Beträge von insgesamt € 19.000 von der Größenordnung her keineswegs als unangemessen. 6 Ob 165/07 v.

13. Anmerkung: Diese Rsp ist zu begrüßen. Allerdings ist unbestritten, dass Mietzinszahlungen des UhPfl grundsätzlich keine Abzugspost von seiner UBGr darstellen können, und es darf auch nicht unberücksichtigt bleiben, dass bei Tilgung eines Wohnungsanschaffungskredits Vermögen geschaffen wird, was nach generellen Grundsätzen zur Nichtabzugsfähigkeit führen müsste. Die Berücksichtigung der erwähnten Wohnungsanschaffungskredite ist daher nur dann möglich, wenn der UhPfl durch die Trennung eine (rechtlich gesehen) qualitativ gleichwertige Wohnung verloren hat (lebte er früher auch nur in einer Mietwohnung, kann er sich nicht jetzt zu Lasten des uhber Kindes Eigentum schaffen), würde andererseits doch sonst eine Ungleichbehandlung zw Mietern und Käufern entstehen. Darüber hinaus können auch nicht die gesamten Tilgungsraten abzugsfähig sein, weil sich der UhPfl ja – an sich nicht abzugsfähigen – Mietaufwand erspart; im Einzelfall werden daher auch bei Abzugsfähigkeit der Tilgungsraten diese um den fiktiven Mietaufwand zu reduzieren sein.

222 **1. Mietzinse** können die UBGr nicht schmälern. 7 Ob 636/90 = EF 62.329 = RZ 1991/44 = ÖA 1992, 116/UV 36; 1 Ob 507/91 = RZ 1991/70 = ÖA 1992, 112/U 46 = EF 65.413; 4 Ob 1568/91 = EF 65.413; 6 Ob 628/91 = ÖA 1992, 122/F 35 = EF 65.413; 4 Ob 507/92 = ÖA 1992, 57 = EF 68.240 uva; 4 Ob 388/97 f = SZ 71/9 = EF 86.554 = ÖA 1998, 206/U 230; 6 Ob 298/03 x.

2. Uzw auch nicht ein **außergewöhnlich hoher Mietzins,** der nicht den Lebensverhältnissen des UhPfl entspricht, wenn eine Übersiedlung – auch in einen anderen Ort – zumutbar erscheint. 3 Ob 548/93 = EF 71.232.

3. Es sei denn, es läge eine atypische Notwendigkeit bei der Wohnversorgung (nach Art, Ort und Zeit) vor. 6 Ob 566/90 = ÖA 1991, 42/U 9 = RZ 1993/43 = EF 62.259, 62.351; 6 Ob 533/91 = RZ 1991/86; 6 Ob 1536/91.

4. Auch **Mietkautionen** stellen keine Abzugspost dar. 6 Ob 290/97 h = ÖA 1998, 129/F 164 = EF 83.552.

223 **1. Wohnungs(fix)kosten** sind keine Abzugspost von der UBGr. 6 Ob 382/97 p = EF 86.586 = ÖA 1998, 215/F 177; 8 Ob 506/95 = 8 Ob 507/95 = EF 77.524 = ÖA 1995, 156/U 133.

2. Ebenso wenig **Betriebskosten.** 7 Ob 636/90 = EF 62.329 = RZ 1991/44 = ÖA 1992, 116/UV 36; 1 Ob 507/91 = RZ 1991/70 = ÖA 1992, 112/U 46 = EF 65.384, 65.413, 65.455 uva; 7 Ob 132/98 g = JBl 1998, 776 *(Hoyer)* = ÖA 1999, 13/U 242.

D. Vermögen

Übersicht:

	Rz
1. Früchte/Erträgnisse/Zinsen	224–224b
2. Vermögensstamm	
a) Allgemeines	225
b) Zumutbarkeitsfragen	226
c) Substanzschmälerung	227
d) Sonderfall: Ausgleichszahlung	228
e) Einzelfälle	229
3. Fiktives Vermögen/Vermögenserträgnisse	230, 230a

1. Früchte/Erträgnisse/Zinsen

224 1. **Erträgnisse** eines Vermögens sind als – allenfalls zusätzliches – Einkommen in die UBGr dann einzubeziehen, wenn das Vermögen **dauernden Ertrag** abwirft. 6 Ob 625/91 = EF 65.008 = ÖA 1992, 113/U 47; 4 Ob 557/94 = SZ 67/38 = ÖA 1995, 68 = EF 73.939; 1 Ob 130/98 v = EvBl 1998/175 = ÖA 1999, 14/U 243 = EF 86.409; 6 Ob 212/02 y = EF 100.917; 1 Ob 98/03 y = EvBl 2003/183.

2. Daran vermag auch nichts zu ändern, dass im Allgemeinen die Vermögensbildung (von Sonderfällen wie Erbschaften, Lottogewinnen udgl abgesehen) aus den laufenden Einkünften erfolgt. 3 Ob 89/97 b = EvBl 1997/175 = JBl 1997, 647 = EF 83.475.

3. Damit sind aber erst recht die Erträgnisse eines im **Erbweg** erworbenen Vermögens in die UBGr einzubeziehen. 7 Ob 611/91 = EF 65.411 = ÖA 1992, 113/U 49; 7 Ob 48/00 k.

4. Ebenso Erträgnisse eines Vermögens, das der UhPfl **vor der Ehe** erworben hat; im EhegattenUhRecht ist es dabei ohne Bedeutung, ob das Vermögen, aus dem der UhPfl Erträge erzielt, der nachehel Aufteilung unterliegt. 2 Ob 295/00 x.

5. Vermögenserträgnisse sind als Einkommen **zur Gänze in die UBGr einzubeziehen;** es ist nicht etwa ein bestimmter Teil hievon – etwa als Abgeltung der Inflation – rechnerisch dem Kapital hinzuzuschlagen. Wenngleich die innere Kaufkraft des Vermögens, aus dem diese Zinsen stammen, dann, wenn diese immer entnommen und nicht zumindest tw dem Kapital wieder zugeführt werden, durch die Geldentwertung sinkt, wird doch der – nominell gleichbleibende – Stamm dieses Vermögens nicht angegriffen. Der UhPfl kann nicht verlangen, dass ihm die innere Kaufkraft seines Vermögens ständig erhalten bleibt, weil der Abzug eines Teiles der Zinserträge von der UhBemessung dann, wenn die Zinserträgnisse zur Gänze notwendig wären, um die innere Kaufkraft des Kapitals zu erhalten, dazu führen könnte, dass der UhBer überhaupt nicht an den Vermögenserträgnissen teilnimmt, der UhPfl aber zur Gänze die innere Kaufkraft seines Vermögens behielte. Schließlich trifft auch eine Einbuße an der inneren Kaufkraft des Kapitals letztlich beide Teile gleich, weshalb auch dem Grundsatz der ausgleichenden Gerechtigkeit Rechnung getragen wird. 2 Ob 295/00 x.

224a 1. Anrechenbare Vermögenserträgnisse sind etwa **Zinsen** aus Kapitalvermögen. 3 Ob 278/98 y = ÖA 1999, 122/U 271 = EF 86.455; 6 Ob 5/04 k.

2. Aus der Vermietung des Hauses zufließende **Mieteinnahmen** können bei der UhBemessung (nur) unberücksichtigt bleiben, wenn die zur Erzielung dieses Zusatzeinkommens aufgewendeten Rückzahlungen für Hypothekarkredite als uhrechtlich relevante Abzugsposten anerkannt werden. 4 Ob 210/98 f = JBl 1999, 182 = EvBl 1999/19 = ÖA 1999, 24/U 251 = EF 86.424.

3. Anmerkung: Zur kreditfinanzierten Vermietung von Wohnräumen und der damit verbundenen Vermögensbildung vgl ausführlich auch bei Rz 216.

1. Der **beim Verkauf einer Liegenschaft erzielte Kaufpreis** ist nicht als „Erträgnis des Vermögens" anzusehen, sondern als Gegenwert für die Sachsubstanz selbst und damit als „Vermögenssubstanz". Der Verkäufer einer Liegenschaft, der dem Käufer Ratenzahlung gewährt, kann dabei uhrechtlich nicht schlechter gestellt werden als der Verkäufer, der den Kaufpreis zur Gänze sofort erhält. In beiden Fällen ist die Berücksichtigung des Vermögens geboten, sofern dessen Substanz dazu verwendet wird, um sich einen höheren Lebensstandard zu schaffen und ihn zu genießen. 1 Ob 98/03 y = EvBl 2003/183. **224 b**

Anmerkung: Vgl Rz 225 ff.

2. Allein die **Vermögensumschichtung** innerhalb der Gesellschaft des UhPfl von Real- in Geldvermögen kann iSd E 1 Ob 98/03 y keine uhrechtliche Verpflichtung begründen. 1 Ob 14/04 x.

2. Vermögensstamm

a) Allgemeines

1. Bei der UhBemessung ist nicht nur das durchschnittliche Arbeitseinkommen oder ein diesem gleichgestelltes Einkommen, sondern auch das Vermögen für die wirtschaftliche Leistungsfähigkeit maßgebend, weil diese Faktoren die Lebensverhältnisse wesentlich bestimmen. Die Eltern müssen daher im Rahmen des Zumutbaren zur Erfüllung ihrer UhPflichten auch ihr Vermögen angreifen, soweit die **erforderlichen UhLeistungen nicht aus dem laufenden Einkommen bestritten werden** können. Es ist jew nach den besonderen Verhältnissen des Einzelfalls zu prüfen, ob und in welchem Umfang die **Heranziehung** auch eines **vorhandenen Vermögensstamms zumutbar** ist. 1 Ob 570/81 = SZ 54/52 = JBl 1982, 267 = ÖA 1983, 52; 7 Ob 636/90 = RZ 1991/44 = EF 61.796 = ÖA 1992, 116/UV 36; 5 Ob 576/90 = SZ 63/60 = ÖA 1991, 137 uva; 3 Ob 278/98 y = ÖA 1999, 122/U 271 = EF 85.921. **225**

2. Wenn also sonst der **notwendige Uh des Kindes** nicht gewährleistet wäre. 1 Ob 622/93 = EF 70.665.

3. Bzw das Einkommen nicht zur Deckung des **angemessenen Ehegatten-Uh** ausreicht. 7 Ob 48/00 k; 1 Ob 98/03 y = EvBl 2003/183.

4. Die Angemessenheit des Uh richtet sich beim EhegattenUh nach dem einvernehmlich gestalteten Lebenszuschnitt der Eheleute bzw nach dem Stil der Lebensführung, wie er vom UhPfl gewählt wird. 1 Ob 98/03 y = EvBl 2003/183.

5. Auch bei einem UhAnspr nach § 69 Abs 2 EheG gilt, dass der UhPfl **im Rahmen des Zumutbaren** zur Erfüllung seiner Verpflichtungen sein **Vermögen angreifen** muss, soweit die erforderlichen UhLeistungen nicht aus dem laufenden Einkommen bestritten werden können. 6 Ob 652/93; 6 Ob 8/98 i = ÖA 1998, 216/F 179 = EF 87.533.

6. Der UhPfl hat allerdings erst **in allerletzter Linie** auch die Substanz seines verwertbaren Vermögens anzugreifen. 2 Ob 84/97 k = EF 85.876.

7. Die Worte „**nach Kräften**" bedeuten, dass von einem Ehegatten kein höherer Betrag verlangt werden darf, als es seinem Leistungsvermögen entspricht; sie **legen** also die **Obergrenze der Beitragspflicht fest**. IdZ ist auch die Frage zu lösen, ob die Ehegatten, um ihre Beitragspflicht zu erfüllen, bloß ihre Einkünfte oder auch den Stamm ihres Vermögens anzugreifen haben. 6 Ob 553/79.

b) Zumutbarkeitsfragen

226 1. Die Zumutbarkeit der Heranziehung eines vorhandenen Vermögensstamms kann nur im Rahmen einer umfassenden Interessenabwägung **an Hand der jew konkreten Verhältnisse des Einzelfalls** beurteilt werden; daher ist auch die Quelle eines Sparguthabens in die Interessenabwägung einzubeziehen. 4 Ob 1502/91; 6 Ob 653/93 = EF 73.818; 4 Ob 557/94 = SZ 67/38 = ÖA 1995, 68; 6 Ob 594/95 = EF 76.836 uva; 9 Ob 60/98 h = EF 85.919; 6 Ob 8/98 i = ÖA 1998, 216/F 179 = EF 87.533; 5 Ob 168/02; 4 Ob 180/03 d.

2. Bei einem **Einfamilienhaus** ist eine Veräußerung dann nicht zumutbar, wenn damit der Verlust der **Deckung des dringenden eigenen Wohnbedürfnisses** des UhPfl droht. Eine Belastung durch **Hypothekarkredit** käme nur in Betracht, wenn dieser in absehbarer Zeit aus vorhandenen Einnahmen zurückgezahlt werden könnte. Es könnte allerdings zur Erzielung laufender Einnahmen auch an eine **Vermietung** gedacht werden. 6 Ob 625/91 = EF 65.012 = ÖA 1992, 113/U 47; 6 Ob 594/95 = EF 76.840; 9 Ob 60/98 h = EF 85.925.

3. Der **Rohbau eines Einfamilienhauses** des UhPfl, der seiner eigenen Wohnversorgung dient, keine Erträgnisse abwirft und sein einziges Vermögen bildet, darf nicht zur Erfüllung der UhPflicht herangezogen werden. 8 Ob 634/91 = EvBl 1992/73 = ÖA 1992, 56 = EF 65.013.

4. Ebenso wenig eine Eigentumswohnung, die der Befriedigung des Wohnbedürfnisses des UhPfl dient. 1 Ob 635/95 = ÖA 1996, 124/U 156 = EF 76.839.

5. Der Vermögensstamm ist nicht heranzuziehen, insoweit er der **Erhaltung der Erwerbsmöglichkeit** oder der Befriedigung angemessener Wohnbedürfnisse dient. 7 Ob 557/94 = ÖA 1995, 68 = EF 73.940; 7 Ob 581/93 = EF 73.940, 73.941.

6. Dient das Vermögen des UhPfl seinem **Erwerb** (hier: Schweineproduktion), sind grundsätzlich nur **dessen Früchte** für die UhBemessung heranzuziehen. 7 Ob 628/90 = RZ 1991/25 = ÖA 1992, 111/U 41.

c) Substanzschmälerung

227 1. Wenn der UhPfl die **Substanz seines Vermögens angreift,** um damit die Kosten der von ihm gewählten Lebensführung zu decken, dann kann dieses Maß der Inanspruchnahme auch als Grundlage für die Bemessung des UhAnspr der Kinder dienen. Dabei sind jedenfalls die aus der marktgerechten Veräußerung bei bestmöglicher Veranlagung erzielbaren hypothetischen Erträgnisse aus dem Veräußerungserlös zu berücksichtigen. Sollte damit der UhBed des Kindes nicht gedeckt werden können, ist auch ein längerfristig aufgeteilter Anteil des UhBer am Vermögensstamm zu berücksichtigen. 6 Ob 625/91 = tw EF 65.008, 65.009 = ÖA 1992, 113/U 47; 7 Ob 526/93 = ÖA 1994, 20/U 85 = EF 70.666, 70.670; 1 Ob 622/93 = EF 70.666 uva; 3 Ob 278/98 y = ÖA 1999, 122/U 271; 1 Ob 98/03 y = EvBl 2003/183.

d) Sonderfall: Ausgleichszahlung

228 1. In Fällen, in welchen die **Ehewohnung einem der Ehegatten überlassen** wird, ist es – wenn anderweitig kein angemessener Ausgleich geschaffen werden kann – Gebot der Billigkeit, dass der Ehegatte, der die Wohnung erhält bzw behält, durch die ihm auferlegte Geldzahlung den anderen bei der Beschaffung und Einrichtung einer neuen Wohnung unterstützt. Aufgrund dieses vom Gesetzgeber der **Ausgleichszahlung nach § 94 EheG** idR zugedachten Zweckes ist sie **in die UBGr nicht einzubeziehen,** weil sie in den allermeisten Fällen zur Beschaffung einer Ersatzwohnung, deren Einrichtung und ganz allgemein auch zur Sicherung der wirtschaftlichen Grundlagen verwendet werden muss. 1 Ob 595/91 = EF 65.306; 6 Ob 653/93; 4 Ob 531/95 = EF 77.248 = RZ 1996/11; 3 Ob 194/97 v = ÖA 1998, 114/U 213; 7 Ob 48/00 k.

2. Ebenso wenig deren **Verzinsung.** 1 Ob 622/93 = EF 71.082.

3. Wird das aus einer Ausgleichszahlung stammende Vermögen zwar gespart, soll es aber nicht den der Ausgleichszahlung zugrundeliegenden Zwecken dienen, etwa weil der UhPfl anderweitig für die Wohnmöglichkeit vorsorgen konnte, dann ist dieses Vermögen bei gegebener Zumutbarkeit und Unfähigkeit, die erforderlichen UhLeistungen aus dem laufenden Einkommen zu bestreiten, jedoch heranzuziehen. Die Zinsen sind dem die UBGr bildenden Gesamteinkommen zuzuschlagen. Verwendet der UhPfl auch das Vermögen selbst, um damit einen höheren Lebensstandard zu finanzieren, ohne die Zwecke der Ausgleichszahlung zu verwirklichen, so ist in diesem Umfang auch der Vermögensstamm in die UBGr einzubeziehen. 1 Ob 622/93 = EF 71.082; 4 Ob 531/95 = RZ 1996/11; 3 Ob 278/98 y = ÖA 1999, 122/U 271 = EF 85.930, 86.383.

4. Also wenn die Ausgleichszahlung weder der Beschaffung einer Ersatzwohnung noch der Sicherung der wirtschaftlichen Grundlagen des UhPfl dient, sondern für den Uh verwendet wird. 4 Ob 531/95 = EF 77.249 = RZ 1996/11.

5. Ihre Verwendung für **Mietaufwand** kann nicht dem Aufwand für die Beschaffung einer Eigentumswohnung oder eines eigenen Hauses gleichgehalten werden. 3 Ob 278/98 y = ÖA 1999, 122/U 271 = EF 85.984.

6. Die **Zweckbindung** kann allerdings auch nur vorübergehend aufgehoben sein und bei entsprechendem Bedarf wieder eintreten, sodass jew für den Zeitpunkt eines sich verwirklichenden UhBed geprüft werden muss, ob die Zinsen einer noch vorhandenen Ausgleichszahlung zum bemessungsrelevanten Einkommen des UhPfl oder UhBer zu zählen sind. 5 Ob 65/97 p = EvBl 1997/188.

e) Einzelfälle

229 1. Die dem UhPfl aus einem erbrechtlichen Anspruch, wie etwa zur **Abfindung von Erb- und Pflichtteilsansprüchen,** zufließenden Geldbeträge dürfen bei Beurteilung seiner Kräfte nicht unberücksichtigt bleiben, weil diese es ihm gestatten, seiner Verpflichtung zur Leistung des auch danach zu beurteilenden angemessenen Uh nachzukommen. 5 Ob 576/90 = SZ 63/60 = ÖA 1991, 137 = EF 62.163; 6 Ob 625/91 = ÖA 1992, 113/U 47; 6 Ob 552/93; 4 Ob 531/95 = RZ 1996/11; 9 Ob 354/97 t.

2. Ein pflichtbewusster und fürsorglicher Vater hat (lediglich) einen (allerdings nicht unbeträchtlichen) Teil seines – nach der allfälligen Tilgung von Schulden verbleibenden – **Lotteriegewinns** anzulegen, um dadurch Einkünfte, die bei der gebotenen Anspannung nach den allgemeinen Marktverhältnissen und den persönli-

chen Umständen erwartet werden dürfen, zur Verbesserung der Lebensverhältnisse eines Kindes zu erzielen, wenn die tatsächliche bzw unter Anspannungsgrundsätzen ermittelte fiktive wirtschaftliche Leistungsfähigkeit des Vaters vor dem Lotteriegewinn nicht einmal ausreichte, den Durchschnittsbedarf des Kindes zu decken. 1 Ob 311/98 m = ÖA 1999, 114/U 267 = EF XXXV/3; 1 Ob 94/01 g = EF 95.995.

3. Je höher die Alimentierung eines Kindes vor einem Lotteriegewinn des UhPfl über dem Durchschnittsbedarf jedoch war bzw je mehr sie sich erst durch eine Erhöhung der UBGr infolge des Lotteriegewinns der UhLuxusgrenze nähert, umso geringer ist – in einem beweglichen System – die Verpflichtung des UhPfl, immer weitere Beträge seines Lotteriegewinns zur Erzielung eines noch höheren Einkommens als UBGr anzulegen. Der UhPfl muss also nicht selbst auf jeden aus einem Lotteriegewinn finanzierbaren Luxus, der bloß konsumiert wird und keine bleibenden Vermögenswerte schafft, verzichten, nur um seinem Kind jedenfalls einen Uh bis zur Luxusgrenze bezahlen zu können. 1 Ob 311/98 m = ÖA 1999, 114/U 267 = EF XXXV/3.

4. Dem Vater ist daher auch nicht verwehrt, seiner Lebensgefährtin und den Geschwistern Geldgeschenke zu machen, ist doch eine gewisse Großzügigkeit gegenüber Personen, die dem Gewinner eines beträchtlichen Geldbetrags als Lebenspartner oder Verwandte nahestehen, nach sittlichen Werten zu billigen, solange dadurch die Interessen uhber Personen nicht ungebührlich beeinträchtigt werden. 1 Ob 94/01 g = EF 95.995.

5. **Schmerzengeld** hat keine Entgeltfunktion. Es soll vielmehr den ideellen, immateriellen Schaden abgelten, Vorteile für Nachteile gewähren, ein Ausgleich zur Gewährung von Daseinsfreude, zumindest aber für entzogene Lebensfreude sein und auf andere Weise gewisse Annehmlichkeiten und Erleichterungen verschaffen. Das Schmerzengeld als Genugtuung für alles Ungemach, das der Verletzte im ideellen Bereich erdulden musste bzw muss, dient auch dazu, das gestörte Gleichgewicht der Persönlichkeit (zumindest tw) wiederherzustellen. Es ist daher ähnlich wie ein Ersatz für Sonderbedarf zu sehen und daher in die UBGr nicht einzubeziehen. Daran vermag auch nichts zu ändern, dass das Schmerzengeld unter den in den §§ 290, 290a EO unpfändbaren oder nur beschränkt pfändbaren Ansprüchen nicht angeführt ist. 6 Ob 615/94 = EF 74.319 = EvBl 1995/119.

3. Fiktives Vermögen/Vermögenserträgnisse

230 1. Der UhPfl muss **Kapital** unter Abwägung von Ertrag und Risiko **möglichst erfolgversprechend** anlegen. 3 Ob 89/97 b = EvBl 1997/175 = JBl 1997, 647 = EF 83.333.

2. **Tatsächlich nicht gezogene Einkünfte an Kapitalerträgen,** die der Uh fordernde Ehegatte vertretbarerweise hätte ziehen können, sind angemessen zu berücksichtigen; was vertretbar oder unvertretbar ist, bestimmt sich nach den konkreten Lebensverhältnissen unter Bedachtnahme auf die E, die partnerschaftlich eingestellte Ehegatten im gemeinschaftlichen Interesse unter den gegebenen Umständen getroffen hätten. 6 Ob 545/91; 7 Ob 635/94 = EF 73.795.

3. Tut der UhPfl dies nicht, kann er auf eine erfolgversprechende Anlageform angespannt werden kann. 6 Ob 552/93; 4 Ob 557/94 = ÖA 1995, 68 = EF 74.152 = SZ 67/38; 9 Ob 261/97 s.

4. Eine Verpflichtung des unselbstständig tätigen UhPfl, sein freies Vermögen auf eine solche Weise anzulegen, dass ihm daraus möglichst hohe Erlöse zufließen (hier Vermietung von Wohnraum), an denen auch die UhBer teilhaben können, kann jedoch aus dem Gesetz nicht abgeleitet werden. 4 Ob 210/98 f = JBl 1999, 182 = EvBl 1999/19 = ÖA 1999, 24/U 251 = EF 86.266.

5. **Einschr:** Auch wenn den UhPfl grundsätzlich die Obliegenheit trifft, sein Kapital möglichst erfolgversprechend anzulegen, kann ihn dieser Grundsatz weder an der Zahlung von Schulden noch daran hindern, sein Vermögen in seinen Betrieb einzubringen oder aber Renovierungen an Immobilien vorzunehmen. Dass es sich dabei um unwirtschaftliche Vorgänge handeln würde, hat die UhBer nicht behauptet. 3 Ob 197/02 w = EF 104.939.

6. **Anmerkung:** Der E ist zwar insofern beizupflichten, als es dem UhPfl durchaus freistehen muss, sein Vermögen wirtschaftlich sinnvoll einzusetzen; dazu gehören sicherlich auch die Einbringung in ein bestehendes Unternehmen oder die Renovierung von (vielleicht sogar Ertrag bringenden) Liegenschaften. Sie steht allerdings hinsichtlich der Beweislastverteilung mit wesentlichen Grundsätzen der Anspannungstheorie in Widerspruch; im Übrigen ist nicht erkennbar, wie der UhBer, der ja keinen Einblick in die unternehmerischen Belange des UhPfl hat, diesen Beweis führen sollte. Die Beweispflicht trifft daher nicht den UhBer, sondern den UhPfl.

7. Bei der bei einer KG vorgenommenen **Gewinnthesaurierung** (Nichtausschüttung von Gewinnen) in Form einer offenen Rücklagendotation handelt es sich um eine Form der Selbstfinanzierung der notwendigen Betriebsmittel. Eine solche Selbstfinanzierung ist zwar in der Praxis die wichtigste Finanzierungsform, die auch den Vorteil bietet, von Financiers und deren Sicherheitsbedürfnis unabhängig zu sein, das am höchsten risikobereite Kapital zu verschaffen und keine laufenden Kosten zu verursachen. Mit der Selbstfinanzierung sind aber auch Nachteile verbunden, wie die mangelnde Kontrolle der Rentierlichkeit durch den Kapitalmarkt, der Versteinerungseffekt und die Schaffung von Überkapazitäten (*Loitlsberger*, Betriebswirtschaftslehre[2], 156 ff). Daraus ergibt sich, dass unter dem Aspekt des Anspannungsgrundsatzes nicht gesagt werden kann, die (soweit dies der Fall ist) freiwillige Beschränkung der Gewinnentnahme eines Kommanditisten wäre schon deshalb jedenfalls als gerechtfertigt und damit uhmindernd anzusehen, weil ja ohnehin die mit Hilfe dieser Mittel erzielten Einnahmenerhöhungen in Zukunft auch dem UhBed des Kindes dienen würden; es kann eben nicht von vornherein gesagt werden, dass die Belassung von Kapital in einem Unternehmen unbedingt eine besonders gewinnbringende Art der Kapitalveranlagung wäre. 3 Ob 89/97 b = EvBl 1997/175 = JBl 1997, 647 = EF 83.389.

8. Da bei der UhBemessung auch der Ertrag des Vermögens des UhPfl zu berücksichtigen ist und der Vater über eine seit Jahren leer stehende Eigentumswohnung verfügt, sind auch **fiktive Mieteinnahmen** in die UBGr einzubeziehen. 6 Ob 41/00 y.

230 a 1. Eine Anspannung ist auch dann gerechtfertigt, wenn der UhPfl erhebliche Teile eines Verkaufserlöses ertraglos in **luxuriöse Aufwendungen eines Hausbaus investiert** hat. 4 Ob 557/94 = SZ 67/38 = ÖA 1995, 68 = EF 74.152; 9 Ob 261/97 s.

2. Oder erhebliche Teile seines freien Vermögens in den **Erwerb einer luxuriösen Wohnmöglichkeit investiert.** 1 Ob 2/02 d.

3. In diesen Fällen sind seiner UhPflicht zumindest jene Vorteile zugrunde zu legen, die er bei (vorübergehender) Inspruchnahme einer billigerenWohnmöglichkeit erlangt hätte. 1 Ob 2/02 d.

4. Wäre es dem Vater ohne weiteres zuzumuten gewesen, mindestens den für die UhErhöhung erforderlichen Betrag bei seinem Hausbau einzusparen und für den laufenden Uh der Mj sicherzustellen, kann es dem UhBer nicht zum Nachteil gereichen, dass er diesen Betrag nicht mehr zur freien Verfügung hat. Der Vater ist vielmehr auf sein bloß fiktives Barvermögen anzuspannen, das ihm bei sorgfältigem Umgang die Zahlung des geforderten Erhöhungsbetrags ohne weiteres ermöglicht hätte. 4 Ob 557/94 = SZ 67/38 = ÖA 1995, 68.

5. Gerade weil die zu UhLeistungen für die beiden älteren Töchter verpflichtete Mutter vermögens- und einkommenslos war, wurde das mit über ATS 3 Mio (= € 218.000) zu veranschlagende **Liegenschaftsvermögen, das sie ihrer Mutter schenkte,** anspannungsmäßig herangezogen. 10 Ob 49/98 y = EF 86.228 = ÖA 1998, 216/F 180.

6. Anmerkung: Die Anwendung der Anspannungstheorie auf Vermögensfragen erscheint mE rein punitiven Charakter zu haben und steht mit dem Grundsatz der Anspannungstheorie im Widerspruch, dass diese nicht zu einer reinen Fiktion führen dürfe; dem UhPfl müsse es jederzeit möglich sein, sich rechtmäßig zu verhalten und genau das zu tun, was ihm in Anwendung der Anspannungstheorie aufgetragen werde. Bereits ausgegebenes Vermögen wird idR aber nicht wiederbeschaffbar sein.

E. Insolvenz des Unterhaltspflichtigen

Übersicht:

                                                                          Rz
1. Allgemeines 231–233
2. Unselbstständig erwerbstätiger Unterhaltspflichtiger .... 234–234 b
3. Selbstständig erwerbstätiger Unterhaltspflichtiger 235
4. Nach Beendigung des Insolvenzverfahrens .... 236–236 d

1. Allgemeines

231 **1. Anmerkung:** Zu den verfahrensrechtlichen Auswirkungen der Eröffnung eines Insolvenzverfahrens (während des UhVerfahrens) vgl Rz 474.

2. Der UhPfl hat nach Eröffnung des Konkurses über sein Vermögen für sich und jene Personen, die gegen ihn einen gesetzlichen UhAnspr haben, nur mehr Anspruch auf Überlassung der für eine bescheidene Lebensführung erforderlichen Mittel. **Daher beeinflusst die Konkurseröffnung nicht nur die Einbringlichkeit einer titulierten UhPflicht, sondern sie verringert in geradezu typischer Weise auch die wirtschaftliche Leistungsfähigkeit des Gemeinschuldners als Grundlage für die Bemessung des laufenden Uh.** An die „bescheidene Lebensführung" ist dabei aus Gründen der Gleichbehandlung aller UhBer ein objektiver Maßstab anzulegen, darf es doch soweit keine Klassenunterschiede geben. 1 Ob 191/01 x = EF 97.700; 7 Ob 260/03 s = EF 103.523; 1 Ob 86/04 k = EF 107.210; 1 Ob 176/04 w = EF 107.210; 7 Ob 298/05 g.

3. Der in der **bisherigen Rsp des OGH** *(vgl Rz 233)* vertretenen Ansicht, dem UhPfl sei es nach den Anspannungskriterien ohne weiteres zumutbar, auch nach Eröffnung des Konkurses über sein Vermögen weiterhin das Einkommen zu erzielen, das er schon vor der Konkurseröffnung hatte, kann daher **nicht beigetreten** werden. 1 Ob 191/01 x = EF 95.670; 6 Ob 284/02 m = EF 103.522; 7 Ob 260/03 s; 1 Ob 86/04 k = EF 107.210; 1 Ob 176/04 w = EF 107.210.

4. Der Anspannungsgrundsatz soll nämlich bloß gewährleisten, dass die UBGr der tatsächlichen wirtschaftlichen Leistungsfähigkeit des UhPfl angepasst wird, soll sich doch dieser seiner Leistungspflicht nicht dadurch entziehen können, dass er die nach seinen Kräften zumutbare Erzielung deutlich höherer Einkünfte schuldhaft unterlässt. Der Anspannungsgrundsatz berücksichtigt demnach den zumutbaren Einsatz eigener Kräfte des UhPfl. Somit kann die **Anspannung auf ein fiktives Einkommen in der Höhe des bisherigen Realeinkommens** aber **nur nach den konkreten Umständen des Einzelfalls** erfolgen, also nur dann, wenn dem UhPfl ein Verschulden daran anlastbar ist, dass er das seinen persönlichen Verhältnissen und der Arbeitsmarktlage nach mögliche Einkommen real nicht mehr erzielt. 1 Ob 191/01 x = EF 95.670.

232 **1.** Der Konkurseröffnung ist die Eröffnung eines **Schuldenregulierungsverfahrens** gleichzuhalten. 3 Ob 25/98 t = EF 89.103 = ÖA 1999, 294/U 298; 1 Ob 139/01 z = EF 95.671; 7 Ob 69/02 a = EF 99.507; 9 Ob 40/03 b = ZIK 2004, 55/69; 1 Ob 86/04 k = EF 107.208; 1 Ob 176/04 w = EF 107.208; 1 Ob 186/05 t.

2. Gem Art 197 SchKG bildet sämtliches Vermögen, das dem Gemeinschuldner zur Zeit der Konkurseröffnung angehört, eine einzige Masse (Konkursmasse), die zur gemeinschaftlichen Befriedigung der Gläubiger dient. Ebenso gehört Vermögen, das dem Schuldner vor Schluss des Konkursverfahrens anfällt, gleichfalls in die Konkursmasse. Nicht in die Konkursmasse gehört Vermögen des Gemeinschuldners, soweit es gem positivrechtlicher Bestimmungen (Art 92 SchKG) oder nach der Natur der Sache der Exekution entzogen ist. Nach der Rsp des **Schweizer** Bundesgerichts fällt nach dem Wortlaut des Art 197 SchKG nicht in die Konkursmasse, was der Schuldner während der Dauer des Konkursverfahrens durch seine persönliche Tätigkeit erwirbt, weil der Ausdruck „anfallen" iSd Art 197 SchKG nach allgemeinem Sprachgebrauch einen Vermögenserwerb bezeichne, der nicht auf die persönliche Tätigkeit des Erwerbers zurückzuführen sei. **Keinen Vermögensanfall bilden somit die Einkünfte aus der Erwerbstätigkeit des Gemeinschuldners** wie Arbeitslohn, Gehalt und Entschädigung wegen vorzeitiger Auflösung eines Arbeitsverhältnisses. 3 Ob 324/98 p = ÖA 2000, 219/UV 174.

233 **1. Überholt:** Eine Konkurseröffnung rechtfertigt allein noch nicht die Annahme, dass der im Exekutionstitel festgesetzte UhBeitrag der materiellen Rechtslage nicht (mehr) entspräche. 7 Ob 636/90 = RZ 1991/44 = EF 63.734 = ÖA 1992, 116/UV 36; 7 Ob 1526/92 = tw EF 67.808 = ÖA 1992, 153/F 44; 6 Ob 573/92 = ÖA 1993, 29 = EvBl 1993/34; 1 Ob 139/01 z.

2. Überholt: Damit ist es auch bei der Festsetzung der UhPflicht eines Gemeinschuldners unerheblich, ob es dem UhBer dann gelingt, die zugesprochenen UhBeiträge tatsächlich einbringlich zu machen. 1 Ob 639/90 = RZ 1992/4 = EvBl 1991/64 = EF 65.020; 7 Ob 636/90 = RZ 1991/44 = EF 63.654 = ÖA 1992, 116/UV 36; 7 Ob 625/90 = EF 63.654 = ÖA 1992, 116/UV 34 uva; 7 Ob 330/99 a.

3. Überholt: Für die Festsetzung der UhPflicht im Konkurs des UhPfl ist es auch belanglos, ob und in welcher Höhe dem uhpfl Gemeinschuldner vom Masseverwalter nach § 5 Abs 1 oder 2 KO etwas überlassen wird. Die UBGr erfährt durch die Konkurseröffnung über das Vermögen des UhPfl grundsätzlich keine Änderung. 1 Ob 639/90 = EvBl 1991/64 = RZ 1992/4; 6 Ob 517/91; 9 Ob 1761/91 uva; 7 Ob 330/99 a; 7 Ob 299/02 y = ÖA 2002, 175/U 359; 7 Ob 69/02 a; 3 Ob 201/02 h; 7 Ob 176/02 m.

4. Überholt: Uzw auch nicht gegenüber den Kindern, die mit dem Gemeinschuldner im gemeinsamen Haushalt leben, weil zw der Festsetzung der UhPflicht und den konkursrechtlichen Maßnahmen nach § 5 Abs 1 und 2 KO zu unterscheiden ist. 2 Ob 202/98 i = ÖA 1999, 54/F 192 = EF 86.019; 7 Ob 330/99 a.

5. Überholt: Da der gegenüber dem Gemeinschuldner UhBer keinen eigenen Anspruch auf Gewährung des Uh aus der Masse hat, obliegt es dem Gemeinschuldner, vom Masseverwalter mit Zustimmung des Gläubigerausschusses eine Erhöhung des gewährten Uh zu erwirken, wenn der ihm bereits zuerkannte Betrag zur Deckung des für eine bescheidene Lebensführung für ihn und seine Familie unerlässlich notwendigen nicht (mehr) ausreicht. Auf die Festsetzung der UhPflicht des Vaters gegenüber seinem Kind übt diese konkursrechtliche Maßnahme keinen Einfluss aus. 1 Ob 639/90 = RZ 1992/4 = EvBl 1991/64 = EF 65.020; 7 Ob 636/90 = RZ 1991/44 = EF 63.654 = ÖA 1992, 116/UV 36 uva; 2 Ob 202/98 i = ÖA 1999, 54/F 192.

6. Überholt: Insb dann, wenn aus dem bisherigen UhTitel ohnehin nur die Kosten bescheidener Lebensführung gedeckt werden konnten. Zumutbar ist jedenfalls jenes Einkommen, das der UhPfl vor Konkurseröffnung ins Verdienen brachte. 6 Ob 277/99 z = EF 89.102, 90.569 = ÖA 2000, 142/UV 166.

7. Überholt: Der UhPfl ist dafür behauptungs- und beweispflichtig, welche konkreten Auswirkungen ein über sein Vermögen eröffnetes Konkursverfahren auf seine ohne die Konkurseröffnung anzunehmende Leistungsfähigkeit ausübt. 6 Ob 573/92 = tw EF 67.809 = EvBl 1993/34 = ÖA 1993, 29; 4 Ob 321/97 b = EF 83.148; 2 Ob 202/98 i = ÖA 1999, 54/F 192 = tw EF 86.018; 3 Ob 25/98 t = EF 89.101 = ÖA 1999, 294/U 298; 7 Ob 299/02 y; 7 Ob 69/02 a; 3 Ob 201/02 h.

8. Abw: Aufgrund der Tatsache, dass mehrere Senate in kurzen Abständen zum selben Ergebnis gekommen sind, kann von einer einheitlichen und stRsp zu dieser Frage ausgegangen werden, die auch im Schrifttum ohne Kritik übernommen wurde (*Gitschthaler*, Unterhaltsrecht[1] Rz 15, 232; *Schwimann*, Unterhaltsrecht[2], 48, 71; *Buchegger* in Bartsch/Pollak/Buchegger, Insolvenzrecht I[4] Rz 6 zu § 5 KO; *Schubert* in Konecny/Schubert, Insolvenzgesetze Rz 8 zu § 5 KO). Es liegt aber auch kein Widerspruch zu 1 Ob 191/01 x vor, weil es dort ausschließlich um die Beurteilung der Erhöhung von UhVorschüssen nach dem UVG gegenüber einem in Konkurs verfallenen Transportunternehmer ging, der auch nicht über Bezüge aus unselbstständiger Tätigkeit verfügte. 7 Ob 299/01 y = ÖA 2002, 175/U 359.

9. Aus der Tatsache der **Eröffnung eines Ausgleichsverfahrens** allein folgt noch keine Minderung der Leistungsfähigkeit des UhPfl. 4 Ob 583/95 = EF 76.807 = ÖA 1996, 122/U 155.

2. Unselbstständig erwerbstätiger Unterhaltspflichtiger

234   **1. Bezüge, die das Existenzminimum des § 291 a EO nicht übersteigen,** fallen gem § 1 Abs 1 KO nicht in die Konkursmasse und sind daher vor Anwendung des § 5 KO auszuscheiden. Hinsichtlich der unpfändbaren Teile seines Arbeitseinkommens ist der uhpfl Gemeinschuldner in seiner Verfügungsfähigkeit nicht beschränkt. 3 Ob 25/98 t = EF 89.104 = ÖA 1999, 294/U 298; 1 Ob 191/01 x = EF 95.670; 1 Ob 38/02 y = EF 99.503; 1 Ob 242/02 y = AnwBl 2003, 285/7874 = EF 99.503.

2. Erzielt der uhpfl Gemeinschuldner eigenes Einkommen aus unselbstständiger Erwerbstätigkeit, fällt das nur eine bescheidene Lebensführung ermöglichende Existenzminimum gar nicht in die Konkursmasse, in die dagegen das den unpfändbaren Freibetrag übersteigende Nettoeinkommen einzubeziehen ist. Die Tilgung von UhSchulden ist daher nur aus der jew **Differenz der Existenzminima nach § 291 b Abs 2 EO und § 291 a EO** möglich, also aus jener Einkommensportion, die dem Zugriff der UhGläubiger vorbehalten ist, hat doch der UhBer keinen Anspruch auf Gewährung des laufenden Uh aus der Konkursmasse. Die UhAnspr für die Zeit nach der Konkurseröffnung sind auch nicht Konkursforderungen. Dieser Differenzbetrag entspricht der typischen Leistungsfähigkeit eines Gemeinschuldners als UhPfl, der für einen UhBer zu sorgen hat. 1 Ob 191/01 x = EF 95.670; 1 Ob 38/02 y = EF 99.503; 1 Ob 242/02 y = AnwBl 2003, 285/7874 = EF 99.503; 6 Ob 284/02 m = EF 103.521; 2 Ob 160/02 x = ecolex 2003, 838/236; 8 Ob 50/04 t; 1 Ob 186/05 t; 7 Ob 298/05 g; 6 Ob 52/06 z = EF-Z 2006/12 *(Gitschthaler).*

3. Die Summe der mtl UhLeistungen, zu denen der Gemeinschuldner während des Konkurs- oder Schuldenregulierungsverfahrens verpflichtet ist, darf diese Differenz nicht übersteigen, um sicherzustellen, dass der UhPfl trotz des mit der Konkurseröffnung verbundenen Verlusts der Verfügungsgewalt über den pfändbaren Teil seines Einkommens seinen eigenen LebensUh bestreiten kann. 7 Ob 298/05 g; 6 Ob 52/06 z = EF-Z 2006/12 *(Gitschthaler).*

4. Der dem Vater zur Gänze verbleibende „allgemeine Grundbetrag" nach § 291 a EO beträgt nach der ExMinVO 2002 € 630. Diesem ist unter Bedachtnahme auf § 291 b Abs 2 EO der für ein Kind gebührende „UhGrundbetrag" gem § 291 a Abs 2 Z 2 EO hinzuzurechnen, sodass sich ein mtl „Nettolohn" des Vaters von € 756 ergibt; hievon haben ihm gem § 291 b Abs 2 EO 75% zu verbleiben, also € 567, sodass für die beiden Kinder € 315 verbleiben, welcher Betrag im Verhältnis der bisherigen UhTitel aufzuteilen ist. 1 Ob 242/02 y = AnwBl 2003, 285/7874 = EF 99.504.

5. Sind also mehrere uhber Kinder mit unterschiedlichen Prozentsätzen, die ihnen von der UBGr zustehen, vorhanden, ist eine **quotenmäßige Aufteilung** des für die Kinder gemeinsam zur Verfügung stehenden Betrags vorzunehmen. 6 Ob 284/02 m = EF 103.521.

6. Die Differenzmethode gilt aber **nur für Durchschnittsfälle,** also bei einem durchschnittlichen Einkommen und bloß einer Sorgepflicht, nicht aber bei Extremfällen, also bei mehreren Sorgepflichten und höherem Einkommen des UhPfl. In den letzteren Fällen ist jene Rsp anzuwenden, wonach Belastungsgrenze die **Freibeträge des § 291 b EO** und der ExistenzminVO sind, es jedoch zu einer Unterschreitung im Einzelfall kommen kann, sodass dem UhPfl (als absolute Belastbarkeitsgrenze) ein **Betrag** zu verbleiben hat, der **zur Erhaltung seiner Körperkräfte und seiner geistigen Persönlichkeit notwendig** ist; dabei besteht ein Ermessensspielraum (§ 292 b EO). 6 Ob 51/04 z = EF 107.214.

7. Diese Rsp gilt nicht nur in UhVorschussverfahren, sondern auch in UhBemessungsverfahren. 6 Ob 284/02 m = EF 103.521; 6 Ob 52/06 z = EF-Z 2006/12 *(Gitschthaler).*

234a **1. Vorgehensweise bei der *(erweiterten)* Differenzmethode:**

a) Es ist zunächst das Existenzminimum des uhpfl Gemeinschuldners zu ermitteln. Nach den Feststellungen verdient der Vater mtl rund € 2.230 aus unselbstständiger Erwerbstätigkeit. Da im UhRecht grundsätzlich sämtliche Jahreseinkünfte auf 12 Monate umgelegt werden und somit die Sonderzahlungen bereits in der mtl UBGr inkludiert sind, ist der erhöhte allgemeine Grundbetrag nach § 291a Abs 2 Z 1 EO maßgeblich. Soweit in der Rsp bisweilen die Regelungen für Einkommen mit Sonderzahlungen angewendet wurden (allgemeiner Grundbetrag nach § 291a Abs 1 EO), wurde übersehen, dass dann anschließend die Jahressumme an unpfändbaren Beträgen auf 12 Monate umgelegt werden müsste.

Zu berücksichtigen sind weiters UhGrundbeträge nach § 291a Abs 2 Z 2 EO und UhSteigerungsbeträge nach § 291a Abs 3 Z 2 EO, uzw auch für jene Kinder, für die der Uh berechnet werden soll. Den Gläubigern des uhpfl Gemeinschuldners soll jenes Einkommen vorenthalten werden, welches dieser benötigt, um sich und seine UhBer erhalten zu können, und welches daher insoweit nicht pfändbar ist (§ 290a EO).

Das Existenzminimum des UhPfl ist somit nach der Tabelle 1 bm der ExMinVO zu ermitteln. Da im vorliegenden Verfahren der Vater 2 UhPfl hat, ist die Spalte 3 heranzuziehen. Das Existenzminimum beträgt daher € 1.640.

b) Als weiterer Schritt ist das UhExistenzminimum zu ermitteln:

Dieses beträgt gem § 291b Abs 2 EO grundsätzlich 75% des unpfändbaren Freibetrags nach § 291a EO, im vorliegenden Verfahren somit rund € 1.230. Allerdings sind UhGrund- und UhSteigerungsbeträge für jene Berechtigten, die Exekution wegen eines UhAnspr führen, nicht zu Gunsten des UhPfl zu berücksichtigen. *Schwimann/Kolmasch* (Unterhaltsrecht[3], 51) und *Kolmasch* (Zak 2006/8) haben erst jüngst darauf hingewiesen, dass der OGH dem gegenüber bisweilen das UhExistenzminimum unter Berücksichtigung aller UhPflichten, uzw selbst jener, die gerade bemessen werden, berechne. Dies führe – wie etwa 6 Ob 51/04z zeige – uU zu einer sehr geringen Differenz der beiden Existenzminima, was unbillig sei.

Die Belastungsgrenze des § 291b Abs 2 EO dient ausschließlich dem eigenen Lebensaufwand des UhPfl. Bei der UhBemessung auch nur eines einzelnen UhBer erfolgt eine Gesamtbetrachtung unter Miteinbeziehung sämtlicher Berechtigter. Es erscheint daher durchaus sachgerecht, die UhGrund- und UhSteigerungsbeträge bei Ermittlung des UhExistenzminimums außer Acht zu lassen. Eine andere Betrachtungsweise würde dazu führen, dass die UhBer allein aus der Tatsache, dass sie berechtigt sind, Nachteile erlangen würden. UhGrund- und UhSteigerungsbeträge, die an sich ihnen zugute kommen sollten, würden sie nunmehr belasten.

Das UhExistenzminimum des UhPfl ist daher nach der Tabelle 2 bm, 1. Spalte (= 0 UhBer) der ExMinVO zu ermitteln. Sie beträgt im vorliegenden Verfahren rund € 910.

c) Nach der Differenzmethode steht den UhBer die Differenz der beiden ermittelten Existenzminima zur Bedeckung ihrer UhAnspr zur Verfügung, im vorliegenden Verfahren daher € 730.

d) Als letzter Schritt ist nach der *(erweiterten)* Differenzmethode zu prüfen, ob die nach der Prozentwertmethode – ausgehend von der konkreten UBGr – errechneten UhBeiträge in dieser Differenz Deckung finden. Sollte dies nicht der Fall sein, müsste es zu einer anteiligen Kürzung der UhBeiträge kommen. Hier finden jedoch die mtl UhBeiträge von insgesamt € 640 in jedem Monat des Bemessungszeitraums im Differenzbetrag Deckung (€ 730). Eine anteilige Kürzung der UhBeiträge aufgrund der Differenzmethode ist nicht notwendig. 6 Ob 52/06 z = EF-Z 2006/12 *(Gitschthaler);* 7 Ob 291/05 b; 10 Ob 65/06 s.

2. Abw: Bei der *(erweiterten)* Differenzmethode ist zu berücksichtigen, dass dem UhPfl gem § 291 b Abs 2 EO 75% des Freibetrags nach § 291 a EO zu verbleiben hat und dass bei der Ermittlung der Zahl der UhBer der UhBer, der selbst Exekution führt, nicht mitzuzählen ist. Das UhExistenzminimum darf nicht um einen Uh-Grund- und einen UhSteigerungsbetrag für jene Kinder erhöht werden, deren Uh-Anspr gerade in Hinblick auf eine geminderte Leistungsfähigkeit des UhPfl geprüft wird. 7 Ob 298/05 g.

3. Es ist zwar richtig, dass sich die Belastbarkeitsgrenze des UhPfl infolge Eröffnung eines Insolvenzverfahrens nicht zu seinen Gunsten erhöhen kann (*Gitschthaler/Simma,* EF-Z 2007, 130 [**„modifizierte Differenzmethode"**]). Der OGH hat jedoch erst jüngst wieder darauf hingewiesen (4 Ob 155/06 g mit zahlreichen weiteren Nachweisen), dass eine genaue Berechnung der Belastungsgrenze nicht möglich ist. Es sei vielmehr im Einzelfall eine nach den gegebenen Umständen für den UhPfl und den UhBer noch am ehesten tragbare Regelung zu treffen. Diese Grundsätze eröffneten den Gerichten somit einen Ermessensspielraum. 6 Ob 200/07 s.

4. Anmerkung: Diese E nimmt einem wesentlichen Kritikpunkt an der Differenzmethode „den Wind aus den Segeln". Da sowohl die Differenzmethode in ihrer ursprünglichen Variante (Rz 234) als auch die erweiterte Differenzmethode iSd E 6 Ob 52/06 z als unteren Wert das UhExistenzminimum berücksichtig(t)en, ergab sich bei einer höheren UBGr nämlich das etwas kuriose Ergebnis, dass allein durch die Konkurseröffnung plötzlich dem UhPfl mehr verblieb. Belässt man nun iSd modifizierten Differenzmethode den unteren Wert bei der auch außerhalb des Konkurses maßgeblichen Belastbarkeitsgrenze (vgl Rz 268 f), fällt die kritisierte Ungleichbehandlung weg.

Vgl zur Differenzmethode im Übrigen ausführlich *Gitschthaler/Simma,* EF-Z 2007, 130 mit zahlreichen Berechnungsbeispielen.

234 b 1. Die *(erweiterte; modifizierte)* Differenzmethode ist **nur für die Zeit während des Konkursverfahrens anzuwenden.** 1 Ob 186/05 t; 6 Ob 52/06 z = EF-Z 2006/12 *(Gitschthaler).*

2. Sie reduziert sich außerdem auf jene Fälle, in denen der UhPfl entweder bereits bei Eröffnung des Konkursverfahrens (in der Form eines Schuldenregulierungsverfahrens) unselbstständig erwerbstätig war oder zwar zu diesem Zeitpunkt ein Unternehmen betrieb, dieses in weiterer Folge dann aber gem § 114 KO geschlossen wurde. In diesen Fällen ist **der Differenzrechnung ein aus unselbstständiger Erwerbstätigkeit (nunmehr) tatsächlich erzieltes oder ein – nach Anspannungsgrundsätzen – erzielbares Einkommen zugrunde zu legen.** 6 Ob 52/06 z = EF-Z 2006/12 *(Gitschthaler).*

3. Selbstständig erwerbstätiger Unterhaltspflichtiger

235 1. Soweit die Arbeitskraft eines Unternehmers, über dessen Vermögen der Konkurs eröffnet wurde, nicht mehr notwendigerweise im Unternehmen gebunden ist, steht einem solchen Gemeinschuldner allerdings – wie jedem anderen – der allgemeine Arbeitsmarkt offen. 7 Ob 260/03 s = EF 103.523; 7 Ob 298/05 g.

2. Dem UhPfl steht hier allerdings während seines Konkurses der allgemeine Arbeitsmarkt nicht offen, weil seine **Arbeitskraft im (eigenen) Unternehmen gebunden** ist; er kann daher nicht – wie sonst im Regelfall – auf „das mittlere Einkommen von Arbeitern" verwiesen werden. 1 Ob 242/02 y = AnwBl 2003, 285/7874 = EF 99.506; 7 Ob 260/03 s = EF 103.523.

3. **Anmerkung:** Zur Ermittlung der Leistungsfähigkeit eines uhpfl Gemeinschuldners bei Fortführung des Unternehmens durch den Masseverwalter vgl ausführlich *Gitschthaler/Simma*, EF-Z 2007, 130.

4. Nach Beendigung des Insolvenzverfahrens

236 1. Nach Beendigung des Schuldenregulierungsverfahrens sind wieder die allgemeinen Regelungen für die UhBemessung anzuwenden. 7 Ob 289/05 h = EF-Z 2006/13 *(Gitschthaler)* = FamZ 2/06 *(Neumayr)*; 6 Ob 52/06 z = EF-Z 2006/12 *(Gitschthaler);* 7 Ob 291/05 b.

2. Da die **Anspannungstheorie** auch für einen als Gemeinschuldner unter den akuten Wirkungen des Konkurses stehenden UhPfl gilt, bestehen nach Beendigung des Konkurses umso weniger Gründe für eine Einschränkung des allgemeinen Grundsatzes, dass dem UhPfl bei Beurteilung seiner Leistungsfähigkeit zugemutet werden muss, ein nach seinen persönlichen Umständen und wirtschaftlichen Bedingungen erzielbares Einkommen auch tatsächlich zu erreichen, sodass ein solches bei der UhBemessung auch dann zugrundezulegen ist, wenn es der UhPfl zu erwerben unterlässt. Was der anhängige Konkurs an den UhFestsetzungsgrundsätzen nicht ändert, vermag ein aufgehobener Konkurs noch weniger. 6 Ob 517/91 = EF 65.230.

236 a 1. Die UBGr ist bei Eröffnung eines Schuldenregulierungsverfahrens nach den gleichen Kriterien zu ermitteln wie bei der Eröffnung des Konkurses über das Vermögen eines UhPfl. Somit ist für die Zeit nach Eröffnung des Schuldenregulierungsverfahrens im Allgemeinen von einer unveränderten UBGr auszugehen und es kommt auf die Einbringlichkeit des festgesetzten Uh ebenso wenig an wie darauf, welcher Betrag dem UhPfl zur Deckung seiner Bedürfnisse aufgrund eines bestimmten Zahlungsplans verbleibt. **Allein der Umstand, dass ein rk Zahlungsplan vorliegt, der den Vater zur planmäßigen Rückzahlung seiner Schulden verpflichtet, rechtfertigt die Berücksichtigung dieser Schulden bei der Ermittlung der UBGr nicht.** Die ggt Auffassung liefe dem ehernen Grundsatz des UhRechts zuwider, dass die Schulden des UhPfl die UBGr nicht zu vermindern geeignet sind. Allein die Tatsache, dass jemand Schulden nach einem bestimmten Plan („Zahlungsplan") zurückzuzahlen hat, rechtfertigt es keineswegs, diese Schulden bei der Ermittlung der UBGr als Abzugsposten zu werten. 1 Ob 139/01 z = EF 95.672; 3 Ob 201/02 h = EF 99.508; 7 Ob 69/02 a = EF 99.508.

2. Schulden, die vor Konkurseröffnung bei der UhBemessung abzugsfähig gewesen wären, sind allerdings auch nach Konkursaufhebung zu berücksichtigen. **Sind daher die Zahlungsplanraten auf abzugsfähige Schulden zurückzuführen, bestehen gegen eine entsprechende Verminderung der UBGr nach Konkursaufhebung keine Bedenken.** 6 Ob 282/06 y; 8 Ob 148/06 g.

3. Die zum Schuldenregulierungsverfahren führenden Verbindlichkeiten des Vaters stammen nicht aus einer beruflichen Tätigkeit, sondern aus **unangemessenem Konsumverhalten** (Autos und Umschuldungsmaßnahmen). Die Zahlungs-

planquote beträgt 92% und dient daher wirtschaftlich gesehen nicht der Wiederherstellung der Leistungsfähigkeit bzw Leistungsmöglichkeit des Schuldners, sondern deckt die (beinahe gesamten) bestehenden Verbindlichkeiten unter Vermeidung weiter auflaufender Zinsen. Die Zahlungsplanraten sind in einem solchen Extremfall nicht in Abzug zu bringen (zu einem leichtfertigen UhPfl vgl auch 1 Ob 252/06 z). 2 Ob 228/05 a.

4. Ratenzahlungen aufgrund eines **außergerichtlichen Ausgleichs** sind bei der Ermittlung der UBGr nicht anders zu behandeln als sonstige Schulden auch. 1 Ob 2121/96 k = ÖA 1997, 62/U 174 = EF 80.532.

5. Anmerkung: Vgl zur Abzugsfähigkeit von Zahlungsplanraten nach Aufhebung des Konkursverfahrens ausführlich *Gitschthaler/Simma*, EF-Z 2007, 173 f. Danach ist zu prüfen, welche konkreten Schulden dem Zahlungsplan zugrunde lagen. Wären sie vor Konkurseröffnung abzugsfähig gewesen, trifft dies auch auf die Zahlungsplanraten zu; wäre das nicht der Fall gewesen, sind auch die Zahlungsplanraten nicht abzugsfähig. Handelt es sich sowohl um abzugsfähige als auch zum nicht abzugsfähige Schulden, sind auch die Zahlungsplanraten nur aliquot abzugsfähig. Dafür ist der UhPfl beweispflichtig; die Ermittlung des abzugsfähigen Anteils der Zahlungsplanraten kann nach § 273 ZPO, § 34 AußStrG erfolgen.

6. Abw: Abzugsfähig ist die Hälfte der aus der Finanzierung eines Zwangsausgleichs resultierenden Kreditbelastung. 5 Ob 520/95 = ÖA 1996, 91/U 144.

1. Ggt: Die Ansicht, die Leistungsfähigkeit eines UhPfl sei nicht eingeschränkt, **236 b** sofern er nach der Konkurseröffnung (bzw Eröffnung eines Schuldenregulierungsverfahrens) weiterhin Einkünfte aus unselbstständiger Arbeit beziehe, kann in Anbetracht seiner mangelnden Fähigkeit zur Verfügung über den pfändbaren Teil seiner Einkünfte nicht aufrecht erhalten werden. Es kommt daher sehr wohl darauf an, was bzw wie viel dem (Gemein-)Schuldner vom Masseverwalter – dem Gesetz entsprechend – überlassen wurde bzw zur Rückzahlung welcher Schulden er im Weg eines im Schuldenregulierungsverfahren zustande gekommenen Zahlungsplans verpflichtet ist (vgl *Gitschthaler*, Unterhaltsrecht[1] Rz 234). Diese konkursrechtlichen Maßnahmen haben, zumal sie die Verfügungsmöglichkeit des UhPfl gesetzlich gravierend einschränken, auch Einfluss auf die UBGr und damit auch auf die Festsetzung der UhPflicht.

Die UBGr ändert sich daher aufgrund eines im Schuldenregulierungsverfahren festgelegten Zahlungsplans; die danach zurückzuzahlenden Schulden sind eben grundsätzlich als außergewöhnliche Belastung abzugsfähig, dient doch der Zahlungsplan gerade dazu, die Arbeitskraft und Leistungsfähigkeit des UhPfl nach dessen Erfüllung wieder herzustellen. Dies widerspricht auch nicht dem „ehernen Grundsatz des UhRechts", dass Schulden des GeldUhPfl die UBGr an sich nicht mindern, handelt es sich doch dabei um berücksichtigungswürdige (abzugsfähige) Schulden, also solche, die er eingegangen ist, um ihn wieder in die Lage zu versetzen, nach der Schuldenregulierung unbelastetes Einkommen zur Deckung seiner UhPflicht zur Verfügung zu haben. 1 Ob 86/04 k = EF 107.210; 1 Ob 176/04 w = EF 107.210; 1 Ob 186/05 t; 7 Ob 289/05 h = EF-Z 2006/13 *(Gitschthaler)* = FamZ 2/06 *(Neumayr);* 7 Ob 298/05 g; 7 Ob 291/05 b; 1 Ob 252/06 z.

2. Ggt: Die vom Gesetzgeber im Schuldenregulierungsverfahren geschaffene Möglichkeit der Entschuldung des UhPfl unter bestimmten gesetzlichen Vorgaben bedeutet nicht nur für diesen, sondern auch für dessen uhber Kinder eine Chance, die ein pflichtbewusster UhPfl zu ergreifen idR zweifellos sogar verpflichtet sein wird. Stellt dies doch in einer Vielzahl der Fälle den einzigen Weg dar, jemals wieder über unbelastetes Einkommen verfügen und die UhPflicht in einem befriedigendem Maß wieder decken zu können. Zu bedenken ist dabei auch, dass sich die aus der Erfüllung des Zahlungsplans resultierenden finanziellen Beschränkungen idR auch auf die im Haushalt eines solchen pflichtbewussten und rechtstreuen UhPfl lebenden Kinder auswirken werden. Nicht nur der UhPfl selbst, sondern auch seine Familie muss sich eben „nach der Decke strecken". Nicht zu rechtfertigen wäre es, ein nicht im Haushalt des gelduhpfl Elternteil lebendes Kind in einer solchen Sitation zu bevorzugen und ihm gegenüber die Belastungen des Zahlungsplans zu ignorieren.

Der Gegenmeinung ist vor allem entgegen zu halten, dass Schulden des UhPfl dann berücksichtigungswürdig sind, wenn sie der Erhaltung und Steigerung seiner Arbeitskraft und Leistungsfähigkeit dienen. Gerade dies soll durch die Erfüllung eines Zahlungsplans aber angestrebt und erreicht werden. Die nach den Umständen des konkreten Falls nur theoretische Möglichkeit, dass dieses Ziel auch verfehlt werden könnte und ein uhber Kind dann letzlich nicht profitierte, kann daran nichts ändern.

Aus diesen Gründen schließt sich der erkennende Senat jedenfalls in Ansehung eines jüngeren uhber Kindes, für das die Entschuldung des UhPfl vorteilhaft ist, der zu 1 Ob 86/04 k und 1 Ob 176/04 w vertretenen Rechtsansicht, die mtl Belastungen aus einem Zahlungsplan stellten berücksichtigungswürdige Schulden dar und minderten daher die UBGr, an. 7 Ob 279/05 p = EF 110.311.

3. Ggt: Bei der Kritik an dieser Rsp wird vor allem nicht darauf Bedacht genommen, dass es im Privat- und im Geschäftsleben auch ein durch unerfüllte – wenngleich objektiv nicht immer realistische – Erwartungen verursachtes, einigermaßen redliches Scheitern mit den daraus notwendig folgenden wirtschaftlichen Problemen gibt (vgl in diesem Kontext etwa die Hindernisse für die Einleitung eines Abschöpfungsverfahrens nach § 201 Abs 1 KO). Diese Art des Scheiterns ist aber der Regelfall. Weshalb deshalb zahlungsunfähig gewordenen GeldUhPfl nicht die Möglichkeit eröffnet werden soll, ihre wirtschaftliche Leistungsfähigkeit durch die Erfüllung eines im Schuldenregulierungsverfahren gerichtlich bestätigten Zahlungsplans wiederherzustellen, wenngleich das auch eine temporäre Einschränkung der Ansprüche von UhBer innerhalb der Schicksalsgemeinschaft Familie mit sich bringt, ist nicht zu erkennen.

Auch der Einwand, es dürfe ein Schuldner, der sich redlich bemühe, seine Schulden „pünktlich zu bedienen", nicht schlechter gestellt werden als einer, der sich um nichts mehr kümmere und mit Exekutionen bis aufs Existenzminimum belastet sei, verfehlt den Problemkern. Die kritisierte Rsp bezweckt nicht, GeldUhPfl, die nach ihren wirtschaftlichen Verhältnissen leistbare Verbindlichkeiten nicht erfüllen, im Fall von Exekutionen zu begünstigen; sie soll vielmehr Schuldnern, die zahlungsunfähig wurden, eine baldige – auch für UhGläubiger nützliche – wirtschaftliche Erholung ermöglichen. 1 Ob 252/06 z.

4. Ggt: Der Grundsatz, wonach die vom uhpfl Schuldner dem Treuhänder abgetretenen Forderungen aus einem Arbeitsverhältnis (Abschöpfungsbeträge) von der UBGr abzuziehen sind, dem UhBer aber jedenfalls ein mtl Uh in der Höhe einer Berechnung nach der Differenzmethode zusteht, auch wenn eine UhBerechnung nach der Prozentsatzmethode wegen der grundsätzlichen Abzugsfähigkeit der Abschöpfungsbeträge einen geringeren UhBeitrag ergäbe *(s Rz 236 d),* gilt geradezu selbstverständlich auch für den Fall von genehmigten Schuldenrückzahlungsraten entsprechend einem konkursgerichtlich genehmigten Zahlungsplan. 3 Ob 19/07 a = iFamZ 79/07 *(Deixler-Hübner)* = Zak 2007, 83 *(Neumayr).*

236 c 1. Die Rsp betr die Abzugsfähigkeit von Zahlungsplanraten nach Aufhebung des Schuldenregulierungsverfahrens über das Vermögen des UhPfl *(vgl Rz 236 a)* gilt **nicht nur im Kindes-, sondern auch im EhegattenUhRecht.** 2 Ob 192/06 h = EF-Z 2007/64 *(Gitschthaler).*

2. Sie setzt aber jedenfalls voraus, dass über das Vermögen des UhPfl tatsächlich ein **Schuldenregulierungsverfahren anhängig** ist. Es reicht hingegen nicht aus, dass bloß die Voraussetzungen für ein solches Verfahren gegeben wären, der UhPfl aber den zur Einleitung desselben nötigen Schritt noch nicht gewagt hat. 9 Ob 144/06 a.

236 d 1. Im **Abschöpfungsverfahren** mit Restschuldbefreiung (§§ 199 ff KO) sind die vom uhpfl Schuldner dem Treuhänder abgetretenen Forderungen aus einem Arbeitsverhältnis (Abschöpfungsbeträge) von der UBGr ebenso abzuziehen wie die aufgrund eines gerichtlich bestätigten Zahlungsplans geleisteten Schuldenzahlungen. Dem UhBer steht aber jedenfalls ein mtl Uh in der Höhe zu, wie er sich aufgrund einer Berechnung nach der Differenzmethode nach der Differenz der Existenzminima nach den §§ 291 a und 291 b Abs 2 EO ergibt, auch wenn eine UhBerechnung nach der Prozentsatzmethode wegen der grundsätzlichen Abzugsfähigkeit der Abschöpfungsbeträge einen geringeren UhBeitrag ergäbe. 2 Ob 192/06 h = EF-Z 2007/64 *(Gitschthaler).*

2. **Anmerkung:** Dieser Auffassung ist im Grundsätzlichen zuzustimmen, weil der Gesetzgeber mit einem „erfolgreichen" Abschöpfungsverfahren unabhängig von der Zustimmung der Gläubiger, die jedoch für den Abschluss eines Zahlungsplans erforderlich ist, einen Schlussstrich unter das vormalige Schuldnerleben des (früheren) Gemeinschuldners und UhPfl ziehen wollte. Da allerdings dem UhPfl auch nach Aufhebung des Schuldenregulierungsverfahrens während der Abschöpfungsphase lediglich das Existenzminimum zusteht, ist seine Situation mit jener während des Konkursverfahrens vergleichbar. Es ist also die modifizierte Differenzmethode (vgl Rz 234 a/3) – ausgehend von der ungekürzten UBGr – anzuwenden; der Doppelberechnung des 3. Senats bedarf es hingegen nicht (vgl *Gitschthaler/Simma,* EF-Z 2007, 174).

III. Unterhaltshöhe
A. Maßgebliche Beurteilungskriterien

237 1. Einen Anhaltspunkt dafür, nach welchen Kriterien der Beitrag der Eltern zu ermitteln ist, gibt das Gesetz durch die **Verknüpfung der Bedürfnisse des Kindes mit den Lebensverhältnissen der Eltern sowie deren Verpflichtung, zum Uh nach ihren Kräften beizutragen.** 4 Ob 532/90 = ÖA 1991, 78 = JBl 1991, 40 = EF 61.790 = ÖA 1991, 43/U 13; 6 Ob 563/90 = ÖA 1991, 101 = SZ 63/88 = EF 61.790 = ÖA 1991, 41/U 1; 8 Ob 615/90 = ÖA 1991, 103 = EF 61.790, 61.793 uva; 1 Ob 262/99 g = tw JBl 2000, 738 = ÖA 2000, 214/U 321; 2 Ob 3/06 i; 7 Ob 178/06 m; 4 Ob 155/06 g.

2. Die **Lebensverhältnisse des UhPfl** bestimmen sich dabei nach seinem Stand, Vermögen, Einkommen, seinen familiären Verhältnissen, seinen gesetzlichen Sorgepflichten usw. 1 Ob 509/93; 1 Ob 504/95 = ÖA 1995, 124 = EF 76.847.

3. Dabei kennt das Gesetz ein **konkretes Berechnungssystem für die UhBemessung nicht.** 7 Ob 652/90; 1 Ob 1576/90 = 1 Ob 659/90 = RZ 1991/50 = ÖA 1991, 41/U 1 = EF 61.790; 3 Ob 505/92 = EF 67.736 uva; 10 Ob 83/00 d; 8 Ob 62/04 g = EF 107.400; 2 Ob 3/06 i; 7 Ob 178/06 m; 4 Ob 155/06 g.

4. § 140 ABGB bietet also keine Grundlage für die Anwendung eines bestimmten Systems. 2 Ob 567/95 = ÖA 1997, 133 = EF 83.123; 6 Ob 16/97 i = ÖA 1998, 23/U 202 = EF 83.090.

5. Deshalb **kann der OGH auch nicht Regeln der UhBemessung derart in ein System verdichten, dass sich eine Tabelle für jeden möglichen Anspruchsfall ergibt;** er kann nur aussprechen, auf welche Umstände es ankommt. Demgemäß **kann er auch keine Prozentsätze festlegen.** 4 Ob 532/90 = JBl 1991, 40 = ÖA 1991, 78 = EF 61.790 = ÖA 1991, 43/U 13; 3 Ob 563/90; 6 Ob 563/90 = SZ 63/88 = ÖA 1991, 101 = EF 61.790 = ÖA 1991, 41/U 1 uva; 10 Ob 83/00 d.

6. **Anmerkung:** Derartige Stehsätze finden sich in zahlreichen UhEntscheidungen, ihnen kommt aber nur dann wirklich Bedeutung zu, wenn es sich um „Ausreißerfälle" handelt. Grundsätzlich judiziert der OGH nunmehr schon seit Jahren nach der Prozentwertmethode (vgl unten).

237 a 1. Bei der UhBemessung spielt es grundsätzlich keine Rolle, ob der festgesetzte Uh dann auch tatsächlich **einbringlich gemacht werden kann.** 1 Ob 139/01 z = EF 95.488; 7 Ob 299/02 y; 7 Ob 69/02 a; 3 Ob 201/02 h; 7 Ob 176/02 m.

B. Prozentwertmethode

Übersicht:

	Rz
1. Allgemeines	238–242
2. Konkurrierende Sorgepflichten	243–247
3. Prozentsätze	248–251
4. Unterhaltsstopp	252–257

1. Allgemeines

238 1. **Anmerkung:** Zu allgemeinen Fragen iZm der Prozentwertmethode vgl auch Rz 643, 685 ff, 712.

2. In den in § 140 Abs 1 ABGB umschriebenen UhBestimmungskategorien der Lebensverhältnisse, der Kräfte und der angemessenen Bedürfnisse wirken **einerseits allgemeine gesellschaftliche Auffassungen und statistisch erhebbare Erfahrungswerte** und andererseits **individuelle Lebensumstände der Familienmitglieder als Bestimmungsfaktoren.** Nach diesen ist jew im Einzelfall innerhalb der Leistungsfähigkeit des UhPfl der zur Befriedigung der Bedürfnisse des UhBer erforderliche Betrag auszumitteln. Die dem UhZweck angepasste Leistung in UhPerioden und die Festsetzung der Leistungsbeträge für längere Zeiträume im Voraus **zwingen zu Pauschalierungen.** 6 Ob 566/90 = ÖA 1991, 42/U 9 = tw EF 61.789 = RZ 1993/43; 4 Ob 236/04 s.

3. Auch wenn der OGH keine **Prozentsätze** (als generellen Maßstab für die UhBemessung) festlegen kann, können derartige Werte bei der konkreten Berechnung eines UhAnspr aber doch **im Interesse der gleichen Behandlung gleichgelagerter Fälle** herangezogen werden. 4 Ob 532/90 = JBl 1991, 40 = ÖA 1991, 78 = EF 61.790 = ÖA 1991, 43/U 13; 3 Ob 563/90; 6 Ob 563/90 = SZ 63/88 = ÖA 1991, 101 = EF 61.790 = ÖA 1991, 41/U 1 uva; 9 Ob 167/98 v; 9 Ob 94/03 v; 6 Ob 38/04 p; 6 Ob 23/04 g; 8 Ob 62/04 g.

4. Bei Durchschnittsverhältnissen werden daher aus **Praktikabilitäts- und Gleichbehandlungsgründen** pauschalierte, nach Altersstufen gegliederte und nach Prozenten der UBGr festgesetzte UhBeiträge zugesprochen und dabei weitere UhPflichten des UhPfl durch Abzüge von Prozentpunkten berücksichtigt (Prozentmethode). 1 Ob 512/94 = ÖA 1994, 183/U 89; 1 Ob 2233/96 f; 2 Ob 567/95 = ÖA 1997, 133; 9 Ob 407/97 m = SZ 71/20; 9 Ob 167/98 v = EF 85.983; 1 Ob 180/98 x = ÖA 1999, 117/U 268 = EF 85.954, 85.982.

5. Die UhBemessung nach der Prozentsatzkomponente stellt **für durchschnittliche Verhältnisse** eine **brauchbare Handhabe** dar. 7 Ob 652/90 = RZ 1991/ 26 = tw EF 61.815; 7 Ob 671/90 = EF 61.818 = ÖA 1992, 112/U 45; 3 Ob 573/91 uva; 1 Ob 16/00 k; 5 Ob 168/02 w; 7 Ob 167/02 p = JBl 2003, 107 = ÖA 2003, 45/U 380; 7 Ob 174/02 t = JBl 2003, 111; 8 Ob 62/04 g; 1 Ob 167/04 x.

6. Denn so ist am ehesten ein **angemessenes Teilhaben an den Lebensverhältnissen des UhPfl** gewährleistet. 6 Ob 501/96 = ÖA 1997, 63/F 122 = EF 79.926; 6 Ob 591/95 = SZ 68/157 = ÖA 1998, 17/F 144 = EF 79.926; 6 Ob 2098/96 i = ÖA 1997, 60/U 171 = EF 79.926 uva; 6 Ob 2222/96 z = EF 79.926 = ÖA 1997, 203/F 140; 5 Ob 168/02 w; 7 Ob 167/02 p = JBl 2003, 107 = ÖA 2003, 45/U 380; 7 Ob 174/02 t = JBl 2003, 111; 6 Ob 23/04 g.

7. Es sei denn, die Belastbarkeit des UhPfl stünde im Vordergrund. 3 Ob 531/ 92 = tw EF 67.737; 8 Ob 1582/93 = ÖA 1994, 69/F 77 = EF 70.676.

8. Anmerkung: Zu den Belastbarkeitsgrenzen vgl Rz 263 ff.

1. Die Prozentkomponente stellt aber nur einen **Orientierungswert** dar. 8 Ob **239** 552/92 = ÖA 1992, 147/U 64 = EF 67.754; 5 Ob 1528/93 = ÖA 1994, 24/F 72 = EF 70.678; 8 Ob 605/93 = EF 70.678 = ÖA 1995, 160/U 138 uva; 6 Ob 207/98 d = ÖA 1999, 127/U 274 = EF 85.985.

2. Die Prozentwertmethode ist also lediglich eine Orientierungshilfe. 8 Ob 62/ 04 g; 1 Ob 167/04 x; 10 Ob 96/05 y.

3. Es ist nämlich vielmehr zu berücksichtigen, dass es sich bei der UhFestsetzung um eine **Ermessensentscheidung** handelt. 3 Ob 2064/96 t = ÖA 1997, 63/ F 124 = EF 79.912; 1 Ob 2094/96 i = ÖA 1997, 63/F 126 = EF 79.912; 7 Ob 132/02 s; 4 Ob 236/04 s; 4 Ob 155/06 g.

4. Weshalb auch eine **mathematisch genaue Berechnung des Uh nicht erforderlich** ist. 2 Ob 534/91 = EF 64.988; 1 Ob 549/95 = EF 76.769, 76.823; 4 Ob 598/ 95 = EF 76.769 = ÖA 1996, 124/U 157; 6 Ob 2098/96 i = ÖA 1997, 60/U 171; 1 Ob 2082/96 z; 1 Ob 2062/96 h; 1 Ob 122/97 s = EF 83.140; 7 Ob 132/02 s; 4 Ob 236/04 s; 4 Ob 155/06 g.

5. Es ist **immer auf den Einzelfall abzustellen**. 8 Ob 581/90; 3 Ob 1522/90; 6 Ob 538/91; 8 Ob 1674/92 = ÖA 1993, 144/F 67; 10 Ob 87/98 m = EF 85.958.

6. Und dabei eine **Globalbemessung** des Uh vorzunehmen. 9 Ob 23/05 f.

240 1. Werden allerdings die UhLeistungen in einem Bruchteil des vom UhPfl erzielbaren Einkommens festgesetzt, wobei bei der **Wahl dieser Prozentsätze** die Einkommenshöhe des UhPfl, seine sonstigen Sorgepflichten und die angemessenen allgemeinen Bedürfnisse des UhBer – hiebei spielen allgemeine Erfahrungen und gesellschaftliche Anschauungen eine Rolle – bestimmend sind, dann sind diese Umstände **in überprüfbarer Weise aufzudecken.** 6 Ob 566/90 = ÖA 1991, 42/U 9 = tw EF 61.789 = RZ 1993/43.

2. Die Prozentsätze sind somit im Interesse der Rechtssicherheit und Vergleichbarkeit **offenzulegen.** 1 Ob 659/90 = 1 Ob 1576/90 = RZ 1991/50 = ÖA 1991, 41/U 1; 4 Ob 512/92; 3 Ob 531/92; 1 Ob 549/95.

3. UhBeiträge sind nach der Rsp auf volle ATS 100 auf- oder abzurunden. Begründet wird diese Rsp damit, dass die UhBemessung nicht nach exakten Methoden, sondern unter Abwägung der Umstände des Einzelfalls erfolge. Das trifft zweifellos zu, doch können aber gerade die Umstände des Einzelfalls dafür sprechen, den Betrag nicht auf volle ATS 100, sondern nur auf volle ATS 10 zu runden. Für das Festsetzen gerundeter UhBeiträge spricht die dadurch erleichterte Zahlungsabwicklung, die es aber nicht erfordert, die Beträge immer auf volle ATS 100 zu runden. Es wird vielmehr im Einzelfall zu beurteilen sein, ob die Beträge auf volle ATS 100 oder etwa nur auf volle ATS 10 gerundet werden sollen. Um so weniger können die damit verbundenen Erleichterungen der Zahlungsabwicklung es rechtfertigen, den Betrag immer auf volle ATS 100 aufzurunden. Ob auf- oder abzurunden ist, hängt vielmehr ganz allgemein davon ab, ob der zu rundende Betrag über oder unter 50 (5) liegt. Bei unter 50 (5) liegenden Beträgen ist abzurunden, bei darüber liegenden Beträgen aufzurunden. 4 Ob 228/99 d = EF 89.343.

4. **Anmerkung:** Diese Rsp ist bei GeldUhZusprüchen in Euro dahingehend anzupassen, dass grundsätzlich auf € 10 zu runden ist, in niedrigeren UhBereichen jedoch auf € 5.

Im Übrigen stellt sich die Frage, ob es wirklich die Aufgabe eines Höchstgerichts ist, den Untergerichten Nachhilfe in Mathematik zu erteilen?

241 1. Auch bei der Berechnung nach der Prozentsatzkomponente darf allerdings die in § 140 ABGB verankerte **Angemessenheitsgrenze nicht außer Acht gelassen** werden. 1 Ob 622/93.

2. Die Prozentsätze können daher bei überdurchschnittlichem Einkommen unterschritten, bei unterdurchschnittlichem aber überschritten werden. 4 Ob 2253/96 v = ÖA 1997, 161/F 135.

3. Das unter Anwendung der Prozentsatzkomponente gewonnene Pauschalierungsergebnis ist bei besonderen **atypischen Verhältnissen** zu **korrigieren.** 6 Ob 566/90 = ÖA 1991, 42/U 9 = RZ 1993/43; 7 Ob 576/93 = ÖA 1994, 69/U 93; 8 Ob 506/95 = 8 Ob 507/95 = EF 76.771 = ÖA 1995, 156/U 133 uva; 6 Ob 114/99 d = EF 89.323; 5 Ob 168/02 w; 3 Ob 204/02 z.

4. Also wenn **vom Durchschnitt abweichende Verhältnisse** eine Anpassung der erzielten Ergebnisse an die Erfordernisse des Einzelfalls erfordern. 9 Ob 167/98 v = EF 85.986.

5. Die **Anpassung** an die tatsächlichen Verhältnisse **bei atypischer Sachlage** erfordert aber jedenfalls eine besondere Rechtfertigung. 6 Ob 23/04 g; 1 Ob 84/04 s; 4 Ob 236/04 s.

6. Die alleinige Anwendung der Prozentmethode kann auch nicht in allen Normalfällen den Ausgleich zw dem Bedarf des Kindes und der Leistungsfähigkeit des Vaters herstellen; eine starre Anwendung der Prozentmethode ohne Berücksichtigung der Bedürfnisse des Kindes kann die Gefahr einer Unteralimentierung trotz vorhandener Leistungsfähigkeit mit sich bringen. 6 Ob 16/97 i = ÖA 1998, 23/ U 202 = EF 83.141.

7. Anmerkung: Zu den Belastbarkeitsgrenzen vgl Rz 263 ff.

1. Auch wenn den UhPfl **keine weiteren Sorgepflichten** treffen, ist für die Ermittlung des UhBeitrags die **Prozentsatzmethode anzuwenden.** Die Gefahr einer Unteralimentierung bei Anwendung der Prozentsatzberechnung auf niedrige Einkommen besteht nämlich sowohl bei Einzelkindern als auch in Fällen konkurrierender UhPflichten. Sie ist Folge des unterdurchschnittlichen Einkommens des UhPfl, an dessen Lebensverhältnissen der UhBer angemessen teilhaben soll. Warum aber die Unteralimentierung nur beim Einzelkind ohne konkurrierende UhAnspr ausgeglichen werden soll, ist nicht einzusehen, zumal dies dem Grundsatz der Gleichbehandlung widerspricht. 7 Ob 503/95 = JBl 1996, 781 = EF 76.772; 2 Ob 567/95 = ÖA 1997, 133 = EF 83.142; 4 Ob 2285/96 z = ÖA 1997, 132 = EF 79.935 = JBl 1997, 384; 2 Ob 3/06 i.

242

2. Ggt: Bestehen keine weiteren UhPflichten, birgt die starre Anwendung der Prozentsatzmethode die Gefahr der Unteralimentierung trotz vorhandener Leistungsfähigkeit in sich, sodass in derartigen Fällen primär auf die Bedürfnisse des Kindes (Regelbedarf) abzustellen ist. 2 Ob 548/94 = EF 73.876 = ÖA 1995, 152/ U 126 = ÖA 1995, 118/U 121; 2 Ob 576/94 = ÖA 1995, 88/U 117 = EF 73.876; 2 Ob 512/95 = ÖA 1995, 153/U 129 = EF 76.780.

2. Konkurrierende Sorgepflichten

1. Im UhBemessungsverfahren müssen auch andere gesetzliche UhPflichten des in Anspruch genommenen UhPfl, gleichgültig, ob sie bereits tituliert sind oder nicht, derart berücksichtigt werden, dass zunächst **zur Wahrung der Gleichmäßigkeit aller im Prinzip gleichberechtigten gesetzlichen UhAnspr von der für alle UhPflichten zur Verfügung stehenden gemeinsamen UBGr auszugehen** ist. 8 Ob 531/ 91 = EF 64.956; 4 Ob 512/92 = EF 67.721, 68.348; 3 Ob 531/92 = tw EF 67.737 uva; 1 Ob 217/99 i.

243

2. Es ist auf **weitere Sorgepflichten** derart Bedacht zu nehmen, dass zunächst als **Vorfrage** beurteilt wird, welche Ansprüche den einzelnen UhBer zustehen. 3 Ob 573/91; 2 Ob 2015/96 d = ÖA 1997, 58/U 168 = tw EF 79.981; 3 Ob 395/97 b = ÖA 1998, 242/U 236 = EF 86.598.

1. Die Beteiligung der konkurrierenden UhBerechtigung an den verfügbaren UhMitteln richtet sich dann nach dem Stand der einzelnen UhBer (Ehegatte, Eltern, Kinder, Enkelkinder) und – bei gleichem Stand – nach Alter, Bedarf usw. Nur eine solche nach diesen Prinzipien gerechte Verteilung des für alle UhPflichten insgesamt zur Verfügung stehenden Betrags lässt eine angemessene Teilnahme aller UhBer an den Lebensverhältnissen des UhPfl zu. 8 Ob 531/91; 4 Ob 512/92; 1 Ob 588/93 = ÖA 1994, 99/U 94; 4 Ob 556/94 = SZ 67/162 = ÖA 1995, 96 = EF 73.917.

244

2. Einschr: Dies trifft jedenfalls zu, wenn UhAnspr von Kindern mit UhAnspr anderer Kinder oder eines Ehegatten konkurrieren. 4 Ob 513/96 = SZ 69/77.

3. UhAnspr der Eltern gegen ihre Kinder und jene der Kinder gegen ihre Eltern sind dabei nicht gleichrangig. Bei der Bemessung des UhAnspr von Kindern gegenüber ihren Eltern kann daher ein (allfälliger) UhAnspr der Eltern des UhPfl nicht berücksichtigt werden. 4 Ob 513/96 = SZ 69/77; 3 Ob 19/97 h = ÖA 1999, 15/U 245 = EF 86.054, 88.333.

245 **1.** Steht fest, dass der Vater nach ausländischem Recht für ein **ausländisches Adoptivkind** uhpfl ist, ist diese UhPflicht bei der Bemessung des Uh der leiblichen Kinder auch dann zu berücksichtigen, wenn dieser unter dem RegelUh liegt. Von einem Eingriff in die tragenden Grundwertungen der österreichischen Rechtsordnung kann nämlich keine Rede sein, wenn eine UhPflicht des Adoptierenden unabhängig davon, ob er bereits leibliche Kinder hat und wie sich die Adoption auf deren Uh auswirkt, vorgesehen ist. 7 Ob 628/94 = JBl 1995, 449 = EF 77.046.

2. Dem Einwand des Vaters, dass das Kind nicht von ihm stamme, kommt, weil ein in der Ehe geborenes Kind so lange als ehel gilt, als nicht urteilsmäßig seine Unehelichkeit festgestellt worden ist, keine rechtliche Bedeutung zu. 7 Ob 731/79 = EF 32.962; 6 Ob 292/05 t.

246 **1.** Vom UhPfl in einem Verfahren für einen anderen UhBer **freiwillig übernommene Mehrleistungsverpflichtungen,** zu denen er bei objektiver Anwendung des Gesetzes nicht hätte gegen seinen Willen verpflichtet werden dürfen, dürfen sich bei der gerichtlichen Bemessung des Uh in einem Verfahren zugunsten anderer UhBer nicht zu deren Lasten, sondern nur zu Lasten des UhPfl auswirken. 8 Ob 531/91; 6 Ob 77/97 k = ÖA 1998, 27/F 150 = ÖA 1998, 128/F 159; 1 Ob 122/97 s = EF 83.137; 2 Ob 135/97 k = ÖA 1998, 30; 1 Ob 70/98 w = EF 86.052; 4 Ob 116/98 g = ÖA 1999, 31/U 257 = EF 86.052; 1 Ob 217/99 i.

2. Also etwa aus sittlicher Pflicht freiwillig an den **Lebensgefährten** tatsächlich geleisteter Uh. 6 Ob 77/97 k = EF 83.211, 83.212, 83.628 = ÖA 1998, 27/F 150 = ÖA 1998, 128/F 159; 1 Ob 70/98 w.

3. Die vom Vater dagegen vorgetragenen Argumente sind nicht rechtlicher, sondern rechtspolitischer Art, verweist er doch nur auf den – geänderten – sozialen Status von LG im Gesamtgefüge einer sich wandelnden Gesellschaft. 2 Ob 319/99 x = ÖA 2000, 73/U 307 = EF 89.326.

4. Eine vor Jahren vereinbarte **UhAbfindung** für die geschiedene Ehefrau des Vaters steht mit dem KindesUh in keinem Zusammenhang. 7 Ob 1589/95 = EF 80.153 = ÖA 1996, 98/F 106.

247 **1.** **Konkurrierende Sorgepflichten** sind nicht durch Abzug der tatsächlichen UhLeistungen von der UBGr unter Aufrechterhaltung des UhProzentsatzes, der ohne Vorliegen der anderen Sorgepflichten anzuwenden wäre, zu berücksichtigen, sondern durch angemessene **Herabsetzung des UhProzentsatzes.** Das Ausmaß einer solchen Verminderung des Uhprozentsatzes wegen weiterer Sorgepflichten wäre nur aufgrund entsprechender repräsentativer Verbrauchserhebungen belegbar zu bestimmen; mangels solcher hat nach groben Erfahrungswerten eine Einschätzung zu erfolgen. 6 Ob 1577/91; 8 Ob 531/91; 4 Ob 512/92; 5 Ob 1514/92 uva; 2 Ob 72/99 y = EF 89.325 = ÖA 1999, 189/U 285; 2 Ob 86/02 i = ÖA 2003, 225/U 399 = ZfRV 2003, 148/49; 9 Ob 94/03 v.

2. Uzw selbst dann, wenn sie bereits in **Exekutionstiteln** verkörpert sind. 4 Ob 506/92; 3 Ob 517/93 = ÖA 1994, 18/U 81; 7 Ob 576/93 = ÖA 1994, 69/U 93; 1 Ob 588/93 = ÖA 1994, 99/U 94; 1 Ob 2233/96 f = EF 80.612.

3. **Einschr:** Hat sich allerdings der überdurchschnittlich gut verdienende UhPfl seiner geschiedenen Ehefrau gegenüber unabhängig von seiner tatsächlichen Einkommenshöhe zu einer gleichbleibenden mtl Zahlung, die weit unter dem tatsächlichen UhAnspr der geschiedenen Ehefrau liegt, verpflichtet, ist bei der Ermittlung der UBGr hinsichtlich weiterer UhBer dieser Betrag vorweg von der UBGr abzuziehen. 7 Ob 576/93 = ÖA 1994, 69/U 93.

4. **Einschr:** Ist die Mutter (hier: nach holländischem Recht) dazu verpflichtet, einen Teil der finanziellen Bedürfnisse des Kindes aus dem ihr vom Vater zu leistenden Uh zu bestreiten, und hat dieser an die Mutter aufgrund des Umstandes, dass das Kind mit ihr im gemeinsamen Haushalt lebt, mehr (tw für das Kind bestimmten) Uh zu leisten, dann kann dieser Umstand bei Bemessung der UhPflicht des Vaters nicht außer Betracht bleiben, weil es sonst zu einer Doppelbelastung des Vaters bzw zu einer doppelten finanziellen Alimentierung des Kindes käme. 2 Ob 2015/96 d = ÖA 1997, 58/U 168 = EF 79.981.

5. Es wurde bislang bei der Vornahme von Abzügen für Sorgepflichten für Kinder nicht danach unterschieden, ob die zu berücksichtigenden **weiteren Sorgepflichten in Geld oder durch Betreuung** iSd § 140 Abs 2 ABGB erfüllt werden. Eine derartige **Differenzierung** wäre auch **nicht sachgerecht**. Abgesehen davon, dass der betreuende Elternteil häufig Kosten für die tw Delegierung von Betreuungsaufgaben an Dritte aufwenden muss oder wegen der Betreuung in seiner Erwerbsfähigkeit beeinträchtigt ist, stellt die Betreuung eines Kindes in jedem Fall eine vermögenswerte Leistung dar, welche die bei der UhBemessung zu berücksichtigenden Lebensverhältnisse des betroffenen Elternteils entscheidend prägt und die daher bei der Bemessung der UhPflicht gegenüber einem gelduhber Kind nicht vernachlässigt werden kann. Es besteht daher kein Grund, die Betreuung weiterer Kinder durch den in Anspruch genommenen UhPfl bei der UhBemessung anders zu berücksichtigen als die Leistung von GeldUh, zumal § 140 Abs 2 ABGB zu entnehmen ist, dass der Gesetzgeber die Betreuung des uhber Kindes der Erfüllung der Sorgepflicht durch Geldleistungen gleichstellt. 9 Ob 407/97 m = SZ 71/20 = EF 85.980; 9 Ob 407/97 m = EF 85.955 = SZ 71/20.

6. **Abw:** Der Grundsatz, dass der OGH keine Prozentsätze festsetzen kann und derartige Werte nur bei der konkreten Berechnung eines UhAnspr im Interesse der gleichen Behandlung gleichgelagerter Fälle herangezogen, nicht aber generell als Maßstab für die UhBemessung festgelegt werden können, gilt wesensmäßig auch für die Frage der Auswirkungen des Bestandes weiterer UhPflichten auf den UhAnspr eines der mehreren UhBer. 2 Ob 510/91; 3 Ob 1570/91 = ÖA 1992, 55/F 3; 5 Ob 516/92 = ÖA 1993, 19/U 70; 4 Ob 598/95 = ÖA 1996, 124/U 157; 1 Ob 2082/96 z.

7. **Anmerkung:** Derartige Stehsätze finden sich in zahlreichen UhEntscheidungen, ihnen kommt aber nur dann wirklich Bedeutung zu, wenn es sich um „Ausreißerfälle" handelt. Grundsätzlich judiziert der OGH nunmehr schon seit Jahren nach der Prozentwertmethode auch hinsichtlich der Frage, auf welche Art und Weise konkurrierende Sorgepflichten zu berücksichtigen sind.

3. Prozentsätze

248 1. Besteht eine Sorgepflicht nur für ein **Kind,** beträgt der UhSatz im Alter von **0 bis zu 6** Jahren **16%.** 6 Ob 533/91 = RZ 1991/86; 10 Ob 508/96; 10 Ob 2104/96 a = EF 80.613; 1 Ob 2062/96 h = EF 80.613.

von **6 bis zu 10** Jahren   **18%**. 6 Ob 533/91 = RZ 1991/86; 4 Ob 512/92 = EF 68.341; 3 Ob 531/92 uva; 1 Ob 16/00 k; 7 Ob 167/02 p = JBl 2003, 107 = ÖA 2003, 45/ U 380; 9 Ob 94/03 v; 6 Ob 38/04 p.

von **10 bis zu 15** Jahren   **20%**. 4 Ob 512/92; 3 Ob 531/92; 8 Ob 1686/92 = ÖA 1993, 144/F 68 uva; 2 Ob 72/99 y = ÖA 1999, 189/U 285 = EF 89.330; 4 Ob 52/02 d = = EvBl 2003/45 = ÖA 2003, 20/U 367; 7 Ob 174/02 t = JBl 2003, 111; 9 Ob 94/03 v; 10 Ob 18/04 a; 6 Ob 38/04 p.

von **über 15** Jahren   **22%**. 1 Ob 588/93 = ÖA 1994, 99/U 94 = EF 71.354; 6 Ob 1641/95 = ÖA 1996, 99/F 108 = EF 77.537; 2 Ob 77/97 f = EF 83.614 = ÖA 1998, 63/U 206; 2 Ob 72/99 y = ÖA 1999, 189/U 285 = EF 89.331; 7 Ob 193/02 m = JBl 2003, 113; 9 Ob 94/03 v; 10 Ob 18/04 a.

2. Anmerkung: Nach der von der Rsp vorgenommenen Einteilung der Altersgruppen im Rahmen der Prozentwertmethode haben alle UhBer im Alter über 15 Jahren den gleichen GeldUhAnspr (im Gegensatz etwa zu den Regelbedarfssätzen, die mit 19 Jahren einen weiteren Sprung vorsehen). Dies erschien bislang schon nicht zwingend, weil es wohl auf der Bedarfsseite Unterschiede zw einem 16- und einem 21-Jährigen geben wird, nunmehr hat sich diese Problematik aber durch die Einführung von Studiengebühren durch BGBl I 2000/142, mit dem § 10 Hochschul-TaxenG geändert wurde (**Studienbeitrag**), verschärft. Da wohl davon auszugehen ist, dass der allergrößte Teil der uhber Kinder im Alter über 19 Jahren Studenten sein werden, scheidet die Annahme aus, bei diesen Studiengebühren könnte es sich um deckungspflichtigen Sonderbedarf handeln, weil ja das Moment der Außergewöhnlichkeit nicht gegeben ist. Andererseits wird man aber wohl nicht davon ausgehen können, dass nun studierende UhBer diese Studiengebühren aus eigenen Mitteln aufbringen und in den bisherigen RegelUhLeistungen „unterbringen" müssen. ME ist daher uhber Kindern im Alter von über 19 Jahren ein GeldUhAnspr zuzubilligen, der sich auf **24%** der UBGr des gelduhpfl Elternteils beläuft.

Vgl zur Vorgehensweise des OGH konkret iZm Studiengebühren jedoch Rz 280.

249   1. Jede **weitere Sorgepflicht** für ein **Kind unter 10 Jahren** führt zu einer Minderung des ansonsten für das jew Uh fordernde Kind geltenden Prozentsatzes um **1%**. 4 Ob 512/92 = EF 68.344; 3 Ob 531/92; 8 Ob 1686/92 = ÖA 1993, 144/F 68 uva; 1 Ob 16/00 k; 7 Ob 167/02 p = JBl 2003, 107 = ÖA 2003, 45/U 380; 7 Ob 174/02 t = JBl 2003, 111; 7 Ob 193/02 m = JBl 2003, 113; 6 Ob 38/04 p.

2. Jede weitere Sorgepflicht für ein Kind **über 10 Jahren** zu einer solchen um **2%**. 4 Ob 512/92 = EF 68.345; 3 Ob 531/92; 8 Ob 1686/92 = ÖA 1993, 144/F 68 uva; 1 Ob 16/00 k; 7 Ob 167/02 p = JBl 2003, 107 = ÖA 2003, 45/U 380; 7 Ob 174/02 t = JBl 2003, 111; 7 Ob 193/02 m = JBl 2003, 113; 6 Ob 195/02 y; 10 Ob 18/04 a; 6 Ob 38/04 p.

3. Wird ein Kind im Haushalt eines Elternteils betreut und ist der andere Elternteil außerstande, GeldUh zu leisten, so ist der wegen dieser Sorgepflicht **erforderliche Abzug** bei der Ausmittlung des GeldUh für andere Kinder **zu verdoppeln**. Dieser Abzug erfährt regelmäßig auch dann keine Kürzung, wenn einer der Kostenfaktoren der vom uhrechtlich doppelt belasteten Elternteil zu erfüllenden geldwerten Bedürfnisse des von ihm auch betreuten Kindes aus einem besonderen Grund von der UBGr zur Bestimmung des GeldUh anderer Kinder abgezogen wird. 1 Ob 117/02 s = EF 99.784.

4. Dass der Vater durch die Betreuung der erwachsenen, in Wien studierenden Tochter wesentlich mehr belastet wäre als ein nur zur Leistung von GeldUh verhaltener UhPfl, ist nicht erkennbar, sodass der vorgenommene Abzug von 2% nicht zu beanstanden ist. 1 Ob 217/99 i.

250 1. Eine **weitere Sorgepflicht** gegenüber der **Ehefrau** führt zu einer Reduzierung des ansonsten für das jew Uh fordernde Kind geltenden Prozentsatzes um **0 bis 3%,** uzw je nach Höhe deren Einkommens. 4 Ob 512/92; 3 Ob 531/92; 8 Ob 1686/92 = ÖA 1993, 144/F 68 uva; 1 Ob 16/00 k; 7 Ob 167/02 p = JBl 2003, 107 = ÖA 2003, 45/U 380; 7 Ob 174/02 t = JBl 2003, 111; 7 Ob 193/02 m = JBl 2003, 113; 2 Ob 86/02 i = ÖA 2003, 225/U 399 = ZfRV 2003, 148/49; 1 Ob 157/03 z = ÖA 2003, 218/U 395; 6 Ob 38/04 p.

2. Der konkret anzuwendende Prozentsatz hängt dabei nicht von der absoluten Höhe des Einkommens der Ehegattin ab, sondern vielmehr vom Verhältnis des Einkommens des Vaters zum Einkommen der Ehegattin. Dabei ist von der **40%-Regel des § 94 ABGB** auszugehen. 9 Ob 94/03 v.

Anmerkung: Vgl Rz 643, 687, 712.

3. Es besteht kein Anlass, den Bezug von **Kinderbetreuungsgeld** nicht in gleicher Weise als Einkommen der Ehegattin wie das Karenzgeld anzusehen bzw zu behandeln. 7 Ob 167/02 p = JBl 2003, 107 = ÖA 2003, 45/U 380.

4. Bezieht die Ehegattin des uhpfl Vaters Kinderbetreuungsgeld, ist daher 1% in Abzug zu bringen. 1 Ob 157/03 z = ÖA 2003, 218/U 395; 9 Ob 94/03 v.

5. **Abw:** Für die Ehegattin sind bei Bezug von Kinderbetreuungsgeld 2% in Abzug zu bringen. 7 Ob 167/02 p = JBl 2003, 107 = ÖA 2003, 45/U 380.

6. **Abw:** Dies gilt auch für das **Kinderbetreuungsgeld des Landes Kärnten.** 7 Ob 174/02 t = JBl 2003, 111.

7. **Anmerkung:** Diese E sind im Hinblick auf § 42 KBGG in seiner Fassung ab 1. 1. 2008 überholt. Kinderbetreuungsgeld und Zuschuss sind nunmehr weder Einkommen des Kindes noch des beziehenden Elternteils.

8. Es bestehen keine Bedenken gegen einen Abzug von 1% wegen einer weiteren Sorgepflicht für die **Karenzurlaubsgeld** (rund ATS 210 [= € 15,30] tgl) beziehende Ehefrau. 6 Ob 252/97 w = ÖA 1998, 123/U 220 = EF 83.622.

9. **Anmerkung:** Eine Rsp-Divergenz liegt hier nur scheinbar vor. Maßgeblich ist natürlich das Einkommen des UhPfl. Das Kinderbetreuungs- bzw das Karenzgeld sind dazu ins Verhältnis zu setzen, uzw nach der 40%-Regel (9 Ob 94/03 v; vgl Rz 643, 687, 712).

10. Bei einem Einkommen des UhPfl von mtl rund ATS 43.000 (= € 3.125) ist die Vornahme eines Abzugs von 1% für die bestehende UhPflicht des Vaters gegenüber der Mutter angemessen, kann doch die Zahlung von ATS 3.000 (= € 218) in Anbetracht des Einkommens des Vaters keinesfalls höher als mit etwa ⅓ der Vollalimentierung eingeschätzt werden. 1 Ob 217/99 i.

11. Bei einem geringfügigen Einkommen der Ehefrau ist ein Abzug von 1% angemessen (vgl *Gitschthaler*, Unterhaltsrecht[1] Rz 250). 7 Ob 26/02 b = ÖA 2003, 33/U 374.

12. Besteht eine Sorgepflicht für eine (geschiedene) Ehefrau, die ein geringes Einkommen aus Kapitalvermögen bezieht, dann erscheint ein Abzug von 2% gerechtfertigt. 10 Ob 2416/96 h = ÖA 1998, 26/F 145 = EF 83.626.

13. Ist die Ehefrau einkommenslos, kommt es zu einer Minderung um 3%. 1 Ob 588/93 = ÖA 1994, 99/U 94 = EF 71.358; 3 Ob 517/93 = EF 71.358 = ÖA 1994, 18/U 81; 5 Ob 1582/93 = EF 71.364 = ÖA 1994, 104/F 78 uva; 1 Ob 16/00 k.

14. Anmerkung: Zur – abzulehnenden – Möglichkeit der Differenzierung zw 2. und geschiedener Ehegattin vgl Rz 688.

251 **1.** Den Bekl trifft eine **überdurchschnittlich hohe Anzahl von Sorgepflichten,** dies va ab der Geburt des 4. Kindes und der damit verbundenen weiteren Sorgepflicht für die Gattin. Lediglich im Bereich der Einkommensverhältnisse des UhPfl ist von einem „Normalfall" auszugehen. Die Außergewöhnlichkeit des Falls liegt ferner in dem Umstand begründet, dass 2 uhber Kinder behindert sind. Der sich von Durchschnittsfällen abhebende Sachverhalt führt dazu, dass die erwähnten Prozentsätze bei der UhBemessung ihre Funktion als Orientierungshilfe weitgehend verlieren. Mit der Ausschöpfung der Prozentkomponente wird im Allgemeinen der Leistungsfähigkeit des UhPfl Rechnung getragen. Weitere Sorgepflichten werden mit einem entsprechenden Abzug berücksichtigt. Bei einer großen Anzahl von Sorgepflichten versagt jedoch diese Berechnungsmethode, weil die absolute Belastbarkeitsgrenze des UhPfl überschritten würde. 6 Ob 2127/96 d = EF 79.921 = tw EF 79.928.

4. Unterhaltsstopp

252 **1.** Hohes Einkommen des UhPfl darf nicht dazu führen, den UhBer über die **Angemessenheitsgrenze des § 140 ABGB hinaus** zu alimentieren. 4 Ob 532/90 = JBl 1991, 40 = ÖA 1991, 78 = EF 61.837, 61.840 = ÖA 1991, 43/U 13; 6 Ob 563/90 = SZ 63/88 = ÖA 1991, 101 = EF 61.838, 61.840 = ÖA 1991, 41/U 1 uva; 2 Ob 76/99 m = EF 89.344.

2. Bei einem überdurchschnittlichen Einkommen des UhPfl ist die **Prozentkomponente daher nicht voll auszuschöpfen.** Es sind den Kindern UhBeiträge zuzusprechen, die zur Deckung ihrer – an den Lebensverhältnissen des UhPfl orientierten – Lebensbedürfnisse erforderlich sind. 8 Ob 552/92 = EF 67.757 = ÖA 1992, 147/U 64; 5 Ob 516/92 = ÖA 1993, 19/U 70 = EF 67.757; 4 Ob 1592/92 = EF 67.757 = ÖA 1993, 103/F 60 uva; 6 Ob 114/99 d = EF 89.323; 7 Ob 193/02 m = JBl 2003, 113; 6 Ob 57/03 f = ÖA 2004, 23/U 409.

3. Eine – unzulässige – Überalimentierung läge etwa vor, wenn das Kind finanzielle Mittel zur Verfügung bekommen würde, die **aus pädagogischen Gründen nicht mehr vertretbar** wären. 5 Ob 526/94 = ÖA 1994, 186/U 103 = EF 73.881; 2 Ob 139/01 g = ÖA 2002, 32/U 344 = ZfRV 2002, 25/13; 1 Ob 233/01 y = JBl 2002, 304; 7 Ob 193/02 m = JBl 2003, 113; 6 Ob 57/03 f = ÖA 2004, 23/U 409.

4. Oder die UhLeistungen für das Kind **nicht mehr sinnvoll verwendet werden könnten.** 2 Ob 576/94 = EF 73.880 = ÖA 1995, 88/U 117.

5. Es ist nämlich durch den Zweck der UhLeistung nicht geboten und aus pädagogischen Gründen sogar abzulehnen, **Luxusbedürfnisse des Kindes zu befriedigen.** Die Prozentkomponente ist daher nicht voll auszuschöpfen, wenn es nach diesen Kriterien zu einer verschwenderischen, vom vernünftigen Bedarf eines Kindes völlig losgelösten **Überalimentierung** kommen würde. 5 Ob 526/94 = ÖA 1994, 186/U 103; 2 Ob 139/01 g = ÖA 2002, 32/U 344 = ZfRV 2002, 25/13; 1 Ob 233/01 y = JBl 2002, 304.

6. Wo die Grenzen einer den Bedürfnissen des Kindes und dem Leistungsvermögen des UhPfl angemessenen Alimentierung zu ziehen sind, lässt sich **nur im Einzelfall beurteilen.** 5 Ob 526/94 = ÖA 1994, 186/U 103; 2 Ob 139/01 g = ÖA 2002, 32/U 344 = ZfRV 2002, 25/13; 1 Ob 233/01 y = JBl 2002, 304; 2 Ob 37/02 h = ÖA 2003, 39/U 377; 2 Ob 5/03 d, ÖA 2003, 273/U 403; 5 Ob 67/03 v; 6 Ob 57/03 f = ÖA 2004, 23/U 409; 3 Ob 6/03 h; 2 Ob 89/03 g; 5 Ob 212/03 t.

7. Der UhStopp (Luxusgrenze) stellt also **keine absolute Obergrenze** dar. 7 Ob 193/02 m = JBl 2003, 113; 2 Ob 37/02 h = ÖA 2003, 39/U 377; 2 Ob 5/03 d = ÖA 2003, 273/U 403; 5 Ob 67/03 v; 6 Ob 57/03 f = ÖA 2004, 23/U 409.

8. Maßgebend ist hiebei die Verhinderung einer pädagogisch schädlichen Überalimentierung. Ab welcher Betragshöhe eine solche im vorliegenden Fall zu befürchten wäre, kann anhand der vorinstanzlichen Feststellungen aber nicht verlässlich beurteilt werden. Jede (deutliche) Abweichung vom Ergebnis der Prozentsatzmethode bedarf einer besonderen Rechtfertigung. Einer Begründung bedarf dann aber auch die Setzung des UhStopps im jew Einzelfall; die bloße Angabe eines bestimmten Vielfachen des Regelbedarfs als starre Rechengröße genügt hingegen nicht. **Die Umstände, aus denen sich im vorliegenden Fall in Anbetracht der gesamten Lebensverhältnisse des Kindes eine pädagogisch schädliche Überalimentierung ergeben könnte, werden daher zunächst mit den Beteiligten zu erörtern sein.** 2 Ob 5/03 d = ÖA 2003, 273/U 403; 5 Ob 67/03 v = EF 103.830; 6 Ob 57/03 f = ÖA 2004, 23/U 409; 9 Ob 137/03 t; 2 Ob 209/04 f; 2 Ob 264/04 v; 5 Ob 57/05 a; 5 Ob 160/05 y; 1 Ob 46/06 f; 9 Ob 47/06 m.

9. Insb wenn der **„überhöhte" UhBeitrag eine vertragliche Grundlage** hat, ist dem Grundsatz zu folgen, dass es keine absolute Obergrenze gibt; der Vereinbarung eines den gesetzlichen Uh übersteigenden UhBeitrags stehen keine zwingenden Gesetzesbestimmungen entgegen, es besteht vielmehr Dispositionsfreiheit der Parteien. Genauso wie sich ein UhPfl zu einem seine Leistungsfähigkeit nach der Prozentkomponente übersteigenden UhBeitrag verpflichten kann, ist daher auch eine Verpflichtung des UhPfl zu einem das 2,5-fache des Regelbedarfs übersteigenden UhBeitrag zulässig. Die **Dispositionsfreiheit** ist nur dort eingeschränkt, wo die Vereinbarung zu Lasten des Kindes ginge, diesem also vergleichsweise weniger Uh zukommen soll, als bei einer gerichtlichen Festsetzung nach den aus dem Gesetz abgeleiteten UhKriterien. 6 Ob 57/03 f = ÖA 2004, 23/U 409.

Anmerkung: Zur Frage der gerichtlichen Genehmigungsfähigkeit derart hoher UhVereinbarungen vgl Rz 308.

10. Grundsätzlich stellt die Frage, ob ein „UhStopp" im **Einzelfall** beim 2,5-fachen des Regelbedarfs liegt, **keine erhebliche Rechtsfrage dar.** 5 Ob 64/03 b; 6 Ob 195/04 a; 1 Ob 46/06 f; 9 Ob 47/06 m.

253 **1.** Bei **Ermittlung der Luxusgrenze** wäre etwa der Umstand zu berücksichtigen, dass die Eltern schon im seinerzeitigen Scheidungsvergleich bezüglich des vom Vater zu leistenden UhBeitrags vom 2,5-fachen des Regelbedarfs ausgegangen sind; die vergleichsweise Regelung der Eltern wurde auch pflegschaftsgerichtlich genehmigt. Offenbar sahen weder die Eltern noch das Pflegschaftsgericht bei dieser Grenze die Gefahr einer Überalimentierung der Mj. Auch im gegenständlichen UhErhöhungsantrag ging die Mj von dieser Grundlage aus; die von ihr gewünschte, darüber hinausgehende Erhöhung leitete sie aus diversem Sonderbedarf ab. Vorbehaltlich des Sonderbedarfs ist eine vom OGH wahrzunehmende Fehlbeurteilung des RekursG bezüglich des beim 2,5-fachen Regelbedarf angenommen UhStopp somit nicht erkennbar. 9 Ob 47/06 m.

2. Als Regel für den Durchschnittsfall kann gelten, dass wegen des pädagogisch wichtigen Leistungsanreizes **vermieden** werden soll, die UhLeistung an das **die Selbsterhaltungsfähigkeit herstellende Einkommen** eines voll Erwerbstätigen heranzuführen. 5 Ob 526/94 = ÖA 1994, 186/U 103.

3. **Abw:** Ein **Vergleich mit Anfangsgehältern** in einem für den UhBer in Frage kommenden Beruf weicht allerdings von dem Grundsatz ab, dass sich der UhAnspr eines Kindes, das noch nicht selbsterhaltungsfähig ist, an den Lebensverhältnissen des uhpfl Elternteils zu orientieren hat. Davon ist auch nicht deshalb abzuweichen, weil das Kind, wenn es selbsterhaltungsfähig geworden ist, allenfalls (zumindest zunächst) weniger verdient, als der UhPfl ihm zu zahlen imstande war. 4 Ob 540/94.

4. Ein mtl Durchschnittsnettoeinkommen des UhPfl von rund ATS 30.000 (= € 2.180) liegt allerdings nicht so wesentlich über den Durchschnittseinkommensbeträgen, dass eine erhebliche Unterschreitung der Prozentsätze gerechtfertigt erschiene. 3 Ob 351/97 g = EF 83.151 = ÖA 1998, 201/U 226.

5. **Anmerkung:** Es erscheint fraglich, ob nicht Mitte der Neunzigerjahre mtl ATS 30.000 (= € 2.180) doch deutlich über dem Durchschnittseinkommen eines österreichischen Arbeitnehmers gelegen sind, ganz abgesehen davon, dass es ja nicht primär auf das Einkommen des UhPfl, sondern auf das rechnerische Ergebnis der Prozentwertmethode ankommen muss, um beurteilen zu können, ob eine Überalimentierung vorliegt oder nicht (dies wiederum wäre abhängig etwa von der Anzahl der Sorgepflichten insgesamt).

254 1. Eine **im Bereich des 2- bis 2,5-fachen des Regelbedarfs liegende Obergrenze** kann als UhStopp gesetzt werden, wobei die konkrete Ausmittlung von den Umständen des Einzelfalls abhängt. 7 Ob 224/98 m = ÖA 1999, 54/F 191 = EF 85.998; 2 Ob 76/99 m = EF 89.344; 1 Ob 233/01 y = JBl 2002, 304; 1 Ob 79/02 b = ÖA 2003, 23/U 368; 2 Ob 37/02 h = ÖA 2003, 39/U 377; 7 Ob 193/02 m = JBl 2003, 113; 7 Ob 54/03 x = EF 103.832; 5 Ob 64/03 b = EF 103.832.

2. Dieser **UhStopp beim 2,5-fachen des Regelbedarfs** ist aber keine Leistungsgrenze, sondern soll lediglich eine Überalimentierung verhindern. Es handelt sich also um eine aus der Sicht des UhBer zu sehende Begrenzung, weshalb bei Geldleistungen beider Elternteile sämtliche Zahlungen einzubeziehen sind. 7 Ob 652/90 = RZ 1991/26 = EF 61.842; 3 Ob 1501/91; 6 Ob 628/91 = ÖA 1992, 122/F 35 uva; 3 Ob 270/98 x = EF 89.346 = JBl 1999, 613 = ÖA 1999, 186/U 283.

3. **Abw:** Betragliche oder in einem Vielfachen des sog Regelbedarfs ausgedrückte Obergrenzen für die Festsetzung eines KindesUh sind mit den im § 140 ABGB normierten Bemessungskriterien nicht vereinbar; diese gestatten daher auch keinen allgemeinen UhStopp beim 2,5-fachen oder einem sonstigen Vielfachen der sog Regelbedarfssätze. 6 Ob 533/91 = RZ 1991/86 = EF 64.994; 4 Ob 564/91 = EF 64.994 = ÖA 1992, 88; 1 Ob 622/93; 1 Ob 512/94 = EF 73.879 = ÖA 1994, 183/U 89; 4 Ob 540/94; 4 Ob 1511/94 = EF 73.879 uva; 2 Ob 193/00 x.

4. **Abw:** Das gilt umso mehr, wenn ein **berechtigter Sonder- oder Individualbedarf** vorliegt. 1 Ob 177/98 f = EF 86.001.

5. **Anmerkung:** Trotz dieser abw E scheint es doch im Grundsätzlichen nunmehr stRsp zu sein, einen UhStopp beim 2,5-fachen des Durchschnittsbedarfs (bei

Kindern unter 10 Jahren beim 2-fachen) anzunehmen; richtig ist aber wohl, dass bei Sonder- oder Individualbedarf derartige Grenzen keine Rolle spielen können.

255 1. Zu 6 Ob 533/91 wurde zwar ausgeführt, dass die Überschreitung dieser Grenze einer besonderen Begründung bedürfe; dem ist aber nicht zu entnehmen, dass eine **Unterschreitung der Luxusgrenze** immer unzulässig wäre. 4 Ob 1592/92 = EF 67.761 = ÖA 1993, 103/F 60; 9 Ob 399/97 k.

2. Sie muss **bei jüngeren Kindern nicht in allen Fällen ausgeschöpft werden.** Ob sie ausgeschöpft werden muss, ist keine erhebliche Rechtsfrage iSd § 14 Abs 1 *(nunmehr § 62 Abs 1)* AußStrG. 3 Ob 1509/90 = ÖA 1990, 109 = EF 64.661; 4 Ob 1512/90 = ÖA 1990, 109 = EF 64.660; 6 Ob 606/90 = EF 64.660 = ÖA 1992, 120/F 14 uva; 1 Ob 622/93 = EF 70.700.

3. Bei UhBeiträgen, die nur das 1,8-fache bzw das 2-fache der in Betracht kommenden Regelbedarfssätze erreichen, uzw bei Kindern im Alter von rund 15,5 und nahezu 13 Jahren, wird die in § 140 ABGB vorgesehene Angemessenheitsgrenze keineswegs überschritten. 1 Ob 512/94 = ÖA 1994, 183/U 89.

4. Eine UhFestsetzung, die beim älteren Kind (geb 1990) hinter dem 2-fachen Regelbedarf zurückbleibt (ATS 5.558 [= € 403] mtl) und beim jüngeren Kind (geb 1993) mit dem 2-fachen Regelbedarf begrenzt ist (ATS 4.940 [= € 359] mtl), überschreitet nicht den gesetzlichen Ermessensspielraum. 1 Ob 8/98 b = EF 85.961.

256 1. Die Angemessenheit eines in dieser Hinsicht von in großer Zahl (aber doch immer nach den konkreten jew Verhältnissen) getroffenen UhFestsetzungen abweichenden UhBeitrags bedarf besonderer Behauptung, Erörterung, Erhebung und Begründung. 6 Ob 533/91 = RZ 1991/86 = EF 64.994.

2. Soll also weniger oder mehr zugesprochen werden, als sich nach der Prozentsatzmethode ergibt, bedarf es einer **besonderen Rechtfertigung der Abweichung.** 5 Ob 526/94 = ÖA 1994, 186/U 103; 1 Ob 46/06 f; 9 Ob 47/06 m.

3. Aber auch die **Überschreitung** der Obergrenze in der Höhe des 2,5-fachen des Regelbedarfs **bedarf einer besonderen Begründung.** 6 Ob 533/91 = RZ 1991/86.

4. Liegt die Grenze für die Ausschöpfung der Leistungsfähigkeit des UhPfl deutlich unter dem Doppelten des Regelbedarfs, bedarf es einer besonderen und alle Lebensumstände des Kindes und seiner Eltern berücksichtigenden Begründung der UhBemessung, um den vordergründigen Verdacht einer mit der Rechtssicherheit nicht mehr zu vereinbarenden Unausgewogenheit des Ergebnisses zu entkräften. 5 Ob 526/94 = ÖA 1994, 186/U 103; 2 Ob 2029/96 p = EF 79.943 = ÖA 1996, 193/U 166; 2 Ob 2261/96 f = ÖA 1997, 127/U 179.

5. Es ist dann konkret anzugeben, welche pädagogisch bedenkliche Entwicklung die Kinder nehmen könnten, wenn sie von ihrem Vater unter (verstärkter) Ausschöpfung der Prozentsatzkomponente alimentiert würden. 2 Ob 2261/96 f = ÖA 1997, 127/U 179 = EF 80.907.

6. Umgekehrt ist der Hinweis darauf, dass die Mutter lediglich Karenzgeld beziehe, für sich allein keine ausreichende Begründung für eine deutliche Unterschreitung des doppelten Regelbedarfs bei gegebener Leistungsfähigkeit des UhPfl. 2 Ob 2029/96 p = ÖA 1996, 193/U 166.

257 1. **Anmerkung:** Der OGH hat bereits in zahlreichen E (etwa 1 Ob 501/93; 1 Ob 2233/96 f; 2 Ob 2132/96 k) die Meinung vertreten, uhber Kinder dürften durch die Trennung oder Scheidung der Eltern nicht schlechter, aber auch nicht besser gestellt werden als bei Fortdauer der Ehe (vgl dazu auch Rz 61). Diesem Grundsatz ist auch durchaus beizupflichten. Bei näherer Betrachtung scheint er allerdings bei Annahme eines UhStopps beim 2,5-fachen (oder irgendeines anderen Vielfachen) des mtl Durchschnittsbedarfssatzes nicht unbedingt zwingend eingehalten, weil durch diese – als völlig willkürlich zu bezeichnenden – Obergrenzen nicht nur der gutverdienende gegenüber dem schlechterverdienenden GeldUhPfl überdurchschnittlich entlastet, sondern das vom UhPfl getrennt lebende Kind gegenüber einem in Haushaltsgemeinschaft lebenden Kind erheblich benachteiligt wird, ist doch davon auszugehen, dass in letzterem Fall das Kind an den gehobenen Einkommensverhältnissen des GeldUhPfl entsprechend Anteil nimmt und sich nicht mit einem Höchstbetrag bescheiden muss.

Die Annahme eines UhStopps hat nun durchaus seine Berechtigung, wenn man davon ausgeht, dass nach Auffassung des OGH der obsorgeberechtigte Elternteil nicht zur Vermögensbildung bei sehr hohen UhBeiträgen gezwungen werden kann (nach 8 Ob 1661/93 soll es dem ausdrücklichen Normzweck des § 140 Abs 1 ABGB widersprechen, die Kinder angemessen an den Lebensverhältnissen der Eltern teilnehmen zu lassen, wenn der den Regelbedarf übersteigende UhTeil dem Alimentationszweck dadurch entzogen wird, dass der Betrag auf ein Sparbuch gelegt wird). Hat dem Kind aber jedes Monat der gesamte UhBeitrag tatsächlich zur Verfügung zu stehen, dann muss auf eine allfällige Überalimentierung aus pädagogischen Gründen Bedacht genommen werden, wobei es mE in der Praxis aber wohl weniger auf das Problem der Überalimentierung des UhBer, als vielmehr auf die Gefahr ankommt, dass die UhBeiträge nicht dem UhBer, sondern anderen Personen, etwa dem obsorgeberechtigten Elternteil oder anderen (Halb-, Stief-)geschwistern oder Lebensgefährten bzw weiteren Ehegatten des obsorgeberechtigten Elternteils zugute kommen. Dies lässt sich durch das Einziehen einer Obergrenze eindämmen.

Soweit die Obergrenze damit begründet wird, dass das uhber Kind die diese Obergrenze übersteigenden UhBeiträge für seinen Uh in pädagogisch sinnvollem Ausmaß nicht mehr verbrauchen könnte, lässt dies völlig außer Acht, dass in der sog intakten Familie bei gehobenen Einkommensverhältnissen üblicherweise für das Kind auch Ersparnisse angelegt werden, wozu nach der Trennung das Kind aber nicht mehr in der Lage ist, wenn seine UhAnspr der Höhe nach begrenzt werden. Dieser Überlegung kommt nunmehr insoferne mehr Bedeutung zu, als der OGH ausgeführt hat (4 Ob 164/98 s; vgl auch Rz 308), dass in einem Fall, in dem sich in einem Scheidungsvergleich der GeldUhPfl zu sehr hohen UhLeistungen verpflichtet habe, diesem Vergleich die pflegschaftsbehördliche Genehmigung nicht lediglich unter Hinweis auf die bereits mehrfach erwähnte Obergrenze verweigert werden dürfe, weil einerseits davon ausgegangen werden müsse, dass mit den regelmäßigen Leistungen dem UhBer nicht nur die Kosten der laufenden Lebenshaltung abgedeckt, sondern ihm darüber hinaus auch ermöglicht werden sollte, mit den nicht verbrauchten Beträgen Ersparnisse zu bilden (ebenso jüngst 3 Ob 22/07 t), und andererseits die versprochene Leistung nicht reinen UhCharakter, sondern auch Elemente einer Schenkung enthalten würde. Damit wurde aber durchaus gesagt, dass auch die Vermögensbildung eine Komponente des UhBed sein kann. Was allfällige pädagogische Bedenken gegen derart hohe UhLeistungen betrifft, so hat der OGH darauf hingewiesen, dass nicht die Geldzuwendung an sich, sondern erst die schädliche Verwendung der zugeflossenen Mittel allenfalls das Kindeswohl gefährden könne. Darauf habe aber der betreuende Elternteil Bedacht zu nehmen.

ME ist dieser E vollinhaltlich beizupflichten; fraglich ist aber, ob der OGH damit nicht der gesamten Rsp zum UhStopp die Begründung entzogen hat. Um allerdings nicht missverstanden zu werden: Es ist wohl die Auffassung richtig, dass zu hohe UhLeistungen zu pädagogisch nicht erwünschten Ergebnissen führen können, wenn man davon ausgeht, dass die mtl UhLeistungen jeden Monat auch tatsächlich aufgebraucht werden müssen. Der Ansatz ist vielmehr ein umgekehrter: Was vom GeldUhPfl über einen bestimmten (an den Durchschnittsbedarfssätzen zu orientierenden) Betrag hinaus geleistet wird, hat der betreuende Elternteil für das Kind anzusparen und dies dem Gericht nachzuweisen (vgl 8 Ob 155/72, wo im Rahmen eines vom Vater für das Kind vertraglich zugesicherten Übermaßes an Uh die Mutter zur rechnungspflichtigen Anlegung des Überschusses verhalten wurde; in 3 Ob 22/07 t hat der OGH ausdrücklich auf eine „allfällig nötige Verwendungskontrolle" verwiesen!), um dem UhBer etwa für Notzeiten (Anfall eines Sonderbedarfs, Krankheit udgl) einen „Notgroschen" oder für später ein Startkapital zu schaffen.

C. Durchschnitts-, Regel-, Allgemeinbedarf

1. Allgemeines

1. **Anmerkung:** Zu den Bedenken hinsichtlich der Richtigkeit, Anwendbarkeit **258** und Sinnhaftigkeit des Durchschnitts- bzw Regelbedarfs s etwa *Weitzenböck*, ÖA 2004, 293, *Buchegger/Wüger*, ÖA 2004, 284, und *Pöhlmann*, ÖA 2005, 296.

2. Es bestehen keine Bedenken dagegen, dass das Gericht bei der Beurteilung der einzelnen für die UhBemessung erforderlichen Faktoren von durchschnittlichen Erfahrungssätzen bzgl der Allgemeinheit, bestimmter Berufsgruppen, bestimmter Ortsgebiete udgl ausgeht; werden jedoch von einer der Parteien konkrete Umstände behauptet und bewiesen, aus denen sich ergibt, dass im konkreten Fall die Verhältnisse dem Normalfall nicht entsprechen, so muss dies bei der UhBemessung berücksichtigt werden. 5 Ob 567/90 = EvBl 1990/134 = ÖA 1991, 16 = JBl 1991, 41 = ÖA 1991, 41/U 3.

3. Bei der Ermittlung der Bedürfnisse des Kindes kann daher zunächst – als **Hilfsmittel** für die Lösung der Tatfrage – von dem festgestellten, nach der Verbrauchsausgabenstatistik ermittelten **Regelbedarf** ausgegangen werden. 4 Ob 532/90 = JBl 1991, 40 = ÖA 1991, 78 = ÖA 1991, 43/U 13; 6 Ob 563/90 = SZ 63/88 = ÖA 1991, 101 = EF 61.835 = ÖA 1991, 41/U 1; 1 Ob 1576/90 = 1 Ob 659/90 = RZ 1991/50 = ÖA 1991, 41/U 1 = EF 61.835; 8 Ob 615/90 = EF 61.835 = ÖA 1991, 102.

4. Für den gem § 140 ABGB von den Eltern nach ihren Kräften zur Deckung der UhBed ihrer Kinder insoweit zu leistenden Beitrag, als die Bedürfnisse den Lebensverhältnissen der Eltern angemessen sind, können jedoch die Gewohnheiten anderer Eltern auch in einem mehr oder weniger repräsentativ erhobenen statistischen Durchschnitt nicht als gesetzlich anerkannte Bestimmungsgröße erkannt werden. Der sog **Regelbedarf** kann daher für eine auf die konkreten Lebensverhältnisse der Eltern einerseits und die konkreten Bedürfnisse ihres Kindes andererseits abzustellende UhBemessung nicht mehr als eine dem Tatsachenbereich angehörende **Orientierungshilfe und Kontrollgröße** darstellen. Die **praktische Bedeutung** der sog Regelbedarfssätze kann lediglich darin liegen, dass ein Begehren desto genauer

zu **erörtern** sowie in seinen tatsächlichen Voraussetzungen zu **prüfen** und dass die getroffene UhFestsetzung desto eingehender zu **begründen** ist, je weiter sich der Uh-Bed von diesen statistisch ermittelten Werten entfernt. 6 Ob 533/91 = RZ 1991/86; 8 Ob 564/93 = EF 70.693 = ÖA 1995, 62/F 87 = ÖA 1994, 191/F 84.

5. Während der Regelbedarf auf die Bedürfnisse des Kindes abstellt, stellt die Anwendung der Prozentmethode die vom Gesetzgeber angestrebte Gleichbehandlung gleichgelagerter Fälle her und berücksichtigt die Lebensverhältnisse des UhPfl. 6 Ob 16/97i = ÖA 1998, 23/U 202 = EF 83.133.

259   1. **Anmerkung:** Bei der Bestimmung der Begriffe, die für regelmäßig zu leistende UhBeiträge bzw für einzelne Bedarfskomponenten mit oder ohne Berücksichtigung der Lebensverhältnisse des einzelnen Kindes zu verwenden sind, herrscht bisweilen Unsicherheit, auch wenn in der Sache selbst hinreichend klar ist, was jew gemeint sein soll.

Nach der Definition des OGH handelt es sich beim Regelbedarf ganz allgemein um jenen Bedarf, den jedes Kind einer bestimmten Altersstufe in Österreich ohne Rücksicht auf die konkreten Lebensverhältnisse seiner Eltern an Nahrung, Kleidung, Wohnung und zur Bestreitung der weiteren Bedürfnisse hat. Für diesen Bedarf ist auch der Begriff Durchschnittsbedarf allgemein üblich. Dabei kommt es nicht auf die Leistungsfähigkeit der Eltern an, der Regel- bzw Durchschnittsbedarf wird auch nicht nach der Prozentwertmethode errechnet.

Jene Leistungen, die der UhPfl regelmäßig erbringt und die sich aus den Lebensverhältnissen des Kindes und der Eltern errechnen (üblicherweise mittels Prozentwertmethode), sind als RegelUhLeistungen zu bezeichnen. *Schwimann* (Unterhaltsrecht[2], 33 f) und *Schwimann/Kolmasch* (Unterhaltsrecht[3], 15 f) verwenden idZ den Begriff „Allgemeinbedarf" als Überbegriff für Regel- bzw Durchschnittsbedarf und die RegelUhLeistungen, übersehen dabei mE aber, dass sich die RegelUhLeistungen eben gerade nicht als „Bedarf" darstellen, sondern bereits als jene Leistungen, die insb unter Berücksichtigung der Leistungsfähigkeit der Eltern errechnet werden. Es erscheint nicht zwingend, jenen Betrag, der sich aus der Leistungsfähigkeit der Eltern ergibt, als „Bedarf" des Kindes anzusehen. Soweit vereinzelt der OGH (vgl etwa 3 Ob 270/98 x) den Begriff Allgemeinbedarf verwendet, versteht er darunter den Regel- bzw Durchschnittsbedarf.

Das Gegenstück zum Regel- oder Durchschnittsbedarf ist der Sonder- oder Individualbedarf (vgl Rz 271 ff), das ist der – den Regel- bzw Durchschnittsbedarf übersteigende – Bedarf, der dem UhBer infolge Berücksichtigung der bei der Ermittlung des Regel- bzw Durchschnittsbedarfs bewusst außer Acht gelassenen Umstände erwächst. Dabei kann es sich um einmalige oder aber auch um laufende Bedürfnisse (etwa bei chronischen Erkrankungen) handeln. Leistungen aus dem Titel des Sonder- oder Individualbedarfs können als Sonderbedarfsleistungen bezeichnet werden.

2. Unter **Regelbedarf** versteht man ganz allgemein jenen Bedarf, den **jedes Kind einer bestimmten Altersstufe in Österreich** ohne Rücksicht auf die konkreten Lebensverhältnisse seiner Eltern an Nahrung, Kleidung, Wohnung und zur Bestreitung der weiteren Bedürfnisse, wie etwa kulturelle und sportliche Betätigung, sonstige Freizeitgestaltung und Urlaub hat. 1 Ob 585/90 = SZ 63/81 = ÖA 1991, 100 = EF 61.831 = ÖA 1991, 41/U 2; 4 Ob 564/91 = ÖA 1992, 88; 8 Ob 638/91 = ÖA 1992, 113/U 51; verstSenat 1 Ob 560/92 = SZ 65/114 = EvBl 1993/12 = JBl 1993, 238 = ÖA

1992, 147/UV 43 uva; 2 Ob 72/99 y = ÖA 1999, 189/U 285 = EF 89.349; 9 Ob 47/ 06 m.

3. Regelbedarf ist ein Synonym für Allgemeinbedarf und ist **nicht von der Prozentberechnung geprägt** (aA *Schwimann,* Unterhaltsrecht², 33). 3 Ob 270/98 x = JBl 1999, 613 = EF 89.350 = ÖA 1999, 186/U 283.

1. Für diesen Regelbedarf liefert die **Verbrauchsausgabenstatistik** (durch- **260** schnittliche Verbrauchsausgaben für ein unversorgtes Kind in Arbeitnehmerhaushalten [Statistische Nachrichten 1970, 360]) eine Grundlage, die allerdings durch Valorisierung nach dem Verbraucherpreisindex den gegenwärtigen Verhältnissen angepasst werden muss. 6 Ob 563/90 = SZ 63/88 = ÖA 1991, 101 = EF 61.835 = ÖA 1991, 41/U 1; 2 Ob 512/95 = ÖA 1995, 153/U 129 = EF 76.759.

2. Die vom BMJ bekanntgegebenen, vom Österreichischen Statistischen Zentralamt errechneten Haushaltsausgaben für Kinder beruhen zwar nicht auf dem jew Einkommen des UhPfl, sondern auf den jew tatsächlichen Gesamthaushaltsausgaben; sie zeigen aber doch, dass der auf Kinder entfallende Anteil an den Haushaltsausgaben mit der Höhe des zur Verfügung stehenden Einkommens regelmäßig entsprechend ansteigt. 4 Ob 564/91 = ÖA 1992, 88.

3. Grundlage der Regelbedarfssätze ist die **Kinderkostenanalyse des Statistischen Zentralamts** nach der Konsumerhebung 1964, aufgewertet entsprechend dem Lebenshaltungskostenindex, wobei die Regelbedarfssätze bestimmte Altersgruppen umfassen. 4 Ob 333/97 t = EF 83.131; 6 Ob 154/99 m = JBl 2000, 670 = ÖA 2000, 163/U 313.

4. Die inflationsbedingte Erhöhung der Bedürfnisse des Kindes wird durch die Anpassung der Regelbedarfssätze berücksichtigt. 6 Ob 154/99 m = JBl 2000, 670 = ÖA 2000, 163/U 313.

1. Der **Zuspruch bloß des Regelbedarfs** ohne Berücksichtigung der Lebens- **261** verhältnisse der Eltern widerspricht dem Gesetz. 4 Ob 532/90 = JBl 1991, 40 = ÖA 1991, 78 = EF 61.837 = ÖA 1991, 43/U 13; 1 Ob 1576/90 = 1 Ob 659/90 = RZ 1991/ 50 = ÖA 1991, 41/U 1; 8 Ob 615/90 = ÖA 1991, 102 = EF 61.838 uva; 2 Ob 193/00 x; 9 Ob 34/01 t = EF 96.051; 6 Ob 21/02 k = EF 99.812; 1 Ob 167/04 x.

2. Dies jedenfalls dann, wenn ein solcher Betrag nicht auch den Lebensverhältnissen der Eltern gerecht würde. 8 Ob 615/90 = ÖA 1991, 102 = EF 61.838; 1 Ob 659/90 = 1 Ob 1576/90 = RZ 1991, 50 = ÖA 1991, 41/U 1; 7 Ob 652/90 = RZ 1991/ 26 = EF 61.838; 2 Ob 139/01 g = ÖA 2002, 32/U 344 = ZfRV 2002, 25/13.

3. Stellt man nämlich nur auf den Regelbedarf und damit in erster Linie auf die Bedürfnisse des UhBer ab, kann es bei geringerem Einkommen dazu kommen, dass dem UhPfl nur verhältnismäßig wenig mehr als dem UhBer verbleibt, obwohl seine Bedürfnisse im Allgemeinen höher sind. 3 Ob 531/92 = tw EF 67.737; 8 Ob 605/93 = ÖA 1995, 160/U 138; 10 Ob 2104/96 a; 1 Ob 2233/96 f.

4. Der Regelbedarf ist vielmehr als **Mindestbedarf** anzusehen. 8 Ob 615/90 = ÖA 1991, 102.

5. Auch wenn die Altersgruppen nach dem Durchschnittsbedarf einen Sprung erst bei 19 Jahren vorsehen, seit dem KindRÄG 2001 die Volljährigkeit aber schon mit 18 Jahren erreicht wird, ist davon auszugehen, dass allein das Erreichen der Volljährigkeit einen erhöhten UhBed nicht indiziert. 7 Ob 212/02 f = ÖA 2004, 21/ U 408.

2. Sätze

262 1. **Anmerkung:** Die Durchschnitts-, Regel-, Allgemeinbedarfssätze betrugen in den folgenden Jahren mtl jew in *Schilling*/Euro, uzw jew vom 1. 7. bis 30. 6. des Folgejahrs:

Jahr	bis 3 Jahre	bis 6 Jahre	bis 10 Jahre	bis 15 Jahre	bis 19 Jahre	ab 19 Jahren
1993/1994	*1.800* /130	*2.300*/165	*2.940*/215	*3.370*/245	*4.000*/290	*5.025*/365
1994/1995	*1.860* /135	*2.370*/170	*3.020*/220	*3.470*/250	*4.110*/300	*5.170*/375
1995/1996	*1.900* /140	*2.430*/175	*3.100*/225	*3.560*/260	*4.210*/305	*5.300*/385
1996/1997	*1.930* /140	*2.470*/180	*3.150*/230	*3.620*/265	*4.280*/310	*5.380*/390
1997/1998	*1.970* /145	*2.520*/185	*3.220*/235	*3.700*/270	*4.370*/320	*5.500*/400
1998/1999	*1.990* /145	*2.540*/185	*3.250*/235	*3.740*/270	*4.410*/320	*5.550*/405
1999/2000	*2.000* /145	*2.550*/185	*3.270*/237	*3.760*/273	*4.430*/321	*5.580*/405
2000/2001	*2.030* /147	*2.590* /188	*3.330*/242	*3.830*/278	*4.510*/327	*5.680*/412
2001/2002	152	194	250	288	338	426
2002/2003	155	198	255	293	344	434
2003/2004	157	200	258	296	348	438
2004/2005	160	204	264	302	355	447
2005/2006	164	209	270	309	362	457
2006/2007	167	213	275	315	370	465
2007/2008	171	217	281	322	378	475

D. Belastbarkeitsgrenzen allgemein

Übersicht:

	Rz
1. Allgemeines	263–265a
2. Vor der EO-Novelle 1991	266
3. Seit der EO-Novelle 1991	
a) Allgemeines	267
b) Unterhaltsexistenzminimum (§ 291b EO)	268
c) Absolute Belastbarkeitsgrenze (§ 292b EO)	269–270a

1. Allgemeines

263 1. Die in § 140 Abs 1 ABGB enthaltene Wendung „nach ihren Kräften" bedeutet, dass der UhPfl im Interesse seiner Kinder alle persönlichen Fähigkeiten so gut wie möglich einzusetzen hat. Dazu gehört eine Lebenshaltung, derzufolge sich der uhpfl Elternteil im Falle der Notwendigkeit hiezu **auch strengsten finanziellen Einschränkungen unterzieht.** 8 Ob 651/90 = EF 64.966; 1 Ob 603/92 = RZ 1994/ 18 = ÖA 1993, 105; 7 Ob 526/93 = ÖA 1994, 20/U 85 uva; 8 Ob 142/98k = ÖA 1999, 55/F 193 = EF 85.949.

2. Ein pflichtbewusster Vater würde nämlich seine Kinder im Normalfall ebenso **an seinen – wenngleich kärglichen – Einkommensverhältnissen teilhaben** lassen. 1 Ob 590/95; 1 Ob 550/94 = JBl 1995, 62 = ÖA 1995, 58/U 108; 2 Ob 569/94 = ÖA 1995, 67 = EvBl 1995/129 = ÖA 1995, 118/U 123; 2 Ob 576/94 = ÖA 1995, 88/ U 117; 3 Ob 250/97 d = ÖA 1998, 168/U 224; 1 Ob 115/98 p = ÖA 1999, 32/U 258 = EF 85.938; 2 Ob 258/98 z = ÖA 1999, 34/U 260 = EF 85.938; 6 Ob 97/00 h = ÖA 2000, 215/U 322; 6 Ob 211/00 y; 6 Ob 233/00 h = ZfRV 2002, 23/6 = EF 96.061.

3. Etwa an Sozialhilfebezügen, uzw auch dann, wenn er aufgrund seines schlechten Gesundheitszustandes am Arbeitsmarkt nicht mehr vermittelt werden kann. 6 Ob 251/97 y = ÖA 1998, 122/U 219 = EF 83.110.

1. UhPflichten gehen grundsätzlich allen anderen Verbindlichkeiten vor. **264**
3 Ob 19/97 h = ÖA 1999, 15/U 245 = EF 85.946.

2. Eltern steht die Einrede, dass bei gegebener UhBemessung der eigene angemessene Uh gefährdet wäre (beneficium competentiae), nicht zu, doch **darf ihre wirtschaftliche Existenz nicht gefährdet** werden. 6 Ob 563/90 = SZ 63/88 = ÖA 1991, 101 = EF 61.835 = ÖA 1991, 41/U 1; 1 Ob 659/90 = 1 Ob 1576/90 = RZ 1991/50 = ÖA 1991, 41/U 1 = EF 61.835 uva; 1 Ob 2233/96 f = EF 80.109.

3. Niemand ist nämlich verpflichtet, Uh zu leisten, wenn er selbst nicht über die Mittel verfügt, den **eigenen dürftigen Uh** zu **decken,** und auch außerstande ist, sich diese Mittel zu verschaffen. 3 Ob 535/92 = SZ 65/54 = ÖA 1993, 17/U 65; 8 Ob 522/93 = ÖA 1993, 147 = EF 70.814; 3 Ob 250/97 d = ÖA 1998, 168/U 224.

4. Ein UhPfl darf auch deshalb nicht über Gebühr in Anspruch genommen werden, weil er sonst in seiner wirtschaftlichen Existenz gefährdet wäre und dann **an der Erzielung weiteren Einkommens kein Interesse mehr** haben könnte. 1 Ob 659/90 = 1 Ob 1576/90 = RZ 1991/50 = ÖA 1991, 41/U 1; 4 Ob 512/92; 8 Ob 605/93 = tw EF 70.684 = ÖA 1995, 160/U 138; 2 Ob 258/98 z = ÖA 1999, 34/U 260 = EF 85.991; 2 Ob 122/99 a = EF 89.369.

1. Bei besonders atypischen Verhältnissen, wie zahlreichen Sorgepflichten, **265** sind die **Prozentsätze nicht immer voll ausschöpfbar.** Es ist eine den tatsächlichen Verhältnissen angepasste **individuelle Berücksichtigung der Bemessungskriterien** vorzunehmen. 7 Ob 576/93 = ÖA 1994, 69/U 93 = EF 70.686; 8 Ob 605/93 = tw EF 70.684 = ÖA 1995, 160/U 138; 7 Ob 503/95 = JBl 1996, 781 = EF 76.773; 9 Ob 507/95 = SZ 68/38 = EF 76.773 = JBl 1995, 784 *(Gitschthaler)* = ÖA 1995, 154/U 131.

2. Dies gilt insb bei **besonders niedrigem Einkommen.** 7 Ob 503/95 = JBl 1996, 781 = EF 76.792; 9 Ob 507/95 = SZ 68/38 = EF 76.792 = JBl 1995, 784 *(Gitschthaler)* = ÖA 1995, 154/U 131.

3. Ein UhPfl, dessen Einkommen so niedrig ist, dass ein Zuspruch des Regelbedarfs nicht möglich oder zumindest für ihn existenzbedrohend belastend wäre, darf nicht über Gebühr in Anspruch genommen werden. Ein UhZuspruch jew in der Höhe des Regelbedarfs kann auch aus dem Gesetz nicht abgeleitet werden. 10 Ob 2104/96 a; 4 Ob 2285/96 z = ÖA 1997, 132 = JBl 1997, 384.

1. Wenn nicht gesichert, dass dem UhPfl nach Erfüllung seiner Sorgepflichten **265 a** so viel verbleibt, dass ihm die Deckung der notwendigen Bedürfnisse möglich ist, sind die **UhAnspr sämtlicher Berechtigter anteilig zu kürzen.** Diese Kürzung erfolgt nach Durchführung einer Kontrollrechnung. 10 Ob 96/05 y.

2. Bei der UhBemessung gilt für die UhBer und den UhPfl der Gleichheitsgrundsatz, dessen Überprüfung durch **Kontrollrechnung** erfolgt, wobei alle zu leistenden UhBeiträge dem dem UhPfl verbleibenden Restbetrag gegenüber zu stellen sind. 4 Ob 236/04 s; 10 Ob 96/05 y.

3. **Anmerkung:** Es ist in der Rsp des OGH grundsätzlich anerkannt, dass die (relative) Leistungsfähigkeitsgrenze des gelduhpfl Elternteils nach der Prozentwertmethode berechnet wird (vgl Rz 238 ff). Schon allein aufgrund rein mathematischer Überlegungen kann es dabei eine starre Anwendung dieser Prozentwertmethode

nach unten hin nicht geben, weil ansonsten bei zahlreichen Sorgepflichten und/oder bei sehr geringem Einkommen des UhPfl ein Überleben des UhPfl nicht mehr gewährleistet wäre. Es muss daher einen Betrag geben, über den hinaus ein UhPfl nicht mehr weiter zu UhLeistungen verpflichtet werden kann (sog absolute Leistungsfähigkeitsgrenze, welche Frage allerdings nicht mit der Ermittlung der UBGr vermengt werden darf; diesfalls läge nämlich ein Anwendungsfall der Anspannungstheorie vor). Zu deren Höhe vgl Rz 269 ff.

2. Vor der EO-Novelle 1991

266 1. Es erscheint gerechtfertigt, **jenen Teil des durchschnittlichen Nettoeinkommens des UhPfl, der dem UhPfl auch im Fall der exekutiven Durchsetzung des UhTitels (§ 6 LPfG) verbleiben muss, von der Bemessung auszunehmen und damit bloß den der Pfändung unterworfenen Bezugsteil (§ 6 iVm § 5 LPfG) entsprechend dem festgestellten Bedarf der UhBer auf die miteinander konkurrierenden UhBerechtigungen aufzuteilen.** 6 Ob 563/90 = SZ 63/88 = ÖA 1991, 101 = EF 61.835 = ÖA 1991, 41/U 1; 1 Ob 659/90 = 1 Ob 1576/90 = RZ 1991/50 = ÖA 1991, 41/U 1 = EF 61.835; 8 Ob 615/90 = ÖA 1991, 102 = EF 61.835; 8 Ob 1504/91; 4 Ob 512/92 = tw EF 67.722; 3 Ob 531/92 = tw EF 67.737; 8 Ob 564/93 = EF 70.817 = ÖA 1995, 62/F 87 = ÖA 1994, 191/F 84.

2. Eine Belastbarkeitsgrenze nach den Pfändungsfreibeträgen des § 5 LPfG kommt nicht in Betracht; dies widerspräche sowohl den dargelegten Grundsätzen als auch den im § 6 LPfG zum Ausdruck gebrachten Intentionen des Gesetzgebers, wonach ein Pfändungsschutz für ein exekutionsfreies Arbeitseinkommen zugunsten von UhAnspr nicht bzw im eingeschränkten Umfang gewährt wird. 8 Ob 651/90 = EF 64.966; 7 Ob 526/93 = ÖA 1994, 20/U 85.

3. Bei der Ermittlung der **Belastbarkeit** des Einkommens des UhPfl ist jedenfalls **nicht von den Richtsätzen zur Ermittlung der Ausgleichszulage nach § 293 Abs 1 ASVG auszugehen,** sondern von den Pfändungsgrenzen des LPfG, weil dann bei Einkommen des UhPfl im Bereich oder unterhalb dieser Richtsätze entgegen § 140 ABGB – zur anteiligen Teilnahme des Kindes an den Lebensverhältnissen der Eltern – keinerlei UhLeistungen zu erbringen wären. 8 Ob 615/90 = ÖA 1991, 102 = EF 62.363.

4. Grundsätzlich ist also auch dann eine UhFestsetzung möglich, wenn der UhPfl nur über ein Einkommen im Bereich oder unterhalb der Richtsätze nach dem ASVG verfügt. 8 Ob 564/93 = EF 70.816 = ÖA 1995, 62/F 87 = ÖA 1994, 191/F 84.

3. Seit der EO-Novelle 1991

a) Allgemeines

267 1. Durch die am 1. 3. 1992 in Kraft getretene EO-Novelle 1991 (vgl §§ 291 a und 291 b EO idF dieser Nov und die EB zur RV 181 BlgNR 18. GP 29) ist es zu einer unverhältnismäßigen, zT auch wegen der Schmälerung des Pfändungsschutzes vorgenommenen Erhöhung des Existenzminimums gekommen. Diese **Regelungen gelten** aber **erst für nach dem 1. 3. 1992 fällig werdenden Uh.** 3 Ob 531/92 = tw EF 67.737.

2. Eine genaue Berechnung jenes Betrags, der dem UhPfl jedenfalls zu verbleiben hat, ist nicht möglich; es ist vielmehr im Einzelfall eine nach den gegebenen Um-

ständen für ihn und den UhBer noch am ehesten tragbare Regelung zu treffen. Diese Grundsätze eröffnen den Gerichten somit einen Ermessensspielraum. 8 Ob 605/93 = EF 70.818 = ÖA 1995, 160/U 138; 10 Ob 505/93; 7 Ob 1505/94 uva; 1 Ob 2233/96 f = EF 79.903 = EF 79.9084 Ob 236/04 s; 6 Ob 184/06 m = EF-Z 2006/78; 4 Ob 155/06 g.

b) Unterhaltsexistenzminimum (§ 291 b EO)

1. Als **Belastungsgrenze** sind **grundsätzlich die Freibeträge des § 291 b EO und der ExMinVO** anzusehen (UhExistenzminimum), wobei es allerdings zu einer Unterschreitung im Einzelfall kommen kann. 4 Ob 2234/96 z = ÖA 1997, 195/ F 136 = EF 79.906; 7 Ob 2337/96 v = EF 79.906 = ÖA 1997, 203/S 12; 3 Ob 250/97 d = ÖA 1998, 168/U 224 = EF 83.113; 10 Ob 83/00 d; 6 Ob 233/00 h = ZfRV 2002, 23/6; 3 Ob 4/03 i = ÖA 2003, 272/U 402; 3 Ob 74/03 h = ÖA 2004, 36/F 225; 5 Ob 48/04 a; 4 Ob 236/04 s; 1 Ob 229/04 i; 10 Ob 96/05 y; 6 Ob 184/06 m = EF-Z 2006/78; 4 Ob 155/06 g.

2. Das **Existenzminimum,** das dem UhPfl zu verbleiben hat, stellt für die Uh-Festsetzung **nur eine Orientierungshilfe** dar. 4 Ob 2234/96 z = EF 79.904 = ÖA 1997, 195/F 136.

3. Dh also nicht, dass es in jedem Fall eine äußerste starre Untergrenze bildet. Bei Nichtzulangen des nach Abzug des nach § 291 b EO verbleibenden Existenzminimums für die Befriedigung der laufenden UhAnspr müssen sich nicht nur alle UhBer einen anteiligen Abzug gefallen lassen, sondern haben sich der UhPfl und die UhBer den Fehlbetrag angemessen zu teilen. 8 Ob 605/93 = EF 70.818 = ÖA 1995, 160/U 138; 10 Ob 505/93; 7 Ob 1505/94; 4 Ob 556/94 = SZ 67/162 = ÖA 1995, 96; 9 Ob 507/95 = SZ 68/38 = JBl 1995, 784 *(Gitschthaler)* = ÖA 1995, 154/U 131; 1 Ob 590/95; 1 Ob 2233/96 f = EF 79.903 = EF 79.908.

4. Dabei ist aber doch zu berücksichtigen, dass der UhPfl nicht so weit belastet wird, dass er in seiner **wirtschaftlichen Existenz gefährdet** wäre. 10 Ob 505/93; 4 Ob 556/94 = SZ 67/162 = ÖA 1995, 96; 3 Ob 528/95; 3 Ob 1574/95; 7 Ob 2337/ 96 v = ÖA 1997, 203/S 12; 3 Ob 250/97 d = ÖA 1998, 168/U 224 = EF 83.113; 1 Ob 115/98 p = ÖA 1999, 32/U 258; 2 Ob 258/98 z = ÖA 1999, 34/U 260.

5. Anmerkung: In jüngerer Zeit hat sich der OGH – und dies völlig zutr (vgl Rz 270) – nicht mehr grundsätzlich der Idee verweigert, dem UhPfl grundsätzlich das UhExistenzminimum zu belassen (vgl 2 Ob 187/05 x; 1 Ob 42/07 v), dies allerdings offentlich ohne Berücksichtigung der konkreten UBGr, dh nur in Höhe des Grundbetrags der Tabelle 2 bm, 1. Spalte der ExMinVO. Dieses betrug in den folgenden Jahren (unter Berücksichtigung der Rsp, wonach einem in Haushaltsgemeinschaft lebenden UhPfl weniger zu bleiben hat [6 Ob 184/06 m]):

	2002	2003	2004	2005	2006	2007	2008
alleinstehend	551	562	571	579	603	635	653
Haushaltsgemeinschaft	413	421	428	434	452	477	490

c) Absolute Belastbarkeitsgrenze (§ 292 b EO)

1. Für die zulässige **Belastung des UhPfl,** die nicht unbeschränkt erfolgen kann, ist als maßgeblich **der Freibetrag iSd § 292 b EO** anzusehen, weil nach § 292 b Z 1 EO das Exekutionsgericht auf Antrag den für UhForderungen geltenden Freibetrag angemessen herabzusetzen hat, wenn laufende gesetzliche UhForderungen durch die Exekution nicht zur Gänze hereingebracht werden. Mit dieser Bestimmung hat der Gesetzgeber zum Ausdruck gebracht, dass UhForderungen Priorität genießen. 2 Ob 569/94 = ÖA 1995, 67 = EvBl 1995/129 = ÖA 1995, 118/U 123 = EF 73.929; 2 Ob 576/94 = ÖA 1995, 88/U 117 = EF 73.929; 4 Ob 556/94 = SZ 67/162 = ÖA 1995, 96 = EF 73.929; 9 Ob 507/95 = SZ 68/38 = JBl 1995, 784 *(Gitschthaler)* = ÖA 1995, 154/U 131 uva; 6 Ob 97/00 h = ÖA 2000, 215/U 322; 6 Ob 233/00 h = ZfRV 2002, 23/6; 3 Ob 4/03 i = ÖA 2003, 272/U 402; 3 Ob 74/03 h = ÖA 2004, 36/F 225; 5 Ob 48/04 a; 4 Ob 236/04 s; 1 Ob 229/04 i; 10 Ob 96/05 y; 6 Ob 184/06 m = EF-Z 2006/78; 4 Ob 155/06 g; 2 Ob 187/05 x; 1 Ob 42/07 v.

2. Dem UhPfl hat ein Betrag zu verbleiben, der zur Erhaltung seiner Körperkräfte und seiner geistigen Persönlichkeit notwendig ist, wobei ein Ermessensspielraum besteht. 9 Ob 507/95 = SZ 68/38 = JBl 1995, 784 *(Gitschthaler)* = ÖA 1995, 154/U 131 = EF 76.831; 6 Ob 99/97 w = ÖA 1998, 67/F 155 = EF 83.111; 6 Ob 251/97 y = ÖA 1998, 122/U 219 = EF 83.111; 2 Ob 258/98 z = ÖA 1999, 34/U 260 = EF 85.947; 5 Ob 48/04 a; 4 Ob 236/04 s; 10 Ob 96/05 y; 6 Ob 184/06 m = EF-Z 2006/78; 4 Ob 155/06 g; 2 Ob 187/05 x; 1 Ob 42/07 v.

3. Aus der Rsp des OGH ergibt sich nicht, dass das UhExistenzminimum nach § 291 b EO nur dort in den Grenzen des § 292 b EO unterschritten werden dürfe, wo eine subsidiäre UhPflicht des betreuenden Elternteils nach § 140 Abs 2 ABGB nicht besteht. So führt etwa die E 6 Ob 233/00 h aus, dass die dargelegte Unterschreitung bei Bedarf „zumindest" in dem beschriebenen Fall zulässig ist. 10 Ob 56/06 t = EF-Z 2006/13 *(Gitschthaler)*.

4. **Ggt:** Das Unterschreiten der Grenze des § 291 b Abs 2 EO wurde in der obergerichtlichen Rsp aber nur dort für notwendig erachtet, wo dem Kind kein zur Ergänzung fähiger, subsidiär zur Deckung verpflichteter betreuender Elternteil zur Verfügung stand (wie *Schwimann*, Unterhaltsrecht², 41 richtig vermutet). 6 Ob 211/00 y.

5. **Anmerkung:** Gemeint war, dass der betreuende Elternteil selbst über kein Einkommen verfügt.

6. Dem Gesetz ist auch nicht zu entnehmen, dass die angemessene Grenze des Freibetrags ihre Grenze dort finden würde, wo nicht einmal der laufende Uh des Kindes zur Gänze hereingebracht werden könnte. Diese Grundsätze eröffnen den Gerichten bei Festlegung des unpfändbaren Freibetrags einen Ermessensspielraum. 1 Ob 590/95 = EF 76.830; 6 Ob 99/97 w = ÖA 1998, 67/F 155 = EF 83.111; 6 Ob 251/97 y = ÖA 1998, 122/U 219 = EF 83.111; 1 Ob 115/98 p = ÖA 1999, 32/U 258 = EF 85.945; 8 Ob 142/98 k = ÖA 1999, 55/F 193 = EF 85.945.

7. Die zu EF 95.670 begonnene Rsp-Linie (ebenso EF 99.503, 99.504, 103.521), wonach bei eigenem Einkommen des UhPfl aus unselbstständiger Erwerbstätigkeit das nur eine bescheidene Lebensführung ermöglichende Existenzminimum gar nicht in die Konkursmasse fällt, wohl aber das den unpfändbaren Freibetrag übersteigende Nettoeinkommen und daher die Tilgung von UhSchulden aus der jew Differenz der Existenzminima nach § 291 b Abs 2 und § 291 a EO zu erfolgen hat *(Differenzmethode)*, betrifft das spezifische Problem von UhGewährungen zu Lasten der Konkursmasse. Andernfalls hat sich der UhPfl mit jenem Betrag zu begnügen, der zur Erhaltung seiner Körperkräfte und seiner geistigen Persönlichkeit unbedingt notwendig ist. 5 Ob 48/04 a.

270   **1.** Der Betrag von mtl € **600** reicht zur angemessenen Deckung der Bedürfnisse des UhPfl aus. 5 Ob 48/04 a; 6 Ob 184/06 m = EF-Z 2006/78.

2. Im Rahmen der vom Gericht nach § 291 b EO zu treffenden Ermessensentscheidung ist jedoch auch zu berücksichtigen, ob der UhPfl allein lebt oder nicht, mindert doch, wenn sein Ehepartner oder Lebensgefährte sich an den regelmäßigen Fixkosten beteiligt, dies die eigene finanzielle Belastung des UhPfl doch deutlich. € 461,99 stellen daher die absolute Untergrenze des GeldUhBed eines UhPfl dar, der nicht für seine gesamten Wohnungskosten selbst aufzukommen hat. 6 Ob 184/06 m = EF-Z 2006/78.

3. Anmerkung: Anzunehmen wäre, dass es sich bei der absoluten Leistungsfähigkeitsgrenze um einen bestimmten und für alle Menschen gleich hohen Betrag handeln müsste. Da der OGH (SZ 63/88) es abgelehnt hatte, diesen Betrag etwa in Höhe des Richtsatzes für die Gewährung der Ausgleichszulage nach § 293 Abs 1 ASVG („Mindestpensionshöhe"; vgl Rz 266) anzunehmen, wurde in der Lit (*Gitschthaler*, ÖJZ 1994, 14) vorgeschlagen, unter Heranziehung des § 291 b Abs 2, § 291 a Abs 3 EO und der ExMinVO (Tabelle 2 cm) das sog UhExistenzminimum als absolute Leistungsfähigkeitsgrenze festzulegen. Der OGH nahm demgegenüber auf § 292 b EO Bezug, wonach bei UhForderungen der unpfändbare Einkommensbestandteil angemessen herabgesetzt werden kann. Demnach habe dem UhPfl ein Betrag zu verbleiben, der zur Erhaltung seiner Körperkräfte und seiner geistigen Persönlichkeit notwendig ist. Dieser Betrag sei im Einzelfall festzulegen.

Diese Rsp wurde in Anbetracht der zT aberwitzig geringen Beträge, die dem UhPfl zu verbleiben haben (vgl Rz 270 a), von der Lehre abgelehnt (*Gitschthaler*, JBl 1995, 809; *ders*, Unterhaltsrecht[1] Vorauflage Rz 270; *Schwimann*, Unterhaltsrecht[2], 42) und ihr jene zur Selbsterhaltungsfähigkeit des Kindes gegenübergestellt. Der OGH (3 Ob 250/97 d) setzte sich damit zwar nicht weiter auseinander und führte lediglich aus, eine Orientierung an der Rsp zur Selbsterhaltungsfähigkeit sei idZ nicht „sachgerecht", weil ein pflichtbewusster Vater seine Kinder im Normalfall an seinen kärglichen Einkommensverhältnissen teilnehmen lassen würde; er hat dabei mE allerdings übersehen, dass es nicht um eine Orientierung der einen Frage an der anderen geht, sondern lediglich um einen Vergleich der sich aus diesen beiden Rechtsprechungslinien ergebenden Beträge. Darüber hinaus darf auch nicht völlig außer Acht gelassen werden, dass der UhBer ja idR noch einen weiteren Elternteil hat, der ihn möglicherweise unterstützt, während der GeldUhPfl mit seinem „Resteinkommen" sehr oft alleine auskommen muss.

Zur jüngsten Entwicklung idZ vgl Rz 268. Im Übrigen ist auch darauf hinzuweisen, dass jedenfalls der vom OGH im Jahr 2004 angenommene Betrag von € 600 **valorisiert** werden müsste. Dies wären **für 2007 € 630 (alleinstehend) bzw € 477 (bei Haushaltsgemeinschaft) und für 2008 € 645 bzw € 489** (vgl *Gitschthaler*, Serviceteil-Unterhaltsbemessung, EF-Z 2007, 79).

270 a   **1. Überholte Rsp** (vor 5 Ob 48/04 a) bzw **abw Einzelfälle** (jew mtl dem UhPfl verbleibender Betrag):

ATS 3.600 (= € 261). 4 Ob 556/94 = SZ 67/162 = ÖA 1995, 96 (hier hatte der UhPfl allerdings keinen Mietaufwand zu tragen).

ATS 3.619 (= € 263). 3 Ob 5/94 = SZ 67/162 (dies allerdings 14 x jährlich).

ATS 4.000 (= € 290). 3 Ob 46/93 = ÖA 1994, 29 = RZ 1994/57; 6 Ob 99/97 w = ÖA 1998, 67/F 155.

ATS 4.140 (= € 300). 6 Ob 251/97 y = ÖA 1998, 122/U 219; 2 Ob 258/98 z = ÖA 1999, 34/U 260 = EF 85.947.
ATS 4.500 (= € 327). 10 Ob 505/93.
ATS 4.700 (= € 341). 1 Ob 115/98 p = ÖA 1999, 32/U 258.
ATS 4.800 (= € 348). 3 Ob 250/97 d = ÖA 1998, 168/U 224.
ATS 5.400 (= € 392). 2 Ob 576/94 = ÖA 1995, 88/U 117.
ATS 5.667 (= € 412). 10 Ob 83/00 d; 3 Ob 4/03 i = ÖA 2003, 272/U 402.
ATS 6.000 (= € 436). 2 Ob 569/94 = ÖA 1995, 67 = EvBl 1995/129 = ÖA 1995, 118/U 123; 3 Ob 528/95; 6 Ob 285/97 y = ÖA 1998, 173/F 167.
ATS 6.400 (= € 465). 6 Ob 285/97 y = ÖA 1998, 173/F 167.
ATS 6.500 (= € 472). 3 Ob 1574/95.
ATS 6.700 (= € 487). 1 Ob 1645/95.
ATS 6.900 (= € 501). 6 Ob 577/91 = EF 65.017.
ATS 7.500 (= € 545). 8 Ob 605/93 = ÖA 1995, 160/U 138; 7 Ob 2337/96 v; 4 Ob 155/06 g.

2. Krankheitsbedingter Mehraufwand ist bei Ermittlung jenes Betrags zu berücksichtigen, der dem UhPfl zu verbleiben hat, weil er ja zur Erhaltung seiner Körperkräfte notwendig ist. 2 Ob 569/94 = ÖA 1995, 67 = EvBl 1995/129 = ÖA 1995, 118/U 123.

E. Sonderbedarf

Übersicht:

	Rz
1. Definition	271, 272
2. Allgemeine Anspruchsvoraussetzungen	273, 274
3. Hohe Regelunterhaltsleistungen	275, 276
4. Sonderbedarfsfälle	
a) Ausbildungskosten	277–283
b) Außerhäusliche Betreuung	284, 285
c) Krankheitskosten	286–288
d) Verfahrenskosten	289–292
e) Schulden	293
f) Freizeitbedarf	294
g) Übersiedlungskosten	295
5. Zahlungspflicht	296–298
6. Sonderbedarfsleistungsfähigkeitsgrenze	299–302

1. Definition

271 1. Sonderbedarf ist der **Bedarf, der dem UhBer infolge Berücksichtigung der bei der Ermittlung des Regelbedarfs bewusst außer Acht gelassenen Umstände erwächst.** 1 Ob 585/90 = SZ 63/81 = ÖA 1991, 100 = EF 61.845 = ÖA 1991, 41/U 2; 8 Ob 638/91 = ÖA 1992, 113/U 51; 1 Ob 531/94 = EF 73.996 = RZ 1995/30 = ÖA 1994, 184/U 100 uva; 3 Ob 277/98 a = EF 86.079; 2 Ob 89/03 g = EF 103.859; 4 Ob 97/04 z; 10 Ob 61/05 a; 7 Ob 187/05 h; 9 Ob 47/06 m.

2. Es handelt sich um den **Mehrbedarf** eines Kindes, **der über den allgemeinen Durchschnittsbedarf (Regelbedarf) eines gleichaltrigen Kindes in Österreich ohne Rücksicht auf die konkreten Lebensverhältnisse seiner Eltern hinausgeht.** 1 Ob 350/98 x = EF 89.380 = ÖA 1999, 179/U 279; 4 Ob 108/98 f = ÖA 1998, 246/U 240 = EF 86.078; 3 Ob 270/98 x = JBl 1999, 613 = EF 89.380 = ÖA 1999, 186/U 283 uva; 7 Ob 101/99 z = EF 89.380 = ÖA 1999, 261/U 294.

3. Also um Kosten, die **nicht mit weitgehender Regelmäßigkeit für die Mehrzahl** der uhber Kinder **anfällt.** 1 Ob 2393/96 i; 7 Ob 2123/96 y = ÖA 1997, 66 = EF 80.007; 9 Ob 47/06 m.

4. Diese Mehrkosten sind insb durch die **Momente der Außergewöhnlichkeit und der Dringlichkeit** bestimmt. 1 Ob 635/92 = ÖA 1993, 139/U 76 = EF 67.839; 9 Ob 507/95 = SZ 68/38 = JBl 1995, 784 *(Gitschthaler)* = ÖA 1995, 154/U 131 uva; 7 Ob 101/99 z = EF 89.382 = ÖA 1999, 261/U 294; 1 Ob 143/02 i; 10 Ob 61/05 a; 7 Ob 187/05 h; 9 Ob 47/06 m.

5. Sowie durch das Moment der **Individualität.** 10 Ob 61/05 a; 7 Ob 187/05 h; 9 Ob 47/06 m.

6. Im Hinblick auf die bei der Beurteilung der Bedürfnisse des Kindes zu berücksichtigenden Kriterien ist der Standpunkt abzulehnen, dass ein beachtlicher Sonderbedarf nur bei geradezu schicksalhaft bedingtem Aufwand, etwa bei Krankheitskosten, gegeben sei. 7 Ob 579/90 = SZ 63/121 = EF 61.873.

7. Anmerkung: Geht ein Bedarf eines Kindes über den allgemeinen Durchschnittsbedarf hinaus, dann liegt Sonderbedarf vor; sind die Momente der Außergewöhnlichkeit und der Dringlichkeit gegeben, handelt es sich um (objektiv) deckungspflichtigen Sonderbedarf; ist auch die Leistungsfähigkeit des UhPfl vorhanden, spricht man von (subjektiv) deckungspflichtigem Sonderbedarf. In der Praxis wird diese Unterscheidung nicht immer vollständig berücksichtigt.

272 **1.** Eine **generelle Aufzählung** all dessen, was als Sonderbedarf anzuerkennen ist, ist **kaum möglich.** 1 Ob 2383/96 i = ÖA 1998, 27/F 151 = EF 83.241; 4 Ob 180/98 x = ÖA 1999, 117/U 268 = EF 86.089; 9 Ob 47/06 m.

2. Maßgeblich sind vielmehr die **Umstände des Einzelfalls.** 4 Ob 564/91 = EF 64.969; 1 Ob 177/98 f = EF 86.085; 1 Ob 86/00 d = ÖA 2000, 177/U 320 = EvBl 2000/174.

3. Vergleichswert für den Sonderbedarf ist dabei der Regel- oder Allgemeinbedarf. 3 Ob 270/98 x = JBl 1999, 613 = ÖA 1999, 186/U 283.

4. Über dem Regelbedarf liegende UhLeistungen für ein Kind sind bei Ermittlung eines allfälligen Betrags zu einem Sonderbedarf des anderen Kindes nicht einzurechnen; es ist vielmehr auch die Frage des Sonderbedarfs für jedes Kind gesondert zu beurteilen. 9 Ob 513/95 = ÖA 1996, 92/U 147 = EF 76.946.

2. Allgemeine Anspruchsvoraussetzungen

273 **1.** Die bewusste Abgeltung von **Sonderbedarf hat Ausnahmecharakter.** 1 Ob 2383/96 i = ÖA 1998, 27/F 151 = EF 83.246; 1 Ob 143/02 i; 4 Ob 97/04 z; 6 Ob 195/04 a; 7 Ob 187/05 h; 9 Ob 47/06 m.

2. Sonderbedarf ist nur dann vom UhPfl zu ersetzen, wenn er **aus gerechtfertigten Gründen entstanden** ist. 1 Ob 635/92 = EF 67.838 = ÖA 1993, 139/U 76; 3 Ob 270/98 x = EF 89.388 = ÖA 1999, 186/U 283 = JBl 1999, 613.

3. Und wenn er **in der Person des Kindes begründet** ist. 7 Ob 2123/96 y = ÖA 1997, 66; 3 Ob 277/98 a = EF 86.084; 4 Ob 2392/96 k = EF 83.250 = JBl 1997, 645 = SZ 70/23.

4. Sonderbedarf ist (ua) nur bei **Deckungsmangel** zuzusprechen, der vom Gericht besonders streng zu prüfen ist. 2 Ob 5/02 b; 10 Ob 61/05 a; 9 Ob 47/06 m.

5. Dieser ist gegeben, wenn der Sonderbedarf weder aus dem RegelUh noch aus dem konkret bemessenen Uh bestritten werden kann und auch nicht durch Sozialleistungen von dritter Seite getragen wird. 10 Ob 61/05 a; 9 Ob 47/06 m.

6. Anmerkung: Zu berücksichtigen wären allenfalls auch sonstige Leistungen von Dritten. Bei den Sozialleistungen kommt insb das Pflegegeld in Betracht; dieses deckt aber nur Betreuungsleistungen, sodass Sachleistungen trotz Pflegegeldbezugs deckungspflichtiger Sonderbedarf sein können.

7. Bei der Bedarfsprüfung ist zu berücksichtigen, dass Pflegegeld lediglich der Abgeltung pflegebedingter Mehraufwendungen, nicht aber der Anschaffung und Instandsetzung von Hilfsmitteln dient. 1 Ob 39/01 v = ÖA 2001, 308/U 339 = EF 96.088; 5 Ob 168/02 w.

8. Deckungsmangel ist außerdem gegeben, wenn er nicht aus der Differenz zw dem bereits festgesetzten, den Allgemeinbedarf deckenden Uh und dem Regelbedarf bestritten werden kann. 10 Ob 61/05 a; 9 Ob 47/06 m.

Anmerkung: Vgl dazu Rz 275.

274   **1.** Wird Sonderbedarf geltend gemacht und bestehen **mehrere gleichwertige Alternativen,** genießt stets **die für den UhPfl weniger belastende** den Vorzug. 1 Ob 350/98 x = ÖA 1999, 179/U 279; 7 Ob 101/99 z = EF 89.393 = ÖA 1999, 261/U 294; 1 Ob 39/01 v = ÖA 2001, 308/U 339 = EF 96.090; 1 Ob 143/02 i = EF 99.844; 6 Ob 195/04 a.

2. Die Mittel zur Deckung dieses Sonderbedarfs kann der UhBer vom UhPfl auch dann verlangen, wenn er sie selbst vorgestreckt hat, der Grund für den Anspruch also bereits in der Vergangenheit liegt; dies gilt umso mehr jetzt, wo Uh generell auch für die Vergangenheit beansprucht werden kann. 5 Ob 556/93 = ÖA 1994, 187/U 104; 4 Ob 1628/94 = ÖA 1995, 92/F 96; 3 Ob 1572/95 = ÖA 1996, 99/F 107.

3. Auch die **Sonderbedarfswünsche mehrerer Kinder** sind **gleichrangig.** 9 Ob 507/95 = SZ 68/38 = ÖA 1995, 154/U 131 = JBl 1995, 784 *(Gitschthaler)* = EF 76.950.

4. „Luxussonderbedarf" erfordert selbst im Fall gehobener Lebensverhältnisse eine besondere Begründung. 6 Ob 1658/95 = EF 79.362 = ÖA 1996, 123/F 116.

5. Ausgaben, die nicht speziell in der Person dieses Kindes begründet sind, sind bei der Bemessung des gesetzlichen NormalUh bereits mitzuberücksichtigen und daher grundsätzlich aus dem laufenden Uh zu bestreiten; von diesem ist für größere Anschaffungen laufend entsprechend „anzusparen".

Wenn die Anschaffung in zumutbarer Weise nicht in angemessener Frist aus diesem Uh vorgenommen werden kann, ist – im Rahmen der Leistungsfähigkeit des UhPfl – ein Antrag auf Erhöhung des laufenden Uh zu stellen. Nur eine solche Vorgangsweise stellt sicher, dass nicht wegen jeder größeren, aber üblichen Anschaffung für ein Kind der Antrag auf UhSonderbedarf gestellt werden muss. Abgesehen von der sinnlosen Mehrbelastung der Gerichte führen erfahrungsgemäß zusätzliche Gerichtsverfahren häufig auch zu weiteren Spannungen zw den Eltern, die sich schließlich auch auf das Kindeswohl negativ auswirken können. 8 Ob 638/91 = EF 65.097 = ÖA 1992, 113/U 51.

3. Hohe Regelunterhaltsleistungen

1. Der vom UhPfl zu bestreitende **Sonderbedarf** muss dann **streng geprüft** werden, wenn ohnehin regelmäßige UhLeistungen erbracht werden, die den **Regelbedarf beträchtlich übersteigen.** Eine solche Prüfung führt dazu, dass der UhPfl zur Deckung eines Sonderbedarfs nur dann verhalten werden darf, wenn der UhBer dartut, dass er trotz der den Regelbedarf erheblich überschreitenden UhBeiträge außer Stande wäre, diese Kosten auf sich zu nehmen. Ein solcher Beweis gelänge dem UhBer etwa dann, wenn er nachweisen könnte, dass der **Überhang** der regelmäßigen UhLeistungen durch die Bestreitung anderer anerkennenswerten Sonderbedarfs **bereits aufgezehrt** ist. 1 Ob 585/90 = SZ 63/81 = ÖA 1991, 100 = ÖA 1991, 41/U 2; 6 Ob 608/90 = EF 61.851; 3 Ob 1502/91 = EF 67.842 uva; 1 Ob 39/01 v = ÖA 2001, 308/U 339 = EF 96.095; 9 Ob 40/02 a = EF 99.846, 99847; 2 Ob 89/03 g = EF 103.871, 103.874; 10 Ob 61/05 a; 9 Ob 47/06 m.

2. Erhält der UhBer über den Regelbedarf hinausgehende UhBeiträge, ist im Rahmen der UhBemessung der Sonderbedarf daher nur insoweit zu ersetzen, als diese Aufwendungen höher sind als die Differenz zw dem Regelbedarf und dem zuerkannt gewesenen Uh. 1 Ob 635/92 = ÖA 1993, 139/U 76 = EF 67.843; 6 Ob 643/95 = EF 76.942 = ÖA 1996, 126/U 160; 5 Ob 524/95 = EF 76.968.

3. Die zur Deckung des Sonderbedarfs zu erbringenden Leistungen sind also um jene Beträge zu vermindern, die im maßgeblichen Zeitraum über den Durchschnittsbedarfssatz hinaus geleistet wurden. 1 Ob 39/01 v.

4. Bei der Anschaffung etwa eines Computers um ATS 25.000 (= € 1.817) kann dabei aber nicht punktuell auf deren Zeitpunkt abgestellt werden, sondern sind die **Anschaffungskosten für einen angemessenen längeren Zeitraum in Anschlag zu bringen.** 1 Ob 415/97 d = EF 86.105 = EvBl 1998/102 = ÖA 1998, 205/U 229.

5. Anmerkung: Diese Rsp nimmt auf den Umstand Bedacht, dass manche Anschaffungen, die einen Anspruch auf Sonderbedarf begründen können, nicht regelmäßig, sondern vielleicht sogar nur einmal zu tätigen sind. Um eine sachgerechte Lösung herbeizuführen, ist der Anschaffungspreis durch so viele Monate zu teilen, wie sie üblicherweise der Nutzungsdauer entsprechen. Das Ergebnis dieser Rechnung ist dann mit der Differenz zw Regelbedarf und zuerkanntem Uh zu vergleichen. Dies gilt etwa auch für Zahnbehandlungskosten, wo idR ein Jahresbehandlungshonorar bezahlt wird; dieses ist dann auf 12 Monate umzulegen.

6. Bei **überdurchschnittlichem Einkommen** ist lediglich der Bedarf des Kindes Bemessungskriterium. Die UhPflicht bleibt dann hinter jenem Betrag zurück, zu dem der UhPfl angesichts seiner finanziellen Leistungsfähigkeit verpflichtet werden könnte. Soweit jedoch ein **durch die besonderen Lebensumstände gerechtfertigter Sonderbedarf** des Kindes anerkannt werden muss, ist die UhPflicht **auch auf die Bestreitung dieser besonderen Bedürfnisse auszudehnen,** soweit dadurch die Leistungsfähigkeit des UhPfl nicht über Gebühr in Anspruch genommen wird. 1 Ob 531/94 = RZ 1995/30 = ÖA 1994, 184/U 100.

7. Wenn der UhBer lediglich deshalb nicht UhBeiträge entsprechend der vollen Leistungsfähigkeit des UhPfl erhält, weil er schon die **Luxusgrenze erreicht** hat,

275

muss der Sonderbedarf zusätzlich zugesprochen werden, weil bei einer solchen Konstellation das Argument der nicht zu billigenden Überalimentierung des UhBer ins Leere ginge, sind doch Leistungen aus dem Titel des Sonderbedarfs zweckbestimmt und stehen nicht zur freien Verfügung des UhBer (*Gitschthaler*, Unterhaltsrecht[1] Rz 276). 2 Ob 89/03 g = EF 103.876; 9 Ob 47/06 m.

276 1. Wenn die laufenden UhBeiträge ganz **erheblich über dem Durchschnittsbedarf** liegen und die Abdeckung von als Sonderbedarf geltend gemachten Aufwendungen zulassen, kommt der Frage, ob der eine oder der andere der geltend gemachten Einzelposten im allgemeinen Sonderbedarf darstellen könnte, **keine erhebliche Bedeutung** iSd § 14 Abs 1 *(nunmehr: § 62 Abs 1)* AußStrG zu. 8 Ob 602/91 = tw ÖA 1992, 56/F 7.

2. In den Rahmen des Ermessensspielraums fällt auch das Argument, das Begehren auf Deckung eines Bedarfs werde auch dann berechtigt sein, wenn ihm zwar kein von den „Momenten der Außergewöhnlichkeit und der Individualität" geprägter Sonderbedarf im eigentlichen Sinn zugrunde liege, die Leistungsfähigkeit des Vaters durch die laufenden UhZahlungen aber nicht ausgeschöpft sei und überdies die laufenden UhZahlungen unterhalb des Regelbedarfs liegen. 1 Ob 2383/96 i = ÖA 1998, 27/F 151.

3. **Anmerkung:** Eine derartige Verwässerung der Abgrenzung zw RegelUh und Sonderbedarf ist mE zwar nicht erstrebenswert; liegt kein Sonderbedarf vor, leistet der UhPfl jedoch zuwenig RegelUh, soll der UhBer eben einen Erhöhungsantrag stellen. Im Ergebnis ist der Rsp aber durchaus zuzustimmen: Erreichen die vom UhPfl geleisteten RegelUhLeistungen nämlich nicht seine relative Leistungsfähigkeitsgrenze (nach der Prozentwertmethode), dann erscheint es durchaus logisch, auch in einem solchen Fall dennoch eine Pflicht zur Deckung des konkreten Sonderbedarfs anzunehmen, weil sich einerseits der UhPfl ja ohnehin UhLeistungen erspart und andererseits der UhBer jederzeit einen Erhöhungsantrag stellen könnte, der dann für den UhPfl mit größeren finanziellen Aufwendungen verbunden wäre, würde doch dann laufender (erhöhter) Uh festgesetzt. Auch das LGZ Wien (EF 70.766) hat dazu die Auffassung vertreten, wenn der bestehende UhBeitrag die UhPflicht des Vaters nicht voll ausschöpfe, dann könnten im Rahmen einer Ausschöpfung dieses UhAnspr des Mj diesem auch Beträge für Ausgaben zuerkannt werden, die grundsätzlich nicht als Individualbedarf anerkannt seien, uzw eben nicht als Individualbedarf, sondern als UhErhöhung (wenn auch einmalig) im Rahmen der finanziellen Leistungsfähigkeit des UhPfl. Allerdings ist dazu zu ergänzen, dass dem UhBer wohl die Freiheit eingeräumt ist, weniger zu begehren als ihm zustünde und den für den UhPfl „billigeren" Weg zu gehen, nämlich lediglich Sonderbedarf geltend zu machen und nicht eine generelle Erhöhung der RegelUhLeistungen anzustreben. Im Rahmen eines derartigen Sonderbedarfsbegehrens müsste der UhBer dann aber entsprechende Behauptungen zum tatsächlichen Einkommen des UhPfl und dessen Leistungsfähigkeit aufstellen, um darzulegen, dass mit dem bisher geleisteten RegelUh nicht die gesamte Leistungsfähigkeit ausgeschöpft worden ist; eine völlige Verwässerung von RegelUh und Sonderbedarf ist aber abzulehnen.

Sollte der UhBer nun tatsächlich den begehrten Sonderbedarf zugesprochen erhalten und dann trotzdem einen Erhöhungsantrag stellen, müssten die geleisteten UhBeiträge allerdings aus dem Titel des Sonderbedarfs angerechnet werden.

4. Sonderbedarfsfälle

a) Ausbildungskosten

277 1. Ausbildungskosten können grundsätzlich als Sonderbedarf anerkannt werden. 4 Ob 108/98 f = ÖA 1998, 246/U 240; 9 Ob 40/02 a = EF 99.850.

2. Dieser betrifft inhaltlich nämlich hauptsächlich – neben der Erhaltung der (gefährdeten) Gesundheit und der Heilung einer Krankheit – die **Persönlichkeitsentwicklung** (insb Ausbildung, Talentförderung und Erziehung) des Kindes. 1 Ob 2383/96 i = ÖA 1998, 27/F 151 = EF 83.241; 4 Ob 2392/96 k = SZ 70/23 = EF 83.243 = JBl 1997, 645; 4 Ob 180/98 x = ÖA 1999, 117/U 268 = EF 86.089.

3. Im Einzelfall können daher Sonderbedarf auch die Kosten einer Unterbringung außerhalb des Haushalts desjenigen Elternteils, der den Mj betreut, sein (**Internatskosten**), uzw insb dann, wenn eine gleichartige Berufsausbildung am Ort der Betreuung nicht möglich und eine tgl Zureise vom Wohnort zum Ausbildungsort wegen der Verkehrsverhältnisse nicht möglich oder dem Kind nicht zumutbar ist. 7 Ob 579/90 = SZ 63/121 = EF 61.873; 1 Ob 544/94 = ÖA 1995, 59/U 109 = EF 74.028; 4 Ob 77/99 y = EF 89.411 = ÖA 1999, 220/F 197; 9 Ob 40/02 a = EF 99.850; 2 Ob 89/03 g; 4 Ob 97/04 z.

4. Und wenn damit das Ausbildungsziel im Hinblick auf die besonderen Eigenschaften des Kindes besser erreicht werden kann. 7 Ob 2123/96 y = ÖA 1997, 66 = EF 80.027 = EF 80.064.

5. Dies gilt auch für die **Kosten einer auswärtigen Berufsausbildung.** 2 Ob 560/95 = EF 77.013 = ÖA 1996, 97/U 150.

278 1. Die Kosten für die Teilnahme an **Sprachferien** – auch im Ausland – dürfen nicht von vornherein aus den Fällen des vom UhPfl zu bestreitenden Sonderbedarfs ausgeschieden werden. Solche der wirksamen Vertiefung der Sprachkenntnisse dienlichen Veranstaltungen sind keineswegs mehr besonders wohlhabenden Schichten vorbehalten, weil die Teilnahme für weite Kreise in der Bevölkerung nicht mehr unerschwinglich ist. Solche Kosten kommen insb dann als Sonderbedarf, der dem UhPfl neben seinen regelmäßigen UhLeistungen überbürdet werden kann, in Betracht, wenn die Teilnahme zur Sicherung des Schulabschlusses notwendig oder aber doch angezeigt erscheint. Es dürfen jedoch die Grenzen der Leistungsfähigkeit des UhPfl nicht überschritten werden. 1 Ob 585/90 = SZ 63/81 = ÖA 1991, 100 = EF 61.903 = ÖA 1991, 41/U 2; 1 Ob 531/94 = EF 74.035 = RZ 1995/30 = ÖA 1994, 184/U 100; 7 Ob 2123/96 y = ÖA 1997, 66 = EF 80.075.

2. **Einschr:** § 13 Abs 3 SchUG ist nicht zu entnehmen, dass Schüler nur aus bestimmten Gründen nicht zur Teilnahme an Schulveranstaltungen verpflichtet sind, wenn diese mit einer Nächtigung außerhalb der Wohnung verbunden ist. Sie sind nach dieser Bestimmung hiezu überhaupt nicht verpflichtet, sondern haben nach Möglichkeit an einem Ersatzunterricht in einer anderen Klasse teilzunehmen. Hieraus folgt, dass die obsorgeberechtigte Mutter aufgrund der ihr bekannten finanziellen Beengtheit die Teilnahme ihres Sohnes an dieser Schulveranstaltung (Schulprojektwoche) jedenfalls hätte ablehnen dürfen, sodass der Vater nicht verpflichtet werden kann, zur Finanzierung dieser **Sprachwoche im Ausland** einen zusätzlichen UhBeitrag zu leisten. 8 Ob 509/95 = EF 77.003.

3. **Anmerkung:** Dieser E ist durchaus beizupflichten; auch in intakten Familien wird – bei nicht hinreichendem Haushaltsbudget – dem Kind die Teilnahme verwehrt werden.

279 1. Liegt der geltend gemachte Betrag im Rahmen der Leistungsfähigkeit des Vaters, kann die Frage der Deckungspflicht von **Privatschulkosten** neben dem laufenden Uh unerörtert bleiben. 7 Ob 550/91.

2. Denn Ausbildungskosten in einer Privatschule bilden **Sonderbedarf.** 1 Ob 531/94 = EF 74.035 = RZ 1995/30 = ÖA 1994, 184/U 100; 4 Ob 108/98 f = ÖA 1998, 246/U 240 = EF 86.112; 2 Ob 72/99 y = ÖA 1999, 189/U 285 = EF 89.424; 7 Ob 101/99 z = EF 89.424 = ÖA 1999, 261/U 294.

3. Der Vater hat auch den mit dem Besuch der Privatschule verbundenen, zugestandenermaßen beträchtlichen Aufwand als Sonderbedarf seiner Tochter zu tragen, wenn die Mj trotz ausreichender Begabung das den Lebensverhältnissen ihrer Eltern zweifelsohne angemessene Ausbildungsziel – die Hochschulreife – angesichts der besonderen Umstände auf diesem Wege besser erreichen könnte. 1 Ob 531/94 = EF 74.035 = RZ 1995/30 = ÖA 1994, 184/U 100.

4. Stehen in einem bestimmten Ausbildungsweg entgeltliche **Privatschulen** neben öffentlichen (unentgeltlichen) Schulen zur Verfügung, wird der UhBer nach dem Grundsatz, dass bei gleichwertigen Alternativen stets die für den UhPfl weniger belastende den Vorzug genießt, grundsätzlich eine öffentliche Schule auszuwählen haben. Ist die Aufnahme in eine öffentliche Schule trotz zeitgerechter und nachdrücklicher Bemühungen des UhBer wegen Auslastung der Aufnahmekapazität nicht möglich, kann Schulgeld für eine Privatschule dann als Sonderbedarf anerkannt werden, wenn ein gerechtfertigter Grund gerade für diesen Ausbildungsweg spricht. Als derartige Gründe kommen etwa in Frage: eine **besondere Begabung des Kindes,** die gerade durch den gewählten Schultyp gefördert werden kann; **Unterbringung in einer fremdsprachigen Schule** nach vorangegangenem langjährigen Auslandsaufenthalt des Kindes; **besonderes berufliches Interesse** und damit verbundener intensiver Wunsch des Kindes nach einem bestimmten Ausbildungsweg. 4 Ob 108/98 f = ÖA 1998, 246/U 240 = EF 86.136; 9 Ob 40/02 a = EF 99.850; 6 Ob 195/04 a = EF 110.569.

5. Ist das Kind allerdings nur mittelmäßig begabt, stellt sein Wunsch, anstelle einer öffentlichen Schule in Österreich eine **Privatschule in Australien** zu besuchen, weil ein Auslandsaufenthalt mit der damit verbundenen Kenntnis fremder Sprachen und Kulturen eine besondere Allgemeinbildung ermögliche und daher der besonderen Weiterentwicklung und Verselbstständigung diene, schon von vornherein keine Existenznotwendigkeit, die die Verpflichtung zur Bezahlung eines Sonderbedarfs begründen würde, dar, sondern lediglich einen Wunsch, der jenem vieler durchschnittlich begabter Jugendlicher entspricht. 7 Ob 101/99 z = EF 89.425 = ÖA 1999, 261/U 294.

6. Auch der **Zustimmung des Vaters** zum Besuch der Privatschule kommt idZ Bedeutung zu, wenngleich die Bereitschaft des UhPfl, deren Kosten während der aufrechten LG zu zahlen, für sich allein nicht für die Anerkennung eines entsprechenden Sonderbedarfs ausreichen muss. 9 Ob 40/02 a = EF 99.850.

7. Ob im jew Einzelfall die Voraussetzungen für eine Anerkennung der Kosten einer Privatschule als Sonderbedarf gegeben sind, ist – sofern keine krasse Fehlbeurteilung erkennbar ist – keine erhebliche Rechtsfrage. 9 Ob 40/02 a; 6 Ob 195/04 a.

280 1. Durch ein auswärtiges **Studium** entstehende Mehrkosten sind Sonderbedarf, wenn eine gleichartige Berufsausbildung am Wohnort nicht möglich und eine tgl Zureise vom Wohnort zum Ausbildungsort wegen der Verkehrsverhältnisse nicht möglich oder nicht zumutbar ist. 4 Ob 77/99 y = EF 89.442 = ÖA 1999, 220/ F 197.

2. Mehrkosten durch ein **Studium an einer ausländischen Privatuniversität** mit hohen Studiengebühren sind nur dann ersatzpflichtiger Sonderbedarf, wenn eine ganz besonders ausgeprägte Begabung und Neigung des Kindes für das gewählte Studium vorhanden ist und eine vergleichbare Ausbildung an einer Universität, an der nicht ähnlich hohe Kosten auflaufen, nicht möglich ist. 3 Ob 270/98 x = JBl 1999, 613 = EF 89.443 = ÖA 1999, 186/U 283.

3. Wie *Gitschthaler* (Unterhaltsrecht[1] Rz 280/3) zutr anmerkt, kann aus diesen E nichts dahingehend gewonnen werden, die nunmehr in Österreich generell zu entrichtenden **Studiengebühren** als deckungspflichtigen Sonderbedarf anzusehen, weil bei diesen das Moment der Außergewöhnlichkeit keine Rolle spielt. Eine generelle Erhöhung bei uhber Kindern, die für ihr Studium die allgemein zu entrichtenden Studiengebühren zu bezahlen haben, kann hingegen schon aus der grundsätzlichen Überlegung heraus nicht gebilligt werden, dass die Höhe der Studiengebühren unabhängig vom Einkommen des UhPfl ist. Eine Koppelung mit dem Einkommen des UhPfl, indem eine prozentmäßige Erhöhung vorgesehen wird (vgl idS *Gitschthaler*, aaO Rz 248), würde dazu führen, dass der UhPfl dem studierenden UhBer höhere UhLeistungen zu erbringen hat, bei denen der Erhöhungsbetrag gerade idR der Höhe der Studiengebühr nicht entspricht. Diese Unausgewogenheit wäre durch nichts gerechtfertigt.

Vielmehr wird im Einzelfall abhängig von dem sich nach den bisher angewendeten Berechnungsmethoden konkret ergebenden UhBeitrag zu beurteilen sein, ob bzw in welcher Höhe dem UhPfl eine Mehrleistung oder dem UhBer die Tragung dieser zusätzlichen Kosten aus den bisherigen UhLeistungen zugemutet werden kann. Der – schon bisher gegebene – Umstand, dass der Regelbedarf ab dem 19. Lebensjahr eine Steigerung erfährt, ist schon deshalb irrelevant, weil die Prozentkomponente vom Regelbedarf unabhängig zu beurteilen ist. 3 Ob 135/03 d = ecolex 2004, 172/77; 3 Ob 223/02 v = 103.807.

4. Anmerkung: Abgesehen davon, dass der Wechsel in den Altersgruppen der Prozentwertmethode sich auch sonst nicht danach richtet, welche konkreten Mehrbedürfnisse das Kind hat, entspricht die Vorgangsweise des OGH letztlich doch der Behandlung der Studiengebühren als Sonderbedarf. Zur Erhöhung der Prozentwerte für über 19-Jährige s Rz 248.

281 **1. Schulschikurskosten** sind grundsätzlich kein Sonderbedarf, weil sie für die Mehrzahl der uhber Kind anfallen und daher nicht von den Momenten der Außergewöhnlichkeit und der Individualität geprägt sind. 7 Ob 2123/96 y = ÖA 1997, 66 = EF 80.070; 3 Ob 277/98 a = EF 86.145; 3 Ob 290/98 p = ÖA 1999, 124/U 272 = EF 86.144; 1 Ob 86/00 d = ÖA 2000, 177/U 320 = EvBl 2000/174.

2. Ggt: (Schul-)Schikurskosten sind Sonderbedarf. 2 Ob 528/90 = ÖA 1992, 119/F 11; 7 Ob 609/90 = ÖA 1992, 120/F 16.

3. Bei den Kosten für die **Schullandwoche** handelt es sich um solche, die über den gewöhnlichen Schulaufwand hinausgehen. Sie sind daher vom UhPfl grundsätzlich zu tragen. 2 Ob 2022/96 h = EF 80.069 = ÖA 1998, 15/U 195.

4. Anmerkung: Auch hinsichtlich der Kosten von Schullandwochen ist nunmehr wohl auf die zu Schulschikurskosten und die zu Kosten für Schulsportwochen geänderte Rsp zu verweisen, dh grundsätzlich liegt hier kein (objektiv) deckungspflichtiger Sonderbedarf vor.

5. Bei den Kosten der **Schulsportwoche** handelt es sich um einen üblichen Aufwand, der aus dem laufenden Uh zu bestreiten ist. 8 Ob 1667/92 = ÖA 1993, 144/ F 65 = EF 67.881.

6. Schulschikurse und Schulsportwochen sind nicht als existenznotwendig anzusehen. 1 Ob 86/00 d = ÖA 2000, 177/U 320 = EvBl 2000/174.

7. Lediglich besondere Umstände, wie etwa mehrere Schulveranstaltungen im Laufe eines Jahres, könnten solche idR ganz allgemein im Zuge der Schulausbildung von Kindern anfallenden Kosten (Schulschikurse, Schulsportwochen) als Sonderbedarf qualifizieren. Bewegen sie sich aber in moderater Höhe, so sind sie aus dem laufenden Uh zu decken, uzw selbst dann, wenn vom UhPfl ein nur unter dem Regelbedarf liegender UhBeitrag geleistet wird. 1 Ob 86/00 d = ÖA 2000, 177/U 320 = EvBl 2000/174.

8. Kosten einer **Klassenfahrt,** die über die zum gewöhnlichen Schulaufwand gehördenden Kosten eines Wandertags oder einer Exkursion hinausgehen, gehören abhängig von der Leistungsfähigkeit des UhPfl zum deckungspflichtigen Sonderbedarf, weil sie ihrem Charakter nach mit den Kosten einer Schullandwoche oder eines Schulschikurses durchaus zu vergleichen sind. 5 Ob 524/95 = EF 76.981; 2 Ob 2022/ 96 h = ÖA 1998, 15/U 195.

9. **Anmerkung:** Im Hinblick auf die neuere Rsp zu den letztgenannten Kosten sind nun aber wohl auch die Kosten für eine Klassenfahrt kein deckungspflichtiger Sonderbedarf mehr.

281 a   1. Die Frage, ob auch Kosten für den **Nachhilfeunterricht** als Sonderbedarf in Betracht kommen, lässt sich nicht allgemein beantworten; sie sind aber nicht von vornherein aus den Fällen eines vom UhPfl zu bestreitenden Sonderbedarfs auszuscheiden. Der Ersatz von notwendigen Ausgaben für den Nachhilfeunterricht als Sonderbedarf wird im Einzelfall nur in Betracht kommen, wenn der Nachhilfeunterricht vorübergehend wegen Schulschwierigkeiten erforderlich ist, eine Nachhilfe in Form von unentgeltlichen Förderstunden an der Schule oder durch zumutbare Unterstützung durch den betreuenden Elternteil nicht in Betracht kommt, das für die ausgewählte Schulform ausreichend begabte Kind das Ausbildungsziel, insb den erfolgreichen Abschluss eines Schuljahrs, ohne Nachhilfeunterricht nicht erreichen kann, die Kosten für den Nachhilfeunterricht nicht aus dem laufenden Uh finanziert werden können und die wirtschaftliche Leistungsfähigkeit des UhPfl gegeben ist. 10 Ob 61/05 a = EF 110.568.

2. Die Teilnahme an einem **Maturavorbereitungskurs** ist zur Sicherung des Schulabschlusses jedenfalls angezeigt. Die Kosten für einen solchen Kurs stellen einen Sonderbedarf dar. 4 Ob 517/96 = RZ 1997/16 = ÖA 1998, 15/U 194.

282   1. Die **Miete eines Klaviers** wurde **als Sonderbedarf** im Ausmaß der halben Monatsmiete anerkannt. Klavieraufwendungen, die zweifellos den üblichen Aufwand eines Schülers übersteigen, sind jedoch **zur Gänze** berücksichtigungswürdiger Sonderbedarf; sie dienen nämlich der Förderung der besonderen Neigungen und Fähigkeiten des Kindes.

Die Kosten für die Anschaffung von **Notenmaterial** sind hingegen dem allgemeinen **Schulbedarf** eines Schülers gleichzuhalten (Schreibmaterial, Bastelmaterial, Turnkleidung uva); es wurde auch nicht vorgebracht, warum diese Aufwendungen in ihrem gesamten Umfang einen Sonderbedarf darstellen sollten, also einen den Regelbedarf übersteigenden, existenznotwendigen weiteren Bedarf. 6 Ob 643/95 = ÖA 1996, 126/U 160 = EF 76.982.

2. Die Anschaffung eines **Computers** für die Teilnahme an einem Schulversuch, der für die späteren beruflichen Möglichkeiten durchaus förderlich ist, erscheint notwendig; es handelt sich daher um Sonderbedarf, weil es eine sinnvolle Investition ist. 6 Ob 24/02 a; 10 Ob 61/05 a.

3. Durch die vorgelegten Bestätigungen der Schule ist die ausbildungsbedingte Notwendigkeit der Anschaffung eines „standardmäßig ausgerüsteten privaten Computers inkl einer standardmäßigen Internetanbindung" erwiesen; die Anschaffung einer Computeranlage in einer mittleren Preisklasse von € 1.449 für einen HTL-Schüler mit dem Ausbildungsbereich Regelungs- und Informationstechnik überschreitet auch nicht das Maß des Notwendigen. Der Umstand, dass der Computer zu Hause steht und auch von der Mutter mitbenützt werden könnte, rechtfertigt keine andere rechtliche Beurteilung. 10 Ob 61/05 a.

283 **1.** Es können im Rahmen von Sonderbedarfsbegehren auch Mehrkosten geltend gemacht werden, die etwa bei der (kostenaufwendigen) **Förderung spezieller sportlicher Interessen,** die nicht mit weitgehender Regelmäßigkeit für die Mehrzahl der uhber Kinder anfallen, entstehen, wenn für sie die Momente der Außergewöhnlichkeit und Dringlichkeit gelten. 1 Ob 180/98 x = ÖA 1999, 117/U 268 = EF 86.087; 3 Ob 290/98 p = ÖA 1999, 124/U 272 = EF 86.087; 3 Ob 277/98 a = EF 86.087; 1 Ob 86/00 d = ÖA 2000, 177/U 320 = EvBl 2000/174.

2. Anmerkung: Gerade bei sportlichen Interessen wird aber schon verstärkt auf die Leistungsfähigkeit der Eltern, insb des gelduhpfl Elternteils, zu achten sein, kann es doch wohl nicht angehen, eine sportliche Karriere, die vielleicht einmal sogar zu hohen Einkünften des Kindes führen könnte, an denen der UhPfl dann aber nicht partizipieren würde, zu fördern, während sich der gelduhpfl Elternteil mit einem Einkommen bescheiden muss, das am oder sogar unterhalb des Existenzminimums liegt.

b) Außerhäusliche Betreuung

284 **1.** Da der Elternteil, in dessen Haushalt der UhBer lebt, gem § 140 Abs 2 ABGB seinen Beitrag zum Uh durch die Betreuungsleistung erbringt, hat er auch die Kosten, die durch die tw Übertragung dieser Betreuung an Dritte auflaufen, regelmäßig dann zu tragen, wenn die **Übertragung der Betreuung nur in seinem Interesse gelegen** ist. 4 Ob 532/90 = JBl 1991, 40 = ÖA 1991, 78 = ÖA 1991, 43/U 13.

2. Also Betreuungskosten wegen der **Berufstätigkeit der Mutter.** 1 Ob 566/92 = RZ 1993/94 = ÖA 1993, 17/U 66 = EF 67.857.

3. Ggt: Der Vater ist verpflichtet, auch jenen UhMehrbedarf des Kindes zu decken, der aus der notwendigen **Berufstätigkeit der Mutter** resultiert. 1 Ob 620/78 = EF 30.752.

4. Etwa für eine **Tagesmutter.** 1 Ob 635/92 = ÖA 1993, 139/U 76; 3 Ob 531/92 = EF 68.322.

285 **1.** Ein durch **außerhäusliche Betreuung** des Kindes entstandener Sonderbedarf ist jedoch dann bei der UhBemessung zu berücksichtigen, wenn er **in der Person des Kindes begründet** ist. 7 Ob 579/90 = SZ 63/121 = EF 61.873.

2. Also etwa aufgrund von **Erziehungs- und Betreuungsnotwendigkeiten.** 4 Ob 2392/96 k = SZ 70/23 = EF 83.243 = JBl 1997, 645.

3. Oder aufgrund einer **Behinderung oder Krankheit** des Kindes. 7 Ob 2123/96 y = ÖA 1997, 66 = EF 80.028; 1 Ob 350/98 x = EF 89.410 = ÖA 1999, 179/U 279.

4. Auch wenn die Mutter vorliegendenfalls die tw Übertragung der Betreuung des Mj auf eine Tagesmutter damit begründet hat, dass ihr dadurch die Wiederaufnahme einer Beschäftigung ermöglicht wird, so steht doch fest, dass der **behinderte Mj einer zeitaufwendigen Pflege bedarf,** weshalb schon deshalb die tw Übertragung der Betreuung an einen Dritten in den besonderen Verhältnissen des behinderten Mj begründet ist. Es darf auch nicht übersehen werden, dass im vorliegenden Fall mit dem Verabreichen der Mahlzeiten tgl ein Aufwand von mehreren Stunden verbunden ist. Es liegt aber auch im Interesse der Entwicklung des Mj, intensivere Kontakte zu anderen Personen zu haben. Unter diesen Umständen muss sich der gut verdienende Vater an diesen Mehrkosten in angemessener Weise beteiligen, um so einen Ausgleich der anteiligen Geldkosten zu schaffen. 4 Ob 532/90 = JBl 1991, 40 = ÖA 1991, 78 = EF 61.862 = ÖA 1991, 43/U 13.

5. Liegen berücksichtigungswürdige Gründe in der Person des Kindes, ist ein **billiger Ausgleich der anteiligen Geldkosten** zw den Eltern geboten. 4 Ob 532/90 = JBl 1991, 40 = ÖA 1991, 78 = ÖA 1991, 43/U 13 = EF 61.862; 4 Ob 77/99 y = EF 89.406 = ÖA 1999, 220/F 197.

Anmerkung: Zu Kosten der Berufsausbildung vgl Rz 359.

c) Krankheitskosten

286 1. Der Sonderbedarf betrifft inhaltlich neben der Persönlichkeitsentwicklung des Kindes hauptsächlich die **Erhaltung der (gefährdeten) Gesundheit und die Heilung einer Krankheit.** 2 Ob 514/94 = EF 74.022 = ÖA 1994, 185/U 102; 1 Ob 2383/96 i = ÖA 1998, 27/F 151 = EF 83.241; 4 Ob 2392/96 k = SZ 70/23 = EF 83.243 = JBl 1997, 645; 4 Ob 180/98 x = ÖA 1999, 117/U 268 = EF 86.089.

2. Betrifft der Sonderbedarf sohin die **Gesundheit des Kindes,** so ist er **als deckungspflichtig anzuerkennen.** 7 Ob 628/90 = RZ 1991/25 = ÖA 1992, 111/U 41 = EF 61.849; 1 Ob 635/92 = ÖA 1993, 139/U 76 = EF 67.838; 10 Ob 526/94 = JBl 1995, 324 uva; 3 Ob 277/98 a = EF 86.086.

3. Uzw dann, wenn er in der Person des UhBer begründet und überdies **außergewöhnlich und dringlich** ist. 1 Ob 350/98 x = EF 89.409 = ÖA 1999, 179/U 279.

287 1. **Zahnregulierungskosten** sind Sonderbedarf. 7 Ob 628/90 = RZ 1991/25 = ÖA 1992, 111/U 41 = EF 61.852; 4 Ob 512/92 = EF 67.886; 9 Ob 507/95 = SZ 68/38 = ÖA 1995, 154/U 131 = JBl 1995, 784 *(Gitschthaler)* = EF 77.018; 6 Ob 643/95 = ÖA 1996, 126/U 160 = EF 77.018; 10 Ob 118/97 v = EF 83.289.

2. **Kontaktlinsenkosten** stellen Sonderbedarf dar, wenn deren medizinische Notwendigkeit durch Vorlage eines augenfachärztlichen Befundes nachgewiesen ist. 10 Ob 61/05 a.

3. Nicht jedoch Mehrkosten für eine **Brillenfassung.** 7 Ob 521/95 = ÖA 1995, 154/U 130 = EF 76.958.

4. Dass Brillen, die mit dem Beitrag der Krankenkasse angeschafft werden können, für den Pflegebefohlenen – sei es aus optischen, sei es aus gesundheitlichen Gründen – nicht zumutbar wären, wurde nicht vorgebracht; es ist auch nicht noto-

risch, dass das Tragen derartiger Brillen – sei es wegen ihres Aussehens, sei es wegen ihrer Qualität – nicht zumutbar wäre. 2 Ob 2022/96 h = EF 80.030 = ÖA 1998, 15/U 195.

5. **Einschr:** Die Kosten für die Anschaffung einer **Brille** gehören zu den die Gesundheit betr Kosten. Es ist aber zu bedenken, dass seitens der Krankenversicherung zumindest ein Teil der Brillenkosten getragen wird. Zu prüfen ist daher, in welchem Ausmaß die gesetzliche Krankenversicherung die Kosten für die Brille des Mj übernimmt und wieweit dadurch die Kosten einer dem Mj zumutbaren Brille gedeckt wären. Nur der solcherart nicht gedeckte Betrag kann dem UhPfl als Sonderbedarf des Mj zur Last fallen. 5 Ob 524/95 = EF 76.960.

6. **Spitalsaufenthaltskosten** stellen, weil sie durch die Krankenkasse abgedeckt werden, grundsätzlich keinen Sonderbedarf dar. Dass die Mutter dem Kind nach 2 Krankenhausaufenthalten keinen weiteren Aufenthalt in einem öffentlichen Krankenhaus aus psychischen Gründen zumuten wollte, kann die Notwendigkeit der Mandeloperation in einem Sanatorium nicht begründen; die Unmöglichkeit, allenfalls auch in einem öffentlichen Krankenhaus den Aufenthalt des Mj auf einen Tag zu verkürzen, bzw der allfällige Eintritt eines psychischen Schadens des Kindes durch die Abwesenheit der Mutter über 2 bis 3 Tage konnten nicht unter Beweis gestellt werden. Die Mehrkosten des Aufenthalts des sozialversicherten Kindes in einem **Privatsanatorium** begründen daher keinen Sonderbedarf. 7 Ob 521/95 = ÖA 1995, 154/U 130 = EF 77.008.

7. Auch wenn die **Anschaffung und der Umbau eines Großraumwagens für das Kind** medizinisch indiziert sind, liegt relevanter Sonderbedarf nur dann vor, wenn dies zur Aufrechterhaltung sozialer Kontakte unumgänglich gewesen ist, weil die Vergrößerung des Aktionsradius und die Gewinnung von Lebensfreude für den UhBer zweifellos anzustreben und in jeder Hinsicht sinnvoll ist. Dies müsste aber durch einen Sachverständigen aus dem Gebiet der Neurologie oder der Psychologie bestätigt werden. 1 Ob 39/01 v = ÖA 2001, 308/U 339 = EF 96.102.

288 1. Soll eine **öffentlich-rechtliche Leistung** ausschließlich einen bestimmten Sonderbedarf des UhBer abdecken, so kann dieser Sonderbedarf von ihm in diesem Umfang gegen den UhPfl nicht mehr als erhöhter UhAnspr geltend gemacht werden. 7 Ob 591/94 = EF 73.994 = ÖA 1995, 119/UV 77; 6 Ob 591/95 = SZ 68/157 = ÖA 1998, 17/F 144.

2. Einmalige, ein **Sonderbedürfnis** abdeckende Zuwendungen nach dem SbgSHG sind allerdings auf den UhAnspr zur Deckung der laufenden Lebensbedürfnisse mangels Kongruenz nicht anrechenbar. Das gilt insb für die im vorliegenden Fall gewährte Sozialhilfe in besonderen Lebenslagen (Übersiedlungshilfe, Kosten für Hausratsanschaffung). 6 Ob 569/91 = EF 65.133.

3. Auch der dem Kind mtl zukommende Betrag an **Pflegegeld** kann nicht auf seinen Sonderbedarf angerechnet werden, dient er doch einem anderen Zweck, nämlich dem Einkauf der gegenüber einem nicht behinderten Kind erhöhten Pflege- und Betreuungsleistungen durch Drittpflege und/oder natürlich auch durch die eigene Mutter. 6 Ob 591/95 = SZ 68/157 = ÖA 1998, 17/F 144 = EF 80.050.

4. Der Pflegegeldbezug stellt eine **pauschalierte Abgeltung pflegebedingter Mehraufwendungen** dar, sodass insoweit kein Sonderbedarf zusteht. 1 Ob 350/98 x = EF 89.421 = ÖA 1999, 179/U 279; 6 Ob 145/98 m = ÖA 1999, 35/U 261 = EF 86.132; 6 Ob 141/98 y = ÖA 1999, 54/F 189; 1 Ob 39/01 v.

5. Es dient dem **krankheitsbedingten Personalaufwand** – sei es auch durch häusliche Pflege. 8 Ob 142/98 k = ÖA 1999, 55/F 193 = EF 86.133; 1 Ob 180/98 x = ÖA 1999, 117/U 268 = EF 86.133.

6. Sonderbedarf infolge von **krankheitsbedingtem Sachaufwand** wird **durch das Pflegegeld** gem BPGG jedoch **nicht gedeckt,** weshalb es diesbzgl auch zu keiner Doppelversorgung des UhBer kommt. 2 Ob 514/94 = EF 74.038 = ÖA 1994, 185/ U 102; 8 Ob 142/98 k = ÖA 1999, 55/F 193; 7 Ob 316/98 s = ÖA 1999, 135/F 194 = EF 86.134; 1 Ob 180/98 x = ÖA 1999, 117/U 268 = EF 86.135; 6 Ob 145/98 m = ÖA 1999, 35/U 261 = EF 86.135.

7. Dies gilt etwa für Therapien und Kleidung. 6 Ob 591/95 = SZ 68/157 = ÖA 1998, 17/F 144 = EF 80.078.

8. Oder die **Anschaffung und Instandsetzung von Hilfsmitteln.** 1 Ob 350/ 98 x = EF 89.421 = ÖA 1999, 179/U 279; 1 Ob 39/01 v.

d) Verfahrenskosten

289   1. Ein Kind kann die ihm in einem VaStr, das es zur Durchsetzung seiner Uh-Anspr nach § 140 ABGB führt(e), erwachsenden Prozess- und **Vertretungskosten grundsätzlich nicht** aus dem Titel des UhSonderbedarfs gegenüber dem GeldUhPfl geltend machen, **es sei denn,** in diesem Verfahren hätten aus besonderen Gründen Anhaltspunkte für die Notwendigkeit der Beiziehung eines Rechtsanwalts bestanden, **eine anwaltliche Vertretung des Kindes also ausnahmsweise aufgrund der besonderen Schwierigkeit des Falles für notwendig angesehen werden** müsste. Dies ist bereits im Verfahren erster Instanz zu behaupten. 6 Ob 183/06 i = EF-Z 2006/77 *(Gitschthaler).*

2. Ggt: Die einem Mj im Rahmen der Rechtsverfolgung oder Rechtsverteidigung erwachsenden Verfahrenskosten begründen grundsätzlich einen vom UhPfl abzudeckenden Sonderbedarf, wenn sie aus den laufenden UhLeistungen nicht bestritten werden können. 5 Ob 556/93 = EF 73.291 = ÖA 1994, 187/U 104; 4 Ob 1628/94 = ÖA 1995, 92/F 96; 3 Ob 1572/95 = ÖA 1996, 99/F 107 = EF 77.016.

3. Ggt: Uzw trotz der fehlenden Anwendbarkeit der §§ 41 ff ZPO in außerstreitigen UhVerfahren und der Möglichlichkeit einer Ungleichbehandlung von Uh-Ber und UhPfl, weil der privatrechtliche Anspruch auf Deckung eines Sonderbedarfs nach UhRecht auf einer ganz anderen Grundlage beruht als der öffentlich-rechtliche Kostenersatzanspruch nach den Verfahrensgesetzen. 2 Ob 357/99 k = ÖA 2000, 138/ U 312.

4. Im außerstreitigen UhVerfahren findet ein Kostenersatz nicht statt; dies ist aber von der Lösung der Frage zu unterscheiden, ob sich der UhAnspr gegen den Vater auch auf die **Deckung notwendiger Vertretungskosten** erstreckt. Soweit daher die Mj der Ansicht ist, die Verfahrenskosten seien im laufenden bzw zugesprochenen UhBeitrag nicht gedeckt, bleibt es ihr unbenommen, darauf einen besonderen Uh-Anspr zu stützen. 1 Ob 27/02 f.

5. Die Deckung notwendiger Prozess- und Anwaltskosten zählt im Allgemeinen nur dann zum Uh, wenn dieser – wie von einem Ehegatten, einem volljährigen Kind oder einem mj Ausländer – mit Klage geltend zu machen ist. 1 Ob 547/95 = SZ 68/104.

6. Die Frage, ob nicht der Anspruch auf Sonderbedarf wegen fehlender Notwendigkeit anwaltlicher Vertretung im Hinblick auf die durch § 212 Abs 2 ABGB

gegebene Möglichkeit einer UhSachwalterschaft des JWTr zu verneinen wäre, kann dahingestellt bleiben, weil – aus anderen Gründen – eine Deckungspflicht nicht gegeben ist. 4 Ob 1628/94 = ÖA 1995, 92/F 96; 3 Ob 1572/95 = ÖA 1996, 99/F 107.

7. Auch wenn man die unentgeltliche Vertretung durch den JWTr für ausreichend hält, muss eine **anwaltliche Vertretung ausnahmsweise doch bei besonderer Schwierigkeit des Falles** für **notwendig** angesehen werden. Dies trifft jedenfalls dann zu, wenn die UBGr von den Einkünften aus einem im Ausland gelegenen Unternehmen abhängt und hiezu Beweisaufnahmen durch ein ausländisches Rechtshilfegericht durchgeführt werden müssen. 2 Ob 357/99 k = ÖA 2000, 138/U 312.

8. Das Gericht hat **im Einzelnen festzustellen, ob die verzeichneten Kosten zweckmäßig** gewesen sind. 2 Ob 357/99 k = ÖA 2000, 138/U 312.

9. Außerdem ist auch die konkrete Leistungsfähigkeit des UhPfl zu berücksichtigen. Vermögensteile, die der Erhaltung seiner Erwerbsmöglichkeiten oder der Befriedigung seiner eigenen angemessenen Wohnbedürfnisse dienen (hier: Liegenschaften, aus deren Vermietung er sein einziges Einkommen bezieht), braucht er nicht zu verwerten. 3 Ob 195/06 g.

290 1. Auch die **mit einer (notwendigen) Verteidigung** des mündigen Mj **verbundenen Rechtsanwaltskosten** stellen grundsätzlich einen **Sonderbedarf** des Mj dar, der vorerst von den UhPfl nach Maßgabe ihrer Leistungsfähigkeit zu tragen ist, uzw sowohl vom geld- als auch vom naturaluhpfl Elternteil. 7 Ob 2165/96 z = ÖA 1997, 88/U 175 = EF 80.057; 4 Ob 2392/96 k = SZ 70/23 = tw EF 83.276 = JBl 1997, 645.

2. Für **Prozesskostenschulden** des uhber Kindes, die dieses aufgrund eines verlorenen Prozesses einem Dritten (hier: Mutter) zu zahlen hat, ist der UhPfl auch nicht aus dem Titel des Sonderbedarfs heranzuziehen. 5 Ob 2257/96 i = EF 80.056; 4 Ob 2392/96 k = tw EF 83.277, 83.279 = JBl 1997, 645 = SZ 70/23.

291 1. Notwendige Prozess- und Anwaltskosten sind aus dem UhAnspr zu decken und **nicht als gesonderter Vorschuss außerhalb des einstw Uh zuzusprechen**. Wenn sich allerdings aus der **Prozessgefahr** ein besonderer UhBed ergibt, den der UhBer aus diesen laufenden UhBeiträgen nicht decken kann, ist ein **Prozesskostenvorschuss** zuzusprechen, sofern dies dem UhPfl neben der UhLeistung zumutbar ist. Dies gilt auch für ein gem § 140 ABGB uhber Kind. 2 Ob 603/93 = EF 76.216 = EvBl 1994/148; 4 Ob 540/94 = EF 76.216; 2 Ob 595/94 = EF 76.216 = EvBl 1995/126.

2. Die **Mittel** zur Deckung des Sonderbedarfs kann der UhBer vom UhPfl auch dann verlangen, wenn er sie **selbst vorgestreckt** hat, der Grund für den Anspruch also bereits in der Vergangenheit liegt. Das wurde bereits früher judiziert und gilt umso mehr jetzt, wo Uh generell auch für die Vergangenheit beansprucht werden kann. Für den durch einen Sonderbedarf ausgelösten UhAnspr besteht insoweit keine Sonderregelung. 5 Ob 556/93 = EF 73.291 = ÖA 1994, 187/U 104; 1 Ob 67/05 t = EF 112.423; 4 Ob 114/06 b = EF-Z 2006/74 *(Gitschthaler)*.

292 1. **Anmerkung:** Die Frage, ob Verfahrenskosten deckungspflichtiger Sonderbedarf sind, ist insoferne zweischichtig, als begrifflich darunter sowohl die Kosten eines UhVerfahrens als auch die Kosten sonstiger Verfahren verstanden werden können, wobei hinsichtlich ersterer auch auf die Rsp zum Prozesskostenvorschuss uhber Ehegatten verwiesen werden kann (vgl Rz 832 f). Dass diese Kosten – Leistungsfähigkeit beim UhPfl und mangelnde Fähigkeit zu deren Tragung auf Seiten des Kindes vorausgesetzt – grundsätzlich deckungspflichtiger Sonderbedarf sind, war eine Zeitlang weitgehend unstrittig (so auch die Vorauflage Rz 292); nunmehr (6 Ob 183/ 06i) stellt der OGH jedoch primär darauf ab, ob das konkrete Verfahren durch besondere Schwierigkeiten gekennzeichnet war, die die Beiziehung eines Rechtsanwalts rechtfertigten. Derartige Schwierigkeiten – die der UhBer bereits im Verfahren erster Instanz darlegen muss (!) – könnten etwa gegeben sein, wenn eine verfahrensrechtliche Auslandsbeziehung bestand, der UhPfl selbstständig erwerbstätig ist, was die Beiziehung eines Sachverständigen notwendig machte, oder wenn sich der UhPfl selbst eines Rechtsanwalts bediente. Liegen die Voraussetzungen für einen Ersatz vor, hat der UhPfl die Verfahrenskosten jedoch nicht nur bei Obsiegen des Kindes zu ersetzen, sondern auch für den Fall der Abweisung des Uh(erhöhungs)begehrens, wobei in einem solchen Fall aber ganz genau überprüft werden muss, wie zweckmäßig und (ex ante) aussichtsreich das Unterfangen des Kindes tatsächlich gewesen ist.

Bei weniger schwierigen Fällen ist weiters zu berücksichtigen, dass sich das uhber Kind auch des JWTr hätte bedienen können und dann (wohl) auch hätte müssen (idS wohl auch *Deixler-Hübner* in Rechberger Rz 13 zu § 101 AußStrG). Eine Rolle kann dies in jenen Fällen spielen, in denen der OGH angerufen wurde und die Parteien im Hinblick auf § 6 Abs 1 AußStrG sich deshalb eines Rechtsanwalts bedienen mussten; nach § 6 Abs 3 AußStrG hätte sich das Kind aber eben auch durch den JWTr vertreten lassen können, der keiner Anwaltspflicht unterliegt (vgl *Gitschthaler*, EF-Z 2006, 129 [Entscheidungsanmerkung]).

Was nun die „sonstigen" Verfahrenskosten (verschiedenste Zivilprozesse, Verteidigungskosten, Verwaltungsverfahren usw) betrifft, so erscheint hier die Frage noch nicht völlig geklärt, ob nun die Kosten eines jeden Verfahrens, das das Kind anzustrengen gedenkt bzw in das es hineingezogen wird, grundsätzlich deckungspflichtiger Sonderbedarf sind. Der OGH bejaht dies zwar für die Kosten einer Verteidigung in einem Strafverfahren (7 Ob 2165/96z; 4 Ob 2392/96k), ist im Übrigen jedoch eher zurückhaltend. ME erscheint eine Differenzierung nicht unbedingt zwingend, treffen doch die Kriterien, an denen üblicherweise Sonderbedarf gemessen wird, bei allen Verfahren, in die ein Kind verwickelt wird, zu; pädagogische oder erzieherische Überlegungen scheinen hier fehl am Platz, auf die allfällige Aussichtslosigkeit eines Verfahrens wird ohnehin Bedacht zu nehmen sein.

Leistungsfähigkeit vorausgesetzt, hat der gelduhpfl Elternteil – die Ausführungen der E 7 Ob 2165/96z und 4 Ob 2392/96k, die Eltern hätten die Kosten nach Maßgabe ihrer Leistungsfähigkeit zu tragen, stehen nicht im Einklang mit der sonstigen Rsp zur Zahlungspflicht bei Sonderbedarfsansprüchen (vgl Rz 296) – dem Kind (sei es nun als Kl, sei es als Bekl oder Angeklagter) die Verfahrenskosten zu ersetzen. Dabei kann das Kind auch nicht auf Verfahrenshilfe verwiesen werden, steht diese doch nach der stRsp (vgl nur beispielhaft SZ 7/357; OLG Innsbruck JBl 1977, 324; OLG Wien EF 55.003 uva) und Teilen der Lehre (*Fasching*, Komm ErgBd 1974, 6; *Fucik* in Rechberger[3] Rz 2 zu § 63 ZPO; *Schwimann* in Schwimann[2] Rz 27 zu § 154 ABGB) Kindern nur zu, wenn auch der UhPfl die Voraussetzungen des § 63 ZPO erfüllt. Dem ist im Ergebnis zuzustimmen, auch wenn bereits in der Vorauflage darauf hingewiesen wurde, dass es wohl nicht darum gehen kann, ob auch der UhPfl die Voraussetzungen des § 63 ZPO erfüllt (warum auch, ist er doch weder Partei noch hat er – etwa vergleichbar dem Gesellschafter einer GmbH – ein eigenwirtschaftliches Interesse am Verfahren), sondern lediglich darum, ob dem Kind – eben aus dem Titel des Sonderbedarfs – ein Deckungsanspruch hinsichtlich der Kosten zusteht; wenn ja, dann hat der UhPfl die Kosten vorzuschießen bzw zu tragen, wenn nein, ist das Kind mittellos (vgl idS auch die Ausführungen *Faschings* aaO zum Ehegatten, wo ebenfalls auf den UhAnspr abgestellt wird). Damit ist aber – auch aus der Sicht des Prozessrichters, der über einen Verfahrenshilfeantrag des Kindes zu entscheiden hat – zunächst die Uh(Sonderbedarfs)frage zu klären und erst dann über die Verfahrenshilfe zu entscheiden (vgl dazu ausführlich *Stabentheiner*, EF-Z 2006, 9; *M. Bydlinski* in Fasching/Konecny[2] Rz 7 zu § 63 ZPO; nunmehr auch *Fucik* in Rechberger[3] Rz 2 zu § 63 ZPO).

e) Schulden

293 1. Da der UhAnspr in der Person des Kindes begründet ist, was auch für den Sonderbedarf gilt, gehört die Bezahlung allfälliger **Schulden des uhber Kind** nicht zu dem vom UhPfl zu leistenden Uh, mögen diese auch aufgrund eines deliktischen Verhaltens des UhBer (Schadenersatzansprüche eines Dritten) oder auf vertraglicher Grundlage entstanden sein. 5 Ob 2257/96 i = EF 80.056.

2. Gleiches gilt für die von der obsorgeberechtigten Mutter unter dem persönlichen Eindruck, eine Einstellung des Strafverfahrens gegen das uhber Kind nur unter der Voraussetzung eines vollen Tatausgleichs erwirken zu können, **geleistete Schadensgutmachung**. UhLeistungen dienen nämlich der Abdeckung des nach den Umständen angemessenen und gerechtfertigten Lebensaufwandes und nicht der Abwendung von selbstverschuldeten Schadenersatzleistungen, wobei es nicht darauf ankommt, aus welchen Gründen der Mj die zugrunde liegenden (Straf-)Taten gesetzt hat. Der Sonderbedarf soll zwar die Bedürfnisse des Kindes unter Berücksichtigung seiner Anlagen, Fähigkeiten, Neigungen und Entwicklungsmöglichkeiten abdecken, nicht jedoch dazu dienen, ihm die Folgen eigenverantwortlichen Handelns abzunehmen. 4 Ob 2392/96 k = EF 83.278 = JBl 1997, 645 = SZ 70/23.

f) Freizeitbedarf

294 1. Bei den Kosten für die Anschaffung eines **Kinderfahrrads** handelt es sich um keinen Sonderbedarf; es entspricht den Lebensverhältnissen einer Familie mit Durchschnittseinkommen, dass ein 7-Jähriger über ein Fahrrad verfügt; Gleiches gilt für andere Aufwendungen für übliche Sportausrüstungen eines Mj, zB für eine **Tennis- oder Schiausrüstung**. 8 Ob 638/91 = EF 65.097 = ÖA 1992, 113/U 51.

g) Übersiedlungskosten

295 1. Wenn die Mutter die in ihre Pflege und Erziehung überlassenen Kinder aus Anlass einer erlaubten neuen Eheschließung an ihren **neuen Wohnort** mitnimmt (hier: von der BRD in die USA), so sind die dadurch allenfalls verursachten Mehrkosten (erhöhte Bedürfnisse der Kinder) bei der UhPflicht des Vaters zu berücksichtigen. Dass die Mitnahme gegen seinen Willen geschah, ist jedenfalls dann ohne Bedeutung, wenn der Vater die Übersiedlung nicht (mehr) zum Anlass eines Rückführungsantrags macht und auch sonst nicht zu erkennen ist, dass das Wohl der Kinder durch den Wohnsitzwechsel beeinträchtigt wurde. 1 Ob 309/75 = JBl 1977, 370 = ÖA 1977, 152 = RZ 1976/85.

5. Zahlungspflicht

296 1. Durch § 140 Abs 2 Satz 1 ABGB hat der Gesetzgeber die **Betreuung des Kindes durch einen Elternteil im Rahmen der Haushaltsführung als vollwertigen UhBeitrag** anerkannt. **Darüber hinaus** hat dieser Elternteil grundsätzlich **nichts zu leisten**. Die übrigen Bedürfnisse des Kindes hat der andere Elternteil zu befriedigen. Aus dieser Anerkennung folgt, dass der **uhpfl (andere) Elternteil** im Rahmen seiner Leistungsfähigkeit grundsätzlich **auch für einen Sonderbedarf des Kindes aufkommen** muss. 7 Ob 628/90 = RZ 1991/25 = ÖA 1992, 111/U 41 = EF 61.852; 6 Ob 643/95 = ÖA 1996, 126/U 160 = tw EF 76.947; 10 Ob 61/05 a.

2. Daran ändert grundsätzlich auch nichts, wenn der betreuende Elternteil über ein höheres Einkommen verfügt als der gelduhpfl. 10 Ob 61/05 a.

3. Besteht Sonderbedarf wegen einer von beiden Eltern gemeinsam schon vor Jahren als notwendig befundenen **Zahnregulierung** bei der Tochter, dann können augenscheinlich nur **höhere Geldleistungen** des gelduhpfl Elternteils in Betracht kommen. Solange dieser nach seinen Einkommensverhältnissen die Kosten allein zu leisten imstande ist, bedarf es keines anteiligen finanziellen Beitrags des betreuenden Elternteils – oder im Falle seiner fehlenden Leistungsfähigkeit – eines sonstigen subsidiär UhPfl, weil mit der Zahnregulierung auch für den das Kind persönlich betreuenden Elternteil ein adäquater **höherer Betreuungs- und Sorgeaufwand** (Verkehr mit dem Zahnarzt, Überwachung der Regulierungsmaßnahmen und des Tragens der dazu anzuwendenden Vorrichtungen und deren Pflege usw) verbunden ist, der in Anrechnung zu bringen ist. 8 Ob 634/90 = EF 61.853 = ÖA 1992, 112/U 42; 8 Ob 673/90 = EF 61.853; 10 Ob 502/96 = JBl 1996, 651 = ÖA 1996, 189/U 162; 7 Ob 628/90 = RZ 1991/25 = ÖA 1992, 111/U 41 = EF 61.852; 6 Ob 643/95 = ÖA 1996, 126/U 160 = tw EF 76.947.

4. **Anmerkung:** Wenn auch im Ergebnis richtig – der gelduhpfl Elternteil hat eben für den gesamten Bedarf außerhalb der Betreuung aufzukommen –, mE eine doch eher skurrile Begründung!

297 1. Ein **Ausgleich** der Sonderbedarfskosten zw den Eltern wird aber dann gerechtfertigt sein, wenn es sich um einen zum **Betreuungsbereich** gehörenden Sonderbedarf handelt, wie etwa die Kosten einer in der Person des Kindes begründeten **Drittpflege**. 7 Ob 628/90 = RZ 1991/25 = ÖA 1992, 111/U 41 = EF 61.852; 6 Ob 643/95 = ÖA 1996, 126/U 160 = tw EF 76.947.

2. Wird die Mutter durch die **schul- oder studienbedingte Abwesenheit** des Kindes in ihrer Betreuungsleistung entlastet, hat sie anteilig zu den Kosten beizutragen. 4 Ob 77/99 y = EF 89.449 = ÖA 1999, 220/F 197; 1 Ob 143/02 i = EF 99.876.
Anmerkung: Vgl idZ auch Rz 23 ff.

3. Sonstige Betreuungskosten kann die Mutter nicht vom Vater ersetzt verlangen. Zwar kann der haushaltsführende Elternteil die Betreuung des Kindes auf Dritte übertragen, doch trägt er, soferne die Übertragung nicht durch berücksichtigungswürdige Gründe in der Person des Kindes begründet ist, die dadurch entstehenden Mehrkosten. 2 Ob 139/01 g = ÖA 2002, 32/U 344 = ZfRV 2002, 25/13.

4. **Anmerkung:** Diese Rsp wird regelmäßig von alleinerziehenden berufstätigen Müttern kritisiert, die auf die Doppelbelastung hinweisen. Sie übersehen damit allerdings, dass § 140 Abs 2 ABGB die Betreuung des Kindes der GeldUhPflicht gleichsetzt. Deshalb erhalten sie ja auch GeldUh für das Kind. Müsste der GeldUhPfl nun daneben noch jenen Betreuungsaufwand ersetzen, der durch die Berufstätigkeit

der Mutter entsteht, wäre diese doppelt bevorzugt. Einerseits wird ihr die Betreuung des Kindes zugute gehalten und andererseits müsste für deren Kosten der Vater aufkommen! (vgl dazu auch Rz 284 f)

298 1. Fehlt es an der **Zustimmung des UhPfl** zur Unterbringung des Kindes in einem Internat, dessen Kosten dem nunmehr geltend gemachten Sonderbedarf zugrunde liegen, so kann dieser Umstand nicht dazu führen, dass das Kind den Anspruch auf den diesbezüglichen SonderUh verliert; allerdings ist nur jener Aufwand zu ersetzen, der bei einer den konkreten Lebensumständen des Kindes **angemessenen Gebarung** entstanden wäre (*Gitschthaler*, Unterhaltsrecht[1] Rz 298). 2 Ob 89/03 g.

2. **Anmerkung:** Zu berücksichtigen ist idZ ja, dass der UhPfl keinerlei Möglichkeiten hat, sich an der „Willensbildung" hinsichtlich der zum Sonderbedarf führenden E (weder dem Grunde noch der Höhe nach) zu beteiligen (der betreuende Elternteil entscheidet autonom, ob das Kind etwa an Sprachferien teilnehmen soll oder nicht, der gelduhpfl Elternteil hätte sich – und seine nunmehrige Familie – auf das UhExistenzminimum zu beschränken, um das Ergebnis dieser E zu finanzieren). Diese Situation ist unter zwei Gesichtspunkten unhaltbar: IdR liegt dem Sonderbedarfsanspruch ein Vertrag zugrunde, den das Kind (vertreten durch den obsorgeberechtigten Elternteil) mit einem Dritten (Zahnarzt, Schule, Reiseveranstalter usw) abgeschlossen hat. Nach den Grundsätzen der stRsp hätte aber der gelduhpfl Elternteil, ohne Vertragspartner zu sein, die Verpflichtungen aus diesem Vertrag (also die Bezahlung!) zu erfüllen, uzw mittelbar in Erfüllung seiner UhPflichten. Ein derartiger Vertrag stellt damit aber – jedenfalls in seinen Auswirkungen – einen solchen zu Lasten eines Dritten dar, der üblicherweise zumindest dem Dritten gegenüber unwirksam sein muss; die ggt Meinung des LGZ Wien EF 89.453, ein Behandlungsvertrag mit dem Arzt stelle keinen Vertrag zu Lasten Dritter dar, weil dem Arzt daraus kein direkter Leistungsanspruch gegenüber dem gelduhpfl Elternteil erwachse und dieser „lediglich" im Rahmen seiner UhPflicht die vertraglichen Behandlungskosten zu tragen habe, ist zwar streng dogmatisch richtig, von der wirtschaftlichen Konsequenz her jedoch zynisch.

Nach § 178 Abs 1 ABGB idF vor dem KindRÄG 2001 hatte der nichtobsorgeberechtigte Elternteil das Recht, von außergewöhnlichen Umständen, die die Person des Kindes betreffen, verständigt zu werden und sich zu diesen, wie auch zu anderen wichtigen Maßnahmen, in angemessener Frist zu äußern. Dazu gehörten nach der Rsp etwa Fragen der Schul- (EF 48.465) und Berufsausbildung (LGZ Wien EF 62.958), aber auch persönliche Umstände des Kindes wie lebensbedrohliche oder ernste chronische Erkrankungen, Unfallsfolgen, Alkohol- oder Drogenmissbrauch und Straffälligkeit (LGZ Wien EF 68.128). Nach § 178 Abs 1 ABGB idFd KindRÄG 2001 sind nunmehr überhaupt alle wichtigen Angelegenheiten von den Informations- und Äußerungsrechten des nicht obsorgeberechtigten Elternteils erfasst, unter gewissen Umständen sogar minderwichtige Angelegenheiten. Gerade diese aufgezeigten Umstände sind aber solche, die idR auch Sonderbedarfsansprüchen zugrunde liegen. Von diesen Überlegungen ausgehend besteht daher mE (vgl dazu *Gitschthaler*, JBl 1995, 811) eine Verpflichtung des betreuenden Elternteils, generell vor Ergreifen von Maßnahmen, die zu Sonderbedarfskosten führen, den gelduhpfl Elternteil darüber zu informieren und ihm die Möglichkeit zur Äußerung zu geben (so nunmehr ausdrücklich § 178 Abs 1 ABGB idFd KindRÄG 2001).

Kommt der obsorgeberechtigte Elternteil seinen Informationspflichten nicht nach, hat das Pflegschaftsgericht angemessene Verfügungen zu treffen (§ 178 Abs 2 ABGB idFd KindRÄG 2001). Schon allein aus dieser Bestimmung kann mE erschlossen werden, dass auch im hier interessierenden Zusammenhang eine tatsächlich erfolgte Äußerung angemessen zu berücksichtigen ist; findet eine derartige Information nicht statt oder setzt sich der betreuende Elternteil über die erstattete Äußerung hinweg, so kann dies zwar nicht zu einem Anspruchsverlust des Kindes führen, der geldupfl Elternteil hat die Kosten aber nur in jenem Umfang zu ersetzen (abgesehen von Fragen seiner Leistungsfähigkeit), der auch bei einer den konkreten Lebensumständen des Kindes angemessenen Gebarung entstanden wäre (es sind also nicht jedenfalls sämtliche Kosten für eine Zahnregulierung zu ersetzen, die von einem „Modezahnarzt" in Rechnung gestellt wurden, wenn es auch billigere Alternativen gegeben hätte [idS bereits jetzt LGZ Wien EF 89.454]). Da sich dies mE auch mit dem Grundgedanken der Schadensminderungspflicht des § 1304 ABGB und dem Umstand begründen lässt, dass ja – wie dargestellt – praktisch ein Vertrag zu Lasten Dritter abgeschlossen wird, spricht gegen diese Auffassung auch nicht der letzte Satz des § 178 Abs 1 ABGB idFd KindRÄG 2001, wonach die Äußerung nur zu berücksichtigen sei, wenn der darin ausgedrückte Wunsch dem Wohl des Kindes besser entspreche. Unseriös wäre jedenfalls idZ die Argumentation, die Luxusvariante einer Zahnregulierung würde dem Wohl des Kindes besser entsprechen als eine medizinisch gleichwertige, aber billigere Lösung.

6. Sonderbedarfsleistungsfähigkeitsgrenze

299 1. Ob Sonderbedarf zu decken ist, hängt davon ab, ob er dem UhPfl angesichts der Einkommens- und Vermögensverhältnisse der Eltern **zumutbar** ist. 1 Ob 2383/96 i = ÖA 1998, 27/F 151 = EF 83.239; 1 Ob 350/98 x = EF 89.457 = ÖA 1999, 179/U 279; 4 Ob 97/04 z; 7 Ob 187/05 h.

2. Und **ob auch in einer intakten Familie** unter Berücksichtigung der konkreten Einkommens- und Vermögenssituation der gesamten Familie eine Deckung dieses konkreten Sonderbedarfs unter objektiven Gesichtspunkten in Betracht gezogen würde. 1 Ob 2383/96 i = ÖA 1998, 27/F 151 = EF 83.253; 1 Ob 415/97 d = EvBl 1998/102 = ÖA 1998, 205/U 229; 1 Ob 350/98 x = tw EF 89.391 = ÖA 1999, 179/U 279; 3 Ob 290/98 p = ÖA 1999, 124/U 272 = EF 86.088; 1 Ob 86/00 d = ÖA 2000, 177/U 320 = EvBl 2000/174; 10 Ob 61/05 a.

3. **Anmerkung:** Dieser Grundsatz kann nicht oft genug wiederholt werden; schließlich soll ja ein Kind durch die Trennung der Eltern nicht schlechter gestellt werden als es sonst wäre – aber auch nicht besser (vgl Rz 61).

300 1. Auch bei **Berücksichtigung eines Sonderbedarfs** hat sich der Uh **im Rahmen der Leistungsfähigkeit** des UhPfl zu halten. **Dem UhPfl muss ein zur Deckung der seinen Lebensverhältnissen angemessenen Bedürfnisse entsprechender Betrag verbleiben.** 7 Ob 579/90 = SZ 63/121 = EF 61.850; 8 Ob 1593/90 = ÖA 1992, 121/F 24; 9 Ob 507/95 = SZ 68/38 = ÖA 1995, 154/U 131 = JBl 1995, 784 *(Gitschthaler)* = EF 76.935 uva; 4 Ob 77/99 y = EF 89.456 = ÖA 1999, 220/F 197; 4 Ob 97/04 z; 10 Ob 61/05 a.

2. Besonders streng zu prüfen ist daher die **Rechtfertigung des Sonderbedarfs,** wenn schon der Allgemeinbedarf die Leistungsfähigkeit des UhPfl ausschöpft. 2 Ob 5/02 b.

3. **Je existenzieller** ein Sonderbedarf ist, **desto eher** ist der UhPfl damit zwar zu belasten. 1 Ob 2383/96 i = ÖA 1998, 27/F 151 = EF 83.251; 9 Ob 47/06 m.

4. Grundsätzlich ist dabei aber auch die **fortlaufende UhPflicht zu beachten.** 1 Ob 588/93 = ÖA 1994, 99/U 94 = tw EF 70.763; 9 Ob 507/95 = SZ 68/38 = ÖA 1995, 154/U 131 = JBl 1995, 784 *(Gitschthaler)* = EF 76.936; 1 Ob 2383/96 i = ÖA 1998, 27/F 151 = EF 83.252; 2 Ob 89/03 g; 10 Ob 61/05 a.

5. Eine **Überschreitung der Prozentsatzkomponente,** der das Hauptgewicht bei der UhBemessung zukommt, wird nur bei existenznotwendigem Sonderbedarf oder bei sonst förderungswürdigen Kindern zulässig sein. 4 Ob 108/98 f = ÖA 1998, 246/U 240 = EF 86.095; 1 Ob 350/98 x = EF 89.458 = ÖA 1999, 179/U 279; 7 Ob 101/99 z = ÖA 1999, 261/U 294; 1 Ob 143/02 i; 2 Ob 89/03 g; 4 Ob 97/04 z.

6. **Anmerkung:** Wie schon dargestellt (vgl Rz 61, 299), ist der Grundsatz der Gleichstellung des UhBer für die Zeit vor und für die Zeit nach der Trennung oder Scheidung der Eltern mE auch bei der Lösung von Sonderbedarfsproblemen zu beachten: So hat nämlich der OGH die von Zweitinstanzgerichten entwickelte Rsp übernommen, eine Belastung des UhPfl mit Sonderbedarf sei in speziell gelagerten Fällen über die Prozentkomponente (also die relative Leistungsfähigkeitsgrenze) hinaus zulässig, uzw bei existenznotwendigem Sonderbedarf und bei besonders förderungswürdigen Kindern (4 Ob 108/98 f). Es mag nun dabei zwar durchaus zutr sein, dass auch in sog intakten Familien in Extremsituationen sich alle übrigen Familienmitglieder mit ihren Ansprüchen zurückhalten müssen, wenn ein weiteres Familienmitglied etwa gesundheitliche Probleme hat und einer medizinisch notwendigen Operation odgl bedarf, doch wird auch ein musikalisch besonders begabtes Kind in einer sog intakten Familie nicht mit hohem Kostenaufwand seiner Begabung nachgehen können, wenn es die finanziellen Mittel einfach nicht erlauben. In einem solchen Fall wird insb wohl derjenige Elternteil, der das Haushaltseinkommen verdient, eine entsprechende (negative) E treffen. Liegt jedoch eine Haushaltstrennung vor, dann zwingt die Rsp den GeldUhPfl plötzlich, über die relative Leistungsfähigkeitsgrenze hinaus Leistungen an den UhBer zu erbringen. Dieses Problem verschärft sich noch in jenen Fällen, wo auch der obsorgeberechtigte Elternteil verdient, weil idR dennoch eine Mitleistungspflicht auf seiner Seite nicht angenommen wird. In einer sog intakten Familie wäre es aber wohl selbstverständlich, dass alle beteiligten Personen, also auch der den Haushalt führende Elternteil, ihr allfälliges Einkommen miteinbringen (vgl auch 7 Ob 628/90).

7. Bei der Prüfung, ob der UhPfl auch noch zu einem **den Regelbedarf weit übersteigenden Sonderbedarf** verpflichtet werden kann, ist jedenfalls ein sehr strenger Maßstab anzulegen. 7 Ob 101/99 z = EF 89.392 = ÖA 1999, 261/U 294.

8. Der Besuch einer **Sporthandelsschule** ist jedenfalls nicht existenznotwendig. 1 Ob 143/02 i = EF 99.890.

301

1. Bei **Nichtzulangen des** nach Abzug des nach § 291 b EO verbleibenden Existenzminimums **für die Befriedigung der laufenden UhAnspr** müssen sich nicht nur alle UhBer einen anteiligen Abzug gefallen lassen, sondern haben sich der UhPfl und die UhBer den Fehlbetrag angemessen zu teilen; dies gilt auch bei Sonderbedarfsansprüchen. 9 Ob 507/95 = SZ 68/38 = ÖA 1995, 154/U 131 = JBl 1995, 784 *(Gitschthaler)* = EF 76.833; 10 Ob 31/97 z = ÖA 1998, 22/U 201 = EF 83.119.

2. Für die Bestimmung der Leistungsfähigkeit des UhPfl in einem solchen Fall ist es gerechtfertigt, jenen Teil seines durchschnittlichen Nettoeinkommens, der ihm auch im Falle der exekutiven Durchsetzung eines UhTitels verbleiben muss (§ 291 b

Abs 2 EO), zunächst von der Bemessung des Uh auszuscheiden und nur den der Pfändung unterliegenden Bezugsteil der Ermittlung der Leistungsfähigkeit in Bezug auf den Uh und Sonderbedarf begehrenden UhBer zugrunde zu legen. 9 Ob 507/95 = SZ 68/38 = ÖA 1995, 154/U 131 = JBl 1995, 784 *(Gitschthaler)* = EF 76.804; 10 Ob 31/97 z = ÖA 1998, 22/U 201 = EF 83.115 = EF 83.116.

3. Im Hinblick auf die konkreten Umstände – nämlich der größeren Anzahl von UhBer und der angespannten Einkommenssituation des Vaters sowie der Häufung der Sonderbedürfnisse – bildet die **Differenz zum unpfändbaren Betrag nach § 291 b Abs 2 EO die Belastungsgrenze für den laufenden Uh des Mj und für sämtliche Sonderbedürfnisse.** 9 Ob 507/95 = JBl 1995, 784 *(Gitschthaler)* = ÖA 1995, 154/U 131 = SZ 68/38 = EF 76.939.

4. Anmerkung: Gemeint ist die Differenz zw unpfändbarem Betrag und Einkommen. Dieser Betrag steht für die Aufteilung auf alle laufenden und alle Sonderbedarfsansprüche zur Verfügung. Vgl idZ im Übrigen ausführlich *Gitschthaler*, JBl 1995, 811.

5. Ist der geldunterhpfl Elternteil zur vollen Abdeckung des Sonderbedürfnisses des Kindes nicht imstande oder müsste er mehr leisten, als es seinen tatsächlichen Lebensverhältnissen angemessen wäre, so muss die Mutter, obwohl sie als den Haushalt führender Elternteil, in welchem das Kind betreut wird, gem § 140 Abs 1 ABGB dadurch ihren UhBeitrag (in natura) erfüllt, darüber hinaus nach § 140 Abs 2 Satz 2 ABGB anteilig zum Sonderbedarf des mj Sohnes mit beitragen. 7 Ob 628/90 = RZ 1991/25 = ÖA 1992, 111/U 41 = EF 61.852; 6 Ob 643/95 = ÖA 1996, 126/U 160 = tw EF 76.947; 10 Ob 31/97 z = ÖA 1998, 22/U 201= EF 83.255.

302   **1.** Ob der UhPfl nach seiner wirtschaftlichen Leistungsfähigkeit in der Lage ist, einen bestimmten Sonderbedarf des Kindes mitzufinanzieren, lässt sich nur durch eine in ihrer Bedeutung über den vorliegenden Einzelfall nicht hinausreichende Ermessensentscheidung klären. 1 Ob 2015/96 x; 1 Ob 2383/96 i = ÖA 1998, 27/F 151; 7 Ob 187/05 h.

2. Abw: Die Frage des Ausmaßes der Belastbarkeit des Einkommens des UhPfl mit einer größeren Anzahl von UhPflichten bei der Geltendmachung von Sonderbedarf geht über den Einzelfall hinaus. 9 Ob 507/95 = SZ 68/38 = ÖA 1995, 154/U 131 = JBl 1995, 784 *(Gitschthaler)*.

F. Unterhaltsvereinbarungen

Übersicht:

	Rz
1. Allgemeines	303, 304
2. Pflegschaftsgerichtliche Genehmigung	
a) Allgemeines	305–309
b) Unterhaltsverzicht	310, 311
3. Vergleichsauslegung	312
4. Verfahrensfragen	313–314 a

1. Allgemeines

303   **1.** Die **Eltern** haben hinsichtlich des KindesUh eine **gewisse Dispositionsfreiheit** und können daher UhVereinbarungen treffen, die von § 140 ABGB abweichen.

1 Ob 633/82 = EF 40.107; 7 Ob 670/86 = EF 50.416; 1 Ob 541/88; 7 Ob 634/88; 3 Ob 524/92 = ÖA 1992, 146/U 62 = EF 67.824; 1 Ob 571/95 = ÖA 1996, 94/U 148 = SZ 68/146 = EF 76.907; 1 Ob 98/97 m = EF 83.179 = ÖA 1998, 115/U 214.

2. Sie können auch (mit pflegschaftsbehördlicher Zustimmung) vereinbaren, wie sie in Kenntnis der beiderseitigen Einkommens- und Vermögensverhältnisse zu dem der Höhe nach nicht geschmälerten GesamtUh des Kindes beitragen wollen. 1 Ob 532/88 = EF 56.102; 1 Ob 541/88 = EF 56.102; 7 Ob 634/88 = EF 56.102; 3 Ob 524/92 = ÖA 1992, 146/U 62 = EF 67.825, 67.826.

3. **Anmerkung:** Zur Voraussetzung der pflegschaftsbehördlichen Genehmigung vgl Rz 305 ff.

4. Durch derartige Vereinbarungen kann der Anspruch des Kindes auf den notwendigen Uh zwar nicht geschmälert werden. 4 Ob 545/81 = EF 37.765; 3 Ob 595/83; 2 Ob 612/83.

5. Die Kinder als Gläubiger können die Erbringung der UhLeistung durch die Mutter an Stelle des Vaters als UhPfl jedoch nicht ablehnen. 3 Ob 1033/88 = EF 56.118.

6. Tritt durch eine derartige Vereinbarung **an die Stelle der primären Uh-Pflicht des Vaters eine bloß subsidiäre,** kann der Vater erst dann zu UhLeistungen herangezogen werden, wenn die Mutter außerstande wäre, für den Uh des Kindes zur Gänze aufzukommen. 1 Ob 136/72 = EvBl 1973/24; 1 Ob 633/82 = EF 40.107; 2 Ob 612/83; 7 Ob 670/86 = EF 50.416 uva; 7 Ob 2337/96 v = ÖA 1997, 203/S 12 = EF 79.955.

7. Oder es die durch die Vereinbarung primär uhpfl gewordene Mutter unterlässt, ihrer Verpflichtung nachzukommen, es sei denn, der Vater wäre zur vollen Deckung der Bedürfnisse des Kindes allein nicht imstande oder müsste, würde ihm diese auferlegt, mehr leisten, als es seinen eigenen Lebensverhältnissen angemessen wäre. 5 Ob 566/82; 7 Ob 512/94 = EF 74.059; 7 Ob 2337/96 v = ÖA 1997, 203/S 12 = EF 79.956.

8. Im Scheidungsfolgenvergleich verpflichtete sich die Mutter, zur Gänze und unter allen Umständen für den KindesUh derart aufzukommen, dass der Vater nicht in Anspruch genommen werde; sie halte den Vater hinsichtlich aller wie immer gearteten UhAnspr des Kindes schad- und klaglos. Die Mutter hat aber nicht namens des Kindes auf UhLeistungen des Vaters verzichtet. Der Vergleich enthält daher weder eine UhVereinbarung des Kindes noch auch einen UhVerzicht gegenüber seinem primär geldhupfl Vater. Er enthält eine bloße Regelung zw den Ehegatten darüber, wer die UhLast im Innenverhältnis zu tragen hat. 2 Ob 599/90 = RZ 1991/64 = ÖA 1991, 138 = ÖA 1991, 43/U 15; 4 Ob 344/98 m = ÖA 1999, 181/U 280 = EF 88.989.

entfällt. **304**

2. Pflegschaftsgerichtliche Genehmigung

a) Allgemeines

1. **Gerichtliche UhVergleiche** betr mj Kinder bedürfen zu ihrer Gültigkeit **305** und zu ihrer Rechtswirksamkeit als Exekutionstitel der pflegschaftsbehördlichen Genehmigung. 3 Ob 98/78 = EF 30.790; 4 Ob 587/78; 4 Ob 1505/91; 2 Ob 528/92 = EF 67.823 = ÖA 1993, 99/U 73 uva; 4 Ob 231/99 w; 9 Ob 34/01 t = EF 96.149; 1 Ob

16/02 p = ÖA 2002, 138/U 356 = JBl 2002, 516; 1 Ob 105/02 a = ÖA 2002, 261/UV 199; 7 Ob 77/02 b; 7 Ob 176/02 m; 6 Ob 37/03 i.

2. **Einschr:** Uzw jedenfalls eine von der gesetzlichen UhPflicht abweichende Vereinbarung. 4 Ob 522/74 = EF 21.593; 6 Ob 13/75 = EF 23.832; 6 Ob 120/75 = EF 23.831 uva; 1 Ob 541/88.

3. UhVereinbarungen der Eltern ohne pflegschaftsbehördliche Genehmigung sind **im Verhältnis zum Kind** daher **bedeutungslos**. 7 Ob 1501/92; 7 Ob 535/93; 5 Ob 536/94.

4. Ein einer gerichtlichen Genehmigung bedürftiger Vertrag ist vor ihrer Erteilung oder Verweigerung bei Bindung beider Vertragsteile schwebend unwirksam, nach Verweigerung der Genehmigung aber schlechthin unwirksam. 7 Ob 78/01 y; 5 Ob 57/02 x = JBl 2003, 53; 4 Ob 188/06 k.

5. Die Parteien können dabei während der Schwebezeit vom Vertrag auch nicht zurücktreten. 4 Ob 188/06 k.

6. Auch durch die pflegschaftsgerichtliche Genehmigung eines Rechtsgeschäfts wird aber die **fehlende Zustimmung des gesetzlichen Vertreters** nicht ersetzt. 1 Ob 105/02 a.

7. Die pflegschaftsbehördliche Genehmigung ergänzt nur die fehlende volle Verpflichtungsfähigkeit des Mj bzw der für ihn handelnden Personen. Die Beurteilung allfälliger anderer Mängel des Rechtsgeschäfts sind nicht Inhalt der Genehmigung. 8 Ob 95/02 g = ecolex 2003, 34/20.

306 1. Wenn die Regelung des KindesUh im Scheidungsfolgenvergleich **kein Vertrag mit dem Kind,** sondern nur einer der Eltern untereinander ist, dann sind die Rechte des Kindes nicht berührt, weshalb eine solche Regelung auch **keiner pflegschaftsbehördlichen Genehmigung** bedarf. 1 Ob 571/95 = ÖA 1996, 94/U 148 = SZ 68/146.

2. Inter partes erlangt eine derartige Vereinbarung der Eltern also Rechtswirksamkeit. 5 Ob 221/72; 7 Ob 20/74 = EF 21.593; 4 Ob 522/74 = EF 21.593; 3 Ob 572/81 = SZ 54/141 = EF 37.764; 2 Ob 612/83; 2 Ob 501/85 = EF 47.661; 3 Ob 1033/88.

3. Sofern eben nicht in rechtlich geschützte Interessen des Kindes eingegriffen wird. 4 Ob 302/97 h; 6 Ob 37/03 i.

4. So ist etwa eine Vereinbarung, wonach die Mutter anteilig zu den Internatskosten beitragen sollte, eine **interne Vereinbarung zw den Eltern,** die durch das Pflegschaftsgericht nicht genehmigt werden muss und auch nicht kann; die Vereinbarung kann die Rechte des Kindes nämlich nicht schmälern. 3 Ob 202/02 f.

5. Wohl aber eine Vereinbarung von Eltern über die Kompensation von Kreditschulden des anderen Elternteils mit eigenen UhSchulden; sie stellt einen Eingriff in die rechtlich geschützten Rechte und Interessen der Kinder dar. 7 Ob 291/05 b.

6. Ein Versprechen des Vaters gegenüber der Mutter, für den Uh des Kindes aufzukommen, ist ein echter **Vertrag zugunsten Dritter,** der vom Versprechenden nicht mehr einseitig widerrufen werden kann. Eine Annahme des Versprechens durch das Kind oder dessen gesetzlichen Vertreter ist nicht erforderlich. Lediglich die Zurückweisung des UhVersprechens des Vaters durch die Mutter bedarf der pflegschaftsbehördlichen Genehmigung. 1 Ob 2107/96 a = ÖA 1997, 124/U 177.

307 1. Wird ein Vergleich der Eltern über die Verpflichtung des Kindes vom Vormund*(nunmehr Pfleg)*schaftsgericht genehmigt, dann erlangt er auch gegenüber dem Kind Wirksamkeit. 1 Ob 236/38 = DREvBl 1938/81; 1 Ob 136/72 = EvBl 1973/24; 7 Ob 116/06 v.

2. Auch das Kind ist also an eine pflegschaftsbehördlich genehmigte, im Wissen der beiderseitigen Einkommensverhältnisse und Vermögensverhältnisse getroffene Vereinbarung seines primär uhpfl Vaters mit der subsidiär uhpfl Mutter über den vom Vater zu leistenden UhBeitrag solange gebunden, als dadurch sein **GesamtUh nicht geschmälert** wird. 1 Ob 721/80 = EF 35.783; 5 Ob 566/82; 2 Ob 612/83; 7 Ob 670/86 = EF 50.415; 1 Ob 532/88 = ÖA 1989, 167; 1 Ob 3/91 uva; 4 Ob 344/98 m = ÖA 1999, 181/U 280 = EF 88.989; 4 Ob 37/06 d = EF-Z 2006/48 *(Gitschthaler)*; 10 Ob 8/06 h.

3. Und das **Kindeswohl nicht gefährdet** wird. 1 Ob 633/82 = EF 40.107; 7 Ob 670/86 = EF 50.416; 1 Ob 541/88; 7 Ob 634/88; 1 Ob 571/95 = ÖA 1996, 94/U 148 = SZ 68/146 = EF 76.907; 1 Ob 98/97 m = EF 83.179 = ÖA 1998, 115/U 214.

4. Dies ist nicht erst der Fall, wenn der Uh des Kindes durch die Vereinbarung der Eltern ernsthaft gefährdet ist, sondern bereits dann, wenn die Vereinbarung zu Lasten des Kindes geht. 7 Ob 649/92; 1 Ob 571/95 = ÖA 1996, 94/U 148 = SZ 68/146.

5. Gingen die Eltern der Kinder bei Vergleichsabschluss davon aus, dass auch die Mutter neben der Haushaltsführung und der Betreuung der Kinder zum Uh beiträgt, und genehmigte das Pflegschaftsgericht diesen Vergleich, dann ist darauf auch bei der Neubemessung des Uh Rücksicht zu nehmen, solange dadurch das Kindeswohl nicht gefährdet und der den Kindern insgesamt gebührende gesetzliche Uh nicht geschmälert wird. Der den Kindern nach dem Gesetz gebührende Uh wäre dann geschmälert, wenn die Mutter **nicht mehr in der Lage wäre, zum Uh finanziell beizutragen.** 2 Ob 508/92 = ÖA 1992, 145/U 57 = EF 68.467; 2 Ob 33/99 p = ÖA 1999, 198/F 196.

6. Anmerkung: Diese von der stRsp gemachten Einschränkungen zugunsten des Kindes erscheinen mE in keinster Weise gerechtfertigt, weil ja im Falle der Genehmigung eines Vergleichs durch das Pflegschaftsgericht dem Vergleich die gleiche rechtliche Qualifikation zukommen muss wie etwa einem zw Ehegatten abgeschlossenen Vergleich. Weshalb bei Kindern hier eine Ausnahme gemacht werden muss, ist nicht nachvollziehbar. Regelmäßig werden bei Vereinbarungen der Eltern durchwegs auch bestimmte Motive des obsorgeberechtigten Elternteils dahinter stecken, wenn ein zu geringer Uh vereinbart wird (etwa der „Abtausch" einer geringeren UhLeistung mit einer höheren Ausgleichszahlung). In diesen Fällen wäre es Sache des Pflegschaftsgerichts, Vorkehrung zu schaffen, allenfalls auch durch Bestellung eines Kollisionskurators für das Kind; zunächst eine Regelung zuzulassen, die dann aber einseitig zu Lasten einer Vertragspartei abgeändert werden kann (nämlich des UhPfl), erscheint unbillig. Die folgende E ist daher zu begrüßen, auch wenn sie das Problem nur obiter anspricht und weitergehende Ausführungen unterlässt; es bleibt daher abzuwarten, ob sie tatsächlich eine **Rsp-Wende** einzuleiten vermag.

7. Es erscheint fraglich, ob ein Zurückbleiben des vereinbarten gegenüber dem gesetzlichen Uh auch dann ohne weiteres wahrgenommen werden kann, wenn dieser Umstand schon bei Abschluss der Vereinbarung und bei deren pflegschaftsgerichtlicher Genehmigung gegeben war. Im vorliegenden Fall braucht dies aber nicht abschließend geklärt zu werden. 4 Ob 37/06 d = EF-Z 2006/48 *(Gitschthaler)*.

8. Nebenabsprachen der Eltern kommt allerdings keine bindende Wirkung zu, wenn sie mangels Offenlegung gegenüber dem Pflegschaftsgericht von dessen Genehmigung nicht erfasst wurden; sie hindern daher eine Abänderung nicht. 7 Ob

550/91 = EF 65.762; 10 Ob 1600/95 = ÖA 1996, 123/F 117; 2 Ob 319/99 x = ÖA 2000, 73/U 307 = tw EF 89.640; 6 Ob 37/03 i.

308   1. Ein Scheidungsfolgenvergleich hat die betragsmäßige Fixierung der UhLeistung zu enthalten und bedarf der pflegschaftsbehördlichen Genehmigung nach § 154 Abs 2 ABGB, was auch dann gilt, wenn in einer solchen Vereinbarung – aufgrund des überdurchschnittlichen Einkommens des UhPfl – ein **besonders hoher UhBeitrag** zugedacht wird (mehr als das 4,5-fache des Regelbedarfs). 4 Ob 164/98 s = SZ 71/119 = ÖA 1999, 19/U 247; 2 Ob 319/99 x = ÖA 2000, 73/U 307 = EF 89.640; 3 Ob 22/07 t.

2. Selbst wenn sich der Vater zu einer UhLeistung verpflichtet, deren Höhe sowohl den nach statistischen Erfahrungswerten ermittelten Durchschnittsbedarf eines Kindes der entsprechenden Altersgruppe als auch jene Prozentsätze des Einkommens des Vaters übersteigt, die von der Rsp als Richtwerte herangezogen werden, besteht noch kein Grund zur Versagung der pflegschaftsgerichtlichen Genehmigung. 7 Ob 171/98 t = EF 89.641 = ÖA 1999, 183/U 281; 3 Ob 22/07 t.

3. **Anmerkung:** Eigentlich überflüssige E, wenn man bedenkt, dass das Pflegschaftsgericht die Interessen des uhber Kindes wahrzunehmen hat; dennoch wurden Genehmigungsanträge abgewiesen. Soweit zu Lasten der öffentlichen Hand von den Eltern durch den Abschluss derartiger Vergleiche Malversationen beabsichtigt werden, wäre dies im Rahmen einer allfälligen UV-Gewährung zu berücksichtigen; vgl im Übrigen auch Rz 257.

4. Aus der Rsp kann nicht abgeleitet werden, dass ein Scheidungsvergleich nur als Ganzes oder gar nicht pflegschaftsbehördlich genehmigt werden könnte. 3 Ob 28/01 s.

309   1. Die Stifter haften dafür, dass zum Zeitpunkt der Eintragung der Stiftung in das Firmenbuch das gewidmete Mindestvermögen (§ 4 PSG) noch vorhanden ist. Ob darüber hinaus eine Haftung der Gründer für Verbindlichkeiten der Vorstiftung besteht, ist strittig; es ist aber jedenfalls nicht ausgeschlossen, dass die Stifter für die Gründungskosten haften. Diese möglichen Belastungen der Stifter machen nicht nur eine **pflegschaftsbehördliche Genehmigung der nicht zum ordentlichen Wirtschaftsbetrieb der Kinder gehörenden Stiftung** notwendig (§ 154 Abs 3 ABGB); sie schließen es auch aus, dass die ebenfalls als Stifter an der Stiftung teilnehmenden Eltern die Kinder bei der Errichtung der Stiftung vertreten. Nach § 271 ABGB muss bei einem Geschäft zw Mj und gesetzlichem Vertreter ein Kollisionskurator bestellt werden, wenn die Interessen eines pflichtbewussten gesetzlichen Vertreters den Interessen des von ihm Vertretenen zuwiderlaufen können und aufgrund eines objektiv gegebenen Interessenwiderspruchs eine Gefährdung der Interessen des Mj möglich ist. 4 Ob 231/99 w.

2. Die **einseitige Stiftungserklärung eines mj Stifters** bedarf also selbst dann der Vertretungshandlung der obsorgeberechtigten Elternteile und der pflegschaftsgerichtlichen Genehmigung nach § 154 Abs 3 ABGB, wenn der Stifter in der Stiftungserklärung nach § 9 PSG kein eigenes Vermögen widmet. 1 Ob 166/04 z.

b) Unterhaltsverzicht

310   1. Ein von der Mutter namens des mj Kindes gegenüber dem Vater abgegebener **UhVerzicht** bedürfte iSd § 154 Abs 3 ABGB zu seiner Wirksamkeit der **Genehmigung des Gerichts,** weil eine derartige Rechtshandlung zweifellos nicht zum or-

dentlichen Wirtschaftsbetrieb des Kindes gehört. 2 Ob 616/59 = JBl 1960, 124; 5 Ob 373/63; 1 Ob 35/72 = SZ 45/23 uva; 4 Ob 231/99 w = EF 88.990.
  2. Oder ein Verzicht auf eine **UhErhöhung** für das Kind. 4 Ob 1505/91 = EF 65.130.
  3. Oder auch ein (allenfalls möglicher) **schlüssiger Verzicht** durch mangelnde Betreibung. 3 Ob 3/74.
  4. **Anmerkung:** Dies entspricht zwar nicht der Praxis. Greift man jedoch den Gedanken auf, könnte das uhber Kind, dem der UhPfl den Verjährungseinwand entgegensetzt, damit argumentieren, es sei – durch Nichtbetreibung der UhForderung – zwar schlüssig auf Uh verzichtet worden, dieser Verzicht sei jedoch mangels pflegschaftsgerichtlicher Genehmigung nicht wirksam, weshalb der Uh auch nicht verjährt sei.

311 1. Die **Zustimmung zum außergerichtlichen Ausgleich** des UhPfl kommt – ungeachtet der Bevorschussung des Uh durch den Bund – einem UhVerzicht gleich und bedarf der pflegschaftsbehördlichen Genehmigung. Ein UhVerzicht widerspricht jedoch grundsätzlich dem Kindeswohl; die Bevorschussung durch den Bund bewirkt insoweit keine Änderung der Rechtslage. 2 Ob 575/95 = ÖA 1996, 123/UV 90.
  2. Einer im Scheidungsvergleich getroffenen Vereinbarung der Eltern, wechselseitig auf UhZahlungen für das jew in der Pflege und Erziehung des anderen Elternteils befindliche Kind zu verzichten, ist die pflegschaftsbehördliche Genehmigung zu versagen. 3 Ob 502/93; 2 Ob 575/95 = ÖA 1996, 123/UV 90.
  3. Eine Vereinbarung über einen UhVerzicht bedürfte der Genehmigung, die jedoch nicht erteilt werden könnte, weil der UhAnspr grundsätzlich unverzichtbar ist. 1 Ob 105/02 a = ÖA 2002, 261/UV 199.

3. Vergleichsauslegung

312 1. Bei der Auslegung eines Vergleichs kommt es auf den **klaren Inhalt der Vereinbarung** an. 5 Ob 696/82 = EF 40.591.
  2. Maßgeblich ist aber **nicht eine objektive Auslegung der gewählten Formulierungen im Vergleich, sondern der übereinstimmende Parteiwille**. 6 Ob 574/95 = 6 Ob 575/95 = RZ 1996/60 = EF 77.874.
  3. Mangels einer Behauptung, der Vergleichswortlaut betr den Uh des Kindes gäbe den übereinstimmenden Parteiwillen nicht richtig wieder, ist bei der Auslegung der Verpflichtungserklärung jedoch **vom Wortlaut des Vergleichs unter Bedachtnahme auf die Übung des redlichen Verkehrs** (§ 914 ABGB) **auszugehen**. 6 Ob 599/83 = EF 42.772.
  4. Ob eine UhVereinbarung richtig ausgelegt wurde, stellt regelmäßig keine erhebliche Rechtsfrage dar. 5 Ob 57/05 a.

4. Verfahrensfragen

313 1. Dem Vater steht gegen die **Verweigerung der Genehmigung** des mit der Mutter über den Uh der Kinder abgeschlossenen Vergleichs **kein Rekursrecht** zu. 5 Ob 304/64 = EvBl 1965/192; 4 Ob 522/74; 5 Ob 771/79.
  2. Dies gilt für beide Elternteile. 8 Ob 64/69 = EvBl 1969/346 = JBl 1970, 94.
  3. Der **Vertragspartner des Pflegebefohlenen** hat nämlich kein Recht auf pflegschaftsbehördliche Genehmigung; wer mit einem Mj ein Geschäft schließt, hat

daher auch keinen Anspruch darauf, dem Genehmigungsverfahren zugezogen zu werden, weshalb er auch nicht berechtigt ist, gegen die Verweigerung der Genehmigung ein Rechtsmittel zu ergreifen. 2 Ob 85/00 i; 8 Ob 95/02 g = ecolex 2003, 34/20.

4. Ob der Scheidungsvergleich in Ansehung der **Vermögensauseinandersetzung** für die Ehegattin wirtschaftlich günstig ist oder ihr finanziell zum Nachteil gereicht, stellt kein Kriterium für die Frage der Interessenbeeinträchtigung der Kinder dar, zumal es nur auf rechtlich geschützte Interessen der Kinder ankommt und nicht darauf, ob allenfalls durch finanzielle Transaktionen beruflicher Art – hier ging es auch um die Übertragung eines Betriebs vom Ehemann auf die Ehefrau – die wirtschaftliche Stellung eines Elternteils verschlechtert wird. Wollte man auch Rechtsgeschäfte des gesetzlichen Vertreters, die geeignet wären, dessen wirtschaftliche Position zu schwächen und damit eine für die UhBemessung eines Kindes mitbedeutsame Komponente zu dessen Ungunsten zu verändern, in die durch § 271 ABGB geschützte **Interessensphäre des Mj** einbeziehen, so würde dies über den Zweck der genannten Bestimmung weit hinausgehen und einen nicht zu rechtfertigenden Eingriff in die wirtschaftliche Dispositionsberechtigung der UhPfl darstellen.

Bedurfte es aber zur Vornahme der Vermögensauseinandersetzung und damit auch zum Abschluss des fraglichen Punkts des Scheidungsvergleichs der Beiziehung eines **Kollisionskurators** nicht, so wurde durch den Beschluss des Pflegschaftsgerichts, mit dem der Scheidungsvergleich in Ansehung der beiden mj Kinder **pflegschaftsbehördlich genehmigt** wurde, auch nicht in rechtlich geschützte Interessen der Mj eingegriffen. Damit fehlt die für die Zulässigkeit jedes Rechtsmittels erforderliche Beschwer der nun durch den Kollisionskurator vertretenen Kinder. 2 Ob 599/90 = RZ 1991/64 = ÖA 1991, 138 = ÖA 1991, 43/U 15; 1 Ob 602/92.

5. Die Rechtsmittelbefugnis des Vaters zur Frage des Erfordernisses einer pflegschaftsbehördlichen Genehmigung des in den USA geschlossenen **Scheidungsfolgenvergleichs** ist zu bejahen. Ob die zw den Eltern abgeschlossene Vereinbarung einer Genehmigung bedarf oder ohne eine solche wirksam wurde, beeinträchtigt die Rechtsstellung des Vaters, der sich auf ihre Wirksamkeit im Hinblick auf die Regelung des Uh und der Obsorge (auch ohne Genehmigung) beruft. Seine Rechtsmittelbefugnis ist auch in Ansehung der Vergleichsgenehmigung jedenfalls insoweit gegeben, als er die Versagung der Genehmigung der Obsorgeregelung bekämpft. Die Rsp verweigert dem Vater eine Beteiligtenstellung im Genehmigungsverfahren nur insoweit, als er als Vertragspartner der Kinder anzusehen ist. Vor rk Zuteilung der Obsorge (die insoweit getroffene Vereinbarung wäre erst mit pflegschaftsbehördlicher Genehmigung den Kindern gegenüber wirksam) vertritt der Vater nicht nur eigene Interessen, sondern kann als solcher auch die Interessen der Kinder wahren, er ist insoweit auch nicht Vertragspartner der Kinder. 4 Ob 112/02 b = ZfRV 2003, 19/6.

314 1. Auch wenn das **für den Vergleichsgegenstand allein zuständige Organ** (Richter oder Rechtspfleger) den vor ihm geschlossenen UhVergleich **beurkundet**, ist mit der Protokollierung für sich nicht die gebotene pflegschaftsgerichtliche Genehmigung verbunden. 1 Ob 98/97 m = ÖA 1998, 115/U 214.

2. Einem vom BJA mit dem uhpfl Vater geschlossenen UhVergleich kommt ohne die sonst – auch nach der neuen Rechtslage – erforderliche pflegschaftsbehördliche Genehmigung Rechtswirkung hinsichtlich der Pflegebefohlenen zu. 4 Ob 587/78 = EF 32.976.

314a 1. Im Hinblick auf die von *Klicka* (FS Jelinek 93; *ders,* JBl 2002, 466 [Entscheidungsanmerkung]) wiederholt geäußerte Kritik an der Rsp ist klarzustellen, dass das **Rekursverfahren einseitig** ist. Der Vertragspartner des Pflegebefohlenen ist am Genehmigungsverfahren nicht beteiligt. 6 Ob 286/05 k = EF-Z 2006/53; 6 Ob 173/07 w.

IV. Selbsterhaltungsfähigkeit
A. Allgemeines

315 1. **Ob durch** ein **eigenes Einkommen** des Kindes, wie dies der Gesetzeswortlaut nahelegen würde, der **UhAnspr oder** ob dadurch der **konkrete Bedarf vermindert wird,** ist eine rein theoretische Frage, die nicht gelöst werden muss, weil man bei der Frage der Berücksichtigung der Lehrlingsentschädigung mit beiden Argumentationen zu **demselben Ergebnis** kommt. 5 Ob 567/90 = EvBl 1990/134 = JBl 1991, 41 = ÖA 1991, 16 = EF 62.653 = ÖA 1991, 41/U 3; 5 Ob 511/91.

2. **Tatsächlich verringert sich** aber der **konkrete Bedarf** des Kindes, **wenn** es **Eigeneinkünfte erzielt.** VerstSenat 1 Ob 560/92 = SZ 65/114 = EvBl 1993/12 = JBl 1993, 238 = ÖA 1992, 147/UV 438.

3. Uzw deshalb, weil den bedarfsmindernden Einkünften häufig **auch bedarfserhöhende Auslagen** gegenüberstehen, die durch die beginnende Berufstätigkeit ausgelöst werden. Da der verringerte (veränderte) Bedarf nur einer der Bemessungsfaktoren für den UhAnspr ist, **mindern eigene Einkünfte nicht auch zwingend den UhAnspr,** uzw insb dann nicht, wenn der UhPfl wegen seiner geringen Leistungsfähigkeit bisher nur einen Bruchteil des Bedarfs des UhBer decken konnte. 6 Ob 598/90 = ÖA 1992, 29 = ÖA 1991, 45/UV 7; 4 Ob 549/91 = EvBl 1992/16 = ÖA 1992, 26 uva; 6 Ob 238/98 p = EF 86.742 = ÖA 1999, 48/UV 125.

4. **Abw:** Eigeneinkommen des Kindes vermindert seinen gesamten (in Geld und Betreuung im weitesten Sinne bestehenden) UhAnspr. 7 Ob 559/92; 1 Ob 575/92; 7 Ob 526/94 = ÖA 1995, 95; 5 Ob 560/94 = ÖA 1995, 152/U 128.

316 1. Bei Beurteilung der Frage der Selbsterhaltungsfähigkeit sind **immer die Umstände des Einzelfalls maßgebend.** 8 Ob 178/97 b = ÖA 1998, 173/F 168 = EF 83.714.

2. Der Begriff der **Selbsterhaltungsfähigkeit** ist relativ; er ist nach Maßgabe der Verhältnisse des Kindes zu beurteilen. Sie tritt **nicht schon mit einem bestimmten Alter** ein, sie ist auch nicht schon dann vorhanden, wenn der UhBer in der Lage ist, sich überhaupt auf irgendeine Weise zu ernähren. 2 Ob 51/63; 5 Ob 581/79 = EF 33.396.

3. Selbsterhaltungsfähigkeit kann **vor oder nach Volljährigkeit** des UhBer eintreten. 2 Ob 6/71 = SZ 44/39; 3 Ob 89/71; 3 Ob 110/83 = EF 47.670; 1 Ob 793/83 = ÖA 1984, 68 uva; 6 Ob 87/99 h = EF 89.463 = ÖA 1999, 293/U 297.

317 1. Eine das Kind selbst treffende **UhPflicht** ist bei der Prüfung der (tw) Selbsterhaltungsfähigkeit jedenfalls **nicht zu berücksichtigen.** 6 Ob 609/91 = ÖA 1992, 152/UV 47.

2. **Anmerkung:** Dem ist schon allein deshalb zuzustimmen, weil sonst die verschiedenen zu beurteilenden UhAnspr vermengt würden. Einerseits hat nämlich das Kind, das nunmehr selbst eine Sorgepflicht hat, – allenfalls – Ansprüche gegen seine Eltern (also die Großeltern), andererseits hat aber das weitere Kind, also der Enkel, sowohl primäre Ansprüche gegen seine Eltern als auch subsidiäre Ansprüche gegen seine Großeltern (vgl dazu auch Rz 393 ff), wobei letztere ja auch durch die Ansprüche

des Enkels gegen seinen weiteren Elternteil beeinflusst werden, was aber wieder nichts mit der Frage der Selbsterhaltungsfähigkeit des erstgenannten Elternteils zu tun hat.

B. Volle Selbsterhaltungsfähigkeit

Übersicht:

		Rz
1.	Allgemeines	318, 319
2.	Richtsätze	
	a) Allgemeines	320, 321
	b) Einfachste/einfache/durchschnittliche Lebensverhältnisse	322, 323
	c) Überdurchschnittliche Lebensverhältnisse	324

1. Allgemeines

318 1. Selbsterhaltungsfähigkeit ist gegeben, wenn das Kind die **erforderlichen Mittel zur Deckung seines Uh selbst erwirbt oder dazu aufgrund einer zumutbaren Beschäftigung in der Lage** ist. 1 Ob 630/78 = EF 31.167 = RZ 1978/138 = SZ 51/90 = JBl 1979, 482; 8 Ob 504/91 = tw EF 65.809 = ÖA 1993, 20/UV 49 uva; 6 Ob 11/99 g = EF 89.468 = ÖA 1999, 292/U 296.

2. Uzw **sämtlicher UhBed im Rahmen der bestimmten konkreten Lebensverhältnisse aus eigenen Kräften**. 5 Ob 510/92; 5 Ob 508/92 = EF 68.475 = ÖA 1992, 146/U 60; 3 Ob 520/92 = ÖA 1992, 146/U 61; 1 Ob 524/93 = ÖA 1994, 18/U 82; 5 Ob 560/94 = ÖA 1995, 152/U 128; 1 Ob 2102/96 s = ÖA 1997, 64/F 127.

3. Also die Mittel zur **Bestreitung seines standesgemäßen Uh**. 2 Ob 6/71 = SZ 44/39; 3 Ob 89/71; 5 Ob 581/79 = EF 33.396; 3 Ob 110/83; 1 Ob 793/83 = ÖA 1984, 68; 3 Ob 30/84 = EF 45.619 uva; 3 Ob 7/97 v = SZ 70/36 = ÖA 1998, 158 = JBl 1997, 650 *(Hoyer)*.

4. Uzw **auch außerhalb des elterlichen Haushalts;** solange das Kind noch die elterliche Wohnungsgewährung oder Betreuung benötigt, ist es noch nicht selbsthaltungsfähig. 3 Ob 547/90 = SZ 63/101 = ÖA 1991, 77 = EF 62.608, 62.651 = ÖA 1991, 42/U 5; 3 Ob 579/90 = EF 68.476 = ÖA 1992, 42/U 6 uva; 1 Ob 2102/96 s = ÖA 1997, 64/F 127.

5. Es dürfen also weder weiterlaufende UhLeistungen des einen Elternteils in Gestalt der häuslichen Betreuung noch darf sonst eine Teilung der fixen Haushaltskosten vorausgesetzt werden, um sodann zugunsten des GeldUhPfl Selbsterhaltungsfähigkeit des Kindes anzunehmen. 1 Ob 594/90 = ÖA 1991, 42/U 7 = ÖA 1991, 78; 3 Ob 547/90 = ÖA 1991, 42/U 5 = SZ 63/101 = ÖA 1991, 77; 10 ObS 19/90 uva; verstSenat 1 Ob 560/92 = SZ 65/114 = EvBl 1993/12 = JBl 1993, 238 = ÖA 1992, 147/UV 43.

6. Bedarf das Kind **krankheitsbedingt** (besonders intensiver) **Pflege**, ist es erst bzw lediglich dann selbsthaltungsfähig, wenn es – auf sich allein gestellt – mit seinen Einkünften auch den fiktiven Geldaufwand zur Erlangung notwendiger Pflegeleistungen decken könnte. 5 Ob 560/94 = EF 77.843 = ÖA 1995, 152/U 128; 2 Ob 55/97 w; 2 Ob 77/00 p = ÖA 2000, 169/U 316.

7. **Anmerkung:** Unter diesem Gesichtspunkt kann uU ein Kind niemals selbsthaltungsfähig werden.

319 1. Bei der Beurteilung der Selbsterhaltungsfähigkeit sind **sowohl die Lebensverhältnisse des Kindes als auch jene der Eltern zugrunde zu legen**. 1 Ob 595/91 =

EF 65.801; 4 Ob 502/93 = ÖA 1994, 25 = EF 71.511; 1 Ob 262/99 g = tw JBl 2000, 738 = ÖA 2000, 214/U 321.

2. Hinsichtlich eines **vom Elternhaus losgelöst lebenden volljährigen Kindes** ist die Frage dessen Selbsterhaltungsfähigkeit allerdings nach den **bisherigen Lebensverhältnissen** des Kindes zu beurteilen. 1 Ob 288/98 d = JBl 1999, 725; 1 Ob 262/99 g = tw JBl 2000, 738 = ÖA 2000, 214/U 321.

3. Eine **Krankenschwesternschülerin** kann insb mit Rücksicht auf die von ihr zu leistenden Nachtdienste nicht zur Gänze auf die Wohnmöglichkeit bei ihrer Mutter sowie auf die Benützung öffentlicher Verkehrsmittel verwiesen werden. Es ist ihr ferner zuzubilligen, dass sie die **freie Station** während ihrer Freizeit nicht in Anspruch nimmt. Schließlich ist auch auf die Kosten des alljährlichen **Pflichtschikurses** Bedacht zu nehmen. Daher kann nicht gesagt werden, dass sie durch den Bezug von **Taschengeld** und die ihr zur Verfügung stehende freie Station bereits selbsterhaltungsfähig wäre. 5 Ob 573/90 = ÖA 1991, 41/U 4 = tw EF 62.609.

4. Das gilt auch für ein **Au-Pair-Mädchen,** das neben Kost und Quartier noch wöchentlich ATS 600 (= € 43) bekommt. 4 Ob 502/93 = ÖA 1994, 25 = EF 71.542.

2. Richtsätze

a) Allgemeines

320 1. Die **UhBemessung** hat zwar immer nach den Umständen des **konkreten Einzelfalls** zu erfolgen und nicht anhand hypothetischer Fälle, mögen sie auch häufig vorkommen; selbstverständlich schließt dies aber nicht aus, dass das Gericht bei der UhFestsetzung als ganzer oder bei der Beurteilung der einzelnen hiefür erforderlichen Faktoren (Bedarf, Leistungsfähigkeit des UhPfl udgl) von **Pauschalbeträgen** ausgeht, die entweder generell, örtlich oder für bestimmte Berufs- oder sonstige Personengruppen den Erfahrungssätzen entsprechen. Eine derartige Vorgangsweise würde nicht gegen das Gesetz verstoßen. Voraussetzung wäre allerdings, dass das Gericht dabei nicht absolut verbindliche Sätze annimmt. Den Parteien muss es offen bleiben, Abweichungen vom Normalfall zu behaupten und zu beweisen. 5 Ob 567/90 = EvBl 1990/134 = JBl 1991, 41 = ÖA 1991, 16 = EF 62.609 = ÖA 1991, 41/U 3; 5 Ob 573/90 = tw ÖA 1991, 41/U 4 = EF 62.609.

2. **Abw:** Die Festsetzung absoluter Einkommensbeträge, bei denen die Selbsterhaltungsfähigkeit eines Lehrlings anzunehmen ist, wäre nur auf der Grundlage eines entsprechenden, nach typischen Gruppen unterscheidenden repräsentativen statistischen Materials gerechtfertigt; die Bezugnahme lediglich auf Richtsätze wird der geforderten Berücksichtigung der konkreten Lebensverhältnisse nicht gerecht. 6 Ob 624/90 = ÖA 1991, 53 = EF 62.644; 5 Ob 513/91 = ÖA 1992, 53/U 28.

321 1. Der Regelbedarf bildet jedenfalls **nicht die Grenze zur Selbsterhaltungsfähigkeit.** 1 Ob 627/90 = ÖA 1992, 109/U 33 = tw ÖA 1991, 42/U 8; 4 Ob 511/91 = RZ 1992/3 = EF 65.799; 8 Ob 504/91 = EF 65.799 = ÖA 1993, 20/UV 49; 1 Ob 521/91 = EF 65.799.

2. Weil er nämlich wenig aussagekräftig dafür ist, welcher Geldbetrag zur Deckung der Lebensbedürfnisse eines Heranwachsenden nach den Verhältnissen (auch) seiner Eltern ausreichend ist. 3 Ob 523/91 = tw ÖA 1992, 51/U 22.

3. Außerdem würde seine Heranziehung die Beiträge jenes UhPfl, der weiterhin den Haushalt führt und das Kind betreut, nicht mehr anteilig, sondern überpro-

portional berücksichtigen. 6 Ob 570/90 = ÖA 1991, 42/U 8; 1 Ob 627/90 = tw ÖA 1991, 42/U 8 = ÖA 1992, 109/U 33; 1 Ob 521/91; 8 Ob 504/91 = ÖA 1993, 20/UV 49; 2 Ob 534/91 („ständige Rsp").

4. Die Messung der Selbsterhaltungsfähigkeit nach der relativen Berechnungsmethode (Prozentwertmethode) ausschließlich daran, ob das Einkommen jenen Betrag erreicht, den der UhBer unter Berücksichtigung der Lebensverhältnisse des UhPfl von diesem fordern könnte, lässt die Tatsache außer Acht, dass sich existenzielle Bedürfnisse nicht relativieren lassen, weshalb dem Begriff der Selbsterhaltungsfähigkeit trotz gebotener Ausrichtung auf die Lebensverhältnisse der Eltern immer **auch ein unverrückbares, objektives Element** innewohnt. 5 Ob 511/91.

b) Einfachste/einfache/durchschnittliche Lebensverhältnisse

322   1. **Anmerkung:** Von einfachsten Verhältnissen ist auszugehen, wenn der nach der Prozentwertmethode geschuldete UhBeitrag nicht einmal den aktuellen Regelbedarfssatz erreicht (unterdurchschnittliche Verhältnisse). Einfache Lebensverhältnisse ist ein Synonym für durchschnittliche Verhältnisse. Hier liegt der nach der Prozentwertmethode geschuldete UhBeitrag etwa in der Höhe des Regelbedarfssatzes, geht doch dessen Berechnung von durchschnittlichen Einkommen aus. Was dabei aber nicht berücksichtigt wird, ist der Umstand, dass auch bei gleich hohen Einkommen verschiedener gelduhpfl Eltern – abhängig von der Zahl der Sorgepflichten – einmal unter- und einmal überdurchschnittliche Verhältnisse anzunehmen sein können (es wird ja das Ergebnis der Prozentwertmethode mit einem festen Bedarfssatz verglichen). Im Einzelfall erscheint es daher unbedingt notwendig, auch darauf Bedacht zu nehmen, über welches Einkommen der gelduhpfl Elternteil tatsächlich verfügt und wie viele Sorgepflichten er hat.

2. Bei Beurteilung, ob „**einfache Verhältnisse**" vorliegen, ist nicht darauf **abzustellen,** ob der bisher geschuldete Uh den Regelbedarf überschreitet, sondern darauf, **ob der nach der Prozentmethode zu ermittelnde Betrag den Regelbedarf übersteigt.** 2 Ob 77/97 f = ÖA 1998, 63/U 206 = EF 83.732; 7 Ob 78/05 d.

3. Einfache Lebensverhältnisse liegen also vor, wenn der nach der Prozentwertmethode geschuldete Uh den aktuellen Regelbedarf nicht übersteigt. 7 Ob 78/05 d; 4 Ob 53/06 g.

4. Einfache *(richtig: einfachste)* Verhältnisse liegen zwar vor, wenn der nach der Prozentsatzmethode sich ergebende Uh unter dem Regelbedarf liegt; dies gilt aber dann nicht, wenn **besondere Bedürfnisse** bestehen, die aus dem Eigeneinkommen nicht zu decken sind. 2 Ob 77/00 p = ÖA 2000, 169/U 316.

5. Bei einem Einkommen des UhPfl von ATS 20.730 (= € 1.506) mtl kann noch von einfachen Verhältnissen ausgegangen werden, liegt doch dieses Einkommen nur unwesentlich über dem Durchschnittseinkommen männlicher österreichischer Arbeitnehmer. 4 Ob 1632/95 = EF 77.866 = ÖA 1996, 100/F 114.

6. **Anmerkung:** Diese E orientiert sich nur am Durchschnittseinkommen des gelduhpfl Elternteils, lässt aber wieder die konkrete Zahl der Sorgepflichten offen, was sich ja im Einzelfall auf den UhAnspr des Kindes auswirkt; vgl dazu auch die obige Anmerkung.

323   1. Welches Einkommen idS nötig ist, um die Deckung aller Bedürfnisse eines Kindes einschließlich der finanziellen Abgeltung der Betreuungsleistungen sicherzustellen, lässt sich nicht allgemein beantworten. **Für einfachste und einfache Lebens-**

verhältnisse kann der **Richtsatz für die Gewährung der Ausgleichszulage iS des § 293 Abs 1 lit a bb und lit b ASVG** (14 mal jährlich) eine **Richtschnur** (Orientierungshilfe) bieten (vgl auch 10 ObS 19/90: „Existenzminimum für den Bereich der Sozialversicherung"). 3 Ob 547/90 = SZ 63/101 = ÖA 1991, 77 = EF 62.610 = ÖA 1991, 42/U 5; 1 Ob 594/90 = ÖA 1991, 78 = ÖA 1991, 42/U 7; 3 Ob 577/90 = tw ÖA 1991, 46/UV 16 = EF 62.610; verstSenat 1 Ob 560/92 = SZ 65/114 = EvBl 1993/12 = JBl 1993, 238 = ÖA 1992, 147/UV 43 uva; 1 Ob 262/99 g = tw JBl 2000, 738 = ÖA 2000, 214/U 321; 4 Ob 163/01 a = EF 96.171; 7 Ob 14/02 p = ÖA 2002, 180/U 362; 7 Ob 78/05 d.

  2. **Anmerkung:** Dies gilt auch für durchschnittliche Lebensverhältnisse (s Rz 322).

  3. Es sei denn, es bestünden **besondere Bedürfnisse,** die aus dem Eigeneinkommen nicht zu decken sind. Solche Bedürfnisse können darin liegen, dass ein Kind weiterhin auf elterliche Betreuung oder auf spezielle Erziehungshilfen angewiesen ist. Auch die Betreuungsleistungen der Eltern stellen nämlich gem § 140 Abs 2 ABGB einen Teil des dem Kind zustehenden Uh dar. 5 Ob 560/94 = EF 77.840 = ÖA 1995, 152/U 128.

  4. Nach § 73 Abs 1 Z 1 ASVG ist als Beitrag in die Krankenversicherung vom auszuzahlenden Richtsatz nach § 293 Abs 1 lit a bb ASVG ein Betrag in der Höhe von 3,75% einzubehalten. Da Krankenversicherungsbeiträge bei der UhBerechnung nicht zur UBGr zählen, sind daher auch vom Richtsatz nach § 293 Abs 1 lit a bb ASVG iSd Gleichbehandlung 3,75% in Abzug zu bringen (*Gitschthaler,* Unterhaltsrecht[1] Rz 323). Der als Orientierungshilfe zur Beurteilung der Selbsterhaltungsfähigkeit heranzuziehende **Richtsatz** ist daher unter Berücksichtigung der zweimaligen Sonderzahlungen **um den Krankenversicherungsbeitrag zu verringern** (Betrag × 14 : 12 – 3,75%). 7 Ob 14/02 p = ÖA 2002, 180/U 362.

  5. **Anmerkung:** Der Krankenversicherungsbeitrag betrug 2004 4,75% und beträgt seit 2005 4,85%. Der Ausgleichszulagenrichtsatz, der in der Uh-Rsp bisweilen auch als Mindestpensionshöhe bezeichnet wird, betrug daher in den folgenden Jahren jew in *Schilling*/Euro:

Jahr	mtl brutto	mtl inkl SZ	mtl netto
1994	*7.500* / 545	*8.750* / 636	*8.422* / 612
1995	*7.710* / 560	*8.995* / 654	*8.658* / 629
1996	*7.887* / 573	*9.201* / 669	*8.856* / 644
1997	*7.887* / 573	*9.201* / 669	*8.856* / 644
1998	*7.992* / 581	*9.324* / 678	*8.974* / 652
1999	*8.112* / 590	*9.464* / 688	*9.109* / 662
2000	*8.312* / 604	*9.697* / 705	*9.333* / 678
2001	*8.437* / 613	*9.843* / 715	*9.473* / 688
2002	630	735	707
2003	643	750	722
2004	653	762	725
2005	663	773	736
2006	690	805	766
2007	726	847	809
2008	747	871	830

c) Überdurchschnittliche Lebensverhältnisse

324 1. **Anmerkung:** Überdurchschnittliche Verhältnisse, also nicht mehr einfache Verhältnisse, liegen dann vor, wenn der nach der Prozentwertmethode ermittelte UhBeitrag über dem Regelbedarf liegt, uzw nicht lediglich geringfügig.

2. Von „einfachen Lebensverhältnissen" iSd E des verstSenats SZ 65/114 kann nicht gesprochen werden, wenn das Durchschnittseinkommen des uhpfl Vaters ATS 26.000 (= € 1.889) übersteigt und keine weiteren Sorgepflichten bestehen. 2 Ob 77/97 f = ÖA 1998, 63/U 206 = EF 83.733.

3. **Anmerkung:** Sind überdurchschnittliche Verhältnisse gegeben, dann ist das Kind erst (voll) selbsterhaltungsfähig, wenn sein Einkommen einen Betrag erreicht, der dem aufgrund der Prozentwertmethode errechneten GeldUhAnspr zzgl der Differenz zw Mindestpensionshöhe (= Ausgleichszulagenrichtsatz) und Regelbedarfssatz entspricht, weil ja auch ein adäquater Betreuungsaufwand, der wohl einer objektiven Größe entspricht, zu berücksichtigen ist (vgl dazu *Gitschthaler,* ÖJZ 1994, 15). Damit „beginnt" bei überdurchschnittlichen Verhältnissen die Selbsterhaltungsfähigkeit des Kindes mit dem Ausgleichszulagenrichtsatz, steht ihm doch immer ein GeldUhAnspr in Höhe zumindest des Regelbedarfssatzes zu (sonst wären es ja keine überdurchschnittlichen Verhältnisse!), wozu noch der Betreuungsaufwand kommt, der die Differenz zw diesem Regelbedarfssatz und dem Ausgleichszulagenrichtsatz darstellt (vgl Rz 332).

Nach oben hin begrenzt sind diese Überlegungen jedoch mit dem sog UhStopp (vgl Rz 252; nach dem aktuellen Wert für über 19-Jährige wären dies rund € 1.190) zzgl des Betreuungsaufwands (dies wären dzt rund € 330), sodass dzt volle Selbsterhaltungsfähigkeit eines Kindes, das keine Sonderbedürfnisse hat, die die Überschreitung des 2,5-fachen Durchschnittsbedarfssatzes erlauben würden, jedenfalls dann erreicht wird, wenn das Kind über anzurechnende Eigeneinkünfte von mtl mehr als rund € 1.500 verfügt. Beansprucht das Kind keinerlei Betreuungsaufwand mehr (Eigenpflege), dann würde die volle Selbsterhaltungsfähigkeit zwar bei Eigeneinkünften in Höhe von rund € 1.190 erreicht werden, was aber wohl nicht sachgerecht erschiene: Das nicht (mehr) betreute Kind erhält weniger als das betreute!

Der so ermittelte Wert ist ganz gut mit jener Rsp in Einklang zu bringen, die den UhStopp auch damit begründet, dass ein heranwachsendes Kind nicht mehr Uh bekommen soll, als es am Beginn seiner späteren Erwerbstätigkeit verdienen wird können. Zweitinstanzliche Rsp (etwa LG Krems EF 92.515; LGZ Wien 99.799) führt dazu aus, es sei aus pädagogischer Sicht nicht zielführend, einem Kind UhBeiträge in der Höhe von bei Eintritt in das Berufsleben erzielbaren Anfangsgehältern zur Verfügung zu stellen, weil ihm durch eine derartige Alimentierung der Anreiz genommen wird, in das Berufsleben einzutreten; würde man ihm bei überdurchschnittlich hohem Einkommen des UhPfl einen Lebensstandard bieten, den er selbst bei Eintritt in das Berufsleben nicht aufrecht erhalten könnte, würde dies überhaupt die Gefahr in sich bergen, dass der dann nicht mehr UhBer, um seinen bis dahin gepflogenen Lebensstandard zu erhalten, bereits in jungen Jahren für die Finanzierung des täglichen Aufwandes auf Fremdkapital angewiesen wäre, wodurch die Gefahr einer Überschuldung und der daraus resultierenden Folgen steigen würden. Es kann aber wohl davon ausgegangen werden, dass auch bei akademischen Berufen regelmäßig zu Beginn kein € 1.500 zwölfmal jährlich übersteigendes Nettoeinkommen erzielt wird; dies wären immerhin rund € 1.800 brutto mtl.

C. Teilselbsterhaltungsfähigkeit

Übersicht:

	Rz
1. Allgemeines	325, 326
2. Gleichbehandlung der Eltern/Betreuungsleistungen	327, 328
3. Abzug des Eigeneinkommens des Kindes	329
4. Geldbedarfsquote – Berechnungssysteme	
a) Hälfteregelungen	330
b) 2/3-Regelung	331
c) Aktuelle Berechnungsformeln	332, 333

1. Allgemeines

325 1. Selbsterhaltungsfähigkeit im vollen Sinn des Begriffs ist erst gegeben, wenn das Kind **sämtliche UhBed** im Rahmen der bestimmten konkreten Lebensverhältnisse aus eigenen Kräften zu finanzieren imstande ist. Im Falle solcher Selbsterhaltungsfähigkeit vermindert sich der **UhAnspr** gegen jeden Elternteil auf Null, fällt also weg. Davon zu unterscheiden ist der Fall, dass das Kind durch eigene Einkünfte einen Teil seiner UhBed decken kann, manchmal auch als **„Teilselbsterhaltungsfähigkeit"** bezeichnet. 5 Ob 513/91 = ÖA 1992, 53/U 28; 3 Ob 505/92.

2. Sie bedeutet, dass **der UhAnspr des Kindes auf den Betrag gemindert wird, der bei Bedachtnahme auf seine eigenen Einkünfte zum Eintritt seiner Selbsterhaltungsfähigkeit noch fehlt.** 7 Ob 592/92 = ÖA 1993, 102/UV 55; 7 Ob 569/95 = ÖA 1996, 91/U 145; 4 Ob 507/96 = ÖA 1996, 196.

326 1. Inwieweit Eigeneinkommen des UhBer zu berücksichtigen ist, dafür sind die **Umstände des Einzelfalls maßgebend.** 5 Ob 511/91 = EF 65.845; 2 Ob 534/91 = EF 65.845; 6 Ob 615/92 = EF 68.472.

2. Dazu bedarf es näherer Erhebungen, die es ermöglichen, die Interessen des UhBer und der UhPfl sorgfältig gegeneinander abzuwägen und eine ihren Verhältnissen entsprechende E zu treffen. 8 Ob 550/90 = ÖA 1991, 21 = ÖA 1991, 44/UV 3; 2 Ob 534/91.

3. Ohne Anhaltspunkte für solche besonderen Umstände ist es jedoch nicht erforderlich, hierüber Erhebungen durchzuführen. 3 Ob 547/90 = SZ 63/101 = ÖA 1991, 77 = ÖA 1991, 42/U 5.

2. Gleichbehandlung der Eltern/Betreuungsleistungen

327 1. Die Bemessung des GeldUhAnspr eines Kindes mit eigenem Einkommen wird der durch § 140 ABGB gebotenen Gleichbehandlung beider Elternteile nur dann gerecht, wenn **die aus den Einkünften des Kindes resultierende Verringerung der UhPflicht beiden Elternteilen zugute kommt.** 6 Ob 624/90; 3 Ob 547/90 = SZ 63/101 = ÖA 1991, 77 = EF 62.608, 62.651 = ÖA 1991, 42/U 5; 1 Ob 594/90 = ÖA 1991, 78 = EF 62.607, 62.608 = ÖA 1991, 42/U 7 uva; 9 Ob 118/97 m = EF 83.742, 83.743.

2. Eigene Einkünfte dürfen daher weder zu einer einseitigen Entlastung nur des GeldUhPfl (und nicht auch des anderen Elternteils) noch dazu führen, dass der UhBer seine – durch mangelnde Leistungsfähigkeit des UhPfl bewirkte – einge-

schränkte Bedürfnisbefriedigung nur deswegen beibehalten soll, um den GeldUhPfl noch weiter zu entlasten. 5 Ob 513/91 = ÖA 1992, 53/U 28; 8 Ob 623/91 = ÖA 1992, 118/UV 40; 5 Ob 510/92; 6 Ob 515/92 = ÖA 1992, 151/UV 45; 2 Ob 585/91; 5 Ob 1537/92 = ÖA 1993, 21/F 47; 8 Ob 555/92; 3 Ob 569/91; 1 Ob 591/95 = ÖA 1996, 98/UV 88.

3. Dabei ist **nicht entscheidend, ob der betreuende Elternteil von seinem Kind tatsächlich einen finanziellen Beitrag für die Betreuung fordert.** 8 Ob 504/91 = ÖA 1993, 20/UV 49; 3 Ob 523/91 = ÖA 1992, 51/U 22; 5 Ob 511/91; 2 Ob 534/91; verstSenat 1 Ob 560/92 = SZ 65/114 = EvBl 1993/12 = JBl 1993, 238 = ÖA 1992, 147/UV 43.

4. Eine über die UhPflicht hinaus geleistete **Betreuung** oder sonstige UhGewährung ist **vom Kind entweder abzugelten oder aber das Kind erhält sie geschenkweise.** 6 Ob 624/90 = ÖA 1991, 53 = EF 62.644; 5 Ob 513/91 = ÖA 1992, 53/U 28; 5 Ob 510/92 uva; 8 Ob 347/97 f = EF 83.217 = ÖA 1998, 214/F 173.

5. In keinem Fall vermögen solche abzugeltenden oder freiwillig erbrachten Leistungen des obsorgenden Elternteils jedoch den anderen in seiner GeldUhVerpflichtung zu entlasten. 3 Ob 558/91 = ÖA 1992, 93; 8 Ob 649/91 = ÖA 1992, 151/UV 44.

6. Durch die Berücksichtigung der Lehrlingsentschädigung **zugunsten beider Elternteile** wird ein Lehrling nicht besser gestellt als ein unter gleichen Lebensverhältnissen heranwachsender **Schüler.** Hätte dieser eigenes Einkommen (etwa aus einem Vermögen), so müssten dieselben Erwägungen gelten. Dass bei einfachen Lebensverhältnissen der Eltern einem einkommenslosen Schüler weniger zur Deckung seiner Bedürfnisse zur Verfügung stehen wird als dem Lehrling, der zu seiner Lehrlingsentschädigung noch einen verminderten UhBeitrag erhält, liegt nicht in einer Bevorzugung des Lehrlings, sondern in der **beschränkten Leistungsfähigkeit** des zu GeldUh verpflichteten Vaters, der auch einem Schüler weit mehr an Uh leisten müsste, wäre er dazu nach seinen Lebensverhältnissen imstande. Eine **Ungleichbehandlung** ist daher **nicht erkennbar.** 3 Ob 523/91 = tw ÖA 1992, 51/U 22; 5 Ob 511/91 = EF 65.849.

328 1. Das **Eigeneinkommen** soll den GeldUhPfl allerdings nur insoweit entlasten, als es **der verhältnismäßigen Aufteilung des Einkommens auf GeldUh und Betreuungsleistungen entspricht.** 6 Ob 238/98 p = EF 86.732 = ÖA 1999, 48/UV 125.

2. Wie dieses Ergebnis zu erzielen ist, bleibt der jew **E im Einzelfall** vorbehalten, weil eine UhBemessung immer die konkreten Umstände zu berücksichtigen hat. Darum bedarf es bei dieser E idR einer sorgfältigen Erhebung der eigenen Lebensverhältnisse des UhBer und der seiner Eltern. 5 Ob 511/91.

3. Im Falle **tw Selbsterhaltungsfähigkeit** ist bei tatsächlicher Deckung eines Teiles von UhBed des Kindes durch einen Elternteil zur Festsetzung der Geldleistungsverpflichtung des anderen eine **Quantifizierung** des Wertes der im Rahmen der gesetzlichen UhPflicht erbrachten Leistungen des anderen (insb des obsorgenden Elternteils) unvermeidlich, wenn auch **Einschätzungen nach Durchschnittserfahrungen** in groben Annäherungswerten als hinreichend angesehen werden können. 6 Ob 624/90 = ÖA 1991, 53 = EF 62.644; 5 Ob 513/91 = ÖA 1992, 53/U 28; 2 Ob 551/91; 8 Ob 649/91 = ÖA 1992, 151/UV 44; 5 Ob 508/92 = ÖA 1992, 146/U 60; 8 Ob 557/92; 8 Ob 551/92; 8 Ob 555/92.

3. Abzug des Eigeneinkommens des Kindes

1. Schon das **Auseinanderfallen von UhBed und** bei betragsmäßiger Bestimmung des UhAnspr zu berücksichtigender (gegebenenfalls geminderter) **Leistungsfähigkeit** des GeldUhPfl sowie die Tatsache des Bestehens subsidiärer oder mangels Haushaltszugehörigkeit des Kindes zu einem Elternteil auch primärer GeldUh-Pflicht des anderen Elternteils schließen die Berücksichtigung des eigenen Einkommens des UhBer durch **einfaches Abziehen vom** vorher zu leistenden **GeldUh** aus. 5 Ob 513/91 = ÖA 1992, 53/U 28; 3 Ob 505/92; 3 Ob 520/92 = ÖA 1992, 146/U 61; 7 Ob 569/95 = ÖA 1996, 91/U 145. **329**

2. Uzw weder in absoluten Zahlen noch in Prozentsätzen. 2 Ob 534/91.

3. Die Bedachtnahme auf das Einkommen stellt nämlich keine Aufrechnung, sondern eine Berücksichtigung mit minderndem Effekt dar. Dabei ist aber nicht zu übersehen, dass der Lehrling idR ja in einem Haushalt integriert ist und auch noch UhLeistungen in Form von Betreuungsleistungen durch den betreuenden Elternteil empfängt. 3 Ob 523/91 = EF 65.847 = ÖA 1992, 51/U 22; 5 Ob 1569/91 = ÖA 1992, 122/F 34 = EF 65.852; 1 Ob 626/91 = EF 68.518 = ÖA 1992, 119/UV 41.

4. Daran ändern auch pädagogische oder sozialpolitische Gründe nichts. 8 Ob 550/90 = ÖA 1991, 21 = ÖA 1991, 44/UV 3; 3 Ob 547/90 = ÖA 1991, 42/U 5 = SZ 63/101 = ÖA 1991, 77; 3 Ob 579/90 = ÖA 1992, 42/U 6 uva; 4 Ob 2291/96 g = ÖA 1997, 194/U 187 = ÖA 1997, 167.

4. Geldbedarfsquote – Berechnungssysteme

a) Hälfteregelungen

1. IdR, also wenn nicht besondere Umstände ein anderes Verhältnis nahelegen, ist etwa die **Hälfte des Eigeneinkommens** dem betreuenden Elternteil und nur die andere Hälfte dem GeldUh schuldenden Elternteil anzurechnen. Es wurde zwar abgelehnt, diese Hälfteregelung mit „**pädagogischen oder sozialpolitischen**" Überlegungen zu rechtfertigen; für die Anrechnung des Eigeneinkommens auf die Uh-Pflicht beider Elternteile ist die Formel aber als **Zweifelsregel** durchaus brauchbar. 3 Ob 558/91 = ÖA 1992, 93 = EF 65.843; 1 Ob 547/91 = SZ 64/94 = EvBl 1991/177; 1 Ob 626/91 = ÖA 1992, 119/UV 41 = EF 68.523 uva; 6 Ob 238/98 p = ÖA 1999, 48/UV 125. **330**

2. Uzw jedenfalls in der Altersgruppe von 15 bis 19 Jahren. 1 Ob 591/95 = ÖA 1996, 98/UV 88.

3. Anmerkung: Diese Rsp ist insoferne als überholt anzusehen, als grundsätzlich von einer gleichteiligen Aufteilung ausgegangen wird. In der Praxis ist jedoch – auch unter Berücksichtigung der Rsp, dass nicht eine UhBerechnung, sondern lediglich eine Bemessung zu erfolgen hat – darauf hinzuweisen, dass auch nach den nunmehr angewendeten Berechnungsformeln (vgl Rz 332 f) häufig eine Hälfteregelung das Ergebnis im Einzelfall darstellt, uzw insb in der Altersgruppe der 15 bis 19-Jährigen bei bestenfalls durchschnittlichen Verhältnissen; idS lassen sich daher wohl die zit jüngeren E verstehen.

4. Abw: Die Differenz der Lehrlingsentschädigung zur Mindestpension gem § 293 Abs 1 lit a sublit bb ASVG ist zu halbieren und die Hälfte auf die UhLeistung des mit Geld alimentierenden Elternteils anzurechnen. 7 Ob 569/95 = EF 77.899 = ÖA 1996, 91/U 145.

5. **Anmerkung:** Nicht die Differenz zur Mindestpension, sondern die Lehrlingsentschädigung als Eigeneinkommen ist zu halbieren; die Differenz wäre die Bewertung der Betreuungsleistung (vgl Rz 324, 332).

b) 2/3-Regelung

331   1. **Überholt:** Geht man (zugunsten des GeldUhPfl) davon aus, dass das Kind nur UhBed in Höhe des sog sozialversicherungsrechtlichen Existenzminimums (Ausgleichszulagenrichtsatz 14 mal jährlich) hat und dass die Lehrlingsentschädigung (mangels berufsbedingten Mehraufwandes – gewiss eine Fiktion) zur Gänze zur Deckung dieser Bedürfnisse verwendet werden kann, so verbleibt ein nicht durch Eigeneinkommen gedeckter UhBed (im konkreten Fall 60% des Gesamtbedarfs), der durch GeldUh und Betreuungsleistungen abzudecken ist. Da der geschuldete **Betreuungsaufwand für einen 16-jährigen Lehrling** zweifellos mit erheblich **geringerem Geldwert** zu veranschlagen ist als der zur Deckung der anderen Bedürfnisse erforderliche Geldbetrag, kann ohne Verletzung der Rechte des GeldUhPfl von einem **Verhältnis 2 : 1** zu seinen Lasten ausgegangen werden (**Formel:** Mindestpension × 60 × 2 / 100 × 3). 5 Ob 513/91 = ÖA 1992, 53/U 28 = EF 65.844, 65.851; 2 Ob 551/91; 2 Ob 585/91 = EF 68.521 uva; 10 Ob 1612/95 = EF 77.902 = ÖA 1996, 128/F 119.

2. **Anmerkung:** Diese Formel lässt sich ohne Zwischenrechnung mit Prozentquoten vereinfacht wie folgt darstellen: Ausgleichszulagenrichtsatz (× 14 : 12) abzügl anrechenbares Einkommen × 2 : 3 (vgl idS 2 Ob 585/91; 2 Ob 586/91; 8 Ob 521/92). Sie kann jedoch als überholt angesehen werden (vgl Rz 332).

c) Aktuelle Berechnungsformeln

332   1. Es erscheint angemessen, bei **einfachen Lebensverhältnissen** das Eigeneinkommen des Mj auf die Leistungen des gelduhpfl und des betreuenden Elternteils im Verhältnis zw dem Durchschnittsbedarf der Altersgruppe, der der Mj angehört, und dessen Differenz zur Mindestpensionshöhe anzurechnen. VerstSenat 1 Ob 560/92 = SZ 65/114 = EvBl 1993/12 = JBl 1993, 238 = ÖA 1992, 147/UV 43 = EF 68.517; 6 Ob 615/92; 1 Ob 575/92 = EF 68.517 uva; 1 Ob 109/98 f = EF 86.727 = ÖA 1999, 47/UV 124.

2. **Überholt:** Es ist zunächst unter Berücksichtigung der konkreten Lebensverhältnisse des Lehrlings sein gesamter UhBed einschließlich der Ausbildungskosten zu ermitteln und dann der durch eigene Kräfte nicht abdeckbare Teil des UhBed festzustellen. Daraus lässt sich die Quote der (tw) Selbsterhaltungsfähigkeit und jene des fortbestehenden UhAnspr ermitteln. Die letztgen Quote ist auf die Leistungspflicht beider Elternteile anzuwenden. Es ist der nicht durch Naturalleistungen gedeckte UhBed betraglich zu ermitteln und mit der Quote des fortbestehenden UhAnspr zu multiplizieren. Das ergibt den GeldUhAnspr, der, soweit er in der Leistungsfähigkeit des geldzahlungspflichtigen Elternteils Deckung findet, von diesem auch trotz tw Selbsterhaltungsfähigkeit zu leisten ist. 6 Ob 624/90 = ÖA 1991, 53 = EF 62.644; 5 Ob 513/91 = ÖA 1992, 53/U 28; 2 Ob 551/91 uva; 8 Ob 541/92.

3. **Anmerkung:** Unter der „Mindestpension" ist der Ausgleichszulagenrichtsatz nach ASVG zu verstehen (vgl Rz 323).

4. Bei einfachen Lebensverhältnissen erfolgt die Bemessung des nach Berücksichtigung des Kindeseinkommens verbleibenden GeldUhAnspr nach der Richtwertformel:

RestgeldUhAnspr = (Mindestpension – Kindeseinkommen) × (Regelbedarf : Mindestpension). 7 Ob 14/02 p = ÖA 2002, 180/U 362; 7 Ob 78/05 d; 4 Ob 53/06 g.

5. Anmerkung: Diese Richtwertformel ist auch auf **durchschnittliche Verhältnisse** anzuwenden (vgl etwa LG Salzburg EF 99.916; LG Linz, LG Wels und LGZ Wien jew EF 103.945). Zur Frage, wann einfache bzw durchschnittliche Verhältnisse vorliegen, vgl Rz 322.

6. Die Richtwertformel wurde für einfache Verhältnisse entwickelt. Daher ist eine Korrektur noch nicht (zwingend) erforderlich, wenn ihre Anwendung den UhPfl zu einer Einschränkung seiner Lebensverhältnisse zwingt. Anderes könnte zwar gelten, wenn **dem UhPfl unter Berücksichtigung sonstiger UhPflichten (deutlich) weniger Mittel zu Verfügung stünden als dem UhBer, also schon bei einem Unterschreiten des Ausgleichszulagenrichtsatzes** und nicht erst bei Erreichen der in Anlehnung an § 291 b EO ermittelten „absoluten" Belastbarkeitsgrenze. Aber auch in einem solchen Fall käme es nicht nur auf eine Gegenüberstellung der jew zur Verfügung stehenden Mittel an, sondern es wären auch alle anderen Umstände des Einzelfalls zu berücksichtigen. Dazu gehören etwa die nach der Prozentsatzmethode zu beurteilende Leistungsfähigkeit des UhPfl (bei der andere UhPflichten ohnehin berücksichtigt sind) oder gegebenenfalls die Tatsache, dass ein UhBer gerade wegen der Verweigerung des angemessenen Uh auf einen weiteren Schulbesuch verzichtet und eine Berufstätigkeit aufgenommen hat. 4 Ob 53/06 g.

1. Von der bisherigen GeldUhPflicht ist **bei überdurchschnittlichen Verhältnissen** jene Quote vom Kindeseinkommen abzuziehen, die sich aus der bisherigen GeldUhHöhe im Verhältnis zu dieser zzgl der Differenz zw Mindestpension und Regelbedarf ergibt. 1 Ob 594/90 = ÖA 1991, 42/U 7 = ÖA 1991, 78; 4 Ob 511/91 = RZ 1992/3; 8 Ob 528/93 = ÖA 1994, 20/U 84 = EF 71.557. **333**

2. Der von *Schwimann* (in Schwimann² Rz 89 zu § 140 ABGB) vorgeschlagenen Berechnungsmethode ist hingegen nicht zu folgen, weil die ihr offensichtlich zugrunde liegende Annahme, der Umfang und damit der Wert der Betreuungsleistungen sei je nach den Einkommensverhältnissen der Kindeseltern verschieden, nicht den Erfahrungen des tgl Lebens entspricht. 2 Ob 77/97 f = ÖA 1998/63/U 206 = EF 83.734.

3. Anmerkung: Die in diesen E dargestellte Formel dürfte nunmehr herrschender aktueller Stand bei überdurchschnittlichen Verhältnissen sein, doch kommt es nicht auf den bisherigen GeldUh an (vgl Rz 322), sondern auf den nach der Prozentwertmethode errechneten UhAnspr unter Außerachtlassung des Eigeneinkommens des Kindes:

RestgeldUhAnspr = GeldUhAnspr – (Kindeseinkommen × GeldUhAnspr : [GeldUhAnspr + Mindestpensionshöhe – Regelbedarf]).

Vgl dazu auch *Gitschthaler*, ÖJZ 1994, 15.

Zur Frage, wann überdurchschnittliche Verhältnisse vorliegen, vgl Rz 324.

4. Abw: Liegt der vom UhPfl wegen seiner wirtschaftlichen Leistungsfähigkeit zu erbringende UhBeitrag über dem Ausgleichszulagenrichtsatz, soll das Kind auch während seiner beruflichen Ausbildungszeit an dem höheren Lebensstandard seiner Eltern angemessen teilnehmen, sodass in diesem Fall der Uh nur auf die Differenz der UhLeistung zum Eigeneinkommen des Kindes gemindert werden darf. 1 Ob 594/90 = ÖA 1991, 78 = EF 62.612 = ÖA 1991, 42/U 7; 3 Ob 547/90 = SZ 63/101 = ÖA 1991, 77 = ÖA 1991, 42/U 5; 4 Ob 511/91 = RZ 1992/3 = EF 65.805.

D. Eigeneinkommen

Übersicht:

	Rz
1. Allgemeines	334
2. Lehrlingsentschädigung	335
3. Öffentlich-rechtliche Leistungen	
a) Familienbeihilfe	
aa) Zweck der Familienbeihilfe	336, 336a
bb) Anwendungsbereich der Rechtsprechung über die Anrechnung der Familienbeihilfe auf den Geldunterhalt ...	336b–336e
cc) Ausmaß der Anrechnung der Familienbeihilfe auf den Geldunterhalt	336f, 336g
dd) Maßgebliches Einkommen für die Ermittlung des Grenzsteuersatzes	337, 337a
ee) Grenzbereich mehrerer Grenzsteuersätze	337b
ff) Mehrkinderstaffel bei Unterhaltsabsetzbetrag	337c
gg) Anrechnungsformeln	338
b) Bei Präsenz-/Zivildienst	339, 340
c) Bei Haft	341
d) Sozialversicherungsleistungen	342
e) Sozialhilfeleistungen	342a
f) Sonstiges	343
4. Verschiedene Eigeneinkünfte	344
5. Betreuungsleistungen	345
6. Vermögen/Erträgnisse	346–348a
7. Exkurs: Rechnungslegungspflicht	
a) Gegenüber dem anderen Elternteil	349
b) Gegenüber dem Pflegschaftsgericht vor dem KindRÄG 2001	350
c) Gegenüber dem Pflegschaftsgericht seit dem KindRÄG 2001	351
8. Abzüge, Aufwendungen	352, 353

1. Allgemeines

334 1. Als „eigene Einkünfte" iSd § 140 Abs 3 ABGB ist **alles** anzusehen, **was dem Kind,** sei es an **Natural-,** sei es an **Geldleistungen,** welcher Art immer, **aufgrund eines Anspruchs zukommt.** Dieser Grundsatz erleidet nur insoweit eine Ausnahme, als bestimmte Einkünfte aufgrund gesetzlicher Bestimmungen auf den Uh nicht anrechenbar sind. 5 Ob 567/90 = EvBl 1990/134 = JBl 1991, 41 = ÖA 1991, 16 = EF 62.653 = ÖA 1991, 41/U 3; 3 Ob 547/90 = SZ 63/101 = ÖA 1991, 77 = ÖA 1991, 42/U 5 uva; 1 Ob 109/98 f = tw EF 86.063 = ÖA 1999, 47/UV 124.

2. Bei der Beurteilung der Selbsterhaltungsfähigkeit des Kindes kann grundsätzlich nur jenes Einkommen berücksichtigt werden, das dem Kind tatsächlich zur Verfügung steht, also das **Nettoeinkommen.** 10 ObS 195/90.

2. Lehrlingsentschädigung

335 1. Als Abgeltung für die Erfüllung der einem Lehrling im Rahmen seiner Ausbildung übertragenen innerbetrieblichen Aufgaben (§ 10 Abs 1 BAG) unterliegt die Lehrlingsentschädigung **uhrechtlich grundsätzlich keiner Sonderbehandlung.**

6 Ob 624/90 = ÖA 1991, 53 = tw EF 62.652; 3 Ob 547/90 = SZ 63/101 = ÖA 1991, 77 = ÖA 1991, 42/U 5; 3 Ob 579/90 = ÖA 1992, 42/U 6; 3 Ob 581/90 = ÖA 1992, 121/F 25 uva; 4 Ob 345/97 g = ÖA 1998, 173/F 170.

2. Die Lehrlingsentschädigung ist, sofern sie nicht als Ausgleich für berufsbedingten Mehraufwand außer Betracht bleibt, Eigeneinkommen des Kindes. 5 Ob 567/90 = EvBl 1990/134 = JBl 1991, 41 = ÖA 1991, 16 = EF 62.653 = ÖA 1991, 41/U 3; 1 Ob 627/90 = EF 62.653 = tw ÖA 1991, 42/U 8 = ÖA 1992, 109/U 33 uva; 4 Ob 2251/96 g = EF 80.844.

3. Uzw **mangels** nennenswerter berufsausbildungsbedingter **Mehrauslagen zur Gänze.** 8 Ob 650/90 = ÖA 1992, 111/U 39; 8 Ob 520/91 = ÖA 1992, 122/F 32; 8 Ob 623/91 = ÖA 1992, 118/UV 40 uva; 8 Ob 521/92 = EF 68.550.

4. Abgelehnt wird hingegen die früher oft vertretene rein schematische Formel, wonach von der Lehrlingsentschädigung nur die Hälfte oder ein anderer Prozentsatz als Eigeneinkommen angerechnet werden könne. Auch ein Abzug aus „**pädagogischen oder sozialpolitischen**" **Gründen** ist entgegen der in den E 5 Ob 567/90 und 8 Ob 550/90 (dort sogar dann, wenn dies konkret gar nicht geltend gemacht war) anklingenden Auffassung nicht gerechtfertigt. Nur weil es das erste selbst verdiente Geld ist oder weil sonst die Arbeitsfreude beeinträchtigt würde, hat ein solcher Abzug weder bei Lehrlingen noch bei sonst erwerbstätigen Jugendlichen stattzufinden. 3 Ob 547/90 = SZ 63/101 = ÖA 1991, 77 = EF 62.652 = ÖA 1991, 42/U 5; 3 Ob 579/90 = ÖA 1991, 42/U 6; 6 Ob 598/90 = ÖA 1992, 29 = EF 62.652 = ÖA 1991, 45/UV 7; 8 Ob 650/90 = EF 62.652 = ÖA 1992, 111/U 39; 1 Ob 668/90 = EF 62.652 = ÖA 1992, 111/U 40; 2 Ob 534/91.

5. Abw: Bei Berücksichtigung der Lehrlingsentschädigung kommt ein bedingungsloser Abzug der ganzen Lehrlingsentschädigung oder eines bestimmten aliquoten Teils dieser Einkünfte von der bisherigen UhLeistung nicht in Betracht. Die Lehrlingsentschädigung ist das erste selbst verdiente Einkommen eines Jugendlichen. Es ist sowohl aus pädagogischen als auch aus sozialpolitischen Gründen nicht gerechtfertigt, sie schematisch vom bisher gezahlten UhBeitrag gänzlich oder zu einem feststehenden Prozentsatz abzuziehen. Vielmehr ist darauf Bedacht zu nehmen, dass sich die Lebensverhältnisse des ins Berufsleben eintretenden Lehrlings in ihrer Gesamtheit verändern, dass die Berufstätigkeit Mehrauslagen erfordert und dass der Jugendliche nunmehr auch gewisse höhere Ansprüche an eine seinem gehobenen Sozialprestige entsprechende Lebensführung stellen darf. 8 Ob 550/90 = ÖA 1991, 21 = tw EF 62.654 = ÖA 1991, 44/UV 3.

6. Abw: Außerdem ist dem Umstand Rechnung zu tragen, dass man unter Berücksichtigung des altersbedingt noch stark ausgeprägten Spieltriebs Jugendlicher gewisse UhBed zu den „sonstigen Bedürfnissen" iSd § 672 ABGB rechnet. Es wäre auch denkbar, dass aus psychologischer Sicht Jugendliche einer bestimmten Altersgruppe überfordert wären, würde man von ihnen die Verwendung ihres **gesamten** ersten Einkommens für die unbedingten Lebensnotwendigkeiten fordern. Schließlich könnte man auch durchaus dem Gedanken nähertreten, dass durch die Befriedigung bescheidener „Luxusbedürfnisse" (Schallplattenkauf, Besuch von Veranstaltungen udgl) mit dem ersten selbst verdienten Geld auch über einige Monate hinweg Bedürfnisse befriedigt werden, die unter Berücksichtigung der Psyche Jugendlicher den in § 672 ABGB genannten Bedürfnissen gleichzuhalten sind. 5 Ob 567/90 = EvBl 1990/134 = JBl 1991, 41 = ÖA 1991, 16 = EF 62.654 = ÖA 1991, 41/U 3.

7. Abw: Die Lehrlingsentschädigung dient primär der Abgeltung des mit der Lehrausbildung verbundenen Mehraufwands und nicht zur Bestreitung des Uh. Sie befreit daher den UhPfl nicht. 9 Os 106/75.

3. Öffentlich-rechtliche Leistungen

a) Familienbeihilfe

aa) Zweck der Familienbeihilfe

336   1. Die FB ist **ein Beitrag zum KindesUh**. Lässt man sie nämlich bei der UhBemessung völlig außer Acht, so führt die gleichwohl vorhandene reale Verminderung des Bedarfs durch die Beihilfe zu einer unterschiedlichen Behandlung sowohl bei den uhber Kindern wie auch beim UhPfl. 10 Ob 508/94 = EF 76.877 = ÖA 1994, 188/ U 106.

2. Sie ist nämlich **keineswegs ein „Durchlaufposten" und zur unmittelbaren Verwendung durch das Kind bestimmt.** 6 Ob 299/98 h = ÖA 1999, 177/U 278 = EF 86.068; 4 Ob 147/98 s = JBl 1998, 665 = ÖA 1999, 14/U 244 = EF 86.068; 1 Ob 218/ 00 s.

3. Die Wortfolge „und mindert nicht dessen UhAnspr" in § 12 a FamLAG idF BGBl 1977/646 war daher als verfassungswidrig aufzuheben. Der VfGH geht dabei davon aus, daß die Aufhebung dieser Wortfolge keineswegs zur Folge hat, dass nunmehr die FB stets zur Gänze dem gelduhpfl Elternteil zugute kommt, also zur Gänze auf dessen UhPflicht anzurechnen ist. Es wird vielmehr der Umstand zu berücksichtigen sein, dass es der Zweck der Neufassung des § 12 a FamLAG durch BGBl 1977/ 646 war, der in § 2 Abs 2 seinen deutlichen Niederschlag gefunden hat, die FB grundsätzlich jenem Haushalt zukommen zu lassen, in dem das Kind betreut wird, sodass eine Anrechnung auf die GeldUhPflicht des nicht haushaltszugehörigen Elternteils nur dann und insoweit in Betracht zu ziehen ist, als die FB aufgrund der jüngeren Entwicklung der Familienbesteuerung die Funktion einer Abgeltung der steuerlichen Mehrbelastung von UhPfl zu übernehmen hat. Für das Ausmaß dieser Anrechnung enthält das Erk EF 96.192 die maßgebenden Grundsätze. VfGH 19. 6. 2002, G 7/02 = ARD 5326/21/2002 = ÖStZB 2002/574 = EF 99.923.

4. Bei verfassungskonformer Auslegung der maßgeblichen Rechtlage ist bei der UhBemessung für Kinder bei getrennter Haushaltsführung darauf Bedacht zu nehmen, dass die **FB nicht (nur) der Abgeltung von Betreuungsleistungen dient, sondern, soweit notwendig, die steuerliche Entlastung des GeldUhPfl bewirken soll.** Mit der teilweisen Aufhebung des § 12 a FamLAG wurde nicht bloß eine die Anrechenbarkeit der FB hindernde Norm beseitigt, sondern der VfGH hat ausgesprochen, wie die maßgebliche Rechtslage verfassungskonform auszulegen ist. 7 Ob 175/02 i; 3 Ob 65/02 h; 3 Ob 190/02 s; 3 Ob 191/02 p; 3 Ob 204/02 z; 7 Ob 167/02 p = JBl 2003, 107 = ÖA 2003, 45/U 380; 7 Ob 176/02 m (alle EF 99.925).

336 a   1. **Abw:** Die vom VfGH vertretene Auffassung, die steuerliche Entlastung der UhPfl gehe nicht auf Kosten der Kinder, weil die (erhöhten) Transferleistungen von vornherein nicht für die Kinder gedacht seien, verkennt, dass die an sich durchaus erwünschte steuerliche Entlastung von GeldUhPfl mit höherem Einkommen bei dem vom VfGH angestellten Berechnungsmodell allein deren Kinder zu tragen haben, ist doch danach jener Teil der Transferleistungen, die als solche gerade kein Einkommen der Kinder sind (dieser Teil der Bestimmung wurde vom VfGH gerade nicht aufgehoben!) und ihnen somit auch gar nicht zufließen, aber nichtsdestoweniger den GeldUhPfl steuerlich entlasten sollen, vom GeldUh für die Kinder, der nach deren Bedürfnissen, aber auch nach der wirtschaftlichen Leistungsfähigkeit des UhPfl zu bemessen ist, abzuziehen.

Bezeichnenderweise versteht der VfGH „das Anliegen der antragstellenden Gerichte" auch so, dass diese keineswegs die „Kürzung des UhAnspr" gleich um die volle FB, sondern lediglich die verfassungsrechtlich gebotene Anrechnung der Transferleistungen auf den Uh, der ihrer Auffassung nach dem Wortlaut des § 12a FamLAG entgegenstehe, anstrebten. Die deshalb aufzuhebende Wortfolge verhindere, „dass die FB auch insoweit, als sie zur Abgeltung steuerlicher Mehrbelastungen von UhPfl bestimmt" sei, „demjenigen zugute" komme, „der diese UhBelastung tatsächlich" trage, „obwohl die Berücksichtigung auch bei ihm verfassungsrechtlich geboten" sei. Das erfordere insoweit die „Anrechnung auf die GeldUhPflicht des nicht haushaltszugehörigen Elternteils", im Ergebnis also allein zu Lasten des GeldUh der Kinder, weil die FB eben nicht den Kindern, sondern dem betreuenden Elternteil zufließt.

Die gebotene steuerliche Entlastung verkürzt somit den nach der Leistungsfähigkeit der UhPfl und dem Bedarf der Kinder bemessenen GeldUh, sodass diese Entlastung die Kinder tragen müssen, es sei denn, die betreuenden Elternteile wenden ihnen aus der FB jenen Anteil zu, um den deren GeldUh gekürzt wird. 1 Ob 79/02 b = ÖA 2003, 23/U 368 = EF 99.924.

2. Einschr: Der Umfang und die Details der im Anlassfall zur Ermittlung der gebotenen Steuerentlastung des Vaters als GeldUhPfl erforderlich gewesenen Berechnungen sind ein beredtes Beispiel für deren Komplexität und den insb die Vorinstanzen bei Ermittlung der Berechnungsgrundlagen und deren praktischen Verwertung im Zuge der UhBemessung belastenden Verfahrens- und Begründungsaufwand. Das RekursG wirft daher mit Recht „die Frage nach der Praktikabilität der immer mehr zu verfeinernden ... bisherigen Orientierungshilfen bei der UhBemessung" auf, soweit sie offenkundig ein auf den Euro genaues Ergebnis der notwendigen Steuerentlastung von GeldUhPfl zeitigen sollen und „für die überwiegende Mehrheit der Beteiligten wohl kaum mehr" nachvollziehbar seien. Sollte sich daher die Bemessung des GeldUh vor dem Hintergrund der gebotenen steuerlichen Entlastung von GeldUhPfl zukünftig tatsächlich in ein immer feineres Netzwerk unterschiedlich zu lösender Detailfragen der Auswirkungen des Steuerrechts auf die UhBemessung auffächern, so wird der OGH die Praktikabilität der in Anlehnung an das Berechnungsmodell des VfGH judizierten Grundsätze der Steuerentlastung von GeldUhPfl neuerlich zu überpüfen haben, um in UhSachen weiterhin rasche und für die meisten Beteiligten auch nachvollziehbare Entscheidungen zu gewährleisten. 1 Ob 82/03 w = ÖA 2003, 223/U 398.

3. Anmerkung: Letztlich hat aber auch der 1. Senat des OGH die zwischenzeitig stRsp zur (teilweisen) Anrechnung der FB und der Kinderabsetzbeträge auf die UhPflicht des geldruhpfl Elternteils übernommen (vgl Rz 336 b ff). Und auch die Ermittlung der Entlastung im Einzelfall lässt sich in der Zwischenzeit mit einer relativ einfachen Formel durchführen (vgl Rz 338/4).

Die folgenden E stammen aus der Zeit vor den beiden Erk des VfGH und sind daher überholt.

4. Überholt: Die FB ist Bestandteil des Einkommens der das Kind betreuenden Person und mindert daher kraft ausdrücklicher gesetzlicher Anordnung (§ 12a

FamLAG) nicht den UhAnspr des Kindes. 5 Ob 536/78 = EF 30.771 = ÖA 1978, 139; 5 Ob 601/78 = EF 30.771; 1 Ob 594/90 = ÖA 1991, 78 = EF 61.935 = ÖA 1991, 42/ U 7 uva; 1 Ob 218/00 s.

   5. Überholt: Sie ist kein Einkommen des Kindes. 3 Ob 94/78 = EF 35.308; 6 Ob 502/79 = EF 32.934; 6 Ob 721/79 = EF 32.934 uva; 6 Ob 511/96 = ÖA 1997, 190/U 184 = EF 79.989.

   6. Überholt: Ihr Zweck ist es, die Pflege und Erziehung des Kindes als Zuschuss zu erleichtern sowie die mit seiner Betreuung verbundenen Mehrbelastungen zumindest zum Teil auszugleichen. Sie dient dazu, den MindestUh des Kindes zu gewährleisten und gleichzeitig die Eltern von ihrer UhPflicht zu entlasten. 6 Ob 89/01 h = ÖA 2001, 312/U 341 = EF 96.190.

   7. Überholt: Sie ist eine Betreuungshilfe, die zur Gänze dem Haushalt zukommen soll, in dem das Kind betreut wird, um die Last der Betreuung (wenigstens tw) abzudecken. 4 Ob 147/98 s = JBl 1998, 665 = ÖA 1999, 14/U 244 = EF 86.070; 1 Ob 218/00 s.

   8. Überholt: Uzw auch die **erhöhte FB**. 6 Ob 591/95 = SZ 68/157 = ÖA 1998, 17/F 144 = EF 79.990.

bb) Anwendungsbereich der Rechtsprechung über die Anrechnung der Familienbeihilfe auf den Geldunterhalt

336 b   1. Beim Grenzsteuersatz von 21% kommt die Notwendigkeit einer steuerlichen Entlastung über den UhAbsetzbetrag hinaus, den der steuerpflichtige GeldUhPfl erhält, praktisch nicht in Betracht. 7 Ob 175/02 i; 7 Ob 167/02 p = JBl 2003, 107 = ÖA 2003, 45/U 380; 7 Ob 193/02 m = JBl 2003, 113; 3 Ob 64/02 m; 3 Ob 65/02 h; 3 Ob 190/02 s; 3 Ob 191/02 p (alle EF 99.937).

   2. Eine Anrechnung der FB und des Kinderabsetzbetrags kann auch dann unterbleiben, wenn der Kürzungsbetrag lediglich geringfügig wäre (hier: € 1,82 mtl), weil Uh zu bemessen und nicht penibel zu berechnen ist. 1 Ob 97/02 z = ÖA 2003, 27/U 370 = EF 99.930.

   3. Wohl soll die FB auch ein Instrument zur Erzielung der Steuergerechtigkeit sein, müsse doch über die UhFestsetzung eine Gleichstellung der UhBelastung von UhPfl unabhängig davon erreicht werden, ob sie mit dem uhber Kind in einem Haushalt lebten oder nicht. Nach dem Erkenntnis EF 96.192 kommen diese Erwägungen aber **nur bei einem überdurchschnittlichen Einkommen des GeldUhPfl** zum Tragen, weil der aus dem Steuerrecht abzuleitende Ausgleich bei niedrigem Einkommen schon mit der Gewährung des Kinderabsetzbetrags erreicht wird. 6 Ob 182/02 m = EF 99.927; 8 Ob 103/02 h = EF 99.927.

   4. Der Ausgleich über Transferleistungen ist nur notwendig, wenn er nicht über das Steuerrecht hergestellt werden kann. Da der Vater für das Kind hier Leistungen über den sich nach der Prozentsatzmethode ergebenden Betrag hinaus leisten muss, die ihm deshalb abverlangt werden, weil das Kind einen vom Pflegegeld nicht gedeckten Mehraufwand hat, kann er gem § 34 Abs 6 EStG diese Leistungen als außergewöhnliche Belastung von seinem Einkommen in Abzug bringen, wodurch eine höhere steuerliche Entlastung eintritt, als sich aus der teilweisen Anrechnung der FB ergeben würde; eine Anrechnung kommt somit nicht in Betracht. 5 Ob 168/02 w.

   5. Wird die entsprechend den Vorgaben des VfGH durch die **Berücksichtigung der Transferleistungen** vorzunehmende Entlastung des Vaters **durch** dessen

wesentliche **Einkommenssteigerung,** die seit der letzten UhBemessung eingetreten ist, nahezu **ausgeglichen,** ist ein **Herabsetzungsantrag des Vaters abzuweisen.** 6 Ob 45/02 i = ÖA 2002, 234/F 216.

1. Auch in jenen Fällen, in denen die **Leistungsfähigkeit des UhPfl im Wege der Anspannung ermittelt** wird, ist eine steuerliche Entlastung notwendig. 1 Ob 97/02 z = ÖA 2003, 27/U 370; 1 Ob 262/02 i; 3 Ob 40/02 g; 6 Ob 83/02 b; 6 Ob 142/02 d (alle EF 99.949); 1 Ob 208/03 z = JBl 2004, 306. **336 c**

2. Es bedarf auch hier der Feststellung des Brutto-Jahreseinkommens des GeldUhPfl ohne Sonderzahlungen (Urlaubs- und Weihnachtsgeld). 1 Ob 97/02 z = ÖA 2003, 27/U 370; 1 Ob 262/02 i; 3 Ob 40/02 g; 6 Ob 83/02 b; 6 Ob 142/02 d.

3. **Anmerkung:** Richtigerweise ist das erzielbare Jahresbruttoeinkommen zu ermitteln; daraus ergibt sich dann das nach § 33 Abs 1 EStG maßgebliche steuerpflichtige Einkommen.

1. Der Vater ist als Angestellter der IAEO **zu keiner Steuerzahlung verpflichtet,** sodass ihm sein Einkommen frei von jeglicher steuerlicher Belastung verbleibt. Dann kann aber die FB auch nicht zu seiner Entlastung herangezogen werden; auch nach der teilweisen Aufhebung des § 12 a FamLAG hat es im Fall nicht steuerpflichtiger UhPfl dabei zu bleiben, dass die FB nicht auf die UhPflicht des gelduhpfl Elternteils anzurechnen ist. 6 Ob 108/02 d = EF 99.950; 7 Ob 60/04 f. **336 d**

1. Es stellt sich die Frage, ob die Transferleistungen für die steuerliche Entlastung des GeldUhPfl heranzuziehen sind, wenn er ohnehin weniger an Uh zahlt als er zu zahlen hätte, würde der Uh auch bei hohen Einkommen allein nach der Prozentwertmethode berechnet. *Gitschthaler* (JBl 2003, 16) spricht sich dafür aus, den GeldUhPfl in diesen Fällen nur dann steuerlich zu entlasten, wenn und soweit die steuerliche Entlastung den Differenzbetrag zwischen dem 2,5-fachen des Regelbedarfs und dem bei Ausschöpfung der Prozentkomponente sich ergebenden Betrag übersteigt. Er begründet dies damit, dass andernfalls das Kind, das ohnehin nicht seinen ganzen Uh erhalte, nochmals beschränkt würde. Die Steuerentlastung werde ohnehin schon durch den UhStopp antizipiert. **336 e**

Dem ist entgegenzuhalten, dass der **UhStopp bei überdurchschnittlichem Einkommen** des UhPfl nicht den dem Kind zustehenden Uh schmälert, sondern dass damit die Funktion des Uh berücksichtigt wird, die – an den Lebensverhältnissen des UhPfl orientierten – Lebensbedürfnisse des Kindes zu decken. Dies wird mit einem UhBeitrag in Höhe des 2,5-fachen des Regelbedarfs jedenfalls erreicht, sodass das Kind mit einem Uh in dieser Höhe den ihm zustehenden Uh erhält. Der GeldUhPfl hat auch in diesem Fall Anspruch darauf, durch entsprechende Berücksichtigung der Transferzahlungen steuerlich entlastet zu werden. 4 Ob 52/02 d = EvBl 2003/45 = ÖA 2003, 20/U 367; 1 Ob 79/02 b = ÖA 2003, 23/U 368; 2 Ob 37/02 h = ÖA 2003, 39/U 377; 1 Ob 182/02 z = ecolex 2003, 168/64; 6 Ob 196/02 w; 2 Ob 5/03 d = ÖA 2003, 273/U 403; 6 Ob 211/02 a; 5 Ob 67/03 v; 7 Ob 54/03 x; 9 Ob 27/03 s; 6 Ob 57/03 f = ÖA 2004, 23/U 409; 6 Ob 162/03 x = ÖA 2004, 19/U 407; 9 Ob 74/03 b; 9 Ob 137/03 t; 5 Ob 230/04 s; 2 Ob 209/04 f; 6 Ob 177/06 g; 3 Ob 82/07 s = EF-Z 2007/132 *(Gitschthaler).*

2. Dies gilt insb bei vergleichsweise festgelegten UhVerpflichtungen; bei der Berechnung der Entlastung ist nämlich von dem Uh auszugehen, den die Kinder nach dem Vergleich zu fordern berechtigt sind. 6 Ob 57/03 f = ÖA 2004, 23/U 409.

3. Die verfassungsmäßig gebotene Anrechnung der Transferleistungen muss selbstredend auch jenen UhPfl zugute kommen, deren Leistungsfähigkeit zufolge der Luxusgrenze nicht ganz ausgeschöpft wird. Der Umstand, dass die Bedürfnisse des UhBer durch die Luxusgrenze limitiert werden, ändert nichts daran, dass der (tatsächliche) UhAnspr bzw die vom UhPfl (tatsächlich) zu fordernde UhLeistung in diesen Fällen Maßstab für die dem UhPfl zu gewährende steuerliche Entlastung sein und bleiben muss. Eine von *Gitschthaler* (JBl 2003, 16) praktisch geforderte fiktive Anhebung der Luxusgrenze, um trotz Anrechnung der Transferleistungen zu keiner UhHerabsetzung unter die Luxusgrenze zu kommen, muss daher auch in jenen Fällen abgelehnt werden, in denen die Leistungsfähigkeit des UhPfl isoliert betrachtet ein solches Vorgehen rechtfertigen könnte. 7 Ob 193/02 m = JBl 2003, 113; 7 Ob 77/02 b; 7 Ob 91/02 m.

4. **Überholt:** Der ermittelte mtl Uh liegt deutlich unter der „Luxusgrenze". Zählte man den Kürzungsbetrag laut Vorgabe des VfGH dieser UhLeistung hinzu, so ergäbe sich ein Betrag, der noch immer in der von der Rspr tolerierten Bandbreite einer sachgerechten UhBemessung läge. Die teilweise Anrechnung der „Transferleistungen" in Form einer Kürzung der UhPflicht des Vaters kann daher hier unterlassen werden. 1 Ob 233/01 y = JBl 2002, 304 = EF 96.198.

cc) Ausmaß der Anrechnung der Familienbeihilfe auf den Geldunterhalt

336 f   1. Es muss der – wie bisher – nach der Leistungsfähigkeit des UhPfl und den Bedürfnissen des UhBer zu bemessende **GeldUh um jenen Teil der FB, der zur steuerlichen Entlastung des GeldUhPfl bestimmt ist, gekürzt** werden. 1 Ob 79/02 b = ÖA 2003, 23/U 368; 3 Ob 141/02 k = ecolex 2003, 93/36 = JBl 2003, 174 = ÖA 2003, 37/U 376 = EvBl 2003/54; 1 Ob 27/02 f; 1 Ob 72/02 y; 1 Ob 182/02 z = ecolex 2003, 168/64; 1 Ob 183/02 x; 1 Ob 262/02 i; 3 Ob 8/02 a; 3 Ob 40/02 g; 3 Ob 56/02 k; 3 Ob 64/02 m; 3 Ob 65/02 h; 3 Ob 81/02 m; 3 Ob 190/02 s; 3 Ob 191/02 p; 3 Ob 204/02 z; 6 Ob 15/02 b; 6 Ob 21/02 k; 6 Ob 24/02 a; 6 Ob 59/02 y; 6 Ob 64/02 h; 6 Ob 83/02 b; 6 Ob 102/02 x; 6 Ob 140/02 k; 6 Ob 142/02 d; 6 Ob 195/02 y (alle EF 99.931); 1 Ob 65/03 w = EF 103.961; 4 Ob 12/03 y = EF 103.961.

2. Uzw insoweit, als die vom VfGH geforderte Entlastung nicht bereits durch den beim GeldUhPfl berücksichtigten **UhAbsetzbetrag** (§ 33 Abs 4 lit 3 b EStG) erfolgte. 4 Ob 42/02 h = ÖA 2003, 19/U 366; 4 Ob 46/02 x; 4 Ob 52/02 d = EvBl 2003, 224/45 = ÖA 2003, 20/U 367; 4 Ob 224/02 y; 4 Ob 225/02 w; 1 Ob 90/02 w = ÖA 2003, 26/U 369; 1 Ob 177/02 i = ÖA 2003, 29/U 372 = EvBl 2003/61; 7 Ob 175/02 i; 4 Ob 36/02 a; 4 Ob 86/02 d (alle EF 99.932); 4 Ob 266/02 z; 6 Ob 196/02 w; 10 Ob 265/02 x; 6 Ob 159/02 d; 6 Ob 189/02 s; 6 Ob 211/02 a; 6 Ob 242/02 k; 4 Ob 12/03 y; 6 Ob 94/03 x = JBl 2004, 101 (alle EF 103.962); 10 Ob 18/04 a = 107.519; 6 Ob 177/06 g.

3. Zu beachten ist, dass nicht nur die FB, sondern auch der **Kinderabsetzbetrag** (§ 33 Abs 4 lit 3 a EStG) zur steuerlichen Entlastung heranzuziehen sind. 1 Ob 186/02 p = ÖA 2003, 31/U373.

4. Dieser wurde mit BGBl I 1998/79 ab 1. 1. 1999 eingeführt. 6 Ob 83/02 b.

5. **Anmerkung:** Und wird zusammen mit der FB ausbezahlt.

6. Eine **Anwendung fixer Sätze bzw eine starre Quotierung** der zur steuerlichen Entlastung heranzuziehenden Teile der FB würde den **Erfordernissen im Einzelfall nicht Rechnung tragen** und die Intention des VfGH, durch eine im Einzelfall

erforderliche und ausreichende Anrechnung der Transferleistungen einen verfassungsgemäßen steuerlichen Ausgleich zu erreichen, unterlaufen (vgl *Zorn,* SWK 2001, 808; *Gitschthaler,* JBl 2003, 15, der eine von *Holzner* [ÖJZ 2002, 450] ventilierte Anrechnung höchstens der halben FB und der halben Kinderabsetzbeträge entschieden verwirft). 7 Ob 175/02 i = EF 99.963; 7 Ob 167/02 p = JBl 2003, 107 = ÖA 2003, 45/U 380; 7 Ob 174/02 t = JBl 2003, 111; 7 Ob 193/02 m = JBl 2003, 113.

7. Es ist **nicht ein bestimmter Teil der FB von vornherein anrechnungsfrei zu stellen.** 4 Ob 52/02 d = EvBl 2003, 224/45 = ÖA 2003, 20/U 367 = EF 99.964; 1 Ob 79/02 b = ÖA 2003, 23/U 368; 7 Ob 175/02 i.

8. **Ggt:** Auch der VfGH zieht nicht in Zweifel, dass die FB als staatliche Transferleistung nach einem ihrer Wesenskerne weiterhin als Betreuungshilfe, die die Pflege und Erziehung des Kindes als Zuschuss erleichtern und die mit der Betreuung verbundenen Mehrbelastungen zumindest teilweise ausgleichen soll, anzusehen ist. Soll aber die FB dieses Wesenskerns nicht entkleidet werden, so darf sie nicht zur Gänze für die steuerrechtlich gebotene Kürzung des GeldUh herangezogen werden, sondern muss in einem noch angemessenen Ausmaß weiterhin als Betreuungshilfe dienen. Das erfordert die Einziehung einer Begrenzung, bis zu der die FB als Kürzungsfaktor für den GeldUh verwendet werden darf. Bei einem Anteil der FB von rund 20% als Betreuungshilfe wird das erörterte angemessene Ausmaß noch nicht unterschritten. 1 Ob 183/02 x = EF 99.965.

9. **Einschr:** Ob in Fällen besonders massiver UhKürzung ein „Entlastungsstopp" – also eine Höchstgrenze für die Entlastung – einzuziehen ist, muss hier nicht geprüft werden, weil kein solcher Grenzfall vorliegt. 1 Ob 79/02 b = ÖA 2003, 23/U 368.

10. **Anmerkung:** Es hat bislang auch in der Rsp des OGH noch keinen Fall gegeben, in welchem aufgrund einer „massiven UhKürzung" tatsächlich ein „Entlastungsstopp" vorgenommen worden wäre.

336 g

1. Durch die vom VfGH entwickelte Berechnungsmethode, die auch im Schrifttum Zustimmung gefunden hat, wird sie doch von *Zorn* (SWK 2001, 809) als „innovativ und weise" und von *Gitschthaler* (JBl 2003, 10) als „wohl durchdacht" bezeichnet, ist es möglich festzustellen, ob und inwieweit eine steuerliche Entlastung im Wege der Weiterverrechnung eines Teiles der (vom betreuenden Elternteil bezogenen) Transferleistungen (FB und Kinderabsetzbetrag) erforderlich ist. 7 Ob 167/02 p = JBl 2003, 107 = ÖA 2003, 45/U 380; 7 Ob 174/02 t = JBl 2003, 111; 7 Ob 193/02 m = JBl 2003, 113 (alle EF 99.926).

2. Steuerlich muss (**zumindest**) **die Hälfte des gesetzlich geschuldeten (nach der Prozentmethode ermittelten bzw aus den Regelbedarfssätzen abgeleiteten) Uh berücksichtigt werden.** Das verfassungskonforme Ergebnis wird dadurch erreicht, dass der GeldUhPfl einerseits durch eine Kürzung seiner UhPflicht (teilweise Anrechnung der Transferleistungen) und andererseits durch die Gewährung des UhAbsetzbetrags insgesamt jene Entlastung erfährt, die erforderlich ist, um die Steuermehrbelastung abzugelten, die in jedem Fall durch die Nichtabzugsfähigkeit der Hälfte des Uh entsteht. Zu berücksichtigen ist jedoch, dass der Berechnung der Steuermehrbelastung ein Steuersatz von nicht mehr als 40% zugrunde gelegt werden muss. VfGH 27. 6. 2001, B 1285/00 = JBl 2001, 781 = EF 96.192.

3. Nach den Vorgaben des VfGH muss der GeldUhPfl für die Hälfte des von ihm gezahlten Uh steuerlich entlastet werden. Dabei ist der jew Grenzsteuersatz

maßgebend, der jedoch jew um etwa 20% abzusenken ist. **Bei einem Grenzsteuersatz von 50% gelangt man damit zu einem Steuersatz von 40%, bei einem Grenzsteuersatz von 41%** – wenn die vom VfGH vorgegebene Absenkung proportional fortgeschrieben wird – **zu einem Steuersatz von 33% und bei einem Grenzsteuersatz von 31% zu einem Steuersatz von 25%.** 4 Ob 42/02 h = ÖA 2003, 19/U 366; 4 Ob 46/02 x; 4 Ob 52/02 d = EvBl 2003/45 = ÖA 2003, 20/U 367; 4 Ob 224/02 y; 4 Ob 225/02 w; 1 Ob 79/02 b = ÖA 2003, 23/U 368; 7 Ob 175/02 i; 8 Ob 18/02 h; 7 Ob 26/02 b = ÖA 2003, 33/U 374; 7 Ob 71/02 w = ÖA 2003, 35/U 375; 7 Ob 167/02 p = JBl 2003, 107 = ÖA 2003, 45/U 380; 7 Ob 174/02 t = JBl 2003, 111; 7 Ob 193/02 m = JBl 2003, 113; 1 Ob 27/02 f; 1 Ob 182/02 z = ecolex 2003, 168/64; 1 Ob 183/02 x; 1 Ob 262/02 i; 4 Ob 36/02 a; 4 Ob 86/02 d; 3 Ob 64/02 m; 6 Ob 15/02 b; 6 Ob 21/02 k; 6 Ob 24/02 a; 6 Ob 59/02 y; 6 Ob 64/02 h; 6 Ob 83/02 b; 6 Ob 102/02 x; 6 Ob 140/02 k; 6 Ob 142/02 d; 6 Ob 195/02 y (alle EF 99.935); 9 Ob 4/02 g = EF 99.962; 4 Ob 266/02 z; 5 Ob 37/02 f; 6 Ob 196/02 w; 1 Ob 18/03 h; 10 Ob 265/02 x; 7 Ob 26/03 d; 6 Ob 159/02 d; 6 Ob 189/02 s; 6 Ob 211/02 a; 6 Ob 242/02 k; 2 Ob 296/02 x; 4 Ob 12/03 y; 6 Ob 94/03 x = JBl 2004, 101; 7 Ob 132/02 s; 1 Ob 135/02 p; 7 Ob 219/02 k; 2 Ob 65/03 b (alle EF 103.963); 9 Ob 94/03 v; 10 Ob 18/04 a; 10 Ob 11/04 x = EF-Z 2006/11 *(Gitschthaler);* 6 Ob 177/06 g.

4. Der jew maßgebliche Grenzsteuersatz ist deshalb pauschal abzusenken, weil ein GeldUhPfl tpyischerweise auch steuerlich begünstigte oder steuerfreie Einkünfte bezieht und auch diese begünstigten Einkünfte für die UhZahlungen verwendet werden können. Die Steuerentlastung mit dem „Spitzensteuersatz" ist daher sachlich nicht gerechtfertigt und es ist auch nicht erforderlich, auf die individuellen Verhältnisse einzugehen. Da infolge „Weiterverrechnung" eines Teiles der Transferleistungen eine steuerliche Entlastung erfolgt, erhöht sich die wirtschaftliche Leistungsfähigkeit des UhPfl und damit auch seine UhPflicht. 1 Ob 90/02 w = ÖA 2003, 26/U 369; 1 Ob 97/02 z = ÖA 2003, 27/U 370; 1 Ob 177/02 i = ÖA 2003, 29/U 372 = EvBl 2003/61; 1 Ob 186/02 p = ÖA 2003, 31/U373; 3 Ob 141/02 k = ecolex 2003, 93/36 = JBl 2003, 174 = ÖA 2003, 37/U 376 = EvBl 2003/54; 2 Ob 37/02 h = ÖA 2003, 39/U 377; 2 Ob 63/02 g = ÖA 2003, 41/U 378; 2 Ob 196/02 s; 2 Ob 197/02 p; 2 Ob 201/02 a; 2 Ob 243/02 b; 3 Ob 8/02 a; 3 Ob 40/02 g; 3 Ob 56/02 k; 3 Ob 65/02 h; 3 Ob 81/02 m; 3 Ob 190/02 s; 3 Ob 191/02 p; 3 Ob 204/02 z; 7 Ob 5/02 i; 7 Ob 97/02 v; 7 Ob 176/02 m; 2 Ob 5/02 b; 2 Ob 36/02 m; 2 Ob 74/02 z; 2 Ob 139/02 h; 2 Ob 189/02 m; 2 Ob 190/02 h; 2 Ob 191/02 f; 2 Ob 192/02 b; 2 Ob 193/02 z (alle EF 99.936); 10 Ob 11/04 x = EF-Z 2006/11 *(Gitschthaler);* 6 Ob 177/06 g.

5. Durch das **SteuerreformG 2005** ist diesbzgl ein Systemwandel nicht eingetreten. Daher hat sich auch an der Vorgehensweise bei der Anrechnung von FB und Kinderabsetzbeträgen auf den KindesUh zwecks steuerlicher Entlastung des UhPfl mit Ausnahme der Grenzsteuersätze nichts geändert. Diese Grenzsteuersätze betragen nunmehr bei einem **Jahreseinkommen zw € 10.001 und € 25.000 38,3%, zw € 25.001 und € 51.000 43,6% und über € 51.000 50%.** 6 Ob 44/07 z = EF-Z 2007/8 *(Gitschthaler).*

6. Der nach den Vorgaben des VfGH abgesenkte Steuersatz ist mit dem **halben UhBeitrag** zu multiplizieren; um den sich daraus ergebenden Betrag ist der GeldUhPfl **steuerlich zu entlasten.** 4 Ob 42/02 h = ÖA 2003, 19/U 366; 4 Ob 46/02 x; 4 Ob 52/02 d = EvBl 2003/45 = ÖA 2003, 20/U 367; 4 Ob 224/02 y; 4 Ob 225/02 w; 4 Ob 36/02 a; 1 Ob 79/02 b = ÖA 2003, 23/U 368; 1 Ob 90/02 w = ÖA 2003, 26/U 369; 1 Ob 97/02 z = ÖA 2003, 27/U 370; 1 Ob 114/02 z = ÖA 2003, 28/U 371; 1 Ob

177/02 i = ÖA 2003, 29/U 372 = EvBl 2003/61; 1 Ob 186/02 p = ÖA 2003, 31/U373; 7 Ob 175/02 i; 1 Ob 27/02 f; 1 Ob 182/02 z = ecolex 2003, 168/64; 1 Ob 262/02 i; 4 Ob 86/02 d; 3 Ob 190/02 s; 3 Ob 191/02 p; 3 Ob 204/02 z; 6 Ob 15/02 b; 6 Ob 21/02 k; 6 Ob 24/02 a; 6 Ob 59/02 y; 6 Ob 64/02 h; 6 Ob 83/02 b; 6 Ob 102/02 x; 6 Ob 140/02 k; 6 Ob 142/02 d; 6 Ob 195/02 y (alle EF 99.955); 4 Ob 266/02 z; 6 Ob 196/02 w; 6 Ob 159/02 d; 6 Ob 211/02 a; 4 Ob 12/03 y (alle EF 103.977).

7. Es muss ja die **Hälfte des vom GeldUhPfl geleisteten Uh steuerlich entlastet** werden. 1 Ob 79/02 b = ÖA 2003, 23/U 368; 1 Ob 90/02 w = ÖA 2003, 26/U 369; 1 Ob 97/02 z = ÖA 2003, 27/U 370; 1 Ob 114/02 z = ÖA 2003, 28/U 371; 1 Ob 177/02 i = ÖA 2003, 29/U 372 = EvBl 2003/61; 1 Ob 186/02 p = ÖA 2003, 31/U373 (alle EF 99.956).

dd) Maßgebliches Einkommen für die Ermittlung des Grenzsteuersatzes

1. Maßgeblich ist das **steuerpflichtige Einkommen nach § 33 Abs 1 EStG** und nicht das Bruttojahreseinkommen ohne Urlaubs- und Weihnachtsgeld, weil das steuerpflichtige Einkommen sowohl die Sonderbesteuerung von Urlaubs- und Weihnachtsgeld als auch vom UhPfl geleistete Sozialversicherungsbeiträge berücksichtigt. 1 Ob 184/02 v = EF 99.941; 4 Ob 86/02 d = EF 99.941; 7 Ob 26/03 d = EF 103.967; 1 Ob 18/03 h = EF 103.967; 6 Ob 94/03 x = JBl 2004, 101; 9 Ob 94/03 v = EF 107.524.

337

2. Bei der Ausmittlung des Grenzsteuersatzes sind allein steuerrechtliche Parameter maßgebend, während die für die Bestimmung der UBGr entwickelten Grundsätze nicht von Bedeutung sind. Der Grenzsteuersatz des betr GeldUhPfl lässt sich durch Einsichtnahme in dessen **Jahreslohnzettel** bzw den **Einkommensteuerbescheid** feststellen (vgl *Gitschthaler*, JBl 2003, 17), wobei von *Gitschthaler* zutr auch auf die diesbezügliche Behauptungs- und Beweispflicht des UhPfl hingewiesen wird. 7 Ob 167/02 p = JBl 2003, 107 = ÖA 2003, 45/U 380; 7 Ob 174/02 t; 7 Ob 193/02 m = JBl 2003, 113; 7 Ob 5/02 i; 7 Ob 77/02 b; 7 Ob 91/02 m; 7 Ob 97/02 v; 7 Ob 176/02 m (alle EF 99.940); 7 Ob 26/03 d = EF 103.968.

3. Ggt: Es hängt vom Jahresbruttoeinkommen – ohne 13. und 14. Gehalt (§ 2 Abs 2, § 41 Abs 4 EStG) – ab, wie hoch der auf das Einkommen des Vaters angewandte Grenzsteuersatz ist. 4 Ob 42/02 h = ÖA 2003, 19/U 366; 4 Ob 46/02 x; 4 Ob 52/02 d = EvBl 2003/45 = ÖA 2003, 20/U 367; 4 Ob 224/02 y; 4 Ob 225/02 w; 1 Ob 79/02 b = ÖA 2003, 23/U 368; 1 Ob 90/02 w = ÖA 2003, 26/U 369; 1 Ob 97/02 z = ÖA 2003, 27/U 370; 1 Ob 114/02 z = ÖA 2003, 28/U 371; 1 Ob 177/02 i = ÖA 2003, 29/U 372 = EvBl 2003/61; 1 Ob 186/02 p = ÖA 2003, 31/U373; 7 Ob 71/02 w = ÖA 2003, 35/U 375; 7 Ob 175/02 i; 3 Ob 141/02 k = ecolex 2003, 93/36 = JBl 2003, 174 = ÖA 2003, 37/U 376 = EvBl 2003/54; 2 Ob 37/02 h = ÖA 2003, 39/U 377; 2 Ob 63/02 g = ÖA 2003, 41/U 378; 2 Ob 196/02 s; 2 Ob 197/02 p; 2 Ob 201/02 a; 2 Ob 243/02 b; 1 Ob 27/02 f; 1 Ob 182/02 z = ecolex 2003, 168/64; 1 Ob 183/02 x; 1 Ob 262/02 i; 4 Ob 36/02 a; 5 Ob 36/02 h; 3 Ob 8/02 a; 3 Ob 40/02 g; 3 Ob 56/02 k; 3 Ob 64/02 m; 3 Ob 65/02 h; 3 Ob 81/02 m; 3 Ob 190/02 s; 3 Ob 191/02 p; 3 Ob 204/02 z; 2 Ob 5/02 b; 2 Ob 36/02 m; 2 Ob 74/02 z; 2 Ob 139/02 h; 2 Ob 189/02 m; 2 Ob 190/02 h; 2 Ob 191/02 f; 2 Ob 192/02 b; 2 Ob 193/02 z; 6 Ob 15/02 b; 6 Ob 21/02 k; 6 Ob 24/02 a; 6 Ob 59/02 y; 6 Ob 64/02 h; 6 Ob 83/02 b; 6 Ob 102/02 x; 6 Ob 140/02 k; 6 Ob 142/02 d; 6 Ob 195/02 y; 8 Ob 18/02 h; 8 Ob 103/02 h (alle EF 99.938); 7 Ob 132/02 s; 4 Ob 266/02 z; 5 Ob 37/02 f; 6 Ob 196/02 w; 10 Ob 265/02 x; 6 Ob 159/02 d; 6 Ob

189/02 s; 6 Ob 242/02 k; 2 Ob 296/02 x; 1 Ob 135/02 p; 4 Ob 12/03 y; 6 Ob 57/03 f = ÖA 2004, 23/U 409; 7 Ob 219/02 k; 4 Ob 185/03 i (alle EF 103.965); 4 Ob 254/03 m; 10 Ob 18/04 a; 6 Ob 140/04 p; 10 Ob 11/04 x = EF-Z 2006/11 *(Gitschthaler)*.

337 a 1. Es ist auch zu beachten, dass der Vater im Erhöhungszeitraum eine **Abfertigungszahlung** (gem § 25 EStG „Einkünfte" aus früheren Dienstverhältnissen, die nach § 67 Abs 3 EStG zu versteuern ist) erhielt, die bei der Ermittlung des für die dargelegte Berechnung maßgeblichen Einkommensteuersatzes entsprechend zu berücksichtigen ist. 4 Ob 36/02 a.

2. Das für die Ermittlung des anzuwendenden Steuersatzes maßgebliche Einkommen hat das **ErstG festzustellen**. 1 Ob 184/02 v = EF 99.941; 4 Ob 86/02 d = EF 99.941; 6 Ob 242/02 k; 6 Ob 94/03 x = JBl 2004, 101.

3. Uzw auch dann, wenn der Vater hinsichtlich seiner Einkünfte aus selbstständiger Tätigkeit keine Aufzeichnungen führte. 2 Ob 197/02 p.

4. Der OGH kann auch nicht auf ein SV-Gutachten zurückgreifen, weil er nicht Tatsacheninstanz ist und ihm daher eine exakte Feststellung der Höhe des maßgeblichen Einkommens verwehrt ist. 1 Ob 114/02 z = ÖA 2003, 28/U 371; 7 Ob 5/02 i; 7 Ob 97/02 v; 7 Ob 176/02 m (alle EF 99.942); 7 Ob 132/02 s.

5. Lediglich in jenen Fällen, in denen schon aufgrund der bekannten Höhe des Nettoeinkommens die **Höhe des Grenzsteuersatzes des UhPfl evident** ist – etwa wenn schon das Nettoeinkommen die Grenzschwelle des Bruttoeinkommens für einen Grenzsteuersatz von 50% (€ 50.870,98) deutlich übersteigt –, kann eine ausdrückliche Festellung betr die Tatsache des anzuwendenden Grenzsteuersatzes entbehrlich sein. 2 Ob 37/02 h = ÖA 2003, 39/U 377; 2 Ob 196/02 s; 2 Ob 201/02 a; 2 Ob 243/02 b; 7 Ob 5/02 i; 7 Ob 77/02 b; 7 Ob 176/02 m; 2 Ob 5/02 b; 2 Ob 36/02 m; 2 Ob 74/02 z; 2 Ob 139/02 h; 2 Ob 193/02 z (alle EF 99.943); 6 Ob 211/02 a; 7 Ob 54/03 x.

6. Oder wenn das Nettoeinkommen des Vaters € 50.870,98 zumindest nahezu erreicht; dann ist evident, dass das Bruttoeinkommen diesen Betrag deutlich überschreitet. 7 Ob 91/02 m; 7 Ob 97/02 v.

7. **Anmerkung:** Dieser Betrag war damals der Schwellwert für die höchste Progressionsstufe von 50%.

8. Oder bei einem Nettoeinkommen von rund ATS 372.000 (= € 27.000); hier kann davon ausgegangen werden, dass der anzuwendende Grenzsteuersatz 41% beträgt. 9 Ob 4/02 g.

9. Oder bei einem Nettoeinkommen von rund € 1.030 mtl; hier kann davon ausgegangen werden, dass der Grenzsteuersatz 31% nicht übersteigt. 1 Ob 184/02 v.

10. **Anmerkung:** Diese E zeigen allerdings, dass es der OGH doch vermeiden will, in evidenten Fällen einen weiteren Verfahrensaufwand zu provozieren. Damit kann eine vom ErstG unterlassene Feststellung des maßgeblichen Einkommens des UhPfl letztlich nur dort vom OGH nicht saniert werden, wo es sich um einen Grenzfall handelt und mehrere Grenzsteuersätze in Betracht kommen.

11. Hat jedoch das ErstG aufgrund eines SV-Gutachtens lediglich das „wirtschaftliche Einkommen nach UhGrundsätzen" bzw das „wirtschaftliche Einkommen nach Steuern, Investitionen und Schuldentilgungen" festgestellt, steht das für das effektive Einkommen grenzsteuersatzrelevante Einkommen noch nicht eindeutig fest. 7 Ob 26/02 b = ÖA 2003, 33/U 374.

ee) Grenzbereich mehrerer Grenzsteuersätze

1. Da der **KindesUh jew den höchsten Einkommensteilen des UhPfl zuzuordnen ist,** ist bei Berechnung der notwendigen steuerlichen Entlastung darauf Bedacht zu nehmen, ob der UhBeitrag zur Gänze im höchsten Einkommensteil Deckung findet oder ob für einen (ins Gewicht fallenden) Teilbetrag der nächstniedrige Grenzsteuersatz maßgebend ist. 4 Ob 42/02 h = ÖA 2003, 19/U 366; 4 Ob 46/02 x; 4 Ob 52/02 d = EvBl 2003/45 = ÖA 2003, 20/U 367; 4 Ob 224/02 y; 4 Ob 225/02 w; 7 Ob 26/02 b = ÖA 2003, 33/U 374; 7 Ob 71/02 w = ÖA 2003, 35/U 375; 7 Ob 175/02 i; 2 Ob 37/0 2 h = ÖA 2003, 39/U 377; 2 Ob 196/02 s; 2 Ob 197/02 p; 2 Ob 201/02 a; 2 Ob 243/02 b; 4 Ob 36/02 a; 5 Ob 36/02 h; 7 Ob 97/02 v; 2 Ob 5/02 b; 2 Ob 36/02 m; 2 Ob 74/02 z; 2 Ob 139/02 h; 2 Ob 189/02 m; 2 Ob 190/02 h; 2 Ob 191/02 f; 2 Ob 192/02 b; 2 Ob 193/02 z; 8 Ob 18/02 h; 6 Ob 15/02 b; 6 Ob 21/02 k; 6 Ob 24/02 a; 6 Ob 59/02 y; 6 Ob 64/02 h; 6 Ob 83/02 b; 6 Ob 102/02 x; 6 Ob 140/02 k; 6 Ob 142/02 d; 6 Ob 195/02 y (alle EF 99.952); 7 Ob 132/02 s; 4 Ob 266/02 z; 5 Ob 37/02 f; 6 Ob 196/02 w; 7 Ob 26/03 d; 7 Ob 306/02 d; 6 Ob 159/02 d; 7 Ob 54/03 x; 7 Ob 219/02 k; 4 Ob 185/03 i (alle EF 103.975); 9 Ob 94/03 v; 10 Ob 18/04 a; 4 Ob 254/03 m; 6 Ob 177/06 g.

337 b

2. Es kommt dabei darauf an, ob **ein nicht unerheblicher Teilbetrag** in den anderen Grenzsteuersatz fällt. 7 Ob 306/02 d.

3. Zu vernachlässigen wäre, wenn nur ein geringfügiger UhBeitrag mit dem in der niedrigeren Progressionsstufe zu versteuernden Einkommen zu decken wäre. Dann wäre für die Berechnung nur eine Progressionsstufe maßgebend. 3 Ob 141/02 k.

4. Findet die Hälfte des UhBeitrags zur Gänze im (Brutto-)Einkommensteil, der dem Grenzsteuersatz unterliegt, Deckung, so ist er mit dem abgesenkten Grenzsteuersatz dieses Einkommensteils zu multiplizieren; findet der Quotient nur mit einem Teilbetrag Deckung im höchsten Einkommensteil, so ist dieser Teilbetrag mit dem abgesenkten Grenzsteuersatz dieses Einkommensteils zu multiplizieren, während der restliche Betrag mit dem abgesenkten nächstniedrigen Grenzsteuersatz zu multiplizieren ist. Die Produkte sind dann zu addieren. 7 Ob 175/02 i.

5. Sollte also der GeldUh nicht zur Gänze aus jenem Teil des Einkommens, der dem höchsten jew in Betracht kommenden (reduzierten) Steuersatz unterliegt, finanzierbar sein, sodass ein Teil des GeldUh aus einem Teil des Einkommens zu bestreiten ist, der mit einem geringeren (reduzierten) Steuersatz belastet ist, so ergibt sich die Kürzung des UhAnspr aus den **summierten Ergebnissen zweier Prozentrechnungen.** 1 Ob 27/02 f; 1 Ob 182/02 z = ecolex 2003, 168/64; 1 Ob 183/02 x; 1 Ob 262/02 i; 3 Ob 141/02 k = ecolex 2003, 93/36 = JBl 2003, 174 = ÖA 2003, 37/U 376 = EvBl 2003/54; 3 Ob 8/02 a; 3 Ob 40/02 g; 3 Ob 56/02 k; 3 Ob 65/02 h; 3 Ob 81/02 m; 3 Ob 190/02 s; 3 Ob 191/02 p; 3 Ob 204/02 z (alle EF 99.953).

ff) Mehrkinderstaffel bei Unterhaltsabsetzbetrag

337 c

1. Der GeldUhAnspr ist an sich auch **bei 2 oder mehreren Kindern** je Kind zu ermitteln. Unter dem Blickwinkel der Gleichbehandlung ist es aber geboten, von der Summe der mtl UhBeiträge die Summe der mtl **UhAbsetzbeträge** abzuziehen. Im Hinblick auf die Staffelung des UhAbsetzbetrags käme es nämlich zu einer sachlich nicht gerechtfertigten Ungleichbehandlung der Kinder, zöge man beim ersten Kind von dessen UhAnspr den niedrigsten UhAbsetzbetrag, beim zweiten Kind von dessen UhAnspr den für dieses zustehenden UhAbsetzbetrag und so fort ab. Das erste Kind wäre gegenüber den späteren Kindern benachteiligt, weil es sich zur steuerlichen Entlastung des GeldUhPfl eine höhere Anrechnung von FB und Kinderabsetzbetrag gefallen lassen müsste. 7 Ob 175/02 i; 2 Ob 243/02 b; 7 Ob 167/02 p = JBl 2003, 107 = ÖA 2003, 45/U 380; 3 Ob 8/02 a (alle EF 99.957).

2. Der UhAbsetzbetrag ist daher bei mehreren Kindern pro Kind mit dem sich aus der **Division der Gesamtsumme mit der Anzahl der Kinder ergebenden Durchschnittsbetrag** anzurechnen. 2 Ob 197/02 p = EF 99.958; 2 Ob 63/02 g = ÖA 2003, 41/U 378 = EF 99.958; 7 Ob 167/02 p = JBl 2003, 107 = ÖA 2003, 45/U 380 = EF 99.958; 7 Ob 54/03 x = EF 103.979.

3. Bei mehreren Kindern ist der gesamte UhAbsetzbetrag für alle Kinder pro Kind nach Kopfteilen zu berücksichtigen. Differiert die Höhe der UhAnspr mehrerer Kinder wesentlich, ist die ermittelte Entlastung jedem der Kinder proportional zuzurechnen. 2 Ob 36/02 m = EF 99.959; 6 Ob 24/02 a = EF 99.959; 7 Ob 219/02 k = EF 103.980; 9 Ob 94/03 v.

4. Dabei sind sämtliche Kinder zu berücksichtigen, gegenüber denen der UhPfl gelduhpfl ist. 9 Ob 94/03 v.

gg) Anrechnungsformeln

338 1. Auf eine **Formel** gebracht, lässt sich die Berechnung wie folgt darstellen (vgl Gitschthaler, Unterhaltsrecht[1] Rz 337; *ders*, JBl 2003, 10):

Der (wie bisher nach der Prozentwertmethode berechnete) zu leistende (**GeldUh : 2**) × **verminderter Grenzsteuersatz des GeldUhPfl minus UhAbsetzbetrag** ergibt jenen (Teil-)Betrag der Transferleistungen, der auf die GeldUhPflicht anzurechnen ist; dabei macht es keinen Unterschied, wenn die Halbierung statt beim Uh erst beim abgesenkten Grenzsteuersatz vorgenommen, also zunächst der (ganze) GeldUh mit dem halben abgesenkten Grenzsteuersatz mulitpliziert wird. 7 Ob 71/02 w = ÖA 2003, 35/U 375; 7 Ob 26/02 b = ÖA 2003, 33/U 374; 7 Ob 175/02 i; 2 Ob 37/02 h = ÖA 2003, 39/U 377; 2 Ob 63/02 g = ÖA 2003, 41/U 378; 2 Ob 196/02 s; 2 Ob 201/02 a; 2 Ob 243/02 b; 7 Ob 167/02 p = JBl 2003, 107 = ÖA 2003, 45/U 380; 7 Ob 174/02 t = JBl 2003, 111; 7 Ob 193/02 m = JBl 2003, 113; 5 Ob 36/02 h; 7 Ob 5/02 i; 7 Ob 77/02 b; 7 Ob 91/02 m; 7 Ob 97/02 v; 7 Ob 176/02 m; 2 Ob 5/02 b; 2 Ob 36/02 m; 2 Ob 74/02 z; 2 Ob 139/02 h; 2 Ob 189/02 m; 2 Ob 192/02 b; 2 Ob 193/02 z (alle EF 99.960); 7 Ob 132/02 s; 5 Ob 37/02 f; 7 Ob 306/02 d; 7 Ob 26/03 d; 5 Ob 64/03 b; 2 Ob 296/02 x; 7 Ob 54/03 x; 7 Ob 219/02 k (alle EF 103.983); 9 Ob 94/03 v = EF 107.520; 10 Ob 18/04 a = EF 107.520; 2 Ob 209/04 f = EF 107.520; 10 Ob 11/04 x = EF-Z 2006/11 *(Gitschthaler);* 6 Ob 177/06 g.

2. Die Ermittlung des Kürzungsfaktors lässt sich abstrakt und auf Grundlage fiktiver Zahlen in einer **Modellrechnung** – unter der Annahme von GeldUhPflichten für 3 Kinder – wie folgt in mehreren Schritten berechnen:

a) Als 1. Schritt ist die jährliche UhPflicht des UhPfl zu ermitteln:

	Uh mtl	Uh jährlich
1. Kind	€ 400	€ 4.800
2. Kind	€ 500	€ 6.000
3. Kind	€ 600	€ 7.200
Summe		€ 18.000

b) Daran anknüpfend ist der Steuersatz zur Finanzierung der jährlichen Uh-Pflicht zu erforschen. Dabei wird bei dieser Modellrechnung unterstellt, dass der zu finanzierende UhBeitrag angesichts eines maßgebenden Jahreseinkommens von € 62.880 in zwei verschiedene Progressionsstufen fällt: € 12.000 JahresUh in den Einkommensbereich über € 50.880 mit einem reduzierten Steuersatz von 40%, der Rest von € 6.000 in den geringeren Einkommensbereich mit einem reduzierten Steuersatz von 33%. Daraus folgt als Ergebnis:

	JahresUh	Steuersatz
	€ 12.000	40%
	€ 6.000	33%
Summe	€ 18.000	

c) Als nächster Schritt ist die steuerlich zu entlastende UhQuote in Euro zu berechnen, erfasst doch diese Entlastung nur die Hälfte des bemessenen GeldUh:

Jährlicher Uh	Steuersatz	Prozentuelle Reduktion	Ergebnis
€ 12.000	40%	40% von € 6.000	€ 2.400
€ 6.000	33%	33% von € 3.000	€ 990
Summe			€ 3.390

Dieses Zwischenergebnis – steuerliche Entlastung einer jährlichen UhLeistung von € 3.390 – dient der weiteren Berechnung als Grundlage.

d) Als 4. Schritt ist auf den zu entlastenden GeldUh der UhAbsetzbetrag nach § 33 Abs 4 Z 3 lit b EStG – dzt € 25,50 für das 1. Kind, € 38,20 für das 2. Kind und € 50,90 für jedes weitere Kind, jew mtl, das sind jährlich € 1.375,20 – anzurechnen:

Zu entlastende UhZahlung	€ 3.390,00
minus UhAbsetzbetrag	– € 1.375,20
Differenz = Kürzungsfaktor	€ 2.014,80

e) Nunmehr ist vom JahresUh der aus der FB berechnete Kürzungsfaktor abzuziehen:

JahresUh	€ 18.000,00
minus Kürzungsfaktor	– € 2.014,80
Gekürzte UhLast	€ 15.985,20

f) Als letzter Schritt ist die gekürzte UhLast von € 15.985,20 auf 3 Kinder aufzuteilen, uzw proportional jedem der Kinder zuzurechnen. Der Anteil des 1. Kindes am JahresUh beträgt 26,66%, der des 2. Kindes 33,34% und der des 3. Kindes 40%. Die Endberechnung des mtl GeldUh für jedes Kind ist somit auf folgende Weise durchzuführen:

Kind	Prozentsatz	JahresUh	MonatsUh
1.	26,67%	€ 4.263,25	€ 355
2.	33,33%	€ 5.327,87	€ 444
3.	40%	€ 6.394,08	€ 533

3 Ob 141/02k = ecolex 2003, 93/36 = JBl 2003, 174 = ÖA 2003, 37/U 376 = EvBl 2003/54.

3. Anmerkung: Auch wenn diese E mathematisch völlig korrekt die Rsp-Ansätze des VfGH und des OGH in eine Modellrechnung umsetzte, verschreckte sie doch viele – mathematisch offensichtlich weniger Begabte – und führte zT zu massiven Vorbehalten gegenüber der Anrechnung der FB und der Kinderabsetzbeträge zur (teilweisen) Entlastung des gelduhpfl Elternteils. Vor allem unter dem Einfluss zweitinstanzlicher Rsp wurde die Berechnung im Laufe der Jahre jedoch immer mehr vereinfacht (vgl etwa LGZ Wien EF 107.522, 110.610 jew unter Hinweis auf *Schwimann/Kolmasch,* Unterhaltsrecht³, 36 [Prozentunterhalt × 7/8 + UhAbsetzbetrag bzw Prozentunterhalt × 5/6 + UhAbsetzbetrag] oder LG Salzburg EF 107.521, 110.609 [Prozentunterhalt – Prozentunterhalt × Grenzsteuersatz × 0,004 + UhAbsetzbetrag] unter Hinweis auf *Gitschthaler,* ÖA 2003, 158). Zuletzt schloss sich der OGH der Berechnungsformel des LG Salzburg an:

4. Die Rsp des OGH zur konkreten Ermittlung der steuerlichen Entlastung und die konkreten Berechnungsmethoden lassen sich mathematisch auf die Formel **„UhAnspr = ProzentUh − (ProzentUh × Grenzsteuersatz × 0,004) + UhAbsetzbetrag"** zusammenfassen (vgl LG Salzburg EF 107.521, 110.609; *Gitschthaler,* Serviceteil – Unterhaltsbemessung, EF-Z 2006, 32). 6 Ob 44/07 z = EF-Z 2007/8 *(Gitschthaler).*

5. **Anmerkung:** Klarzustellen ist, dass in diese Formel nicht der Grenzsteuersatz als Prozentwert, sondern als ganze Zahl einzusetzen ist. Bei einem ProzentUh von € 500 und einem Grenzsteuersatz von 50% würde sich die Berechnung daher wie folgt darstellen: 500 − (500 × 50 × 0,004) + 25 = 425.

b) Bei Präsenz-/Zivildienst

339   1. Lebt der ASt **vor Antritt des Präsenzdiensts in einfachen Verhältnissen** und verfügt er unter Berücksichtigung des Monatsgeldes und der ihm vom Bund zukommenden Sachleistungen über ein Einkommen, das den bei einfachen Lebensverhältnissen maßgeblichen Ausgleichszulagenrichtsatz übersteigt, dann hat er seine **Selbsterhaltungsfähigkeit nicht verloren.** 1 Ob 2307/96 p = JBl 1997, 383 = SZ 70/ 8 = ÖA 1998, 19/U 198 = EF 83.729; 1 Ob 262/99 g = JBl 2000, 738 = ÖA 2000, 214/ U 321.

2. Wehrpflichtige iSd HGG (Präsenzdiener) sind also bei durchschnittlichen Lebensverhältnissen zufolge der vom Bundesheer bezogenen Geld- und Sachleistungen als selbsterhaltungsfähig anzusehen. Allfällig dadurch nicht gedeckte Bedürfnisse des Mj wären insoweit, als sie insgesamt ein Viertel der zur Deckung der sämtlichen UhBed zur Verfügung stehenden Mittel übersteigen, ohne Verstoß gegen § 140 Abs 1 ABGB als unangemessen hoch zu bewerten. 7 Ob 541/93 = RZ 1994/64 = ÖA 1993, 146 = EF 71.541; 6 Ob 530/93 = EF 72.611; 4 Ob 517/96 = RZ 1997/16 = ÖA 1998, 15/U 194 = EF 80.808; 1 Ob 2307/96 p = JBl 1997, 383 = SZ 70/8 = ÖA 1998, 19/U 198; 1 Ob 262/99 g = tw JBl 2000, 738 = ÖA 2000, 214/U 321.

3. Nur bei **weit überdurchschnittlichen (materiellen) Lebensverhältnissen** des UhPfl (hier: ein mtl Nettoeinkommen von rund ATS 50.000 [= € 3.600]) wird das uhber, nicht vom Elternhaus losgelöst lebende Kind, das seinen Präsenzdienst ableistet, durch den Erhalt der Sach- und Geldleistungen des Bundes im Rahmen des HGG **nicht selbsterhaltungsfähig.** 1 Ob 262/99 g = tw JBl 2000, 738 = ÖA 2000, 214/U 321.

4. **Anmerkung:** In diesem Fall müssten dann aber die Geld- und Sachleistungen des Bundes, die der UhBer erhält, auf seinen UhAnspr angerechnet werden.

5. Die **bloß tw Inanspruchnahme** von Leistungen des Bundesheers durch den Mj kann nicht zu Lasten des UhPfl gehen. 4 Ob 517/96 = RZ 1997/16 = ÖA 1998, 15/ U 194.

6. **Mehraufwendungen für eine Zusatzunfallversicherung** (Zusatzkrankenversicherung) wegen sportlicher Betätigung (hier: Fußballspieler) hindern bei

durchschnittlichen Lebensverhältnissen die Selbsterhaltungsfähigkeit während des Präsenzdiensts nicht. 4 Ob 517/96 = RZ 1997/16 = ÖA 1998, 15/U 194 = EF 80.810.

1. Ein bei durchschnittlichen Lebensverhältnissen **Zivildienst** leistendes Kind **340** ist im Hinblick auf die nach §§ 25 ff ZivildienstG zustehenden Ansprüche auf Geld- und Sachleistungen selbsterhaltungsfähig, nicht jedoch bei gehobenen Lebensverhältnissen. 7 Ob 279/01 g = EF 96.208; 7 Ob 253/06 s.

2. Nur bei weit überdurchschnittlichen (materiellen) Lebensverhältnissen des UhPfl wird das uhber, nicht vom Elternhaus losgelöst lebende Kind, das Zivildienst leistet, durch den Erhalt der Sach- und Geldleistungen des Bundes nicht selbsterhaltungsfähig. 7 Ob 253/06 s.

c) Bei Haft

1. Nicht alle Bedürfnisse des Kindes, zu deren Deckung Uh zu leisten ist, sind **341** während der **Untersuchungshaft** befriedigt. Wenn dort auch für Unterbringung und Verköstigung gesorgt ist und Haftbekleidung zur Verfügung gestellt wird, bleiben doch nicht gedeckte Restbedürfnisse aufrecht, weshalb die UhPflicht des Vaters idR auch während der Untersuchungshaft des Kindes, wenn auch in vermindertem Ausmaß, fort besteht. 3 Ob 604/78 = EvBl 1979/235 = JBl 1980, 209 = EF 34.238; 3 Ob 544/91 = JBl 1992, 109 = EF 65.070.

2. Bei der Bemessung des Uh für die Zeit der Untersuchungshaft kommt es nicht darauf an, welche Zahlungen die Mutter, der die Obsorge zusteht, an Taschengeld leistete, sondern auf die nach den Verhältnissen des Einzelfalls zu beurteilenden, dem Kind zuzubilligenden restlichen UhBed. 3 Ob 604/78 = EvBl 1979/235 = JBl 1980, 209; 3 Ob 536/91 = ÖA 1992, 54/UV 22 = ÖA 1992, 164 = EF XXVIII/5; 3 Ob 544/91 = JBl 1992, 109 = EF 65.070; 6 Ob 2206/96 x = ÖA 1997, 193/U 186.

3. Die Rsp über den UhAnspr des uhber Untersuchungshäftlings ist idR jedoch nicht auch auf den UhAnspr eines **Strafgefangenen** anwendbar, weil „Unterkunft", Bekleidung und Verpflegung jeder Strafgefangene im Rahmen des Vollzugs erhält und jugendliche Straftäter ihrer körperlichen Entwicklung entsprechend reichlicher zu verpflegen sind (§ 58 Abs 2 JGG). Dazu kommt aber vor allem, dass – anders als ein Untersuchungshäftling – jeder arbeitsfähige Strafgefangene gem § 44 Abs 1 StVG verpflichtet ist, Arbeit zu leisten. 1 Ob 352/98 s = ÖA 1999, 195/UV 130.

d) Sozialversicherungsleistungen

1. Anrechenbar sind auch Geldleistungen aufgrund eines öffentlich-rechtli- **342** chen Anspruchs aus der **Sozialversicherung,** weil diese zur Deckung des Bedarfs heranzuziehen sind. 5 Ob 606/90 = EF 61.787, 61.945, 62.613; 5 Ob 544/91.

2. Die nach der verstorbenen Mutter zustehende **Waisenpension** (§§ 260, 266 ASVG) stellt nicht eine den UhAnspr gegen den Vater nicht berührende Drittleistung dar, sondern Einkommen des Kindes. Dass die nach dem Ableben der Mutter zustehende Waisenpension in erster Linie die dem Kind gegen die Mutter zustehenden Ansprüche decken wird, ist von der Seite der Bedürfnisse des Kindes her zu berücksichtigen, zu welchen nicht nur die Verpflegung und Beherbergung, sondern auch alle Aufwendungen zählen, die mit der Lebensführung des Kindes verbunden sind, die Kosten der Anschaffung und Pflege der Kleidung und überhaupt die Betreuung, die infolge des Wegfalls der UhLeistungen der Mutter nun von Personen zu gewähren ist, die nach dem Gesetz so lange keine Verpflichtung tragen, als noch eine Leistungsfähigkeit des Vaters vorliegt. 5 Ob 606/90 = EF 61.787, 61.945, 62.613; 5 Ob 544/91; 2 Ob 549/94 = ÖA 1995, 65 = tw EF 74.841; 1 Ob 109/98 f = EF 86.075, 86.076 = ÖA 1999, 47/UV 124; 7 Ob 78/05 d.

3. Der Tod des Elternteils, in dessen Obsorge die UhBer gestanden war, bewirkt eine Veränderung ihrer Lebensverhältnisse derart, dass die Betreuung durch ihre Mutter ersatzlos entfallen ist und sie für alle ihre Lebensbedürfnisse nunmehr im Rahmen einer selbstständigen Haushaltsführung zu sorgen hat, wodurch sich ihr in Geld zu deckender Bedarf insofern erhöhte und die primäre UhPflicht der Eltern sich auf den überlebenden Vater konzentrierte. Andererseits ist aber die der UhBer nach ihrer Mutter zustehende Waisenpension als uhmindernd zu berücksichtigen. 6 Ob 569/91 = tw EF 65.064; 5 Ob 544/91 = EF 65.064, 65.066.

4. Uzw auch die nach dem verstorbenen Stiefvater erhaltene Waisenpension. 2 Ob 512/95 = EF 76.883 = ÖA 1995, 153/U 129.

5. Steht nach dem Tod der das Kind betreuenden Mutter das Sorgerecht (etwa) den Großeltern zu, besteht der UhAnspr des Kindes gegenüber dem Vater in der Differenz zw der „Richtsatzpension" (Ausgleichszulagenrichtsatz nach ASVG) und dem Eigeneinkommen (Waisenrente), uzw ohne Berücksichtigung der Betreuungsleistungen. 7 Ob 78/05 d.

6. Auch die **Kinderrente nach Schweizer Recht,** die direkt an das uhber Kind ausbezahlt wird, ist anrechenbares Eigeneinkommen. 6 Ob 223/06 x.

e) Sozialhilfeleistungen

342 a   1. Die in 6 Ob 629/95 dargelegten Grundsätze betr die Anrechnung der vom UhBer (dort geschiedene Ehegattin) bezogenen Sozialhilfe werden auch iZm einem UhAnspr eines volljährigen, behinderten Kindes aufrechterhalten. 6 Ob 2127/96 d = EF 80.827.

Anmerkung: Vgl dazu Rz 871 ff, ebenso Rz 5 (Deckung des UhBed des Kindes durch Dritte).

f) Sonstiges

343   1. Die **Studienbeihilfe** ist grundsätzlich kein den UhAnspr minderndes Eigeneinkommen des uhber Kindes (§ 1 Abs 4 StudFG). 3 Ob 110/65 = EvBl 1966/106 = JBl 1966, 316; 8 Ob 98/73; 8 Ob 634/91 = EvBl 1992/73 = ÖA 1992, 56 = EF 65.059; 8 Ob 1612/93.

2. **Anmerkung:** Dies gilt gem § 42 KinderbetreuungsgeldG auch für das ab 2002 zustehende Kinderbetreuungsgeld. Die Ausführungen des VfGH zu § 12 a FamLAG (vgl Rz 336) sind hier nicht einschlägig, weil das **Kinderbetreuungsgeld** wohl nicht Zwecken der (steuerlichen) Entlastung UhPfl dienen soll.

4. Verschiedene Eigeneinkünfte

344   1. Zw Lehrlingen und **anderen Einkommensbeziehern** ist kein Unterschied zu machen. 3 Ob 607/90; 7 Ob 559/92; 8 Ob 578/92.

2. Daher sind die von einer **Krankenpflegeschülerin** bezogenen Leistungen (Taschengeld, Verpflegskostenbeitrag, Sachleistungen) wie eine Lehrlingsentschädigung zu behandeln. 5 Ob 510/92 = EF 67.818.

3. Als Einkommen sind auch **Trinkgelder** zu berücksichtigen. 1 Ob 594/90 = ÖA 1991, 78 = ÖA 1991, 42/U 7; 3 Ob 607/90; 1 Ob 521/91.

4. Familienzulagen **für EG-Beamte (Haushaltszulage, Zulage für uhber Kinder, Erziehungszulage**) werden für Rechnung und im Namen des Beamten an denjenigen ausbezahlt, dem das Sorgerecht für die Kinder übertragen wurde. Sind aber die Zulagen ausschließlich für den Uh des Kindes bestimmt, dann handelt es sich um Zuwendungen nicht uhpfl Dritter, die in der Absicht erbracht werden, den UhPfl zu entlasten. Dass diese Familienzulagen für Rechnung und im Namen des Vaters ausbezahlt werden und der obsorgeberechtigte Empfänger uU zur Rückzahlung verpflichtet ist, spricht nicht dagegen, dass es sich um eigene Einkünfte des Kindes handelt, die mangels Geschäftsfähigkeit des Kindes nicht unmittelbar diesem, sondern an den obsorgeberechtigten Elternteil ausbezahlt werden. Damit sind sie aber **auf den UhAnspr nicht ohne Einfluss.** 10 Ob 508/94 = EF 76.877 = ÖA 1994, 188/U 106; 3 Ob 216/00 m = ZfRV 2001, 194/64.

5. Kurzfristiges **Ferialeinkommen** des UhBer ist bei der UhBemessung nicht als Eigeneinkommen in Anschlag zu bringen und verringert deshalb die vom UhPfl zu erbringende UhLeistung idR nicht. Das einmonatige Praktikum der UhBer ist eine solche ganz kurzfristige Einnahmsquelle. Die daraus erzielten Einkünfte sind relativ gering und kommen einem mtl Taschengeld von etwa ATS 1.000 (€ 72,67) gleich. 1 Ob 177/02 i = ÖA 2003, 29/U 372 = EvBl 2003/61; 1 Ob 50/03 i; 3 Ob 223/02 v.

6. **Anmerkung:** Die Rsp zweitinstanzlicher Gerichte (LGZ Wien EF 92.676; LG Linz EF 107.543) stellt außerdem darauf ab, ob das Ferialeinkommen zusammen mit dem Uh, den der UhPfl zu leisten hat, den Durchschnittsbedarf übersteigt; wenn nicht, entfällt die Anrechnung.

5. Betreuungsleistungen

1. Wurde **nach dem Tod der Mutter,** die den Mj betreute, den Großeltern die Pflege und Erziehung übertragen, trifft nunmehr die UhPflicht den Vater allein. Ein Eigeneinkommen des Kindes mindert daher nur seinen UhAnspr gegenüber dem Vater, die **Betreuungsleistungen der Großeltern** schmälern diesen nicht. Der UhAnspr ist somit in diesem Fall die Differenz zw der Richtsatzpension und dem Eigeneinkommen ohne Berücksichtigung der Betreuungsleistungen. 2 Ob 135/97 k = ÖA 1998, 30 = EF 84.820; 6 Ob 238/98 p = ÖA 1999, 48/UV 125.

345

2. Die Großmutter, der die Elternrechte übertragen wurden, steht der leiblichen Mutter, die im Gegensatz zur Großmuter eigene UhPflichten erfüllt, nicht gleich, weil nur der obsorgeberechtigte Elternteil seinen UhAnteil durch Betreuung leistet. Leistungen dritter, nicht uhpfl Personen sind iZw nicht als in der Absicht erbracht anzusehen, den UhPfl zu entlasten, sondern werden als Erfüllung einer hier zumindest aufgrund der an die Großmutter übertragenen Elternrechte bestehenden **sittlichen, nicht geldwerten Verpflichtung naher Angehöriger** erbracht. Mangels der nachgewiesenen Absicht der Großmutter, den UhPfl zu entlasten, haben die Betreuungsleistungen der Großmuter, ähnlich wie **sonstige Leistungen Dritter,** demnach gundsätzlich keinen Einfluss auf die UhPflicht des geldupfl Elternteils und stellen kein den UhBed minderndes Eigeneinkommen dar, sondern sind lediglich als „Zubuße" zu verstehen. 9 Ob 118/97 m = EF 84.820; 2 Ob 135/97 k = ÖA 1998, 30 = EF 83.213.

6. Vermögen/Erträgnisse

346 1. Das Kind ist grundsätzlich nicht verpflichtet, den Uh aus dem **Stamm seines Vermögens** zu bestreiten; dieser wäre nur dann heranzuziehen, wenn zur Deckung der UhKosten die eigenen Einkünfte und die UhLeistungen der Eltern nicht ausreichten. 8 Ob 522/93 = ÖA 1993, 147 = EF 70.745; 7 Ob 2165/96 z = ÖA 1997, 88/U 175 = EF 80.003; 6 Ob 591/95 = SZ 68/157 = ÖA 1998, 17/F 144 = EF 80.002.
2. Das großjährige Kind hat aber keinen Anspruch auf Erhaltung des Vermögens. 2 Ob 95/38 = SZ 20/54.
3. **Anmerkung.** Dies ergibt sich zwar nicht unmittelbar aus § 140 ABGB, der nur vom „Kind" spricht, weshalb es wohl auch nicht genau auf das Erreichen der Volljährigkeit ankommen kann, doch ist der Grundgedanke schon tragfähig etwa iZm dem allfälligen Wiederaufleben einer UhPflicht, erschiene es doch unbillig, eine solche in einem Fall anzunehmen, in dem sich das Kind zwar ein Vermögen erwirtschaftet, dann aber sein Einkommen verloren hat und auch keines mehr erzielen kann.

347 1. Durch **Erträgnisse eigenen Vermögens** wird der **UhBed** des Kindes jedoch ex lege **vermindert.** 1 Ob 547/91 = SZ 64/94 = EvBl 1991/177.
2. Die **Zinsen** aus dem Vermögensstamm sind also zum Uh des Kindes heranzuziehen. 6 Ob 591/95 = SZ 68/157 = ÖA 1998, 17/F 144 = EF 80.002.
3. Uzw **nicht um die Inflationsrate vermindert.** 1 Ob 547/91 = SZ 64/94 = EvBl 1991/177 = tw EF 65.063; 7 Ob 526/94 = ÖA 1995, 95 = EF 73.991; 6 Ob 591/95 = SZ 68/157 = ÖA 1998, 17/F 144.
4. Das Vermögen eines uhber Kindes in Millionenhöhe (hier rund ATS 1,9 Mio [rund € 140.000]) wirkt uhmindernd iSd § 140 Abs 3 ABGB auch dann, wenn das Vermögen in **mündelsicheren thesaurierenden Investmentfondsanteilen** angelegt wurde, bei denen keine Auszahlung der jährlichen Erträge, sondern deren sofortige Wiederveranlagung erfolgt. IS einer Anspannungsobliegenheit darf sich das Kind nicht darauf berufen, dass es infolge der vertraglichen Bindung des Vermögens über keine eigenen Einkünfte verfügt. 6 Ob 70/01 i.
5. Der Vater will die vom Kind rückforderbare **Kapitalertragssteuer** (KEST) schon jetzt in den Zinsenertrag einbeziehen. Es ist ihm zwar zuzustimmen, dass die Kapitalerträge aus Forderungswertpapieren steuerabzugspflichtig sind (§ 93 EStG 1988) und dass die von der Bank vorgenommenen Steuerabzüge zumindest teilweise über Antrag des Kindes mangels eines weiteren steuerpflichtigen Einkommens gem § 97 Abs 4 EStG 1988 zurückerstattet werden können, wobei der Antrag binnen 5 Jahren gestellt werden kann. Da der Vater allerdings eine solche Antragstellung des Kindes und eine bereits erfolgte Steuerrückerstattung nicht behauptet, können die aktenkundigen Steuerbeträge dzt noch nicht als tatsächlich erzielte Einkünfte des Kindes behandelt werden. 6 Ob 70/01 i.
6. **Ggt:** Nur solche Zinsen, die **tatsächlich erzielt** werden, sind zu berücksichtigen, nicht also ein Zinsengewinn aus einer Kapitaleinlage mit 2-jähriger Bindung; in diesem Fall muss sich das Kind erst ab diesem Zeitpunkt den Gewinn auf seinen Uh anrechnen lassen. 7 Ob 526/94 = ÖA 1995, 95 = EF 73.992.
7. **Schmerzengeld** ist nicht als Eigeneinkommen anzurechnen, uzw auch nicht die Erträgnisse (Zinsgewinne) daraus. 8 Ob 1/05 p.

348 1. Der Anspannungsgrundsatz ist nicht auf das erzielbare Erwerbseinkommen beschränkt; **es können auch dem UhBer erzielbare Einkünfte aus einer zumut-**

baren Vermietung als Eigeneinkommen anzurechnen sein. 9 Ob 261/97 s = EF 83.218.

2. Es sei denn, der UhBer hätte die **Wohnung in Eigennutz** genommen. 6 Ob 569/91 = EF 65.058; 6 Ob 2080/96 t = EF 79.888.

3. Abw: § 230 Abs 1 ABGB dient ausschließlich dem Schutz des Pflegebefohlenen; der UhPfl hat daher keinen Anspruch auf eine **bestmögliche Veranlagung mit dem höchsten Ertrag;** eine Anspannungsobliegenheit des Kindes zur Erzielung möglicher Einkünfte besteht grundsätzlich ebenfalls nicht. Es sind daher nur tatsächlich erzielte Einkünfte des Mj in die UhBerechnung einzurechnen. 6 Ob 70/01 i.

1. Die Rückzahlungspflicht der Mutter hinsichtlich jener Beträge, die ihr vom ErstG aus dem Vermögen des Kindes „als Darlehen" überwiesen wurden, hat nichts mit der UhBer des Kindes zu tun. Keinesfalls hat die Mutter einen Anspruch auf das Vermögen des Kindes oder einen Zinsertrag aus diesem, soweit nicht die Voraussetzungen des § 143 ABGB gegeben sind. 2 Ob 263/01 t = EF 96.214. **348 a**

7. Exkurs: Rechnungslegungspflicht

a) Gegenüber dem anderen Elternteil

1. Es besteht **grundsätzlich keine Rechnungslegungspflicht** des erziehenden **349** Elternteils hinsichtlich des KindesUh gegenüber dem UhPfl. 8 Ob 1658/93 = ÖA 1994, 105/F 81 = EF 70.844; 3 Ob 89/97 b = EvBl 1997/175 = JBl 1997, 647.

2. Im Rahmen eines vom Vater für das Kind **vertraglich zugesicherten Übermaßes an Uh** ist die Mutter jedoch zur rechnungspflichtigen **Anlegung des Überschusses** verhalten. 8 Ob 155/72.

3. Anmerkung: Der letztgen E ist mE vollinhaltlich zuzustimmen, dies allerdings nicht nur dann, wenn sich der UhPfl vertraglich zur Leistung eines „Übermaßes" verpflichtet hat, sondern auch dann, wenn er vom Gericht dazu verhalten wurde. Daran vermag auch die Rsp zum UhStopp nichts zu ändern, weil dieser erst beim 2,5-fachen des Durchschnittsbedarfs liegen (vgl Rz 252) und es daher im Einzelfall schon fraglich sein kann, was mit den UhLeistungen tatsächlich geschieht. Um eine Überlastung der Pflegschaftsgerichte zu vermeiden, wäre es durchaus denkbar, in begründeten Fällen (etwa bei zweckwidriger Verwendung der UhLeistungen) den obsorgeberechtigten Elternteil zur Rechnungslegung gegenüber dem geldUhpfl Elternteil zu verhalten (über dessen Antrag), dem dann das Recht zustehen müsste, im Rahmen eines UhHerabsetzungs- oder eines Obsorgeentziehungsverfahrens diese Rechnungslegung (oder deren Fehlen) zur Begründung seiner Anträge heranzuziehen. Bei der dzt Situation sind dem geldUhpfl Elternteil völlig die Hände gebunden; er hat bloß zu bezahlen.

Vgl idZ auch die Ausführungen zu Rz 75, 257.

b) Gegenüber dem Pflegschaftsgericht vor dem KindRÄG 2001

1. Nur jene **Erträgnisse, die die UhKosten übersteigen,** fallen unter die Rech- **350** nungslegungspflicht der Eltern gegenüber dem Pflegschaftsgericht. 1 Ob 607/91 = JBl 1992, 586; 8 Ob 522/93 = ÖA 1993, 147; 7 Ob 312/99 d = JBl 2000, 506 = EvBl 2000/137.

2. Aus Gründen der Praktikabilität und der Effizienz der durch die Rechnungslegung bezweckten Überwachung der elterlichen Vermögensverwaltung kann aber kein Zweifel daran bestehen, dass **geringfügiges Vermögen von der Rechnungslegungspflicht** des § 150 ABGB **nicht umfasst** ist. 7 Ob 312/99 d = JBl 2000, 506 = EvBl 2000/137.

3. Eine **betragsmäßige Untergrenze** für die Rechnungslegungspflicht **fehlt**. Ein Ausufern der Rechnungslegungspflicht kann durch die Möglichkeit eines Befreiungsantrags verhindert werden, dem immer dann stattzugeben ist, wenn im Einzelfall gegen eine ordentliche Verwaltung der Eltern keine Bedenken obwalten. Solche Bedenken sind in Richtung einer missbräuchlichen Verwendung des Kindesvermögens oder aber mangelnder Kenntnisse und Fähigkeiten denkbar. Bewegt sich das Kindesvermögen im Bereich der von der RV 1975 gewählten Untergrenze (nämlich ATS 200.000 [= € 14.535] für den Stamm und ATS 50.000 [= € 3.633] jährlich für Erträgnisse, ausgenommen die für den Uh verwendeten) – mit entsprechender Aufwertung aufgrund der inzwischen stattgefundenen Geldentwertung – ist idR eine entsprechende Eignung der Eltern vorauszusetzen. 7 Ob 312/99 d = JBl 2000, 506 = EvBl 2000/137.

4. Die Vermögensverwaltung ist auch dann gerichtlich zu überwachen, wenn das Wohl des Kindes etwa durch **missbräuchliche Verwendung des Vermögens durch die Eltern** gefährdet erscheint. 1 Ob 532/90 = RZ 1990/111; 1 Ob 607/91 = JBl 1992, 586; 8 Ob 522/93 = ÖA 1993, 147; 3 Ob 2204/96 f; 5 Ob 139/00 b.

5. Uzw bei **konkreten Verdachtsmomenten**. 7 Ob 312/99 d = JBl 2000, 506 = EvBl 2000/137.

6. Die Aufgabe des Pflegschafts- bzw Vormundschaftsgerichts besteht nicht nur darin, die Gesetzmäßigkeit, sondern auch die Zweckmäßigkeit der vom Vormund getroffenen oder in Aussicht (bzw nicht in Aussicht) genommenen Maßregeln zu prüfen; das Gericht kann deshalb auch bindende Weisungen für Geschäfte geben, die nicht schon zu ihrer Gültigkeit der Einwilligung des Gerichts bedürfen. Es muss insb dann tätig werden, wenn Anhaltspunkte hiefür bestehen, dass Vermögensinteressen des Pflegebefohlenen verletzt werden, weil das Vermögen des Pflegebefohlenen kraft ausdrücklicher Vorschrift (§ 222 ABGB) der Obsorge des Gerichts anvertraut ist. Die Verletzung dieser Pflichten kann Amtshaftungsansprüche zur Folge haben. 1 Ob 32/88 = SZ 61/231 = EvBl 1989/88; 1 Ob 37/89; 1 Ob 532/90 = RZ 1990/111; 6 Ob 535/91; 1 Ob 30/92; 1 Ob 7/94; 2 Ob 116/98 t; 7 Ob 312/99 d = JBl 2000, 506 = EvBl 2000/137.

7. **Anmerkung:** Trotz Aufhebung des § 222 ABGB durch das KindRÄG 2001 werden die diesen E zugrundeliegenden Grundsätze weiterhin Geltung haben, ordneten doch zunächst § 193 AußStrG 1854 und nunmehr § 133 Abs 4 AußStrG an, dass das Gericht unter gewissen Voraussetzungen Sicherungsaufträge betr das Vermögen des Kindes erteilen kann bzw muss.

8. Dies gilt aber nicht für den JWTr. 6 Ob 594/93 = SZ 66/115 = EvBl 1994/67.

9. Es kommt nur bei einer spezifischen Gefährdung des Kindeswohls in Betracht, einem Dritten und nicht den Eltern Aufträge hinsichtlich der Verwaltung des Kindesvermögens zu erteilen. 5 Ob 139/00 b.

c) Gegenüber dem Pflegschaftsgericht seit dem KindRÄG 2001

351 1. **Anmerkung:** § 205 Abs 2 AußStrG 1854 idF KindRÄG 2001 ordnete ausdrücklich an, dass der gesetzliche Vertreter zur laufenden Rechnung nicht verpflichtet ist, solange keine unbewegliche Sache zum Vermögen des Mj zählt und der Wert des Vermögens und der Jahreseinkünfte ATS 130.000 (= € 9.450) nicht übersteigt; lagen diese Voraussetzungen nicht vor, ordnete § 205 Abs 2 AußStrG an, dass der gesetzliche Vertreter zur laufenden Rechnung so lange nicht verpflichtet war, als das Gericht zur Wahrung des Wohls des Mj nicht eine solche Pflicht auferlegte. Der Ansatz der vormaligen Rsp (vgl Rz 350), dass konkrete Verdachtsmomente vorliegen müssten, um eine Rechnungslegungspflicht aussprechen zu können, was auch aus den Mat zum KindRÄG 2001 hervorleuchtete, war zwar im Grunde genommen richtig und galt wohl auch nach der neuen Rechtslage; es darf aber nicht übersehen werden, dass der nicht obsorgeberechtigte Elternteil – bei getrennt lebenden Eltern – idR nicht in der Lage sein wird, die entsprechenden Verdachtsmomente auch zu untermauern. Damit kam aber der Amtswegigkeit des VaStr massive Bedeutung zu.

Soweit § 205 Abs 3 AußStrG 1854 von Jahreseinkünften unterhalb ATS 130.000 (= € 9.450) sprach, gehörten dazu mE auch UhEinkünfte des Kindes, die den jew Regelbedarfssatz überstiegen, weil der Grundgedanke der Regelbedarfssätze ja der ist, dass ein Kind – durchschnittlich – nur etwa die darin genannten Beträge an Uh braucht; der Restbetrag muss dann aber wohl eine „Einkunft" iSd zitierten Bestimmung sein.

2. Anmerkung: Mit der Außerstreitreform 2003 setzte der Gesetzgeber seinen bereits zuvor eingeschlagenen Weg fort und trieb die Liberalisierung der Rechnungslegungsbestimmungen durch weitere – generelle und individuelle – Ausnahmen von der Rechnungslegungspflicht voran (*Zankl/Mondel* in Rechberger Rz 1 zu § 135 AußStrG). Nach § 135 Abs 1 AußStrG besteht ua für Eltern eine Rechnungslegungspflicht nur mehr bei ausdrücklicher Verfügung durch das Gericht; sie kann aus besonderen Gründen angeordnet werden (vgl im Übrigen den tabellarischen Überblick bei *Gitschthaler,* Serviceteil-Vermögensverwaltung, EF-Z 2007, 39). Im Hinblick auf diese Liberalisierung kommt zwar der Amtswegigkeit des VaStr noch mehr Bedeutung zu; eine Verpflichtung zur Rechnungslegung bei den Durchschnittsbedarf übersteigenden UhBeträgen setzt jedoch weiterhin eine Kindeswohlgefährdung voraus.

8. Abzüge, Aufwendungen

352 1. Beim Eigeneinkommen haben jene Teile außer Betracht zu bleiben, die dem **Ausgleich eines bestimmten Mehraufwandes** dienen. 6 Ob 591/95 = SZ 68/157 = ÖA 1998, 17/F 144 = EF 79.986.

2. Uzw eines **berufsbedingten Mehraufwandes.** Wegen des Antritts der Lehre kann aber auch ein Mehrbedarf entstehen, der sich unter Bedachtnahme auf die Lebensverhältnisse der Eltern und anderer Lehrlinge auch aus dem **gehobenen Sozialprestige** ergeben kann und insoweit zu einer typischen Bedarfserhöhung führt. Ohne Anhaltspunkte für solche besonderen Umstände ist es jedoch nicht erforderlich, hierüber Erhebungen durchzuführen. 3 Ob 547/90 = ÖA 1991, 77 = EF 62.652 = ÖA 1991, 42/U 5 = SZ 63/101; 6 Ob 598/90 = ÖA 1992, 29 = EF 62.652 = ÖA 1991, 45/UV 7; 8 Ob 650/90 = EF 62.652 = ÖA 1992, 111/U 39 uva; 4 Ob 345/97 g = ÖA 1998, 173/F 170 = EF 83.221.

3. An **berufsbedingtem Mehraufwand abzuziehen** sind die **Kosten für Berufsausbildung und Berufsausübung.** 3 Ob 547/90 = ÖA 1991, 77 = EF 62.652 =

ÖA 1991, 42/U 5 = SZ 63/101; 2 Ob 525/92 = EF 68.564; 4 Ob 2291/96 g = ÖA 1997, 194/U 187 = EF 80.853 = ÖA 1997, 167.

    4. Also etwa die **Kosten einer Unterbringung außerhalb des Elternhauses.** 2 Ob 525/92 = EF 68.564; 4 Ob 2291/96 g = ÖA 1997, 194/U 187 = EF 80.853 = ÖA 1997, 167.

    5. Die **Berufsschulkosten.** 1 Ob 521/91; 2 Ob 534/91 = tw EF 65.861; 2 Ob 525/92 = EF 68.562, 68.564; 4 Ob 2291/96 g = ÖA 1997, 194/U 187 = EF 80.852, 80.853 = ÖA 1997, 167.

    6. Die Kosten einer der Ausbildung dienenden **Internatsunterbringung.** 5 Ob 567/90 = EvBl 1990/134 = JBl 1991, 41 = ÖA 1991, 16 = EF 62.653 = ÖA 1991, 41/U 3; 4 Ob 2291/96 g = ÖA 1997, 167 = ÖA 1997, 194/U 187 = EF 80.855.

    7. Sonstige **Aufwendungen zur Vorbereitung auf die Berufsausübung,** in besonderen branchenmäßigen und örtlich gelagerten Fällen auch die Kosten für eine Ausbildung zwecks Erwerbs einer **Lenkerberechtigung.** 6 Ob 624/90 = ÖA 1991, 53 = tw EF 62.652; 2 Ob 534/91.

    8. **Fahrtkosten zur Ausbildungsstelle.** 1 Ob 521/91; 2 Ob 534/91 = tw EF 65.861; 2 Ob 525/92 = tw EF 68.562, 68.564; 4 Ob 2291/96 g = tw EF 80.852, 80.853 = ÖA 1997, 167 = ÖA 1997, 194/U 187.

    9. Kosten für **Arbeitskleidung.** 1 Ob 521/91; 2 Ob 534/91 = tw EF 65.861; 2 Ob 525/92 = tw EF 68.562, 68.564; 4 Ob 2291/96 g = tw EF 80.852 = ÖA 1997, 167 = ÖA 1997, 194/U 187.

    10. Mehrauslagen für die **Verpflegung am Arbeitsplatz.** 1 Ob 521/91; 2 Ob 534/91 = tw EF 65.861; 2 Ob 525/92 = tw EF 68.562, 68.564; 4 Ob 2291/96 g = tw EF 80.852 = ÖA 1997, 167 = ÖA 1997, 194/U 187.

353   1. Das **Ausmaß dieser mit der Berufsausbildung und -vorbereitung verbundenen Aufwendungen** ist von Fall zu Fall festzustellen. Inwieweit dabei mangels Geltendmachung besonderer Umstände branchenmäßige und regionale Erfahrungen pauschal verwertbar sein können, fällt in den Tatsachenbereich. Allgemeine die verschiedenartigsten Lehrberufe erfassenden Pauschalfestlegungen in absoluten Zahlen oder Prozentsätzen werden allerdings der gesetzlich geforderten Berücksichtigung der konkreten Lebensverhältnisse nicht gerecht. 6 Ob 624/90 = ÖA 1991, 53 = tw EF 62.652; 2 Ob 534/91.

    2. Mit dem Beitrag zur **Berufsschule** sind nicht alle Lebensbedürfnisse in der Zeit des Berufsschulbesuchs abgedeckt, weil der Anteil an den Fixkosten der sonstigen Wohnung fortläuft und die Schulkosten einen zusätzlichen berufsbedingten Aufwand darstellen. Es käme daher höchstens zum Abzug der Haushaltsersparnis während der Internatsunterbringung, sodass durch das Erfordernis der Anschaffung von Arbeitskleidung und der Vergütung des berufsschulbedingten Mehraufwandes noch eine Belastung des eigenen Einkommens mit solchen zu berücksichtigenden Kosten der Berufsausübung und -ausbildung eintritt. 3 Ob 579/90 = ÖA 1992, 42/U 6.

    3. Ob dabei die Berufsausbildungskosten wie etwa auch der mit dem Besuch der Berufsschule verbundene Aufwand gleich von der Lehrlingsentschädigung abgezogen und nur der Restbetrag den Einkünften zugerechnet wird oder ob solche Kosten von der Bedarfsseite her (§ 140 Abs 1 ABGB) zu einer Anhebung des UhAnspr führen, macht im Ergebnis der UhBemessung keinen Unterschied. 3 Ob 505/92.

E. Fiktive Selbsterhaltungsfähigkeit

1. Scheitern der Berufsausbildung

354 1. Ist die Berufsausbildung eines Kindes nicht abgeschlossen, so tritt idR seine Selbsterhaltungsfähigkeit nicht ein. 7 Ob 640/92 = ÖA 1993, 141/U 81; 1 Ob 506/93.

2. Fiktiv selbsterhaltungsfähig kann ein Kind aber dann sein, wenn es **arbeits- und ausbildungsunwillig** ist, ohne dass ihm krankheits- oder entwicklungsbedingt die Fähigkeit fehlte, für sich selbst aufzukommen. 4 Ob 13/01 t = ÖA 2002, 31/ U 343; 3 Ob 118/06 h.

3. Ein Verschulden des Kindes am Scheitern einer angemessenen Berufsausbildung hat die Folge, dass sich dieses Kind **wie ein Selbsterhaltungsfähiger behandeln lassen muss.** 1 Ob 630/78 = SZ 51/90 = JBl 1979, 482 = EF 31.175 = RZ 1978/ 138; 5 Ob 581/79; 1 Ob 506/93; 7 Ob 577/94 = ÖA 1995, 98 = EF 74.875 uva; 2 Ob 97/97 x = ÖA 1999, 28/U 254; 8 Ob 139/06 h.

4. Wesentlich ist dabei ua, ob der schulische Misserfolg aus der (**einseitigen**) **Begabungsstruktur** oder doch wesentlich **aus der psychischen Belastung durch die problematische familiäre Situation** (geschiedene Eltern) und den dadurch notwendigerweise verbundenen Mangel an genügender persönlicher Zuwendung und häuslicher Lernbetreuung wie auch durch pubertätsbedingte Schwierigkeiten erklärbar ist. 5 Ob 581/79; 1 Ob 661/88; 1 Ob 506/93.

5. Ein möglicherweise bestehendes **Erziehungsdefizit beim Kind** wäre für sich allein kein Grund, den Vater von seiner UhPflicht zu befreien. 5 Ob 560/94 = EF 77.847, 77.848 = ÖA 1995, 152/U 128.

6. Ist der UhBer von häuslichen Misshelligkeiten nicht mehr berührt und möglicherweise auch infolge einer grundlegenden Änderung seiner charakterlichen Einstellung nunmehr bei seiner Ausbildung erfolgreich, dann kann es – umso weniger dann, wenn der UhPfl zur Verzögerung der Ausbildung nicht unwesentlich beigetragen hat – nicht auf das **Lebensalter des UhBer** ankommen, auch wenn er gewisse Studien, entsprechenden Fleiß vorausgesetzt, bereits abgeschlossen haben könnte; es ist immer auf die Ursachen der Verzögerung bei der Ausbildung Bedacht zu nehmen. 1 Ob 506/93 = EF 71.570.

7. Anderseits ist es **gerade dann, wenn ein früheres Berufsziel aus eigenem Verschulden des Kindes nicht erreicht wurde, den Eltern nicht zumutbar, die Finanzierung des neuen Berufswunsches ohne entsprechende Leistungsgarantien zu besorgen.** 1 Ob 630/78 = SZ 51/90 = JBl 1979, 482 = RZ 1978/138 = EF 31.173; 2 Ob 509/88 = EF 56.534; 3 Ob 4/92 = ÖA 1992, 87; 2 Ob 97/97 x = ÖA 1999, 28/ U 254.

8. Ob ein Kind seinen UhAnspr verliert, wenn es seine Berufsausbildung nicht zielstrebig betreibt, kann jedenfalls **nur nach den Umständen des Einzelfalls** entschieden werden. 5 Ob 1536/93 = EF 71.528 = ÖA 1994, 24/F 73; 1 Ob 1678/95 = EF 77.853; 1 Ob 2064/96 b = ÖA 1997, 63/F 125 = EF 80.791; 9 ObA 2166/96 m.

355 1. Das Kind verliert seinen Anspruch, wenn es sich absichtlich in den Zustand der Erwerbslosigkeit versetzt. 2 Ob 397/37 = SZ 19/153; 6 Ob 652/90 = EF 61.954; 7 Ob 577/94 = ÖA 1995, 98 = EF 74.873.

2. Dass der UhBer aber gerade deshalb **Drogen** genommen hätte, um seine Leistungsfähigkeit auszuschalten, damit sein Vater möglichst lange Uh zu zahlen hat, kann wohl nicht unterstellt werden. 7 Ob 577/94 = ÖA 1995, 98 = EF 74.870.

3. Einem kranken und deshalb nur beschränkt oder gar nicht erwerbsfähigen Kind obliegt es, sich einer nach Erfolgsaussichten, Gefährlichkeit und Kostendeckung **zumutbaren Behandlung** nicht vorsätzlich zu entziehen, sollte sein UhBegehren nicht als Rechtsmissbrauch zu werten sein. 6 Ob 652/90 = EF 61.954; 7 Ob 577/94 = ÖA 1995, 98 = EF 74.870.

4. Es liegt auf der Hand, dass der Weg aus einer derart massiven Krise iVm einer Drogensucht langwierig und schwierig ist und Rückschläge einzukalkulieren sind. Es ist daher dzt auch von einer zeitlichen Begrenzung der UhPflicht des Vaters Abstand zu nehmen. 7 Ob 577/94 = ÖA 1995, 98 = EF 74.870.

2. Nichtaufnahme einer Erwerbstätigkeit

356 1. Bezieht ein Kind **eigene Einkünfte**, die zur Befriedigung seiner konkreten Lebensbedürfnisse hinreichen, fehlt es – unabhängig von der Leistungsfähigkeit des UhPfl – an einem durch UhLeistungen sicherzustellenden Bedarf. Gleiches gilt auch dann, wenn das Kind zwar tatsächlich keine eigenen Einkünfte bezieht, dazu aber unter Einsatz seiner Fähigkeiten und Kräfte **in der Lage wäre** und daher als selbsterhaltungsfähig anzusehen ist. 6 Ob 515/92 = ÖA 1992, 151/UV 45.

2. Uzw wenn die durch die **bisherige Schulbildung und Erziehung vorbereitete Berufsausbildung abgeschlossen** ist. 5 Ob 581/79 = EF 33.404; 1 Ob 595/91.

3. Das Kind verliert allerdings seinen UhAnspr nicht automatisch mit dem Abschluss der Berufsausbildung, sondern nur dann, wenn es die Aufnahme einer ihm zumutbaren Erwerbstätigkeit aus **Verschulden** unterlässt. 4 Ob 13/01 t = ÖA 2002, 31/U 343.

4. Und ihm eine eigene Erwerbstätigkeit zumutbar ist. 6 Ob 87/99 h = EF 89.496 = ÖA 1999, 293/U 297; 6 Ob 11/99 g = EF 89.498 = ÖA 1999, 292/U 296; 4 Ob 13/01 t.

5. Dabei kann nicht von einem objektiven Sachverhalt ausgegangen werden, sondern es sind die Gründe zu erheben, die dazu führten, dass eine Berufstätigkeit unterblieb. Nur auf dieser Grundlage kann entschieden werden, ob dem Kind ein Verschulden zur Last fällt. Es ist auch nicht ausreichend (wie etwa im Falle der Prüfung der Verweisbarkeit nach § 255 ASVG), abstrakt zu prüfen, ob Arbeitsplätze vorhanden gewesen wären, deren Anforderungen das Kind entsprochen hätte. **Ein Verschulden könnte nur dann angenommen werden, wenn das Kind konkrete Möglichkeiten, einen Arbeitsplatz zu erlangen, ausgeschlagen hätte;** der Unterlassung einer Meldung beim Arbeitsamt käme nur Bedeutung zu, wenn im Falle einer Meldung die Vermittlung eines konkreten Arbeitsplatzes möglich gewesen wäre. 9 Ob 509/95 = ÖA 1996, 16/U 139 = EF 77.856; 1 Ob 2064/96 b = EF 80.796 = ÖA 1997, 63/F 125.

6. Zumutbar ist eine Tätigkeit jedenfalls **in einem Beruf, der den Anlagen, Fähigkeiten und Neigungen des Kindes entspricht.** 3 Ob 7/97 v = SZ 70/36 = ÖA 1998, 158 = EF 83.708 = JBl 1997, 650 *(Hoyer)*; 4 Ob 13/01 t = ÖA 2002, 31/U 343.

7. Der UhAnspr erlischt also, wenn das Kind die **Ausübung einer zumutbaren Erwerbstätigkeit nach Abschluss seiner Berufsausbildung unterlässt**, obwohl es eine solche aufgrund der konkreten Verhältnisse des Arbeitsmarkts tatsächlich ausüben könnte und nicht besondere Gründe für das Weiterbestehen der UhPflicht sprechen. 3 Ob 7/97 v = SZ 70/36 = ÖA 1998, 158 = EF 83.711, 83.718 = JBl 1997, 650 *(Hoyer)*; 4 Ob 13/01 t.

8. Oder wenn es grundlos eine sich bietende Arbeitsmöglichkeit ausschlägt. 1 Ob 863/37 = SZ 19/276; 6 Ob 1/70 = JBl 1970, 426.

9. Ist das – arbeitsfähige – Kind, das seinen bisherigen Arbeitsplatz verloren hat, zielstrebig bemüht, einen (neuen) Arbeitsplatz zu finden, bleibt sein UhAnspr bestehen, weil dann auch ein selbstverschuldeter Arbeitsplatzverlust nicht den Schluss zulässt, das Kind wäre arbeitsunwillig. Dieser Grundsatz gilt für den Regelfall, dass die mit dem Verlust des Arbeitsplatzes verbundenen finanziellen Nachteile auf den Entfall des laufenden Einkommens beschränkt bleiben und durch die Aufnahme einer neuen Beschäftigung wettgemacht werden können. 4 Ob 13/01 t = ÖA 2002, 31/U 343.

10. Hat das Verhalten des Kindes aber auch den Verlust darauf aufbauender gesetzlicher Ansprüche (Wochen-, Karenzurlaubsgeld) bewirkt und musste ihm diese Konsequenz bewusst gewesen sein, liegt der Schluss nahe, dass es arbeitsunwillig ist; es ist daher auf jenes Einkommen anzuspannen, das es erhalten hätte, hätte es die Beschäftigung nicht verloren. 4 Ob 13/01 t = ÖA 2002, 31/U 343.

11. Anmerkung: Zur – abzulehnenden – Anspannung auf ein fiktives Wochengeld oder ein fiktives Karenzurlaubsgeld vgl ausführlich Rz 179. Diese Überlegungen zur Anspannung des UhPfl müssen spiegelbildlich auch für die Anspannung des UhBer gelten.

1. Die **Anspannungstheorie lässt sich nicht in ihrem ursprünglichen Sinn auf den UhBer ausdehnen,** weil diesbzgl die Rechtslage nicht die gleiche ist wie bzgl des UhPfl. Solange also etwa die Ausbildung des Kindes nicht abgeschlossen ist, besteht grundsätzlich keine Verpflichtung, eine nicht iZm der Berufsausbildung stehende Erwerbstätigkeit auszuüben. 7 Ob 640/92 = ÖA 1993, 141/U 81 = EF 68.494; 1 Ob 506/93; 7 Ob 577/94 = ÖA 1995, 98; 6 Ob 2080/96 t = tw EF 79.987. **357**

2. Keinesfalls kann daher bei der Beurteilung der Selbsterhaltungsfähigkeit eines Kindes ein strengerer Maßstab angelegt werden als bei der Beurteilung der Leistungsfähigkeit des UhPfl. 4 Ob 13/01 t.

3. Eine an sich zumutbare Erwerbstätigkeit darf von ihm jedoch nur dann nicht gefordert werden, **wenn** es **entweder noch über keine Berufsausbildung verfügt oder eine besondere Eignung für den nun gewählten Beruf zeigt** und dem UhPfl ein Beitrag zu den Kosten dieser weiteren Ausbildung nach dessen Lebensverhältnissen zugemutet werden kann. Dies kann auch ein Vergleich mit den bei solchen Umständen zu erwartenden Dispositionen in einer intakten Familie zeigen. 1 Ob 524/93 = ÖA 1994, 18/U 82 = EF 71.546; 1 Ob 626/93 = JBl 1994, 746 *(Hoyer)* = EF 74.869 = RZ 1995/25 = ÖA 1994, 185/U 101.

4. Das **StudienberechtigungsG** soll gerade Erwachsenen – § 2 Abs 1 Z 2 verlangt die Vollendung des 22. Lebensjahrs –, die eine schon erfolgreiche berufliche oder außerberufliche Vorbildung für die angestrebte (erste) Studienrichtung nachweisen müssen, ein Studium wegen der schon erworbenen Kenntnisse auch neben der beruflichen Tätigkeit ermöglichen. 6 Ob 574/95 = 6 Ob 575/95 = RZ 1996/60 = EF 77.882.

5. Ein kollektivvertraglicher Entgeltanspruch ist dann keine taugliche Grundlage für die Beurteilung der Selbsterhaltungsfähigkeit, wenn der UhBer nicht auf einem fremden Hof, sondern als familieneigene Arbeitskraft auf dem Hof, den er einmal übernehmen soll, arbeitet und dort nicht nach dem Kollektivvertrag entlohnt wird. Die auf familienrechtlicher Grundlage erfolgende Mitarbeit des Mj am Hof ermöglicht eine familienrechtliche Entgeltbestimmung, die über dem Arbeitsvertragsrecht steht. 1 Ob 626/93 = JBl 1994, 746 *(Hoyer)* = EF 74.869 = RZ 1995/25 = ÖA 1994, 185/U 101.

6. Da es der Kl trotz der Obsorge für 3 Kinder möglich ist, die PÄDAK zu besuchen, ist davon auszugehen, dass sie ebenso in der Lage wäre, einer Erwerbstätigkeit nachzugehen, die sie zeitlich wohl kaum mehr in Anspruch nehmen würde. 6 Ob 39/99 z = EF 89.510 = ÖA 1999, 301/F 199.

358 1. Das uhber Kind kann **auch auf Hilfsarbeitertätigkeiten verwiesen** werden, wenn es nach abgeschlossener Berufsausbildung längere Zeit keine entsprechenden Arbeitsmöglichkeiten findet. 7 Ob 640/92 = ÖA 1993, 141/U 81 = EF 68.495; 3 Ob 270/97 w = EF 83.766; 6 Ob 11/99 g = EF 89.501 = ÖA 1999, 292/U 296; 6 Ob 87/99 h = EF 89.501 = ÖA 1999, 293/U 297.

2. Uzw insb dann, wenn die wirtschaftliche Leistungsfähigkeit des UhPfl gering ist. 3 Ob 7/97 v = SZ 70/36 = ÖA 1998, 158 = EF 83.718 = JBl 1997, 650 *(Hoyer)*.

3. Oder wenn das Kind im erlernten Beruf **nach angemessener Wartezeit** keine Beschäftigung gefunden hat. 3 Ob 7/97 v = SZ 70/36 = ÖA 1998, 158 = EF 83.718 = JBl 1997, 650 *(Hoyer)*.

4. **Abw:** Ist das Kind zur Ausübung eines Berufs fähig, geben ihm die wirtschaftlichen Verhältnisse aber nicht die Möglichkeit zur Ausübung dieses Berufs, ist es nicht selbsterhaltungsfähig. 3 Ob 89/71.

5. Für die Stellensuche ist ein **Zeitraum von etwa 6 Monaten ab Abschluss der Berufsausbildung** angemessen. 3 Ob 270/97 w = EF 83.766.

6. Einem UhBer, der (auch) österreichischer Staatsangehöriger ist und in Österreich wohnt, ist es aufgrund der durch Art 48 EG-V gewährleisteten Freizügigkeit der Arbeitnehmer innerhalb der Gemeinschaft zumutbar, seine Arbeitssuche zumindest auch auf die **Bundesrepublik Deutschland und auf Südtirol in Italien als Mitgliedstaaten der EU** zu erstrecken, hat er doch dort mit keinen sprachlichen Anpassungsschwierigkeiten zu rechnen. 3 Ob 7/97 v = SZ 70/36 = ÖA 1998, 158 = EF 83.709 = JBl 1997, 650 *(Hoyer)*.

F. Ausbildung

Übersicht:

	Rz
1. Erste Berufsausbildung	359
2. Ausbildungsplatzwechsel	360
3. Weitere Berufsausbildung	
a) Allgemeines	361
b) Besseres Fortkommen	362, 363
c) Besondere Eignung/Zielstrebigkeit	364–366
d) Leistungsfähigkeit der Eltern	367
e) Einzelfälle	368
4. Mittelschule/Matura	369–372
5. Hochschulstudium/Fachhochschule	
a) Allgemeines	373, 374
b) Eignung/Zielstrebigkeit	375–378
c) Sparsamkeit	379
d) Studienwechsel	380
e) Auslandsstudium	381
f) Doktoratsstudium	382, 383

1. Erste Berufsausbildung

1. Die UhPflicht des Vaters dauert so lange fort, **bis die Ausbildung im Beruf** **359**
beendet ist. 2 Ob 51/63 = 2 Ob 52/63 = 2 Ob 53/63; 2 Ob 221/67 = JBl 1968, 201 =
EF 8.440; 5 Ob 118/73 = JBl 1974, 41.

2. Welche **Ausbildung** einem Kind zusteht, bestimmt sich dabei **nicht nach der beruflichen und gesellschaftlichen Stellung der Eltern.** 3 Ob 7/97 v = SZ 70/ 36 = ÖA 1998, 158 = EF 83.705 = JBl 1997, 650 *(Hoyer)*.

3. Auch die Tätigkeit des Kindes als **Profisportler** ist als Beruf anzusehen; damit ist aber die dafür notwendige Trainings- und Vorbereitungszeit als Ausbildung anzuerkennen. Infolge des Mangels einer geregelten Ausbildungsmöglichkeit muss es dabei dem Kind überlassen bleiben, sich die erforderlichen Kenntnisse in Eigeninitiative unter Anleitung, Belehrung und Unterweisung durch sachkundige Personen anzueignen, wie es vorliegendenfalls durch den häufigen und regelmäßigen Besuch von Trainingscamps dokumentiert ist. Die notwendige Möglichkeit der Erfolgsüberprüfung und Leistungskontrolle ist im Rahmen der Teilnahme an internationalen Wettkämpfen jedenfalls gegeben. 4 Ob 263/98 z = EF 89.511 = ÖA 1999, 184/U 282.

2. Ausbildungsplatzwechsel

1. Da die **Berufswahl prägend** sein kann **für das gesamte weitere Leben,** ist **360** dem UhBer nicht nur eine nach den Umständen zumutbare Zeitspanne zuzubilligen, um einen Ausbildungsplatz in dem von ihm erwünschten Berufszweig zu erlangen, sondern unter gewissen Umständen auch der Wechsel des Ausbildungszweigs. 7 Ob 640/92 = ÖA 1993, 141/U 81 = EF 68.489.

2. Uzw ein **einmaliger Berufswechsel.** 7 Ob 640/92 = ÖA 1993, 141/U 81 = EF 68.487; 2 Ob 196/02 s.

3. Dies gilt nicht nur beim Hochschulstudium, sondern auch bei anderen **beruflichen Ausbildungen,** also auch dann, wenn das Kind seine Gymnasiallaufbahn vor Erreichen der Matura abbricht und eine Fachausbildung samt Matura anstrebt. 6 Ob 87/99 h = EF 89.512 = ÖA 1999, 293/U 297; 4 Ob 263/98 z = EF 89.512 = ÖA 1999, 184/U 282; 2 Ob 196/02 s.

4. Dabei ist die Selbsterhaltungsfähigkeit insb dann erst mit Aufnahme der Berufstätigkeit anzunehmen, wenn die schulischen Probleme jedenfalls auch auf die problematische familiäre Situation zurückzuführen sind. 2 Ob 196/02 s.

3. Weitere Berufsausbildung

a) Allgemeines

1. Der **UhPfl ist nicht berechtigt, den sozialen Aufstieg des Kindes zu verei- 361 teln,** sondern zur UhLeistung solange verpflichtet, als das Kind seine weitere Berufsausbildung zielstrebig verfolgt. 7 Ob 640/92 = ÖA 1993, 141/U 81 = EF 68.485.

2. Die bereits eingetretene Selbsterhaltungsfähigkeit erlischt aber nicht dadurch, dass jemand, aus welchen Gründen immer, seine bisherige Berufstätigkeit freiwillig durch eine weitere Ausbildung ersetzen will. 7 Ob 661/87 = EF 53.785.

3. Die weitere berufliche Ausbildung eines Erwachsenen, der schon jahrelang einen erlernten Beruf ausübt, geschieht nämlich – anders als beim Mj – grundsätzlich außerhalb der Ingerenz seiner Eltern und ist ihm daher auch hinsichtlich ihrer

Finanzierung allein anheimgestellt. Eine weitere UhPflicht wäre wohl nur dann zu bejahen, wenn die bisherige Ausbildung die Erzielung eines angemessenen Einkommens nicht zuließe. 2 Ob 503/87 = SZ 60/250 = EF 53.793; 3 Ob 4/92 = ÖA 1992, 87.

4. Es besteht auch kein allgemeiner Rechtsanspruch des Kindes, das mit Unterstützung seines Vaters einen den fortdauernden Nahrungszustand verbürgenden Beruf erlernt hat, auf solche Leistungen des Vaters, dass es sich als Gewerbetreibender selbstständig machen kann. 8 Ob 10/69 = EvBl 1969/280; 1 Ob 655/85.

5. Eine Berufswahl gegen den Willen des UhPfl, die den UhPfl zu weiteren UhLeistungen zwingt, kann dem bereits selbsterhaltungsfähigen Kind vielmehr nur bei **besonderer Eignung** für den gewählten Beruf gestattet werden, wenn die angestrebte Ausbildung ein **besseres Fortkommen** im neuen Beruf mit Sicherheit erwarten lässt und entsprechende **Leistungsgarantien** vorliegen. 6 Ob 1552/91; 4 Ob 263/98 z = EF 89.518 = ÖA 1999, 184/U 282.

6. Dies gilt insb bei einer abgeschlossenen Berufsausbildung des UhBer, der ein **Studium beginnt;** dieser muss hiefür **geeignet** sein, das Studium **zielstrebig** betreiben und zumindest einen **durchschnittlichen Studienerfolg** erreichen. 3 Ob 93/90 = EF 62.639.

7. Ist die UhPflicht für eine zweite Berufsausbildung nicht schon deshalb zu verneinen, weil es dem Kl entweder an der erforderlichen wirtschaftlichen Leistungsfähigkeit mangelt oder die Berufsaussichten und Verdienstmöglichkeiten des UhBer durch die angestrebte zweite Berufsausbildung überwiegend wahrscheinlich nicht nennenswert verbessert werden könnten, stellen die genannten **Bestimmungsfaktoren ein bewegliches System dar,** das eine den jew Umständen des Einzelfalls angepasste Ausmittlung der weiterbestehenden UhPflicht ermöglichen soll. 3 Ob 7/97 v = SZ 70/36 = ÖA 1998, 158 = EF 83.764 = JBl 1997, 650 *(Hoyer);* 9 Ob 261/97 s.

8. Als Voraussetzung für das Weiterbestehen der elterlichen UhPflicht bei einem **mehrstufigen Ausbildungsgang** müssen die einzelnen Stufen zumindest so weit zusammenhängen, dass der vom UhBer angestrebte Beruf eine fachliche Ergänzung, Weiterführung oder Vertiefung der schon auf der Vorstufe erworbenen Kenntnisse und Fähigkeiten ist. 1 Ob 49/02 s.

9. Die Beurteilung dieser Leistungsgarantien hängt ganz von den Umständen des Einzelfalls ab, sodass einer E des OGH keine Bedeutung zur Wahrung der Rechtseinheit, -sicherheit oder -entwicklung zukäme. 4 Ob 1509/87; 6 Ob 1552/91; 4 Ob 263/98 z = EF 89.518 = ÖA 1999, 184/U 282.

10. Bei der **Beurteilung des Wiederauflebens der UhPflicht** ist aber jedenfalls ein **strengerer Maßstab anzulegen,** um damit das – nie ganz vermeidbare – Risiko des UhPfl, dass sein Kind das angestrebte Ziel eines besseren Fortkommens nicht erreicht (und seine Berufschancen infolge Verlassens seines ursprünglichen Berufs uU sogar verschlechtert), zu mindern. 1 Ob 567/84 = ÖA 1985, 22 = EF XXI/2; 1 Ob 604/85; 2 Ob 503/87 = SZ 60/250 = EF 53.786; 3 Ob 93/90; 1 Ob 524/93 = ÖA 1994, 18/U 82 = EF 71.546, 71.547; 6 Ob 2220/96 f = ÖA 1998, 110/U 209; 3 Ob 7/97 v = ÖA 1998, 158 = EF 83.751 = JBl 1997, 650 *(Hoyer).*

11. „**Überlegungs- oder Korrekturfristen**" wie beim Antritt eines Studiums müssen auch für andere in Berufsausbildung oder am Beginn der Berufsausübung stehende Kinder gelten, selbst wenn diese bereits eine gewisse Zeit lang selbsterhaltungsfähig waren. Bei solchen „Entscheidungen" eines Kindes dürfen Schuldzuweisungen mit der Rechtsfolge der bleibenden, hypothetischen Selbsterhaltungsfähigkeit keine entscheidende Bedeutung haben. Vielmehr ist immer auch am Kindes-

wohl zu messen, ob solche Veränderungen in der Ausbildung oder am Beginn des Berufslebens eines Kindes dessen Lebensverhältnisse entscheidend verbessern können, und erst danach ist zu prüfen, ob dem UhPfl die Verlängerung oder das Wiederaufleben seiner UhPflicht nach seinen Lebensverhältnissen zumutbar ist. 2 Ob 97/97 x = ÖA 1999, 28/U 254 = EF 86.770.

b) Besseres Fortkommen

362 1. Eingetretene Selbsterhaltungsfähigkeit kann wieder verloren gehen und UhPflichten der Eltern wieder aufleben, wenn sich das Kind nach abgeschlossener Berufsausbildung zu einer weiteren Ausbildung entschließt, um **offenkundig bessere berufliche Fortkommensmöglichkeiten** zu erlangen. 2 Ob 503/87 = EF 53.786 = SZ 60/250; 2 Ob 516/94 = EF 74.889 = ÖA 1995, 151/U 125; 6 Ob 2220/96 f = ÖA 1998, 110/U 209 = EF 83.725.

2. Diese müssen **sicher erwartet werden können.** 1 Ob 793/83 = ÖA 1984, 68; 3 Ob 30/84; 6 Ob 590/85 = EF 48.201; 1 Ob 604/85 = EF 48.201; 1 Ob 595/91; 1 Ob 506/93; 1 Ob 524/93 = ÖA 1994, 18/U 82 = tw EF 71.545; 8 Ob 178/97 b = ÖA 1998, 173/F 168 = EF 83.760.

3. Es reicht allerdings auch aus, dass die künftige Verbesserung der beruflichen Position des UhBer nach den jew Umständen des Einzelfalls **überwiegend wahrscheinlich** ist. 3 Ob 7/97 v = SZ 70/36 = ÖA 1998, 158 = EF 83.762 = JBl 1997, 650 *(Hoyer).*

4. Die sichere Erwartung eines besseren Fortkommens kann aber gar nicht erst geprüft werden, wenn der Mj nicht einmal das **angestrebte neue Berufsziel genannt** und keine Gründe dafür angegeben hat, weshalb er nicht die Schule neben der erlernten Berufstätigkeit besuchen will, obgleich dieser Schultyp gerade für Berufstätige eingerichtet wurde. 1 Ob 595/91 = EF 65.821; 1 Ob 524/93 = ÖA 1994, 18/U 82 = tw EF 71.545.

5. Bei der Frage, ob die in Aussicht genommene Übernahme des mütterlichen Betriebs der Mj mit Sicherheit ein besseres Fortkommen ermöglicht, ist zu prüfen, ob die Übernahme des Betriebs in absehbarer Zeit bevorsteht, welche Sicherheit für die Übernahme besteht, welche Stellung sie in diesem Betrieb bis zur Übernahme bekleiden soll, welche Größe der Betrieb besitzt und wie die wirtschaftliche Lage ist. 6 Ob 590/85.

6. **Einschr:** Voraussetzung für die Verlängerung oder das Wiederaufleben der UhPflicht ist ua, dass der neue Ausbildungs-/Studienweg womöglich bessere, **jedenfalls aber gesicherte Berufsausübungs- und Einkommensmöglichkeiten** eröffnet. 2 Ob 97/97 x = ÖA 1999, 28/U 254.

363 1. Die Beurteilung, ob ein **Studium** ein **besseres Fortkommen** erwarten lässt, hat regelmäßig nur nach allgemeinen Erfahrungsgrundsätzen zu erfolgen. 1 Ob 567/84 = ÖA 1985, 22 = EF XXI/2; 4 Ob 510/85 = SZ 58/83 = EvBl 1985/116 = ÖA 1987, 83.

2. Der **Besuch der PÄDAK** und die erfolgreiche Ablegung der Lehramtsprüfung für Volksschullehrer vermittelt eine abgeschlossene Berufsausbildung (EF 11.559). Ein besseres Fortkommen der UhBer kann aber sicher erwartet werden, wenn eine Volksschullehrerin zur Vertiefung ihres Wissens und der Verbesserung ihrer Chancen auf Einstellung das Studium in den Fächern Pädagogik und Psychologie beginnt. 3 Ob 30/84 = ÖA 1985, 22 = EF 45.636.

3. Betreibt die UhBer ihre Studien nicht in der Absicht, einen anderen Beruf zu ergreifen, erübrigen sich Erhebungen nicht nur darüber, ob sie die zum Studium erforderlichen Fähigkeiten besitzt und das Studium ernsthaft und zielstrebig betreibt, sondern auch darüber, welche neuen Berufe sie im Fall der erfolgreichen Beendigung der begonnenen Studien wählen könnte, ob sie für diesen Beruf besonders geeignet wäre und ob dort die sichere Erwartung eines besseren Fortkommens bestünde. 3 Ob 30/84 = EF 45.662.

c) Besondere Eignung/Zielstrebigkeit

364 1. Ist ein Mj bereits selbsterhaltungsfähig, so kann gegen den Willen des Vaters eine Berufswahl, die diesen zu weiteren UhLeistungen für die Ausbildung zwingt, nur bei **besonderer Eignung für den gewählten Beruf** gestattet werden. 8 Ob 100/65 = JBl 1966, 85; 5 Ob 320/68 = SZ 42/9; 1 Ob 97/69; 1 Ob 207/74 = EvBl 1975/143 = ÖA 1986, 33 uva; 4 Ob 263/98 z = ÖA 1999, 184/U 282.

2. Die Beurteilung der Eignung und des Ausbildungserfolgs hängt von den Umständen des Einzelfalls ab. 4 Ob 1509/87; 9 ObA 2166/96 m; 4 Ob 377/97 p = ÖA 1998, 253/F 182 = ÖA 1999, 52/F 185 = EF 86.750.

365 1. Die UhPflicht bleibt dann bestehen, wenn das Kind nach bereits abgeschlossener erster Berufsausbildung eine weitere Ausbildung aufnimmt und ua die von ihm gewählte Ausbildung **ernsthaft und zielstrebig betreibt**. 4 Ob 263/98 z = ÖA 1999, 184/U 282.

2. Berücksichtigt man aber, dass der bereits volljährige UhBer gegenüber den übrigen Schülern schon wesentlich älter ist und aus dem abgeschlossenen Lehrberuf darüber hinaus auch einen Ausbildungsvorsprung hat, dann ist an die Leistung im weiteren Ausbildungsgang ein besonders strenger Maßstab anzulegen. Die **Fähigkeiten in intellektueller und manueller Hinsicht, aber auch Fleiß und Ausdauer** müssen in einem solchen Fall **in ganz besonderer Weise gegeben sein**. Eine bloß optimistische Stellungnahme der Schule für die Zukunft (iS eines bloßen, etwa gar unterdurchschnittlichen Erreichens des Ausbildungszieles) reicht hiezu nicht aus. 6 Ob 2220/96 f = ÖA 1998, 110/U 209 = EF 83.767.

366 1. Es muss verlangt werden, dass der UhBer zumindest **in vertretbarer Zeit über den Berufswunsch entscheidet** und nicht Jahre verstreichen lässt, bis eine Fachschulausbildung aufgenommen wird. Auch wenn der Vater während des Auslandsaufenthalts des Kindes nicht auf UhLeistung in Anspruch genommen wurde, konnte er davon ausgehen, dass das Kind die Universitätsstudienpläne aufgegeben und sich mit der erlangten Berufsausbildung zufrieden gegeben hat. Entscheidend ist vielmehr, dass sich der UhBer nicht mehr auf jugendliche Unerfahrenheit berufen kann, wenn er nach jew einem Studiensemester meinte, er habe an diesem Studium kein Interesse, sich längere Zeit hindurch auf Auslandsreisen befand und erst mit etwa 26 Jahren erneut einen Lehrgang an einer Berufsfachschule antrat, der 4 Jahre andauert. 3 Ob 4/92 = ÖA 1992, 87; 9 Ob 509/95 = ÖA 1996, 16/U 139.

d) Leistungsfähigkeit der Eltern

367 1. Bei Beurteilung der Frage, inwieweit der gelduhpfl Elternteil zur (Mit-)Tragung der Kosten einer weiteren Berufsausbildung des Kindes verpflichtet ist, kommt es **nicht nur auf die Lebensverhältnisse des Vaters, sondern auch auf jene des Kindes** an. 2 Ob 97/97 x = ÖA 1999, 28/U 254 = EF 86.768.

2. Es muss daher eine **Abwägung zw den Interessen des Kindes und des UhPfl** vorgenommen werden. 4 Ob 540/94 = EF 76.198; 3 Ob 7/97 v = SZ 70/36 = ÖA 1998, 158 = EF 83.762, 83.763 = JBl 1997, 650 *(Hoyer);* 2 Ob 97/97 x = ÖA 1999, 28/U 254.

3. Das Ergebnis dieser Interessenabwägung hängt von den **persönlichen Lebensverhältnissen der Beteiligten** und achtbaren Verhaltensmotiven in den Beziehungen zw dem UhPfl und seinem Kind ab, wobei jedoch die **Einkommens- und Vermögenslage des UhPfl im Vordergrund** steht. 3 Ob 7/97 v = SZ 70/36 = ÖA 1998, 158 = EF 83.762, 83.763 = JBl 1997, 650 *(Hoyer);* 2 Ob 97/97 x = ÖA 1999, 28/U 254.

4. **Verdient der UhPfl weit überdurchschnittlich,** dann kann ihm die Verlängerung seiner UhPflicht (hier: um ein Jahr) dann zugemutet werden, wenn sein Kind damit in die Lage versetzt wird, den gewünschten Beruf zu erlernen. 4 Ob 540/94 = EF 76.198; 3 Ob 7/97 v = SZ 70/36 = ÖA 1998, 158 = EF 83.762, 83.763 = JBl 1997, 650 *(Hoyer);* 2 Ob 97/97 x = ÖA 1999, 28/U 254.

5. Lebt er dagegen **in bescheidenen wirtschaftlichen Verhältnissen,** sind ihm weitere UhLeistungen für das an sich selbsterhaltungsfähige Kind nur soweit zumutbar, als er dadurch seine eigenen Bedürfnisse weiterhin wenigstens in Annäherung an den angemessenen Uh zu decken vermag. Er muss sich also nicht auf das Existenzminimum einschränken, um sich den Kostenbeitrag für eine 2. Berufsausbildung seines Kindes „vom Munde abzusparen". 8 Ob 634/91 = EvBl 1992/73 = ÖA 1992, 56 = EF 65.836; 1 Ob 506/93; 4 Ob 540/94 = EF 76.198 uva; 3 Ob 7/97 v = SZ 70/36 = ÖA 1998, 158 = EF 83.762, 83.763 = JBl 1997, 650 *(Hoyer).*

6. **Abw:** Maßstab für die Belastbarkeit eines GeldUhPfl bei einer weiteren Ausbildung ist die Orientierung an der **intakten Familie,** dh ob auch Durchschnittseltern einen durch ihre wirtschaftliche Leistungsfähigkeit begrenzten finanziellen Beitrag zur weiterführenden Berufsausbildung leisten würden. Als Richtwert für die Untergrenze der wirtschaftlichen Leistungsfähigkeit eines maßstabgerechten UhPfl kann das UhExistenzminimum eines unselbstständig Erwerbstätigen mit beschränkt pfändbaren Bezügen herangezogen werden, weil von pflichtbewussten Eltern erwartet werden kann, ihre Bedürfnisse temporär auf dieses Maß einzuschränken, um die Chancen ihrer zumindest durchschnittlich begabten und lernwilligen Kinder im künftigen Erwerbsleben durch die Finanzierung der Erlangung einer höheren Bildungsqualifikation zu fördern. 1 Ob 49/02 s.

e) Einzelfälle

368 1. Hat ein Kind nicht nur den gefragten Beruf eines **Elektrikers** erlernt, sondern kann es die in dieser technischen Berufsausbildung erworbenen Kenntnisse und Fähigkeiten mit den in der erfolgreich **abgeschlossenen Handelsakademie** erworbenen kaufmännischen Kenntnissen und Fähigkeiten verbinden, ist an seiner Selbsterhaltungsfähigkeit nicht zu zweifeln, zumal die Mutter nur über ein bescheidenes Einkommen verfügt. Auch wenn ein begonnenes Technik-Studium den Anlagen, Fähigkeiten, Neigungen und Entwicklungsmöglichkeiten des Kindes durchaus entsprechen mag, darf doch nicht übersehen werden, dass es bei Beginn dieses Hochschulstudiums schon selbsterhaltungsfähig war und immerhin bereits im

25. Lebensjahr stand. Unter diesen besonderen Umständen ist eine gesetzliche UhPflicht der Mutter zu verneinen. 10 ObS 411/89 = ÖA 1991, 84; 2 Ob 516/94 = ÖA 1995, 151/U 125; 9 ObA 2166/96 m.

2. Der Kl hat nach den Lebensverhältnissen seines Vaters (Autospengler) durch den Besuch einer **4-jährigen Fachschule** grundsätzlich eine angemessene Berufsausbildung erfahren. Sein nunmeriges Streben, sich durch eine weitere Ausbildung die Voraussetzungen für die **Erlangung eines leitenden Postens** in einer Druckerei zu schaffen, kann nicht mehr iZm der vor längerer Zeit erloschenen UhPflicht des Bekl gesehen werden und nicht zu einem Wiederaufleben derselben führen. 2 Ob 503/87 = SZ 60/250 = EF 53.793; 3 Ob 4/92 = ÖA 1992, 87.

3. Dass der Kl durch die **Aufnahme der Gerichtspraxis** die Selbsterhaltungsfähigkeit erlangt hatte, kann ihm nicht zum Nachteil gereichen. Er hat damit bloß die Zeit zw der Beendigung des Hochschulstudiums und dem Beginn des nächstfolgenden Lehrgangs an der **Diplomatischen Akademie** zur Erlangung praxisbezogener Berufskenntnisse genützt, die ihm auch – wenn er keinen Studienplatz an der Diplomatischen Akademie erhalten hätte – zugute gekommen wären. 1 Ob 793/83 = ÖA 1984, 68 = EF XX/2; 3 Ob 4/92 = ÖA 1992, 87.

4. Der positive **Abschluss einer 3-jährigen Handelsschule** führt zwar zur Selbsterhaltungsfähigkeit des UhBer, der UhPfl hat aber, wenn der UhBer zur Erwerbung höherer kaufmännischer Bildung einen **Aufbaulehrgang** mit **Reifeprüfung** besuchen will, zu dieser höherwertigen Berufsausbildung beizutragen. 1 Ob 703/87 = ÖA 1989, 166 = EF 53.800; 8 Ob 1520/91; 1 Ob 595/91.

5. Nach Absolvierung der **3-jährigen Fachschule für wirtschaftliche Frauenberufe,** deren Bildungsziel die Vorbereitung für Sozialberufe enthält, ist der Besuch der (grundsätzlich erst 17-Jährigen offenstehenden) Krankenpflegeschule als weiterführende Berufsausbildung zu sehen. 9 Ob 261/97 s = EF 83.768.

6. Die Ausbildung einer Kindergartenpädagogin zur Volksschullehrerin ist ein mehrstufiger Ausbildungsgang; die UhPflicht erlischt nicht. 1 Ob 49/02 s.

7. Die Tochter hat nie eine Berufstätigkeit aufgenommen und sich bereits während der Handelsschule zu einer **Ausbildung zur Diplomkrankenschwester** entschlossen. Es kann ihr daher nicht zum Nachteil gereichen, dass sie, anstatt untätig das Erreichen des Mindestalters für diese Ausbildung abzuwarten, eine berufsbildende Schule erfolgreich absolvierte. 3 Ob 202/05 k = EF-Z 2006/28.

4. Mittelschule/Matura

369 1. Auch bei **schlechtem Lernerfolg** eines Kindes ist der volle Uh zu leisten, solange ein **endgültiges Scheitern** der Ausbildung nicht vorliegt. 5 Ob 1580/90 = tw EF 61.955 = ÖA 1992, 121/F 28.

2. Die UhPflicht ist auch von der Zusendung einer **Schulbesuchsbestätigung** unabhängig. 8 Ob 1514/92 = EF 67.890.

370 1. Die Ablegung der **Reifeprüfung** allein **genügt nicht zur Erlangung der Selbsterhaltungsfähigkeit.** 3 Ob 204/51; 6 Ob 87/99 h = EF 89.523 = ÖA 1999, 293/U 297; 3 Ob 116/02 h.

2. Die Art der abgeschlossenen Berufsausbildung muss nämlich auch auf dem Arbeitsmarkt verwertbar sein. 6 Ob 87/99 h = EF 89.523 = ÖA 1999, 293/U 297.

3. Da die Tochter ihr Studium im Anschluss an die Absolvierung der Reifeprüfung begonnen hat, kann keine Rede davon sein, dass sie eine Zweitausbildung anstrebe. Auf allfällige Berufsaussichten kommt es daher für die Frage der Selbsterhaltungsfähigkeit nicht an. 3 Ob 116/02 h.

4. Allerdings ist heutzutage die Matura nicht mehr speziell eine Vorbereitung auf bestimmte Studien, sondern gilt vielfach als Grundlage für ein besseres Fortkommen in vielen Berufen, für die sie nicht Voraussetzung ist. Einerseits vermittelt sie demjenigen, der sie abgelegt hat, doch einen **höheren Bildungsgrad,** der häufig auch in Berufen von Vorteil ist, die die Matura nicht zur zwingenden Voraussetzung haben, und andererseits wird jungen Menschen heute auch die Möglichkeit des zweiten Bildungswegs geboten, weshalb die Matura, auch wenn sie für die dzt Berufsausbildung nicht Voraussetzung wäre, später von erheblichem beruflichen Vorteil sein kann. 7 Ob 640/92 = ÖA 1993, 141/U 81 = EF 68.509.

371 **1.** Die erforderliche Eignung des Kindes für ein auf einem Mittelschulabschluss aufbauendes Studium ist **bereits durch die Reifeprüfung selbst dokumentiert;** auf die Notenergebnisse kommt es hingegen nicht an. 4 Ob 377/97 p = ÖA 1998, 253/F 182 = ÖA 1999, 52/F 185 = EF 86.748.

2. Bei der Beurteilung der Frage, ob ein Absolvent einer Mittelschule die nötigen Fähigkeiten zum Besuch einer Hochschule aufweist, ist also **kein allzu strenger Maßstab anzulegen.** 7 Ob 761/78; 5 Ob 581/79 = EF 33.416; 3 Ob 1154/93.

3. Dabei kommt es nicht darauf an, ob die Reifeprüfung an einer allgemeinbildenden oder an einer berufsbildenden höheren Schule abgelegt wurde. 3 Ob 2382/96 g = ÖA 1998, 215/U 176; 3 Ob 116/02 h; 3 Ob 139/07 y.

4. Uzw ungeachtet des Umstands, dass das Abschlusszeugnis die Lehrabschlussprüfung für eine Reihe von Berufen ersetzt. 3 Ob 1154/93.

5. Zu berücksichtigen ist nämlich, dass die Wahl unter den verschiedenen, zum Universitätsstudium berechtigenden höheren Lehranstalten meist auf dem Willen der Eltern beruht und zu einem Zeitpunkt erfolgt, in welchem das Kind idR noch keine konkreten Vorstellungen von seinem künftigen Beruf hat. 4 Ob 510/85 = SZ 58/83 = EvBl 1985/116 = ÖA 1987, 83.

6. Auch Absolventen einer **Höheren Lehranstalt für wirtschaftliche Frauenberufe** sind daher grundsätzlich nicht anders zu behandeln als jene einer Allgemeinbildenden Höheren Lehranstalt. 4 Ob 510/85 = EF XXII/8 = SZ 58/83 = EvBl 1985/116 = ÖA 1986, 43 = ÖA 1987, 83; 3 Ob 1527/90; 4 Ob 540/94; 4 Ob 377/97 p = ÖA 1998, 253/F 182 = ÖA 1999, 52/F 185.

7. Dies gilt auch für die **Reife- und Befähigungsprüfung für Kindergärten und Horte.** 3 Ob 2382/96 g = EF 86.747 = ÖA 1998, 215/U 176.

8. Oder die Matura an einer **Höheren Technischen Lehranstalt.** 3 Ob 1527/90; 3 Ob 116/02 h.

9. Oder die Matura an der **Hotelfachschule.** 3 Ob 139/07 y.

10. Nach Ablegung der Reifeprüfung an einer berufsbildenden mittleren Schule und damit nach abgeschlossener Berufsausbildung hat ein Kind jedoch **nur bei entsprechenden Lebensverhältnissen** der Eltern **Anspruch auf ein Hochschulstudium.** 8 Ob 634/91 = EvBl 1992/73 = ÖA 1992, 56 = tw EF 65.827; 10 ObS 411/89 = ÖA 1991, 84 = EF 65.827; 7 Ob 640/92 = ÖA 1993, 141/U 81; 1 Ob 24/93; 4 Ob 108/98 f = ÖA 1998, 246/U 240.

372 1. Auch die **verspätete Ablegung der Reifeprüfung** schließt die Eignung für ein Universitätsstudium noch nicht aus. 7 Ob 761/78; 5 Ob 581/79 = EF 33.416; 1 Ob 506/93; 1 Ob 1678/95.

2. Uzw selbst dann, wenn der UhBer die Reifeprüfung erst mit 26 Jahren abgelegt hat. 8 Ob 181/71.

3. **Anmerkung:** In einem solchen Fall wird es aber schon eindeutiger und konkreter Gründe bedürfen, warum die Reifeprüfung erst in diesem Alter abgelegt wurde, etwa Krankheit odgl.

4. Selbst der **mehrfachen Klassenwiederholung** kann für sich allein noch keine Bedeutung für die Beurteilung der Eignung zum Besuch höherer Schulen oder gar für ein Studium beigemessen werden, überwiegen doch gerade während der Mittelschulzeit vielfach entwicklungsbedingt außerschulische Interessen und schließen Schüler, die in dieser Zeit noch mangelhafte Lernerfolge aufwiesen, nicht selten Studien mit besten Ergebnissen ab. 1 Ob 506/93 = EF 71.563; 1 Ob 1678/95 = EF 77.873.

5. Wenn sich allerdings nicht erwarten lässt, dass der Mj in absehbarer Zeit die Vollendung des Studiums erreichen werde, besteht eine Verpflichtung, ihn noch weiter zu erhalten, nicht mehr. 3 Ob 12/65 = EF 4.121.

5. Hochschulstudium/Fachhochschule

a) Allgemeines

373 1. Das Ausmaß der Verpflichtungen des Vaters, seinem ehel Kind eine standesgemäße Erziehung zu gewähren, hängt von seiner sozialen Stellung und seinem Vermögen sowie von den Bedürfnissen des Kindes ab. **Dass er selbst keine Hochschule absolvierte, ist für sich allein kein Grund, der Mj eine solche Ausbildung zu verweigern.** 6 Ob 217/70; 6 Ob 56/71; 5 Ob 118/73 = JBl 1974, 41; 1 Ob 630/78 = SZ 51/90 = JBl 1979, 482 = RZ 1978/138; 1 Ob 712/81 = EF 38.163; 6 Ob 775/82.

2. Der Vater hat daher auch **zu einer höherwertigen weiteren Berufsausbildung seines Kindes beizutragen, wenn dieses die zum Studium erforderlichen Fähigkeiten besitzt, dieses Studium ernsthaft und zielstrebig betreibt und wenn dem Vater nach seinen Einkommens- und Vermögensverhältnissen eine solche Beteiligung an den Kosten des Studiums möglich und zumutbar** ist. 6 Ob 310/70 = SZ 43/237 = EvBl 1971/ 221 = RZ 1971, 104; 8 Ob 181/71; 5 Ob 240/73 uva; 4 Ob 108/ 98 f = ÖA 1998, 246/U 240 = EF 86.112.

3. Damit **schiebt ein den Lebensverhältnissen der Eltern und den Anlagen und Fähigkeiten des Kindes entsprechendes Studium den Eintritt der Selbsterhaltungsfähigkeit hinaus.** 8 Ob 634/91 = EvBl 1992/73 = ÖA 1992, 56 = EF 65.827; 3 Ob 4/92 = ÖA 1992, 87 = EF 68.543; 2 Ob 516/94 = EF 74. 885 = ÖA 1995, 151/ U 125 uva; 6 Ob 87/99 h = EF 89.528 = ÖA 1999, 293/U 297.

4. Dieser Ansicht liegt die Tatsache zugrunde, dass in Österreich keine Studiengebühren zu bezahlen sind (ebenso gehen für Deutschland *Kappe/Engler* in Staudinger, BGB[13] Rz 176 zu § 1610 davon aus, dass die Ausbildung an Schulen und Hochschulen meist kostenfrei sei, weshalb der wichtigste Bedarf bei der Berufsausbildung die Lebenshaltungskosten seien). 3 Ob 270/98 x = EF 89.524 = ÖA 1999, 186/U 283 = JBl 1999, 613.

5. **Anmerkung:** Auch wenn diese Prämisse im Hinblick auf die neueste Rechtslage (vgl Rz 248) nicht mehr stimmt, weil ab dem Wintersemester 2001/02

Studiengebühren in Höhe von € 363/Semester eingehoben werden, dürfte sich an der Rsp zum Anspruch eines uhber Kind auf Absolvierung eines Hochschulstudiums nichts ändern, sind diese Gebühren doch im Vergleich zu den Lebenshaltungskosten relativ niedrig. Zu deren Behandlung als Sonderbedarf vgl Rz 280.

6. Unter den Lebensverhältnissen der Eltern muss ihre gesamte persönliche Lebenssituation aufgrund ihrer Herkunft, ihrer Schul- und Berufsausbildung, ihrer beruflichen und sozialen Stellung und insb ihres laufenden Einkommens und ihrer Vermögenslage udgl verstanden werden. 8 Ob 634/91 = EvBl 1992/73 = ÖA 1992, 56 = tw EF 65.827.

1. Die vom Vater angestrebte konkrete **Prüfung** der Frage, ob das von seiner Tochter gewählte Hochschulstudium infolge der dzt und voraussehbaren künftigen Lage auf dem Arbeitsmarkt noch **entsprechende Berufschancen** biete, hat dann nicht stattzufinden, wenn das Studium unmittelbar nach der Matura begonnen werden soll. 1 Ob 567/84 = ÖA 1985, 22 = EF XXI/2. **374**

2. Es kann nicht gesagt werden, dass unter den dzt wirtschaftlichen Verhältnissen ein Hochschulstudium nicht zur Erlangung besserer Berufschancen geeignet sei. Gerade das von der Bekl gewählte Fach Biologie ist im Hinblick auf die immer mehr in den Vordergrund tretenden Probleme des Umweltschutzes durchaus kein „Luxusstudium" ohne berufliche Chancen. 4 Ob 510/85 = EF XXII/8 = SZ 58/83 = EvBl 1985/116 = ÖA 1986, 43 = ÖA 1987, 83; 3 Ob 1527/90; 4 Ob 540/94; 4 Ob 377/97 p = ÖA 1998, 253/F 182 = ÖA 1999, 52/F 185.

b) Eignung/Zielstrebigkeit

1. Eine im Anschluss an den Mittelschulabschluss begonnene weiterführende gehobene Berufsausbildung (Hochschulstudium) schiebt die Selbsterhaltungsfähigkeit solange hinaus, als die **Ausbildung ernsthaft und zielstrebig** verfolgt wird. 4 Ob 377/97 p = ÖA 1998, 253/F 182 = ÖA 1999, 52/F 185 = EF 86.746; 1 Ob 49/02 s; 3 Ob 116/02 h; 6 Ob 122/06 v = EF-Z 2006/49. **375**

2. Ein Kind verliert nicht schon deshalb seinen UhAnspr, weil es nicht sogleich nach der Matura ein Studium beginnt oder ein aufgenommenes Studium aufgrund – früher oder auch später erfolgter – „besserer Einsicht" wechselt, weil einerseits für die Wahl eines den Neigungen und Fähigkeiten entsprechenden Studiums eine gewisse **Überlegungszeit (im Allgemeinen längstens bis zu einem Jahr)** nötig ist und andererseits dennoch erst im späteren Verlauf des Studiums sich die Unrichtigkeit der zunächst getroffenen Studienwahl herausstellen kann. 2 Ob 97/97 x = ÖA 1999, 28/U 254 = EF 86.770; 2 Ob 71/06 i.

3. Für die zuzubilligende Überlegungs- und Korrekturfrist maßgeblich sind aber immer die Umstände des **Einzelfalls**. 2 Ob 71/06 i.

4. Das Kind hat sofort nach Ablegung der Matura eine Weiterbildung in einem Berufszweig angestrebt, für den die Matura Voraussetzung ist. Dass ihm eine solche Weiterbildung dzt nicht möglich ist, kann ihm nicht angelastet werden, weil die **Aufnahmekapazität des die Ausbildung vornehmenden Instituts** beschränkt war und deshalb keine Aufnahme gefunden wurde. 7 Ob 640/92 = ÖA 1993, 141/U 81 = EF 68.508.

5. Nach dem Abschluss der Studien erfordert noch die Ablegung von Prüfungen eine gewisse Zeit; außerdem hängt der ordnungsmäßige und günstige Fortgang eines Hochschulstudiums nicht ausschließlich vom Willen des Studierenden ab. 2 Ob 51/63.

6. Von einem ernsthaften und zielstrebigen Studium des Kl kann hier nicht gesprochen werden, stand er doch im Zeitpunkt des Schlusses der mündlichen Streitverhandlung erster Instanz im 10. Studiensemester, hatte bis dahin aber lediglich die erste von vier Teilprüfungen der zweiten Staatsprüfung mit Erfolg abgelegt. Er räumt selbst ein, dass es zu Beginn seines Studiums durch zwei Jahre hindurch einen gewissen Leerlauf gegeben habe, weil er gute vier Semester verloren habe, doch müsse man ihm ein derartiges **studentisches Fehlverhalten nachsehen. Leerläufe im Studium** können **jedoch nicht zu Lasten des uhpfl Vaters** gehen. 1 Ob 604/85 = EF 48.207.

376 1. Das Studium wird im Allgemeinen ernsthaft und zielstrebig betrieben, wenn die **im § 2 Abs 1 lit b FamLAG idF BGBl 1992/311 angeführten Voraussetzungen erfüllt** sind. 3 Ob 523/93 = 3 Ob 524/93 = ÖA 1994, 66/U 90 = EF 71.565; 3 Ob 571/94 = 3 Ob 572/94 = EF 74.886, 74.899 = ÖA 1995, 90/U 120; 7 Ob 625/95 = EF 77.877; 3 Ob 12/96 = ÖA 1997, 158/U 181 = EF 80.836; 3 Ob 2075/96 k = SZ 70/134 = EF 83.756 = RZ 1998/34 = ÖA 1998, 238/U 232.

2. Diese Vorschrift ist zwar **erstmals auf das Studienjahr 1993/94 anzuwenden,** es bestehen aber keine Bedenken dagegen, die in dieser Bestimmung festgelegten Voraussetzungen für den Bereich des UhRechts auch für frühere Zeiträume heranzuziehen. 7 Ob 625/95 = EF 77.878; 9 ObA 2166/96 m.

3. Erklärter Zweck des StruktAnpG 1996 war die Budgetkonsolidierung, weshalb die darin vorgesehenen Änderungen des FamLAG in erster Linie unter diesem Gesichtspunkt gesehen werden müssen. Dennoch **sollen weiterhin Ansprüche auf Uh weitgehend dem Anspruch auf FB entsprechen.** 2 Ob 123/98 x = RZ 1999/21 = ÖA 1999, 17/U 246 = EF 86.751, tw 86.753.

4. Das Studium wird sohin (nunmehr) im Allgemeinen ernsthaft und zielstrebig betrieben, wenn **die im § 2 Abs 1 lit b FamLAG idFd StruktAnpG 1996 angeführten Voraussetzungen erfüllt** sind. Entscheidend bleibt zwar weiterhin die durchschnittliche Studiendauer, diese ist allerdings nunmehr auf die einzelnen Studienabschnitte abzustellen. 2 Ob 123/98 x = RZ 1999/21 = ÖA 1999, 17/U 246 = EF 86.751, 86.753; 3 Ob 254/98 v = ÖA 1999, 37/U 263 = EF 86.751; 2 Ob 134/99 s = EF 89.527; 3 Ob 116/02 h; 6 Ob 141/07 i.

5. **Anmerkung:** § 2 Abs 1 lit b FamLAG idFd StruktAnpG 1996 ist erstmals ab dem Sommersemester 1997 anzuwenden.

377 1. Bei der Beurteilung ist **nur der tatsächliche Studienfortgang ex post zu betrachten. Es kommt aber nicht darauf an, ob es möglich oder wahrscheinlich ist, dass das Kind das Studium oder einen Studienabschnitt in der durchschnittlichen Zeit beendet.** 7 Ob 625/95 = EF 77.880; 2 Ob 123/98 x = RZ 1999/21 = ÖA 1999, 17/U 246; 3 Ob 254/98 v = ÖA 1999, 37/U 263; 6 Ob 141/07 i; 3 Ob 139/07 y.

2. Der **Ermittlung der durchschnittlichen Studiendauer** sind die vom BMWF *(Wissenschaftsministerium)* mitgeteilten Werte zugrunde zu legen, die von der Gesamtzahl der Absolventen der jew Studienrichtung im betr Studienjahr ausgehen. Die statistische durchschnittliche Studiendauer aller Absolventen muss sich selbst bei Bedachtnahme auf den Umstand, dass solcherart in die Berechnung der Durchschnittsdauer auch Extremwerte einbezogen werden, nicht zum Nachteil, sondern eher zum Vorteil der UhBer auswirken. 7 Ob 625/95 = EF 77.879.

3. Der UhPfl ist demnach nicht schon deshalb von seiner UhPflicht zur Gänze befreit, weil das Kind in einzelnen Abschnitten der als angemessen zu betrachtenden Studiendauer das Studium nicht ernsthaft und zielstrebig betrieben hat. Er ist auch dann bis zum Ende der durchschnittlichen Studiendauer zu UhZahlungen verpflichtet, wenn wahrscheinlich ist, dass das Kind das Studium nicht innerhalb dieses Zeitraums beenden wird, weil nicht einzusehen ist, warum der UhPfl schon deshalb von seiner UhPflicht zur Gänze befreit werden müsste, weil das Kind in einzelnen Abschnitten der als angemessen zu betrachtenden Studiendauer das Studium nicht ernsthaft und zielstrebig betrieben hat, zumal er für diese Abschnitte dann ohnedies keinen Uh zu leisten hat. 3 Ob 571/94 = 3 Ob 572/94 = EF 74.886 = ÖA 1995, 90/ U 120; 2 Ob 123/98 x = RZ 1999/21 = ÖA 1999, 17/U 246; 3 Ob 254/98 v = ÖA 1999, 37/U 263; 3 Ob 116/02 h.

4. Für jene Abschnitte, in denen das Kind das Studium nicht ernsthaft und zielstrebig betrieben hat, muss der UhPfl aber keinen Uh leisten. 7 Ob 625/95 = EF 77.880.

5. Der Anspruch auf Uh erlischt außerdem, wenn die durchschnittliche Studiendauer erreicht wird und nicht besondere Gründe vorliegen, die ein längeres Studium gerechtfertigt erscheinen lassen. 7 Ob 625/95 = EF 77.877; 3 Ob 254/98 v = ÖA 1999, 37/U 263; 3 Ob 116/02 h.

6. Ein solcher Grund kann im Hinblick auf § 2 Abs 1 lit b FamLAG **Krankheit** sein. 3 Ob 116/02 h.

7. Unter Aufrechterhaltung des allgemeinen Gedankens, dass die Ernsthaftigkeit und Zielstrebigkeit auf das angestrebte Ziel, nämlich die Beendigung des Gesamtstudiums, auszurichten ist – was idR zugleich auf die üblicherweise nacheinander zu absolvierenden Studienabschnitte bezogen werden kann –, erschiene es sachlich außerdem nicht gerechtfertigt, jenem studierenden Kind weitere UhAnspr (zumindest vorerst) zu versagen, das von der Möglichkeit Gebrauch macht, **einzelne Prüfungen des zweiten Studienabschnitts vor Abschluss des ersten zu absolvieren,** sofern dies in einem ausreichenden Ausmaß geschieht und die Beendigung des Gesamtstudiums in der durchschnittlichen Studienzeit – unter der Annahme eines weiterhin gleichmäßigen Studienfortschritts – nicht ernstlich in Frage stellt. 1 Ob 268/02 x = EvBl 2003/53.

8. Die allgemeine Formel, nach der der UhAnspr eines nicht selbsterhaltungsfähigen Kindes solange besteht, als dieses sein Studium ernsthaft und zielstrebig betreibt, lässt nämlich durchaus Raum für abweichende Lösungen für die von den typischen Regelfällen abweichenden Fallkonstellationen. 1 Ob 268/02 x = EvBl 2003/53; 3 Ob 16/03 d.

9. **Diese Rsp betrifft Hochschulen mit einzelnen Studienabschnitten.** 6 Ob 141/07 i.

1. Soll sich aber die Auffassung, der Beginn eines Studiums schließe die Selbsterhaltungsfähigkeit nur dann nicht aus, wenn das Studium ernsthaft und zielgerichtet betrieben werde, nicht als bloße Leerformel erweisen, ist eine **Überprüfung des angemessenen Studienfortgangs auch während des Studiums vor Ablauf der Studienhöchstdauer unerlässlich,** will man nicht dem UhBer einen völligen Freibrief zu Lasten des UhPfl ausstellen. **377 a**

Die Kl hat trotz Verstreichens von mehr als ¾ der vorgesehenen Studiendauer nur ⅕ der vorgesehenen Lehrveranstaltungen absolviert. Dabei liegt auf der Hand, dass auch bei größtmöglicher Anstrengung ein Abschluss des Studiums ohne ganz massive zeitliche Verzögerung undenkbar ist. Mangels zielstrebiger Betreibung des Studiums ist die Kl daher als selbsterhaltungsfähig anzusehen. 6 Ob 122/06 v = EF-Z 2006/49.

    2. Diese **Rsp ist etwa auf Fachhochschullehrgänge und auf Bakkalaureatsstudien anzuwenden,** denen eine Unterteilung in Studienabschnitte fehlt. 6 Ob 141/07 i.

    3. **Abw:** Sie ist auch auf ein Pharmaziestudium anzuwenden. 3 Ob 139/07 y.

378   1. Der **Anspruch auf FB und der UhAnspr** sind in der Frage der Beurteilung des Studienfortgangs gleich zu behandeln. Für andere Fragen ist die Gleichbehandlung hingegen nicht angebracht; va erlischt daher der UhAnspr nicht schematisch (schon oder erst) mit der Vollendung des 27. Lebensjahres des UhBer, sondern (schon oder erst) mit dem Eintritt der Selbsterhaltungsfähigkeit. 7 Ob 625/95.

    2. Der Bescheid über die Gewährung der FB hat daher keine Bindungswirkung dahin, dass im gerichtlichen UhVerfahren jedenfalls vom Vorliegen der Voraussetzung, dass das Studium ernsthaft und zielstrebig betrieben wird, ausgegangen werden müsste. 7 Ob 625/95.

c) Sparsamkeit

379   1. Grundsätzlich muss ein Studium nicht nur in angemessener Zeit, sondern auch sparsam durchgeführt werden. 3 Ob 270/98 x = EF 89.529 = ÖA 1999, 186/U 283 = JBl 1999, 613.

    2. Bei der Frage der grundsätzlichen Zumutbarkeit der Kostentragung für ein **Studium weit außerhalb des bisherigen Wohnorts des UhBer** und damit verbundener erhöhter Lebenshaltungs-, insb Wohnungskosten wird es auch auf das Vorliegen von Zweckmäßigkeitsgründen ankommen, bei denen allerdings keine allzu strengen Anforderungen gestellt werden können, weil die Motivation für die Wahl eines bestimmten Studienorts von den dort gegebenen günstigen Verhältnissen, insb bzgl der Lehrkräfte und Studienmöglichkeiten, abhängig sein wird. 5 Ob 663/78 = EF 31.181.

d) Studienwechsel

380   1. Bei einem **Wechsel des Studiums** ist zu berücksichtigen, ob subjektive oder objektive Gründe gegeben sind, also ein **entschuldbarer Irrtum** des Kindes über seine persönlichen Voraussetzungen oder über die mangelnden Berufsaussichten anzunehmen ist. Beim **erstmalig vollzogenen Wechsel,** va nach **kurzer Studiendauer** von nur einem Semester, ist dabei kein strenger Maßstab anzulegen. 3 Ob 4/92 = ÖA 1992, 87 = EF 68.543; 3 Ob 571/94 = 3 Ob 572/94 = EF 74.886 = ÖA 1995, 90/U 120; 3 Ob 12/96 = ÖA 1997, 158/U 181 = EF 80.837; 2 Ob 97/97 x = ÖA 1999, 28/U 254; 6 Ob 87/99 h = EF 89.528 = ÖA 1999, 293/U 297.

    2. Auch ein Studienwechsel **nach Ablauf von 3 Jahren** kann noch als entschuldbare Fehleinschätzung gewertet werden. 3 Ob 523/93 = 3 Ob 524/93 = ÖA 1994, 66/U 90; 3 Ob 571/94 = 3 Ob 572/94 = ÖA 1995, 90/U 120.

    3. Soweit die für die E des Kindes über den erstmaligen Studienwechsel in Anspruch genommene Frist über das angemessene Maß hinausgeht, darf dies nicht zu Lasten des UhPfl gehen. Die Frage des Erlöschens des UhAnspr wird daher so zu be-

urteilen sein, als ob das Kind schon nach Ablauf der angemessenen, idR mit einem Jahr anzunehmenden Überlegungsfrist mit dem zweiten Studium begonnen hätte. Von diesem Zeitpunkt an ist daher die durchschnittliche Dauer des neuen Studiums zu berechnen. 3 Ob 523/93 = 3 Ob 524/93 = ÖA 1994, 66/U 90; 3 Ob 571/94 = 3 Ob 572/94 = ÖA 1995, 90/U 120; 7 Ob 625/95.

e) Auslandsstudium

1. Die Wahl eines ausländischen Studienorts **für sich allein ist noch kein Grund, einem Maturanten** aus vermögendem Elternhaus **die gesetzlichen UhAnspr streitig zu machen.** 5 Ob 1554/92 = EF 68.548 = ÖA 1993, 99/UV 72; 3 Ob 270/98 x = ÖA 1999, 186/U 283 = JBl 1999, 613. **381**

2. Alternierende oder vorbereitende Auslandsstudien gefährden die für die Aufrechterhaltung des UhAnspr geforderte Zielstrebigkeit des Studiums nicht. 3 Ob 2382/96 g = EF 86.756 = ÖA 1998, 215/U 176.

3. Hat der UhBer die Absicht, an der Wirtschaftsuniversität Fremdenverkehr zu studieren, dient ein **1-jähriger Studienaufenthalt in den USA** dem angestrebten Bildungsziel und hat daher nicht das Ruhen des UhAnspr zur Folge. 1 Ob 630/88 = EF 56.559.

4. Überdies ist die Weiterbildung verwertbar, weil sie eine Berufsqualifikation verspricht, die der Selbstverwirklichung des Kindes und der Schaffung einer soliden Existenzgrundlage dient. Alle diese Kriterien können auch auf ein Auslandsstudium zutreffen. 5 Ob 1554/92 = ÖA 1993, 99/UV 72; 3 Ob 2382/96 y.

5. Das Studium der Betriebswirtschaftslehre **an einer deutschen Universität** eröffnet Berufschancen in der freien Wirtschaft in der EU. 5 Ob 1554/92 = ÖA 1993, 99/UV 72.

6. Ebenso ein **Marketingstudium in Großbritannien;** außerdem kann Erfahrung im englischsprachigen Ausland von großem Nutzen für den UhBer sein. 3 Ob 270/98 x = ÖA 1999, 186/U 283 = JBl 1999, 613.

f) Doktoratsstudium

1. Die UhPflicht der Eltern für die Zeit des Doktoratsstudiums nach abgeschlossenem Hochschulstudium des Kindes erlischt dann nicht, wenn der **bisherige Studienfortgang überdurchschnittlich war, der Erwerb des Doktorats ein besseres Fortkommen erwarten lässt, dieses Studium ernsthaft und zielstrebig betrieben wird und ein maßgerechter Elternteil bei intakten Familienverhältnissen seinem Kind für diese Zeit auch weiterhin Uh gewährt hätte.** 3 Ob 2083/96 m = JBl 1996, 600 = ÖA 1996, 197 = EF 80.842; 9 ObA 240/97 b; 7 Ob 302/98 g = ÖA 1999, 41/U 265 = EF 86.760 = JBl 2000, 112. **382**

2. Wobei es nicht mit Sicherheit feststehen muss, dass durch das Doktoratsstudium die **Berufs- und Einkommenschancen** des UhBer verbessert werden. 3 Ob 2083/96 m = JBl 1996, 600 = ÖA 1996, 197 = EF 80.843; 9 ObA 240/97 b; 7 Ob 302/98 g = ÖA 1999, 41/U 265 = JBl 2000, 112.

3. Hat die Kl allerdings seit dem Abschluss des Studiums noch nicht einmal die Vergabe eines Dissertationsthemas bewirkt (1,5 Jahre), ist nicht überprüfbar, ob ihr das durch die Dissertationsarbeit erworbene Wissen überhaupt in ihrem späteren Beruf behilflich sein wird, wozu auch kommt, dass die Kl noch gar kein konkre-

tes Berufsziel (genannt) hat. 7 Ob 302/98 g = ÖA 1999, 41/U 265 = EF 86.763 = JBl 2000, 112.

4. Diese Grundsätze gelten **für alle Studien gleichermaßen,** wenn auch die eine oder die andere Voraussetzung bei bestimmten Studienzweigen und konkret angestrebten Berufszielen eher vorliegen wird als in anderen Fällen. 3 Ob 2083/96 m = JBl 1996, 600 = ÖA 1996, 197 = EF 80.842; 9 ObA 240/97 b; 7 Ob 302/98 g = ÖA 1999, 41/U 265 = EF 86.760 = JBl 2000, 112.

5. Die Beurteilung hängt wie jene des Studienfortgangs als überdurchschnittlich oder nicht von den jew Umständen des Einzelfalls ab. 7 Ob 302/98 g = ÖA 1999, 41/U 265 = EF 86.762 = JBl 2000, 112.

383 1. Die Voraussetzungen für die Weiterfinanzierung des Doktoratsstudiums sind jedenfalls **bei einem außergewöhnlichen Studienerfolg** gegeben. 2 Ob 516/94 = EF 74.894 = ÖA 1995, 151/U 125.

2. Eine **angespannte Arbeitsmarktsituation für Jungakademiker** stellt hingegen für sich allein keine Rechtfertigung dafür dar, sich nicht einmal um eine Arbeitsstelle zu bemühen, sondern weiterhin auf die finanziellen Zuwendungen der Eltern zu vertrauen und ohne verbesserte Berufschancen ein Doktoratsstudium zu beginnen. Durch eine solche Verhaltensweise wird nur ein Hinausschieben des Arbeitsplatzproblems bewirkt, das aber mit zunehmendem Alter keineswegs abnimmt. 7 Ob 302/98 g = ÖA 1999, 41/U 265 = JBl 2000, 112.

3. Auch die **relativ gute Einkommenssituation des Vaters** reicht für sich allein nicht hin. 7 Ob 302/98 g = ÖA 1999, 41/U 265 = EF 86.763 = JBl 2000, 112.

4. Ob die Kl für den fiktiven Fall eines niedrigeren Einkommens ihres Vaters eine Studienbeihilfe erlangen könnte, ist ebenfalls nicht maßgebend, weil der Anspruch auf Studienbeihilfe nicht an die Wahrscheinlichkeit eines besseren Fortkommens durch den Erwerb des Doktorgrades geknüpft ist; es lässt sich auch nicht erkennen, dass sich der Studienfortgang der Kl besonders positiv aus dem Durchschnitt der bemühten Studenten hervorheben müsste. 7 Ob 302/98 g = ÖA 1999, 41/U 265 = EF 86.763 = JBl 2000, 112.

G. Wegfall der Selbsterhaltungsfähigkeit

384 1. Eine einmal eingetretene Selbsterhaltungsfähigkeit kann – aus den unterschiedlichsten Gründen – wieder wegfallen, was dann zur Folge hat, dass die **UhPflicht der Eltern wiederauflebt.** 3 Ob 309/54; 6 Ob 1/70 = JBl 1970, 426; 1 Ob 524/93 = ÖA 1994, 18/U 82.

2. Etwa bei **längerfristiger Unmöglichkeit der Berufsausübung** durch den UhBer **wegen Krankheit, wegen unverschuldeter Arbeitslosigkeit oder wegen ähnlicher Gründe,** bei Fehlen einer ausreichenden sozialen Absicherung oder bei gerechtfertigtem Wunsch nach beruflicher Weiterbildung. 1 Ob 2307/96 p = JBl 1997, 383 = SZ 70/8 = ÖA 1998, 19/U 198 = EF 83.750.

3. Oder wenn die wirtschaftliche Lage es dem Kind **nicht gestattet,** seine **Arbeitskraft auszunützen,** wobei der Bezug der Arbeitslosenunterstützung die UhPflicht nicht ausschließt. 4 Ob 37/28 = SZ 10/113.

4. **Verliert das Kind seinen Arbeitsplatz,** kommt es darauf an, ob es sich zielstrebig bemüht, einen neuen Arbeitsplatz zu finden, oder ob es passiv bleibt, obwohl ihm entsprechende Bemühungen möglich wären; ein Wiederaufleben der UhPflicht

ist daher nicht schon deshalb ausgeschlossen, weil das Kind den Arbeitsplatzverlust verschuldet hat. 4 Ob 13/01 t = ÖA 2002, 31/U 343.

5. Eine bloße **Einkommensminderung** – noch dazu bloß vorübergehender Art – führt hingegen noch nicht zum Wiederaufleben der UhPfl. 1 Ob 2307/96 p = JBl 1997, 383 = SZ 70/8 = ÖA 1998, 19/U 198.

6. Oder eine **vorübergehende Arbeitslosigkeit.** 1 Ob 344/26 = SZ 8/146.

7. Abw: Es besteht (wieder) eine UhPflicht des Vaters gegenüber dem vorübergehend infolge Erkrankung erwerbsunfähig gewordenen Sohn (hier: Spitalskosten). 2 Ob 100/25 = SZ 7/40.

8. Anmerkung: IZm einer allfälligen weiteren Berufsausbildung (Hochschulstudium) des Kindes nach bereits eingetretener Selbsterhaltungsfähigkeit vgl Rz 361 ff, 373 ff.

V. Tod des Unterhaltspflichtigen

§ 142 ABGB. Die Schuld eines Elternteils, dem Kind den Unterhalt zu leisten, geht bis zum Wert der Verlassenschaft auf seine Erben über. In den Anspruch des Kindes ist alles einzurechnen, was das Kind nach dem Erblasser durch eine vertragliche oder letztwillige Zuwendung, als gesetzlichen Erbteil, als Pflichtteil oder durch eine öffentlich-rechtliche oder privatrechtliche Leistung erhält. Reicht der Wert der Verlassenschaft nicht aus, um dem Kind den geschuldeten Unterhalt bis zum voraussichtlichen Eintritt der Selbsterhaltungsfähigkeit zu sichern, so mindert sich der Anspruch des Kindes entsprechend.

Literatur: Hofmann, Der Unterhaltsanspruch des überlebenden Gatten nach § 796 ABGB, GrünhutsZ 1, 546; *Kralik,* Die Neuordnung der Rechtsstellung des unehelichen Kindes, JBl 1971, 273; *Kostner,* Die Unterhaltsschuld des Erben (§ 142 ABGB), NZ 1978, 171; *Zdesar,* Die Vererblichkeit des Unterhaltes der Kinder und ihre Behandlung im Verlassenschaftsverfahren, Versuch einer Auslegung des § 142 ABGB, NZ 1979, 23; *Ostheim,* Zur Unterhaltsschuld des Erben, NZ 1979, 49; *ders,* Zur erbrechtlichen Stellung des Ehegatten nach dem BG 15. 6. 1978 BGBl 280, in Ostheim, Schwerpunkte der Familienrechtsreform 1977/1978 (1979) 57; *ders,* Das neue österreichische Ehegattenerbrecht, FamRZ 1980, 311; *Ent,* Die Eherechtsreform 1978, NZ 1979, 117; *Meyer,* Der überschuldete Nachlaß, NZ 1979, 89; *Schauer,* Rechtsprobleme bei der Anrechnung im Erbrecht, JBl 1980, 449; *Zemen,* Unterhaltsschuld des Erben und Pflichtteilsansprüche, JBl 1984, 337; *ders,* Zur Kürzung der Vermächtnisse nach § 783 ABGB, ÖJZ 1985, 70; *H. Pichler,* Probleme des Unterhalts, ÖA 1987, 91.

Übersicht:

	Rz
1. Rechtsgrundlagen	385
2. Rechtsnatur	386
3. Haftungsumfang des Erben	387–389
4. Einrechnungsvorschriften	390, 390 a
5. Sonstiges	391, 392

1. Rechtsgrundlagen

1. Vor dem Zeitpunkt des Inkrafttretens des neugefassten § 142 ABGB war die **385** UhPflicht gegenüber dem ehel Kind nicht vererblich, sie ging im Falle des Todes des

UhPfl ohne Rücksicht darauf, wer als Erbe berufen war, auf den Nächstverpflichteten über. Eine **Rückwirkung** wurde **nicht normiert.** 1 Ob 553/79 = RZ 1980/47 = ÖA 1981, 75.

2. Seit 1. 1. 1978 ist die **Vererblichkeit von UhAnspr und UhPflichten** bzgl ehel und ue Kinder in der Bestimmung des § 142 ABGB (idF des BGBl 1977/403) geregelt. Der UhAnspr war und ist vererblich, woran die Neuordnung des Kindschaftsrechts nichts geändert hat; es wurde lediglich den ehel Kindern ein vererblicher Uh-Anspr neu eingeräumt, während der für ue Kinder schon bestandene Anspruch beibehalten wurde. 6 Ob 53/97 f = ÖA 1997, 205 = ÖA 1998, 131/S 14 = EF 83.817.

2. Rechtsnatur

386 1. Die **UhSchuld** nach § 142 ABGB ist **keine Nachlassverbindlichkeit** iSd § 105 AußStrG 1854, dh keine Erblasser-, **sondern eine Erbgangsschuld,** die in Wahrheit nicht als familienrechtliche Verpflichtung übergeht, sondern als Erbenschuld neu entsteht. Folglich ist die **UhSchuld als Bestandteil der Verlassenschaft im reinen Nachlass enthalten,** wobei ihr im Verhältnis zu den übrigen Erbgangsschulden Vorrang gegenüber den Vermächtnissen (außer solchen des gesetzlichen Uh in dem nach § 142 gegebenen Ausmaß), nicht aber gegenüber Pflichtteilsansprüchen zukommt. 7 Ob 290/00 y.

3. Haftungsumfang des Erben

387 1. Maßgebliche UBGr für die Höhe der auf den Erben übergegangenen Uh-Pflicht, insb für die „Angemessenheit" der Kindesbedürfnisse und die Leistungsfähigkeit des verpflichteten Elternteils, sind **die zuletzt gegebenen Lebensverhältnisse des verstorbenen Elternteils.** Eine Veränderung gegenüber dem im Verlassenschaftsverfahren aufgrund einer schätzungsweisen Kapitalisierung errechneten Uh-Beitrag kann sich dadurch ergeben, dass sich die Bedürfnisse des Kindes im Laufe der Zeit ändern. 7 Ob 290/00 y; 6 Ob 131/01 k = ecolex 2002, 659/247; 4 Ob 153/06 p.

2. Der Erbe haftet also nur in dem Ausmaß für die UhSchuld, in dem sie zu Lebzeiten des Erblassers nach dessen Lebensverhältnissen bestanden hat. 9 Ob 60/98 h = EF 86.842.

3. Seine eigenen Vermögens- und Einkommensverhältnisse haben **außer Betracht** zu bleiben. 5 Ob 647/81 = SZ 54/107 = EvBl 1982/49; 7 Ob 290/00 y.

4. Es ist jedoch auch bei einem ue Kind des Erblassers auf den Uh seiner **unversorgten ehel Kinder** Bedacht zu nehmen. 3 Ob 993/32 = SZ 14/245.

388 1. Der Erbe des ue Vaters haftet für den von diesem zu leistenden Uh des Kindes **auch bei unbedingter Erbserklärung** *(nunmehr: Erbantrittserklärung)* nur **nach Maßgabe der Höhe des Nachlasses.** 2 Ob 1143/22 = SZ 4/143; 3 Ob 794/31; 3 Ob 983/34 = SZ 16/238; 3 Ob 271/57 = SZ 30/50 = EvBl 1957/359 = EF 1.139.

2. Ebenso **der bedingt erklärte Erbe.** 3 Ob 993/32 = SZ 14/245; 2 Ob 425/56; 6 Ob 173/70; 6 Ob 174/70; 6 Ob 210/70; 6 Ob 634/76.

3. Da diese Haftungsobergrenze somit bei jeder Erbserklärung *(nunmehr: Erbantrittserklärung)* eingreift, haftet der Erbe dem UhBer immer nur wie ein **Vorbehaltserbe.** 7 Ob 290/00 y; 6 Ob 131/01 k = ecolex 2002, 659/247.

4. Als solche haben mehrere Erben gem § 821 ABGB für den KindesUh als teilbare Nachlassverbindlichkeit anteilig bis zur Höhe der jew Erbquote einzustehen; sie **haften** demnach **nicht solidarisch.** 7 Ob 290/00 y.

5. Finden **mehrere UhPflichten** des Erblassers im Wert seiner Verlassenschaft nicht ausreichend Deckung, sind sie nebeneinander verhältnismäßig zu berücksichtigen. 5 Ob 647/81 = SZ 54/107 = EvBl 1982/49 = EF 38.217; 7 Ob 290/00 y.

1. Unter dem **Wert der Verlassenschaft** ist in Übereinstimmung mit der zu **389** § 171 ABGB aF bzw § 169 ABGB aF herrschend gewesenen Auffassung der **Wert des reinen Nachlasses zu verstehen,** dh der Wert der Nachlassaktiven abzügl der Erblasser- und Erbfallschulden, ausgenommen jedoch die Pflichtteile und die aus dem letzten Willen entspringenden Lasten. 5 Ob 647/81 = SZ 54/107 = EvBl 1982/49 = EF 38.217; 6 Ob 131/01 k = ecolex 2002, 659/247; 4 Ob 153/06 p.

2. Also jene Vermögensposition iSd §§ 784 und 786 ABGB bzw § 105 Abs 3 AußStrG 1854, die sich durch Abzug der Nachlassverbindlichkeiten (Erblasser- und Erbfallschulden) ergibt, wobei auch die Ertragsfähigkeit des Nachlasses zu berücksichtigen ist. 7 Ob 290/00 y; 6 Ob 131/01 k = ecolex 2002, 659/247.

3. Maßgebend ist der **Verkehrswert aller unbeweglichen und beweglichen Sachen** sowie die Passiven. 1 Ob 660/56; 6 Ob 173/70.

4. Uzw im **Zeitpunkt der Einantwortung.** Bis dahin haftet der reine Nachlass des UhPfl dem UhBer als veränderliche Größe. Eine Unrichtigkeit des Nachlassinventars oder eine zw Inventarserrichtung und Einantwortung eingetretene Änderung des Nachlasswerts hat derjenige zu behaupten und zu beweisen, der sich darauf beruft; den Passivstand zu behaupten und nachzuweisen ist stets Sache des Erben. 3 Ob 993/32 = SZ 14/245; 2 Ob 425/56; 1 Ob 660/56; 6 Ob 173/70; 6 Ob 174/70; 6 Ob 210/70; 6 Ob 634/76; 5 Ob 647/81 = SZ 54/107 = EvBl 1982/49 = EF 38.217; 7 Ob 290/00 y; 4 Ob 153/06 p.

5. Abw: Allein für das Ausmaß der UhLeistung ist immer nur das Vermögen des Erblassers in dem Zustande maßgebend, in dem es sich **zur Zeit der Geltendmachung des UhAnspr** befindet, denn die Erben haben keine eigene UhPflicht dem Kind gegenüber, sondern nur eine abgeleitete als Träger des Nachlasses. Die Höhe des UhAnspr hängt vielmehr von der Größe des Nachlasses ab. 3 Ob 983/34 = SZ 16/238; 3 Ob 271/57 = SZ 30/50 = EvBl 1957/359 = EF 1.139.

6. Abw: Für das Ausmaß der UhPflicht der Erben des ue Vaters ist der Wert seines Nachlasses **im Zeitpunkt der Urteilsfällung** maßgebend. 2 Ob 673/23 = SZ 5/233.

7. Ist über den **Nachlass der Konkurs wegen Überschuldung verhängt** worden, so ist damit dargetan, dass ein frei verfügbares Vermögen nicht mehr vorhanden ist, und es entfällt in einem solchen Falle die Grundlage des Bestandes einer Uh-Forderung nach § 171 *(nunmehr: § 142)* ABGB. 2 Ob 451/30 = JBl 1930, 479; 3 Ob 794/31; 3 Ob 983/34 = SZ 16/238; 1 Ob 660/56; 3 Ob 271/57 = SZ 30/50 = EvBl 1957/359 = EF 1.139; 2 Ob 302/64 = EvBl 1965/143; 5 Ob 647/81 = SZ 54/107 = EvBl 1982/49 = EF 38.217; 7 Ob 290/00 y; 6 Ob 131/01 k = ecolex 2002, 659/247.

4. Einrechnungsvorschriften

1. In den Anspruch ist alles einzurechnen, was das Kind durch eine öffent- **390** lich-rechtliche oder durch eine privatrechtliche Leistung erhält, womit sicherge-

stellt werden soll, dass der UhAnspr also nur hilfsweise bestehen und nur dann gegeben sein soll, wenn die angemessene Versorgung des Kindes nicht durch andere Mittel, gleich woher diese kommen mögen, gesichert ist. 1 Ob 592/82 = SZ 55/54 = EvBl 1982/169; 7 Ob 560/85.

2. Einzurechnen sind **erbrechtliche, vertragliche, aber auch öffentlich-rechtliche Zuwendungen** nach dem Erblasser, zB Pflichtteil, Leistungen aufgrund einer Lebensversicherung oder eine Waisenpension. 7 Ob 290/00 y; 4 Ob 153/06 p.

3. Der OGH hat bereits wiederholt ausgesprochen, dass die dem UhBer gewährte **Sozialhilfe** nur dann als Eigeneinkommen des UhBer auf den UhAnspr angerechnet werden kann, wenn das jew Sozialhilfegesetz keine Rückzahlungsverpflichtung des Sozialhilfeempfängers und keine „aufgeschobene" Legalzession des UhAnspr vorsieht und demnach die einmal gewährte Sozialhilfe nicht mehr zurückgefordert werden kann. Damit wird einerseits eine Doppelversorgung des UhBer vermieden und andererseits dem Grundsatz Rechnung getragen, dass der UhPfl durch die Gewährung von Sozialhilfe nicht zu Lasten des SHTr von seiner Verpflichtung entlastet werden soll. 4 Ob 153/06 p.

4. Es sind aber nur **tatsächlich erhaltene Leistungen einzurechnen.** Für diese Auslegung spricht, dass nur tatsächlich zufließende Leistungen den Uh des Kindes sicherstellen und, auf der anderen Seite, den Nachlass und damit das Erbe schmälern. 4 Ob 153/06 p.

390a 1. Reicht die Verlassenschaft für die UhLeistung bis zur Selbsterhaltungsfähigkeit des Kindes nicht aus, mindert sich der UhAnspr „entsprechend". Dabei soll beachtet werden, dass dem Kind möglichst lange eine ins Gewicht fallende UhLeistung gewährt werden kann. 7 Ob 290/00 y; 6 Ob 131/01 k = ecolex 2002, 659/247.

5. Sonstiges

391 1. § 142 Satz 3 ABGB will verhindern, dass der Uh absehbar vor Erreichung der Selbsterhaltungsfähigkeit aufgezehrt wird und ordnet deshalb bei augenscheinlich nicht ausreichendem UhFonds eine **entsprechende Kürzung des Uh** an. Es soll dabei getrachtet werden, dass dem Kind möglichst lange eine ins Gewicht fallende UhLeistung gewährt werden kann. Dabei kann der Anspruch des Kindes auch unter das Maß des § 140 ABGB eingeschränkt werden. 7 Ob 290/00 y.

392 1. Die UhPflicht des Erben des ue Vaters **lebt** dann **wieder auf,** wenn das Kind zur Zeit des Todes des ue Vaters bereits versorgt war, später aber wieder uhbedürftig wird. 3 Ob 219/26 = SZ 8/93; 3 Ob 271/57 = SZ 30/50 = EvBl 1957/359; 3 Ob 983/34 = SZ 16/238; 6 Ob 53/97 f = ÖA 1997, 205 = ÖA 1998, 131/S 14; 6 Ob 131/01 k = ecolex 2002, 659/247.

2. Die UhPflicht des Erben des uhpfl Elternteils ist ihrerseits **wiederum vererblich.** 2 Ob 408/35 = JBl 1935, 454; 6 Ob 53/97 f = ÖA 1997, 205 = ÖA 1998, 131/S 14 = EF 83.818.

VI. Unterhaltspflicht der Großeltern

§ 141 ABGB. Soweit die Eltern nach ihren Kräften zur Leistung des Unterhalts nicht imstande sind, schulden ihn die Großeltern nach den Lebensverhältnissen der Eltern angemessenen Bedürfnissen des Kindes. Im übrigen gilt der § 140 sinngemäß; der Unterhaltsanspruch eines Enkels mindert sich jedoch auch insoweit, als ihm die Heranziehung des Stammes eigenen Vermögens zumutbar ist. Überdies hat ein Großelternteil nur insoweit Unterhalt zu leisten, als er dadurch bei Berücksichtigung seiner sonstigen Sorgepflichten den eigenen angemessenen Unterhalt nicht gefährdet.

Literatur: *Knoll,* Kann der Unterhaltsanspruch gegen Großeltern durch einstweilige Verfügung nach § 382 Z 8 lit a EO gesichert werden? JBl 1985, 596; *Eypeltauer,* Unterhaltspflicht der Großeltern gegenüber volljährigen Enkelkindern trotz Leistungsfähigkeit der Eltern? ÖJZ 1988, 641; *ders,* Die Kriterien zur Bestimmung der dem Kind zustehenden Ausbildung, ÖA 1988, 91.

Übersicht:

	Rz
1. Allgemeines	393
2. Anspruchsvoraussetzungen	394, 395
3. Haftungsbeschränkungen	396
4. Unterhaltshöhe	397–399
5. Haftungsteilung	400

1. Allgemeines

1. Anmerkung: Zu den Einzelheiten der Bemessung des UhAnspr eines Kindes vgl das gesamte übrige Kapitel 1 (vgl auch den Gesetzeswortlaut: „... Im übrigen gilt der § 140 sinngemäß ..."). Hier sollen nur Sonderregelungen iZm dem UhAnspr gegenüber Großeltern dargestellt werden. **393**

2. Die Verweisung auf § 140 ABGB betrifft die Bemessung des Bedarfs des UhBer wie auch der den Lebensverhältnissen der Eltern angemessenen Leistung. 6 Ob 2206/96 x = ÖA 1997, 193/U 186 = EF 80.919.

3. Die **UhPflichten** nach § 141 *(nunmehr: § 140)* ABGB (UhPflicht der Eltern) und nach § 143 *(nunmehr: § 141)* ABGB (UhPflicht der Großeltern) können **gegebenenfalls auch nebeneinander** bestehen. 2 Ob 490/52 = EvBl 1952/298; 10 ObS 2168/96 p.

4. Wobei die Grenze zw primärer und subsidiärer UhPflicht fließend ist. 2 Ob 26/72 = SZ 45/143.

2. Anspruchsvoraussetzungen

1. Bloße Schwierigkeiten, sei es bei der UhBemessung, sei es bei der -hereinbringung beim primär UhPfl, rechtfertigen die Inanspruchnahme der sekundär uhpfl Großeltern nicht; das Kind kann Leistungen nach dem UVG beziehen, welche der UhPflicht der Großeltern vorgehen. 1 Ob 531/95 = EF 77.952 = ÖA 1996, 17/UV 85; 3 Ob 117/95 = EF 80.917; 6 Ob 2206/96 x = EF 80.916 = ÖA 1997, 193/U 186; 1 Ob 2339/96 v = EF 80.916 = RZ 1997/82 = ÖA 1997, 198/U189; 10 ObS 2168/96 p; 10 ObS 2446/96 w. **394**

2. Abw: Die subsidiäre UhPflicht nach § 143 *(nunmehr: § 141)* ABGB ist auch dann gegeben, wenn der primär UhPfl den Uh des Kindes rechtswidrig nicht zur Verfügung stellt, die Rechtsverfolgung gegen ihn aber erblich erschwert oder im Inland überhaupt ausgeschlossen ist. 2 Ob 9/54.

3. Abw: Oder wenn von den primär UhPfl die UhBeiträge nicht rechtzeitig zu erlangen sind. 2 Ob 551/35 = SZ 17/116; 2 Ob 101/52 = SZ 25/40; 7 Ob 346/63 = RZ 1964, 117; 2 Ob 99/68.

4. Anmerkung: Die abw E können wohl im Hinblick auf das zwischenzeitig in Kraft getretene UVG als überholt angesehen werden.

5. Der **das Kind betreuende Elternteil** ist bei Leistungsunfähigkeit des anderen Elternteils noch **vor den Großeltern in Anspruch zu nehmen.** 4 Ob 505/95 = EF 77.951 = ÖA 1995, 165/F 99; 6 Ob 2206/96 x = EF 80.914 = ÖA 1997, 193/U 186; 10 ObS 2168/96 p.

6. Weshalb über die subsidiäre UhPflicht der Großeltern nicht abgesprochen werden kann, solange über die primäre UhPflicht nicht entschieden ist. 10 ObS 2168/96 p; 10 ObS 2446/96 w = ÖA 1998, 71.

7. Da die Leistungsfähigkeit des Vaters nicht bloß für die Leistungspflicht der väterlichen Großeltern, sondern auch für jene der mütterlichen Großmutter von Bedeutung ist, ist vorweg zu klären, ob bzw inwieweit er imstande ist, für den Uh seiner Kinder aufzukommen. 1 Ob 299/99 y = EF 89.645 = ÖA 2000, 76/U 309.

395
1. Die subsidiäre UhPflicht der Großeltern tritt zwar nicht erst ein, wenn die Eltern des Kindes völlig mittellos und erwerbsunfähig sind, sondern auch, wenn ihr **Einkommen keine ausreichende UhLeistung an das Kind ermöglicht.** 1 Ob 639/25 = SZ 7/243; 2 Ob 665/38 = SZ 20/242; 1 Ob 486/51 = EvBl 1951/464 = EF 707; 2 Ob 221/52; 2 Ob 490/52 uva; 1 Ob 299/99 y = EF 89.645 = ÖA 2000, 76/U 309.

2. Sie sind aber nicht schon dann „nicht imstande", ihrer UhPflicht zu entsprechen, wenn sie zwar erwerbsfähig sind, ihrer UhPflicht aber faktisch nicht entsprechen oder die exekutive Durchsetzung des UhAnspr unmöglich ist, verzögert wird oder sonst auf Schwierigkeiten stößt. 1 Ob 588/78 = EvBl 1979/111 = SZ 51/110 = EF 31.210; 6 Ob 2206/96 x = ÖA 1997, 193/U 186; 1 Ob 2339/96 v = RZ 1997/82 = ÖA 1997, 198/U 189; 4 Ob 388/97 f = SZ 71/9 = ÖA 1998, 206/U 230.

3. Ein „Nicht-Imstande-Sein" liegt vielmehr nur vor, wenn **beide Elternteile entweder tot oder wirtschaftlich leistungsunfähig,** dh trotz Anspannung zur UhLeistung nicht oder nur tw in der Lage sind. 6 Ob 2206/96 x = EF 80.915 = ÖA 1997, 193/U 186; 2 Ob 135/97 k = ÖA 1998, 30 = EF 83.816; 4 Ob 388/97 f = SZ 71/9 = EF 86.839 = ÖA 1998, 206/U 230.

4. Also **mittellos** sind. 2 Ob 592/54.

5. Oder **erwerbsunfähig** (teilerwerbsunfähig). 1 Ob 588/78 = SZ 51/110 = EvBl 1979/111; 6 Ob 506/93; 4 Ob 505/95 = ÖA 1995, 165/F 99; 1 Ob 553/95; 6 Ob 2206/96 x = ÖA 1997, 193/U 186; 1 Ob 2339/96 v = RZ 1997/82 = ÖA 1997, 198/U 189; 10 ObS 2446/96 w.

6. Vor Heranziehung der Großeltern sind die Eltern jedoch erforderlichenfalls anzuspannen. 10 ObS 2168/96 p; 10 ObS 2446/96 w = ÖA 1998, 71; 4 Ob 388/97 f = SZ 71/9 = EF 86.841 = ÖA 1998, 206/U 230.

7. Weshalb eine Unterbrechung der beruflichen Tätigkeit und die **Aufnahme einer neuen Berufsausbildung** durch die Eltern **nicht** zur subsidiären **UhPflicht der Großeltern** führt. 4 Ob 518/91; 5 Ob 606/90.

8. Bezieht ein Elternteil die **FB,** ist sie bei Beurteilung der Frage mitzuberücksichtigen, inwieweit die primär uhpfl Eltern nach ihren Kräften zur Leistung des Uh imstande sind. 1 Ob 570/81 = SZ 54/52 = JBl 1982, 267 = ÖA 1983, 52 = EF 38.214;

4 Ob 505/95 = ÖA 1995, 165/F 99; 6 Ob 2206/96 x = ÖA 1997, 193/U 186; 10 ObS 2446/96 w.

9. Abw: Die FB mindert auch nicht über eine angenommene Erhöhung der Leistungsfähigkeit der primär uhpfl Mutter den Bedarf des Kleinkindes. 6 Ob 506/93 = EF 71.643.

Anmerkung: Vgl dazu auch Rz 336 ff.

3. Haftungsbeschränkungen

1. Den Großeltern steht im Gegensatz zu den Eltern die **Einwendung** zu, dass unter Berücksichtigung ihrer sonstigen Sorgepflichten der **eigene angemessene Uh gefährdet** wäre. 6 Ob 563/90 = SZ 63/88 = ÖA 1991, 101 = EF 61.835 = ÖA 1991, 41/U 1; 1 Ob 564/91 = EvBl 1991/166 = ÖA 1992, 21 = ÖA 1992, 19/U 19; 4 Ob 512/92; 6 Ob 522/95 = EF 77.957; 1 Ob 553/95 = EF 77.954; 4 Ob 505/95 = EF 77.954 = ÖA 1995, 165/F 99; 10 ObS 2168/96 p; 1 Ob 2339/96 v = EF 80.920 = RZ 1997/82 = ÖA 1997, 198/U 189; 4 Ob 388/97 f = SZ 71/9 = EF 86.837 = ÖA 1998, 206/U 230. **396**

2. Außerdem **haften** sie **nicht für UhRückstände** des Vaters gegenüber dem Kind. 1 Ob 678/27 = SZ 9/139; 4 Ob 564/74; 1 Ob 2339/96 v = RZ 1997/82 = ÖA 1997, 198/U 189 = EF 80.918.

3. Allerdings besteht eine subsidiäre UhPflicht der väterlichen Großmutter trotz Schadenersatzanspruchs des Kindes gegenüber dem am Tod des Vaters Schuldigen. 6 Ob 36/65 = SZ 38/25 = EvBl 1966/2 = EF 4237.

4. Unterhaltshöhe

1. Das Ausmaß der subsidiären UhPflicht richtet sich **(auch) nach dem Stande der Eltern** des Kindes. 1 Ob 486/51 = EvBl 1951/464 = EF 707; 2 Ob 221/52; 2 Ob 490/52; 2 Ob 9/54; 2 Ob 548/52 = EvBl 1952/432; 2 Ob 437/54; 2 Ob 592/54; 2 Ob 665/38 = SZ 20/242; 2 Ob 101/52 = SZ 25/40; 2 Ob 551/53 = SZ 27/116; 6 Ob 173/62; 2 Ob 99/68. **397**

2. Die **Verweisung** auf die Lebensverhältnisse der Eltern ist aber **nicht wörtlich auszulegen,** weil sonst bei Leistungsunfähigkeit der Eltern ein UhAnspr gegen die Großeltern nicht entstehen könnte, andererseits aber gerade die mangelnde Leistungsfähigkeit der Eltern den subsidiären UhAnspr des Kindes gegenüber den Großeltern auslöst, dh wirksam werden lässt. 6 Ob 522/95 = EF 77.953; 1 Ob 553/95 = EF 77.953, 77.954; 4 Ob 505/95 = EF 77.954 = ÖA 1995, 165/F 99; 10 ObS 2168/96 p; 1 Ob 2339/96 v = EF 80.920 = RZ 1997/82 = ÖA 1997, 198/U 189.

3. Für den (subsidiären) UhAnspr des Kindes gegen die Großeltern sind daher die **Lebensverhältnisse der Eltern vor Eintritt deren (gänzlicher oder tw) Leistungsunfähigkeit** maßgebend. 4 Ob 388/97 f = SZ 71/9 = EF 86.840 = ÖA 1998, 206/U 230.

4. Die Mj haben aber nicht etwa Anspruch auf die Aufrechterhaltung der davor durch strafbare Handlungen des Vaters allenfalls luxuriösen Lebensverhältnisse auf Kosten des subsidiär uhpfl Großvaters. 6 Ob 2206/96 x = EF 80.922 = ÖA 1997, 193/U 186.

5. Es sind **auch die Bedürfnisse der Kinder** zu berücksichtigen. 2 Ob 9/54.

6. Uzw nach ihrem Alter im Allgemeinen und den Lebensverhältnissen der Eltern; heranzuziehen ist somit der **Regelbedarf** und nicht ein Luxusbedarf. 6 Ob 2206/96 x = EF 80.922 = ÖA 1997, 193/U 186.

398 1. Schließlich sind noch die **Lebensverhältnisse der Großeltern** maßgeblich. 4 Ob 388/97 f = SZ 71/9 = EF 86.840 = ÖA 1998, 206/U 230.

2. Uzw insb bei einem **Verbleib beider Elternteile im Haushalt ihrer Eltern.** 6 Ob 506/93 = EF 71.641; 6 Ob 522/95 = EF 77.964; 1 Ob 553/95 = EF 77.964; 1 Ob 2339/96 v = EF 80.921 = RZ 1997/82 = ÖA 1997, 198/U 189.

3. Die finanzielle Leistungskraft der Großeltern darf dabei zwar nicht bis zur möglichen **Höchstgrenze** ausgeschöpft werden. 6 Ob 522/95 = EF 77.956; 10 ObS 2168/96 p.

4. Für die UhPflicht der Großeltern gilt aber auch der aus der Verpflichtung der Eltern, zum Uh nach ihren Kräften beizutragen, abgeleitete **Anspannungsgrundsatz.** Das im statistischen Durchschnitt um ein Generationsalter höhere Lebensalter des uhpfl Großelternteils spricht nicht für eine generelle Außerachtlassung der Verpflichtung zum Einsatz aller Kräfte, damit ein zur Deckung der Bedürfnisse des Kindes ausreichendes Einkommen erzielt werden kann; es würde vielmehr einen durch nichts zu begründenden Wertungswiderspruch bedeuten, zB bei einem 56 Jahre alten Vater von einem erzielbaren Einkommen auszugehen, bei einem gleich alten Großvater aber nur von einem tatsächlich erzielten. 6 Ob 522/95 = EF 77.960, 77.962; 10 ObS 2446/96 w.

5. **Anmerkung:** Dieser Ansatz ist durchaus zu bezweifeln, weil im konkreten Fall schon berücksichtigt werden muss, dass die Großeltern zwangsläufig ja schon ein oder mehrere Kinder großgezogen und keinen Einfluss darauf gehabt haben, durch ein Verhalten ihrer Kinder wieder uhpfl zu werden und wieder ihre gesamten Kräfte anspannen zu müssen.

399 1. Um dem Kind den Uh gewähren zu können, muss der UhPfl nach § 143 *(nunmehr: § 141)* ABGB auch den Stamm seines Vermögens angreifen. 3 Ob 490/52.

2. Dies allerdings **nur insoweit, als die zuvor heranzuziehenden Eltern den Uh auch unter zumutbarer Heranziehung des Stammes ihres eigenen Vermögens nicht aufbringen können.** 1 Ob 570/81 = SZ 54/52 = JBl 1982, 267 = ÖA 1983, 52 = EF 38.213; 1 Ob 573/84 = ÖA 1985, 23.

3. Dabei sind die besonderen Verhältnisse des Einzelfalls zu prüfen. 1 Ob 553/95 = EF 77.958.

4. Einem Großelternteil ist die Belastung oder Verwertung seiner Liegenschaft (Grundstücksanteile) zur Erfüllung seiner subsidiären UhPflicht dann nicht zumutbar, wenn ihm in absehbarer Zeit keine Einnahmen zur Verfügung stehen, um einen Hypothekarkredit wieder abzutragen, und darüber hinaus damit gerechnet werden muss, dass er die Liegenschaft, auf der er wohnt, verlieren könnte. 1 Ob 553/95 = EF 77.959.

5. Haftungsteilung

400 1. Der Beitrag jedes Einzelnen ist im **Verhältnis der Leistungsfähigkeit** sämtlicher subsidiär uhpfl Großeltern zu bestimmen. 6 Ob 506/93 = EF 71.641; 6 Ob 522/95 = EF 77.955; 1 Ob 553/95 = EF 77.955; 1 Ob 2339/96 v = EF 80.923 = RZ 1997/82 = ÖA 1997, 198/U 189; 1 Ob 299/99 y = EF 89.646 = ÖA 2000, 76/U 309.

2. Wobei es zw den 4 Großelternteilen keine Rangfolge gibt; sie haben anteilig zum Uh des Enkelkindes beizutragen. 10 ObS 2446/96 w = ÖA 1998, 71; 1 Ob 299/99 y = EF 89.646 = ÖA 2000, 76/U 309.

3. **Ggt:** Auch nach Einführung des Gesetzes über die Neuordnung der Rechtsstellung des ue Kindes besteht kein Anlass davon abzugehen, dass vorerst der Großvater und erst bei dessen Unfähigkeit zur Leistung oder Unzulänglichkeit der Leistung die Großmutter subsidiär zur UhLeistung an das Enkelkind heranzuziehen ist. 1 Ob 193/72 = RZ 1973/15.

4. **Anmerkung:** Diese E ist im Hinblick auf BGBl 1977/403 überholt.

5. Übt ein Großelternteil allerdings die Obsorge für seine Enkelkinder selbst aus, dann leistet er seinen Beitrag zum Uh dieser Kinder schon durch deren Pflege und Erziehung; dies gilt allerdings dann nicht, wenn einem Elternteil die Obsorge für die Kinder zukommt und der Großelternteil lediglich unterstützend zur Erfüllung dieser Obsorgeverpflichtung beiträgt. 1 Ob 299/99 y = EF 89.646 = ÖA 2000, 76/U 309.

6. Vom Ehegatten eines subsidiär uhpfl Großelternteils kann im Rahmen seiner UhPflicht nicht verlangt werden, diesem zusätzlich Mittel zu gewähren, um ihn in die Lage zu setzen, Uh für sein Enkelkind zu erbringen, zumal „mittelbare" UhPflichten abzulehnen sind. 1 Ob 553/95 = EF 77.963.

VII. Änderung der Verhältnisse/Umstandsklausel

A. Allgemeines

401 1. Jeder UhPflicht wohnt (stillschweigend) die **Umstandsklausel** inne, sodass eine **wesentliche Änderung** der Verhältnisse zur **UhNeufestsetzung** führt. 8 Ob 526/79 = EF 33.376; 3 Ob 552/80 = EF 35.776; 1 Ob 656/90 = EF 62.568, 62.569 = ÖA 1991, 43/U 18 = SZ 63/153 = ÖA 1992, 110/U 36 uva; 1 Ob 109/00 m = EF 96.277; 4 Ob 42/01 g = JBl 2001, 645; 2 Ob 37/02 h = ÖA 2003, 39/U 377; 2 Ob 122/06 i; 7 Ob 293/06 y; 3 Ob 43/07 f.

2. Sie ist ein **selbstverständliches Element jeder UhPflicht.** 1 Ob 538/83 = EF 43.108, 43.112; 1 Ob 640/83 = EF 43.108, 43.112.

3. Weshalb **jede nachträgliche Sachverhaltsänderung, die eine Neubemessung des Uh rechtfertigt, zulässiger Anlass für einen neuen Antrag/eine neue Klage** ist. 1 Ob 217/75 = SZ 48/113; 1 Ob 781/79 = ÖA 1981, 96; 6 Ob 675/81 uva; 1 Ob 218/00 s; 2 Ob 122/06 i.

4. Uzw selbst dann, wenn eine **Wertsicherungsklausel** vereinbart worden war. 1 Ob 690/90 = RZ 1991/72; 6 Ob 154/99 m; 1 Ob 109/00 m = EF 97.246; 3 Ob 64/03 p.

5. **Anmerkung:** Es erscheint zweckmäßig zu sein, nur in jenen Fällen, in denen es – ausgehend von einem Vergleich als Vortitel – zur Festsetzung einer neuen UhPflicht unter Berücksichtigung bestehender Vergleichsrelationen (vgl Rz 413) kommt, von einer Neufestsetzung zu sprechen, in allen anderen Fällen aber von einer Neubemessung.

401 a 1. Auch **für die Vergangenheit** kann es zu einer Neufestsetzung des Uh kommen, wenn also für diese Zeit schon eine gerichtliche Festsetzung oder vergleichsweise Regelung vorlag, diese infolge Änderung der Verhältnisse wegen der Umstandsklausel jedoch nicht mehr bindend blieb. 5 Ob 610/89 = EvBl 1990/50 = EF 61.502; 5 Ob 520/90 = tw EF 63.307; 4 Ob 533/90 = ÖA 1991, 18 = tw EF 63.306 uva; 4 Ob 319/98 k = EF 87.407 = ÖA 1999, 121/U 270; 6 Ob 159/02 d = EF 104.055; 7 Ob 293/06 y.

2. Wobei der E oder dem Vergleich nachfolgende Ereignisse berücksichtigt werden können. 6 Ob 159/02 d.

402 1. Grundsätzlich kann eine Neufestsetzung des Uh **bei geänderter Sachlage** erfolgen. 8 Ob 663/92 = EF 68.423, 68.459; 8 Ob 559/93 = ÖA 1993, 146; 8 Ob 596/93; 10 Ob 508/94 = EF 77.792 = ÖA 1994, 188/U 106; 2 Ob 2376/96 t = EF 80.733 = ÖA 1997, 199/U 191; 1 Ob 122/97 s; 9 Ob 23/98 t; 6 Ob 45/02 i = ÖA 2002, 234/F 216; 4 Ob 129/02 b = ÖA 2002, 257/U 365; 6 Ob 159/02 d = EF 104.053; 9 Ob 137/03 t; 4 Ob 42/05 p; 1 Ob 38/07 f.

2. Uzw bei wesentlichen Änderungen in der wirtschaftlichen Leistungsfähigkeit des UhPfl oder in den Bedürfnissen des UhBer. 3 Ob 609/91 = EF 65.748; 6 Ob 2206/96 x = ÖA 1997, 193/U 186 = EF 80.732.

3. Oder **bei Änderung der** dem UhAnspr zugrunde liegenden **Gesetzesregelungen.** 8 Ob 663/92 = EF 68.423, 68.459; 8 Ob 559/93 = ÖA 1993, 146; 8 Ob 596/93; 10 Ob 508/94 = EF 77.792 = ÖA 1994, 188/U 106; 2 Ob 2376/96 t = EF 80.733 = ÖA 1997, 199/U 191; 1 Ob 122/97 s; 9 Ob 23/98 t; 6 Ob 45/02 i = ÖA 2002, 234/F 216; 4 Ob 129/02 b = ÖA 2002, 257/U 365; 6 Ob 159/02 d = EF 104.053; 9 Ob 137/03 t; 4 Ob 42/05 p; 1 Ob 38/07 f.

4. Gesetze wirken nämlich nicht zurück (§ 5 ABGB), weshalb dann, wenn an ein Dauerrechtsverhältnis eine Dauerrechtsfolge wie die UhPflicht geknüpft ist, die Rechtsfolgen, die an den zeitlichen Abschnitt der Tatbestandsverwirklichung vor Inkrafttreten des neuen Gesetzes geknüpft waren, nach altem Recht, die Rechtsfolgen bzgl des sich danach weiter verwirklichenden Tatbestandes aber nach dem neuen Gesetz zu beurteilen sind, außer es ergäbe sich ausdrücklich aus dem neuen Gesetz selbst eine Rückwirkung. 3 Ob 524/79 = EF 36.120.

5. Die Neufassung des § 94 Abs 3 ABGB durch das EheRÄG 1999 ist jedoch keine solche maßgebliche Gesetzesänderung. 4 Ob 42/01 g = JBl 2001, 645.

402 a 1. Eine Neufestsetzung des Uh ist auch **bei tiefgreifenden Änderungen der bisherigen Rsp** möglich, die in ihrer Auswirkung praktisch einer Gesetzesänderung gleichkommen und als eine die materielle Rk durchbrechende Änderung der Gesetzeslage gewertet werden müssen. 8 Ob 663/92 = EF 68.461; 8 Ob 596/93 = EF 71.469, 71.470; 6 Ob 45/02 i = ÖA 2002, 234/F 216 = EF 100.092; 6 Ob 159/02 d = EF 104.053, 104.095; 9 Ob 137/03 t; 4 Ob 42/05 p; 1 Ob 38/07 f.

2. Dies ist etwa der Fall bei jener Rsp, die die Anwendung der Prozentmethode für zulässig erklärte. 8 Ob 663/92 = EF 68.461.

3. Oder bei jener, die die Anrechnung des Eigeneinkommens des Lehrlings nicht zur Gänze, sondern nur zur Hälfte auf die UhPflicht des GeldUhPfl aussprach. 8 Ob 596/93.

4. Nicht aber die E 1 Ob 337/99 m, wonach kein Grund bestehe, UhEmpfänge eines Ehegatten aus seinem Einkommen auszuscheiden, wenn es um die gegen ihn gerichteten UhAnspr seiner Kinder gehe, sodass solche Zuflüsse seine allgemeine Leistungsfähigkeit erhöhten, weshalb eine „Immunisierung" dieser Einnahmen gegen UhAnspr seiner Kinder nicht sachgerecht wäre. 1 Ob 218/00 s.

5. Zu einer tiefgreifenden Änderung der Rsp, die einer Änderung der Rechtslage gleichzuhalten ist, ist es iZm der **Berücksichtigung von Transferleistungen** gekommen. In den E 4 Ob 134/03 i, 6 Ob 159/02 d und 6 Ob 91/03 f hat es der OGH – in Übereinstimmung mit der Lehre (*Gitschthaler*, JBl 2003, 14) – noch abgelehnt, die Transferleistungen von Amts wegen zu berücksichtigen, und ausgesprochen, dass hiezu eine Einwendung des UhPfl notwendig sei. Nach der E 1 Ob 208/03 z genügt es hingegen, dass der UhPfl dem Erhöhungsantrag überhaupt entgegentritt. 4 Ob 42/05 p = EF 110.699.

6. Ebenso durch jene E, die aufgrund eines Zahlungsplans zurückzuzahlende Schulden als außergewöhnliche Belastung als von der UBGr abzugsfähig erachten. 2 Ob 192/06 h = EF-Z 2007/64 *(Gitschthaler)*.

7. Bei einer **tiefgreifenden Rsp-Änderung** besteht kein Rückwirkungsverbot, wie es für Gesetze § 5 ABGB anordnet; Änderungen der Rsp erfassen daher auch davor verwirklichte Sachverhalte. 6 Ob 159/02 d.

1. Jede wesentliche Änderung der Verhältnisse führt zu einer Neufestsetzung **403** des Uh. Ist daher in einem Verfahren der Uh neu festzusetzen gewesen und treten Umstände ein, die eine Neufestsetzung abermals erfordern, ist diese Neufestsetzung unter Bedachtnahme auf sämtliche Bemessungskriterien durchzuführen, wobei dies durchaus andere Ergebnisse zeitigen kann als die ursprüngliche UhBemessung. 1 Ob 550/94 = EF 74.804 = JBl 1995, 62 = ÖA 1995, 58/U 108; 3 Ob 160/94 = 3 Ob 161/94 = EF 74.804; 7 Ob 2353/96 x = ÖA 1997, 200/U 192.

B. Vortitel: Beschluss/Urteil

Übersicht:

Rz

1. Neubemessung bei Sachverhaltsänderung 404, 405
2. Neubemessung bei früherem Teilbegehren 406
3. Keine Neubemessung bei früherem Gesamtbegehren 407
4. Neubemessung bei Irrtum 408, 409

1. Neubemessung bei Sachverhaltsänderung

1. Einem im **VaStr** gefassten, nicht mehr anfechtbaren **UhBemessungsbe- 404 schluss** kommt zwar die gleiche **RkWirkung** zu wie einem nach den Vorschriften der ZPO ergangenen Urteil oder Beschluss (§ 411 ZPO), **nachträglichen Änderungen des rechtserzeugenden Sachverhalts hält die materielle Rk aber nicht stand.** 3 Ob 609/90; 4 Ob 565/91; 4 Ob 507/92 = ÖA 1992, 57; 1 Ob 539/92 = ÖA 1993, 20/U 71 uva; 7 Ob 16/00 d = ÖA 2000, 180/UV 172; 2 Ob 296/02 x; 6 Ob 57/03 f = ÖA 2004, 23/U 409; 6 Ob 120/03 w = EF 104.052; 6 Ob 159/02 d; 6 Ob 120/03 w; 2 Ob 122/06 i; 7 Ob 293/06 y; 3 Ob 43/07 f.

2. Die gerichtliche Festsetzung eines UhBeitrags wird erst **durch eine abändernde richterliche E unwirksam** und nicht etwa mit dem Erreichen eines bestimmten Alters durch das Kind. 3 Ob 151/75; 3 Ob 110/83.

3. Es hat zu einer **Neubemessung aufgrund aller zur Zeit der Beschlussfassung gegebenen Verhältnisse** zu kommen. 5 Ob 1582/93 = ÖA 1994, 104/F 78 = EF 71.472.

4. Bei der E über das UhErhöhungsbegehren ist dabei bis zum Beweis des Gegenteils von den Verhältnissen auszugehen, die der letzten Festsetzung zugrunde lagen. 2 Ob 554/82; 1 Ob 656/90 = SZ 63/153 = ÖA 1991, 43/U 18 = ÖA 1992, 110/ U 36; 1 Ob 612/91 = RZ 1992/48 = RZ 1993/76 = ÖA 1992, 51/U24.

405 1. Gründete sich die seinerzeitige UhFestsetzung(-erhöhung) auf das Einverständnis der Parteien, ist eine UhErhöhung grundsätzlich auch ohne eine Änderung der Verhältnisse selbst rückwirkend möglich. 10 Ob 1543/95 = ÖA 1996, 100/F 112.

2. **Anmerkung:** Dies ist wohl mehr als fraglich, weil gerade bei einem Einverständnis eine Änderung vorliegen muss, um von diesem Einverständnis abgehen zu können. ME kann auch nicht als ganz belanglos der Umstand angesehen werden, dass auch ein Kind an eine Vereinbarung gebunden sein muss, wenn sie pflegschaftsbehördlich genehmigt wurde (zu den Einschränkungen vgl Rz 304). Dies müsste wohl auch für ein prozessuales Einverständnis gelten (dem Antrag wurde etwa nicht entgegengetreten).

3. Geänderte Verhältnisse sind deshalb anzunehmen, weil die **schlechte wirtschaftliche Lage infolge Arbeitslosigkeit und späterer Krankheit unerwarteterweise anhielt**, sodass der UhPfl weit länger, als er aufgrund seiner Nichtäußerung zum UhErhöhungsantrag erwarten konnte, die UhZahlungen aus anderen Quellen leisten musste oder aber mangels finanzieller Mittel überhaupt nicht leisten konnte. Dass er dem Erhöhungsantrag keine Einwendungen entgegensetzte, obwohl seine damalige finanzielle Lage keinesfalls die Zahlung eines Uh von ATS 2.500 (= € 182) ermöglichte, mochte darauf zurückzuführen sein, dass er in absehbarer Zeit mit Einkünften rechnete, die ihm die Erfüllung der UhPflicht ermöglichen würden. Der Nichteintritt dieser objektiven Erwartung durch krankheitsbedingte Arbeitsunfähigkeit und Nichtvermittelbarkeit sind aber geänderte Umstände, die ein Festhalten an der Rk der UhErhöhung nicht rechtfertigen. 10 Ob 536/94 = EF 77.787 = ÖA 1995, 155/U 132.

2. Neubemessung bei früherem Teilbegehren

406 1. Auch E im VaStr sind zwar der **formellen und materiellen Rk** fähig, die materielle Rk äußert sich aber als zur Zurückweisung des später gestellten Antrags führende Einmaligkeitswirkung nur dann, wenn und soweit die **Begehren deckungsgleich** (identisch) sind. Bei Geltendmachung eines **Anspruchsteils** erfasst die Rk den Anspruch nur so weit, als über ihn entschieden wurde. Dabei macht es keinen Unterschied, ob im Antrag zum Ausdruck gebracht wurde, dass nur ein Anspruchsteil geltend gemacht werde, und ob die Geltendmachung des **Anspruchsrests** ausdrücklich **vorbehalten** wurde. 5 Ob 592/90 = RZ 1992/13 = EF 64.690 = ÖA 1992, 109/U 34; 6 Ob 126/07 h.

2. **Ob sich die** für die UhBemessung maßgebenden tatsächlichen **Verhältnisse** seit der Erlassung der Vorentscheidung **geändert haben** und welche Zeit seit der Vorentscheidung verstrichen ist, ist hiefür **ohne Bedeutung**. 5 Ob 592/90 = RZ 1992/13 = EF 64.690 = ÖA 1992, 109/U 34.

3. Ebenso dass **in Kenntnis der tatsächlichen Einkommensverhältnisse** des UhPfl ein geringerer als der mögliche Uh begehrt worden war. 10 Ob 1543/95 = EF 77.790 = ÖA 1996, 100/F 112.

4. Zu berücksichtigen ist nämlich, dass es sich um einen **neuen Antrag** handelt, mit dem ein Anspruch geltend gemacht wird, der **noch nicht Gegenstand der**

vorangegangenen E war. Über dieses (Mehr-)Begehren konnte das Gericht – weil trotz der Untersuchungsmaxime auch im außerstreitigen UhBemessungsverfahren der Dispositionsgrundsatz gilt – daher nicht entscheiden (vgl § 405 ZPO); ein Anspruch, den die Mj gar nicht geltend gemacht hatte, konnte aber – ungeachtet der Tatsache, dass der frühere Antrag nicht als **Teilantrag** bezeichnet und eine **Nachforderung** nicht ausdrücklich **vorbehalten** worden war – nicht in Rk erwachsen, ist doch Voraussetzung der materiellen RkWirkung die **Identität der Ansprüche**. An dieser Identität mangelt es aber bei einem Begehren auf UhLeistungen für die Zukunft oder für die Vergangenheit, wenn mit der Behauptung, die Leistungsfähigkeit des UhPfl sei höher als ursprünglich angenommen, ein höherer Betrag begehrt wird. 4 Ob 533/90 = ÖA 1991, 18 = tw EF 63.306; 4 Ob 565/91; 4 Ob 507/92 = ÖA 1992, 57; 1 Ob 539/92 = ÖA 1993, 20/U 71; 7 Ob 1610/92; 7 Ob 1611/92; 4 Ob 508/93; 4 Ob 598/95 = ÖA 1996, 124/U 157 = EF 77.791; 7 Ob 1576/93 = ÖA 1994, 26; 4 Ob 2393/96 g = EF 84.515; 7 Ob 2353/96 x = ÖA 1997, 200/U 192 = tw EF 80.738.

5. Also ein **zusätzliches Begehren** gestellt wird. 3 Ob 575/76.

6. Eine meritorische E über einen Erhöhungsantrag ist daher sowohl **für den Zeitraum vor als auch für den Zeitraum nach Antragstellung** zulässig. 5 Ob 592/90 = RZ 1992/13 = EF 64.690 = ÖA 1992, 109/U 34.

3. Keine Neubemessung bei früherem Gesamtbegehren

1. Wenn hingegen schon in der vorangegangenen E – wie es va bei einer **407** (Teil-)**Abweisung eines überhöhten UhBegehrens** zum Ausdruck gebracht wird – über den UhAnspr **abschließend** (auf der Grundlage der festgestellten Verhältnisse) **rk erkannt** worden ist, steht einem höheren UhBegehren – sofern nicht geänderte Verhältnisse behauptet werden – die **Rk entgegen,** weil der ursprünglich und der nunmehr geltend gemachte Anspruch sich nur quantitativ, nicht aber qualitativ unterscheiden, liegt doch hier der gleiche anspruchsbegründende Sachverhalt mit der sich daraus ergebenden gleichen Rechtsfolge vor. 4 Ob 565/91; 4 Ob 507/92 = ÖA 1992, 57 = tw EF 68.428; 10 Ob 1543/95 = ÖA 1996, 100/F 112; 1 Ob 539/92 = ÖA 1993, 20/U 71; 7 Ob 1610/92; 1 Ob 122/97 s; 7 Ob 16/00 d = ÖA 2000, 180/UV 172.

2. Ein Antrag, die UhBemessung trotz unverändert gebliebener Verhältnisse zu ändern, wäre dann **wegen Rk zurückzuweisen.** 10 Ob 508/94 = ÖA 1994, 188/U 106; 10 Ob 536/94 = ÖA 1995, 155/U 132; 8 Ob 596/93 uva; 7 Ob 16/00 d = ÖA 2000, 180/UV 172.

4. Neubemessung bei Irrtum

1. Eine Änderung der Verhältnisse, der die Rk einer früheren E nicht mehr **408** entgegensteht, liegt nicht nur vor, wenn neue Tatsachen eingetreten sind, sondern auch dann, wenn schon zur Zeit der früheren E eingetretene **Tatsachen dem Gericht erst später bekannt werden.** 1 Ob 656/90 = tw EF 62.572 = ÖA 1991, 43/U 18 = SZ 63/153 = ÖA 1992, 110/U 36; 3 Ob 576/91 = tw EF 65.746, 65.747 = ÖA 1992, 113/U 48 uva; 7 Ob 16/00 d = ÖA 2000, 180/UV 172; 9 Ob 40/02 a = EF 100.044; 1 Ob 74/02 t = ÖA 2002, 235/F 217 = EF 100.046; 6 Ob 159/02 d; 2 Ob 296/02 x; 2 Ob 83/03 z.

2. Oder **irrtümlich oder unwissentlich von falschen Tatsachenvorstellungen** ausgegangen wurde. 1 Ob 546/87 = EF 53.734; 9 Ob 40/02 a = EF 100.044.

3. Also der UhPfl etwa **unrichtige Angaben** machte. 7 Ob 1610/91 = EF 65.751; 10 Ob 239/97 p = tw EF 83.672.

4. Gleichgültig ist dabei, ob die Tatsachen zwar schon vor der seinerzeitigen Beschlussfassung vorhanden waren, dem Gericht aber unbekannt geblieben sind. 7 Ob 300/57; 1 Ob 230/55; 8 Ob 184/66 = EF 7997; 8 Ob 263/70; 5 Ob 223/71; 1 Ob 321/71 = JBl 1972, 274 = SZ 44/180; 4 Ob 533/73; 1 Ob 215/75.

409   1. Diese Rsp bedarf allerdings einer **Erläuterung**. Sie bedeutet nämlich nicht, dass damit die in stRsp abgelehnte Zulässigkeit der Wiederaufnahme eines bereits abgeschlossenen außerstreitigen Verfahrens doch zu bejahen wäre. Dass später bekannt gewordene Tatsachen schon getroffene Verfügungen abänderbar machen, hängt vielmehr davon ab, ob im Vorverfahren bloß über (explizit oder auch nur schlüssig gestellte) Teilbegehren entschieden wurde oder aber über einen gesamten UhAnspr. Im ersteren Fall ist eine E über den Restanspruch zulässig, weil darüber im Vorverfahren gar nicht entschieden wurde. Mit einem neuen Antrag wird in einem solchen Fall also ein Anspruch geltend gemacht, der noch nicht Verfahrensgegenstand war. 6 Ob 159/02 d; 2 Ob 296/02 x.

2. Wurde in Unkenntnis bedeutsamer Umstände (hier: die Beeinträchtigung der Erwerbsfähigkeit des Vaters) dem UhPfl eine zusätzliche UhPflicht auferlegt, verhindert die Rk zwar die Abänderung in eine UhEnthebung für einen bis zu dieser Beschlussfassung verstrichenen Zeitraum, nicht aber, dass nach Aufdeckung der für die UhPflicht erheblichen Tatsache der Arbeitsunfähigkeit von dieser E abgegangen wird, also die Enthebung mit dem nächsten Monatsersten. 3 Ob 535/92 = SZ 65/54 = ÖA 1993, 17/U 65 = EF 69.159; 8 Ob 596/93.

3. Die Aufhebung oder Herabsetzung der UhPflicht wegen Feststellung bisher unbekannter Tatsachen für die Vergangenheit kann also zwar auch nach Leistung des Uh erfolgen; **die Rk eines UhBeschlusses hindert** aber die **rückwirkende Minderung des Uh über den Zeitpunkt des früheren Beschlusses hinaus, also für die Zeit davor**. 1 Ob 74/02 t = ÖA 2002, 235/F 217 = EF 100.046; 6 Ob 159/02 d.

4. Der E nachfolgende Ereignisse können jedoch berücksichtigt werden. 6 Ob 159/02 d; 3 Ob 43/07 f.

5. Bei einer nur in die Zukunft wirkenden Änderung der Verhältnisse kann für die Zeit nach der Erlassung der Vorentscheidung auch rückwirkend eine UhErhöhung oder UhHerabsetzung oder Einstellung begehrt werden. **Stichtag der Bindungswirkung** ist im Zivilprozess der Zeitpunkt des Schlusses der Verhandlung erster Instanz (allenfalls der Tag der Berufungsentscheidung, wenn das BerufungsG eine Beweiswiederholung oder Beweisergänzung durchführte), im VaStr der Tag der Erlassung des erstinstanzlichen Beschlusses oder allenfalls auch der Rekursentscheidung, wenn damit unter Beachtung zulässiger Neuerungen die für die Rk entscheidenden Sachverhaltsgrundlagen fixiert wurden. 6 Ob 159/02 d.

6. **Anmerkung:** Es wurde bereits in der Vorauflage darauf hingewiesen, dass eine Änderung bestehender gerichtlicher Titel bei Bekanntwerden neuer Umstände eine Wiederaufnahme des ursprünglichen Verfahrens und nicht lediglich die Berücksichtigung neuer Umstände bedeutet, weil diese ja zum Zeitpunkt der vormaligen Titelschöpfung schon vorhanden gewesen sind. Dies hat nunmehr umso mehr zu gelten, als zwischenzeitig mit der Außerstreitreform 2003 in § 72 ff AußStrG das Abänderungsverfahren eingeführt wurde. Die Problematik stellt sich allerdings nur dann, wenn die UhFestsetzung über den Zeitpunkt der früheren E zurück geändert werden soll und mit dieser früheren E ein Teilbegehren abgewiesen worden ist (vgl dazu Rz 406, 407).

7. Die vor der Beschlussfassung erster Instanz liegenden Zeiträume, über die bereits bindend abgesprochen wurde, sind demnach von der materiellen Rk erfasst; insofern wäre die UhFestsetzung nur im Wege eines Abänderungsverfahrens abänderbar. 3 Ob 43/07 f; 6 Ob 126/07 h.

C. Vortitel: Vergleich

Übersicht:

	Rz
1. Neubemessung bei Sachverhaltsänderung	410
2. Neubemessung bei Irrtum	411, 411 a
3. Verzicht auf Umstandsklausel	412
4. Vergleichsrelationen	
a) Bindung (Neufestsetzung)	413, 414
b) Keine Bindung (Neubemessung)	415
5. Sittenwidrigkeit des Vergleichs	416

1. Neubemessung bei Sachverhaltsänderung

1. **UhVergleiche stehen** – bis zu einer nicht bloß unbedeutenden Änderung der beiderseitigen Verhältnisse – **einer neuerlichen UhFestsetzung** iS eines materiellrechtlichen Hindernisses **entgegen**. 4 Ob 587/78 = EF 33.377; 8 Ob 525/80 = EF 35.237; 4 Ob 554/81 uva; 1 Ob 123/98 i = ÖA 1999, 113/U 266 = EF 86.647. **410**

2. Uzw um so eher, wenn schon im Vergleich auf gewisse vorauszusehende Veränderungen der Bedürfnisse und der Leistungsfähigkeit Bedacht genommen worden war. 1 Ob 651/83 = ÖA 1985, 48; 1 Ob 646/86; 10 Ob 77/97 i = ÖA 1998, 59/U 204 = EF 83.660.

3. Es liegt ein wesentlicher **Verfahrensverstoß** vor, wenn bei Bestehen eines UhVergleichs, der auf den Regelbedarf Bezug genommen hat, das Gericht sich darüber hinwegsetzte, dass zum Abgehen vom Vergleich nichts vorgebracht wurde, **kein Beweisverfahren durchführte** und auch keine Feststellungen getroffen hat, sondern aufgrund **bloß unsubstantiierter, auf den Vergleich gar nicht Bedacht nehmender Behauptungen** selbstständig und ohne eigene Beweisaufnahmen Feststellungen traf. 1 Ob 651/83 = ÖA 1985, 48.

4. **Abw:** Ein im Scheidungsverfahren abgeschlossener, pflegschaftsbehördlich genehmigter Vergleich über vom Vater an das der Mutter überlassene Kind zu deren Handen zu leistenden Uh steht einer Erhöhung des Uh nicht entgegen, ohne dass eine Änderung der beim Vergleich vorliegenden Verhältnisse erforderlich wäre. 8 Ob 178/70 = SZ 43/146 = EvBl 1971/73; 5 Ob 118/73 = JBl 1974, 41; 8 Ob 526/79.

5. Das Pflegschaftsgericht kann also keinen UhBeitrag festsetzen, der den zw den Kindeseltern, wenn auch ohne pflegschaftsbehördliche Genehmigung, vereinbarten UhBeitrag unterschreitet. 5 Ob 75/62; 6 Ob 153/66 = RZ 1967, 107.

6. Allerdings wohnt auch **UhVergleichen** als eine im redlichen Verkehr geltende Gewohnheit die **Umstandsklausel** inne. 5 Ob 164/61 = SZ 34/78 = EvBl 1961/520; 3 Ob 32/62; 6 Ob118/70; 1 Ob 651/83 = ÖA 1985, 48 uva; 1 Ob 123/98 i = ÖA 1999, 113/U 266; 4 Ob 42/01 g = JBl 2001, 645; 4 Ob 129/02 b = ÖA 2002, 257/U 365; 6 Ob 142/02 d = EF 100.047; 6 Ob 120/03 w; 9 Ob 137/03 t; 7 Ob 293/06 y.

7. Uzw **auch einem nach § 55a EheG geschlossenen UhVergleich**. 3 Ob 69/91; 1 Ob 566/91 = EF 65.754; 1 Ob 509/91 = EF 65.754; 4 Ob 565/91; 7 Ob 550/91 = EF 65.754; 4 Ob 507/92 = ÖA 1992, 57 uva; 1 Ob 123/98 i = ÖA 1999, 113/U 266; 9 Ob 137/03 t.

8. Und UhVereinbarungen, nach denen ein Elternteil allein zur Deckung der UhBed der Kinder verpflichtet ist. 8 Ob 1582/92 = ÖA 1993, 22/F 58 = EF 68.422; 7 Ob 512/94 = EF 74.828; 4 Ob 2327/96 a = tw EF 80.727.

9. Eine UhVereinbarung kann demnach bei **Vorliegen geänderter Verhältnisse abgeändert** werden. 4 Ob 587/78 = EF 33.377; 8 Ob 525/80 = EF 35.237; 4 Ob 554/81; 1 Ob 651/83 = ÖA 1985, 48 = EF 43.109 uva; 1 Ob 123/98 i = ÖA 1999, 113/U 266 = EF 86.647.

10. Uzw auch bei **Vereinbarung einer Wertsicherungsklausel**. 1 Ob 109/00 m = EF 96.295.

11. Sofern nicht ein gänzlicher oder teilweiser Ausschluss der Umstandsklausel vereinbart wurde. 4 Ob 129/02 b = ÖA 2002, 257/U 365; 6 Ob 142/02 d = EF 100.047; 6 Ob 120/03 w.

Anmerkung: Vgl dazu Rz 412.

12. Die Befürchtung, jeder UhVergleich könne damit durch eine Neufestsetzung unterlaufen werden, verkennt das Wesen der Umstandsklausel. Die Bindung besteht eben nur so lange, bis eine wesentliche Änderung der Verhältnisse eintritt. **Ab diesem Zeitpunkt bindet der Vergleich die Parteien nicht mehr.** Es kann daher die Neufestsetzung der UhLeistung ab der wesentlichen Änderung der Verhältnisse auch für den vor der Antragstellung liegenden Zeitraum erfolgen. Würde die Regelung mittels Vergleichs anders behandelt als eine gerichtliche E, die ebenso auch für die Vergangenheit in Anwendung der Umstandsklausel abgeändert werden kann, wäre eine sachlich nicht zu rechtfertigende Unterscheidung zw der gerichtlichen Festsetzung und der zu bevorzugenden Bereinigung durch Vergleich gegeben. 5 Ob 610/89 = EF 61.502 = EvBl 1990/50; 5 Ob 564/90 = RZ 1991/52 = EF 63.301, 63.310 = SZ 63/181; 8 Ob 596/93; 5 Ob 564/90 = RZ 1991/52 = EF 63.301, 63.310 = SZ 63/181; 6 Ob 18/97 h = ÖA 1998, 60/U 205 = EF 83.673; 9 Ob 302/97 w = EF 83.673; 1 Ob 177/99 g = EF 89.548.

13. **Anmerkung:** Es ist davon auszugehen, dass – handelte es sich beim Vortitel um einen Vergleich – eine rückwirkende UhÄnderung lediglich bis zum Zeitpunkt des Vortitels zurück, nicht aber darüber hinaus zulässig ist, weil durch die vergleichsweise Regelung ebenfalls (vgl Rz 407) der Uh „nach oben und nach unten hin" ausgemessen wurde, spricht doch § 1380 ABGB von einem beiderseitigen Nachgeben; davon ausgenommen wären jene Fälle, in denen es zu einer „Anfechtung" des Vergleichs kommt.

2. Neubemessung bei Irrtum

411 1. Eine Neubemessung kommt auch dann in Betracht, wenn bei Abschluss des UhVergleichs für die Bemessung des UhAnspr **wesentliche Umstände unbekannt** gewesen waren oder **irrtümlich** von falschen Bemessungsvoraussetzungen ausgegangen worden ist. 1 Ob 621/89; 1 Ob 524/90 = RZ 1990/117 = ÖA 1991, 136 = EF 62.592; 5 Ob 2233/96 k = EF 80.778; 6 Ob 81/00 f = ÖA 2000, 170/U 317; 6 Ob 120/03 w; 1 Ob 167/05 y; 4 Ob 37/06 d = EF-Z 2006/48 *(Gitschthaler)*; 10 Ob 8/06 h; 7 Ob 116/06 v; 7 Ob 293/06 y; 1 Ob 38/07 f.

2. Oder wenn bloß neue Umstände hervorgekommen sind, die eine andere Sachlage ergeben, als jene, die den früheren E zugrunde lagen, wenn sich also nur die Umstände geändert haben, die **vom Willens- und Vorstellungsbereich der Vertragspartner erfasst** waren. 1 Ob 544/53; 7 Ob 337/55; 6 Ob 580/88 = ÖA 1990, 15 = EF 56.510 uva; 9 Ob 302/97 w; 6 Ob 120/03 w.

3. Etwa bei **unrichtigen Angaben des UhPfl** über Einkommen oder Vermögen. 6 Ob 675/81; 7 Ob 616/84; 6 Ob 18/97 h = ÖA 1998, 60/U 205 = EF 83.673; 9 Ob 302/97 w = EF 83.673; 1 Ob 177/99 g = EF 89.548, 6 Ob 120/03 w; 7 Ob 293/06 y.

4. Eine fehlerhafte Beurteilung der Rechtslage gilt hingegen nur als unbeachtlicher Irrtum im Beweggrund; ein Rechtsirrtum einer Partei berechtigt grundsätzlich nicht zur Anfechtung des Vergleichs. 1 Ob 193/98 h; 1 Ob 167/05 y.

5. Spekulationen darüber, was die Eltern bei Kenntnis des tatsächlichen Einkommens vereinbart hätten und ob diese Vereinbarung gegebenenfalls genehmigt worden wäre, sind nicht angebracht. Vielmehr trägt ein UhPfl, der durch eine Vereinbarung gegenüber der gesetzlichen UhBemessung begünstigt wird, das Risiko, dass sich nachträglich die Unrichtigkeit der der Vereinbarung zugrunde gelegten Annahmen erweist. Er ist in diesem Fall nicht durch die Anwendung der gesetzlichen Bemessungskriterien beschwert, uzw auch dann nicht, wenn er nun zufällig gerade jenes Einkommen erzielt, das zu Unrecht der Vereinbarung zugrunde gelegt worden war. 4 Ob 37/06 d = EF-Z 2006/48 *(Gitschthaler);* 10 Ob 8/06 h.

411 a

1. Diese Rsp gilt auch dann, wenn **für die Vergangenheit** eine UhFestsetzung oder -erhöhung nach Abschluss eines denselben Zeitraum regelnden UhVergleichs deshalb beantragt wird, weil der UhBer behauptet, dass der UhPfl bei Abschluss der UhVereinbarung ein höheres als von ihm angegebenes Einkommen bezogen hat. 6 Ob 675/81; 7 Ob 616/84; 6 Ob 580/88 = ÖA 1990, 15 uva; 6 Ob 81/00 f = ÖA 2000, 170/U 317; 6 Ob 120/03 w.

2. Die Einkommensverhältnisse waren dem Pflegschaftsgericht bei seiner Beschlussfassung aufgrund der eingeholten Lohnauskunft zwar schon bekannt, die materielle Rk der E setzt aber voraus, dass dem Gericht alle für die UhBemessung maßgeblichen Umstände bekannt sein müssen, im Fall der Genehmigung eines UhVergleichs (oder bei der gleichzuhaltenden UhFestsetzung, die den Vergleich als tragende Begründung heranzieht) also auch der Umstand, dass eine für die Bejahung einer anfechtungsfesten Willenseinigung erforderliche Kenntnis der vertragsschließenden Parteien über die Vergleichsgrundlage vorlag. Der Irrtum einer Partei und der darauf beruhende Willensmangel kann daher iSd weiten Auslegung der Umstandsklausel gegen die materielle Rk ins Treffen geführt und zum Gegenstand eines UhErhöhungsantrags (auch für die Vergangenheit) gemacht werden. 6 Ob 18/97 h = ÖA 1998, 60/U 205 = EF 83.674; 6 Ob 120/03 w.

3. Es **bedarf** dabei aber **nicht einer Anfechtung des UhVergleichs** im streitigen Verfahren, um eine Neubemessung des Uh für bereits verstrichene Zeiträume zu ermöglichen. 6 Ob 675/81; 7 Ob 616/84; 5 Ob 610/89 = EF 61.502 = EvBl 1990/50; 1 Ob 524/90 = RZ 1990/117 = ÖA 1991, 136 = EF 62.592 uva; 4 Ob 293/00 t; 1 Ob 167/05 y; 7 Ob 293/06 y.

4. **Anmerkung:** Dieser Rsp ist wohl durchaus darin beizupflichten, dass es nicht einer Anfechtung eines im VaStr geschlossenen UhVergleichs bedarf; der konkret geltend gemachte Irrtum muss mE aber schon in einer Art Vor- oder Zwischen-

verfahren (ohne eigene E) geprüft werden, andernfalls mE kein zwingender Grund besteht, einen wirksam abgeschlossenen Vergleich zu beseitigen (vgl auch Rz 409, 410).

Liegen diese Voraussetzungen vor, dann kann (muss) dies mE aber – im Unterschied zu einem Vorbeschluss (Vorurteil; vgl dazu Rz 409) – dazu führen (können), dass infolge Beseitigung des Vergleichs eine Abänderung der UhPflicht sogar rückwirkend über den Vergleichszeitpunkt hinaus vorgenommen wird.

3. Verzicht auf Umstandsklausel

412 1. Der **Ausschluss der Umstandsklausel** ist **grundsätzlich zulässig und nicht sittenwidrig.** 7 Ob 1558/95 = EF 77.822; 10 Ob 501/96 = ÖA 1996, 194/F 121 = EF 80.729, 80.730; 10 Ob 77/97 i = ÖA 1998, 59/U 204 = EF 83.660.

2. Er kann **allgemein oder für bestimmte Bereiche** vereinbart werden, liegt aber nicht schon dann vor, wenn ein geringerer als der sich aus dem Gesetz ergebende UhBeitrag vergleichsweise vereinbart wurde. 1 Ob 509/91 = EF 65.743; 7 Ob 1558/95 = EF 77.822.

3. Bei der Auslegung eines Scheidungsvergleichs über den Uh von Kindern ist auch der Umstand einzubeziehen, dass der Vergleich einer pflegschaftsgerichtlichen Genehmigung bedurfte. Hätten die Eltern ausdrücklich festgelegt, dass die vereinbarten UhBeiträge ausschließlich bei einer Einkommenserhöhung des UhPfl erhöht werden dürften, wäre der Vergleich zweifellos nicht zu genehmigen gewesen. Es kann nicht unterstellt werden, dass die Vergleichsparteien eine derartige, rechtlich nicht durchsetzbare Absicht über einen so weitgehenden Ausschluss der Umstandsklausel im Sinne hatten. Schon im Hinblick auf die Erforderlichkeit einer pflegschaftsgerichtlichen Genehmigung ist eine Parteienabsicht über den nahezu völligen Ausschluss der Umstandsklausel nicht anzunehmen. 6 Ob 207/98 d = ÖA 1999, 127/U 274 = EF 86.697.

4. Hat der UhPfl auf die Geltendmachung der Umstandsklausel im Fall der Verehelichung des uhber Kindes verzichtet, so bildet die Tatsache der Verehelichung keinen Grund für das Erlöschen oder die Herabsetzung des bisher geschuldeten gesetzlichen Uh. Der UhAnspr verlor zwar durch die Eheschließung des UhBer den Charakter eines gesetzlichen Uh und wurde insoweit zu einem vertraglichen. Die Wirksamkeit des Exekutionstitels wird jedoch dadurch nicht beeinträchtigt, weil eben der UhPfl gerade auf die Geltendmachung dieses Oppositionsgrundes verzichtete. 3 Ob 78/90 = EF 64.218.

5. **Anmerkung:** Zur (allfälligen) Sittenwidrigkeit des Beharrens auf dem Ausschluss der Umstandsklausel vgl Rz 416.

4. Vergleichsrelationen

a) Bindung (Neufestsetzung)

413 1. Geänderte Verhältnisse führen nur zur Anpassung des UhVergleichs; die seinerzeit unabhängig von der Höhe eines den Kindern allenfalls zustehenden gesetzlichen UhAnspr festgelegte **Relation zw der Höhe des Einkommens der UhPfl und der Höhe ihrer UhLeistung ist weiterhin beachtlich.** 5 Ob 566/82 = EF 40.623; 5 Ob 612/84 = EF 48.150; 1 Ob 621/89 = EF 59.518; 1 Ob 509/91 uva; 2 Ob 33/99 p = ÖA 1999, 198/F 196.

2. Bei Neufestsetzung des Uh bei geänderten Verhältnissen ist **auf den Vergleichsinhalt** Bedacht zu nehmen. 10 Ob 506/87 = EF 53.731; 8 Ob 564/90 = ÖA 1992, 109/U 31 = EF 65.760; 1 Ob 509/91 = EF 65.760; 1 Ob 566/91 = EF 65.760 uva; 1 Ob 537/92 = ÖA 1992, 114/U 55 = ÖA 1992, 145/U 58 = EF 68.469.

3. Im Allgemeinen darf daher die Neubemessung von UhAnspr wegen Änderung der Verhältnisse somit **nicht völlig losgelöst von einer bestehenden vergleichsweisen Regelung und der in ihr zum Ausdruck kommenden Konkretisierung der Bemessungsgrundsätze** erfolgen. 8 Ob 564/90 = EF 65.760 = ÖA 1992, 109/U 31; 1 Ob 509/91 = EF 65.760; 1 Ob 566/91 = EF 65.760 uva; 7 Ob 241/00 t = RPflSlgA 2001, 134/8765 = EF 96.301; 6 Ob 57/03 f = ÖA 2004, 23/U 409; 10 Ob 59/06 h.

4. Ohne dass dies **zu einer Versteinerung des laut Scheidungsvergleich tatsächlich geleisteten Uh führen darf.** 1 Ob 568/93; 1 Ob 281/98 z = ÖA 1999, 36/U 262 = EF 86.694.

5. Weil der Grundsatz der Beachtlichkeit der Vergleichsrelationen **nur „im Allgemeinen" oder „in der Regel"** gilt und nur anzuwenden ist, wenn der **Wille der Parteien** bei der UhRegelung darauf gerichtet war, dass eine bestimmte Relation nicht geändert werden soll. 1 Ob 509/91; 3 Ob 1030/91 = 3 Ob 1031/91.

6. Daher besteht nach den Umständen des Einzelfalls jedenfalls **ein gewisser Spielraum.** 9 Ob 261/97 s = EF 83.697.

1. Es ist die **Auslegungsfrage entscheidend, was die Parteien mit ihrem Uh-** **414** **Vergleich für die Zukunft regeln wollten,** wobei es auf die allgemeinen Auslegungsgrundsätze ankommt. 6 Ob 207/98 d = ÖA 1999, 127/U 274 = EF 86.695; 6 Ob 81/00 f = ÖA 2000, 170/U 317; 7 Ob 241/00 t = RPflSlgA 2001, 134/8765 = EF 96.312; 2 Ob 237/06 a.

2. Wenn der verglichene UhBeitrag zu einer bestimmten Bemessungsgröße in Relation gesetzt wurde und die Absicht der Parteien bestanden hat, dass dieses Bemessungskriterium auch bei weiteren UhFestsetzungen zugrunde gelegt werden soll, so ist diese Vergleichsrelation bei einer UhNeufestsetzung beizubehalten. 4 Ob 508/93 = EF 71.502.

3. Insb wenn die Parteien festgehalten haben, dass der **Vergleich** „aufgrund" eines bestimmten Einkommens des UhPfl und bestimmter Sorgepflichten „abgeschlossen" worden sei, wurden der UhVereinbarung die für sie **wesentlichen Bemessungskriterien ausdrücklich zugrunde gelegt.** 1 Ob 566/91 = EF 65.761; 1 Ob 631/91 = RZ 1992/58; 4 Ob 242/97 k; 4 Ob 201/97 f = EF 83.700; 1 Ob 281/98 z = ÖA 1999, 36/U 262 = EF 86.702; 6 Ob 81/00 f = ÖA 2000, 170/U 317.

4. Wurde anlässlich einer vergleichsweisen UhBemessung das Einkommen des Vaters festgehalten, so ist es grundsätzlich nicht zweifelhaft, dass die Eltern weitere UhFestsetzungen an die im Vergleich festgehaltenen Bemessungsparameter binden wollten. 6 Ob 57/03 f = ÖA 2004, 23/U 409.

5. **Einschr:** Die Bezugnahme auf bestimmte Bemessungsgrößen wurde nur als zusätzliches, aber nicht als allein ausschlaggebendes Argument für die Bindung an bestehende Vergleichsrelationen verwendet. 3 Ob 1587/91 = ÖA 1992, 122/F 38.

6. **Einschr:** War der Uh **in der Höhe einer bestimmten Einkommensquote** vereinbart, dann ist bei einer Einkommenssteigerung von der gesetzlichen Quote auszugehen, wobei zusätzlich auch eine allfällige Änderung des UhBed des Kindes mitzuberücksichtigen ist. 2 Ob 33/99 p = ÖA 1999, 198/F 196.

7. Eine Auslegung des Vergleichs dahin, dass aus der bloßen Anführung des maßgeblichen Einkommens des Vaters im Vergleich und der damit möglichen Umrechnung der absoluten UhBeiträge in Prozentsätze des Einkommens auch die übereinstimmende Parteienabsicht der Vergleichsparteien ableitbar wäre, dass ohne Änderung der Einkommensverhätnisse des UhPfl für alle Zukunft der UhAnspr an den vergleichsweise geregelten Prozentsatz gebunden werden sollte und daher auch wesentliche und sogar exorbitante (zB Entstehen eines Sonderbedarfs) Bedürfnissteigerungen der Kinder außer Betracht zu bleiben hätten, widerspricht den Grundsätzen der Vertragsauslegung. 6 Ob 207/98 d = ÖA 1999, 127/U 274 = EF 86.695.

b) Keine Bindung (Neubemessung)

415   1. **Vergleichsrelationen** sind allerdings (nur) dann zu berücksichtigen, wenn **im Vergleich ausdrücklich darauf abgestellt** wurde, dass diese Relation auch in Zukunft keine Änderung erfahren solle. 4 Ob 201/97 f = EF 83.699; 1 Ob 281/98 z = ÖA 1999, 36/U 262 = EF 86.701; 6 Ob 81/00 f = ÖA 2000, 170/U 317; 6 Ob 57/03 f = ÖA 2004, 23/U 409.

2. Also demnach nicht, wenn der UhBeitrag **zu keiner Bemessungsgröße in Relation gesetzt** wurde. 1 Ob 621/89 = EF 59.519; 6 Ob 700/89 = EF 59.519; 3 Ob 69/91; 7 Ob 208/98 h; 2 Ob 33/99 p = ÖA 1999, 198/F 196; 1 Ob 217/99 i; 6 Ob 81/00 f = ÖA 2000, 170/U 317.

3. Oder wenn die Parteien eine für spätere Zeiträume verbindliche Relation zw dem Einkommen des UhPfl und den UhLeistungen gar nicht herstellen wollten. 1 Ob 529/92; 1 Ob 550/94 = EF 74.835 = JBl 1995, 62 = ÖA 1995, 58/U 108; 2 Ob 33/99 p = ÖA 1999, 198/F 196; 6 Ob 81/00 f = ÖA 2000, 170/U 317.

4. Oder wenn sich die Absicht der Parteien bei Abschluss des Vergleichs von vornherein nur auf eine einvernehmliche **Ausmittlung des aktuellen gesetzlichen Anspruchs** ohne vorsätzliche Vernachlässigung oder Überbewertung einzelner Bemessungsfaktoren beschränkt hat. 10 Ob 506/87 = EF 53.732; 1 Ob 621/89; 2 Ob 508/92 = ÖA 1992, 145/U 357 = EF 68.471; 2 Ob 33/99 p = ÖA 1999, 198/F 196; 1 Ob 217/99 i; 6 Ob 57/03 f = ÖA 2004, 23/U 409.

5. Oder wenn eine bestandene derartige Absicht durch **vielschichtige Änderungen** der gesetzlichen und tatsächlichen Anspruchsvoraussetzungen unvollziehbar wurde. 6 Ob 629/83.

6. Etwa bei Einkommenslosigkeit und einer Änderung im Vermögen des Vaters, das sich seit Vergleichsabschluss zumindest verringert hat. 1 Ob 550/94 = EF 74.836 = JBl 1995, 62 = ÖA 1995, 58/U 108.

7. Oder wenn die Änderung der Verhältnisse nicht oder nicht nur auf einer Änderung des Einkommens des UhPfl beruht. 5 Ob 1580/90 = EF 62.575 = ÖA 1992, 121/F 28; 7 Ob 1576/93 = ÖA 1994, 26 = EF 71.471; 6 Ob 622/93 = EF 73.214 uva; 1 Ob 217/99 i; 7 Ob 241/00 t = RPflSlgA 2001, 134/8765 = EF 96.309; 4 Ob 37/06 d = EF-Z 2006/48 *(Gitschthaler);* 10 Ob 8/06 h.

8. Sondern **auch weitere für die UhBemessung maßgebliche Umstände** (etwa geänderte UhBed, Sorgepflichten) zu berücksichtigen sind. 4 Ob 566/91 = ÖA 1992, 157; 7 Ob 525/94; 1 Ob 550/94 = JBl 1995, 62 = ÖA 1995, 58/U 108 uva; 4 Ob 242/97 k = EF 83.702; 4 Ob 129/02 b, ÖA 2002, 257/U 365.

9. Etwa bei **Wegfall der Sorgepflicht** für die geschiedene Frau und einer Einkommenserhöhung des UhPfl. 6 Ob 207/98 d = ÖA 1999, 127/U 274 = EF 86.698.

10. Oder der **Vater (als selbstständig Erwerbstätiger) keiner Starthilfe mehr bedarf** und sein Unternehmen einen Gewinn abwirft. 1 Ob 4/97 p = EF 83.677.

11. Oder zw dem UhVergleich und der Neufestsetzung 3 Jahre vergangen sind und der Mj zwischenzeitig einen Schulwechsel vom Gymnasium in eine HAK vollzogen hat; es kann nicht zweifelhaft sein, dass seine Bedürfnisse – ebenso wie die Lebenshaltungskosten – seit damals spürbar angestiegen sind. 4 Ob 129/02 b = ÖA 2002, 257/U 365.

12. Oder das gesetzliche Ausmaß der UhAnspr der Kinder schon beim Scheidungsvergleich nicht voll gewahrt wurde und bei Wahrung der Vergleichsrelationen nunmehr ihr Uh im Verhältnis zum wahren Einkommen des UhPfl jedenfalls geschmälert wäre. 4 Ob 122/02 y = EF 100.065.

13. Regelmäßig ist nicht davon auszugehen, dass die Parteien des UhVergleichs auch dann, wenn sich der UhAnspr der Kinder aus erster Ehe durch das Hinzutreten von weiteren UhAnspr aus der zweiten Ehe verringern sollte, beabsichtigten, noch eine – weitere – Verringerung aus der Relation aus dem bisherigen UhVergleich aufrechtzuerhalten. Vielmehr ist davon auszugehen, dass sich die Parteien an dem allgemeinen Grundsatz orientieren, wonach die UhAnspr von Kindern aus zwei oder mehreren Ehen gleichrangig sind. Es sind die UhAnspr der Kinder aus erster Ehe dann unabhängig von der bisherigen Vergleichsrelation zu bemessen, wenn diese UhAnspr wegen des Hinzutretens von UhAnspr aus der zweiten Ehe gemindert werden sollten.

Nur dann, wenn diese UhAnspr aus der zweiten Ehe nicht als Grund für eine Herabsetzung der UhPflicht herangezogen werden, bieten sie auch keinen Anlass von der im UhVergleich festgelegten Relation abzuweichen. 7 Ob 241/00 t = RPflSlgA 2001, 134/8765 = EF 96.314

14. Ist ein Vergleich nicht mehr maßgebend, ist die **Neubemessung** des Uh **völlig unabhängig von der durch den Vergleich getroffenen Regelung** vorzunehmen. 7 Ob 231/73 = EF 19.542; 8 Ob 526/79 = EF 35.075; 6 Ob 629/83; 1 Ob 566/91; 1 Ob 529/92; 1 Ob 55/94; 1 Ob 4/97 p = EF 83.677; 2 Ob 33/99 p = ÖA 1999, 198/ F 196; 6 Ob 81/00 f = ÖA 2000, 170/U 317.

5. Sittenwidrigkeit des Vergleichs

1. Eine UhVereinbarung zw Vater und Kind ist sittenwidrig, **wenn Leistung und Gegenleistung in einem groben Missverhältnis zueinander stehen oder wenn die Höhe der Zuwendung in einem groben Missverhältnis zu den Einkommens- und Vermögensverhältnissen des UhPfl steht.** Zur Beurteilung der Sittenwidrigkeit sind dabei nicht nur die im Zeitpunkt des Vergleichsabschlusses herrschenden Verhältnisse maßgebend, sondern auch die Einkommens- und Vermögensentwicklungen in der Vergangenheit und die Erwartungen für die Zukunft. 4 Ob 602/73 = SZ 47/8 = EvBl 1974/137 = JBl 1974, 479 = RZ 1974/61 = ÖA 1977, 16; 1 Ob 592/83 = ÖA 1984, 17.

2. Ebenso wenn durch die UhLeistung das **Vermögen angegriffen werden muss** und dem UhPfl dadurch die Existenzgrundlage entzogen wird. 4 Ob 602/73 = SZ 47/8 = EvBl 1974/137 = JBl 1974, 479 = RZ 1974/61 = ÖA 1977, 16; 3 Ob 550/90.

3. Grundsätzlich kann dabei aber nur **die den gesetzlichen UhAnspr übersteigende vergleichsweise UhPflicht sittenwidrig** sein. 4 Ob 602/73 = SZ 47/8 = EvBl 1974/137 = JBl 1974, 479 = RZ 1974/61 = ÖA 1977, 16.

4. UU ist aber auch das **Beharren des UhBer auf dem vereinbarten Ausschluss der Umstandsklausel sittenwidrig und deshalb unbeachtlich;** dies wird insb für den Fall angenommen, dass ohne Berücksichtigung der veränderten Umstände die Existenz des UhPfl oder der Uh Dritter gefährdet wäre oder ein krasses Missverhältnis zw UhLeistung und Einkommensrest bestünde. 10 Ob 77/97 i = ÖA 1998, 59/U204 = EF 83.661; 4 Ob 180/03 d.

5. **Anmerkung:** Vgl idZ beim GeschiedenenUh Rz 735 ff.

D. Sachverhaltsänderungen

Übersicht:

	Rz
1. Erheblichkeit	417, 418
2. Einzelfälle	
a) Unterhaltspflichtiger	419–421 a
b) Unterhaltsberechtigter	422–425
3. Wirksamkeit	426

1. Erheblichkeit

417 1. Nur eine **erhebliche Änderung** der UhBed rechtfertigt eine Änderung einer bestehenden UhPflicht. 5 Ob 1509/91 = EF 65.745; 3 Ob 1570/91 = ÖA 1992, 55/F 3 = EF 65.745; 4 Ob 333/97 t = EF 83.678; 1 Ob 123/98 i = ÖA 1999, 113/U 266 = EF 86.663; 1 Ob 180/98 x = ÖA 1999, 117/U 268 = EF 86.663; 1 Ob 5/00 t = ÖA 2000, 267/U 324; 3 Ob 33/02 b; 9 Ob 137/03 t.

2. Sie muss (zumindest) **wesentlich** sein. 4 Ob 587/78 = EF 33.379; 1 Ob 638/83 = EF 43.112; 1 Ob 640/83 = EF 43.112; 8 Ob 608/86 = EF 50.992 uva; 6 Ob 1569/93 = ÖA 1994, 24/F 76 = EF 71.499; 3 Ob 33/02 b.

3. Bzw **bedeutend.** 3 Ob 89/97 b = EvBl 1997/175 = JBl 1997, 647 = EF 83.671.

4. Jedenfalls aber **nicht bloß unbedeutend.** 7 Ob 503/90; 3 Ob 579/91 = ÖA 1992, 155 = ÖA 1992, 113/U 50; 7 Ob 632/94 = ÖA 1995, 89/U 118; 4 Ob 333/97 t = EF 83.678.

418 1. **Ausgangsbasis** für die Beurteilung, ob eine Änderung der Verhältnisse eingetreten ist, sind sowohl die **nachträglich feststellbaren** und für die UhBemessung bestimmenden **Umstände** als auch die von den Parteien **übereinstimmend vorausgesetzten** oder zugrunde gelegten einzelnen **UBGr.** 3 Ob 77/90 = EF 63.491; 3 Ob 1574/90; 1 Ob 123/98 i = ÖA 1999, 113/U 266 = EF 86.658; 4 Ob 129/02 b = ÖA 2002, 257/U 365; 6 Ob 142/02 d = EF 100.072.

2. Gingen beide Elternteile bei Vergleichsabschluss davon aus, dass der Arbeitslosengeld beziehende uhpfl Elternteil arbeitsfähig und -willig sei, dann ist für die Beurteilung, ob sich die Verhältnisse gegenüber dem Zeitpunkt des Abschlusses des UhVergleichs geändert haben, nicht vom tatsächlichen, sondern vom erzielbaren Arbeitseinkommen des UhPfl auszugehen. 1 Ob 537/92 = ÖA 1992, 114/U 55 = ÖA 1992, 145/U 58.

3. Änderungen der Leistungsfähigkeit oder der Bedürfnisse, auf die bereits im Vergleich Bedacht genommen worden war, sind von der Anwendung der Umstandsklausel ausgenommen. 6 Ob 142/02 d = EF 100.073.

2. Einzelfälle

a) Unterhaltspflichtiger

419 1. Eine **wesentliche Einkommenserhöhung** des UhPfl stellt geänderte Verhältnisse dar. 6 Ob 538/91 = EF 65.779.

2. Uzw eine solche um **mehr als 10%**. 3 Ob 1570/91 = tw ÖA 1992, 55/F 3; 1 Ob 612/91 = RZ 1992/48 = RZ 1993/76 = ÖA 1992, 51/U 24 = EF 65.780; 6 Ob 45/02 i = ÖA 2002, 234/F 216; 2 Ob 37/02 h = ÖA 2003, 39/U 377 = EF 100.076.

3. Nicht jedoch um weniger als 10%. 3 Ob 1570/91 = tw ÖA 1992, 55/F 3 = EF 65.791; 4 Ob 242/97 k = EF 83.685.

4. Dabei kommt es nicht auf den nominellen Anstieg des Einkommens an, sondern ist auch auf die **Kaufkraftverringerung** der Währung, in der der UhPfl seine Bezüge erhält, Bedacht zu nehmen. 1 Ob 646/86 = EF 51.007.

5. Eine Änderung der entscheidungswesentlichen Umstände liegt darin, dass die im Zeitpunkt der letzten Beschlussfassung einkommenslose Mutter **wieder** über ein **Erwerbseinkommen** verfügt. 6 Ob 214/97 g = ÖA 1998, 129/F 163 = EF 83.692; 5 Ob 140/98 v = EF 86.653.

6. Oder dass es dem Vater gelungen ist, den **Zwangsausgleich** durch Einholung der Kreditzusage einer Bank zu finanzieren, wodurch seine finanziellen Schwierigkeiten nicht ganz weggefallen sind, jedoch in geordneten Bahnen bewältigt werden können. 5 Ob 520/95 = EF 77.829 = ÖA 1996, 91/U 144.

7. Oder auch die Angabe einer falschen UBGr. 10 Ob 239/97 p = EF 83.675.

420 1. Auch eine wesentliche **Einkommensminderung** des UhPfl ist ein relevanter Umstand. 1 Ob 588/93 = ÖA 1994, 99/U 94 = EF 71.490; 3 Ob 2200/96 t = EF 80.763 = ÖA 1997, 123/U 176.

2. Uzw eine solche um **mindestens 8%**. 6 Ob 2206/96 x = ÖA 1997, 193/U 186 = EF 80.765.

3. Bzw um **8 bis 10%**. 3 Ob 1570/91 = ÖA 1992, 55/F 3; 6 Ob 2206/96 x = ÖA 1997, 193/U 186 = EF 80.765; 1 Ob 5/00 t = ÖA 2000, 267/U 324.

4. 2,8% sind jedenfalls zu wenig. 1 Ob 5/00 t = ÖA 2000, 267/U 324.

5. **Anmerkung:** Im Gegensatz zum Ablauf einer bestimmten Zeitspanne (vgl Rz 422) erscheint es mE schon allein aus Gründen der Rechtssicherheit praktikabel, bei Einkommenssteigerungen und Einkommensminderungen auf Seiten des UhPfl einen bestimmten Prozentsatz zu nennen, bei dessen Überschreiten von einer wesentlichen Sachverhaltsänderung auszugehen ist. Dass dabei für beide Varianten derselbe Prozentsatz angenommen werden sollte, erschiene mE zwingend, 10% als durchaus naheliegend. Ausgangspunkt für die Berechnung ist immer das bisherige Einkommen (= 100% bspw € 1.000); dann sind aber bspw € 100 Einkommensänderung sowohl „hinauf" als auch „hinunter" 10% Änderung.

6. Oder der Wegfall der Voraussetzungen für eine **Anspannung** des UhPfl. 2 Ob 2376/96 t = ÖA 1997, 199/U 191 = EF 80.739; 9 Ob 23/98 t.

7. Oder eine Einkommensminderung des UhPfl wegen einer länger als 2 Monate dauernden **Untersuchungshaft**. 6 Ob 2206/96 x = ÖA 1997, 193/U 186 = EF 80.771.

8. Nicht jedoch eine **kurzfristige saisonelle, dh zeitlich ungefähr vorhersehbare Arbeitslosigkeit,** weil der UhPfl seiner schwankenden Einkommenssituation

durch entsprechende Vorkehrung Rechnung zu tragen hat. 7 Ob 248/99 t = ÖA 2000, 79/UV 141; 6 Ob 81/00 f = ÖA 2000, 170/U 317.

421   1. Tritt eine **weitere Sorgepflicht** hinzu, so ist bei der ergänzenden Vertragsauslegung mangels anderer eindeutiger Anhaltspunkte anzunehmen, dass sie von den Parteien nach den Regeln für den gesetzlichen Uh berücksichtigt worden wäre, sodass eine konkurrierende Sorgepflicht zu einer Verringerung des Anteils des UhBer an dem für den UhAnspr maßgebenden Einkommen führt. 3 Ob 69/91; 1 Ob 549/95 = EF 77.819; 4 Ob 2327/96 a.

2. Hat der Mann die **Ehelichkeit des durch heterologe Insemination gezeugten Kindes erfolgreich bestritten,** weil die Formvorschriften nicht eingehalten worden waren, bleibt er dennoch für dieses Kind uhpfl, wenn er sich zu UhLeistungen mit Vergleich verpflichtet hat. 7 Ob 212/97 w = SZ 70/155 = EvBl 1998/2 = ÖA 1998, 121/U 218.

3. Eine rückwirkende Erhöhung der UhPflicht aufgrund des Wegfalls einer Sorgepflicht wegen **erfolgreicher Bestreitung der Ehelichkeit** ist nicht möglich, weil der Scheinvater bis zur Rk des Bestreitungsurteils uhpfl war. 2 Ob 541/94 = EvBl 1995/56 = ÖA 1995, 60/U 111 = EF 75.479.

4. Die im Einverständnis beider Elternteile erfolgende Unterbringung der Mj im wöchentlich wechselnden Turnus bei Vater und Mutter rechtfertigt die Herabsetzung des unter der Voraussetzung der ausschließlichen Versorgung des Kindes durch die Mutter vereinbarten GeldUh des Vaters. 3 Ob 657/80 = EF 35.803.

5. Die im **Adoptionsbewilligungsverfahren** abgegebene **Erklärung des Vaters, er werde die Adoption nicht zum Anlass nehmen, eine Herabsetzung des Uh für die Kinder aus erster Ehe zu beantragen,** und die dritte Sorgepflicht nur einwenden, wenn ein Erhöhungsantrag gestellt werden sollte, kann nicht unbeachtet bleiben, wurde doch (erst) durch diese Erklärung des Vaters klargestellt, dass der Adoption nicht das Anliegen der leiblichen Kinder, in ihrem Uh nicht gefährdet zu werden, entgegensteht; die Erklärung steht demnach einer auch nur tw UhHerabsetzung aus dem Grunde der Adoption entgegen. 7 Ob 712/88 = EF 56.123.

421 a   1. Eine wesentliche Änderung liegt beim UhPfl insofern vor, als er seinen **Wohnsitz** von Deutschland nach Österreich und damit **in eine neue Rechtsordnung verlegte;** auch Gesetzesänderungen und tiefgreifende Änderungen der Rsp stellen ja eine derartige wesentliche Änderung dar. Daher kann auch ein deutscher UhTitel rückwirkend erhöht werden. 9 Ob 121/06 v.

b) Unterhaltsberechtigter

422   1. **Nach welchem Zeitraum geänderte Verhältnisse anzunehmen** sind, richtet sich nach mehreren Kriterien, insb nach dem Alter des Kindes, zumal die Bedürfnisse bei Kindern oft schon nach Verstreichen kurzer Zeitspannen sprunghaft ansteigen (zB Wechsel vom Säuglingsalter ins Kindesalter, Schuleintritt usw). Eine allgemein gültige Regel, nach Ablauf welchen Zeitraums jedenfalls von einer wesentlichen Änderung der Verhältnisse auszugehen ist, lässt sich nicht aufstellen. 1 Ob 534/93 = ÖA 1994, 22/F 70; 7 Ob 632/94 = EF 74.823 = ÖA 1995, 89/U 118; 8 Ob 2156/96 h = EF 80.742; 1 Ob 2360/96 g = ÖA 1997, 198/U 190 = RZ 1997/73 = EF 80.742; 2 Ob 206/01 k = EF 96.332.

2. Die Auffassung, **etwa ein Jahr nach Schaffung des UhTitels** sei im Hinblick auf die allgemeine Erwägung, dass in einem solchen Zeitraum einerseits die Bedürfnisse von heranwachsenden Kindern steigen und andererseits die Einkommen angehoben werden, von einer wesentlichen Änderung der Verhältnisse auszugehen, ist vertretbar. 1 Ob 534/93 = ÖA 1994, 22/F 70; 8 Ob 2156/96 h = EF 80.743.

3. Uzw im Hinblick auf die **während eines Zeitraums von ungefähr einem Jahr eingetretene Geldentwertung.** 3 Ob 554/85 = EF 48.157.

4. Dgl aber auch die Auffassung, dass im Einzelfall bei Verstreichen von erst 15 Monaten seit der letzten UhFestsetzung grundsätzlich keine wesentlich geänderten Verhältnisse auf Seiten des Kindes wegen Bedürfnissteigerung vorliegen sollen. 1 Ob 534/93 = ÖA 1994, 22/F 70.

5. Sind seit der letzten UhFestsetzung 11 Monate verstrichen, ist eine wesentliche Änderung der Verhältnisse wegen Bedürfnissteigerung auf Seiten des Kindes gegeben. 8 Ob 2156/96 h = EF 80.747.

6. Jedenfalls aber bei Verstreichen eines Zeitraums von **mehr als 2 Jahren.** 6 Ob 45/02 i = ÖA 2002, 234/F 216.

7. Anmerkung: ME sollte die Auffassung in den Vordergrund gestellt werden, dass das Verstreichen eines bestimmten Zeitablaufs allein keine wesentliche Änderung der Verhältnisse darstellt; es ist Sache des UhBer darzutun, worin die Änderung liegen soll, seien es Änderungen in den Schulverhältnissen, sei es das Hinzukommen eines regelmäßigen Sonderbedarfs (chronische Krankheit etwa), seien es Einkommenssteigerungen auf Seiten des UhPfl. Ein Zeitraum von lediglich 11 Monaten erscheint aber jedenfalls zu kurz, um tatsächlich eine Änderung – unabhängig von sonstigen Parametern – annehmen zu können. Folge einer derartigen Rsp ist lediglich, dass allfälligen Begehrensneurosen von obsorgeberechtigten Elternteilen Vorschub geleistet und die Gerichte über Gebühr in Anspruch genommen werden.

423 **1.** Eine **(altersbedingte) Bedürfnissteigerung** auf Seiten des Kindes stellt eine wesentliche Änderung der Verhältnisse dar. 1 Ob 781/79 = EF 33.391; 8 Ob 564/83 = EF 43.126; 10 Ob 506/87 = EF 53.736; 6 Ob 538/91 = EF 65.763; 7 Ob 1576/93 = ÖA 1994, 26 = EF 71.473.

2. Wobei der **Wechsel der Altersgruppe** für sich allein noch keine wesentliche Änderung der Verhältnisse darstellt. 3 Ob 579/91 = ÖA 1992, 155 = ÖA 1992, 113/U 50 = EF 65.768; 1 Ob 2360/96 g = ÖA 1997, 198/U 190 = RZ 1997/73 = EF 80.744; 4 Ob 333/97 t = EF 83.681.

3. Es sei denn, seit der letzten UhFestsetzung wäre ein Zeitraum von fast 4 Jahren vergangen, womit auch der Übertritt des UhBer in eine solche Altersgruppe verbunden gewesen ist, für die im Allgemeinen ein höherer Prozentsatz an Uh zugebilligt wird. 5 Ob 1580/90 = tw EF 62.580 = ÖA 1992, 121/F 28.

4. Maßgeblich wäre jedenfalls der **Volksschuleintritt** des Kindes. 6 Ob 700/89 = EF 59.485; 1 Ob 2360/96 g = ÖA 1997, 198/U 190 = RZ 1997/73 = EF 80.745

5. Abw: Eine Rsp, wonach der OGH ganz allgemein ausgesprochen hätte, es wäre jew davon auszugehen, dass „eine altersbedingte Bedürfnissteigerung auf Seiten des Kindes eine wesentliche Änderung der Verhältnisse darstellt und jedenfalls mit dem Volksschuleintritt des Kindes Umstände gegeben sind, die eine solche Bedürfnissteigerung begründen", besteht nicht. 7 Ob 247/05 g = EF-Z 2006/29 *(Gitschthaler).*

6. Oder der **Übertritt in das Hauptschulalter.** 3 Ob 1570/91 = tw ÖA 1992, 55/F 3.

7. Bei einem **Wechsel aus der Volksschule in die AHS** (ohne wesentliche Einkommensänderung des Vaters) ist festzustellen, ob mit diesem Schulwechsel **konkrete weitere Aufwendungen verbunden** sind und nicht nur ein unbedeutender Mehraufwand. 3 Ob 579/91 = ÖA 1992, 155 = ÖA 1992, 113/U 50 = EF 65.771.

8. Dies gilt grundsätzlich auch für Schuleintritt und Schulwechsel. 4 Ob 333/97 t = EF 83.682.

9. Obgleich die Mj in der Zwischenzeit 10 Jahre alt wurde und damit in eine Altersgruppe kam, in der der Bedarf schematisch gesehen sprunghaft wächst, besteht für eine Erhöhung **mitten im Schuljahr** ohne sonstige Änderung der Verhältnisse kein Anlass. 6 Ob 81/00 f = ÖA 2000, 170/U 317.

10. Der vereinbarte Uh ist nicht nur unter dem Gesichtspunkt der Erhöhung des Einkommens des UhPfl, sondern auch **um die Steigerungsrate des Regelbedarfssatzes** seit dem Vergleichsabschluss **anzuheben,** zumal das Kind mittlerweile nicht mehr eine AHS besucht, sondern studiert. 1 Ob 566/91.

424 1. Insoweit ein vertraglich zugesicherter Uh die Bedürfnisse des Kindes übersteigt, kann Herabsetzung nicht deshalb begehrt werden, weil das Kind nicht so viel brauche, sondern nur deshalb, weil sich die Verhältnisse der Vertragsteile wesentlich geändert haben. 2 Ob 265/67 = SZ 40/143.

2. Auf eine seit Titelschöpfung eingetretene Verringerung der **Kaufkraft des Geldes** allein kann ein Befreiungsanspruch nicht gestützt werden, weil sie beide Teile in gleichem Maße trifft und daher nicht ausschließlich auf die UhBer abgewälzt werden kann. 5 Ob 64/69; 8 Ob 525/80 = EF 35.240; 6 Ob 154/99 m = JBl 2000, 670 = ÖA 2000, 163/U 313.

3. Die inflationsbedingte Erhöhung der Bedürfnisse wird durch die **Anpassung der Regelbedarfssätze berücksichtigt.** 4 Ob 333/97 t = EF 83.680.

4. Hier sind der etwa um ein Viertel gestiegene Regelbedarfssatz, der krankheitsbedingte Sonderbedarf sowie die geringfügige Einkommenssteigerung des UhPfl zu berücksichtigen. 1 Ob 631/91 = RZ 1992/58.

425 1. Der Nachweis eines emsig und erfolgreich betriebenen, auch den Interessen des Kindes dienenden **Studiums** kann eine wesentliche Sachverhaltsänderung darstellen. 8 Ob 559/93 = ÖA 1993, 146.

2. Ebenso der **Tod des Elternteils,** in dessen Obsorge die UhBer bis dahin gestanden war, ist doch die Betreuung der Mj durch ihre Mutter ersatzlos entfallen. 6 Ob 569/91.

3. Wirksamkeit

426 1. Kommt es zu einer wesentlichen Umstandsänderung im betr Jahr, dann ist eine UhNeufestsetzung im nötigen Umfang vorzunehmen. 2 Ob 223/98 b = ÖA 1999, 30/U 256 = EF 86.666.

2. Eine Änderung der Verhältnisse verringert die UhPflicht dabei für den Monat, in dem sie eintritt, zumindest dann noch nicht, wenn nicht dargetan wird, dass der gem § 1418 Satz 2 ABGB am **Ersten des Monats** fällig gewesene UhBeitrag wegen der neu eingetretenen Umstände die Bedürfnisse des UhBer erheblich übersteigt. 3 Ob 69/91 = EF 66.380; 5 Ob 545/91 = tw EvBl 1992/54 = ÖA 1992, 58.

3. Dies folgt nicht zuletzt aus der gebotenen Analogie zu § 1418 Satz 3 ABGB. Nach dem zweiten Satz dieser Bestimmung werden Alimente wenigstens auf einen Monat im Voraus bezahlt. Sind aber selbst die Erben nach dem dritten Satz nicht schuldig, „etwas von der Vorausbezahlung" an den „Verpflegten zurückzugeben", so muss das umso mehr für den UhBer selbst gelten, dessen Alimente bereits fällig waren. Die analoge Anwendung von § 1418 Satz 3 ABGB auf alle anderen während des Monats eintretenden Endigungsgründe ist demnach nur folgerichtig. 1 Ob 109/99 g = EvBl 1999/167 = ÖA 1999, 218/U 288 = EF 88.973, 90.214 = JBl 2000, 397.

VIII. Unterhaltsverfahren

Literatur: *Waldstätten,* Das außerstreitige Unterhaltsverfahren, ÖA 1994, 7; *Konecny,* Außerstreitreform: Wirkung der Konkurseröffnung auf Außerstreitverfahren, NZ 2001, 34; *Stöger,* Der Entwurf zum neuen Außerstreitgesetz und die Unterbrechungswirkung der Konkurseröffnung im Außerstreitverfahren, AnwBl 2001, 186; *Gitschthaler,* Prozess- und Verfahrensfähigkeit minderjähriger und besachwalteter Personen, RZ 2003, 175; *Köhler,* Datenschutz vor Kindeswohl, ÖA 2003, 251; *Gitschthaler,* Unterhalt, Besuchsrecht, Obsorge und Vermögensverwaltung, ecolex 2004, 924; *G. Kodek,* Zur Zweiseitigkeit des Rekursverfahrens, ÖJZ 2004, 534, 589; *Lehmayer,* Kostenersatz im Unterhaltsverfahren Volljähriger, ÖRPfl 2006, 22.

1. Anmerkung: In diesem Rahmen sollen nur die wesentlichsten verfahrensrechtlichen Konstellationen dargestellt werden, die sich in UhVerfahren ergeben können; eine umfassende Darstellung aller verfahrensrechtlichen (außerstreitigen) Probleme ist unmöglich. Auf außerstreitige UhVerfahren sind grundsätzlich die Bestimmungen des allgemeinen Teiles des Außerstreitgesetzes (§§ 1 bis 80) anzuwenden. § 101 AußStrG enthält ein paar (wenige) Ergänzungsregelungen: **427**

2. § 101 AußStrG. (1) Die Parteien können sich in Verfahren über Unterhaltsansprüche zwischen volljährigen Kindern und ihren Eltern, deren Streitwert an Geld oder Geldeswert 4 000 Euro übersteigt, nur durch einen Rechtsanwalt vertreten lassen.

(2) In Verfahren über Unterhaltsansprüche eines minderjährigen Kindes findet ein Kostenersatz nicht statt.

(3) Hängt der Unterhaltsanspruch vom Ergebnis eines Abstammungsverfahrens ab, so kann ein Antrag auf Unterhalt gestellt werden, wenn spätestens gleichzeitig ein auf Einleitung des Abstammungsverfahrens zielender Antrag bei Gericht eingebracht wird. Über den Unterhaltsantrag ist nicht vor rechtskräftiger Beendigung des Abstammungsverfahrens zu entscheiden.

(4) Die Verpflichtung zur Leistung noch nicht fälligen Unterhalts ist zulässig, wenn die Unterhaltspflicht bereits verletzt wurde oder verletzt zu werden droht.

A. Zuständigkeit/Verfahrensart

1. Der vom uhpfl Vater angestrebten **Befassung des EuGH** kann schon deshalb nicht nähergetreten werden, weil in der Gemeinschaft kein einheitliches (koor- **427 a**

diniertes) europäisches UhRecht existiert. Mangels entsprechender Normen des Gemeinschaftsrechts, die der EuGH auszulegen hätte, kann ein Vorabentscheidungsverfahren aber nicht eingeleitet werden.

Auch der allgemeine Hinweis auf den Gleichheitssatz kann nicht mit Aussicht auf eine Anfragebeantwortung durch den EuGH ins Treffen geführt werden. Wenn die europäischen Rechtssetzungsorgane das UhRecht in der Kompetenz der nationalen Gesetzgeber beließen, bewirken Widersprüche der einzelnen Rechtsordnungen zueinander zwar eine Verschiedenbehandlung der in verschiedenen Staaten aufhältigen UhBer und Uhpfl, diese beruht aber nicht auf einer Verletzung des Gemeinschaftsrechts, dessen Auslegung dem EuGH vorbehalten wäre, sondern auf der den einzelnen Staaten verbliebenen Gesetzesautonomie. Die Verletzung des Gleichheitssatzes kann daher in den vom Gemeinschaftsrecht nicht geregelten Bereichen **nicht zum Anlass eines Vorabentscheidungsverfahrens genommen** werden, wie dies etwa auch für die in den einzelnen Staaten der Gemeinschaft geltenden unterschiedlichen Steuersätze gilt.

Wohl wurde der EuGH schon mehrfach mit Fragen iZm der Gewährung bzw Verweigerung von UhVorschüssen nach österreichischem Recht befasst. Dort ging es aber um die Auslegung von Bestimmungen der VO (EWG) Nr 1408/71 des Rates vom 14. 6. 1971 zur Anwendung der Systeme der sozialen Sicherheit auf Arbeitnehmer und Selbständige sowie deren Familienangehörige, die innerhalb der Gemeinschaft zu- und abwandern, in der durch die VO (EG) Nr 118/97 des Rates vom 2. 12. 1996 geänderten und aktualisierten Fassung, ob nämlich UhVorschüsse als Familienleistungen iSd zit VO (Wanderarbeitnehmerverordnung) zu qualifizieren seien und eine Verweigerung der Vorschüsse als Verletzung des in der VO angeführten Gleichbehandlungsgrundsatzes zu werten sei. Im vorliegenden Fall geht es aber um die der Gewährung von UhVorschüssen naturgemäß vorgelagerte Frage der UhFestsetzung eines mj Kindes, für die eben kein auslegungsbedürftiges Gemeinschafts-, sondern nur das nationale UhRecht des Aufenthaltsstaats die Grundlage bildet. 6 Ob 38/04 p = EF 10.399.

428 1. Die E, ob eine gesetzliche UhPflicht besteht bzw noch besteht, obliegt **ausschließlich den Gerichten**. 3 Ob 521/77.

2. § 114 Abs 2 JN idF des AußStr-BegleitG BGBl I 2003/112 regelt die Zuständigkeit der Gerichte für gesetzliche UhAnspr sonstiger – also nicht mj (vgl Abs 1) – in gerader Linie verwandter Personen, die nach dem 1. 1. 2005 gerichtsanhängig gemacht werden; er erfasst somit auch die UhAnspr volljähriger Kinder gegenüber ihren Eltern. Aus dem Regelungsort dieser Bestimmung (Dritter Teil der JN: „Von der Gerichtsbarkeit in Geschäften außer Streitsachen") ergibt sich ebenso wie aus § 101 AußStrG, dass das nach § 114 JN zuständige Gericht im VaStr zu entscheiden hat. Auch die Mat zum AußStrG führen aus, dass **über alle gesetzlichen UhAnspr zw in gerader Linie verwandten Personen nach § 114 JN im VaStr entschieden** werden soll. Zu den gesetzlichen UhAnspr iSd § 114 JN gehören alle Ansprüche auf Festsetzung, Erhöhung, Herabsetzung oder Feststellung des Erlöschens des gesetzlichen Uh. 6 Ob 148/06 t; 10 Ob 51/06 g.

3. Also auch selbstständige UhAnspr mj Kinder gegen ihren Vater. 1 Ob 265/ 71 = SZ 44/161 = EvBl 1972/114 = JBl 1972, 104 = RZ 1972, 153 = ÖA 1973, 19; 6 Ob 313/71; 7 Ob 100/72 uva; 7 Ob 299/01 y; 6 Ob 42/03 z.

4. Uzw selbst dann, wenn ein Ehescheidungsverfahren anhängig ist; die Ansprüche können nicht nur nach § 382 Abs 1 Z 8 lit a EO, sondern auch im Pflegschaftsverfahren geltend gemacht werden. 5 Ob 907/76.

5. Auch ein **für die Vergangenheit gestellter UhAntrag** ist im VaStr zu behandeln, uzw selbst dann, wenn der UhBer behauptet, bei Abschluss eines diesen Zeitraum regelnden Vergleichs in Irrtum geführt worden zu sein. 4 Ob 293/00 t.

6. Aber nicht nur **Uh(Erhöhungs)Begehren** mj Kinder, sondern auch das **Begehren des Vaters,** seine **UhPflicht herabzusetzen oder für erloschen zu erklären,** gehört ins VaStr. 5 Ob 605/89 = EvBl 1990/2; 5 Ob 564/90 = RZ 1991/52 = EF 63.301, 63.311 = SZ 63/181.

7. **Überholt:** Dies gilt nur für die Zeit nach der Stellung des Antrags; über die in der Vergangenheit liegende UhPflicht ist im Prozessweg (bei Exekutionsführung über eine Oppositions-, sonst über eine negative Feststellungsklage) abzusprechen. 6 Ob 12/75; 3 Ob 534/77; 4 Ob 526/77; 1 Ob 588/82; 2 Ob 594/85; 8 Ob 565/90.

8. **Anmerkung:** Diese E waren schon vor der Außerstreitreform 2003 im Hinblick auf die Rsp-Änderung zur Festsetzung des Uh für die Vergangenheit (vgl Rz 62 ff) als überholt zu betrachten.

9. Ein **Anspruch auf Verzugszinsen,** der sich auf vollstreckbare UhRückstände und auf „verspätet beglichene UhTeilbeträge" bezieht, beruht auf den §§ 1333, 1334 ABGB und ist als Nebenforderung des UhAnspr des Mj zu behandeln, wenn er iVm dem Hauptanspruch im VaStr geltend gemacht wird. 6 Ob 540/94 = RZ 1995/18 = EF 75.454 = JBl 1994, 702; 1 Ob 345/99 p; 1 Ob 202/00 p = RZ 2001/14.

10. Uzw auch dann, wenn zwar schon ein Exekutionstitel über den mtl UhAnspr, aber noch keiner über den Anspruch auf Verzugszinsen aus bereits titulierten UhBeiträgen, die erst nach Ergehen des Exekutionstitels über die Grundleistung fällig wurden, besteht. 1 Ob 202/00 p = RZ 2001/14.

11. Auch **Sonderbedarfsbegehren** mj Kinder sind im VaStr geltend zu machen. 5 Ob 556/93 = EF 73.291 = ÖA 1994, 187/U 104.

12. Ebenso ein **Prozesskostenvorschuss** des Mj. 2 Ob 595/94 = EvBl 1995/126 = EF 76.217.

13. Oder der **Antrag der Mutter auf Ersatz der Auslagen,** die durch ihre Uh-Leistungen als subsidiär UhPfl nicht gedeckt wurden, aus dem Stammvermögen des Mj. 5 Ob 367/63 = SZ 36/163; 6 Ob 286/67.

429 1. Über einen zur Zeit der Minderjährigkeit des Kindes gestellten Uh(Erhöhungs)antrag ist auch dann im VaStr zu entscheiden, **wenn der Mj inzwischen volljährig geworden ist.** 5 Ob 304/61; 5 Ob 379/66 = EF 9.267 = EvBl 1967/312; 5 Ob 240/73; 5 Ob 135/73 uva; 3 Ob 129/00 t; 1 Ob 97/01 y; 7 Ob 299/01 y; 3 Ob 169/02 b = RZ 2002, 287/42; 7 Ob 25/02 f; 7 Ob 71/02 w = ÖA 2003, 35/U 375; 7 Ob 77/02 b; 10 Ob 265/02 x; 7 Ob 212/02 f = ÖA 2004, 21/U 408.

2. Der Grundsatz der **perpetuatio fori** gilt nämlich auch im Verhältnis streitiges/außerstreitiges Verfahren. 7 Ob 25/02 f.

3. **Anmerkung:** Diese E sind zwar inhaltlich richtig, jedoch insoferne überholt, als seit der Außerstreitreform 2003 nunmehr gem § 114 Abs 1 und 2 JN in der am 1. 1. 2005 in Kraft getretenen Fassung des Art III Z 6 AußStr-BegleitG alle gesetzlichen UhAnspr zw Verwandten in gerader Linie im Verfahren außer Streitsachen zu verfolgen sind (vgl Rz 430).

4. Ebenso über den vom Vater vor erreichter Großjährigkeit seines Sohnes gestellten Antrag, wegen dessen Selbsterhaltungsfähigkeit das **Erlöschen der UhPflicht auszusprechen.** 6 Ob 312/65 = JBl 1966, 480 = SZ 39/13; 6 Ob 112/70; 1 Ob 294/71; 5 Ob 135/73; 1 Ob 142/73; 5 Ob 240/73; 7 Ob 254/73 = EvBl 1974/127; 1 Ob 207/74 = EvBl 1975/143 = ÖA 1976, 33; 6 Ob 788/79; 1 Ob 528/89; 2 Ob 518/89.

5. Ebenso über das Begehren des Vaters auszusprechen, der UhAnspr seines Sohnes werde mit Eintritt der Großjährigkeit erlöschen. 6 Ob 312/65 = SZ 39/13 = JBl 1966/480; 2 Ob 565/85.

6. Überholt: Darüber ist im streitigen Verfahren zu entscheiden. 3 Ob 484/34 = SZ 16/142; 1 Ob 160/74 = SZ 47/105.

430 **1.** Nach § 114 Abs 1 und 2 JN in der am 1. 1. 2005 in Kraft getretenen Fassung des Art III Z 6 AußStr-BegleitG sind alle gesetzlichen UhAnspr zw Verwandten in gerader Linie im Verfahren außer Streitsachen zu verfolgen, sodass für die Wahl des Rechtswegs **auch die Staatsangehörigkeit des UhBer nicht mehr maßgeblich** ist. 10 Ob 51/06 g.

2. Diese Bestimmung ist gem § 202 AußStrG jedoch auf bereits anhängige Streitigkeiten nicht anzuwenden. 1 Ob 112/04 h.

3. Anmerkung: Mit dieser Einschränkung (bereits anhängige Verfahren) sind also die nachfolgenden E überholt.

4. Überholt: UhAnspr volljähriger Kinder sind im Streitverfahren geltend zu machen. 5 Ob 657/77 = EvBl 1978/43 = SZ 50/133; 1 Ob 642/87; 2 Ob 547/89; 1 Ob 524/90 = RZ 1990/117 = ÖA 1991, 136.

5. Überholt: Ebenso UhAnspr unter Sachwalterschaft stehender volljähriger Kinder. 2 Ob 217/04 g.

6. Im Prozessweg zu verfolgen ist jedoch ein **Anspruch nach § 142 ABGB** (zunächst gegen den Nachlass und nach der Einantwortung gegen die Erben des UhPfl). 3 Ob 653/28 = SZ 10/170; 2 Ob 95/49 = SZ 22/43 = EF 1.134; 7 Ob 290/00 y.

7. Ebenso ein Begehren auf **Rückersatz zu viel gezahlter UhBeiträge.** 1 Ob 135/02 p; 6 Ob 23/04 g; 6 Ob 223/06 x.

8. Überholt: Oder ein Begehren auf Feststellung des Erlöschens der den Nachlass treffenden UhPflicht. 3 Ob 329/37 = SZ 19/139.

9. Überholt: Aus den Übergangsbestimmungen des KindRÄG 2001 zur gesetzlichen Vertretung bestimmter Volljähriger durch den JWTr ist nicht ableitbar, dass gesetzliche UhAnspr dieser Personengruppe weiterhin im VaStr geltend zu machen sind. 1 Ob 76/02 m = ÖA 2002, 185/UV 192 = EvBl 2002/162; 7 Ob 190/02 w.

431 **1.** Zur E über die **UhPflicht nach § 143** *(nunmehr: § 141 [Großeltern])* **ABGB** ist das Pflegschaftsgericht zuständig und nicht jenes Gericht, in dessen Sprengel der Großvater seinen allgemeinen Gerichtsstand hat. 3 Nd 50/37 = SZ 19/286.

2. In die Zuständigkeit der BG fällt gem § 49 Abs 2 Z 2 JN auch die Anfechtung eines UhVergleichs als Streitigkeit über den gesetzlichen Uh. 3 Ob 2084/96 h; 7 Ob 257/97 p; 6 Ob 279/99 v = ÖA 2000, 145/F 200.

3. Ebenso ein Anspruch auf **Rückforderung von UhBeiträgen** vom UhBer. 2 Ob 81/98 w = EvBl 1998/148; 2 Ob 155/00 h; 7 Ob 164/00 v.

4. Oder auf Ersatz des für ein gemeinsames Kind geleisteten Aufwands nach § 1042 ABGB. 2 Ob 81/98 w = EvBl 1998/148; 2 Ob 155/00 h.

B. Vertretung des Kindes

Übersicht:

Rz

1. Allgemeines
   a) Gesetzliche Vertretung
      aa) Alleinvertretungsbefugter Elternteil 432
      bb) Gemeinsame Obsorge und aufrechte Haushaltsgemeinschaft 433
      cc) Gemeinsame Obsorge und getrennte Lebensbereiche 434
      dd) Notwendigkeit einer Kollisionskuratorbestellung 435
   b) Vertretung bei Gewährung von Unterhaltsvorschüssen (§ 9 UVG) 436–438
   c) Vertretungsbefugnis nach § 212 Abs 2, § 213 ABGB 439–443
   d) Sanierung eines Vertretungsmangels 444
   e) Exekutionsführung 444a
   f) Beim Tod des unterhaltsberechtigten Kindes 445
2. Taschengeldanspruch 446

1. Allgemeines

a) Gesetzliche Vertretung

aa) Alleinvertretungsbefugter Elternteil

1. Anmerkung: Weder durch das KindRÄG 2001 noch durch die Außerstreitreform 2003 hat sich daran etwas geändert, dass mj Kinder in UhStreitigkeiten einer Vertretung bedürfen, weil sich die familiengerichtliche Verfahrensfähigkeit Mj nach § 182a AußStrG 1854 bzw nunmehr § 104 AußStrG nur auf Verfahren über Pflege und Erziehung oder über das Recht auf persönlichen Verkehr bezieht. **432**

2. Es ist grundsätzlich **jener Elternteil, der das Sorgerecht für den Mj ausübt**, zur Antragstellung im UhVerfahren legitimiert. 10 Ob 502/96 = JBl 1996, 651 = ÖA 1996, 189/U 162.

3. Ein während des Verfahrens volljährig gewordenes Kind ist jedoch berechtigt, nunmehr neue Behauptungen aufzustellen, neue Beweismittel anzubieten, aber auch geltend zu machen, dass der gesetzliche UhAnspr höher sei als bisher angenommen, und **sein Begehren** demnach **auszudehnen**. 10 Ob 532/94 = EF 76.281 = ÖA 1995, 127; 1 Ob 179/00 f; 3 Ob 129/00 t.

4. Oder den UhErhöhungsantrag rückwirkend zurückzuziehen. 1 Ob 270/00 p.

5. Die **Prozessvollmacht, die die Mutter** anlässlich des UhErhöhungsantrags **erteilte,** wurde durch die Veränderung in der Prozessfähigkeit des Vollmachtgebers nicht berührt (§ 35 Abs 1 ZPO), sodass zwar die gesetzliche Vertretungsmacht der Mutter, nicht aber die von ihr namens des Mj erteilte rechtsgeschäftliche Vollmacht erlosch. 1 Ob 688/80 = EF 37.129 = ÖA 1981, 49.

6. Nach dem Eintritt der Volljährigkeit kann der **UhBemessungsbeschluss** nur mehr durch das **Kind selbst angefochten** werden. 7 Ob 1610/92; 7 Ob 299/01 y = EF 96.366.

7. Das volljährig gewordene Kind ist auch berechtigt, neue Behauptungen aufzustellen, neue Beweismittel anzubieten oder aber auch geltend zu machen, dass der gesetzliche UhAnspr höher ist als bisher angenommen. War also der UhBer im Zeitpunkt der Antragstellung mj, so ist über alle idZ gestellte Anträge, auch über **UhErhöhungsanträge,** in diesem VaStr zu entscheiden. 7 Ob 25/02 f.

8. Das Einschreiten der Mutter samt Bevollmächtigung des laut Rubrum des RevRek für sie als gesetzlicher Vertreterin einschreitenden Rechtsanwalts bedarf daher einer Sanierung durch den volljährig gewordenen Sohn dahin, ob er das in seinem Namen und für ihn eingebrachte Rechtsmittel genehmigt; dies ist auch im Rechtsmittelverfahren von Amts wegen zu veranlassen (vgl § 37 Abs 1 ZPO, welche Bestimmung sinngemäß auch im VaStr gilt *[vgl nunmehr § 6 Abs 4 AußStrG]).* 7 Ob 299/01 y = EF 96.366.

bb) Gemeinsame Obsorge und aufrechte Haushaltsgemeinschaft

433 1. Bei aufrechter Haushaltsgemeinschaft und gemeinsamer Obsorge besteht **kein Antragsrecht eines Elternteils,** sondern ist die Übertragung der Obsorge an den antragstellenden Elternteil erforderlich. Keinesfalls kann ein Elternteil die Vertretung des Kindes in UhBelangen gegenüber dem andern nur durch Setzung der ersten Verfahrenshandlung in Anspruch nehmen. 10 Ob 517/95 = 10 Ob 520/95 = tw EF 77.907 = ÖA 1996, 120/U 153; 10 Ob 1568/95; 7 Ob 317/01 w = ÖA 2002, 136/U 355.

2. Dabei spielt es keine Rolle, ob es sich um ein streitiges Verfahren oder um ein VaStr handelt. 7 Ob 317/01 w = ÖA 2002, 136/U 355.

3. Die Mutter kann allerdings das Alleinvertretungsrecht dem Vater gegenüber in Anspruch nehmen, wenn sie zum UhSachwalter bestellt („ermächtigt") wurde. 1 Ob 97/01 y = EF 96.354, 96.355.

4. Um eine Vertretung des Kindes in UhSachen durch einen Elternteil gegenüber dem anderen Elternteil zu ermöglichen, bedarf es also **nicht** einer gänzlichen **Entziehung der Elternrechte** gegenüber diesem Elternteil. 7 Ob 526/93 = ÖA 1994, 20/U 85 = EF 71.597, 71.598.

5. Dabei ist der **Antrag** der Mutter **auf Festsetzung der UhPflicht in Geld** auch als solcher auf **Entziehung der elterlichen Rechte und Pflichten** des Vaters zu verstehen. 1 Ob 528/84 = SZ 57/84 = JBl 1985, 162 = ÖA 1984, 100 = EF 45.687/1; 1 Ob 629/90; 8 Ob 552/92 = ÖA 1992, 147/U 64; 1 Ob 97/01 y = EF 96.356; 5 Ob 117/04 y.

6. Uzw als **Antrag auf Bestellung zum besonderen Sachwalter.** 5 Ob 907/76 = EF 29.295; 7 Ob 526/93 = ÖA 1994, 20/U 85; 3 Ob 524/95 = ÖA 1996, 125/U 158; 3 Ob 540/95; 10 Ob 517/95 = 10 Ob 520/95 = EF 77.909 = ÖA 1996, 120/U 153; 6 Ob 2286/96 m = ÖA 1997, 196/U 188; 3 Ob 72/97 b = ÖA 1998, 62/F 152; 3 Ob 290/98 p = ÖA 1999, 124/U 272 = EF 86.772.

7. Für die **Ermächtigung der Mutter, gegen den noch im gemeinsamen Haushalt lebenden Vater den UhAnspr des Kindes gerichtlich geltend zu machen** (Bestellung zur UhSachwalterin), **genügt jedenfalls deren Behauptung, der Vater habe seine UhPflicht verletzt.** 7 Ob 533/91 = RZ 1991/87 = EF 65.868; 6 Ob 164/97 d = EF 83.775, 83.777 = ÖA 1998, 128/F 160; 1 Ob 97/01 y = EF 96.355.

8. Ein allenfalls **fehlender Ausspruch über die Vertretungsbefugnis** schadet jedenfalls dann nicht, wenn nachträglich die Obsorge zur Gänze übertragen wird. 7 Ob 548/92 = ÖA 1993, 18/U 67 = EF 68.584.

9. Es bedarf auch **keiner formellen Bestellung der Mutter** zur besonderen Sachwalterin, wenn der Vater sich vergleichsweise verpflichtet hat, UhBeiträge für das Kind zu Handen der Mutter zu bezahlen, und dieser Vergleich pflegschaftsbehördlich genehmigt wurde. 3 Ob 68/66 = EF 7292; 6 Ob 301/69 = EF 11.636.

10. Schließlich kann dem Antrag auf Bestellung zum besonderen Sachwalter auch **konkludent in der UhEntscheidung stattgegeben** werden. 10 Ob 517/95 = 10 Ob 520/95 = ÖA 1996, 120/U 153; 6 Ob 2286/96 m = ÖA 1997, 196/U 188; 3 Ob 72/97 b = ÖA 1998, 62/F 152; 3 Ob 290/98 p = ÖA 1999, 124/U 272 = EF 86.772; 5 Ob 117/04 y.

11. Anmerkung: Dies ist zwar praxisfreundlich (hat nämlich der Erstrichter übersehen, tatsächlich über den Sorgerechtsantrag abzusprechen, müsste im Rahmen des Rechtsmittel- ein Sanierungsverfahren eingeleitet werden), doch ist schon fraglich, ob es tatsächlich konkludente Obsorgeentscheidungen geben kann.

12. Bedarf es in einem streitigen Verfahren der Übertragung der mit der vollen Betreuung des Kindes zusammenhängenden Rechte und Pflichten gem § 176 ABGB auf den antragstellenden Teil, hat nicht das Prozess-, sondern das Pflegschaftsgericht darüber zu entscheiden. Das Prozessgericht hat einen entsprechenden **Sanierungsauftrag** zu erteilen, der allenfalls auch die pflegschaftsbehördliche Genehmigung der konkreten Klagsführung umfassen muss. 7 Ob 317/01 w = ÖA 2002, 136/U 355.

13. Obwohl die Maßnahme der Übertragung der mit der vollen Betreuung der Kinder zusammenhängenden Rechte und Pflichten als rechtsgestaltende Verfügung erst für die Zeit nach Eintritt ihrer Rk wirksam wäre, bleibt den Kindern der volle Uh auch **während des Zeitraums von der Antragstellung bis zum Wirksamwerden einer solchen Verfügung gesichert.** 2 Ob 548/85 = EF 48.241; 3 Ob 560/85; 7 Ob 589/88 = EF 56.587; 1 Ob 629/90; 10 Ob 517/95 = 10 Ob 520/95 = EF 77.907 = ÖA 1996, 120/U 153; 6 Ob 2286/96 m = tw EF 80.857 = ÖA 1997, 196/U 188.

cc) Gemeinsame Obsorge und getrennte Lebensbereiche

434

1. Ohne Anordnung des Gerichts gem § 176 Abs 1 ABGB kommt die alleinige Wahrnehmung der Rechte des Kindes in UhBelangen durch einen Elternteil dann in Betracht, wenn **die Eltern nicht nur vorübergehend (vgl § 177 ABGB) getrennt leben** und somit feststeht, welcher Elternteil die Kinder pflegt und erzieht und daher vom andern (namens des Kindes) Uh in Geld begehren kann und welcher zur Geldalimentierung verhalten ist, oder wenn dies nach der Gestaltung der Lebensverhältnisse der Eltern eindeutig ist. 10 Ob 517/95 = 10 Ob 520/95 = tw EF 77.907 = ÖA 1996, 120/U 153; 10 Ob 1568/95.

2. Weshalb ein Antrag des betreuenden Elternteils auf Bestellung zum besonderen Sachwalter abzuweisen ist. 3 Ob 194/00 a = RPflSlgA 2001, 79/8748 = ZfRV 2002, 38.

3. Anmerkung: Besteht gemeinsame Obsorge beider Elternteile iSd Neuregelungen des KindRÄG 2001, wird idR jener das Vertretungsrecht in UhSachen in Anspruch nehmen können, bei dem sich nach der getroffenen Vereinbarung das Kind hauptsächlich aufhält. Ist er zur Ausübung der Obsorge nicht in der Lage, geht das Vertretungsrecht auf den anderen Elternteil über.

dd) Notwendigkeit einer Kollisionskuratorbestellung

435

1. Diese Rsp *(Rz 433, 434)* gilt allerdings dann nicht, wenn **beide Elternteile gegeneinander namens ihres Kindes einschreiten** und begehren, jew den anderen

Teil zum Uh zu verpflichten. Dann treten sie nämlich zwangsläufig in einer Doppelfunktion auf, nämlich als UhPfl im eigenen Namen und zum andern im Namen des Kindes (UhGläubigers) als dessen gesetzlicher Vertreter, weshalb gem § 271 ABGB ein besonderer Sachwalter zur Durchsetzung der UhAnspr bestellt werden muss, wobei weder der Vater noch die Mutter in Betracht kommen. 10 Ob 517/95 = 10 Ob 520/95 = ÖA 1996, 120/U 153; 1 Ob 571/95 = SZ 68/146 = ÖA 1996, 94/U 148.

2. Richtet sich der Antrag des Kindes auf UhFestsetzung (oder -erhöhung) gegen den als Vertreter berufenen Elternteil, liegt ein Fall des § 271 ABGB vor. Es muss daher für das Kind ein Kollisionskurator bestellt werden. 3 Ob 524/95 = ÖA 1996, 125/U 158; 3 Ob 540/95 = EF 77.910; 6 Ob 97/05 s.

3. Anmerkung: Allerdings wird es auch idZ nach § 271 Abs 2 ABGB idFd KindRÄG 2001 nunmehr darauf ankommen, ob tatsächlich Interessen des Kindes gefährdet werden (und nicht nur jene der Eltern) und wer das Kind betreut. Lässt sich letzteres nicht konkret – und ohne aufwendiges Beweisverfahren – feststellen, ist sicherlich auch weiterhin ein Kollisionskurator zu bestellen. Ansonst ist aber schon zu berücksichtigen, dass es nach § 271 Abs 2 ABGB idF KindRÄG 2001 in einem Uh-Verfahren der Bestellung eines Kollisionskurators dann nicht (mehr) bedarf, wenn eine Gefährdung der Interessen des mj Kindes nicht zu besorgen ist, seine Interessen vom Gericht ausreichend wahrgenommen werden können und es vom betreuenden Elternteil vertreten wird.

4. Der Umstand, dass dem sorgeberechtigten Elternteil idR ein **eigenes Interesse** an der UhFestsetzung zukommt, muss er doch bei Leistung eines geringeren Uh selbst einspringen, bildet jedoch grundsätzlich **keinen** Grund für die Bestellung eines **Kollisionskurators**. 10 Ob 502/96 = JBl 1996, 651 = ÖA 1996, 189/U 162.

b) Vertretung bei Gewährung von Unterhaltsvorschüssen (§ 9 UVG)

§ 9 UVG. (1) Wer zur Durchsetzung der Unterhaltsansprüche des Kindes berufen ist, hat dieses auch bei Stellung des Antrags auf Gewährung von Vorschüssen auf den gesetzlichen Unterhalt und in dem gerichtlichen Verfahren darüber zu vertreten.

(2) Der Jugendwohlfahrtsträger wird mit der Zustellung des Beschlusses, mit dem Vorschüsse gewährt werden, alleiniger gesetzlicher Vertreter des minderjährigen Kindes zur Durchsetzung der Unterhaltsansprüche.

(3) Die Einstellung der Vorschüsse ist kein Grund zur Beendigung der Vertretung nach Abs. 2. Im Fall der Vorschußgewährung bloß nach § 4 Z 2, 3 oder 4 ist der Jugendwohlfahrtsträger zu entheben, wenn er zur Durchsetzung des Unterhaltsanspruchs des Kindes nach der Lage des Falles nichts beizutragen vermag.

436 **1.** Die Befugnis zur Rechtsdurchsetzung und -verteidigung hinsichtlich **sämtlicher dem Mj zustehender UhAnspr** steht nur dem JWTr zu, wobei die UhSachwalterschaft nicht auf Belange, die sich aus dem UVG ergeben, beschränkt ist. 7 Ob 780/81 = EvBl 1982/53 = ÖA 1983, 61; 3 Ob 525/84; 8 Ob 641/91 = EvBl 1992/114 = ÖA 1992, 62 uva; 4 Ob 2149/96 z = ÖA 1997, 129/F 131.

2. Sie bezieht sich vielmehr auf **alle UhInteressen des pflegebefohlenen Kindes.** 5 Ob 536/94; 7 Ob 552/95 = ÖA 1996, 62/U 141 = EF 78.867, 78.869; 4 Ob 2149/96 z = ÖA 1997, 129/F 131 = EF 81.858.

3. Und **gegen jede nach dem Gesetz zum GeldUh verpflichtete Person.** 6 Ob 2289/96 b = ÖA 1997, 160/U 183 = EF 80.859.

4. Uzw auch in Fällen, in denen **über einen vor Beginn der UhSachwalterschaft gestellten Antrag** erst nach deren Beginn entschieden wird. 6 Ob 756/82; 7 Ob 580/84; 2 Ob 600/85; 4 Ob 503/87 = ÖA 1988, 137; 6 Ob 563/91; 2 Ob 504/92 = ÖA 1992, 165; 4 Ob 534/92 = ÖA 1993, 100/UV 51; 6 Ob 594/93 = SZ 66/115 = EvBl 1994/67 = ÖA 1994, 107; 5 Ob 536/94.

5. Und auch bei der **Titelexequierung,** weshalb der JWTr als UhSachwalter etwa für die **Einbringung einer Drittschuldnerklage** zur Durchsetzung eines zu Gunsten des von ihm vertretenen mj Kindes bestehenden UhTitels einer pflegschaftsgerichtlichen Genehmigung nicht bedarf. 7 Ob 212/00 b.

6. Mit Gewährung von UhVorschüssen tritt also die ausschließliche, alle Uh-Anspr des Kindes umfassende Sachwalterschaft des JWTr bis zur Eintreibung des bevorschussten Uh ein. 1 Ob 57/01 s.

436 a

1. Grund ist die Vermeidung von Doppelgleisigkeiten, die Vereinigung der gesetzlichen Vertretung in einer Hand und die Wahrnehmung des öffentlichen Regressinteresses des den Uh bevorschussenden Bundes. 6 Ob 2289/96 b = ÖA 1997, 160/U 183 = EF 80.859; 4 Ob 2149/96 z = ÖA 1997, 129/F 131.

2. Also weniger die Wahrung der Interessen des Kindes als vielmehr die **Eintreibung des Uh,** auf den Vorschüsse gewährt wurden. 1 Ob 57/01 s; 7 Ob 269/01 m = ÖA 2002, 184/UV 191; 2 Ob 83/05 b.

3. Deshalb ist der **JWTr,** soweit er als UhSachwalter einschreitet, auch **nicht der Aufsicht des Pflegschaftsgerichts unterstellt,** das ihm keine Weisungen und Aufträge zu erteilen hat, die im Übrigen mangels einer Abberufungsmöglichkeit nach § 9 UVG, solange die zwingende Sachwalterschaft währt, auch nicht durchsetzbar wären. 6 Ob 594/93 = EvBl 1994/67 = ÖA 1994, 107 = SZ 66/115 = EF 72.573; 7 Ob 212/00 b; 1 Ob 57/01 s.

437

1. Der (örtlich zuständige) JWTr wird **mit der Zustellung des Beschlusses,** mit dem Vorschüsse gewährt werden, **ex lege** Sachwalter des mj Kindes zur Durchsetzung der UhAnspr. 6 Ob 563/91 = EF 66.669; 1 Ob 57/01 s; 7 Ob 269/01 m = ÖA 2002, 184/UV 191; 2 Ob 83/05 b.

2. Ist bereits ein **UhExekutionsverfahren** anhängig, hat das Exekutionsgericht durch die Exekution hereingebrachte Beträge daher dem JWTr zu überweisen. 3 Ob 68/86 = SZ 59/186 = JBl 1987, 460.

3. Der **bisherige gesetzliche Vertreter verliert seine Verwaltungs- und Vertretungsbefugnis** und kann etwa keine Anträge auf Erhöhung von UhBeiträgen mehr stellen. 7 Ob 780/81 = EvBl 1982/53 = ÖA 1983, 61; 3 Ob 525/84; 8 Ob 641/91 = EvBl 1992/114 = ÖA 1992, 62; 2 Ob 504/92 = ÖA 1992, 165 = EF 69.494, 69.495 uva; 4 Ob 2149/96 z = ÖA 1997, 129/F 131; 1 Ob 57/01 s.

4. Es kommt **weder ein schriftlicher Widerruf** der Zustimmung iSd § 212 Abs 5 ABGB in Betracht **noch eine konkurrierende Vertretungsbefugnis** iSd § 212 Abs 4 ABGB iVm § 154 a ABGB. 3 Ob 551/92 = ÖA 1993, 114 = ÖA 1993, 100/UV 52; 4 Ob 2149/96 z = ÖA 1997, 129/F 131 = EF 81.853, 81.856; 7 Ob 269/01 m = ÖA 2002, 184/UV 191.

5. Der JWTr ist aber berechtigt, eine andere Person (etwa den Obsorgeberechtigten) mit der Wahrnehmung der rechtlichen Interessen des Kindes zu beauftragen. 1 Ob 57/01 s.

6. Liegt hingegen der im **§ 9 Abs 3 Satz 2 UVG umschriebene Sachverhalt** vor, ist der Sachwalter zu entheben; für Zweckmäßigkeitserwägungen besteht kein Raum. 6 Ob 739/89 = RZ 1991/2 = EF 60.525.

7. Da nicht ausdrücklich konkrete Enthebungsvoraussetzungen angeordnet werden, sind die **Umstände des Einzelfalls** maßgebend. 8 Ob 725/89; 1 Ob 565/90 = ÖA 1991, 143 = EF 62.979 = ÖA 1991, 45/UV 9.

8. Kein Grund ist jedenfalls die **Einstellung der UhBevorschussung**. 5 Ob 526/90 = RZ 1991/1 = ÖA 1991, 104 = ÖA 1991, 44/UV 1; 1 Ob 565/90 = ÖA 1991, 143 = ÖA 1991, 45/UV 9; 4 Ob 2149/96 z = ÖA 1997, 129/F 131.

9. Einerseits ist die Beendigung der Sachwalterschaft nach Enthebung des UhPfl von seiner UhPflicht und Einstellung der Vorschüsse nicht gesetzwidrig, wenn Eintreibungsversuche beim UhPfl aussichtslos sind. 3 Ob 546/88.

10. Andererseits ist eine Einschränkung des § 9 Abs 3 Satz 2 UVG auf jene Fälle, in denen keine laufenden UhAnspr mehr bestehen und voraussichtlich Vorschussansprüche auch nicht mehr entstehen werden, dem Gesetz nicht zu entnehmen. 5 Ob 645/88 = tw EF 57.524.

11. Da das über das Personalstatut des Kindes ermittelte neue UhStatut nicht österreichisches Recht ist und das maßgebliche indische Recht eine Vertretung des in Indien aufhältigen Kindes indischer Staatsangehörigkeit durch einen österreichischen JWTr im österreichischen UhVerfahren nicht vorsieht, ist mit dem Statutenwechsel die Vertretungsbefugnis des JWTr als UhSachwalter weggefallen. Eine Enthebung des JWTr ist zwar unmöglich, jedoch ist das Erlöschen seiner Vertretungsbefugnis deklarativ festzustellen. 1 Ob 220/01 m.

438 **1.** Gegen § 9 Abs 2 UVG bestehen **keine Bedenken aus dem Grunde der Verfassungswidrigkeit,** wegen Verletzung des durch Art 83 Abs 2 B-VG gewährleisteten Rechtes auf den gesetzlichen Richter oder wegen eines Verstoßes gegen das Gleichbehandlungsgebot. 2 Ob 504/92 = ÖA 1992, 165 = EF 69.493; 4 Ob 2149/96 z = ÖA 1997, 129/F 131 = EF 81.852.

2. Voraussetzung für die wirksame Bestellung eines österreichischen JWTr zum besonderen Sachwalter des Kindes ist aber das **Vorliegen eines ausreichenden Inlandsbezugs;** es muss sich also entweder um ein österreichisches Kind handeln oder um ein ausländisches Kind, das in Österreich lebt. 2 Ob 83/05 b.

c) Vertretungsbefugnis nach § 212 Abs 2, § 213 ABGB

§ 212 ABGB. (1) Der Jugendwohlfahrtsträger hat, soweit es nach den Umständen geboten scheint, den gesetzlichen Vertreter eines im Inland geborenen Kindes innerhalb angemessener Frist nach der Geburt über die elterlichen Rechte und Pflichten, besonders über den Unterhaltsanspruch des Kindes, gegebenenfalls auch über die Feststellung der Vaterschaft, in Kenntnis zu setzen und ihm für die Wahrnehmung der Rechte des Kindes seine Hilfe anzubieten.

(2) Für die Festsetzung oder Durchsetzung der Unterhaltsansprüche des Kindes sowie gegebenenfalls in Abstammungsangelegenheiten ist der Jugendwohlfahrtsträger Vertreter des Kindes, wenn die schriftliche Zustimmung des sonstigen gesetzlichen Vertreters vorliegt.

(3) Für andere Angelegenheiten ist der Jugendwohlfahrtsträger Vertreter des Kindes, wenn er sich zur Vertretung bereit erklärt und die schriftliche Zustimmung des sonstigen gesetzlichen Vertreters vorliegt.

(4) Durch die Vertretungsbefugnis des Jugendwohlfahrtsträgers wird die Vertretungsbefugnis des sonstigen gesetzlichen Vertreters nicht eingeschränkt, jedoch gilt § 154a sinngemäß. Der Jugendwohlfahrtsträger und der sonstige gesetzliche Vertreter haben einander über ihre Vertretungshandlungen in Kenntnis zu setzen.

(5) Die Vertretungsbefugnis des Jugendwohlfahrtsträgers endet, wenn der sonstige gesetzliche Vertreter seine Zustimmung schriftlich widerruft, der Jugendwohlfahrtsträger seine Erklärung nach Abs. 3 zurücknimmt oder das Gericht den Jugendwohlfahrtsträger auf dessen Antrag als Vertreter enthebt, weil er zur Wahrung der Rechte und zur Durchsetzung der Ansprüche des Kindes nach Lage des Falles nichts mehr beizutragen vermag.

§ 213 ABGB. Ist eine andere Person mit der Obsorge für einen Minderjährigen ganz oder teilweise zu betrauen und lassen sich dafür Verwandte oder andere nahe stehende oder sonst besonders geeignete Personen nicht finden, so hat das Gericht die Obsorge dem Jugendwohlfahrtsträger zu übertragen. Gleiches gilt, wenn einem Minderjährigen ein Kurator zu bestellen ist.

439 1. Die Sachwalterschaft des JWTr für die Festsetzung oder Durchsetzung von UhAnspr des Kindes tritt – anders als nach der Rechtslage vor dem KindRÄG 1989 – **kraft Gesetzes** ein; ein **Gerichtsbeschluss ist entbehrlich.** 7 Ob 635/90 = ÖA 1992, 126 = IPRax 1992, 104; 1 Ob 647/92 = EF 71.949; 1 Ob 220/01 m.

2. Uzw bereits mit dem **Einlangen eines entsprechenden Ersuchens,** der **schriftlichen Zustimmung** des gesetzlichen Vertreters oder mit dem **Abschluss der Niederschrift** hierüber. 7 Ob 614/90 = RZ 1991/55 = ÖA 1992, 22 = EF 62.977; 7 Ob 650/90 = EvBl 1991/51 = EF 62.977; 7 Ob 635/90 = EF 62.977 = ÖA 1992, 126 = IPRax 1992, 104 uva; 7 Ob 212/00 b.

3. § 212 Abs 4 ABGB ist auch anzuwenden, wenn die Bezirksverwaltungsbehörde (nunmehr: JWTr) auf Antrag der Mutter gem § 198 Abs 3 ABGB (idF vor dem KindRÄG 1989) zum UhSachwalter des Kindes bestellt worden war. 7 Ob 614/90 = RZ 1991/55 = ÖA 1992, 22 = EF 62.980.

4. Die **Bereitschaftserklärung** des JWTr ist **formfrei und kann auch konkludent erfolgen,** zB durch Tätigwerden als gesetzlicher Vertreter innerhalb der vorgesehenen Angelegenheiten des Kindes. 7 Ob 2151/96 s = ÖA 1997, 129/S 11 = EF 81.253.

5. Die **Erklärung des gesetzlichen Vertreters** ist eine rechtsgeschäftliche Übertragung eines Teils der gesetzlichen Vertretungsmacht. 7 Ob 635/90 = ÖA 1992, 126 = IPRax 1992, 104 = EF 62.977; 7 Ob 650/90 = EvBl 1991/51 = EF 62.978; 7 Ob 552/95 = ÖA 1996, 62/U 141; 7 Ob 268/99 h = ÖA 2000, 72/U 306; 1 Ob 220/01 m.

6. Uzw auch für das UhVorschussverfahren unabhängig davon, ob bislang ein Beschluss auf Vorschussgewährung zugestellt wurde. 6 Ob 175/99 z = EF 89.881 = ÖA 2000, 77/UV 140.

7. Die prozessrechtliche Stellung als Vertreter kommt dem JWTr nur dann zu, wenn er die ihm **erteilte Vertretungsbefugnis dem Gericht anzeigt.** 7 Ob 650/90 = EvBl 1991/51; 5 Ob 530/95 = RZ 1996/43; 7 Ob 268/99 h = ÖA 2000, 72/U 306.

440 1. Einen zur Übernahme einer Sachwalterschaft nach § 212 Abs 3 ABGB nicht bereiten JWTr kann niemand dazu zwingen, auch nicht seine dienstliche Oberbehörde. Abhilfe ist bei Gericht zu suchen, das den JWTr auch **gegen seinen Willen**

gem § 213 ABGB zum Sachwalter bestellen kann. 7 Ob 2151/96 s = ÖA 1997, 129/ S 11 = EF 81.253.

2. Der JWTr kann seine Bestellung allenfalls dadurch verhindern, dass er das Gericht davon überzeugt, dass eine andere Person für die konkreten Aufgaben des Vormundes oder Sachwalters besser geeignet ist. Dagegen besteht kein Recht des JWTr, die Bestellung einer dritten Person zum Sachwalter zu beantragen. 7 Ob 599/ 91 = EvBl 1992/98 = EF 66.162.

3. Zumindest in dem Fall, in welchem der gesetzliche Vertreter der Bestellung des JWTr nicht zustimmt oder keinen derartigen Antrag stellt, etwa wenn er selbst uhpfl wird, hat gem § 213 ABGB das Gericht mangels einer dafür geeigneten Person den JWTr zu bestellen. 1 Ob 647/92.

441 1. Nach § 212 Abs 4 ABGB besteht **grundsätzlich konkurrierende Vertretungsbefugnis** von JWTr und gesetzlichem Vertreter. 7 Ob 614/90 = RZ 1991/55 = EF 62.977; 7 Ob 650/90 = EvBl 1991/51 = EF 62.977 uva; 4 Ob 28/98 s = EF 87.111 = ÖA 1998, 244/U 238.

2. Allerdings sollen **verfahrensstörende, unabgesprochene Doppelvertretungshandlungen vermieden** werden. 7 Ob 650/90 = EvBl 1991/51 = EF 62.978; 8 Ob 586/91.

3. Deshalb besteht die Verpflichtung, einander über Vertretungshandlungen zu informieren, uzw auch dann, wenn eine Verletzung der **Informationspflicht** nicht zu einer Gefährdung des Kindeswohls führt; ihr Zweck ist ja auch die Vermeidung unnötiger Mehrarbeit. Jeder der beiden gesetzlichen Vertreter hat daher Anspruch darauf, dass ihn der andere über seine Vertretungshandlungen informiert, und jeder von beiden kann sich, wenn die Gefahr der Wiederholung der Verletzung droht, an das Pflegschaftsgericht wenden. 7 Ob 650/90 = EvBl 1991/51 = EF 62.978.

442 1. Mangels einer anderen Einigung ist alleiniger Verfahrensvertreter, wer die **erste Verfahrenshandlung** setzt (§ 154 a ABGB). 7 Ob 614/90 = RZ 1991/55 = EF 62.977; 7 Ob 650/90 = EvBl 1991/51 = EF 62.977; 7 Ob 635/90 = ÖA 1992, 126 = IPRax 1992, 104 = EF 62.977.

2. Wobei die **bloße Entgegennahme eines Zustellstückes** jedoch keine Verfahrenshandlung darstellt. 3 Ob 2040/96 p = RZ 1997/23 = ÖA 1997, 58/U 167.

3. Die Vertretung gilt für das Verfahren über einen **Antrag bis zu** dessen **rk Beendigung**. 6 Ob 541/93 = SZ 66/63 = EvBl 1993/184 = ÖA 1993, 150; 5 Ob 530/ 95 = EF 78.287 = RZ 1996/43; 4 Ob 28/98 s = EF 87.112 = ÖA 1998, 244/U 238.

4. Außer sie würde iSd § 212 Abs 5 ABGB widerrufen, zurückgelegt oder durch gerichtliche Enthebung des Sachwalters beendet. 5 Ob 530/95 = RZ 1996/43 = EF 78.287; 6 Ob 175/99 z = ÖA 2000, 77/UV 140.

5. **Einschr:** Durch eine vom gesetzlichen Vertreter vor dem JWTr gesetzte Vertretungshandlung wird zumindest für den anhängigen Verfahrensabschnitt die Vertretungsbefugnis des JWTr wieder außer Kraft gesetzt. 7 Ob 650/90 = EvBl 1991/ 51; 7 Ob 552/95 = ÖA 1996, 62/U 141.

6. Da zur Rechtsdurchsetzung nicht bloß die Titelschaffung, sondern auch dessen Exequierung gehört, bedarf der JWTr für die Einbringung einer Drittschuldnerklage zur Durchsetzung eines zu Gunsten des von ihm vertretenen mj Kindes bestehenden Titels keiner pflegschaftsgerichtlichen Genehmigung. 7 Ob 212/00 b.

7. Der JWTr ist nicht nur berechtigt, sondern sogar verpflichtet, die ihm zugegangenen UhBeiträge an den sonstigen gesetzlichen Verteter des Kindes zu be-

zahlen, uzw selbst dann, wenn sich das Kind nicht bei diesem gesetzlichen Vertreter, sondern bei jemand anderem aufhält. Auf den gegenwärtigen Aufenthaltsort des Kindes kommt es daher nicht an. 3 Ob 521/91 = EF 66.160.

8. Eine **zulässige Doppelvertretung** liegt vor, wenn der Gegenstand des von den Vertretern für denselben Zeitraum gestellten Begehrens nicht identisch ist. 4 Ob 28/98 s = EF 87.113, 87.114 = ÖA 1998, 244/U 238.

9. Bei **Abschluss der im Scheidungsvergleich getroffenen Vereinbarung** über den vom Vater für die Mj zu leistenden Uh ist die Mutter auch dann berechtigt, die Mj zu vertreten, wenn sie schon vor der Scheidung ihre Zustimmung zur Vertretung der Mj durch den JWTr erklärt hat, weil gem § 212 Abs 4 ABGB die Vertretungsbefugnis des gesetzlichen Vertreters durch die so begründete Vertretungsbefugnis des JWTr nicht eingeschränkt wird. **Im Scheidungsverfahren ist ausschließlich die Mutter als Vertreterin des Kindes eingeschritten.** 9 Ob 147/97 a = EF 84.046 = ÖA 1998, 66/UV 103.

443 1. Auch für den Fall der **Beendigung der Vertretungsbefugnis durch schriftlichen Widerruf der Zustimmung** bedarf es **keines Gerichtsbeschlusses,** sondern tritt diese mit dem Widerruf der Zustimmung ex lege ein. Ein gerichtliches Verfahren ist dafür nicht vorgesehen. 7 Ob 268/99 h = ÖA 2000, 72/U 306 = EF 89.878, 89.880; 1 Ob 57/01 s.

2. Allerdings ist auch für die **verfahrensrechtliche Wirksamkeit des Widerrufs der Vertretungsbefugnis** zu fordern, dass der Widerruf **dem Gericht angezeigt wird.** 5 Ob 530/95 = RZ 1996/43 = EF 78.292.

3. Jener Elternteil, dem nunmehr die Obsorge zukommt, kann auch eine von einem früheren gesetzlichen Vertreter nach § 212 Abs 2 ABGB erteilte Zustimmung nach § 212 Abs 5 ABGB schriftlich widerrufen. 7 Ob 268/99 h = ÖA 2000, 72/U 306 = EF 89.878, 89.880.

4. Gem § 212 Abs 5 ABGB idF des KindRÄG 1989 besteht kein Grund für die Enthebung des Sachwalters, solange das Erlöschen des UhAnspr nicht dargetan ist; dass der sonstige gesetzliche Vertreter des Kindes dem Sachwalter keine Aufklärung gibt, ist unerheblich, zumal dies dem Kind nicht zum Nachteil gereichen darf. Die Regel, dass sich der Vertretene das Verhalten seines Vertreters zurechnen lassen muss, gilt nur im Verhältnis zu Dritten, nicht aber im Verhältnis zu einem anderen Vertreter derselben Person. 3 Ob 521/91 = EF 65.160.

5. § 212 Abs 2 ABGB entspricht völlig jener des § 9 Abs 3 UVG, wobei aber beide Bestimmungen nicht anordnen, unter welchen konkreten Voraussetzungen der besondere **Sachwalter zu entheben** ist; sie machen dies von den jew Umständen des Einzelfalls abhängig. 1 Ob 220/01 m.

6. Angesichts der inhaltlich gleichen Regelung zu § 9 Abs 3 Satz 2 UVG kommt eine Sachwalterenthebung erst dann in Frage – sofern nicht andere Gründe wie Großjährigkeit usw vorliegen –, wenn der **UhVorschuss** auch eingebracht ist. 1 Ob 565/90 = ÖA 1991, 143 = EF 62.979 = ÖA 1991, 45/UV 9.

7. Der Umstand, dass nun **dem anderen Elternteil die Obsorge zukommt,** kann allein eine Beendigung der Sachwalterschaft nach § 212 Abs 5 ABGB nicht bewirken. 3 Ob 526/94 = ÖA 1995, 64/S 7 = EF 75.218.

8. Nach Widerruf der Vertretungsbefugnis ist der JWTr nicht weiter berechtigt, die **in der Vergangenheit angefallenen UhBeiträge einzutreiben,** weil dies dem Sinn des Widerrufs widerspräche und die Wirksamkeit der Vertretungshandlungen

des obsorgeberechtigten Elternteils ohne gesetzliche Deckung einschränken würde. 7 Ob 268/99 h = ÖA 2000, 72/U 306 = EF 89.879.

d) Sanierung eines Vertretungsmangels

444 1. Kann ein Mangel der gesetzlichen Vertretung beseitigt werden, so hat das Gericht **gem § 6 Abs 2 ZPO zwingend** einen **Sanierungsversuch** zu unternehmen. Erst wenn der Versuch einer Behebung des Mangels der Vertretungsmacht scheitert, darf ein Rekurs (als unwirksame Prozesshandlung) zurückgewiesen werden. 5 Ob 530/95 = RZ 1996/43; 6 Ob 175/99 z = ÖA 2000, 77/UV 140.

2. Der Vertretungsmangel kann in den Fällen des § 212 ABGB nachträglich auch dadurch saniert werden, dass der in diesem Verfahren allein Vertretungsbefugte den namens des Kindes erhobenen Rekurs des anderen **genehmigt**. 6 Ob 175/99 z = ÖA 2000, 77/UV 140.

3. Oder eine **Einigung der gesetzlichen Vertreter** über die alleinige Vertretung des anderen erzielt und dem Gericht mitgeteilt wird. 6 Ob 541/93 = SZ 66/63 = EvBl 1993/184 = ÖA 1993, 150; 5 Ob 530/95 = RZ 1996/43; 6 Ob 175/99 z = ÖA 2000, 77/UV 140.

4. Anbieten würde sich in diesen Fällen jedenfalls eine Anfrage an den JWTr, ob er den Rekurs der Mutter genehmigt. 6 Ob 175/99 z = ÖA 2000, 77/UV 140.

444 a *e) Exekutionsführung*

1. Da zur Rechtsdurchsetzung nicht bloß die Titelschaffung, sondern auch die Exequierung gehört, bedarf der **JWTr als UhSachwalter** für die Einbringung einer **Drittschuldnerklage** zur Durchsetzung eines zu Gunsten des von ihm vertretenen mj Kindes bestehenden UhTitels weder im Falle seines Einschreitens nach § 212 Abs 2 ABGB noch unter Berufung auf seine Stellung nach § 9 Abs 2 UVG einer vorangehenden pflegschaftsgerichtlichen Genehmigung. 7 Ob 212/00 b.

f) Beim Tod des unterhaltsberechtigten Kindes

445 1. Jede gesetzliche Vertretung endet mit dem Tod des Vertretenen, sohin auch die elterlichen Rechte mit dem Tod des mj Kindes. § 1022 ABGB, wonach ein angefangenes Geschäft vom Gewalthaber dann zu vollenden ist, wenn es sich ohne offenbaren Nachteil der Erben nicht unterbrechen lässt, ist jedoch analog anzuwenden, weshalb – bis das Verlassenschaftsgericht eine Weisung erteilt – die allein vertretungsbefugt gewesene Mutter nach dem Tod des Kindes weiterhin berechtigt ist, **den vor dem Tod des Kindes gestellten UhErhöhungsantrag** im Pflegschaftsverfahren für die Zeit bis zum Tod des Kindes bis zu seiner rk Erledigung weiter zu betreiben. 1 Ob 640/83 = EF 43.209.

2. Taschengeldanspruch

446 1. **Anmerkung:** Auch die mj, uzw auch die unmündigen, Kinder können ihre Taschengeldansprüche selbst geltend machen. Sollte dies im Einzelfall – etwa aufgrund des geringen Alters des Kindes oder einer verzögerten geistigen Entwicklung – nicht möglich sein, müsste dem Kind im Pflegschaftsverfahren ein Kollisionskurator bestellt werden, weil sonst die Gefahr einer Benachteiligung des Kindes gegenüber seinem Vertreter, nämlich den Eltern bzw dem an sich betreuenden Elternteil, nicht ausgeschlossen werden könnte. Diese Bestellung hätte dabei von Amts wegen zu erfolgen (*Gitschthaler*, NZ 1992, 148 mwN).

C. Antragsprinzip

1. Anmerkung: Seit der Außerstreitreform 2003 ergibt sich nunmehr unmittelbar aus § 8 Abs 1 AußStrG, dass UhVerfahren nur über Antrag eingeleitet werden können. Gem § 9 Abs 1 AußStrG muss dieser Antrag (zunächst) kein bestimmtes Begehren enthalten; der ASt hat jedoch bei Vorliegen der Voraussetzungen des § 9 Abs 2 AußStrG sein Begehren ziffernmäßig zu bestimmen. **447**

2. Im UhVerfahren gilt das Antragsprinzip, weshalb das **Gericht nur im Rahmen eines konkreten Antrags tätig werden** darf. 3 Ob 512/77 = EF 28.958; 7 Ob 524/78 = EF 31.188; 7 Ob 511/81 = EF 39.751 uva; 7 Ob 216/99 m = ÖA 2000, 40/U 302 = tw EF 89.584.

3. Überholt: Und ein UhAntrag immer ein **betragsmäßiges Begehren** enthalten muss. 1 Ob 607/94 = EF 74.919 = ÖA 1995, 118/U 122; 10 Ob 532/94 = EF 74.919 = ÖA 1995, 127.

4. Wobei der Antrag immer so zu verstehen ist, wie es iVm dem Vorbringen gemeint ist; an einzelnen Ausdrücken und Formulierungen darf dann nicht festgehalten werden, wenn **darüber, was wirklich gewollt ist, keine Unklarheit** besteht. 1 Ob 607/94 = EF 74.918, 74.919 = ÖA 1995, 118/U 122.

5. Ist ein UhBegehren auf einen **Prozentsatz** einer noch zu ermittelnden UBGr gerichtet, so ist der ASt nach Einholung der Gehaltsauskunft dahin anzuleiten, sein UhBegehren iS einer endgültigen betragsmäßigen Bezifferung umzuformulieren. 1 Ob 607/94 = EF 74.930 = ÖA 1995, 118/U 122.

6. Die bedingte Inanspruchnahme einer Partei für den Fall der Abweisung des gegen eine andere Person gerichteten Begehrens ist unzulässig. Diese Rechtslage gilt auch für das VaStr, geht es doch hier gleichermaßen um die Frage, ob es zulässig ist, die Verfahrenseinleitung gegen eine Partei vom Ausgang des Verfahrens gegen eine andere Partei abhängig zu machen. 9 Ob 139/06 s.

1. Ein Enthebungsantrag **enthält immer auch** einen **Herabsetzungsantrag**. 4 Ob 507/96 = ÖA 1996, 196 = EF 80.867. **447 a**

D. Untersuchungsgrundsatz – Beweislast

Übersicht:

	Rz
1. Allgemeines	448
2. Auskunftspflichten in Unterhaltssachen	449–451
3. Beweispflicht des Unterhaltsberechtigten	452, 452 a
4. Beweis- und Mitwirkungspflicht des Unterhaltspflichtigen	453–455 a
5. Anspannung	
a) Allgemeines	456
b) Erstmalige Festsetzung bei unbekanntem Aufenthalt	457
c) Neubemessung bei unbekanntem Aufenthalt	458
6. Sonderbedarf	459
7. Anrechnung von Transferleistungen	459 a, 459 b

1. Allgemeines

448 1. Im UhVerfahren gilt **grundsätzlich** der Untersuchungsgrundsatz. 3 Ob 606/90 = JBl 1991, 309 *(Apathy)* = SZ 63/202; 1 Ob 11/97 t = ÖA 1998, 64/U 208 = EF 83.783; 4 Ob 120/98 w = EvBl 1999/104 = JBl 1999, 182 = ÖA 1999, 12/U 241 = EF 86.776 uva; 8 Ob 162/00 g; 9 Ob 137/03 t; 7 Ob 164/06 b = EF-Z 2006/76.

2. Die subjektiven **Behauptungs- und Beweislastregeln** sind jedoch heranzuziehen, weil vermögensrechtliche Ansprüche in Verfahren, in denen sich zwei oder mehr Parteien in verschiedenen Rollen gegenüberstehen, zur E stehen. 1 Ob 683/90 = RZ 1991/35; 3 Ob 606/90 = JBl 1991, 309 *(Apathy)* = SZ 63/202; 1 Ob 633/90 = EF XXVIII/1 uva; 6 Ob 338/00 z; 6 Ob 171/03 w; 5 Ob 117/04 y; 7 Ob 164/06 b = EF-Z 2006/76.

3. IdR ist es dem Gericht nämlich bei amtswegiger Wahrheitserforschung nicht möglich, Umstände aus der Sphäre des UhPfl ohne seine **Mitwirkung** zu erfassen. 3 Ob 609/90; 3 Ob 606/90 = JBl 1991, 309 *(Apathy)*.

4. Jeder Beteiligte ist verpflichtet, die für seinen Standpunkt maßgeblichen Umstände zu behaupten und unter Beweis zu stellen. 7 Ob 92/03 k = ÖA 2003, 215/U 393; 6 Ob 171/03 w; 7 Ob 164/06 b = EF-Z 2006/76.

5. Das Gericht darf so lange keine negativen Feststellungen zu Lasten der beweisbelasteten Partei treffen, als nicht auch der *[im § 2 Abs 2 Z 5 AußStrG 1854 ausdrücklich genannte]* Sachverständigenbeweis ausgeschöpft wurde. 6 Ob 338/00 z.

6. Nach § 13 AußStrG ist das Verfahren so zu gestalten, dass eine erschöpfende Erörterung und gründliche Beurteilung des Verfahrensgegenstands und eine möglichst kurze Verfahrensdauer gewährleistet sind. Damit sollen die bisher zu § 2 (insb Abs 2 Z 5) AußStrG 1854 entwickelten Grundsätze übernommen werden (ErlRV AußStrG 2003, 224 BlgNR 22. GP 31). Daher besteht im VaStr – anders als im Streitverfahren – auch weiterhin **Beweisaufnahmeermessen.** Hinsichtlich des Umfangs der Beweisaufnahme ist der Richter nicht streng an die Anträge der Parteien gebunden; er kann darüber hinausgehen, aber auch nach seinem Ermessen im Interesse einer zügigen Verfahrensführung von der Aufnahme einzelner Beweismittel Abstand nehmen, wenn auch auf andere Weise eine (ausreichend) verlässliche Klärung möglich ist. 6 Ob 149/06 i.

7. Gerade bei der **Erstbemessung** sind zwar die Lebens-, die Vermögens- und die Einkommensverhältnisse des UhPfl genau zu erheben. 1 Ob 552/93 = ÖA 1994, 19/U 83 = tw EF 71.610, 71.625; 7 Ob 616/95 = tw EF 77.925; 7 Ob 140/97 g; 1 Ob 23/02 t = ÖA 2002, 176/U 360; 9 Ob 8/05 z = EF 110.338.

8. Das Gericht ist jedoch nicht verpflichtet, den Parteien seine Ansicht vom Wert bisheriger Beweismittel bekannt zu geben und weitere Beweisanbote einzumahnen. 8 Ob 162/00 g.

9. Es ist auch nicht gehalten, von sich aus denkbare – aber gar nicht behauptete – Änderungen etwa der Kreditbelastung seit der letzten UhFestsetzung zu vermuten. 1 Ob 39/06 a.

10. Wird allerdings trotz des Untersuchungsgrundsatzes der Beweis für erhebliche Tatsachen nicht erbracht, so richtet sich nach den **allgemeinen Beweislastregeln, zu wessen Lasten die Unmöglichkeit der Beweisführung** geht. 8 Ob 565/91 = tw EF 65.875; 1 Ob 597/91 = EF 65.875 = ÖA 1992, 53/U 29; 9 Ob 364/97 p = EF 83.785; 8 Ob 162/00 g.

11. Dem allgemein anerkannten Grundsatz, dass jede Partei die für ihren Rechtsstandpunkt **günstigen Tatsachen zu beweisen** hat, entspricht es, dass derjenige, der eine für die UhBemessung maßgebliche Änderung der auf seiner Seite eingetretenen, zu seinen Gunsten ausschlagenden Verhältnisse behauptet, diese auch zu beweisen hat. 1 Ob 656/90 = tw EF 62.670, 62.677 = ÖA 1991, 43/U 18 = SZ 63/153 = ÖA 1992, 110/U 36; 4 Ob 583/95 = EF 77.914 = ÖA 1996, 122/U 155.

2. Auskunftspflichten in Unterhaltssachen

§ 102 AußStrG. (1) Personen, deren Einkommen oder Vermögen für die Entscheidung über den gesetzlichen Unterhalt zwischen in gerader Linie verwandten Personen von Belang ist, haben dem Gericht hierüber Auskunft zu geben und die Überprüfung von deren Richtigkeit zu ermöglichen.

(2) Das Gericht kann auch das Arbeitsmarktservice, die in Betracht kommenden Träger der Sozialversicherung und andere Sozialleistungen gewährende Stellen um Auskunft über Beschäftigungs- oder Versicherungsverhältnisse oder über Einkommen von Personen ersuchen, deren Einkommen für die Entscheidung über den gesetzlichen Unterhalt zwischen in gerader Linie verwandten Personen von Belang ist. Kommt jemand den Pflichten nach Abs. 1 nicht nach, so kann auch dessen Dienstgeber um Auskunft ersucht werden. Steht die Unterhaltspflicht dem Grunde nach fest und kann das Gericht die Höhe des Unterhalts nicht auf andere Weise feststellen, so kann es auch die Finanzämter um Auskunft ersuchen.

(3) Die Auskunftsersuchen nach Abs. 1 und Abs. 2 erster und zweiter Satz stehen auch dem Jugendwohlfahrtsträger als gesetzlichem Vertreter von Pflegebefohlenen zu.

(4) Die Auskunftsersuchen sind so zu gestalten, dass dem Auskunftspflichtigen die rasche, vollständige und nachvollziehbare Beantwortung ermöglicht wird. Die Ersuchten sind zur Auskunftserteilung verpflichtet.

1. Anmerkung: Es hatte sich in der Praxis vielfach durchgesetzt, jedenfalls in **449** außerstreitigen UhVerfahren, bisweilen aber auch in streitigen, sofort zu Beginn des Verfahrens den Dienstgeber des gelduhpfl Elternteils aufzufordern, dessen Einkommensverhältnisse offen zu legen, ohne dem UhPfl Gelegenheit zu geben, sich zu äußern oder selbst die entsprechenden Unterlagen beizubringen. Dies widersprach bereits § 183 Abs 1 und 2 AußStrG 1854, wie den entsprechenden Mat zu entnehmen war. Die RV 172 BlgNR 17. GP führte nämlich aus, dass derjenige, in dessen Sphäre eine bestimmte Tatsache eintritt, hierüber am besten Auskunft geben könne; deswegen solle die Auskunftspflicht über das zur UhBemessung maßgebliche Einkommen oder Vermögen demjenigen auferlegt werden, der dieses Einkommen oder Vermögen hat; dieser UhPfl habe dem Gericht die erforderlichen Auskünfte zu geben und die Unterlagen, zu denen er Zugang hat, zu übergeben, damit die Angaben überprüft werden könnten; komme jemand diesen Pflichten – etwa auch durch unangemessene Verzögerung bei der Erstellung einer Bilanz oder Gewinn- und Verlustrechnung – nicht nach, so könne das Gericht im Interesse des Mj von Amts wegen den Arbeitgeber und, etwa wenn dieser nicht bekannt ist oder die auskunftspflichtige Person keinen solchen hat, den in Betracht kommenden Träger der Sozialversicherung um Auskunft ersuchen. Auch aus § 37 Abs 4 JWG, wonach die Träger der Sozialversicherung und die Arbeitgeber über das Versicherungs- oder Beschäftigungsverhältnis des UhPfl Auskunft zu geben haben, wenn dieser an der Ermittlung seiner

Einkommens- und Vermögensverhältnisse nicht ausreichend mitwirkt, geht hervor, dass zuerst der UhPfl zu befragen und nur dann, wenn dies nicht zum Ziel führt, der Arbeitgeber oder der zuständige SozVTr zur Auskunft heranzuziehen ist. Und schließlich muss die Befragung eines Dritten in UhSachen als nicht unerheblicher Eingriff in schutzwürdige Geheimhaltungsinteressen des Betroffenen gewertet werden, bei dem die schutzwürdigen Interessen der UhBer erst dann überwiegen, wenn die Auskunft durch den UhPfl unzureichend, unglaubwürdig, verspätet oder überhaupt nicht zu erlangen ist.

Mit der Außerstreitreform 2003 wurde in § 102 AußStrG die Rechtslage (nochmals) verdeutlicht. **Der Dienstgeber des UhPfl darf erst um Auskunft ersucht werden, wenn der UhPfl seinen Auskunftspflichten nicht nachkommt** (vgl auch LGZ Wien EF 112.996). Wird hingegen – sei es vom JWTr, sei es vom Gericht – sofort der Arbeitgeber um Einkommensauskunft ersucht werden, wird dadurch der UhPfl in seinem verfassungsgesetzlich gewährleisteten Recht auf Geheimhaltung iSd § 1 Abs 1 DSG verletzt (DSK ZfVBDat 1997/4).

Von einer derartigen Vorgangsweise ist daher dringend abzuraten, könnte sie theoretisch doch sogar zu einem Amtshaftungsverfahren gegen den Richter oder Rechtspfleger führen, wenn dem UhPfl ein Schaden entstanden ist, abgesehen davon, dass dem Pflegschaftsgericht durchaus Mittel an die Hand gegeben sind, unwillige UhPfl zur Mitwirkung – oder zur Tragung der für sie negativen Konsequenzen – zu zwingen.

450 1. Das Gericht ist verpflichtet, den maßgeblichen Sachverhalt ohne Rücksicht auf das Parteiverhalten zu erforschen. Unterlassen die Beteiligten die freiwillige Vorlage der erforderlichen und verlangten Urkunden, hat das Gericht von den Parteien oder deren Vertretern alle Urkunden zur Ermittlung der aufzuklärenden Tatsachen „abzufordern". Die Befolgung eines solchen Auftrags ist gegenüber den Parteien und ihren Vertretern auch unter **Anwendung des § 19 Abs 1 AußStrG 1854** erzwingbar. Das Gericht ist in der Wahl der Mittel zur Aufklärung aller Voraussetzungen einer gesetzmäßigen E nicht beschränkt, § 183 Abs 1 AußStrG 1854 steht der allgemeinen Vorlagepflicht nicht entgegen, weil diese Bestimmung nicht nur auf „Auskünfte" abstellt, sondern auch auf „deren Überprüfung". 4 Ob 2126/96 t = ÖA 1997, 128/F 130 = EF 83.791; 9 Ob 342/97 b = EF 85.539 = ÖA 1998, 213/F 172; 1 Ob 311/98 m = ÖA 1999, 114/U 267 = EF XXXV/3.

2. Der Vater kann daher etwa durch Zwangsmittel zur Herausgabe eines urkundlichen Gewinnbelegs verhalten werden; verweigert er dennoch die Vorlage urkundlicher Belege über die Höhe seines **Lotteriegewinns**, hat das Gericht eine Auskunft des Konzessionärs der Klassenlotterie über die tatsächliche Höhe des Spielgewinns einzuholen. 1 Ob 311/98 m = ÖA 1999, 114/U 267 = EF XXXV/3.

3. **Anmerkung:** Die Grundsätze dieser Rsp sind auch nach der Außerstreitreform 2003 weiterhin anzuwenden.

451 1. Die Frage, ob die Erteilung einer Gehaltsauskunft durch den deutschen Arbeitgeber des Vaters an das österreichische Pflegschaftsgericht den in Deutschland geltenden **Datenschutzvorschriften** widersprechen könnte, ist für die allein nach den österreichischen Rechtsvorschriften vorzunehmende Beurteilung der Zulässigkeit einer solchen Auskunft als Beweismittel ohne Bedeutung. 8 Ob 1554/93.

2. Die allfällige Weitergabe der Ergebnisse des Sachverständigenbeweises an Außenstehende, die den Datenschutz verletzen könnten, bildet keine offenbare Ge-

setzwidrigkeit, weil der Datenschutz nicht dazu da ist, die Erhebung der Vermögens- und Einkommensverhältnisse des UhPfl zu verhindern. 4 Ob 581/88.

3. Beeidete Buchprüfer und Steuerberater sind sowohl als **gerichtliche Sachverständige** als auch nach ihrem Beruf zur **Verschwiegenheit und Geheimhaltung** verpflichtet. Es besteht daher keine Gefahr, sie würden Geschäftsgeheimnisse preisgeben. Sollte der Vater lediglich bestrebt sein, seine wahren Vermögens- und Einkommensverhältnisse zu verbergen, ist er auf das auch gem § 1 Abs 1 und 2 DSG iVm Art 8 Abs 2 EMRK vorrangige Interesse seiner uhber Tochter auf die seinen finanziellen Verhältnissen angemessene Alimentation zu verweisen. 9 Ob 342/97 b = EF 83.805 = ÖA 1998, 213/F 172.

3. Beweispflicht des Unterhaltsberechtigten

1. Der UhBer hat **Abstammung, Wissen des UhPfl von seiner Verpflichtung** **452** **und seine UhBed** nachzuweisen. 9 Ob 364/97 p = EF 83.789; 1 Ob 74/02 t = ÖA 2002, 235/F 217.

2. Des weiteren zur Begründung seines **GeldUhAnspr für die Vergangenheit** eine **UhVerletzung** des nur zu UhLeistungen in natura verpflichteten Vaters. 6 Ob 339/99 t = ÖA 2000, 145/UV 202.

3. Ebenso eine maßgebliche, zu seinen Gunsten ausschlaggebende **Änderung der Verhältnisse,** die sich nicht bloß auf die allgemeine Veränderung der Lebenshaltungskosten und der Einkommensverhältnisse sowie den gestiegenen Bedarf aufgrund des Älterwerdens beschränkt. 6 Ob 579/91 = EF 65.885; 1 Ob 553/82 = EF 40.693 = ÖA 1982, 67; 2 Ob 554/82 = EF 40.693; 1 Ob 597/91 = ÖA 1992, 53/U 29 = EF 65.885; 4 Ob 583/95 = ÖA 1996, 122/U 155.

4. Ebenso jene Umstände, aus denen sich ein **Wiederaufleben der UhPflicht** der Eltern ergeben könnte, wenn zuvor die Selbsterhaltungsfähigkeit weggefallen war. 6 Ob 11/99 g = ÖA 1999, 292/U 296; 6 Ob 39/99 z = EF 89.597 = ÖA 1999, 301/F 199.

5. Ebenso dass bei Abschluss eines Vergleichs nicht bloß eine einvernehmliche Ausmittlung des gesetzlichen UhAnspr erfolgte, sondern dabei mit Absicht einzelne Bemessungsfaktoren (zu seinen Gunsten) vernachlässigt bzw überbewertet worden sind. 10 Ob 506/87 = EF 53.854.

1. Richtig ist, das die Mj bislang ihre Abstammung vom AG nicht nachgewie- **452 a** sen hat, blieben doch die Gerichtsaufträge, entsprechende Urkunden vorzulegen, fruchtlos; richtig ist aber auch, dass der AG seine Vaterschaft zur Mj ursprünglich gar nicht bestritten hat; die Bestreitung bei seiner Einvernahme war höchst unbestimmt, weshalb im Interesse der Mj bei den zuständigen Stellen in Slowenien anzufragen oder die Mutter der Mj darüber zu vernehmen gewesen wäre, zumal angesichts der vorangegangenen Kriegswirren die Vorlage der maßgeblichen Urkunden auf Schwierigkeiten gestoßen sein könnte. Damit ist das Verfahren aber mangelhaft geblieben; es bedarf noch weiterer Erhebungen zur Frage der Abstammung. 1 Ob 74/ 02 t = ÖA 2002, 235/F 217.

4. Beweis- und Mitwirkungspflicht des Unterhaltspflichtigen

1. Der UhPfl hat grundsätzlich **alle seine Verpflichtung aufhebenden oder** **453** **mindernden Umstände** zu behaupten und zu beweisen. 1 Ob 553/82 = EF 40.693 =

ÖA 1982, 67; 2 Ob 554/82 = EF 40.693; 6 Ob 553/93 = ÖA 1994, 65/U 89 = EF 71.618; 2 Ob 150/02 a = ÖA 2002, 263/F 218; 7 Ob 92/03 k = ÖA 2003, 215/U 393; 7 Ob 194/03 k; 4 Ob 185/03 i; 9 Ob 137/03 t; 5 Ob 117/04 y.

2. Dh insb bei der Beurteilung von Detailfragen der UhBemessung die für seinen Rechtsstandpunkt günstigen Tatsachen. 10 Ob 2416/96 h = ÖA 1998, 26/F 145; 6 Ob 145/98 m = ÖA 1999, 35/U 261; 7 Ob 344/98 h = ÖA 1999, 133/U 277 = EF 86.817.

3. Also etwa, dass er **zur Zahlung** eines erhöhten UhBeitrags **nicht in der Lage** ist, uzw auch dann, wenn Uh für die Vergangenheit begehrt wird. 6 Ob 579/91 = EF 65.885; 1 Ob 597/91 = ÖA 1992, 53/U 29 = EF 65.885.

4. Oder **verminderte Leistungsfähigkeit** gegenüber den dem Vortitel zugrunde liegenden Verhältnissen. 1 Ob 656/90 = tw EF 62.670, 62.677 = ÖA 1991, 43/U 18 = SZ 63/153 = ÖA 1992, 110/U 36; 8 Ob 525/95 = EF 77.921, 77.936; 4 Ob 583/95 = EF 77.921 = ÖA 1996, 122/U 155; 9 Ob 302/97 w = EF 83.795; 9 Ob 399/97 k; 7 Ob 140/97 g; 8 Ob 311/97 m = ÖA 1998, 171/UV 107; 6 Ob 145/98 m = ÖA 1999, 35/U 261 = EF 86.805.

5. Uzw insb im Fall der **Konkurseröffnung,** andernfalls das bisherige Nettoeinkommen die UBGr darstellen würde. 6 Ob 553/93 = ÖA 1994, 65/U 89 = EF 70.829; 2 Ob 202/98 i = ÖA 1999, 54/F 192.

6. **Anmerkung:** Vgl dazu allerdings nunmehr Rz 231 ff.

7. Oder dass die Finanzierung des weiteren Studiums des Kindes nicht mehr zumutbar ist, weil es sich dabei um einen rechtshindernden Einwand des UhPfl handelt, der dem diesbezüglichen Beweis auch näher ist. 2 Ob 516/94 = EF 74.936 = ÖA 1995, 151/U 125.

454 1. Der UhPfl hat das Vorliegen realer Ausgaben, die zur Verringerung der für den Lebensbedarf verfügbaren Mittel führen, zu behaupten und zu beweisen, widrigenfalls die **lineare Abschreibung für Abnutzung** als die UBGr erhöhend dem steuerlichen Gewinn hinzuzuzählen wäre. 3 Ob 194/97 v = ÖA 1998, 114/U 213 = EF 83.799.

2. Oder dass er eine erhaltene **Ausgleichszahlung** einschließlich deren Verzinsung dem der Ausgleichszahlung zugrunde liegenden Zweck (Wohnraum- bzw Einrichtungsbeschaffung) entsprechend verwendet hat oder zu verwenden beabsichtigt. 1 Ob 622/93 = EF 71.617.

3. Der Bezug eines Stadtrats ist keine reine Aufwandsentschädigung; der Vater muss daher den tatsächlich mit seiner Mandatsausübung notwendigerweise verbundenen **Aufwand** konkret behaupten und beweisen. 5 Ob 254/01 s = EF 96.411.

4. Ebenso, welche Mehrauslagen ihm tatsächlich durch den Auslandsdienst erwachsen (Berücksichtigung einer **Auslandsverwendungszulage**). 7 Ob 640/90 = EF 61.760/5.

5. Oder **krankheitsbedingten Sachaufwand** (zB besonders hohe Rezeptgebühren wegen der Vielzahl von einzunehmenden Medikamenten), wobei an den Nachweis der Notwendigkeit zusätzlichen Aufwandes jedoch ein besonders strenger Maßstab anzulegen ist. 5 Ob 2233/96 k; 1 Ob 357/99 b = ÖA 2000, 136/U 311.

6. Oder dass von ihm als Pflegegeldbezieher der tatsächliche Betreuungsaufwand mit dem gewährten **Pflegegeld** nicht zu finanzieren sowie dass trotz entsprechenden Vorbringens im hiefür vorgesehenen Verfahren das Pflegegeld zu niedrig bemessen worden sei. 1 Ob 357/99 b = ÖA 2000, 136/U 311.

7. Ebenso Art und Umfang der geltend gemachten Sachaufwendungen (Anschaffungs- und Betriebskosten eines **behindertengerechten PKW**). 6 Ob 145/98 m = ÖA 1999, 35/U 261 = EF 86.807.

8. Nicht ausreichend ist die nicht näher spezifizierte Behauptung, wegen einer bestehenden Behinderung auf das Auto angewiesen zu sein, und die bloße Vorlage einer „Fahrtenaufstellung" ohne Bezugnahme bzw Nachweis der Notwendigkeit der auswärtigen Aufenthalte. 7 Ob 344/98 h = ÖA 1999, 133/U 277 = EF 86.808.

9. Der UhPfl ist beweispflichtig für die Abzugsfähigkeit geltend gemachter **Kreditrückzahlungsraten**. 1 Ob 581/94; 1 Ob 1666/95 = ÖA 1996, 99/F 111; 6 Ob 658/95; 10 Ob 2018/96 d = EF 80.892 = ÖA 1998, 17/F 142; 1 Ob 2233/96 f = EF 80.892; 1 Ob 217/99 i; 1 Ob 8/98 b = EF 86.810; 1 Ob 130/98 v = EvBl 1998/175 = ÖA 1999, 14/U 243 = EF 86.812; 1 Ob 139/01 z = EF 96.408; 7 Ob 129/02 z; 10 Ob 265/02 x.

10. Wobei er diese genau zu bescheinigen hat. 7 Ob 662/90 = EvBl 1991/50 = JBl 1991, 720 = ÖA 1992, 110/U 37; 1 Ob 581/94 = EF 74.938.

11. Und bei lange zurückliegender Scheidung auch bescheinigen muss, wo der Zusammenhang von **Wohnraumbeschaffungskosten** und Scheidung liegt. 9 Ob 123/98 y = ÖA 1999, 113/U 266 = EF 86.814.

12. Bzw warum die Kreditaufnahme unbedingt nötig war und die Rückzahlung nicht früher erfolgen konnte. 1 Ob 1666/95 = ÖA 1996, 99/F 111; 8 Ob 2263/96 v = EF 83.542; 9 Ob 123/98 y.

455 **1.** Der UhPfl hat bei der Geltendmachung von UhAnspr für die Vergangenheit zu behaupten und zu beweisen, dass der **UhAnspr**, etwa **durch Bezahlung von dritter Seite, erloschen** ist. 1 Ob 683/90 = RZ 1991/35 = tw EF 63.308; 1 Ob 633/90 = EF XXVIII/1; 3 Ob 606/90 = JBl 1991, 309 *(Apathy)* = EF 63.305; 6 Ob 579/91; 2 Ob 580/91; 1 Ob 552/93 = ÖA 1994, 19/U 83; 6 Ob 548/95 = ÖA 1996, 63/U 142; 7 Ob 2031/96 v; 1 Ob 72/97 p = SZ 70/159; 9 Ob 399/97 k; 6 Ob 11/99 g = ÖA 1999, 292/U 296.

2. Soweit allerdings bereits ein erster Anschein für das Zutreffen dieser Einwendung spricht, ist es Sache des UhBer, ihn zu entkräften, weil der UhPfl vielfach mangels Einsicht in die Versorgungsverhältnisse des UhBer nicht in der Lage sein wird, Ausmaß und nähere Umstände von Drittleistungen aufzudecken. VerstSenat 6 Ob 544/87 = ÖA 1988, 79 = SZ 61/143 = EvBl 1988/123 = JBl 1988, 586 (zust *Pichler*); 6 Ob 580/88 = ÖA 1990, 15; 6 Ob 559/92 = ÖA 1993, 19/U 69; 2 Ob 570/92 = ÖA 1993, 25.

455 a **1.** Bei der Ermittlung der UBGr trifft den UhPfl eine **Mitwirkungspflicht**. 2 Ob 509/95 = EF 77.926, 77.933 = ÖA 1995, 152/U 127; 1 Ob 599/95; 4 Ob 2025/96 i = EF 82.475; 1 Ob 2040/96 y = EF 80.899, 80.900; 4 Ob 2025/96 i = EF 82.474; 6 Ob 41/00 y; 7 Ob 164/06 b = EF-Z 2006/76.

2. Dies gilt insb für **Detailfragen** der UhBemessung; diese Mitwirkungs- und Vollständigkeitspflicht ist nunmehr auch in § 16 Abs 2 AußStrG ausdrücklich festgeschrieben. 7 Ob 164/06 b = EF-Z 2006/76.

3. Der er nicht durch Vorlage etwa von Einkommensteuerbescheiden entspricht. 9 Ob 302/97 w = EF 83.795.

4. Oder durch Vorlage der Bilanz eines Jahres unter Ablehnung der Vorlage weiterer Geschäftsunterlagen. 3 Ob 553/91 = EvBl 1992/20 = ÖA 1992, 56/F 8; 4 Ob 1611/94 = EF 74.944; 1 Ob 2040/96 y = EF 80.899, 80.900.

5. Diese subjektive Beweislast wird wiederum durch die **Verpflichtung des Gerichts ergänzt,** auch ohne entsprechende Behauptungen zur E erforderliche Tatsachen zu erheben. 1 Ob 622/93 = EF 73.303; 1 Ob 641/94 = EF 76.292; 9 Ob 364/97 p = EF 83.784.

6. Weshalb eine **Schätzung der UBGr** erst in Betracht kommt, wenn das Gericht die Grundlagen für die UhBemessung nicht ermitteln kann. 2 Ob 509/95 = EF 77.926, 77.933 = ÖA 1995, 152/U 127; 1 Ob 599/95; 4 Ob 2025/96 i = EF 82.475; 1 Ob 2040/96 y = EF 80.899, 80.900; 6 Ob 41/00 y.

7. Verletzt allerdings der UhPfl seine Mitwirkungspflicht, kann sein Einkommen nach freier Würdigung **geschätzt** und bei der Erledigung von Anträgen auf Änderung der bisherigen UhFestsetzung von den bisherigen Einkommensverhältnissen ausgegangen werden. 3 Ob 553/91 = EvBl 1992/20 = ÖA 1992, 56/F 8 = EF 65.882, 65.883; 4 Ob 1611/94; 2 Ob 509/95 = ÖA 1995, 152/U 127; 3 Ob 570/95 = SZ 68/247 = ÖA 1996, 125/U 159; 1 Ob 2040/96 y = EF 80.899; 6 Ob 238/98 p = ÖA 1999, 48/UV 125; 5 Ob 117/04 y; 2 Ob 26/05 w; 7 Ob 164/06 b = EF-Z 2006/76.

8. Dies gilt insb auch dann, wenn der Vater der gerichtlichen Aufforderung, die **erforderlichen Unterlagen dem Sachverständigen vorzulegen,** nicht nachgekommen ist. 4 Ob 1611/94; 1 Ob 2040/96 y = EF 80.903.

9. Ob der UhPfl seiner ihm obliegenden Mitwirkungspflicht nachgekommen ist, ist eine Frage des Einzelfalls. 2 Ob 26/05 w.

10. Es würde einen Wertungswiderspruch darstellen, wenn nur bei mj Kindern eine Mitwirkungspflicht des UhPfl an der Feststellung seiner Einkommensverhältnisse bestünde, nicht aber bei großjährigen. Dieser kann nur dadurch beseitigt werden, dass man den großjährigen Kindern die Möglichkeit einräumt, eine **Stufenklage nach Art XLII Abs 1 1. Fall EGZPO** einzubringen. Dabei ist aber vor der E über das Rechnungslegungsbegehren zu prüfen, ob der geltend gemachte Anspruch dem Grunde nach überhaupt zu Recht besteht. Erst wenn dieser bejaht werden kann, ist im Rahmen der Stufenklage dem Rechnungslegungsbegehren durch Teilurteil stattzugeben. 2 Ob 217/04 g.

11. Anmerkung: Diese E erging knapp vor Inkrafttreten der Außerstreitreform 2003, die sämtliche UhVerfahren zw Eltern und Kindern ins VaStr verschoben hat. Sie ist daher an sich bedeutungslos geworden. Den Umkehrschluss zu ziehen, nunmehr stünde allen Kindern ein Rechnungslegungsanspruch zu, erschiene in Anbetracht der im VaStr bestehenden Mitwirkungspflichten des UhPfl nämlich verfehlt und überflüssig.

Zum Rechnungslegungsbegehren bei UhAnspr vgl auch Rz 751, 796.

5. Anspannung

a) Allgemeines

456 **1.** Die Grundsätze der Rsp betr die **Mitwirkungspflicht** des UhPfl bei Ermittlung der UBGr und die Beweislastverteilung gelten auch bei UhFestsetzung aufgrund nicht tatsächlich erzielten, sondern bloß als erzielbar zugrunde gelegten Einkommens. 6 Ob 690/90 = EvBl 1991/69 = ÖA 1991, 112 = EF 63.674.

2. Die Behauptungs- und **Beweislast für ein zumutbarerweise erzielbares höheres Einkommen** trifft die durch den Anspannungsgrundsatz begünstigte Partei. 1 Ob 56/01 v.

3. Der UhBer hat daher die **Voraussetzungen für die Anwendung der Anspannungstheorie** zu behaupten und zu beweisen. 1 Ob 552/93 = ÖA 1994, 19/ U 83 = EF 71.613.

4. Den UhPfl trifft hingegen die Beweislast, dass er trotz Anspannung seiner Kräfte nicht in der Lage ist, seiner vollen gesetzlichen Verpflichtung nachzukommen, wenn aufgrund amtswegiger Erhebungen eine ausreichende Tatsachengrundlage nicht geschaffen werden kann. 8 Ob 1603/93 = ÖA 1994, 105/F 80 = EF 74.935; 8 Ob 503/96; 2 Ob 2376/96 t = ÖA 1997, 199/U 191; 1 Ob 325/97 v = ÖA 1998, 172/ F 165; 7 Ob 140/97 g; 8 Ob 311/97 m = ÖA 1998, 171/UV 107; 9 Ob 364/97 p = EF 83.789; 1 Ob 223/98 w = EF 89.611 = ÖA 1999, 219/U 289; 5 Ob 117/04 y.

5. So hat er etwa darzutun, dass seine **privaten Bewerbungsgesuche** bisher ohne Erfolg geblieben seien und sich sämtliche Gespräche mit möglichen Arbeitgebern zerschlagen hätten. 1 Ob 654/92 = ÖA 1993, 140/U 80; 10 Ob 523/95 = ÖA 1996, 121/U 154; 7 Ob 539/95 = EF 77.924 = ÖA 1995, 157/U 134; 1 Ob 1645/95 = EF 77.924; 8 Ob 311/97 m = ÖA 1998, 171/UV 107; 8 Ob 503/96; 2 Ob 2376/96 t = ÖA 1997, 199/U 191.

6. Dass er also bisher keinen Arbeitsplatz finden konnte, wobei er **auch Nachweise über Vorsprachen bei Dienstgebern** zu erbringen hat. 1 Ob 654/92 = ÖA 1993, 140/U 80 = EF 68.600.

7. Bzw dass er alles unternommen hat, um zumindest ein dem bisherigen entsprechendes Einkommen zu erzielen. 10 Ob 523/95 = ÖA 1996, 121/U 154.

8. Bzw dass ihn infolge einer Geisteskrankheit kein Verschulden trifft. 7 Ob 194/03 k.

Anmerkung: Zur Frage seiner Behandlungspflicht vgl allerdings Rz 152 a.

9. Gelingt dem UhPfl der Beweis nicht, dass er sein früheres Einkommen nicht mehr erzielen kann, kann er nicht ohne weiteres auf dieses angespannt werden, sondern es sind dann die – allenfalls durch Zuziehung eines Sachverständigen zu klärenden – konkreten Erwerbschancen auf dem Arbeitsmarkt ausschlaggebend. 1 Ob 223/ 98 w = EF 89.613 = ÖA 1999, 219/U 289.

b) Erstmalige Festsetzung bei unbekanntem Aufenthalt

1. Der unbekannte Aufenthalt des UhPfl ist grundsätzlich ein Indiz dafür, dass sich der UhPfl seiner UhPflicht zu entziehen sucht. 8 Ob 554/91 = ÖA 1992, 55/ UV 28.

457

2. Die Anspannungstheorie und die dazu in SZ 53/54 ausgesprochenen Beweislastregeln sind auch bei **erstmaliger UhFestsetzung** heranzuziehen, wenn die zur Zeit des letzten bekannten Aufenthalts maßgeblichen Tatsachenprämissen noch festgestellt werden können. 8 Ob 543/90 = SZ 63/40 = RZ 1993/38 = ÖA 1990, 109 = ÖA 1991, 42/U 10; 7 Ob 620/90 = ÖA 1992, 115/UV 33; 7 Ob 621/90; 8 Ob 554/91 = ÖA 1992, 55/UV 28; 7 Ob 551/91 = EF 65.260; 8 Ob 565/91; 4 Ob 557/91 = ÖA 1992, 125 = EF 65.886 = ÖA 1992, 53/U 30; 6 Ob 1629/95; 7 Ob 140/97 g = EF 83.409; 9 Ob 364/97 p = EF 86.775 = EF 83.408.

Anmerkung: Vgl dazu Rz 458.

3. Auf deren Grundlage ist unter Anwendung der Anspannungstheorie zu entscheiden, wenn entlastende Veränderungen der Verhältnisse vom UhPfl nicht bewiesen werden können. 8 Ob 543/90 = SZ 63/40 = ÖA 1990, 109 = EF 62.067, 62.674 = RZ 1993/38 = ÖA 1991, 42/U 10.

4. Und die **Abwesenheit** bzw der **unbekannte Aufenthalt** noch **nicht von langer Dauer** sind oder der UhPfl beweismäßig erfassbare Spuren hinterlassen hat, die auf seine Leistungsfähigkeit schließen lassen, was bei einem Zeitraum von 15 Jahren aber nicht mehr der Fall ist. 7 Ob 578/90 = SZ 63/95 = EvBl 1990/156 = ÖA 1991, 25 = EF 62.068, 62.071; 7 Ob 620/90 = ÖA 1992, 115/UV 33; 7 Ob 378/98 g; 1 Ob 94/98 z = ÖA 1999, 44/UV 120.

5. Und der UhPfl **Kenntnis von seiner UhPflicht** hat, wobei die Kenntnis seines Abwesenheitskurators vom Bestehen einer Sorgepflicht, von der der Abwesende nachweislich nichts weiß, als Voraussetzung für eine Anspannung nicht genügt, setzt Anspannung doch Verschulden oder Zumutbarkeit einer entsprechenden Erwerbstätigkeit voraus. 7 Ob 61/97 i = ÖA 1998, 127/F 157 = EF 83.410, 83.411 = ÖA 1998, 27/F 148.

c) Neubemessung bei unbekanntem Aufenthalt

458 1. Wird ein **Erhöhungsantrag** gegen einen UhPfl unbekannten Aufenthalts auf allgemeine Veränderungen der Lebenshaltungskosten und der Einkommensverhältnisse und erhöhten Bedarf des älter gewordenen Kindes gestützt, trifft die Beweislast, zur Bezahlung des dem entsprechenden UhBeitrags nicht fähig zu sein, den UhPfl. 1 Ob 556/80 = SZ 53/54 = RZ 1981/7 = ÖA 1980, 23 = EF 37.338; 1 Ob 533/82 = ÖA 1982, 67; 2 Ob 554/82; 1 Ob 700/89; 7 Ob 708/89 uva; 9 Ob 364/97 p; 1 Ob 262/02 i = EF 99.613; 7 Ob 194/03 k.

2. Die Erstbemessung beruhte hier nicht auf einem fiktiven, sondern auf einem realen Einkommen des Vaters, weshalb er zu beweisen gehabt hätte, dass sich seine wirtschaftliche Leistungsfähigkeit nach Beendigung seiner Berufstätigkeit in Österreich verschlechtert habe und daher die bisherige UBGr nicht mehr unverändert fortgeschrieben werden könne. Dagegen lässt sich auch die E 1 Ob 94/98 z nicht ins Treffen führen, weil dort die Erstbemessung auf Grundlage eines Einkommens erfolgen sollte, das der UhPfl mehr als 3 Jahre vor seinem Untertauchen erzielt haben soll. 1 Ob 262/02 i = EF 99.614.

3. Die bisherige UBGr ist aufzuwerten, wenn der UhPfl nicht eine Verringerung oder den Wegfall der bisherigen Leistungsfähigkeit nachweist. 1 Ob 612/91 = RZ 1992/48 = RZ 1993/76 = ÖA 1992, 51/U 24 = EF 65.889.

4. Wenn das Kind also nur eine **Anpassung** der UhPflicht an die seit der seinerzeitigen Erstbemessung eingetretene **Nominallohnsteigerung** und seinen **altersbedingt erhöhten Bedarf** begehrt, ohne eine reale Steigerung der Leistungsfähigkeit des UhPfl zu unterstellen. 1 Ob 597/91 = ÖA 1992, 53/U 29; 1 Ob 612/91 = RZ 1992/48 = RZ 1993/76 = ÖA 1992, 51/U 24.

5. Soweit in der E 7 Ob 578/90 vertreten wird, auf die Anspannung des UhPfl gestützte UhBemessungsverfahren blieben im Allgemeinen dann aussichtslos, wenn der UhPfl schon lange Zeit hindurch **unbekannten Aufenthalts** sei, kann dem insofern nicht beigepflichtet werden, als die Beweislast den UhPfl trifft. 1 Ob 597/91 = ÖA 1992, 53/U 29; 1 Ob 612/91 = RZ 1992/48 = RZ 1993/76 = ÖA 1992, 51/U 24.

6. **Anmerkung:** Dieser Widerspruch lässt sich dahin auflösen, dass bei einer erstmaligen Festsetzung auch hinsichtlich der UBGr gewisse Beweispflichten auf Seiten des Kindes liegen, während bei einer Änderung der UhPfl seine verringerte Leistungsfähigkeit beweisen muss. Daher kommt es bei Abwesenheit des UhPfl im Rahmen der erstmaligen Festsetzung schon auf die Dauer der Abwesenheit – und die da-

mit verbundene Unsicherheit der tatsächlichen Gegebenheiten – an, während bei einer UhErhöhung dies im Hinblick auf die Beweispflicht des UhPfl keine derart tragende Rolle spielt. Wenn nicht einmal mit Sicherheit feststeht, ob der UhPfl überhaupt noch lebt, wird es aber wohl – zumindest – nicht zu einer Erhöhung kommen können.

6. Sonderbedarf

459 1. Für eigenen Sonderbedarf ist der UhBer behauptungs- und beweispflichtig. 7 Ob 521/95 = EF 77.917 = ÖA 1995, 154/U 130; 1 Ob 180/98 x = ÖA 1999, 117/U 268 = EF 86.790; 6 Ob 195/04 a.

2. Dies ergibt sich aus seinem Ausnahmecharakter. 6 Ob 195/04 a.

3. Für Sonderbedarf eines bei der UhPflicht konkurrierenden Kindes ist jedoch der UhPfl beweispflichtig. 1 Ob 180/98 x = ÖA 1999, 117/U 268 = EF 86.791.

7. Anrechnung von Transferleistungen

459 a 1. Tritt der gelduhpfl Elternteil dem Erhöhungsantrag des UhBer mit dem Gegenantrag entgegen, das Erhöhungsbegehren abzuweisen, und sind die für die Anrechnung maßgeblichen Umstände (Bezug der FB durch den anderen Elternteil; Bruttoeinkommen) unstrittig oder aktenkundig, hat die Berücksichtigung von Transferleistungen bei der UhBemessung **auch ohne gesondertes Vorbringen des GeldUhPfl** zu erfolgen. 1 Ob 208/03 z = JBl 2004, 306 = EF 104.150; 1 Ob 242/03 z = EF 104.150; 4 Ob 254/03 m; 10 Ob 4/04 t; 2 Ob 153/04 w; 6 Ob 140/04 p; 3 Ob 181/04 w; 2 Ob 207/04 m; 6 Ob 238/04 z; 1 Ob 71/05 f; 10 Ob 11/04 x = EF-Z 2006/11 *(Gitschthaler)*; 5 Ob 24/06 z; 2 Ob 237/06 a; 2 Ob 134/06 d.

2. Dies gilt auch dann, wenn in einem einheitlichen Verfahren sowohl über einen Erhöhungsantrag des Kindes als auch über ein Herabsetzungsbegehren des Vaters entschieden wird. 10 Ob 4/04 t.

3. **Einschr:** Allerdings bedarf es doch einer Antragstellung auf Gewährung von FB (§ 13 FamLAG), um in deren Genuss zu kommen. Jedenfalls dies müsste der UhPfl behaupten, wenn der Umstand nicht aktenkundig ist. Dass das Kind dem Haushalt der Mutter angehört, reicht allein nicht aus. 1 Ob 71/05 f; 2 Ob 134/06 d.

4. **Abw:** Das Gesetz gebietet nicht zwingend eine steuerliche Entlastung des UhPfl. Die Entlastung hängt vielmehr von seiner Disposition ab. Der Untersuchungsgrundsatz im VaStr geht nicht so weit, dass von Amts wegen eine vom UhPfl gar nicht begehrte Steuerentlastung vorgenommen werden müsste, ihm also ein verzichtbarer Rechtsanspruch (Rechtsgrund) geradezu aufgedrängt wird. Den UhPfl trifft daher die diesbezügliche Behauptungs- und Beweispflicht. 2 Ob 77/03 t = ÖA 2003, 222/U 397; 7 Ob 92/03 k = ÖA 2003, 215/U 393; 6 Ob 91/03 f = ÖA 2003, 220/U 396 = EvBl 2004/10; 6 Ob 94/03 x = JBl 2004, 101 (alle EF 104.148).

5. **Abw:** Da zur Problematik des § 12 a FamLAG kein Vorbringen erstattet worden ist, braucht darauf auch nicht näher eingegangen zu werden. 4 Ob 134/03 i = EvBl 2003/175; 5 Ob 212/03 t; 4 Ob 185/03 i (alle EF 104.149).

6. Stellt der UhPfl selbst einen **Herabsetzungsantrag** und stützt diesen auf andere Umstände als § 12 a FamLAG, hängt seine Entlastung von seiner Disposition ab. Der Untersuchungsgrundsatz geht nicht so weit, dass von Amts wegen eine vom UhPfl gar nicht begehrte Steuerentlastung vorgenommen werden müsste, der Partei

also ein verzichtbarer Rechtsanspruch (Rechtsgrund) geradezu aufgedrängt werden müsste. 3 Ob 181/04 w; 5 Ob 24/06 z.

7. Auch im **Oppositionsprozess** ist es der Kl, der jene Tatsachen behaupten und beweisen muss, aus denen sich das (allenfalls teilweise) Erlöschen (oder die Hemmung) des Anspruchs ergibt. Für die Verminderung des UhAnspr wegen der mit der FB bezweckten Entlastung des geldleistungspflichtigen Elternteils kann nichts anderes gelten. 3 Ob 202/05 k = EF-Z 2006/28.

459 b 1. Nach der nunmehrigen Rsp sind die Transferleistungen bei der E über einen Erhöhungsantrag unabhängig davon zu berücksichtigen, ob der UhPfl ihre Berücksichtigung ausdrücklich begehrt. Hätte diese Rsp bereits im Zeitpunkt der E über den UhErhöhungsantrag (27. 3. 2003) bestanden, so wären die Transferleistungen zu berücksichtigen gewesen, obwohl der – unvertretene – Vater dies nicht ausdrücklich begehrt hatte. Die – insb für Verfahren, in denen die Parteien häufig nicht anwaltlich vertreten sind – wesentliche Änderung der Rsp berechtigt den Vater, die Herabsetzung des Uh durch Berücksichtigung der dem betreuenden Elternteil zukommenden Transferleistungen zu verlangen. 4 Ob 42/05 p.

2. Dies gilt aber nicht, wenn der UhPfl nunmehr – anders als bei Vergleichsabschluss – auf der Anrechnung der FB bestehen will. 7 Ob 82/05 t.

3. Oder wenn der UhPfl seinen Antrag auf Berücksichtigung der FB zurückgezogen hat. 9 Ob 23/05 f.

E. Rechtliches Gehör

1. Allgemeines

460 1. Der in **Art 6 EMRK** festgelegte Grundsatz des rechtlichen Gehörs **gilt auch im VaStr.** 7 Ob 73/00 m = ÖA 2000, 222/UV 176.

2. **Anmerkung:** Die deutliche Verankerung dieses Grundsatzes im Gesetz war eines der wesentlichen Anliegen der Außerstreitreform 2003. Die folgenden E sind daher insofern nicht mehr von Bedeutung.

3. **Überholt:** Er ist in § 2 Abs 2 Z 5 AußStrG *(1854)* verankert und kann überdies aus einer Analogie zu § 477 Abs 1 Z 4 ZPO abgeleitet werden. 7 Ob 186/00 d = ÖA 2000, 267/UV 178.

4. **Überholt:** Und schließlich kann die Wertung, dass Beteiligte gegebenenfalls im Rekursverfahren zu hören sind, aus § 473 a ZPO ersehen werden. 7 Ob 186/00 d = ÖA 2000, 267/UV 178.

461 1. Das rechtliche Gehör wird nicht nur dann verletzt, wenn sich eine Partei in einem Verfahren überhaupt nicht äußern konnte, sondern auch dann, **wenn der E Tatsachen oder Beweisergebnisse zugrunde gelegt wurden, hinsichtlich derer der Partei diese Möglichkeit nicht offenstand.** 4 Ob 514/92 = ÖA 1992, 145/59; 6 Ob 302/98 z = ÖA 1999, 132/U 276; 7 Ob 73/00 m = ÖA 2000, 222/UV 176.

2. Verfahrensvorgänge, die erkennbar **wesentliche Tatsachen** betreffen, sind den Parteien bekannt zu geben, damit sie dazu **Stellung nehmen** können. 3 Ob 541/95 = ÖA 1996, 129; 1 Ob 258/97 s; 6 Ob 302/98 z = ÖA 1999, 132/U 276; 7 Ob 186/00 d = ÖA 2000, 267/UV 178.

3. Eine Verletzung des rechtlichen Gehörs ist jedoch nicht gegeben, wenn die Partei die Möglichkeit hatte, ihren Standpunkt im Rekurs zu vertreten; die Nichtan-

hörung zu einzelnen Beweisergebnissen stellt jedenfalls einen Nichtigkeitsgrund nicht dar. 4 Ob 521/77 = EF 30.388; 6 Ob 629/77 = EF 30.388; 6 Ob 10/77 = EF 30.388; 5 Ob 597/79 = EF 34.821; 1 Ob 624/79 = EF 34.821; 2 Ob 595/79 = EF 34.821.

4. **Anmerkung:** In der Vorauflage wurde diese Rsp im Hinblick darauf kritisiert, dass nach der damaligen Rechtslage das Rechtsmittelverfahren einseitig war und die Partei vor einer Abänderung einer E zu ihren Lasten möglicherweise nicht in die Lage gekommen war, Feststellungen, die sich aus einzelnen Beweisergebnissen ergaben, bekämpfen zu können (etwa: Das ErstG trifft aufgrund einer unrichtigen Dienstgeberauskunft eine falsche Feststellung über die Höhe des Einkommens des UhPfl, weist aber den UhErhöhungsantrag des Kindes mit der unrichtigen Begründung ab, es lägen keine geänderten Umstände vor; das RekursG teilt diese Auffassung nicht und gibt – ausgehend vom festgestellten Einkommen – dem Erhöhungsantrag statt. Bei einer solchen Konstellation war der UhPfl nie in der Lage, sich gegen diese unrichtige UBGr zu Wehr zu setzen). Dieser Kritik wurde durch § 48 AußStrG die Grundlage entzogen; nunmehr könnte/müsste der UhPfl in der Rekursbeantwortung die Unrichtigkeit der vom ErstG angenommen UBGr geltend machen.

5. Die Unterlassung der Anhörung einer Partei zu einzelnen Verfahrensergebnissen stellt zwar nicht grundsätzlich einen Nichtigkeitsgrund dar, wohl aber dann, wenn **der Partei bei der Gewinnung der entscheidungswesentlichen Tatsachengrundlagen die Mitwirkung am Verfahren verweigert** wurde. 6 Ob 302/98 z = ÖA 1999, 132/U 276.

6. Uzw wenn zu erheblichen zusätzlichen, für die Partei nachteiligen Beweisergebnissen nicht einmal im Rekurs (bei Beweisergänzung durch das RekursG im RevRek) Stellung genommen werden konnte. 1 Ob 721/81 = SZ 54/124 = EvBl 1982/120; 10 Ob 355/99 z; 6 Ob 319/99 a; 7 Ob 186/00 d = ÖA 2000, 267/UV 178.

7. Das **RekursG muss** daher **vor einer stattgebenden E die Möglichkeit einer Äußerung einräumen.** 7 Ob 73/00 m = ÖA 2000, 222/UV 176.

8. Überholt: Beantwortungen von (Rev)Rek in an sich einseitigen außerstreitigen Verfahren können daher dann **für zulässig erachtet** werden, wenn der (Rev)Rek zulässige Neuerungen enthält und nicht lediglich Rechtsausführungen getätigt werden. 6 Ob 2398/96 g; 4 Ob 133/00 p; 8 Ob 162/00 g.

9. Überholt: Auch wenn im VaStr nur in Ausnahmefällen ein **zweiseitiges Rekursverfahren** vorgesehen ist und eine solche Ausnahme im UhVerfahren nicht besteht. 4 Ob 231/97 t; 8 Ob 162/00 g.

10. Eine aus der Verletzung des Grundsatzes des rechtlichen Gehörs resultierende Nichtigkeit (oder Mangelhaftigkeit) liegt aber dann nicht vor, wenn die betroffene Partei durch die vom RekursG ergänzend getroffenen Feststellungen **nicht verschlechtert wurde.** 6 Ob 319/99 a; 7 Ob 186/00 d = ÖA 2000, 267/UV 178.

2. Zustimmungsfiktion

§ 17 AußStrG. Das Gericht kann eine Partei unter Setzung einer angemessenen Frist auffordern, sich zum Antrag einer anderen Partei oder zum Inhalt der Erhebungen zu äußern, oder die Partei zu diesem Zweck zu einer Vernehmung oder Tagsatzung laden. Lässt die Partei die Frist ungenützt verstreichen oder leistet sie der Ladung nicht Folge, so kann das Gericht annehmen, dass keine Einwendungen gegen die Angaben der anderen Partei oder gegen eine beabsichtigte Entscheidung auf der

Grundlage des bekannt gegebenen Inhalts der Erhebungen bestehen. Die Aufforderung zur Äußerung sowie die Ladung haben einen Hinweis auf diese Rechtsfolge zu enthalten und sind wie eine Klage zuzustellen. Gegen eine solche Fristsetzung oder Ladung ist ein Rechtsmittel nicht zulässig.

462 1. Die Säumnisvorschrift des § 17 AußStrG gilt zwar allgemein im Bereich des Außerstreitgesetzes, entspricht sonst jedoch **unverändert § 185 Abs 3 AußStrG 1854**, sodass auch die dazu ergangene Rsp fortzuschreiben ist. 9 Ob 36/06 v; 3 Ob 43/07 f.
2. Er verallgemeinert also die bisher in § 185 Abs 3 AußStrG 1854 vorgesehene Möglichkeit einer „Säumnisentscheidung". 10 Ob 40/06 i.
3. Ihr Zweck ist die **Verfahrensbeschleunigung und rasche E** in dringlichen Angelegenheiten. 1 Ob 552/80 = EF 37.470; 2 Ob 631/85; 10 Ob 506/87 uva; 1 Ob 16/00 k.
4. Die Bestimmung gilt auch insoweit, als **zu einzelnen relevanten Punkten eines Antrags (Sachverhaltsteilfrage) kein Vorbringen** erstattet wurde. 1 Ob 16/00 k; 7 Ob 103/06 g.
5. Die Vorlage einer von einer Steuerberatungskanzlei beigeschafften, vom Dienstgeber nicht unterfertigten Dienstgeberbestätigung mit dem Anmerken eines bestimmten mtl Nettoverdiensts reicht daher aus, um den wesentlich höheren Angaben zum Verdienst des UhPfl seitens des ASt entgegenzutreten und die Rechtsfolgen des § 17 AußStrG auszuschließen. 7 Ob 103/06 g.

462 a 1. Das Gericht darf das Schweigen des zur Äußerung aufgeforderten Beteiligten dahin verstehen, dass er **dem Antrag nicht entgegentritt und das dem Tatsachenbereich zuzuordnende Vorbringen nicht bestreitet.** 1 Ob 693/79 = EF XVI/2; 1 Ob 715/79 = EvBl 1980/87 = SZ 52/155 = JBl 1980, 382 = ÖA 1981, 89; 2 Ob 579/79 = EF 35.130; 1 Ob 552/80 uva; 1 Ob 16/00 k; 9 Ob 36/06 v; 7 Ob 103/06 g; 10 Ob 40/06 i; 3 Ob 43/07 f.
2. Es ist also ein **Tatsachengeständnis** anzunehmen. 6 Ob 553/93 = ÖA 1994, 65/U 89 = EF 73.734; 6 Ob 1641/95 = ÖA 1996, 99/F 108 = EF 79.785; 1 Ob 2092/96 w = ÖA 1997, 61/U 173 = EF 82.989; 9 Ob 36/06 v; 7 Ob 103/06 g; 10 Ob 40/06 i; 3 Ob 43/07 f.
3. Bzw ein **Einwendungsausschluss auf Tatsachenebene,** jedoch keine Anerkenntnisfiktion. 7 Ob 103/06 g; 3 Ob 43/07 f.
4. Daran hat sich auch nach der neuen Rechtslage gem § 17 AußStrG nichts geändert. 7 Ob 103/06 g.

462b 1. Einem Beteiligten, der sich trotz Aufforderung nicht geäußert hat, ist es **verwehrt,** dem Sachverhaltsbild, von dem das Gericht bei seiner E im Hinblick auf das Schweigen des Beteiligten ausgehen durfte, **im Rekurs neue, davon abweichende Behauptungen tatsächlicher Art** entgegenzuhalten. 1 Ob 693/79 = EF XVI/2; 1 Ob 715/79 = EvBl 1980/87 = JBl 1980, 382 = SZ 52/155; 1 Ob 552/80 uva; 6 Ob 176/00 a; 9 Ob 36/06 v; 7 Ob 103/06 g; 10 Ob 40/06 i.
2. Auch daran hat sich nach der neuen Rechtslage gem § 17 AußStrG nichts geändert. 7 Ob 103/06 g.
3. **Überholt:** Insoweit ist dem § 10 AußStrG durch § 185 Abs 3 AußStrG 1854 derogiert worden. 4 Ob 525/89.
4. Die versäumte Äußerung kann auch bei behaupteter „entschuldbarer Fehlleistung" nicht als zulässige Neuerung im Rekurs nachgeholt werden, sondern es

kommt lediglich die Wiedereinsetzung in den vorigen Stand nach § 21 AußStrG in Betracht. 9 Ob 36/06 v.

5. Wird demnach in einem Schriftsatz in erster Linie auf den Rekurs gegen die Zurückweisung wegen Verspätung Wert gelegt und außerdem ein Antrag auf Wiedereinsetzung gestellt, so ist zunächst über den Rekurs zu entscheiden. 5 Ob 164/06 p.

6. Weder das Unterbleiben der persönlichen Anhörung des Säumigen noch die Unterlassung der amtswegigen Erforschung der Entscheidungsgrundlagen sind ein Verfahrensmangel. 1 Ob 693/79 = EF XVI/2; 2 Ob 579/79 = EF 35.130; 6 Ob 731/87; 6 Ob 705/89; 4 Ob 544/91 = ÖA 1992, 51/U 23.

463 1. Voraussetzung ist eine **wirksame eigenhändige Zustellung**. 6 Ob 502/91 = EF 67.606; 6 Ob 602/91 = EF 67.606 = ÖA 1992, 56/F 7; 4 Ob 544/91 = EF 67.607 = ÖA 1992, 51/U 23; 10 Ob 40/06 i.

2. Weiters der Hinweis, dass bei Nichtäußerung **angenommen werde, dass dem Antrag keine Einwendungen entgegensetzt werden**. 4 Ob 555/91 = ÖA 1992, 59; 4 Ob 544/91 = EF 67.607 = ÖA 1992, 51/U 23.

3. Und schließlich die **Aufforderung zur Äußerung** bzw die Ladung zur Tagsatzung. 4 Ob 544/91 = EF 67.607 = ÖA 1992, 51/U 23.

4. **Anmerkung:** Diese E sind insofern überholt, als § 17 AußStrG diese von der Rsp entwickelten Voraussetzungen nunmehr ausdrücklich als Tatbestandsvoraussetzungen anführt.

464 1. **Äußert sich der zur Stellungnahme Aufgeforderte zwar nicht in der gesetzten Frist, aber noch vor der E des Gerichts, so muss die Äußerung bei der E des Gerichts Berücksichtigung finden.** Dabei muss auch außer Betracht bleiben, dass die Stellungnahme dem Rechtspfleger erst nach Abfassung und Übergabe seiner E an die Kanzlei vorgelegt wurde. 1 Ob 1631/92 = 1 Ob 503/93 = ÖA 1993, 140/U 78 = EF 70.543.

2. Dass der AG seine Stellungnahme fälschlich beim nicht zuständigen Gericht einreicht, wodurch es erst verspätet einlangt, hilft ihm jedoch nicht. 1 Ob 715/79 = EvBl 1980/87 = JBl 1980, 382 = SZ 52/155.

3. Erhebt der AG zu einem Geldleistungsbegehren einen mit Einwendungen dem Grunde nach verfahrensrechtlich wirksamen Gegenantrag, verliert dieser seine Beachtlichkeit auch nicht bei Unterlassung einer Äußerung zu einem später ausgedehnten Begehren, wenn zum Grund des Anspruchs unveränderte Behauptungen vorliegen. 6 Ob 613/86.

465 1. Die Verfahrensvereinfachung verbietet sich dann, wenn das **Kindeswohl eine amtswegige Aufklärung bzw Erhebung der erforderlichen Entscheidungsgrundlage erheischt.** 1 Ob 693/79 = EF XVI/2; 2 Ob 579/79 = EF 35.130, 35.131; 1 Ob 522/80 uva; 1 Ob 16/00 k; 4 Ob 134/03 i.

2. Oder **vorliegende Beweise bzw der Akteninhalt gegen die Richtigkeit des Vorbringens** des ASt sprechen. 1 Ob 693/79 = EF XVI/2; 1 Ob 715/79 = EvBl 1980/87 = JBl 1980, 382 = ÖA 1981, 89 = SZ 52/155 uva; 1 Ob 16/00 k.

3. Oder aus besonderen Gründen **anzunehmen ist, dass der zur Äußerung Aufgeforderte ungeachtet seines Schweigens dem Antrag entgegentritt.** 1 Ob 693/79 = EF XVI/2; 1 Ob 715/79 = EvBl 1980/87 = JBl 1980, 382 = ÖA 1981, 89 = SZ 52/155 uva; 1 Ob 16/00 k.

4. Darüber hinaus hat das Gericht die **rechtlichen Voraussetzungen für eine Antragsstattgebung** zu **prüfen.** 10 Ob 536/94 = EF 79.791 = ÖA 1995, 155/U 132; 6 Ob 1641/95 = ÖA 1996, 99/F 108 = EF 79.791.

466 1. § 185 Abs 3 *(nunmehr: § 17)* AußStrG ist nicht nur iZm laufendem Uh anzuwenden, sondern auch iZm einem für die **Vergangenheit geltend gemachten.** 2 Ob 598/93 = ÖA 1994, 195 = RZ 1995/23 = EF 76.613; 7 Ob 153/97 v = EF 85.821; 1 Ob 16/00 k.

2. **Überholt:** Nicht jedoch bei einem **Antrag auf Ersatz der Kosten der vollen Erziehung.** 4 Ob 505/92 = ÖA 1992, 114/U 54 = EF 70.546; 7 Ob 522/96.

F. Beschluss

Übersicht:

	Rz
1. Allgemeines	467–469
2. Bruchteilstitel	470
3. Wertsicherungsklausel	471
4. Verzugszinsen	472
5. Feststellung	473

1. Allgemeines

467 1. Die UhPflicht ist **in Form einer** mtl **im voraus zu bezahlenden Geldrente ohne zeitliche Beschränkung** auszusprechen (§ 1418 ABGB). 1 Ob 538/83 = EF 42.649.

2. Werden **Zahlungen vor Schaffung des Titels** geleistet, hat der UhPfl Anspruch darauf, dass ihm keine höhere UhPflicht auferlegt wird, als sie sich unter Berücksichtigung dieser Zahlungen ergibt. Der vor Schaffung des Exekutionstitels faktisch geleistete Uh ist zu berücksichtigen. 1 Ob 676/89 = EF 59.627; 2 Ob 507/91 = tw EF 65.890; 2 Ob 585/93 = EF 71.632 = ÖA 1994, 188/UV 68; 3 Ob 526/93 = ÖA 1994, 67/U 91 = EF 71.632; 5 Ob 38/99 w = EF 91.231; 3 Ob 194/00 a = RPflSlgA 2001, 79/ 8748 = ZfRV 2002, 38; 6 Ob 94/03 x = JBl 2004, 101; 8 Ob 62/04 g; 2 Ob 47/04 g; 5 Ob 254/05 x.

3. Uzw im Spruch des UhTitels. 3 Ob 141/02 k = ecolex 2003, 93/36 = JBl 2003, 174 = ÖA 2003, 37/U 376 = EvBl 2003, 261/54; 6 Ob 94/03 x = JBl 2004, 101; 8 Ob 62/04 g; 2 Ob 47/04 g; 5 Ob 254/05 x.

4. Auch anrechenbare **NaturalUhLeistungen** sind demnach im Bemessungsbeschluss gesondert auszuwerfen. 7 Ob 216/99 m = ÖA 2000, 40/U 302 = EF 89.625.

5. Lediglich durch den Beisatz „abzügl etwa geleisteter Zahlungen" wird dem UhPfl nämlich nicht das Recht eingeräumt, derartige vor Schluss der mündlichen Verhandlung im Titelprozess geleistete Zahlungen mit Oppositionsklage geltend zu machen. 1 Ob 676/89 = EF 59.627; 3 Ob 2419/96 y; 8 Ob 62/04 g; 2 Ob 47/04 g; 5 Ob 254/05 x.

6. Der Beisatz stellt keine den Titel einschränkende Anordnung dar, sondern eine **im Gesetz nicht vorgesehene Rechtsbelehrung,** mit der lediglich zum Ausdruck gebracht wird, dass allfällige Zahlungen, die bei der E nicht berücksichtigt werden konnten, auf den im Titel festgestellten Anspruch anzurechnen sein werden

und, falls der Gläubiger die Anrechnung unterlässt, mit Einwendungen gegen den Anspruch geltend gemacht werden können. 4 Ob 588/80 = EF 38.207; 1 Ob 812/82 = EF 40.710; 6 Ob 94/03 x = JBl 2004, 101; 8 Ob 62/04 g; 2 Ob 47/04 g; 5 Ob 254/05 x.

7. Mit der Nichtaufnahme dieser Rechtsbelehrung ist daher keine Beschwer verbunden. 1 Ob 812/82 = EF 40.710; 1 Ob 676/89; 2 Ob 507/91; 1 Ob 676/89 = EF 59.627; 3 Ob 2419/96 y.

468 1. Dem Bemessungsbeschluss **muss eine UBGr entnommen werden können.** 1 Ob 599/95; 1 Ob 122/97 s = EF 85.549.

2. Uzw bei **Anspannung** des UhPfl das als UBGr angenommene fiktive Einkommen. 6 Ob 578/91 = EvBl 1991/167 = ÖA 1991, 138 = EF 65.189; 4 Ob 544/91 = ÖA 1992, 51/U 23; 1 Ob 654/91 = EvBl 1991/166 = ÖA 1992, 21; 6 Ob 530/92 = ÖA 1992, 147/U 63; 1 Ob 654/92 = ÖA 1993, 140/U 80; 7 Ob 539/95 = ÖA 1995, 157/U 134; 7 Ob 140/97 g.

3. Bei **Vorliegen zweier einander widersprechender Gehaltsauskünfte** muss das Gericht klarlegen, warum der einen Auskunft keine Glaubwürdigkeit zukommt. 7 Ob 227/98 b = ÖA 1999, 27/U 253 = EF 86.820.

469 1. Bei der UhEntscheidung ist auf die **tatsächlichen Verhältnisse im Entscheidungszeitpunkt** abzustellen; auf ungewisse, in Zukunft möglicherweise eintretende Änderungen ist hingegen nicht Bedacht zu nehmen. 7 Ob 212/02 f = ÖA 2004, 21/U 408.

2. Bruchteilstitel

470 1. **Anmerkung:** § 10 a EO, der die Exekutionsführung aufgrund eines Bruchteilstitels regelte, wurde durch die EO-Nov 1991 aufgehoben. Da – zwar theoretisch, jedoch wohl nicht mehr in beträchtlicher Zahl – immer noch derartige Bruchteilstitel unverändert aufrecht bestehen, sollen lediglich die rechtlichen Grundlagen für eine exekutionsrechtliche Verwertung derselben dargelegt werden:

§ 10 a EO. (1) Wird ein Unterhalt in einem Bruchteile der Bezüge des Verpflichteten aus einem Dienst- oder Arbeitsverhältnis geschuldet, so kann das Gericht die Exekution nur bewilligen, wenn ihm in unbedenklicher Urkunde eine Erklärung des Dienstgebers über das Ausmaß dieser Bezüge bei Eintritt der Vollstreckbarkeit des Unterhaltsanspruches vorliegt. Fehlt es an einer solchen Urkunde, so hat das Gericht dem Dienstgeber aufzutragen, sich binnen acht Tagen über jenes Ausmaß zu erklären. Der Beschluß kann durch ein Rechtsmittel nicht angefochten werden und ist von Amts wegen zu vollstrecken. Die Vorschriften des § 301 Abs. 3 bis 6 finden sinngemäße Anwendung. Von den in § 302 genannten Dienstgebern hat das Gericht die Erklärung im amtlichen Wege einzuholen.

(2) Die Erklärung des Dienstgebers bestimmt den Umfang des zu vollstreckenden Anspruches, solange ihn nicht das Gericht, bei dem die Bewilligung der Exekution in erster Instanz beantragt wurde, und nach Beginn des Exekutionsvollzuges das Exekutionsgericht auf Antrag nach mündlicher Verhandlung in anderer Weise rechtskräftig feststellt. Nach dem Ergebnisse dieser Feststellung ist die Exekution auf Antrag ohne Einvernehmung des Gegners einzuschränken oder nach den Bestimmungen für den Vollzug einer bewilligten Exekution auszudehnen oder der Exekutionsantrag abzuweisen.

Art XXXIV Exekutionsordnungs-Novelle 1991, BGBl. 1991/628:
(1) Dieses Bundesgesetz tritt mit 1. März 1992 in Kraft. Es ist auf Exekutionsverfahren anzuwenden, in denen der Exekutionsantrag nach dem 29. Februar 1992 bei Gericht eingelangt ist.

(4) Die durch Art. 1 Z 3 (§ 10a EO) ... aufgehobenen ... Bestimmungen sind auf Exekutionsverfahren weiterhin anzuwenden, wenn der Antrag auf Bewilligung der Exekution vor dem 1. Jänner 1996 gestellt worden ist. Später bedarf es einer ergänzenden Entscheidung, die den hereinzubringenden Betrag zahlenmäßig festlegt (§ 7 EO); ein Verfahren zur Erwirkung einer solchen Entscheidung darf bereits vor dem Inkrafttreten dieses Bundesgesetzes eingeleitet werden; ist ein solches Verfahren am 1. Jänner 1996 anhängig, so kann der Exekutionsantrag auf Grund des Exekutionstitels nach § 10a EO noch bis zum Eintritt der Rechtskraft der ergänzenden Entscheidung gestellt werden.

2. **Bruchteilstitel** gehören seit der EO-Nov 1991 der Vergangenheit an und **dürfen nicht mehr geschaffen werden;** das ErstG hätte daher nach Einholung der Gehaltsauskunft die ASt dahin anleiten müssen, ihr UhBegehren iS einer endgültigen betragsmäßigen Bezifferung umzuformulieren. 1 Ob 607/94 = ÖA 1995, 118/U 122.

3. Dem UhBer ist es nicht mehr möglich, aufgrund eines Bruchteilstitels eine neue Exekution zu beantragen, weil § 10a EO durch die EO-Nov 1991 aufgehoben wurde und aufgrund dieser Bestimmung gem deren Art XXXIV Abs 4 Exekutionsanträge nur bis zum 31. 12. 1995 gestellt werden konnten. Beiden Nachteilen kann der betreibende Gläubiger aber dadurch begegnen, dass er die im Art XXXIV Abs 4 EO-Nov 1991 vorgesehene, den **Bruchteilstitel ergänzende E** erwirkt, **die den hereinzubringenden und damit den vom UhPfl geschuldeten Betrag zahlenmäßig festlegt.** Dabei ist auch § 291c Abs 3 EO anzuwenden. 3 Ob 2356/96h.

4. Diese E ist **in einem Verfahren zu erwirken, das sonst für eine Änderung der UhPflicht** vorgesehen ist, bei UhAnspr Volljähriger daher mittels Klage nach § 10 EO, uzw bei dem nunmehr sachlich und örtlich zuständigen Gericht; das Pflegschaftsgericht ist dafür nicht zuständig. 3 Ob 118/93.

3. Wertsicherungsklausel

471
1. Auch bei künftig fälligen UhBeiträgen ist auf die tatsächlichen Verhältnisse im Entscheidungszeitpunkt abzustellen, während auf ungewisse, in Zukunft möglicherweise eintretende Änderungen nicht Bedacht zu nehmen ist. Ob, wann und wie sich die Kaufkraft des Geldes entwickelt, ist bei UhFestsetzung oder bei E über einen Erhöhungsantrag ebenso wenig vorhersehbar wie die Einkommensentwicklung des UhPfl. Da diesem aber die Möglichkeit verwehrt ist, dass bereits bei der UhEntscheidung allfällige Einkommensverluste einkalkuliert und durch entsprechende Klauseln berücksichtigt werden, ist iS einer Gleichbehandlung des UhBer und des UhPfl die **Zulässigkeit einer Wertsicherung des UhBeitrags in gerichtlichen E zu verneinen.** Dadurch wird die Zulässigkeit von Wertsicherungsklauseln in UhVergleichen nicht betroffen. 6 Ob 154/99m = JBl 2000, 670 = ÖA 2000, 163/U 313.

2. **Anmerkung:** Zur Frage der Exequierbarkeit von UhVergleichen mit Wertsicherungsklausel vgl auch Rz 487.

4. Verzugszinsen

1. UhRückstände unterliegen als Geldforderungen der Verzugsfolgenregelung **472**
der §§ **1333, 1334 ABGB.** 6 Ob 540/94 = ÖA 1994, 194 = EF 74.950, 75.454 = RZ
1995/18 = JBl 1994, 702; 6 Ob 41/00 y.

2. Eine E über die Nebenforderung an Verzugszinsen ist **nur iZm der Formulierung des Leistungsbefehls** möglich. 6 Ob 540/94 = ÖA 1994, 194 = EF 74.950,
75.454 = RZ 1995/18 = JBl 1994, 702.

3. Die Mutter finanzierte dem Kind Uh in dem vom Vater nicht geleisteten Umfang durch eine Kreditaufnahme oder Kontoüberziehung vor. Da das Kind nicht selbst Kreditnehmer war, ist der **den gesetzlichen Zinssatz übersteigende Zinsschaden** nicht im Vermögen des Kindes eingetreten. Das Kind könnte nur dann die Kreditzinsen geltend machen, wenn die Mutter eine pflegschaftsgerichtliche Genehmigung für die Kreditaufnahme beantragt und erhalten hätte. Da eine solche Genehmigung dann nicht zu erlangen ist, wenn das Kind ohnehin durch laufende UhBeiträge des primär uhpfl Elternteils etwa in Höhe des Durchschnittsbedarfs versorgt ist, kann hier schon deshalb kein Fall der Schadensverlagerung vorliegen, weil es am Erfordernis des typischerweise bei der ersatzberechtigten Person eintretenden Schadens fehlt. 6 Ob 41/00 y.

5. Feststellung

1. Ein **Feststellungsbegehren,** das vorbeugenden Rechtsschutz gewähren soll, **473**
ist zwar dann zulässig, wenn aufgrund des Verhaltens des Bekl eine erhebliche objektive Ungewissheit über den Bestand eines Rechtes entstanden ist und diese Ungewissheit durch die Rechtskraftwirkung des Feststellungsurteils beseitigt werden kann, der Kl hat sein Begehren auf Feststellung der **UhPflicht** des Bekl jedoch lediglich darauf abgestellt, dass diese **durch die Aufnahme eines bestimmten Universitätsstudiums bedingt** sei; dies ist jedoch unzulässig. 1 Ob 257/99 x = EF 89.636.

2. Der (aus der UhPflicht abgeleitete) Anspruch auf Gewährung eines UhVorschusses beseitigt die UhPflicht nicht; deshalb ist das Feststellungsinteresse des Kindes, dem wegen des Todes seines Vaters die Beziehung des UhVorschusses eingestellt wurde, zu bejahen. 8 Ob 206/83; 8 Ob 25/84.

G. Unterhaltsverfahren bei Konkurseröffnung

1. Rückstände an gesetzlichen UhAnspr für die Zeit vor Konkurseröffnung **474**
sind **Konkursforderungen.** 1 Ob 639/90 = EvBl 1991/64 = RZ 1992/4 = EF 65.021,
65.895; 9 Ob 1761/91; 8 Ob 527/93 = ÖA 1994, 30 = EF 70.830; 10 ObS 179/94; 3 Ob
7/96; 3 Ob 25/98 t = EF 89.630 = ÖA 1999, 294/U 298; 2 Ob 215/98 a = JBl 1999,
397 = ÖA 1999, 25/U 252 = tw EF 86.020; 8 Ob 14/07 b = EF-Z 2007/108.

2. Ein Pflegschaftsverfahren, das bis zur Konkurseröffnung geschuldeten, **rückständigen Uh zum Gegenstand** hat, wird daher durch die Eröffnung des Konkurses des UhPfl **unterbrochen.** 1 Ob 639/90 = EvBl 1991/64 = RZ 1992/4 = EF
65.021, 65.895; 8 Ob 527/93 = ÖA 1994, 30 = EF 70.830; 2 Ob 215/98 a = EF 88.423 =
JBl 1999, 397 = ÖA 1999, 25/U 252; 7 Ob 330/99 a; 8 Ob 116/00 t; 8 Ob 14/07 b =
EF-Z 2007/108.

3. Oder durch ein **Schuldenregulierungsverfahren.** 10 Ob 1583/95; 1 Ob
205/97 x; 2 Ob 215/98 a = EF 88.423 = JBl 1999, 397 = ÖA 1999, 25/U 252; 3 Ob 25/
98 t = EF 89.633 = ÖA 1999, 294/U 298; 8 Ob 116/00 t.

4. Ebenso ein Verfahren über einen **UhHerabsetzungsantrag**, weil er sich, soweit er den Zeitraum vor Konkurseröffnung betrifft, auf die Aktiv- bzw Passivbestandteile der Konkursmasse bezieht und somit auch in diesem Fall der Masseverwalter an die Stelle des Gemeinschuldners tritt. 8 Ob 527/93 = EF 70.830 = ÖA 1993, 30; 3 Ob 25/98 t = tw EF 89.631 = ÖA 1999, 294/U 298.

5. Anmerkung: Dies ergibt sich zwischenzeitig ausdrücklich aus § 25 AußStrG, § 8 a KO.

6. Es ist dabei auf § 1418 letzter Satz ABGB Bedacht zu nehmen ist, dh der für das Monat, in dem das Insolvenzverfahren eröffnet wird, fällig gewordene Uh ist zur Gänze Konkursforderung. 1 Ob 86/04 k.

474 a **1.** Das **UhVerfahren** ist in Ansehung des Uh für den Zeitraum vor Konkurseröffnung **unterbrochen;** eine dennoch gefällte E des Außerstreitgerichts ist nichtig. 9 Ob 40/03 b = ZIK 2004, 55/69; 8 Ob 14/07 b = EF-Z 2007/108.

2. Es kann nur wieder aufgenommen werden, wenn der Anspruch **im Konkurs angemeldet,** dort der Prüfung unterzogen und bestritten worden ist. 9 Ob 40/03 b = ZIK 2004, 55/69; 8 Ob 14/07 b = EF-Z 2007/108.

3. Auch die Aufnahme eines gem § 7 Abs 1 KO unterbrochenen außerstreitigen Verfahrens bedarf eines **Aufnahmeantrags** und eines aufgrund eines solchen Antrags gefassten Gerichtsbeschlusses. Bis ein solcher Aufnahmebeschluss gefasst wird, besteht die durch die Konkurseröffnung eingetretene Unterbrechungswirkung fort. Daran ändert auch die Aufhebung des Konkurses nichts, weil auch in diesem Fall die Aufnahme des Verfahrens eines Parteiantrags und eines Aufnahmebeschlusses bedarf. 8 Ob 14/07 b = EF-Z 2007/108.

4. Wird gegen einen **titulierten UhAnspr** eingewendet, dass er wegen einer Änderung der Verhältnisse tw oder gänzlich erloschen sei, dann kann dies ebenso wie bei einer in Exekution gezogenen UhForderung auch bei anhängigem Konkurs- oder Schuldenregulierungsverfahren vom UhPfl mit Klage geltend gemacht werden. Da auch mit Herabsetzung des Uh durch einen Beschluss eines Außerstreitrichters der der Exekution zugrunde liegende Titel tw aufgehoben wird, führt auch die rk Stattgebung des im VaStr gestellten Herabsetzungsantrags zur Einstellung der Exekution gem § 39 Abs 1 Z 1 EO oder zu ihrer Einschränkung nach § 41 Abs 1 EO.

Hat der Verpflichtete bereits vor Einleitung des Exekutionsverfahrens bzw der Schuldner vor Einleitung des Schuldenregulierungsverfahrens einen Antrag auf Herabsetzung der ihm mit vollstreckbarem Titel auferlegten UhPflicht gestellt, kann die Einleitung des Exekutions- oder des Schuldenregulierungsverfahrens ihn nicht daran hindern, das zuvor anhängig gemachte Verfahren mit dem Ziel fortzusetzen, auf diesem Weg die gänzliche oder tw Aufhebung des Exekutionstitels zu erreichen; es stünde ihm auch frei, zusätzlich noch eine Oppositionsklage einzubringen. 8 Ob 116/00 t.

5. Das Gericht kann über ein nach Eintritt der Unterbrechung des Verfahrens eingebrachtes **Rechtsmittel,** solange das Verfahren nicht wieder aufgenommen ist, nicht meritorisch entscheiden, sondern kann nur mit der Zurückweisung dieses Rechtsmittels beziehungsweise der erstatteten Rechtsmittelschriften vorgehen. Dieser Grundsatz erleidet allerdings dort eine Durchbrechung, wo sich eine Partei durch eine trotz bereits erfolgter Verfahrensunterbrechung erfolgte gerichtliche Entscheidung beschwert erachtet. Ihr kann nicht verwehrt werden, die ihr zugestellte E anzufechten. 6 Ob 209/70 = SZ 43/158; 6 Ob 304/70; 1 Ob 84/71 = SZ 44/43 uva; 5 Ob 90/05 d; 10 Ob 80/05 w; 3 Ob 85/06 f; 9 ObA 70/06 v; 4 Ob 109/07 v.

6. Wie nunmehr aus § 26 Abs 2 AußStrG folgt, sind Verfahrenshandlungen nach Eintritt der Unterbrechungswirkung, die nicht bloß dem durch die Unterbrechung geschaffenen Zustand Rechnung tragen – von einer Ausnahme abgesehen – wirkungslos. Somit entfalten Verfahrenshandlungen einer Partei während der Unterbrechung, die nicht bloß dem durch Unterbrechung geschaffenen Zustand Rechnung tragen oder etwa der Erwirkung einer Verfahrensfortsetzung nach Wegfall des Unterbrechungsgrunds dienen, keine Wirkung. Das Gericht hat solche Verfahrenshandlungen zurückzuweisen. Deshalb sind – nach der insofern fortzuschreibenden Rsp vor In-Kraft-Treten des neuen AußStrG – auch **Rechtsmittel, die nach Eintritt der Unterbrechung des Verfahrens und während deren Wirkung eingebracht wurden, zurückzuweisen,** wenn sie nicht der Sicherung der Unterbrechungswirkung oder der Klärung der Frage dienen, ob eine Unterbrechung überhaupt eingetreten ist. 3 Ob 85/06 f.

7. Die **Exekutionsführung** des UhGläubigers **zur Hereinbringung eines Rückstands** an gesetzlichem Uh auf das konkursfreie Vermögen des UhPfl ist jedoch zulässig. 3 Ob 205/00 v; 3 Ob 206/00 s.

1. Der sich aufgrund der bisherigen UhTitel ergebende Rückstand ist **als Kon-** **475** **kursforderung** im Schuldenregulierungsverfahren des UhPfl **anzumelden;** diese Anmeldung ersetzt bei einer titulierten Forderung die wegen der Exekutionssperre nach § 10 KO unzulässige Exekutionsführung. 8 Ob 116/00 t; 9 Ob 40/03 b = ZIK 2004, 55/69; 8 Ob 14/07 b = EF-Z 2007/108.

2. Der Rückstand wird nur mehr **quotenmäßig befriedigt.** 9 Ob 40/03 b = ZIK 2004, 55/69.

3. Aufgrund eines vor Schluss der mündlichen Verhandlung bzw im VaStr vor der E abgeschlossenen Zwangsausgleichs ist dem UhBer im UhVerfahren also lediglich die Ausgleichsquote zuzuerkennen; der darüber hinausgehende Mehrbetrag ist hingegen eine unklagbare Naturalobligation. Das Gericht hat daher die ermittelten UhBeiträge auf die Ausgleichsquote zu kürzen. 5 Ob 254/05 x.

4. Nach der Wirksamkeit des bestätigten Ausgleichs (des bestätigten Zahlungsplans) kann ohne Vorliegen eines Wiederauflebenstatbestands kein Exekutionstitel in voller Höhe der ursprünglichen Forderung geschaffen werden, weshalb im Leistungsbefehl dem Vater **nicht die volle Zahlungspflicht aufzuerlegen** ist. 2 Ob 215/98 a = ÖA 1999, 25/U 252 = JBl 1999, 397.

5. Die Feststellung der Richtigkeit von UhForderungen von Mj als Konkursforderungen selbst hat gem § 110 Abs 3 KO so wie auch sonst die Bestimmung des Uh im VaStr zu erfolgen. Über die Rangordnung ist aber zufolge Abs 3 letzter Satz vom Konkursgericht abzusprechen. Dies erfasst auch die Frage, ob überhaupt eine Konkursforderung vorliegt. 8 Ob 164/02 d.

1. Gesetzliche UhAnspr des Kindes für die Zeit nach Konkurseröffnung (**lau-** **476** **fender Uh**) sind keine Konkursforderungen und auch **während des Konkursverfahrens gegen den Gemeinschuldner** anhängig zu machen und fortzusetzen. 5 Ob 540/83 = EF 42.768; 1 Ob 639/90 = EvBl 1991/64 = RZ 1992/4 = EF 65.021, 65.895; 9 Ob 1761/91; 8 Ob 527/93 = ÖA 1994, 30 = EF 70.830; 10 ObS 179/94; 3 Ob 7/96; 3 Ob 25/98 t = EF 89.630 = ÖA 1999, 294/U 298; 2 Ob 215/98 a = JBl 1999, 397 = ÖA 1999, 25/U 252 = tw EF 86.020; 7 Ob 299/01 y = ÖA 2002, 175/U 359.

2. Für derartige UhAnspr können daher an konkursfreien Sachen des Gemeinschuldners auch während des Konkurses **richterliche Pfand- und Befriedigungsrechte** begründet werden. 3 Ob 29/79 = JBl 1980, 159; 3 Ob 136/82 = SZ 55/140; 3 Ob 204/93 = SZ 66/171; 10 ObS 179/94; 3 Ob 7/96.

3. In jenen Bereichen, die das zur Konkursmasse gehörende Vermögen nicht betreffen (wie im Fall des § 5 KO), ist nämlich nicht der Masseverwalter, sondern ausschließlich **der Gemeinschuldner selbst verfügungsberechtigt und allein zum Einschreiten legitimiert.** 1 Ob 639/90 = EvBl 1991/64 = RZ 1992/4 = EF 65.021, 65.895; 9 Ob 1761/91; 8 Ob 527/93 = ÖA 1994, 30 = EF 70.830; 10 ObS 179/94; 3 Ob 7/96; 3 Ob 25/98 t = EF 89.630 = ÖA 1999, 294/U 298; 2 Ob 215/98 a = JBl 1999, 397 = ÖA 1999, 25/U 252 = tw EF 86.020.

4. Dies gilt nicht nur für erstmals gegen den Gemeinschuldner erhobene UhAnspr, sondern auch für deren **Erhöhung.** 7 Ob 658/86 = EF 50.423; 1 Ob 639/90 = EvBl 1991/64 = RZ 1992/4 = EF 65.021, 65.895; 9 Ob 1761/91; 8 Ob 527/93 = ÖA 1994, 30 = EF 70.830; 10 ObS 179/94; 3 Ob 7/96; 3 Ob 25/98 t = EF 89.630 = ÖA 1999, 294/U 298; 2 Ob 215/98 a = JBl 1999, 397 = ÖA 1999, 25/U 252 = tw EF 86.020.

5. Ebenso für **UhHerabsetzungsanträge.** 8 Ob 527/93 = EF 70.830 = ÖA 1993, 30; 3 Ob 25/98 t = tw EF 89.631 = ÖA 1999, 294/U 298.

477 1. **Anmerkung:** Kommt es zur Eröffnung des Insolvenzverfahrens betr das Vermögen des UhPfl während des Verfahrens I. Instanz, ist das Pflegschaftsverfahren hinsichtlich des vor der Eröffnung liegenden Zeitraums – ex lege – unterbrochen, während über die danach fällig werdenden UhAnspr abzusprechen ist. Tritt die Insolvenzeröffnung erst im Rechtsmittelstadium ein, dann ist formell auf gleiche Art und Weise vorzugehen, dh über die bis zur Eröffnung fällig gewordenen UhBeiträge kann auch vom RekursG bzw vom OGH (in Erledigung des Rechtsmittels) nicht entschieden werden, wohl aber über die danach fällig werdenden, weil es sich dabei ja auch um laufenden Uh handelt. In formeller Hinsicht ist daher nicht auf den Zeitpunkt der Beschlussfassung I. Instanz abzustellen, wohl aber in meritorischer Erledigung des Rechtsmittels betr den laufenden Uh, uzw dergestalt, dass die Insolvenzeröffnung ja ein novum productum darstellt, auf das die Rechtsmittelgerichte nicht eingehen dürfen (der UhPfl kann ja einen Herabsetzungsantragsantrag stellen; vgl § 49 Abs 3 AußStrG), weshalb das RekursG bzw der OGH über das eingebrachte Rechtsmittel ohne Berücksichtigung der Insolvenzeröffnung auf Basis der Sach- und Rechtslage der Beschlussfassung I. Instanz, jedoch lediglich hinsichtlich der nach Insolvenzeröffnung fällig werdenden UhAnspr zu entscheiden haben. Nach Aufhebung des Insolvenzverfahrens bzw Fortsetzung des unterbrochenen UhVerfahrens hat dann das ErstG den Akt neuerlich zur E über das „restliche" Rechtsmittel vorzulegen.

H. Einzelfragen des erstinstanzlichen Verfahrens

478 1. Über **UhFestsetzungsanträge von Geschwistern,** die teils dem Vater und teils der Mutter zugewiesen sind, muss nicht gleichzeitig entschieden werden. 1 Ob 705/81 = ÖA 1983, 51.

2. **Überholt:** Eine **Aussetzung (Stilllegung) des UhFestsetzungsverfahrens** ist im Gesetz nicht vorgesehen. 3 Ob 545/86 = EF 51.132.

3. Anmerkung: § 28 AußStrG kennt nunmehr ein Ruhen des außerstreitigen Verfahrens, § 29 AußStrG dessen Innehaltung.

4. Teilw überholt: Ebenso wenig eine **Kostenersatzpflicht.** 1 Ob 547/95 = SZ 68/104 = EF 77.950.

5. Anmerkung: § 78 iVm § 101 AußStrG ordnet nunmehr ausdrücklich eine Kostenersatzpflicht für UhVerfahren an, an denen volljährige UhBer beteiligt sind; bei mj UhBer hat sich die Rechtslage nicht geändert.

6. § 101 Abs 2 AußStrG ist dahin auszulegen, dass im anhängigen UhVerfahren ab dem Zeitpunkt, in dem der UhBer volljährig wird, die Kostenersatzregelung des § 78 AußStrG Platz greift. 9 Ob 71/06 s.

7. Überholt: Oder eine **mündliche Verhandlung.** 6 Ob 275/97 b = EF 83.813 = ÖA 1998, 172/F 166.

8. Anmerkung: § 18 AußStrG räumt nunmehr dem ErstG die Möglichkeit ein, in UhVerfahren eine mündliche Verhandlung durchzuführen; sie ist jedoch nicht zwingend vorgeschrieben.

9. Das VaStr kennt keine prozessualen Sonderbestimmungen für den Fall, dass der geltend gemachte **Anspruch vom UhPfl anerkannt** wird; die Erklärung der uhpfl Mutter, zur UhLeistung in bestimmter Höhe bereit zu sein, ist lediglich als eine dem Tatsachenbereich zuzuordnende Zustimmung zur antragsgemäßen UhFestsetzung anzusehen; es handelt sich um ein bloß prozessuales Verhalten, das bis zur Beschlussfassung durch ein anderes (hier: Widerruf der Zustimmung und Vorbringen von Gründen, welche zur Antragsabweisung führen sollten) ersetzt werden kann. 5 Ob 566/93 = EF 73.336 = ÖA 1995, 58/U 107; 2 Ob 84/03 x = ÖA 2004, 38/F 226.

10. Welche **Mängel im VaStr Nichtigkeit** begründen, ist im AußStrG selbst nicht ausdrücklich geregelt, der Nichtigkeitsbegriff im VaStr ist aber grundsätzlich der ZPO zu entnehmen, deren Aufzählung wiederum nicht taxativ ist, weshalb auch andere Verfahrensverletzungen, die den dort genannten Tatbeständen an Gewicht mindestens gleichkommen, als Nichtigkeitsgründe anzusehen sind, so etwa die Nichtbeachtung der Rk und eine E ohne Vorliegen eines Antrags. 4 Ob 515/77 = EF 30.392; 6 Ob 787/77 = EF 30.392.

11. Anmerkung: § 66 Abs 1 Z 1 AußStrG zählt nunmehr die Nichtigkeitsgründe auf; sie entsprechen im wesentlichen jenen der ZPO (*Klicka* in Rechberger Rz 2 zu § 66 AußStrG).

12. Nicht aber eine E in Verstoß gegen § 405 ZPO. 4 Ob 526/77 = EF 30.372.

13. Eine UhVorschussentscheidung nach § 4 Z 2 UVG hat für die UhFestsetzung keine bindende Wirkung in der Frage der Leistungsfähigkeit des UhPfl. 6 Ob 232/98 f = ÖA 1999, 191/UV 128.

14. Ein Urteil kann auch von Amts wegen nach eingetretener Rk berichtigt werden, wobei stets Voraussetzung ist, dass durch die Berichtigung die vom Richter gewollte E inhaltlich unverändert bleibt; dies gilt auch für UhBeschlüsse im VaStr. 7 Ob 616/94 = EF 76.327.

I. Rechtsmittelverfahren

1. Auch der Großmutter, in deren **Pflege und Erziehung** sich das mj Kind befindet, ist ein **Antrags- und Rekursrecht** bzgl des vom Vater zu leistenden Uh zuzugestehen. 7 Ob 349/57.

2. Durch die **antragsgemäße Herabsetzung** seiner UhPflichten ist der Vater **ebenso wenig beschwert** wie durch den Umstand, dass die E über einen weitergehenden Antrag einer späteren Beschlussfassung vorbehalten wurde. 1 Ob 338/99 h = ÖA 2000, 145/F 201.

480 1. Der die **Ablehnung des Sachverständigen** verwerfende Beschluss des ErstG ist mit dem Rekurs gegen die E über die Sache anfechtbar; ein selbstständig erhobener Rekurs ist hingegen zurückzuweisen. 6 Ob 76/06 d.

480 a 1. Im VaStr ist es im Allgemeinen für ein Rechtsmittel ausreichend, wenn **erkennbar** ist, dass eine **Überprüfung der angefochtenen E** verlangt und Umfang und Ziel hinlänglich deutlich zumindest im Rahmen der Rekursausführungen zum Ausdruck gebracht werden. 1 Ob 595/94 = EF 76.490 = ÖA 1995, 88/U 114; 5 Ob 1537/95 = EF 79.509; 7 Ob 570/95 = EF 79.509 = ÖA 1996, 92/U 146.

2. Inhaltliche Mängel des Rechtsmittelschriftsatzes sind nicht verbesserungsfähig, zu welchen auch ein **unbestimmter Rechtsmittelantrag** zählt. 1 Ob 595/94 = EF 76.490 = ÖA 1995, 88/U 114.

3. **Abw:** Da §§ 84, 85 ZPO im VaStr analog anzuwenden ist, können mit inhaltlichen Mängeln belastete **leere Rechtsmittel** verbessert werden, wenn es nicht bewusst missbräuchlich inhaltsleer eingebracht wurde, um eine Verlängerung der Rechtsmittelfrist zu erlangen, was bei unvertretenen Parteien aber mangels konkreter Anhaltspunkte nicht anzunehmen ist. 7 Ob 570/95 = EF 79.437, 79.438 = ÖA 1996, 92/U 146.

Anmerkung: Vgl nunmehr die ausdrücklichen Verbesserungsvorschriften des § 10 Abs 4 AußStrG.

480 b 1. Nach § 62 Abs 3 AußStrG ist der RevRek außer im Fall des § 63 Abs 3 AußStrG jedenfalls unzulässig, wenn der Entscheidungsgegenstand an Geld oder Geldeswert insgesamt € 20.000 nicht übersteigt und das RekursG nach § 59 Abs 1 Z 2 AußStrG den ordentlichen RevRek für nicht zulässig erklärt hat. Unter diesen Voraussetzungen kann jedoch eine Partei gem § 63 Abs 1 und 2 AußStrG einen binnen 14 Tagen nach der Zustellung der E des RekursG beim ErstG einzubringenden Antrag an das RekursG (**Zulassungsvorstellung**) stellen, den Ausspruch dahin abzuändern, dass der ordentliche RevRek doch für zulässig erklärt werde; die Zulassungsvorstellung, die mit der Ausführung des ordentlichen RevRek zu verbinden ist, muss hinreichend erkennen lassen, warum der ordentliche RevRek entgegen dem Ausspruch des RekursG für zulässig erachtet wird. Ein solches Rechtsmittel ist jedenfalls nicht dem OGH vorzulegen, sind doch im Streitwertbereich des § 63 AußStrG Rechtsmittel gegen E, gegen die nach dem Ausspruch gem § 59 Abs 1 Z 2 AußStrG nF der ordentliche RevRek nicht zulässig ist, nur dem Gericht zweiter Instanz sofort vorzulegen (§ 69 Abs 3 AußStrG nF). Dies gilt auch, wenn das Rechtsmittel als „außerordentliches" Rechtsmittel bezeichnet wird und wenn es an den OGH gerichtet ist. 9 Ob 6/06 g; 8 Ob 37/06 h; 6 Ob 67/06 f; 10 Ob 24/06 m; 7 Ob 96/06 b; 9 Ob 8/06 a; 9 Ob 47/06 m; 8 Ob 14/06 a; 2 Ob 124/06 h; 6 Ob 142/06 k; 9 Ob 95/06 w; 3 Ob 204/06 f; 5 Ob 243/06 f; 1 Ob 243/06 a; 7 Ob 252/06 v; 9 Ob 132/06 m; 9 Ob 143/06 d; 3 Ob 276/06 v.

480 c 1. Da die Mutter ihr **Einverständnis mit der UhHerabsetzung** nur gegenüber dem Gericht erklärt hat, kann von einem konstitutiven Anerkenntnis oder einem gerichtlichen Vergleich keine Rede sein. Nach Widerruf des Einverständnisses waren grundsätzlich die maßgeblichen Entscheidungsgrundlagen zu ermitteln. Was nun die in EF 73.336 offengelassene Frage der Bedeutung des **Widerrufs** der Zustimmungserklärung erst **im Rechtsmittelverfahren** anlangt, so muss berücksichtigt werden, dass Sachverhaltsänderungen nach dem erstgerichtlichen Beschluss von der Rechtsmittelinstanz zu berücksichtigen sind, wenn dies das Interesse des pflegebefohlenen Kindes erfordert; insoweit gilt keinerlei Neuerungsverbot. War das Einverständnis der Mutter zur UhHerabsetzung aber dem Tatsachenbereich zuzuordnen, so handelt es sich bei ihrem Widerruf nach Fassung des erstgerichtlichen Beschlusses um eine nachträgliche Sachverhaltsänderung, auf die das RekursG im Interesse des Kindeswohls zu Recht Bedacht genommen hat. 2 Ob 84/03 x = ÖA 2004, 38/F 226.

481 1. Die Zulässigkeit des Vorbringens von **Neuerungen gem § 49 AußStrG** ist jedenfalls von der Partei im Rekurs zu behaupten und schlüssig darzulegen. 6 Ob 100/06 h.

2. **Anmerkung:** Die folgenden E sind insofern nur mehr eingeschränkt verwertbar, weil jetzt eben § 49 AußStrG eine eingehende Regelung des Neuerungsverbots bzw der Neuerungserlaubnis enthält.

3. Wenn auch die Überprüfung des erstgerichtlichen Beschlusses nach der Sach- und Rechtslage zur Zeit seiner Erlassung vorzunehmen ist, können sich Parteien im Rekurs doch auf solche neuen Umstände beziehen, die vor Erlassung des Beschlusses erwogen werden konnten und für die richtige rechtliche Beurteilung des Sachverhalts von Bedeutung sein können. 5 Ob 718/82; 8 Ob 390/97 d = ÖA 1998, 246/U 239.

4. **Neuerungen** (ds neue Tatsachen oder neue Beweismittel) sind jedoch nur so weit zulässig, als das Tatsachenvorbringen oder die Vorlage der Beweismittel in erster Instanz nicht möglich war. 2 Ob 300/00 g; 7 Ob 26/02 b = ÖA 2003, 33/U 374.

5. Das vorliegende Tatsachenmaterial kann nur berichtigt oder ergänzt werden, für unbewiesen gebliebene Behauptungen können neue Beweise vorgebracht werden; unzulässig sind jedoch neue, von den bisherigen Behauptungen abweichende oder bisher überhaupt noch nicht aufgestellte Tatsachenbehauptungen. 4 Ob 514/92 = ÖA 1992, 145/U 59; 1 Ob 262/99 g = tw JBl 2000, 738 = ÖA 2000, 214/U 321.

6. Oder neue bzw abweichende Sachanträge. 4 Ob 514/92 = ÖA 1992, 145/U 59; 1 Ob 262/99 g = tw JBl 2000, 738 = ÖA 2000, 214/U 321.

481 a 1. Die erstmals im RevRek aufgestellte Behauptung des Vaters, die Mutter beziehe seit einem bestimmten Zeitpunkt die **FB** für die beiden Söhne, verstößt gegen das **Neuerungsverbot**; dieser Umstand ist auch nicht offenkundig. Da eine Reduktion des UhBeitrags nur dann zu erfolgen hätte, wenn die FB nicht dem steuerlich zu entlastenden GeldUhPfl ausgezahlt würde, vermag auch der Hinweis auf das Erk des VfGH EF 99.923 das Vorliegen einer erheblichen Rechtsfrage nicht zu begründen. 3 Ob 222/02 x.

2. Da das Erk des VfGH EF 99.923 vor jenem des erstgerichtlichen Beschlusses liegt, wäre es dem Vater möglich gewesen, ausreichende Tatsachenbehauptungen zu dem darin behandelten (weiteren) UhHerabsetzungsgrund im Verfahren erster Instanz bereits vor der am 10. 12. 2002 ergangenen E des ErstG vorzubringen, war doch die Aufhebung der diesbezüglichen Wortfolge in § 12 a FamLAG bereits am 13. 9. 2002 öffentlich kundgemacht worden (BGBl I 2002/152). 7 Ob 92/03 k = ÖA 2003, 215/U 393; 7 Ob 132/03 t = ÖA 2003, 217/U 394; 5 Ob 212/03 t.

3. Hier war im Verfahren erster Instanz jedoch das Erk des VfGH EF 99.923 betr die Aufhebung einer Wortfolge des § 12a FamLAG noch nicht bekannt. Über die künftige Rsp des OGH konnten nur Spekulationen angestellt werden. Damit durfte aber die auf den entscheidungswesentlichen Sachverhalt rückwirkende Rechtsänderung mit zulässigen Neuerungen gem § 10 AußStrG *(1854)* auch noch im Rekursverfahren geltend gemacht werden. 6 Ob 91/03 f = ÖA 2003, 220/U 396 = EvBl 2004/10; 6 Ob 94/03 x = JBl 2004, 101; 3 Ob 56/03 m; 4 Ob 185/03 i.

4. Abw: Die (eingeschränkte) Neuerungserlaubnis des § 10 AußStrG 1854 erlaubt es den Parteien, sich im Rekurs auf solche neuen Umstände zu beziehen, die bereits vor der Erlassung des erstgerichtlichen Beschlusses erwogen werden konnten und für die richtige rechtliche Beurteilung des Sachverhalts von Bedeutung sein können. Unter dem Blickwinkel dieser Rsp und weil die in dem Erk des VfGH EF 99.923 geäußerte Rechtsmeinung eine tiefgreifende Änderung der bisherigen Rsp bedeutet (die eine Neufestsetzung des Uh rechtfertigt), ist das ergänzende Vorbringen des Vaters, auch wenn es im RevRek erstmals erstattet wurde, zu beachten. 7 Ob 5/02 i.

5. Wurde die Nichtberücksichtigung der Transferleistungen in zweiter Instanz nicht gerügt, kann dies im RevRek nicht mehr nachgeholt werden. 8 Ob 69/05 p.

482

1. Der **Grundsatz der Unmittelbarkeit** ist nunmehr im VaStr ausdrücklich auch für das RekursG angeordnet. 6 Ob 178/06 d = EF-Z 2007/24; 3 Ob 108/07 i.

2. Eine **mündliche Revisionsrekursverhandlung** ist aber sowohl der ZPO als auch dem AußStrG fremd. 1 Ob 167/04 x; 1 Ob 167/04 x.

3. Anmerkung: ME hat diese Rsp seit der Außerstreitreform 2003 keine Berechtigung mehr: § 71 Abs 4 AußStrG ordnet an, dass die Bestimmungen über den Rekurs – mit einer hier nicht in Betracht kommenden Ausnahme – im Verfahren vor dem OGH sinngemäß anzuwenden sind. Nach § 52 Abs 1 AußStrG hat das RekursG jedoch eine mündliche RekVerhandlung durchzuführen, wenn es eine solche für erforderlich erachtet. Der OGH hat zwar nur über Rechtsfragen zu entscheiden, sodass regelmäßig eine RevRekVerhandlung nicht erforderlich sein wird. In Rechtsfürsorgeverfahren (etwa die Zuteilung der elterlichen Obsorge oder die Bestellung eines Sachwalters) könnte es uU bei besonderen Konstellationen aber durchaus sinnvoll sein, dass sich der Senat einen unmittelbaren Eindruck verschafft; jedenfalls wäre eine solche Vorgehensweise durch das Außerstreitgesetz gedeckt.

482 a

1. Der Vater macht geltend, dass er sich zum Rekurs der Kinder nicht äußern habe können. Nach nunmehriger Rsp ist auch das **Rechtsmittelverfahren in VaStr grundsätzlich** als **zweiseitig** anzusehen; dies gilt auch für UhVerfahren. Da sich der Vater zum Rekurs der Kinder nicht äußern konnte, wurde ihm das rechtliche Gehör entzogen, was von ihm zutr gerügt wurde. Das RekursG wird daher dem Vater Gelegenheit zu geben haben, auf den Rekurs der Kinder antworten zu können und dann eine neuerliche E zu treffen haben. 2 Ob 63/03 h = EF 104.161.

2. Für E, die nach dem 31. 12. 2004 gefällt werden, gilt das **AußStrG 2003,** welches ein **zweiseitiges Rechtsmittelverfahren** bei Beschlüssen über die Sache **zwingend** vorsieht. 6 Ob 174/04 p.

3. Überholt: Entgegen EF 104.161 wird die auf die Umstände des Einzelfalls abstellende Beurteilung des RekursG, ob aus dem Grund der Wahrung des Gehörs ausnahmsweise eine Zweiseitigkeit des Rekursverfahrens in UhSachen anzunehmen ist, vom OGH als verfassungskonform (Art 6 Abs 1 EMRK) beurteilt. 6 Ob 174/04 p.

4. Es ist aber **keinesfalls** notwendig, dem Rek- oder RevRekWerber Gelegenheit zur **Gegenäußerung zur Beantwortung seines Rechtsmittels** durch den Gegner zu gewähren, weil sein rechtliches Gehör bereits durch die Einbringung seiner Rechtsmittelschrift gewahrt worden ist. 2 Ob 83/03 z.

482 b 1. Bei UhProzessen bedarf es **keines Bewertungsausspruchs durch das Gericht zweiter Instanz,** weil der Entscheidungsgegenstand gem § 58 Abs 1 JN mit dem **Dreifachen der im Rechtsmittelverfahren noch streitverfangenen Jahresleistung** anzunehmen ist. 1 Ob 114/98 s; 6 Ob 236/98 v; 1 Ob 166/99 i; 6 Ob 177/99 v; 7 Ob 346/99 d = ÖA 2000, 135/U 310; 1 Ob 11/00 z; 2 Ob 294/00 z; 1 Ob 267/00 x; 8 Ob 162/00 g; 7 Ob 150/00 k = EvBl 2000/22; 6 Ob 92/00 y; 9 Ob 34/01 t; 3 Ob 10/01 v; 9 Ob 34/01 t.

2. Bei einem Erhöhungsantrag kommt es dabei nur auf den im Verfahren zweiter Instanz noch **streitverfangenen Erhöhungsbetrag** an. 5 Ob 67/99 k = ÖA 1999, 266/F 198; 7 Ob 44/99 t; 1 Ob 166/99 i; 1 Ob 177/99 v; 6 Ob 92/00 y; 9 Ob 34/01 t.

3. **Gesondert begehrte, bereits fällige UhAnspr** sind nicht zusätzlich neben dem dreifachen Jahresbetrag zu bewerten. 5 Ob 67/99 h; 1 Ob 133/99 m; 6 Ob 177/99 v; 1 Ob 11/00 z; 2 Ob 294/00 z; 1 Ob 267/00 x; 7 Ob 247/03 d; 9 Ob 32/06 f; 6 Ob 126/07 h = EF-Z 2007/133 *(Gitschthaler)*; 10 Ob 82/07 z.

4. **Einschr:** Uzw jedenfalls dann nicht, wenn der Durchschnitt dreier Jahre bereits fälliger UhBeiträge nicht höher ist als das Dreifache der Jahresleistung des laufenden Uh. 3 Ob 503/96 = SZ 69/33; 7 Ob 43/99 w; 2 Ob 76/99 m; 9 Ob 124/99 x; 6 Ob 177/99 v; 1 Ob 11/00 z.

5. Für die Bewertung des Entscheidungsgegenstands des RekursG ist maßgeblich der 36-fache Betrag jenes mtl UhBeitrags, der zum Zeitpunkt der E zweiter Instanz zw den Parteien noch strittig war; UhAnspr, die vor diesem Zeitpunkt strittig waren, haben hingegen unberücksichtigt zu bleiben. Die vorstehende Rsp *(Rz 4)* wird ausdrücklich abgelehnt. 6 Ob 126/07 h = EF-Z 2007/133 *(Gitschthaler);* 10 Ob 82/07 z.

6. Bei einer Oppositionsklage ist jedoch die dreifache Jahresleistung unter Hinzurechnung des betriebenen Uh-Rückstands maßgeblich. 3 Ob 10/01 v.

7. Auch der Entscheidungsgegenstand eines Begehrens auf **Ausspruch des (gänzlichen oder tw) Erlöschens** eines UhAnspr ist nach § 58 JN zu bestimmen. 7 Ob 592/77 = EF 30.047; 1 Ob 166/99 i.

8. **UhAnspr von mehreren Kindern** beruhen nicht auf dem selben tatsächlichen und rechtlichen Grund, sondern stellen nur gleichartige, auf einem im Wesentlichen gleichartigen tatsächlichen und rechtlichen Grund beruhende Ansprüche dar; eine **Zusammenrechnung** findet daher **nicht statt.** 2 Ob 294/00 z; 8 Ob 162/00 g; 1 Ob 292/04 d = EF 111.786; 2 Ob 26/05 w = EF 111.787; 6 Ob 126/07 h = EF-Z 2007/133 *(Gitschthaler);* 10 Ob 82/07 z.

9. Der UhAnspr ist als einheitlicher Anspruch anzusehen. Aus diesem Grund kann das RekursG über die Zulässigkeit eines RevRek auch nur einheitlich entscheiden. 4 Ob 53/06 g.

10. Im Fall eines ziffernmäßig **nicht bestimmten Begehrens iSd § 9 Abs 1 AußStrG** kann nicht geprüft werden, ob allenfalls ein € 20.000 nicht übersteigender Entscheidungsgegenstand und damit ein Fall des § 63 AußStrG vorliegt. Weil ein Zuwarten mit der E bis zum Stellen eines bestimmten Begehrens wegen der Unzuläs-

sigkeit des RevRek nach § 62 Abs 1 AußStrG nicht zu rechtfertigen ist, muss vorerst im Zweifel davon ausgegangen werden, dass das nicht zutrifft. 3 Ob 83/07 p.

11. Nach § 9 Abs 3 RATG sind Ansprüche auf Leistung von Ehegatten- oder KindesUh mit dem Einfachen der Jahresleistung zu bewerten. Bereits fällig gewordene Ansprüche sind nicht zusätzlich zu bewerten. 7 Ob 37/07 b = EF-Z 2007/134.

483 **1.** Die **Sachverhaltsgrundlage** ist in dritter Instanz nicht mehr anfechtbar. 8 Ob 1607/90 = ÖA 1992, 121/F 29 = EF 67.458; 1 Ob 595/91 = EF 67.458.

2. Vom Gericht zweiter Instanz **verneinte Verfahrensmängel** erster Instanz können im RevRek nicht mehr geltend gemacht werden. 4 Ob 1611/94 = EF 76.511; 9 Ob 1611/94 = ÖA 1995, 91/F 93 = EF 76.511; 6 Ob 44/06 y; 1 Ob 86/06 p; 4 Ob 99/06 x; 10 Ob 45/06 z; 3 Ob 320/05 p; 8 Ob 17/06 t; 1 Ob 248/06 m.

3. Auch behauptete Mängel des Verfahrens erster Instanz, die nicht Gegenstand des Rekursverfahrens waren, können im RevRek nicht mehr geltend gemacht werden. 4 Ob 99/06 x; 1 Ob 248/06 m.

4. Die diesen Grundsatz einschränkende, von der Rsp entwickelte Negativvoraussetzung, „sofern eine Durchbrechung dieses Grundsatzes nicht aus Gründen des Kindeswohls erforderlich ist", ist idR nur in Obsorge- und Besuchsrechtsverfahren von Bedeutung. In UhVerfahren müssten besondere Umstände vorliegen, die es rechtfertigen, sowohl das grundsätzliche Neuerungsverbot des § 49 als auch die sich aus § 16 Abs 2 AußStrG nF ergebenden Parteienpflichten zu unterlaufen. 4 Ob 135/05 i.

5. Der RevRek ist jedoch zulässig, soweit ein Verstoß gegen die Verfahrensvorschrift des § 185 Abs 3 *(nunmehr: § 17)* AußStrG geltend gemacht wird. 3 Ob 587/84; 2 Ob 631/85.

6. Hat das RekursG die Verletzung des **rechtlichen Gehörs** durch das ErstG verneint, ist es den Parteien verwehrt, diese behauptete Verletzung neuerlich im RevRekVerfahren geltend zu machen; es ist aber eine allfällige Verletzung durch das RekursG zu prüfen. 1 Ob 242/02 y = AnwBl 2003, 285/7874.

7. Für den RevRek eines Mj, der durch den JWTr vertreten wird, reicht im Uh-Festsetzungsverfahren die Vertretung durch den JWTr und die Unterschrift seiner Organwalter. 3 Ob 237/05 g.

484 **1.** Da die **konkrete UhBemessung** immer auf den Einzelfall abzustellen ist, können Differenzen des Ergebnisses **nicht als uneinheitliche Rsp** iSd § 14 Abs 1 *(nunmehr: § 62 Abs 1)* AußStrG angesehen werden. Derartige Umstände werden einen RevRek nur dann zulässig machen, wenn das RekursG erkennbar **gesetzliche Bemessungsfaktoren unbeachtet** gelassen oder bei ihrer Beurteilung gegen den Willen des Gesetzgebers verstoßen hat. 5 Ob 567/90 = EvBl 1990/134 = JBl 1991, 41 = ÖA 1991, 16 = ÖA 1991, 41/U 3; 8 Ob 615/90 = ÖA 1991, 103; 7 Ob 661/90 = ÖA 1992, 121/F 26 uva; 10 Ob 87/98 m; 9 Ob 94/00 i.

J. Exekutionsverfahren

485 **1.** Die zur Sachwalterin eines mj Kindes bestellte **Mutter kann nicht im eigenen Namen einen Exekutionsantrag** stellen, zu dessen Einbringung nach dem Inhalt des Titels das Kind berechtigt wäre, uzw auch dann nicht, wenn die Zahlung zu ihren Handen zu erfolgen hat. 7 Ob 258/56; 2 Ob 97/57; 3 Ob 306/59 = EvBl 1959/

329; 3 Ob 106/64; 3 Ob 119/72; 3 Ob 53/81; 3 Ob 89/80; 3 Ob 68/86 = JBl 1987, 460 = SZ 59/186.

2. Ist im Exekutionsantrag nur die Ehegattin des UhPfl als betreibende Gläubigerin aufgetreten, kann das Exekutionsbewilligungsgericht nicht eine Richtigstellung der Parteibezeichnung dahin vornehmen, dass sie zugleich als Sachwalterin ihrer mj Kinder einschreitet. 3 Ob 95/68 = EF 10.609; 3 Ob 119/72.

3. **Abw:** Hat bei einer UhExekution die Mutter des Kindes im Exekutionsantrag angegeben, dass sie im UhBemessungsbeschluss zur Sachwalterin des Kindes bestellt worden sei, im Übrigen aber sich selbst als betreibende Partei bezeichnet, so liegt, wenn die Gerichte dem folgten, nur eine unrichtige Parteibezeichnung vor, die (auch) in höherer Instanz berichtigt werden kann. 3 Ob 487/59.

4. Der Mangel der Antragsberechtigung heilt mit Rk der Exekutionsbewilligung, weshalb eine Bedachtnahme auf ihn im Rahmen eines Oppositionsprozesses nicht in Betracht kommt. 3 Ob 66/65 = EF 5.660.

1. Ist für einen **UhVergleich die pflegschaftsbehördliche Genehmigung** Voraussetzung der Rechtswirksamkeit und Vollstreckbarkeit des Titels, so ist sie nicht bloß nachzuweisen, sondern muss gem § 54 Abs 1 Z 2 EO die die Rechtswirksamkeit des Titels bescheinigende und diesen ergänzende, daher einen integrierenden Teil des Exekutionstitels bildende Urkunde im Exekutionsantrag angeführt werden. Die der Vergleichsausfertigung beigesetzte Vollstreckbarkeitsbestätigung allein genügt hier nicht, weil sich die Vollstreckbarkeitsbestätigung nur auf das Vorliegen der sich aus dem Titelverfahren ergebenden Voraussetzungen für die formelle Vollstreckbarkeit des Titels bezieht. 3 Ob 76/76 = EF 27.954; 3 Ob 98/78; 3 Ob 96/80; 3 Ob 139/80; 3 Ob 140/80; 3 Ob 142/80. **486**

2. **Anmerkung:** Im Hinblick auf § 54 Abs 3 EO idFd EO-Novelle 1995 ist nunmehr aber ein Verbesserungsverfahren einzuleiten.

3. Der **außergerichtliche UhVergleich** wird auch durch die pflegschaftsbehördliche Genehmigung nicht zum gerichtlichen Vergleich iSd § 1 Z 5 EO. 3 Ob 130/76 = EvBl 1977/21 = ÖA 1977, 156.

4. Ebenso wenig der den anlässlich der Ehescheidung der Eltern des uhber Kind geschlossenen UhVergleich bloß **genehmigende Beschluss.** 3 Ob 125/70.

1. Der gegen den Vater im VaStr erworbene Exekutionstitel wird durch den Tod des Vaters nicht unwirksam. 3 Ob 325/53 = EvBl 1953/369 = SZ 26/144 = EF 1.137. **486a**

2. **UhTitel wirken über den Eintritt der Volljährigkeit** so lange **hinaus,** als die Selbsterhaltungsfähigkeit des UhBer nicht einvernehmlich oder gerichtlich festgestellt ist. 3 Ob 110/83 = EF 48.167.

1. Seit der durch die EO-Novelle 1991 eingefügten Bestimmung des § 8 Abs 2 EO steht der Exequierbarkeit eines Titels mit einer dieser Bestimmung entsprechenden **Wertsicherungsklausel** nichts mehr im Wege. Die Berechnung der vorliegendenfalls an einen Verbraucherpreisindex gebundenen Wertsicherung ist auch nicht mit unzumutbaren Schwierigkeiten für den UhPfl verbunden, wird doch der Indexwert mtl im Amtsblatt der Wiener Zeitung und in Tageszeitungen veröffentlicht und ist sogar telefonisch abrufbar. Der neue wertgesicherte Betrag (UhBeitrag) ist nach einer einfachen Formel (alter Uh × neuem Index : durch alten Index) auch von ei- **487**

nem juristischen Laien zu errechnen. 6 Ob 154/99 m = JBl 2000, 670 = ÖA 2000, 163/U 313.

2. **Anmerkung:** Zur Frage der Geltendmachung von UhAnspr mit Wertsicherungsklausel vgl Rz 471.

488 1. Der UhPfl kann mit **Oppositionsklage** auch geltend machen, dass der UhBer in dem Zeitraum, für den der UhRückstand betrieben wird, **keinen oder einen geringeren als den dem Exekutionsantrag zugrunde liegenden UhAnspr** hatte. Dabei ist es auch ohne weiteres möglich, dass dem Klagebegehren nur mit einem Teilbetrag stattgegeben wird, indem der UhPfl zwar nicht zur Leistung des ganzen, aber doch eines geringeren UhBeitrags für fähig angesehen wird. 3 Ob 209/99 b = RZ 2001/5.

2. Einwendungen gegen **UhRückstände** können mit Oppositionsklage aber nur erhoben werden, wenn sie noch exekutiv betrieben werden und noch nicht hereingebracht sind. 3 Ob 209/99 b = RZ 2001/5.

3. Im Sonderfall einer unter Anwendung des § 291 c EO bewilligten **Exekution zur Hereinbringung eines UhRückstands und künftiger UhBeiträge** besteht das Rechtsschutzinteresse an der Erledigung der auch gegen den Rückstand erhobenen Einwendungen iSd § 35 EO auch dann weiter, wenn die UhExekution in Ansehung des Rückstands vor Schluss der Verhandlung in erster Instanz bereits beendet worden sein sollte. 3 Ob 209/99 b = RZ 2001/5.

IX. Unterhaltsverfahren mit Auslandsberührung

A. Allgemeines

489 1. Das **Minderjährigenschutzabkommen** BGBl 1975/446 findet auf UhSachen **keine Anwendung.** 2 Ob 536/95 = EF 79.033; 6 Ob 348/97 p = SZ 70/269 = EvBl 1998/97 = ÖA 1998, 202/U 227.

2. Wohl aber die **EuGVVO.** UhSachen zählen für sich betrachtet zu den „Zivilsachen" iSd Art 1, sind jedoch nicht im Ausnahmenkatalog des Abs 2 erwähnt. EuGH 6. 3. 1980, Rs 120-79 *(L. De Cavel/J. De Cavel)* = Slg 1980, 731; 9 Ob 22/00 a = JBl 2000, 603.

3. **Anmerkung:** Ebenso das EuGVÜ. Von wesentlicher Bedeutung ist aber das Haager Übereinkommen BGBl 1961/293 über das auf UhPflichten gegenüber Kindern anzuwendende Recht (**Haager UhStatutabkommen**). Vgl Rz 494 ff.

B. Zuständigkeit/Verfahrensart

490 1. **Anmerkung:** Die Frage der inländischen Gerichtsbarkeit bzw internationalen Zuständigkeit Österreichs in UhStreitigkeiten betr mj Kinder richtet sich nach § 110 Abs 1 JN, wonach inländische Gerichtsbarkeit gegeben ist, wenn der mj UhBer österreichischer Staatsbürger ist oder seinen gewöhnlichen Aufenthalt oder, soweit es um dringende Maßnahmen geht, zumindest seinen Aufenthalt in Österreich hat. Darüber hinaus kommt – sowohl bei mj (vgl *Simotta* in Fasching[2] Rz 28 zu § 76 a JN) als auch bei volljährigen Kindern – Art 5 Z 2 EuGVVO (EuGVÜ/LGVÜ) zur Anwendung, der eine internationale und örtliche Zuständigkeit am Wohnsitz bzw gewöhnlichen Aufenthalt des UhBer eröffnet. Schließlich sind österreichische Gerichte für die Geltendmachung von UhAnspr international zuständig, wenn der UhPfl seinen Wohnsitz in Österreich hat (Art 2 EuGVVO/EuGVÜ/LGVÜ).

2. **Art 5 Z 2 EuGVÜ** verschafft dem UhBer die Möglichkeit, den UhPfl, der seinen Wohnsitz im Hoheitsgebiet eines Vertragsstaats hat, **vor dem Gericht des Ortes** zu verklagen, **an dem der UhBer seinen Wohnsitz oder seinen gewöhnlichen Aufenthalt hat.** Damit wird im Anwendungsbereich des Abkommens dem UhBer die Möglichkeit verschafft, den UhPfl, der seinen Wohnsitz in einem anderen Vertragsstaat hat, im Wohnsitzstaat des UhBer zu klagen. Dies gilt aber dann nicht, wenn der Rechtsstreit ausschließlich Personen betrifft, die in diesem Staat ihren Wohnsitz haben. 9 Ob 22/00 a = JBl 2000, 603.

3. Zu den Angelegenheiten des § 109 JN, für die § 110 JN Regelungen betr die **inländische Gerichtsbarkeit** enthält, gehört auch die Festsetzung des gesetzlichen Uh. 6 Ob 96/00 m.

4. Die Durchsetzung von UhAnspr wird dann, wenn auch der UhPfl im Inland seinen gewöhnlichen Aufenthalt hat, durch eine inländische E eindeutig gefördert. Die Rechte des Kindes können auch deshalb nicht ausreichend gewahrt sein, dass die Durchsetzung der UhAnspr im Heimatstaat längere Zeit in Anspruch nimmt und sodann aufgrund eines ausländischen Titels im Inland Exekution geführt werden muss. § 110 Abs 2 JN ist somit nicht anwendbar. 3 Ob 513/85; 8 Ob 681/86 = ÖA 1987, 139; 3 Ob 552/88 = RZ 1989/90; 7 Ob 238/00 a.

5. Auch wenn die Elternrechtsentscheidung des mit der Scheidung der Ehe befassten Gerichts im Heimatstaat erst nach der Befassung des inländischen ErstG mit dem Antrag der Mutter, ihr die Pflege und Erziehung des Kindes zu überlassen, in Rk erwachsen ist und auch eine UhFestsetzung durch die Behörden des Heimatstaats erfolgen könnte, liegen die Voraussetzungen des § 110 Abs 2 JN nicht vor, wenn sich die Mutter in ihrem Antrag auf eine wesentliche Änderung der Pflegeverhältnisse beruft. 3 Ob 513/85.

6. Ein Vorgehen nach § 110 Abs 2 JN kommt erst in Betracht, wenn eine E der ausländischen Behörden vorliegt oder eine solche aufgrund eines anhängigen Verfahrens konkret und in angemessener Zeit zu erwarten ist; zudem muss **eine solche E für den inländischen Rechtsbereich entsprechende Wirkungen entfalten** können, also im Inland (kraft völkerrechtlicher Verträge) zumindest anerkennungsfähig sein. 7 Ob 238/00 a.

491 1. Auch **österreichische Kinder im Ausland** haben gegen den im Inland lebenden ehel Vater ihre UhAnspr grundsätzlich im VaStr geltend zu machen. 1 Ob 620/36 = SZ 18/119; 3 Ob 82/26 = SZ 8/48; 2 Ob 171/51; 6 Ob 402/61.

2. Weil für mj Österreicher im Ausland immer inländische Gerichtsbarkeit gegeben und ein Pflegschaftsgericht zuständig ist. 6 Nd 550/77 = RZ 1978/46 = SZ 50/165.

3. **Überholt:** Besteht allerdings im Inland kein Pflegschaftsgericht, dann ist der ordentliche Rechtsweg zu beschreiten. 3 Ob 833/53; 2 Ob 921/54; 8 Ob 149/75.

Anmerkung: Vgl dazu Rz 428, 430, 492.

492 1. Der **Ursprungstaat** ist aus der Sicht des Anerkennungsstaats entscheidungsbefugt, wenn dies durch eine spiegelbildliche Anwendung des eigenen (internationalen) Zuständigkeitsrechts der Fall wäre (österreichische Jurisdiktionsformel); also insb des § 76 Abs 2 JN. 3 Ob 229/06 g.

2. **Mj Kinder ausländischer Staatsbürgerschaft** haben ihre UhAnspr **im VaStr** geltend zu machen, wenn sie sich **im Inland** aufhalten **und ein inländisches Pflegschaftsgericht** besteht. Dem steht Art 1 Abs 3 Haager UhStatutabkommen nicht entgehen, weil unter diese Bestimmung Fragen der Partei-, Prozessfähigkeit, Klagslegitimation, nicht aber ob der UhAnspr im streitigen Verfahren oder im VaStr zu verhandeln ist, fallen. Maßgebend ist die lex fori. 3 Ob 224/75 = SZ 49/78; 3 Ob 502/96 = ÖA 1998, 13/U 193 = EF 81.998; 5 Ob 22/97 i.

3. Nach § 114 Abs 1 und 2 JN in der am 1. 1. 2005 in Kraft getretenen Fassung des Art III Z 6 AußStr-BegleitG sind alle gesetzlichen UhAnspr zw Verwandten in gerader Linie im VaStr zu verfolgen, sodass für die Wahl des Rechtswegs die Minderjährigkeit oder die Staatsangehörigkeit des UhBer nicht mehr maßgeblich sind. 10 Ob 51/06 g.

4. **Überholt:** Andernfalls gehören diese Ansprüche ins streitige Verfahren. 7 Ob 139/99 p = EF 89.578; 6 Ob 42/03 z.

5. **Überholt:** Ebenso Ansprüche von Kindern fremder Staatsangehörigkeit, die sich im Ausland aufhalten. 1 Ob 66/50 = SZ 23/37 = JBl 1950, 243; 7 Ob 684/84.

6. Nach dem maßgeblichen österreichischen Recht verweist § 12 IPRG für die Frage der Volljährigkeit auf das Personalstatut der ASt; für die Frage des anzuwendenden Verfahrens ist somit entscheidend, dass die ASt als deutsche Staatsbürgerin nach deutschem Recht, nämlich nach § 2 dBGB, bereits zum Zeitpunkt der Antragstellung volljährig war. 3 Ob 502/96 = ÖA 1998, 13/U 193 = EF 81.998.

C. Vertretung des Kindes

493 1. Das **Personalstatut** des Kindes ist gem **§ 25 Abs 2 IPRG** auch für die Frage seiner gesetzlichen Vertretung maßgeblich. 1 Ob 704/87 = EF 57.625; 1 Ob 663/88.

2. Nach türkischem Recht üben die Eltern während der Ehe die Elternrechte gemeinsam aus. Bei Meinungsverschiedenheiten entscheidet der Vater. 4 Ob 2075/96 t = EF 81.975.

3. Im Geltungsbereich des Minderjährigenschutzabkommens kann der gesetzliche Vertreter des ausländischen Mj den JWTr durch **schriftliche Zustimmungserklärung zum Sachwalter** nach § 212 Abs 2 ABGB machen, sofern nicht das Heimatrecht des Mj eine solche Übertragung ausdrücklich untersagt. Außerhalb des Anwendungsbereichs dieses Übereinkommens ist jedoch bei Bestellung von besonderen Sachwaltern von § 27 IPRG auszugehen, der das Personalstatut (das Recht des Staates, dessen Staatsangehöriger der Mj ist) für maßgeblich erklärt. 7 Ob 635/90 = ÖA 1992, 126 = IPRax 1992, 104 = EF 63.871.

4. Nach deutschem Recht ist eine derartige rechtsgeschäftliche Übertragung eines Teiles der Vertretungsmacht nicht untersagt. 7 Ob 635/90 = ÖA 1992, 126 = EF 63.872.

D. Unterhaltsstatut

1. Haager Unterhaltsstatutabkommen

494 1. Nach diesem Abkommen ist das **Recht des gewöhnlichen Aufenthaltsorts des Kindes** dafür maßgebend, welches UhRecht anzuwenden ist. 4 Ob 513/96 = SZ 69/77 = EF 81.995; 6 Ob 2152/96 f = EF 81.995; 3 Ob 194/00 a = ZfRV 2002, 38.

2. Aufgrund des Vorbehalts der Republik Österreich ist österreichisches UhRecht aber auch dann anzuwenden, wenn 1. das UhBegehren bei einem österreichischen Gericht gestellt wurde, 2. UhBer und UhPfl österreichische Staatsbürger sind und 3. der UhPfl zum Zeitpunkt der Antragstellung den gewöhnlichen Aufenthalt in Österreich hat. 4 Ob 515/96 = SZ 69/77 = EF 81.997; 1 Ob 220/01 m.

3. Das **Abkommen ist stets anzuwenden, wenn das maßgebliche Recht das eines Vertragsstaats** ist. 1 Ob 98/97 m = ÖA 1998, 115/U 214; 7 Ob 290/00 y.

4. Wenn ein **Gericht eines Vertragsstaats mit dem Fall befasst** ist. 3 Ob 502/96 = ÖA 1998, 13/U 193 = EF 81.998.

5. Womit es auch **gegenüber Staatsbürgern von Nichtvertragsstaaten** anwendbar ist. 3 Ob 552/88 = JBl 1989, 394 = RZ 1989/90 = EF 60.645; 6 Ob 233/00 h = ZfRV 2002, 23/6.

6. Es gilt, **bis das Kind sein 21. Lebensjahr vollendet** hat, unabhängig davon, ob es früher volljährig wird. 3 Ob 502/96 = ÖA 1998, 13/U 193 = EF 81.998.

7. Oder **ehel, ue, adoptiert oder verheiratet** ist. 10 Ob 508/94 = EF 79.016 = ÖA 1994, 188/U 106.

8. Trotz des Terminus „**UhKlage**" (im französischen Originaltext action alimentaire) ist unbestritten, dass darunter angesichts des Schutzzwecks des Übereinkommens jede verfahrensrechtlich legitimierte Art der Geltendmachung des UhAnspr zu verstehen ist, also auch einschlägige Anträge im VaStr. 1 Ob 220/01 m.

1. Nach Art 2 des Abkommens iVm § 1 des BG zu seiner Anwendung (BGBl **495** 1961/295) **beherrscht das berufene Sachrecht den UhAnspr in jeder Hinsicht;** es bestimmt den **UhPfl** (außer er ist Seitenverwandter), den **Umfang und sämtliche Voraussetzungen** des UhAnspr. 8 Ob 663/92 = EF 69.649; 1 Ob 552/93 = ÖA 1994, 19/U 83 = EF 72.711; 1 Ob 610/94 = EF 75.867 uva; 2 Ob 139/01 g = ÖA 2002, 32/U 344 = ZfRV 2002, 25/13; 6 Ob 233/00 h = ZfRV 2002, 23/6; 10 Ob 56/06 t = EF-Z 2007/13 *(Gitschthaler)*.

2. **Also ob und in welchem Ausmaß und von wem Uh gebührt.** 6 Ob 233/00 h = ZfRV 2002, 23/6; 6 Ob 38/04 p.

3. Ebenso die Behandlung des **konkurrierenden UhAnspr der türkischen Mutter der UhPfl.** 4 Ob 513/96 = SZ 69/77 = EF 81.973.

4. Das betreibungsrechtliche Existenzminimum ist nicht nach dem Recht des Staates, in dem sich der UhPfl aufhält, ausschlaggebend. 10 Ob 56/06 t = EF-Z 2007/13 *(Gitschthaler)*.

5. Nicht ausgeschlossen ist jedoch, uU die Lebenshaltungskosten des Vaters, die sich ja nach dem Lohnniveau, den Preisverhältnissen und den gesetzlichen Steuerbestimmungen usw seines Staates richten, nach dessen gewöhnlichem Aufenthaltsort zu berücksichtigen. 10 Ob 2416/96 h = ÖA 1998, 26/F 145; 6 Ob 285/97 y = ÖA 1998, 173/F 167; 6 Ob 24/98 t = ÖA 1999, 126/U 273; 7 Ob 290/00 y; 10 Ob 56/06 t = EF-Z 2007/13 *(Gitschthaler)*.

6. Geht es um UhAnspr nach § 142 ABGB, sind lediglich die Fragen, wer Erbe nach dem (griechischen) Vater ist und was in die Verlassenschaft fällt, nach griechischem Recht zu beantworten. 7 Ob 290/00 y.

1. **Vertragsstaaten** des Haager UhStatutabkommens sind: **496**
Belgien (BGBl 1970/333); **Deutschland**/BRD (BGBl 1961/293; 8 Ob 598/91 = 8 Ob 599/91 = 8 Ob 600/91 = 8 Ob 601/91 = EvBl 1992/42 = ÖA 1992, 25 = EF 66.811 = ÖA 1992, 55/UV 30) samt **DDR** lt bilateralem Einigungsvertrag vom 31. 8.

1990, durch den gem Art 23 des GG die DDR der BRD beitrat (3 Ob 62/92 = EF 72.716); **Frankreich** (BGBl 1963/152, 1967/190); **Italien** (BGBl 1991/293, 1970/333); **Japan** (BGBl 1977/444); **Liechtenstein** (BGBl 1973/137); **Luxemburg** (BGBl 1961/293, 1971/389); **Niederlande** (BGBl 1963/98, 1987/102); **Portugal** (BGBl 1969/62, 1969/369); **Österreich** (8 Ob 598/91 = 8 Ob 599/91 = 8 Ob 600/91 = 8 Ob 601/91 = EvBl 1992/42 = ÖA 1992, 25 = EF 66.812 = ÖA 1992, 55/UV 30); **Schweiz** (BGBl 1965/38); **Spanien** (BGBl 1974/339); **Türkei** (BGBl 1972/140; 8 Ob 663/92 = EF 69.649).

2. Da das Übereinkommen stets anzuwenden ist, wenn das maßgebliche Recht das eines Vertragsstaats ist (wie hier das österreichische Recht), spielt es aber auch keine Rolle, dass Jugoslawien dem Übereinkommen nicht angehört. 6 Ob 233/00 h = ZfRV 2002, 23/6.

3. Da aber der Mj indischer Staatsangehöriger und Indien nicht Vertragsstaat des Übereinkommens ist, bleibt nach der Übersiedlung des Mj nach Indien für die Anwendung des Übereinkommens und damit österreichischen Rechts kein Raum mehr; vielmehr kommt zufolge der Gesamtverweisung des § 24 IPRG das indische IPR zum Zuge; über seine Verweisungen ist das anwendbare Recht zu ermitteln. 1 Ob 220/01 m.

4. Wird vom Kind der gewöhnliche Aufenthalt woanders genommen, gilt zufolge Art 1 Abs 2 das Sachrecht dieses neuen gewöhnlichen Aufenthalts (**Grundsatz der Wandelbarkeit des UhAnspr**). UhAnspr für die Zeit vor dem Wechsel des gewöhnlichen Aufenthalts sind nach dem Recht des früheren Aufenthalts zu beurteilen; für die Zeit nach dem Wechsel des gewöhnlichen Aufenthalts ist das Recht des neuen Aufenthaltsstaats maßgebend. Zieht das Kind aus einem Vertragsstaat in einen Nichtvertragsstaat, so wird das Übereinkommen für die Zukunft unanwendbar. 1 Ob 220/01 m.

2. IPRG

497 **1. Anmerkung:** Fasst man die Rsp zur Frage des Anwendungsbereichs des Haager UhStatutabkommens zusammen, zeigt sich, dass in den allermeisten Fällen, in denen österreichische Gerichte über UhAnspr von Kindern unter 21 Jahren zu entscheiden haben, österreichisches UhRecht anwendbar ist, weil idR das Kind in solchen Fällen seinen gewöhnlichen Aufenthalt in Österreich haben wird. Ist dies nicht der Fall, gilt trotzdem österreichisches UhRecht, wenn das Kind und der UhPfl Österreicher sind und der UhPfl zur Zeit der Geltendmachung einen gewöhnlichen Aufenthalt in Österreich hat (vgl *Schwimann*, Internationales Privatrecht³, 166). Damit bleiben nur jene Fälle übrig, in denen das Kind seinen gewöhnlichen Aufenthalt nicht in Österreich hat und der UhPfl Nichtösterreicher ist. Lebt in einem solchen Fall das Kind in einem Vertragsstaat des Haager UhStatutabkommens, ist dessen UhRecht anwendbar, ansonsten kommt es auf das UhRecht jenes Staates an, dessen Personalstatut das Kind hat (§§ 24, 25 IPRG; vgl 1 Ob 220/01 m). Auf das letztgen Recht kommt es auch immer dann an, wenn ein Kind im Alter von über 21 Jahren UhAnspr geltend macht (*Schwimann*, aaO 160, 165).

2. Hat das Kind seinen gewöhnlichen Aufenthalt in Ungarn, das nicht Vertragsstaat des Haager UhStatutabkommens ist, ist die UhPfl des Vaters gem § 24 IPRG im Hinblick auf das österreichische Personalstatut des Kindes nach österreichischem Recht zu beurteilen. 3 Ob 194/00 a = ZfRV 2002, 38.

E. Unterhaltsverletzung

498 **1.** Für den Zuspruch künftig fällig werdender UhLeistungen ist Voraussetzung, dass der UhPfl seine UhPflichten verletzt hat oder eine solche Verletzung droht; hat sich der UhPfl keinerlei Verletzung schuldig gemacht und im Vergleich festgelegte UhZahlungen freiwillig und zeitgerecht den aufgetretenen Veränderungen vollständig angepasst und durch sein Verhalten zu erkennen gegeben, seinen UhPflichten auch weiterhin pünktlich nachzukommen, muss ein Rechtsschutzinteresse an einem UhTitel verneint werden. Bei **UhForderungen ausländischer UhBer** ist aber ein strenger Maßstab anzulegen: Wegen der schon aufgrund der räumlichen Distanz erschwerten und oft auch langwierigen und kostenintensiveren Durchsetzbarkeit (Streitverfahren gegenüber VaStr) wird eine Verletzung der UhPflicht schon bei geringfügigen Verstößen anzunehmen sein, so wenn die Zahlungen nicht unmittelbar nach Eintritt von Veränderungen der Verhältnisse erhöht, nicht immer pünktlich am Monatsbeginn im vorhinein geleistet werden oder die tatsächlichen Einkommensverhältnisse durch die UhBer nicht ermittelt werden können. 6 Ob 567/93 = ÖA 1994, 100/U 95 = EF 73.860; 6 Ob 15/98 v = ÖA 1998, 240/U 235 = EF 85.903.

F. Bemessungsfragen

499 **1.** Für die Höhe der UhPfl des nicht betreuenden Elternteils sind nach **serbischem Recht** sowohl die Bedürfnisse des Kindes als auch die Fähigkeiten und Möglichkeiten der Elternteile maßgebend. 6 Ob 322/97 i = EF 85.028 = ÖA 1998, 173/F 169; 7 Ob 283/98 p = ÖA 1999, 260/U 293 = EF 90.656.

2. Nach **deutscher** Lehre und Rsp hat der UhPfl für eine Zweitausbildung des Kindes nicht aufzukommen. 6 Ob 726/87 = EF 57.626.

3. UhCharakter haben nach **serbischem** Recht nicht nur Bar- und Sachleistungen, sondern auch Pflegeleistungen. 2 Ob 7/93 = EF 75.853.

500 **1.** In Fällen, in denen die UhBemessung zugunsten im Ausland lebender Kinder eines österreichischen UhPfl erfolgt, sollen die UhBer einerseits am **Lebensstandard des in Österreich lebenden uhpfl Elternteils** teilhaben, muss andererseits aber der Uh in einem **angemessenen Verhältnis** zu den durchschnittlichen Lebensverhältnissen und zur Kaufkraft in ihrem Heimatland stehen. 6 Ob 567/93 = ÖA 1994, 100/U 95; 1 Ob 317/97 t = ÖA 1999, 22/U 250 = EvBl 1999/22; 6 Ob 15/98 v = ÖA 1998, 240/U 235; 2 Ob 72/99 y = ÖA 1999, 189/U 285 = EF 88.998.

2. Ist ihr UhBed im Ausland geringer, als er in Österreich wäre, ist ein „**MischUh**" zuzusprechen, der sich nach dem Bedarf des UhBer im Ausland und dem (verbesserten) Nettoeinkommen des UhPfl in Österreich richtet. 7 Ob 307/97 s; 2 Ob 72/99 y = ÖA 1999, 189/U 285; 6 Ob 114/99 d = EF 89.000; 3 Ob 194/00 a = RPflSlgA 2001, 79/8748 = ZfRV 2002, 38 = EF 95.491; 8 Ob 54/03 d = EF 107.096; 1 Ob 112/04 h.

3. Dies aber erst dann, wenn sich der **Aufenthalt des Kindes im Ausland gefestigt** hat, wofür aber nicht Voraussetzung ist, dass es bereits zu einer sozialen Eingliederung gekommen wäre, weil bei jedem länger andauernden Aufenthalt im Ausland die UhBed des Kindes grundsätzlich von den dort herrschenden Lebensverhältnissen determiniert werden. 3 Ob 194/00 a = ZfRV 2002, 38 = EF 95.492.

4. Und unabhängig davon, ob das Kind gegen den Willen des UhPfl ins Ausland gebracht wurde. 3 Ob 194/00 a.

5. Die Bedürfnisse des UhBer sind **konkret und individuell mit den Lebensverhältnissen der Eltern in Relation** zu setzen. 6 Ob 114/99 d = EF 88.999.

6. Weshalb der konkrete UhBed des (Klein-)Kindes im Ausland festzustellen ist. 3 Ob 194/00 a = RPflSlgA 2001, 79/8748 = ZfRV 2002, 38 = EF 95.493.

7. Die Maßgeblichkeit österreichischen Rechts für die Beurteilung der Leistungsfähigkeit des im Ausland lebenden UhPfl schließt allerdings nicht aus, uU dessen Lebenshaltungskosten an seinem gewöhnlichen Aufenthaltsort zu berücksichtigen. Der Vater hat jedoch gar nicht behauptet, dass ihn in der Schweiz höhere Lebenshaltungskosten als einen in Österreich lebenden UhPfl träfen und insoweit keinen rechtsverhindernden Sachverhalt geltend gemacht. Ohne nähere Kenntnis der konkreten Lebenssituation des Vaters an seiner Wohn- und Arbeitsstätte kann nicht davon ausgegangen werden, dass die Auslagen des täglichen Lebens für den Vater schon allein deshalb höher sein müssten als in Österreich, weil – nach Ansicht des Vaters – das Preisniveau für existenznotwendige Bedürfnisse in der Schweiz generell höher sei als in Österreich. 6 Ob 233/00 h = ZfRV 2002, 23/6 = EF 95.494.

501

1. Eine **Nivellierung der UhAnspr der in Chile lebenden Kinder auf das niedrigere Niveau des Durchschnittseinkommens einer gewöhnlichen chilenischen Arbeiterfamilie scheitert** daran, dass es den Kindern nicht verwehrt werden kann und darf, am höheren Lebensstandard ihres europäischen Vaters selbst dann zu partizipieren, wenn der GesamtkindesUh das Doppelte des Durchschnittseinkommens einer chilenischen Arbeiterfamilie erreichen oder gar übersteigen würde. 2 Ob 72/99 y = ÖA 1999, 189/U 285 = EF 88.999.

2. Wenn der zugesprochene UhBeitrag in Serbien ausreicht, um sämtliche Lebensbedürfnisse des Kindes dort abzudecken, besteht keine Notwendigkeit zur Ermittlung des Durchschnittsbedarfs von Kindern gleicher Altersstufe in Serbien. Es bedarf dann auch nicht der Beurteilung, ob aus dem über den Bedarf des Kindes hinausgehenden Uh vom Kind Ersparnisse angelegt werden dürfen. 6 Ob 322/97 i = ÖA 1998, 173/F 169 = EF 85.027; 7 Ob 283/98 p = ÖA 1999, 260/U 293 = EF 90.657.

3. Ist der KindesUh nach rumänischem Recht zu bemessen, so ist zur **Frage einer Überalimentierung** in Bezug auf die rumänischen Verhältnisse zu erheben, ob es zu dieser Frage eine höchstgerichtliche Rsp in Rumänien gibt, bzw wenn eine solche vorhanden ist, in welcher Weise die Art 92 ff des rumänischen Familiengesetzbuchs ausgelegt werden. 7 Ob 14/98 d = EF 87.886.

4. Gem Art 94 des für die Bemessung maßgeblichen rumänischen Familiengesetzbuchs richtet sich der Uh nach den Bedürfnissen des UhBer und den Mitteln des UhPfl. Der KindesUh ist bei 3 oder mehr Kindern mit bis zur Hälfte des Arbeitseinkommens zu bemessen. Können nicht alle UhBer befriedigt werden, hat das Gericht unter Berücksichtigung der Bedürfnisse eines jeden nach billigem Ermessen zu entscheiden (Art 92). 6 Ob 15/98 v = ÖA 1998, 240/U 235 = EF 87.887.

5. Die Frage, ob der zugesprochene Uh in Relation zum Lebensstandard im Heimatland des UhBer angemessen ist, ist stets eine solche des Einzelfalls (8 Ob 54/03 d). Dabei ist auch nicht zu beanstanden, wenn die Vorinstanzen als gerichtsbekannt vorausgesetzt haben, dass der Lebensstandard in Polen auch nach der „Wende" bis in jüngste Zeit niedriger ist als in Österreich. 1 Ob 112/04 h = EF 110.213.

G. Währungsstatut

1. Inlandswohnsitz des Unterhaltsberechtigten

1. Das UhStatut ist auch für die Beurteilung der Frage maßgebend, in welcher **502** Währung Uh zu leisten ist. **Einem in Österreich lebenden Kind ist daher Uh in Schilling** *(nunmehr: Euro)* **zuzusprechen.** 1 Ob 511/94 = ÖA 1994, 184/U 99 = EF 74.067.

2. Bei einem in Inlandswährung begehrten UhBeitrag und einem **in ausländischer Währung erzielten Einkommen des UhPfl** bestehen gegen die Heranziehung des durchschnittlichen Monatsmittelkurses für Devisen (Geld) aus einem Zeitraum von etwa einem Jahr keine Bedenken. Die Kursentwicklung ist nur unter dem Gesichtspunkt der geänderten Verhältnisse, die eine Neufestsetzung der UhPflicht rechtfertigen, maßgeblich. Eine Neufestsetzung kommt allerdings dann in Frage, wenn nach einem längeren Zeitraum feststeht, dass sich der Kurs nachhaltig und in relevantem Ausmaß verändert haben sollte. 6 Ob 184/97 w = ÖA 1998, 120/U 217 = EF 83.298, 83.299; 6 Ob 15/98 v = ÖA 1998, 240/U 235.

3. Bei der unechten Fremdwährungsschuld, bei der dem Gläubiger (hier der mj UhBer) nur eine Schillingforderung zusteht, die fremde Währung aber als Rechnungsgrundlage dient, kommt als Tag der Umrechnung der als Wertmaßstab heranzuziehenden Fremdwährung nicht der Tag der Zahlung, sondern jener der Fälligkeit in Frage. 1 Ob 511/94 = ÖA 1994, 184/U 99 = EF 74.068.

2. Auslandswohnsitz des Unterhaltsberechtigten

1. Für die Beurteilung der Frage, in welcher Währung Uh zu leisten ist, ist 503 das Kindeswohl maßgebend. 6 Ob 567/93 = ÖA 1994, 100/U 95 = EF 74.069; 1 Ob 317/97 t = ÖA 1999, 22/U 250 = EvBl 1999/22 = EF 87.884; 6 Ob 15/98 v = ÖA 1998, 240/U 235 = EF 87.883; 2 Ob 72/99 y = ÖA 1999, 189/U 285 = EF 88.926.

2. Wenn sich der **Wert der Währung im Aufenthaltsland des UhBer (hier: Zloty) seit Jahren gegenüber jenem des Schillings laufend verschlechterte,** hat dies bei der Festsetzung des Uh in Auslandswährung zur Folge, dass einerseits der Bekl im Laufe der Zeit einen immer geringeren Schillingbetrag benötigt, um der festgelegten UhPflicht zu entsprechen, anderseits aber das Kind mit dem bestimmten Betrag das Auslangen immer weniger finden wird und deshalb immer wieder zur Klagsführung genötigt ist. Das Wohl des Kindes und das Bestreben, dem UhBer die seinem Bedarf entsprechende Kaufkraftmenge zufließen zu lassen, spricht für einen Zuspruch in Schillingwährung. Für den Bekl bedeutet dies keinen Nachteil, es benimmt ihm lediglich den Vorteil eines für ihn günstiger werdenden Wechselkurses. 6 Ob 567/93 = ÖA 1994, 100/U 95 = EF 74.069; 1 Ob 317/97 t = ÖA 1999, 22/U 250 = EvBl 1999/22 = EF 87.884; 6 Ob 15/98 v = EF 87.885 = ÖA 1998, 240/U 235.

3. Bei **UhZahlungen an im Ausland lebende Kinder** sind UhBemessungen grundsätzlich in einem **Hartwährungsbetrag** zweckmäßig. 2 Ob 72/99 y = ÖA 1999, 189/U 285 = EF 88.926.

4. Insb wenn der Bedarf einschließlich der Abdeckung der Geldentwertung und der Wechselkursschwankungen höher als die erbrachten Leistungen ist; die Bemessung ist nach dem durchschnittlichen Devisenkurs eines Jahres vor Titelschaffung vorzunehmen. 6 Ob 15/98 v = ÖA 1998, 240/U 235 = EF 86.166.

5. Anmerkung: Wenn der UhBer in einem Staat lebt, der der Euro-Zone angehört, erübrigen sich derartige Überlegungen jedenfalls seit 1. 1. 2002.

H. Verfahrensfragen

504   1. Die **E ausländischer Gerichte** entfalten **im Inland dann Feststellungs- und damit Rechtskraftwirkung** iSd § 411 ZPO, wenn sie in Österreich aufgrund einer staatsvertraglichen Regelung auch vollstreckt werden können. Kann mangels einer staatsvertraglichen Regelung die (südafrikanische) E in Österreich nicht vollstreckt werden, kommt von vornherein zufolge fehlender Durchsetzungsmöglichkeit die Einmaligkeitswirkung einer ausländischen Vorentscheidung nicht zum Tragen. 7 Ob 139/99 p = EF 89.635.

2. Die **UhFestsetzung ausländischer Kinder** fällt bei Anwendung österreichischen Rechts in den **Wirkungskreis des Rechtspflegers.** 6 Ob 348/97 p = SZ 70/269 = EvBl 1998/97 = JBl 1998, 596 = EF XXXIV/4.

2. Kapitel
Ausstattungsanspruch

§ 1220 ABGB. Besitzt die Braut kein eigenes, zu einem angemessenen Heiratsgut hinlängliches Vermögen, so sind Eltern oder Großeltern nach der Reihenfolge und nach den Grundsätzen, nach denen sie für den Unterhalt der Kinder zu sorgen haben, verpflichtet, den Töchtern oder Enkelinnen bei ihrer Verehelichung ein Heiratsgut zu geben oder dazu verhältnismäßig beizutragen.

§ 1221 ABGB. Berufen sich Eltern oder Großeltern auf ihr Unvermögen zur Bestellung eines anständigen Heiratsgutes; so soll auf Ansuchen der Brautpersonen das Gericht die Umstände, jedoch ohne strenge Erforschung des Vermögensstandes, untersuchen, und hiernach ein angemessenes Heiratsgut bestimmen, oder die Eltern und Großeltern davon freisprechen.

§ 1222 ABGB. Wenn eine Tochter ohne Wissen, oder gegen den Willen ihrer Eltern sich verehelicht hat, und das Gericht die Ursache der Mißbilligung gegründet findet; so sind die Eltern selbst in dem Falle, daß sie in der Folge die Ehe genehmigen, nicht schuldig, ihr ein Heiratsgut zu geben.

§ 1223 ABGB. Hat eine Tochter ihr Heiratsgut schon erhalten, und es, obschon ohne ihr Verschulden, verloren; so ist sie nicht mehr, selbst nicht in dem Falle einer zweiten Ehe, berechtigt, ein neues zu fordern.

§ 1231 ABGB. Weder der Bräutigam, noch seine Eltern sind verbunden, eine Widerlage zu bestimmen. Doch in eben der Art, in welcher die Eltern der Braut schuldig sind, ihr ein Heiratsgut auszusetzen, liegt auch den Eltern des Bräutigams ob, ihm eine ihrem Vermögen angemessene Ausstattung zu geben (§§ 1220 bis 1223).

Literatur: *Ruppe,* Heiratsgut und Heiratsausstattung in zivil- und steuerrechtlicher Sicht, SWK 1977, 111; *Ostheim,* Familienrechtsreform und Ausstattungsanspruch, ÖJZ 1978, 505; *Steininger,* Vermögensrechtliche Aspekte des neuen Kindschaftsrechts, in: Ostheim, Schwerpunkte der Familienrechtsreform (1979) 29, 38; *Kohler,* Heiratsgut und Heiratsausstattung als außergewöhnliche Belastung gem § 34 EStG, ÖStZ 1980, 270; *Ertl,* Inflation, Privatrecht und Wertsicherung (1980) 201; *Eccher,* Antizipierte Erbfolge (1980); *F. Bydlinski,* Vorzeitige Gewährung von Heiratsgut oder Ausstattung und Tod des Dotierungspflichtigen, JBl 1985, 79; *Fenyves,* Eheqüterrechtliche Vereinbarungen aus zivilrechtlicher Sicht, in: Ruppe, Handbuch der Familienverträge[2] (1985) 749; *Schauer,* Heiratsgut herabgesetzt? RdW 1987, 282; *Wanke,* Ausstattungsanspruch bei hinlänglichem Vermögen des Ausstattungsberechtigten, JBl 1988, 691; *ders,* Nachträgliche Leistung einer Heiratsausstattung, ÖJZ 1991, 113; *Beiser,* Neues zum Heiratsgut? RdW 1994, 155; *Wanke,* Wenig Neues zum Heiratsgut, RdW 1994, 324; *B. Jud,* Ausgewählte Fragen zu Heiratsgut und Ausstattung (§§ 1220, 1231 ABGB), NZ 1999, 37; *dies,* Entscheidungsanmerkung zu 1 Ob 215/99 w, NZ 2000, 118; *Deixler-Hübner,* Rechtsnatur und Höhe des Ausstattungsanspruchs gem §§ 1220 ff ABGB – ein Lösungsansatz zur Ausmittlung, iFamZ 2007, 301.

I. Rechtslage

505 **1. Anmerkung:** Der Ausstattungsanspruch von Töchtern (§§ 1220 ff ABGB [„Heiratsgut"]) und von Söhnen (§ 1231 ABGB [„Ausstattung"]) ist gleichartig, weil der Versorgungszweck des Ausstattungs-Heiratsguts (§ 1220 aF spricht noch von der „Versorgung") 1977 mit der Neufassung gem KindG weggefallen und somit keine Differenzierung zu § 1231 ABGB insb auch der Höhe nach mehr zulässt (*Brauneder* in Schwimann³ Rz 1 zu §§ 1220, 1221 ABGB). Im Übrigen hat sich durch das KindG keine Änderung ergeben; die Differenzierung zw ehel und ue Kindern war bereits durch das UeKindG beseitigt worden.

2. Durch das KindG ist hinsichtlich des Umstands keine Änderung eingetreten, dass § 1231 ABGB die Ausstattung unter Hinweis auf die §§ 1220 bis 1223 ABGB regelt und daher für die Entstehung, Fälligkeit und das Ausmaß des Ausstattungsanspruchs diese Bestimmungen maßgeblich sind. 5 Ob 548/78 = EF 31.467; 5 Ob 617/80 = EvBl 1981/41 = SZ 53/110 = ÖA 1981, 86; 1 Ob 791/83 = EF 46.075; 3 Ob 557/84.

3. Die in den §§ 1220 ff ABGB verankerten Ansprüche auf Heiratsgut und Ausstattung sollten unberührt bleiben. 3 Ob 504/80 = EF 36.116.

4. Mit der Änderung des § 1220 ABGB durch das UeKindG war nur die **Gleichstellung der ehel geborenen mit der ue Tochter,** sonst aber keine Abänderung der bestehenden Rechtslage beabsichtigt. 5 Ob 134/73 = EvBl 1974/40; 1 Ob 593/79 = EF 33.726.

II. Begriffsbestimmung

506 **1. Anmerkung:** Das ABGB spricht iZm dem familienrechtlichen Ausstattungs-Heiratsgut vom Heiratsgut bei Töchtern und von der Ausstattung bei Söhnen. In der Rsp werden die Begriffe Heiratsgut, Ausstattung oder Heiratsausstattung, aber auch Dotierung verwendet. Da aufgrund der nunmehrigen Rechtslage keinerlei Unterschiede mehr zw den Ansprüchen der Söhne und der Töchter bestehen, soll hier ausschließlich (soweit es sich nicht um die Wiedergabe von Entscheidungstexten handelt) vom „Ausstattungsanspruch" als Überbegriff die Rede sein (vgl dazu auch *Brauneder* in Schwimann³ Rz 7 zu § 1218 ABGB), während unter Heiratsgut das ehegüterrechtliche Heiratsgut nach § 1218 ABGB zu verstehen ist, bei dem es sich um den Gegenstand eines Ehepakts handelt und das mit uhrechtlichen Ansprüchen nichts zu tun hat.

2. Unter **Heiratsgut** versteht das ABGB nämlich einerseits jenes Vermögen, das dem Mann von der Frau oder von einem Dritten für sie zur Erleichterung des Eheaufwandes überlassen wird, andererseits aber auch einen eng mit dem UhRecht verbundenen familienrechtlichen Anspruch der Tochter oder Enkelin gegen die uhpfl Eltern oder Großeltern auf eine Heiratsausstattung. 3 Ob 504/80; 7 Ob 587/83.

3. **Bei Ausstattung und Heiratsgut handelt es sich um denselben Anspruch.** 7 Ob 703/79 = EF 33.735; 6 Ob 638/89 = EF 60.035; 7 Ob 97/00 s; 5 Ob 289/01 p = EF 97.001; 1 Ob 4/03 z = EF 104.705.

4. Es besteht daher kein Unterschied in der Höhe des Ausstattungsanspruchs eines Sohnes zu dem Heiratsgutsanspruch der Tochter. 1 Ob 791/83.

III. Zweck der Ausstattung

507 1. Gem § 1220 ABGB sind die Eltern oder Großeltern nach der Reihenfolge und nach den Grundsätzen, nach denen sie für den Uh der Töchter oder Enkelinnen, die kein eigenes, zu einem angemessenen Heiratsgut hinlängliches Vermögen besitzen, verpflichtet, bei der Verehelichung ein angemessenes Heiratsgut zu geben oder verhältnismäßig dazu beizutragen. **Zweck des Heiratsguts ist die Gewährung einer den Lebensverhältnissen der Eltern angemessenen Starthilfe für das ausstattungsbedürftige Kind bei der Gründung einer eigenen Familie.** Der Gesetzgeber geht davon aus, dass Söhne und Töchter zur Befriedigung der mit der ersten Heirat verbundenen Bedürfnisse noch einmal angemessen an den Lebensverhältnissen ihrer Eltern teilnehmen können. 7 Ob 703/79 = EF 33.735; 7 Ob 594/80 = SZ 53/87; 5 Ob 617/80 = EF 36.135 = EvBl 1981/41 = SZ 53/110 = ÖA 1981, 86; 1 Ob 553/82 uva; 7 Ob 97/00 s; 6 Ob 180/01 s = EF 96.976 = ecolex 2002, 17/1 = JBl 2002, 176; 6 Ob 271/02 z = ecolex 2003, 908/368; 1 Ob 61/03 g = NZ 2004, 26; 1 Ob 4/03 z = EF 104.683; 2 Ob 214/04 s = EF 108.091; 10 Ob 92/94 h = EF 111.096, 111.097.

2. Es kann einerseits aber **nicht** darauf **Bedacht genommen** werden, **für welche Zwecke dieses befürchtetermaßen verwendet** werden könnte. 6 Ob 635/80.

3. Andererseits dient es nicht der Erleichterung des Antritts eines Gewerbes. 1 Ob 655/85 = EF 48.618.

4. Und kann schließlich auch **über eine bloße Starthilfe hinausgehen.** 7 Ob 587/83 = EF 43.496; 2 Ob 589/84 = EF 46.056; 2 Ob 587/85; 2 Ob 650/85 = EF 48.596; 8 Ob 576/90 = EF 63.203.

IV. Rechtsnatur des Ausstattungsanspruchs

508 1. Die Verpflichtung zur Bestellung eines Heiratsguts (-ausstattung) entspringt der **elterlichen Uh- und Versorgungspflicht** und stellt gewissermaßen **deren letzten Akt** dar. 2 Ob 124/72 = RZ 1972, 206 = EF 18.045, 18.509 = SZ 45/78; 2 Ob 36/74 = EF 23.618; 7 Ob 587/78 uva; 9 Ob 248/97 d; 6 Ob 180/01 s = EF 96.978 = ecolex 2002, 17/1 = JBl 2002, 176.

2. Die Rechtsnatur des Ausstattungsanspruchs ist ein UhAnspr und unterliegt uhrechtlichen Grundsätzen. 2 Ob 214/04 s = EF 108.093; 10 Ob 92/94 h = EF 111.098.

3. Es sind die Grundsätze des § 140 ABGB anzuwenden. 6 Ob 271/02 z = ecolex 2003, 908/368; 1 Ob 61/03 g = NZ 2004, 26; 1 Ob 4/03 z = EF 104.685.

4. Die Leistung ist **insoweit keine Schenkung, als eine Ausstattungspflicht bestand** und deren Ausmaß nicht überschritten wurde, wobei – bei allfälligem Missverhältnis von Leistung und Anspruch – ein großzügiger Maßstab anzulegen ist. 5 Ob 117/69 = JBl 1970, 424.

5. Im Rahmen dieser Ausstattungspflicht bedarf dann eine Ausstattungszusage nicht der Notariatsaktsform. 5 Ob 117/69 = JBl 1970, 424.

6. Ein auffallendes Missverhältnis kann jedoch die Annahme einer Schenkung rechtfertigen. 5 Ob 117/69 = JBl 1970, 424.

7. Uzw nicht jede freiwillig gewährte Ausstattung, auch wenn sie über das erzwingbare Mindestmaß weit hinausgeht. 2 Ob 5/57.

8. Wohl aber bei einem **offenbaren Missverhältnis.** 7 Ob 303/56; 2 Ob 5/57; 6 Ob 151/61.

509 9. Oder wenn die Beteiligten darüber einig sind, dass das Maß der gesetzlichen Verpflichtung überschritten werden soll. 2 Ob 5/57.
10. Dann liegt aber nur hinsichtlich des Übermaßes Schenkung vor. 2 Ob 5/57.

509 1. Der Anspruch auf Bestellung eines Heiratsguts kann **nicht Gegenstand einer Zession** sein. 3 Ob 91/37 = SZ 19/35.
2. Er ist **nicht übertragbar**. 3 Ob 342/55 = RZ 1955, 146 = SZ 28/176; 3 Ob 91/37 = SZ 19/35.
3. Uzw solange nicht, als das Gestaltungsrecht nicht ausgeübt wird. 8 Ob 17/91 = SZ 64/120.

V. Anspruchsvoraussetzungen
A. Anspruchsberechtigter

510 1. Daraus, dass es sich um einen Anspruch der Tochter gegen ihre Eltern handelt, folgt noch nicht, dass nur sie die gerichtliche Bestimmung des Heiratsguts begehren kann, weil § 1221 ABGB davon spricht, dass die gerichtliche Bestimmung auf Ansuchen der Brautpersonen erfolgt. 8 Ob 1568/93 = tw EF 72.149; 2 Ob 539/92 = SZ 65/81 = EF 69.069 = JBl 1993, 42.
2. Der Bräutigam ist vor der Eheschließung aber **allein legitimiert, den Antrag auf Bestellung einer Heiratsausstattung für die Frau zu stellen,** weil der Braut ein Vorgehen gegen ihre Eltern oft nicht zumutbar ist. 8 Ob 1568/93 = tw EF 72.149; 2 Ob 539/92 = SZ 65/81 = EF 69.069 = JBl 1993, 42.
3. Ebenso als **Ehemann** nach der Eheschließung, weil auch bei gemeinsamer Antragstellung die Frau gegen ihre Eltern vorgeht. 8 Ob 1568/93 = tw EF 72.149; 2 Ob 539/92 = SZ 65/81 = EF 69.069 = JBl 1993, 42.
4. **Anmerkung:** Die Wortfolge „allein legitimiert" ist missverständlich und bedeutet: „auch allein legitimiert". Darüber hinaus ist anzumerken, dass wohl auch die Ehegattin bzw zuvor schon die Verlobte berechtigt sind, gegen die Eltern ihres Verlobten bzw ihres Ehegatten vorzugehen.
5. Daraus, dass es sich um einen Anspruch der Frau handelt und die Frau, nicht aber der Mann darauf verzichten kann, folgt aber, dass der Mann den Antrag nicht gegen den Willen der Frau zu stellen berechtigt ist. 8 Ob 1568/93 = tw EF 72.149; 2 Ob 539/92 = SZ 65/81 = EF 69.069 = JBl 1993, 42.
6. Für den Anspruch auf Heiratsgut ist die **mj Braut** nicht selbstständig antrags- bzw dispositionsbefugt. 3 Ob 647/76 = EvBl 1977/150 = SZ 49/156; 1 Ob 565/90 = ÖA 1991, 143 = ÖA 1991, 45/UV 9.

B. Anspruchsfälligkeit

511 1. Der Dotierungsanspruch **entsteht mit dem Verlöbnis** und wird mit der Eheschließung fällig. 1 Ob 791/83 = EF 46.069; 1 Ob 215/99 w = EvBl 2000/1 = ÖA 2000, 70/U 304; 6 Ob 180/01 s = EF 96.985 = ecolex 2002, 17/1 = JBl 2002, 176; 6 Ob 298/03 x = EF 108.090, 108.099.
2. Der Braut steht es aber frei, den Anspruch vor Eheschließung notfalls der Höhe nach gerichtlich feststellen zu lassen. 2 Ob 124/72 = RZ 1972, 206 = SZ 45/78; 3 Ob 524/79 = EF 36.119; 7 Ob 703/79 = EF 33.735; 1 Ob 15/83; 1 Ob 791/83 = EF 46.069.

3. Dies gilt auch für den Ausstattungsanspruch. 7 Ob 703/79 = EF 33.735.

4. Abw: Auch vor der Verehelichung kann das Heiratsgut nicht nur ausgemessen, sondern auch die Leistung für eine bestimmte Zeit nach der Eheschließung aufgetragen werden. 3 Ob 219/34 = SZ 16/71.

1. Der Dotationsberechtigte hat **grundsätzlich nur einmal Anspruch auf Bestellung eines Heiratsguts.** Wird der mit der ersten Eheschließung fällig gewordene Anspruch durch Leistung eines angemessenen Heiratsguts erfüllt, erlischt er. Es steht dann im Fall der weiteren Eheschließung nach Auflösung der ersten Ehe kein Anspruch mehr zu. 7 Ob 691/83 = SZ 56/169 = EF 43.487, 43.504; 4 Ob 524/88 = EF 56.956.

512

2. Es sei denn, der Anspruch wäre weder durch Erfüllung noch durch Verzicht erloschen. 7 Ob 691/83 = SZ 56/169 = EF 43.487, 43.504; 4 Ob 524/88 = EF 56.956.

3. Es kann zwar **nicht Ergänzung des Heiratsguts** deswegen **verlangt** werden, weil aus angeblich irrtümlichen Beweggründen ein zu niedriges Heiratsgut angenommen worden ist. 2 Ob 632/28 = SZ 10/231.

4. Hat allerdings der Dotationsberechtigte bei der ersten Eheschließung nur ein unzureichendes Heiratsgut erhalten, kann er, außer bei wenigstens schlüssiger Zustimmung, dessen Ergänzung nicht nur während des Bestands der ersten Ehe, sondern auch nach Eingehung einer weiteren Ehe verlangen. 7 Ob 691/83 = SZ 56/169 = EF 43.487, 43.504; 4 Ob 524/88 = EF 56.956.

5. Auch dann, wenn der Anspruch überhaupt noch nicht konsumiert ist, kann er nach Auflösung der ersten Ehe und nach Eingehen einer weiteren Ehe geltend gemacht werden. 6 Ob 271/02 z = ecolex 2003, 908/368; 2 Ob 214/04 s = EF 108.101.

6. Für die Gewährung eines Heiratsguts anlässlich der zweiten Eheschließung ist – sofern der Anspruch nicht bei Abschluss der ersten Ehe konsumiert wurde – die Dauer der ersten Ehe nicht von Bedeutung. 2 Ob 214/04 s = EF 108.101.

7. Dies gilt zwangsläufig auch für eine neuerliche Eheschließung mit demselben Ehegatten nach vorangegangener Scheidung. 10 Ob 262/97 w = ÖA 1998, 132/S 15 = EF 84.420.

8. Maßgebend für die Beurteilung des Anspruchs ist aber im Fall der Nichteinforderung aus Anlass der ersten Eheschließung dennoch die Sach- und Rechtslage im Zeitpunkt des Abschlusses der ersten Ehe. 7 Ob 691/83 = SZ 56/169 = EF 43.487, 43.504; 4 Ob 524/88 = EF 56.956.

C. Ausschlussgründe

Übersicht:

Rz

1. Missbilligung der Eheschließung durch den Ausstattungspflichtigen
   a) Allgemeines 513, 514
   b) Informationspflichten 515
   c) Missbilligungsgründe 516–518
   d) Verheimlichung der Eheschließung 519
2. Eigenes Vermögen/Einkommen des Ausstattungsberechtigten . . . 520, 521
3. Verzicht des Ausstattungsberechtigten 522
4. Beendigung der Ehe 523
5. Tod des Ausstattungsberechtigten 524

1. Missbilligung der Eheschließung durch den Ausstattungspflichtigen

a) Allgemeines

513 1. Die Eltern können dann die Leistung einer Ausstattung verweigern, wenn ihr Sohn **gegen ihren erklärten Willen die Ehe geschlossen** hat und ihre Missbilligungsgründe gerechtfertigt waren. 8 Ob 571/87; 1 Ob 537/88; 3 Ob 508/92 = ÖA 1993, 74 = SZ 65/119; 7 Ob 576/95.

2. Die Eheschließung gegen den erklärten Willen des Dotationspflichtigen führt zur **gerichtlichen Prüfung jener Missbilligungsgründe,** derenwegen die Zustimmung bei richtiger und vollständiger Information über Namen und Person des Bräutigams versagt wurde. 3 Ob 508/92 = ÖA 1993, 74 = SZ 65/119; 4 Ob 585/95 = SZ 68/232 = ÖA 1996, 127 = EvBl 1996/65 = JBl 1996, 402.

3. Die seinerzeitige Missbilligung der Eheschließung durch den Vater wird durch eine gerichtliche Ehebewilligung aber beseitigt. 3 Ob 294/25 = SZ 7/147.

4. Die Ansicht, dass eine noch vor der Eheschließung erteilte Einwilligung der Eltern eine Untersuchung der Gründe der zunächst erklärten Missbilligung entbehrlich mache, ist nicht *(jedenfalls nicht offenbar)* gesetzwidrig. 5 Ob 229/69.

5. Ebenso wenig die Wertung der Unterstützung der ASt bei der Vorbereitung der Hochzeit als Entkräftung der zuvor geäußerten Einwände und Kritik an der Eheschließung. 6 Ob 505/88.

6. Wenn die mit der Wahl ihrer Tochter nicht einverstandenen Eltern der Eheschließung aber nur zustimmen, um weiteres Ärgernis zu verhüten, hebt dies die Wirkung einer begründeten Missbilligung nicht auf. 3 Ob 634/26 = SZ 8/250.

7. **Anmerkung:** Die Erforschung der Motivenlage wird im Einzelfall schwierig sein.

8. Da jedoch maßgeblich ist, ob der den Missbilligungsgrund bildende Tatbestand im Zeitpunkt der Eheschließung vorlag, bleiben die Wirkungen der Missbilligung auch bestehen, wenn die Eltern „in der Folge" die missbilligte Ehe genehmigen. 4 Ob 585/95 = SZ 68/232 = ÖA 1996, 127 = EvBl 1996/65 = JBl 1996, 402.

514 1. Grundsätzlich ist maßgebend, ob der den Missbilligungsgrund der Eltern bildende Tatbestand im **Zeitpunkt der Eheschließung** vorlag. Die Missbilligung muss vor der mitgeteilten Eheschließung erklärt sein; bei unzureichenden Gründen wird das Heiratsgut bereits mit der Eheschließung fällig. 7 Ob 189/73 = EF 20.202; 5 Ob 234/75 = EvBl 1976/153; 8 Ob 571/87 = EF 54.219.

2. Eine **nachträgliche Erweiterung der Missbilligungsgründe** ist daher **unzulässig.** 5 Ob 234/75 = EvBl 1976/153.

3. Ebenso, dass zunächst nur Scheingründe geltend gemacht, im Nachhinein jedoch ganz neue, der Tochter bisher unbekannte Gründe vorgebracht werden. 7 Ob 189/73 = EF 20.202; 5 Ob 234/75 = EvBl 1976/153; 4 Ob 585/95 = SZ 68/232 = ÖA 1996, 127 = EvBl 1996/65 = JBl 1996, 402 = EF 78.482.

4. Allerdings können die Eltern den ausdrücklich erklärten Grund der Missbilligung auch noch im Verfahren näher unter Beweis stellen. 7 Ob 189/73 = EF 20.202; 5 Ob 234/75 = EvBl 1976/153; 4 Ob 585/95 = SZ 68/232 = ÖA 1996, 127 = EvBl 1996/65 = JBl 1996, 402 = EF 78.482.

5. Wenn der Dotierungspflichtige jedoch weder gegen die ihm mitgeteilte Verehelichungsabsicht noch gegen die Person des Bräutigams Einwendungen erhebt oder wenn er sonst ausdrücklich oder konkludent seine **Uninteressiertheit an den**

Einzelheiten der Eheschließung bekundet, kann von einer Verwirkung keine Rede sein. 6 Ob 75/58; 5 Ob 64/62 = EvBl 1962/437 = JBl 1963, 153; 7 Ob 292/62; 7 Ob 653/76.

6. Hat der Gatte der ASt durch die Annahme eines Berufs, aus dem ein regelmäßiges Entgelt bezogen wird, bereits kurz nach der Eheschließung zu erkennen gegeben, dass er sich der mit der Eheschließung übernommenen Verantwortung bewusst ist und dass er seinen Lebenswandel dieser Erkenntnis entsprechend ändern will, lässt sich kein Einwand gegen den Gatten der ASt ableiten. Insb fehlt jeder Anhaltspunkt dafür, dass er das Heiratsgut missbräuchlich verwenden werde. 7 Ob 632/81 = EF 38.548.

7. Anmerkung: Dies ist mehr als fraglich, werden doch hier Umstände zur Beurteilung herangezogen, die zum maßgeblichen Zeitpunkt nicht gegeben waren (vgl Rz 519/7).

b) Informationspflichten

515 **1.** Die Tochter hat den dotationspflichtigen Vater **vor der beabsichtigten Eheschließung** vollständig und wahrheitsgemäß über die persönlichen Verhältnisse des Bräutigams zu unterrichten, damit diesem noch vor der Eheschließung eine fundierte Äußerung (Billigung oder Missbilligung) zur beabsichtigten Ehe möglich ist. 3 Ob 508/92 = ÖA 1993, 74 = SZ 65/119 = EF 69.075.

2. Eine solche Information erfordert, **so wie in einer intakten Familie** eine Tochter ihre Eltern über den Bräutigam **informiert,** die Bekanntgabe aller wesentlichen Umstände seiner Person (Namen, Beruf, Vorleben, Charaktereigenschaften, finanzielle Verhältnisse udgl). 3 Ob 508/92 = ÖA 1993, 74 = SZ 65/119.

3. Die bloße Nennung des Namens und des Hochzeitstermins ohne die genannten weiteren Informationen werden den dargestellten Anforderungen nicht gerecht. 3 Ob 508/92 = ÖA 1993, 74 = SZ 65/119; 6 Ob 271/02 z = ecolex 2003, 908/368.

4. Unter Kenntnis der Eheschließung ist nur die Kenntnis von einer konkreten, nach Person, Zeit und Ort bestimmten Heiratsabsicht des ASt zu verstehen, weil anders für den AG keinerlei Veranlassung bestand, seine Missbilligung einer bestimmten Eheschließung zu erklären. 8 Ob 675/87 = EF 56.963.

5. Es kommt jedoch nicht unbedingt darauf an, ob dem Dotierungspflichtigen Zeit und Ort der Heirat mitgeteilt werden, wesentlich ist vielmehr, ob von einer Verheimlichung der Ehe gesprochen werden muss. Das Schwergewicht liegt dabei darauf, dass die Tochter besorgt, der Dotierungspflichtige werde mit der Eheschließung überhaupt oder wenigstens nicht mit dem Ehepartner einverstanden sein. 6 Ob 75/58; 5 Ob 64/62 = EvBl 1962/437 = JBl 1963, 153; 7 Ob 292/62; 7 Ob 653/76.

6. Das **Unterlassen einer Vorstellung** des Bräutigams mag daher eine **Ungehörigkeit** darstellen, ist jedoch für sich nicht so schwerwiegend, dass es vom objektiven Gesichtspunkt aus und unter Berücksichtigung des Zweckes und des Wesens der Ehe eine Missbilligung der Eheschließung rechtfertigen könnte. 7 Ob 685/81 = EF 38.546.

c) Missbilligungsgründe

516 **1.** Das ABGB gibt keinen unmittelbaren Aufschluss darüber, welche Gründe für eine Missbilligung der Eheschließung zureichend sind. Jedenfalls ist dabei wesentlich, dass die Bestimmung der **Verhinderung leichtfertiger Ehen** dient. 5 Ob 234/75 = EvBl 1976/153; 1 Ob 123/75; 2 Ob 576/93; 4 Ob 585/95 = SZ 68/232 = ÖA 1996, 127 = EvBl 1996/65 = JBl 1996, 402 = EF 78.482.

2. Die Gründe können sich auf das Vermögen und die Einkünfte sowie auf die persönlichen Eigenschaften und Verhältnisse des künftigen Ehegatten sowie die reifliche Überlegung des Entschlusses beziehen. Das Wohl des Kindes muss im Vordergrund stehen und nicht die Interessen der Eltern. 7 Ob 189/73 = EF 20.201; 1 Ob 123/75 = EF 24.799; 5 Ob 234/75 = EvBl 1976/153; 8 Ob 571/87 = EF 54.213 uva; 4 Ob 585/95 = SZ 68/232 = ÖA 1996, 127 = EvBl 1996/65 = JBl 1996, 402 = EF 78.482; 6 Ob 271/02 z = ecolex 2003, 908/368.

3. Ob die Missbilligungsgründe triftig sind, muss, ausgehend vom ersichtlichen Zweck und Wesen der Ehe, objektiv geprüft werden; beim volljährigen Kind müssen aber andere Maßstäbe gesetzt werden als beim mj. Insb sind Streitigkeiten zw einem der Verlobten und den Eltern idR nicht beachtlich. 8 Ob 119/69; 7 Ob 189/73 = EF 20.201; 5 Ob 234/75 = EvBl 1976/153; 1 Ob 123/75 = EF 20.205; 7 Ob 685/81 = tw EF 38.543; 8 Ob 571/87; 2 Ob 576/93; 4 Ob 585/95 = SZ 68/232 = ÖA 1996, 127 = EvBl 1996/65 = JBl 1996, 402 = EF 78.482.

4. Jene Gründe, die bei einem Mj zur **Ersetzung der elterlichen Zustimmung** durch das Gericht iSd § 3 Abs 3 EheG und der §§ 190 f AußStrG 1854 führen, reichen nicht aus. Denn mit einer derartigen gerichtlichen Bewilligung ist ausgesprochen, dass der sachliche Einwand der Eltern nicht berechtigt war. Sie beseitigt die Missbilligung. 7 Ob 189/73 = EF 20.201; 5 Ob 234/75 = EvBl 1976/153; 2 Ob 576/93; 4 Ob 585/95 = SZ 68/232 = ÖA 1996, 127 = EvBl 1996/65 = JBl 1996, 402 = EF 78.482.

5. Das Vorliegen von Enterbungsgründen ist für den Ausstattungsanspruch des Sohnes gegenüber seinen Eltern nicht von Bedeutung. 8 Ob 571/87 = EF 54.216; 3 Ob 2369/96 w = ÖA 1998, 28 = EF 84.419.

6. Die Missbilligung ist deutlich auf die Person des Bräutigams abzustellen. 7 Ob 603/80.

517 1. Ob **gerichtliche Verurteilungen** des Bräutigams als triftiger Missbilligungsgrund anzusehen sind, ist jew nach den konkreten Verhältnissen des Einzelfalls va unter Berücksichtigung des Wohles des Kindes und auch einer allfälligen Gefährdung der Ehe zu beurteilen. 5 Ob 234/75 = EF 24.803; 2 Ob 576/93 = EF 75.419; 4 Ob 585/95 = SZ 68/232 = ÖA 1996, 127 = EvBl 1996/65 = JBl 1996, 402 = EF 78.482.

2. Dh gerichtliche Vorstrafen des Bräutigams rechtfertigen eine Ablehnung der Eheschließung nicht, wenn die Vorstrafen schon zum Zeitpunkt der Eheschließung keine objektive Besorgnis einer Beeinträchtigung des Wohles der Tochter mehr zu begründen vermochten. 2 Ob 576/93 = EF 75.419; 4 Ob 585/95 = SZ 68/232 = ÖA 1996, 127 = EvBl 1996/65 = JBl 1996, 402 = EF 78.482.

3. Dies gilt auch bei **Arbeitsscheu** des Bräutigams. 2 Ob 576/93 = EF 75.419.

4. Gerechtfertigt ist eine Ablehnung, wenn der ASt zur Zeit der Eheschließung ohne Arbeitsbewilligung in Italien lebte und dort zur Deckung seines LebensUh auf **Schwarzarbeiten** angewiesen war und mit einer Änderung dieser Lebenslage des ASt in absehbarer Zeit nicht zu rechnen ist. 8 Ob 571/87 = EF 54.218.

5. Bei **Verschuldung** des Bräutigams kommt es darauf an, ob die ASt für diese Verbindlichkeiten haftet, weil nur in diesem Fall die vom AG befürchtete Verwen-

dung seiner Heiratsgutleistung zur Schuldentilgung für den Bräutigam vordergründig in Erwägung zu ziehen ist. 3 Ob 508/92 = ÖA 1993, 74 = SZ 65/119 = EF 69.076.

    6. Die Eheschließung mit einem **Studenten** stellt keinen Missbilligungsgrund dar. 1 Ob 123/75.

    7. Ebenso wenig die Tatsache, dass die ASt ihr **Studium aufgegeben** hat, wenn nicht feststeht, dass der Bräutigam auf irgendeine Weise Einfluss auf diese E genommen hat. 7 Ob 632/81 = EF 38.547.

518   **1.** Auch ein außergewöhnlich hoher **Altersunterschied** zw den Ehegatten stellt keine gegründete Ursache für die Missbilligung der Heirat dar. 1 Ob 518/82 = EF 41.063.

    2. Ebenso wenig die Tatsache, dass der Ehemann bereits eine **gescheiterte Ehe** hinter sich hat, weil dies in der heutigen Zeit, in der auch Ehen verantwortungsbewusster Personen in nicht zu vernachlässigender Zahl scheitern, keinen zwingenden Schluss auf einen negativen Charakter zulässt. Daraus kann auch nicht abgeleitet werden, dass die nunmehr beabsichtigte Ehe nicht von Dauer sein werde. 7 Ob 632/81 = EF 38.548.

    3. Es sind auch nicht die **Glaubensgrundsätze** der Eltern maßgeblich, wenn sie nicht das Wohl des Kindes, sondern nur die vermeintlichen Interessen seiner Familie berühren. Solche sittlichen Einwendungen der Eltern mögen subjektiv achtenswert sein, ein so begründeter Widerspruch kann aber nicht objektiv als triftig anerkannt werden. 7 Ob 189/73 = EF 20.203.

    4. Schweres **Fehlverhalten des Bräutigams gegenüber seiner geschiedenen Frau** kann allerdings eine gerechte Ursache der Missbilligung der Eheschließung sein, wenn derartige Verfehlungen auch für die Ehe der ASt zu befürchten sind. 7 Ob 189/73 = EF 20.204.

    5. Dass die damals noch mj Tochter **mit einem anderen Mann verlobt war,** hat auf die Bestellung des Heiratsguts keinen Einfluss. 1 Ob 537/88.

    6. Ebenso wenig, wenn eine von der Tochter **abgetriebene Leibesfrucht** von ihrem nunmehrigen Ehegatten gestammt hätte, jener aber nicht auf sie eingewirkt hat, die Abtreibung durchzuführen. 1 Ob 537/88.

    7. Oder wenn der Ehemann der ASt mittellos war und **aus einem fremden Land stammt,** uzw jedenfalls dann nicht, wenn er fleißig und tüchtig ist. 6 Ob 50/62 = RZ 1962, 171.

    8. Anmerkung: Mehr als fraglich ist, ob diese Einschränkung heute noch maßgeblich sein kann, bringt sie doch einen gewissen Vorbehalt gegenüber Ausländern zum Ausdruck.

    9. In dem Umstand allein, dass der zweite Ehemann der ASt seinen Beruf als Bankangestellter aufgab, um sich **im außereuropäischen Ausland** eine neue Existenz aufzubauen und die ASt für dieses Vorhaben gewinnen konnte, kann eine verwerfliche Charaktereigenschaft des Ehemanns nicht erblickt werden. Es liegen auch keine Anhaltspunkte dafür vor, dass die ASt zu der mit der **Auswanderung** verbundenen Umstellung ihrer Lebensverhältnisse genötigt worden wäre oder dass sie unter diesen geänderten Lebensbedingungen leiden würde. Sie ist vielmehr in der Lage, wieder in ihrem erlernten Beruf tätig zu sein, und war im Zeitpunkt der zweiten Eheschließung in einem Alter, das dafür spricht, dass sie zu einer eigenständigen und selbstverantwortlichen E über ihren weiteren Lebensweg fähig war. Die Befürchtungen, die ASt könnte aufgrund der unsicheren politischen Verhältnisse in Namibia und der Ablehnung der Einheimischen gegenüber weißen Grundbesitzern zu Schaden kommen, hat sich zumindest in all den Jahren, die seither verstrichen sind, nicht verwirklicht. 6 Ob 271/02 z = ecolex 2003, 908/368.

d) Verheimlichung der Eheschließung

519   1. Der Fall der Eheschließung ohne Wissen der Eltern wird **jenem der Eheschließung gegen den Willen der Eltern gleichgestellt.** 2 Ob 592/84.

2. Eine Eheschließung ohne Wissen der Eltern verwirkt den Ausstattungsanspruch aber nicht auf jeden Fall, sondern nur dann, **wenn die Eltern zureichende Gründe gehabt hätten, die Ehe zu missbilligen,** was der **Dotationspflichtige** nachzuweisen hat. 8 Ob 302/64 = EvBl 1965/67 = SZ 37/142; 7 Ob 180/69 = EF 11.723; 5 Ob 229/69 = EF 11.722; 7 Ob 241/72 uva; 6 Ob 271/02 z = ecolex 2003, 908/368.

3. Dabei reicht zur Verweigerung der Ausstattungsverpflichtung die im Verfahren erklärte berechtigte Missbilligung, wenn der Vater von der Eheschließung erst später Kenntnis erlangte. 8 Ob 675/87 = EF 56.962.

4. Eine zu knappe und unvollständige Information über die beabsichtigte Eheschließung ist nur dann von Relevanz, wenn zumindest nachträglich hinreichende Gründe hervorgekommen sind, die Ehe zu missbilligen. 7 Ob 576/95 = EF 78.483.

5. Es kommt zu keiner Verwirkung, wenn der Ausstattungspflichtige in der Zwischenzeit den Eheabschluss ausdrücklich oder stillschweigend gebilligt hat. 8 Ob 302/64 = EvBl 1965/67 = SZ 37/142; 7 Ob 180/69 = EF 11.723; 5 Ob 229/69 = EF 11.722 uva; 7 Ob 576/95.

6. **Anmerkung:** Insoferne besteht ein Unterschied zur Missbilligung einer wirksam mitgeteilten Eheschließungsabsicht, weil in diesem Fall auch eine nachträgliche Genehmigung der Eheschließung nicht zum Wegfall des Missbilligungsgrundes führt (vgl Rz 514).

7. Auch wenn sich nach der Eheschließung die dagegen sprechenden objektiven Gründe für eine Missbilligung wegen einer zureichenden Besorgnis in Bezug auf das Wohl der Tochter nicht bewahrheiten, kann dies nicht mehr dazu führen, dass ihr Ausstattungsanspruch gegen den Vater, ohne dessen Wissen sie die Ehe geschlossen hat, wieder auflebt. 4 Ob 585/95 = SZ 68/232 = ÖA 1996, 127 = EvBl 1996/65 = JBl 1996, 402 = EF 78.482.

2. Eigenes Vermögen/Einkommen des Ausstattungsberechtigten

520   1. Die Verpflichtung der Eltern, den Töchtern bei ihrer Verehelichung ein Heiratsgut zu bestellen, hat zur **Voraussetzung, dass die Anspruchsberechtigten selbst kein ausreichendes Vermögen besitzen.** 8 Ob 567/78 = EF 31.464.

2. Uzw ein zur ersten Gründung einer eigenen Familie hinreichendes Vermögen, aufgrund dessen eine Starthilfe nicht benötigt wird. 1 Ob 553/82 = EF 41.040; 7 Ob 587/83; 3 Ob 557/84 = EF 46.037 uva; 1 Ob 215/99 w = EvBl 2000/1 = ÖA 2000, 70/U 304; 6 Ob 298/03 x = EF 108.092.

3. Eigenes Vermögen des UhBer kann auch nur zu einer **Minderung des Ausstattungsanspruchs** führen. 1 Ob 671/84 = EF 46.068; 1 Ob 600/91 = RZ 1993/21.

4. War bei Eingehen der Ehe die ASt Mieterin einer Wohnung und einer wenn auch gebrauchten, aber doch kompletten noch dazu vom AG stammenden Woh-

nungseinrichtung, konnte die Starthilfe im konkreten Fall geringer als in vergleichbaren Fällen ausfallen. 1 Ob 671/84 = EF 46.068; 1 Ob 600/91 = RZ 1993/21.

5. Es sei denn, die ASt müsste sich jetzt, iZm der Eheschließung, eine bessere Wohnung beschaffen. 3 Ob 586/85 = EF 48.613.

1. Auch **das Einkommen des Dotationsberechtigten** ist **zu berücksichtigen.** **521**
1 Ob 600/91 = RZ 1993/21; 8 Ob 1554/92.

2. Dieser darf kein so hohes Einkommen haben, das den Bedarf an einer Starthilfe ausschließen würde. 6 Ob 298/03 x = EF 108.092.

3. Bezieht das Kind allerdings selbst nur ein Durchschnittseinkommen, ist es sehr wohl auf die Hilfe der Dotationspflichtigen angewiesen. 1 Ob 553/82 = EF 41.040; 7 Ob 587/83; 2 Ob 589/84; 3 Ob 586/85 = EF 48.614; 1 Ob 537/88 = EF 56.950; 5 Ob 553/88; 1 Ob 600/91 = RZ 1993/21 = EF 66.316.

4. Ebenso wird zu berücksichtigen sein, dass gerade der Aufbau einer neuen Familie besondere finanzielle Belastungen mit sich bringt, sodass die Möglichkeit, ohne Gefährdung des eigenen anständigen Uh in naher Zukunft nennenswerte Ersparnisse zu bilden, nur in den seltensten Fällen und bei einem weit überdurchschnittlichen Arbeitseinkommen gegeben sein wird. 3 Ob 557/84 = EF 46.062; 1 Ob 600/91 = RZ 1993/21.

3. Verzicht des Ausstattungsberechtigten

1. Ein Verzicht der Tochter auf das Heiratsgut ist **zulässig.** 5 Ob 134/73 = EvBl **522**
1974/40; 1 Ob 557/86.

2. Uzw auch auch auf künftige Heiratsgutansprüche. 1 Ob 791/83 = EF 46.069.

3. Wobei bei einer Verzichtserklärung die Vertrauenstheorie zur Anwendung kommt, sie also nur maßgeblich ist, wenn die Dotationsberechtigte daran denken konnte und der andere Teil daher annehmen durfte, dass mit der Erklärung auch allfällige Dotationsansprüche bereinigt seien. 1 Ob 791/83 = EF 46.070.

4. Die **Unterlassung der Geltendmachung** durch noch so lange Zeit während des Bestands der Ehe beinhaltet aber grundsätzlich keinen Verzicht auf diesen Anspruch. 1 Ob 222/58 = JBl 1958, 602 *(Steinwenter)* = RZ 1958, 137; 7 Ob 587/78 = EF 31.494; 7 Ob 691/83 = EF 43.505; 3 Ob 586/85; 7 Ob 576/95; 2 Ob 214/04 s = EF 108.101.

5. Der Ausstattungsanspruch der Tochter gegenüber den Eltern ist unabhängig von den Rechten des Ehemanns; sie kann ihn geltend machen, auch wenn dem Mann kein Heiratsgut (im engeren Sinne) zugesagt worden ist, und sogar dann, wenn er vor der Ehe auf eine „dos" verzichtet hat. 2 Ob 252/56 = EvBl 1956/271.

4. Beendigung der Ehe

1. Der Anspruch des Kindes auf die Heiratsgutausstattung ist durch die Ehe- **523**
schließung bedingt und **setzt den aufrechten Bestand der Ehe voraus. Durch die Beendigung der Ehe entfällt daher auch der Anspruch auf eine Heiratsausstattung,** weil ihr zukunftsorientierter Zweck nicht mehr erreicht werden kann. Dabei kommt es nicht auf den Zeitpunkt der Antragstellung, sondern, wie idR auch sonst im VaStr, auf jenen der E – in erster Instanz – an. 3 Ob 504/80 = EF 36.117; 2 Ob 527/81; 2 Ob 539/92 = SZ 65/81 = JBl 1993, 42; 7 Ob 20/00 v.

2. Der Anspruch entfällt also durch die Scheidung der Ehe. 3 Ob 846/24 = SZ 6/362; 8 Ob 123/65; 3 Ob 504/80; 2 Ob 527/81; 5 Ob 515/82; 7 Ob 691/83 = SZ 56/169 = EF 43.486; 1 Ob 61/03 g = NZ 2004, 26.
3. Oder deren Nichtigerklärung. 7 Ob 124/71.
4. Nicht aber allein durch das Anhängigmachen eines **Scheidungsverfahrens**. 8 Ob 1568/93 = SZ 65/81.
5. Die Ehe muss jedenfalls zum Zeitpunkt der E erster Instanz noch aufrecht sein. 7 Ob 20/01 v = EF 96.981, 96.982.
6. Es wäre widersinnig und zweckwidrig, den Anspruch auf Bestellung von Heiratsgut für eine konkrete Ehe auch noch nach deren Auflösung für berechtigt zu erklären. 1 Ob 61/03 g = NZ 2004, 26.

5. Tod des Ausstattungsberechtigten

524 1. Der Anspruch auf Bestellung eines Heiratsguts fällt weg, falls die anspruchsberechtigte Tochter vor Anspruchserhebung stirbt. 7 Ob 124/71.
2. Es sei denn, er wäre durch Zusage bereits ein rechtsgeschäftlicher geworden. 6 Ob 89/68 = SZ 41/38; 8 Ob 17/91 = SZ64/120; 8 Ob 582/92.

D. Mehrere Ausstattungspflichtige

525 1. Die Eltern haften für das Heiratsgut oder die Ausstattung **nicht solidarisch**. 5 Ob 617/80 = EvBl 1981/41 = ÖA 1981, 86 = SZ 53/110 = EF 36.136; 7 Ob 685/81 = EF 38.522; 5 Ob 516/82; 1 Ob 511/83 = EF 43.488; 3 Ob 557/84 = EF 46.041; 6 Ob 638/89 = EF 60.004.
2. Vielmehr kommt es auf ihre jew Lebensverhältnisse an; jeder Elternteil hat – dies seinen Lebensverhältnissen entsprechend – **angemessen und anteilig** beizutragen. 7 Ob 594/80 = EF 36.137; 5 Ob 617/80 = EvBl 1981/41= SZ 53/110 = ÖA 1981, 86; 3 Ob 651/80; 7 Ob 685/81 = EF 38.522; 3 Ob 557/84 = EF 46.036, 46.043; 1 Ob 600/91 = tw EF 66.311.
3. Der Ausstattungsberechtigte kann sich nur getrennt an jeden seiner beiden Elternteile wenden und von ihm einen angemessenen Anteil für seine Ausstattung begehren. 5 Ob 617/80 = EvBl 1981/41 = ÖA 1981, 86 = SZ 53/110; 5 Ob 516/82; 1 Ob 511/83; 6 Ob 638/89.
4. Wobei die Verpflichtung des Vaters zur Leistung einer Ausstattung nicht mehr der gleichen Verpflichtung der Mutter vorgeht. 7 Ob 594/80 = EF 36.137; 5 Ob 617/80 = EvBl 1981/41= SZ 53/110 = ÖA 1981, 86; 3 Ob 651/80; 3 Ob 557/84 = EF 46.036; 1 Ob 600/91 = tw EF 66.311.
5. Bei getrennter Geltendmachung der Ansprüche gegen beide Eltern muss daher nicht stets auch der Vermögensstand des anderen Elternteils erforscht werden. 4 Ob 504/90.

E. Tod des Ausstattungspflichtigen

526 1. Mit dem Tode des Vaters treten an Stelle des gegen ihn bestandenen Dotierungsanspruchs die erbrechtlichen Ansprüche nach §§ 729, 732–734, 762 und 795 ABGB. 2 Ob 229/52 = SZ 25/106; 1 Ob 669/54; 2 Ob 102/58 = EvBl 1958/199; 3 Ob 400/56; 5 Ob 64/62; 8 Ob 109/63; 8 Ob 582/92 = EF 69.071.

VI. Bemessungsgrundlage

A. Einkommen

1. Es ist bei der Bemessung des Ausstattungsbeitrags auch **auf die sozialen An-** **527** schauungen jener Bevölkerungsschicht Bedacht zu nehmen, der der Dotationspflichtige angehört. Allerdings ist es auch bei einem **Lohnempfänger** durchaus üblich, dass er seinem Kind anlässlich der Gründung des Hausstands nach seinen Kräften eine kleine Starthilfe gewährt. 5 Ob 168/69 = EF 11.714, 11.715; 7 Ob 180/69 = EF 11.714; 3 Ob 616/76 = EvBl 1977/98; 7 Ob 587/78 = EF 31.487 uva; 3 Ob 2369/96 w = ÖA 1998, 28 = EF 84.429.

2. Unter „Vermögen" iSd § 1220 ABGB ist daher **auch das Einkommen des Dotationspflichtigen zu verstehen.** 7 Ob 292/62; 7 Ob 46/62 = JBl 1962, 558 = EvBl 1962/489; 5 Ob 321/66 = RZ 1967, 74 uva; 1 Ob 215/99 w = EvBl 2000/1 = ÖA 2000, 70/U 304.

3. Allerdings kann **nur ein Arbeitseinkommen, das in naher Zeit nennenswerte Ersparnisse zu machen ermöglicht,** in Betracht gezogen werden. 2 Ob 49/37 = SZ 19/31; 2 Ob 665/56 = EvBl 1957/83 = JBl 1957, 413 (krit *Steinwenter*); 7 Ob 180/69 = EF 11.714; 5 Ob 168/69 = EF 11.714, 11.715 uva; 3 Ob 2369/96 w = ÖA 1998, 28 = EF 84.429.

4. Oder ein solches Einkommen, mit dem der AG über die Möglichkeit verfügt, einen in geringen mtl Teilbeträgen rückzahlbaren **Gehaltsvorschuss oder Personalkredit** zu erlangen. 1 Ob 553/82 = EF 41.042; 7 Ob 535/90 = EF 63.212.

5. Der AG ist Landesbeamter, Bezieher eines nicht unbeträchtlichen Beamtengehalts und Eigentümer einer Liegenschaft mit einem Haus. Er gehört daher einer Bevölkerungsschichte an, für die es geradezu unverständlich wäre, wenn er seinem Sohn anlässlich der Eheschließung nicht einen größeren Ausstattungsbetrag zahlen würde, selbst wenn dies vorübergehend zu einer Einschränkung seines eigenen Lebensstandards führen müsste. 7 Ob 594/80 = EF 36.142.

6. Das **Einkommen der Gattin des Dotationspflichtigen** hat jedoch außer Betracht zu bleiben. 8 Ob 320/67 = EF 8401; 3 Ob 616/76 = EvBl 1977/98; 4 Ob 559/77.

7. Aufwandsentschädigungen sind beim Einkommen des Dotationspflichtigen nicht in gleicher Weise wie das andere Arbeitseinkommen zu berücksichtigen, weil sie allenfalls der Abdeckung berufsbedingter Mehrauslagen dienen; es ist allerdings nicht zu klären, in welchem Ausmaß die Aufwandsentschädigung der Abdeckung berufsbedingter Mehrauslagen dient. 6 Ob 507/89 = EF 60.019 = EF 60.032.

B. Vermögen

1. Die Verpflichtung zur Hingabe eines Heiratsguts besteht dann, wenn der **528** nach dem Gesetz hiezu **Verpflichtete über ein Vermögen verfügt.** 2 Ob 49/37 = SZ 19/31; 5 Ob 168/69 = EF 11.714, 11.715; 7 Ob 180/69 = EF 11.714; 3 Ob 616/76 = EvBl 1977/98; 1 Ob 600/91 = RZ 1993/21; 10 Ob 92/94 h = EF 111.107.

2. Dieses muss aber – ohne Gefährdung des Uh des Ausstattungspflichtigen und seiner UhBer – die Ansammlung entsprechender Ersparnisse und entsprechenden Kapitals ermöglichen. 1 Ob 4/03 z = EF 104.692; 10 Ob 92/94 h = EF 111.107.

3. Darunter sind auch **Liegenschaften** zu verstehen. 7 Ob 555/85 = EF 48.593; 1 Ob 600/91 = RZ 1993/21; 7 Ob 562/93 = EF 72.138; 3 Ob 2369/96 w = ÖA 1998, 28 = EF 84.427; 6 Ob 271/02 z = ecolex 2003, 908/368; 1 Ob 4/03 z = EF 104.693.

4. Wobei nicht von deren Ertragswert, sondern **vom Verkehrswert** im Zeitpunkt der Verehelichung der ASt bzw ihrer Antragstellung bei Gericht **auszugehen** ist. 1 Ob 600/91 = RZ 1993/21; 7 Ob 562/93 = EF 72.140.

5. Allerdings kann auch ohne Feststellung des Verkehrswerts entschieden werden, wenn die sonst festgestellten Umstände für die Beurteilung der Billigkeit der Festsetzung der Ausstattung ausreichen (arg: „ohne strenge Erforschung des Vermögenstands"). 6 Ob 154/01 t = EF 96.991.

6. Der Dotationspflichtige ist dabei – um seiner Dotationspflicht zu genügen – grundsätzlich auch verpflichtet, seinen **Besitz** zu **belasten,** ja selbst Teile desselben zu **veräußern** oder Teile des Grundbesitzes der Dotationsberechtigten zu **überlassen.** 5 Ob 116/67 = EF 8405; 6 Ob 205/67 = EF 8400; 6 Ob 321/68 uva; 3 Ob 2369/96 w = ÖA 1998, 28.

7. Es sei denn, dass ihm hiezu die Berechtigung fehlt, wie etwa bei einem Belastungs- und Veräußerungsverbot. 2 Ob 665/56 = EvBl 1957/83 = JBl 1957, 413 (krit *Steinwenter*); 2 Ob 36/74; 3 Ob 524/79; 7 Ob 555/85; 1 Ob 600/91; 7 Ob 562/93 = EF 72.138.

8. Außer dieses bestünde zugunsten des subsidiär dotationspflichtigen Großvaters. 7 Ob 189/73.

9. Oder der Dotationspflichtige würde dadurch seinen eigenen Lebensstandard oder jenen seiner UhBer beeinträchtigen. 6 Ob 271/02 z = ecolex 2003, 908/368; 1 Ob 4/03 z = EF 104.693.

10. Ebenso wenig ist ein **ertragsloses, zu Wohnzwecken der Familie** des Dotationspflichtigen **benütztes Einfamilienhaus** zu berücksichtigen. 3 Ob 616/76 = EvBl 1977/98; 7 Ob 587/78 = EF 31.485; 6 Ob 502/81 uva; 3 Ob 2369/96 w = ÖA 1998, 28 = EF 84.428; 6 Ob 154/01 t = EF 96.990; 6 Ob 271/02 z = ecolex 2003, 908/368; 1 Ob 4/03 z = EF 104.694.

11. Oder sonstiges **nicht verwertbares Vermögen**. 6 Ob 502/81 = EF 38.529; 1 Ob 600/91 = RZ 1993/21; 7 Ob 562/93.

12. Vom Ausstattungspflichtigen kann auch **nicht verlangt werden, mit seinem Vermögen unwirtschaftlich umzugehen**. 3 Ob 580/54; 1 Ob 525/55; 3 Ob 500/57; 1 Ob 80/58; 2 Ob 359/64; 5 Ob 321/66 = RZ 1967, 74; 1 Ob 155/69 = EF 11.709.

13. Im Interesse beider Parteien kann dem Dotationspflichtigen jedenfalls eine Wahlmöglichkeit eingeräumt werden, dass er zwar zur Leistung eines Geldbetrags verpflichtet, ihm aber die Lösungsbefugnis eingeräumt wird, eine bestimmte Liegenschaft in unbelastetem Zustand der ASt zu übereignen. 6 Ob 502/81 = EF 38.540.

529 1. Es können auch **Miteigentumsanteile** veräußert und belastet werden; eine gewisse Wertminderung liegt im Wesen des Teileigentums. 7 Ob 618/85 = EF 48.601.

2. Auch die **(hypothetische) Verwertbarkeit einer Zweitwohnung** ist als Vermögen (in Form eines entsprechenden Jahreseinkommens) zu veranschlagen. 6 Ob 502/81.

3. Liegt der Ertrag einer landwirtschaftlichen Nutzung bei lediglich ATS 23.500 (= € 1.708) jährlich, beträgt jedoch der Liegenschaftswert etwa ATS 6,5 Mio (= € 472.400), so ist ein Abverkauf eines Teilstücks zumutbar. 7 Ob 562/93 = EF 72.142.

4. Die Sorge des AG um die Erhaltung seines Realbesitzes (er ist Landwirt) kann dabei nicht zu Lasten der Ausstattungsberechtigten gehen. 7 Ob 587/83 = EF 43.498.

5. **„Vermögen" eines Kaufmanns** ist nicht bloß sein Einkommen, sondern auch der **Wert des Unternehmens.** 6 Ob 159/64; 6 Ob 106/65; 1 Ob 155/69 = EF 11.712; 7 Ob 251/74; 7 Ob 630/87; 6 Ob 505/88 = EF 56.952; 8 Ob 1559/93 = ÖA 1994, 24/F 75; 1 Ob 600/91 = RZ 1993/21.

6. **Bei Betriebsvermögen** ist im Hinblick auf eine Gefährdung des Unternehmens und damit des Uh des Dotationspflichtigen vornehmlich **auf den Ertragswert abzustellen.** 6 Ob 505/88 = EF 56.952; 1 Ob 600/91 = RZ 1993/21; 8 Ob 1559/93 = ÖA 1994, 24/F 75 = EF 72.137; 7 Ob 562/93 = EF 72.137.

7. Ein selbstständig Erwerbstätiger muss für den Fall vorübergehender Arbeitsunfähigkeit Vorsorge treffen können. Auf eine allfällige Möglichkeit der Veräußerung der Erwerbsgelegenheit im Falle des Eintritts dauernder Berufsunfähigkeit kann bei der Bemessung des Heiratsguts nicht Bedacht genommen werden. 1 Ob 631/78 = EF 31.483.

C. Abzüge, Ausgaben

1. Auslagen, die nicht zur Erhöhung der wirtschaftlichen Leistungsfähigkeit **530** erforderlich sind und jeden UhPfl in vergleichbaren Situationen treffen wie der Abschluss einer **Haushaltsversicherung** oder einer privaten Unfallversicherung, können bei Ausmessung des angemessenen Heiratsgutsanspruchs nicht berücksichtigt werden. 1 Ob 791/83 = EF 46.064.

2. Bei der Prüfung der wirtschaftlichen Leistungsfähigkeit des Dotationspflichtigen müssen **Aufwendungen für** den Ankauf und den Betrieb eines **PKW** dann die UBGr mindern, wenn die Verwendung des PKW zur Erzielung eines Arbeitseinkommens erforderlich ist. 1 Ob 553/82; 1 Ob 791/83 = EF 46.063.

3. Treffen den Dotierungspflichtigen keine **Kosten für Nächtigungen** bei auswärtigen Dienstleistungen, so kann bei entsprechender Höhe auch ein Teil der gewährten Entfernungszulage in die UBGr einbezogen werden. 1 Ob 511/83 = EF 43.503.

4. Die **Investitionen in den Betrieb** kommen dem AG zugute, weshalb die bloß rechnerische Darstellung des Nettoeinkommens eines selbstständigen Unternehmers die wahre Bedeutung des Unternehmens nicht richtig wiedergibt. Es ist daher gerechtfertigt, diese bei der Bemessung des Heiratsguts tw zu berücksichtigen, weil der Dotationsberechtigte grundsätzlich auch an der günstigen Situation des Dotationspflichtigen teilhaben soll. 7 Ob 630/87 = EF 54.211.

5. Bei der Bemessung des Heiratsguts muss auf die Leistungsfähigkeit des Dotierungspflichtigen Bedacht genommen werden; erwirbt dieser einen Vermögenswert, so ist daher auch dieser Wert im Allgemeinen in die UBGr einzubeziehen. Es geht nicht an, dessen Einbeziehung unter Hinweis auf mit dem **Erwerb des Vermögenswerts verbundene Auslagen** abzulehnen und darüber hinaus diese Auslagen vom Arbeitseinkommen abzuziehen, weil dies dazu führen würde, dass bei kostspieliger Anschaffung von Vermögenswerten nicht nur diese Werte bei der Bemessung des Heiratsguts unberücksichtigt blieben, sondern darüber hinaus ihre Anschaffung auch noch zu einer Verringerung der übrigen UBGr führen würde. 7 Ob 620/84 = EF 46.058.

6. Die Rückzahlung eines Wohnungsanschaffungskredits für die vom AG mit seiner Familie ausschließlich zur Befriedigung des Wohnungsbedürfnisses verwendete Eigentumswohnung gehört zum Wohnungsaufwand, der abzugsfähig ist. 5 Ob 765/82 = EF 41.056.

7. **Anmerkung:** Diese Auffassung ist mit uhrechtlichen Überlegungen nicht in Einklang zu bringen, stellt doch üblicherweise Wohnaufwand keine die UBGr schmälernde Ausgabe dar (vgl Rz 219 f).

531 1. Dass der Dotierungspflichtige durch Geltendmachung seiner Leistung als **außergewöhnliche Belastung iSd § 34 EStG 1988** uU eine Verminderung seiner Einkommensteuerleistung zu erzielen vermag, kann im Hinblick auf § 1221 ABGB bei der Bemessung der Heiratsausstattung vernachlässigt werden. 5 Ob 765/82 = EF 41.062.

2. Unbeachtlich ist die dem Dotationspflichtigen verloren gegangene steuerliche Berücksichtigung des bezahlten Heiratsguts, weil keine rechtliche Verpflichtung der ASt bestanden hat, ihren Anspruch früher geltend zu machen. 7 Ob 535/90.

3. **Anmerkung:** Diese beiden E sind im Hinblick auf die dzt gültige Fassung des § 34 EStG 1988 unbeachtlich, weil keine außergewöhnliche Belastung mehr angenommen wird. Bei allfälligen diesbezüglichen Gesetzesänderungen wäre aber uU auf die darin zum Ausdruck kommenden Wertungen Bedacht zu nehmen.

D. Schulden

532 1. Bei der Bemessung des Heiratsguts ist ua auch auf die Schulden des Dotationspflichtigen Bedacht zu nehmen. Es kann von ihm nicht verlangt werden, dass er seinen anständigen Uh gefährde. 4 Ob 543/74 = SZ 47/82; 5 Ob 222/75; 7 Ob 653/76; 8 Ob 555/76; 4 Ob 559/77 = EF 29.368 uva; 3 Ob 2369/96 w = ÖA 1998, 28 = EF 84.424.

2. Es besteht daher etwa keine Dotationspflicht, wenn den Liegenschaftsanteilen **Darlehensschulden** gegenüberstehen, die auf diesen Liegenschaften grundbücherlich sichergestellt sind und, soweit sie nicht getilgt sind, nahezu deren Verkehrswert erreichen. 4 Ob 559/77 = EF 29.376; 7 Ob 555/85; 1 Ob 600/91 = RZ 1993/21; 7 Ob 562/93.

3. Uzw insb dann, wenn es sich um Darlehensschulden handelt, die iZm der auf der Liegenschaft errichteten, dem Wohnungsbedürfnis der Familie des AG entsprechenden Wohnung stehen. 7 Ob 555/85 = EF 48.600; 7 Ob 618/85; 7 Ob 562/93 = EF 72.141.

4. Oder der Sicherung des zukünftigen Wohnbedürfnisses des Dotationspflichtigen und dem seiner Familie dienen. 7 Ob 535/90 = EF 63.209.

5. Zum Vermögen gehört allerdings auch eine **Darlehensrückzahlung,** wenn dieses zur Kapitalbildung gedient hat. 6 Ob 502/81; 1 Ob 600/91 = RZ 1993/21.

E. Weitere Ausstattungs- und Unterhaltspflichten

533 1. Die Dotationspflicht ist nach UhGrundsätzen zu beurteilen, dh nach Abzug der UhPflichten des Dotationspflichtigen. 5 Ob 565/82 = EF 41.051; 3 Ob 537/86 = EF 51.470.

2. **Aufwendungen für den Stiefsohn** kann der AG aber ebenso wenig ins Treffen führen wie allfällige Leistungen für seine Schwiegermutter, weil es sich nicht um ihn treffende gesetzliche Verpflichtungen handelt. 7 Ob 587/78 = EF 31.474.

3. Dies gilt auch für die faktische Versorgung der Lebensgefährtin. 5 Ob 548/78 = EF 31.475.

4. **Nicht zu berücksichtigen** sind weitere noch nicht konkret und in absehbarer Zeit eintretende **Dotationspflichten**. 3 Ob 537/86 = EF 51.470.

5. Uzw jedenfalls dann nicht, wenn das Entstehen eines Ausstattungsanspruchs dzt nicht zu erwarten ist. 1 Ob 537/88 = EF 56.944.

6. Es kann nämlich nur auf eine konkrete, in absehbarer Zeit eintretende (oder gar bereits eingetretene) Verpflichtung Bedacht genommen werden. 3 Ob 557/84 = EF 46.054; 1 Ob 537/88.

7. Eine weitere Dotationspflicht ist **bei zeitlicher Konkurrenz** der Dotationsansprüche daher bei der Ausmessung des Heiratsguts zu berücksichtigen. 1 Ob 215/99 w = EvBl 2000/1 = ÖA 2000, 70/U 304.

8. Oder wenn den Dotationspflichtigen **während der Leistungsfrist** weitere künftige Dotationspflichten treffen könnten. 1 Ob 791/83 = EF 46.055; 3 Ob 537/86.

9. Uzw selbst dann, wenn der Dotationsanspruch noch nicht geltend gemacht wurde. 8 Ob 541/78.

F. Maßgeblicher Zeitpunkt

1. Für die **Rechtspflicht**, ein Heiratsgut zu geben, sind die **Verhältnisse im Zeitpunkt der Eheschließung** der Anspruchsberechtigten **maßgebend**. 7 Ob 755/78 = EF 33.727; 3 Ob 524/79 = EF 36.121; 7 Ob 603/80 = EvBl 1981/2 = ÖA 1981, 86 uva; 3 Ob 2369/96 w = ÖA 1998, 28 = EF 84.421; 5 Ob 289/01 p = EF 96.979.

2. Dies gilt auch für die **Leistungsfähigkeit** des Dotationspflichtigen. 5 Ob 321/66 = RZ 1967, 74; 6 Ob 89/68 = SZ 41/38; 4 Ob 547/68 = EvBl 1969/178 uva; 5 Ob 289/01 p = EF 96.979.

3. Dies ist allerdings **kein statischer Begriff,** der nur auf einen bestimmten Stichtag abstellt. Die genannten Stichtage sind jene Zeitpunkte, von denen aus die Leistungsfähigkeit beurteilt werden muss, nicht aber Stichtage, die allein für die Gegenüberstellung der Aktiven und Passiven des Leistungspflichtigen in Frage kommen. Vielmehr muss von ihnen aus die Einkommens- und Vermögenssituation des Leistungspflichtigen auf längere Sicht beurteilt werden. 7 Ob 594/80 = SZ 53/87; 6 Ob 613/84; 6 Ob 638/89 = EF 60.014.

4. Wenngleich nicht exakt auf diesen Zeitpunkt Bezug genommen werden muss, sondern ein gewisser Zeitraum rund um diesen Zeitpunkt zu berücksichtigen ist und dies für die Einkommens- und Vermögensverhältnisse sowohl des UhBer wie auch des UhPfl gilt, darf nicht übersehen werden, dass der Anspruch eines Kindes auf angemessenes Heiratsgut gem § 1220 ABGB mit der Eheschließung fällig wird. 1 Ob 215/99 w = EvBl 2000/1 = ÖA 2000, 70/U 304; 6 Ob 180/01 s = EF 96.984 = ecolex 2002, 17/1 = JBl 2002, 176; 6 Ob 271/02 z = ecolex 2003, 908/368; 10 Ob 92/94 h = EF 111.101, 111.102.

1. Maßgebend bleiben grundsätzlich **auch bei nachträglicher Anspruchserhebung** die Vermögensverhältnisse im **Zeitpunkt der Verehelichung**. 1 Ob 222/58 = JBl 1958, 602 *(Steinwenter)* = RZ 1958, 137; 7 Ob 180/69; 5 Ob 222/75; 7 Ob 685/81; 7 Ob 587/83; 5 Ob 289/01 p = EF 96. 979; 6 Ob 271/02 z = ecolex 2003, 908/368.

2. Uzw **selbst bei bedeutender Verbesserung der Vermögenslage des ASt** zw Eheschließung und Antragstellung. 1 Ob 222/58 = JBl 1958, 602 *(Steinwenter)* = RZ 1958, 137; 1 Ob 215/99 w = EvBl 2000/1 = ÖA 2000, 70/U 304.

3. Maßgebend sind jedoch die Vermögensverhältnisse bei **Geltendmachung des Anspruchs, wenn die Leistungsfähigkeit** in diesem Zeitpunkt **geringer** ist als in dem der Verehelichung. 6 Ob 89/68 = SZ 41/38; 4 Ob 547/68 = EvBl 1969/178; 6 Ob 204/73; 4 Ob 543/74 = SZ 47/82 uva; 1 Ob 215/99 w = EvBl 2000/1 = ÖA 2000, 70/U 304; 6 Ob 271/02 z = ecolex 2003, 908/368.

4. **Ggt:** Wird der Antrag auf Bestellung des Heiratsguts nicht schon anlässlich der Eingehung der Ehe gestellt, so bestimmt sich als Höchstgrenze für die Beurteilung der Dotationspflicht die Leistungsfähigkeit des Dotationspflichtigen zur Zeit der Geltendmachung des Anspruchs und nicht zur Zeit der Eingehung der Ehe. 2 Ob 680/26 = SZ 8/297; 3 Ob 353/38 = DREvBl 1938/147.

5. Umgekehrt ist auch der Umstand zu berücksichtigen, dass die Dotationsberechtigte ganz bewusst den Vermögenserwerb ausschließlich deshalb verzögerte, um in den Genuss eines Heiratsguts zu kommen. 1 Ob 215/99 w = EvBl 2000/1 = ÖA 2000, 70/U 304.

6. Hat die Ausstattungsberechtigte aus Anlass der (ersten) Eheschließung trotz Vermögenslosigkeit keinen Anspruch auf Ausstattung geltend gemacht und ist der Ausstattungsanspruch infolge Scheidung dieser Ehe erloschen, dann sind für die Beurteilung des erst dann geltend gemachten Anspruchs die Vermögensverhältnisse der UhBer im Zeitpunkt des Eingehens einer weiteren Ehe maßgebend. 2 Ob 10/99 f = EvBl 2000/178.

7. Änderungen zw der schon vor der Eheschließung des Dotationsberechtigten möglichen Bemessung des Heiratsguts und der tatsächlichen Eheschließeung können im Fall ihrer Erheblichkeit zu einer Neubemessung führen. 5 Ob 289/01 p = EF 96.980.

536 1. Eine **Minderung der Leistungsfähigkeit nach Geltendmachung der Ausstattung** ist **grundsätzlich nicht zu berücksichtigen.** 3 Ob 2369/96 w = ÖA 1998, 28 = EF 84.423.

2. Es sei denn, sie liege innerhalb des Zeitraums, in dem der Ausstattungspflichtige aus seinem Arbeitseinkommen für die Auszahlung des Heiratsguts Ersparnisse zurückzulegen gehabt hätte. 1 Ob 791/83.

3. Sofern ihm nicht entgegengehalten werden kann, er hätte sich zumindest ab Erhebung des Anspruchs auf die Leistung des Heiratsguts einzustellen gehabt. Krankheitsbedingte massive Einkommenseinbußen, mit deren Fortdauer zu rechnen ist, schränken zweifellos die Möglichkeit eines selbstständig Erwerbstätigen ein, ab der gerichtlichen Geltendmachung des Heiratsgutanspruchs die zur Finanzierung erforderlichen Ersparnisse anzusammeln. 7 Ob 576/95 = EF 78.476.

4. Ohne Umgehungsabsicht **vor der Entstehung des Ausstattungsanspruchs** bewirkte Vermögensverringerungen führen grundsätzlich nicht zu einer Veranschlagung in der Bemessungsgrundlage nach einem hypothetischen Vermögensstand. 6 Ob 180/01 s = EF 96.993 = ecolex 2002, 17/1 = JBl 2002, 176.

5. Dies gilt auch für die Einbringung von Vermögen in eine Stiftung. 6 Ob 180/01 s = EF 96.994 = ecolex 2002, 17/1 = JBl 2002, 176.

537 1. Bei der Bemessung ist die **seit der Eheschließung eingetretene Kaufkraftminderung des Geldes** billigerweise zu berücksichtigen. 2 Ob 365/56; 7 Ob 587/78 =

EF 31.470; 5 Ob 548/78 = EF 31.470; 7 Ob 587/83 = EF 43.494; 4 Ob 524/88 = EF 56.949; 10 Ob 262/97 w = ÖA 1998, 132/S 15 = EF 84.426.

2. Eine nach rk Festsetzung des Heiratsguts eingetretene Verminderung der Leistungsfähigkeit des Verpflichteten ist nicht zu berücksichtigen. 3 Ob 1013/33 = SZ 15/250; 2 Ob 992/34 = SZ 16/243.

3. Es sei denn, die Beitreibung des Heiratsguts würde den ständigen Uh der Eltern beeinträchtigen. 2 Ob 992/34 = SZ 16/243.

G. Mangelnde Leistungsfähigkeit

538 1. Unvermögend zur Gewährung des Heiratsguts sind Eltern, wenn sie ohne Gefährdung ihres eigenen anständigen Uh und des Uh derjenigen Personen, für die sie uhpfl sind, nichts von ihrem Vermögen abgeben können. 8 Ob 129/64 = EvBl 1964/381 = SZ 37/58; 5 Ob 168/69 = EF 11.714, 11.715; 7 Ob 180/69 = EF 11.710, 11.714 uva; 3 Ob 2369/96 w = ÖA 1998, 28 = EF 84.429.

2. Vor Entstehung des Ausstattungsanspruchs bewirkte **Vermögensverringerungen oder eine Versäumung der Vermögensbildung,** sei es auch aus reiner Liberalität gegenüber Dritten, sei es aus Unwirtschaftlichkeit, Interessenlosigkeit oder Unfähigkeit in wirtschaftlichen Angelegenheiten, führen dabei grundsätzlich nicht zu einer Veranschlagung in der UBGr nach einem hypothetischen Vermögensstand. 6 Ob 502/81 = EF 38.529.

3. Es sei denn, sie wären in der **Absicht der Vereitelung des Anspruchs** erfolgt. 1 Ob 138/65; 1 Ob 215/99 w = EvBl 2000/1 = ÖA 2000, 70/U 304.

4. Der Dotationspflichtige kann auch nicht durch Erhöhung seines eigenen Lebensstandards und durch überdurchschnittlichen Konsum das Recht des Dotationsberechtigten zum Erlöschen bringen, also etwa durch den Erwerb einer Liegenschaft und die Errichtung eines Hauses auf ihr. 7 Ob 594/80 = SZ 53/87; 1 Ob 537/88.

539 1. Es ist zu bedenken, dass der Ausstattungspflichtige zumindest **ab dem Zeitpunkt der gerichtlichen Geltendmachung des Ausstattungsanspruchs** sich wirtschaftlich darauf einzustellen hat, dass sein Kind einen Ausstattungsbeitrag in angemessener Höhe zu erhalten haben wird. Überhöhte Konsumausgaben und iZ damit aufgenommene Kredite können den Ausstattungsanspruch nicht schmälern. 2 Ob 589/84 = EF 46.067; 3 Ob 537/86 = EF 51.467; 1 Ob 537/88 = tw EF 56.942, 56.945, 56.946; 6 Ob 638/89 = EF 60.029; 10 Ob 262/97 w = ÖA 1998, 132/S 15.

2. Eine Verschlechterung der wirtschaftlichen Verhältnisse kann zwar grundsätzlich keinen Einfluss auf die Höhe des zu bestimmenden Heiratsguts haben, eine andere Beurteilung hat aber zu erfolgen, wenn als Vermögen iSd § 1220 ABGB nur ein Arbeitseinkommen vorhanden ist, das so gering ist, dass es erst die Ansammlung eines entsprechenden Kapitals oder die Zahlung des Heiratsguts in Raten erfordert. Ändern sich in einem solchen Fall die wirtschaftlichen Verhältnisse nach der Antragstellung innerhalb eines Zeitraums, der für die Ansammlung des zur Auszahlung des Heiratsguts entsprechenden Kapitals erforderlich wäre, derart, dass nun weitere Ersparnisse ohne Beeinträchtigung des anständigen Uh der Dotationspflichtigen und der Personen, für deren Uh sie zu sorgen haben, nicht mehr möglich wären, ist dies auch bei der Bemessung des Heiratsguts zu berücksichtigen. 1 Ob 791/83 = EF 46.052.

VII. Höhe der Ausstattung

A. Allgemeines

540   1. Für die **Ermittlung der Höhe der Heiratsaustattung** gibt es **keine starren Regeln,** es sind vielmehr jew die **Verhältnisse des Einzelfalls** maßgeblich. 5 Ob 548/78 = EF 31.476; 5 Ob 765/82 = EF 41.051; 5 Ob 516/82 = EF 41.049 uva; 1 Ob 215/99 w = EvBl 2000/1 = ÖA 2000, 70/U 304; 6 Ob 154/01 t = EF 96.986; 6 Ob 271/02 z = ecolex 2003, 908/368; 1 Ob 4/03 z = EF 104.686; 10 Ob 92/94 h = EF 111.100.

2. Die Dotationspflicht kann lediglich **nach UhGrundsätzen** beurteilt werden. 7 Ob 685/81 = EF 38.528; 5 Ob 565/82 = EF 41.050, 41.051; 3 Ob 537/86 = EF 51.470.

3. Sodass maßgebend der standesgemäße Uh ist. 5 Ob 617/80 = SZ 53/110 = EvBl 1981/41 = ÖA 1981, 86.

4. Die Bemessung des Heiratsguts hat sich hingegen nicht am Pflichtteil zu orientieren. 7 Ob 251/74; 5 Ob 222/75; 1 Ob 600/91 = RZ 1993/21 = EF 66.317.

5. Die **Überprüfung des dem Gericht dabei eingeräumten Beurteilungsspielraums** stellt **keine erhebliche Rechtsfrage** dar, außer es handelte sich um eine an die Grenze des Missbrauchs gehende Fehlbeurteilung oder um eine eklatante Überschreitung des Ermessensspielraums. 5 Ob 41/98 k.

6. Geben Eltern einer Tochter ein größeres Heiratsgut, als sie verpflichtet wären, so erwächst der anderen Tochter daraus kein Anspruch auf entsprechende Erhöhung des ihr gegebenen Heiratsguts. 8 Ob 129/64 = EvBl 1964/381 = SZ 37/58.

7. Ob der Dotationspflichtige **früher** seiner Tochter **nur geringe UhLeistungen** erbrachte, bleibt auf die Ausmessung des Ausstattungsanspruchs, der sich nach den Verhältnissen im Zeitpunkt der Eheschließung der ASt bestimmt (EF 1753 ua), ohne Einfluss. 5 Ob 516/82 = EF 41.048.

8. Eine analoge Anwendung der Bestimmungen des Anerbengesetzes zur Ausmittlung der vom Anerben zu leistenden Ausgleichszahlung kommt nicht in Betracht. Es hat also auch in dem Fall, dass das Vermögen des Dotationspflichtigen in einem Erbhof besteht, dabei zu bleiben, dass als Bemessungsgrundlage sowohl auf das Einkommen, das zur Vermögensbildung herangezogen werden kann, als auch auf das Vermögen des Dotationspflichtigen Bedacht zu nehmen ist. 6 Ob 271/02 z = ecolex 2003, 908/368.

B. Lebensverhältnisse des Ausstattungspflichtigen

541   1. Bei Bestimmung des Heiratsguts ist zunächst die Vermögenslage des Dotationspflichtigen zu berücksichtigen. 3 Ob 453/50; 7 Ob 46/62 = EvBl 1962/489; 5 Ob 321/66 = RZ 1967, 74 uva; 6 Ob 154/01 t = EF 96.989.

2. Weil sich die UhPflicht nämlich **grundsätzlich nach den Lebensverhältnissen der Eltern** richtet. 7 Ob 618/85 = EF 48.592; 3 Ob 537/86.

3. Also nach **Stand und Vermögen** der Eltern. 5 Ob 617/80 = EvBl 1981/41 = SZ 53/110 = ÖA 1981, 86; 7 Ob 587/83 = EF 43.491; 2 Ob 589/84 = EF 46.044.

4. Es ist auf die **Bedürfnisse des Austattungspflichtigen** sowie auf die Bedürfnisse der diesem gegenüber UhBer Bedacht zu nehmen. 5 Ob 553/88 = EF 56.943.

5. Ebenso auf seinen **Schuldenstand.** 2 Ob 589/84 = EF 46.046; 2 Ob 658/84 = EF 46.046.

C. Lebensverhältnisse des Ausstattungsberechtigten

1. Anmerkung: Zu allfälligem Einkommen oder Vermögen des Ausstattungs- **542**
berechtigten vgl ausführlich Rz 520.

2. Die Festsetzung der Dotationspflicht ist aber nicht nur von der Leistungsfähigkeit des Verpflichteten abhängig, sondern auch vom Bedarf des Berechtigten. 6 Ob 154/01 t = EF 96.989.

3. Die **Beschränkung der Dotationspflicht nach dem Stand des Ehemanns der dotationsberechtigten Tochter als Maximalgrenze ist nach der Familienrechtsreform weggefallen,** weil nach den auf den Heiratsgutanspruch anzuwendenden Grundsätzen des UhRechts sich die UhPflicht nach den Lebensverhältnissen der Eltern richtet, sofern nicht beide Ehegatten einen minderen Stand als den der Brauteltern frei gewählt haben. 7 Ob 685/81 = EF 38.528; 7 Ob 618/85 = EF 48.592.

4. Dennoch ist **aber auch der Stand des Ehemanns** der forderungsberechtigten Tochter zu berücksichtigen. 7 Ob 587/83 = EF 43.491; 2 Ob 589/84 = EF 46.044.

5. Wobei allerdings die Ausstattungspflicht nicht durch das Vermögen des Ehegatten begrenzt wird. 5 Ob 617/80 = EvBl 1981/41 = SZ 53/110 = ÖA 1981, 86; 7 Ob 587/83 = EF 43.491; 2 Ob 589/84 = EF 46.044; 6 Ob 507/89 = EF 60.009.

6. Und auch die Berücksichtigung des Standes des Ehemanns nicht bedeutet, dass das Heiratsgut ein bestimmtes Vielfaches des mtl Einkommens des Ehemanns nicht übersteigen dürfte. 7 Ob 587/83 = EF 43.492.

7. Das **Unterlassen einer Berufsausbildung** führt nicht zum Verlust des Anspruchs auf Bestellung eines Heiratsguts, doch ist bei dessen Bemessung eine frühere Befreiung von der UhPflicht durch Eintritt in das Berufsleben zu berücksichtigen. 7 Ob 587/78.

D. Berechnung

1. Der Ausstattungsanspruch beläuft sich auf **25 bis 30% des anrechenbaren** **543**
Nettoeinkommens der Ausstattungspflichtigen. 5 Ob 617/80 = SZ 53/110 = EvBl 1981/41 = ÖA 1981, 86 = EF 36.143; 7 Ob 618/85; 4 Ob 566/81 = EF 38.533 uva; 10 Ob 262/97 w = ÖA 1998, 132/S 15 = EF 84.425.

2. Ein Zuspruch von 25 bis 30% ist jedenfalls nicht zu gering. 3 Ob 530/89.

3. **Anmerkung:** Gemeint sind dabei 25 bis 30% des Jahresnettoeinkommens des Ausstattungspflichtigen (vgl *Brauneder* in Schwimann[3] Rz 13 zu §§ 1220, 1221 ABGB). Da auch bei Ermittlung des Ausstattungsanspruchs uhrechtliche Erwägungen zu gelten haben, müsste bei stark schwankenden Jahreseinkommen des Ausstattungspflichtigen der Durchschnitt mehrerer Jahre angenommen werden, um eine für beide Seiten befriedigende Lösung zu finden.

4. **Abw:** Die stRsp hat – bei Vorliegen aller sonstigen Voraussetzungen – als Bemessungsrichtlinie 20 bis 30% des Jahresnettoeinkommens eines sonst vermögenslosen Ausstattungspflichtigen herausgearbeitet, uzw nach Abzug seiner UhPfl. 10 Ob 92/94 h = EF 111.109.

5. **Anmerkung:** Da die E auf die stRsp verweist, scheint es sich beim unteren Wert von 20% wohl eher um einen Schreibfehler zu handeln; gemeint sein dürften tatsächlich 25 bis 30%.

6. Dass der Ausstattungsanspruch bei Vorliegen von Vermögen in der Höhe des (hypothetischen) Pflichtteils auszumessen wäre, kann weder dem Gesetz noch

der hiezu ergangenen Rsp entnommen werden. 6 Ob 271/02 z = ecolex 2003, 908/ 368; 1 Ob 4/03 z = EF 104.691.

E. Anrechnung von sonstigen Leistungen des Ausstattungspflichtigen

544 1. Anzurechnen sind bereits freiwillig zum ehel Haushalt erbrachte Leistungen, ebenso iZw **Geschenke anlässlich der Eheschließung.** 5 Ob 168/69; 7 Ob 674/ 82 = EF 41.047; 5 Ob 553/88 = EF 56.959; 3 Ob 2369/96 w = ÖA 1998, 28 = EF 84.430.

2. Uzw selbst dann, wenn sie zwar nicht unbedingt erforderlich sind, aber zur Ausgestaltung der Wohnung dienen und daher als Teil der Starthilfe angesehen werden können. 6 Ob 613/84 = EF 48.606.

3. Also etwa der Wert von Bildern, wobei nicht zu prüfen ist, ob die ASt diese Bilder in Anrechnung auf ihre Ausstattungsansprüche hätte annehmen müssen, wenn sie diese ihr anlässlich ihrer Eheschließung übergebenen Bilder angenommen hat; dann kommt es nicht darauf an, ob sie sich damals solche Bilder auch selbst angeschafft hätte. 6 Ob 613/84 = EF 48.606.

4. **Anmerkung:** Es mag zwar wohl sein, dass auch Bilder eine Starthilfe darstellen können, der Regelfall wird dies aber nicht sein. Gerade dort, wo der Ausstattungsberechtigte sich iZm der Eheschließung eine Wohnung anschafft und Einrichtungsgegenstände benötigt – vielleicht handelt es sich überhaupt um seine erste Hausstandsgründung –, wird er nicht Bilder, sondern Möbel, Geschirr usw benötigen; ganz abgesehen davon, dass auch hinsichtlich der Bilder der Geschmack zw Eltern und Kindern divergieren könnte. Dasselbe gilt auch für sonstige Zuwendungen/ Geschenke anlässlich der Eheschließung.

5. Auch die in Erfüllung der Dotierungspflicht der Tochter gegebene **Aussteuer** fällt unter den Begriff des Heiratsguts und ist in den Pflichtteil der Tochter einzurechnen, auch wenn die Zuwendung nicht in Notariatsform erfolgte. 6 Ob 195/ 60 = RZ 1960, 200 = EvBl 1960/301; 7 Ob 522/57; 6 Ob 223/63.

6. **Abw:** Die ASt muss sich nicht jene Barbeträge auf ihren Dotationsanspruch anrechnen lassen, die sie aus Anlass der Eheschließung vom AG erhalten hat. Diese Zuwendungen dienten der Deckung der mit der Hochzeit verbundenen Kosten, nicht jedoch als Starthilfe für die erste Gründung eines eigenen Hausstandes. 7 Ob 618/85 = EF 48.607.

7. **Anmerkung:** Die letztgen E erscheint verfehlt. Wenn es das Kind schon darauf ankommen lässt, sich mit seinen Eltern gerichtlich auseinandersetzen zu müssen, muss auch diesen die Möglichkeit offen stehen, penibel abzurechnen. Das Kind hat keinen Anspruch auf Leistungen anlässlich der Eheschließung – mit Ausnahme der Ausstattung. Im Zweifel ist daher wohl nicht von Geschenken auszugehen.

8. Auch wenn die einige Jahre vor der Eheschließung erfolgten Zahlungen von insgesamt ATS 1,2 Mio (= € 87.000) für den Erwerb und die Einrichtung einer Eigentumswohnung den Ausstattungsanspruch dem Grunde nach nicht berühren, haben sie doch insoweit Einfluss auf dessen Höhe, als dadurch der maßgebliche **Unterstützungsbedarf des Berechtigten vermindert** wird. Es ist auch nicht zu beanstanden, die dem ASt nach der Eheschließung geleisteten Zahlungen von insgesamt ATS 830.000 (= € 60.300) zur Gänze auf den Ausstattungsanspruch anzurechnen,

weil dadurch die Ehegatten weit über die Bemessungsrichtlinie von 25 bis 30% des Jahreseinkommens hinaus unterstützt wurden. 1 Ob 4/03 z = EF 104.698, 104.699.

545 1. Die Tochter ist hingegen nicht verpflichtet, sich **früher erhaltene UhLeistungen** der Eltern anrechnen zu lassen. 7 Ob 189/73 = EF 20.192; 3 Ob 557/84 = EF 46.073; 5 Ob 553/88 = EF 56.959.

2. Oder aufgewendete **Ausbildungskosten.** 3 Ob 530/36 = SZ 18/114.

3. Etwa Zuwendungen zur Erlangung des **Führerscheins.** 7 Ob 618/85 = EF 48.607.

4. Oder sonstige **Vorempfänge** wie etwa die Übertragung der Mietrechte an einer Wohnung vor der Eheschließung. 3 Ob 508/92 = ÖA 1993, 74 = SZ 65/119 = EF 69.070.

F. Zahlungsmodalitäten

546 1. Die Ausstattungspflicht kann **in natura oder in Geld** erfüllt werden. 1 Ob 1018/37 = SZ 19/281.

2. Oder auch durch Übertragung einer **Forderung.** 5 Ob 117/69 = JBl 1970, 424.

3. **Anmerkung:** Es müssen grundsätzlich aber schon die im UhRecht entwickelten Grundsätze angewendet werden, weshalb – jedenfalls ohne Zustimmung des Berechtigten – eine Gewährung der Ausstattung in natura nicht in Betracht kommt, dürfen dem Berechtigten doch nicht Sachen aufgezwungen werden, die er entweder nicht brauchen kann oder die er nicht will. Sein UhAnspr ist auf Geldleistung gerichtet, somit auch sein Ausstattungsanspruch. Was die E 5 Ob 117/69 betrifft, so mag es zwar richtig sein, dass auch eine Forderung abgetreten werden kann, das Risiko der Uneinbringlichkeit muss aber beim Ausstattungspflichtigen bleiben.

547 1. Die Auferlegung von **Ratenzahlungen** ist grundsätzlich möglich. 3 Ob 524/79 = EF 36.131; 5 Ob 617/80 = EvBl 1981/41 = SZ 53/110 = ÖA 1981, 86 = EF 36.140; 7 Ob 634/82 = EF 41.058.

2. Weil im Gegensatz zum Streit- der Außerstreitrichter bei der Festsetzung der Zahlungsmodalitäten ein sehr weitreichendes Ermessen hat. 4 Ob 543/74 = SZ 47/82; 7 Ob 594/80 = SZ 53/87; 6 Ob 635/80; 5 Ob 516/82; 7 Ob 634/82 = EF 41.058; 5 Ob 765/82; 8 Ob 537/83 = EF 43.506.

3. Ob und in welcher Weise von der Möglichkeit zur Gewährung von Ratenzahlungen Gebrauch zu machen ist, ist nach einer **beiderseitigen Interessenabwägung** zu beurteilen. Der Dringlichkeit des Bedarfs auf Seiten des Dotationsberechtigten ist die Belastbarkeit des Dotationspflichtigen gegenüberzustellen. Es ist auf die Schulden des Dotationspflichtigen, seine eigenen Bedürfnisse und seine Verpflichtungen gegenüber seinen Angehörigen Bedacht zu nehmen; es kann von ihm nicht verlangt werden, seinen eigenen anständigen Uh zu gefährden, doch ist er grundsätzlich auch verpflichtet, seinen Besitz zu belasten. 7 Ob 634/82 = EF 41.058.

4. Der Zweck des Heiratsguts spricht demnach eher gegen die Gewährung von Raten, wenn sie nicht erforderlich sind. 4 Ob 545/87.

5. Auch ist zu berücksichtigen, dass eine allzu langfristige Ratenverpflichtung zu einer faktischen Herabsetzung der Anschaffungsmöglichkeiten des Berechtigten führen würde. 5 Ob 548/78 = EF 31.495.

6. Treffen den AG zum Zeitpunkt der E keinerlei ihn belastende Sorgepflichten mehr und war er auch sonst nicht in der Lage, rechtfertigende konkrete Gründe anzugeben, ist eine Ratenzahlung schon allein aus diesem Grund nicht zu bewilligen. 10 Ob 262/97 w = ÖA 1998, 132/S 15.

7. Darüber hinaus muss sich ein Dotationspflichtiger ab dem Zeitpunkt, in dem ein solcher Anspruch gerichtlich gegen ihn geltend gemacht wird, wirtschaftlich darauf einstellen, dass er ein Heiratsgut in angemessener Höhe zu leisten haben wird. Eine Ratenzahlung ist daher nicht zu bewilligen, wenn der Dotationspflichtige schon seit einiger Zeit (hier: knapp 2 Jahre) Kenntnis von seiner Dotationspflicht hat. 10 Ob 262/97 w = ÖA 1998, 132/S 15 = tw EF 84.431.

548 1. Die Raten können auch **wertgesichert** werden. 4 Ob 543/74 = SZ 47/82; 7 Ob 594/80 = SZ 53/87; 6 Ob 635/80; 5 Ob 516/82; 7 Ob 634/82; 5 Ob 765/82; 8 Ob 537/83 = EF 43.506; 7 Ob 620/84.

2. Bestehen allerdings dafür, dass Einkommen oder Vermögen des AG während der Laufzeit der Raten erheblich steigen würden, keine Anhaltspunkte, würde die Aufnahme einer Wertsicherungsklausel dazu führen, dass der AG über die ihm zumutbare Leistungsgrenze hinaus belastet werden würde. 7 Ob 620/84 = EF 46.072.

VIII. Verfahrensfragen

549 1. Der Begriff „UhSache" iSd Art 5 Nr 2 EuGVÜ bzw LGVÜ ist weit auszulegen, weshalb ein nach österreichischem Recht zu beurteilender Ausstattungsanspruch einer volljährigen Tochter darunter fällt. 3 Nd 506/97 = SZ 70/162 = JBl 1998, 184 = EF XXXIV/1.

2. **Abw:** Die Bemessung des Heiratsguts betrifft keinen gesetzlichen Uh. 4 Ob 524/88 = EF 56.960; 6 Ob 638/89 = EF 60.031.

550 1. Über Ansprüche der Kinder gegen die Eltern auf Bestellung eines Heiratsguts oder einer Ausstattung ist unter allen Umständen **im VaStr** zu entscheiden. 3 Ob 146/25 = SZ 7/60; 3 Ob 294/25 = SZ 7/147; 1 Ob 480/35 = SZ 17/109; 1 Ob 796/38 = DREvBl 1939/178; 5 Ob 125/58; 7 Ob 174/74; 1 Ob 662/86 = EvBl 1987/25 = EF 51.478; 7 Ob 97/00 s; 7 Ob 20/01 v = EF 96.998.

2. Uzw auch dann, wenn der Antrag vom Zessionar gestellt wird. 3 Ob 91/37 = SZ 19/35.

3. Der streitige Rechtsweg ist allerdings zu wählen, wenn der Anspruch auf ein Rechtsgeschäft (Ausstattungszusage) gestützt wird. 1 Ob 796/38 = DREvBl 1939/178; 5 Ob 114/67 = EF 8406; 7 Ob 124/71.

4. Hat eine ue Tochter zur Abgeltung ihrer Versorgungsansprüche einen Abfindungsbetrag erhalten und wurde die Geltendmachung der Änderungsklausel ausgeschlossen, so ist es ihr verwehrt, den aufgrund der geänderten Gesetzeslage nunmehr auch ue Töchtern gegenüber ihrem Vater eingeräumten Heiratsgutanspruch im VaStr geltend zu machen. 1 Ob 637/80.

551 1. **Besondere Regeln für das Verfahren über Ausstattungsansprüche gem §§ 1220 ff, 1231 ABGB finden sich im AußStrG nicht.** Da es sich dabei – im Gegensatz zu den Rechtsfürsorgeverfahren – um ein zweiparteiliches „Streitentscheidungsverfahren" (pointiert auch als „streitiges Außerstreitverfahren" bezeichnet) handelt, bietet sich zumindest partiell – eine analoge Heranziehung der ZPO an. 7 Ob 97/00 s; 7 Ob 20/01 v.

2. **Anmerkung:** Diese E ist infolge der Außerstreitreform überholt. Es ist nämlich unbestritten, dass das Verfahren über Ausstattungsansprüche dem VaStr unterliegt (vgl *Fucik/Kloiber*, AußStrG Rz 2 zu § 1; *Rechberger* in Rechberger, AußStrG Rz 8 zu § 1). Damit sind die allgemeinen Regeln (§§ 1 bis 80) des Außerstreitgesetzes anzuwenden. Eine „analoge Heranziehung der ZPO" ist damit nicht mehr vorgesehen, soweit das Außerstreitgesetz dies nicht ausdrücklich vorsieht.

3. Unter **Anspruchsverzicht** (und daher ohne Einwilligung des Bekl) kann eine Klage bis zum Schluss der mündlichen Verhandlung zweiter Instanz bzw bis zur E des BerufungsG zurückgezogen werden. Analog zu § 237 ZPO muss Ähnliches auch für die Zurücknahme eines Antrags auf Bestellung von Heiratsgut gelten. Eine solche Zurücknahme muss unter Anspruchsverzicht daher bis zur E der zweiten Instanz, ohne Anspruchsverzicht aber, nachdem sich der AG in den Streit eingelassen hat, aus derselben Erwägung wie bei der Klagerücknahme nur mehr mit seiner Zustimmung möglich sein, weshalb das Gericht darüber informiert sein muss, ob ein Anspruchsverzicht vorliegt. 7 Ob 97/00 s.

4. **Anmerkung:** Vgl nunmehr § 11 AußStrG.

5. Die E hat aufgrund der Sach- und Rechtslage im Zeitpunkt des Schlusses der mündlichen Verhandlung erster Instanz zu ergehen; allfällige Versuche des AG, das Verfahren zu verschleppen, hat der Richter analog §§ 179, 180 Abs 3 ZPO zu unterbinden. 7 Ob 20/01 v.

6. **Anmerkung:** Vgl nunmehr § 16 Abs 2, § 33 Abs 2 AußStrG.

552 1. Aus dem Gesetz folgt **nicht,** dass der Ausstattungsberechtigte seinen Anspruch ausschließlich **gegen beide Eltern gleichzeitig geltend machen** müsste. 4 Ob 504/90.

2. Die Beweislast für ein die Ausstattungspflicht beseitigendes oder minderndes Unvermögen trifft grundsätzlich den Ausstattungspflichtigen. 4 Ob 524/88 = EF 56.938; 6 Ob 638/89; 1 Ob 600/91 = RZ 1993/21.

3. Die Anordnung des § 1221 ABGB („**ohne strenge Erforschung des Vermögensstands**") ist eine das Verfahren zur Bestimmung eines Heiratsguts regelnde Vorschrift. 3 Ob 141/74; 6 Ob 321/68; 7 Ob 251/74; 5 Ob 565/82; 8 Ob 576/90 = EF 63.219.

4. Dennoch müssen Grundlagen vorhanden sein, die zumindest eine ungefähre Beurteilung der Leistungsfähigkeit des **Dotationspflichtigen** ermöglichen. 7 Ob 685/81 = EF 38.541; 5 Ob 565/82 = EF 41.060; 2 Ob 650/85 = EF 48.608.

5. Der **Sachverständigenbeweis** ist im Verfahren zur Bestimmung des Heiratsguts erst dann zulässig, wenn die notwendigen Tatsachenfeststellungen durch andere Beweismittel nicht gewonnen werden können; dies gilt nicht nur für die Erforschung des Vermögensstandes des Dotationspflichtigen, sondern auch für die Bewertung der zur Erfüllung der Dotationspflicht erbrachten Sachleistungen. 1 Ob 7/51; 2 Ob 155/55; 6 Ob 159/64; 7 Ob 201/71; 7 Ob 594/80 = SZ 53/87; 5 Ob 565/82 = EF 41.061; 2 Ob 650/85 = EF 48.609.

6. **Steuerbilanzen** sind für die Ermittlung des tatsächlichen Einkommens nicht geeignet, weshalb mit Rücksicht auf die Größe des Unternehmens des AG und den Umfang der Jahresabschlüsse die Beiziehung eines Buchsachverständigen, um das Einkommen des AG zu ermitteln, keinen Verstoß gegen § 1221 ABGB darstellt.

Auch bei einem selbstständig Erwerbstätigen muss nämlich die Höhe des tatsächlich erzielten Einkommens ungefähr feststehen. 2 Ob 650/85 = EF 48.610; 8 Ob 576/90.

7. Der Auftrag zur Vorlage **notariell beglaubigter Bilanzen** erweist sich insb in Anbetracht dessen, dass für die Beurteilung des Umfangs und des maßgebenden Vermögensstandes des Unternehmens des Dotationspflichtigen die sonst angeordneten Erhebungen, insb durch Buchsachverständige anhand der Handelsbücher des Unternehmens, dienen können, als zu weitgehend. 2 Ob 680/26 = SZ 8/297.

553 **1.** Es kommt zu **keiner Unterbrechung des Verfahrens** wegen Bestellung des Heiratsguts, wenn der belangte Vater eine Ehelichkeitsbestreitungsklage eingebracht hat. 3 Ob 648/56 = EvBl 1957/139.

2. Ein zu Lebzeiten des Leistungspflichtigen bei Gericht anhängig gemachter Anspruch auf Bestellung des Heiratsguts erlischt nicht durch den **Tod des Pflichtigen.** Das Verfahren ist daher fortzusetzen. 1 Ob 617/54 = SZ 27/247 = JBl 1954, 592 = EvBl 1955/4.

IX. Exekutionsverfahren

554 **1.** Für den Vollzug von Verfügungen über die Bestellung eines Heiratsguts sind §§ 12, 19 AußStrG 1854 maßgebend. 3 Ob 1/92 = EvBl 1992/106; 3 Ob 131/91.

2. Anmerkung: Vgl nunmehr § 80 AußStrG.

3. Der Anspruch auf Ausstattung ist grundsätzlich nicht exeqierbar. 3 Ob 342/55 = RZ 1955, 146 = SZ 28/176; 3 Ob 91/37 = SZ 19/35.

4. Uzw solange, als das Gestaltungsrecht nicht ausgeübt wird; der Ausstattungsanspruch ist nach seiner Geltendmachung pfändbar und daher auch Bestandteil der Konkursmasse. 8 Ob 17/91 = SZ 64/120 = EF 69.060.

5. Anmerkung: Dies ist jedoch im Hinblick auf die jüngere Rsp zum UhRecht (der Ausstattungsanspruch ist ja ein UhAnspr) fraglich. UhAnspr können nämlich gepfändet und im pfändbaren Teil etwa in die Konkursmasse vereinnahmt werden; einer bereits erfolgten gerichtlichen Geltendmachung durch den Gemeinschuldner bedarf es dazu nicht (vgl 9 Ob 83/06f). Vgl dazu ausführlich *Gitschthaler/Simma,* EF-Z 2007, 170.

6. Er hat seinen Ursprung in der Uh- und Versorgungspflicht, weshalb nach § 5 KO der Ausstattungsbeitrag dem Gemeinschuldner so weit zu überlassen ist, als er zur Begründung eines einfachen Haushalts erforderlich ist. Darüber hinaus gehende Leistungen sind zur Befriedigung der Gläubiger zu verwenden. 8 Ob 17/91 = SZ 64/120 = EF 69.060.

7. Die sich aus der Wertsicherungsklausel ergebenden Mehrbeträge sind nicht unmittelbar vollstreckbar. 7 Ob 620/84.

8. Anmerkung: Diese E dürfte im Hinblick auf die EO-Novelle 1991 überholt sein (vgl dazu auch Rz 487).

X. Ausstattungsverfahren mit Auslandsberührung

555 **1. Anmerkung:** Nach §§ 24, 25 IPRG kommt es hier auf das (wandelbare) Personalstatut des anspruchsberechtigten Kindes an (*Schwimann* in Rummel[2] Rz 2 zu § 24, Rz 6 zu § 25 IPRG; *ders,* Internationales Privatrecht[3], 160, 161, 164).

3. Kapitel
Unterhalt für Eltern und Großeltern

§ 143 ABGB. (1) Das Kind schuldet seinen Eltern und Großeltern unter Berücksichtigung seiner Lebensverhältnisse den Unterhalt, soweit der Unterhaltsberechtigte nicht imstande ist, sich selbst zu erhalten, und sofern er seine Unterhaltspflicht gegenüber dem Kind nicht gröblich vernachlässigt hat.

(2) Die Unterhaltspflicht der Kinder steht der eines Ehegatten, eines früheren Ehegatten, von Vorfahren und von Nachkommen näheren Grades des Unterhaltsberechtigten im Rang nach. Mehrere Kinder haben den Unterhalt anteilig nach ihren Kräften zu leisten.

(3) Der Unterhaltsanspruch eines Eltern- oder Großelternteils mindert sich insoweit, als ihm die Heranziehung des Stammes eigenen Vermögens zumutbar ist. Überdies hat ein Kind nur insoweit Unterhalt zu leisten, als es dadurch bei Berücksichtigung seiner sonstigen Sorgepflichten den eigenen angemessenen Unterhalt nicht gefährdet.

Literatur: *Steininger*, Vermögensrechtliche Aspekte des neuen Kindschaftsrechts, in Ostheim, Schwerpunkte der Familienrechtsreform 1977/1978 (1979) 44; *Weinrichter*, Zum Unterhaltsanspruch von Aszendenten insb bei deren Heimunterbringung – Interpretation des § 143 ABGB als „Sonderbedarfsregel", iFamZ 2007, 232.

Übersicht:

	Rz
1. Allgemeines	556–559
2. Anspruchsvoraussetzungen	560, 560 a
3. Beneficium competentiae	561
4. Unterhaltshöhe	562–563 a
5. Naturalunterhaltsleistungen	564, 565
6. Verfahrensfragen	566
7. Unterhaltsverfahren mit Auslandsberührung	567

1. Allgemeines

556 1. Die UhPflicht von Kindern gegenüber Eltern stellt den **Ausnahmefall** dar. 4 Ob 513/96 = ÖA 1996, 199 = SZ 69/77; 1 Ob 156/97 s = SZ 70/146 = RZ 1998/61 = EF 83.819 = ÖA 1998, 239/U 233; 1 Ob 135/01 m = EvBl 2001/200; 3 Ob 157/05 t; 4 Ob 192/06 y.

2. Sie ist außerdem **subsidiär.** 6 Ob 128/05 z.

3. UhAnspr der Eltern gegen ihre Kinder und der Kinder gegen ihre Eltern sind **nicht gleichrangig.** 4 Ob 513/96 = ÖA 1996, 199 = SZ 69/77.

4. Die UhPflicht der Kinder geht nur der UhPflicht eines früheren Ehegatten, aber nicht der durch Richterspruch zu begründenden Beitragspflicht iSd § 68 EheG im Range nach. 3 Ob 562/81 = SZ 54/140 = EvBl 1982/5 = JBl 1982, 660 = EF 38.830.

5. Der Ehegatte ist vor Kindern, die Kinder sind vor Enkeln uhpfl. 2 Ob 127/54 = SZ 27/44 = EF 750.

6. Es besteht keine UhPflicht eines Kindes gegenüber den Eltern dafür, dass diese ihrer UhPflicht gegenüber den anderen Kindern nachkommen können. 1 Ob 1173/27 = SZ 9/294; 8 Ob 79/87 = EF 57.027.

557 1. Ein allfälliger **UhVerzicht** der Eltern wirkt nur bis zur Grenze des notdürftigen Uh. 1 Ob 99/62 = EvBl 1963/2.

2. Die ausschließlich im Familienrecht begründete UhPflicht der Kinder gegenüber den Eltern erlischt mit dem Tod des verpflichteten Kindes. 6 Ob 576/79 = EF 33.463.

3. Und geht nicht auf ihre Kinder über, dies jedoch unbeschadet einer allfälligen selbstständigen Verpflichtung der Enkel. 4 Ob 13/51 = SZ 24/44 = EF 750.

558 1. Es kann nicht davon ausgegangen werden, dass Enkel zum Uh der Großeltern nur im Falle des Todes der Kinder der Großeltern im engeren Sinne herangezogen werden dürfen; allerdings sind die entfernten Abkömmlinge nur subsidiär zur Leistung des Uh verpflichtet, also dann, wenn nähere Deszendenten nicht mehr vorhanden oder selbst mittellos sind. 3 Ob 250/54.

2. Der **UhAnspr** ist **für alle Verwandten der aufsteigenden Linie** begründet, doch haben im Falle gleicher Mittellosigkeit die näheren vor den entfernteren Aszendenten und die Verwandten von der väterlichen Seite vor jenen der mütterlichen Seite den Vorzug. 2 Ob 127/54 = SZ 27/44; 2 Ob 336/57.

3. Der ue Vater hat keinen UhAnspr gegen sein Kind. 3 Ob 919/32 = SZ 14/240.

4. **Anmerkung:** Die beiden letztgen E sind als überholt zu bezeichnen, weil es nämlich einerseits keinen Vorrang der väterlichen Seite mehr gibt und andererseits ehel und ue Vater-Kind-Beziehungen auch uhrechtlich gleichgestellt sind.

559 1. **Mehrere Kinder haften für den Uh der Eltern nicht solidarisch.** 6 Ob 354/67 = RZ 1969, 14; 2 Ob 90/78; 8 Ob 507/85.

2. Sondern **anteilig nach Kräften.** 1 Ob 156/97 s = SZ 70/146 = RZ 1998/61 = EF 83.826 = ÖA 1998, 239/U 233; 1 Ob 135/01 m = EvBl 2001/200; 4 Ob 192/06 y.

3. Uzw bei in Dürftigkeit verfallenen Eltern auch gegenüber einer Anstalt der öffentlichen Fürsorge, die die den Eltern geleisteten Unterstützungsbeiträge zurückverlangt. 2 Ob 454/38 = SZ 20/196.

4. Leistet ein Kind mehr, als es seinem Anteil entspricht, kann es den Mehrbedarf von den anderen Kindern verlangen. Z 6589 = GlUNF 2.018 = ZBl 1903, 553.

5. Der Vorfahre hat alles nur erdenklich Mögliche in die Wege zu leiten, um alle Kinder zur Erfüllung ihrer allenfalls bestehenden subsidiären UhPflicht heranzuziehen. 1 Ob 135/01 m = EvBl 2001/200.

2. Anspruchsvoraussetzungen

560 1. Die UhPflicht der Kinder setzt voraus, dass die Deckung des Uh eines Elternteils bei seinem vorleistungspflichtigen Ehegatten nicht gefunden werden kann. 1 Ob 1173/27 = SZ 9/294; 3 Ob 454/53 = SZ 26/190; 2 Ob 139/60; 2 Ob 338/65 = EvBl 1966/111 = EF 4.260; 2 Ob 426/70; 5 Ob 1592/94.

2. Wobei die UhPflicht **nicht erst** dann eintritt, wenn die Eltern in **Dürftigkeit** verfallen, sondern schon dann, wenn dies auch nur bei einem Elternteil der Fall ist. 2 Ob 139/60; 2 Ob 426/70.

3. Sie sind in Dürftigkeit verfallen, wenn sie sich den anständigen Uh aus eigener Kraft nicht zu verschaffen vermögen. 2 Ob 139/60; 2 Ob 426/70.

4. Also **nicht imstande sind, sich selbst angemessen zu erhalten.** 8 Ob 79/87; 2 Ob 33/91; 1 Ob 156/97 s = SZ 70/146 = RZ 1998/61 = EF 83.820 = ÖA 1998, 239/U 233; 1 Ob 288/98 d = JBl 1999, 725 = EF 89.650; 1 Ob 135/01 m = EvBl 2001/200; 6 Ob 128/05 z; 3 Ob 157/05 t.

5. Es ist daher primär festzustellen, ob **Selbsterhaltungsfähigkeit gegeben** ist. Selbsterhaltungsfähigkeit iSd § 143 ABGB liegt dann vor, wenn der Vorfahre in der Lage ist, die seinen Lebensverhältnissen angemessenen Bedürfnisse zu befriedigen. Die Frage, ob jemand bei voller Pflegebedürftigkeit imstande ist, sich selbst zu erhalten, ist in jedem einzelnen Fall konkret zu prüfen. 1 Ob 135/01 m = EvBl 2001/200; 6 Ob 128/05 z; 3 Ob 157/05 t.

6. Nicht-Imstande-Sein der Vorfahren zur Selbsterhaltung liegt vor bei Erwerbsunfähigkeit verbunden mit Einkommens- und Vermögenslosigkeit, aber auch bei unzureichender Altersversorgung. 1 Ob 156/97 s = SZ 70/146 = RZ 1998/61 = ÖA 1998, 239/U 233; 3 Ob 157/05 t; 4 Ob 192/06 y.

7. Oder **Pflegebedürftigkeit.** 1 Ob 156/97 s = SZ 70/146 = RZ 1998/61 = ÖA 1998, 239/U 233; 4 Ob 192/06 y.

8. Der UhAnspr setzt auch **Vermögenslosigkeit** des Elternteils voraus, welche aber auch dann anzunehmen ist, wenn der UhBer nur solches Vermögen hat, das zur Bestreitung des Uh nicht verwertbar ist. 2 Ob 718/51; 3 Ob 454/53 = SZ 26/190; 1 Ob 99/62; 1 Ob 156/97 s = SZ 70/146 = RZ 1998/61 = ÖA 1998, 239/U 233.

9. Nach § 143 Abs 3 ABGB muss ein Elternteil zur Deckung seines Lebensbedarfs grundsätzlich auch den Stamm seines Vermögens heranziehen. Um so mehr trifft ihn daher die Obliegenheit, auch Ansprüche nach § 947 ABGB geltend zu machen. 4 Ob 192/06 y.

10. Selbstverschulden an der Notlage schließt den UhAnspr nicht aus. 2 Ob 825/53; 1 Ob 99/62 = EvBl 1963/2 = EF 753.

11. Es kann dann aber nur der notdürftige Uh verlangt werden. 1 Ob 247/35 = SZ 17/62.

12. Erbringt ein Angehöriger des Pflegebedürftigen **Pflegeleistungen,** so hat er zumindest dann, wenn diese Leistungen weit über dasjenige hinausgehen, was üblicherweise in Wahrnehmung einer (hier aus § 94 ABGB abgeleiteten) besonderen Beistandspflicht zu leisten ist, Anspruch auf deren finanzielle Abgeltung; der hiefür angemessene Betrag ist im Wege einer **fiktiven Berechnung** zu ermitteln, weil die Pflegeleistungen nicht durch professionelle Kräfte erbracht werden.

Erst wenn das für sämtliche Betreuungsleistungen gebührende Entgelt konkret feststeht, lässt sich beurteilen, ob das von der Kl bezogene Pflegegeld zur Abgeltung ihres krankheitsbedingten Personalaufwands ausreicht oder ob sie andere Teile ihres Einkommens (etwa die Pension) zu dessen Deckung heranziehen muss. Aus dem verbleibenden Einkommen muss die Kl zudem den vom Pflegegeld nicht gedeckten krankheitsbedingten Sachaufwand bestreiten; demnach kann erst auch nach dessen Ausmittlung verlässlich beurteilt werden, ob die Kl mit dem danach verbleibenden restlichen Einkommen ihre Lebensbedürfnisse angemessen befriedigen kann. 1 Ob 135/01 m = EvBl 2001/200.

13. Grundsätzlich ist auch zu berücksichtigen, dass das vom Ehemann der Kl für die Pflegeleistungen bezogene Entgelt Einkommen darstellt, das dessen UhPflicht gegenüber der Kl auslösen könnte. Diese UhPflicht geht jener der bekl Tochter vor. Keinesfalls kann die Bekl aber dazu herangezogen werden, den Ehemann der Kl zu alimentieren, kann doch die bloß subsidiär zum Uh verpflichtete Bekl nicht im Rahmen ihrer UhPflicht dazu verhalten werden, der Kl als allenfalls ihrem Ehemann gegenüber UhPfl Mittel zur Verfügung zu stellen, um sie in die Lage zu versetzen, UhZahlungen an ihren Mann zu erbringen. Dabei ist auch zu bedenken, dass der Ehemann der Kl bei Bezug von Einkünften aus seiner Pflegetätigkeit auch zur Deckung der für den gemeinsamen Haushalt auflaufenden Fixkosten angemessen beizutragen hätte, sodass dann die tatsächlich von der Kl getragenen Fixkosten nicht zur Gänze als einkommensmindernd Berücksichtigung finden könnten. 1 Ob 135/01 m = EvBl 2001/200.

560 a 1. Mtl ATS 1.250 (= € 91) reichen zur Deckung der Kosten des anständigen Uh des betagten Vaters nicht aus; Dürftigkeit ist daher gegeben. 2 Ob 338/65 = EvBl 1966/111; 2 Ob 282/66.

2. Oder mtl ATS 1.840 (= € 133), wenn wegen des stark herabgesetzten Sehvermögens noch dazu für eine Hilfe mtl ca ATS 700 bis ATS 800 (= € 51 bis € 58) ausgegeben werden müssen. 2 Ob 426/70.

3. Oder mtl ATS 5.465 (= € 397) bei einer 96-jährigen pflegebedürftigen Frau. 2 Ob 41/82.

4. Für die Frage der Selbsterhaltungsfähigkeit kann der **Richtsatz für die Ausgleichszulage** als Orientierungshilfe dienen. 7 Ob 14/02 p; 6 Ob 128/05 z.

5. **Abw:** Ein Einkommen entsprechend dem Ausgleichszulagenrichtsatz schließt eine UhBerechtigung nicht zwingend aus. 1 Ob 156/97 s = SZ 70/146 = RZ 1998/61 = EF 83.823, 83.824 = ÖA 1998, 239/U 233; 1 Ob 288/98 d = JBl 1999, 725 = EF 89.651; 3 Ob 157/05 t.

6. Nicht jedoch bei einer in der Einschicht lebenden kränklichen 56-jährigen Mutter, die als Landarbeiterin stets äußerst bescheiden lebte, bei einem mtl Nettoeinkommen von ATS 1.900 (= € 138). 2 Ob 38/72.

3. Beneficium competentiae

561 1. Den Nachkommen steht gegenüber dem UhAnspr eines Eltern- oder Großelternteils das beneficium competentiae zu, dh es darf nicht nur der eigene angemessene Uh des UhPfl durch den UhAnspr der Eltern oder Großeltern nicht gefährdet sein, sondern sind vielmehr auch die übrigen Sorgepflichten zu berücksichtigen. 4 Ob 513/96 = SZ 69/77 = ÖA 1996, 199 = EF 80.111.

2. Bei einem Einkommen des Sohnes von rund ATS 120.000 (= € 8.720) netto mtl kann das Bestehen einer UhPflicht für seine Mutter, deren Einkommen rund ATS 7.100 (= € 516) mtl beträgt, aber nicht verneint werden. 1 Ob 288/98 d = JBl 1999, 725 = EF 89.652.

4. Unterhaltshöhe

562 1. Es wird **angemessener, nicht bloß notdürftiger Uh** geschuldet. 1 Ob 156/97 s = SZ 70/146 = RZ 1998/61 = EF 83.822 = ÖA 1998, 239/U 233; 1 Ob 288/98 d = JBl 1999, 725 = EF 89.649; 6 Ob 128/05 z.

2. Bzw **anständiger Uh.** 1 Ob 476/26 = SZ 8/193; 2 Ob 74/69 = SZ 42/45 = EF 11.400.

3. Die Höhe des zu leistenden Uh richtet sich sowohl nach den Lebensverhältnissen des Kindes als auch nach jenen des Vorfahren. 1 Ob 156/97 s = SZ 70/146 = RZ 1998/61 = EF 83.823, 83.824 = ÖA 1998, 239/U 233; 1 Ob 135/01 m = EvBl 2001/200; 6 Ob 128/05 z; 3 Ob 157/05 t.

4. Bei Zumutbarkeit der Heranziehung eines allfälligen Vermögens des Vorfahren wird dessen UhAnspr gemindert. 1 Ob 156/97 s = SZ 70/146 = RZ 1998/61 = ÖA 1998, 239/U 233.

563 1. Die UhPflicht umfasst auch die **Begräbniskosten.** Z 15.760 = GlUNF 4.124.

2. **Anmerkung:** Vgl allerdings die Rsp zu Begräbniskosten, die ein verstorbenes Kind betreffen (Rz 1).

3. Wird lediglich vereinbart, dass die Übernehmer dem Übergeber Uh gem § 672 ABGB lebenslang zu leisten haben, so umfasst diese vertragliche UhPflicht jedoch nicht die Verpflichtung zur Tragung der Begräbniskosten. 6 Ob 201/65 = EvBl 1966/90.

563 a 1. Ist der **Aufenthalt in einem Heim notwendig** und kann der UhBer die Kosten nicht oder nicht zur Gänze selbst tragen, so hat der UhPfl nach Maßgabe seiner Leistungsfähigkeit auch dafür einzustehen (SZ 70/146; ebenso die stRsp des VwGH, vgl zuletzt etwa GZ 2002/10/0119, 2003/10/0021, 2002/10/0177). Zu leisten ist hier – bei entsprechender Leistungsfähigkeit der Nachkommen – jedenfalls der zur Ergänzung auf das notwendige Ausmaß erforderliche Uh (vgl RIS-Justiz RS0047885); dh die „Bedarfslücke" ist zu füllen. 4 Ob 192/06 y.

5. Naturalunterhaltsleistungen

564 1. Der Uh ist je nach den Umständen **in Geld oder durch häusliche Verpflegung zu leisten,** doch kann letztere idR von den Eltern nicht verlangt und vom Kind den Eltern nicht aufgedrängt werden. 1 Ob 273/50 = SZ 23/166 = EF 748.

2. Wobei der NaturalUhAnspr auch nicht gerichtlich geltend gemacht werden kann. 1 Ob 273/50 = SZ 23/166; 7 Ob 303/64.

3. Dem pflegebedürftigen Vorfahren muss es aber grundsätzlich gestattet sein, die **erforderlichen Pflegemaßnahmen im eigenen häuslichen Bereich** vornehmen zu lassen, um möglichst in der gewohnten Umgebung verbleiben zu können, was aber zur Folge haben kann, dass das Pflegegeld, das der pauschalen Abgeltung von Pflegeleistungen dient und den Pflegebedürftigen in die Lage versetzen soll, den krankheitsbedingten Personalaufwand abzudecken, nicht die gesamten pflegebedingten Mehraufwendungen deckt. 1 Ob 135/01 m = EvBl 2001/200.

4. **Anmerkung:** In diesem Fall geht es dann um die Frage, inwieweit die Kinder noch restliche Ansprüche zu decken haben (vgl dazu auch Rz 560); sie können aber nicht verlangen, dass der Vorfahre ins Pflegeheim zieht.

5. Ein Anspruch auf Beistellung einer Naturalwohnung besteht nicht; allenfalls kann ein entsprechender Geldbetrag zur Bezahlung des Mietzinses für eine standesgemäße Wohnung verlangt werden. 1 Ob 273/50 = SZ 23/166.

6. **Abw:** Die UhLeistung ist auch in natura möglich. 1 Ob 371/38 = DREvBl 1938/228.

7. Abw: Uzw nach Wahl des Kindes entweder in Natur oder Geld. 2 Ob 1008/53.

565   **1.** Notwendig ist der Aufenthalt eines betagten Elternteils in einem **Seniorenheim** nur dann nicht, wenn dieser Elternteil in der Lage wäre, völlig auf sich allein gestellt in einer anderen Unterkunft zu wohnen; dabei ist aber zu beachten, dass das uhpfl Kind dem Elternteil NaturalUh dadurch, dass es ihn anstelle der Heimunterbringung in seinen Haushalt aufnimmt, nicht aufdrängen darf. 1 Ob 156/97 s = SZ 70/146 = RZ 1998/61 = EF 83.825 = ÖA 1998, 239/U 233.

6. Verfahrensfragen

566   **1.** Der UhAnspr der Eltern ist **im ordentlichen Rechtsweg** geltend zu machen. Z 823 = GlU 14.563 = ZBl 1893, 707; Z 69.822 = GlU 15.142 = ZBl 1894/50.

2. Da **mehrere Kinder** für den Uh der Eltern nicht solidarisch haften, sind sie in einem streitigen Verfahren lediglich **formelle Streitgenossen** iSd § 11 Abs 2 ZPO. 8 Ob 507/85.

3. Anmerkung: Diese E sind im Hinblick auf § 114 Abs 2 JN seit der Außerstreitreform 2003 überholt. Über alle gesetzlichen UhAnspr zw in gerader Linie verwandten Personen ist im Verfahren außer Streitsachen zu entscheiden (*Fucik/Kloiber*, AußStrG 30).

7. Unterhaltsverfahren mit Auslandsberührung

567   **1. Anmerkung:** Da §§ 24, 25 IPRG das gesamte Rechtsverhältnis zw Kindern und Eltern erfassen, also auch den wechselseitigen Uh (*Schwimann* in Rummel² Rz 2 zu § 24, Rz 6 zu § 25 IPRG), kommt es bei einer allfälligen nichtösterreichischen Staatsangehörigkeit von uhber Eltern-(Großeltern-)teilen und/oder dem uhpfl Kind auf das (wandelbare) Personalstatut des Kindes an.

4. Kapitel
Unterhalt bei aufrechter Ehe

§ 94 ABGB. (1) Die Ehegatten haben nach ihren Kräften und gemäß der Gestaltung ihrer ehelichen Lebensgemeinschaft zur Deckung der ihren Lebensverhältnissen angemessenen Bedürfnisse gemeinsam beizutragen.

(2) Der Ehegatte, der den gemeinsamen Haushalt führt, leistet dadurch seinen Beitrag im Sinn des Abs. 1; er hat an den anderen einen Anspruch auf Unterhalt, wobei eigene Einkünfte angemessen zu berücksichtigen sind. Dies gilt nach der Aufhebung des gemeinsamen Haushalts zugunsten des bisher Unterhaltsberechtigten weiter, sofern nicht die Geltendmachung des Unterhaltsanspruchs, besonders wegen der Gründe, die zur Aufhebung des gemeinsamen Haushalts geführt haben, ein Mißbrauch des Rechtes wäre. Ein Unterhaltsanspruch steht einem Ehegatten auch zu, soweit er seinen Beitrag nach Abs. 1 nicht zu leisten vermag.

(3) Auf Verlangen des unterhaltsberechtigten Ehegatten ist der Unterhalt auch bei aufrechter Haushaltsgemeinschaft ganz oder zum Teil in Geld zu leisten, soweit nicht ein solches Verlangen, insbesondere im Hinblick auf die zur Deckung der Bedürfnisse zur Verfügung stehenden Mittel, unbillig wäre. Auf den Unterhaltsanspruch an sich kann im vorhinein nicht verzichtet werden.

Literatur: *Wentzel,* Unterhaltspflicht und Prozeßkostentragung, ÖJZ 1948, 386; *Schwind,* Einige Unterhaltsfragen im Eherecht, ÖJZ 1954, 499; *Lackner,* Das neue Unterhaltsrecht der Ehegatten in der Praxis, ÖJZ 1977, 197; *ders,* Die Auslegung des § 94 in der Praxis, ÖJZ 1978, 542; *Aicher,* Die Scheidung wegen Auflösung der häuslichen Gemeinschaft (§ 55 EheG) und ihre unterhaltsrechtlichen Folgen, in Ostheim, Schwerpunkte der Familienrechtsreform 1977/1978 (1979) 81; *Loewe,* Erneuerung des österreichischen internationalen Zivilverfahrensrechts, ZfRV 1983, 181; *Gamerith,* Zum Unterhaltsanspruch von Ehegatten und volljährigen Kindern, ÖA 1988, 63; *Schwimann,* Inländische Gerichtsbarkeit für Personenrechts-, Familienrechts- und Unterhaltssachen, JBl 1990, 762; *Ferrari-Hofmann-Wellenhof,* Einvernehmliche Gestaltung der ehelichen Lebensgemeinschaft in Form einer Doppelverdienerehe – Bindung an einvernehmliche Gestaltung – Bedeutung für nachehelichen Unterhaltsanspruch, JBl 1991, 714; *Lackner,* Gleichbehandlung im Unterhaltsanspruch der Ehegatten? RZ 1992, 62; *Kerschner,* Gesellschaftspolitische Tendenzen in der Zivilrechtsjudikatur, RZ 1995, 271; *Ferrari,* Unterhaltspflichten zwischen erwachsenen Personen im österreichischen Recht, in Schwab/Henrich, Familiäre Solidarität – Die Begründung und die Grenzen der Unterhaltspflicht im europäischen Vergleich (1997) 149; *Gimpl-Hinteregger,* Reformnotwendigkeiten im österreichischen Ehe- und Scheidungsrecht, in Floßmann, Recht, Geschlecht und Gerechtigkeit (1997); *Simotta,* Die internationale Zuständigkeit in Ehe- und Abstammungsstreitigkeiten, in FS Broniewicz (1998) 343; *Jesser-Huß,* Ehegattenunterhalt während aufrechter Ehe und nach der Scheidung, in Deixler-Hübner, Die rechtliche Stellung der Frau (1998) 13; *Lackner,* Und noch einmal – Gleichheit im Unterhaltsrecht, RZ 1999, 194; *Hopf/Stabentheiner,* Das Eherechts-Änderungsgesetz 1999, ÖJZ 1999, 821, 861; *H. Pichler,* Das Eherechts-Änderungsgesetz 1999, ÖA 2000, 62; *Rabl,* Die Zulässigkeit eines Unterhaltsverzichts während aufrechter Ehe, ÖJZ 2000, 591; *Csoklich,* Privatstiftung und Scheidung,

RdW 2000, 371; *Zankl,* Unterhaltsrechtliche Partizipation am Vermögenszuwachs bei Getrenntleben? ecolex 2001, 272; *Verschraegen,* Mitversicherungsbeitrag und Unterhalt, ÖJZ 2003, 16; *Bienert-Nießl,* Materiellrechtliche Aufklärungspflichten aus der Perspektive des Zivilprozesses (2003); *Ferrari/Koch-Hipp,* Eherecht in Österreich, in Süß/Ring, Eherecht in Europa (2006) 891; *C. Graf,* Auskunftspflichten im Unterhaltsrecht, Zak 2007, 243; *Buchwalder,* Unterhalt bei aufrechter Ehe – Die Berücksichtigung von Einkünften des unterhaltsberechtigten Ehegatten, iFamZ 2008, 27.

I. Allgemeine Grundsätze

A. Unterhaltsbedarf

1. Allgemeines

568   1. **Anmerkung:** Zu Fragen idZ vgl auch Rz 1, 669.

2. Der UhAnspr umfasst **Nahrung, Kleidung, Wohnung** und sonstige **leibliche** und **geistige Bedürfnisse** sowie den Anspruch auf **medizinische Versorgung.** 1 Ob 535/83 = EF 42.517; 1 Ob 514/94 = EF 73.800.

3. Oder die Kosten der **physischen Pflege.** 3 Ob 613/79 = EF 35.243; 2 Ob 41/82.

4. Und allenfalls auch einer **Haushaltshilfe.** 1 Ob 677/83; 1 Ob 720/83 = ÖA 1984, 102; 1 Ob 122/97 s.

5. **Anmerkung:** Dies aber wohl nur bei entsprechenden Einkommensverhältnissen oder einer körperlichen Beeinträchtigung des den Haushalt führenden Ehegatten, die es ihm nicht ermöglicht, sämtliche Verrichtungen im Haushalt selbst zu tätigen.

6. Ebenso **angemessenes Taschengeld** (Nadelgeld) zur Bestreitung kleinerer Bedürfnisse des täglichen Lebens, das dazu dazu dienen soll, der Ehefrau die unwürdige Lage zu ersparen, dass sie wegen jeder kleineren persönlichen Auslage sich an den Ehemann wenden, ihm Grund und Betrag der Ausgabe darlegen und seine Einwilligung dazu einholen müsste. 1 Ob 677/83; 1 Ob 720/83 = ÖA 1984, 102.

7. Uzw jedenfalls bei entsprechend hoher, das Durchschnittseinkommen eines Alleinverdieners in einer Ehe übersteigender finanzieller Basis und Einkommenslosigkeit der Ehegattin. 6 Ob 285/98z = JBl 1999, 311 = ÖA 1999, 129/U275 = EvBl 1999/94 = EF XXXV/5; 9 Ob 373/97 m.

8. **Anmerkung:** ME ist diese Rsp trotz des § 94 Abs 3 ABGB idF EheRÄG 1999 nicht überholt, weil diese Bestimmung dem Ehegatten nur die Möglichkeit einräumt, GeldUh zu begehren, er sich aber – wie bisher – mit NaturalUh (zzgl Taschengeld) begnügen kann.

9. Die der Kl auferlegten UhZahlungen für ihre Kinder, mit denen sie nicht zusammenlebt, können keine Erhöhung der Leistungspflicht des Bekl bewirken. Die Verpflichtung der Kl zur GeldUhLeistung an ihre Kinder stellt keine wesentliche Änderung dar, die eine Erhöhung des gesetzlichen EhegattenUh erlauben würde. Die Kl kann sich auch nicht auf das wesentlich höhere Einkommen des Bekl berufen. Beträchtliche Einkommensunterschiede zw den Ehegatten wären nur für die Höhe des von der Kl zu leistenden Uh an ihre Kinder bedeutsam – dieser ist aber rk festgesetzt –, nicht aber für den vom Bekl an sie zu leistenden Uh, der ohnehin auf dem „Familieneinkommen" basiert. 1 Ob 288/04s = EF 110.104.

2. Deckung des Unterhaltsbedarfs durch Dritte

569 1. **Anmerkung:** Zu Fragen idZ vgl auch Rz 5, 671.
2. Zuwendungen an den UhBer, die diesem von 3. Seite außerhalb der Leistungen des UhPfl **mit der Absicht geleistet** werden, **nicht diesen zu entlasten**, sondern dem UhBer zusätzliche Mittel zur Verfügung zu stellen, sind als „Zubuße" zu verstehen, die sich der UhBer **nicht als uhmindernd anrechnen** lassen muss. 1 Ob 507/92; 4 Ob 2019/96 g = SZ 69/129 = JBl 1997, 231 = EvBl 1996/99 = ÖA 1996, 1 = EF 79.831.

569 a 1. Eine Person, deren UhBed ganz oder zT **aufgrund einer öffentlich-rechtlichen Verpflichtung von einem Dritten** gedeckt wird, kann (insoweit) keinen UhAnspr gegen den zivilrechtlich haftenden UhPfl stellen, weshalb ihr im Ausmaß der vom SHTr erbrachten Leistungen ein UhAnspr nicht zusteht. 1 Ob 562/88 = EF 55.955; 6 Ob 18/98 k = EF 85.874; 6 Ob 122/98 d = EF 85.874; 6 Ob 8/03 z = EF 103.158; 6 Ob 237/03 a = EF 103.158.

2. Eine doppelte Deckung des Uh ist nämlich grundsätzlich ausgeschlossen. 7 Ob 766/81 = EF 37.619, 37.620; 7 Ob 645/86; 6 Ob 8/03 z = EF 103.158; 6 Ob 237/03 a = EF 103.158.

3. Sollten jedoch diese Leistungen eingestellt werden, würde ein weitergehender UhAnspr wieder zustehen. Die **vorsorgliche Schaffung eines Exekutionstitels für diesen Fall sieht das Gesetz allerdings nicht vor.** 1 Ob 562/88 = EF 55.955; 6 Ob 18/98 k = EF 85.874; 6 Ob 122/98 d = EF 85.874.

4. Der Kl gebührt auch für die Zeiten der **Kuraufenthalte** Uh, weil sie in diesem Zeitraum zwar Verpflegung und Unterkunft erhalten hat, der Anspruch auf Uh sich jedoch nicht in den beiden genannten Leistungen erschöpft. 10 Ob 53/00 t.

5. In der Rsp wurde die Frage, in welcher Weise sich die in den einzelnen Sozialhilfegesetzen **für erbrachte Leistungen geregelten Ersatzpflichten und Legalzessionen** auf den UhAnspr des Leistungsempfängers auswirken, bisher nicht völlig einheitlich gelöst. Einerseits wurde bei landesgesetzlich vorgesehenen aufgeschobenen Legalzessionen (bei diesen wird die Zession mit einer Verständigung des UhPfl durch den SHTr bewirkt), entschieden, dass mangels einer schriftlichen Anzeige des Rechtsübergangs Sozialhilfeleistungen nicht auf den UhAnspr anzurechnen seien, andererseits aber, dass Sozialhilfeleistungen auf den Uh auch dann anzurechnen seien, wenn der Gesetzgeber eine (aufgeschobene) Legalzession angeordnet habe.

Bei der Frage, ob sich der Bezug einer laufenden Geldleistung im Rahmen der Sozialhilfe, hier etwa die Hilfe zum LebensUh nach § 16 OöSHG, durch den UhBer gegenüber dem UhPfl uhmindernd auswirkt, muss jedenfalls die Erwägung, eine Doppelversorgung zu vermeiden, im Vordergrund stehen, wenn eine solche Doppelversorgung nicht dem Gesetzeszweck entspricht. Anhaltspunkte für die Absicht des Gesetzgebers bieten die gesetzlichen Regelungen über den Rechtsübergang der UhAnspr und über die Kostenbeitragspflicht. 6 Ob 8/03 z = EF 103.158; 6 Ob 237/03 a = EF 103.158.

6. Für die **Sozialhilfe** gilt im Gegensatz zur Sozialversicherung der Grundsatz der Subsidiarität. Es soll keine Doppelversorgung eintreten, es soll aber auch der UhPfl durch die Gewährung der Sozialhilfe an den UhBer nicht entlastet werden.

Letzteres kann rechtstechnisch durch verschiedene – allenfalls auch alternative – Gestaltungen erreicht werden. Neben einer Legalzession des UhAnspr, die naturgemäß dessen aufrechtes Bestehen voraussetzt, – von Bedeutung ist bei der „aufgeschobenen" Legalzession auch die Kenntnis des UhPfl – wird auch ein eigener „sozialhilferechtlicher" Ersatzanspruch des SHTr gegen den UhPfl gewährt, der regelmäßig wieder an der UhPfl anknüpft. Ob aus diesem Ersatzanspruch auch schon zu schließen ist, das die Soziahilfe auf den UhAnspr angerechnet werden muss und sich dieser insoweit mindert, hängt aber auch davon ab, ob der Landesgesetzgeber nicht daneben noch die Option auf eine Legalzession eines UhAnspr bzw die Ersatzpflicht des Sozialhilfebeziehers vorsieht.

Die Gefahr einer doppelten Inspruchnahme des UhPfl einerseits aufgrund der „sozialhilferechtlichen" Ersatzansprüche, die idR im Verwaltungsweg durchzusetzen sind, und andererseits aufgrund eines gerichtlichen UhExekutionstitels – der allenfalls im Rahmen der Legalzession übergegangen ist – besteht insofern nicht, als der „sozialhilferechtliche" Ersatzanspruch nur im Rahmen der UhPfl angesprochen werden kann. Der Gefahr für den SHTr, auf einen Rückersatzanspruch gegen den Sozialhilfeempfänger verwiesen zu sein, der allenfalls nicht durchsetzbar wäre, kann er durch Inanspruchnahme der Legalzession (Anzeige an den UhPfl) begegnen. 8 Ob 126/03 t = EF 106.915, 106.916; 9 Ob 23/04 d = EF 106.915, 106.916; 3 Ob 25/07 h.

B. Geldunterhalt

Übersicht:

	Rz
1. Haushaltstrennung	570
2. Unterhaltsverletzung	571–573
3. Anrechnung von Naturalunterhaltsleistungen	
a) Verschiedene Naturalunterhaltsleistungen	574–576
b) Ehewohnung	577–582a
4. Sonstige Geldforderungen des Unterhaltsberechtigten	583–585

1. Haushaltstrennung

570 1. Nach Aufhebung der ehel Haushaltsgemeinschaft ist der gesamte angemessene Uh **grundsätzlich in Geld zu leisten**. 2 Ob 575/77 = EF 30.200; 1 Ob 529/92 = 1 Ob 530/92 = EF 67.662; 7 Ob 629/94 = EF 76.202; 3 Ob 2101/96 h = EF 82.446; 6 Ob 127/04 a; 10 Ob 143/05 k.

2. Während aufrechter LG der Ehegatten ist der Uh jedoch in natura zu leisten, sofern der uhber Ehegatte nicht die Leistung in Geld fordert (§ 94 Abs 3 Satz 1 ABGB). 10 Ob 143/05 k.

3. **Überholt:** Bei gemeinsamem Haushalt der Ehegatten steht grundsätzlich ein NaturalUhAnspr zu, es sei denn, es wäre zu einer Verletzung der UhPflicht gekommen. 4 Ob 544/92 = ÖA 1993, 103 = EF 70.031; 7 Ob 629/94; 3 Ob 501/95; 3 Ob 2101/96 h.

4. **Anmerkung:** Dieser Rsp wurde durch § 94 Abs 3 Satz 1 ABGB idFd EheRÄG 1999 mit 1. 1. 2000 der Boden entzogen, weil der uhber Ehegatte auch bei aufrechter Haushaltsgemeinschaft seinen UhAnspr in Geld geltend machen kann. Auch wenn diese Bestimmung in der gerichtlichen (Uh)Praxis unmittelbar (vgl allerdings

die Auswirkungen iZm der Ermittlung der UBGr durch fiktive UhEmpfänge bei Rz 134) wohl keine allzu große Rolle spielen wird, wie dies auch *Hopf/Stabentheiner* (Das Eherechts-Änderungsgesetz 1999, ÖJZ 1999, 828) betonen, wirft sie doch eine Reihe von theoretischen Problemen auf:

So ist nämlich nicht klargestellt, inwieweit NaturalUhLeistungen, die vom UhPfl auch gegenüber seinem uhber Ehegatten erbracht werden, anrechenbar sein sollen (zu denken wäre hier an die Wohnungs- und Wohnungsbenützungskosten, an Versicherungsprämien, an Kleidungskosten, an Lebensmittelkosten udgl); dass der UhBer nicht vom gesamten Einkommen GeldUh begehren und darüber hinaus auch noch sonstige Leistungen in Anspruch wird nehmen können, scheint aber wohl auf der Hand zu liegen (vgl auch *Hopf/Stabentheiner,* ÖJZ 1999, 827 unter Hinweis auf die Mat). Es sind vielmehr entweder vom Einkommen zunächst sämtliche „fixen Kosten" (Wohnungs- und Wohnungsbenützungskosten, Versicherungsprämien udgl), die der UhPfl trägt, in Abzug zu bringen und erst aus dem Restbetrag der GeldUhAnspr zu errechnen; daraus wiederum hat der UhBer dann seine „freien Kosten" (Kleidung, Lebensmittel, Kosmetika, Freizeitvergnügen usw) zu finanzieren (vgl auch *Deixler-Hübner,* ecolex 2001, 110; *Kerschner,* Familienrecht^2 Rz 2/52 [„nichtdisponible Fixkosten"]; LG Linz EF 103.157; aA [„keine Retorsion"] *Hopf/ Stabentheiner,* aaO); dies setzt aber Einverständnis des UhBer voraus. Oder der GeldUhAnspr des UhBer ist nach dem gesamten Einkommen des UhPfl zu ermitteln; dann hat er sich aber an den gesamten Kosten angemessen (anteilig im Verhältnis der absoluten Summen) zu beteiligen (*Hinteregger* in Klang^3 Rz 25 FN 99 zu § 94 ABGB mit dem zutr Hinweis, dass erstere Variante [GeldUhErmittlung nur aus dem „Differenzbetrag"] den UhBer neuerlich in eine „unmündige Position" drängen würde). Bei beiden Varianten ist aber jedenfalls zu beachten, dass es nicht zu einer Doppelversorgung des UhBer kommt (*Hinteregger,* aaO). Trägt der UhPflUhl auch diese „freien Kosten", liegen anrechenbare NaturalUhleistungen vor.

5. Durch die Neuregelung des UhAnspr durch das EheRÄG 1999 in § 94 ABGB wird – in bestimmten Fällen – eine Verminderung der Normalleistungskomponente des UhAnspr zu Gunsten der Geldleistungskomponente erreicht. 4 Ob 42/ 01 g = EF 95.273.

2. Unterhaltsverletzung

1. **Anmerkung:** Zu Fragen idZ vgl auch Rz 31. **571**

2. § 94 Abs 1 ABGB normiert eine **materielle Beitragspflicht** der Ehegatten iSd Partnerschaftsprinzips, welche **nicht erzwingbar** ist und deren Verletzung nur zum Entstehen eines GeldUhAnspr führen und als Eheverfehlung geltend gemacht werden kann. 1 Ob 697/86 = JBl 1987, 652 = SZ 60/34; 6 Ob 2360/96 v = ÖA 1998, 18/U 197; 9 Ob 373/97 m.

3. Der Ehegatte, dem NaturalUhLeistungen nicht in ausreichender Weise erbracht werden oder dem ungenügendes Wirtschaftsgeld gegeben wird, kann Uh in Form einer Geldrente fordern. 1 Ob 785/79 = EF 32.726; 7 Ob 607/94; 3 Ob 2101/ 96 h.

4. Wobei das **Rechtsschutzinteresse** auch dann zu bejahen ist, wenn der UhPfl zwar mit keiner UhLeistung in Verzug gekommen ist, seine UhPflicht mit der Behauptung, die Ehegattin habe den UhAnspr verwirkt, jedoch **bestreitet.** 1 Ob 588/ 88 = EF XXV/1; 1 Ob 14/04 x = EF 106.912.

5. Die UhSchuld ist eine qualifizierte Schickschuld, sodass die Zahlungsfrist gewahrt ist, wenn der UhPfl den Betrag dem UhBer am Fälligkeitstag übermacht, was durch rechtzeitige Zahlung mit Postanweisung (HS 7249), Einzahlung auf ein Postsparkassenkonto oder Erteilung eines Überweisungsauftrags an ein Kreditinstitut geschehen kann; die **Übersendung eines Verrechnungsschecks** steht diesen Arten der Zahlung nicht gleich. 1 Ob 588/88 = EF XXV/1.

6. Dem UhBer steht das **Recht auf Schaffung eines Exekutionstitels für den vollen UhAnspr** zu und nicht nur über jenen Betrag, den der UhPfl über die bisher erbrachten Leistungen hinaus zu zahlen hätte. 1 Ob 785/79 = EF 32.726; 7 Ob 607/94; 3 Ob 2101/96 h.

572 1. Bei **NaturalUhLeistung** liegt eine Verletzung der UhPflicht vor, wenn der Wert der dem UhBer zugekommenen UhLeistungen unter jenem Betrag liegt, der ihm nach dem Gesetz als GeldUh gebühren würde, wobei allerdings **unbedeutende Abweichungen vernachlässigt** werden können. 3 Ob 2101/96 h = EF 82.451.

2. Aus der Tatsache, dass der UhPfl als Vorstandsmitglied einer Aktiengesellschaft eine Dienstwohnung benützt, für die er einen geringeren Mietzins zu bezahlen hat, als dem Wohnwert bei freier Vermietung entspräche, folgt nicht, dass er seiner Frau über den BarUh hinaus einen in der Differenz zw Wohnwert und Mietzins liegenden NaturalUh gewährt. 1 Ob 529/92 = 1 Ob 530/92 = EF 67.668.

3. Die NaturalUhLeistung ist so zu erbringen, dass dies mit der **Stellung und der Würde der Frau** als gleichberechtigter Ehepartnerin vereinbar ist. 1 Ob 671/77 = EF 28.566; 5 Ob 708/78; 7 Ob 613/95.

4. Was nicht der Fall ist, wenn die Ehefrau gleichsam ständig von der Gnade des Ehemanns abhängig ist, ob er jew rechtzeitig den Behälter, in welchen er einen Geldbetrag zur freien Verfügung aller Familienmitglieder hineinlegt, auffüllen, ob er die jew Entnahmen billigen oder ob er jede einzelne Ausgabe zum Gegenstand einer unzumutbaren Diskussion machen werde. 3 Ob 545/86 = EF 50.282.

5. Sie muss sich den Uh nicht durch eine kärgliche, kleinlich reglementierte Naturalverpflegung unter entwürdigenden Umständen gewähren zu lassen. 6 Ob 225/58 = EF 70; 1 Ob 6/71 = EF VIII/1; 5 Ob 175/75; 1 Ob 671/77; 5 Ob 708/78; 1 Ob 785/79 = EF 32.726; 7 Ob 510/82 = SZ 55/23; 8 Ob 1518/90.

6. Oder vorschreiben lassen, an welchem Ort sie sich ihren Uh beschaffen soll. 7 Ob 460/57.

573 1. **Anmerkung:** Zum grundsätzlichen Problem, dass seit dem EheRÄG 1999 ohne weitere Voraussetzungen GeldUh auch bei aufrechter Haushaltsgemeinschaft verlangt werden kann, vgl Rz 570. Daraus zu schließen, dass nunmehr eine UhVerletzung keine Voraussetzung mehr für die Festsetzung von GeldUh wäre, erscheint aber vorschnell. Zu berücksichtigen ist nämlich auch nach der neuen Rechtslage, dass der uhber Ehegatte die Leistung des Uh in Geld verlangen muss, dh eine UhVerletzung, die zur gerichtlichen Festsetzung einer GeldUhVerpflichtung führt, erst dann anzunehmen ist, wenn ein derartiges Verlangen tatsächlich gestellt worden ist. Dies erscheint aus der Sicht des UhPfl durchaus bedeutsam, weil er durch sofortige Leistung von GeldUh nach entsprechendem Verlangen eine gerichtliche Festsetzung, die unweigerlich mit einer Exekutionsführung verbunden sein wird, hintanhalten kann. Dh der UhBer muss vor gerichtlicher Geltendmachung von GeldUh diesen gegenüber dem UhPfl auch ausdrücklich verlangen.

3. Anrechnung von Naturalunterhaltsleistungen

a) Verschiedene Naturalunterhaltsleistungen

574

1. **Anmerkung:** Zu Fragen idZ vgl auch Rz 40 ff.

2. NaturalUhLeistungen sind grundsätzlich **alle Leistungen mit UhCharakter.** 3 Ob 2101/96 h = EF 82.452.

3. Aber für die Zukunft nur zu berücksichtigen, wenn der UhBer sich **ausdrücklich oder doch schlüssig damit einverstanden** erklärt hat und aufgrund stabilen Verhaltens des UhPfl die begründete Annahme besteht, dass dieser sie auch **künftig erbringen** werde. 6 Ob 700/90 = EF 64.353; 8 Ob 1518/90 = EF 61.741; 4 Ob 510/94 uva; 6 Ob 22/02 g = EF 99.107; 6 Ob 127/04 a = EF 106.905.

4. Der UhPfl ist dabei **nicht berechtigt,** die dem UhBer für die Deckung seiner unmittelbaren Lebensbedürfnisse zu leistenden **Zahlungen mit der Begründung zu vermindern,** er erbringe dafür eine andere Leistung, die **vielleicht einmal dem UhBer zugute** kommen könnte. 7 Ob 626/88 = EF 55.927.

5. Sondern ist eine Anrechnung von Zahlungen nur dann zulässig, wenn die UhBed des UhBer in einem Maß und in einer Art gedeckt sind, dass der UhBer zur Bestreitung seines vollständigen Uh nur noch eines geringeren Geldbetrags bedarf. 7 Ob 550/95 = EF 76.680; 2 Ob 354/99 v.

575

1. Nicht anrechenbar sind insb Prämienzahlungen für **Kranken- und Zahnzusatzversicherungen.** 1 Ob 79/98 v.

2. Sie sind jedoch geeignet, die UBGr zu schmälern, weil nicht zweifelhaft sein kann, dass es sich dabei um Aufwendungen handelt, die im Interesse der UhBer gemacht werden. 1 Ob 237/99 f = RZ 2000/3 = EF 88.808.

3. **Anmerkung:** IdZ muss aber schon auf die zum KindesUh ergangene E 3 Ob 19/97 h (iglS 1 Ob 620/81; vgl Rz 51, 214) verwiesen werden, die davon ausgeht, dass sie der Vorsorge für den Krankheitsfall und damit der Deckung von UhBed dienen und damit als bereits erbrachte UhLeistungen anzusehen sind. Warum dies im EhegattenUhRecht anders sein soll, ist nicht begründbar. Darüber hinaus geht der OGH nunmehr im GeschiedenenUhRecht davon aus, dass die an den SozVTr für den UhBer geleisteten Selbstbehalte als NaturalUhLeistungen in Abzug gebracht werden dürfen (vgl Rz 743); diese Grundwertung müsste auch für Krankenzusatzversicherungsprämien gelten.

4. Prämien für eine **Lebensversicherung** können als UhLeistung nur dann angesehen werden, wenn sie unter den gegebenen Umständen für die Aufrechterhaltung der entsprechenden Lebensumstände notwendig und in diesem Ausmaß auch üblich sind; wobei jedoch größte Vorsicht geboten ist, weil im Ablebensfall eines angestellten UhPfl der notwendige LebensUh der Ehegattin häufig durch den SozVTr gedeckt ist. 7 Ob 626/88 = EF 55.927.

5. Beiträge zur Pensionsversicherung im Rahmen einer **freiwilligen Weiterversicherung** des UhBer mindern bei aufrechter Ehe auch dann den UhAnspr nicht, wenn dadurch auch während des Zusammenlebens der Ehegatten keine Beeinträchtigung des Lebensstandards gegeben war. Damit ist aber entsprechend dem Lebenszuschnitt der Ehegatten während ihres Zusammenlebens davon auszugehen, dass diese einerseits der Sicherung der Altersversorgung der Kl und andererseits der späteren Entlastung des Bekl von UhBeiträgen dienenden Zahlungen nicht den Uh-

Anspr der Kl schmälern, sondern vielmehr zusätzlich zu diesem geleistet werden sollten. 8 Ob 595/93 = EF 70.599.
Anmerkung: Vgl idZ auch Rz 691.

576 1. Ein gelegentliches **Mitfahren im Fahrzeug** des Ehemanns, das nach der Lebenserfahrung im konkreten Fall nur gefälligkeitshalber („gnadenhalber") erfolgt, bietet dem UhBer keinen reellen Gegenwert, den er in seine wirtschaftlichen Überlegungen **einplanen** kann und der daher als Naturalleistung anzurechnen wäre. 7 Ob 616/91 = 7 Ob 617/91.

2. Die Ehefrau hat sich nicht an den laufenden **Betriebskosten für ein Sommerhäuschen,** von dessen Benützung der Ehemann sie ausschließt, zu beteiligen. Eine bloße Duldung der Vorgangsweise des Ehemanns kann nicht als gemeinsam beschlossene Planung, unter bewusst in Kauf genommener Kürzung des UhAnspr das Familieneinkommen für ein solches Projekt zu verwenden, gewertet werden. 7 Ob 616/91 = 7 Ob 617/91.

3. Die halben **Kreditrückzahlungsraten** für das im gemeinsamen Eigentum stehende Landhaus sowie die Haushaltsversicherung sind zwar nicht als NaturalUh-Leistung anzusehen, sie sind aber geeignet, die UBGr zu schmälern, weil diese Aufwendungen im Interesse der UhBer gemacht werden und die Kreditraten der im Aufteilungsverfahren zu berücksichtigenden Vermögensbildung dienen. 1 Ob 237/99 f = RZ 2000/3.

4. Die Rechtsansicht, die vom Bekl vorgenommene **Tilgung von Schulden** der Kl könne nicht als UhLeistung angesehen werden, zumal es an einer entsprechenden Vereinbarung bzw Zustimmung der UhBer mangle, ist durch die Rsp gedeckt. Gewiss kann die UhLeistung auch in der Form erfolgen, dass der UhPfl die UhBeiträge nicht unmittelbar dem UhBer zur Verfügung stellt, sondern diese vereinbarungsgemäß dazu verwendet, um damit den UhBer belastende Verbindlichkeiten abzudecken. In einem solchen Fall nimmt die vereinfachte Zahlungsweise, die Umwegsüberweisungen verhindert, der Zahlung nicht den Charakter einer UhLeistung. Einer solchen Vorgangsweise muss aber eine **Vereinbarung zugrunde liegen;** zumindest muss der UhBer mit der Leistung von Uh in dieser Weise einverstanden sein. 1 Ob 173/01 z = EF 95.194, 95.195, 95.214.

b) Ehewohnung

577 1. Trägt der **UhBer die Kosten der von ihm benützten Wohnung,** hat er vollen Anspruch auf Leistung des Uh in Geld. 3 Ob 520/87 = SZ 60/97 = EvBl 1987/174; 6 Ob 700/90; 8 Ob 540/91 uva; 7 Ob 171/99 v; 9 Ob 49/04 b = EF 106.907.

2. Da sich der durch das Wohnen bewirkte UhBed auf die Bemessung der Höhe des zu leistenden Uh auswirkt, **vermindern** jedoch **Leistungen des anderen Eheteils für die Wohnung die Lebensbedürfnisse und den GeldUhAnspr.** 3 Ob 520/87 = SZ 60/97 = EvBl 1987/174; 6 Ob 700/90 = EF 64.352; 8 Ob 540/91; 1 Ob 501/93 h = ÖA 1994, 62 = EF 73.167 uva; 2 Ob 354/99 v.

3. **Abw:** Aufwendungen zur Bestreitung der Kosten der Wohnung des UhBer sind von der aus den beiden Einkommen gebildeten UBGr abzuziehen, weil dieser Teil des gemeinsamen Einkommens nicht mehr für andere Zwecke zur Verfügung steht. 1 Ob 514/94.

4. **Anmerkung:** Die letztgen E verlässt das vom OGH ansonsten eingehaltene System insoferne, als sie die Naturalleistungen nicht als auf den GeldUhAnspr anre-

chenbar, sondern als lediglich die UBGr mindernd ansieht; sie ist daher abzulehnen (so nunmehr auch 9 Ob 64/05 k).

5. Uzw auch dann, wenn seit jeher der UhPfl für die iZm dem Wohnen auflaufenden Kosten allein aufkam und nicht ersichtlich ist, dass nunmehr Anlass zur Annahme bestünde, die UhBer wollte in Hinkunft selbst den auf sie entfallenden Teil dieser Kosten bestreiten oder der UhPfl werde die entsprechenden Zahlungen einstellen. 7 Ob 613/95 = EF 79.356.

6. Dies allerdings nur dann, wenn es sich bei der Ehewohnung **um eine den Bedürfnissen der Familie entsprechende Eigentumswohnung** handelt. 7 Ob 171/99 v.

7. Würde sich also sonst ein GeldUh ergeben, der nur in einem geringen Maß über dem grundsätzlich als NaturalUh anzurechnenden Betrag für Kreditrückzahlungen bzgl einer Ehewohnung liegt, weil zB eine **luxuriöse Ehewohnung** beibehalten wird (oder gem § 97 ABGB beibehalten werden muss), dann bedarf der jew UhBer eben eines höheren Geldbetrags, um seinen vollständigen Uh decken zu können. 7 Ob 550/95 = EF 76.680; 2 Ob 354/99 v.

8. Die Kl kann im Rahmen ihres UhAnspr gem § 94 Abs 2 zweiter Satz ABGB auch weiterhin – also auch für die Zeit nach der Aufhebung des gemeinsamen Haushalts – vom Bekl die **Bestreitung der Kosten der (vormaligen) Ehewohnung im gleichen Ausmaß wie vorher zur Sicherung ihrer Wohngelegenheit** verlangen; einen diesem Anspruch entgegenstehenden Rechtsmissbrauch hat der Bekl nicht behauptet. Diesen Erwägungen kann auch nicht entgegengehalten werden, der Bekl trüge solcherart zur Vermögensbildung durch die Kl bei. Denn abgesehen davon, dass er für die Rückzahlungsraten auch während des gemeinsamen Haushalts zum allergrößten Teil aufkam und auf diese Weise das Vermögen der Kl durch die Abtragung von auf deren Eigentumswohnung lastenden Schulden vermehrte, wird es ihm – im Falle der angestrebten Ehescheidung – unbenommen bleiben, die Aufteilung dieser „Vermögensbildung", also die Erhöhung des Werts der Eigentumswohnung durch Rückzahlung während der Ehe, als ehel Errungenschaft im nachehel Aufteilungsverfahren (§§ 81 ff EheG) geltend zu machen, wobei bei der E über diesen Anspruch freilich Gesichtspunkte der Billigkeit entscheidend sein werden. 1 Ob 514/94; 9 Ob 49/04 b.

9. Dabei ist bei Bemessung der vom Bekl der Kl zu zahlenden Mittel für die Erhaltung der Wohnung von der bisherigen (anzunehmenden) Übung auszugehen. 6 Ob 611/95.

10. Anmerkung: Diesen E ist im Ergebnis zuzustimmen, dabei allerdings Folgendes klarzustellen: Maßgeblich ist weniger der UhAnspr nach § 94 ABGB, sondern einerseits § 97 ABGB und andererseits vor allem die – zumindest konkludente – Vereinbarung der Ehegatten über die weitere Zahlung der Wohnungskosten auch nach Aufhebung der ehel LG. Zutr betont daher etwa auch 6 Ob 611/95, dass sich der Anspruch auf § 97 ABGB stützt. Legt man dem Anspruch die Vereinbarung zugrunde, kann es aber nicht maßgeblich sein, ob es sich bei den Kosten um Darlehensrückzahlungen oder um Mietzinszahlungen handelt.

Wesentliche Voraussetzung für einen Zuspruch der bisher von jenem Ehegatten getragenen Wohnungskosten, der die vormalige Ehewohnung verlassen hat, an den „UhBer" ist mE aber, dass er die Kosten zumindest eine gewisse Zeit lang auch nach dem Auszug getragen hat. Nur darin kann die Vereinbarung und die „bisherige" Regelung bestehen. Ansonst verliert ja eine bei aufrechter Haushaltsgemeinschaft getroffene Vereinbarung („bisherige Übung") ihre Bedeutung durch die Änderung der Verhältnisse, nämlich eben den Auszug (idS wohl auch 1 Ob 288/98 d, wonach Vereinbarungen über das Tragen der gemeinsamen Lebenshaltungskosten bis zum Beweis des Gegenteils unter der Bedingung des gemeinsamen Wirtschaftens stehen).

Bei Prüfung der Konkludenz ist darauf zu achten, ob nicht der Ehegatte, der die Wohnung verlassen hat, die Zahlungen etwa lediglich deshalb weiter leistet, weil er meint, dazu gesetzlich verpflichtet zu sein. Dann könnte von einer Vereinbarung nämlich nicht ausgegangen werden (anders aber wohl, wenn er dies etwa lediglich aus „schlechtem Gewissen" tut).

Stellt der Ehegatte daher mit seinem Auszug die Zahlungen ein, käme ein Zahlungsanspruch des in der Ehewohnung verbliebenen Ehegatten grundsätzlich nur als Uh gem § 94 ABGB in Betracht, der aber voraussetzt, dass tatsächlich ein UhAnspr besteht (Problem: Verwirkung, eigenes Einkommen uÄ), und sich außerdem nicht nach konkret zu leistenden Zahlungen richtet, sondern nach der Prozentwertmethode. Liegen die Voraussetzungen für einen UhAnspr nicht vor oder reichen UhAnspr und (allfälliges) Eigeneinkommen jenes Ehegatten, der in der Wohnung verblieben ist, nicht aus, diese zu erhalten, kann gem § 97 ABGB ein Ergänzungsanspruch bestehen (idS wohl 9 Ob 226/02 d; *Hinteregger* in Klang³ Rz 17 zu § 97 ABGB). Dabei ist aber darauf zu achten, dass dieser den drohenden Verlust der Wohngelegenheit voraussetzt, was der in der Wohnung verbliebene Ehegatte nachweisen müsste. Außerdem darf auch auf diesem „Umweg" nicht die Leistungsfähigkeit des anderen Ehegatten überfordert werden.

Vgl dazu auch Rz 811 f und vor allem die folgende E:

11. Auch eine langjährige Zahlung von Wohnkosten durch den einen Ehegatten kann nicht isoliert dahin gedeutet werden, dass insofern (und nur insofern) eine UhVereinbarung bestünde. Vielmehr handelt es sich dabei um die Gewährung von NaturalUh in einem Teilbereich. Dies gilt grundsätzlich auch für den Fall der Aufhebung der ehel LG.

Einen allgemeinen Grundsatz, dass der UhPfl zusätzlich zum ProzentUh einen bestimmten Anteil an den Wohnkosten zahlen müsste, gibt es nicht. Kosten der Wohnversorgung sind Teil der allgemeinen Lebenshaltungskosten und begründen daher gewöhnlich keinen Sonderbedarf, den der UhPfl – neben dem nach allgemeinen Gesichtspunkten der Leistungsfähigkeit und des Bedarfs bemessenen Uh – zusätzlich zahlen müsste.

Auf Grundlage des § 97 ABGB kann einem Ehegatten auch die Zahlung von Wohnungserhaltungskosten (insb der Miete) aufgetragen werden. Das gilt auch bei Nichtbestehen eines GeldUhAnspr nach der Prozentsatzmethode, wenn der andere Ehegatte nicht in der Lage ist, diese Kosten ohne Gefährdung seiner über den Wohnbedarf hinausgehenden übrigen UhBed zu tragen. Maßgebend ist dabei die finanzielle Lage des in der Wohnung verbliebenen Gatten. Diese Erwägung schließt jede starre Formel für die Bemessung der Anspruchshöhe aus; entscheidend ist vielmehr der konkrete Bedarf zur Erhaltung der Wohnung. 4 Ob 55/07 b = EF-Z 2007/136 (*Gitschthaler*).

12. Anmerkung: Zum (umgekehrten) Fall, in dem der Ehegatte, der die Wohnung verlassen hat, weiterhin die Mietzinszahlungen leistet oder die Darlehensrückzahlungen tätigt (vgl Rz 582), meint die stRsp, dieser könne gegenüber dem verbliebenen Ehegatten nur die Hälfte der Zahlungen (bei Hälfteeigentum der Ehegatten demnach nur ein Viertel [9 Ob 49/04 b]) als NaturalUh zur Anrechnung bringen, wenn er die Wohnung verlassen hat, ohne das Vorliegen der Voraussetzungen des § 92 ABGB zu behaupten oder unter Beweis zu stellen; er sei dann so zu behandeln, als wäre er in der Wohnung verblieben. Auf die Frage, ob dies auch gilt, wenn der verbliebene Ehegatte die Wohnungskosten trägt, brauchte der 4. Senat (4 Ob 55/07 b) nicht einzugehen, weil dort die Trennung der Ehegatten – zumindest nicht eindeutig – nicht allein vom ausgezogenen Ehegatten veranlasst worden war. Da es aber wohl keinen Unterschied machen kann, ob während aufrechter Haushaltsgemeinschaft der eine oder der andere Ehegatte die Wohnungskosten bezahlte und daher nach der Trennung nunmehr weiter bezahlt, sind die Grundsätze dieser Rsp durchaus auch hier anzuwenden: Verlässt daher der eine Ehegatte die Wohnung weder im Einvernehmen mit dem anderen Ehegatten (§ 90 ABGB) noch unter Dartuung der Voraussetzungen des § 92 ABGB, sind die vom 4. Senat dargelegten Anspruchsvoraussetzungen dahin zu ergänzen, dass er dem verbliebenen Ehegatten jedenfalls die Hälfte der Wohnkosten zu ersetzen hat, uzw unabhängig vom Vorliegen der Voraussetzungen des § 97 ABGB. Dies lässt sich – neben den dargestellten Billigkeitsüberlegungen – auch mit schadenersatzrechtlichen Überlegungen begründen: Der ausgezogene Ehegatte verstößt massiv gegen Verpflichtungen aus dem Eheband, die auf Seiten des anderen Ehegatten zu einer Kostenerhöhung und damit zu einem Schaden führen (regelmäßig wird bei Tragung der Wohnkosten durch einen Ehegatten dem ja eine gewisse Kompensationsleistung durch den anderen Ehegatten gegenüberstehen, die durch den Auszug aber nunmehr weggefallen ist).

13. Es ist jedoch nicht gerechtfertigt, dem Bekl auch die „Fixkosten" der Ehewohnung (Betriebskosten wie Strom, Gas, Fernsehen ua) anteilsmäßig anzulasten, weil er die Wohnung nicht mehr benützt; diese Kosten sind vielmehr von der Kl und den Kindern der Streitteile, die in der Wohnung verblieben sind, zu tragen. 7 Ob 629/94.

14. Anmerkung: Auch hier darf man nicht ungeprüft lassen, ob nicht der Ehegatte, der die Wohnung verlassen hat, auch danach noch derartige Leistungen erbrachte, also eine – zumindest konkludente – diesbezügliche Vereinbarung bestand. War dies nicht der Fall, kommt lediglich § 97 ABGB in Betracht, der allerdings die Wohnungsbenützungskosten nicht erfasst.

1. Zu berücksichtigen sind **Aufwendungen, die der UhPfl deshalb erbringt, um die von der UhBer benützte Wohnung in gebrauchsfähigem Zustand zu erhalten.** 1 Ob 2223/96 h = EF 82.449; 1 Ob 2223/96 k; 3 Ob 2101/96 h; 1 Ob 79/98 v = EF 85.870; 5 Ob 10/99 b; 7 Ob 171/99 v; 2 Ob 259/00 b; 2 Ob 1/01 p = 95.201; 7 Ob 191/05 x = EF 110.052 = FamZ 21/06 *(Deixler-Hübner).* **578**

2. Also etwa **fällige Kreditrückzahlungsraten,** weil diese im Aufteilungsverfahren zu berücksichtigen sind. 6 Ob 18/98 k = EF 85.869; 6 Ob 122/98 d = EF 85.869; 5 Ob 10/99 b = EF 88.811; 7 Ob 171/99 v; 6 Ob 258/01 m = EF 95.202, 95.203; 7 Ob 191/05 x = EF 110.052 = FamZ 21/06 *(Deixler-Hübner);* 1 Ob 173/06 g.

3. Oder auch **Zahlungen, die zur Bildung einer Rücklage nach dem WEG** dienen, uzw auch dann, wenn diese Bestimmung nicht unmittelbar anzuwenden ist, weil die Bildung einer solchen Rücklage für jeden Liegenschaftseigentümer zweckmäßig und geboten ist. Unter den im WEG genannten Voraussetzungen, insb also bei gesonderter Verwahrung, sind somit für die Bildung einer Rücklage bestimmte Zahlungen anteilig als NaturalUhLeistungen anzusehen. Ist der UhBer nur Miteigentümer der Liegenschaft, auf der sich die Ehewohnung befindet, können diese Zahlungen auf seiner Seite allerdings höchstens mit dem seinem Anteil entsprechenden Verhältnis veranschlagt werden, weil eine davon abweichende Vereinbarung nicht zum Nachteil des UhBer ausschlagen darf. 3 Ob 2101/96 h = EF 82.444.

4. Es kommt aber zu **keiner Reduktion der UBGr** wegen der Bildung einer **Mietzinsreserve** gem § 20 MRG, solange nicht tatsächliche Ausgaben oder (nach Auflösung der Mietzinsreserve) steuerliche Mehrbelastungen vorliegen. 8 Ob 595/93; 3 Ob 503/96 = SZ 69/33.

5. Die durch die natürliche Abnützung der Wohnung und Einrichtung von Zeit zu Zeit anfallenden **Renovierungs- und Neuanschaffungskosten** sind kein gesondert einklagbarer UhSonderbedarf, sondern aus dem laufenden Uh zu finanzieren; kann die Renovierung oder Anschaffung nicht in zumutbarer Weise in angemessener Frist aus diesem Uh vorgenommen werden, ist der laufende Uh – Leistungsfähigkeit vorausgesetzt – zu erhöhen. 8 Ob 580/92 = ÖA 1993, 104 = EF 67.679.

6. **Heizungs-**, sonstige **Betriebskosten, Fernseh- und Rundfunkgebühren** und **Telefonkosten** stellen NaturalUh für die UhBer dar und sind vom GeldUh abzuziehen. 7 Ob 607/94 = EF 76.682; 7 Ob 629/94 = EF 76.203; 7 Ob 550/95 = EF 76.682; 7 Ob 193/99 d = ÖA 1999, 297/U 300; 2 Ob 259/00 b.

7. Um die Wohnung in benützungsfähigem Zustand zu erhalten, ist es aber nicht nur erforderlich, Gas und Strom zur Verfügung zu stellen; vielmehr bedarf es auch der entsprechenden Geräte, um Gas und Strom in Wärme und Licht umzuwandeln. Zu den Wohnungbenützungskosten gehören daher auch die **Kosten für die Reparatur bzw den Austausch eines Warmwasserboilers**. 2 Ob 259/00 b.

579 1. Die **Berücksichtigung der** vom UhPfl getragenen **Wohnungs- bzw Wohnungsbetriebskosten** bei Bemessung der UhPflicht hängt von den Umständen des **Einzelfalls** ab, weshalb sich allgemeine Richtlinien nicht aufstellen lassen können, weil auch die Gründe der gesonderten Wohnungnahme nicht unberücksichtigt bleiben können. 2 Ob 354/99 v.

2. Die **Wohnungsbenützungskosten** (Betriebskosten usw) sind **nach der Kopfteilregelung** als Naturalleistung anzurechnen. 7 Ob 529/93; 7 Ob 171/99 v; 2 Ob 259/00 b; 6 Ob 22/02 g = EF 99.121; 7 Ob 191/05 x = EF 110.060 = FamZ 21/06 *(Deixler-Hübner)*.

3. Weil die **Kosten der laufenden Benützung** auch den uhber Kindern anteilsmäßig zugute kommen. 5 Ob 10/99 b = EF 88.819; 2 Ob 1/01 p; 9 Ob 49/04 b = EF 106.907.

4. Es sei denn, es bestünden eine ggt Widmung oder sonstige Anhaltspunkte für eine abweichende Zuordnung. 9 Ob 147/03 p = EF 106.906.

5. Die Kl unterhält im Haus ihr Büro und übt dort ihre Steuerberatungstätigkeit aus; damit fallen allein durch diese Betriebsführung zusätzliche Betriebskosten an, die ausschließlich der Kl zuzuordnen sind; es erscheint daher eine Aufteilung der vom Bekl getragenen laufenden Betriebskosten im Verhältnis von 1:1 zw einerseits der Kl und andererseits den 3 Kindern gerechtfertigt. 6 Ob 22/02 g = EF 99.123.

6. Der für die angemessene Wohnversorgung eines uhber Ehegatten und uhber Kinder nach den Marktverhältnissen aufzuwendende Betrag ist auf alle **UhBer zu gleichen Teilen aufzuteilen.** Was für den Mietzins gilt, den sich die UhBer infolge der vom UhPfl entgeltfrei zur Verfügung gestellten Wohnung ersparen, muss spiegelbildlich für den realen Mietzins gelten, den der uhber Ehegatte und

die Kinder (hier: 3) für die Weiterbenützung der Ehewohnung zahlen müssen. Dann ist aber der Gesamtaufwand an Mietzins und (hier) Haushaltsversicherung nur zu einem Viertel der Vermögenssphäre der uhber Ehegattin als Belastung deren Einkommens zuzurechnen. Der Rest belastet die Vermögenssphäre der Kinder. 1 Ob 123/04 a.

Anmerkung: Vgl dazu auch Rz 53 ff.

7. **Überholt:** Die zur Beschaffung und Erhaltung der Ehewohnung erbrachten Aufwendungen sind ausschließlich dem durch § 97 ABGB in dieser Weise geordneten familienrechtlichen Verhältnis zw den Ehepartnern zuzurechnen. 6 Ob 22/02 g = EF 99.118; 7 Ob 191/05 x = EF 110.052 = FamZ 21/06 *(Deixler-Hübner)*.

8. **Abw:** Insofern die Kl für ihren Standpunkt, auch die Wohnungsbeschaffungskosten seien ihr nach Kopfteilen mit einem Viertel (neben den Kindern) anzurechnen, auf Rsp verweist, ist ihr zu erwidern, dass die E im UhRecht jew den angemessenen Uh im Einzelfall zusprechen und daher eine Übertragung von Entscheidungsergebnissen nur bedingt erfolgen kann. 7 Ob 191/05 x = EF 110.052 = FamZ 21/06 *(Deixler-Hübner)*.

9. Bewohnt die UhBer das in ihrem Hälfteeigentum stehende Haus mit den beiden mj Kindern, könnte ein allfälliger wirtschaftlicher Vorteil durch die Nutzung auch des Anteils des Bekl daher maximal in Höhe der Hälfte des Kopfteils, also eines Sechstels, entstehen. In der Tragung sämtlicher angefallenen (verbrauchsabhängigen und verbrauchsunabhängigen) Zahlungen für das Haus und die dazugehörige Liegenschaft durch die UhBer ist daher bereits ein **„Äquivalent" für die (anteilige) Wohnungsbenützung** zu sehen. 1 Ob 159/03 v.

579 a 1. **Rückzahlungsraten** sind als NaturalUh für die UhBer grundsätzlich mit der **Hälfte zu ihren Lasten** zu veranschlagen. 1 Ob 501/93 = EF 73.167 = ÖA 1994, 62 = ÖA 1994, 64/U 86; 7 Ob 529/93 = EvBl 1993/161 = EF 70.581; 7 Ob 550/95 = EF 76.681; 6 Ob 22/02 g = EF 99.116; 7 Ob 191/05 x = EF 110.052 = FamZ 21/06 *(Deixler-Hübner)*.

2. **Abw:** Auslagen zur Erhaltung und zum Betrieb des Hauses kommen allen zu versorgenden Personen etwa gleichteilig zugute. 7 Ob 613/95 = EF 79.356.

3. Es kann aber weder dem Gesetz noch der oberstgerichtlichen Uh-Rsp entnommen werden, dass im Falle von Hälfteeigentum der Eheleute an dem Haus, in dem sich die Ehewohnung befindet und die Frau weiter verbleibt, stets auch die Hälfte der Kreditraten vom rechnerisch ermittelten GeldUhAnspr abgezogen werden müsste. Es wurde vielmehr schon mehrfach und allgemein ausgesprochen, dass die **Rückzahlungsraten in angemessener Weise anzurechnen** sind und dass es in dieser Frage auf die besonderen Umstände des Einzelfalls ankommt, wozu ua die bisherige Übung der Kostentragung durch die Eheleute oder der Umstand gehören kann, dass die Kreditrückzahlung zur Erhaltung einer luxuriösen Ehewohnung den GeldUhAnspr des in der Wohnung verbleibenden Ehegatten übersteigt, dies aber noch nicht zu einem völligen Entfall des GeldUhAnspr führen muss. 6 Ob 258/01 m = EF 95.210; 9 Ob 49/04 b = EF 106.907.

579 b 1. Dieser Anrechnung steht nicht entgegen, dass der UhPfl dadurch auch zur **Vermögensbildung** des UhBer beiträgt, weil ihm in diesem Umfang Ansprüche im nachehel **Aufteilungsverfahren** zuzubilligen sind. 1 Ob 514/94 = EF 73.800; 7 Ob 629/94; 6 Ob 611/95; 7 Ob 171/99 v.

2. Daher gelten diese Grundsätze auch dann, wenn die Ehe zwar rk geschieden, aber das **Aufteilungsverfahren** über die Ehewohnung **noch nicht abgeschlossen** ist. 6 Ob 700/90; 7 Ob 529/93 = EF 70.581 = EvBl 1993/161; 6 Ob 18/98 k = EF 85.869; 6 Ob 122/98 d = EF 85.869; 5 Ob 10/99 b = EF 88.811.

3. Besteht doch das der UhBer gem § 97 ABGB zustehende Wohnrecht im Aufteilungsanspruch gem §§ 81 ff EheG fort. 5 Ob 10/99 b; 1 Ob 68/00 g; 2 Ob 259/00 b; 2 Ob 1/01 p.

4. Grundsätzlich muss sich die uhber Ehegattin jedoch nicht die Hälfte, sondern einen den Umständen des Einzelfalls entsprechenen Anteil an den Rückzahlungsraten für die Finanzierung der Eigentumswohnung anrechnen lassen. Da der UhPfl nicht über die Grenze des eigenen notwendigen Uh hinaus belastet werden darf, muss es sich auch der UhBer nicht gefallen lassen, dass durch die Berücksichtigung der Kreditrückzahlungsraten sein UhAnspr ganz empfindlich gekürzt wird, während dem UhPfl nach wie vor noch mehr als dem UhBer an frei verfügbaren Mitteln verbleibt. Gegen die Berücksichtigung von 25% der Kreditrückzahlungsraten, die vom UhPfl tatsächlich für die Eigentumswohnung aufgewendet werden, bestehen daher keine Bedenken. 7 Ob 194/98 z = EF 88.326 = JBl 1999, 178.

5. Anmerkung: Diesem Grundgedanken ist wohl beizupflichten, übersehen werden darf dabei allerdings nicht, dass die UhBer über eine – für sie unentgeltliche – Wohnmöglichkeit verfügt, der UhPfl hingegen nicht nur die Kreditrückzahlungen für die ehemalige Ehewohnung trägt, sondern sich darüber hinaus auch selbst wohnversorgen muss. Der Vergleich der frei verfügbaren Mittel muss daher wohl erst nach Berücksichtigung dieser Zahlungen ansetzen, ganz abgesehen von der Frage, inwieweit der UhPfl zu Handen der Ehegattin auch Zahlungen für Kinder leistet, die ja ihm dann auch nicht mehr zur Verfügung stehen, wohl aber seinen UhBer insgesamt.

579 c **1.** Ist außer Betriebskosten kein Entgelt zu entrichten, würde die **Anrechnung des fiktiven Mietwerts** zu einer Erhöhung der wirtschaftlichen Leistungsfähigkeit des UhPfl und damit schließlich zu einer Anhebung der UBGr führen und zudem dem Zweck des § 97 ABGB zuwiderlaufen, weil die Kl eine während des Zusammenlebens in der Ehewohnung nicht bestandene Einschränkung ihres UhAnspr hinnehmen müsste. 8 Ob 595/93 = EF 70.597; 1 Ob 570/95 = JBl 1996, 442 = SZ 68/157 = EF 78.710; 3 Ob 2101/96 h; 1 Ob 2223/96 h = EF 82.449 = ÖA 1997, 125/U 178; 6 Ob 325/97 f; 1 Ob 237/99 f = EF 91.235.

2. Dies würde zu einer ungerechtfertigten Begünstigung des UhPfl führen, weil ihm ein diesem Betrag entsprechendes Einkommen zur Verfügung stünde, an dem der UhBer aber keinen Anteil hätte. Die UBGr kann auch nicht um ein Einkommen erhöht werden, das – mangels tatsächlich nicht durchsetzbarer Bezahlung durch die uhber Wohnungsbenützerin – in keinem Fall erzielt werden kann. Es ist daher nach wie vor evident, dass die E 4 Ob 510/94 = EF 76.221 die auf die (vormalige) Ehewohnung bezogene familienrechtliche Bindung unbeachtet ließ. 3 Ob 2101/96 h = EF 82.443; 1 Ob 79/98 v = EF 85.870; 7 Ob 171/99 v.

3. Der fiktive Mietwert für die beigestellte Ehewohnung, die im Allein- oder Miteigentum des UhPfl steht, ist nicht zu berücksichtigen. Dabei spielt es keine Rolle, mit welchen Tätigkeiten der UhBer seine Zeit in der ehemaligen Ehewohnung verbringt. Ein Abzug aufgrund des Umstands, dass die uhber Kl den Aufwand für außer Haus gelegene Büroräume spart, indem sie im Haus ihre Steuerberatungskanzlei weiter betreibt, kommt daher nicht in Betracht. 6 Ob 22/02 g = EF 99.117.

4. Daran vermag auch die E 7 Ob 178/02 f nichts zu ändern, weil diese lediglich eine Weiterentwicklung der Rsp darstellt. 1 Ob 159/03 v.
Anmerkung: Vgl Rz 706.
5. **Ggt:** Durch die Benützung der vormaligen Ehewohnung erspart sich die UhBer Aufwendungen. Dadurch verringert sich ihr Bedarf an Uh, worauf bei der Bemessung des vom UhPfl zu leistenden Uh Rücksicht zu nehmen ist. Dass die Wohnung nicht zur Verfügung gestellt wird, um den UhAnspr (tw) in natura zu befriedigen, sondern dass der UhBer aufgrund seines im Aufteilungsanspruch fortdauernden Anspruchs nach § 97 ABGB berechtigt ist, die Wohnung zu benützen, führt zu keiner anderen Beurteilung. 4 Ob 510/94 = EF 76.221.
6. **Anmerkung:** Auch in der jüngeren Rsp (6 Ob 22/02 g; 1 Ob 159/03 v) wird – entgegen 4 Ob 510/94 – weiterhin die Auffassung vertreten, ein fiktiver Mietzins sei zu Lasten des uhber Ehegatten nicht zu berücksichtigen. Allerdings nimmt der OGH nunmehr auf den Umstand Bedacht, dass sich der UhBer durch die Benützung der vormaligen Ehewohnung Aufwendungen erspart, die ja bei Festsetzung von GeldUh insb nach der Prozentwertmethode sehr wohl als bestehend angenommen werden. Vgl dazu Rz 2, 53 ff.

Das Argument in 3 Ob 2101/96 h, an fiktiven Erträgnissen der Wohnung hätte der UhBer keinen Anteil, geht insofern ins Leere, als ausgeführt wird, die UBGr könne nicht um ein Einkommen erhöht werden, das nicht erzielt werden kann: auch im Rahmen der Anspannungstheorie wird ja durchaus (auch im Vermögensbereich) von fiktiven Erträgnissen ausgegangen, die möglicherweise gar nicht erzielt werden können. Richtig ist aber der Gedanke, dass sich durch eine Berücksichtigung des fiktiven Mietwerts der Wohnung zu Lasten der UhBer eine Erhöhung der UBGr ergibt. Der UhPfl verwertet nunmehr ja praktisch seine Wohnung. Es muss tatsächlich also zunächst der fiktive Mietwert festgestellt, dann die UBGr um diesen Betrag erhöht, daraus der GeldUhAnspr ermittelt und davon schließlich der anteilige Mietwert wieder abgezogen werden.

580 1. **Wohnt der UhPfl** weiter mit seiner Familie **in der Wohnung,** so sind die von ihm zur Verfügung gestellten Geld- und Naturalleistungen, die sowohl seiner eigenen Versorgung als auch der Befriedigung der Bedürfnisse der UhBer dienen, iZw nach Kopfteilen dem UhPfl zu- und auf die UhAnspr der UhBer anzurechnen. 7 Ob 616/91 = 7 Ob 617/91 = EF 64.898 = RZ 1992/46; 2 Ob 1/01 p = EF 95.207; 9 Ob 49/04 b = EF 106.907.

2. Befindet sich der Bekl an Wochenenden noch fallweise in der Ehewohnung, dient die Wohnung zum weitaus überwiegenden Teil der Befriedigung des Wohnbedürfnisses der Kl und der gemeinsamen Kinder. 6 Ob 194/98 t = EF 85.868.

581 1. Hat der **uhber Ehegatte die Ehewohnung verlassen,** ist eine tw Anrechnung der Wohnungsbenützungskosten (Betriebskosten der Wohnung) auf ihn nicht gerechtfertigt. 7 Ob 529/93 = EvBl 1993/161 = EF 70.581; 7 Ob 629/94; 7 Ob 550/95 = EF 76.681; 6 Ob 611/95; 9 Ob 353/98 x = EF 88.865.

2. Uzw dann, wenn er die Ehewohnung aus gerechtfertigten Gründen verlassen hat; dabei ist es ohne Bedeutung, in welchem Ausmaß der weiterhin in der Ehewohnung wohnende Ehegatte diese zur Befriedigung seines Wohnbedürfnisses benötigt. 3 Ob 2101/96 h = EF 82.448.

3. Die mit dem Wegfall der Befriedigung des Wohnbedarfs in der vom UhPfl finanzierten Wohnung – im Falle gerechtfertigter gesonderter Wohnungnahme –

verbundene Steigerung des GeldUhBed bedeutet vielmehr, dass der sich aus der vergleichsweisen Festsetzung eines UhBeitrags ergebende Prozentsatz von der UBGr nicht unverändert aufrechterhalten werden kann. 7 Ob 582/91 = EF 64.934.

4. Aufwendungen für die Liegenschaft, die nicht bloß Äquivalent für den Verbrauch von Stoffen infolge Benützung der Ehewohnung sind, nützen jedoch beiden Miteigentümern und dienen der Erhaltung ihres Vermögens. Soweit erbringt der Bekl auch Leistungen für die Kl als Miteigentümerin, die nur ihr zugute kommen und, würde nicht er sie erbringen, von der Kl zu finanzieren wären. Daran ändert der Umstand nichts, dass die Kl aus der Ehewohnung auszog und diese wegen der geänderten Schlösser, für die sie keine Schlüssel hat, zur Zeit nicht einmal betreten kann, haben doch diese Tatsachen keinen Einfluss auf ihre Stellung als Miteigentümerin. Die Leistungen des Bekl für Grundsteuer und Kanal, Rauchfangkehrer und Feuerversicherung sind daher zur Hälfte von seiner UhPflicht abzuziehen (EF 86.496), dgl die Wassergebühr, wenn sie verbrauchsunabhängig ist. 1 Ob 108/01 s = EF 95.205.

5. **Abw:** Anders als in 7 Ob 529/93 = EF 70.581, wo die Hälfte der vom Ehemann allein getragenen Tilgungsraten für Darlehen, die für die Beschaffung der Ehewohnung aufgenommen wurden, als NaturalUh berücksichtigt und daher vom UhBeitrag abgezogen wurde, verblieb hier nicht die Ehefrau, sondern der uhpfl Ehemann in der Ehewohnung. Ihm kommen daher dzt die tw mit Krediten finanzierten Anschaffungen für die Ehewohnung zugute. Bei Weiterbestehen der ehel LG hätte der Bekl wohl auch weiterhin die Schulden alleine getilgt, wie es seiner Beistandspflicht gegenüber der einkommenslosen Kl entsprochen hätte. Der Familie wäre daher auch weiterhin insgesamt weniger an Haushaltsbudget zur Verfügung gestanden, wobei diese Situation von beiden Ehegatten in Kauf genommen wurde, weil sie die Schulden im beiderseitigen Einvernehmen eingingen. Eine Gleichstellung mit dieser Situation ist daher am ehesten dadurch zu erreichen, dass die Tilgungsraten von der UBGr und nicht vom UhBeitrag abgezogen werden. 7 Ob 624/94 = EF 73.822.

Anmerkung: Vgl dazu allerdings auch Rz 577/4.

582 1. Soweit es sich bei den Betriebskosten überwiegend um (fixe) Kosten handelt, die von der Familiengröße, wenn überhaupt, nur in geringfügigem Ausmaß abhängen, darf der **Auszug des UhPfl** nicht zu Lasten der in der Wohnung verbliebenen UhBer gehen. 8 Ob 595/93 = EF 70.598.

2. Die Anrechnung (nur) etwa der Hälfte des tatsächlichen Mietzinsaufwands als NaturalUh auf den GeldUhAnspr der Kl trägt der Tatsache Rechnung, dass der Bekl, ohne das Vorliegen der Voraussetzungen des § 92 ABGB zu behaupten oder unter Beweis zu stellen, aus der ehel Wohnung ausgezogen ist; er ist daher so zu behandeln, als wäre er in der Wohnung verblieben. 2 Ob 354/99 v; 2 Ob 1/01 p = EF 95.208; 2 Ob 180/05 t; 7 Ob 95/05 d; 7 Ob 197/06 f.

3. Dies gilt auch dann, wenn der UhPfl die Ehewohnung verlassen hat und die Darlehensrückzahlungen für die im Hälfteeigentum der Ehegatten stehende Wohnung trägt. 2 Ob 180/05 t; 7 Ob 95/05 d; 7 Ob 197/06 f.

4. **Anmerkung:** Diese E können einen gewissen punitiven Charakter nicht ganz verleugnen, sind im Kern aber wohl richtig, weil es für den – rechtstreuen – zurückgebliebenen Ehegatten nicht zumutbar ist, sich nunmehr wegen des – rechtswidrigen – Verhaltens des anderen Ehegatten in den UhBed einzuschränken.

5. Der Bekl kann den Anteil der anzurechnenden Leistungen also nicht dadurch zu seinen Gunsten erhöhen, dass er die Wohnung verlässt und an diesen Auf-

wendungen nicht mehr partizipiert; **dass ihm etwa aus in der Person der Kl liegenden Gründen ein Weiterverbleib in der Wohnung nicht zumutbar wäre, macht er nicht geltend.** Durch die Rückzahlung der Tilgungsraten erspart er der Kl allerdings weiterhin eigene Aufwendungen für eine Wohnmöglichkeit, weshalb es angemessen erscheint, ein Viertel davon von seiner GeldUhVerpflichtung in Abzug zu bringen. 9 Ob 49/04 b.

6. Tragen beide Ehegatten Wohnungskosten für die Ehewohnung, aus der der UhPfl grundlos ausgezogen ist, kommt eine Anrechnung von Hauskostenzahlungen als Natural- auf den GeldUh der UhBer nur dann in Frage, wenn sich aus diesem Titel ein **positiver Saldo** (also bei Zahlung von mehr als der Hälfte der Hauskosten) zu Gunsten des UhPfl ergibt. Um eine Erhöhung des GeldUhAnspr handelt es sich hiebei nicht. Der primäre Anspruch ist bei Fehlen eines solchen Saldos aus der Tragung der Hauskosten nicht zu mindern, im Fall eines negativen Saldos freilich auch nicht zu erhöhen. 2 Ob 180/05 t = EF 110.058; 7 Ob 95/05 d = EF 110.058; 7 Ob 197/06 f; 4 Ob 55/07 b = EF-Z 2007/136 *(Gitschthaler).*

1. **Anmerkung:** Die Anrechnung sämtlicher iZm der Wohnung stehender Aufwendungen des UhPfl steht immer unter dem Vorbehalt der Angemessenheit. Dem UhBer hat stets ein in Geld zu leistender UhBetrag zuzukommen, weil er allein von der Wohnmöglichkeit nicht leben kann (dies gilt aber nur, wenn er sonst nicht über eigene Einkünfte verfügt). Das Ausmaß ist unklar, der OGH stellt auf den Einzelfall ab.

2. Der Auffassung, es sei gerichtsnotorisch, dass der **durchschnittliche** Österreicher für die **Kosten des Wohnens** ca $\frac{1}{3}$ bis ¼ seines Einkommens ausgebe (LG Salzburg EF 93.872), kann in dieser allgemeinen Form nicht beigetreten werden, weil immer die Umstände des Einzelfalls maßgeblich sind. 2 Ob 230/00 p = EF 97.273.

3. Die uhber Kl hat sich Wohnungskosten tatsächlich, wenngleich bloß in angemessener Weise anrechnen zu lassen, dh in einem ihren persönlichen (individuellen) Bedarf als Naturalleistung adäquaten Umfang (ds erfahrungsgemäß etwa 60–70 m²). Lediglich dann, wenn die Kl darauf beharren sollte, sich auf eine derartige kleinere Wohnung nicht bescheiden zu lassen, sondern auf der „Überalimentierung" im Rahmen einer 130 m²-Wohnung bestehen zu bleiben, müsste der angemessene Preis einer solchen (eben der konkret von ihr bewohnten) erhoben und nach dem Vorgesagten in Anrechnung gebracht werden. 7 Ob 178/02 f = RZ 2003, 137/16.

4. **Anmerkung:** Der UhPfl wird also die UhBer, die in einer insofern nicht mehr angemessenen Wohnung wohnt, aufzufordern haben, diese zu verlassen. Kommt sie dem nicht nach, ist der gesamte Wohnaufwand (ohne Angemessenheitsprüfung; s oben) anzurechnen. Leben allerdings auch gemeinsame Kinder in der Wohnung, ist in analoger Anwendung des § 82 Abs 2 EheG zu prüfen, ob diese nicht an der Weiterbenützung einen berücksichtigungswürdigen Bedarf haben.

4. Sonstige Geldforderungen des Unterhaltsberechtigten

1. Weder aus § 91 *(nunmehr: § 94)* noch aus § 1042 ABGB folgt eine Haftung des UhPfl für **Kirchenbeiträge** des UhBer. 3 Ob 509/52 = SZ 25/222.

2. Es besteht auch kein Ersatzanspruch gegen den Ehegatten für **ärztliche Betreuung** der getrennt lebenden Gattin, die Uh erhält. 1 Ob 435/58 = EvBl 1959/32 = EF 1.646.

3. Voraussetzung einer Zahlungspflicht einer uhpfl Person nach dem VlBg SpitalG betr die **Pflege- und Sonderklassegebühren** ist, dass die Pflege- und Sonderklassegebühren vom primär zahlungspflichtigen Patienten nicht hereingebracht werden können. 3 Ob 613/79 = tw EF 35.243.

4. Die Ehegattin kann auch von ihr bezahlte **Operationskosten** nicht neben dem laufenden Uh nachträglich vom Ehemann ersetzt verlangen. 7 Ob 140/71.

5. Stellen die Kosten für einen **Kuraufenthalt** lediglich einen marginalen Betrag im Verhältnis zum mtl UhBeitrag (hier: rund 2,5%) dar, stellen sie keinen gesondert abzugeltenden **krankheitsbedingten Sonderbedarf** dar. 8 Ob 580/92 = ÖA 1993, 104 = EF 67.678.

6. Zur Kreditaufnahme zwecks Deckung der **Pflegekosten** besteht keine Verpflichtung. 1 Ob 535/83.

584 1. Begehrt ein Ehegatte vom anderen Ersatz von **Aufwendungen für eine gemeinsame Sache** nach § 839 ABGB, die er früher als UhLeistung und somit in Erfüllung einer ehel Pflicht erbrachte, kann er vom anderen Arbeitsleistungen für die gemeinsame Sache, die unabhängig von der ehel Beistandspflicht entgolten werden mussten, nicht mehr unentgeltlich in Erfüllung ehel Beistandspflicht verlangen. 1 Ob 646/82.

2. Steht die Begründung der **Gesamtschuld von Ehegatten** iZm ihrer gemeinsamen Lebensführung und damit auch ein besonderes, den internen Ausgleich unter den Gesamtschuldnern bestimmendes Verhältnis fest, ist damit zunächst die Anwendbarkeit der subsidiären Kopfteilsregel nach § 896 ABGB verdrängt, und den Regress beanspruchenden Ehegatten trifft die volle Behauptungs- und Beweislast für die Umstände, aus denen zu folgern wäre, dass seine Leistungen zur Schuldtilgung über seine Beitragspflicht nach § 94 ABGB hinausgegangen wären. 6 Ob 532/89 = EvBl 1989/164 = RZ 1989/77 = SZ 62/51 = EF 66.285.

3. Im Rahmen der ehel Beistands- und UhPflicht hat der alleinverdienende Ehegatte seiner den Haushalt führenden **Ehefrau als alleiniger Mieterin** der Ehewohnung jedenfalls den erforderlichen Aufwand zur ordnungsgemäßen Erhaltung der Wohnung zu leisten. 6 Ob 620/92 = EF 70.578.

4. Grundsätzlich stellt aber der Wohnbedarf keinen deckungspflichtigen Sonderbedarf dar. 4 Ob 55/07 b = EF-Z 2007/136 *(Gitschthaler)*.

Anmerkung: Vgl dazu auch Rz 582.

5. **Geht es nicht um die Sicherung der Ehewohnung, deren Kosten die Frau durchaus leisten kann, sondern um die Erhaltung des Wochenendhauses und des Lebensstandards der Frau** (freiwillige Krankenversicherung, Kraftfahrzeug), sind diese Ansprüche im § 97 ABGB nicht gedeckt; die ggt Ansicht liefe darauf hinaus, den Ehegatten zu einem weiteren „Zwangssparen" bzgl des ehel Gebrauchsvermögens (Wochenendhaus) zu verhalten und den bisherigen Lebensstandard der Frau aufrechtzuerhalten. Ein solcher UhAnspr besteht nach dem Gesetz nicht. Die 40-%-Regel führt zu einer Verringerung des Lebensstandards desjenigen Ehegatten, der bei aufrechter LG zu den gemeinsamen Kosten weniger beigetragen hat. 6 Ob 151/97 t = EF 85.449.

585 1. Eine **mittelbare Verpflichtung** des Ehepartners, den **Uh jener Personen** zu decken, für die sein **Gatte gesetzlich uhpfl** ist, lässt sich dem Gesetz nicht entnehmen. Durch solche Pflichten wird der vom Gatten gem § 94 Abs 2 Satz 1 ABGB zu leistende Uh nicht erhöht. 1 Ob 677/83; 1 Ob 720/83 = ÖA 1984, 102; 7 Ob 593/85 =

JBl 1987, 715; 8 Ob 61/85; 1 Ob 553/95; 1 Ob 597/95 = ÖA 1996, 96/U 149; 6 Ob 2126/96 g.

2. Weshalb die 2. Ehegattin ihrem Ehegatten nicht **zusätzliche Barmittel** zu gewähren hat, damit dieser in der Lage ist, seine geschiedene Gattin höher zu alimentieren. 3 Ob 5/94 = SZ 67/47.

C. Rückwirkende Unterhaltsänderung

586 1. **Anmerkung:** Zu Fragen idZ vgl auch Rz 62; inhaltlich besteht kein Unterschied zum KindesUh, insb auch, was die Frage der Verjährung betrifft (zum GeschiedenenUh vgl idZ Rz 748 ff).

2. Eine **UhErhöhung für die Vergangenheit** ist grundsätzlich **möglich**. 8 Ob 588/89 = EF 60.103.

D. Unterhaltsverwirkung durch Rechtsmissbrauch

Übersicht:

	Rz
1. Allgemeines	587–592
2. Einzelfälle	593
a) Verlassen des Ehegatten	594, 595
b) Ehebruch	596, 597
c) Eingehen einer Lebensgemeinschaft	598
d) Aussperren des Ehegatten	599
e) Eingriffe in die wirtschaftliche Sphäre des Ehegatten	600, 601
f) Alkoholmissbrauch	602
g) Beschimpfungen/Drohungen	603
h) Sonstiges	604

1. Allgemeines

587 1. Im § 94 Abs 2 Satz 2 ABGB kann keine abschließende Regelung des UhVerwirkungsrechts erblickt werden. **Auch ein auf § 94 Abs 2 Satz 3 ABGB gestütztes UhBegehren kann daher rechtsmissbräuchlich sein.** 2 Ob 566/78 = EvBl 1979/156 = EF 32.741; 6 Ob 653/81 = EF 37.542; 5 Ob 558/82; 6 Ob 823/82; 2 Ob 624/87; 5 Ob 534/89; 8 Ob 563/90.

2. Ebenso Uh, der **einstw mit Vergleich festgelegt** wurde. 3 Ob 48/97 y = EvBl 1997/161 = EF 83.045.

3. **Einschr:** Ein Rechtssatz, dass die Ehefrau bei Bestand der Ehe ihren UhAnspr durch eine schwere Verfehlung verliere, ist dem ABGB fremd. Nur wenn eine solche Verfehlung zur Folge hat, dass der Ehemann **nicht die Gemeinschaft fortsetzt, weil ihm dies nicht zumutbar** ist, kann die Frau, die grundsätzlich nur Anspruch auf NaturalUh hat, keinen Uh in Geld verlangen. 3 Ob 70/62 = EvBl 1962/433; 6 Ob 262/62; 1 Ob 285/70; 5 Ob 28/71 uva; 5 Ob 600/84 = EF 44.847.

4. **Einschr:** Weshalb etwa **keine Verwirkung** eintritt, **wenn der Ehemann die häusliche Gemeinschaft trotz Ehebruchs der Frau nicht auflöst.** 6 Ob 262/62.

5. **Abw:** § 94 Abs 2 Satz 2 ABGB betrifft nur einen UhAnspr aus der früheren Haushaltsführung. 5 Ob 708/78 = EvBl 1979/83 = EF 30.646; 5 Ob 682/79 = EF 32.740.

588 1. **Nur besonders krasse Fälle,** in denen die Geltendmachung des UhAnspr wegen des Verhaltens des betr Ehegatten **grob unbillig** erscheinen würde, rechtfertigen die Annahme einer UhVerwirkung. 7 Ob 608/77 = EF 28.585; 6 Ob 717/77 = EF 28.585 = RZ 1978/45; 3 Ob 604/77 uva; 6 Ob 228/01 z = EvBl 2002/62; 1 Ob 171/02 g.

2. Ebenso **besonders schwere Eheverfehlungen, die gegen wichtigste Grundsätze der Ehe verstoßen.** 2 Ob 710/51 = SZ 24/308 = EF 86, 87; 1 Ob 475/55; 1 Ob 298/57; 3 Ob 96/59; 6 Ob 123/62 = EvBl 1963/1 uva; 5 Ob 38/99 w = EF 88.835.

3. Also so **grobe Verfehlungen,** dass sie die **Geltendmachung des Anspruchs als Rechtsmissbrauch** erscheinen lassen. 6 Ob 615/77 = EF 28.581; 10 Ob 537/87 = 10 Ob 538/87 = EF 55.908.

4. Der Gedanke der Verweigerung des UhAnspr trotz vorliegender Leistungsfähigkeit des einen und ungedeckter UhBed des anderen Ehegatten **wurzelt in der Wertung,** dass die UhPflicht nur eine Teilbeziehung aus dem vielseitigen Komplex der den Ehegatten wechselseitig obliegenden Rechtspflichten darstellt und es **sittenwidrig** erschiene, dass ein Ehegatte, der schuldhaft selbst die gebotene ehel Gesinnung vermissen lässt, finanziellen Vorteil aus der LG zieht, ohne gleichzeitig auch grundsätzlich die Bereitschaft zu bekunden, die ihn selbst treffenden Verbindlichkeiten aus der Ehe zu erfüllen. 6 Ob 653/81; 6 Ob 506/82 = EF 39.981; 5 Ob 558/82; 6 Ob 823/82; 2 Ob 624/87 = EF 53.008, 53.009; 5 Ob 534/89; 8 Ob 563/90; 4 Ob 9/01 d; 1 Ob 171/02 g; 6 Ob 2/05 w = EF 110.067.

5. Nach der klaren Anordnung des § 94 Abs 2 ABGB sollen aber lediglich **Missbrauchsfälle** von der UhPflicht ausgenommen sein. 9 Ob 226/99 x.

589 1. **Entscheidend für die Wertung** der groben Unbilligkeit, der besonderen Schwere der Eheverfehlungen und der besonderen Krassheit des Einzelfalls ist der Umstand, dass auf einen **völligen Verlust oder eine dem nahekommende Verflüchtigung des Ehewillens** eines Ehegatten zu schließen und ihm dies als Verschulden anzurechnen ist. 6 Ob 653/81 = EF 37.542; 7 Ob 546/83 = EF 42.559; 5 Ob 558/82 = EF 39.985 uva; 4 Ob 9/01 d; 9 Ob 158/01 b; 1 Ob 171/02 g; 6 Ob 2/05 w = EF 110.066; 7 Ob 211/07 s; 8 Ob 79/07 m.

2. Wenn der fordernde Ehegatte also seinerseits erkennen lässt, dass er **nicht bloß einzelne aus dem ehel Verhältnis entspringende Verpflichtungen hintansetzt,** sondern sich schlechtweg über alle Bindungen aus der ehel Partnerschaft zu seinem persönlichen Eigennutzen hinwegzusetzen bereit ist, dennoch aber vom anderen Ehepartner die Erfüllung der Verpflichtungen aus dem Eheverhältnis begehrt. 6 Ob 580/83 = SZ 58/164 = JBl 1986, 524; 1 Ob 717/86 = EF 53.006; 7 Ob 660/88 = EF 55.912; 8 Ob 563/90 = EF 64.902; 5 Ob 38/99 w = EF 88.834; 8 Ob 79/07 m.

3. Entscheidend ist auch, ob der den Uh fordernde Teil selbst und aus eigenem Verschulden den Ehewillen (weitgehend) aufgegeben hat und insoweit ein Dauerzustand eingetreten ist. 6 Ob 2/05 w = EF 110.069; 8 Ob 79/07 m.

4. **Verhältnismäßig geringfügige Verstöße gegen ehel Verhaltenspflichten und -gebote** können hingegen nicht Grund für den Verlust des gesetzlichen UhAnspr der Ehefrau sein. 5 Ob 600/84 = EF 44.856; 2 Ob 624/87 = EF 53.012; 5 Ob 534/89; 8 Ob 1679/93; 5 Ob 38/99 w = EF 88.831.

5. Also etwa auch nicht, dass die Kl an einer Fortführung der ehel Gemeinschaft nicht mehr interessiert ist. 3 Ob 634/81 = EF 37.562.

6. Bei der Beurteilung ist **ein strenger Maßstab zu fordern.** 5 Ob 600/84 = EF 44.856; 2 Ob 624/87 = EF 53.012; 5 Ob 534/89; 8 Ob 1679/93; 5 Ob 38/99 w = EF 88.831.

7. Es ist nach den Umständen des **Einzelfalls** zu urteilen. 6 Ob 61/74; 4 Ob 542/74; 2 Ob 566/78 = EvBl 1979/156 = EF 32.747 uva; 1 Ob 608/95 = EF 76.689; 6 Ob 2/05 w = EF 110.079; 10 Ob 143/05 k; 7 Ob 211/07 s; 8 Ob 79/07 m.

8. Dabei sind in Betracht zu ziehen nicht nur das **objektive Gewicht** der ehewidrigen Verhaltensweise, sondern auch das **Maß der subjektiven Verantwortlichkeit** des Ehegatten, der auf Uh Anspruch erhebt. 6 Ob 717/77 = RZ 1978/45 = EF 28.588; 5 Ob 762/78 = EF 32.746; 3 Ob 624/80 = EF 35.191; 7 Ob 546/83 = EF 42.557 uva; 4 Ob 92/97 a = EF 83.044.

9. Bei einer geistigen Erkrankung und Herabsetzung der intellektuellen Fähigkeiten der Ehefrau kommt es zu keiner Verwirkung. 6 Ob 717/77 = EF 28.589 = RZ 1978/45.

589 a 1. Auch Gründe, die **nicht** für die Aufhebung der Gemeinschaft **kausal** waren, können den Einwand des Rechtsmissbrauchs herstellen. 6 Ob 228/01 z = EvBl 2002/62.

2. Ein sonst als besonders schwere Eheverfehlung zu beurteilendes Verhalten begründet jedoch dann keine Rechtsmissbräuchlichkeit des UhBegehrens mehr, wenn die Ehe aufgrund vorangegangener schwerwiegender Ehewidrigkeiten des anderen bereits zerrüttet war. Dann stellt auch **ein der Zerrüttung folgender Ehebruch** des UhBer kein Hindernis für die Geltendmachung von UhAnspr mehr dar. 1 Ob 306/03 m; 6 Ob 2/05 w = EF 110.076, 110.078; 2 Ob 193/06 f = EF-Z 2007/65.

3. Dies gilt auch für das Eingehen einer ehewidrigen Liebesbeziehung, wenn der UhPfl einerseits durch sein langanhaltend liebloses Verhalten den Auszug der UhBer aus der gemeinsamen Wohnung verursacht und andererseits deren Rückkehr nicht nur ausdrücklich abgelehnt, sondern durch Anbringen neuer Schlösser an der Ehewohnung sogar faktisch verhindert hat. 9 Ob 32/04 b.

4. Oder wenn der andere Ehegatte ausdrücklich oder wenigstens unzweifelhaft schlüssig zu erkennen gegeben hat, dass er seinen ernstlichen Willen, die Ehe ihrem Wesen gemäß fortzusetzen, aufgegeben und dadurch die andernfalls zur Verwirkung des UhAnspr führende schwere Pflichtverletzung seines Ehepartners gebilligt, veranlasst oder gefördert hat. 7 Ob 211/07 s.

5. **Anmerkung:** Diesen E ist nicht zu folgen: Kann nämlich eine Verwirkung nach Eintritt der Zerrüttung nicht mehr geltend gemacht werden, ist der UhPfl bis zur Ehescheidung „schutzlos"; danach greift § 74 EheG. Warum sollte aber ein Verhalten, das nach Ehescheidung zur Verwirkung des UhAnspr führt (etwa ein Mordanschlag), zwischen Zerrüttung und Scheidung unbeachtlich sein? Diese „Rechtsschutzlücke" lässt sich aber dadurch schließen, dass ein UhBer seinen Anspruch auch nach Zerrüttung verwirkt, wenn sein Verhalten den Verwirkungstatbestand des § 74 EheG erfüllen würde (also Mordanschlag ja, Ehebruch nein).

590 1. Bei der Beurteilung der Frage des Gewichts der der Ehefrau zur Last gelegten Eheverfehlungen und ihrer Eignung, ein Erlöschen des UhAnspr bei aufrechtem Bestand der Ehe herbeizuführen, **darf auch das Verhalten des anderen Teiles nicht vernachlässigt werden;** immer ist auf die Umstände des **Einzelfalls** Bedacht zu nehmen. 2 Ob 575/77 = EF 28.587; 2 Ob 558/78 = EF 30.648; 2 Ob 566/78 uva; 8 Ob

563/90 = EF 64.904; 5 Ob 569/93 = 5 Ob 570/93; 1 Ob 171/02 g; 6 Ob 2/05 w = EF 110.074.

2. Auch dabei ist aber durchaus ein **strenger Maßstab** anzulegen. 5 Ob 573/83 = EF 42.553.

3. So ist insb zu berücksichtigen, wenn der andere Ehegatte ausdrücklich oder unzweifelhaft schlüssig die Aufgabe seines ernstlichen Willens, die Ehe ihrem Wesen gemäß fortzusetzen, zu erkennen gegeben und die andernfalls zur Verwirkung des UhAnspr führende schwere Pflichtverletzung seines Ehepartners **gebilligt, veranlasst oder gefördert** hat. 8 Ob 563/90; 3 Ob 48/97 y = EvBl 1997/161 = EF 83.048, 85.443; 1 Ob 171/02 g.

4. Hat die Ehegattin den Partner nach Tätlichkeiten und Misshandlungen verlassen, zog sie begründet und damit berechtigt aus, weshalb keine besonders schwere Eheverfehlung und damit auch keine UhVerwirkung gegeben war. 7 Ob 321/01 h = EF 99.147.

591 1. Vor dem Hintergrund des § 68 a Abs 3 EheG kann auch bei einem auf § 94 Abs 2 ABGB gestützten UhAnspr die Bejahung der rechtsmissbräuchlichen Geltendmachung nicht (mehr) nur zur gänzlichen Versagung des UhAnspr führen; vielmehr ist auch die **Minderung dieses UhAnspr** möglich. 2 Ob 193/06 f = EF-Z 2007/65.

2. Ggt: Die **Ansicht,** dass schwere Eheverfehlungen eines Ehegatten zwar nicht zur völligen Verwirkung des UhAnspr ausreichten, aber doch **zu dessen Schmälerung führen** müssten, findet in der geltenden gesetzlichen Regelung über den UhAnspr von Ehegatten bei aufrechter Ehe **keinen tragfähigen Ansatz** (vgl dagegen etwa § 1611 dBGB; § 73 EheG, § 795 ABGB). 6 Ob 531/80 = EF 36.976; 6 Ob 630/87 = 6 Ob 631/87 = EF 53.017; 1 Ob 608/95 = EF 76.684.

3. Da der Anspruch eines Ehegatten auf Uh nach Aufhebung des gemeinsamen Haushalts durch Rechtsmissbrauch vernichtet wird und erlischt, somit gänzlicher Verlust des UhAnspr eintritt, mangelt es für die Annahme, der solchermaßen vernichtete bzw erloschene Anspruch könnte – bei geänderten Verhältnissen – wieder aufleben, an jeder rechtlichen Grundlage. Abgesehen davon, dass der durch das EheRÄG 1999 eingefügte § 68 a EheG nur UhAnspr nach Ehescheidung regelt, kann er auch **kein Anhaltspunkt dafür** sein, **dass der einmal erloschene UhAnspr wieder aufleben könnte,** legt er doch fest, dass der zu gewährende UhAnspr nicht besteht, soweit die Gewährung des Uh unbillig wäre, weil der Bedürftige einseitig besonders schwerwiegende Eheverfehlungen begangen habe, dh selbst nach § 68 a Abs 1 und 2 EheG kann der andere Ehegatte nicht zum Uh verhalten werden, wenn dem UhBer solche schwere Eheverfehlungen zur Last fallen, die unter Zugrundelegung des § 94 Abs 2 ABGB die Verwirkung des Uh zur Folge hätten. 1 Ob 303/00 s = EF 95.231.

592 1. Eine UhVerwirkung ist **mit Klage oder Einrede geltend zu machen.** 1 Ob 608/95; 6 Ob 228/01 z = EvBl 2002/62.

2. Auf diesen Einwand kann **auch verzichtet** werden, was der Ehegatte hier getan hat, weil er der Frau in Kenntnis der maßgeblichen Eheverfehlungen vertraglich einen Uh zubilligte. 6 Ob 228/01 z = EvBl 2002/62.

3. Von einer Verwirkung des UhAnspr kann auch dann keine Rede sein, wenn das Recht des verletzten Ehegatten, die Ehescheidung aus dem Verschulden des anderen Teiles zu begehren, **gem § 57 EheG erloschen** ist. Unabhängig von dem im § 57 Abs 1 EheG geregelten Tatbestand der Hemmung des Fristenlaufs durch die

Auflösung der häuslichen Gemeinschaft der Ehegatten ergibt sich aus der Entwicklung der Rsp im Übrigen der Grundsatz, dass schwere Eheverfehlungen des UhGläubigers den UhPfl dann nicht mehr zur Geltendmachung einer UhVerwirkung berechtigen, wenn diese Tatbestände bereits jahrelang zurückliegen (7 Ob 1668/93 [1,5 Jahre vor Auflösung der häuslichen Gemeinschaft beendetes ehebrecherisches Verhältnis]; EF 7413). 1 Ob 608/95 = EF 76.688.

4. Beweispflichtig für eine UhVerwirkung ist der **uhpfl Ehegatte.** 1 Ob 663/82 = EF 39.980; 6 Ob 550/83 = EF 42.560; 2 Ob 609/84 = EF 44.858; 2 Ob 530/85 = EF 47.448; 8 Ob 563/90; 5 Ob 635/89 = EF 58.684; 6 Ob 1694/93; 5 Ob 569/93 = 5 Ob 570/93; 4 Ob 9/01 d = JBl 2001, 582; 6 Ob 228/01 z = EvBl 2002/62.

5. Eine nicht aufklärbare Kausalität eines an sich berücksichtigungswürdigen Umstandes für die Aufhebung der ehel Gemeinschaft geht daher zu Lasten des UhPfl. 5 Ob 569/93 = 5 Ob 570/93 = EF 73.177.

6. Wurde im UhProzess kein einziger konkreter Vorwurf ehewidrigen Verhaltens erhoben, so bestand keine Veranlassung, die Säumigkeit der anwaltlich vertretenen Kl durch exzessive Auslegung der Vorschriften über die Prozessleitung (§ 180 Abs 3, § 182 Abs 1 ZPO) aufzuheben. 8 Ob 563/90 = EF 64.935.

2. Einzelfälle

1. Anmerkung: Die folgende Rsp-Übersicht muss seit 1. 1. 2000 mit dem Vorbehalt betrachtet werden, dass § 68 a EheG idFd EheRÄG 1999 in bestimmten Fällen einem Geschiedenen einen UhAnspr gegenüber dem anderen ehemaligen Ehegatten auch dann zubilligt, wenn diesen entweder überhaupt kein Verschulden oder lediglich ein Mitverschulden, den Uh ansprechenden Geschiedenen aber selbst das Verschulden oder ein Mitverschulden an der Zerrüttung der Ehe traf. Als „äußerste Grenze" wird dabei festgelegt, dass ein UhAnspr dann nicht bestehen soll, wenn die Gewährung des Uh unbillig wäre, weil der Bedürftige einseitig besonders schwerwiegende Eheverfehlungen begangen oder die Ehe nur kurz gedauert hat. Bei einem Sachverhalt, bei dem der Uh fordernde Ehegatte aufgrund dieser Neuregelung nach Ehescheidung einen Anspruch nach § 68 a EheG haben würde, kann daher vor Ehescheidung nicht von einer Verwirkung des UhAnspr unter Heranziehung des § 94 Abs 2 Satz 2 ABGB ausgegangen werden, weil dies wohl zu Wertungswidersprüchen führen würde. **593**

2. Beispiele für besonders schwere Eheverfehlungen wären **Ehebruch,** fortgesetzte empfindliche **Verletzungen** der ehel Treue, aber auch schwere **körperliche Misshandlungen oder Drohungen,** die sich unmittelbar gegen die körperliche oder seelische Integrität des Ehepartners richten, sowie das **Verlassen der häuslichen Gemeinschaft ohne zureichende Gründe.** 1 Ob 375/50 = JBl 1951, 459 = EF 86; 5 Ob 110/64; 8 Ob 69/65; 6 Ob 24/67 uva; 4 Ob 92/97 a.

a) Verlassen des Ehegatten

1. Nach **grundlosem Verlassen der Hausgemeinschaft** muss das Begehren an den Ehegatten um Beistellung jener ergänzenden Mittel, die die getrennte Haushaltsführung fordert, als rechtsmissbräuchlich angesehen werden. 7 Ob 608/77; 2 Ob 566/78 = EvBl 1979/156 = EF 32.769; 4 Ob 566/80 = EF 35.189, 35.195 uva; 4 Ob 9/01 d = EF 95.236; 1 Ob 171/02 g. **594**

2. Uzw dann, wenn die Ehefrau damit ihre **Beistandspflicht** verletzt hat. 2 Ob 566/78 = EF 32.769 = EvBl 1979/156; 5 Ob 682/79 = EF 32.769; 5 Ob 558/82 = EF 39.985.

3. Und sich darin ein **völliger Verlust oder eine ihm nahekommende Verflüchtigung des Ehewillens** manifestiert. 5 Ob 569/93 = 5 Ob 570/93 = EF 73.178.

4. Und wenn sie hiezu nicht einen ausreichenden triftigen Grund für die Aufgabe der häuslichen Gemeinschaft hatte, also **eigenmächtig die Ehewohnung verlassen** hat. 8 Ob 154/67 = EF 7679; 5 Ob 182/71; 1 Ob 256/72.

5. Wenn sie also **ohne objektiv vorhandenen Grund und subjektiv eindeutig vorwerfbar** die Aufhebung der Haushaltsgemeinschaft herbeiführt oder die vorübergehende Trennung aufrecht hält. 3 Ob 582/81 = EF 37.551; 3 Ob 634/81 = EF 37.551; 1 Ob 568/82 = EF 39.986; 5 Ob 738/82 = EF 39.983; 6 Ob 823/82; 3 Ob 571/83; 5 Ob 534/89 = EF 58.685; 7 Ob 674/89 = RZ 1990/49; 8 Ob 1679/93.

6. Nicht aber, wenn die Kl die Ehewohnung deshalb verlassen hat, weil ihr ein weiteres Verbleiben in der Gemeinschaft mit dem Bekl im Hinblick auf dessen Verhalten unzumutbar war. 4 Ob 2019/96 g = SZ 69/129 = JBl 1997, 231 = EvBl 1996/99 = ÖA 1996, 1 = EF 79.831.

7. Etwa wenn sich der Bekl dem Alkoholmissbrauch hingegeben, die Kl wiederholt beschimpft, misshandelt, bedroht, aus der Wohnung gesperrt und schließlich aus der Wohnung gewiesen hat, worauf sie der ehel Wohnung fernblieb. 2 Ob 548/79 = EF 32.762.

8. Schließlich muss der Ehemann seine **Gattin ernstlich aufgefordert** haben, in die Ehewohnung **zurückzukehren,** und sie eine derartige Aufforderung ohne triftigen Grund abgelehnt haben. 3 Ob 634/81; 1 Ob 568/82; 5 Ob 738/82 = EF 39.988; 7 Ob 674/89 = RZ 1990/49; 4 Ob 9/01 d.

9. Dem grundlosen Verlassen der Ehewohnung ist also die ohne objektiv gegebenen und subjektiv eindeutig vorwerfbaren Grund und trotz Versöhnung und Vereinbarung der Wiederaufnahme der Gemeinschaft erfolgte **Weigerung** eines Ehepartners, den vom anderen Ehegatten begehrten **gemeinsamen Haushalt (wieder) aufzunehmen,** gleichzustellen. 7 Ob 608/77; 3 Ob 604/77 = EF 28.590; 1 Ob 568/82 = EF 39.987; 4 Ob 9/01 d = EF 95.235.

10. Es besteht aber kein Anspruch der Ehegattin auf Uh, wenn sie dem Ehegatten begründeten Anlass gab, sie nicht mehr in die Hausgemeinschaft aufzunehmen. 2 Ob 674/26 = SZ 8/234.

595 **1.** Da von der Kl nicht verlangt werden kann, dass sie nach eigenmächtiger Auflösung des gemeinsamen Haushalts durch den Bekl einem eigenen Erwerb nachgeht, kann ihr umso weniger zum Vorwurf gemacht werden, dass sie der allein vom Bekl geschaffenen einschneidenden Veränderung ihrer Lebensverhältnisse Rechnung getragen und mit seiner Zustimmung eine andere Wohnung bezogen hat, die sie aufgrund eines Erbfalls erlangt hat und daher günstig benützen konnte. 5 Ob 642/77 = EF 28.598 = EvBl 1978/64.

2. Die auf Scheidung bekl Ehefrau, die sich vor der Eheschließung ausbedungen hat, dass der ehel Wohnsitz im Hause ihrer 80-jährigen Mutter zu deren Unterstützung in Haus- und Landwirtschaft genommen wird, und sich weigert, ihrem Gatten, der die Ehewohnung ohne schwerwiegende Gründe verlassen hat, zu folgen, hat Anspruch auf (einstw) Uh. 6 Ob 282/58 = EvBl 1959/15.

3. Die Geltendmachung des UhAnspr durch die Ehegattin stellt keinen Rechtsmissbrauch dar, wenn sie mit **Zustimmung des Ehemanns an einen anderen Wohnort übersiedelt** ist, auch wenn hiedurch die Ausübung des Besuchsrechts gegenüber den ehel Kindern erschwert ist. 5 Ob 642/77 = EvBl 1978/64.

4. Wenn die Kl auf den Vorschlag des Bekl einging, der ihr immer wieder nahelegte, sie möge das Haus verlassen, er brauche sie nicht, und auch ihr Angebot unbeantwortet ließ, ihm wieder den Haushalt zu führen, dann hat sie mit ihm zulässigerweise die ehel LG, insb die Haushaltsführung, einvernehmlich geregelt, sodass kein Rechtsmissbrauch erblickt werden kann. 2 Ob 566/79 = EF 32.761.

5. Von einem Rechtsmissbrauch kann auch dann keine Rede sein, wenn der UhBer eine E nach § 92 Abs 2 ABGB zu seinen Gunsten erwirkt hat. 1 Ob 679/78 = EF 30.639; 5 Ob 204/75; 5 Ob 698/81 = EF 37.564; 6 Ob 1577/91 = EF 64.900; 7 Ob 582/91 = EF 64.900.

6. Zufolge des der UhBer bewilligten abgesonderten Wohnorts mit dem Auftrag an den UhPfl, die Ehewohnung wegen seines unleidlichen Verhaltens zu verlassen, ist dieser so zu behandeln, als ob er seine Familie grundlos verlassen hätte. 6 Ob 555/78 = EF 32.206.

7. Allerdings ist nicht in jedem Fall der gerechtfertigten gesonderten Wohnungnahme durch den UhPfl von einer Verwirkung des UhAnspr der UhBer auszugehen. 1 Ob 679/78.

b) Ehebruch

1. **Ehebruch** stellt **grundsätzlich einen Verwirkungstatbestand** dar. 3 Ob 575/81; 5 Ob 1507/84 = EF 44.860.

2. Uzw auch dann, wenn das ehebrecherische Verhältnis erst nach gerechtfertigter gesonderter Wohnungnahme aufgenommen wurde. 8 Ob 563/90 = EF 64.905.

3. Ehebruch und ein fortgesetztes sexuelles Liebesverhältnis stellen **ungeachtet des bereits anhängigen Scheidungsverfahrens** grundsätzlich eine so schwerwiegende Verletzung der ehel Verhaltenspflichten dar, dass der UhAnspr des ehebrecherischen Ehegatten als verwirkt angesehen werden muss. 3 Ob 48/97 y = EvBl 1997/161 = EF 83.048, 85.443; 1 Ob 171/02 g = EvBl 2003/114 = ecolex 2003, 592/245 = JBl 2004, 45.

4. **Anmerkung:** Die Rsp, wonach ein Ehebruch ganz grundsätzlich einen Verwirkungstatbestand darstellt, war jedenfalls im Hinblick darauf nicht mehr aufrecht zu erhalten, dass seit dem EheRÄG 1999 Ehebruch keinen absoluten Scheidungsgrund mehr darstellt. Er ist zwar gem § 49 EheG als Eheverfehlung zu behandeln. Für die Annahme einer Verwirkung muss jedoch noch etwas „dazukommen", das den Schluss nahe legt, dass sich beim Ehebrecher der Ehewillen verflüchtigt hat, und es sittenwidrig erscheinen lassen würde, diesem Ehegatten, der schuldhaft selbst die gebotene ehel Gesinnung vermissen lässt, finanziellen Vorteil aus der LG ziehen zu lassen, obwohl er gleichzeitig nicht die Bereitschaft bekundet, die ihn selbst treffenden Verbindlichkeiten aus der Ehe zu erfüllen. Dieses „Mehr" kann durchaus darin gesehen werden, dass der Ehegatte nicht nur einmal die Ehe bricht (One-nightstand), sondern sogar ein fortgesetztes sexuelles Verhältnis eingeht (vgl idS allerdings schon vor dem EheRÄG 1999 3 Ob 48/97 y; nunmehr 1 Ob 171/02 g [zu § 68 a Abs 3 EheG]).

596

597 1. Ein 4 Jahre zurückliegender Ehebruch rechtfertigt allerdings nicht die Einstellung des Uh. 1 Ob 9/66 = EF 7413.

2. Uzw insb dann nicht, wenn der UhBeklagte nicht behauptet und beweist, dass das ehebrecherische Verhältnis noch aufrecht ist, vor kurzem beendet worden ist oder Anlass für die Auflösung des gemeinsamen Haushalts war. 7 Ob 1668/93; 1 Ob 608/95.

3. Ein Ehegatte, der nach einem Ehebruch seiner Ehegattin die häusliche Gemeinschaft fortsetzt und auch weiterhin **deren Dienste zur Führung des gemeinsamen Haushalts in Anspruch nimmt,** erscheint durch einen einmaligen Ehebruch nicht so beschwert, dass ihm die weitere UhZahlung an seine Ehegattin stets unzumutbar wäre. 3 Ob 575/81 = EF 37.556.

4. Zur Trennung der Ehegatten ist es ausschließlich auf Initiative des Mannes gekommen, der ohne gerechtfertigten Grund die Frau zum Verlassen der Wohnung aufgefordert und sie in das Ausland geschickt hat. Erst nachdem ihr der Mann mitgeteilt hatte, dass die Ehe seiner Meinung nach in Kuwait rk aufgelöst worden ist, sohin für die Frau einwandfrei feststand, dass der Mann die bestehende Ehe für ihn als nicht mehr wirksam betrachtete, hat die Frau geschlechtliche Beziehungen zu einem anderen Mann aufgenommen, weshalb ihr UhAnspr nicht verwirkt ist. 7 Ob 505/87 = EF 53.022.

5. Die Kl hat nach der beschlussmäßig als gerechtfertigt erkannten, vorübergehend gesonderten Wohnungnahme einen Ausländer kennengelernt, mit dem sie in ein gesellschaftlich-freundschaftliches Verhältnis getreten ist, das sich zu gemeinsamen Abend-, Wochenend- und sogar Urlaubsbesuchen, aber ohne Aufnahme intimer Beziehungen entwickelte. Darin liegt weder eine besonders schwere Eheverfehlung noch ein besonders krasser Fall, der ihr UhBegehren als grob unbillig erscheinen lassen würde. 6 Ob 724/80 = EF 35.193.

6. Das Verhalten der Kl, die mehr ihrem Vergnügen als ihren Pflichten als Frau und Mutter nachgegangen ist und während der beruflichen Abwesenheit ihres Gatten ehebrecherische Beziehungen unterhalten hat, ist **in seinem Gewicht einem grundlosen Verlassen der Familie oder sonstigen besonders krassen,** eine UhVerwirkung nach sich ziehenden Fällen **gleichzusetzen.** 5 Ob 682/79 = EF 32.771.

c) Eingehen einer Lebensgemeinschaft

598 1. **Anmerkung:** Zu den Tatbestandsvoraussetzungen einer LG vgl Rz 775 ff.

2. Das **Eingehen einer LG** mit einer anderen Person nach Auflösung der häuslichen Gemeinschaft mit dem Ehegatten kann eine **UhVerwirkung** sein, sofern diese Eheverfehlung nicht nach § 57 EheG bereits erloschen oder ihrer Geltendmachung § 49 EheG entgegensteht und diese Eheverfehlung infolge des Geisteszustandes verschuldet ist. 3 Ob 81/76; 6 Ob 698/81 = EF 37.558; 6 Ob 550/83 = EF 42.564; 8 Ob 639/91.

3. Uzw auch bei nur **kurz währender** LG. 6 Ob 550/83 = EF 42.563.

4. Oder bei einer **lesbischen LG.** 6 Ob 531/80 = EF 36.957; 1 Ob 717/86 = EF 53.026; 6 Ob 28/07 x = iFamZ 105/07 *(Deixler-Hübner).*

5. Ein UhBegehren der grundlos verlassenen Ehefrau gegen den Ehemann, der mit einer anderen Frau in LG lebt und Schuld am Verlust des Arbeitsplatzes der Ehefrau trägt, ist jedoch selbst dann nicht rechtsmissbräuchlich, wenn die Ehefrau nach vergeblichen Versuchen, die Ehe wiederherzustellen, fast 2 Jahre nach **Aufhebung**

der häuslichen Gemeinschaft selbst geschlechtliche Beziehungen zu einem anderen **Mann** aufnimmt. 1 Ob 679/84 = EF 44.866.

d) Aussperren des Ehegatten

1. Rechtsmissbräuchlich ist ein UhBegehren der Ehegattin, die den Ehegatten **grundlos aus der Ehewohnung aussperrte;** diesem ist es nicht zumutbar, die Wiederaufnahme der Ehegemeinschaft zu erbitten. 5 Ob 708/78 = EvBl 1979/83; 5 Ob 534/89. **599**

2. Das **Auswechseln des Türschlosses** nach dem Auszug des anderen Ehegatten stellt jedoch nicht einmal eine schwere Eheverfehlung iSd § 49 EheG dar (EF 38.685), geschweige denn einen Verwirkungstatbestand. 3 Ob 5/88 = EF 55.919.

3. Da der Bekl der Kl unmittelbar vor der Aussperrung erklärte, „es sei aus", auch schon vorher nächtelang nicht in die Ehewohnung gekommen war und bereits die Scheidungsklage eingebracht hat, kann aus der zeitweiligen Aussperrung aus der Ehewohnung in dieser Phase der ehel Entwicklung nicht der entscheidende Schluss auf eine der Kl aus ihrem Verschulden völlig fehlende oder doch unzureichende ehel Gesinnung gezogen werden. 6 Ob 653/81 = EF 37.565.

4. Eine Auseinandersetzung wegen des Bezugs der FB und eine Äußerung des Ehemanns, es gehe in der Ehewohnung zu wie in einem Affenzirkus, berechtigten die Ehefrau jedoch nicht, ihn aus der gemeinsamen Wohnung durch Wegnahme der Wohnungsschlüssel und Abtransport seiner Habe auszusperren. Sie hat ihren UhAnspr daher verwirkt. 5 Ob 708/78 = EF 30.660.

5. Dies auch dann, wenn sie den Zutritt zur Ehewohnung verwehrt, obgleich der Bekl seine Beziehungen zu anderen Frauen beendet hat. 1 Ob 530/78 = EF 30.658.

6. Darin, dass die Bekl nach einer Auseinandersetzung **das ehel Schlafzimmer versperrte** und erklärte, dass der Kl dort nichts mehr zu suchen habe, kann wiederum keine so schwere Eheverfehlung erblickt werden, die eine UhVerwirkung nach sich zöge. 7 Ob 608/77 = EF 28.597.

e) Eingriffe in die wirtschaftliche Sphäre des Ehegatten

1. Auch schwere Verfehlungen gegen die **wirtschaftliche Sphäre** des UhPfl können den Missbrauchstatbestand erfüllen; an die erforderliche Schwere des ehewidrigen Verhaltens ist aber ein sehr strenger Maßstab anzulegen. 5 Ob 38/99 w = EF 88.842; 3 Ob 147/04 w. **600**

2. Der Uh ist daher etwa bei mehrfachen Diebstählen der Frau und der durch sie erfolgten Demolierung der Wohnung verwirkt. 8 Ob 192/70 = SZ 43/154.

3. Der von der Kl gesetzte Entlassungstatbestand (eigenmächtige Überweisung von ATS 280.000 [= € 20.350] vom Firmen- auf das Privatkonto) ist hingegen seiner Natur nach vorwiegend dem arbeitsrechtlichen Bereich zuzuordnen. 5 Ob 38/99 w = EF 88.842.

4. Die Ehegattin verwirkt ihren gesetzlichen UhAnspr auch nicht durch die **Unterlassung einer eigenen Erwerbstätigkeit,** selbst wenn diese möglich und zumutbar wäre. 3 Ob 605/79 = EF 32.760; 6 Ob 686/82 = EF 39.990; 5 Ob 635/89 = EF 58.682.

5. Anmerkung: Vgl aber zu allfälligen Verpflichtungen des UhBer nach der Anspannungstheorie (Rz 639, 644).

6. Oder durch die **Inanspruchnahme der Hilfe der Standesbehörde** des UhPfl. 3 Ob 126/74.

601 1. Das **Beharren auf** einem im Zeitpunkt der Aufhebung des gemeinsamen Haushalts begründeten **UhAnspr, der auch bei einem aufrecht gebliebenen gemeinsamen Haushalt nicht mehr zum Tragen gekommen** wäre, ist rechtsmissbräuchlich. 6 Ob 506/82 = EF 39.993; 7 Ob 505/87 = EF 53.010.

2. Ebenso das Begehren desjenigen, dessen jahrelangem, durch immer wiederholte schwere Drohungen und Misshandlungen und überdies mangelnde Anstrengungsbereitschaft, zum ehel Uh auch nur geringfügig beizutragen, gekennzeichneten Verhalten ein solches der Ehefrau gegenüberstand, das über bloße Reaktions- und Abwehrhandlungen gegen die schweren Eheverfehlungen des Kl in keiner Weise hinausging, wozu noch kommt, dass dem Kl unselbstständige Arbeiten aufgrund seines Gesundheitszustandes durchaus zuzumuten wären. 10 Ob 537/87 = 10 Ob 538/87 = EF 55.920.

3. Nicht jedoch **überhöhte finanzielle Forderungen** der Ehefrau für ihren persönlichen Bedarf. 1 Ob 663/82 = EF 39.991.

4. Oder die **Durchsetzung eines UhAnspr trotz eigenen erheblichen Liegenschaftsvermögens.** 1 Ob 601/85 = EF 47.455.

5. **Anmerkung:** Dafür ist ja das gerichtliche Verfahren da; dort muss geklärt werden, ob ein UhAnspr überhöht ist.

6. Ob die Kl unter bestimmten Bedingungen (Zahlung eines Geldbetrags) bereit wäre, in eine Scheidung der Ehe einzuwilligen, ist für die Beurteilung ihres UhAnspr ohne rechtliche Bedeutung. 3 Ob 634/81 = EF 37.563.

f) Alkoholmissbrauch

602 1. **Alkoholmissbrauch** kann zwar eine Eheverfehlung sein, wenn aber der erhöhte Alkoholkonsum infolge einer **krankhaften Störung der Persönlichkeitsentwicklung** und damit verbundenen Belastungssituationen und Angstzuständen stattfindet und es dadurch zur Unterlassung einer ordnungsgemäßen Betreuung des ehel Kindes während einer solchen Phase des Alkoholmissbrauchs kommt, liegt kein Verwirkungstatbestand vor. 3 Ob 5/88 = EF 55.918.

2. Oder wenn der Alkoholmissbrauch der Kl nicht auf eine Charakterschwäche zurückzuführen ist, sondern auf ihre **besondere Labilität und die Vernachlässigung durch den Bekl** iZ damit, dass beide Ehegatten von Anfang an relativ viel Alkohol tranken und der Bekl der Kl wenigstens im Fall seiner Sekretärin auch begründeten Anlass zur Eifersucht gab. 7 Ob 658/83 = EF 42.561.

3. Oder wenn die Ehefrau an **chronischer Trunksucht** litt und mehrmals (wegen ihres chronischen Alkoholismus und einer depressiven Verstimmung bzw eines Selbstmordversuchs) im Psychiatrischen Krankenhaus behandelt wurde, während der Bekl, anstatt seiner Frau beizustehen, sich von ihr abwandte, die Ehewohnung verließ und die Scheidungsklage einbrachte. 5 Ob 573/83 = EF 42.562.

4. **Anmerkung:** Vgl idZ auch Rz 152 a zur Behandlungsbedürftigkeit von Alkoholismus bzw zur Frage seiner Beherrschbarkeit.

g) Beschimpfungen/Drohungen

603 1. Bei Anlegung eines strengen Maßstabs ist davon auszugehen, dass die Kl durch ihr Gesamtverhalten ihren UhAnspr verwirkte, hat sie doch dem Bekl nicht nur durch **Beschimpfungen und Misshandlungen seiner Person,** sondern auch durch ihre über das übliche gesellschaftliche Ausmaß hinausgehenden Kontakte mit dem anderen Mann, die eine fortgesetzte empfindliche Verletzung der ehel Treue darstellten, eine Fortsetzung der Ehegemeinschaft unzumutbar gemacht. 5 Ob 619/82 = EF 39.995.

2. Dies gilt auch dann, wenn die Kl den Bekl aus den wesentlichen Wohnräumen der gemeinsamen Ehewohnung aussperrte, ihn gegenüber anderen Personen **in unqualifizierbarer Weise herabsetzte,** seine Berufsausübung erschwerte, ihn beschimpfte und **ihn in seiner körperlichen Integrität dadurch beeinträchtigte,** dass sie auf ihn mit einem Ausreibfetzen losging und ihn mit Wasser beschüttete. 8 Ob 503/83 = EF 42.569.

3. Die aufgrund des Entschlusses des Ehemanns, die Ehewohnung und die ehel Gemeinschaft aufzugeben, von der Ehefrau gemachte Äußerung, es sei Zeit, dass er sich „schleiche", ist hingegen nicht als derart schwere Eheverfehlung anzusehen, welche den Verlust eines an sich zustehenden gesetzlichen UhAnspr nach sich ziehen könnte. 3 Ob 537/81 = EF 37.561.

4. **Theatralisches Drohen mit einem geladenen Kugelstutzen** führt ebenfalls nicht zum Anspruchsverlust. 6 Ob 24/67 = EF 7660.

h) Sonstiges

1. Die **Weigerung** der Kl, **für den Bekl zu kochen,** muss auch unter dem Ge- **604**
sichtspunkt der unzulänglichen Leistungen des Bekl an Uh für die Kl und die Kinder bzw an Wirtschaftsgeld gesehen werden; im Übrigen handelt es sich nur um einen Teilbereich der Haushaltsführung, während die sonstigen Arbeiten im ehel Haushalt – einschließlich der Betreuung der Kinder – von der Kl durchgeführt werden. Die Voraussetzungen des § 94 Abs 2 ABGB liegen daher in vollem Umfang vor. 5 Ob 635/77 = EF 28.594.

2. Ebenso bei **Wäschewaschen in Abständen von 14 Tagen;** dies wäre nicht einmal eine schwere Eheverfehlung. 1 Ob 785/79.

3. Oder selbst für den Fall, dass sich die Kl um den Bekl seit seiner Inhaftierung nicht mehr kümmerte. 6 Ob 626/82 = EF 39.994.

E. Unterhaltsverzicht/Unterhaltsverschweigung

1. **Für die Vergangenheit** kann auf Uh **unbeschränkt verzichtet** werden, **für** **605**
die Zukunft ist **während aufrechter Ehe** der UhAnspr als solcher **dem Grunde nach unverzichtbar.** Zulässig ist ein nur umfänglich beschränkter Verzicht auf zukünftigen Uh, nämlich ein Verzicht auf (konkretisierte oder konkretisierbare) **zukünftige Einzel- oder Teilleistungen** des Uh. 6 Ob 722/77 = RZ 1978/16 = SZ 50/128 = EF 28.600; 6 Ob 684/81 = EvBl 1982/127 = EF 40.003; 1 Ob 601/85; 8 Ob 516/89 = EF 58.686 = JBl 1989, 717; 6 Ob 539/92; 7 Ob 214/98 s = EF 85.865; 8 Ob 119/03 p.

2. **Abw:** Ein UhVerzicht der Ehefrau während des aufrechten Bestandes der Ehe ist zulässig und setzt nur voraus, dass die Ehefrau auch tatsächlich imstande ist, ihren Uh aus ihrem eigenen Einkommen oder Vermögen zu bestreiten. 1 Ob 645/77 = EF 28.601.

3. Diese E (Rz 605/2) sind im Hinblick auf das EheRwG überholt. 6 Ob 684/81 = EvBl 1982/127 = EF 40.004.

4. Allerdings ist ein UhVerzicht nur insoweit als unwirksam anzusehen, als ein Ehegatte für die Zukunft auch den **notwendigen Uh aufgibt.** 8 Ob 119/03 p.

605 a 1. Ein **konkludenter UhVerzicht** darf nur angenommen werden, wenn sich dies **zweifelsfrei aufgrund aller Umstände** ergibt. 7 Ob 544/77 = EF 28.602; 5 Ob 625/80; 3 Ob 624/80 = EF 35.203; 3 Ob 575/82 = EF 40.000; 3 Ob 575/81 = EF 37.569; 7 Ob 813/82 = EF 42.574; 1 Ob 601/85; 8 Ob 653/88.

2. Aus der **Unterlassung der Geltendmachung eines UhAnspr während längerer Zeit** kann noch nicht auf einen Verzicht geschlossen werden, wie überhaupt ein Recht durch Nichtausübung vor Ablauf der Verjährungsfrist an und für sich nicht verloren geht. Auch die Grundsätze von Treu und Glauben oder die Verkehrssitte verlangen nicht, dass der Gläubiger seine Forderung einmahnt. 2 Ob 601/51; 1 Ob 978/52; 2 Ob 484/52; 7 Ob 70/74 uva; 5 Ob 526/93 = ÖA 1994, 67/U 91; 3 Ob 31/05 p = FamZ 44/06 *(Deixler-Hübner).*

3. Auch eine **langandauernde unbeanstandete UhÜbung** genügt für sich allein daher nicht, wenn sich aus den Umständen nicht zweifelsfrei ergibt, dass sich der UhEmpfänger als voll befriedigt erachtet. 7 Ob 171/99 v.

4. Das **Untätigbleiben durch Jahre** lässt nur den Schluss zu, dass der UhBer für diese Zeit keinen Uh ansprechen will, nicht jedoch, dass er für alle Zukunft auf seinen Anspruch verzichtet. 7 Ob 813/82 = EF 42.573.

5. Auch aus der bloßen Tatsache, dass die Kl bisher **nie vom Bekl Uh begehrte,** kann eine Vereinbarung, dass jeder Teil seinen UhBed aus eigenem Erwerb decken sollte, nicht abgeleitet werden. 5 Ob 527/80 = EvBl 1981/17 = EF 35.200.

6. Ein Verzicht liegt nicht vor, wenn es die Kl unterlassen hat, die Erledigung ihres Antrags auf Festsetzung einstw Uh zu betreiben. 7 Ob 240/64; 7 Ob 20/65; 8 Ob 122/69; 8 Ob 202/71; 1 Ob 201/72.

7. Auch aus der im Scheidungsstreit anlässlich der **Ruhensvereinbarung** abgegebenen Erklärung der Kl, vorläufig auf die E über die beantragte EV zu verzichten, kann nicht ohne weiteres ein stillschweigender UhVerzicht erschlossen werden; es bedarf hiezu der Klärung, aus welchen Gründen und Überlegungen die Kl diese Erklärung abgegeben hat und unter welchen Umständen das Ruhen des Verfahrens vereinbart worden ist. 8 Ob 228/71 = EF 16.632.

8. Eindeutig verzichtet auf allfällige ihm nach dem Gesetz zustehende Mehrleistungen hat ein UhBer jedoch, wenn er dem UhPfl ausdrücklich erklärt hat, **mit einem bestimmten mtl UhBeitrag einverstanden zu sein.** 7 Ob 214/98 s = EF 85.865.

9. Uzw **bis zum Widerruf dieser Erklärung.** 3 Ob 35/81 = EF 37.567.

10. In der **Unterlassung der Geltendmachung eines höheren UhAnspr im Vorverfahren** liegt kein (schlüssiger) Verzicht auf den Restanspruch. Lediglich wenn (zweifelsfrei) über den gesamten UhAnspr entschieden wurde, liegt das Prozesshindernis der entschiedenen Sache vor. Dies wird vor allem mit einer Teilabweisung zum Ausdruck gebracht. 6 Ob 46/03 p = EF 103.233.

11. Dass sich die Kl in den letzten 15 Ehejahren mit einem mtl **Wirtschaftsgeld** in einer bestimmten Höhe begnügt hat, bedeutet aber auch unter Berücksichtigung der E 1 Ob 171/02 g nicht einen UhVerzicht für die Zukunft; es bestünde lediglich kein Anspruch auf Deckung eines UhRückstands für den Zeitraum bis zur Aufhebung der häuslichen Gemeinschaft. 1 Ob 14/04 x.

606 1. Ein zweifelsfreier UhVerzicht für die Zukunft kann jedenfalls in der beim Auszug hingeworfenen Bemerkung der Kl, „dass ihr der Bekl nichts bieten könne und **sie von ihm nichts brauche**", nicht erblickt werden. 3 Ob 624/80 = EF 35.203.
2. Oder in einer **provisorischen UhVereinbarung** der Parteien für 3 Monate des Ruhens des Ehescheidungsverfahrens. 6 Ob 525/77 = EF 30.205.
3. Oder in der Weigerung der Kl, das Wirtschaftsgeld für einen Monat anzunehmen, wobei sie bemerkte, **sie brauche von ihm keine Almosen;** dies umsomehr, als sie schon für den nächsten Monat Uh begehrte und der Bekl sich in der Folge auch unter der Bedingung, dass jene den UhStreit nicht fortsetze, zu UhLeistungen erboten und solche auch bis zum Bezug der eigenen Wohnung – mehr als 2 Jahre hindurch – erbracht hat. 1 Ob 601/85 = EF 47.459.
4. Oder im Abschluss eines UhVergleichs, bei dem die UhBer **in unverschuldeter Unkenntnis** des wahren Einkommens des UhPfl war. 1 Ob 636/81 = EF 37.568.
5. Oder in der **Ablehnung eines UhAnbots als zu gering.** 7 Ob 544/77 = EF 28.605; 7 Ob 608/77 = EF 28.605.

607 1. Der Verzicht der UhBer auf eine UhErhöhung aus dem Grunde einer nachträglichen Einkommenserhöhung des UhPfl bedeutet nicht, dass die UhBer der auf eigenes Einkommen gestützten Herabsetzungsklage nicht das inzwischen höhere Einkommen des klagenden UhPfl entgegenhalten kann, um allenfalls damit die Herabsetzungsklage abzuwehren. 1 Ob 507/92.

F. Vereinbarungen zwischen den Ehegatten

608 1. Die Ehegatten können UhVereinbarungen treffen, die die **dispositive Regelung des § 94 ABGB verdrängen.** 6 Ob 675/81 = EF 37.566; 2 Ob 190/99 a = EF 88.892; 7 Ob 171/99 v.
2. Die Ehegatten sind dabei im Wesentlichen frei; so kann etwa auch vereinbart werden, dass jeder Ehegatte sich selbst erhält. 9 Ob 83/06 f.
3. Sie sind berechtigt, innerhalb bestimmter Grenzen, etwa der des § 94 Abs 3 ABGB (**Anspruchsverzichtsverbot),** ihre auch in Geld zu erbringenden Beitragsleistungen zur Deckung ihrer Lebensbedürfnisse zu bestimmen. 8 Ob 511/80 = EF 35.163; 8 Ob 512/80 = EF 35.163; 7 Ob 171/99 v.
4. Uzw (auch) für den Fall der **Aufhebung des gemeinsamen Haushalts.** 6 Ob 722/77 = SZ 50/128 = EF 28.599 = RZ 1978/16; 6 Ob 521/77 = EF 28.599 = EvBl 1977/218; 6 Ob 679/77 = EF 28.599; 1 Ob 663/80 = EF 35.242.

609 1. Das **schlüssige Zustandekommen einer UhVereinbarung** ist möglich, setzt aber nach § 863 ABGB einen derart eindeutigen Aussagewert des Parteienverhaltens und der sonstigen Umstände voraus, dass eine andere Auslegung vernünftigerweise nicht in Betracht kommt. Bleiben Zweifel, ist auf den gesetzlichen Uh zurückzugreifen. 7 Ob 619/77 = EF 28.603; 2 Ob 190/99 a = EF 88.893; 7 Ob 171/99 v; 9 Ob 83/06 f.
2. Die **tatsächlichen Leistungen** des Bekl trotz voller **Kenntnis der ehewidrigen Verhaltensweisen seiner Ehefrau** sind nicht als schlüssiges Anerkenntnis seiner UhPflicht dem Grunde nach zu werten, sondern als Erfüllung eines möglicherweise angenommenen moralischen Gebots, dem zwar als unwürdig angesehenen, aber noch in seinem Hause wohnenden langjährigen Lebenspartner, so lange das Lebens-

notwendigste zukommen zu lassen, als er nicht aus eigenem Entschluss, für die Öffentlichkeit erkennbar, alle seine Lebensbereiche in einer abgesondert genommenen Wohnung selbstherrlich und ohne Rücksicht auf den Ehepartner zu gestalten versucht. 6 Ob 630/87 = 6 Ob 631/87 = EF 53.028.

610   1. **Einigungen vermögensrechtlicher Natur** sind im Gegensatz zu Vereinbarungen, die den höchstpersönlichen Lebensbereich der Ehepartner betreffen, verbindlich und **klagbar**, uzw kann es sich um Erfüllungs-, Schadenersatz- und Bereicherungsansprüche handeln. 1 Ob 697/86 = JBl 1987, 652 = SZ 60/34; 6 Ob 584/93; 1 Ob 511/95.

2. Eine Vereinbarung betr **gemeinsame Urlaube im Ferienhaus** des Bekl gehen jedoch über den höchstpersönlichen Lebensbereich nicht hinaus. 3 Ob 1538/91.

3. Der schlüssigen Vereinbarung von Ehegatten, auch die unversorgten Kinder der Frau aus früherer Ehe in der Ehewohnung kostenlos aufzunehmen, wurde durch Ehebruch der Frau und dem Aufrechterhalten des Kontakts zum Ehebrecher die Geschäftsgrundlage entzogen. Damit steht dem Ehepartner aber ein Ersatzanspruch hinsichtlich der Kosten der Wohnung auch für die Kinder im Ausmaß nach Köpfen zu. 8 Ob 655/88.

611   1. Hat der Kl die UhPflicht nur deshalb übernommen, um dem Risiko eines Erfolgs der beabsichtigten Nichtigkeitsklage zu entgehen, muss bei der **Auslegung der UhVereinbarung** auch auf die gesetzlichen Bestimmungen des Ehe- bzw Scheidungsrechts Bedacht genommen werden. 6 Ob 553/79.

2. Durch die Vereinbarung der Ehegatten darüber, welchen Beitrag der sowohl berufstätige als auch den Haushalt führende Ehegatte zum Haushalt beisteuert, wird dem anderen Ehegatten kein vom Gesetz unabhängiger vertraglicher UhAnspr eingeräumt. Es wird nur im Rahmen der den Ehegatten zustehenden Gestaltungsbefugnis ihrer LG eine Abrede über die Beitragsleistungen des einen Ehegatten zu den gemeinsamen Kosten des Haushalts getroffen. 3 Ob 542/79.

3. Der Umstand, dass UhAnspr der Höhe nach durch **Vergleich** festgesetzt sind, **ändert nichts** an der **Natur der gesetzlichen UhAnspr**. Dies gilt auch bei aufrechter Ehe für einen UhVergleich im UhProzess. 5 Ob 31/73; 1 Ob 699/85.

612   1. Kein Partner darf aus der einvernehmlich geschaffenen (auch nur tatsächlichen) **Lage grundlos ausbrechen. Partnerschaftliche Vereinbarungen** über die Gestaltung der ehel Gemeinschaft sind für beide Teile bindend, solange sich nicht die Lebensumstände wesentlich ändern. 8 Ob 601/89 = JBl 1991, 714 *(Ferrari-Hofmann-Wellenhof);* 2 Ob 532/91 = JBl 1992, 173 *(Hoyer);* 3 Ob 1520/91.

2. **Anmerkung:** Seit dem EheRÄG 1999 sind diese Grundsätze wohl überholt; von einer einvernehmlich geschaffenen Lage kann ein Ehepartner nämlich nunmehr unter den Voraussetzungen des § 91 Abs 2 ABGB abgehen, also wenn dem nicht ein wichtiges Anliegen des anderen oder der Kinder entgegensteht oder, auch wenn ein solches Anliegen vorliegt, persönliche Gründe des Ehepartners, besonders sein Wunsch nach Aufnahme einer Erwerbstätigkeit, als gewichtiger anzusehen sind.

3. UhVereinbarungen unterliegen der **Umstandsklausel;** solange sie in Geltung steht, steht sie einer UhFestsetzung nach den Grundsätzen des § 94 Abs 2 ABGB entgegen. 8 Ob 511/80 = EF 35.163; 1 Ob 663/80 = EF 35.242.

4. Hat jeder der Ehegatten ungefähr gleich viel zur Haushaltsführung beigetragen, so kann hieraus dennoch noch nicht mit hinlänglicher Sicherheit erschlossen

werden, dass die zw den Ehegatten bestehende (Uh-)Vereinbarung auch bei geänderten Verhältnissen, so insb bei ehewidrigem Verhalten des Ehemanns und bei Aufhebung des gemeinsamen Haushalts, gelten sollte. 5 Ob 44/63; 1 Ob 128/64; 2 Ob 126/65 = RZ 1965, 144 = JBl 1966, 89; 6 Ob 242/65; 6 Ob 21/66; 1 Ob 133/72.

1. Die Streitteile haben in ihrer **Trennungsvereinbarung** (während aufrechter **612a** Ehe) festgehalten, dass sie in Zukunft getrennt leben werden, ihre Ehe jedoch weiter bestehen soll und dass sie auf die Einbringung von Scheidungsklagen, ausgenommen solche nach § 55 EheG (wegen 3-jähriger Trennung) verzichten. Daran schließt sich ua eine UhVereinbarung.

Daraus kann nur abgeleitet werden, dass sie damals eben nicht eine Regelung für die Scheidung wollten, sondern für ihre Trennung, mag es dabei auch zu einer Aufteilung ihres Vermögens und ihrer Ersparnisse gekommen sein. Dazu kommt, dass ein Wille der Parteien, die UhVereinbarung auch nach Scheidung zu belassen, nicht festgestellt wurde. Gerade bei der Auslegung von UhVereinbarungen iZm einer Scheidung sind die Grundsätze der ergänzenden Vertragsauslegung zu beachten. Mündliche Vereinbarungen der Parteien über die in der schriftlichen Trennungsvereinbarung enthaltenen Regelungen hinaus wurden nicht getroffen. Wenn daher in einer Vereinbarung nicht die Rechtsfolgen einer Scheidung geregelt werden, weil die Parteien ausdrücklich vom weiteren Bestand ihrer Ehe (wenngleich nur auf dem Papier) ausgehen und nur ein einziger Scheidungsgrund als zulässig erachtet wird, der eine 3-jährige Haushaltstrennung voraussetzt, besteht bei sachgerechter Vertragsauslegung kein Grund für die Annahme, redliche Vertragspartner hätten auch die Rechtsfolgen einer gerade nicht beabsichtigten Scheidung in der Form regeln wollen, dass einem Partner auch nach Rk der Scheidung weiterhin vertraglicher Uh zustehen sollte. 3 Ob 240/02 v = EF 103.232.

G. Dauer des Anspruchs

1. Allgemeines

1. Die Frau meint, dass sie nie einen UhAnspr gegenüber ihrem Ehegatten gehabt habe, da sie zu **keinem Zeitpunkt mit ihm „im konservativen Sinn" in einem gemeinsamen Haushalt gelebt** habe. Für diesen Fall sehe § 94 ABGB keine UhPflicht vor, weshalb ein UhAnspr auch nicht durchsetzbar sei; sie habe daher auch nicht darauf verzichten können. Dieser Standpunkt wird vom OGH nicht geteilt.

612b

Nicht strittig ist, dass die Frau sozusagen „im konservativen Sinn" eine Ehe mit dem Mann eingegangen ist. Bereits an die Eheschließung knüpft das ABGB eine Reihe von gesetzlichen Wirkungen, die von den §§ 89 bis 100 ABGB unter dem Überbegriff der „persönlichen Rechtswirkungen der Ehe" geregelt sind, darunter das UhRecht (§ 94 ABGB). Demnach haben beide Ehegatten zur Deckung der ihren Lebensverhältnissen angemessenen Bedürfnisse beizutragen, wobei in erster Linie die einvernehmliche Gestaltung der ehel LG ausschlaggebend ist. Darin liegt allerdings keine unbegrenzte Regelungsmacht der Ehegatten: Sie können zwar durchaus von den „Wunschvorgaben" des Gesetzgebers abweichen, aber diese beispielsweise nicht als Ganzes abbedingen (wie im UhRecht gerade § 94 Abs 3 Satz 2 ABGB eindringlich zeigt); außerdem müssen die vom Gesetzgeber gesteckten Leitlinien beachtet werden. Für den vorliegenden Fall ist aber vor allem von Bedeutung, dass die einvernehmliche Gestaltung grundsätzlich keine Außenwirkung auf die Pflichten Dritter entfaltet. 10 ObS 66/06 p.

2. Ende des Anspruchs im Regelfall

613 1. Mit der durch die Ehescheidung bewirkten **Auflösung der Ehe endet die Beitragspflicht** nach § 94 Abs 1 ABGB. 3 Ob 191/82 = EF 43.706.

2. Und enden die auf dem Eheband beruhenden **uhrechtlichen Beziehungen.** 2 Ob 318/99 z.

3. Ein **Urteil,** mit welchem dem Mann eine UhLeistung an seine Gattin aufgetragen wird, **wirkt daher nicht über die Scheidung der Ehe hinaus.** 1 Ob 61/51 = SZ 24/75; 3 Ob 281/54 = SZ 27/116; 1 Ob 548/77 = JBl 1978, 539 uva; 2 Ob 318/99 z.

4. Uzw selbst **gegenüber dem schuldlos oder minder schuldig geschiedenen Ehegatten nicht.** 3 Ob 2307/96 b; 1 Ob 35/00 d.

5. Und stellt **keinen Exekutionstitel** für nach der Auflösung der Ehe entstandene UhAnspr dar. 1 Ob 521/83 = 1 Ob 522/83 = EF 43.710; 3 Ob 191/82 = EF 43.709; 3 Ob 142/84; 3 Ob 174/88; 3 Ob 101/89.

6. Dies gilt grundsätzlich **auch für einen UhVergleich.** 7 Ob 418/55 = JBl 1956, 206; 3 Ob 124/79; 6 Ob 740/82 = EF 41.302; 3 Ob 191/82; 1 Ob 35/00 d.

7. Es sei denn, **der Wille der Parteien** wäre darauf gerichtet gewesen, dass der während der Ehe geschlossene UhVergleich auch für die Zeit nach der damals schon in Aussicht gestandenen Ehescheidung gelten sollte. 2 Ob 717/55; 6 Ob 740/82 = EF 41.305; 3 Ob 191/82 = EF 43.709; 3 Ob 14/89.

8. Wenn **ausländisches Recht** diese Frage anders löst, ist dies aber dennoch kein Grund, der ausländischen E wegen Verstoßes gegen den ordre public die Anerkennung zu versagen. 4 Ob 538/82 = SZ 55/74.

9. Einschr: Diese Grundsätze gelten jedenfalls dann, wenn die Scheidung der Ehe zu einer Änderung des gesetzlichen UhAnspr eines geschiedenen Ehegatten gegenüber der Zeit der aufrechten Ehe führen würde. 8 Ob 637/85 = EvBl 1987/18; 10 ObS 60/90.

614 1. Die **Wirksamkeit** eines UhUrteils **erlischt erst mit Ablauf des Monats,** in dem die **Scheidung** der Ehe der Streitteile rk wurde. 3 Ob 223/61 = EF 3464.

2. Dabei kommt es auf den **Eintritt der formellen Rk** des Scheidungsurteils an. 3 Ob 99/07 s.

3. Wurde eine **Ehe durch Teilurteil rk** (aus beiderseitigem Verschulden) **geschieden,** kann der Uh ab diesem Zeitpunkt nicht mehr nach den für die aufrechte Ehe geltenden gesetzlichen Bestimmungen – denen entsprechende Pflichten des alimentationsbedürftigen Ehegatten gegenüberstehen – verlangt werden. 1 Ob 504/78 = 1 Ob 505/78 = EF 30.637; 6 Ob 815/81 = JBl 1984, 198 (*Huber,* JBl 1984, 182); 9 Ob 1727/91; 6 Ob 1660/95; 4 Ob 284/97 m; 1 Ob 35/00 d.

4. Dies gilt auch dann, wenn die Ehe mittels Teilurteils aufgelöst und die **Verschuldensfrage dem Endurteil vorbehalten wurde;** der Ausspruch über die Scheidung ist mit Rk des Teilurteils wirksam. 1 Ob 362/99 p; 1 Ob 35/00 d.

5. Die mangelnde Anfechtung des Scheidungsausspruchs ist einem Rechtsmittelverzicht gleichzuhalten, mit dem die formelle Rk eintritt. 6 Ob 1660/95; 1 Ob 281/97 y; 1 Ob 35/00 d.

1. Anspruchsgrundlage bilden nur mehr die **uhrechtlichen Bestimmungen** 615
des EheG. 3 Ob 109/97 v.

2. Uzw auch im Fall einer **außergerichtlichen Vereinbarung,** sofern die Ehegatten nichts anderes vereinbaren. 2 Ob 318/99 z.

3. Einschr: Muss ein UhAnspr selbst unter den Voraussetzungen des § 66 EheG verneint werden, steht fest, dass ein bis zur Auflösung der Ehe gem § 94 ABGB etwa begründet gewesener Anspruch materiell nicht mehr aufrecht ist. 6 Ob 821/82.

4. Allerdings fehlt der nunmehr für die abschließende Beurteilung des UhAnspr nach der Scheidung wesentliche Verschuldensausspruch, weshalb zunächst nur ein vorläufiger Uh festgesetzt oder die bestehende vorläufige UhRegelung als weiter anwendbar angesehen werden kann, wobei jedoch die bereits rk erfolgte Ehescheidung beachtet werden muss. 1 Ob 504/78 = EF 30.637.

Anmerkung: Vgl dazu Rz 823.

5. Ein zw Ehegatten geschlossener gerichtlicher UhVergleich wird durch die spätere Scheidung der Ehe aus dem **Verschulden beider Teile** an sich noch nicht hinfällig. 2 Ob 671/33 = SZ 15/157.

6. Die hier maßgebliche UhEntscheidung erging auf der Basis der noch aufrechten Ehe. Die Bekl konnte daher ihren UhAnspr gegen den Kl ab Rechtswirksamkeit der Scheidung nicht mehr auf dieses Urteil als UhTitel stützen. Der Umstand, dass der Kl offenbar auch nach der Scheidung weiterhin den dort festgelegten Uh mtl an die Bekl zahlte und diese damit einverstanden war, lässt aber auf eine **schlüssige UhVereinbarung** idS schließen, die seit der Scheidung den UhZahlungen des Kl als Titel zugrunde liegt. 6 Ob 90/01 f = EF 95.300.

2. Sonderfall § 55 iVm § 61 Abs 3 EheG

1. Ausgenommen von dieser Grundregel ist der Fall einer Scheidung nach 616
§ 55 EheG mit Verschuldensausspruch nach § 61 Abs 3 EheG zu Lasten des Kl. 3 Ob 156/79 = EvBl 1990/58 = SZ 52/182 = EF 34.094; 3 Ob 165/79 = ÖA 1983/18 = EF 34.094/3; 3 Ob 648/79 = EF 36.430 uva; 1 Ob 35/00 d.

2. Ein Titel über den UhAnspr eines Ehegatten ist daher **grundsätzlich auch ein Titel für den nachehel UhAnspr.** 3 Ob 42/84.

3. Uzw auch ein **UhVergleich.** 3 Ob 142/84 = EF 48.881; 3 Ob 101/89 = EF 60.322, 60.323 = JBl 1989, 393.

4. Es sei denn, die UhPflicht eines Ehegatten wäre im Titel ausdrücklich auf die Dauer der (aufrechten) Ehe beschränkt, also befristet. 3 Ob 142/84.

5. Da sich in den Fällen des § 69 Abs 2 EheG die Rechtsgrundlage für die Stellung eines UhBegehrens nach der Scheidung gegenüber einem solchen während aufrechter Ehe nicht ändert, kann die in UhVerfahren, in welchem Uh nach § 66 EheG geltend gemacht wurde, vertretene Auffassung, ein während der Ehe erklärter **UhVerzicht** verliere mit Ehescheidung, wenn er nicht auch für den Scheidungsfall erklärt worden sei, seine Wirksamkeit, hier nicht zum Tragen kommen. 6 Ob 684/81 = EvBl 1982/127 = EF 41.332.

II. Bemessungsgrundlage

1. Anmerkung: Zu Fragen idZ vgl Rz 81 ff. 617

entfallen. 618–629

III. Unterhaltshöhe

A. Allgemeines

630 1. Verfügen **beide Ehegatten** über ein zur Deckung der ihren gemeinsamen Lebensverhältnissen angemessenen Bedürfnisse **hinreichendes eigenes Einkommen,** so kommt ein UhAnspr gegen den anderen Ehegatten grundsätzlich nicht in Betracht, auch wenn **lediglich ein Ehegatte den Haushalt führt.** 3 Ob 542/79 = EF 32.719, 32.709; 1 Ob 714/85.

2. § 94 Abs 1 ABGB ist allerdings dahin zu verstehen, dass, wenn beide Ehegatten erwerbstätig sind, der **Ehegatte mit dem höheren Einkommen auch einen höheren Beitrag zur Deckung der** ihren Lebensverhältnissen angemessenen **Bedürfnisse** zu leisten hat. 1 Ob 508/77 = JBl 1979, 39; 1 Ob 548/77 = EvBl 1977/219 = JBl 1978, 539; 1 Ob 530/78; 7 Ob 540/82.

3. § 94 ABGB geht vom Grundsatz **gleichberechtigter und gleichverpflichteter Partnerschaft** aus, sodass beide Ehegatten zur Deckung der ihren Lebensverhältnissen angemessenen Bedürfnisse gemeinsam beizutragen haben; die Begriffe „nach ihren Kräften" und „gemäß der Gestaltung ihrer Lebensgemeinschaft" im § 94 Abs 1 ABGB geben dabei die Rechtsgrundlage für eine gerechte und zweckmäßige Aufteilung und Gestaltung der Beiträge der Ehegatten im Einzelfall. 1 Ob 548/77 = EvBl 1977/219 = JBl 1978, 539 = EF 28.554, 28.561; 1 Ob 508/77 = 1 Ob 509/77 = EF 28.554, 28.561; 1 Ob 816/76 = RZ 1977/108 = EF 28.554, 28.561; 3 Ob 181/78 = EF 32.705; 2 Ob 202/83.

4. Die **Tatsache vorehel UhPflichten** eines Ehegatten ist den für die Deckung der angemessenen Bedürfnisse beider Ehegatten bestimmenden Lebensverhältnissen zuzurechnen. Daher muss der von vorehel UhPflichten betroffene Ehegatte trotz eigenen Einkommens entsprechend weniger für die Bestreitung der gemeinsamen Bedürfnisse aufwenden, als wenn er von diesen UhPflichten nicht betroffen wäre. 3 Ob 528/92 = JBl 1993, 243 = tw EF 67.017; 1 Ob 621/93 = EF 70.991 = ÖA 1995, 159/U 137.

5. Dies gilt für **Kinder der Ehefrau aus früheren Verbindungen.** 7 Ob 593/85 = JBl 1987, 715.

6. Oder bei Bestehen einer Sorgepflicht **für ihre Mutter.** 1 Ob 712/82 = ÖA 1983, 58; 1 Ob 677/83.

7. Die unter Bedachtnahme auf das Gesamteinkommen beider Ehegatten erfolgte Beurteilung der „gemeinsamen Lebensverhältnisse" stellt grundsätzlich eine solche des **Einzelfalls** dar. 8 Ob 1647/91.

631 1. **§ 94 Abs 2 ABGB unterscheidet 3 Fälle:** Den UhAnspr des den gemeinsamen Haushalt führenden Ehegatten (§ 94 Abs 2 Satz 1 ABGB), den UhAnspr des Ehegatten, der den gemeinsamen Haushalt geführt hat, nach Aufhebung des gemeinsamen Haushalts (§ 94 Abs 2 Satz 2 ABGB) und den UhAnspr des uhbed Ehegatten (§ 94 Abs 2 Satz 3 ABGB). 6 Ob 521/77 = EvBl 1977/218 = EF 28.562; 6 Ob 679/77 = SZ 50/108 = EF 28.562; 6 Ob 722/77 = RZ 1978/16 = SZ 50/128 = EF 28.562; 2 Ob 566/78 = EvBl 1979/156 = EF 32.713; 1 Ob 514/94.

2. § 94 Abs 2 ABGB will dabei grundsätzlich nur eine Einzelfrage des UhRechts regeln und ist daher auf die Hausfrauenehe (oder auch Hausmannehe) zugeschnitten. 1 Ob 508/77 = JBl 1979, 39.

3. Die Neufassung des § 94 Abs 3 ABGB durch das EheRÄG 1999 hat den UhAnspr des Ehegatten nur qualitativ, nicht aber quantitativ verändert. 4 Ob 42/01 g.

B. Ausschließliche Haushaltsführung durch einen Ehegatten (§ 94 Abs 2 Satz 1 und 2 ABGB)

Übersicht:
                                                                Rz
1. Allgemeines 632
2. Haushaltsführung 633, 634
3. Unterhaltsanspruch 635, 636
4. Lediglich angemessene Berücksichtigung des eigenen Einkommens/Vermögens des (früheren) Haushaltsführers 637, 638
5. Anspannung des (früheren) Haushaltsführers 639

1. Allgemeines

1. Anmerkung: Wer in einer Ehe zur Haushaltsführung verpflichtet ist, regelt **632** § 95 Satz 2 ABGB idFd EheRÄG 1999, nämlich grundsätzlich derjenige, der nicht erwerbstätig ist; der andere hat nach § 91 ABGB im Rahmen des Einvernehmens mitzuwirken.

2. § 94 Abs 2 **Satz 1** ABGB hat den Sinn, dem den **Haushalt führenden Ehegatten,** der – von geringfügigen Nebenerwerbstätigkeiten abgesehen – infolge seiner Haushaltsführung seinen Uh nicht durch die Erträgnisse seiner eigenen Berufstätigkeit sichern kann, einen UhAnspr gegen den anderen Ehegatten bei bestehender häuslicher Gemeinschaft und nach ihrer Auflösung – ausgenommen den Fall des Rechtsmissbrauchs – zu gewährleisten. 6 Ob 679/77 = SZ 50/108; 5 Ob 671/77 = EvBl 1978/50; 6 Ob 722/77 = SZ 50/128 = RZ 1978/16 uva; 4 Ob 2019/96 g = SZ 69/129 = JBl 1997, 231 = EvBl 1996/99 = ÖA 1996, 1 = EF 79.831.

3. § 94 Abs 2 **Satz 2** ABGB will va den UhAnspr jener Frauen sichern, die **nach jahrelanger Betreuung der Kinder und Versorgung des Haushalts alleingelassen** werden. Es soll in einem solchen Fall von einer Frau nicht verlangt werden, dass sie nach Auflösung des gemeinsamen Haushalts einem eigenen Erwerb nachgehen und für ihren Uh selbst sorgen muss. 5 Ob 642/77 = EvBl 1978/64 = EF 28.573; 5 Ob 671/77 = EF 28.573 = EvBl 1978/50 uva; 9 Ob 226/99 x = EF 88.800; 9 Ob 147/03 p.

4. Die Frage, inwieweit jeder Ehegatte über die Deckung seines eigenen Uh hinaus zu den Kosten des gemeinsamen Haushalts beizutragen hat, kann nur im Rahmen der UhFestsetzung jenes Ehegatten Berücksichtigung finden, der den gemeinsamen Haushalt führt. 3 Ob 542/79 = EF 32.709, 32.719, 32.709; 1 Ob 714/85.

2. Haushaltsführung

1. Haushaltsführung durch den UhBer ist die Grundvoraussetzung für den **633** Anspruch nach § 94 Abs 2 Satz 1 ABGB; darunter ist die **hauptverantwortliche Erledigung der Alltagsversorgung der Familie (des „Haushalts"), insb der Nahrungsbeschaffung sowie der Wartung, Heizung und Reinigung des gemeinsamen privaten Lebensbereichs einschließlich der Wäschereinigung,** zu verstehen. 4 Ob 2019/96 g = SZ 69/129 = JBl 1997, 231 = EvBl 1996/99 = ÖA 1996, 1 = EF 79.831.

2. Ebenso die **Pflege, nicht aber** die **Rodung und Bepflanzung des Hausgartens,** soferne diese Pflege nicht ein unübliches Maß an Aufwendungen erfordert. 5 Ob 669/81 = SZ 55/45 = JBl 1983, 598.

3. Die Führung des Haushalts ist **ohne Rücksicht auf** dessen **Größe** als **voller Beitrag** iSd § 94 Abs 1 ABGB zu werten; die Haushaltsführung und die Erziehung der Kinder ist einer Erwerbstätigkeit des betr Ehegatten gleichwertig. 1 Ob 663/82 = EF 39.948.

4. Uzw auch bei Betreuung von Kindern aus der ersten Ehe des den Haushalt führenden Ehegatten im Haushalt. 6 Ob 642/85.

5. Dem Grunde nach kann der UhAnspr nicht mit dem Hinweis bekämpft werden, die **Betrauung mit der Haushaltsführung** sei **keine ausschließliche** gewesen. 6 Ob 525/77.

6. Die aufgrund seines **Verlassens der Ehewohnung** zu unterstellende **tw Entlastung der Kl** in der Haushaltsführung ist nur ein Reflex der vom Bekl ohne Geltendmachung triftiger Gründe herbeigeführten Aufhebung der ehel LG; eine solcherart bewirkte Teilentlastung soll unrechtlich idR **unbeachtlich** sein. 6 Ob 506/82 = EF 39.969; 7 Ob 503/91 = EF 64.917; 6 Ob 194/98 t.

7. Beschränkt sich der Kontakt der Streitteile nach ihrer Eheschließung allerdings auf wöchentlich 2 Nächtigungen einschl Abendessen und Frühstück in einer ihrer Wohnungen und auf gemeinsame Wochenenden bei ihren Eltern, liegt keine Führung eines gemeinsamen Haushalts durch die Frau vor. 8 Ob 511/80.

634

1. Führt die Ehefrau den Haushalt, ohne einer Erwerbstätigkeit nachzugehen, bringt sie damit zum Ausdruck, dass sie bereit ist, die Befriedigung ihrer Lebensbedürfnisse den Einkommensverhältnissen des Ehemanns anzupassen. 1 Ob 663/82.

2. Ein durch viele Jahre im Betrieb mitwirkender Ehegatte, der seine eigene Lebensführung völlig auf die Erfordernisse des Betriebs abgestellt hat, darf durch die unbegründete Ausweisung aus dem bisher gemeinsam geführten Betrieb nicht schlechter gestellt werden als der den Haushalt allein führende nicht berufstätige Ehegatte. 7 Ob 618/95 = SZ 68/236; 6 Ob 137/97 h = EF XXXIV/3.

3. **Keineswegs** sollte **die Haushaltsführung als Einkommen des den Haushalt führenden Ehegatten bewertet** werden und sich daraus allenfalls ein gesetzlicher UhAnspr des anderen Ehegatten nach § 94 Abs 2 letzter Satz ABGB im Rahmen des beiderseitigen Einkommens- und Vermögensvergleichs ableiten. 4 Ob 179/82; 4 Ob 179/83 = EF 42.518.

3. Unterhaltsanspruch

635

1. Der UhAnspr nach § 94 Abs 2 Satz 2 ABGB besteht nur dann, wenn der Ehegatte vor der Aufhebung **den gemeinsamen Haushalt geführt** hat. 6 Ob 521/77 = EvBl 1977/218; 6 Ob 679/77 = SZ 50/108; 6 Ob 722/77 = SZ 50/128.

2. Oder wenn er zwar vor der Aufhebung den gemeinsamen Haushalt nicht geführt hat, dies aber aufgrund einer ausdrücklichen oder konkludenten Vereinbarung über die Gestaltung der ehel LG geschehen ist. 7 Ob 810/76.

3. Für die Ausmessung des EhegattenUh sind grundsätzlich die **bisherigen Lebensverhältnisse**, der sog **Lebenszuschnitt (Lebensstandard)** sowie der **Stil der Lebensführung** bestimmend. 1 Ob 529/92 = 1 Ob 530/92; 10 ObS 64/92; 3 Ob 2307/96 b.

4. Maßgebend für die Höhe des **UhAnspr nach Aufhebung der Hausgemeinschaft** sind allerdings die Verhältnisse zur Zeit der UhBemessung. 5 Ob 642/77 = EF 28.578 = EvBl 1978/64.

5. Weshalb **Änderungen in den maßgeblichen Voraussetzungen** (va in der Bedürftigkeit des UhBer bzw der Leistungsfähigkeit des UhPfl) die UhHöhe auch nach der Haushaltstrennung beeinflussen. 1 Ob 514/94 = EF 73.799.

6. Nach Auflösung des gemeinsamen, von der Kl geführten Haushalts steht dieser als „schlechter verdienendem Ehegatten" der **Uh(ergänzungs)anspruch** nach § 94 Abs 2 Satz 2 ABGB gegen den Bekl zu. 3 Ob 308/98 k = JBl 2001, 55 *(Schober).*

636 1. Der OGH kann zwar keine **Prozentsätze** (als generellen Maßstab für die UhBemessung) festlegen, derartige Werte können aber bei der konkreten Berechnung eines UhAnspr **im Interesse der gleichen Behandlung gleichgelagerter Fälle** herangezogen werden. 4 Ob 506/92 = ÖA 1992, 160 = EF 70.059; 1 Ob 35/98 y = EF 88.322; 9 Ob 87/99 f = EF 88.879.

2. Diese **Berechnungsformeln** sind **als Orientierungshilfe brauchbar,** um für Durchschnittsfälle eine „generalisierende Regel" zur Verfügung zu haben, wobei das Berechnungsergebnis dann nicht bindend ist, wenn besondere vom Durchschnitt abweichende Umstände des Einzelfalls für einen höheren oder niedrigeren UhAnspr sprechen. 3 Ob 563/90 = EF 61.752, 61.753.

3. Der UhAnspr des den Haushalt führenden Ehegatten ohne eigenes (oder mit nur geringem) Einkommen beträgt grundsätzlich **33% des Nettoeinkommens des UhPfl.** 8 Ob 635/90 = RZ 1992/48 = EF 64.928; 1 Ob 529/92 = 1 Ob 530/92 = EF 67.682; 4 Ob 506/92 = ÖA 1992, 160 = EF 70.068 uva; 1 Ob 35/98 y = EF 88.337; 9 Ob 99/03 d.

4. Allerdings bedeutet die Festsetzung eines UhBeitrags für die einkommenslose Ehefrau von 40% der UBGr wegen der besonderen Umstände des Einzelfalls keinen gravierenden Entscheidungsfehler. 5 Ob 522/93; 1 Ob 35/98 y.

5. **Konkurrierende Sorgepflichten** sind nicht durch Abzug der UhLeistungen von der UBGr, sondern durch Herabsetzung des UhProzentsatzes zu berücksichtigen. 6 Ob 1577/91 = EF 64.897.

6. Uzw **4% für jedes uhber Kind.** 8 Ob 635/90 = RZ 1992/48 = EF 64.928; 1 Ob 529/92 = 1 Ob 530/92 = EF 67.682; 4 Ob 506/92 = EF 70.069 = ÖA 1992, 160; 7 Ob 194/98 z = EF 88.335 = JBl 1999, 178.

4. Lediglich angemessene Berücksichtigung des eigenen Einkommens/Vermögens des (früheren) Haushaltsführers

637 1. Gem § 94 Abs 2 Satz 1 und 2 ABGB sind die **eigenen Einkünfte des uhber Ehegatten nicht schlechthin anzurechnen, sondern bloß angemessen zu berücksichtigen.** 5 Ob 10/99 b = EF 88.884; 3 Ob 308/98 k = JBl 2001, 55 *(Schober).*

2. Uzw nach billigem Ermessen **unter Bedachtnahme auf die Grundsätze des § 94 Abs 1 ABGB.** 7 Ob 503/91 = EF 64.917; 1 Ob 507/92; 6 Ob 194/98 t.

3. Angemessene Berücksichtigung führt regelmäßig nur zu **einem geringeren Abzug vom UhAnspr,** als wenn der UhBer eigene Einkünfte hätte. Die Mehrbelastung durch Haushaltsführung, Berufstätigkeit, Kindererziehung, Alter, Krankheit uä ist dabei zu berücksichtigen; je mehr berücksichtigungswürdige Umstände vorliegen, desto geringer sind die Abzüge vom UhAnspr wegen eigener Einkünfte. 7 Ob 503/91 = EF 64.917; 6 Ob 194/98 t.

4. Eine **wesentlich verschiedene Höhe der Einkommen** zweier berufstätiger Ehegatten führt jedoch dazu, dass der Ehegatte mit höherem Einkommen dem Ehegatten mit niedrigerem Einkommen Mittel zuschießen muss, um diesem die De-

ckung der den Lebensverhältnissen beider Ehegatten angemessenen Bedürfnisse zu ermöglichen. 1 Ob 548/77 = EvBl 1977/219 = JBl 1978, 539; 1 Ob 530/78; 2 Ob 566/78 = SZ 52/6 = EvBl 1979/156 = EF 32.717; 3 Ob 181/78; 5 Ob 527/80 = EvBl 1981/17; 3 Ob 575/82; 3 Ob 101/82; 2 Ob 202/83; 3 Ob 48/86; 4 Ob 2019/96 g = SZ 69/129 = JBl 1997, 231 = EvBl 1996/99 = ÖA 1996, 1 = EF 79.831.
Anmerkung: Vgl dazu Rz 642.

5. Anzurechnen ist dabei nur **das tatsächlich bezogene Einkommen,** dann allerdings die Summe aller verfügbaren Mittel. 1 Ob 2266/96 h.

6. Nicht jedoch das **Vermögen** der Kl. 3 Ob 575/82 = EF 40.013.

638 1. Eigenes Einkommen, das ein Eheteil nur aufgrund der durch die UhVerletzung des anderen **entstandenen Not erwirbt,** ist **außer Betracht** zu lassen, weil es ja im Falle der UhLeistung wieder wegfällt. Haben Eheleute ihre Lebensverhältnisse einvernehmlich so gestaltet, dass der eine – idR der Mann – dem Gelderwerb nachgeht, der andere – die Frau – dafür den Haushalt versorgt und dafür vom Ehegatten erhalten wird, dann kann der UhPfl nicht dadurch von seiner Schuld befreit werden, dass er die uhber Person aus dem gemeinsamen Haushalt hinausdrängt oder hinausekelt oder diesen verlässt. 4 Ob 2019/96 g = SZ 69/129 = JBl 1997, 231 = EvBl 1996/99 = ÖA 1996, 1 = EF 79.831; 1 Ob 108/01 s = EF 95.283; 7 Ob 191/05 x = FamZ 21/06 *(Deixler-Hübner).*

2. Ist die Frau, um nicht zugrunde zu gehen, dazu gezwungen, eine Beschäftigung anzunehmen, dann soll damit nicht der UhPfl entlastet werden. Dadurch, dass die uhber Frau versucht hat, aus eigener Kraft der vom Mann verschuldeten prekären finanziellen Situation entgegenzuwirken, indem sie als Hausgehilfin tätig war, darf sie bei der UhBemessung nicht schlechter gestellt werden, als wenn sie keiner Erwerbstätigkeit nachgegangen wäre. 4 Ob 2019/96 g = SZ 69/129 = JBl 1997, 231 = EvBl 1996/99 = ÖA 1996, 1 = EF 79.831; 6 Ob 123/97 z; 2 Ob 84/97 k; 1 Ob 108/01 s = EF 95.283; 7 Ob 191/05 x = FamZ 21/06 *(Deixler-Hübner);* 6 Ob 311/05 v.

3. Es kann dem UhPfl nicht zugute kommen, dass er die UhBer durch sein Verhalten dazu gebracht hat, den gemeinsamen Hof zu verlassen und eine (ohnehin geringfügig entlohnte) Beschäftigung anzunehmen. Das daraus erzielte Einkommen der Frau ist daher bei der UhBemessung nicht zu berücksichtigen. 4 Ob 2019/96 g = SZ 69/129 = JBl 1997, 231 = EvBl 1996/99 = ÖA 1996, 1 = EF 79.831.

4. **Abw:** Die gesetzliche Anordnung einer „angemessenen" Berücksichtigung eigener Einkünfte des uhber Ehegatten gestattet nur, die als Einkünfte zu wertenden Mittel des uhber Ehegatten zu seinen, an den Lebensverhältnissen zu messenden Bedürfnissen und zur Lebensfähigkeit des uhpfl Ehegatten in eine betragliche Beziehung zu setzen, **nicht aber, nach den Motiven zu unterscheiden, die den uhber Ehegatten zur Erschließung von Einkommensquellen bestimmten.** 6 Ob 641/90.

5. **Anmerkung:** In der Praxis wird es oft schwer möglich sein, genau festzustellen, aus welchen Motiven der bis dahin den Haushalt führende Ehegatte nunmehr einem Erwerb nachgeht; von Extremfällen abgesehen, dürfte daher mE eher der letztgen Meinung der Vorzug zu geben sein. Aufgrund welcher Motivation der UhBer arbeiten ging, ist aber jedenfalls eine Tat- und nicht eine Rechtsfrage (6 Ob 311/05 v). Die folgenden E scheinen überhaupt überholt, jedenfalls aber nicht mehr zeitgemäß.

6. Der Mann hat, solange die Ehe besteht, der Gattin den anständigen Uh im Rahmen seiner wirtschaftlichen Leistungsfähigkeit ohne Rücksicht auf das Einkom-

men der Gattin zu verschaffen. 1 Ob 468/47; 5 Ob 308/60; 7 Ob 245/65; 6 Ob 17/67 = EF 7689 = EF 7703 = EF 7706; 5 Ob 102/68; 1 Ob 171/69.

7. Die allfällige Besserstellung der Frau ist nur Ergebnis dieses Einkommens und dieses hat außer Betracht zu bleiben. 6 Ob 287/67.

5. Anspannung des (früheren) Haushaltsführers

1. Ein **bloß erzielbares, aber nicht tatsächlich erzieltes Einkommen** aus eigener Erwerbstätigkeit braucht sich die Kl selbst bei voller Arbeitsfähigkeit **nicht** auf ihre Bedürfnisbefriedigung **anrechnen** zu lassen, soweit nicht besondere Umstände die Annahme eines Rechtsmissbrauchs rechtfertigen. 1 Ob 785/79 = EF 32.789; 6 Ob 671/82 = EF 39.967. **639**

2. Unabhängig davon, ob die **Erwerbstätigkeit zumutbar** wäre. 1 Ob 514/94 = EF 73.798; 7 Ob 550/95 = EF 76.675.

3. Uzw selbst dann, wenn der Ehemann von der Bereitschaft der Ehefrau, weiterhin den Haushalt zu führen, nicht vollständig Gebrauch macht; hätte doch die Ehefrau sogar grundsätzlich weiter Anspruch auf den vollen Uh durch den Ehemann, wenn er den gemeinsamen Haushalt überhaupt aufgehoben hätte. 1 Ob 785/79 = EF 32.789.

4. Hat nicht der Uh fordernde Ehegatte, sondern der UhPfl den gemeinsamen Haushalt aufgehoben, ohne durch ein anlastbares grob ehewidriges Verhalten des Partners dazu veranlasst worden zu sein, besteht die UhPflicht auch dann fort, wenn der im Haushalt verbleibende Eheteil sich dem Wegzug des anderen nicht widersetzte. 3 Ob 575/82 = EF 39.984.

C. „Bedürftigkeit" eines Ehegatten (§ 94 Abs 2 Satz 3 ABGB)

Übersicht:

	Rz
1. Tatsächliche Bedürftigkeit	640, 641
2. Bedürftigkeit aufgrund des Einkommensunterschieds	
a) Allgemeines	642
b) Unterhaltsanspruch	643
3. Anspannung des Unterhaltsberechtigten	644

1. Tatsächliche Bedürftigkeit

entfällt. **640**

1. Beim UhAnspr nach § 94 Abs 2 letzter Satz ABGB ist zu prüfen, ob der den Uh fordernde Ehegatte seinen Beitrag iSd § 94 Abs 1 ABGB zu leisten vermag. Kommt – bei Aufhebung der häuslichen Gemeinschaft – eine solche Beitragsleistung nicht in Betracht, ist entscheidend, ob er in der Lage ist, aus eigenen Kräften die Mittel zur Deckung seiner Lebensverhältnissen beider Ehegatten angemessenen Bedürfnisse aufzubringen (2 Ob 5/99 w). Dies muss aber nach den Umständen des Einzelfalls zumutbar sein. 7 Ob 321/01 h. **641**

2. § 94 Abs 2 Satz 3 ABGB stellt nicht nur auf den Fall eines aus physischem Unvermögen zur Beitragsleistung nach § 94 Abs 1 ABGB nicht tauglichen Teiles ab. 5 Ob 527/80 = EvBl 1981/17.

3. Entscheidendes Kriterium der **Bedürftigkeit** ist vielmehr, dass der bedürftige Ehegatte trotz Anspannung aller Kräfte, also trotz zumutbaren optimalen Einsatzes seiner Erwerbsfähigkeit, kein für den eigenen Uh ausreichendes Einkommen zu erzielen imstande ist. 9 Ob 83/06 f.

4. Der Uh des Ehegatten, der seinen Beitrag nicht zu leisten vermag, ist von dem des den Haushalt führenden streng verschieden. Er ist an eine Reihe von Voraussetzungen geknüpft: Von dem den Uh fordernden Ehegatten muss zunächst verlangt werden, dass er sich **nach Kräften bemüht,** seinen Beitrag zu leisten (Anspannungstheorie). Auf den **Lebenszuschnitt der Ehegatten** und auf allfällige über ihre Beiträge getroffene Absprachen ist **Bedacht zu nehmen.** Schließlich besteht ein Uh-Anspr eines Ehegatten nach § 94 Abs 2 Satz 3 ABGB auch nur insoweit, als ihm die **erforderlichen Mittel fehlen;** eigene Einkünfte, gegebenenfalls auch eigenes Vermögen, müssen **angemessen berücksichtigt** werden. Die in dieser Gesetzesstelle getroffene Regelung entspricht im Ergebnis jener des § 66 Abs 1 EheG. 6 Ob 521/77 = EvBl 1977/218 = EF 28.563; 6 Ob 679/77 = SZ 50/108 = EF 28.563; 6 Ob 722/77 = SZ 50/128 = RZ 1978/16 = EF 28.563; 6 Ob 684/81 = EF 39.956; 1 Ob 535/83 = EF 42.579.

5. **Anmerkung:** Diese Auffassung ist nicht zwingend: Die lediglich angemessene, nicht aber volle Berücksichtigung eigenen Einkommens, wie dies in den Fällen des § 94 Abs 2 Satz 1 und 2 ABGB vorgesehen ist, hat mit der Haushaltsführung zu tun und kann nicht auch auf § 94 Abs 3 Satz 3 ABGB angewendet werden (führt der bedürftige Ehegatte den Haushalt, liegt ohnehin einer der Fälle des § 94 Abs 2 Satz 1 oder 2 ABGB vor). Im Fall des § 94 Abs 2 Satz 3 ABGB ist eigenes Einkommen daher voll anzurechnen, was die Rsp im Übrigen iZm dem UhAnspr des schlechter verdienenden Ehegatten auch so sieht; Anspruchsgrundlage für dessen Uh gegenüber dem besser verdienenden Ehegatten ist nach der Rsp (vgl Rz 642) ebenfalls § 94 Abs 2 Satz 3 ABGB.

6. Reicht das Einkommen des Arbeitslosen bereits für sich selbst aus, um seine notwendigen Lebensbedürfnisse zu befriedigen, ist das Vorliegen einer Notlage zu verneinen; als solche Einkommen sind auch Alimente zu verstehen. Hat demnach der Arbeitslose gegen den – von ihm auch getrennt lebenden – Ehegatten einen jedenfalls durchsetzbaren UhAnspr, der ihn der Notlage enthebt, so darf ihm keine **Notstandshilfe** gewährt werden. Hat der Arbeitslose hingegen kein eigenes ausreichendes Einkommen, dann ist das Einkommen des Ehegatten bzw des Lebensgefährten bei der Beurteilung der Notlage angemessen anzurechnen, sofern die beiden im gemeinsamen Haushalt leben, gleichviel, ob dem Arbeitslosen gegen den Ehegatten – gegen den Lebensgefährten besteht von vornherein kein solcher Anspruch – überhaupt ein UhAnspr zustünde. 1 Ob 636/94; 1 Ob 2045/96 h.

2. Bedürftigkeit aufgrund des Einkommensunterschieds

a) Allgemeines

642 1. § 94 Abs 2 Satz 1 und 2 ABGB haben das Ziel, dem den Haushalt führenden Ehegatten, der, von geringfügigen Nebenerwerbstätigkeiten abgesehen, seinen Uh nicht durch die Erträgnisse einer eigenen Berufstätigkeit sichern kann, einen Uh-

Anspr gegen den anderen Ehegatten bei bestehender häuslicher Gemeinschaft und auch nach ihrer Auflösung – ausgenommen den Fall des Rechtsmissbrauchs – zu gewähren. Der voll berufstätige Ehegatte hat, mag er neben seiner beruflichen Tätigkeit auch noch den Haushalt führen oder geführt haben, keinen UhAnspr nach diesen Gesetzesstellen. Er bleibt auf den im § 94 Abs 2 Satz 3 ABGB normierten UhAnspr verwiesen, uzw unabhängig davon, ob der gemeinsame Haushalt aufrecht besteht oder nicht.

Nach Aufhebung der Haushaltsgemeinschaft ist der UhAnspr eines Ehegatten daher nicht auf die in Satz 1 und 2 geregelten Fälle beschränkt, sondern kann ihm auch nach Satz 3 ein UhAnspr zustehen. 6 Ob 521/77 = EvBl 1977/218 = EF 28.572; 6 Ob 679/77 = SZ 50/108 = EF 28.572; 6 Ob 722/77 = SZ 50/128 = RZ 1978/16 = EF 28.572 uva; 8 Ob 598/93 = JBl 1995, 259.

2. Demnach muss der **Ehegatte mit dem höheren Einkommen** demjenigen mit dem niedrigeren Einkommen die zur Deckung der den Lebensverhältnissen beider Ehegatten angemessenen Bedürfnisse erforderlichen Mittel **zuschießen.** 7 Ob 503/91 = EF 64.896; 7 Ob 531/93 = ÖA 1993, 145 = EF 70.575; 7 Ob 321/01 h = EF 99.181.

3. Dies gilt auch für **Pensionisten,** die keiner Erwerbstätigkeit nachgehen und daher nach § 95 Satz 1 ABGB bei der Führung des Haushalts gemeinsam mitzuwirken haben, unabhängig davon, ob der gemeinsame Haushalt aufrecht besteht oder nicht. 6 Ob 679/77 = SZ 50/108; 1 Ob 786/79 = EF 35.168.

4. Satz 3 führt aber nur **bei wesentlich verschieden hohen Einkommen zweier berufstätiger Ehegatten** dazu, dass der Ehegatte mit höherem Einkommen dem Ehegatten mit niedrigerem Einkommen die erforderlichen Mittel zuzuschießen hat. 1 Ob 548/77 = EvBl 1977/219 = EF 28.558 = JBl 1978, 539; 1 Ob 508/77 = 1 Ob 509/77 = EF 28.558; 6 Ob 521/77 = EvBl 1977/218 = EF 28.558 uva; 8 Ob 595/93.

5. Uzw dann, wenn die Einkommenshöhen so erheblich auseinanderklaffen, dass der wirtschaftlich **schwächere Teil nicht in der Lage ist, die den gemeinsamen Lebensverhältnissen der Ehegatten angemessenen Bedürfnisse aus eigenem Einkommen zu decken.** 1 Ob 530/78 = EF 30.632, 30.629.

6. Der **voll berufstätige Ehegatte,** mag er neben seiner beruflichen Tätigkeit auch noch den Haushalt geführt haben, ist ausschließlich auf den in § 94 Abs 2 letzter Satz ABGB normierten UhAnspr verwiesen, uzw unabhängig davon, ob der gemeinsame Haushalt aufrecht besteht oder nicht. Die E 7 Ob 810/76, wonach ein Ehegatte nach Aufhebung des gemeinsamen Haushalts einen gesetzlichen UhAnspr nur dann habe, wenn er vorher den gemeinsamen Haushalt geführt habe, wurde bereits in SZ 50/108 abgelehnt und ist vereinzelt geblieben. 7 Ob 321/01 h = EF 99.178.

b) Unterhaltsanspruch

1. Bei der Festsetzung der UhPflicht kann die **Prozentwertmethode,** die den **Charakter einer Orientierungshilfe** hat, als Maßstab zur Gleichbehandlung gleichartiger Fälle herangezogen werden. 3 Ob 1520/91 = EF 64.909; 7 Ob 503/91 = EF 64.911; 8 Ob 639/91 = EF 64.909, 64.911; 9 Ob 87/99 f; 9 Ob 99/03 d; 9 Ob 94/03 v.

2. Dem Gesetz ist ein bestimmtes System für die Berechnung eines UhAnspr nicht zu entnehmen, weshalb der OGH auch nicht allgemein verbindliche Prozentsätze für die UhBemessung festlegen kann. Solche Werte sollen bei der konkreten Berechnung eines UhAnspr nur die **Gleichbehandlung gleichgelagerter Fälle** ge-

währleisten, sie lassen sich aber nicht zu einem generellen Maßstab für die UhBemessung verdichten. 1 Ob 108/01 s; 6 Ob 258/01 m; 7 Ob 288/01 f; 9 Ob 99/03 d; 9 Ob 94/03 v.

3. Das Berechnungsergebnis ist dann nicht bindend, wenn besondere, **vom Durchschnitt abweichende Umstände des Einzelfalls** für einen höheren oder niedrigeren UhAnspr sprechen. 8 Ob 503/94 = RZ 1995/77 = EF 76.673; 7 Ob 191/05 x = EF 110.098 = FamZ 21/06 *(Deixler-Hübner)*.

4. Die in § 94 ABGB enthaltene UhRegelung bedeutet **nicht eine Festsetzung des Anspruchs eines Ehegatten auf die Hälfte des gemeinsamen Einkommens** beider Ehegatten. 4 Ob 550/79 = EF 32.776.

5. Bei **beiderseitigem Einkommen** von Ehegatten bestimmt sich der Uh der Ehegattin vielmehr mit rund **40% des Nettofamilieneinkommens**. 7 Ob 503/91 = EF 64.929; 8 Ob 635/90 = EF 64.929 = RZ 1992/49; 8 Ob 1647/91; 10 ObS 64/92 uva; 9 Ob 87/99 f = EF 88.880; 6 Ob 22/02 g; 9 Ob 99/03 d; 9 Ob 94/03 v; 7 Ob 191/05 x = FamZ 21/06 *(Deixler-Hübner)*; 3 Ob 25/07 h.

6. Im Einzelfall kann aber zu dessen Gunsten ein **gerechtfertigter höherer Bedarf in Anschlag gebracht** werden. 2 Ob 190/99 a.

7. Etwa zur **Sicherung des Existenzminimums**. 3 Ob 1520/91 = EF 64.912.

8. Das beim Richtsatz für die Gewährung einer **Ausgleichszulage** liegt. 1 Ob 226/99 p = EF 91.236.

9. Oder **bei krankheitsbedingtem Sonderbedarf**, der auf Seiten des UhBer einen höheren Anspruch begründet (etwa Kosten der durch die körperliche Verfassung des UhBer begründeten **Unterbringung im Pflegeheim**). 2 Ob 514/94 = ÖA 1994, 185/U 102; 8 Ob 503/94 = RZ 1995/77 = EF 76.673.

10. Liegen **exorbitante Einkommensunterschiede** (insb ein verschwindend geringes Einkommen des UhBer) vor, kann die Ermittlung des UhAnspr mit 40% des gemeinsamen Einkommens zu einer Verzerrung führen. In solchen Fällen, in denen die Berücksichtigung des geringen Einkommens des UhBer zum Ergebnis hätte, dass der UhPfl mehr bezahlen müsste als dann, wenn man das Einkommen des UhBer außer Acht lässt und den Uh mit 33% des Einkommens des UhPfl bemisst, hat das **Einkommen des UhBer bei der Bemessung außer Betracht zu bleiben,** um zu verhindern, dass sich die UhPflicht dadurch erhöht, dass der UhBer ein (geringes) Eigeneinkommen hat. Eine Reduktion des so ermittelten UhBeitrags um das Eigeneinkommen des UhBer kommt in einem derartigen Fall dann naturgemäß nicht in Betracht. 8 Ob 595/93 = EF 70.621, 70.622; 9 Ob 87/99 f = EF 88.880; 6 Ob 22/02 g.

11. Bei einer **konkurrierenden Sorgepflicht** für ein Kind ist der Prozentsatz um 4% zu verringern. 7 Ob 503/91 = EF 64.929; 8 Ob 635/90 = EF 64.929 = RZ 1992/49; 8 Ob 1647/91; 10 ObS 64/92 uva; 3 Ob 308/98 k = JBl 2001, 55 *(Schober)*; 9 Ob 99/03 d; 9 Ob 94/03 v; 7 Ob 191/05 x = FamZ 21/06 *(Deixler-Hübner)*.

12. Bei einer Sorgepflicht für eine **einkommenslose Ehegattin** aus früherer Ehe ist ein Abzug von 3% gerechtfertigt. 7 Ob 321/01 h = EF 99.183.

3. Anspannung des Unterhaltsberechtigten

644 **1.** Beim UhAnspr nach Satz 3 ist zu prüfen, ob der den Uh fordernde Ehegatte seinen Beitrag iSd § 94 Abs 1 ABGB zu leisten vermag. Kommt – bei Aufhebung der häuslichen Gemeinschaft – eine solche Beitragsleistung nicht in Betracht, dann ist entscheidend, ob er **in der Lage ist, aus eigenen Kräften die Mittel zur Deckung sei-**

ner den Lebensverhältnissen beider Ehegatten angemessenen Bedürfnisse aufzubringen (Anspannungsgrundsatz). 6 Ob 679/77 = SZ 50/108; 6 Ob 722/77 = SZ 50/128 = RZ 1978/16; 4 Ob 544/92; 2 Ob 5/99 w; 4 Ob 2025/96 i.

2. Dies muss aber **nach den Umständen des Einzelfalls zumutbar** sein. 1 Ob 570/95 = JBl 1996, 442 = SZ 68/157; 3 Ob 271/97 t; 6 Ob 219/98 v.

3. Eine Anspannung der Kl käme nur in Betracht, wenn diese es rechtsmissbräuchlich unterlassen hätte, durch eine nach den gegebenen Verhältnissen (die Kl hatte im fraglichen Zeitraum ein sich noch im Vorschulalter befindliches Kind zu betreuen) zumutbare Tätigkeit ein das Arbeitslosengeld übersteigendes Einkommen zu erzielen. 7 Ob 151/06 s.

4. Hat sich die damals 51-jährige Kl ohnehin ab Konkurseröffnung erfolglos bemüht, einen Arbeitsplatz zu erlangen, dann lagen ihre letzten Endes erfolgreichen Bemühungen, durch ihre, wenn auch unentgeltlich erbrachte Arbeitsleistung zur Erfüllung des Zwangsausgleichs und damit zur Erhaltung ihrer Einkommensquelle als selbstständig Erwerbstätige beizutragen, auch im Interesse des Bekl. 8 Ob 2335/96 g = EF 83.038.

5. Bestand eine einvernehmlich getroffene Lebensgestaltung der Streitteile darin, dass die Kl ihren Uh aus den Erträgnissen der gemeinsamen Führung des Gasthauses erhielt, ist die Kl bei Vereitelung dieses Bezugs durch den uhpfl Bekl nicht verpflichtet, eine andere Berufstätigkeit als jene, die sie bisher im Gasthaus des Bekl verrichtete, auszuüben, wenn ihre Verweisung auf andere Beschäftigungsmöglichkeiten auf dem Arbeitsmarkt aufgrund der konkreten Umstände des Einzelfalls unzumutbar ist. 7 Ob 618/95 = EF 79.352.

6. Die Bekl hat dem Kl geraten, es sich gut zu überlegen, das Angebot des ehemaligen Dienstgebers, eine geringer bezahlte Tätigkeit anzunehmen oder eine Kündigung zu riskieren; sie hat somit nicht vorbehaltlos einer Änderung der Gestaltung der Lebensverhältnisse zugestimmt; außerdem waren dem Kl schon vor dem Zeitpunkt, ab dem er Uh von der Bekl begehrt, Tätigkeiten angeboten worden, die es ihm – ohne Uh in Anspruch nehmen zu müssen – ermöglicht hätten, sein Fortkommen zu finden. 2 Ob 5/99 w = EF 88.887.

7. Der Ehegatte muss dem trotz Bemühung einkommenslosen, selbstständig erwerbstätigen Ehegatten Uh leisten, soferne in absehbarer Zeit wieder Einkünfte aus dieser selbstständigen Erwerbstätigkeit erwartet werden können; nur mangels Aussicht auf Konsolidierung des Unternehmens binnen angemessener Frist ist dieser verpflichtet, umgehend eine andere, allenfalls auch unselbstständige, Erwerbstätigkeit anzunehmen. 8 Ob 598/93 = EF 73.794 = JBl 1995, 259; 8 Ob 2335/96 g = EF 83.037.

8. Eine geordnete, auf die Erzielung eines bestmöglichen Ergebnisses gerichtete **Unternehmensschließung** ist ein Prozess, der je nach den Umständen des Einzelfalls einen unterschiedlich langen Zeitraum erfordert. Eine weitere einkommenslose hauptberufliche Geschäftsführertätigkeit der Kl während der für die Schließung nötigen, sich nach den konkreten Verhältnissen des Unternehmens bemessenden Frist ist daher zu tolerieren. Schließlich wird auch einem UhPfl, der eine selbstständige Erwerbstätigkeit aufgenommen hat, für eine ertraglose oder ertragschwache Anlaufzeit eine verminderte Leistungsfähigkeit zugestanden. Als Gesellschafterin ist die Kl im Übrigen zur Führung der Geschäfte der Gesellschaft verpflichtet, wobei dem Geschäftsführer kein gesetzlicher Anspruch auf eine Vergütung zusteht. 7 Ob 321/01 h = EF 99.191.

D. Eigenes Einkommen des Unterhaltsberechtigten

Übersicht:

	Rz
1. Allgemeines	645
2. Einkommensbestandteile	646
3. Öffentlich-rechtliche Leistungen	647–650

1. Allgemeines

645 1. Zum Einkommen des UhBer zählen sowohl **Erwerbs- als auch arbeitsloses Einkommen** und die **Alters- oder Berufsunfähigkeitspension.** Unter Einkommen ist grundsätzlich alles zu verstehen, was dem UhBer, sei es als Natural- oder in Geldleistungen welcher Art immer aufgrund eines Anspruchs zukommt, sofern gesetzliche Bestimmungen die Anrechenbarkeit bestimmter Einkünfte auf den Uh nicht ausschließen. Jene Teile der Einkünfte, die dem **Ausgleich eines bestimmten Mehraufwandes** dienen, bleiben außer Betracht, es sei denn, sie würden nicht für den widmungsgemäßen Zweck benötigt. Die **gleichen Grundsätze** gelten auch bei der Ermittlung der angemessen zu berücksichtigenden **eigenen Einkünfte des uhber Ehegatten.** 7 Ob 503/91 = EF 64.917; 8 Ob 1676/92 = ÖA 1993, 144/F 66; 7 Ob 531/93 = ÖA 1993, 145 = EF 70.607, 70.608 uva; 5 Ob 10/99 b = EF 88.883.

2. Einkommensbestandteile

646 1. **Anmerkung:** Zur Frage der Aufteilung von Abfertigungen vgl auch Rz 99 ff.

2. Erhält der UhBer eine **Abfertigung,** so ist diese als Eigeneinkommen zu berücksichtigen. 1 Ob 2266/96 h = EF 82.466; 6 Ob 18/98 k = EF 85.875; 6 Ob 122/98 d = EF 85.875.

3. Sie ist nach den Umständen des Einzelfalls angemessen aufzuteilen; dies gilt jedenfalls für **sehr hohe Einmalzahlungen.** Gerade im Fall der einvernehmlichen **Auflösung eines Dienstverhältnisses** wenige Jahre vor Erreichen des Pensionsantrittsalters kann die gesamte, dem Dienstnehmer gewährte Abfindung nach dem Willen der Parteien des Arbeitsvertrags nur als Schutz vor einem Einkommensverlust bis zum Erhalt der Pension gesehen werden. Bei Vorliegen einer „Doppelverdienerehe" würde jede andere Berechnungsmethode zu einer unvertretbaren Benachteiligung des anderen Ehepartners führen. 1 Ob 2266/96 h = EF 82.466.

4. Wenn die Abfertigung **keine Überbrückungshilfe nach Kündigung** des UhPfl bis zur Erlangung eines neuen Arbeitsplatzes darstellt und es sich um **sehr hohe Abfindungsbeträge** handelt, ist eine Aufteilung auf einen längeren Zeitraum vorzunehmen (in EF 71.072 wurden rund ATS 750.000 [= € 54.500] auf 4 Jahre aufgeteilt). 6 Ob 1627/95 = ÖA 1996, 99/F 110 = EF 76.704.

5. Die 3 Monatsgehälter ausmachende Abfertigung ist jedoch auf einen Zeitraum von 3 Monaten aufzuteilen. 6 Ob 1627/95 = ÖA 1996, 99/F 110 = EF 76.704.

3. Öffentlich-rechtliche Leistungen

647 1. Die einer öffentlich-rechtlichen Leistung zugrunde liegende **Zweckbestimmung** für sich allein führt noch **nicht zwingend zum Auscheiden aus der UBGr.** 7 Ob 531/93 = ÖA 1993, 145 = EF 70.609; 5 Ob 10/99 b = EF 88.883.

2. **Tatsächlich bezogene Notstandshilfe mindert den UhAnspr,** weil sie als Versicherungsleistung mit Rechtsanspruch das Arbeitseinkommen des Notstandshilfeempfängers ersetzt. 5 Ob 505/91 = RZ 1992/87 = EF 64.914; 6 Ob 642/94 = EF 73.815 = ÖA 1995, 92/F 95; 6 Ob 610/94 = EF 73.815; 1 Ob 636/94; 6 Ob 18/98 k = EF 85.874; 6 Ob 122/98 d = EF 85.874.

3. Der UhPfl kann den UhBer nicht zur Abwehr des UhAnspr auf eine – bisher noch gar nicht in Anspruch genommene – Notstandshilfe verweisen. Die Schlussfolgerung, dass der Bezug der Notstandshilfe auf den UhAnspr ohne Einfluss ist, wird von der neueren Rsp des OGH ausdrücklich abgelehnt. 6 Ob 642/94 = EF 73.816 = ÖA 1995, 92/F 95.

648 1. Da der Uh ansprechende Ehegatte über die von ihm bezogene **FB** für Kinder, die er in seinem Haushalt betreut, nicht frei verfügen kann, sondern sie den Kindern, für die sie gewährt wird, für deren Uh bzw Pflege zuzuwenden hat, kann sie auch **den Einkünften** iSd § 94 Abs 2 Satz 1 ABGB **nicht zugezählt** werden, kommen als solche Einkünfte doch nur Einkommensbestandteile in Betracht, die der Ehegatte voll und ganz für sich selbst verwenden darf; nur diese mindern seinen Bedarf. 1 Ob 565/91 = RZ 1992/69; 7 Ob 613/95.

2. Der Teil der FB, der nicht der steuerlichen Entlastung von GeldUhPfl dient, ist seinem Wesen nach kein frei verfügbares Einkommen des Elternteils, der Kinder, für die FB gewährt wird, in seinem Haushalt betreut; er ist vielmehr Betreuungshilfe für die mit der Pflege und Erziehung von Kindern verbundenen Lasten. 1 Ob 84/04 s; 7 Ob 273/04 d; 2 Ob 220/04 y; 7 Ob 191/05 x = FamZ 21/06 *(Deixler-Hübner)*.

3. Dies gilt auch für den **Mehrkindzuschlag zur FB.** 1 Ob 84/04 s; 7 Ob 273/04 d.

4. **Abw:** Da die FB nicht als Einkommen des Kindes, sondern als solches jenes Haushalts gilt, in dem das Kind betreut wird, hat sie als Einkommen des nach § 2 Abs 2 (bzw nach § 11 Abs 2) FamLAG Anspruchberechtigten und damit va desjenigen zu gelten, der die Beihilfe bezieht und dessen Haushalt das Kind teilt. Leben beide Ehegatten mit den Kindern im gemeinsamen Haushalt, dann hat es also auf den UhAnspr der Ehefrau keinen Einfluss, wenn sie an Stelle des Mannes die FB bezieht. 8 Ob 586/84 = EF XXI/9.

648 a 1. Der Steuervorteil eines Alleinerziehers aus der Geltendmachung des **Alleinerzieherabsetzbetrags** gem § 33 Abs 4 Z 2 EStG 1988 bezweckt nicht die Entlastung des gegenüber dem Alleinerzieher gelduhpfl Ehegatten; er ist daher nicht als Eigeneinkommen des allein erziehenden Elternteils zu berücksichtigen. 1 Ob 84/04 s; 7 Ob 273/04 d.

2. Auch der **Kinderabsetzbetrag** dient nicht dem Zweck, den GeldUhPfl eines Ehegatten zu entlasten; jedenfalls bei gehobenem Einkommen des UhPfl erschöpft sich sein Zweck in der steuerlichen Entlastung des UhPfl bei der Bemessung der GeldUhAnspr seiner Kinder. 1 Ob 84/04 s; 7 Ob 273/04 d; 10 Ob 35/04 a.

649 1. Wenn einer der Ehegatten den **Hilflosenzuschuss** bezieht, spielt dieser bei der UhBemessung keine Rolle, weil er den an Wartung und Hilfe notwendigen Sonderbedarf abdecken soll. 3 Ob 540/91 = EvBl 1992/27 = RZ 1992/25; 2 Ob 514/94 = ÖA 1994, 185/U 102; 8 Ob 142/98 k = ÖA 1999, 55/F 193; 6 Ob 8/03 z = EF 103.158; 6 Ob 237/03 a = EF 103.158.

2. Dies gilt auch für **Pflegegeld** nach dem BPGG, das der pauschalierten Abgeltung des Sonderbedarfs pflegebedürftiger Personen dient. 6 Ob 635/93 = SZ 66/167 = EvBl 1994/90; 1 Ob 570/95 = JBl 1996, 442 = SZ 68/157; 6 Ob 591/95 = SZ 68/157 = ÖA 1998, 17/F 144; 2 Ob 42/97 h; 5 Ob 10/99 b = EF 88.883; 6 Ob 8/03 z = EF 103.158; 6 Ob 237/03 a = EF 103.158.

3. Hat eine UhBer jedoch die **Pflege eines fremden Kindes auf längere Dauer gegen Entgelt übernommen,** muss sie sich dieses Einkommen (Pflegeelterngeld) als eigene Einkünfte anrechnen lassen. 6 Ob 641/90; 5 Ob 10/99 b = EF 88.885, 88.886.

4. **Anmerkung:** Seit 1. 1. 2008 gilt Kinderbetreuungsgeld gem § 42 KBGG nicht mehr als Eigeneinkommen des UhBer.

650 1. Die vom UhBer tatsächlich bezogene **Ausgleichszulage** ist als sein eigenes Einkommen zu behandeln. 7 Ob 531/93 = ÖA 1993, 145 = EF 70.610; 7 Ob 620/93 = ÖA 1993, 145; 1 Ob 550/94 = JBl 1995, 62 = ÖA 1995, 58/U 108; 1 Ob 590/95; 10 ObS 264/97 i; 6 Ob 8/03 z = EF 103.158; 6 Ob 237/03 a = EF 103.158.

2. Ebenso die **Schwerstbeschädigtenzulage** nach dem KOVG; abzuziehen sind nur jene Beträge, die tatsächlich beschädigungsbedingt aufzuwenden sind. Hiezu zählen auch schmerzlindernde Aufwendungen, die zwar nicht aus schulmedizinischer, wohl aber aus subjektivem Empfinden erleichternd wirken. 7 Ob 503/91 = EF 64.917; 1 Ob 260/97 k = ÖA 1998, 124/U 222.

3. Oder das Karenzurlaubsgeld. 6 Ob 8/03 z = EF 103.158; 6 Ob 237/03 a = EF 103.158.

4. Oder eine **Wohn- oder Mietzinsbeihilfe;** soweit gegen deren Einbeziehung ins Treffen geführt wurde, diese diene nicht dem Zweck, den UhPfl von seiner UhPflicht zu entlasten, würde dies letztlich auf jedes Eigeneinkommen des UhBer zutreffen. 1 Ob 570/95 = JBl 1996, 442 = EF 76.703 = SZ 68/157; 1 Ob 65/05 y.

5. Dies gilt auch für die nach WrSHG geleistete „Hilfe zur Sicherung des Lebensbedarfs", weil sie einer Wohn- oder Mietzinsbeihilfe vergleichbar ist. 7 Ob 151/06 s.

6. Die UhBer bezieht **in Deutschland** Leistungen zur Sicherung des Uh nach dem zweiten Buch des Sozialgesetzbuchs (SGB II), nämlich Sozialhilfe sowie einen Zuschuss zur Unterkunft und Heizung. Diese Leistungen sind bei der UhBemessung als anrechenbares Eigeneinkommen zu qualifizieren. Aus den Zessionsbestimmungen und den Regeln über einen Ersatz gegenüber dem Empfänger der Leistungen und gegenüber dem UhPfl ist abzuleiten, dass der deutsche Gesetzgeber keine Doppelversorgung des UhBer normiert. 3 Ob 25/07 h.

7. Anzurechnen ist weiters der **Lohnsteuerkinderzuschlag,** dem eine Zweckwidmung fehlt, sodass er gleich einer Lohnsteuerrückvergütung zu behandeln ist. 7 Ob 531/93 = ÖA 1993, 145 = EF 70.617.

8. Nicht jedoch **Kinderzuschüsse zur Pension.** 7 Ob 531/93 = ÖA 1993, 145 = EF 70.616.

E. Eigenes Vermögen des Unterhaltsberechtigten

651 1. Zu berücksichtigen ist **nicht das Vermögen des UhBer,** wohl aber dessen **Zinsertrag.** 3 Ob 575/82; 10 Ob 53/00 t.

2. Es sei denn, das Spargutthaben stammte aus einer **Ausgleichszahlung,** die die UhBer anlässlich der nachehel Vermögensaufteilung für die Überlassung ihrer

Hälfte des gemeinsamen Einfamilienhauses zur Beschaffung einer Wohnmöglichkeit erhalten hat, wobei sie diesen Bedarf noch nicht decken konnte. Diese Zinserträgnisse sind nicht zu berücksichtigen. 10 Ob 53/00 t.

3. In der Auffassung, die Kl müsse sich im Hinblick darauf, dass sie angesichts ihrer Arbeitslosigkeit, ihrer Nichtvermittelbarkeit auf dem Arbeitsmarkt und der ihr nur im Kulanzweg zukommenden Notstandshilfe ohnedies bereits gezwungen sei, zur Bestreitung ihres LebenUh auf ihre Ersparnisse zurückzugreifen, die Zinsenerträgnisse aus diesem Sparguthaben nicht als Einkommen auf ihren UhAnspr anrechnen lassen, liegt keine Überschreitung des Beurteilungsspielraums, zumal davon auszugehen ist, dass die Kl in Anbetracht der geschilderten Situation dzt faktisch gezwungen ist, diese Ersparnisse gleichsam als **„Notgroschen"** zu verwenden und sie nur in dem für die Bestreitung ihres LebensUh unbedingt erforderlichen Ausmaß in Anspruch zu nehmen. 10 Ob 53/00 t.

4. Das der Kl aufgrund des im Aufteilungsverfahren nach der Ehescheidung geschlossenen Vergleichs zustehende **Fruchtgenussrecht an der Ehewohnung** bringt ihr keine Einkünfte, die iSd § 94 Abs 2 ABGB angemessen zu berücksichtigen wären, weil sie diese Wohnung nicht etwa vermietet hat, sondern wie bisher auch nach der Scheidung selbst mit ihrer ehel Tochter bewohnt. 1 Ob 1502/94 = EF 76.714.

5. Nach neuerer Rsp des OGH (jüngst 7 Ob 170/05 d) wäre es nicht sachgerecht, zwar die durch Erwerb einer Erwerbsquelle erzielten Einnahmen, nicht jedoch die dafür aufgewendeten Ausgaben bei der UhBemessung zu berücksichtigen; derartige (etwa) Kreditrückzahlungen vermindern eben das maßgebende tatsächlich verfügbare Einkommen des GeldUhPfl. Dieser Grundsatz gilt auch bei der Ermittlung von Eigeneinkommen des UhBer. 6 Ob 202/06 h.

6. Auch solche **tatsächlich nicht gezogenen Einkünfte an Kapitalerträgen** sind angemessen zu berücksichtigen, die der Uh fordernde Ehegatte vertretbarerweise hätte ziehen können. Was vertretbar oder unvertretbar ist, bestimmt sich nach den konkreten Lebensverhältnissen unter Bedachtnahme auf die E, die partnerschaftlich eingestellte Ehegatten im gemeinschaftlichen Interesse unter den gegebenen Umständen getroffen hätten. 6 Ob 645/91 = EF 64.915; 10 Ob 53/00 t.

IV. Tod des unterhaltspflichtigen Ehegatten

§ 796 ABGB. Der Ehegatte hat, außer in den Fällen der §§ 759 und 795, solange er sich nicht wiederverehelicht, an die Erben bis zum Wert der Verlassenschaft einen Anspruch auf Unterhalt nach den sinngemäß anzuwendenden Grundsätzen des § 94. In diesen Anspruch ist alles einzurechnen, was der Ehegatte nach dem Erblasser durch vertragliche oder letztwillige Zuwendung, als gesetzlichen Erbteil, als Pflichtteil, durch öffentlich-rechtliche oder privatrechtliche Leistung erhält; desgleichen eigenes Vermögen des Ehegatten oder Erträgnisse einer von ihm tatsächlich ausgeübten oder einer solchen Erwerbstätigkeit, die von ihm den Umständen nach erwartet werden kann.

Literatur: *Kostner,* Die Unterhaltsschuld des Erben (§ 142 ABGB), NZ 1978, 171; *Zdesar,* Die Vererblichkeit des Unterhaltes des Kindes und ihre Behandlung im Verlassenschaftsverfahren, NZ 1979, 23; *Ostheim,* Zur Unterhaltsschuld des Erben, NZ 1979, 49; *ders,* Zur erbrechtlichen Stellung des Ehegatten nach dem BG 15. 6. 1978 BGBl 280, in

Ostheim, Schwerpunkte der Familienrechtsreform 1977/1978 (1979) 57; *Migsch*, Persönliche Ehewirkungen, gesetzlicher Güterstand und Ehegattenerbrecht, in Floretta, Das neue Ehe- und Kindschaftsrecht 61 ff; *Ent*, Die Eherechtsreform 1978, NZ 1979, 117, 149, 165; *Ent/Hopf*, Das neue Eherecht (1979); *Schauer*, Rechtsprobleme bei der Anrechnung im Erbrecht, JBl 1980, 449; *Zemen*, Unterhaltsschuld des Erben und Pflichtteilsansprüche, JBl 1984, 337; *Zankl*, Das gesetzliche Vorausvermächtnis des Ehegatten (1996).

652 1. Der **gesetzliche UhAnspr des Ehegatten** nach § 796 ABGB stellt trotz seiner Regelung iZm dem Erbrecht **keinen erbrechtlichen Anspruch** dar; er wird daher von einem vertraglichen Verzicht auf Erbrecht und Vorausvermächtnis nicht umfasst. 2 Ob 538/57; 8 Ob 568/91 = EF 66.246.

2. Auf letztwilliger Verfügung beruhende Ansprüche der Witwe sind hingegen nicht als Ansprüche auf den gesetzlichen Uh nach § 796 ABGB anzusehen. 1 Ob 652/92.

3. Das Abhandlungsgericht hat sich daher um die UhAnspr der eigenberechtigten Witwe nicht zu sorgen. Sie bilden nicht den Gegenstand der Abhandlung, sondern sind im Falle der Bestreitung im ordentlichen Rechtsweg geltend zu machen. 5 Ob 52/70; 7 Ob 546/88 = RZ 1988/38.

653 1. Dem überlebenden Gatten gebührt nur der **mangelnde anständige Uh**, nicht aber ein Uh, wenn er durch einen gesetzlichen Erbteil oder eine letztwillige Verfügung ohnedies versorgt, sein Uh durch eigenes Vermögen gedeckt ist oder er sich durch eine entsprechende Erwerbstätigkeit selbst zu erhalten vermag. 3 Ob 436/38 = DREvBl 1938/302; 1 Ob 216/50 = SZ 23/387; 7 Ob 158/65; 2 Ob 315/65 = SZ 38/186; 6 Ob 210/67 = EF 8345.

2. Nur das tatsächliche Einkommen des überlebenden Ehegatten, nicht aber seine bloße Erwerbsfähigkeit ohne ein solches Einkommen schließt seinen Anspruch auf den ihm nach § 796 ABGB gebührenden anständigen Uh ganz oder tw aus. 3 Ob 272/49.

3. **Anmerkung:** Diese E scheinen im Hinblick auf die Neufassung des § 796 ABGB überholt.

4. Durch die Verweisung auf § 94 ABGB soll sichergestellt werden, dass der **UhAnspr** des überlebenden Ehegatten **den Lebensverhältnissen entspricht, in denen die früheren Ehegatten bis zum Tode des einen von ihnen gelebt** haben. Dem überlebenden Ehegatten gebührt daher der Uh nur so weit, als dies im Falle des Fortlebens des verstorbenen Ehegatten nach der konkreten Situation der Eheleute im Rahmen des § 94 ABGB der Fall wäre. Dies muss aber nicht zu einer Fixierung des zuletzt gegen den Erben bestandenen Anspruchs führen, weil immer die angemessenen Bedürfnisse des überlebenden Ehegatten zu berücksichtigen sind. 7 Ob 560/85 = EF 48.523; 7 Ob 553/87 = NZ 1988, 107 = EF 54.138.

654 1. Mit dem durch das EheRÄG neugestalteten § 796 ABGB soll sichergestellt werden, dass die Einrechnungsvorschriften bei allen erbrechtlichen UhAnspr gleichartig gestaltet sind, der UhAnspr also nur hilfsweise besteht und nur dann gegeben ist, wenn die angemessene Versorgung des Ehegatten nicht durch andere Mittel, gleich woher diese kommen mögen, gesichert ist. 1 Ob 592/82 = SZ 55/54 = EvBl 1982/169; 7 Ob 560/85 = EF 48.523.

2. Diese Einrechnungsbestimmung erfordert es, den den sinngemäß anzuwendenden Grundsätzen des § 94 ABGB entsprechenden **UhBeitrag** des überleben-

den Ehegatten zu **kapitalisieren,** um gegenüber den in Kapitalbeträgen bestehenden Einrechnungsposten eine kommensurable Größe zu schaffen. Von einer Kapitalisierung wird nur dann abgesehen werden können, wenn der Uh durch laufende eigene Einkünfte hinreichend gedeckt ist. 7 Ob 560/85 = EF 48.523.

3. **Auf den kapitalisierten UhBeitrag** des überlebenden Ehegatten sind dann die in § 796 ABGB angeführten **Werte anzurechnen.** Erreichen sie die Höhe des kapitalisierten UhBeitrags, steht dem überlebenden Ehegatten kein UhAnspr gegen die Erben zu. Andernfalls haften aber die Erben für den durch die Einrechnungswerte nicht gedeckten Teil dem UhBer bis zum Wert des reinen Nachlasses wie ein Vorbehaltserbe. 7 Ob 560/85 = EF 48.523.

4. Der Anspruch auf mangelnden Uh gem § 796 ABGB kann nur **auf eine Geldrente gerichtet** sein, außer dem Ehegatten ist durch Vertrag oder letzten Willen eine Naturalversorgung zugewendet worden. 6 Ob 8/81 = SZ 54/145 = EF 43.44; 1 Ob 733/83 = JBl 1984, 552; 4 Ob 523/87 = JBl 1988, 237 = SZ 60/246.

5. Im Gesetz ist **keine zeitliche Beschränkung** des UhAnspr vorgesehen, insb nicht durch die voraussichtliche Dauer der Leistungsfähigkeit oder gar Lebensdauer des verstorbenen Ehegatten. 8 Ob 346/67 = JBl 1968, 623 = SZ 41/1; 7 Ob 553/87 = EF 54.138.

655 1. Der Erbe haftet ohne Rücksicht auf die Art seiner Erbserklärung dem UhBer immer nur wie ein **Vorbehaltserbe,** besteht der UhAnspr doch nicht gegenüber einem **überschuldeten Nachlass.** 4 Ob 523/87 = JBl 1988, 237 = SZ 60/246 = EF 54.140.

2. Der auf § 796 ABGB gestützte Anspruch des dürftigen Ehegatten **richtet sich gegen den Nachlass und nach der Einantwortung gegen die Erben.** Zu den Vermächtnisnehmern steht der hinterbliebene Ehegatte in gar keinem Rechtsverhältnis, ebenso wenig wie die sonstigen Nachlassgläubiger. 7 Ob 158/65.

3. Der UhAnspr des Ehegatten nach § 796 ABGB haftet auf dem ganzen reinen Nachlass und **geht den Ansprüchen** aller Legatare und Erben, auch der versorgten Noterben, **vor.** 1 Ob 372/26 = SZ 8/165; 8 Ob 346/67 = JBl 1968, 623 = SZ 41/1.

656 1. Es besteht **kein Naturalanspruch** des Ehegatten gegen den Erben auf die frühere **Ehewohnung.** 4 Ob 523/87 = JBl 1988, 237 = SZ 60/246 = EF 54.139.

2. Es wird also dem überlebenden Ehegatten kein Recht auf Weiterbenützung der vormaligen Ehewohnung gewährt. 4 Ob 523/87 = JBl 1988, 237 = SZ 60/246 = EF 54.139; 8 Ob 513/94.

3. Der überlebende Ehegatte hat dem Rechtsnachfolger im Eigentum an der vormaligen Ehewohnung infolge Erlöschens des familienrechtlichen Benützungstitels zu weichen; zur Räumung der Ehewohnung ist er aber nur auf dessen Verlangen verpflichtet. Ein Benützungsentgelt hat er somit nur dann zu zahlen, wenn er die vormalige Ehewohnung auch nach dem Widerruf weiter (nunmehr erst titellos) benützt. 4 Ob 523/87 = JBl 1988, 237 = SZ 60/246; 7 Ob 514/93.

4. Der Ehegatte, der nicht Erbe ist, benützt die Ehewohnung, die im Alleineigentum des anderen Ehegatten stand, nach dessen Tod titellos. 1 Ob 733/83 = JBl 1984, 552; 4 Ob 523/87 = JBl 1988, 237 = SZ 60/246.

5. **Anmerkung:** Diese E sind im Hinblick auf das ErbRÄG 1989 überholt (vgl nunmehr § 758 ABGB, Rz 662 b ff).

V. Änderung der Verhältnisse

657 1. Jede UhVereinbarung unterliegt der **Umstandsklausel.** 6 Ob 653/93 = EF 73.832.

2. Überall dort, wo nicht ihr Ausschluss erwiesen wurde, ist daher **jede nachträgliche Sachverhaltsänderung, die eine Neubemessung des Uh rechtfertigt,** zulässiger Anlass für einen neuen Antrag/eine neue Klage. 1 Ob 217/75 = SZ 48/113; 1 Ob 781/79 = ÖA 1981, 96; 8 Ob 525/80 = EF 35.237; 6 Ob 675/81; 1 Ob 636/81; 1 Ob 538/83; 7 Ob 616/84; 8 Ob 529/84; 2 Ob 503/86 = SZ 59/30 = EvBl 1987/10; 4 Ob 528/91.

3. Uzw deshalb, weil auch in UhSachen die materielle Rk von gerichtlichen E nachträglichen Änderungen des rechtserzeugenden Sachverhalts nicht standhält. 6 Ob 653/93 = EF 73.833.

4. Eine UhVereinbarung hat daher nur solange **Gültigkeit, als sich die Voraussetzungen nicht geändert haben,** unter denen sie geschlossen wurde. 2 Ob 566/78 = EvBl 1979/156 = EF 32.841.

5. Dies gilt etwa auch für die Vereinbarung, „dzt mit einem bestimmten UhBeitrag einverstanden zu sein"; ohne Änderung der maßgeblichen Umstände gibt es keine Neubemessung. 6 Ob 539/92 = EF 70.046.

658 1. Partnerschaftliche **Vereinbarungen** der Ehegatten, **die den höchstpersönlichen Lebensbereich betreffen,** sind bloß faktische Einigungen, die enden, wenn sie nicht mehr vom Willen beider Partner getragen werden; die einseitige und grundlose Auflösung ist rechtswidrig und kann einen Scheidungsgrund darstellen. 1 Ob 697/86 = JBl 1987, 652 = SZ 60/34; 7 Ob 686/87; 4 Ob 534/91 = SZ 64/121 = JBl 1992, 38.

2. Dazu gehört auch eine Vereinbarung betr **Urlaube im Ferienhaus** des Bekl. 3 Ob 1538/91.

3. Ein Abgehen von getroffenen Vereinbarungen, die den höchstpersönlichen Lebensbereich der Ehepartner betreffen, ist nur aus wichtigem Grund und auch nur in eingeschränktem Ausmaß, etwa wenn es sich um gemeinsam eingegangene Verpflichtungen handelt, die aufgrund gemeinsamer finanzieller Anstrengungen beider Ehegatten eingegangen wurden und unkündbar weiterlaufen, zulässig. 1 Ob 697/86 = JBl 1987, 652 = SZ 60/34; 2 Ob 506/90; 2 Ob 532/91; 6 Ob 539/92.

659 1. Die gerichtliche Neubemessung des gesetzlichen Uh darf, auch wenn sich die Verhältnisse seit Vergleichsabschluss erheblich geändert haben, nicht **völlig losgelöst von der bisherigen vertraglichen Regelung** und der in dieser unter Bedachtnahme auf die in diesem Zeitpunkt gegebenen Verhältnisse zum Ausdruck kommenden Konkretisierung der Bemessungsgrundsätze durch die Parteien lediglich aufgrund der abstrakten gesetzlichen Regelung geschehen, sondern hat – anknüpfend an den zw den Parteien geschlossenen Vergleich – unter Berücksichtigung sowohl dieser durch die Parteien konkretisierten Bemessungsgrundsätze als auch der inzwischen eingetretenen Änderung der Verhältnisse zu erfolgen, wobei nötigenfalls die ergänzende Vertragsauslegung heranzuziehen ist. 5 Ob 681/81 = EF 37.611; 8 Ob 564/90 = ÖA 1992, 109/U 31 = EF 65.760; 1 Ob 509/91 = EF 65.760; 1 Ob 566/91 = EF 65.760; 1 Ob 631/91 = EF 65.760; 1 Ob 635/91 = RZ 1992/58 = EF 65.760.

2. Es sei denn, die Parteien hätten von vornherein die Absicht gehabt, nur eine **einvernehmliche Ausmittlung des aktuellen gesetzlichen Anspruchs** ohne vorsätz-

liche Vernachlässigung oder Überbewertung einzelner Bemessungsfaktoren vorzunehmen. 9 Ob 502/95 = SZ 68/3 = EF 76.717.

3. Falls die Parteien den seinerzeit **vereinbarten UhBeitrag zu keiner Bemessungsgröße** in eine **bestimmte Relation** stellen wollten oder dies nicht mehr erweislich ist, darf nicht auf die tatsächlich bestandenen Verhältnisse zurückgegriffen werden. In einem solchen Fall verliert eine UhVereinbarung bei wesentlicher Änderung der Verhältnisse, die schon allein in einem nennenswerten Kaufkraftschwund gelegen sein kann, jede weitere Regelungsfunktion. Dies erfordert dann eine von der seinerzeitigen vertraglichen UhBestimmung völlig unabhängige neue UhFestsetzung. 6 Ob 675/81 = EF 37.612.

1. Je mehr die **Interessen des Partners und der Familie beeinträchtigt** **660** werden, desto wichtiger muss der Grund für das einseitige Abgehen von der Gemeinschaftsgestaltungsvereinbarung sein. 8 Ob 601/89 = JBl 1991, 714 *(Ferrari-Hofmann-Wellenhof).*

2. Wobei die **Scheidung als solche keine zu berücksichtigende Änderung** der Verhältnisse darstellt. 6 Ob 684/81 = EvBl 1982/127 = EF 40.041; 2 Ob 506/90; 2 Ob 532/91; 5 Ob 564/93.

3. Wohl aber der Umstand, dass zwar zum Zeitpunkt des Vergleichsabschlusses objektiv mit einer gewissen Dauer der „**Durststrecke**" (= Unternehmen bringt keinen Gewinn) zu rechnen war, nicht aber damit, dass sich diese über mehrere Jahre hinziehen werde. Nur die beiderseits bestimmte Erwartung einer – dann auch eingetretenen – Änderung wäre dem Ausschluss der Umstandsklausel gleichzuhalten. 5 Ob 564/93.

4. Ebenso die mit dem **Wegfall der Befriedigung des Wohnbedarfs** in der vom Bekl finanzierten Ehewohnung verbundene Steigerung des GeldUhBed der Frau, weshalb der sich aus der vergleichsweisen Festsetzung eines UhBeitrags ergebende Prozentsatz an der UBGr nicht unverändert aufrechterhalten werden kann. 7 Ob 582/91.

5. Oder die **Pensionierung der Ehefrau.** 2 Ob 566/78 = EvBl 1979/156 = EF 32.852.

6. Oder der Umstand, dass der Kl **nach Vergleichsabschluss** die **höhere** UBGr **bekannt geworden** ist; da die Kl nur für die Zukunft höheren Uh begehrt, bedarf es auch nicht einer Anfechtung des gerichtlichen Vergleichs wegen Irrtums. 1 Ob 636/81 = EF 37.614.

7. Es sind nämlich nicht nur die nachträglich objektiv feststellbaren, für die UhBemessung bestimmenden Umstände als Ausgangsbasis für die Beurteilung einer Änderung der Verhältnisse und des Ausmaßes einer solchen Änderung heranzuziehen, sondern auch **die von den Parteien übereinstimmend vorausgesetzten oder zugrunde gelegten einzelnen UBGr,** wie Einkommenslosigkeit und Liegenschaftsmiteigentum der Kl, ihre finanziellen Belastungen durch Heilbehandlung, Medikamente und besondere Verpflegskosten, Einkommen und Vermögen des Bekl udgl. 6 Ob 675/81 = EF 37.610.

8. Dies gilt aber nicht für eine **Kaufkraftminderung** bei sonst gleichbleibenden Verhältnissen, weil diese beide Streitteile in gleichem Maße trifft; sie kann für sich allein keinen Grund für eine Erhöhung des UhAnspr bilden. 8 Ob 525/80 = EF 35.240.

9. Die zunächst als befristet angesehene Trennung ist in der Folge zur unbefristeten geworden. Dies führt aber infolge konkludenten Widerrufs der getroffenen Vereinbarung nicht zu einer „Perpetuierung" der einmal für die Dauer eines Jahres getroffenen Vereinbarung, weil die Kl auch erklärte, mit ihrem GeldUh nicht das Auslangen finden zu können. Dies berechtigt sie ab dem konkludenten Widerruf der getroffenen Vereinbarung zur Geltendmachung ihres gesetzlichen UhAnspr. 7 Ob 171/99 v.

10. Die Rk eines Urteils, dem die Behauptung eines bestimmten Einkommens des Bekl zugrundelag, steht einem auf ein tatsächlich höheres Einkommen gestützten Begehren auf höheren Uh auch dann nicht entgegen, wenn sich die Einkommensverhältnisse des Bekl nicht geändert haben. **Der Uh kann auch bei gleich gebliebenen Verhältnissen erhöht werden, sofern ein Anspruch geltend gemacht wird, der noch nicht Gegenstand der vorangegangenen E war.** 1 Ob 25/07 v.

661 1. War ein UhStreit zu einem Zeitpunkt beendet, zu dem die durch das EheRwG eingetretene Rechtslage noch nicht zu berücksichtigen, ja noch nicht einmal bekannt war, wurden aber UhPflichten festgesetzt, die über den Zeitpunkt des Inkrafttretens dieses Gesetzes hinaus durch Auferlegung künftig fällig werdender UhLeistungen Bedeutung haben mussten, steht ohne Rücksicht auf die Rk dieser E jedem Teil das Recht zu, die Änderung der UhPflicht unter Bedachtnahme auf das neue Recht zu verlangen, wenn eine Änderung der materiellen Rechtslage eingetreten ist. 1 Ob 548/77 = EvBl 1977/219 = JBl 1978, 539; 3 Ob 181/78 = EF 32.854; 1 Ob 560/80 uva; 3 Ob 48/86 = EF 50.249.

661a 1. Die UhVergleichen innewohnende **Umstandsklausel** kann **ganz oder tw ausgeschlossen** werden, indem auch für den Fall einer wesentlichen Änderung der beiderseitigen Verhältnisse auf eine Änderung der UhVereinbarung verzichtet wird. Dies gilt nicht nur für eine für die Zeit nach Rk des Scheidungsurteils getroffene Vereinbarung (§ 80 EheG), sondern auch für den für die Zeit der aufrechten Ehe vereinbarten Uh, weil es den Ehegatten – unbeschadet der Unwirksamkeit eines Vorausverzichts auf den UhAnspr an sich (§ 94 Abs 3 ABGB) – freisteht, für den Fall der Aufhebung des gemeinsamen Haushalts ihre UhPflicht einvernehmlich zu regeln. 1 Ob 663/80 = EF 35.242.

2. Ein solcher Verzicht findet nur dort eine **Grenze,** wo das Festhalten an der Übereinkunft wegen eines krass unbilligen Verhältnisses zw den der Frau durch eigenes Einkommen und den UhBeitrag zufließenden Mitteln und dem für den Mann verbleibenden Einkommensteil nach Erfüllung seiner UhPflichten und einer danach unzumutbaren Belastung als Verstoß gegen die guten Sitten zu werten wäre. 3 Ob 527/82 = EF 40.045.

3. Das **Beharren auf einem ursprünglich nicht sittenwidrigen UhVergleich** kann unter geänderten Umständen sittenwidrig sein. Dies wurde etwa zugunsten des UhPfl angenommen, wenn ohne Berücksichtigung der geänderten Umstände der Uh anderer UhBer gefährdet wäre, wenn durch ein Beharren auf der UhLeistung dem UhPfl die Existenzgrundlage entzogen würde oder wenn ein krasses Missverhältnis zw dem dem UhPfl verbleibenden Einkommen und dem nunmehrigen Uh des UhBer entstünde und der UhPfl hiedurch in seiner Lebensführung extrem eingeschränkt würde. Gleiches muss auch gelten, wenn dem Uh-

Ber ohne Erhöhung des UhBeitrags die Existenzgrundlage entzogen würde. 1 Ob 663/80 = EF 35.241.

VI. Verjährung

§ 1480 ABGB. Forderungen von rückständigen jährlichen Leistungen, insbesondere Zinsen, Renten, Unterhaltsbeiträgen, Ausgedingsleistungen, sowie zur Kapitalstilgung vereinbarten Annuitäten erlöschen in drei Jahren; das Recht selbst wird durch einen Nichtgebrauch von dreißig Jahren verjährt.

§ 1495 ABGB. Auch zwischen Ehegatten . . . kann, solange die Ehe aufrecht ist . . . , die Ersitzung oder Verjährung weder angefangen, noch fortgesetzt werden. . . .

662 1. Auch im EhegattenUhRecht gilt § 1480 ABGB; UhAnspr verjähren innerhalb von 3 Jahren. Eine **Mahnung** (das Inverzugsetzen) ist bei aufrechter Ehe wegen der besonderen familienrechtlichen Nahebeziehung **entbehrlich**. 3 Ob 78/05 z = EF 111.321.

2. **Anmerkung:** Anerkennt der UhPfl vor Ablauf der Verjährungsfrist den UhAnspr zumindest dem Grunde nach, beginnt die Verjährungsfrist gem § 1497 ABGB neu zu laufen (vgl 3 Ob 169/06 h); dabei reicht ein deklaratives Anerkenntnis aus. Dieses führt außerdem zu einer Beweislastumkehr, dh der UhPfl hat nunmehr zu beweisen, dass die UhPflicht nicht besteht (vgl [verstSenat] 1 Ob 27/01 d = SZ 74/80).

662 a 1. § 1495 ABGB normiert jedoch eine **Fortlaufshemmung**. Sie hindert also Beginn und Lauf der Verjährung. 5 Ob 265/02 k.

2. Für die Verjährungshemmung kommt es grundsätzlich nur darauf an, ob die Ehe noch aufrecht ist, nicht aber darauf, ob dem Forderungsberechtigten die Klagsführung etwa deshalb zumutbar erscheint, weil er bereits eine Ehescheidungsklage gegen den UhPfl eingebracht hat. 8 ObA 67/97 d; 5 Ob 265/02 k.

3. Allerdings ist bei **Aufhebung der häuslichen Gemeinschaft** die Verjährungshemmung auf **sechs Jahre** (vgl § 55 Abs 1 EheG) zu begrenzen. 8 ObA 250/95.

4. **Abw:** Die Verjährung von UhAnspr ist auch dann gehemmt, wenn die Ehegatten schon viele Jahre getrennt leben. **Vor der Scheidung der Ehe kann die Verjährung nicht beginnen.** 3 Ob 17/94 = SZ 67/62; 5 Ob 265/02 k.

5. **Anmerkung:** Die Rsp zur Frage, ob die Fortlaufshemmung des § 1495 ABGB zw Ehegatten ausschließlich durch die Ehescheidung beendet werden kann oder ob die 6-Jahresfrist des § 55 Abs 3 EheG, der einen unabhängigen, absolut wirkenden Scheidungstatbestand normiert hat (EvBl 1980/51; EF 48.799), scheint uneinheitlich. Im Hinblick auf die offensichtliche ratio des § 1495 ABGB ist aber wohl letzterer Auffassung der Vorzug zu geben (so auch die hL, vgl etwa *Eypeltauer*, RZ 1991, 28; *Reischauer*, JBl 1991, 562; *Schwimann*, Unterhaltsrecht[2], 155; *Schwimann/Ferrari* in Schwimann[3] Rz 69 zu § 94 ABGB; *Mader* in Schwimann[3] Rz 1 zu § 1495 ABGB; *Hinteregger* in Klang[3] Rz 92 zu § 94 ABGB): Einem Ehepartner ist, solange er durch seine Klage das ehel Verhältnis (zusätzlich) gefährden oder die Klage die von ihm angestrebte Rettung des gefährdeten ehel Verhältnisses beeinträchtigen könnte, die Klage nicht zumutbar (8 ObA 250/95). Nach Ablauf dieser Frist kommt es auf derartige Fragen aber nicht mehr an; der UhPfl kann jetzt die Beendigung der Ehe begehren.

VII. Gesetzliches Vorausvermächtnis

§ 758 ABGB. Sofern der Ehegatte nicht rechtmäßig enterbt worden ist, gebühren ihm als gesetzliches Vorausvermächtnis das Recht, in der Ehewohnung weiter zu wohnen, und die zum ehelichen Haushalt gehörenden beweglichen Sachen, soweit sie zu dessen Fortführung entsprechend den bisherigen Lebensverhältnissen erforderlich sind.

§ 759 ABGB. (1) Ein aus seinem Verschulden geschiedener Ehegatte hat kein gesetzliches Erbrecht und keinen Anspruch auf das gesetzliche Vorausvermächtnis.

(2) Das gesetzliche Erbrecht und der Anspruch auf das gesetzliche Vorausvermächtnis ist dem überlebenden Ehegatten auch dann versagt, wenn der Erblasser zur Zeit seines Todes auf Scheidung oder Aufhebung der Ehe gemäß dem Ehegesetz vom 6. Juli 1938 (Reichsgesetzbl. I S. 807) zu klagen berechtigt war und die Klage erhoben hatte, sofern im Falle der Scheidung oder Aufhebung der Ehegatte als schuldig anzusehen wäre.

Literatur: Bolla, Die erbrechtliche Anrechnung innerhalb des Vermögensrechtes zwischen Eltern und Kindern, ÖJZ 1951, 289; *Reinl,* Der Besitzschutz der Ehegattin an der Ehewohnung, JBl 1969, 370; *Ent,* Die Neuordnung des gesetzlichen Erbrechts des Ehegatten und des gesetzlichen Güterstandes als Teil der Gesamtreform des österreichischen Familienrechts, ÖJZ 1972, 29; *ders,* Das neue Ehegattenerbrecht und eheliche Güterrecht, NZ 1972, 183; *Jensik,* Die Ehewohnung, NZ 1976, 65; *Welser,* Neue Rechenaufgaben vom Gesetzgeber, NZ 1978, 161; *Migsch,* Persönliche Rechtswirkungen, gesetzlicher Güterstand und Ehegattenerbrecht, in *Floretta,* Das neue Ehe- und Kindschaftsrecht (1979) 17, 51 ff; *Ostheim,* Zur erbrechtlichen Stellung des Ehegatten nach dem BG 15. 6. 1978, BGBl 280, in Schwerpunkte der Familienrechtsreform 1977/1978 (1979) 57; *Schauer,* Rechtsprobleme bei der Anrechnung im Erbrecht, JBl 1980, 449; *Eccher,* Antizipierte Erbfolge (1980); *Zemen,* Die gesetzliche Erbfolge nach der Familienrechtsreform (1981) 181; *ders,* Zur Kürzung der Vermächtnisse nach § 783 ABGB, ÖJZ 1985, 65; *ders,* Der Kreis der Pflichtteilsberechtigten, ÖJZ 1987, 231; *Mell,* Erbrechtsreform wozu? JBl 1988, 669 (Korrespondenz); *Schauer,* Zum Ministerialentwurf über die Änderung des Erbrechts des unehelichen Kindes und des Ehegatten, NZ 1988, 274; *Loebenstein,* ÖJZ 1990, 142 (Wichtige Gesetzesvorhaben); *Welser,* Die Erbrechtsreform 1989, NZ 1990, 137; *Schauer,* Neues Erbrecht ab 1991, RdW 1990, 70; *Zankl,* Das neue Erbrecht im Überblick, JAP 1990/91, 118; *Adensamer,* Das Erbrechtsänderungsgesetz 1989, WR 1991 H 25, 18; *Eccher,* Zum neuen Wohnrecht des überlebenden Ehegatten, wobl 1991, 1; *Ferrari-Hofmann-Wellenhof,* Zum gesetzlichen Erbrecht der Verwandten seit dem Erbrechtsänderungsgesetz 1989, NZ 1991, 245; *Paliege,* Neues im österreichischen Erbrecht, NZ 1991, 169; *Watzl,* Das Vorausvermächtnis des Wohnrechtes, JBl 1992, 613; *Zankl,* Die Stellung des Ehegatten nach dem Erbrechtsänderungsgesetz, in *Harrer/Zitta,* Familie und Recht (1992) 545; *Grabenwarter,* Überlegungen zu einer Reform des Pflichtteilsrechts, NZ 1994, 174; *Pichler,* Wann wird der Scheidungsbeschluß rechtskräftig? RZ 1994, 32; *Binder,* Der Schutz der Familienwohnung in Österreich, in *Henrich/Schwab,* Der Schutz der Familienwohnung in Europäischen Rechtsordnungen (1995) 79; *Grabenwarter,* Ist der Erbvertrag ein Auslaufmodell? ecolex 1996, 589; *Zankl,* Das gesetzliche Vorausvermächtnis des Ehegatten (1996); *ders,* Das Wohnrecht des überlebenden Ehegatten nach § 758 ABGB, immolex 1997, 145; *Fischer-Czermak,* Die erbrechtliche Anrechnung und ihre Unzulänglichkeiten, NZ 1998, 2; *Holzner,* Ehevermögen bei Scheidung und Tod, Unvereinbarkeit zweier Auseinandersetzungsmodelle (1998); *Zankl,* Rechtsvergleichende Gedanken zu einer Reform der Anrechnung? NZ 1998, 35; *Hauser/Peham,* Das gesetzliche Vorausvermächtnis bei der Ermittlung der Erb- und Pflichtteilsansprüche, NZ 2000, 27; *Vonkilch,* Mietzinsvorauszahlungen, Baukostenbeiträge und wohnrechtliche Sondererbfolge (§ 14 MRG), NZ 2000, 321; *Fischer-Czermak,* Verträge auf den Todesfall zwischen Ehegatten und Scheidung, NZ 2001, 3; *Jaksch-Ratajczak,* Miteigentumsgemeinschaft und Wohnrecht nach § 758 ABGB, NZ 2001, 421; *Umlauft,* Die Anrechnung von Schenkungen und Vorempfängen im Erb- und Pflichtteilsrecht (2001); *Kletečka,* Die Eigentümerpartnerschaft nach dem WEG 2002, immolex 2002, 174; *ders,* Wohnungseigentumsgesetz 2002 (2002); *Böhm/Fuchs,* Zum Eintritt der zivilrechtlichen Wirkungen des Ehescheidungsbeschlusses, ÖJZ 2002, 628; *Markl,* Die Eigentümerpartnerschaft – §§ 13 bis 15 WEG 2002, wobl 2002, 129; *Deixler-Hübner,* Die nichteheliche Partnerschaft. Rechtswirklichkeit und Forderungen an den Gesetzgeber, in Gaisbauer, Lebenspartnerschaft (2002) 33; *Spitzer,* Verlust des Ehegattenerbrechts durch Eröffnung des Scheidungsverfahrens, JBl 2003, 837; *Fischer-Czermak,* Vereinbarungen nach § 14 Abs 4 und 5 WEG – rechtliche Beurteilung und Verhältnis zum Erwerb des halben Mindestanteils im Erbweg, FS Welser (2004) 189; *Tedeschi,* Das Wohnrecht des überlebenden Gatten, Haus & Grund 2004, H 7/8, 23; *Zankl,* Entwicklungen im Pflichtteilsrecht, FS Welser (2004) 1234; *Simotta,* Der Tod eines Ehegatten während eines Eheprozesses, FS Welser (2004) 1015; *Samek,* Das österreichische Pflichtteilsrecht (2004); *Beclin,* Das Familien- und Erbrechtsänderungsgesetz – Teil II Erbrecht, JAP 2004/2005, 51; *Fischer-Czermak,* Neueste Änderungen im Abstammungs- und Erbrecht, JBl 2005, 2; *Frei,* Wohnungseigentum von Partnern im Todesfall nach der WRN 2006, NZ 2006, 292; *Konopatsch,* Englische Lösungen für österreichische Probleme im gesetzlichen Erbrecht. Ist in Österreich ein Wechsel zu einem beweglichen Erbrechtssystem geboten? – Eine rechtsvergleichende Untersuchung anhand des österreichischen und englischen Ehegattenerbrechts, ZfRV 2006/2; *Spitzer,* § 14 WEG neu: Tod des Eigentümerpartners, ecolex 2006, 818; *Markl/Hechenbichler,* Eigentümerpartnerschaft im Todesfall, EF-Z 2007, 16; *Koch-Hipp,* Das rechtliche Schicksal der Ehewohnung im Überblick, EF-Z 2007, 44; *Gitschthaler/Simma,* Die Sicherung der Existenz des Gemeinschuldners und seiner Familie im Konkurs (Teil II), EF-Z 2007, 170.

662 b 1. Der „gesetzliche Voraus" ist dem im Familienrecht begründeten Wohnrecht vergleichbar, sodass ihm **UhCharakter** und Pflichtteilscharakter zukommt. 1 Ob 25/06 t.

2. Einschr: Das Recht, in der Wohnung weiter zu wohnen, ist ein gesetzliches Vorausvermächtnis mit Pflichtteilscharakter und unterliegt grundsätzlich den Regeln des Vermächtnisrechts. 6 Ob 184/99 y = SZ 72/174.

3. Es soll dem überlebenden Ehegatten die bisherigen Lebensverhältnisse erhalten und sichern. Der Tod des Ehegatten soll nicht dazu führen, dass der andere die ihm vertrauten Dinge des Alltags verliert. 6 Ob 13/02 h = EF 105.569, 105.570; 6 Ob 233/04 i = EF 108.044; 2 Ob 187/06 y.

662 c 1. Wenn die Ehegatten ein von ihnen zuvor als Lebensgefährten bewohntes Haus auch als weitere Ehewohnung bestimmt haben, kommt es nicht darauf an, ob der Erblasser und der überlebende Ehegatte einmal auch tatsächlich darin gemeinsam als Eheleute gewohnt haben, oder ob sie durch den Tod des Erblassers daran gehindert wurden. Auch in diesem Fall muss nach den Intentionen des Gesetzgebers, dem überlebenden Ehegatten ermöglicht werden, die vertraute Umgebung beizubehalten und wie bisher im Haus des verstorbenen Ehegatten entsprechend den tatsächlichen Lebensverhältnissen zum Todeszeitpunkt weiter zu wohnen. 7 Ob 295/03 p = SZ 2004/5 = EF 108.046.

2. Es soll jedenfalls jener Ehegatte gesichert und geschützt werden, der **bisher im Haus des Erblassers gewohnt** hat, welches nunmehr einem anderen zufallen soll. Dass beide Ehepartner „bis zuletzt" in ihrer Ehewohnung gelebt haben mussten, ist als zwingendes Erfordernis ratio und Konzept des § 758 ABGB jedoch nicht zu entnehmen. Hat der überlebende Ehegatte nur deshalb die Ehewohnung verlassen bzw sogar verlassen müssen, weil ihn der später verstorbene Ehegatte selbst „**hinausgeekelt**" hatte, geht er seines Rechtes aus § 758 ABGB nicht verlustig. 2 Ob 187/06 y.

3. Auch wenn sich der Umfang (und damit auch das Recht) des „Weiterwohnens" iSd durch diese vom Gesetzgeber gewählte Formulierung zum Ausdruck kommenden **Kontinuität der Benützung der Ehewohnung** grundsätzlich nach den „tatsächlichen Verhältnissen zum Zeitpunkt des Todes des Erblassers" richtet und ein Ehegatte auch – uU sogar schlüssig – auf das Wohnrecht, etwa durch Ausziehen aus der Wohnung, verzichten kann, so muss dies jedenfalls „freiwillig" geschehen sein. 2 Ob 187/06 y.

4. So wie jemand, der die bisherige Ehewohnung etwa bei Urlaub, Verwandtenbesuch oder Kuraufenthalt nicht endgültig, sondern bloß vorübergehend verlassen hat, ein Rückkehr- und damit auch Wohnrecht iSd gesetzlichen Vorausvermächtnisses hat, so kann auch für einen ausschließlich durch in der Sphäre des gewalttätigen Erblassers gelegene Umstände geprägten Auszugentschluss der Ehegattin lebens- und realitätsnahe nichts anderes gelten. 2 Ob 187/06 y.

662 d 1. Die **Fälligkeit** des gesetzlichen Vorausvermächtnisses tritt, wie bei Vermächtnissen allgemein, sofort ein. 5 Ob 191/03 d.

2. Es gewährt einen schuldrechtlichen Anspruch gegen den Erben oder den sonst durch das Vermächtnis Beschwerten. 7 Ob 561/93; 9 Ob 508/94; 7 Ob 644/95; 6 Ob 132/97 y; 1 Ob 2364/96 w; 6 Ob 184/99 y; 3 Ob 220/00 z; 5 Ob 191/03 d; 1 Ob 25/06 t.

3. Der Anspruch steht zwar gegenüber dem Geschenknehmer einer Schenkung unter Lebenden nicht zu. 6 Ob 580/95.

4. Wenn der Erblasser die Ehewohnung einem anderen als Legat ausgesetzt hat, ist das gesetzliche Vorausvermächtnis aber als **Sublegat** anzusehen. 1 Ob 2364/96 w = SZ 70/47.

5. Für Erwerb, Geltendmachung und Ausschließung des gesetzlichen Vorausvermächtnisses gelten die Vermächtnisregeln; bei Anspruchsbestreitung ist der **Rechtsweg zu beschreiten.** 4 Ob 607/74; 5 Ob 191/03 d.

6. Der Wert des Voraus kann nur im Pflichtteilprozess, nicht aber im Verlassenschaftsverfahren festgestellt werden. 2 Ob 211/99 i = EF 93.315.

662 e 1. Der gesetzliche Voraus **geht Erblasserschulden im Range nach.** Demnach hat der aus § 758 ABGB Berechtigte, wenn das Wohnrecht nicht dinglich begründet wird, keinen Schutz gegenüber Gläubigern des Erben. 3 Ob 220/00 z; 4 Ob 63/04 z; 1 Ob 25/06 t.

2. Dies gilt auch gegenüber einem **Anfechtungskläger.** 1 Ob 25/06 t.

3. Der mit dem gesetzlichen Vorausvermächtnis des überlebenden Ehegatten an der Ehewohnung Belastete ist jedoch nicht gehalten, ein dingliches Wohnrecht einzuräumen. 7 Ob 561/93 = SZ 66/102.

4. Das gesetzliche Vorausvermächtnis des überlebenden Ehegatten an der Ehewohnung ist keine zum Todeszeitpunkt des Erblassers bestehende Belastung der Liegenschaft. 6 Ob 184/99 y = SZ 72/174 = EF 89.976; 2 Ob 211/99 i; 6 Ob 248/00 i.

1. Im Verhältnis zu den erbrechtlichen Sonderregelungen über die Wohnung **662 f**
ist das **Vorausvermächtnis subsidiär.** Erwirbt der überlebende Ehegatte aufgrund
solcher Sonderregelungen das Recht, in der Wohnung zu wohnen (tritt er etwa in
das Mietverhältnis ein oder wird er Alleineigentümer der Wohnung), so kommt das
Vorausvermächtnis nicht zum Tragen, weil sein Anspruch aus § 758 ABGB damit
erfüllt ist. 3 Ob 516/92 = JBl 1992, 646 = wobl 1993, 54 = SZ 65/67; 7 Ob 561/93;
9 Ob 508/94 uva; 2 Ob 211/99 i.

1. Das gesetzliche Vorausvermächtnis der Witwe, in der ehel Wohnung weiter **662 g**
wohnen zu dürfen, **setzt entsprechende Rechte des Erblassers an der Wohnung als
Grundlage des Vermächtnisses voraus** (Nachlasszugehörigkeit). 6 Ob 132/97 y =
SZ 70/122; 6 Ob 233/04 i = EF 108.045; 8 Ob 17/07 v.

2. Das Recht in der Wohnung weiter zu wohnen, unterliegt nämlich grundsätzlich den Regeln des Vermächtnisrechts. Als Vermächtnis muss die vermachte Sache oder das Recht bis zum sachenrechtlichen Erwerb zunächst zum Nachlass gehören. Zur Verschaffung des Wohnrechts aus eigenen Mitteln ist der Erbe nicht verpflichtet. Ebenso muss der Erbe keine Sachen verschaffen, die der Erblasser nicht hatte. 9 Ob 508/94 = SZ 67/206; 6 Ob 580/95; 7 Ob 644/95; 7 Ob 2303/96 v; 1 Ob 2364/96 w = SZ 70/47; 6 Ob 233/04 i = SZ 2004/179.

3. Es können daher auch nicht neue Rechtspositionen gegenüber Dritten, die auch dem verstorbenen Ehegatten nicht zugekommen sind, begründet werden. 8 Ob 17/07 v.

4. Ein in den Nachlass fallendes Recht, über das der verstorbene Ehegatte verfügen konnte, ist bei einer **persönlichen Dienstbarkeit,** die mit dem Tod des Berechtigten endet, auszuschließen. 9 Ob 508/94 = SZ 67/206; 6 Ob 580/95; 7 Ob 644/95; 6 Ob 132/97 y; 6 Ob 233/04 i = SZ 2004/179.

1. Der Anspruch des überlebenden Ehegatten bleibt in Ansehung der Ehewohnung inhaltlich gleich; sein bisheriges, gegen den Ehegatten zustehendes Benützungsrecht setzt sich als Anspruch gegen den Vermächtnisschuldner fort. Der durch die tatsächlichen Benützungsverhältnisse bestimmte Umfang des gesetzlichen Vorausvermächtnisses an der Ehewohnung kann nicht durch eine vertragliche Vereinbarung zw dem Erblasser und dem mit diesem Vermächtnis Belasteten eingeschränkt werden. 7 Ob 561/93; 9 Ob 508/94; 1 Ob 2364/96 w; 6 Ob 184/99 y; 6 Ob 13/02 h; 7 Ob 295/03 p; 5 Ob 191/03 d; 8 Ob 17/07 v. **662 h**

1. Auch eine Liegenschaft mit **Haus und Garten** kann „Ehewohnung" iSd **662 i**
§ 758 ABGB sein. 1 Ob 2364/96 w = SZ 70/47; 6 Ob 13/02 h = EF 105.572.

2. Das Vorausvermächtnis des überlebenden Ehegatten bezieht sich jedoch nicht auf mehrere Wohnungen. Es kommt vielmehr darauf an, welche Wohnung als „Hauptwohnsitz" anzusehen ist. 7 Ob 644/95.

1. Wenn der Erblasser nur Miteigentümer der Liegenschaft war, auf der sich **662 j**
die Ehewohnung befand, und er die Wohnung nur aufgrund einer Benützungsregelung unter Miteigentümern benützte, kann die Witwe der Teilungsklage der Miteigentümer nicht das gesetzliche Vorausvermächtnis als Teilungshindernis entgegenhalten. Die Benützungsregelung ist auch nicht als Vereinbarung iSd § 831 ABGB, also als Verzicht auf den Teilungsanspruch, anzusehen. 6 Ob 132/97 y = SZ 70/122.

2. Das aus dem gesetzlichen Vorausvermächtnis erfließende Recht der erbl Witwe, die Ehewohnung im bisherigen Umfang weiterzubenutzen, kann aber nach den Umständen des zu beurteilenden Falles das einer Teilung der Liegenschaft entgegenstehende Hindernis der **Unzeit** verwirklichen. 6 Ob 233/04 i = SZ 2004/179.

3. Die Witwe hat gem § 758 ABGB Anspruch auf Beibehaltung ihrer Wohnverhältnisse in der Ehewohnung (hier: Einfamilienhaus mit Garten). Dieses Recht steht einem Antrag auf gerichtliche **Benützungsregelung** durch Zuweisung von Räumlichkeiten an die Tochter, die im Erbweg Miteigentümerin wurde, entgegen. 6 Ob 13/02 h; 8 Ob 17/07 v.

4. Dem überlebenden Ehegatten steht im Rahmen des Vorausvermächtnisses ein Wohnrecht zu. Da dieses Wohnrecht auf einem (gesetzlichen) Dauerschuldverhältnis zw dem überlebenden Ehegatten und dem Erben beruht, kann es – so wie andere Dauerschuldverhältnisse – **aus wichtigem Grund beendet** werden. 7 Ob 295/03 p = SZ 2004/5.

662 k   1. Für die Pflichtteilsergänzung ist zwar grundsätzlich auch das gesetzliche Vorausvermächtnis des überlebenden Ehegatten pflichtteilsdeckend einzurechnen, ohne dass der Ehegatte zw dem Voraus und dessen Abgeltung in Geld wählen könnte. Ist aber dem hinterbliebenen Ehegatten aus nicht von ihm zu vertretenden Gründen, vor allem wegen altersbedingter beziehungsweise krankheitsbedingter Pflegebedürftigkeit, das Verbleiben in der Ehewohnung nicht zumutbar oder gar unmöglich, so kann er den für ihn nutzlosen Voraus unter Vorbehalt seines ungekürzten Pflichtteilsanspruchs ausschlagen. 1 Ob 2364/96 w = SZ 70/47; 5 Ob 14/02 y = EF 100.574, 100.575.

2. Ist das Legat (Wohnrecht) völlig nutzlos; würde eine uneingeschränkte Bindung an die Abdeckung des Pflichtteils in Form eines Vermächtnisses das Pflichtteilsrecht nämlich zur Farce machen. Der Berechtigte muss sich nicht auf die für ihn nutzlose Zuwendung, deren Vorteile er nicht wirklich erhalten kann, verweisen lassen. 5 Ob 14/02 y.

662 l   1. Das Vorausvermächtnis des Wohnens muss, wenn es in den Versteigerungsbedingungen nicht angeführt war, vom Ersteher selbst dann nicht übernommen werden, wenn er davon Kenntnis hatte. 3 Ob 220/00 z = JBl 2001, 651 = EF 96.888.

662 m   1. Das Recht des Erben nach § 759 Abs 2 ABGB kann nicht davon abhängig sein, ob er das durch den Tod des einen Ehegatten in der Hauptsache erledigte Scheidungsverfahren bezüglich der Kosten fortsetzt. 7 Ob 526/87 = NZ 1987, 283; 7 Ob 153/07 m.

2. Es ist über den hypothetischen Ausgang des Scheidungsverfahrens zu entscheiden, wobei jedoch nur solche Gründe geltend gemacht werden können, die der Erblasser selbst bereits geltend gemacht hat oder deren Geltendmachung seinem Willen entsprochen hätte. Die Beweislast für das Vorliegen der Voraussetzungen des § 759 Abs 2 ABGB trägt derjenige, der das Erbrecht des Ehegatten bestreitet, also der Kl; für ein Verschulden des Erblassers hingegen der Bekl. 7 Ob 153/07 m.

3. § 759 Abs 2 ABGB entzieht (jedenfalls) schon dem (bloß) mitschuldigen Ehegatten das Erbrecht. 7 Ob 153/07 m.

VIII. Verfahrensfragen

663 1. **Gem § 5 ABGB wirken Gesetze nicht zurück,** sie haben auf vorher erworbene Rechte keinen Einfluss. Daraus ergibt sich aber für den Fall, dass an ein Dauerrechtsverhältnis, wie die Ehe, eine Dauerrechtsfolge, wie die UhPflicht, geknüpft ist, dass in Ermangelung einer anderen Anordnung des Gesetzgebers die Rechtsfolgen, die an den zeitlichen Abschnitt der Tatbestandsverwirklichung vor Inkrafttreten des neuen Gesetzes geknüpft waren, nach altem Recht, die Rechtsfolgen bzgl des sich danach weiter verwirklichenden Tatbestandes aber nach dem neuen Gesetz zu beurteilen sind. 1 Ob 569/76 = JBl 1976, 481; 6 Ob 659/76; 5 Ob 522/76 uva; 1 Ob 391/97 z.

2. Nur die **nach dem Inkrafttreten des neuen Gesetzes verwirklichten Sachverhalte** sind nach diesem zu beurteilen. Vorher geschehene Handlungen und sonstige Sachverhalte sowie vorher entstandene „wohlerworbene" Rechte unterliegen weiterhin dem alten und bereits formell außer Kraft getretenen Gesetz. 1 Ob 123/86.

3. Auch **Formvorschriften** wirken nicht zurück. 9 ObA 606/90.

4. **Anmerkung:** Diese E spielen nunmehr wieder eine Rolle im Hinblick auf das Inkrafttreten des EheRÄG 1999.

664 1. Die Methode, der Ehefrau anzurechnende Natural- und Geldleistungen des Ehemanns in Form der **Abweisung eines Teilbetrags** von dem als berechtigt anerkannten UhAnspr zu berücksichtigen, zwingt den UhBer bei schon vorliegender Uh-Verletzung bei einer weiteren Einschränkung der Natural- und Geldleistungen dazu, seinen UhAnspr jew neuerlich im Rahmen dieser Reduktion geltend zu machen. Daher ist bei Vorliegen einer **UhVerletzung** stets der **volle UhBeitrag** unter Berücksichtigung der bezahlten Beträge bei der Rückstandsberechnung zuzuerkennen (**Spruch:** „Der Bekl ist schuldig, der Kl von ... bis ... einen mtl Uh von ATS/Euro ... unter Abzug der für den Zeitraum ... erbrachten Teilleistung von ATS/Euro ... zu bezahlen."). 7 Ob 616/91 = 7 Ob 617/91; 1 Ob 684/90 = ÖA 1992, 112/U 43.

2. Grundsätzlich ist der gesamte angemessene Uh in Geld zuzusprechen. Das Einverständnis der Kl damit, dass der Bekl **NaturalUh in Form der Begleichung der Wohnungskosten im weiteren Sinn erbringt,** bedeutet, dass die Kl unter der Voraussetzung, dass der Bekl die angeführten Naturalleistungen erbringt, einen (zusätzlichen) GeldUh in der begehrten Höhe erhalten will. Die Kl nimmt daher selbst das Risiko auf sich, für den Fall der Einstellung der Naturalleistungen des Bekl, die die Grundlage der Bemessung des GeldUhAnspr in diesem Verfahren sind und in den Entscheidungsgründen dargestellt werden, abermals eine UhKlage einbringen zu müssen. 7 Ob 550/95 = EF 76.679.

3. Wegen der an sich nicht vorgesehenen Verbindung des Verfahrens hinsichtlich des Anspruchs auf Uh bei aufrechter Ehe mit dem Scheidungsverfahren ist zur Vermeidung eines allfälligen Irrtums im Exekutionsverfahren, der nur durch Einsehen in die umfangreiche Begründung des Urteils vermieden werden könnte, im Spruch klarzustellen, dass der **UhAnspr auf die Zeit bis zur Rk der Scheidung der Ehe beschränkt** ist. 8 Ob 503/95 = EF 76.718.

4. Hat der Bekl der Kl bis zum Schluss der Verhandlung den vollen Uh geleistet, besteht ein Rechtsschutzinteresse der Kl nur hinsichtlich der in Zukunft fällig werdenden UhBeiträge; das übrige Klagebegehren war daher als unbegründet abzuweisen. 3 Ob 555/82 = EF 40.050.

5. Die Leistung des ProvisorialUh auf den im ordentlichen Verfahren vom UhPfl bestrittenen UhAnspr ist niemals Erfüllung des UhAnspr selbst, sondern le-

diglich Erfüllung des Anspruchs auf vorschussweise Zahlungen zwecks Sicherstellung. Aus dieser Überlegung ist die Einschränkung des Leistungsbefehls im Urteil um die Höhe der geleisteten Beträge an ProvisorialUh nicht gerechtfertigt. 6 Ob 629/83 = EF XXI/5; 9 Ob 226/99 x = EF 91.229.

6. Erst mit der Rk des Urteils erfolgt die endgültige Zuweisung; erst mit rk gerichtlichen Ausspruch über die zw den Beteiligten strittige UhPflicht wird diese im Ausmaß des Zuspruchs auch betraglich konkretisiert und die bis dahin einstw bloß vorläufige Rechtsgüterzuweisung iSd materiellen Rechtslage als gerechtfertigt festgestellt; erst in diesem Zeitpunkt wird eine Schuldtilgung der UhForderung im Ausmaß der Vorschüsse (uzw jew nur für die betr Periode) eintreten. 6 Ob 629/83 = EF XXI/5; 3 Ob 2065/96 i; 3 Ob 219/98 x; 9 Ob 226/99 x = EF 91.229.

7. Der Wechsel des Begehrens von ehel Uh gem § 94 ABGB auf nachehel Uh gem § 66 EheG bedeutet eine Änderung des Klagsgrunds und damit eine **Klagsänderung** gem § 235 ZPO. 6 Ob 210/06 k = iFamZ 47/07.

665 1. Im Scheidungsurteil wurde angesprochen, dass der Bekl die Zerrüttung der Ehe allein verschuldet hat; infolge der mit der Rk dieser E verbundenen **Präklusionswirkung** wurde der Bekl im UhProzess von allen Einwendungen ausgeschlossen, die er schon im Ehescheidungsstreit gegen den Ausspruch seines alleinigen Verschuldens vorbringen hätte müssen. 2 Ob 554/88 = EF 55.917.

2. Die Konkurseröffnung hat auf das Verfahren zur Durchsetzung eines gesetzlichen UhAnspr, soweit nicht die Vorschrift des § 1 Abs 3 KO eingreift, keinen Einfluss. Dies gilt nicht nur für die Frage, ob diese Ansprüche während des Konkurses im Prozessweg gegen den Gemeinschuldner durchgesetzt werden können, sondern auch für die UhBemessung. 1 Ob 535/81 = EF 37.593.

3. Gesetzliche UhAnspr für die Zeit nach der Konkurseröffnung sind nicht Konkursforderungen und können daher auch während des Konkursverfahrens gegen den Gemeinschuldner geltend gemacht werden. 5 Ob 605/88 = EF 55.956.

Anmerkung: Vgl idZ auch Rz 474 ff.

4. Zu einer **Schätzung des Einkommens** kann es dann kommen, wenn der Einkommensbezieher (idR der UhPfl) seiner Mitwirkungspflicht nicht nachkommt und der UhBer dadurch in einen Beweisnotstand gerät, nicht aber, wenn das Einkommen des UhBer (hier: Ehegattin) aus Gründen, die in dessen Sphäre liegen, nicht bescheinigt wurde. 4 Ob 2025/96 i.

5. Die Behauptungs- und **Beweislast für zumutbarerweise erzielbares höheres Einkommen** trifft die durch den Anspannungsgrundsatz begünstigte Partei. 7 Ob 321/01 h = EF 99.195.

6. Die Berücksichtigung „überschießender Beweisergebnisse" ist unzulässig, wenn sie im Parteivorbringen keine Deckung finden. Die Verlesung des Scheidungsakts im UhProzess vermag ein Vorbringen nicht zu ersetzen. 8 Ob 79/07 m.

IX. Unterhaltsverfahren mit Auslandsberührung

A. Zuständigkeit/Verfahrensart

666 1. **Anmerkung:** Die Frage der inländischen Gerichtsbarkeit bzw internationalen Zuständigkeit Österreichs in UhStreitigkeiten betr Ehegatten (vgl dazu *Simotta* in Fasching[2] Rz 9 zu § 76 a JN) richtet sich (analog) nach § 76 Abs 2 JN (*Loewe*,

ZfRV 1983, 181; *Mayr* in Rechberger[3] Rz 2 zu § 76a JN; *Simotta*, FS Broniewicz 343; *dies* in Fasching[2] Rz 42 zu § 76a JN; aA *Schwimann*, JBl 1990, 762), wonach inländische Gerichtsbarkeit dann gegeben ist, wenn einer der Ehegatten österreichischer Staatsbürger ist, der UhPfl seinen gewöhnlichen Aufenthalt in Österreich hat oder der UhBer seinen gewöhnlichen Aufenthalt in Österreich hat und entweder beide Ehegatten ihren letzten gemeinsamen gewöhnlichen Aufenthalt in Österreich gehabt haben, der UhBer staatenlos ist oder zur Zeit der Eheschließung österreichischer Staatsbürger gewesen ist.

Nach § 76a iVm § 76 Abs 1 JN ist grundsätzlich jenes BG (vgl § 49 Abs 2 Z 2 JN) örtlich zuständig, in dessen Sprengel die Ehegatten ihren gemeinsamen gewöhnlichen Aufenthalt haben oder zuletzt gehabt haben; falls zum Zeitpunkt der Erhebung der UhKlage keiner der Ehegatten mehr seinen gewöhnlichen Aufenthalt in diesem Sprengel hat oder sie im Inland einen gemeinsamen gewöhnlichen Aufenthalt nicht gehabt haben, kommt es auf den gewöhnlichen Aufenthalt des bekl UhPfl, allenfalls auf jenen des klagenden UhBer an.

Darüber hinaus kommt Art 5 Z 2 EuGVVO zur Anwendung, der eine internationale und örtliche Zuständigkeit am Wohnsitz bzw gewöhnlichen Aufenthalt des UhBer eröffnet. Und schließlich sind österreichische Gerichte für die Geltendmachung von UhAnspr dann international zuständig, wenn der UhPfl seinen Wohnsitz in Österreich hat (Art 2 EuGVVO).

UhAnspr zw Ehegatten sind im streitigen Verfahren geltend zu machen.

B. Unterhaltsstatut

667 1. Für den UhAnspr der Ehefrau ist das **letzte gemeinsame Heimatrecht der Ehegatten** anzuwenden, soferne sie dieses noch besitzt. 2 Ob 538/76 = SZ 49/107 = EvBl 1977/84.

2. Es ist idZ nunmehr auf § 18 Abs 1 Z 1 IPRG zu verweisen. 5 Ob 662/78; 3 Ob 25/07h.

3. Die Frage der **UhBerechtigung** während aufrechter Ehe ist eine solche im Rahmen der „persönlichen Rechtswirkungen der Ehe". 10 Ob 2284/96x = EF 81.948.

4. Zu den persönlichen Rechtswirkungen der Ehe gehören insb auch UhAnspr und damit auch die Sicherung der Benützung der Ehewohnung und des ehel Gebrauchsvermögens, die einen Ausfluss der UhPflicht des einen Ehegatten dem anderen gegenüber darstellen. 1 Ob 583/81 = EF 39.035.

5. **Anmerkung:** Diese Aussage darf jedenfalls hinsichtlich des Gebrauchsvermögens, aber wohl auch der Ehewohnung bezweifelt werden.

668 1. Gem § 18 Abs 1 Z 2 IPRG ist für den UhAnspr einer Österreicherin zufolge des Wohnsitzes beider Ehegatten im Inland österreichisches Recht maßgeblich, auch wenn der Ehegatte deutscher Staatsangehöriger ist. 6 Ob 548/79.

2. Haben die Parteien keine Rechtswahl getroffen, ist eine vor dem In-Kraft-Treten des IPRG (1. 1. 1979) geschlossene Ehe mangels einer davor bestehenden ausdrücklichen Regelung über das Ehewirkungsstatut daran anzuknüpfen, zu welcher Rechtsordnung die engste Beziehung und die meisten Anknüpfungspunkte bestanden haben. Mangels einer gemeinsamen Staatsangehörigkeit der Ehepartner

kommen als Anknüpfungspunkte deren gewöhnlicher Aufenthalt und die Lage ihres Vermögens in Frage. 7 Ob 2390/96 p; 1 Ob 264/98 z.

3. Haben die Ehegatten eine gemeinsame Staatsangehörigkeit, ist aber einer von ihnen auch Österreicher, so fehlt ihnen schon nach § 9 Abs 1 Satz 2 IPRG ein gemeinsames Personalstatut. 10 Ob 2284/96 x = EF 81.949; 7 Ob 2110/96 m = EF 81.949 = SZ 69/154.

4. Mangels gemeinsamen Personalstatuts ist subsidiär das letzte gemeinsame Personalstatut der Ehegatten, sofern es einer von ihnen beibehalten hat, (für den EhegattenUh) maßgeblich. Die Verweisung bezieht sich auf das interlokale Stammesrecht des Heimatstaats beider Eheleute. 10 Ob 2284/96 x = EF 81.950.

5. Verfahrensgegenständlich ist die Frage der Anrechenbarkeit der in Deutschland von der Kl bezogenen Sozialhilfeleistungen auf ihren nach § 94 ABGB zu beurteilenden UhAnspr. Wegen des Auslandsbezugs ist der UhAnspr gem dem Personalstatut des § 18 Abs 1 Z 1 IPRG nach österreichischem Recht zu beurteilen, die Voraussetzungen und der Inhalt der Legalzession dagegen nach deutschem Recht. 3 Ob 25/07 h.

5. Kapitel
Unterhalt nach Scheidung

Literatur: *Aicher,* Ehescheidung und Scheidungsfolgen, in Floretta, Das neue Ehe- und Kindschaftsrecht (1979) 83; *Kerschner,* Zum Unterhalt nach Scheidung nach neuem Recht, JBl 1979, 561; *Aicher,* Die Scheidung wegen Auflösung der häuslichen Gemeinschaft (§ 55 EheG) und ihre unterhaltsrechtlichen Folgen, in Ostheim, Schwerpunkte der Familienrechtsreform 1977/1978 (1979) 81; *Krejci,* Neues Scheidungsrecht und soziale Sicherung, JBl 1979, 169; *Mittag,* Erlischt der bisherige Unterhaltstitel im Fall einer Scheidung nach § 55 Abs 3 EheG? AnwBl 1979, 255; *Aicher,* Die Reform des Rechts der Ehescheidung und der unterhaltsrechtlichen Scheidungsfolgen in Österreich, FamRZ 1980, 426, 637; *Hoyer,* Das neue Scheidungsrecht, JBl 1981, 11; *H. Pichler,* Einige Probleme des neuen Eherechts, JBl 1981, 281; *Mittag,* Unterhaltstitel bei Ehescheidung nach § 55 Abs 3 EheG, AnwBl 1981, 257; *Litterst,* Das Recht der Zerrüttungsscheidung und der Scheidungsfolgen in der Bundesrepublik Deutschland und in Österreich (1983); *Verschraegen,* „Samenleven Buiten Huwelijk", „Cohabitation" oder die „nichteheliche Lebensgemeinschaft" in niederländischer, englischer und österreichischer Theorie und Praxis, ZfRV 1983, 85; *Apathy,* Schadenersatz wegen entgangenen Unterhalts und Wiederverheiratung, JBl 1983, 397; *Fenyves,* Unterhalts- und vermögensrechtliche Vereinbarungen bei der Auflösung der Ehe aus zivilrechtlicher Sicht, in Ruppe, Handbuch der Familienverträge² (1985) 831; *Kohler,* Unterhalts- und vermögensrechtliche Vereinbarungen bei der Auflösung der Ehe aus steuerlicher Sicht, in Ruppe, Handbuch der Familienverträge² (1985) 857; *Hoyer,* Gesetzlicher Unterhalt nach einverständlicher Scheidung? JBl 1986, 772; *Ferrari-Hofmann-Wellenhof,* Einvernehmliche Gestaltung der ehelichen Lebensgemeinschaft in Form einer Doppelverdienerehe – Bindung an einvernehmliche Gestaltung – Bedeutung für nachehelichen Unterhaltsanspruch, JBl 1991, 714; *Binder,* Die Problematik der Geschiedenen-Pensionsregelung, in Harrer/Zitta, Familie und Recht (1992) 669; *Gruber,* Mitverschuldensantrag des Klägers bei Scheidung aus anderen Gründen? in Harrer/Zitta, Familie und Recht (1992) 565; *Knoll,* Die rechtliche Umschreibung und Erfassung der Bedarfslage des Unterhaltsansprechers im Ehescheidungsfolgenrecht (mit Blick zum dBGB), RZ 1996, 234, 266 und 1997, 2; *Hopf/Stabentheiner,* Das Eherechts-Änderungsgesetz 1999, ÖJZ 1999, 821, 861; *H. Pichler,* Das Eherechts-Änderungsgesetz 1999, ÖA 2000, 62; *Wischounig,* Die Reform des österreichischen Geschiedenenunterhaltsrechts – rechtsvergleichend angereicherte kritische Bemerkungen, ÖA 1999, 109; *Deixler-Hübner,* Unterhaltsverzicht und Änderung der Umstände, ecolex 2000, 638; *Fucik,* Kann ein Verzicht auf Verschuldensscheidung sittenwidrig sein? RZ 2000, 266; *Maurer,* Unwirksamer Unterhaltsverzicht als Denkanstoß für eine neue Eheform, RZ 2000, 267; *Lukasser,* Zum „ehrlosen oder unsittlichen Lebenswandel" iSd § 74 EheG, ÖJZ 2000, 301; *Spunda,* Entscheidungsanmerkung zu 7 Ob 237/99 z, ecolex 2000, 642; *Deixler-Hübner,* Unterhaltsverzicht und Änderung der Umstände – Zugleich eine Besprechung von 3 Ob 229/98 t (ecolex 2000/173 [Spunda]), ecolex 2000, 638; *Wilhelm,* Entscheidungsanmerkung zu 6 Ob 217/00 f, ecolex 2001, 120; *Kolbitsch/Stabentheiner,* Überlegungen zu einer Reform des Eherechts – grundsätzliche Erwägungen und Modifikationsvorschläge zu den heutigen Regelungen des Ehegesetzes, iFamZ 2007, 149.

I. Unterhalt bei Scheidung wegen überwiegenden oder alleinigen Verschuldens

§ 66 EheG. Der allein oder überwiegend schuldige Ehegatte hat dem anderen, soweit dessen Einkünfte aus Vermögen und die Erträgnisse einer Erwerbstätigkeit, die von ihm den Umständen nach erwartet werden kann, nicht ausreichen, den nach den Lebensverhältnissen der Ehegatten angemessenen Unterhalt zu gewähren.

A. Allgemeine Grundsätze

669 1. Der UhAnspr der geschiedenen Ehefrau **wurzelt** – ebenso wie der während des Bestehens der Ehe – **in dem Ehegelöbnis und der darauf begründeten ehel Gemeinschaft** und ist **typische Nachwirkung der Ehe**. 5 Ob 695/76 = EvBl 1977/125 = SZ 49/127; 3 Ob 585/78 = EF 33.874; 8 Ob 247/80 = SZ 54/17.

2. Die an verschiedene Voraussetzungen geknüpften Ansprüche eines Ehegatten während aufrechter Ehe (§ 94 ABGB) bzw eines wegen überwiegenden Verschuldens des anderen Teiles geschiedenen Ehegatten (§ 66 EheG) bestehen grundsätzlich unabhängig voneinander, weshalb es ohne Bedeutung ist, ob dem geschiedenen Ehegatten während aufrechter Ehe ein UhAnspr zustand, ob dieser letzteren verwirkt hatte oder ob eine solche Verwirkung rk festgestellt wurde. Für die Beurteilung der Verwirkung des nach der Ehescheidung gebührenden Uh kommt es jetzt auf § 74 EheG an. 1 Ob 521/83; 5 Ob 644/83 = EF 43.707, 43.708; 2 Ob 554/88 = EF 57.248.

3. Mit der Auflösung des Ehebandes **fällt die Treuepflicht der Ehegatten weg**. 1 Ob 521/83 = 1 Ob 522/83 = EF 43.707.

4. Für die Verpflichtung zur Leistung des Uh nach § 66 EheG sind nur der **Schuldausspruch, nicht** die **Feststellungen** im Scheidungsurteil über das Verschulden an der Zerrüttung maßgebend. 2 Ob 632/55.

B. Unterhaltsbedarf

1. Allgemeines

670 1. **Anmerkung:** Zu Fragen idZ vgl auch Rz 1 ff.

2. Auch wenn ein **vertraglich vereinbartes Wohnrecht des UhBer** kein Einkommen im uhrechtlichen Sinn ist, muss berücksichtigt werden, dass der Kl ein unentgeltliches Wohnrecht zusteht und sich deshalb ihre Wohnungskosten erheblich vermindern; darauf ist bei der UhFestsetzung Bedacht zu nehmen, **verringern** sich doch dadurch ihre Bedürfnisse um die zur Bestreitung der **Wohnungsbedürfnisse erforderlichen Aufwendungen.** 1 Ob 226/99 p = EF 90.368.

3. Im Hauptverfahren ist daher eine **exakte Bewertung des Wohnrechts** vorzunehmen, wobei bei der Bewertung der **Ersparnis auf der Bedarfsseite** auch zu berücksichtigen ist, dass der UhBer angesichts der ihr geleisteten UhZahlungen nur ein relativ geringes Einkommen zur Verfügung steht, das ihr nur das Wohnen in bescheidenen Verhältnissen ermöglichen würde, weshalb fürs „Wohnen" nicht einfach ein Betrag veranschlagt werden kann, den die Kl unter Bedachtnahme auf ihre tatsächlichen Einkommensverhältnisse gar nicht aufzubringen in der Lage wäre; vielmehr sind **nur solche Wohnverhältnisse in Anschlag zu bringen, die den Einkommensverhältnissen entsprechen,** kämen doch sonst freiwillige Leistungen durch

Dritte oder Vermögensumschichtungen nicht dem UhBer, sondern dem UhPfl zugute. 1 Ob 226/99 p = EF 90.367.

4. Die vom Bekl geleisteten Rückzahlungsraten für das im gemeinsamen Eigentum stehende Wohnhaus sowie Prämien zur Haushaltsversicherung sind als **NaturalUhLeistungen** zu qualifizieren, sinkt doch jedenfalls der UhBed der Kl durch diese Zahlungen insoweit, als sie diese **Wohnkosten** nicht – wie andere Uhber – aus dem eigenen Einkommen bzw dem erhaltenen GeldUh zu begleichen hat. Wenn die Vorinstanzen die vom Bekl geleisteten Zahlungen, die ua auch die Wohnversorgung der Kl sicherstellen sollen, ihr zu einem Fünftel (bei 4 Kindern) zugerechnet haben, kann darin keine Fehlbeurteilung erblickt werden. 1 Ob 25/04 i; 1 Ob 84/04 s.

5. Derartige anrechenbare NaturalUhLeistungen sind etwa auch Strom, Heizung, Reparaturen, Betriebskosten udgl. 1 Ob 3/06 g = FamZ 58/06; 9 Ob 64/05 k = iFamZ 49/07 *(Deixler-Hübner)*.

6. Leistet der UhPfl Zahlungen für die Ehewohnung, die gleichzeitig auch seine eigene Schuld als Miteigentümer tilgen (**„Hauskostenzahlungen"**), sind die bis zur Aufteilung geleisteten Zahlungen nur zur Hälfte als NaturalUh anrechenbar; die zu 1 Ob 514/94 angewendete Berechnungsmethode (Abzug der Zahlungen von der UBGr) ist abzulehnen. 9 Ob 64/05 k = iFamZ 49/07 *(Deixler-Hübner)*.

7. **Anmerkung:** Zu NaturalUhLeistungen vgl auch Rz 40 ff, 574 ff.

1. Reicht die Durchschnittsquote nach der Prozentwertmethode **nicht zur** **670 a** Deckung des Existenzminimums – für das der Richtsatz für die Ausgleichszulage nach § 293 Abs 1 lit a bb ASVG als Maßstab dienen kann –, kommt ausnahmsweise eine erhöhte Prozentkomponente in Betracht. Insgesamt sind jedenfalls immer die besonderen Umstände des Einzelfalls für die Festsetzung der Höhe des gem § 66 EheG zu leistenden angemessenen Uh maßgebend. Hier haben die Vorinstanzen einen um 6% höheren Uh zugesprochen (35 statt 29%). 4 Ob 51/06 p.

2. Deckung des Unterhaltsbedarfs durch Dritte

1. **Anmerkung:** Zu Fragen idZ vgl auch Rz 5, 569. **671**

2. Ob die UhBer den UhAnspr erreichende (oder ihn übersteigende) Zahlungen in Form von Sozialhilfe bereits erhalten hat, ist belanglos, weil die Sozialhilfe nicht die Entlastung des uhpfl Ehegatten bezweckt. 7 Ob 237/99 z = EvBl 2000/68 = EF 90.351.

3. Dies gilt insb auch dann, wenn **eine Ersatzpflicht für** die von der geschiedenen Ehegattin bezogenen **Sozialhilfeleistungen** besteht; diese haben mangels eines bereits erfolgten Übergangs auf den SHTr **bei der UhFestsetzung außer Betracht zu bleiben.** 8 Ob 621/90 = EF 66.473.

1. Die **UhPflicht** des geschiedenen Mannes **geht** dem **Anspruch** der Frau **auf 672 Notstandshilfe** vor. 4 Ob 522/88 = EF 57.259; 1 Ob 636/94.

2. Die **2. Ehegattin** ist **nicht** verpflichtet, ihrem Ehegatten zusätzliche **Barmittel** zu gewähren, damit dieser in der Lage ist, seine **geschiedene Gattin höher zu alimentieren.** 3 Ob 5/94 = SZ 67/47.

C. Bemessungsgrundlage

1. **Anmerkung:** Zu Fragen idZ vgl Rz 81 ff. **673**

entfallen. **674–683**

D. Unterhaltshöhe

Übersicht:

	Rz
1. Allgemeines	684
2. Unterhaltshöhe	685–688b
3. Eigenes Einkommen des Unterhaltsberechtigten	689–691a
4. Eigenes Vermögen des Unterhaltsberechtigten	692, 692a
5. Anspannung des Unterhaltsberechtigten	693–694a

1. Allgemeines

684 1. Der nach den Lebensverhältnissen der Ehegatten angemessene Uh muss zur Deckung der angemessenen Bedürfnisse des UhBer ausreichen, wobei sich die **Angemessenheit nach den Lebensverhältnissen (dem Lebensstandard) beider Ehegatten** richtet. Angemessen sind alle Bedürfnisse, die im Rahmen der Lebensverhältnisse über die Existenzerhaltung hinaus ein lebenswertes Dasein ermöglichen; dafür sind zwar in erster Linie die Bedürfnisse des UhBer maßgebend, der jedoch aufgrund der ehel LG auch Anspruch auf angemessene Teilhabe am Lebenszuschnitt des Partners hat und nicht etwa auf seine individuelle Genügsamkeit verwiesen werden darf. **Wesentlicher Zeitpunkt für die Beurteilung ist der der Scheidung.** 10 Ob 2326/96 y = EF 82.464.

2. Für die Bemessung des nach den Lebensverhältnissen angemessenen Uh ist es dabei aber **nicht entscheidend, wie lange die häusliche Gemeinschaft der Ehegatten oder die Ehe gedauert** haben. Dies gilt auch dann, wenn die Ehe bereits nach einem halben Jahr unheilbar zerstört und nach objektiven Gegebenheiten nie funktionsfähig war. 10 Ob 2326/96 y = EF 82.464.

3. Während sich der UhAnspr bei aufrechter Ehe grundsätzlich nach der verbindlichen autonomen Gestaltung der ehel LG richtet, erweist sich der gesetzliche UhAnspr des geschiedenen Ehegatten nach § 66 EheG nicht etwa als Modifikation des ehel Uh, sondern als bloße Nachwirkung früherer ehel Beistandspflicht und steht nur unter den im Gesetz genannten Voraussetzungen zu. **Es stünde mit diesen Grundsätzen in unüberbrückbarem Widerspruch, wollte man die einvernehmliche Gestaltung der ehel LG über den Zeitpunkt der Scheidung hinaus wirken lassen.** Insoweit eine derartige Rechtsansicht aus der E JBl 1991, 714 (mit ablehnender Glosse *Ferrari-Hofmann-Wellenhof*) entnommen werden könnte, ist diese nicht aufrecht zu erhalten, zumal durch die genannte E zwar tatsächlich auch über einen UhAnspr nach rk Scheidung ausgesprochen, darauf in der Begründung aber nicht weiter eingegangen wurde. 8 Ob 210/02 v = EF 100.920.

4. **Abw:** Was „nach den Lebensverhältnissen der Ehegatten" angemessen ist, wird nach jenen Verhältnissen beurteilt, in denen die geschiedenen Ehegatten während der Ehe zuletzt gelebt haben. Der UhBer nimmt allerdings auch nach der Scheidung am wirtschaftlichen Aufstieg (oder Niedergang) des UhPfl teil und partizipiert an seinem Lebensstandard. 6 Ob 212/02 y = EF 100.917.

5. Die Ermittlung des angemessenen Uh der geschiedenen Ehegattin hat Feststellungen über die Vermögens- und die Einkommensverhältnisse und die durch ihre gesellschaftliche Stellung bedingten Bedürfnisse beider Streitteile zur Voraussetzung. 3 Ob 2/72.

6. Der **UhAnspr** des geschiedenen Ehegatten ist nämlich **kein unbedingter,** sondern davon abhängig, dass seine Einkünfte aus Vermögen und die Erträgnisse einer Erwerbstätigkeit, die von ihm den Umständen nach erwartet werden kann, zur Deckung des angemessenen Uh nicht ausreichen. 7 Ob 561/82 = EF 41.300.

2. Unterhaltshöhe

1. **Anmerkung:** Zu Fragen idZ vgl auch Rz 238, 643. **685**

2. Mangels einer gesetzlichen Grundlage für die Anwendung eines bestimmten Berechnungssystems kann der OGH **nicht Regeln der UhBemessung derart in ein System verdichten, dass sich eine Tabelle für jeden möglichen Anspruchsfall ergibt,** sondern in Fragen der UhBemessung nur aussprechen, auf welche Umstände es ankommt; Prozentsätze kann er nicht festlegen. 3 Ob 2/98 k = EF 90.366.

3. Derartige Werte können aber bei der konkreten Berechnung **im Interesse der gleichen Behandlung gleichgelagerter Fälle** herangezogen werden, auch wenn sie nicht generell als Maßstab für die UhBemessung festgelegt werden. **Prozentsätze** zur Berechnung des EhegattenUh haben den Charakter einer **Orientierungshilfe.** 8 Ob 635/90 = EF 66.476; 2 Ob 584/91 = EF 66.476 = ÖA 1992, 159; 3 Ob 2/98 k = EF 90.366; 10 Ob 92/04 h = EF 111.261; 4 Ob 51/06 p.

4. Es handelt sich um einen Orientierungswert, der aber **keineswegs mathematisch den Berechnungen zugrunde gelegt** werden muss. 7 Ob 581/91 = RZ 1992/95; 5 Ob 522/93; 6 Ob 556/93; 8 Ob 595/93.

5. Die Prozentkomponente ist **keine starre rechnerische Größe,** sondern im Rahmen des Ermessensspielraums – auch abhängig von der Höhe des zugrunde zu legenden Einkommens – **in gewissen Grenzen** einer **Anpassung an die Umstände des Einzelfalls** zugänglich. 6 Ob 233/98 b = EF 87.522.

6. **Anmerkung:** Diese vorsichtige Formulierung „in gewissen Grenzen" zeigt mE die überragende Bedeutung der Prozentwertmethode bei der UhBemessung, ohne dass die UhBemessung jedoch zu sehr zu einer starren Berechnung ausarten sollte.

7. Die Prozentsätze können demnach bei **besonders atypischen Verhältnissen korrigiert** werden, weil solche eine den tatsächlichen Verhältnissen angepasste individuelle Berücksichtigung der Bemessungskriterien erfordern. 3 Ob 2/98 k = EF 90.366.

1. Der Uh der geschiedenen **einkommenslosen Ehegattin** gem § 66 EheG be- **686** stimmt sich **mit rund 33% des Nettoeinkommens des UhPfl.** 8 Ob 635/90 = EF 66.475; 7 Ob 581/91 = EF 69.291 = RZ 1992/95; 4 Ob 506/92 = ÖA 1992, 160 uva; 3 Ob 130/00 i; 1 Ob 3/06 g; 4 Ob 51/06 p.

2. Wobei **bei entsprechendem Bedarf** des UhBer auch **höhere Prozentsätze** zugrunde gelegt werden können. 7 Ob 581/91 = RZ 1992/95 = EF 69.291; 5 Ob 522/93; 6 Ob 556/93; 8 Ob 595/93; 3 Ob 144/99 v.

3. Etwa **zur Sicherung des Existenzminimums** (Richtsatz für die Gewährung von Ausgleichszulagen). 8 Ob 635/90 = EF 66.477; 7 Ob 581/91 = EF 66.477; 2 Ob 603/93 = EvBl 1994/148; 1 Ob 226/99 p = EF 90.365.

4. Oder **bei krankheitsbedingtem Sonderbedarf,** der durch Kosten der durch die körperliche Verfassung des UhBer begründeten Unterbringung in einem Pflegeheim entsteht. 8 Ob 503/94.

5. Dies gilt auch für **Kosten für Psychotherapie und homöopathische Medikamente**. 3 Ob 144/99 v.

6. **Anmerkung:** In beiden Fällen wird, auch wenn die Wirkungen derartiger Behandlungen nicht bestritten werden sollen, aber schon eine genaue Prüfung der Notwendigkeit und des Nutzens durchzuführen sein. Im Übrigen sollte der Zuspruch von SonderUh im Bereich nachehel Uh die absolute Ausnahme sein.

687 1. Der UhAnspr des **verdienenden schuldlos Geschiedenen** beträgt grundsätzlich **40% des gemeinsamen Einkommens abzügl des eigenen Einkommens**. 8 Ob 635/90 = RZ 1992/49 = SZ 64/135; 2 Ob 584/91 = ÖA 1992, 159 = EF 66.478; 8 Ob 639/91 uva; 3 Ob 130/00 i.

2. Uzw auch **bei wesentlich niedrigerem Einkommen des UhBer**. 7 Ob 194/98 z.

3. Es sei denn, die Berücksichtigung des Einkommens des UhBer würde dazu führen, dass der UhPfl mehr zu bezahlen hätte, als dann, wenn man das Einkommen des UhBer außer Betracht lässt und den Uh mit 33% des Einkommens des UhPfl bemisst; in einem solchen Fall hat das Einkommen des UhBer dann aber außer Betracht zu bleiben. 2 Ob 584/91 = ÖA 1992, 159 = EF 66.479; 7 Ob 531/93 = ÖA 1993, 145; 8 Ob 595/93.

4. Hier liegen **atypische Verhältnisse** vor, ist doch die Kl durch die Haushaltsführung, die (über das gewöhnliche Maß hinaus intensive) Kinderbetreuung sowie ihre Teilzeitbeschäftigung in besonderem Maße belastet; sie kommt überhaupt nur jedes zweite Wochenende in den Genuss von Freizeit. Sie verweist daher auch mit Recht darauf, dass sie angesichts ihrer Betreuungspflichten ein Ausmaß an Erwerbstätigkeit ausübt, das an sich von ihr nicht verlangt werden könnte, sodass es nicht gerechtfertigt wäre, die übliche Prozentmethode zur UhBerechnung anzuwenden und dabei ihr volles Einkommen zu berücksichtigen. Unter den gegebenen Umständen erscheint es daher **angemessen, der Kl, die insb durch ihren Freizeitverzicht überproportional zum „Familieneinkommen" beiträgt, grundsätzlich in gleichem Ausmaß wie den Bekl am Gesamteinkommen zu beteiligen.**

Um den UhPfl, den noch weitere Sorgepflichten treffen, jedoch nicht übermäßig zu belasten und ihm auch weiterhin einen Anreiz zu bieten, sein Erwerbseinkommen – auch im Interesse der UhBer – zu erhöhen, sind die für jede weitere UhPfl abzuziehenden Prozentwerte gegenüber der üblichen Vorgangsweise, der ein Anteil von bloß 40% des gemeinsamen Einkommens – bzw von 33% des Einkommens des allein verdienenden UhPfl – unterstellt ist, etwas anzuheben. Legt man in einem Fall wie dem vorliegenden eine Erhöhung von einem Prozentpunkt je Kind zugrunde, so ergibt das einen Abzug von 18 Prozentpunkten für die weiteren Sorgepflichten des Bekl, sodass der Kl ein Anspruch auf 32% des gemeinsamen Einkommens abzüglich ihres Eigeneinkommens gebührt. 1 Ob 25/04 i = EF 108.289.

688 1. **Weitere UhPflichten** sind – auch wenn sie durch Exekutionstitel schon konkret bemessen wurden – nicht durch Abzüge ihrer absoluten Höhe von der UBGr, sondern ausschließlich durch Abzüge von Prozentpunkten vom maßgebenden UhSatz zu berücksichtigen. 7 Ob 167/02 p; 10 Ob 92/04 h = EF 111.263.

2. Ein Abzug von **4% für jedes** neben der geschiedenen Ehefrau **uhber Kind** bewegt sich im Rahmen des dem Gericht eingeräumten Ermessensspielraums. 8 Ob 639/91; 4 Ob 506/92 = ÖA 1992, 160; 1 Ob 529/92 uva; 3 Ob 130/00 i; 4 Ob 51/06 p.

3. Je uhber Kind sind 3 bis 4% von der Grundquote abzuziehen. 10 Ob 92/04 h = EF 111.263.

4. Da der Kl für seine Tochter mtl UhZahlungen von lediglich ATS 3.000 (= € 218) leistet, sohin einen deutlich unter den durchschnittlich festgesetzen Beträgen liegenden UhBeitrag, ist diese Sorgepflicht nur mit 2% zu berücksichtigen (vgl auch 3 Ob 563/90). 3 Ob 2/98 k = EF 90.366.

5. Ebenso **ab Eintritt der tw Selbsterhaltungsfähigkeit** des uhber Sohnes. 6 Ob 191/97 z = EF 84.641.

6. Anmerkung: Es mag zwar richtig – wenn auch in der Praxis nicht die Regel – sein, dass im Einzelfall weitere Sorgepflichten nicht schematisch mit 4% berücksichtigt werden können, doch sollte davon nur zurückhaltend Gebrauch gemacht werden, weil einerseits eine derartige Vorgangsweise dazu führt, dass Sorgepflichten – gleichsam durch die Hintertür – mit ihrem „konkreten" Betrag berücksichtigt werden, was man ja im Rahmen der Prozentwertmethode gerade nicht wollte, und andererseits dann wohl auch dem UhPfl der Einwand zustehen müsste, dass er deutlich über den durchschnittlich festgesetzen Beträgen liegende UhLeistungen erbringt und daher 4% zu gering sind; grundsätzlich unrichtig ist mE aber jedenfalls der Vergleich mit „durchschnittlich festgesetzten Beträgen", weil es ja wohl auf die konkreten Einkommensverhältnisse des UhPfl ankommt (für einen schlecht verdienenden Vater sind € 218 uU sehr viel Geld; warum soll er sich dann weniger als die 4% in Abzug bringen lassen müssen?).

7. Die einmalige in Erfüllung der **Ausstattungspflicht** (§§ 1220 ff ABGB) geleistete Zahlung ist entsprechend den in der Rsp zur Berücksichtigung von Einmalzahlungen an den UhPfl oder des UhPfl zur Abfindung eines UhAnspr entwickelten Grundsätzen nach den Umständen und Lebensverhältnissen im konkreten Einzelfall angemessen aufzuteilen. Als Aufteilungszeitraum ist die Anzahl der Monate heranzuziehen, die sich als Quotient aus der Division des angemessenen Ausstattungsbetrags durch den nach der Prozentmethode ermittelten hypothetischen mtl UhAnspr der ausgestatteten Tochter ergibt. 10 Ob 92/04 h = EF 111.265.

8. Anmerkung: Die konkrete Form der Berücksichtigung einer durch den UhPfl an ein (anderes) Kind geleisteten Ausstattung bzw eines Heiratsguts (vgl dazu Rz 505 ff) war umstritten. Zutr nimmt der OGH nicht einen Abzugsposten von der UBGr an, sondern eine zeitweilige UhPflicht für das ausgestattete Kind. Deren Dauer errechnet man, indem man den (gesetzlich zustehenden, höchstens jedoch den tatsächlich geleisteten) Ausstattungsbetrag durch jenen Betrag dividiert, der als angemessener Uh mtl zustehen würde, wäre das ausstattungsberechtigte Kind noch uhber. Das Ergebnis dieser Division ist die Anzahl der Monate, für die die weitere UhPflicht besteht; sie wird durch Prozentabzug im Rahmen der Prozentwertmethode berücksichtigt (vgl näher dazu *Gitschthaler*, Serviceteil-Unterhaltsbemessung, EF-Z 2006, 64).

688 a **1.** Die Sorgepflicht für eine **nicht berufstätige 2. Ehegattin** ist mit **4% Abzug** zu berücksichtigen. 6 Ob 587/93 = SZ 66/114; 8 Ob 595/93; 8 Ob 588/93; 3 Ob 183/94; 10 ObS 205/94 = SZ 68/241.

2. Es sind aber **auch 3% gerechtfertigt**. 6 Ob 191/97 z = EF 84.641.

3. Oder **auch 2%**. 8 Ob 635/90 = EF 66.475.

4. Insb bei einer bereits in den Ruhestand getretenen 2. Ehefrau. 6 Ob 587/93 = EF 72.362.

5. Bei einer Sorgepflicht für eine **Ehegattin aus früherer Ehe** vermindert sich der UhAnspr des geschiedenen Gatten nur um **1 bis 3%,** während ein solcher von 4% ausscheidet. 2 Ob 318/99 z.

6. **Anmerkung:** Eine gewisse Vereinheitlichung wäre zielführend, maßgebend ist aber wohl jedenfalls, ob die 2. Ehegattin über ein Einkommen verfügt, wie hoch also die konkrete UhPflicht des Mannes ihr gegenüber tatsächlich ist (vgl idZ zum KindesUh Rz 250), worauf ja auch die letztgen E hindeutet. Sollte sich aus dieser eine Differenzierung zw der „2. Ehegattin" und der „geschiedenen Ehegattin" ableiten lassen (die 4% – Rsp wird ja nicht abgelehnt), so könnte man dies allenfalls damit begründen, dass der UhPfl idR mit ersterer im gemeinsamen Haushalt lebt, wodurch gewisse Aufwendungen geteilt werden können. Diese Differenzierung müsste dann aber auch im KindesUhRecht vorgenommen werden, ja es müsste sogar bei Sorgepflichten für mehrere Kinder differenziert werden (die einen leben mit dem UhPfl im gemeinsamen Haushalt, die anderen jedoch nicht). Ob dies im Rahmen einer UhBemessung (nicht Berechnung) zielführend ist, mag dahingestellt bleiben. ME ist die E 2 Ob 318/99 z vielmehr dahingehend zu interpretieren, dass ältere Rsp, wonach für die nicht berufstätige 2. Ehegattin 4% in Abzug gebracht werden konnten, abgelehnt wird.

688 b
1. Der Auffassung der Kl, ihr UhAnspr müsse grundsätzlich das Existenzminimum decken, also zumindest die Höhe des Ausgleichszulagenrichtsatzes erreichen, was die nunmehrigen Familienverhältnisse des Bekl auch zuließen, ist entgegenzuhalten, dass es bei der gebotenen Bedachtnahme auf die Umstände des Einzelfalls **keine absolute Untergrenze des angemessenen Uh** geben kann. Ein wichtiger Faktor bei Bemessung der UhLeistung ist die Leistungsfähigkeit des UhPfl. 4 Ob 51/06 p.

2. Umgekehrt ist nicht ersichtlich, aus welchen Gründen ein während aufrechter Ehe geschlossener und mit Rk der Scheidung unwirksam gewordener Uh-Vergleich ein Kriterium zur Bestimmung der Höhe des angemessenen Uh iSd § 66 EheG sein könnte und zur Herabsetzung des UhAnspr des schuldlos geschiedenen Teils führen sollte. Die **während aufrechter Ehe getroffene vertragliche UhRegelung** umgrenzt somit nicht die „angemessene Lebensführung" und **stellt keine Höchstgrenze des gesetzlichen UhAnspr nach § 66 EheG dar.** 1 Ob 3/06 g; 6 Ob 210/06 k.

3. Eigenes Einkommen des Unterhaltsberechtigten

689
1. Der UhAnspr des schuldlos geschiedenen Ehegatten ist **gegenüber eigenen Einkünften subsidiär.** 8 Ob 639/91; 6 Ob 46/97 a; 6 Ob 233/98 b = EF 87.511; 6 Ob 219/98 v = EF 87.511.

2. Kann der Uh der Gattin daher aus ihren Einkünften tw befriedigt werden, so hat **der Ehegatte nur das Fehlende zu leisten.** 3 Ob 2/72.

3. **Tatsächlich erzielte Erwerbseinkünfte** der Frau mindern ihren UhAnspr, auch wenn sie insb nach Erreichen der Voraussetzungen für eine vorzeitige Alterspension eine Erwerbstätigkeit nicht mehr ausüben müsste. 10 Ob 92/04 h = EF 111.266.

4. Der nicht dem verheirateten und den Haushalt führenden Ehegatten gleichgestellte geschiedene Ehegatte ist im Umfange der Zumutbarkeit zur Erwerbstätigkeit verpflichtet; **sein Einkommen ist** daher **nicht nur „angemessen"** (§ 94 Abs 2 ABGB), **sondern in vollem Umfang zu berücksichtigen.** 3 Ob 540/91 = EvBl 1992/

27 = RZ 1992/25; 6 Ob 587/93 = SZ 66/114; 3 Ob 2307/96 b = EF 81.668; 2 Ob 160/97 m.

5. Der Umstand, dass die tatsächlich bezogene Pension deshalb höher ist, weil die Kl eine **freiwillige Höherversicherung,** die mit entsprechenden Mehrbelastungen verbunden war, abgeschlossen hatte, ändert nichts daran, dass ein Pensionseinkommen, auf das der Bezieher einen unbedingten Anspruch hat, in voller Höhe Einkommen des UhBer ist, gleichgültig aufgrund welcher in der Vergangenheit liegender Umstände die tatsächlich ausgezahlte Höhe basiert. 6 Ob 217/00 f.

1. Ein **vertraglich vereinbartes Wohnrecht,** das sich die UhBer bei der Übereignung einer Liegenschaft vorbehalten hat, ist nicht als Einkommen zu werten, denn dabei handelt es sich zwar um ausgleichszulagenrechtlich zu berücksichtigende Einkünfte, aber nicht um Einkünfte aus Vermögen oder Erträgnisse einer Erwerbstätigkeit iSd § 66 EheG, sondern selbst wieder nur um ein Vermögen. 1 Ob 226/99 p. **690**

2. Anmerkung: Vgl allerdings Rz 670 (der UhBed verringert sich).

3. „**Kostgeld**" oder „**Wirtschaftsgeld**", mit dem nur die anteiligen Kosten der Verpflegung **eines jeden Kindes** und der gemeinsamen Haushaltsführung abgedeckt werden, stellt erst ein zu berücksichtigendes Eigeneinkommen der Mutter dar, wenn es sich bei diesen Zahlungen um ein vereinbartes **echtes Entgelt** für ihre Dienstleistung der Haushaltsführung handelt. Von den Kindern auch **mitgetragene Wohnungskosten** vermindern jedoch die eigenen Wohnungskosten der Kl, worauf bei der UhFestsetzung grundsätzlich Bedacht zu nehmen ist. 8 Ob 621/90 = EF 66.472.

4. IZw darf allerdings ein tw die tatsächlichen Kostenanteile der einzelnen Haushaltsmitglieder überschreitender Beitrag nicht als zur Entlastung des UhPfl geleistetes Entgelt gewertet werden. 8 Ob 2213/96 s = SZ 70/111 = EF XXXIV/6.

5. Die **Betreuungspflicht einer Mutter** findet dort ihre Grenze, wo das Kind für die über das gewöhnliche Maß hinausgehenden Betreuungsbedürfnisse eine öffentlich-rechtliche Zuwendung erhält, die es erlauben würde, wenigstens für gewisse Zeiträume gegen Entgelt eine **dritte Pflegeperson** zu beschäftigen. Wenn dann statt dieser 3. Person die Mutter selbst die Mehrleistungen erbringt, steht das Entgelt ihr zu; es ist jedoch als **anzurechnendes Eigeneinkommen** anzusehen. 3 Ob 540/91 = EvBl 1992/27 = RZ 1992/25.

6. Dabei ist davon auszugehen, dass die Mutter auch die **Abführung des vom Kind bezogenen Hilflosenzuschusses als Entschädigung** fordern kann und diesen im gemeinsamen Haushalt, also auch für sich selbst, verbraucht; sollte sie darauf verzichten, wäre bei Ermittlung ihres UhAnspr insoweit von einem erzielbaren Einkommen ausgehen. 3 Ob 540/91 = EF 66.471 = EvBl 1992/27 = RZ 1992/26.

7. Anmerkung: Dies gilt wohl auch für allenfalls vom Kind bezogenes Pflegegeld, nicht aber auch für Kinderbetreuungsgeld (§ 42 KBGG).

8. Und auch nicht für von der Mutter bezogene **FB** für Kinder, die sie in ihrem Haushalt betreut. 1 Ob 565/91 = RZ 1992/69 = EF 67.155.

1. Es entspricht der stRsp, dass auch **Sozialleistungen,** die nicht dem Ausgleich eines bestimmten Mehraufwandes für einen Sonderbedarf dienen oder nach gesetzlichen Bestimmungen auf den Uh nicht anrechenbar sind, als Einkommen in die UBGr einbezogen werden. Daher wurden die **Sozialhilfe** nach verschiedenen Landesgesetzen, die **Notstandshilfe,** die **Mietzinsbeihilfe,** die **Ausgleichszulage** und das **Karenzurlaubsgeld** als Einkommen qualifiziert, Pflegegeld und Hilflosenzuschuss aber nicht, soweit damit ein Mehraufwand (Sonderbedarf) gedeckt wird. **691**

Anderes gilt nur bei solchen Sozialleistungen, bei denen der Gesetzgeber erkennbar eine Doppelversorgung des UhBer vermeiden will und deshalb etwa eine Rückzahlungsverpflichtung des Sozialhilfeempfängers vorgesehen oder durch die Anordnung einer (aufgeschobenen) Legalzession ausdrücklich das Weiterbestehen des Anspruchs des UhBer vorausgesetzt hat. Die hievon abweichende Meinung Zankls (in Schwimann[3] Rz 25 zu § 66 EheG) ist – vom Hinweis auf (größtenteils ältere) zweitinstanzliche E abgesehen – nicht näher begründet. Sie bietet keinen Anlass, die eben wiedergegebene stRsp des OGH in Frage zu stellen. 8 Ob 164/06 k.

2. Die UhBer hat sich außerdem eine **Pensionsabgeltung** und **gesetzliche sowie freiwillige Abfertigungen** anrechnen zu lassen. 1 Ob 2266/96 h = EF 81.672 = RZ 1997/64.

3. Vom UhBer verwertetes Vermögen ist in die UBGr einzubeziehen; dies gilt auch für mtl Rentenzahlungen aus veranlagtem Vermögen. 10 Ob 93/07 k.

4. **Abw:** Die Frage, inwieweit **Rentenzahlungen aus Lebensversicherungen** der uhber Frau bei der UhBemessung zu berücksichtigen sind, hängt von dem Umstand ab, wie die Prämienfinanzierung erfolgte. Wurde die Prämie von der Frau aus ihren Einkünften finanziert, kann die Rückzahlung des angesparten Kapitals – wie bei jeder anderen Ansparmethode – nicht nochmals als Einkommen der UhBer angesehen werden. Ein von einem UhBer aus seinen Einkünften erzieltes Sparguthaben ist bei der UhBemessung nicht als Einkommen zu berücksichtigen. Hingegen sind Vermögenserträge (etwa Zinsen aus Sparguthaben) zu berücksichtigen. Damit hat ein im Rahmen der Erlebensversicherung von der UhBer angespartes Kapital bei der UhBemessung unberücksichtigt zu bleiben, während (nur) die in den Renten enthaltenen Zins- und Gewinnanteile zu berücksichtigen sind. 7 Ob 180/07 g.

5. **Nicht anzurechnen sind jedoch Privatentnahmen** eines selbstständig erwerbstätigen UhBer, die den Reingewinn übersteigen, weil dieser nach § 66 EheG für seinen Uh nur die Einkünfte seines Vermögens und die Ertragnisse einer Erwerbstätigkeit, die von ihm den Umständen nach erwartet werden kann, heranzuziehen hat, nicht aber seinen Vermögensstamm; Privatentnahmen sind jedoch ein Rückgriff auf eigenes Vermögen zur Aufrechterhaltung des gewählten Lebensstandards. **Ein die eigenen Verhältnisse in Wahrheit übersteigernder Aufwand kann** also **nicht zu einer Entlastung des UhPfl führen.** 3 Ob 130/00 i.

691 a   1. Einkommen, das der UhBer nur aus der durch die UhVerletzung entstandenen **Not** erworben hat, ist nicht zu berücksichtigen; das Motiv für die Aufnahme der Erwerbstätigkeit ist eine irrevisible Tatfrage. 6 Ob 311/05 v = EF-Z 2006/69 = FamZ 20/06 *(Deixler-Hübner)*.

4. Eigenes Vermögen des Unterhaltsberechtigten

692   1. Der UhAnspr des schuldlos geschiedenen Ehegatten ist auch **gegenüber eigenem Vermögen** subsidiär. 8 Ob 639/91; 6 Ob 46/97 a; 6 Ob 233/98 b = EF 87.511; 6 Ob 219/98 v = EF 87.511.

2. Daher sind **Zinserträgnisse eines Sparguthabens** des Uh fordernden Ehegatten grundsätzlich als bemessungsrelevante Einkünfte zu behandeln. 5 Ob 65/97 p = EF 84.622 = EvBl 1997/188.

3. Es sei denn, es bestünde eine **besondere Rechtfertigung** dafür, dass sie von der Kl nicht unmittelbar zur Deckung ihres Uh herangezogen werden. 5 Ob 65/97 p = EF 84.622 = EvBl 1997/188.

4. Wie etwa bei einer vom Bekl anlässlich der Ehescheidung für ihren Anteil am gemeinsamen Haus geleisteten **Ausgleichszahlung**. Hier erscheint es im Hinblick auf die Geldwertverdünnung einerseits und die Wertsteigerung von Immobilien andererseits sachgerecht, nicht nur das Kapital selbst, sondern auch die Zinsen bei der UhBemessung unberücksichtigt zu lassen, sofern Kapital und Zinsen wieder zur Anschaffung von Wohnraum oder anderer im Zuge der nachehel Vermögensauseinandersetzung verlorener Wirtschaftsgüter – etwa für Einrichtungsgegenstände – verwendet werden. 5 Ob 65/97 p = EF 84.622 = EvBl 1997/188.

5. Der nach § 66 EheG UhBer braucht aber für seinen Uh nur die Einkünfte seines Vermögens, nicht aber seinen Vermögensstamm heranzuziehen. 3 Ob 130/00 i; 10 Ob 92/04 h = EF 111.270.

1. Auch die **bei einer vernünftigen Wirtschaft erzielbaren Erträgnisse** eines **692 a** Liegenschaftsbesitzes sind anzurechnen. 3 Ob 2/72.

2. **Tatsächlich nicht gezogene Einkünfte** des UhBer **an Vermögenserträgen** sind angemessen zu berücksichtigen, wenn sie der Uh fordernde Ehegatte vertretbarerweise hätte ziehen können; was vertretbar oder unvertretbar ist, bestimmt sich nach den konkreten Lebensverhältnissen unter Bedachtnahme auf die E, die partnerschaftlich eingestellte Ehegatten im gemeinsamen Interesse getroffen hätten. Wird schlecht gewirtschaftet, so ist demnach als Erträgnis fiktiv dennoch all das zu berücksichtigen, das bei ordnungsgemäßer Wirtschaft erzielt worden wäre; der UhBer darf nicht zu Lasten des UhPfl bei seiner Vermögensverwaltung nachlässig sein. 10 Ob 92/04 h = EF 111.270.

3. Ordnungsgemäß wirtschaften bedeutet nicht, dass der UhBer ausschließlich jew die gerade höchsten Ertragsmöglichkeiten für die Anlegung seines gesamten Vermögens suchen müsste; dem UhBer ist bei der Vermögensanlage ein gewisser Ermessensspielraum einzuräumen. Eine strenge Beurteilung seines wirtschaftlichen Verhaltens erscheint nicht angemessen, zumal die Vermögensverwaltung einer Privatperson nicht ausschließlich nach betriebswirtschaftlich orientierten Gesichtspunkten erfolgt, sondern besonders auch von individuellen Fähigkeiten und Eigenschaften (Alter, geschäftliche Erfahrung, Lebenssituation usw) sowie persönlichen Zielsetzungen bestimmt wird. Unter diesen Gesichtspunkten ist der Frau ihre Vermögensdisposition (Verkauf des Zinshauses; Verwendung des Kaufpreises zur Schuldentilgung und zum Erwerb einer Eigentumswohnung zur eigenen Wohnversorgung) nicht vorwerfbar. 8 Ob 588/93; 10 Ob 92/04 h = EF 111.270, 111.273.

5. Anspannung des Unterhaltsberechtigten

1. Dem schuldlos oder minder schuldig geschiedenen Ehegatten steht ein Uh- **693** Anspr nur zu, wenn von ihm die **Aufnahme einer Erwerbstätigkeit nicht verlangt werden kann,** dh er ist im Umfang der **Zumutbarkeit** zur Erwerbstätigkeit verpflichtet. 1 Ob 678/86 = EF 51.677; 3 Ob 2307/96 b = EF 81.665; 6 Ob 219/98 v = EF 87.516; 8 Ob 210/02 v = EF 100.913; 6 Ob 87/05 w = EF 111.271.

2. Er hat also seine **Arbeitskraft primär für die Beschaffung des eigenen Uh einzusetzen.** 8 Ob 639/91; 6 Ob 46/97 a.

3. Er hat keinen mit dem Uh eines verheirateten, bloß den Haushalt führenden Ehegatten gleichgestellten UhAnspr. 6 Ob 87/05 w = EF 111.271.

4. Bei Unterlassung zumutbarer Erwerbstätigkeit sind die erzielbaren Einkünfte, also solche, die nach den konkreten Verhältnissen mit einer gewissen Regel-

mäßigkeit auf eine längere Dauer als gesichert angenommen werden können, anzurechnen. 6 Ob 599/91 = EF XXVIII/12; 3 Ob 271/97 t; 6 Ob 87/05 w = EF 111.271.

5. Dem UhBer kann dabei jedenfalls die **Fortsetzung einer schon während der Ehe ausgeübten oder rechtens auszuübenden Erwerbstätigkeit** zugemutet werden. 8 Ob 601/89 = JBl 1991, 714 *(Ferrari-Hofmann-Wellenhof)*; 6 Ob 46/97 a = EF 84.623.

6. Uzw auch dann, wenn er die während der Ehe in qualifizierter Form ausgeübte Tätigkeit seit der Ehescheidung zunächst gar nicht mehr angestrebt hat. 6 Ob 46/97 a = EF 84.623.

7. Dies gilt insb für das Hotelfach. Da die Kl während der Ehe in leitender Position tätig war, wären ihr zwar Hilfsarbeitertätigkeiten mit geringer Entlohnung nicht zumutbar; gerade große Hotelketten sind jedoch auf die Mitarbeit nicht nur junger, sondern leitender Angestellter mit praktischer Berufserfahrung angewiesen. 6 Ob 46/97 a = EF 84.623.

8. Ebenso wenn die Kl vor Einstellung ihrer Berufstätigkeit Abteilungsleiterin im Textilverkauf gewesen ist; es könnte von ihr zwar nicht verlangt werden, als Hilfsarbeiterin zu arbeiten, eine Tätigkeit als Verkäuferin in dem von ihr erlernten Beruf stellt aber keinen gravierenden und unzumutbaren sozialen Abstieg dar. 8 Ob 639/91; 8 Ob 1576/92.

9. Auch zu § 66 EheG wird – ähnlich wie zur Berufsunfähigkeitspension – die Ansicht vertreten, dass der UhBer nicht schlechthin jeden Arbeitsplatz annehmen muss. Ein gravierender sozialer Abstieg ist nicht zumutbar. Beispielsweise wurde eine Hilfsarbeitertätigkeit für eine 55-jährige Maturantin für unzumutbar erachtet (8 Ob 1576/92). Diesem Fall ist der hier festgestellte Sachverhalt vergleichbar, handelt es sich doch bei der der Frau allein offenstehenden Berufstätigkeit im Sozialbereich (wo noch dazu nur Teilzeitbeschäftigung angeboten wird) um schlechtbezahlte, ungelernte Hilfstätigkeiten, die mit denjenigen von Hilfsarbeitern durchaus vergleichbar sind. 6 Ob 87/05 w = EF 111.271.

10. Allein die Tatsache, dass die **Kl während der Ehe keiner Berufstätigkeit nachgegangen** ist, kann ohne Hinzutreten weiterer Umstände nicht dazu führen, dass ihr auf Dauer keine Arbeitstätigkeit zugemutet werden könnte. 8 Ob 210/02 v = EF 100.929.

693 a   **1.** Maßgebend für die Beurteilung der Zumutbarkeit sind Alter, Gesundheitszustand, Berufsausbildung, bisherige, auch länger zurückliegende Berufsausübung, die Pflicht zur Erziehung von Kindern, deren Alter, die Vermittlungsmöglichkeit auf dem Arbeitsmarkt uä. 8 Ob 639/91; 1 Ob 570/95 = JBl 1996, 442 = SZ 68/157; 4 Ob 2232/96 f = EF 84.624 = ÖA 1997, 129/F 132; 6 Ob 46/97 a = EF 84.623; 6 Ob 87/05 w = EF 111.271.

2. Auch wenn die Kl in früheren Jahren ihrer Verpflichtung zur Aufnahme einer geregelten Erwerbstätigkeit nicht nachkam, können der UhBemessung **nicht fiktiv errechnete Pensionseinkünfte** zugrunde gelegt werden, die sie bei durchlaufender Erwerbstätigkeit in der Vergangenheit nunmehr beziehen könnte, weil immer auf den Zeitpunkt der UhBemessung abzustellen ist. 6 Ob 620/93 = EF 75.581.

3. Der Umstand, dass die Kl **während der Ehe keiner Berufstätigkeit nachging,** kann zwar nicht jedenfalls dazu führen, dass ihr gar keine Arbeitstätigkeit zugemutet werden könnte. 8 Ob 639/91; 8 Ob 1576/92.

4. Allerdings kann der uhpfl Ehemann der Frau **nicht jede beliebige Tätigkeit ansinnen.** 2 Ob 342/53; 6 Ob 87/05 w = EF 111.271.

5. So etwa **nicht, nach Erreichen der Voraussetzungen für die vorzeitige Alterspension** weiter eine **Erwerbstätigkeit** auszuüben. 6 Ob 587/93 = SZ 66/114 = EF 72.345; 3 Ob 271/97 t; 6 Ob 219/98 v = EF 87.518.

6. Wird bei schlechter wirtschaftlicher Lage des Dienstgebers älteren Dienstnehmern im Zuge eines Sparprogramms die **einvernehmliche Lösung des Dienstverhältnisses gegen Gewährung von Vergünstigungen angeboten,** ist das (mögliche) Beharren auf Weiterbeschäftigung zumindest bei hohem Einkommen des anderen Ehegatten nicht zumutbar, sodass der nun einkommenslose Ehegatte nicht auf fiktives Einkommen in der bisher bezogenen Höhe „angespannt" werden kann; allerdings kann gerade bei einer hohen Einmalzahlung wenige Jahre vor Erreichen des Pensionsantrittsalters die gewährte Abfindung nur als Schutz vor Einkommensverlust bis zum Erhalt der Pension angesehen werden, die daher – neben der gesetzlichen Abfertigung – auf den gesamten Zeitraum bis zur Pension aufzuteilen ist. 1 Ob 2266/96 h = EF 81.672 = RZ 1997/64.

1. Der geschiedenen Ehegattin kann es nicht verwehrt werden, ihr **vorschulpflichtiges Kind selbst zu pflegen und zu erziehen,** weshalb ihr die Annahme einer Beschäftigung, die ihr dies unmöglich machen würde, nicht zumutbar ist. 2 Ob 528/58 = RZ 1959, 56; 7 Os 278/60. **694**

2. Bei Sorge für ein **schulpflichtiges Kind** ist eine **Ganztagsbeschäftigung** nicht zumutbar. 6 Ob 587/93 = EF 72.340 = SZ 66/114.

3. Führt die UhBer den Haushalt für sich und 2 noch nicht erwachsene ehel Kinder, ist ihr jedenfalls keine längere als die ohnehin mit einer wöchentlichen Arbeitsleistung von 30 Stunden ausgeübte Berufstätigkeit zumutbar. 1 Ob 570/95 = SZ 68/157 = EF 78.711 = JBl 1996, 442.

4. Die **Betreuung der beiden als Lehrlinge bereits teilweise selbsterhaltungsfähigen Söhne** macht das Eingehen eines Arbeitsverhältnisses nicht schlechthin unzumutbar, sind diese doch untertags nicht zu Hause und werden sie zudem von der Mutter täglich in der Früh in die Stadt zur Arbeit geführt, in welchem Ballungszentrum auch ein Arbeitsplatz für die Kl wohl am ehesten zu finden wäre. Der Ehemann weist idZ zutr darauf hin, dass der Kl unter diesen Umständen zumindest eine **Teilzeitbeschäftigung** zuzumuten wäre. 8 Ob 210/02 v = EF 100.930.

1. Es stellt kein Kriterium für die Zumutbarkeit dar, ob das **zu betreuende Kind aus 1. oder 2. Ehe (mit dem UhPfl) stammt oder ue ist,** weil nach der Umstandsklausel auch auf Seiten des UhPfl Sorgepflichten für weitere geborene Kinder nach der Scheidung zu berücksichtigen sind; ist jedoch eine weitere Sorgepflicht des UhPfl regelmäßig zu berücksichtigen, würde es doch eine sachlich nicht zu rechtfertigende Ungleichbehandlung bedeuten, eine schuldlos geschiedene uhber Ehegattin iSd Anspannungstheorie so zu behandeln, als hätte sie für ihr ue Kind keine Betreuungspflicht und könnte daher einem geregelten Erwerb nachgehen. 7 Ob 237/99 z = EvBl 2000/68 = EF 90.369. **694 a**

2. Dem Einwand der Sittenwidrigkeit bzw des Rechtsmissbrauchs könnte allein in dem theoretischen Fall der **Herbeiführung einer Betreuungspflicht durch den UhBer in der Absicht und zum Zwecke,** dem UhPfl **damit zu schaden,** Berechtigung zukommen, welche Überlegung jedoch gerade in einem Fall, in dem die Erwerbsunfähigkeit der geschiedenen Ehefrau deshalb ohne weiteres feststeht, weil das bereits 11-jährige Kind schwer behindert ist, völlig fernliegend ist. 7 Ob 237/99 z = EvBl 2000/68 = EF 90.370.

3. Anmerkung: Die E 7 Ob 237/99 z basiert – vordergründig – auf durchaus nachvollziehbaren und dogmatisch einwandfreien Ableitungen aus bisheriger UhRsp und ist mE dennoch verfehlt: Wie schon *Spunda* (ecolex 2000, 642) darauf hingewiesen hat, verkommt nämlich vor dem Hintergrund dieser E die Ehe zu einem reinen Versicherungsvertrag, der es dem uhber geschiedenen Ehegatten nahezu (lediglich die – wie man hier sieht „zahnlose" – Anspannungstheorie und § 74 EheG stellen Beschränkungen auf) gänzlich freistellt, wie er sein nachehel Leben gestalten will; er darf nur nicht den Fehler machen, wieder zu heiraten.

Es mag zwar nun durchaus richtig sein, dass durch die Betreuungspflichten im vorliegenden Fall die Mutter iSd Anspannungstheorie nicht dazu verhalten werden könnte, sich eigene Einkünfte zu verschaffen, und es ist sicherlich auch richtig, dass die geschiedene Ehegattin nicht, um dem UhPfl damit zu schaden, ein behindertes Kind geboren hat, doch hat diese ihre Situation in keinster Weise etwas mit der Ehe zu tun, als deren Nachwirkung UhAnspr gegen ihren geschiedenen Ehegatten geltend gemacht werden. Es ist zwar völlig unstrittig, dass eine UhPflicht nach § 66 EheG dann besteht, wenn der UhBer aus persönlichen Gründen nicht in der Lage ist, eigene Einkünfte zu erzielen, etwa weil er krank und damit arbeitsunfähig wird oder auf dem Arbeitsmarkt nicht mehr vermittelbar ist, doch sind dies Entwicklungen, die zum Zeitpunkt der Eheschließung und/oder zum Zeitpunkt der Ehescheidung iSd Adäquanz vorhersehbar gewesen sind oder zumindest gewesen hätten sein können, während das Eingehen einer LG nach der Ehescheidung, die Geburt eines (hier: behinderten) Kindes und sodann die Auflösung der LG, wodurch sich die Notwendigkeit der (alleinigen) Betreuung des Kindes ergeben hat, weder vorhersehbar noch im natürlichen Lebensverlauf der UhBer angelegt waren, sondern – jedenfalls was das Eingehen der LG und die Zeugung eines Kindes betrifft – auf konkreten Willensentschlüssen der geschiedenen Ehegattin beruhten.

Dass die Gründe für das Bestehen einer nachehel UhPflicht einen – wenn auch nur losen, jedenfalls aber über das ehemalige Eheband allein hinausgehenden – Zusammenhang mit der früheren Ehe, aus der sich die UhPflicht ja schließlich ableitet, haben müsste, lässt sich nicht nur, wie dies *Spunda* (aaO) nachgewiesen hat, aus § 68 a EheG erschließen, welcher Grundgedanke wohl verallgemeinerungsfähig ist, sondern ordnet § 73 Abs 1 EheG sogar ausdrücklich an, dass ein UhBer, der infolge sittlichen Verschuldens bedürftig ist, nur notdürftigen Uh verlangen kann, wobei – wie dies eine Gegenüberstellung mit § 74 EheG zeigt – der Grund für die Bedürftigkeit bereits während aufrechter Ehe entstanden sein muss, woraus man den Umkehrschluss ziehen kann: Entstand der Grund für die Bedürftigkeit erst nach der Ehescheidung, gibt es überhaupt keinen Uh. Unter diesem Gesichtspunkt trifft den UhBer mE gleichsam eine gewisse Obliegenheit (betrachtet man die Ehe als Versicherungsvertrag, wird man das Bestehen von Obliegenheitsverpflichtungen des „Versicherungsnehmers" ohnehin anerkennen müssen), sein nachehel Leben „selbst- und damit Uh schonend" zu gestalten (dies ist im Grunde genommen ja nicht nur der Kern der Anspannungstheorie und auch des § 73 EheG, sondern wohl des allgemeinen Grundsatzes der Eigenverantwortung), also sich nicht in Situationen zu bringen, die letztlich zur Begründung eines UhAnspr führen können, wobei ansonsten – also diese Situation weggedacht – ein UhAnspr nicht gegeben wäre. Gerade § 73 EheG wird ja auch dahingehend verstanden (*Zankl* in Schwimann[3] Rz 3 zu

§ 73 EheG mwN), dass der UhBer nicht eine verantwortungslose Lebensführung wählen darf, die die Bedürftigkeit adäquat verursacht (vgl 8 Ob 63/02 a). ME wäre es ja wohl auch nicht zu rechtfertigen, einem geschiedenen Ehegatten einen UhAnspr dann zuzuerkennen, wenn er im Rahmen einer extremen Risikosportart (Bungeejumping, Rafting, Iceclimbing uä) verunfallt und dadurch bedürftig, dh unfähig wird, eigene Einkünfte zu erzielen.

IdZ scheint der vom OGH gezogene Umkehrschluss, dass auch der UhBer Lebensentscheidungen des UhPfl uhrechtlich hinnehmen müsse, nicht zwingend, weil beim UhPfl die Anspannungstheorie besonders streng angewendet wird und auch für den konkreten Fall, dass der UhPfl noch eine weitere Sorgepflicht begründen würde, dies ja nicht zu einem Wegfall der UhPflicht des UhBer, sondern lediglich zu einer Einschränkung (Reduzierung des Anspruchs um 4% der UBGr) führte, abgesehen davon, dass der UhPfl derjenige ist, der bezahlen muss, während der UhBer einen Anspruch geltend macht, der ihm Geld zufließen lässt.

E. Änderung der Verhältnisse/Umstandsklausel

1. **Anmerkung:** Vgl auch Rz 401 ff. **694 b**

II. Unterhalt bei Scheidung aus gleichteiligem Verschulden

§ 68 EheG. Sind beide Ehegatten schuld an der Scheidung, trägt aber keiner die überwiegende Schuld, so kann dem Ehegatten, der sich nicht selbst unterhalten kann, ein Beitrag zu seinem Unterhalt zugebilligt werden, wenn und soweit dies mit Rücksicht auf die Bedürfnisse und die Vermögens- und Erwerbsverhältnisse des anderen Ehegatten der Billigkeit entspricht. Die Beitragspflicht kann zeitlich beschränkt werden. § 67 Abs. 1 Satz 2 findet entsprechende Anwendung.

A. Allgemeine Grundsätze

1. **Anmerkung:** Im Hinblick auf § 69 b EheG steht dem aus gleichteiligem **695** Verschulden geschiedenen Ehegatten ein UhAnspr auch nach § 68 a EheG zu (vgl dazu Rz 739).

2. Bei **beiderseitig gleichem Verschulden** ist grundsätzlich **kein uhpfl Ehegatte** vorhanden. Im Gegensatz zu den sonstigen UhAnspr des EheG wird hier der „UhAnspr" erst **durch Richterspruch rechtsgestaltend begründet** („zugebilligt"). 3 Ob 562/81 = SZ 54/140 = EvBl 1982/5 = JBl 1982, 660; 6 Ob 551/86; 3 Ob 603/86 = SZ 60/71 = EF XXIV/4; 5 Ob 620/88 = EvBl 1989/66 = EF XXV/2.

3. Der UhAnspr nach § 68 EheG ist ein solcher, der auf gesetzlicher Grundlage beruht, wenngleich der bedürftige geschiedene Ehegatte nur einen Beitrag zu seinem Uh nach Billigkeit verlangen kann. Nur wenn sich ein Ehegatte „nicht selbst unterhalten kann", soll ihm ausnahmsweise ein **UhBeitrag** zustehen. 3 Ob 102/78 = EF 31.765; 7 Ob 620/83 = EF 43.746; 1 Ob 699/85 = EF 48.877; 6 Ob 551/86; 5 Ob 620/88 = EvBl 1989/66 = EF XXV/2; 5 Ob 1582/93 = EF 72.372 = ÖA 1994, 104/F 78; 8 Ob 63/02 a = EF 100.934; 8 Ob 127/03 i.

4. **Einschr:** Es wird **kein echter UhAnspr** gewährt, sondern entgegen dem Wesen eines solchen nur ein Teil des zur Deckung des gesamten Lebensbedarfs erforderlichen Betrags („ein Beitrag zu seinem Uh") zugesprochen. 3 Ob 562/81 = SZ

54/140 = EvBl 1982/5 = JBl 1982, 660; 3 Ob 603/86 = SZ 60/71 = EF XXIV/4; 5 Ob 620/88 = EvBl 1989/66 = EF XXV/2.

5. Uzw **auch im Falle einer vergleichsweisen Regelung.** 5 Ob 1582/93 = EF 72.372 = ÖA 1994, 104/F 78.

696 1. Verpflichtet sich der Kl im Verfahren über seine auf § 49 EheG gestützte Klage für die Zeit nach der Scheidung zu einer UhLeistung an die Bekl und wird in der Folge über Mitschuldantrag der Bekl die Ehe aus gleichteiligem Verschulden geschieden, beruht der UhAnspr der Bekl ausschließlich auf dem Vergleich. Spätere Änderungen in den Voraussetzungen der UhGewährung nach § 68 EheG haben auf den UhAnspr der Bekl nur insoweit Einfluss, als dies vereinbart wurde. Eine subsidiäre oder analoge Anwendung der Vorschriften des § 68 EheG kommt nicht in Betracht. 5 Ob 80/68; 1 Ob 1504/85 = ÖA 1986, 50.

2. Wird als Oppositionsgrund gegen eine UhExekution geltend gemacht, dass durch Wiederaufnahme des Ehescheidungsverfahrens, in dem der UhAnspr nach § 66 EheG festgesetzt wurde, und Ausspruch des gleichteiligen Verschuldens der UhAnspr erloschen sei, so hat das Gericht die Voraussetzungen des UhVertrags nach § 68 EheG – über Antrag der UhBer – zu prüfen. 3 Ob 95/61 = SZ 34/71.

697 1. Der Rechtsanspruch des Bedürftigen nach § 68 EheG **entsteht** – wenn seine Voraussetzungen vorliegen – schon **mit der Ehescheidung** dem Grunde nach. 7 Ob 52/70 = EvBl 1970/362 = SZ 43/77; 3 Ob 562/81 = EF 38.833 = EvBl 1982/5; 7 Ob 620/83 = EF 43.746; 5 Ob 620/88 = EvBl 1989/66 = EF XXV/2.

2. Der UhAnspr steht daher nicht erst mit dem über das UhBegehren ergehenden Urteil zu, sondern schon dann, wenn die im Gesetz geforderten Voraussetzungen gegeben sind. 8 Ob 247/80 = SZ 54/17.

3. UhBeiträge nach § 68 EheG können somit ab Klagstag begehrt und zugesprochen werden. 1 Ob 696/54 = SZ 27/303 = JBl 1955, 200.

4. Nach § 68 EheG kann auch ein **vorläufiger Uh** vor der E über den UhStreit zuerkannt werden. 7 Ob 52/70 = EvBl 1970/362 = SZ 43/77; 5 Ob 209/73; 1 Ob 571/77; 7 Ob 673/80.

5. **Anmerkung:** Zu den Übergangsbestimmungen des EheRÄG 1999 iZm § 68 EheG vgl Rz 745.

B. Unterhaltsbedarf

698 1. **Anmerkung:** Zur Frage der Deckung von UhAnspr durch Dritte, insb die öffentliche Hand, vgl auch Rz 5, 569, 671.

2. Für die Sozialhilfe ist der **Grundsatz der Subsidiarität** kennzeichnend. Eine Person, deren **UhBed** aufgrund einer öffentlichen Verpflichtung **zur Gänze von einem Dritten gedeckt** wird, kann schon deshalb keine UhAnspr gegen den zivilrechtlich UhPfl stellen kann, weil ein Anspruch auf Doppelversorgung nicht besteht. Dies gilt auch für einen Anspruch nach § 68 EheG. 3 Ob 603/86 = EF XXIV/4 = SZ 60/71.

3. Da die Kl ihre Ansprüche gegen den Bekl erst verliert, wenn sie in der Frist des § 39 Abs 1 Kärntner SHG nicht zum Ersatz herangezogen wird, muss es ihr unbenommen bleiben, den Anspruch nach § 68 EheG geltend zu machen und bei Hereinbringung von Uh die erlangten Leistungen des Bekl zum Ersatz an das Land zu verwenden; der Bezug der Sozialhilfe steht also der Zubilligung eines Beitrags zum Uh der Kl nicht entgegen. 3 Ob 603/86 = EF XXIV/4 = SZ 60/71.

4. Dies gilt auch für die Bestimmungen des Tiroler SHG. 8 Ob 550/89 = EvBl 1989/142 = EF XXVI/2.

5. Besteht eine Ersatzpflicht für die bezogenen Sozialhilfeleistungen der geschiedenen Ehegattin im Falle der Leistung des von ihr begehrten Uh durch den geschiedenen Ehemann, so haben diese Sozialhilfeleistungen mangels eines bereits erfolgten Übergangs auf den SHTr bei der UhFestsetzung außer Betracht zu bleiben. 8 Ob 621/90.

6. Der Bezug von **Sozialhilfe** steht somit dem BilligkeitsUh grundsätzlich nicht entgegen. 8 Ob 63/02 a = EF 100.937.

C. Bemessungsgrundlage

1. **Anmerkung:** Zu Fragen idZ vgl Rz 81 ff.   **699**

D. Unterhaltshöhe

1. Allgemeines

1. Dafür, **ob und in welcher Höhe und für welche Zeit eine UhLeistung** nach **700**
§ 68 EheG zu erbringen ist, sind ausschließlich **Billigkeitserwägungen** maßgebend. 7 Ob 620/83 = EF 43.746.

2. Genaue gesetzliche Grundlagen für die **Anwendung bestimmter Berechnungssysteme** und Prozentabzüge bestehen nach geltendem UhRecht nicht; demgemäß kann der OGH nicht verbindliche Prozentsätze festlegen. Derartige Werte können nur bei der konkreten Berechnung eines UhAnspr im Interesse der gleichen Behandlung gleichgelagerter Fälle herangezogen, nicht aber generell als Maßstab für die UhBemessung festgelegt werden. Prozentsätze zur Berechnung des EhegattenUh haben daher nur den Charakter einer **Orientierungshilfe**. 2 Ob 318/99 z.

3. Unerheblich sind Verfehlungen während der Ehe oder der Umstand, welcher Ehegatte die Zerrüttung eingeleitet hat. Von Bedeutung können allerdings die **Dauer der Ehe und der Grund der Selbsterhaltungsunfähigkeit des UhAnsprechers** sein. 8 Ob 63/02 a = EF 100.936.

2. Eigenes Einkommen/Vermögen des Unterhaltsberechtigten

1. **Anmerkung:** Vgl dazu auch Rz 644 f, 689, 692 f (Eigenes Einkommen/Vermögen, Anspannung). **701**

2. Es schlägt zum Nachteil des UhBer aus, wenn er seine **Bedürftigkeit durch fahrlässiges Verhalten oder durch die Übernahme besonderer Risken herbeigeführt** hat, ist doch selbst der nach § 66 EheG UhBer im Umfang der Zumutbarkeit zur Erwerbstätigkeit verpflichtet; die zur „Anspannung" UhPfl entwickelte Rsp kommt daher sinngemäß zur Anwendung. 8 Ob 63/02 a = EF 100.939.

3. Die im allgemeinen UhRecht gebildeten Rechtssätze über die Anrechnung einer aufgrund einer privaten Unfallversicherung bezahlten **Invaliditätsentschädigung** oder eines **Schmerzengelds** auf die UBGr bzw einer **Ausgleichszahlung im Rahmen der nachehel Vermögensaufteilung** beim UhBer und beim UhPfl sind auch für den Bereich des BilligkeitsUh mit den Einschränkungen anzuwenden, die sich daraus ergeben, dass dort der Uh fordernde Teil im Regelfall selbst zur Heran-

ziehung des Vermögensstamms zur Deckung seines UhBed verpflichtet ist. 8 Ob 127/03 i.

4. Die der Frau zur Deckung des Mietzinsrückstands geleistete Zahlung von € 2.985,36 ist als Einkommensbestandteil zu berücksichtigen: Die betr Sozialhilfeleistung, die der Deckung eines unzumutbaren Wohnungsaufwandes, somit eines typischen UhBed diente, ist einer **Wohn- oder Mietzinsbeihilfe** ganz vergleichbar, die nach stRsp als in die UBGr einzubeziehender Einkommensbestandteil zu behandeln ist. 7 Ob 151/06 s.

701a 1. Der Grundsatz, dass die **tatsächlichen Verhältnisse im Zeitpunkt des Schlusses der Verhandlung erster Instanz** für die zu treffende E maßgebend sind, gilt auch dann, wenn es sich um einen Anspruch auf künftig fällig werdenden Uh handelt. **Auf ungewisse, in Zukunft möglicherweise eintretende Änderungen ist nicht Bedacht zu nehmen.** Der von der Kl befürchtete baldige Verlust des Arbeitsplatzes konnte sie von einer entsprechenden Nachfrage schon deshalb nicht entbinden, weil jede nachträgliche Sachverhaltsänderung, die eine Neufestsetzung des Uh rechtfertigt, zulässiger Anlass für eine neue Klage wäre, sie somit einen endgültigen Anspruchsverlust durch den Arbeitsantritt nicht zu befürchten hatte. 8 Ob 63/02 a = EF 100.941.

III. Unterhalt bei Scheidung aus anderen Gründen

702 1. **Anmerkung:** Im Hinblick auf § 69 b EheG steht auch in den Fällen der Scheidung aus anderen Gründen dem Ehegatten ein Anspruch nach § 68 a EheG zu, was bedeutet, dass nunmehr erstmals auch dem schuldigen und klagenden Ehegatten ein UhAnspr zukommen kann (vgl Rz 739).

A. Mit Schuldausspruch bei Scheidung nach §§ 50, 51, 52 EheG

§ 69 EheG. (1) Ist die Ehe allein aus einem der in den §§ 50 bis 52 bezeichneten Gründe geschieden und enthält das Urteil einen Schuldausspruch, so finden die Vorschriften der §§ 66 und 67 entsprechende Anwendung.

703 1. Wenn ein **Scheidungsanspruch nach § 51 EheG** bereits im Zeitpunkt der Klageinbringung gegeben war, kann **die Aufrechterhaltung dieses Begehrens,** selbst wenn infolge längerer Verhandlungsdauer in der Zwischenzeit die Voraussetzungen für eine Scheidung nach § 55 Abs 3 EheG und einen zu den uhrechtlichen Scheidungsfolgen nach § 69 Abs 2 EheG führenden Ausspruch iSd § 61 Abs 3 EheG erfüllt worden sein sollten, **nicht** als **Rechtsmissbrauch** gewertet werden. 6 Ob 616/83 = JBl 1985, 489.

2. Der **UhAnspr** der geschiedenen geisteskranken Gattin wird durch die Unterbringung in einer **geschlossenen Anstalt,** in der sie versorgt und verpflegt wird, **nicht berührt.** 1 Ob 486/52 = JBl 1953, 74.

3. **Anmerkung:** Vgl idZ jedoch Rz 871 betr die Behandlung des UhAnspr bei Leistungen der öffentlichen Hand; darüber hinaus wäre auch zu bedenken, ob sich nicht der UhAnspr alleine schon dadurch verringert, dass die UhBer ja nunmehr einen geringeren Bedarf hat, wird sie doch verpflegt und versorgt.

B. Mit Schuldausspruch bei Scheidung nach § 55 EheG

§ 69 EheG. (2) Ist die Ehe nach § 55 geschieden worden und enthält das Urteil den Ausspruch nach § 61 Abs. 3, so gilt für den Unterhaltsanspruch des beklagten Ehegatten auch nach der Scheidung der § 94 ABGB. Der Unterhaltsanspruch umfaßt jedenfalls auch den Ersatz der Beiträge zur freiwilligen Versicherung des beklagten Ehegatten in der gesetzlichen Krankenversicherung. Bei der Bemessung des Unterhaltsanspruchs ist die Unterhaltspflicht des Verpflichteten für einen neuen Ehegatten nicht zu berücksichtigen, es sei denn, dies ist bei Abwägung aller Umstände, besonders des Lebensalters und der Gesundheit des geschiedenen und des neuen Ehegatten, der Dauer ihres gemeinsamen Haushalts mit dem Verpflichteten und des Wohles ihrer Kinder, aus Gründen der Billigkeit geboten.

Übersicht:

	Rz
1. Allgemeine Grundsätze	704–705a
2. Unterhaltsbedarf	706
3. Bemessungsgrundlage	707–711
4. Unterhaltshöhe	
a) Prozentwertmethode	712
b) Krankenversicherungsbeiträge	713–714a
c) Eigenes Einkommen/Vermögen des Unterhaltsberechtigten	715
d) Anspannung des Unterhaltsberechtigten	716
e) Naturalunterhaltsleistungen	716a

1. Allgemeine Grundsätze

1. Der Ehegatte erwirbt durch die Scheidung **nicht einen neuen, auf einem anderen Rechtsgrund beruhenden UhAnspr;** inhaltliche Unterschiede zw dem Uh vor und nach der Scheidung können daher nur die das Ausmaß des UhAnspr bestimmenden Tatsachengrundlagen betreffen. 3 Ob 156/79 = EvBl 1980/58 = SZ 52/182; 3 Ob 599/79; 3 Ob 165/79 = ÖA 1983, 18 = EF 34.094/3 uva; 7 Ob 303/00k = EF 97.269. **704**

2. **Grundsätzlich** hat die Scheidung auf den UhAnspr daher **keine Auswirkungen.** 1 Ob 740/80 = ÖA 1983, 18 = EvBl 1981/147; 5 Ob 697/80 = ÖA 1983, 17; 8 Ob 543/83 = EF 46.315; 7 Ob 303/00k = EF 97.270.

3. Die **Tatsache der Scheidung** als solche ist keine zu berücksichtigende Änderung der Verhältnisse, weil sie nach **§ 69 Abs 2 EheG** am UhAnspr nichts ändert, doch stellt die **Aufhebung des gemeinsamen Haushalts** eine relevante Sachverhaltsänderung dar. 1 Ob 288/98d = JBl 1999, 725 = EF 90.398.

4. Der schuldlose Ehegatte wird nämlich uhrechtlich so gestellt, „**wie wenn die Ehe nicht geschieden wäre**". 2 Ob 565/94 = EF 78.708; 7 Ob 303/00k = EF 97.271; 2 Ob 230/00p = EF 97.271; 7 Ob 178/02f = RZ 2003, 137/16; 3 Ob 74/02g = EvBl 2003/37 = JBl 2003, 322; 5 Ob 183/02a = EF 100.945.

5. Durch § 69 Abs 2 EheG sollte der UhBer besser als nach § 66 EheG gestellt und dadurch **sichergestellt** werden, **dass der bisherige Uh des gegen seinen Willen geschiedenen Ehegatten keine Schmälerung erfährt.** 2 Ob 565/94 = EF 78.708.

6. Es soll aber **nicht zu einer Versteinerung** der im Zeitpunkt der Scheidung tatsächlich geleisteten Beiträge kommen, uzw auch nicht als Minimum. 6 Ob 752/

80 = SZ 54/6 = EF 38.836; 6 Ob 684/81 = EvBl 1982/127 = EF 41.331; 8 Ob 543/83 = EF 46.315; 1 Ob 288/98 d = JBl 1999, 725 = EF 90.397; 3 Ob 197/02 w = EF 104.929.

7. Ob und in welchem Ausmaß Uh zu leisten ist, richtet sich vielmehr nach den jew – eben nach § 94 ABGB zu beurteilenden – konkreten Verhältnissen. Für die UhEntscheidung nach § 69 Abs 2 EheG kommt es daher nicht auf die früheren, sondern auf die nunmehr gegebenen beiderseitigen Beitragsmöglichkeiten an. Es ist daher nicht erforderlich, Feststellungen über die finanzielle Gebarung während der aufrechten ehel Gemeinschaft zu treffen. 3 Ob 197/02 w = EF 104.929.

8. **Abw:** Es kommt auf die **tatsächlichen Verhältnisse, die zur Zeit der Scheidung der Ehe bestanden haben** an. 5 Ob 527/80 = EvBl 1981/17 = EF 36.435; 1 Ob 2266/96 h = RZ 1997/64.

9. § 69 Abs 2 EheG **ordnet** daher **nicht an, dass der Ehegatte nach der Scheidung nicht schlechter gestellt werden dürfe, als er vor der Scheidung tatsächlich gestellt war;** die Bestimmung besagt lediglich, dass für den UhAnspr auch nach der Scheidung der § 94 ABGB gilt, dass sich also die uhrechtliche Stellung des bekl Ehegatten durch die Scheidung nicht ändert.

Ein im Falle der Scheidung bestehender UhAnspr kann daher später zufolge Änderung der nach § 94 ABGB maßgeblichen Umstände wegfallen, umgekehrt kann dem Ehegatten auch erst nach der Scheidung zufolge Eintritts der Voraussetzungen des § 94 ABGB ein UhAnspr erwachsen. Beide Teile können aber auch geltend machen, dass **schon vor der Scheidung eine Änderung eingetreten** sei und dem UhBer daher auch bei Aufrechtbleiben der Ehe Uh in anderer Höhe, als sie bisher festgesetzt war, gebührt hätte. 1 Ob 740/80 = EvBl 1981/147 = EF 36.436; 6 Ob 684/81 = EvBl 1982/127 = EF 41.331; 1 Ob 522/87 = EF 54.516; 3 Ob 1520/91.

10. Dh die seit Vergleichsabschluss geänderten Verhältnisse (die Kl wohnt nicht mehr an dem Ort, an dem die Naturalleistungen erbracht wurden; die Naturalleistungen waren von der Wirtschaft des Bekl abhängig) sind bei der Bemessung des der Kl gebührenden Uh zu berücksichtigen. 1 Ob 568/93 = EF 72.375.

11. Es können aber auch beide Teile geltend machen, dass schon vor der Scheidung eine Änderung eingetreten sei und dem UhBer daher Uh in anderer Höhe gebührt hätte. 1 Ob 740/80 = EvBl 1981/147; 6 Ob 726/81; 6 Ob 684/81 = EvBl 1982/127; 8 Ob 543/83 = EF 46.315; 2 Ob 565/94; 1 Ob 288/98 d = JBl 1999, 725.

12. Die Billigkeitserwägungen des § 69 Abs 2 EheG betreffen nicht den Grund des Anspruchs, sondern nur dessen Höhe, die allerdings auch gleich Null sein kann. 3 Ob 196/53.

705 1. Auch wenn der Ehegatte, der die Scheidung nach § 55 EheG verlangt hat, sich nur in einem **Vergleich** zu einer UhLeistung an die Ehegattin verpflichtet hat, ist ihr **Anspruch ein gesetzlicher geblieben** und nicht ein vertraglicher geworden. 2 Ob 65/49 = SZ 22/36.

2. Wenn die Ehefrau in Deutschland die Ehescheidung nach § 55 EheG erwirkt hat und nunmehr der Mann in Österreich seinerseits eine auf § 55 EheG gestützte Klage einbrachte, können beide Teile vom anderen Ehegatten Uh nach Billigkeit begehren. 1 Ob 950/54 = SZ 27/326 = EvBl 1955/169.

3. In einem Aufhebungsprozess nach § 37 EheG kann eine Schuldigerklärung nur hinsichtlich des Bekl stattfinden; Grundlage für einen UhAnspr des Ehegatten nach Eheaufhebung bildet dabei ausschließlich das Ergebnis des Aufhebungsprozesses, nicht das Verhalten während der Ehe. 1 Ob 52/65.

705a 1. Auch der gegen seinen Willen nach §§ 55, 61 Abs 3 EheG Geschiedene kann jedenfalls so weit auf Uh **wirksam verzichten,** als sein notwendiger Uh aus eigenem Einkommen gedeckt ist. In diesem Umfang steht § 94 Abs 3 ABGB der Wirksamkeit des Verzichts nicht entgegen. 3 Ob 74/02 g = EvBl 2003/37 = JBl 2003, 322.

2. Eine **allfällige Sittenwidrigkeit eines UhVerzichts** kann sich aber nicht einfach daraus ergeben, dass sich allfällige Erwartungen eines Teils nicht erfüllten. Auch aus den §§ 55, 61 Abs 3 ABGB kann man iVm § 94 Abs 3 ABGB die Nichtigkeit des UhVerzichts wegen Sittenwidrigkeit (im Hinblick auf die lang dauernde Ehe, aus der zwei Kinder, davon eines mit gesundheitlichen Problemen, stammen) nicht ableiten. Die Frage stellt sich ja auch bei aufrechter Ehe. Da ungeachtet der Geldentwertung seit dem UhVergleich und der am selben Tag abgegebenen Verzichtserklärung der Kl ihr Einkommen nach wie vor über dem Existenzminimum liegt, liegt auch kein dem Fall der E EF 90.401 ff vergleichbarer Notfall vor. 3 Ob 74/02 g = EvBl 2003/37 = JBl 2003, 322.

2. Unterhaltsbedarf

706 1. Zum Uh gehört grundsätzlich auch das Wohnen. 2 Ob 230/00 p = EF 97.273; 7 Ob 178/02 f = RZ 2003, 137/16.

2. Da hier aber zum Scheidungszeitpunkt die ehel Gemeinschaft der Streitteile bereits aufgehoben und auch das **Wohnbedürfnis der Kl abgedeckt** war, weil sie in einer ihr gehörenden Eigentumswohnung wohnte, sodass zum maßgeblichen Zeitpunkt Wohnungskosten vom Bekl nicht getragen wurden, und nunmehr das Wohnbedürfnis ebenfalls gedeckt ist, weil die Kl in einem ihr gehörenden Reihenhaus wohnt, und daher nicht für die Kosten der Wohnversorgung aufzukommen hat, bedarf sie nicht mehr des gesamten festgesetzten GeldUh, um ihren vollständigen Uh zu decken, weshalb die **Wohnkostenersparnis angemessen zu berücksichtigen** ist. Dass die Eigentumswohnung (teilweise) aus dem Verkauf einer ursprünglich den Streitteilen gemeinsam gehörenden und schließlich infolge Schenkung durch den Bekl der Kl alleine gehörenden Liegenschaft erfolgt war, ist nicht von wesentlicher Bedeutung, weil allfällige Vermögensauseinandersetzungen im Zuge des nachehel Aufteilungsverfahrens iSd §§ 81 ff EheG zu klären gewesen wären. 2 Ob 230/00 p = EF 97.273.

3. Bereits in EF 76.221, aber auch in EF 64.352 sprach der OGH aus, dass für die im Eigentum des UhPfl stehende Ehewohnung ein **Benützungsentgelt als NaturalUh angemessen anzurechnen** sei, wenn (und weil) sich der UhBer durch die (Weiter-)Benützung derselben Aufwendungen erspart, dadurch seinen Bedarf an Uh vermindert und demgemäß einen rechnerisch geringeren UhBed hat, worauf bei der Bemessung des vom UhPfl (Eigentümer) zu leistenden Uh Rücksicht zu nehmen sei, zumal diesem ja auch eigene Mietaufwendungen entstehen bzw (Miet-)Einkünfte entgehen. Diese Grundsätze wiederholte der OGH erst jüngst auch in 2 Ob 230/00 p, ebenfalls im Falle einer Scheidung nach §§ 55, 61 Abs 3 EheG, dort freilich mit dem Unterschied, dass die uhber Kl ihr Wohnbedürfnis zunächst in einer ihr gehörigen Eigentumswohnung, später in einem ebenfalls ihr gehörenden Reihenhaus befriedigen konnte.

Die Parallelität zum vorliegenden Fall besteht jedoch darin, dass beide uhber Frauen für die Kosten der Wohnversorgung letztlich nicht aufzukommen haben: In einem solchen Fall entspricht es eben der Faktenlage, dass die uhber Person nicht mehr des gesamten ansonsten festzusetzenden GeldUh bedarf, um ihren vollständigen (dh das Wohnen mit einschließenden) Uh abzudecken, weshalb die sich daraus wirtschaftlich ergebende Wohnkostenersparnis tatsächlich angemessen zu berücksichtigen ist. 7 Ob 178/02 f = RZ 2003, 137/16.

3. Bemessungsgrundlage

707 1. **Anmerkung:** Zu Fragen idZ vgl Rz 81 ff.

708–711 entfallen.

4. Unterhaltshöhe

a) Prozentwertmethode

712 1. **Anmerkung:** Zu Fragen idZ vgl auch Rz 238, 643, 685.

2. Die Prozentsatzmethode gewährleistet, dass der UhBer an den Lebensverhältnissen des UhPfl angemessen teilhaben kann, weshalb sie ein **geeignetes Mittel zur Gleichbehandlung ähnlicher Fälle** ist. 1 Ob 288/98 d = JBl 1999, 725 = EF 90.385, 90.387; 5 Ob 183/02 a = EF 100.954.

3. Nach den Kriterien der Einzelfallgerechtigkeit sind immer auch die besonderen Umstände des Einzelfalls bedeutsam; nur wenn bei Anwendung des richterlichen Ermessens ein gravierender, an die Grenzen des Missbrauchs gehender Fehler unterlaufen oder der gegebene Ermessensspielraum eklatant überschritten wäre, wäre dieser Bemessungsfehler als Rechtsfrage von erheblicher Bedeutung aufzugreifen. 5 Ob 183/02 a = EF 100.954.

4. Dem **einkommenslosen (geschiedenen) Ehegatten** stehen **33% der UBGr** zu. 1 Ob 288/98 d = JBl 1999, 725 = EF 90.390.

5. Wenn es auch richtig ist, dass die Rechtsmittelgerichte zweiter Instanz überwiegend der geschiedenen nicht berufstätigen Ehegattin als AlleinUhBer einen Anteil von 33% des Nettoeinkommens des UhPfl zuerkennen, handelt es sich dabei doch nur um einen von der Rsp erarbeiteten Orientierungswert. 5 Ob 183/02 a = EF 100.954.

6. Der uhber geschiedenen Ehegattin, die über **eigene Einkünfte** verfügt, stehen **rund 40% des Familieneinkommens unter Abzug der eigenen Einkünfte** zu. 8 Ob 532/92 = ÖA 1992, 86 = JBl 1992, 705; 1 Ob 570/93; 7 Ob 531/93 = ÖA 1993, 145; 8 Ob 595/93 = ÖA 1993, 145; 1 Ob 2266/96 h = RZ 1997/64; 1 Ob 2082/96 z; 1 Ob 288/98 d = JBl 1999, 725 = EF 90.391.

7. Uzw auch dann, wenn beide Partner **Alterspensionen** beziehen. 10 ObS 205/94 = SZ 68/241.

8. Diese Quote berücksichtigt auch den Umstand, dass der UhPfl uU sein überdurchschnittliches Einkommen einem überdurchschnittlich hohen Arbeitseinsatz verdankt. 1 Ob 288/98 d = JBl 1999, 725 = EF 90.388.

9. Nach § 89 ABGB sind die persönlichen Rechte und Pflichten der Ehegatten im Verhältnis zueinander grundsätzlich gleich, woraus sich eine Teilung des Familieneinkommens im Verhältnis 1:1 ergeben würde, wie dies auch zT im Schrifttum gefordert wird (*Schwind*, Eherecht[2] 69; *Kerschner/P. Bydlinski*, Fälle und Lösungen zum bürgerlichen Recht[2], 220 FN 28, *Lackner*, RZ 1992, 62; *Kerschner*, Gesellschaftspolitische Tendenzen in der Zivilrechtjudikatur, RZ 1995, 271). Alle diese Autoren räumen allerdings den grundsätzlichen Anspruch auf Abzug berufsbedingter oder

existenznotwendiger Ausgaben ein, was *Schwimann* (in Schwimann² Rz 12 zu § 94 ABGB; *ders,* Unterhaltsrecht², 120) dahin zusammenfasst, dass die von der Rsp herausgearbeiteten UhQuoten von 33% bzw 40% im statistischen Durchschnitt eine **Basisbeteiligung von 50%** unterstellten, wobei dem Einkommensbezieher ein „**Rekreationsbonus**" zugestanden und der Umstand berücksichtigt werde, dass weitere UhPflichten nicht in absoluter Höhe, sondern nur durch geringere Prozentabzüge abgerechnet würden. Eine 40% noch unterschreitende UhQuote wäre daher nicht zu rechtfertigen, ohne dass dadurch das im Gesetz verankerte **Gleichbehandlungsgebot** verletzt würde. 1 Ob 288/98 d = JBl 1999, 725 = EF 90.389.

10. Die Prozentsatzmethode gilt **auch bei erheblich überdurchschnittlichem Einkommen** des besser verdienenden Eheteils; eine „**Luxusgrenze**", wie sie für den KindesUh entwickelt worden ist, lässt sich **für die Bemessung des Uh Erwachsener nicht anwenden.** 1 Ob 288/98 d = JBl 1999, 725 = EF 90.386.

b) Krankenversicherungsbeiträge

1. Der UhAnspr gem § 69 Abs 2 EheG umfasst **jedenfalls** auch den **Ersatz der Beiträge zur freiwilligen Versicherung des uhber Ehegatten in der gesetzlichen Krankenversicherung.** Ziel dieser Lösung ist es, „den schuldlos gegen seinen Willen geschiedenen Ehegatten uhrechtlich möglichst so zu stellen, wie wenn die Ehe nicht geschieden wäre". Genießt der UhBer während aufrechter Ehe als Angehöriger des pflichtversicherten UhPfl Krankenversicherungsschutz, so soll er auch nach der Scheidung, ohne dass ihm dadurch ein zusätzlicher Aufwand erwächst, in dieser Beziehung geschützt sein. Als Lösung sehen die Sozialversicherungsgesetze die freiwillige Versicherung des schuldlos Geschiedenen in der Krankenversicherung vor. Die von diesem hiefür benötigten Beträge sind aber iSd Formel von der unveränderten uhrechtlichen Stellung des schuldlos nach § 55 EheG geschiedenen Ehegatten dem anderen früheren Ehegatten im Rahmen seiner UhPflicht aufzuerlegen. Um darüber keinen Zweifel aufkommen zu lassen, wurde dies ausdrücklich angeordnet. 1 Ob 577/82 = EF 41.340; 1 Ob 180/01 d = JBl 2002, 172.

2. Es wird dabei zwar **kein neben dem allgemeinen UhAnspr bestehender gesonderter UhAnspr** auf Bezahlung dieser Beiträge normiert. 6 Ob 671/82; 1 Ob 577/82 = EF 41.339; 10 Ob 1519/88 = EF 57.279; 1 Ob 568/93 = EF 72.373; 7 Ob 517/94 = EF 75.596; 7 Ob 170/06 k.

3. Der Ersatz der Beiträge bildet **jedoch** eine **absolute Untergrenze des zustehenden Uh,** also ein UhPrivileg, das selbst dann zukommt, wenn sonst keinerlei oder nicht einmal dieser Uh geleistet werden kann. 7 Ob 576/82 = EF 41.338; 10 Ob 1519/88 = EF 57.279; 1 Ob 568/93 = RZ 1994/65; 1 Ob 180/01 d = JBl 2002, 172; 7 Ob 170/06 k.

4. **Ggt:** Dem Gesetzeszweck entspricht eine Auslegung dahin, dass der UhPfl die vom UhBer geleisteten Beiträge zur freiwilligen Krankenversicherung zzgl zu dem bis zur Scheidung der Ehe von ihm zu leistenden Uh zu ersetzen hat. 7 Ob 563/80 = EF 36.263/7 = SZ 53/57.

5. Darüber hinaus steht der Anspruch auch zu, wenn die Beiträge zwar im nach allgemeinen Kriterien zu berechnenden Uh Deckung fänden, der UhBer aber, müsste er sie aus eigenen Mitteln tragen, auf geringere Mittel zur Bestreitung seines LebensUh als das Existenzminimum beschränkt wäre. Die Krankenversicherungsbeiträge sind also dann jedenfalls zu ersetzen, wenn der UhBer nur über Mittel ver-

fügt, die unter dem – unter sinngemäßer Anwendung des § 292 b Z 1 EO nach dem Ausgleichszulagenrichtsatz zu ermittelnden – **Existenzminimum** liegen. Dabei ist aber auch die Leistungsfähigkeit des UhPfl zu berücksichtigen. 7 Ob 170/06 k.

6. Bleibt dem schuldlos geschiedenen Ehegatten ein UhAnspr deshalb verwehrt, weil er ein **höheres Einkommen als der an sich UhPfl** hat, und reicht dieses Einkommen auch zur Deckung der von ihm geleisteten Beiträge zur freiwilligen Versicherung in der gesetzlichen Krankenversicherung aus, so steht ihm deren Ersatz nicht zu. 1 Ob 180/01 d = JBl 2002, 172.

7. Begehrt die UhBer neben dem ihr aufgrund eines Urteils rk zuerkannten und geleisteten Uh zusätzlich die von ihr geleisteten Beiträge für die freiwillige Versicherung, steht dem UhPfl die Einwendung offen, seit der Schaffung des UhTitels habe sich seine wirtschaftliche Leistungsfähigkeit derart gemindert, dass sich bei einer Neufestsetzung des die Versicherungsbeiträge noch nicht enthaltenden Uh-Anspr ergäbe, dass dieser UhAnspr zzgl der Beiträge nunmehr im seinerzeit zuerkannten Uh ganz oder zumindest tw Deckung fände. 1 Ob 577/82 = EF 41.339; 7 Ob 576/82; 7 Ob 635/88.

714 1. Dem UhPfl ist es zwar dank seiner **sozialversicherungsrechtlichen Parteistellung** (etwa § 76 Abs 2 lit b ASVG) bei Änderung seiner wirtschaftlichen Verhältnisse möglich, selbst eine Herabsetzung der Versicherungsbeiträge beim Krankenversicherungsträger zu erreichen; bis dahin ist er aber grundsätzlich verpflichtet, dem freiwillig Versicherten die von ihm zu leistenden Beträge zu ersetzen, **auch dies allerdings nur im Rahmen seiner sich aus § 94 ABGB ergebenden Verpflichtung.** 1 Ob 577/82 = EF 41.340; 1 Ob 180/01 d = JBl 2002, 172.

2. Für den Anspruch auf Ersatz der Beiträge zu einer freiwilligen Krankenversicherung gilt nicht der aus § 1418 ABGB abgeleitete Grundsatz, dass Alimente nicht für die Vergangenheit begehrt werden können. 7 Ob 563/80 = EF 36.263/7 = SZ 53/57; 1 Ob 577/82; 6 Ob 671/82 = EF 41.341; 7 Ob 576/82 = EF 41.341.

3. **Anmerkung:** Diese Rsp ist im Hinblick auf die E des verstSenats 6 Ob 544/87 = SZ 61/143 insoferne als überholt anzusehen, als sie hinsichtlich der Beitragspflicht einen Unterschied zu sonstigen UhAnspr macht.

714a 1. Diese Grundsätze sind auf Krankenversicherungsbeiträge, die der schuldlos geschiedene Ehegatte aufgrund einer **gesetzlichen Pflichtversicherung** zu leisten hat, nicht übertragbar, weil einerseits § 69 Abs 2 Satz 2 EheG von „freiwilliger Versicherung" spricht und andererseits dem uhpfl Ehegatten keine Möglichkeit zu Gebote steht, eine Herabsetzung des mtl Pflichtversicherungsbeitrags des UhBer (etwa nach dem BSVG) zu erwirken. 1 Ob 180/01 d = JBl 2002, 172.

c) Eigenes Einkommen/Vermögen des Unterhaltsberechtigten

715 1. Der **Anspruch** nach § 69 Abs 2 EheG ist gegenüber dem nach § 66 EheG insoferne **„privilegiert"**, als sich der UhBer nach letzterer Bestimmung Einkünfte aus Vermögen und einer Erwerbstätigkeit anrechnen lassen muss, wogegen § 69 Abs 2 EheG das nur dann vorsieht, wenn schon nach § 94 ABGB eine Verweisung auf eine Erwerbstätigkeit Platz griffe. 1 Ob 2266/96 h = RZ 1997/64.

2. Eigene Einkünfte aus Erwerb oder Vermögen, nicht aber der Vermögensstamm, sind **angemessen** iSd § 94 Abs 1 ABGB **zu berücksichtigen.** 6 Ob 641/90 = EF 63.520; 1 Ob 507/92 = EF XXIX/1.

3. Also **nicht schlechthin anzurechnen.** 7 Ob 531/93 = ÖA 1993, 145 = EF 70.606.

4. Auf die **Motive,** die den uhber Ehegatten zur Erschließung von Einkommensquellen bestimmten, **kommt es nicht an.** 6 Ob 641/90 = EF 63.520.

5. Auch wenn nicht einmal eine rechtserhebliche Absprache, sondern nur eine faktische Übung der den Haushalt führenden und obsorgenden Kl vorliegt, ist der rein wirtschaftliche Vorgang, dass sie als finanzielle Abgeltung der ihrer **behinderten Tochter tatsächlich erbrachten Pflegeleistungen** die Mittel, die das Kind außer den Schadenersatzzahlungen vom Land als **Pflegegeld** erhält, zur Befriedigung eigener UhBed verwendet, uhrechtlich als Erzielung **eigener Einkünfte** iSd § 94 Abs 2 ABGB zu werten. 6 Ob 641/90 = EF 63.520.

6. Pflegt die Kl ihre Mutter und wendet diese ihr dafür finanzielle Mittel zu, die zumindest die Höhe des Pflegegeldes erreichen, sind diese als Eigeneinkommen der Kl zu qualifizieren. 6 Ob 123/97 z = EF 84.649.

7. Ebenso die als öffentlich-rechtliche Sozialleistung an den UhBer bezahlte **Wohnbeihilfe** (hier: nach oö WohnbeihilfenV). 1 Ob 570/95 = JBl 1996, 442 = SZ 68/157.

8. Tatsächlich nicht gezogene **Einkünfte aus Kapitalerträgen** sind nur dann angemessen zu berücksichtigen, wenn sie der UhBer vertretbarerweise hätte ziehen können. Was vertretbar oder unvertretbar ist, bestimmt sich nach den konkreten Lebensverhältnissen unter Bedachtnahme auf die E, die partnerschaftlich eingestellte Eheleute im gemeinschaftlichen Interesse unter den gegebenen Umständen getroffen hätten. Dies gilt als Nachwirkung aus dem Eheband grundsätzlich auch für einen gem § 69 Abs 2 EheG geschuldeten Uh unter Bedachtnahme auf die durch die Auflösung der Ehe verminderten persönlichen Rücksichtnahmen. 6 Ob 545/91; 7 Ob 614/92; 8 Ob 588/93; 7 Ob 635/94; 7 Ob 2420/96 z; 2 Ob 230/00 p = EF 97.282.

9. Es ist dabei etwa durchaus vertretbar, dass die Kl aus einer ihr nach Auflösung der Ehe zugekommenen Erbschaft einen Baugrund ankaufte und eine ertragbringende Anlegung unterließ. Eine Anrechnung fiktiver Kapitalerträge aus diesem Vermögen auf das Einkommen der Kl hat daher zu unterbleiben. 2 Ob 230/00 p = EF 97.282.

10. Eine **Anrechnung fiktiver Mieteinnahmen** aus der von der UhBer bewohnten Wohnung auf ihr eigenes Einkommen ist ebenso unzulässig, weil die Vermietung einer vom UhBer in Eigennutz genommenen Wohnung diesem grundsätzlich unzumutbar ist. 2 Ob 230/00 p = EF 97.281.

d) Anspannung des Unterhaltsberechtigten

1. Der Anspruch nach dieser Gesetzesstelle ist gegenüber dem nach § 66 EheG außerdem dadurch **„privilegiert",** dass nach letzterer Bestimmung sich der UhBer Einkünfte auch aus einer zumutbaren Erwerbstätigkeit anrechnen lassen muss, während dies nach § 69 Abs 2 EheG nur dann vorgesehen ist, wenn schon nach § 94 ABGB die Verweisung auf eine Erwerbstätigkeit Platz griffe. 2 Ob 565/94 = EF 78.708; 1 Ob 2266/96 h = RZ 1997/64; 7 Ob 303/00 k = EF 97.272.

2. Die Anwendung der Anspannungstheorie stellt eine **Nachwirkung aus dem Eheband** dar, wobei allerdings darauf Bedacht zu nehmen ist, dass durch die Auflösung der Ehe die persönlichen Rücksichtnahmen vermindert worden sind. 6 Ob 545/91.

3. Der nach § 69 Abs 2 EheG uhber Ehegatte hat seine Arbeitskraft allerdings nur insoweit für die Beschaffung des eigenen Uh einzusetzen, **als dies nach den Umständen des Einzelfalls zumutbar erscheint.** 1 Ob 570/95 = JBl 1996, 442 = SZ 68/157; 3 Ob 271/97 t; 6 Ob 219/98 v.

4. Hat die geschiedene Ehegattin bis zur Aufhebung des gemeinsamen Haushalts ihren **Beitrag durch die Haushaltsführung geleistet** und ist sie keiner eigenen Erwerbstätigkeit nachgegangen, kann von ihr eine weitere Anspannung ihrer Kräfte nur gefordert werden, wenn erwiesen wäre, dass nach der einvernehmlichen Gestaltung der ehel Lebensverhältnisse auch bei aufrechter LG nach einer bereits abgelaufenen Zeit oder unter bereits eingetretenen Voraussetzungen eine Änderung hätte eintreten sollen. 6 Ob 671/82.

e) Naturalunterhaltsleistungen

716 a   **1. Rückzahlungsraten** für den zur Beschaffung der **Ehewohnung** erforderlichen Kredit sind dann, wenn der Ehegatte die Wohnung verlassen hat – auch nach rk Scheidung der Ehe, wenn das Aufteilungsverfahren über die Ehewohnung noch nicht abgeschlossen ist – in angemessener Weise auf den der Ehegattin zu leistenden **Uh anzurechnen.** 7 Ob 529/93 = EF 70.581 = EvBl 1993/161; 1 Ob 570/95 = JBl 1996, 442 = SZ 68/157; 6 Ob 18/98 k = EF 85.869; 6 Ob 122/98 d = EF 85.869.

2. Dieser Umstand ist sodann **im Aufteilungsverfahren zu berücksichtigen.** 1 Ob 570/95 = JBl 1996, 442 = SZ 68/157; 6 Ob 18/98 k = EF 85.869; 6 Ob 122/98 d = EF 85.869.

3. Aufwendungen, die der UhPfl zur Erhaltung der benützten Wohnung in gebrauchsfähigem Zustand erbringt, wie **Betriebskosten,** Aufwendungen für **Versicherungen** oder **elektrische Energie** sind in jedem Falle als NaturalUhLeistungen abzuziehen, erspart sich doch der die Wohnung benützende Teil hiedurch an sich ihn treffende Aufwendungen, wodurch sich wiederum sein Bedarf an Uh vermindert; andernfalls käme es ja zu dem von *Deixler-Hübner* (ecolex 2001, 110) als „absurd" bezeichneten Ergebnis einer „Doppelversorgung" dahin, „dass der UhPfl einerseits den NaturalUh finanziert und andererseits zudem den vollen UhAnspr in Geld erbringen müsste". Dazu zählen jedenfalls auch die **Grundsteuer** und die **Feuerversicherungsprämie.** 7 Ob 178/02 f = RZ 2003, 137/16.

C. Ohne Schuldausspruch

§ 69 EheG. (3) Enthält das Urteil keinen Schuldausspruch, so hat der Ehegatte, der die Scheidung verlangt hat, dem anderen Unterhalt zu gewähren, wenn und soweit dies mit Rücksicht auf die Bedürfnisse und die Vermögens- und Erwerbsverhältnisse der geschiedenen Ehegatten und der nach § 71 unterhaltspflichtigen Verwandten des Berechtigten der Billigkeit entspricht. § 67 Abs. 1 Satz 2 und Abs. 2 findet entsprechende Anwendung.

717   **1. Anmerkung:** Zur Frage der Subsidiarität des Anspruchs gegenüber der Haftung von Verwandten vgl Rz 744.

2. Ein im Zuge eines über Scheidungsklage der Ehegattin gem § 55 EheG anhängigen Scheidungsprozesses, der zu einer Scheidung ohne Verschuldensausspruch geführt hat, geschlossener **UhVergleich** stellt eine **vertragliche UhRegelung**

dar, die nicht den gesetzlichen Uh betrifft. 6 Ob 159/61; 8 Ob 2213/96 s = SZ 70/111 = EF XXXIV/6.

3. Handelt es sich im Scheidungsverfahren um einen Scheidungsgrund, für den das Verschulden eines der Ehegatten nicht von Bedeutung war, kann der Uh nur nach § 69 EheG zugesprochen werden, mag sich der Scheidungsrichter auch in der Begründung seines Urteils mit der Schuld der Ehegatten auseinandergesetzt haben. 1 Ob 340/58 = SZ 31/106.

4. Bei Beurteilung eines UhAnspr gem § 69 Abs 3 EheG ist gewöhnlich **nicht zu prüfen,** welchem der geschiedenen Ehegatten das **alleinige oder überwiegende Verschulden an der Ehezerrüttung** anzulasten ist. 1 Ob 190/06 g = EF-Z 2007/38.

1. Für den Fall einer **Scheidung nach ausländischem Recht,** das nur eine Scheidung ohne Verschuldensausspruch kennt, und der Beurteilung des UhAnspr nach österreichischem Recht, kann dem bedürftigen Ehegatten (nur) analog § 69 Abs 3 EheG unter den dort beschriebenen Voraussetzungen gegen den anderen Teil ein UhAnspr zustehen. 8 Ob 280/00 k; 7 Ob 208/04 w; 1 Ob 190/06 g = EF-Z 2007/38. **717 a**

2. Die in § 460 Z 8 ZPO angeordnete Wirkungslosigkeit der Entscheidung bei Tod eines Ehegatten während des Scheidungsverfahrens tritt nicht ein, soweit eine bereits ergangene Entscheidung in TeilRk erwachsen ist. Stirbt ein Ehegatte nach einem in TeilRk erwachsenen Urteil, in welchem die Scheidung der Ehe wegen schwerer Eheverfehlungen des einen Ehegatten und eine den anderen Ehegatten treffende Mitschuld ausgesprochen worden war, und ist nur mehr die Frage eines Überwiegens der von dem einen oder anderen Teil zu verantwortenden Mitschuld strittig, so ist nur in dem noch offenen Punkt die Hauptsache als erledigt anzusehen; nur insofern ist die E der Vorinstanz wirkungslos.

Der **überlebende Ehegatte** hat in einem solchen Fall zwar keinen UhAnspr nach § 66 EheG gegen die Verlassenschaft des verstorbenen Ehegatten. Allfällige Unbilligkeiten können aber über die (analoge) Anwendung des § 69 Abs 3 EheG vermieden werden. Außerdem erscheint es auch im Rahmen des BilligkeitsUh nicht ausgeschlossen, in Ausnahmefällen doch das Verschulden an der Zerrüttung zu prüfen. 6 Ob 52/07 a = EF-Z 2007/110 *(Gitschthaler).*

3. Anmerkung: Die Problematik bei dieser Konstellation besteht darin, dass der andere Ehegatte sowohl um seine erb- (die Scheidung ist ja rechtskräftig) als auch um seine uh- (ein [zumindest überwiegendes] Verschulden des verstorbenen Ehegatten steht ja nicht fest) und demzufolge auch um seine pensionsrechtlichen (vgl § 258 Abs 4 ASVG) Ansprüche „umfällt". Dass ihm möglicherweise ein BilligkeitsUhAnspr analog § 69 Abs 3 EheG zusteht, befriedigt jedenfalls in jenen Fällen nicht, in denen tatsächlich die Voraussetzungen für eine Verschuldensscheidung nach § 49 EheG zu Lasten des verstorbenen UhPfl vorgelegen wären und dieser auch über relevantes Einkommen verfügt hatte, aufgrund dessen dem UhBer ein Anspruch nach § 66 EheG zugestanden wäre. In diesen Fällen scheint es daher sachgerecht, dem UhBer im Verfahren gem §§ 78, 69 Abs 3 EheG gegen den Nachlass bzw den Erben des verstorbenen UhPfl die Möglichkeit einzuräumen, (als Vorfrage) das alleinige oder überwiegende Verschulden des verstorbenen UhPfl an der Zerrüttung der Ehe zu beweisen. Nach der Rsp des OGH (1 Ob 190/06 g; **aA** LGZ Wien EF XXI/14) ist zwar bei einem auf § 69 Abs 3 EheG gestützten UhAnspr gewöhnlich nicht auf ein Verschulden an der Zerrüttung Bedacht zu nehmen; der OGH hat jedoch selbst darauf hingewiesen, dass auch andere Fallkonstellationen denkbar sein könnten. Und ein solcher Ausnahmefall liegt hier vor.

717b   1. Der UhAnspr nach § 69 Abs 3 EheG ist dem Grunde und der Höhe nach von Billigkeitsüberlegungen abhängig, in deren Rahmen die Bedürfnisse und die Vermögens- und Erwerbsverhältnisse der geschiedenen Ehegatten und der nach § 71 EheG uhpfl Verwandten des UhBer zu berücksichtigen sind. 6 Ob 9/01 v.

2. Diese **Billigkeitsvoraussetzungen** sind **ident mit jenen des § 68 EheG.** 3 Ob 109/97 v; 6 Ob 9/01 v; 6 Ob 131/01 k.

3. Betreut die Ehefrau in ihrem Haushalt 3 Kinder im Alter zw 11 und 7 Jahren, ist ihr eine Erwerbstätigkeit schon aus diesem Grund nicht zuzumuten. 6 Ob 599/91 = EF XXVIII/12.

4. Dass sich die Bekl einer Arbeitsleistung als Dienstnehmerin dzt nicht gewachsen erachtet, obwohl ihr eine solche objektiv nicht nur keine gesundheitlichen Nachteile brächte, sondern möglicherweise ihr Selbstwertgefühl steigern und ihre Labilität festigen könnte, kann ihr nicht zum uhrechtlich erheblichen Verschulden angelastet werden, weil die mangelnde Beherrschbarkeit ihrer Stimmungslagen und die fehlende Willenskraft zu einsichtsgemäßem Verhalten bei ihrer intellektuellen Minderbegabung gerade die Ursache ihres behandlungswürdigen Zustandes waren und sind. Es ist aber **nicht Sache der Gerichte aufzuzeigen, wie schicksalsbedingte Lebensverhältnisse verbessert werden könnten,** solange die Unterlassung bestimmter Bemühungen in dieser Richtung nicht der einen oder der anderen Prozesspartei zum Verschulden oder doch als in ihrem Bereich gelegen zuzurechnen wäre. 6 Ob 599/91 = EF XXVIII/12.

5. Verpflichtet sich der Ehemann trotz Scheidung der Ehe nach § 55 EheG zur Alimentation nach § 66 EheG, kann dies aber nicht den guten Sitten widersprechen. 3 Ob 133/53 = SZ 26/105.

6. Eine Berücksichtigung des Vermögensstamms des UhBer setzt voraus, dass er daraus seinen UhBed decken kann, was jedenfalls so lange nicht der Fall ist, als der von beiden Seiten ohnehin beabsichtigten Veräußerung der gemeinsamen Eigentumswohnung tatsächliche oder rechtliche Schwierigkeiten entgegenstehen, entspräche es doch nicht der Billigkeit, die UhBer zur Deckung ihrer Bedürfnisse so lange auf eine Kreditaufnahme zu verweisen. 6 Ob 9/01 v.

7. Die Rsp zu § 94 ABGB, § 66 EheG, wonach bei zweckmäßiger Verwendung einer **Ausgleichszahlung nach § 94 EheG** nicht nur diese, sondern auch deren – tatsächliche oder fiktive – Verzinsung nicht in die UBGr einzubeziehen ist, ist nicht ohne weiteres auf einen UhAnspr nach § 69 Abs 3 EheG übertragbar, weil dieser nur nach Billigkeitsgrundsätzen zu gewähren ist und bei dem dem Uh fordernden Teil idR sogar die Heranziehung des Vermögensstamms zur Deckung seines UhBed auferlegt wird. 6 Ob 131/01 k = EF 100.963.

8. Soweit der Mann ins Treffen führt, die Frau habe keinen Anspruch auf „ErgänzungsUh", weil sie aufgrund ihres eigenen Erwerbseinkommens nicht bedürftig sei, ist zu entgegnen, dass der **Anspruch gem § 69 Abs 3 EheG auch den angemessenen Uh – wie nach § 66 EheG als obere Grenze – erreichen** kann. 1 Ob 190/06 g = EF-Z 2007/38.

9. **Anmerkung:** Vgl allerdings die E 6 Ob 163/04 w, wonach bei Unwirksamkeit einer UhVereinbarung nach § 55a EheG (etwa wegen Sittenwidrigkeit) BilligkeitsUh nach § 69a Abs 2 EheG idFd EheRÄG 1999 zusteht, der identisch sei mit

demjenigen nach § 69 Abs 3 EheG; damit gelte für die Höhe des UhAnspr aber die Begrenzung auf den **notwendigen Uh, für den der Ausgleichszulagenrichtsatz als Maßstab dienen kann.** ME ist letzterer Auffassung der Vorzug zu geben. § 66 EheG setzt (zumindest überwiegendes) Verschulden des UhPfl an der Zerrüttung der Ehe voraus; nur in diesen Fällen soll der UhBer praktisch so alimentiert werden wie während aufrechter Ehe (33%- bzw 40%-Regel). Gerade dieses Verschulden fehlt aber in jenen Fällen, in denen das Gesetz dem UhBer BilligkeitsUh gewährt (§ 68, 69 Abs 3 und § 69 a Abs 2 EheG). Es ist daher nicht einsichtig, warum dann dennoch uU angemessener Uh zugesprochen werden soll.

1. Es ist nicht zu erkennen, dass jemand, der einen UhAnspr gem § 69 Abs 3 **717 c** EheG einklagt, im Allgemeinen mit unverhältnismäßigen Behauptungs- und Beweisschwierigkeiten belastet sein könnte, wenn er unzureichende Vermögens- und Einkommensverhältnisse seiner uhpfl Verwandten dartun muss, um dieser Voraussetzung für die Zuerkennung eines vom Prozessgegner nach Billigkeit zu leistenden Uh zu entsprechen. Bei Geltendmachung eines UhAnspr gem § 69 Abs 3 EheG hat daher grundsätzlich der klagende geschiedene Ehegatte unzureichende Vermögens- und Einkommensverhältnisse seiner uhpfl Verwandten als Voraussetzung des Eingreifens der subsidiären UhPflicht des Prozessgegners zu behaupten und zu beweisen. Lediglich im Fall unverhältnismäßiger Schwierigkeiten für den UhKläger, solche Tatsachen zu behaupten und zu beweisen, und einer nach den Umständen des Einzelfalls größeren Nähe des Prozessgegners zum Beweis trifft insofern diesen die **Behauptungs- und Beweislast.** 1 Ob 190/06 g = EF-Z 2007/38.

IV. Unterhalt auf Grund einer Vereinbarung/ Unterhaltsverzicht

A. Allgemeines

§ 80 EheG. Die Ehegatten können über die Unterhaltspflicht für die Zeit nach der Scheidung der Ehe Vereinbarungen treffen. Ist eine Vereinbarung dieser Art vor Rechtskraft des Scheidungsurteils getroffen worden, so ist sie nicht schon deshalb nichtig, weil sie die Scheidung erleichtert oder ermöglicht hat; sie ist jedoch nichtig, wenn die Ehegatten im Zusammenhang mit der Vereinbarung einen nicht oder nicht mehr bestehenden Scheidungsgrund geltend gemacht hatten oder wenn sich anderweitig aus dem Inhalt der Vereinbarung oder aus sonstigen Umständen des Falles ergibt, daß sie den guten Sitten widerspricht.

Übersicht:

	Rz
1. Rechtsnatur des Unterhaltsanspruchs	718–720
2. Formvorschriften	721
3. Nichtigkeit/Sittenwidrigkeit eines Unterhaltsvergleichs	722

1. Rechtsnatur des Unterhaltsanspruchs

1. Auch der Umstand, dass über das Ausmaß der durch das Gesetz begründe- **718** ten UhPflicht seinerzeit eine vertragliche Vereinbarung (gerichtlicher Vergleich) zustande gekommen ist, ändert nichts daran, dass es sich um einen **gesetzlichen Uh** handelt. 7 Ob 727/78 = EF 32.367; 7 Ob 115/98 g = EF 87.512.

2. Dies gilt auch bei einem **UhAnspr nach § 69 Abs 2 EheG.** 1 Ob 585/93.

3. Und für den **Uh gem § 66 EheG.** 7 Ob 115/98 g = EF 87.512.

4. Uzw auch dann, wenn der vereinbarte Uh **etwas höher ist als bei gerichtlicher Bemessung** oder wenn eine Wertsicherung vertraglich vereinbart wurde. 3 Ob 88/74.

5. Wenn er sich jedenfalls **im Rahmen der gesetzlichen UhBestimmungen** bewegt. 1 Ob 8/75; 6 Ob 659/76; 6 Ob 564/77; 8 Ob 543/77 uva; 8 Ob 2213/96 s = SZ 70/111 = EF XXXIV/6; 10 ObS 80/98 g.

6. Und in diesem Rahmen nur eine **Fixierung und Konkretisierung der Höhe und der Leistungsmodalitäten** nach bedeutet. 1 Ob 786/79; 5 Ob 607/81; 5 Ob 620/88 = EF XXV/2 = EvBl 1989/66; 8 Ob 2213/96 s = SZ 70/111 = EF XXXIV/6.

7. Wobei allerdings eine **großzügige Betrachtungsweise** anzuwenden ist. 5 Ob 527/86 = SZ 60/31; 8 Ob 2213/96 s = SZ 70/111 = EF XXXIV/6; 10 ObS 80/98 g.

8. **Einschr:** Vertraglich geregelte gesetzliche UhAnspr sind iSd § 292 b EO nur dann gesetzliche UhAnspr, soweit sie auch der Höhe nach **mit dem aktuellen gesetzlichen UhAnspr deckungsgleich** sind. 3 Ob 5/94 = SZ 67/47.

9. Nur dann, wenn im Zeitpunkt des Vergleichsabschlusses die gesetzlichen Grundlagen, wie etwa der Verschuldensausspruch, bereits vorgelegen sind oder zumindest von den Parteien erkennbar dem UhVertrag zugrunde gelegt wurden, kann davon ausgegangen werden, dass die Parteienabsicht der Streitteile bei Abschluss des Vergleichs von vornherein nur auf die einvernehmliche Ausmittlung des maßgeblichen gesetzlichen UhAnspr gerichtet war. 8 Ob 2213/96 s = SZ 70/111 = EF XXXIV/6.

719 1. Auch ein Vertrag, in dem ein Ehegatte den anderen **durch einen Kapitalbetrag abfindet,** ist ein **UhVertrag.** 1 Ob 26/60.

2. Der Anspruch der geschiedenen Gattin auf den durch das Scheidungsübereinkommen oder durch gerichtlichen Vergleich bestimmten Uh ist, wenn er als abänderbar zu betrachten ist, als ein aus dem Gesetze gebührender UhAnspr anzusehen und wird durch das Ausgleichsverfahren nicht berührt (§ 15 AO). 1 Ob 397/35 = SZ 17/85; 3 Ob 136/82 = SZ 55/140.

3. Wird durch Vertrag der **gesetzliche UhAnspr der Frau über die Trennung der Ehe hinaus aufrecht erhalten,** so ist darin weder eine Schenkung noch ein Ehepakt gelegen, der der Errichtung eines Notariatsakts bedürfte. Ein derartiger Anspruch ist seinem Wesen und Inhalt nach wie ein **gesetzlicher UhAnspr** zu behandeln. 3 Ob 648/37 = SZ 19/246.

4. Eine UhVereinbarung kann auch in einem **UhVerzicht** bestehen. 5 Ob 604/84 = SZ 58/192 = JBl 1986, 778; 3 Ob 550/90.

720 1. Wird bei einer Scheidung aus dem alleinigen Verschulden des Mannes vereinbart, dass die **arbeitsfähige und vermögende Frau trotzdem einen bestimmten Uh** erhalten soll, so ist dieser Uh rein **vertraglicher Natur.** 3 Ob 60/65 = EF 5252; 3 Ob 116/72; 6 Ob 564/77; 3 Ob 106/72 = EF 18.286; 8 Ob 2213/96 s = SZ 70/111 = EF XXXIV/6.

2. Es muss aber für beide Parteien unzweifelhaft feststehen, dass durch den Vergleich ein UhAnspr für eine Partei begründet wird, welcher nach dem Gesetz nicht zustünde. 6 Ob 564/77; 3 Ob 20/80; 5 Ob 681/81.

3. Auf den vertraglichen Uh sind die Bestimmungen der §§ 66 bis 69 EheG unanwendbar. 3 Ob 106/72 = EF 18.286; 8 Ob 2213/96 s = SZ 70/111 = EF XXXIV/6.

4. **Überschreitet** der in einer UhVereinbarung zugebilligte **Uh den gesetzlichen Rahmen,** ist dieser als **rein vertraglicher Anspruch** iSd § 80 EheG anzusehen. 5 Ob 620/88 = EvBl 1989/66 = EF XXV/2; 3 Ob 2232/96 y = EF 81.682; 10 ObS 80/98 g.

5. Jedoch nur soweit beiden Parteien klar ist, dass sie Uh vereinbaren, der nach dem Gesetz nicht zustünde, etwa weil der UhBed des UhBer durch eigenes Einkommen gedeckt ist, handelt es sich nicht mehr um den gesetzlichen, sondern um einen rein vertraglichen Uh. Selbst wenn daher hier mit dem UhVergleich das Prozessrisiko in der Verschuldensfrage an der Zerrüttung der Ehe mitverglichen wurde, kommt es für den Charakter des vereinbarten Uh auf das UhNiveau des verglichenen UhBeitrags im Verhältnis zu demjenigen an, das bei einer gerichtlichen E nach dem Gesetz maßgeblich wäre. 6 Ob 113/03 s.

2. Formvorschriften

1. Der Anspruch der Frau auf Uh nach der Scheidung ist ein privatrechtlicher **721** Anspruch, auf den sie wirksam verzichten kann. Wenn **trotz eines solchen Verzichts** der Gatte der Gattin **nachträglich eine UhLeistung verspricht,** liegt eine **Schenkung** vor, die des Notariatsakts bedarf; eine solche würde nur dann nicht vorliegen, wenn ein Übereinkommen getroffen würde, mit dem der anlässlich der Scheidung erfolgte UhVerzicht wieder aufgehoben wird. 2 Ob 461/37 = SZ 19/169; 2 Ob 648/54.

2. Es besteht **kein Notariatszwang** für einen **UhVergleich nach § 80 EheG.** 3 Ob 274/57; 7 Ob 205/68 = SZ 41/149.

3. Eine schriftliche Vereinbarung, die zw dem Ausspruch der Scheidung und dem Eintritt seiner Rk getroffen wurde, muss iZm der Scheidung und dem Scheidungsvergleich gesehen werden; sie **präzisiert** nur die im gerichtlichen Vergleich bereits getroffene Vereinbarung über die **gesetzliche UhPflicht,** die anlässlich der Scheidung für die Zeit danach getroffen wurde (§ 80 EheG). Solche Vereinbarungen sind nicht unentgeltlich und daher **formfrei.** 8 Ob 603/91 = EF 66.494.

4. Dies gilt auch für den **Verzicht auf die Umstandsklausel** im UhVergleich; auch er ist formfrei. 8 Ob 603/91.

5. Ebenso für einen UhVergleich vor der Ehescheidung, mit welchem der Ehemann der Ehegattin sowie deren nicht aus der Ehe stammenden Kindern einen mtl Pauschalbetrag zusichert; die Leistung ist auch dann entgeltlich, wenn die Gegenleistung an eine 3. Person zu erbringen ist. Ein Notariatsakt ist daher nicht notwendig. 2 Ob 517/58.

3. Nichtigkeit/Sittenwidrigkeit eines Unterhaltsvergleichs

1. Ein für den Fall des rk Scheidungsausspruchs abgeschlossener Vergleich **722** wäre nach § 80 EheG nur dann nichtig, wenn dadurch die Scheidung einer Ehe ermöglicht worden wäre, die nicht hätte geschieden werden können, oder wenn er sonst gegen die guten Sitten verstieße. 3 Ob 274/57.

2. Es muss in jedem einzelnen Falle untersucht werden, ob die Parteien mit ihrer Vereinbarung iSd § 80 EheG die Scheidung einer Ehe erzielen wollten, die nicht scheidungsreif war, oder ob sie durch die Vereinbarung nur die Scheidung erleich-

tern wollten. Bei der Beurteilung der Gültigkeit einer solchen Vereinbarung darf kein allzu strenger Maßstab angewendet werden. 2 Ob 147/56 = EvBl 1956/311 = RZ 1956, 127.

3. Anmerkung: Nichtig wäre eine Scheidungsvereinbarung, die selbst zwar kein unredliches prozesstaktisches Vorgehen der Ehegatten zum Inhalt hat, iZm ihr aber im Scheidungsprozess ein nicht oder nicht mehr bestehender Scheidungsgrund geltend gemacht wird. Ebenso ist eine Scheidungsvereinbarung nichtig, soweit sie die Abrede enthält, es solle die Scheidung durch das Vorbringen eines nicht oder nicht mehr bestehenden Scheidungsgrundes erwirkt werden, unabhängig davon, ob der Scheidungsprozess entsprechend dieser Abrede geführt wird. Regelmäßig ist dann die ganze Vereinbarung nichtig.

4. Abreden, durch die ein Ehegatte den anderen mit einem **Kapitalsbetrag oder anderen Leistungen abfindet,** sind zulässig. 5 Ob 242/63.

5. Die Nichtigkeit einer UhVereinbarung nach § 80 EheG ist **nicht von Amts wegen wahrzunehmen.** 1 Ob 331/61 = SZ 34/117 = EvBl 1962/67.

B. Im Rahmen einer einvernehmlichen Scheidung (§ 55 a Abs 2 EheG)

Übersicht:

Rz

1. Einvernehmliche Unterhaltsregelung
   a) Allgemeines .... 723–723 b
   b) Neubemessung 724–726
   c) Bemessungsgrundlage 727
   d) Anspannung des Unterhaltsberechtigten .... 727 a
2. Nach Wegfall der einvernehmlichen Unterhaltsregelung .... 728, 728 a

1. Einvernehmliche Unterhaltsregelung

§ 69 a EheG. (1) Der auf Grund einer Vereinbarung nach § 55 a Abs. 2 geschuldete Unterhalt ist einem gesetzlichen Unterhalt gleichzuhalten, soweit er den Lebensverhältnissen der Ehegatten angemessen ist.

a) Allgemeines

723 1. Dass die Streitteile den der Bekl – mit Rücksicht darauf, dass die Ehe aus dem überwiegenden Verschulden des Kl geschieden wurde – gebührenden gesetzlichen Uh anlässlich der Scheidung vergleichsweise geregelt haben, ändert nichts daran, dass der **UhAnspr auf dem Gesetz beruht.** 8 Ob 17/62 = RZ 1962, 86 = EvBl 1962/215; 6 Ob 198/67 = EF 8666; 5 Ob 554/76 uva; 1 Ob 699/85; 6 Ob 113/03 s = EF 104.941.

2. § 69 a EheG verweist **nicht auf die nur bei einer streitigen Scheidung anzuwendenden §§ 66 f EheG,** sondern trägt dem Umstand Rechnung, dass nach einer einvernehmlichen Scheidung gem § 55 a EheG grundsätzlich kein gesetzlicher Uh-Anspr zw den geschiedenen Gatten besteht. Welcher Uh den Lebensverhältnissen der Ehegatten iSd § 69 a EheG angemessen ist, ist nach § 94 ABGB zu beurteilen; somit ist auf das **UhNiveau während aufrechter Ehe abzustellen.** Da aber § 94 ABGB

schon an sich erhebliche Wertungsspielräume offen lässt, ist auch bei der Beurteilung der Angemessenheit nach § 69a EheG **kein „kleinlicher Maßstab", sondern eine „großzügige Betrachtungsweise" am Platz**. 1 Ob 122/97s = EF 84.651; 3 Ob 186/07k.

3. IdS ist auch ein Uh von 36% des Familieneinkommens als gesetzlicher anzusehen. 1 Ob 122/97s; 6 Ob 113/03s = EF 104.941.

4. Im Zweifel ist eher anzunehmen, dass bloß eine Konkretisierung des gesetzlichen Uh vorliegt. 6 Ob 113/03s.

1. Die vom Mann für die von der Frau und den Söhnen benützte Wohnung geleisteten Zahlungen für laufende Aufwendungen sind als **Wohnungsbenützungskosten** anrechenbar und auf alle Benützer der Wohnung anteilsmäßig aufzuteilen. Für eine andere Aufteilung als nach Köpfen besteht keine Grundlage, weil hier eine gleich intensive Benützung durch alle Personen vorliegt. Für eine davon abweichende Intensität der Benützung wäre der uhpfl Mann behauptungs- und beweispflichtig. 3 Ob 16/04f. **723a**

2. Die Ehe wurde nach § 55a EheG geschieden. Selbst wenn die geschiedenen Ehegatten **einen den Regeln des § 66 EheG folgenden Uh vereinbart** haben, handelt es sich hier dennoch um einen vertraglichen UhAnspr, der sich nach der konkreten Parteienvereinbarung bestimmt. Die Frage, ob durch den Scheidungsfolgenvergleich die uhmindernde Anrechnung der Wohnkostenersparnis der Kl bzw der Aufwendungen des Mannes auf die Liegenschaft nach dem übereinstimmenden Parteiwillen ausgeschlossen werden sollte, ist eine solche der Vertragsauslegung, der – abgesehen von einer gravierenden Fehlbeurteilung durch das Berufungsgericht – keine über den Einzelfall hinausreichende Bedeutung iSd § 502 Abs 1 ZPO beizumessen ist.

Das BerufungsG hat die den Uh einerseits und die Wohnversorgung der Frau andererseits regelnden Punkte des Scheidungsfolgenvergleichs in ihrem Zusammenhalt erkennbar dahin ausgelegt, dass sich die Deckung des Wohnbedarfs der Frau auf den (ansonsten) nach den Regeln des § 66 EheG zu bemessenden Uh nicht mindernd auswirken sollte. Dies folge daraus, dass der Frau das unentgeltliche, lebenslange Wohnungsrecht ausdrücklich nur als Gegenleistung für die Übertragung ihrer Liegenschaftshälfte in das Eigentum des Mannes eingeräumt worden ist. 2 Ob 93/06z = EF-Z 2007/39 *(Gitschthaler).*

1. Ein schutzwürdiges Interesse des UhBer an einem Urteil auf Alimente besteht nicht nur dann, wenn der Schuldner seine Verpflichtungen (einmal) verletzt hat oder eine solche Verletzung droht, sondern auch dann, wenn der Anspruch vom UhPfl unter Berufung auf dessen Verwirkung **zu Unrecht bestritten** wurde, uzw auch ohne Zahlungsrückstand. 9 Ob 13/03g; 3 Ob 57/05m = EF 111.315. **723b**

b) Neubemessung

1. Bei dem unter den nie restlos vorhersehbaren unterschiedlichsten Lebensverhältnissen zu erfüllenden Versorgungszweck eines gesetzlichen UhAnspr ist mangels Anhaltspunkts für einen konkreten ggt Parteiwillen jeder betraglichen Festsetzung einer periodisch wiederkehrenden UhZahlung die **stillschweigend vereinbarte Abänderbarkeit iSd sog Umstandsklausel zu unterstellen.** 6 Ob 558/92 = EF XXIX/7. **724**

2. UhVergleichen wohnt somit als eine im redlichen Verkehr geltende Gewohnheit die Umstandsklausel inne; der UhAnspr ist daher bei einer wesentlichen Änderung der Verhältnisse neu zu bestimmen. 8 Ob 119/03 p = EF 104.917; 10 Ob 35/04 a.

3. Bei Vorliegen einer UhVereinbarung nach § 55 a Abs 2 EheG hat die Neubestimmung des UhAnspr wegen Änderung der Verhältnisse mangels gesetzlicher Regelung eines solchen UhAnspr im Wege ergänzender Vertragsauslegung zu erfolgen. **Es kommt darauf an, was redliche und vernünftige Parteien für den von ihnen nicht bedachten Fall der geänderten Verhältnisse vereinbart hätten.** 3 Ob 69/91 = EF 66.488; 7 Ob 525/94 = EF 75.598; 3 Ob 2202/96 m = EF 81.689; 7 Ob 208/98 h = EF 90.405; 3 Ob 115/00 h.

4. Die Neubemessung des vereinbarten Uh richtet sich also nicht nach den §§ 66 ff EheG, sondern nach der **Veränderung der beiderseitigen Verhältnisse**. 6 Ob 71/65 = EF 5243; 3 Ob 106/72; 5 Ob 681/81; 7 Ob 685/84; 5 Ob 612/84; 10 Ob 506/87.

5. Deshalb sind die von den Parteien damals übereinstimmend vorausgesetzten oder zugrunde gelegten einzelnen **Bemessungskomponenten festzustellen.** 3 Ob 195/82 = EF 43.718.

6. Die Zulässigkeit, die Voraussetzungen und das Ausmaß der Abänderbarkeit eines in bestimmter Höhe vertraglich festgelegten EhegattenUh bestimmen sich innerhalb der durch die Wahrung der guten Sitten gezogenen Grenzen grundsätzlich **nach dem eindeutig erklärten realen, mangels eines solchen nach dem nach vertrauenstheoretischen Grundsätzen vom Vertragspartner anzunehmenden und letztlich bei Vorliegen einer Regelungslücke nach dem hypothetischen Parteiwillen.** 6 Ob 558/92 = EF XXIX/7.

725

1. Im Fall der wesentlichen Änderung der Einkommensverhältnisse wird davon auszugehen sein, dass die Parteien bei Kenntnis dieser Änderung den Uh ebenfalls in der Höhe vereinbart hätten, wie es der aus dem Vergleich hervorgehenden **Relation zw Einkommen und Uh** entspricht. 3 Ob 69/91 = EF 66.488; 7 Ob 525/94 = EF 75.598; 3 Ob 2202/96 m = EF 81.689; 7 Ob 208/98 h = EF 90.405; 3 Ob 115/00 h; 3 Ob 113/04 w; 3 Ob 269/04 m.

2. Uzw auch dann, wenn die Relation zw Einkommen und vereinbartem Uh **im Vergleich nicht zum Ausdruck kommt.** 3 Ob 69/91 = EF 66.488; 7 Ob 208/98 h = EF 90.405; 3 Ob 115/00 h.

3. Wesentlicher Bestimmungsfaktor ist die Leistungsfähigkeit des UhPfl, die üblicherweise bei einem Erwerbstätigen unmittelbar an seinem Nettoeinkommen gemessen wird; sie kann aber auch mittelbar an Bruttoeinnahmen oder am Umsatz eines selbstständig Erwerbstätigen als Indikator mehr oder weniger grob geprüft werden. 6 Ob 558/92 = EF XXIX/7.

4. Mag auch die Strenge der Bindung an das als festgelegt zu behandelnde Verhältnis **innerhalb eines gewissen Spielraums im Einzelfall** unterschiedlich gesehen worden sein, im Grundsatz wurde an der fortwirkenden Beachtlichkeit einer einmal festgelegten Relation nicht gezweifelt (vgl etwa EF 40.623, XXI/5, 59.518). 6 Ob 558/92 = EF XXIX/7.

5. Dieser Grundsatz gilt aber nur dann, wenn sich die übrigen für die UhBemessung maßgeblichen Umstände nicht geändert haben; die seinerzeitige Relation zw UhLeistung und Einkommen spielt für die Neubemessung also dann keine Rolle,

wenn die Änderung der Verhältnisse **nicht oder nicht nur in einer Änderung des Einkommens des UhPfl beruht**, etwa weil der UhPfl nunmehr eine **weitere Sorgepflicht** hat. 3 Ob 142/00 d; 10 Ob 35/04 a.

6. Die im Vergleich festgelegte Relation zw dem Einkommen des UhPfl und der UhLeistung tritt also dann in den Hintergrund, wenn die Änderung der Verhältnisse nicht bloß in einer Änderung des Einkommens des UhPfl besteht. 10 Ob 35/04 a.

7. Bei Hinzutreten weiterer Sorgepflichten ist mangels anderer eindeutiger Anhaltspunkte die UhBemessung dahin vorzunehmen, als ob von den Parteien Regeln für den gesetzlichen Uh berücksichtigt worden wären. 7 Ob 525/94 = EF 75.598; 3 Ob 115/00 h.

1. Soweit der uhpfl Ehegatte seinerzeit **bei Vergleichsabschluss** über seine eigene künftige Leistungsfähigkeit **geirrt** haben sollte, läge dies ausschließlich in seiner eigenen Sphäre, zumal er seine prognostizierten Kalkulationsgrundlagen nicht gegenüber seiner Vertragspartnerin offengelegt hatte und diese eine sich nachträglich etwa als trügerisch erwiesene optimistische Erwartung des Kl weder veranlasste noch als solche erkannte oder auch nur teilte. 6 Ob 558/92 = EF XXIX/7.

726

2. Sollte hingegen dem Bekl tatsächlich unbekannt gewesen sein, dass die Kl im Zeitpunkt des Scheidungsvergleichs ein Eigeneinkommen erzielte, so kann ihm auch nicht der hypothetische Wille unterstellt werden, mit einer Erhöhung des Uh-Beitrags in der Relation zu einer späteren Einkommenssteigerung seinerseits ungeachtet dessen, ob und in welcher Höhe die Kl Eigeneinkünfte erzielen werde, einverstanden gewesen zu sein. Aus dem Vergleichstext geht insoweit ja nur hervor, dass (künftige) eigene Einkünfte der Kl zu keiner Herabsetzung des vereinbarten UhBeitrags führen sollten. 7 Ob 208/98 h = EF 90.406, 90.407.

c) Bemessungsgrundlage

1. Anmerkung: Zu Fragen idZ vgl Rz 81 ff.

727

2. Es ist kein sachlicher Grund erkennbar, den Anspannungsgrundsatz auf einen mit Scheidungsfolgenvergleich vereinbarten Uh nicht anzuwenden. 3 Ob 186/07 k.

3. Es kann den Parteien des Vergleichs nicht unterstellt werden, sie hätten mit der vertraglichen Regelung der Neuberechnung des Uh im Fall der Reduzierung des Einkommens des UhPfl auch den Fall der vorsätzlichen „UhFlucht" einbezogen, also auch den absichtlich herbeigeführten Mindererwerb. Eine solche Auslegung widerspräche der im UhRecht heranzuziehenden Maßstabfigur eines familien- und pflichtenbewussten Ehegatten, der mit einem Ehepartner einen UhVergleich schließt, der berechtigterweise erwarten lässt, dass nur eine unverschuldete Reduzierung des Einkommens des UhPfl zu einer UhMinderung führen kann. 3 Ob 186/07 k.

d) Anspannung des Unterhaltsberechtigten

1. Für die Beurteilung der Frage, wann eine Erwerbstätigkeit von der uhber Frau erwartet werden kann, lässt sich eine allgemeine Richtlinie nicht aufstellen. Maßgebend sind jedenfalls Alter, Gesundheitszustand, Berufsausbildung, bisherige, auch länger zurückliegende Berufsausübung, Pflicht zur Pflege und Erziehung von

727 a

Kindern, Anzahl und Alter der Kinder und die damit zusammenhängende Intensität der erforderlichen Betreuung, die Vermittlungsmöglichkeiten am Arbeitsmarkt iS konkreter Arbeitsmöglichkeiten uä. 10 Ob 35/04 a.

2. Bei der **Betreuung von 3 schulpflichtigen Kindern** im eigenen Haushalt ist die Ausübung einer Erwerbstätigkeit schon aus diesem Grund nicht zumutbar. 10 Ob 35/04 a.

2. Nach Wegfall der einvernehmlichen Unterhaltsregelung

§ 69 a EheG. (2) Mangels einer rechtswirksamen Vereinbarung über die unterhaltsrechtlichen Beziehungen der Ehegatten im Fall einer Scheidung im Einvernehmen hat ein Ehegatte dem anderen Unterhalt zu gewähren, soweit dies mit Rücksicht auf die Bedürfnisse und die Vermögens- und Erwerbsverhältnisse der geschiedenen Ehegatten und der nach § 71 unterhaltspflichtigen Verwandten des Berechtigten der Billigkeit entspricht; § 67 Abs. 1 Satz 2 und Abs. 2 findet entsprechende Anwendung.

728 1. Da eine einvernehmliche Scheidung nach § 55 a EheG nicht anders zu werten ist als eine Scheidung aufgrund von Klage und Widerklage iSd § 55 Abs 3 EheG und außerdem nach Auflösung des Ehebandes die gegenseitige Beistandspflicht fortdauert, steht **bei Wegfall der UhVereinbarung** dem UhBer ein **UhAnspr nach Billigkeit** in analoger Anwendung des **§ 69 Abs 3 EheG** zu. 5 Ob 604/84 = SZ 58/192 = JBl 1986, 778 (zust *Hoyer*) = EF 48.883; 3 Ob 550/90; 9 Ob 1504/95 = EF 78.709; 1 Ob 2131/96 f = SZ 69/146 = EF 81.684 = ÖA 1997, 64.

2. Ggt: Wird ein Scheidungsfolgenvergleich nach § 55 a Abs 2 EheG wegen Willensmängeln oder Sittenwidrigkeit erfolgreich angefochten, so kann dennoch danach nicht ein nach § 69 Abs 3 EheG zu beurteilender und zu bemessender Uh an einen der Ehegatten gewährt werden, er kann aber bei Irreführung einen **Schadenersatzanspruch** geltend machen. 1 Ob 532/85 = JBl 1986, 777 = RZ 1986/19 = EF 48.882; 6 Ob 568/94.

3. **Anmerkung:** Im Hinblick auf den nunmehr durch das EheRÄG 1999 eingeführten § 69 a Abs 2 EheG sind diese E überholt, der Gesetzgeber hat die überw Rsp übernommen. Darüber hinaus ist zu berücksichtigen, dass dem einvernehmlich geschiedenen UhBer im Hinblick auf § 69 b EheG seit dem EheRÄG bei Wegfall einer rechtswirksamen UhVereinbarung auch ein UhAnspr nach § 68 a EheG zustehen könnte (vgl dazu Rz 739).

728 a 1. Wenn eine UhVereinbarung nach § 55 a EheG (hier wegen Sittenwidrigkeit) unwirksam ist, steht nur der BilligkeitsUh nach dem hier anzuwendenden § 69 a Abs 2 EheG idFd EheRÄG 1999 zu, der identisch ist mit demjenigen nach § 69 Abs 3 EheG, wie dies in Lehre und Rsp auch schon zur alten Rechtslage vor dem Inkrafttreten des § 69 a Abs 2 EheG vertreten wurde. Dann gilt für die Höhe des UhAnspr aber die Begrenzung auf den **notwendigen Uh, für den der Ausgleichszulagenrichtsatz als Maßstab dienen kann.**

Die Notlage des einen UhBeitrag ansprechenden Ehegatten ist nicht nur für die Bejahung der Sittenwidrigkeit des Beharrens auf einem vereinbarten UhVerzicht, sondern auch für die Höhe des allfälligen UhAnspr entscheidend. Mit der Bezahlung des notwendigen Uh wird die Notlage beseitigt. Zu mehr kann der UhPfl nicht verhalten werden, weil darüber hinausgehenden UhBegehren der berechtigte Einwand der Vereinbarung eines UhVerzichts entgegensteht, der in diesem Bereich nicht mehr als sittenwidrig angesehen werden kann. 6 Ob 163/04 w = EF 108.322.

2. **Anmerkung:** Vgl allerdings zum BilligkeitsUh nach § 69 Abs 3 EheG 1 Ob 190/06 g, wonach dieser auch den angemessenen Uh wie nach § 66 EheG erreichen können soll; dies ist abzulehnen (vgl Rz 717 b).

C. Auslegung eines Unterhaltsvergleichs

1. Auch eine durch gerichtlichen Vergleich getroffene Vereinbarung ist der Auslegung **gem § 914 ABGB** zugänglich, wonach nicht an dem buchstäblichen Sinne des Ausdrucks zu haften, sondern die **Absicht der Parteien zu erforschen** und der Vertrag so zu verstehen ist, wie es der **Übung des redlichen Verkehrs** entspricht. Es hat die wörtliche Auslegung am Anfang des Interpretationsvorgangs zu stehen, wobei eigentliches Ziel der einfachen Auslegung die Feststellung der Absicht der Parteien ist und **iSd Vertrauenstheorie der objektive Erklärungswert** entscheidet.

729

Allerdings erst wenn die vom klaren Wortlaut der Urkunde abweichende Parteienabsicht durch Aufnahme von Beweismitteln zu erforschen ist und eine übereinstimmende Parteienabsicht nicht als erwiesen gilt, darf der Gehalt der schriftlichen Willenserklärung im Wege der rechtlichen Beurteilung durch Auslegung ermittelt werden. Dabei kann außer der Vertragsurkunde etwa auch die **Vernehmung der Vertragsparteien Erkenntnisquelle des Vertragsinhalts** sein. 3 Ob 2/98 k = EF 90.376, 90.377.

2. Bei Auslegung eines Scheidungsvergleichs iSd § 80 EheG darf **nicht nachträglich auf die §§ 66 ff EheG zurückgegriffen** werden. 3 Ob 773/54; 6 Ob 159/61; 8 Ob 2213/96 s = SZ 70/111 = EF XXXIV/6.

3. Und sind auch **keine Billigkeitserwägungen nach § 69 Abs 2 EheG** anzustellen. 6 Ob 294/68.

4. § 69 Abs 2 EheG enthält nämlich keine Auslegungsregeln. 2 Ob 565/94 = EF 78.708.

5. Konnte ein **anlässlich der Ehescheidung geschlossener Vergleich** unter Berücksichtigung der seinem Abschluss vorangegangenen Stellungnahmen und Entwürfe nur dahin verstanden werden, dass damit alle sich aus einem Vertrag ergebenden gegenseitigen **Beziehungen endgültig gelöst** werden sollten, erstreckt er sich dennoch (nur) auf diejenigen Streitigkeiten, an die die Parteien denken konnten. Hätten sie allerdings daran denken können, taten dies aber nicht, werden sie vom Vergleich erfasst. 5 Ob 697/79 = EF 34.103.

D. Unterhaltsverzicht

1. Ein **Verzicht der Gattin auf den ihr im Scheidungsfall gebührenden Uh** ist **zulässig**, wobei solche Verzichte iZm einem Scheidungsübereinkommen va damit begründet werden, dass die Frau statt der ihr gebührenden Alimente eine Kapitalabfindung erhält, die es ihr ermöglicht, sich eine Existenz zu gründen. 2 Ob 568/50 = SZ 23/244 = EvBl 1950/515.

730

2. Sie ist allerdings **auch während des Bestands der Ehe** berechtigt, für den Fall der Scheidung auf Uh zu verzichten, wenn die ehel Gemeinschaft nicht mehr besteht und angenommen werden kann, dass die Ehe zerrüttet ist. 1 Ob 378/55.

3. Trotz wirksamen **Verzichts auf ein UhErhöhungsbegehren** ist – mangels einer ggt Vereinbarung – ein solches wegen der **Geldentwertung** nicht ausgeschlossen. 8 Ob 603/91.

4. Wurde im Ehescheidungsvergleich auf **jeden Uh, ausgenommen für den Fall unverschuldeter Not, verzichtet**, ist „Not" dann gegeben, wenn das **Existenzminimum nicht erreicht** wird. Der Richtsatz für die Gewährung einer Ausgleichszulage ist jener Betrag, der das Existenzminimum garantiert, weil durch die Ausgleichszulage Leistungen garantiert werden sollen, die dem Rentenberechtigten eine bescheidene Existenz ermöglichen. 1 Ob 144/57; 2 Ob 99/98 t = EF 87.292, 87.293.

Anmerkung: Zu dessen Höhe s Rz 323.

5. Dass der Verzicht weder im gerichtlichen Vergleich enthalten noch schriftlich beurkundet wurde, schadet nicht, weil der Verzicht auch formfrei erklärt werden kann. 8 Ob 119/03 p = EF 104.916.

731
1. Auch bei „**Doppelverdienerehen**" können **Vereinbarungen über die Tragung der gemeinsamen Lebenshaltungskosten** nicht als ein über den Zeitpunkt der Scheidung hinaus wirksamer tw UhVerzicht gewertet werden, weil dieser Übereinkunft die bis zum Beweis des Gegenteils zu unterstellende Bedingung des gemeinsamen Wirtschaftens zugrunde liegt. 1 Ob 288/98 d = JBl 1999, 725 = EF 90.396.

2. Mangels einer Vereinbarung der Parteien über die UhRegelung für den Fall der Scheidung muss unter Außerachtlassung der Scheidung geprüft werden, ob die Voraussetzungen des § 94 ABGB (iVm § 69 Abs 2 EheG) für einen UhAnspr gegeben sind. Dies gilt auch für die Frage, welche Bedeutung ein allenfalls **während der Ehe ausdrücklich oder schlüssig erklärter UhVerzicht** für den für die Zeit nach der Scheidung begehrten Uh hat. 6 Ob 684/81 = EvBl 1983/127.

3. Die von der Rsp in UhVerfahren, in welchem Uh nach § 66 EheG geltend gemacht wurde, vertretene Auffassung, ein während der Ehe erklärter UhVerzicht verliere mit der Scheidung der Ehe, wenn er nicht auch für den Scheidungsfall erklärt worden sei, seine Wirksamkeit, kann in den Fällen des § 69 Abs 2 EheG nicht zum Tragen kommen. 6 Ob 684/81 = EvBl 1982/127.

Anmerkung: Vgl dazu auch Rz 613 ff.

4. In Ansehung eines UhVerzichts ist die für eine neuerliche Beurteilung notwendige nachträgliche Änderung der Verhältnisse (vgl *Reischauer* in JBl 2000, 421; 1 Ob 218/00 s) nicht denkbar; die Zulässigkeit des UhVerzichts kann daher nicht mehr aufgerollt werden. 8 Ob 119/03 p = EF 104.918.

731a
1. Am Tag der Eheschließung vereinbarten die Parteien mit Notariatsakt ua für den Fall der Scheidung aus welchen Gründen immer einen wechselseitigen UhVerzicht auch für den Fall der Not oder geänderter Verhältnisse. Die Ehe wurde zwischenzeitig aus gleichteiligem Verschulden geschieden. Das BerufungsG hielt den UhVerzicht für nichtig.

Der Verzicht auf die Umstandsklausel ist grundsätzlich zulässig und wirksam. Das Beharren auf diesen Verzicht kann aber sittenwidrig sein, wenn etwa ohne Berücksichtigung der nachfolgenden Umstände dem UhPfl die Existenzgrundlage entzogen wäre. Die Rechtsansicht der Vorinstanzen, dass Sittenwidrigkeit zu bejahen sei, weil die bei Vertragsabschluss berufstätige Kl nach der gemeinsam vorgenommenen Lebensgestaltung der Ehegatten in aufrechter Ehe keiner sie annähernd erhaltenden Berufstätigkeit nachging, sondern sich um den Haushalt und die Erziehung der gemeinsamen Kinder kümmerte, hält sich im Rahmen der dargelegten

Rsp. Die Beurteilung, dass das Beharren auf der Umstandsklausel in dem Fall, in dem die Änderungen der Verhältnisse gemeinsam beschlossen wurden und die Kl nach dem Willen beider Ehegatten nach rund 2 Jahren Ehe nicht mehr selbsterhaltungsfähig sein, sondern primär für den Haushalt und die Kinder sorgen soll, sittenwidrig ist, ist im Einzelfall nicht zu beanstanden. Ein Verzicht auf Uh auch unter gemeinsam beschlossenen geänderten Verhältnissen wäre schon wegen der krass ungleichen Einkommenssituation der Ehepartner und der Existenzgefährdung der Kl nichtig. Die Kl hat daher wegen der geänderten Verhältnisse Anspruch auf den gesetzlichen Uh. 7 Ob 84/06 p.

E. Beharren auf einer Unterhaltsvereinbarung

Übersicht:

Rz

1. Ausschluss der Umstandsklausel
   a) Allgemeines 732, 733
   b) Geldentwertung 734
2. Beharren auf dem Ausschluss der Umstandsklausel
   a) Allgemeines 735
   b) Durch den Unterhaltsberechtigten 736
   c) Durch den Unterhaltspflichtigen 737
   d) Rechtsfolgen der Unzulässigkeit des Beharrens 738

1. Ausschluss der Umstandsklausel

a) Allgemeines

1. Anmerkung: Im Gegensatz zur Problematik des § 80 EheG (vgl Rz 718) **732** geht es bei den folgenden E um die Frage, ob das Beharren auf einer UhVereinbarung bei wesentlicher Änderung der Verhältnisse zulässig ist oder nicht. Da sich diese Frage nur stellt, wenn von den Parteien auf die Geltendmachung der Umstandsklausel verzichtet worden ist, weil andernfalls ohnehin eine Neufestsetzung des Uh vorgenommen werden könnte (vgl Rz 754), geht es letztlich um die Frage: Ist das Beharren auf dem Ausschluss der Umstandsklausel sittenwidrig?

2. Der **Verzicht auf die Umstandsklausel** ist **zulässig und wirksam**. 3 Ob 106/69 = EF 12.049; 5 Ob 737/78 = EF 34.072; 5 Ob 565/79 = EF 34.072; 3 Ob 57/81 = EF 38.810; 3 Ob 78/90 = EF 62.606; 8 Ob 603/91; 4 Ob 566/91 = ÖA 1992, 157; 3 Ob 229/98 t = EF 90.401 = JBl 2000, 513 *(F. Bydlinski);* 3 Ob 133/00 f = JBl 2001, 513.

3. Und **widerspricht nicht den guten Sitten**. 6 Ob 564/77 = EF 29.643; 1 Ob 592/83 = 1 Ob 593/83 = ÖA 1984, 17 = EF 43.720; 7 Ob 637/83 = EF 43.720; 1 Ob 739/83 = EF 43.720.

4. Es sei denn, es läge eine **besondere, sittenwidrige Fallgestaltung** vor. 5 Ob 529/84 = EF 46.285.

5. Da die Umstandsklausel UhVerträgen stillschweigend innewohnt, wird sie nur dann ausgeschlossen, wenn **ausdrücklich und in einer jeden Zweifel ausschließenden Weise** auf eine Änderung der UhVereinbarung auch für den Fall einer wesentlichen Änderung in den beiderseitigen Verhältnissen verzichtet wurde. 3 Ob

253/57; 2 Ob 541/76 = EF 29.636; 6 Ob 564/77 = EF 29.636; 5 Ob 737/79 = EF 34.079; 3 Ob 97/81 = EF 38.809, 38.813; 3 Ob 76/95 = EF 81.688 = RZ 1997/55.

6. Ihr Ausschluss kann aber durch ausdrücklichen oder schlüssigen Verzicht – ein Teilverzicht ist möglich – vereinbart werden. 3 Ob 39/01 h = EF 97.296.

7. Die Formulierung, „keinen UhHerabsetzungsantrag nach Durchführung der Scheidung zu stellen", ist dabei zu allgemein gehalten. 3 Ob 97/81 = EF 38.809, 38.813.

8. Die Umstandsklausel kann **allgemein oder für bestimmte Bereiche ausgeschlossen** werden. 2 Ob 541/76 = EF 29.636; 6 Ob 564/77 = EF 29.636; 1 Ob 509/91.

9. Wobei aber ein Ausschluss nicht schon dann vorliegt, wenn ein geringerer als der sich aus dem Gesetz ergebende UhBeitrag vergleichsweise vereinbart wurde. 1 Ob 509/91.

10. Wurde die Umstandsklausel nur für bestimmte Bereiche ausgeschlossen, kann wegen aller anderen Umstände die Anpassung des UhVergleichs begehrt werden. 4 Ob 566/91 = EF 66.467.

11. Der allgemeine Ausschluss der Umstandsklausel umfasst aber jede Änderung der Sachlage, sohin auch den Fall des **Eingehens einer LG** durch die UhBer. 3 Ob 76/95.

733   **1.** Dass die Parteien die **späteren Änderungen schon bei Abschluss des Vertrags erwartet** haben, schließt die Umstandsklausel nur dann und nur so weit aus, als gem § 863 ABGB die Annahme eines schlüssigen Verzichts auf die Geltendmachung der Änderungen gerechtfertigt ist. 3 Ob 540/89 = EF 60.299; 3 Ob 1574/90 = EF 66.469.

2. Also dann nicht, wenn die Parteien **nur mit dem allenfalls möglichen Eintritt der Änderung gerechnet** haben; wird eine Änderung der Umstände vorausgesehen, ist die Umstandsklausel nur im Umfang der Erwartung der Parteien ausgeschlossen. 7 Ob 685/84 = EF 46.273, 46.275.

b) Geldentwertung

734   **1.** Grundsätzlich wird **auch im Falle der Beschränkung oder des Ausschlusses der Umstandsklausel** eine **Aufwertung** vereinbarten Uh **bejaht**. 8 Ob 543/77 = EF 29.635; 6 Ob 778/81 = EvBl 1982/170 = SZ 54/159 = EF 38.811, 38.812; 1 Ob 572/85 = EF 48.862.

2. Es sei denn, es wäre ausdrücklich **vereinbart** worden, dass der **UhBer die Gefahr der Geldentwertung tragen soll**. 6 Ob 778/81 = EvBl 1982/170 = SZ 54/159 = EF 38.811, 38.812; 1 Ob 572/85 = EF 48.862.

3. Allerdings kann eine Anpassung des UhBeitrags an den Kaufkraftverlust nicht – wie etwa bei Wertsicherungsklauseln – fortlaufend, sondern nur dann erfolgen, wenn die (plötzliche oder schleichende) Geldentwertung ein so **erhebliches Ausmaß angenommen** hat, dass ein auffallendes Missverständnis zum Wert an Kaufkraft im Zeitpunkt des Vergleichsabschlusses eingetreten ist. 6 Ob 778/81 = EvBl 1982/170 = SZ 54/159 = EF 38.811, 38.812; 1 Ob 572/85 = EF 48.862.

4. Also nur **bei extremer Geldentwertung** (etwa während der Inflation in den Jahren nach dem 1. Weltkrieg bis zur Einführung des Schillings [SZ 7/400; um das 900-fache!], bei einer Geldentwertung um das 3-fache [6 Ob 284/68] oder einem Kaufkraftverlust um das 7-fache [5 Ob 207/62]). 1 Ob 572/85 = EF 48.862.

5. Oder wenn der UhBer mangels Aufwertung **auch nicht mehr seine notwendigen Bedürfnisse decken kann** und somit in seiner wirtschaftlichen Existenz erheblich beeinträchtigt ist. 1 Ob 572/85 = EF 48.862.

6. Der UhAnspr also in seinem rechnungsmäßigen Ausmaß **seinen Zweck nicht mehr erfüllen kann.** 3 Ob 587/51; 2 Ob 807/52; 3 Ob 445/56; 1 Ob 684/52.

7. Oder bei einem **Kaufkraftverlust von 20%.** 8 Ob 603/91.

8. Die in § 934 ABGB vorgezeichneten starren Grenzen des Rechtsbehelfs der Verkürzung über die Hälfte sind also nicht maßgebend. 1 Ob 572/85 = EF 48.862.

9. Nicht aber, wenn sich die **Verbraucherpreissteigerungsraten** in den dem Vergleichsabschluss nachfolgenden Jahren im Rahmen des nach der Entwicklung während der letzten Jahrzehnte anzunehmenden und daher auch dem Vergleichsabschluss zugrunde zu legenden Ausmaßes hielten. 1 Ob 572/85 = EF 48.862.

10. **Anmerkung:** Um eine stillschweigende Umgehung der Vereinbarung des Ausschlusses der Umstandsklausel zu verhindern, wird es richtigerweise wohl darauf ankommen, ob der UhBer in seiner wirtschaftlichen Existenz gefährdet wird (vgl Rz 737) und nicht auf ein Aufsummieren von Inflationsraten.

2. Beharren auf dem Ausschluss der Umstandsklausel

a) Allgemeines

1. Der **Ausschluss der Umstandsklausel** ist zwar an sich nicht sittenwidrig, könnte aber infolge geänderter Verhältnisse **sittenwidrig werden.** 1 Ob 592/83 = 1 Ob 593/83 = ÖA 1984, 17 = EF 43.722; 7 Ob 637/83 = EF 43.722; 1 Ob 739/83 = EF 43.722; 1 Ob 507/92 = XXIX/1; 3 Ob 229/98 t = EF 90.401 = JBl 2000, 513 *(F. Bydlinksi)*. **735**

2. Um zu verhindern, dass der an sich zulässige Ausschluss der Umstandsklausel im Nachhinein ohne zwingenden Grund aufgehoben wird, ist jedoch ein **strenger Maßstab anzulegen.** 5 Ob 737/78 = EF 34.072, 33.705; 1 Ob 592/83 = 1 Ob 593/83 = EF 43.724 = ÖA 1984, 17; 7 Ob 637/83 = EF 43.724; 10 Ob 501/96 = ÖA 1996, 194/F 121; 3 Ob 133/00 f; 3 Ob 39/01 h = EF 97.298.

3. Bei Beurteilung, ob ein Verhalten zwar nicht gesetzwidrig, wohl aber grob rechtswidrig und somit sittenwidrig ist, ist **abzuwägen, ob eine grobe Verletzung rechtlich geschützter Interessen oder bei Interessenkollision ein grobes Missverhältnis zw den durch die Handlung verletzten und den durch sie geförderten Interessen vorliegt,** was also nach den aus der Rechtsordnung ablesbaren Wertungsgesichtspunkten zu geschehen hat. 1 Ob 739/83 = EF 43.725.

4. Die Lösung der Frage, ob Sittenwidrigkeit vorliegt, hängt von den Umständen des Einzelfalls ab, weshalb der E des OGH keine Bedeutung zukommen kann, die über den zu entscheidenden Fall hinausgeht, es sei denn, dem Berufungsgericht wäre eine auffallende Fehlbeurteilung bei der Beurteilung der Sittenwidrigkeit unterlaufen. 3 Ob 133/00 f.

b) Durch den Unterhaltsberechtigten

1. Das Beharren auf dem Ausschluss der Umstandsklausel ist sittenwidrig, wenn ohne Berücksichtigung der Folgeumstände der **Uh anderer UhBer gefährdet** wäre. 3 Ob 106/69 = EF 12.049; 1 Ob 592/83 = 1 Ob 593/83 = ÖA 1984, 17 = **736**

EF 43.722; 7 Ob 637/83 = EF 43.722; 1 Ob 739/83 = EF 43.722; 5 Ob 529/84 = EF 46.286; 1 Ob 507/92 = XXIX/1; 3 Ob 229/98 t = EF 90.401 = JBl 2000, 513 *(F. Bydlinksi)*.

2. Oder dem UhPfl die **Existenzgrundlage entzogen** würde. 4 Ob 622/75 = EF 25.102; 2 Ob 541/76 = EF 29.639; 5 Ob 565/79 = EF 34.072, 33.705 uva; 3 Ob 229/98 t = EF 90.401 = JBl 2000, 513 *(F. Bydlinksi)*; 3 Ob 133/00 f = JBl 2001, 513; 3 Ob 39/01 h = EF 97.298.

3. Er also **in seiner Existenz vernichtet oder der Not ausgesetzt** würde (EF 24.754). 1 Ob 592/83 = 1 Ob 593/83 = ÖA 1984, 17 = EF 43.723.

4. Oder die Erfüllung der Vergleichspflicht den Leistungspflichtigen selbst **in finanzielle Bedrängnisse brächte,** von denen billigerweise auszuschließen wäre, dass sie bei Vertragsabschluss, wären sie vorgesehen worden, von den Vertragsparteien in Kauf genommen worden wären. 6 Ob 558/92 = EF XXIX/7.

5. Ebenso bei einem **krassen Missverhältnis zw dem dem UhPfl verbleibenden Einkommen und dem nunmehrigen Uh des UhBer,** wenn der UhPfl hiedurch in seiner Lebenshaltung extrem eingeschränkt würde. 6 Ob 113/75; 2 Ob 541/76 = EF 29.639; 1 Ob 592/83 = 1 Ob 593/83 = ÖA 1984, 17 = EF 43.722; 7 Ob 637/83 = EF 43.722; 1 Ob 739/83 = EF 43.722; 7 Ob 631/83; 5 Ob 529/84 = EF 46.286; 3 Ob 60/89; 3 Ob 76/95 = EF 81.693 = RZ 1997/55.

6. **Ohne dass es geradezu zu einer völligen Entziehung seiner Existenzgrundlage kommen müsste,** wobei bei Beurteilung der Sittenwidrigkeit auch auf das Vermögen der Beteiligten, sofern es nicht ihre Existenzgrundlage (etwa eine Eigentumswohnung zur Deckung des eigenen Wohnbedarfs) darstellt, Bedacht zu nehmen ist. 1 Ob 592/83 = ÖA 1984, 17 = EF 43.726.

7. Die etwa gleichteilige Aufteilung des Einkommens der Streitteile muss aber noch nicht sittenwidrig sein, ebenso wenig das **Unterschreiten der Pfändungsgrenzen.** 1 Ob 592/83 = 1 Ob 593/83 = ÖA 1984, 17 = EF 43.727, 43.728.

8. **Anmerkung:** Nunmehr ist das Existenzminimum nach der ExMinV anzuwenden.

9. Die Existenzgrundlage wird im Allgemeinen daher auch nicht entzogen, wenn mindestens noch Einkünfte in der Höhe des Richtsatzes für die Ausgleichszulage verbleiben. 3 Ob 60/89; 3 Ob 133/00 f = JBl 2001, 513.

10. Es muss nämlich davon ausgegangen werden, dass die Rechtsordnung, auf deren Wertungsgesichtspunkte es bei der Sittenwidrigkeit ankommt, dem UhPfl dieselben Einschränkungen zumutet, die sie von einem Pensionsberechtigten verlangt. 3 Ob 133/00 f.

11. **Anmerkung:** Abgesehen davon, dass ein UhPfl, der sich auf den Ausschluss der Umstandsklausel – womöglich noch einseitig – einlässt, nicht besonders schützenswert ist, muss bezweifelt werden, ob die hier erfolgte Gleichstellung eines UhPfl, der uU erhebliche Mittel an den geschiedenen Ehepartner abführen und dafür arbeiten muss, mit einem Pensionsbezieher zutrifft, der auf die Ausgleichszulage angewiesen ist. Noch krasser – und daher abzulehnen – die folgende E:

12. Die Ansicht, eine wirtschaftliche Existenzgefährdung sei erst **bei Unterschreiten des absoluten UhExistenzminimums** nach § 292 b EO anzunehmen, widerspricht nicht der Rsp, wonach die Existenzgrundlage entzogen würde, wenn dem UhPfl noch Einkünfte in Höhe des Richtsatzes für die Ausgleichszulage verblieben,

weil dies noch offen lässt, dass dies erst bei einem niedrigeren Betrag der Fall sein kann. 3 Ob 39/01 h = EF 97.301.

13. Weder in der Rsp noch in der Lehre wird die Auffassung vertreten, es sei jedenfalls sittenwidrig, wenn ein UhPfl schlechter als ein UhBer mit Eigeneinkommen gestellt wäre oder wenn das mtl Einkommen um nahezu $^2/_3$ reduziert würde. 3 Ob 133/00 f.

14. Auch das bewusste Eingehen von außerordentlichen und weit über seinen Verhältnissen liegenden Verbindlichkeiten durch den UhPfl, das zu einer weitgehenden und einschneidenden Einengung seiner finanziellen Leistungskraft führte, kann nicht den unter Ausschluss der Umstandsklausel festgestellten UhAnspr seiner geschiedenen Ehefrau in seinem Rechtsbestand treffen. 5 Ob 529/84 = EF 46.290.

c) Durch den Unterhaltspflichtigen

1. Die den E, in denen nach einer UhVereinbarung der UhBer zu Lasten des UhPfl auf dem vereinbarten Ausschluss der Umstandsklausel beharrte, **zugrunde liegenden Wertungen** sind **auch auf den Fall anzuwenden,** in dem wechselseitig auf Uh verzichtet und die Umstandsklausel auch für den Fall der Not ausgeschlossen wurde, nachträglich aber **eine der auf Uh verzichtenden Parteien** – gegenüber der Erwartungshaltung anlässlich des Vergleichsabschlusses – unerwartet (wegen schwerer Erkrankung oder ähnlicher Umstände) **in Not verfällt.** Das Beharren des vom Verzicht auf die Umstandsklausel Begünstigten auf diesem Verzicht kann dann sittenwidrig sein (werden), wenn dadurch die von diesem Verzicht betroffene Kl ohne eine unterstützende „UhLeistung" des anderen vormaligen Ehegatten, gegen den sie bei Durchführung eines Scheidungsverfahrens nach § 49 EheG allenfalls UhAnspr nach §§ 67 oder 68 EheG hätte, der Existenzbedrohung (Not) ausgesetzt wäre. 3 Ob 229/98 t = EF 90.402 = JBl 2000, 513 *(F. Bydlinski).*

737

2. Sieht man den EhegattenUh als **Nachwirkung der personenrechtlichen Fürsorgeverpflichtung** zw vormaligen Ehegatten an, wie er der Neufassung des EhegattenUh nach dem noch nicht anzuwendenden EheRÄG 1999 zugrunde liegt (BilligkeitsUh gem § 68 a EheG selbst für den schuldig geschiedenen Ehegatten), kann **bei einer nicht vorsätzlich oder grob fahrlässig herbeigeführten, allenfalls überhaupt ohne Verschulden erfolgten völligen Erwerbsunfähigkeit** der Kl ein Bestehen des Bekl auf den vereinbarten UhVerzicht für den Notfall als sittenwidrig angesehen werden. 3 Ob 229/98 t = EF 90.403 = JBl 2000, 513 *(F. Bydlinski).*

3. UhVerzicht auch für Fall der Not samt Verzicht auf die Umstandsklausel kann somit deshalb unwirksam sein, wenn der UhBer in existenzbedrohende Not gerät, bei hypothetisch nachzuvollziehendem Scheidungsverfahren zumindest gleichteiliges (oder überwiegendes oder Allein-)Verschulden des anderen Ehegatten festgestellt worden wäre und wenn krasse Einkommensunterschiede bestehen. 6 Ob 163/04 w = EF 108.322; 7 Ob 98/05 w.

4. Anmerkung: Unterstellt man die Rsp, wonach das Beharren des UhBer auf dem Ausschluss der Umstandsklausel bei bestimmten Fallkonstellationen sittenwidrig sein kann, als richtig, dann hat mE der OGH völlig zutr auch den umgekehrten Fall, nämlich das Beharren des UhPfl auf einem UhVerzicht des UhBer, gleich entschieden, ansonsten wohl erhebliche Wertungswidersprüche vorgelegen hätten. Fraglich erscheint allerdings, ob die erstgenannte Judikaturlinie tatsächlich dogmatisch überzeugen kann – oder ob letztlich in den jew Einzelfällen nur ein bestimmtes Endergebnis angestrebt wurde, um Einzelfallungerechtigkeiten zu vermeiden (der nunmehr arme UhPfl muss seine Existenz gefährden, um hohe UhLeistungen an jemanden erbringen zu können, der diese möglicherweise gar nicht [mehr?] braucht).

Zu berücksichtigen ist nämlich, dass die Parteien der UhVereinbarung ja ausdrücklich für den Fall geänderter Umstände (meist wird sogar formuliert: auch für den Fall der Not oder der Krankheit) auf die Geltendmachung dieser Umstände verzichten. Warum soll dann das Beharren auf einem derartigen Verzicht sittenwidrig sein? Ging derjenige Ehegatte, der sich später auf diese Sittenwidrigkeit beruft, davon aus, dass er ohnehin nie in Not geraten würde, dann kann lediglich von einem unbeachtlichen Motivirrtum iSd § 901 ABGB die Rede sein, der aber wohl nicht anwendbar ist, handelt es sich doch bei einer UhVereinbarung insb iZm einer Ehescheidung niemals um einen lediglich einseitig verbindlichen Vertrag.

Die Auswirkungen dieser Rsp für die Praxis sind gravierend – und auch unbefriedigend. Wohl keinesfalls angehen kann es, aus einem Scheidungsfolgenvergleich lediglich die UhVereinbarung „herauszureißen" und den restlichen Vergleich stehen zu lassen, werden doch idR bei derartigen Vergleichen „Gegengeschäfte" gemacht (etwa eine höhere UhLeistung gegen eine niedrigere Ausgleichszahlung oder ein UhVerzicht gegen eine höhere Ausgleichszahlung). Also muss der gesamte Vergleich – jedenfalls in seinen geldwerten Auswirkungen (die Regelung der Obsorge für die gemeinsamen Kinder wird doch wohl [hoffentlich!] kein Bestandteil der Gegengeschäfte gewesen sein) fallen (vgl Rz 738). Bejaht man diesen Ansatz, dann sind die Ehegatten – möglicherweise jahrzehntelang nach der Scheidung ihrer Ehe – auf ein Aufteilungsverfahren nach §§ 81 ff EheG (was ist mit der Frist des § 95 EheG?) und ein „theoretisches" Scheidungsverfahren, wie dies zu 3 Ob 229/98 t ausdrücklich ausgesprochen wird, verwiesen. Befürworter dieser E mögen zwar trösten, dass der UhBer ohnehin dem anderen Ehegatten die schuldhafte Zerrüttung nachweisen muss, um zu einem Uh nach § 66 EheG zu kommen, welcher Beweis möglicherweise aufgrund des verstrichenen Zeitraums nicht mehr möglich ist, doch kommen UhAnspr etwa nach §§ 68 oder 68 a EheG in Betracht. ME insgesamt eine unbefriedigende Situation – nicht nur für Ehegatten, die sich getrennt haben, sondern auch für Ehegatten, die sich trennen wollen, und deren Scheidungsanwälte.

Es ist daher ratsam, in einen Scheidungsvergleich einerseits konkret aufzunehmen, dass die uhrechtlichen Vereinbarungen, also insb auch der UhVerzicht, in einem unlösbaren Zusammenhang mit den übrigen Regelungen betr etwa das Vermögen stehen (den KindesUh wird man im Hinblick auf das Drei-Parteien-Verhältnis wohl nicht auch einbeziehen können) und daher bei Wegfall einer Vergleichsbestimmung sämtliche Regelungen aufgehoben sein sollen; andererseits bietet sich im Hinblick auf die Argumentationslinie des 3. Senats auch an festzuhalten, dass auf Uh auch für den Fall der „unerwarteten und unverschuldeten" Not verzichtet werden soll; denkbar wäre auch, den Verzicht „in Kenntnis der E 3 Ob 229/98 z" abzugeben und auf ihre Rechtsfolgen zu verzichten.

Bei Prüfung der Frage, ob sich der UhBer „in Not" befindet, ist nicht nur auf dessen Einkünfte, sondern auch auf sein Vermögen Bedacht zu nehmen, also etwa auch auf Leistungen des UhPfl anlässlich der Auflösung der Ehe (vgl etwa 1 Ob 592/83). Der UhBer hat ja den erklärten UhVerzicht gegen sich und muss seine „Not" beweisen.

d) Rechtsfolgen der Unzulässigkeit des Beharrens

1. Ist das Beharren des UhPfl auf den UhVerzicht sittenwidrig, sind **Feststellungen über die Gründe für die Ehescheidung der Streitteile zu treffen,** die eine Beurteilung des „hypothetischen Scheidungsverschuldens" der Parteien ermöglichen. 3 Ob 229/98 t = EF 90.404 = JBl 2000, 513 *(F. Bydlinski).* **738**

2. Anmerkung: Der Vollständigkeit halber sei gefragt, weshalb der OGH lediglich auf die Idee des theoretischen Scheidungsverfahrens gekommen und nicht auf den zum Zeitpunkt der E bereits existierenden, allerdings noch nicht in Kraft stehenden § 69 a Abs 2 ABGB verwiesen hat, der ja gerade auf jene Fälle Bedacht nimmt, in denen eine ursprünglich bestehende Vereinbarung über die uhrechtlichen Beziehungen der Ehegatten wieder weggefallen ist (vgl Rz 728). Wenn schon die Rsp zur möglichen Sittenwidrigkeit des Beharrens auf dem Verzicht der Umstandsklausel Bestand haben soll und (in diesem Fall) auch auf das Beharren auf einem UhVerzicht angewendet werden muss, dann sollte rechtliche Konsequenz sein, dass der UhBer Ansprüche lediglich nach § 69 a Abs 2 ABGB stellen kann.

Der Vollständigkeit halber sei aber auch angemerkt, dass sich nach der jüngeren Rsp der UhBer auf eine Existenzgefährdung nicht (mehr) berufen kann, wenn ihm noch Einkünfte in Höhe des Richtsatzes für die Ausgleichszulage nach § 293 ASVG (3 Ob 60/89; 3 Ob 133/00 f; 6 Ob 163/04 w; 3 Ob 74/04 k) bzw des Existenzminimums nach § 291 a EO (3 Ob 74/02 g) – gemeint unter Außerachtlassung der Steigerungsbeträge nach § 291 a Abs 4 bis 5 EO – verbleiben (insofern der Rsp zust *Ferrari,* JBl 2000, 609; *Fucik,* RZ 2000, 266; *Deixler-Hübner,* ecolex 2000, 638) **oder wenn ihm der UhPfl UhLeistungen in dieser Höhe erbringt.** Damit braucht sich der UhPfl, dessen „Beharren auf einem UhVerzicht" als sittenwidrig erkannt wurde, wenigstens nicht einer umfassenden UhBemessung stellen; er braucht immer nur maximal Uh in Höhe des Ausgleichszulagenrichtsatzes zu leisten, also umgerechnet mtl dzt € 830 (vgl Rz 323).

3. Sind uh- und weitreichende vermögensrechtliche Regelungen Gegenstand des Übereinkommens der Ehegatten, deren **einzelne Punkte nicht** voneinander **getrennt** werden können, ist das ganze Übereinkommen als ungültig anzusehen, wenn dies bei einem Punkt der Fall ist. 5 Ob 526/88; 6 Ob 2155/96 x.

4. Anmerkung: Beharrt umgekehrt der UhBer zu Unrecht auf dem Ausschluss der Umstandsklausel, ist nach der Rsp (s Rz 736/9 ff) wohl das Einkommen des UhPfl – nach Berücksichtigung seiner sonstigen UhPflichten – bis zum Ausgleichszulagenrichtsatz abzuschöpfen.

V. Unterhalt ohne Verschulden

§ 68 a EheG. (1) Soweit und solange einem geschiedenen Ehegatten auf Grund der Pflege und Erziehung eines gemeinsamen Kindes unter Berücksichtigung dessen Wohles nicht zugemutet werden kann, sich selbst zu erhalten, hat ihm der andere unabhängig vom Verschulden an der Scheidung Unterhalt nach dessen Lebensbedarf zu gewähren. Die Unzumutbarkeit der Selbsterhaltung wird vermutet, solange das Kind das fünfte Lebensjahr noch nicht vollendet hat. Wird der Unterhaltsanspruch gerichtlich festgesetzt, so ist er jeweils entsprechend zu befristen, über das fünfte Lebensjahr des jüngsten Kindes hinaus jeweils auf längstens drei Jahre. Ist auf Grund der besonderen Umstände des Falles, insbesondere einer besonderen Betreuungsbedürftigkeit des Kindes, nicht abzusehen, wann der geschiedene Ehegatte in der

Lage sein wird, sich selbst zu erhalten, so kann das Gericht von einer Befristung absehen.

(2) Hat sich ein Ehegatte während der Ehe auf Grund der einvernehmlichen Gestaltung der ehelichen Lebensgemeinschaft der Haushaltsführung sowie gegebenenfalls der Pflege und Erziehung eines gemeinsamen Kindes oder der Betreuung eines Angehörigen eines der Ehegatten gewidmet und kann ihm auf Grund des dadurch bedingten Mangels an Erwerbsmöglichkeiten, etwa wegen mangelnder beruflicher Aus- oder Fortbildung, der Dauer der ehelichen Lebensgemeinschaft, seines Alters oder seiner Gesundheit, nicht zugemutet werden, sich ganz oder zum Teil selbst zu erhalten, so hat ihm insoweit der andere Ehegatte unabhängig vom Verschulden an der Scheidung den Unterhalt nach dessen Lebensbedarf zu gewähren. Wird der Unterhaltsanspruch gerichtlich festgesetzt, so hat ihn das Gericht jeweils auf längstens drei Jahre zu befristen, wenn erwartet werden kann, daß der geschiedene Ehegatte danach in der Lage sein wird, seinen Unterhalt, insbesondere durch eine zumutbare Erwerbstätigkeit, zu sichern.

(3) Der Unterhaltsanspruch nach Abs. 1 oder 2 vermindert sich oder besteht nicht, soweit die Gewährung des Unterhalts unbillig wäre, weil der Bedürftige einseitig besonders schwerwiegende Eheverfehlungen begangen oder seine Bedürftigkeit grob schuldhaft herbeigeführt hat oder ein gleich schwerwiegender Grund vorliegt, im Fall des Abs. 2 auch, weil die Ehe nur kurz gedauert hat. Je gewichtiger diese Gründe sind, desto eher ist vom Bedürftigen zu verlangen, seinen Unterhalt durch die Erträgnisse einer anderen als einer zumutbaren Erwerbstätigkeit oder aus dem Stamm seines Vermögens zu decken.

(4) § 67 Abs. 1 findet entsprechende Anwendung.

§ 69 b EheG. § 68 a ist entsprechend anzuwenden, wenn die Ehe aus einem der in den §§ 50 bis 52 und 55 bezeichneten Gründe geschieden worden ist oder es im Fall einer Scheidung im Einvernehmen an einer wirksamen Vereinbarung über die unterhaltsrechtlichen Beziehungen der Ehegatten fehlt.

Literatur: *Hopf/Stabentheiner,* Das Eherechts-Änderungsgesetz 1999, ÖJZ 1999, 821, 861; *Deixler-Hübner,* Das neue Eherecht (1999); *Knoll,* Verschuldensunabhängiger Unterhalt im Ehescheidungsfolgenrecht nach dem EheRÄG 1999, RZ 2000, 104; *Wilhelm,* Der Lebensbedarf des schuldig Geschiedenen, ecolex 1999, 378; *Deixler-Hübner,* Grundfragen des neuen verschuldensunabhängigen Unterhaltsanspruchs nach § 68 a EheG, ÖJZ 2000, 707; *Ferrari,* Verschuldensunabhängiger Scheidungsunterhalt nach den §§ 68 a und 69 b EheG, in Ferrari/Hopf, Eherechtsreform in Österreich (2000) 37; *Knoll,* Zum neuen verschuldensunabhängigen Unterhaltsanspruch, ÖJZ 2001, 386; *Fischer-Czermak,* Zum Unterhalt nach Scheidung bei gleichem und ohne Verschulden, NZ 2001, 254; *Berka-Böckle,* Der verschuldensunabhängige Anspruch nach § 68 a EheG, JBl 2004, 223; *Limberg,* ecolex 2005/41 (Entscheidungsanmerkung).

739 1. § 68 a EheG regelt nur **UhAnspr nach Scheidung.** 1 Ob 303/00 s = EvBl 2001/109.

2. Aufgrund der **Übergangsbestimmung** des Art VII Z 1 EheRÄG 1999, wonach § 68 a EheG auf UhAnspr aufgrund von Scheidungen anzuwenden ist, bei denen die mündliche Streitverhandlung erster Instanz am 1. 1. 2000 noch nicht geschlossen war, vermag die Rsp, wonach bei Dauerrechtsverhältnissen wie der wechselseitigen UhPflicht von Ehegatten die nach Inkrafttreten des Gesetzes verwirklichten Tatbestände nach der neuen Gesetzeslage zu beurteilen wären, hier nicht durch-

zuschlagen. 8 Ob 63/02 a = EF 100.943, 100.976; 3 Ob 170/02 z = EF 104.923, 104.952.

1. Geht man vom Willen des Gesetzgebers aus, dass der Ehegatte, der sich nach der gemeinsam gewählten Lebensgestaltung der Haushaltsführung und Kindererziehung widmet, geschützt sein soll, so wäre es ein nicht zu unterstellender Wertungswiderspruch, wollte er bei der Unzumutbarkeitsprüfung ausschließlich auf den Mangel der Erwerbsmöglichkeit abstellen und nicht auch unabhängig davon die Kriterien der Dauer der ehel Gemeinschaft, des Alters und der Gesundheit (jedes für sich) gelten lassen. Es soll durch § 68 a Abs 2 EheG also der Ehegatte bei Vorliegen der übrigen Voraussetzungen uher sein, dem **aufgrund des Mangels an Erwerbsmöglichkeit oder der Dauer der ehel Gemeinschaft oder seines Alters oder seiner Gesundheit eine Selbsterhaltung nicht zugemutet werden kann.** Natürlich werden oftmals mehrere dieser Unzumutbarkeitskriterien gleichzeitig erfüllt sein, weil sie ineinander greifen können, aber nicht müssen. Der bloßen Unzumutbarkeit steht die Unmöglichkeit der Selbsterhaltung schon aus einem Größenschluss gleich. Klar ist, dass die Unzumutbarkeit ihre Wurzeln in der einvernehmlichen ehebedingten Lebensgestaltung haben muss. 7 Ob 2/04 a; 2 Ob 117/06 d. **739a**

2. Ist die Selbsterhaltungsfähigkeit aufgrund der **mangelnden Gesundheit** im Zeitpunkt der Auflösung der Ehe gegeben, so begründet dies UhAnspr. Ein Kausalzusammenhang zw dem Gesundheitszustand und der Ehe ist hingegen nicht erforderlich. Die Frage ist aber, ob der UhAnspr zu einem späteren Zeitpunkt nach Ehescheidung entsteht, wenn dem Ehegatten erst nach der Scheidung aufgrund mangelnder Gesundheit eine Selbsterhaltungsfähigkeit ganz oder zum Teil unzumutbar ist.

In den Erl wird dazu nur hervorgehoben, dass dem schuldigen Teil ein UhAnspr zuzubilligen sei, weil den anderen Ehegatten gewissermaßen eine Mitverantwortung für die UhBedürftigkeit seines Ehepartners aufgrund der einvernehmlichen Lebensgestaltung trifft (RV 1653 BlgNR XX. GP 24). **Dem Ehegatten muss also aus Gründen, die in der Ehe selbst wurzeln, die Selbsterhaltungsfähigkeit nicht zumutbar sein.** Geht man davon aus, so ist auch bei einem UhBed wegen unzumutbarer Selbsterhaltungsfähigkeit zu einem späteren Zeitpunkt etwa aus mangelnder Gesundheit weiters davon auszugehen, dass die Bedürftigkeit natürlich insofern ihre Wurzeln in der Ehe hat, als eben der den Haushalt versorgende Ehegatte während der Dauer der Ehe im Arbeitsleben nicht eingegliedert war und daher seine Versorgung für spätere Notfälle nicht in dem Maß gedeckt ist, wie dies der Fall wäre, wenn der Ehegatte durchgehend berufstätig gewesen wäre. Dies bedeutet, dass also auch in dem Fall, dass der Ehegatte erst zu einem späteren Zeitpunkt nach Ehescheidung aus den im § 68 a Abs 2 EheG genannten Gründen nicht oder nicht zur Gänze selbsterhaltungsfähig ist, einen UhAnspr haben kann. 7 Ob 2/04 a.

1. Der UhAnspr nach § 68 a EheG ist nach dem konkreten Bedarf des UhBer in einem Zwischenbereich der nach der bisherigen Rsp geltenden Prozentsätze nach § 68 und § 66 EheG von **15 bis 33% des Einkommens des UhPfl** auszumitteln, wobei der angemessene Uh gem § 66 EheG tunlichst nicht erreicht werden soll und von dem so ermittelten Grundbetrag allenfalls im Hinblick auf die in der Billigkeitsklausel des § 68 a Abs 3 EheG genannten Kriterien Abschläge nach der Lage des Einzelfalls zu machen sind. 4 Ob 278/02 i = JBl 2003, 526; 7 Ob 61/03 a = EF 104.926; 3 Ob **739b**

246/03 b; 7 Ob 2/04 a; 1 Ob 200/05 a = EF 111.293 = FamZ 19/06 *(Deixler-Hübner);* 7 Ob 84/06 p.

2. Anders als jener nach § 94 ABGB oder § 66 EheG soll sich der Anspruch nach § 68 a EheG nicht (auch) an den Lebensverhältnissen der (vormaligen) Ehegatten und dem danach angemessenen Uh orientieren, sondern – deutschem Recht folgend, das vom angemessenen Lebensbedarf ausgeht (§ 1578 dBGB) – **bloß am Lebensbedarf des UhBer**. 3 Ob 246/03 b; 1 Ob 200/05 a = EF 111.293 = FamZ 19/06 *(Deixler-Hübner);* 7 Ob 84/06 p.

3. Es kommt demnach nicht darauf an, welchen Pensionsausfall die Kl dadurch erlitten hat, dass sie infolge der einvernehmlichen Gestaltung der ehel LG auf die Wiederaufnahme einer Erwerbstätigkeit verzichtet hat. Zu fragen ist vielmehr, **welchen Betrag die Kl zur Deckung ihres Lebensbedarfs mtl benötigt.** Die Kl hat für ihre Wohnung mtl € 220 zu zahlen und für Nebenkosten (Gas, Strom, Telefon, Radio und Fernsehen) aufzukommen; zur Behandlung ihres Bandscheibenleidens fallen regelmäßig Kosten für Schwimmbad und Massage an; bisher aufgeschobene Ausgaben für Zahnersatz und Kleidung stehen bevor. Unter Berücksichtigung dieser Umstände erscheint ein individueller UhBed von € 1000 mtl gegeben, bleiben damit der Kl doch – nach Abzug der Wohnungskosten – noch rund € 26 täglich. Berücksichtigt man die Eigenpension der Kl mit gerundet € 300, ergibt sich der vom Bekl auf den Uh der Kl gem § 68 a EheG zu leistende Differenzbetrag mit € 700.

Die **anzustellende Kontrollrechnung** ergibt, dass dieser Betrag (bei einem durchschnittlichen Einkommen des Bekl von rund € 3000 mtl) den Uh gem § 68 EheG übersteigt und rund 70 % des gem § 66 EheG gebührenden Uh erreicht; auch verbleiben dem Bekl mit mtl rund € 2300 überdurchschnittliche finanzielle Mittel, seine eigenen Bedürfnisse angemessen zu befriedigen. Schwerwiegende Gründe, die eine Minderung des UhBeitrags aus Billigkeitserwägungen durch Abschläge gem § 68 a Abs 3 EheG zur Folge hätten, liegen nicht vor. 4 Ob 278/02 i = JBl 2003, 526.

4. Da der Ehegatte an den (seit der Aufhebung der Ehegemeinschaft verbesserten) Lebensverhältnissen des UhPfl über seinen eigenen Bedarf hinaus nicht teilhaben soll, muss die UBGr für die Kontrollrechnung das valorisierte (die Berücksichtigung der Geldentwertung erscheint sachgerecht) Einkommen des UhPfl im Zeitpunkt der Auflösung der ehel Gemeinschaft sein. 7 Ob 84/06 p.

5. Anmerkung: Wechselt daher etwa der UhPfl seinen Arbeitsplatz und verdient jetzt mehr als zum Zeitpunkt der Ehescheidung oder erwirbt er Vermögen nach diesem Zeitpunkt (Erbweg, Lottogewinn), haben diese Einkünfte bei der Uh-Bemessung außer Betracht zu bleiben.

6. Bei der Beurteilung der Zumutbarkeit einer Erwerbstätigkeit des UhBer kann auf die Rsp zu § 66 EheG zurückgegriffen werden. 2 Ob 117/06 d.

7. Sozialhilfebezüge sind dann nicht als Eigeneinkommen des UhBer anzusehen, wenn zwecks Vermeidung einer Doppelversorgung dem SHTr vom Gesetzgeber Ersatzansprüche eingeräumt wurden oder eine Legalzession normiert ist. 1 Ob 200/05 a = EF 111.295 = FamZ 19/06 *(Deixler-Hübner);* 7 Ob 284/06 z.

8. Bei der **Wohn- bzw Mietzinsbeihilfe** und der **Heizungspauschale** nach dem Wiener SHG handelt es sich aber um den UhAnspr minderndes Eigeneinkommen der UhBer. 1 Ob 200/05 a = EF 111.297 = FamZ 19/06 *(Deixler-Hübner).*

9. Ebenso bei **vom (stmk) Sozialhilfeverband als Überbrückungshilfe geleisteten Zahlungen;** sie vermindern den UhAnspr der UhBer. 7 Ob 284/06 z.

739c 1. Gem § 68 a Abs 3 EheG vermindert sich oder besteht ein UhAnspr nicht, soweit die Gewährung des Uh unbillig wäre, weil ua der UhBer einseitig besonders schwerwiegende Eheverfehlungen begangen hat. Diese Bestimmung steht insofern im Einklang mit § 94 Abs 2 Satz 2 ABGB, als auch danach der gesetzliche UhAnspr in besonders krassen Fällen erlischt, in denen dessen Geltendmachung angesichts des Verhaltens des – sonst – berechtigten Ehegatten grob unbillig erschiene. Nach beiden Gesetzesbestimmungen soll der **Zuspruch von Uh verhindert** werden, **wenn der UhBer eklatant gegen eheliche Gebote verstößt, und dieser Verstoß nach dem objektiven Gerechtigkeitsempfinden aller vernünftig denkenden Menschen mit dem Zuspruch von Uh unvereinbar ist.** 1 Ob 171/02 g = EvBl 2003/114 = ecolex 2003, 592/245 = JBl 2004, 45 *(Kerschner).*

2. **Ehebruch** und ein fortgesetztes sexuelles Liebesverhältnis reichen für eine Verwirkung aus. 1 Ob 171/02 g = EvBl 2003/114 = ecolex 2003, 592/245 = JBl 2004, 45 *(Kerschner).*

Anmerkung: Vgl auch Rz 596.

3. Der vorliegende Fall ist dadurch gekennzeichnet, dass nicht bloß die Aufnahme der Intimbeziehung durch die Kl Jahre vor dem späteren Scheidungsverfahren während noch aufrechter Ehe der Parteien eine einseitige, besonders schwerwiegende Eheverfehlung iS eines Verstoßes gegen die ehel Grundregeln abseits der Treuepflicht war, wobei sie noch zusätzlich jahrelang im Freundes- und Bekanntenkreis alleine ihren Aktivitäten außer Haus nachging. Sie **negierte** überdies auch **jegliche Beistandspflicht** gegenüber ihrem schwer erkrankten und depressiven Mann. Diesem sind hingegen keine uhrechtlich relevanten Eheverfehlungen vorzuwerfen. Ein derart krasser Fall rechtfertigt – auch unter Berücksichtigung der Kritik *Kerschners* (JBl 2004, 45) – jedenfalls die Annahme einer UhVerwirkung wegen Unbilligkeit. 7 Ob 158/04 t.

4. Von einer derartigen Unbilligkeit kann im vorliegenden Fall, in dem die Ehe aus beidseitigem Verschulden der Ehegatten geschieden wurde und ausdrücklich feststeht, dass die Eheverfehlungen der Kl durch das lieblose Verhalten des Bekl verursacht wurden, keine Rede sein. 7 Ob 2/04 a.

VI. Belastungsbeschränkungen

§ 67 EheG. (1) Würde der allein oder überwiegend schuldige Ehegatte durch Gewährung des im § 66 bestimmten Unterhalts bei Berücksichtigung seiner sonstigen Verpflichtungen den eigenen angemessenen Unterhalt gefährden, so braucht er nur so viel zu leisten, als es mit Rücksicht auf die Bedürfnisse und die Vermögens- und Erwerbsverhältnisse der geschiedenen Ehegatten der Billigkeit entspricht. Hat der Verpflichtete einem minderjährigen unverheirateten Kinde oder bei Wiederverheiratung dem neuen Ehegatten Unterhalt zu gewähren, so sind auch die Bedürfnisse und die wirtschaftlichen Verhältnisse dieser Personen zu berücksichtigen.

(2) Ein Ehegatte ist unter den Voraussetzungen des Abs. 1 von der Unterhaltspflicht ganz befreit, wenn der andere den Unterhalt aus dem Stamm seines Vermögens bestreiten kann.

740 1. § 67 EheG bedeutet eine Änderung des Grundsatzes des § 91 *(nunmehr: § 94)* ABGB, wonach der Uh ohne Rücksicht auf die Einkommens- und Vermögensverhältnisse der Frau nach dem Vermögen des Mannes zu leisten ist. Wenn die 2. Frau also ihren Uh aus eigenem Einkommen bestreiten kann, ist dieser Umstand zu berücksichtigen. 3 Ob 142/62.

VII. Art der Unterhaltsgewährung

§ 70 EheG. (1) Der Unterhalt ist durch Zahlung einer Geldrente zu gewähren. Die Rente ist monatlich im voraus zu entrichten. Der Verpflichtete hat Sicherheit zu leisten, wenn die Gefahr besteht, daß er sich seiner Unterhaltspflicht zu entziehen sucht. Die Art der Sicherheitsleistung bestimmt sich nach den Umständen.

(2) Statt der Rente kann der Berechtigte eine Abfindung in Kapital verlangen, wenn ein wichtiger Grund vorliegt und der Verpflichtete dadurch nicht unbillig belastet wird.

(3) Der Verpflichtete schuldet den vollen Monatsbetrag auch dann, wenn der Berechtigte im Lauf des Monats stirbt.

1. Allgemeines

741 1. Grundsätzlich ist der **gesamte** angemessene **Uh in Geld** zuzusprechen; diese Vorgangsweise dient der Klärung der Verhältnisse, weil der UhBer auf diese Weise gänzlich frei über den ihm zustehenden UhBeitrag verfügen kann und nicht genötigt ist, im Fall des Ausbleibens „freiwilliger" UhLeistungen erneut eine UhKlage einbringen. 6 Ob 700/90 = tw EF 64.326, 64.353.

2. Die Sicherung von UhAnspr kann grundsätzlich mit einer Klage nach § 70 EheG oder auch durch eine EV nach der EO erfolgen. 3 Ob 128/66 = SZ 39/185 = EvBl 1967/89.

3. Erstere ist keine Rechtsgestaltungsklage, sondern enthält ein Leistungsbegehren, das aber nicht in Geld bestehen muss. 3 Ob 128/66 = SZ 39/185 = EvBl 1967/89.

2. Anrechnung von Naturalunterhaltsleistungen

742 1. Eine Minderung der GeldUhPflicht unter Berücksichtigung von **Naturalleistungen** ist va gerechtfertigt, wenn sich der UhBer ausdrücklich oder doch schlüssig damit **einverstanden** erklärt und aufgrund eines **stabilen Verhaltens** des UhPfl die begründete Annahme besteht, dass dieser die Naturalleistungen auch künftig erbringen wird. 6 Ob 700/90 = tw EF 64.326, 64.353.

2. Auch nach der Scheidung ist im Falle eines UhAnspr nach § 69 Abs 2 EheG iVm § 94 Abs 2 ABGB die Festsetzung eines **gemischten Uh** zulässig, wenn beide Parteien damit einverstanden sind und Gewähr für die Erbringung der Naturalleistungen besteht. 1 Ob 519/93.

Anmerkung: Vgl dazu auch Rz 40.

743 1. Die **Krankenweiterversicherung (Mitversicherung) der Frau beim Mann** aufgrund der sozialversicherungsrechtlichen Vorschriften für Wiener Gemeindebedienstete **mindert** zwar **den Bedarf** der Frau, ist jedoch nicht uhmindernd zu berücksichtigen, weil sich unter Anrechnung des konkreten Betrags, den eine sonstige freiwillige Versicherung kosten würde, zwar ein 33% übersteigender, aber immer noch unter 40% der UBGr liegender UhBeitrag ergeben würde, was noch im

Rahmen des den Gerichten in UhSachen eingeräumten Ermessensspielraums liegt. 6 Ob 95/99 k = EF 90.349.

2. Der Kl ist nach dem **B-KUVG** krankenversichert. Gem 56 Abs 7 B-KUVG gelten auch frühere Ehegatten des Versicherten unter bestimmten Voraussetzungen als Angehörige. Bei Inanspruchnahme der ärztlichen Hilfe durch den Versicherten und dessen Angehörige (§ 56 B-KUVG) hat der Versicherte gem § 63 Abs 4 B-KUVG einen **Behandlungsbeitrag in der Höhe von 20% des jew Vertragshonorares** zu entrichten, der idR nachträglich vorzuschreiben und längstens innerhalb eines Monats nach erfolgter Vorschreibung einzuzahlen ist, wobei die gesetzliche Verpflichtung zur Zahlung des Behandlungsbeitrags den Versicherten, nicht den Angehörigen, der die ärztliche Hilfe in Anspruch genommen hat, trifft. Die vom Versicherten für den **mitversicherten Ehegatten** nach § 63 Abs 4 B-KUVG zwangsläufig getätigten Aufwendungen des UhPfl bedeuten eine Form der Erfüllung des UhAnspr; sie sind daher auf die vom UhPfl aufgrund eines UhTitels zu erbringenden Leistungen anzurechnen, es denn, aufgrund einer entsprechenden UhVereinbarung wäre der Behandlungsbeitrag zusätzlich zum Uh zu leisten. 3 Ob 306/98 s = JBl 2000, 390 = EF 90.350.

VIII. Haftungsprioritäten

§ 71 EheG. (1) Der unterhaltspflichtige geschiedene Ehegatte haftet vor den Verwandten des Berechtigten. Soweit jedoch der Verpflichtete bei Berücksichtigung seiner sonstigen Verpflichtungen den eigenen angemessenen Unterhalt gefährden würde, haften die Verwandten vor dem geschiedenen Ehegatten. Soweit einem geschiedenen Ehegatten ein Unterhaltsanspruch gegen den anderen Ehegatten nicht zusteht, haben die Verwandten des Berechtigten nach den allgemeinen Vorschriften über die Unterhaltspflicht den Unterhalt zu gewähren.

(2) Die Verwandten haften auch, wenn die Rechtsverfolgung gegen den unterhaltspflichtigen Ehegatten im Inland ausgeschlossen oder erheblich erschwert ist. In diesem Falle geht der Anspruch gegen den Ehegatten auf den Verwandten über, der den Unterhalt gewährt hat. Der Übergang kann nicht zum Nachteil des Unterhaltsberechtigten geltend gemacht werden.

744 1. Auf einen **UhVertrag iSd § 80 EheG** ist die Bestimmung des § 71 Abs 1 Satz 1 EheG, wonach der uhpfl geschiedene Ehegatte vor den Verwandten des UhBer haftet, **analog** anzuwenden. 8 Ob 2213/96 s = SZ 70/111 = EF XXXIV/6.

2. Die Ansicht, der UhAnspr eines geschiedenen Ehegatten **gem § 69 Abs 3 EheG** sei im Verhältnis zu allfälligen UhAnspr gegen Verwandte des UhKlägers subsidiär, beruht auf einer gefestigten Rsp des OGH (6 Ob 131/01 k; 6 Ob 163/04 w). Der erkennende Senat hält die vom 6. Senat ins Treffen geführten Gründe für überzeugend und tritt dessen Ansicht bei. 1 Ob 190/06 g = EF-Z 2007/38.

745 1. Die Bestimmungen des Übergangsrechts ordnen den **Zeitpunkt des Inkrafttretens des EheRÄG 1999** grundsätzlich mit 1. 1. 2000 an (Art VII Z 1 EheRÄG 1999); eine Ausnahme gilt kraft ausdrücklicher Aufzählung (nur) für §§ 68 a und 69 b EheG (Art VII Z 4 EheRÄG 1999). Bereits nach der wörtlichen Auslegung der Übergangsbestimmungen ist **§ 68 EheG nF** jedenfalls auf solche UhStreitigkeiten anzuwenden, bei denen die **Klage nach dem 31. 12. 1999 eingebracht** worden ist und **UhLeistungen nur für die Zukunft begehrt** werden. Daran ändert auch nichts, wenn man die aus den Mat hervorleuchtende Absicht des Gesetzgebers bei Schaffung der Übergangsbestimmungen berücksichtigt. Die dort angestellten Überlegungen lassen erkennen, dass man vermeiden wollte, die Parteien eines Scheidungsverfahrens durch Einführung eines neuen UhTatbestands nach Scheidung in ihrer prozessualen Disposition zu beeinträchtigen. Gerade dies trifft aber auf die Rechtsänderung iZm § 68 EheG nicht zu: Dort wurde nämlich durch die Neufassung nicht ein UhTatbestand neu eingeführt, sondern bloß ein – bereits dem Rechtsbestand angehörender – UhAnspr nicht mehr von Umständen (nämlich der Fähigkeit der Verwandten des Bedürftigen zur UhLeistung) abhängig gemacht, die schon bisher der Disposition des uhpfl Ehegatten entzogen waren. Diese unterschiedliche Interessenlage verbietet eine Einbeziehung des § 68 EheG in den Ausnahmekatalog des Artikel VII Z 4 EheRÄG 1999. 4 Ob 235/00 g = 4 Ob 235/00 p = EvBl 2001/38.

2. Anmerkung: Diese Auslegung ist mE nicht unbedingt zwingend, führt sie doch auch im Anwendungsbereich des § 68 EheG dazu, dass im jew Anlassfall zwar nicht ein neuer – gleichsam genereller – „UhTatbestand" eingeführt wird, wohl aber ohne Sachverhaltsänderung plötzlich ein UhPfl, den bislang de facto keine Zahlungspflicht getroffen hat, sich UhForderungen ausgesetzt sieht; daran vermag auch nichts zu ändern, dass – wie der OGH meint – die konkrete UhPflicht auch bislang schon von Umständen abhängig gewesen ist, die der Disposition des UhPfl entzogen waren, weil diese Umstände ja auch der Disposition des UhBer entzogen waren. Darüber hinaus scheint es auch nicht ausgeschlossen, dass dem Gesetzgeber einfach ein Redaktionsversehen bei der Gestaltung der Übergangsbestimmungen unterlaufen ist, haben doch *Hopf/Stabentheiner* (ÖJZ 1999, 864 FN 112), aber auch *Deixler-Hübner* (Das neue Eherecht 33 und in ÖJZ 2000, 715) nachgewiesen, dass gerade im Bereich der Neuregelung der Haftungsprioritäten Ungereimtheiten aufgetreten sind, die die teleologische Reduktion neu geschaffener Bestimmungen (§ 69a Abs 2 EheG) nahelegen.

746 1. **Überholt:** Die UhPflicht der Kinder geht nur der UhPflicht eines früheren Ehegatten, aber nicht der durch Richterspruch zu begründenden Beitragspflicht iSd § 68 EheG im Range nach. 3 Ob 562/81 = SZ 54/140 = EvBl 1982/5 = JBl 1982, 660 = EF 38.830; 5 Ob 620/88 = EvBl 1989/66 = EF XXV/2; 6 Ob 9/01 v.

2. **Überholt:** BilligkeitsUhAnspr nach § 68 EheG gegen den geschiedenen Gatten steht nur subsidiär zu, soweit keine uhpfl Verwandten vorhanden sind oder diese im Einzelfall keinen (oder keinen ausreichenden) Uh schulden. 8 Ob 570/93; 6 Ob 9/01 v.

3. Von diesem Grundsatz ging offenbar auch der Gesetzgeber des EheRÄG 1999 aus, der die Subsidiarität der UhPfl des einen geschiedenen Ehegatten gegenüber der von Verwandten des anderen uhber Ehegatten bei gleichteiligem Verschulden als nicht mehr adäquat und zeitgemäß beurteilt und die entsprechende Wendung in § 68 EheG eliminiert hat. 6 Ob 9/01 v.

746a 1. § 71 EheG gilt dann nicht, wenn er nicht der Billigkeit entspricht, etwa weil der Ehegatte ein derart hohes Einkommen hat, das jenes der primär uhpfl Kinder um ein Vielfaches übersteigt, weshalb er einen Teil des Uh zu leisten hat. 8 Ob 570/93; 6 Ob 131/01 k = EF 100.962.

2. Ob die Subsidiarität der UhPflicht des geschiedenen Ehegatten in Fällen der **UhBemessung nach § 69 Abs 3 EheG** dem Grundsatz der Billigkeit entspricht, hängt immer von den Umständen des Einzelfalls ab. Die Vermögens- und Erwerbs-

verhältnisse der geschiedenen Ehegatten und jene der primär uhpfl Verwandten des UhBer wie auch die jew Sorgepflichten der genannten Beteiligten sind demnach für die Beurteilung der Frage maßgeblich, ob es der Billigkeit entspricht, den UhBeitrag ganz oder teilweise dem geschiedenen Ehegatten anzulasten oder ob die ehel Kinder – in Befolgung ihrer primären UhPflicht – für den Uh des UhBer ganz oder teilweise aufzukommen haben. 6 Ob 131/01 k = EF 100.962.

IX. Unterhaltsverschweigung

747 1. Aus der **unterlassenen Geltendmachung von UhAnspr während längerer Zeit** kann **nicht** auf einen **Verzicht** geschlossen werden. 5 Ob 625/80 = EF 36.395; 8 Ob 532/92 = ÖA 1992, 86; 3 Ob 222/98 p = EF 87.513.

2. Uzw auch dann nicht, wenn die UhBer durch viele Jahre hindurch ohne Widerspruch Beträge entgegengenommen hat, die nicht dem verglichenen Umfang entsprochen haben. 3 Ob 141/90.

3. Oder die Kl zu Lebzeiten des Verstorbenen keine UhAnspr geltend gemacht hat. 8 Ob 532/92 = ÖA 1992, 86.

4. Vielmehr ist bei Annahme eines stillschweigenden Verzichts **besondere Vorsicht geboten**. 8 Ob 532/92 = ÖA 1992, 86.

5. Dies gilt sowohl für die Frage des generellen UhVerzichts als auch für einen angeblichen Verzicht auf Erhöhung. 3 Ob 222/98 p = EF 87.513.

6. **Anmerkung:** Diese E sind dahin zu verstehen, dass sich der UhBer nicht für die Zukunft verschwiegen hat. Hinsichtlich rückständigen Uh wird jedoch häufig ein konkludenter Verzicht anzunehmen sein (vgl 1 Ob 171/02 g betr Wirtschaftsgeld).

X. Unterhalt für die Vergangenheit

§ 72 EheG. Für die Vergangenheit kann der Berechtigte Erfüllung oder Schadenersatz wegen Nichterfüllung erst von der Zeit an fordern, in der der Unterhaltspflichtige in Verzug gekommen oder der Unterhaltsanspruch rechtshängig geworden ist.

Übersicht:

	Rz
1. Allgemeines	748–750
2. Verzug des Unterhaltpflichtigen	751
3. Absichtliches Verschweigen	752, 753

1. Allgemeines

748 1. **Anmerkung:** Vgl zur rückwirkenden Geltendmachung von Uh generell Rz 62, 401, 586.

2. Der **UhAnspr der geschiedenen Ehefrau** wurzelt – ebenso wie der während des Bestehens der Ehe – in dem Ehegelöbnis und der darauf begründeten ehel Gemeinschaft und ist typische Nachwirkung der Ehe. Er ist deshalb wie alle im Personen- und Familienrecht begründeten Ansprüche nach § 1418 ABGB **unverjährbar, soweit er sich auf die Zukunft bezieht.** 5 Ob 695/76 = EvBl 1977/125 = SZ 49/127; 3 Ob 585/78 = EF 33.874.

749 1. Die zeitliche Beschränkung der Forderung von Uh für die Vergangenheit nach § 72 EheG gilt für **gesetzliche und unechte, also lediglich durch Vertrag festgelegte gesetzliche Ansprüche, nicht aber für echte vertragliche Ansprüche.** 5 Ob 527/86 = SZ 60/31 = EF 54.520.

2. Er gilt also auch für **nach § 69 Abs 2 EheG geschuldeten Uh.** 6 Ob 545/91 = EF 66.490; 8 Ob 532/92 = JBl 1992, 705 = ÖA 1992, 86; 1 Ob 585/93; 10 Ob 504/93.

3. Ebenso für ein auf die Umstandsklausel gestütztes Begehren auf **UhErhöhung.** 8 Ob 626/87 = EF 57.282, 57.287; 1 Ob 585/93.

4. Und für **Uh nach § 55 a EheG;** auch dieser ist grundsätzlich ein vertraglicher, sonst wäre die Fiktion des § 69 a EheG überflüssig. § 69 a EheG stellt diesen vertraglichen Uh aber dem gesetzlichen gleich, „soweit er den Lebensverhältnissen der Ehegatten angemessen ist". Unter dieser Voraussetzung gilt § 72 EheG auch für ein Begehren auf Erhöhung des nach § 55 a EheG vereinbarten Uh. 6 Ob 113/03 s = EF 104.953.

5. **Ggt:** Auf die Erhöhung eines gem § 55 a EheG vereinbarten Uh ist § 72 EheG nicht anzuwenden, weil das EheG (vgl §§ 66 ff) für diesen Fall keinen gesetzlichen UhAnspr vorsieht. Daran vermag auch § 69 a EheG, wonach der aufgrund einer Vereinbarung nach § 55 a Abs 2 geschuldete Uh einem gesetzlichen Uh gleichzuhalten sei, soweit es den Lebensverhältnissen der Ehegatten angemessen ist, nichts zu ändern, setzt die darin ausgesprochene Fiktion ja gerade voraus, dass es sich bei dem vereinbarten Uh nicht um einen gesetzlichen Uh handelt. 3 Ob 115/00 h.

6. **Nicht aber** in analoger Anwendung für andere UhAnspr. 1 Ob 529/92 = 1 Ob 530/92 = EF 69.310.

7. Also nicht für UhAnspr **für einen Zeitraum, der vor der Ehescheidung lag.** 7 Ob 614/92 = 7 Ob 615/92 = EF 69.308; 1 Ob 570/95 = JBl 1996, 442 = SZ 68/157.

8. Im § 72 EheG wird die Frage des einstw Uh und insb einer EV zugunsten rückständiger UhBeiträge nicht geregelt. 7 Ob 810/81.

9. § 1613 dBGB gilt in Österreich nicht; an seine Stelle ist § 72 EheG getreten. 7 Ob 126/55.

750 1. Durch die **E des verstSenats,** wonach Uh für die Vergangenheit begehrt werden kann, wurde **§ 72 EheG nicht berührt.** 8 Ob 626/87 = EF 57.280; 1 Ob 585/93; 5 Ob 1572/95; 4 Ob 2393/96 g.

2. Uzw deshalb, weil beim KindesUh die besondere familienrechtliche Nahebeziehung zw dem UhPfl und dem Kind – genauso wie das Eheband für den EhegattenUh bei aufrechter Ehe – eine Verpflichtung zur Befriedigung der UhBed auch ohne Verlangen des UhBer begründet, weshalb der UhPfl hier auch nicht in Verzug gesetzt (gemahnt) worden sein muss, damit Uh für die Vergangenheit gefordert werden kann. **§ 72 EheG ist hingegen mit dem Wegfall der ehel Fürsorgepflicht zu erklären.** 6 Ob 2190/96 v = EF 81.697 = EvBl 1997/78.

2. Verzug des Unterhaltspflichtigen

751 1. Bei Einforderung eines **UhRückstands** wird Verzug des UhPfl vorausgesetzt; dazu bedarf es zumindest einer durch eine **außergerichtliche, inhaltlich bestimmte Mahnung** erfolgten **Zahlungsaufforderung** an den UhPfl. Der UhBer hat den eingetretenen Verzug zu behaupten und zu beweisen. 8 Ob 532/92 = JBl 1992,

705 = ÖA 1992, 86; 8 Ob 584/93 = EF 75.600; 6 Ob 2190/96 v = EF 81.697 = EvBl 1997/78; 6 Ob 217/00 f; 6 Ob 113/03 s; 3 Ob 78/05 z = EF 111.321.

2. **Ggt:** Der ab Rechtshängigkeit begehrte Uh ist kein Uh für die Vergangenheit. Bei richtiger Auslegung des § 72 EheG kann demnach auch ohne Verzug Uh für die Zeit vor Rechtshängigkeit gefordert werden. 5 Ob 534/90 = 4 Ob 1515/90 = JBl 1990, 800 = EF 63.522; 1 Ob 585/93 = EF 72.379; 1 Ob 570/95 = SZ 68/157 = JBl 1996, 442 = EF 78.713; 5 Ob 1572/95.

3. **Anmerkung:** Im Hinblick auf den eindeutigen Wortlaut des § 72 EheG ist auch mE derjenigen Rsp der Vorzug zu geben, die eine außergerichtliche Einforderung des Uh voraussetzt. Für diese Auffassung spricht außerdem wohl auch die Rechtssicherheit für den UhPfl, der andernfalls mit UhForderungen für die Vergangenheit konfrontiert wird, ohne von seiner Verpflichtung zu wissen. Apropos Rechtssicherheit: Die vormalige Rsp-Divergenz wurde offensichtlich durch die E 6 Ob 217/00 f, die sich mit allem Für und Wider beschäftigte, bereinigt (idS nunmehr auch 6 Ob 113/03 s; 3 Ob 78/05 z).

4. Es ist Sache des UhBer, nach einiger Zeit eine Einkommenserhöhung zu vermuten und darüber Auskunft zu verlangen; das muss er zur Vermeidung der Verfristung des § 72 EheG auch tun. 6 Ob 113/03 s.

5. Bei einer am Sinn und Zweck der Regelung des § 72 EheG orientierten Auslegung kann der Uh geschiedener Ehegatten außerdem bereits ab dem Zeitpunkt gefordert werden, zu dem der UhBer den UhPfl berechtigterweise **zur Auskunftserteilung** zum Zwecke der Geltendmachung des UhAnspr **aufgefordert** hat. 10 Ob 47/07 w.

Anmerkung: Zur Berechtigung eines Auskunfts-(Rechnungslegungs-)Begehrens vgl Rz 455 a, 796.

6. Verzug liegt schließlich vor, wenn eine durch Urteil oder Vereinbarung **betrags- und fälligkeitsmäßig genau bestimmte UhPflicht** nicht oder nicht fristgerecht erfüllt wurde. Einer inhaltlich bestimmten Mahnung bedarf es daher nicht, wenn die Höhe der geschuldeten UhLeistung bereits durch Vereinbarung, Vergleich oder Urteil feststeht.

Da im vorliegenden Fall eine eindeutige UhVereinbarung bestand, in der sowohl die Höhe als auch die Fälligkeit des vom Bekl geschuldeten Uh samt einer auf die Entwicklung des VPI abgestellten Wertsicherung klar festgelegt waren, und der Bekl daher genau wusste, wann er in welcher Höhe UhZahlungen an die Kl zu leisten hatte, liegt auf seiner Seite Verzug vor, ohne dass es einer Einmahnung bedurft hätte. 10 Ob 90/05 s = EF 111.322.

3. Absichtliches Verschweigen

1. Ab Einführung des EheG im Jahr 1938 waren geschiedene Ehegatten aufgrund des § 72 EheG besser gestellt als andere UhBer, weil Uh hier auch für die Vergangenheit geltend gemacht werden konnte, während ansonst aus § 1418 ABGB der Grundsatz „nemo pro praeterito alitur" abgeleitet wurde. Seit der E 6 Ob 544/87 (= SZ 61/143), wonach Uh generell auch für die Vergangenheit gefordert werden kann, wirkt sich diese Bestimmung zu Ungunsten geschiedener Ehegatten aus, weil sie im Gegensatz zur 3-jährigen Verjährungsfrist des § 1480 ABGB – mit Ausnahme, dass der UhPfl sich der Leistung absichtlich entzogen hat (hier gilt ebenfalls die Ver-

jährung nach § 1480 ABGB) – Ansprüche nur für ein Jahr in die Vergangenheit geltend machen können.

Der VfGH hegt keine Bedenken, dass Uh für die Vergangenheit nur dann geltend gemacht werden kann, wenn der UhPfl in Verzug ist, weil Uh für die Vergangenheit nur dann zu leisten sein wird, wenn der UhPfl den Uh in der gesetzlich zustehenden bzw vereinbarten Höhe nicht erbracht hat; mit anderen Worten, das, was zu leisten wäre, nicht geleistet wurde. Jedoch hängt die Position von UhBer und UhPfl sehr stark von den jew Umständen des Einzelfalls ab und kann daher nicht schematisiert werden, sodass es **sachlich nicht gerechtfertigt** ist, gerade **geschiedene uhber Ehegatten** in den gesetzlichen Regelungen über die Durchsetzbarkeit ihres UhAnspr anders zu behandeln als alle übrigen UhPfl und sie **für die Geltendmachung von Uh aus der Vergangenheit auf ein Jahr ab Rechtshängigkeit zu beschränken,** somit die Geltendmachung ihrer Ansprüche ungünstiger zu regeln, als es § 1480 ABGB für alle anderen UhBer normiert. Daher war die **Wortfolge „für eine länger als ein Jahr vor der Rechtshängigkeit liegende Zeit jedoch nur, soweit anzunehmen ist, dass der Verpflichtete sich der Leistung absichtlich entzogen hat" in § 72 EheG aufzuheben.** VfGH 25. 2. 2004, G 76/01.

2. Überholt: § 72 letzter Halbsatz EheG enthält eine eigene, nicht zuletzt an Beweisproblemen orientierte Rechtsfolgenregelung für den Fall, dass sich ein UhPfl der Leistung absichtlich entzieht. 8 Ob 542/90 = EF 66.492.

3. Überholt: Dabei genügt jedes zweckgerichtete Verhalten, Tun oder Unterlassen des UhPfl, das die zeitnahe Realisierung der UhPflicht verhindert oder zumindest wesentlich erschwert hat. Aktives Hintertreiben ist nicht erforderlich. Es reicht aus, dass der UhPfl vom Bestehen des UhAnspr sichere Kenntnis hatte, dass er mit der Möglichkeit seiner UhPflicht rechnete und sein Handeln danach ausrichtete, die Erfüllung der Pflicht für den Fall ihres Bestehens zu hintertreiben. 5 Ob 534/90 = 4 Ob 1515/90 = JBl 1990, 800 = EF 63.522; 8 Ob 542/90 = EF 66.492; 6 Ob 2190/96 v.

4. Überholt: Ebenso das Bewusstsein, sich möglicherweise einer UhPflicht zu entziehen, sofern der unbedingte Wille dazu hinzutritt. 8 Ob 542/90 = EF 66.492; 5 Ob 534/90 = 4 Ob 1515/90 = JBl 1990, 800 = EF 63.522.

5. Überholt: Die Absicht, sich der Leistung zu entziehen, muss nicht bewiesen werden, sondern lediglich die Tatsachen, die die Annahme rechtfertigen, dass sich der UhPfl absichtlich seiner Leistung entzogen hat. Erst wenn dieser die tatsächliche Vermutung entkräften kann, hat der UhBer den vollen Beweis zu führen. 8 Ob 542/90 = EF 66.492; 5 Ob 534/90 = 4 Ob 1515/90 = JBl 1990, 800 = EF 63.522; 6 Ob 113/03 s.

6. Überholt: Eine derartige Tatsache wäre etwa das bewusste Verschweigen des Erhalts einer Jubiläumsbelohnung. 8 Ob 542/90.

7. Überholt: Oder einer Abfertigung bei Ausscheiden aus dem aktiven Berufsleben und Nichtzahlung eines höheren Uh. 8 Ob 542/90 = EF 66.491; 5 Ob 534/90 = 4 Ob 1515/90 = JBl 1990, 800 = EF 63.523.

8. Überholt: Oder im Verfahren die Verweigerung der Beantwortung der Frage, wie der UhPfl seinen Anteil am Kauferlös einer Liegenschaft verwendet hat. 6 Ob 180/03 v.

753 1. Liegen die Voraussetzungen des § 72 EheG vor, **gilt für die Verjährung § 1480 ABGB.** 8 Ob 626/87 = EF 57.281; VfGH 25. 2. 2004, G 76/01.

2. Anmerkung: Anerkennt der UhPfl vor Ablauf der Verjährungsfrist den UhAnspr zumindest dem Grunde nach, beginnt die Verjährungsfrist gem § 1497 ABGB neu zu laufen (vgl 3 Ob 169/06 h); dabei reicht ein deklaratives Anerkenntnis aus. Dieses führt außerdem zu einer Beweislastumkehr, dh der UhPfl hat nunmehr zu beweisen, dass die UhPflicht nicht besteht (vgl [verstSenat] 1 Ob 27/01 d = SZ 74/80).

XI. Änderung der Verhältnisse

A. Allgemeines

Übersicht:

	Rz
1. Umstandsklausel	754
2. Sachverhaltsänderungen	755–759
3. Wirksamkeitszeitpunkt	760, 760 a
4. Vergleichsrelationen	
a) Bindung (Neufestsetzung)	761, 762
b) Keine Bindung (Neubemessung)	763, 764

1. Umstandsklausel

1. Die **materielle Rk eines Urteils über Ansprüche auf Gewährung des gesetzlichen Uh,** mit dem gem § 406 Satz 2 ZPO in Zukunft fällig werdende Leistungen zugesprochen wurden, **hält** erst nach Schluss der mündlichen Verhandlung eingetretenen **Änderungen des rechtserzeugenden Sachverhalts nicht stand;** eine solche neue Sachlage wird vielmehr von der Rk des Urteils nicht mitumfasst und ermöglicht daher eine Klage auf Erhöhung (oder Herabsetzung) der zugesprochenen UhBeiträge. 1 Ob 8/75; 6 Ob 659/76; 4 Ob 528/91 = ÖA 1992, 64; 1 Ob 592/82 = EvBl 1982/169 = SZ 55/54. **754**

2. Jeder UhRegelung wohnt also grundsätzlich die **Umstandsklausel als eine im redlichen Verkehr geltende Gewohnheit** inne. 1 Ob 646/78 = EF 31.726; 6 Ob 693/83 = EF 43.712; 3 Ob 540/89 = EF 60.298 uva; 3 Ob 331/99 v; 6 Ob 311/05 v = EF-Z 2006/69 = FamZ 20/06 *(Deixler-Hübner);* 1 Ob 56/05 z = EF 111.282.

3. Also auch einem **UhVergleich.** 8 Ob 543/77 = EF 29.634; 6 Ob 564/77 = EF 29.634; 9 Ob 421/97 w = EF 87.515; 6 Ob 18/99 m = EF 90.400.

4. Uzw auch dann, wenn mit ihm der nach § 68 EheG in Betracht kommende Uh der geschiedenen Frau konkretisiert wurde. 8 Ob 262/73; 3 Ob 2232/96 y = EF 81.683.

5. Oder es sich um eine UhRegelung nach § 69 Abs 2 EheG handelt. 6 Ob 2233/96 t = EF 81.686.

6. Überall dort, wo nicht der **Ausschluss der Umstandsklausel** erwiesen wurde, ist jede nachträgliche Sachverhaltsänderung, die eine Neubemessung des Uh rechtfertigt, zulässiger Anlass für einen neuen Antrag/eine neue Klage. 6 Ob 653/69.

7. **Anmerkung:** Zur Frage der Zulässigkeit des Ausschlusses der Umstandsklausel sowie zur Frage der Zulässigkeit des Beharrens auf dem Ausschluss der Umstandsklausel vgl Rz 735.

8. Wobei die Anwendbarkeit der Umstandsklausel nicht vom **Verhältnis des vereinbarten Uh zum gesetzlichen Anspruch** abhängt. 1 Ob 646/78 = EF 31.731.

2. Sachverhaltsänderungen

755 1. **Ausgangsbasis für die Beurteilung, ob eine Änderung der Verhältnisse gegeben** ist, sind sowohl die nachträglich objektiv feststellbaren, für die UhBemessung bestimmenden Umstände als auch die von den Parteien übereinstimmend vorausgesetzten oder zugrunde gelegten einzelnen UBGr. 7 Ob 685/84 = EF 46.274; 3 Ob 77/90 = EF 63.491.

2. **Nicht jede kleinste Veränderung** vorübergehender Art rechtfertigt zwar ein Erhöhungs- oder Herabsetzungsbegehren. 6 Ob 71/65 = EF 5243; 3 Ob 106/72; 5 Ob 681/81; 7 Ob 685/84; 5 Ob 612/84; 10 Ob 506/87.

3. **Wohl aber eine nicht unbedeutende Änderung** der für die UhBemessung maßgeblichen Verhältnisse (Bedürfnisse des UhBer und Leistungsfähigkeit des UhPfl). 7 Ob 685/84 = EF 46.272.

756 1. Eine **Änderung** kann va begehrt werden, wenn sich neben dem **Einkommen** auch andere für die UhBemessung maßgebliche Umstände (wie zB **Sorgepflichten**) änderten. 8 Ob 647/89.

2. Dabei kommt es nicht nur auf die Entwicklung des **Einkommens des uhber Ehegatten** an, sondern darauf, ob der bisher festgelegte UhBeitrag im Hinblick auf die Änderung der Verhältnisse bei beiden Streitteilen noch angemessen ist, was nur mit Berücksichtigung auch des Einkommens des anderen Ehegatten beurteilt werden kann. 3 Ob 1050/91.

3. Das **erhebliche Absinken des Einkommens** der Bekl durch ihre Frühpensionierung rechtfertigt die Neufestsetzung des Uh. 6 Ob 587/93 = EF 72.348 = SZ 66/114.

4. Bei Einkommensveränderungen wurde ein Schwellwert von 10% bereits mehrfach ausgesprochen. 3 Ob 64/03 p; 6 Ob 180/03 v; 3 Ob 113/04 w; 3 Ob 269/04 m; 1 Ob 56/05 z = EF 111.282.

Anmerkung: Vgl dazu auch Rz 420.

5. Nicht aber eine **Verringerung beim UhPfl** um weniger als 5%. 3 Ob 77/90 = EF 63.496.

6. Oder die inzwischen eingetretene **Verringerung der Kaufkraft des Geldes** allein, weil sie beide Teile in gleichem Maße trifft. 5 Ob 64/69; 8 Ob 525/80 = EF 35.240.

7. Dies gilt insb dann, wenn sich der Ehemann zu einer UhLeistung in einem bestimmten prozentuellen Anteil seiner jew Dienstbezüge verpflichtete. 2 Ob 165/24 = SZ 6/104.

Anmerkung: Vgl dazu auch Rz 660, 734.

8. Eine **Wertsicherungsklausel** schließt die Berücksichtigung einer über die Geldwertverdünnung hinausgehenden Steigerung der Leistungsfähigkeit des UhPfl nicht aus; sie hat dann aber – mangels Vereinbarung ihrer Weitergeltung – zu entfallen. 1 Ob 690/90 = RZ 1991/72.

757 1. Eine wesentliche Änderung der maßgeblichen Verhältnisse kann auch darin bestehen, dass ein ursprünglich aus berücksichtigungswürdigen Gründen nicht berufstätiger uhber Ehegatte nach Wegfall der Hindernisse eine zumutbare Tätigkeit aufnehmen muss. 10 Ob 35/04 a.

2. Der Umstand, dass eine geschiedene Frau, die im Zeitpunkt des Scheidungsvergleichs arbeitsfähig, aber nicht erwerbstätig war, nachträglich eine **Arbeit angenommen** hat, rechtfertigt jedoch nicht das Begehren des Ehemanns, das Ruhen der im Scheidungsvergleich übernommenen UhPflicht auszusprechen. 1 Ob 141/50 = SZ 23/51 = JBl 1950, 554; 3 Ob 772/54; 3 Ob 773/54; 3 Ob 627/56; 3 Ob 116/72; 3 Ob 2232/96 y.

3. Dies gilt auch für den Fall der Scheidung der Ehe aus dem Verschulden des Mannes. 7 Ob 343/55.

4. Der vereinbarte Ausschluss einer Verminderung des UhAnspr und einer Klage auf Herabsetzung der UhPflicht „**bis zu einer bestimmten Einkommensgrenze**" des dzt einkommenslosen UhBer kann mangels einer ausdrücklich ggt übereinstimmenden Parteienabsicht unter verständigen UhVertragspartnern nur dahin verstanden werden, dass diese „Einkommensgrenze" ein **Schwellwert** ist, bis zu welchem der UhAnspr unberührt bleibt, bei dessen Überschreiten aber der volle Betrag des Eigeneinkommens des UhBer und nicht nur der die „Einkommensgrenze" übersteigende Teil bei der Neubemessung des UhAnspr zu berücksichtigen ist. 4 Ob 566/91 = EF 66.468.

5. Die Frage, ob sich der UhAnspr des UhBer durch eine zumutbare Erwerbstätigkeit mindert, ist beim vertraglichen Uh nicht aufgrund des § 66 EheG, sondern durch Vertragsauslegung zu beantworten. IZw ist jedoch davon auszugehen, dass die Parteien eine Gültigkeit der Umstandsklausel auch für diesen Fall nicht abbedingen wollten und daher der ursprünglich aus berücksichtigungswürdigen Gründen (zB Kinderbetreuung) nicht berufstätige **uhber Ehegatte nach Wegfall der Hindernisse eine zumutbare Tätigkeit aufnehmen muss**. 8 Ob 2213/96 s = SZ 70/111 = EF XXXIV/6.

6. Das **einseitige grundlose Abgehen von der einmal vereinbarten Rollenverteilung** bei der Erfüllung ehel Beitragspflichten verschafft keinen UhAnspr, weshalb dem Ehepartner, der eine vereinbarungsgemäß ausgeübte und auch zumutbare Erwerbstätigkeit aufgibt, kein Uh gebührt; der UhAnspr ist um jenes Einkommen zu kürzen, das die Kl bei Aufrechterhaltung ihrer Berufstätigkeit erzielen würde. 8 Ob 601/89 = EF 66.464, 64.888 = JBl 1991, 714.

758 1. Eine prozentmäßige Berücksichtigung des Wegfalls der **Sorgepflicht** des UhPfl für den Sohn der Streitteile ist dann nicht gerechtfertigt, wenn im Vorverfahren diese Sorgepflicht nicht durch Anwendung eines geringeren Prozentsatzes bei der UhBemessung für die Kl berücksichtigt wurde, sondern durch Abzug des tatsächlich geleisteten UhBeitrags vom Familieneinkommen. 7 Ob 614/92 = 7 Ob 615/92 = EF 69.283.

2. Unter geänderten Verhältnissen, die auf eine UhVereinbarung Einfluss haben können, sind jedoch auch solche zu verstehen, die die **(sonstigen) Versorgungspflichten der Ehepartner** betreffen und nicht bloß unbedeutend sind. 1 Ob 646/78 = EF 31.729.

3. Auch die **Eingehung einer LG** durch die UhBer stellt eine Änderung der Verhältnisse dar. 3 Ob 76/95 = EF 81.691 = RZ 1997/55; 3 Ob 2202/96 m = EF 81.691.

4. **Anmerkung**: Zu Fragen iZm dem Eingehen einer LG s Rz 775 ff.

759 entfällt.

3. Wirksamkeitszeitpunkt

760 1. Kommt es zu einer Änderung der Verhältnisse, verringert sich für den Monat, in dem die Änderung eintritt, die UhPflicht jedenfalls dann nicht, wenn nicht dargetan wird, dass der nach § 1418 Satz 2 ABGB am 1. des Monats schon fällig gewesene UhBeitrag wegen der neu eingetretenen Umstände die Bedürfnisse des UhBer erheblich übersteigt. 3 Ob 2/98 k = EF 90.378.

2. Der UhPfl kann mit Oppositionsklage geltend machen, dass der UhBer in dem Zeitraum, für den der UhRückstand betrieben wird, keinen oder einen geringeren als den dem Exekutionsantrag zugrunde liegenden UhAnspr hatte. Dabei ist es durchaus auch möglich, dass dem Klagebegehren nur mit einem Teilbetrag stattgegeben wird, indem der UhPfl zwar nicht zur Leistung des ganzen, aber doch eines geringeren UhBeitrags für fähig angesehen wird. 3 Ob 2/98 k = EF 90.381.

760 a 1. Ein bestehender UhTitel, der laufenden Uh für die Zukunft zuspricht, kann im Klageweg (Änderungsklage) **bei wesentlicher Änderung anspruchsbegründender Tatsachen den tatsächlichen Verhältnissen angepasst** werden (*Gitschthaler*, Unterhaltsrecht[1] Rz 417), doch gilt dies nur so lange, als hinsichtlich des von der beantragten Veränderung betroffenen Zeitraums noch keine gerichtliche E nach Durchführung eines Verfahrens zur Überprüfung der Sachlage ergangen ist. 4 Ob 204/02 g = EF 100.967.

4. Vergleichsrelationen

a) Bindung (Neufestsetzung)

761 1. Wurde ein von der 33-%-Regel abweichender **UhVergleich** geschlossen, **der sich also nicht in der bloßen Konkretisierung des gesetzlichen UhAnspr erschöpft,** so ist bei der Neubemessung des Uh aufgrund geänderter Verhältnisse an der seinerzeit festgelegten **Relation** zw Einkommen und UhLeistung im Allgemeinen **festzuhalten;** inwieweit die geänderten Verhältnisse eine Korrektur des vereinbarten UhAnspr erlauben, ist im Wege der Vertragsauslegung zu ermitteln. 5 Ob 522/93; 4 Ob 147/97 i = EF 84.619.

2. Die Neubemessung kann also **nicht völlig losgelöst von der bisherigen vertraglichen Regelung und der in dieser unter Bedachtnahme auf die in diesem Zeitpunkt gegebenen Verhältnisse zum Ausdruck kommenden Konkretisierung der Bemessungsgrundsätze durch die Parteien lediglich aufgrund der abstrakten gesetzlichen Regelung** geschehen. 1 Ob 566/83 = EF 43.715; 5 Ob 681/81; 5 Ob 612/84; 10 Ob 506/87; 1 Ob 690/90 = RZ 1991/72; 4 Ob 566/91.

3. Die Strenge der Bindung an ein als festgelegt zu behandelndes Verhältnis unterliegt nach den Umständen des **Einzelfalls einem gewissen Spielraum.** 6 Ob 1529/93 = EF 72.350, 72.351.

4. Wollten die Parteien in ihrer UhVereinbarung den UhBeitrag zwar im Rahmen der gesetzlichen Grenzen, aber doch wesentlich anders festsetzen, als dies bei einer gerichtlichen UhBemessungsentscheidung der Fall gewesen wäre, also etwa dem UhBer jedenfalls ein höheres Einkommen zubilligen als dem UhPfl, dann ist diesem Gestaltungswillen grundsätzlich auch in einer auf eine Änderung wesentlicher Verhältnisse gestützten Abänderungsentscheidung möglichst Rechnung zu tragen. 3 Ob 195/82 = EF 43.717.

5. Vorher bestandene Relationen sind bei Neubemessung aber nur zu berücksichtigen, wenn der Vortitel ausdrücklich darauf abstellt, dass die Relationsstrukturen in Zukunft keine Änderung erfahren sollen. 7 Ob 653/90 = EF 63.494 = ÖA 1992, 121/F 23.

6. Oder wenn zumindest ein übereinstimmender Vergleichswille, den UhBeitrag vornehmlich nach einem ziffernmäßig bestimmten Prozentsatz der UBGr zu bestimmen, nicht erwiesen ist. 6 Ob 1577/91.

entfällt. **762**

b) Keine Bindung (Neubemessung)

1. Eine Vernachlässigung der Relation zw Einkommen und seinerzeit vereinbartem Uh kommt – abgesehen von einer anderslautenden Vereinbarung – in Betracht, wenn die **Neubemessung nicht bloß aufgrund einer Einkommensänderung, sondern auch wegen weiterer für die UhBemessung maßgeblicher Umstände** (geänderter Bedürfnisse oder Sorgepflichten) vorgenommen wird. 3 Ob 607/79 = EF 36.406; 1 Ob 566/83 = EF 43.715; 4 Ob 566/91 = EF 66.466 uva; 6 Ob 180/03 v; 3 Ob 64/03 p; 5 Ob 258/05 k; 7 Ob 143/05 p. **763**

2. Also etwa weil sich nicht nur das Einkommen des Kl erhöht, sondern auch das Einkommen der Bekl ganz wesentlich angestiegen ist, dem Kl weitere Sorgepflichten erwachsen sind, wogegen die älteste Tochter selbsterhaltungsfähig wurde, und die Bekl im Erbgang Vermögen erworben hat. 1 Ob 123/98 i = ÖA 1999, 113/U 266 = EF 87.534; 1 Ob 281/98 z = ÖA 1999, 36/U 262 = EF 87.534; 1 Ob 189/99 x.

3. Oder wenn die Ehefrau – als gerechtfertigt erkannt – gesondert Wohnung genommen hat, weil mit dem Wegfall der Befriedigung des Wohnbedarfs in der vom Ehemann finanzierten Ehewohnung eine Steigerung des GeldUhBed verbunden war. 6 Ob 1577/91; 7 Ob 582/91.

4. In all diesen Fällen hat eine **Neufestsetzung des Uh unter Bedachtnahme auf sämtliche Bemessungskriterien** stattzufinden. 8 Ob 635/90 = RZ 1992/49; 1 Ob 123/98 i = ÖA 1999, 113/U 266 = EF 87.534; 1 Ob 281/98 z = ÖA 1999, 36/U 262 = EF 87.534; 1 Ob 189/99 x = EF 90.399.

1. War der **Wille** der sich vergleichenden Parteien **lediglich darauf gerichtet, den (nach dem Gesetz) gebührenden UhBeitrag festzulegen,** kann das Gericht diesen bei einer Änderung der wesentlichen Verhältnisse ohne Bedachtnahme auf die Grundlagen der seinerzeitigen UhVereinbarung abändern. 3 Ob 195/82 = EF 43.716; 8 Ob 647/89 = EF 60.302. **764**

2. Dies gilt auch dann, wenn die Parteien den seinerzeit vereinbarten UhBeitrag zu keiner Bemessungsgröße in eine bestimmte Relation stellen wollten. 1 Ob 815/82 = EF 43.719.

3. Oder bei Beurteilung eines Erhöhungsbegehrens im Rahmen des § 69a EheG, wenn es an der **Vereinbarung einer festen Relation zw UhLeistung und UBGr** mangelt. 1 Ob 2380/96 y = EF 81.694.

B. Verwirkung des Unterhaltsanspruchs

§ 74 EheG. Der Berechtigte verwirkt den Unterhaltsanspruch, wenn er sich nach der Scheidung einer schweren Verfehlung gegen den Verpflichteten schuldig macht oder gegen dessen Willen einen ehrlosen oder unsittlichen Lebenswandel führt.

1. Allgemeines

765 1. § 74 EheG ist auf **gesetzliche UhAnspr**, gleichgültig ob durch Urteil oder im Wege eines Vergleichs festgesetzt, anzuwenden. 1 Ob 185/55; 1 Ob 341/58; 3 Ob 7/77 = EF 29.656; 7 Ob 699/83.

2. Er stellt **nicht auf die Gesinnung**, sondern auf das **tatsächliche Verhalten** der Frau ab. 3 Ob 512/54.

3. Und setzt voraus, dass der UhBer einen **anstößigen und den allgemeinen Moralbegriffen widersprechenden Lebenswandel** führt. 1 Ob 699/47 = JBl 1948, 187; 1 Ob 300/53; 3 Ob 512/54; 2 Ob 345/67 = EvBl 1968/300 = EF 10.382/3; 1 Ob 60/73; 3 Ob 38/77.

4. Also einen **ehrlosen oder unsittlichen Lebenswandel**. 1 Ob 60/73; 2 Ob 554/88.

5. In einem Lebenswandel drückt sich eine **Grundhaltung** aus, die durch äußerliches, idR fortgesetztes Verhalten manifestiert wird. Das Gebaren muss also entweder von einer gewissen Dauer sein und in ihrer **Lebensführung** Ausdruck gefunden haben oder in einer Handlung hervortreten, die wegen ihrer besonderen Art den Schluss zulässt, dass die Frau sich einem ehrlosen oder unsittlichen Lebenswandel ergeben hat. Jedenfalls kann von einem „Lebenswandel" nur dann gesprochen werden, wenn aus dem bisherigen Verhalten der Hang zu gleichartigem Verhalten oder aus einer Einzelhandlung, zB einer Straftat, insb einer erwerbs- oder gewohnheitsmäßigen Straftat, ein Rückschluss auf eine ehrlose Gesinnung möglich ist. **Die Verwirkung des UhAnspr soll nur die Folge eines besonders gravierenden Verhaltens der Frau sein, durch das sie sich der Unterstützung des Mannes unwürdig gemacht hat.** 6 Ob 264/69 = EvBl 1970/126; 2 Ob 516/76; 1 Ob 728/85.

6. Allerdings ist nicht jedes Verhalten, das gegen die allgemeinen Moralbegriffe verstößt, ausreichend; der Mann muss vielmehr selbst bei Zubilligung einer großzügigen Einstellung **geradezu in Verruf gebracht** worden sein. 2 Ob 516/76; 3 Ob 38/77.

7. Das Verhalten muss **gravierender sein als eine schwere Verfehlung** iSd § 49 EheG. 1 Ob 469/61 = EvBl 1962/136; 3 Ob 7/77 = EF 29.657; 2 Ob 578/95 = SZ 68/243; 3 Ob 245/05 h = FamZ 41/06 *(Deixler-Hübner)*.

8. Ein **Verbrechen oder Vergehen im strafrechtlichen Sinn** muss es aber **nicht** darstellen und auch nicht die Intensität eines **Enterbungs- bzw Erbunwürdigkeitsgrundes** aufweisen. 2 Ob 578/95 = SZ 68/243; 3 Ob 245/05 h = FamZ 41/06 *(Deixler-Hübner)*.

766 1. Es ist **im Einzelfall unter Berücksichtigung aller objektiven und subjektiven Umstände zu prüfen,** ob die Verfehlung so schwer wiegt, dass dem UhPfl die UhLeistung für alle Zukunft nicht mehr zumutbar ist. 6 Ob 116/67 = EvBl 1968/299; 4 Ob 531/69; 1 Ob 60/73; 3 Ob 221/73 uva; 2 Ob 578/95 = SZ 68/243; 3 Ob 245/05 h = FamZ 41/06 *(Deixler-Hübner)*.

2. Weshalb der Frage besondere Bedeutung zuzumessen ist, ob sich die UhBer zur Zeit der Begehung in einem seelischen Ausnahmezustand befunden hat oder ob die Verfehlung auf eine das Verschulden ausschließende oder stark einschränkende geistige Störung zurückzuführen ist, dh ob ihre freie Willensbildung und ihre Fähigkeit zu rechtmäßigem Verhalten in einem solchen Maß eingeschränkt war, dass bei aufrechter Ehe iSd § 50 EheG ein Verschulden ausgeschlossen wäre. Maßgeblich ist allerdings nicht, ob die Frau geistesschwach oder geisteskrank ist, sondern es genügt

bereits, wenn ihr Verhalten seine Wurzel **in einem krankhaften Zustand** gehabt hätte, der die freie Willensbildung oder die moralische Widerstandskraft zu untergraben geeignet war. 6 Ob 116/67 = EvBl 1968/299; 4 Ob 531/69; 6 Ob 549/84 = EF 46.324; 2 Ob 457/49 = SZ 22/160; 5 Ob 375/61 = EvBl 1962/185; 3 Ob 20/05 w.

3. Jedenfalls ist bei der sittlichen Bewertung des Verhaltens **kein allzu strenger Maßstab anzulegen.** 2 Ob 516/76; 3 Ob 38/77 = EF 29.659; 2 Ob 578/95 = SZ 68/243.

1. Es ist **auch das Verhalten des ehemaligen Ehegatten zu berücksichtigen.** 2 Ob 516/76.

2. Es stellt daher keine schwere Verfehlung nach § 74 EheG dar, wenn die Ehefrau nach Eheaufhebung den Gatten verflucht und ihm den Tod wünscht und dies als Reaktion aufzufassen ist auf die Bestimmung der Frau, in die Eheaufhebung einzuwilligen gegen Zusicherung eines rechtlich unverbindlichen UhVersprechens. 1 Ob 52/65.

3. Der Bekl, der selbst seine vertraglich übernommene UhPflicht gegenüber der Kl nicht erfüllt hat, kann die dadurch hervorgerufene **Reaktion** der Kl **nicht als Verwirkungstatbestand** geltend machen, weil auch dies infolge des Zusammenhangs mit seinem eigenen Verschulden sittlich nicht gerechtfertigt wäre. 2 Ob 299/57 = EvBl 1957/295; 1 Ob 469/61; 3 Ob 221/73; 2 Ob 554/88 = EF 57.284.

4. **Reaktionshandlungen,** die das Maß des Zulässigen überschreiten, sind uU dann zu entschuldigen, wenn es sich bei der UhBer um eine Psychopathin oder um eine Hysterikerin handelt. 3 Ob 602/56.

5. Verwirkungstatbestände haben **ihrer Natur nach deliktischen Charakter,** es geht nicht um die Vorbereitung oder Erfüllung eines Vertrags. Im Deliktsbereich spielt aber die Vollmacht keine Rolle; jedermann hat grundsätzlich nur für das eigene, nicht aber für fremdes Verhalten einzustehen. Eine **Haftung der Kl für das Verhalten ihrer Mutter** als eigene schwere Verfehlung kommt demnach nur unter dem Gesichtspunkt der **Veranlassung oder** der **mitwirkenden Billigung** in Betracht. 7 Ob 699/83 = EF 46.326.

1. Die Verwirkung des **Uh** tritt nicht von selbst ein, sondern ist **einrede- oder klagsweise geltend zu machen;** sie tritt mit dem Zeitpunkt ein, in dem ihre Voraussetzungen gegeben sind; ab diesem Zeitpunkt kann also für die Zukunft UhAnspr nicht mehr geltend gemacht werden. 6 Ob 549/84 = EF 46.325; 4 Ob 593/70 = SZ 43/196 = EvBl 1971/122 = RZ 1971, 144.

2. Die **Beweislast** für das Verschulden des uhber Ehegatten an dem diesem als Verwirkungstatbestand nach § 74 EheG angelasteten Verhalten **trifft den UhPfl.** 4 Ob 593/70 = SZ 43/196 = EvBl 1971/122 = RZ 1971, 144; 7 Ob 699/83 = EF 46.326; 6 Ob 549/84.

3. Umstände, die **bereits im Scheidungsverfahren einer Bewertung unterworfen** worden sind, können nicht nachträglich als Rechtsmissbrauch geltend gemacht werden. 6 Ob 504/89 = EF 60.325.

4. Wenn es kraft inneren Zusammenhangs mit in der Ehe selbst erlittenem Ungemach zu einer schweren Eheverfehlung der Frau nach der Scheidung kommt, kann aber ein Entschuldigungsgrund vorliegen. 6 Ob 116/67 = EvBl 1968/299.

5. Ab dem Zeitpunkt, in dem die Voraussetzungen für eine Verwirkung des Uh gegeben sind, kann für die Zukunft ein UhAnspr nicht mehr geltend gemacht

werden, wobei zum Tatbestand der Verwirkung im Schrifttum sowohl zu § 94 Abs 2 ABGB als auch zu § 74 EheG die Ansicht vertreten wird, dass der **einmal erloschene UhAnspr nicht wieder aufleben könne.** 1 Ob 303/00 s.

6. **Anmerkung:** Im Hinblick auf die E 2 Ob 193/06 f, wonach vor dem Hintergrund des § 68 a Abs 3 EheG auch bei einem auf § 94 Abs 2 ABGB gestützten UhAnspr die Bejahung der rechtsmissbräuchlichen Geltendmachung nicht (mehr) nur zur gänzlichen Versagung des UhAnspr führen kann, sondern vielmehr auch die Minderung dieses **UhAnspr** möglich ist, ist die der E 1 Ob 303/00 s zugrunde liegende Prämisse, Verwirkung führe zum gänzlichen Erlöschen des UhAnspr, abhanden gekommen. Mangels Erkennbarkeit eines gravierenden Unterschieds wird man daher § 74 EheG dahin interpretieren müssen, dass auch er die lediglich teilweise Minderung des (nachehel) UhAnspr zulässt.

2. Einzelfälle

769 1. In der **geschlechtlichen Beziehung** der geschiedenen Ehefrau zu einem Mann ist an sich ein anstößiger und den allgemeinen Moralbegriffen widersprechender Lebenswandel nicht zu erblicken. 1 Ob 699/47 = JBl 1948, 187; 1 Ob 300/53; 3 Ob 512/54; 2 Ob 345/67 = EvBl 1968/300 = EF 10.382/3; 1 Ob 60/73.

2. Uzw auch dann nicht, wenn der **Mann verheiratet** ist. 1 Ob 704/52; 2 Ob 516/76; 3 Ob 38/77; 1 Ob 521/83.

3. Dies wäre nur dann der Fall, wenn die Frau hiedurch sich selbst und ihren geschiedenen Mann **geradezu in Verruf bringt.** 2 Ob 345/67 = EvBl 1968/300 = EF 10.382/3; 1 Ob 60/73; 2 Ob 516/76; 3 Ob 38/77 = EF 29.659; 1 Ob 521/83 = 1 Ob 522/83 = EF 43.748.

4. Oder ihn in seiner **Ehre schwer gekränkt** hat. 3 Ob 38/77 = EF 29.659.

5. Etwa dadurch, dass sie **gleichzeitig mehrere intime Verhältnisse** unterhält und somit einen unsittlichen Lebenswandel führt. 2 Ob 370/55.

6. **Anmerkung:** Zum Eingehen einer LG durch den geschiedenen Ehegatten vgl Rz 775 ff.

770 1. Der UhPfl wird **sowohl in persönlichen als auch in wirtschaftlichen Belangen** vor der Situation geschützt, in diesen Bereichen **schwere Übergriffe** des UhBer zu erleiden und trotzdem die auf der früheren Ehe beruhende UhPflicht erfüllen zu müssen. 6 Ob 549/84 = EF 46.324; 2 Ob 457/49 = SZ 22/160; 5 Ob 375/61 = EvBl 1962/185; 2 Ob 554/88 = EF 57.284; 2 Ob 578/95 = SZ 68/243.

2. Wobei solche Übergriffe in **Ehrverletzungen, falschen Anschuldigungen,** aber auch in der **Verbreitung wahrer Tatsachen, an deren Geheimhaltung** ein schutzwürdiges **Interesse** des UhPfl besteht, liegen können. 6 Ob 549/84 = EF 46.324; 2 Ob 457/49 = SZ 22/160; 5 Ob 375/61 = EvBl 1962/185; 2 Ob 554/88 = EF 57.284; 3 Ob 90/07 t.

3. **Hiebei** kommt es auf die **Art und Wichtigkeit der bekannt gegebenen Umstände** sowie die Art ihrer Weitergabe und die damit verbundenen Auswirkungen auf die Interessensphäre des UhPfl an. 6 Ob 549/84 = EF 46.324; 2 Ob 457/49 = SZ 22/160; 5 Ob 375/61 = EvBl 1962/185; 2 Ob 554/88 = EF 57.284.

4. Dies gilt insb für die Bekanntgabe verschiedener **der Frau aufgrund des seinerzeitigen ehel Zusammenlebens bekannter und für den anderen Ehegatten sehr**

nachteiliger Umstände an dritte Personen. 3 Ob 7/77 = EF 29.660; 6 Ob 549/84; 3 Ob 115/90 = JBl 1991, 589.

5. Auch die Mitteilung etwa einer strafgerichtlichen Verurteilung an eine gegnerische wahlwerbende Gruppe bei einer Betriebsratswahl oder die fälschliche Behauptung der Erschleichung von Gewerbeberechtigungen ist eine schwere Verfehlung. 3 Ob 7/77 = EF 29.661.

6. **Sachlich unbegründete Anzeigen und Vorwürfe** sind insb dann maßgeblich, wenn dadurch der Bekl in seinem beruflichen Fortkommen geschädigt werden konnte und damit nicht bloß das Ziel verfolgt wurde, – wenn auch zweifelhafte – Ansprüche zu verfolgen, sondern dem eigenen Verhalten der Kl eine feindliche Einstellung oder Rachegefühle zugrunde lagen. 7 Ob 699/83 = EF 46.326.

7. Wenn die Anzeige also nicht in Wahrung berechtigter eigener Interessen, sondern **im vollen Bewusstsein, die Interessen des UhPfl zu beeinträchtigen,** erstattet wurde. 1 Ob 341/58; 2 Ob 554/88 = EF 57.285.

8. Grundsätzlich reicht auch schon ein einmaliger Verstoß gegen ein besonderes **Geheimhaltungsinteresse** des UhPfl aus, wenn dadurch in Schädigungsabsicht das wirtschaftliche Fortkommen massiv gefährdet wird. 3 Ob 90/07 t.

9. **Anmerkung:** Rechtsmissbräuchlich sind somit einerseits bewusst **unrichtige Anzeigen** bei Dienst- oder Standesbehörden sowie sonstigen Strafverfolgungsbehörden; andererseits aber auch die **Weitergabe von an sich richtigen Informationen** wie das Vorhandensein von „Schwarzgeldkonten" an die Abgabenbehörde, früherer Verurteilungen des UhPfl an politische oder berufliche Gegner oder sonstiger für den UhPfl nachteiliger Umstände (etwa sexuelle Vorlieben udgl) an dritte Personen, wenn dies praktisch ausschließlich zwecks Schädigung des UhPfl erfolgt; hier geht es um den Verstoß gegen schutzwürdige Geheimhaltungsinteressen durch Verbreitung vertraulicher Tatsachen, wobei Kriterium das Zurkenntnisgelangen aufgrund der Ehegemeinschaft sein wird.

Bei den – häufig „anonymen" Anzeigen – bei den Abgabenbehörden ist zu berücksichtigen, dass sich der UhBer nicht auf öffentliche Interessen berufen kann; seinen diesbezüglichen Verpflichtungen – sollte es solche für Ehegatten überhaupt geben – hätte er schon früher nachkommen müssen, nunmehr erfolgt die Mitteilung regelmäßig in der ausschließlichen Absicht, den UhPfl schädigen zu wollen. Außerdem wurzeln die nachehel UhAnspr in der Ehe selbst; während deren Dauer trafen aber auch den nunmehr UhBer Beistandspflichten. Es kann nun nicht angehen, den UhPfl zwar auch nach der Ehe mit Verpflichtungen aufgrund der Eheschließung zu belasten, den UhBer jedoch diesbezüglich völlig freizustellen. Unternimmt er Handlungen, um den UhPfl gerade in wirtschaftlichen Belangen zu schädigen, soll er daraus nicht auch noch einen Vorteil haben (vgl idS nunmehr auch 8 Ob 79/07 m); dabei reicht nach jünster Rsp ein einmaliger Verstoß gegen Geheimhaltungspflichten aus (3 Ob 90/07 t). Der Vollständigkeit halber sei aber angemerkt, dass eine Verwirkung des UhAnspr dann nicht angenommen werden kann, wenn sich der UhBer auf „Schwarzgeldkonten" des UhPfl im UhProzess selbst beruft, weil dieser seine behauptete Leistungsfähigkeit bestreitet. Hier liegt ja keine Schädigungsabsicht vor.

771 1. Die **widerrechtliche Wegnahme eines Geldbetrags** ist in objektiver Hinsicht eine schwere Verfehlung; die irrtümliche Rechtsansicht, ein Recht auf Wegnahme und Zurückbehaltung des Geldes zu haben, kann ein Verschulden jedoch ausschließen. 3 Ob 221/73.

2. Immer wiederkehrende **Sittlichkeitsdelikte** begründen einen unsittlichen Lebenswandel. 1 Ob 60/73.

3. Eine Verurteilung wegen einer **Straftat** kann angesichts der Einfalt und der Passivität der geschiedenen Ehegattin als Verwirkungstatbestand verneint werden. 1 Ob 60/73.

4. Die Bekl wurde wegen **Verfälschung zweier Urkunden** strafgerichtlich verurteilt. Der Kl stützt sein Klagebegehren ersichtlich nicht allein auf die bloße Tatsache einer Urkundenfälschung durch seine geschiedene Ehefrau, sondern insb auch darauf, dass sie diese Urkunden zu Beweiszwecken im 1. Oppositionsprozess zw den beiden vorlegte.

Nach der Überschrift vor § 223 StGB handelt es sich bei der Urkundenfälschung um eine strafbare Handlung gegen die Zuverlässigkeit von Urkunden und Beweiszeichen. Demnach werden dadurch nur Interessen der Allgemeinheit, nicht aber Individualinteressen geschützt. Die Urkundenfälschung könnte daher für sich allein nicht als schwere Verfehlung gegen den UhPfl nach § 74 EheG qualifiziert werden. Wie vom OGH schon zu 3 Ob 209/99 b (= EF 93.892; ebenso *Zankl* in Schwimann[3] Rz 7 zu § 74 EheG) ausgeführt wurde, muss es sich nach § 74 EheG um eine besonders schwere Verfehlung handeln, wobei nicht einmal die Inanspruchnahme von UhLeistung trotz bestehender LG mit bedingtem Vorsatz ein derartiges Gewicht hat. 3 Ob 245/05 h = FamZ 41/06 *(Deixler-Hübner)*.

772 **1.** Dadurch dass die Kl dem Bekl über einen Zeitraum von 2 Jahren die **Ausübung des Besuchsrechts** gegenüber den gemeinsamen Kindern nahezu lückenlos grundlos und böswillig **verweigerte,** verletzte sie dessen Interessen so nachhaltig, dass dem Bekl nicht zugemutet werden kann, in Zukunft eine UhLast für die Kl zu tragen. Die konsequente Unterbindung des Kontakts zu den leiblichen Kindern hat zumindest gleiches Gewicht wie anhaltende Beschimpfungen, Bedrohungen oder Ehrverletzungen durch den uhber Ehegatten.

Im Gegensatz zum Sachverhalt der E 7 Ob 699/83 = EF 46.327, bei dem die Ablehnung des Kontakts zum Vater nicht allein von der Mutter beeinflusst, sondern auch auf die persönliche Einstellung der Kinder zum Vater zurückzuführen war, steht hier fest, dass die Kl böswillig (grundlos) den gerichtlich festgesetzten Besuchskontakt des Bekl zu den beiden Kindern nahezu vollständig verhinderte. Diese schwerwiegende und nachhaltige Beeinträchtigung des väterlichen Besuchsrechts hat die Verwirkung eines „BilligkeitsUhAnspr" zur Folge. 2 Ob 578/95 = EF 78.714 = ÖA 1996, 170 = JBl 1996, 402; 10 Ob 35/02 y = EF 100.977.

2. Der Umstand, dass die ehel **Kinder den Kontakt zum Vater ablehnen,** ist zT auf eine Einflussnahme seitens der Kl (deren Mutter) zurückzuführen. Bei dieser Beeinflussung handelt es sich um ein bedauerlicherweise weit verbreitetes Verhalten geschiedener Ehegatten und ist zwar grundsätzlich nicht zu billigen, doch ging es nicht so weit, dass daraus eine Verwirkung des UhAnspr abgeleitet werden könnte. Die Ablehnung des Bekl durch die Kinder war auch nicht ausschließlich auf eine Beeinflussung durch die Kl zurückzuführen, sondern beruhte auch auf ihrer persönlichen Einstellung zum Vater. 7 Ob 699/83 = EF 46.327.

3. Anmerkung: Den E 2 Ob 578/95 und 10 Ob 35/02 y ist absolut beizupflichten, weil sie – jedenfalls in jenen Fällen, in denen auch der geschiedene Ehegatte und „andere" Elternteil uhber ist – die in der Praxis bei Besuchsrechtsverweigerungen oft stumpfe Waffe des § 110 AußStrG ersetzt; darüber hinaus bietet ein derartiger Uh-Prozess, in welchem auf Enthebung von der UhPflicht geklagt wird, den Eltern ein mit den Regeln der ZPO abgestecktes Forum, ihre wechselseitigen Behauptungen und Anschuldigungen bzw Entschuldigungen unter Beweis zu stellen, was in dem vom Rechtsfürsorgegedanken getragenen VaStr nicht immer möglich ist. Wie die E 7 Ob 699/83 zeigt, wird dabei allerdings idR der vom OGH geforderte Nachweis der grundlosen und böswilligen Besuchsrechtsverweigerung nur schwer zu erbringen sein, die Beeinflussung allein ist ja nicht ausreichend.

Lehnt ein mündiger Mj gem § 108 AußStrG ausdrücklich die Ausübung des persönlichen Verkehrs mit dem uhpfl Elternteil, also dem geschiedenen Ehegatten des uhber Elternteils ab, dann wird eine Verwirkung nicht angenommen werden können, übt doch der Mj ein eigenes Recht aus, uzw selbst dann, wenn er vom betreuenden Elternteil unter Druck gesetzt oder entsprechend „bearbeitet" wurde, weil dies ja dann bedeuten würde, dass der Mj gar nicht frei von Zwang oder sonstigem Druck entschieden hätte, was die Gültigkeit seiner Rechtsausübung in Frage stellen würde. Davon wird aber idR nicht die Rede sein können.

4. Wenn bereits die nachhaltige, grundlose und böswillige Verhinderung der Ausübung des elterlichen Kindesbesuchsrechts durch den uhber geschiedenen Ehegatten zur UhVerwirkung nach § 74 EheG führt, so gilt das umso mehr für die **Ermordung des Kindes des UhPfl** durch den uhber geschiedenen Ehegatten. 3 Ob 20/05w = EF 111.328.

773 **1.** Bei Lösung der Frage, ob **Beleidigungen** eine schwere Eheverfehlung iSd § 74 EheG darstellen, ist auch auf die Begleitumstände Bedacht zu nehmen. 3 Ob 602/56; 1 Ob 54/63.

2. Ebenso ist auf jenes **Milieu zu achten,** dem die Ehegatten zugehören. 8 Ob 20/67 = EF 8514.

3. Es liegt keine schwere Verfehlung vor, wenn in einem vereinzelten Fall die **Lebensgefährtin des uhpfl geschiedenen Gatten beleidigt** wird. 1 Ob 216/61 = EvBl 1961/338.

C. Wiederverheiratung des Berechtigten

§ 75 EheG. Die Unterhaltspflicht erlischt mit der Wiederverheiratung des Berechtigten.

774 **1.** Diese Bestimmung ist als Folge eines vom Gesetzgeber typischerweise angenommenen Fortfalls des UhBed auf Seiten des UhBer anzusehen, nicht aber als ein Entfall seiner UhWürdigkeit. 6 Ob 630/81 = RZ 1982/3.

2. § 75 EheG ist auch auf die Fortdauer eines vertraglichen UhAnspr analog anzuwenden, wobei die Vergleichsklausel „ohne Rücksicht auf die persönlichen und familiären Verhältnisse der Streitteile" keine davon abw Vereinbarung ist, wenn die Parteien an eine Wiederverehelichung nicht dachten. 3 Ob 509/79 = EF 34.102.

3. Anmerkung: Es erscheint allerdings schon etwas „blauäugig", den Vergleichsparteien zu glauben, dass sie an eine Wiederverheiratung nicht dachten.

4. Da der Uh mtl im Vorhinein zu bezahlen ist, ist er auch für den Monat, **in dem die Hochzeit stattfand,** noch zu leisten. 3 Ob 32/67 = EvBl 1967/401 = EF 8685 = SZ 40/45; 6 Ob 549/84.

D. Lebensgemeinschaft des Berechtigten

Literatur: *Lüdtke,* Verwirkung des Unterhaltsanspruches der geschiedenen Ehefrau durch „wilde Ehe", MDR 1954, 587; *Piegler,* Die „wilde Ehe" im österreichischen Zivilrecht, FamRZ 1955, 243; *Schneider,* Die rechtliche Stellung der Lebensgefährten, ÖJZ 1965, 174; *Mell,* Lebensgemeinschaft und Familienrecht in Österreich, Demelius-FS (1973) 155; *Klaar,* Rechtsfragen nichtehelicher Lebensgemeinschaft, AnwBl 1989 (Sondernummer zu Heft 7), 18; *Rummel,* Ehe, Familie, Lebensgemeinschaft – Rechtsdogmatisches und Rechtspolitisches (Vortragsbericht), ÖJZ 1991, 60; *Gimpel-Hinteregger,* Der Unterhaltsanspruch des geschiedenen Ehegatten bei Eingehen einer Lebensgemeinschaft, in Harrer/Zitta, Familie und Recht (1992) 633; *Meissel/Preslmayr,* Die Abgeltung von Leistungen in der Lebensgemeinschaft, in Harrer/Zitta, Familie und Recht (1992) 515; *Memmer,* Eheähnliche Lebensgemeinschaften und Reproduktionsmedizin, JBl 1993, 297; *Stabentheiner,* Die nichteheliche Lebensgemeinschaft – ein Überblick, NZ 1995, 49; *Lammer,* Zum „Ruhen" des Unterhaltsanspruchs bei Eingehen einer Lebensgemeinschaft, ÖJZ 1999, 53; *Deixler-Hübner,* Probleme der Leistungsabgeltung im Zusammenhang mit der Auflösung der Lebensgemeinschaft, ÖJZ 1999, 201; *Beclin,* Sind nicht verheiratete Eltern einander zu Unterhalt verpflichtet?, EF-Z 2007, 10; *Pittl/Sander,* Zum Eintrittsrecht des homosexuellen Lebensgefährten in den Mietvertrag, wobl 2007, 33; *Meissel,* Zum Ruhen des Unterhaltsanspruchs bei Eingehen einer Lebensgemeinschaft, EF-Z 2007, 209; *ders,* Unterhaltsansprüche aus Lebensgemeinschaft? EF-Z 2008, 13.

Übersicht:

		Rz
1. Definition einer Lebensgemeinschaft		
a) Eheähnlichkeit		775
b) Innere Einstellung		776
c) Dauer		777
d) Geschlechts-, Wohn- und Wirtschaftsgemeinschaft		778–781
e) Lebensgemeinschaft als Rechtsfrage im Einzelfall		782
2. Auswirkungen		783–786
3. Wiederaufleben des Unterhaltsanspruchs		787

1. Definition einer Lebensgemeinschaft

a) Eheähnlichkeit

775 1. **Anmerkung:** Der Gesetzgeber des Jahres 2006 hat zwar letztlich eine geschlechtsneutrale Definition der LG nicht geschaffen (vgl MinEntw zum FamRÄG 2006; vgl dazu *Reiter,* Aktuelles, EF-Z 2006, 36); bei verfassungs- und EMRK-konformer Interpretation ist aber bereits de lege lata davon auszugehen, dass unter LG **grundsätzlich sowohl hetero- als auch homosexuelle Verbindungen zu verstehen** sind. Es hat nämlich der EGMR (ecolex 2003, 799 *[Karner/Österreich]*) klargestellt, dass Differenzierungen aufgrund der sexuellen Ausrichtung nur durch besonders schwerwiegende Gründe zu rechtfertigen sind; daher müsse das Eintrittsrecht in ein Mietverhältnis nach § 14 MRG auch homosexuellen Lebensgefährten zustehen (ebenso nunmehr 5 Ob 70/06 i = EF-Z 2006/52; vgl allerdings krit *Pittl/Sander,* wobl 2007, 33). Darüber hinaus hat der VfGH (RdA 2006, 54) das Wort „Andersgeschlechtlichkeit" in § 123 ASVG als verfassungswidrig aufgehoben.

ME ist daher dort, wo das Gesetz selbst nicht von einer „eheähnlichen" Gemeinschaft spricht, sondern nur von „Lebensgefährten", jedenfalls auch der gleichgeschlechtliche gemeint; dort, wo von „Eheähnlichkeit" die Rede ist, ist im Wege einer verfassungskonformen bzw EMRK-konformen Auslegung dieses Tatbestandselement teleologisch zu reduzieren. Völlig zutr ist daher folgende E:

2. Auch eine **homosexuelle LG** führt zum Ruhen des nachehel UhAnspr. 6 Ob 28/07 x = iFamZ 105/07 *(Deixler-Hübner)*.

3. **Einschr:** Von einer LG kann grundsätzlich nur gesprochen werden, wenn Personen verschiedenen Geschlechts wie Mann und Frau zusammenleben, ohne die Ehe geschlossen zu haben. Es muss sich um einen Zustand handeln, wie er für das Zusammenleben von Ehegatten typisch ist. 5 Ob 633/77 = EF 29.653; 3 Ob 61/88 = EF 57.268; 1 Ob 640/88 = EF 57.268; 7 Ob 676/90 = RZ 1991/45 = EF 63.510.

4. **Einschr:** Sie ist ein eheähnlicher Zustand, der dem typischen Erscheinungsbild des ehel Zusammenlebens entspricht. 3 Ob 76/81 = EF 38.825; 3 Ob 57/81 = EF 38.825; 8 Ob 511/84 = EF 46.305; 3 Ob 61/88 = EF 57.268 uva; 3 Ob 209/99 b = RZ 2001/5; 6 Ob 298/03 x; 3 Ob 132/07 v.

5. **Einschr:** Also ein der Ehe nachgebildetes familienrechtliches Verhältnis minderer Art. 3 Ob 204/99 t = JBl 2000, 530; 3 Ob 209/99 b = RZ 2001/5.

b) Innere Einstellung

1. Die LG ist nicht nur ein äußerer Zustand, sie setzt auch eine innere Einstellung der Partner voraus, die sich freilich im Allgemeinen nur aus äußeren Anzeichen erschließen lassen wird. 4 Ob 585/79 = EF 36.427; 7 Ob 676/90 = EF 63.511, 63.512.

2. Dazu gehört auch, dass die Partner **Freud und Leid miteinander teilen,** einander Beistand und Dienste leisten. 8 Ob 511/84 = EF 46.305; 1 Ob 640/88 = EF 57.267; 5 Ob 2104/96 i = EF 81.679.

3. Oder etwa der Mann auf die Frage des vom uhpfl Kl beauftragten Detektivs sich als Ehegatte seiner Lebensgefährtin bezeichnete. 7 Ob 676/90 = EF 63.515.

4. Die Partner müssen sich **im Kampf gegen alle Nöte des Lebens beistehen** und gemeinsam an den zur Bestreitung des Uh verfügbaren Gütern teilhaben. 3 Ob 204/99 t = JBl 2000, 530.

5. Eine LG beschränkt sich also nicht auf die rein materielle Seite; es handelt sich auch um eine aus einer **seelischen Gemeinschaft und dem Zusammengehörigkeitsgefühl** heraus entstandene Bindung und ihren äußerlichen Ausdruck. 3 Ob 26/77 = 3 Ob 27/77 = EF 29.651; 3 Ob 76/81 = EF 38.825; 3 Ob 57/81 = EF 38.825; 3 Ob 505/83 = EF 43.741; 8 Ob 511/84 = EF 46.305; 3 Ob 61/88 = EF 57.268; 6 Ob 298/03 x; 3 Ob 274/04 x = EF 111.276; 4 Ob 75/06 t.

6. Was aber dazu führt, dass die Partner, deren LG durch äußere Umstände vermutet wird, eine **Offenlegungspflicht** trifft, denn die innere Einstellung und über eine intime Beziehung hinausgehende Bindung bleibt idR für den Außenstehenden verborgen. 3 Ob 61/88 = EF 57.268; 1 Ob 640/88 = EF 57.268.

c) Dauer

1. Eine LG setzt auch voraus, dass sie von den Partnern auf – zumindest eine gewisse – Dauer beabsichtigt ist. 7 Ob 676/90 = RZ 1991/45; 3 Ob 132/07 v.

2. **Jahrelanges Bestehen** einer Geschlechtsgemeinschaft, Abstimmung der Lebensführung der in nebeneinander liegenden, gemeinsam beheizten Wohnungen

lebenden Partner sowie eine Wirtschaftsgemeinschaft (allerdings gegen Verrechnung) verbunden mit gemeinsamen Urlauben bieten das Bild einer LG. 3 Ob 31/91 = EF 66.485.

d) Geschlechts-, Wohn- und Wirtschaftsgemeinschaft

778 1. Eine LG setzt im Allgemeinen eine Geschlechts-, Wohnungs- und Wirtschaftsgemeinschaft voraus, **wenngleich nicht stets alle 3 Merkmale vorhanden sein müssen.** 5 Ob 633/77 = EF 29.653; 3 Ob 26/77 = 3 Ob 27/77 = EF 29.651; 4 Ob 585/79 = EF 36.427; 3 Ob 76/81 = EF 38.825 uva; 3 Ob 209/99 b = RZ 2001/5; 6 Ob 298/03 x; 8 ObA 16/06 w = FamZ 40/06 *(Deixler-Hübner);* 3 Ob 132/07 v.

2. Das eine oder andere Merkmal also **weniger ausgeprägt sein oder ganz fehlen kann.** 3 Ob 61/88 = EF 57.268; 1 Ob 640/88 = EF 57.268; 5 Ob 2104/96 i = EF 81.679.

779 1. Ein **intimes Verhältnis,** eine fallweise Unterstützung durch den Partner und fallweises Nächtigen in der Wohnung des anderen begründen jedoch noch keine LG. 4 Ob 585/79 = EF 36.427; 7 Ob 676/90 = EF 63.511; 3 Ob 61/88 = EF 57.268; 1 Ob 640/88 = EF 57.268.

2. Ein **gelegentliches, wenn auch häufiges Übernachten** eines Mannes **in der Wohnung** einer Frau erfüllt daher die Voraussetzungen einer LG nicht. 6 Ob 717/77 = EF 28.592; 3 Ob 57/81 = EF 38.827; 3 Ob 284/97 d = EF 84.648.

3. Uzw auch dann nicht, wenn dazu noch gemeinsame Wochenendausflüge kommen. 3 Ob 38/77 = EF 29.652; 7 Ob 592/81 = EF 38.826.

4. Selbst eine **langanhaltende Geschlechtsbeziehung** allein reicht nicht aus; die Dauer eines intimen Verhältnisses wird nur dann bedeutsam, wenn auch sonst noch Merkmale hinzutreten, die auf eine eheähnliche Gemeinschaft schließen lassen. 3 Ob 61/88 = EF 57.269.

5. Eine – wenn auch dauernde – Geschlechtsgemeinschaft mit einem anderen Mann vermag den UhAnspr der Frau nicht zu beeinträchtigen. 3 Ob 32/67 = SZ 40/45 = EvBl 1967/401 = EF 8682.

6. Geschlechtliche Beziehungen ohne Aufnahme einer LG sind für einen UhAnspr ohne Bedeutung, weil für die geschiedene Ehefrau keine Treuepflicht besteht. 7 Ob 592/81 = EF 38.828.

7. Umgekehrt ist eine Geschlechtsgemeinschaft nicht unter allen Umständen erforderlich, uzw etwa dann nicht, wenn die **zusammenlebenden Personen schon über ein gewisses Alter hinaus** sind. 8 Ob 511/84 = EF 46.307; 3 Ob 204/99 t = JBl 2000, 530.

780 1. Eine in wirtschaftlicher Hinsicht eingerichtete Hausgemeinschaft ist Voraussetzung für die Beurteilung einer Gemeinschaft als LG. 3 Ob 505/83 = EF 43.743.

2. Unter einer **Wirtschaftsgemeinschaft** ist also zu verstehen, dass beide Partner Freud und Leid miteinander teilen, einander beistehen und Dienste leisten und einander an den zur Bestreitung des Uh, der Zerstreuung und Erholung zur Verfügung stehenden Gütern teilnehmen lassen, so etwa auch die Freizeit weitgehend gemeinsam verbringen. 3 Ob 26/77 = 3 Ob 27/77 = EF 29.651; 3 Ob 76/81 = EF 38.825; 3 Ob 57/81 = EF 38.825; 3 Ob 505/83 = EF 43.741; 8 Ob 511/84 = EF 46.305.

3. Wobei auch aus dem (nach außen bestehenden) Eindruck des Vorliegens einer LG auf eine Wirtschaftsgemeinschaft bzw auf eine UhGewährung durch den Partner geschlossen werden kann. 3 Ob 204/99 t = JBl 2000, 530.

4. In der Zahlung eines Entgelts für die Untermiete eines Zimmers, für Verpflegung und das Waschen der Wäsche kann jedoch noch keine Wirtschaftsgemeinschaft erblickt werden. 3 Ob 505/83 = EF 43.744.

5. Eine Wirtschaftsgemeinschaft setzt vielmehr voraus, dass **weitgehend entweder die Lebenshaltungskosten gemeinsam getragen werden oder einer auch für den LebensUh des anderen aufkommt.** 3 Ob 204/99 t = JBl 2000, 530.

6. Es steht zwar nicht fest, ob der andere Mann Beiträge zu den Miet- oder Betriebskosten oder zu Einkäufen der Bekl leistete, fest steht aber, dass er sie bei der Bewältigung der Alltagsaufgaben unterstützt. Dazu kommt noch, dass er mit der Bekl Einkäufe verrichtet und seine private Kleidung „teilweise" von der Bekl gewaschen wird. Diese Umstände reichen für die Annahme einer Wirtschaftsgemeinschaft nicht aus, zumal angesichts des absolut eher geringen UhBeitrags, den die Bekl mtl erhält, kein Fall vorliegt, in dem triftige Gründe für eine getrennte Wirtschaftsführung sprechen würden.

Daraus folgt nun, dass hinsichtlich der Bekl und ihres Partners die Merkmale der Geschlechts- und Wohnungsgemeinschaft vorliegen und dieses Verhältnis dem typischen Erscheinungsbild eines ehel Zusammenlebens entspricht; dass eine (volle) Wirtschaftsgemeinschaft aus den Tatsachenfeststellungen nicht abgeleitet werden kann, hindert die Beurteilung als eheähnliche LG nicht. 3 Ob 204/99 t = JBl 2000, 530.

7. Auch wenn Wirtschaftsgemeinschaft in dem Sinne, dass die Partner ihre **beiderseitigen Einkünfte in eine gemeinsame Kasse legen** und daraus alle Aufwendungen bestreiten, nicht vorliegt, schadet dies nicht, weil es auch in einer Ehe nicht immer so ist. Da sich aber beide Partner an den Kosten des gemeinsamen Wirtschaftens beteiligen, liegt doch eine lose Form des gemeinsamen Wirtschaftens vor. 7 Ob 676/90 = EF 63.515.

8. Es muss auch bedacht werden, dass beide Partner der Beziehung berufstätig sind und Einkommen beziehen. Auch in einer Ehe würden unter diesen Umständen finanzielle Leistungen des einen Partners an den anderen (ausgenommen Gelegenheitsgeschenke usw) in den Hintergrund treten. 1 Ob 640/88 = EF 57.270.

9. Ausgehend davon, dass die Kl, nachdem sie dem Bekl erklärt hatte, sich in ihn verliebt zu haben, ihren Wohnsitz in Kärnten aufgab und mit ihren (teils schulpflichtigen) Kindern zum Bekl zog, obwohl sie wusste, dass dieser in prekärer finanzieller Lage war, die Kl mit dem Bekl die Wohnung teilte, die Streitteile zusammen wirtschafteten, sich gemeinsam in der Öffentlichkeit zeigten, gemeinsame Besuche unternahmen und Zärtlichkeiten austauschten, kann in der Rechtsansicht des BerufungsG, dass zw den Streitteilen eine LG bestand, eine erhebliche Verkennung der Rechtslage nicht erblickt werden. 8 ObA 16/06 w = FamZ 40/06 *(Deixler-Hübner)*.

781 **1.** Nächtigt der andere Mann stets dann bei der Bekl, wenn er nicht Nachtdienst hat, ist das Merkmal der **Wohnungsgemeinschaft** ebenso wie das der geschlechtlichen Beziehung zu bejahen. 3 Ob 204/99 t = JBl 2000, 530.

2. Wohnen die geschiedene Frau und ein Mann seit 12 Jahren in der gleichen Wohnung, wenn auch mit getrennten Schlafzimmern, und besteht nicht bloß gelegentlicher Geschlechtsverkehr, sondern regelmäßiger (3- bis 4-mal mtl), so kann –

va bei Berücksichtigung des Alters der Frau von 57 Jahren – das Vorliegen einer Geschlechts- und auch das einer Wohngemeinschaft nicht bezweifelt werden. 7 Ob 676/90 = EF 63.515.

3. Hinsichtlich der Wohngemeinschaft darf nicht übersehen werden, dass beide Partner bei einer Fluggesellschaft berufstätig sind, sodass ein **tgl Übernachten des anderen Mannes bei der Kl schon aus diesem Grund nicht in Betracht kommen** wird. Darüber hinaus entspricht es der LG als einer rechtlich nicht gesicherten Beziehung, dass sich ein Partner nicht leicht entschließen wird, eine Wohngelegenheit, die ihm zur Verfügung steht, zur Gänze aufzugeben. Auch eine Ehe kann einvernehmlich so gestaltet werden, dass ein Ehepartner zeitweilig eine andere Wohnung bewohnt. 1 Ob 640/88 = EF 57.270.

4. Das Schwergewicht der jew Lebens- und Wirtschaftsführung liegt hier nicht in der Gemeinsamkeit, sondern ist in der **Selbstständigkeit** zu sehen, sodass die gemeinsamen Aufenthalte in der Wohnung der Bekl in Wien oder im Hause ihres Schwagers in Niederösterreich als wechselseitige Besuche und nicht etwa als Verlegung eines grundsätzlich als gemeinsam gedachten Aufenthalts von der einen in die andere Wohnung gewertet werden können. 6 Ob 531/80 = EF 36.956.

5. Eine LG als **faktische gesellschaftliche Erscheinungsform eheähnlichen Zusammenlebens** ist erst dann beendet, wenn die partnerschaftlichen Zweckbeziehungen im Wesentlichen aufgegeben oder doch auf ein Maß reduziert wurden, das den Begriff dieser Gemeinschaft nicht mehr erfüllt. Der bloße Wegfall der geschlechtlichen Gemeinschaft kann dabei allein nicht ausschlaggebend sein; ebenso wenig die Benützung getrennter Schlafräume und überhaupt die stärkere persönliche Separierung der Partner innerhalb der Wohnungseinheit durch ausschließliche Benützung einzelner Wohnräume. Da die Kl und ihr Partner der Meinung sind, dass der Fortbestand ihrer Wohnungsgemeinschaft der Entwicklung ihres gemeinsamen Kindes förderlich sei, verfolgen sie damit den Bestand ihrer Familie; und dies allein genügt, die Beendigung einer eheähnlichen LG zu verneinen. Dazu kommt noch, dass die Kl ihren Partner – aus welchem Grund immer – verköstigt und damit für sein leibliches Wohl sorgt. Dies ist ein Grund mehr, die Beendigung der LG nicht anzunehmen. 5 Ob 633/77 = EF 29.653.

e) Lebensgemeinschaft als Rechtsfrage im Einzelfall

782 1. Ob eine LG vorliegt, ist va eine **Rechtsfrage**. 6 Ob 698/81 = EF 37.560.

2. Wobei es bei Beurteilung dieser Frage immer auf die Umstände des **Einzelfalls** ankommt. 3 Ob 26/77 = 3 Ob 27/77 = EF 29.651; 4 Ob 585/79 = EF 36.427; 3 Ob 76/81 = EF 38.825 uva; 3 Ob 204/99 t = JBl 2000, 530; 4 Ob 75/06 t; 8 ObA 16/06 w = FamZ 40/06 *(Deixler-Hübner)*.

2. Auswirkungen

783 1. Durch das Eingehen einer LG der Frau mit einem anderen Mann tritt das **Ruhen ihres UhAnspr** gegenüber dem geschiedenen Gatten ein, gleichgültig, ob diese Frau aus dieser LG ihren Uh ganz oder tw bezieht. 1 Ob 17/54 = SZ 27/134 = EvBl 1954/228; 3 Ob 639/56; 6 Ob 277/59 uva; 6 Ob 504/93 = ÖA 1995, 158/U 136; 4 Ob 305/97 z; 4 Ob 204/02 g = EF 100.978; 3 Ob 132/07 v.

2. Dieser Auffassung ist ungeachtet der im neueren Schrifttum (*Verschraegen*, ZfRV 1983, 85, 131 ff; *Gimpel-Hinteregger* in Harrer/Zitta, Familie und Recht 633,

645) erhobenen Kritik zu folgen, weil die LG gegenüber der Ehe nicht begünstigt werden darf. Es kommt nicht so sehr darauf an, ob die Durchsetzung eines UhAnspr gegen den geschiedenen Mann während der Zeit der LG sittenwidrig wäre (so SpR 38 neu), sondern darauf, dass **ein in LG lebender Geschiedener nicht besser gestellt sein darf als ein Wiederverheirateter, dessen UhAnspr nach § 75 EheG erlischt.** 10 ObS 244/98 z = EF 87.525 = RdA 1998, 446; 10 ObS 301/98 g.

3. Auch die von *Lammer* (ÖJZ 1999, 53) geäußerten **verfassungsrechtlichen Bedenken können nicht geteilt werden,** weil der Umstand, dass von diesem Ruhen praktisch ausschließlich Frauen betroffen sind, nicht mit einer darin liegenden Diskriminierung des weiblichen Geschlechts zusammenhängt, sondern damit, dass de facto auch heute noch Männer nur in den allerseltensten Fällen nach Scheidung ihrer Ehe einen UhAnspr haben, auch wenn die entsprechenden Gesetzesbestimmungen geschlechtsneutral sind.

Auch eine Verletzung von Art 8 EMRK ist zu verneinen. Dasselbe gilt schon für § 75 EheG, der ebenfalls uU für uhber Geschiedene zur Folge haben kann, dass das Eingehen einer weiteren Ehe finanziell erschwert wird, weil dadurch der ScheidungsUh erlischt. Umgekehrt kann ja auch nicht gesagt werden, dass für den nach Scheidung UhPfl die Möglichkeit, eine neue Ehe oder eine LG zu begründen, in einer Art 8 EMRK widersprechenden Weise behindert würde, weil etwa § 66 EheG eine – zeitlich nicht befristete – UhPflicht auferlegt. 3 Ob 204/99 t = JBl 2000, 530.

784 1. Die vom Gesetzgeber in mietenrechtlichen Bestimmungen positivrechtlich als Voraussetzung für einen Rechtserwerb anerkannte **LG** kann, wenn sie von 2 Personen geführt wird, denen das Gesetz die ehel LG nicht verwehrt, als solche **nicht sittenwidrig** sein. 6 Ob 630/81 = EF 38.842 = RZ 1982/3; 4 Ob 204/02 g = EF 100.978.

2. **Anmerkung:** Trotz der Einschränkung auf eine „LG, die von 2 Personen geführt wird, denen das Gesetz die ehel LG nicht verwehrt", kann wohl nicht davon ausgegangen werden, dass eine LG etwa mit einem noch verheirateten Lebensgefährten nicht zum Verlust des UhAnspr führt. Eine derartige Aussage würde wohl von überholten Moralvorstellungen ausgehen (zu homosexuellen Beziehungen vgl Rz 775).

3. Es besteht auch kein Anlass für eine **(analoge) Gleichbehandlung** des Falles der **LG** der UhBer mit demjenigen der **Wiederverheiratung,** weil kein UhAnspr gegen eine 3. Person begründet wird. 3 Ob 61/88 = EF 57.264; 3 Ob 76/95 = EF 81.692 = RZ 1997/55.

4. Eine LG führt schließlich idR auch **nicht zur Verwirkung des UhAnspr nach § 74 EheG.** 3 Ob 61/88 = EF 57.264; 10 ObS 244/98 z = EF 87.525; 10 ObS 301/98 g; 3 Ob 209/99 b = RZ 2001/5; 4 Ob 204/02 g = EF 100.978.

5. Uzw auch dann nicht, wenn die Bekl trotz bestehender LG – zumindest mit bedingtem Vorsatz – UhLeistungen in Anspruch nahm, weil nach § 74 EheG nur besonders schwere Verfehlungen in Betracht kommen. 3 Ob 209/99 b = RZ 2001/5.

6. **Zum endgültigen Verlust des UhAnspr kommt es daher insgesamt nicht.** 10 ObS 53/90; 3 Ob 115/90 = JBl 1991, 589.

785 1. Diese Grundsätze gelten auch für den **Fall der vertraglichen Regelung** der uhrechtlichen Beziehungen der geschiedenen Ehegatten nach § 55 Abs 2 EheG, sofern nicht die Vereinbarung der Ehegatten für diesen Fall anderes vorsieht, etwa, dass der UhAnspr durch eine LG des uhber geschiedenen Ehegatten nicht berührt werde. 3 Ob 61/88 = EF 57.265.

2. Es ist auch nicht sittenwidrig, wenn trotz Führung einer außerehel LG durch den UhBer eine vertragliche Übernahme der UhPflicht erfolgt. 6 Ob 630/81 = RZ 1982/3 = EF 38.829; 3 Ob 61/88; 3 Ob 76/95.

3. Uzw mangels ggt Vereinbarung auch bei verglichenem ScheidungsUh. 3 Ob 31/91 = EF 66.481.

4. Ein Ruhen des UhAnspr infolge Bestehens einer LG im Zeitpunkt des Todes des UhPfl verhindert einen Anspruch auf Witwenpension gem § 258 Abs 4 ASVG. 10 ObS 313/91.

786 1. Da der Uh mtl im Vorhinein zu bezahlen ist, ist er **auch für den Monat, in dem die LG begründet wurde, noch zu leisten.** 3 Ob 32/67 = EvBl 1967/401 = EF 8685 = SZ 40/45; 6 Ob 549/84; 3 Ob 204/99 t = JBl 2000, 530.

3. Wiederaufleben des Unterhaltsanspruchs

787 1. Der UhAnspr lebt nach der Beendigung der LG wieder auf. 10 ObS 244/98 z = EF 87.525; 10 ObS 301/98 g.

2. Uzw nicht mit deren tatsächlicher Auflösung, sondern erst **mit dem Zeitpunkt, in dem der UhBer vom UhPfl Uh eingemahnt hat.** 3 Ob 115/90 = JBl 1991, 589 = ÖA 1993, 112; 3 Ob 70/92 = RZ 1994/24; 7 Ob 237/99 z = EvBl 2000/68 = EF 90.375; 3 Ob 209/99 b = RZ 2001/5.

3. Der vom Oppositionskläger in der Klage für das Ruhen seiner UhPflicht geltend gemachte Umstand, dass die LG der UhBer nach wie vor aufrecht sei, ist nicht gegeben, womit die Bekl dargetan hat, dass sich die Verhältnisse gegenüber dem Vorprozess in einer Weise geändert haben, die das Wiederaufleben ihres UhAnspr zur Folge hat. 3 Ob 209/99 b = RZ 2001/5.

E. Begrenzung und Wegfall des Unterhaltsanspruchs

§ 73 EheG. (1) Ein Unterhaltsberechtigter, der infolge sittlichen Verschuldens bedürftig ist, kann nur den notdürftigen Unterhalt verlangen.

(2) Ein Mehrbedarf, der durch grobes Verschulden des Berechtigten herbeigeführt ist, begründet keinen Anspruch auf erhöhten Unterhalt.

788 1. „Not" ist dann gegeben, wenn das Existenzminimum nicht erreicht wird. Der **Ausgleichszulagenrichtsatz legt das (konventionelle) Existenzminimum fest.** Auch für die Bemessung des notdürftigen Uh nach § 73 EheG ist daher der Richtsatz für die Ausgleichszulagen maßgebend. 2 Ob 99/98 t.

2. Anmerkung: Die Ausgleichszulagenrichtsätze s bei Rz 323.

F. Tod des Berechtigten

§ 77 EheG. (1) Der Unterhaltsanspruch erlischt mit dem Tode des Berechtigten. Nur soweit er auf Erfüllung oder Schadenersatz wegen Nichterfüllung für die Vergangenheit gerichtet ist oder sich auf Beträge bezieht, die beim Tode des Berechtigten fällig sind, bleibt er auch nachher bestehen.

(2) Der Verpflichtete hat die Bestattungskosten zu tragen, soweit dies der Billigkeit entspricht und die Kosten nicht von den Erben zu erlangen sind.

789 1. Anmerkung: Zu den Begräbniskosten vgl auch Rz 1, 563.

G. Tod des Verpflichteten

§ 78 EheG. (1) Mit dem Tode des Verpflichteten geht die Unterhaltspflicht auf die Erben als Nachlaßverbindlichkeit über.

(2) Der Erbe haftet ohne die Beschränkungen des § 67. Der Berechtigte muß sich jedoch die Herabsetzung der Rente auf einen Betrag gefallen lassen, der bei Berücksichtigung der Verhältnisse des Erben und der Ertragsfähigkeit des Nachlasses der Billigkeit entspricht.

(3) Eine nach § 68 einem Ehegatten auferlegte Beitragspflicht erlischt mit dem Tode des Verpflichteten.

790 1. Nach der materiellen Rechtslage geht die UhPfl auf die Erben als **Nachlassverbindlichkeit** über (§ 78 Abs 1 EheG), wobei es für diesen Übergang nicht entscheidungswesentlich ist, ob der vereinbarte Uh iSd § 69 a Abs 1 EheG einem gesetzlichen Uh gleichzuhalten ist, weil er den Lebensverhältnissen der Eheleute entsprach oder aber (zumindest teilweise) ein rein vertraglicher Uh vereinbart wurde, weil auch in diesem Fall ein Übergang auf die Verlassenschaft stattfindet, sodass es **keiner Titelschöpfung gegen die Verlassenschaft bedarf,** gegen die aufgrund des Vergleichs Exekution geführt werden kann (§ 9 EO). 6 Ob 214/03 v.

2. Auch eine vertragliche UhPflicht geht auf die Erben des geschiedenen Ehegatten **über.** 3 Ob 60/65; 1 Ob 592/82 = EvBl 1982/169 = SZ 55/54.

3. Wobei sie ihre Rechtsnatur als UhVerbindlichkeit behält. 3 Ob 587/51; 2 Ob 807/52; 3 Ob 445/56; 3 Ob 60/65; 1 Ob 592/82 = EvBl 1982/169 = SZ 55/54.

4. Überschreitet der in einer UhVereinbarung zugebilligte Uh den gesetzlichen Rahmen (§ 68 EheG), so ist dieser als rein vertraglicher Anspruch iSd § 80 EheG anzusehen, was zur Folge hat, dass diese UhPflicht des Erblassers als Nachlassverbindlichkeit auf die Erben übergeht. 5 Ob 620/88 = EvBl 1989/66 = EF XXV/2.

5. **Einschr:** Eine analoge Anwendung des § 78 Abs 2 EheG kommt bei einem vertraglichen UhAnspr, dem kein gesetzlicher zugrunde liegt, jedoch nicht in Betracht. 3 Ob 60/65 = EF 5252; 1 Ob 592/82 = SZ 55/54 = EvBl 1982/169; 5 Ob 607/81 = EF 41.344.

791 1. UhAnspr der Witwe eines UhPfl können nur im Rahmen des § 68 EheG zuerkannt werden, wenn das **Scheidungsurteil im Zeitpunkt des Todes des durch den Unfall getöteten Gatten bereits verkündet,** aber nicht zugestellt war. Der Schädiger kann sich nicht darauf berufen, dass die Beitragspflicht mit dem Tode des UhPfl, der von ihm selbst verschuldet wurde, gem § 78 Abs 3 EheG weggefallen ist. 2 Ob 362/54 = SZ 27/210.

2. **Vor der Einantwortung des Nachlasses** haftet für Nachlassverbindlichkeiten, wozu auch die nach § 78 Abs 1 EheG auf die Erben übergehende UhPflicht zählt, ohne Rücksicht auf Erbserklärungen nur der **ruhende Nachlass,** nicht aber der (erbserklärte) Erbe. Die Universalsukzession tritt erst mit der Einantwortung des Nachlasses ein. 5 Ob 620/88 = EF XXV/2 = EvBl 1989/66.

792 1. Die Anordnung, dass in den UhAnspr des Ehegatten gegen den Erben **alles einzurechnen** ist, was der Ehegatte nach dem Erblasser durch öffentlich-rechtliche Leistung (hier: **Witwenpension**) nach einer sozialversicherungsrechtlichen Vorschrift) erhält, ist auf den UhAnspr des geschiedenen Ehegatten gegen die Erben des UhPfl (§ 78 Abs 1 EheG) analog anzuwenden. 1 Ob 592/82 = EvBl 1982/169 = SZ 55/54 = EF 41.343; 7 Ob 560/85.

2. Der **Umfang der UhPflicht** des Verstorbenen bildet die **Obergrenze** dessen, was der Erbe schulden könnte; durch § 78 EheG wird die Gesamtrechtsnachfolge des Erben zu seinen Gunsten eingeschränkt. 6 Ob 198/67 = EF 8696.

3. Außerdem ist nach § 78 EheG **stets die Umstandsklausel zu berücksichtigen,** weil durch den Tod des UhPfl idR einschneidende wirtschaftliche Veränderungen eintreten. 5 Ob 537/78 = EvBl 1979/11; 1 Ob 592/82 = EvBl 1982/169 = SZ 55/54 = EF 41.343.

4. Nach § 78 Abs 2 EheG unterliegt der Übergang der UhVerbindlichkeit einer **Einschränkungsmöglichkeit sowohl im Hinblick auf die allenfalls verminderte Ertragsfähigkeit des Nachlasses als auch im Hinblick auf die Verhältnisse des Erben,** dem insoweit ein materiellrechtlicher Gestaltungsanspruch auf UhHerabsetzung zusteht. Auf eine durch den Tod des UhPfl eingetretene Änderung der Verhältnisse auf Seiten des UhBer nimmt § 78 Abs 2 EheG allerdings nicht Bezug. 1 Ob 592/82 = EvBl 1982/169 = SZ 55/54 = EF 41.343.

5. Es kann nur der Erbe die Berücksichtigung seiner Verhältnisse verlangen; dies geschieht durch Herabsetzung der UhRente. Die geschiedene Gattin kann daher keinesfalls dadurch beschwert sein, dass die Vermögenslage der Erben ihres geschiedenen Mannes nicht berücksichtigt wurde. 6 Ob 190/59.

XII. Verfahrensfragen

793 1. Mit der **Ehescheidungsklage** können nur jene Ansprüche aus dem Eheverhältnis verbunden werden, die sich aus dessen mit dem Scheidungsbegehren angestrebten Auflösung ergeben, also zwar **UhAnspr für die Zeit ab Rk der Scheidung** der Ehe, nicht aber für die Zeit des noch aufrechten Bestehens der Ehe. 1 Ob 615/76 = SZ 49/69 = EvBl 1977/18 = JBl 1976, 653.

2. In einem Oppositionsprozess, der gegen eine Exekutionsführung aufgrund eines UhVergleichs hinsichtlich Uh während aufrechter Ehe geführt wird, weil die Ehe rk geschieden worden ist, kann nicht der Uh der Ehefrau für die Zeit nach der Scheidung festgesetzt werden. 3 Ob 281/54 = SZ 27/116; 3 Ob 223/61; 3 Ob 142/84.

3. Werden **gleichzeitig Scheidung gem § 49 EheG und Uh begehrt,** dann kann idR kein Zweifel darüber bestehen, dass damit, soweit es um die Zeit nach rk Scheidung geht, der UhAnspr nach § 66 EheG geltend gemacht wird. 4 Ob 509/92.

794 1. Eine **Verringerung des UhAnspr** durch geänderte Verhältnisse kann auch mit Oppositionsklage geltend gemacht werden. 3 Ob 77/90 = EF 63.489.

2. Ebenso die Vorfrage über das nach dem Parteiwillen richtige Ausmaß der in einem Bruchteiltitel verglichenen UhForderung und damit über das Bestehen des von der betreibenden Partei behaupteten UhRückstands. 3 Ob 141/90.

3. Grundsätzlich kann der Erbe nach § 78 EheG die **Herabsetzung der UhRente durch Klage oder Einrede verlangen.** 8 Ob 532/92 = JBl 1992, 705 = ÖA 1992, 86.

4. Auswirkungen dieses materiellrechtlichen Gestaltungsanspruchs des Erben können aber auch für einen bereits verflossenen Zeitraum festgestellt werden, soweit er gegenüber dem UhBer bereits geltend gemacht wurde, uzw vor Einleitung der Exekution durch Feststellungsklage, danach durch Klage nach § 35 EO. 5 Ob 537/78 = EvBl 1979/11 = EF 31.768; 1 Ob 592/82 = EvBl 1982/169 = SZ 55/54; 8 Ob 532/92 = JBl 1992, 705 = ÖA 1992, 86.

795 entfällt.

796 1. Bei vertraglichen UhAnspr, insb bei verglichenen Bruchteilstiteln hat die Rsp bereits bislang einen mit Stufenklage klagbaren **Auskunftsanspruch** des UhBer bejaht. Die aus dem UhVertrag (-vergleich) abgeleitete Auskunftspflicht wird ua mit dem Grundsatz von Treu und Glauben und einem anders nicht zu befriedigenden Informationsbedürfnis des UhBer begründet. 6 Ob 255/04 z; 10 Ob 47/07 w.

2. Daher steht auch dem geschiedenen uhber Ehegatten grundsätzlich ein **Rechnungslegungsanspruch** gegen den anderen Ehegatten zu. 10 Ob 47/07 w.

3. Die geschiedene Frau kann zur Durchsetzung ihres durch Vergleich gesicherten UhBegehrens auch direkt gegen die 2. Frau ein Rechnungslegungsbegehren nach **Art XLII EGZPO** stellen, wenn diese vorsätzlich **bei der Verheimlichung bzw Verbringung des Vermögens des UhPfl** dadurch **mitgewirkt** hat, dass sie scheinhalber als Eigentümerin des Unternehmens auftritt. 1 Ob 119/57.

4. Der Rechnungslegungsanspruch nach **Art XLII EGZPO** setzt aber neben dem Nachweis, dass der Klageanspruch auf Uh dem Grunde nach zu Recht besteht, weiters voraus, dass der nach materiellem Recht aufgrund einer Sonderbeziehung Auskunftsberechtigte gegen den Auskunftsverpflichteten ein bestimmtes Klagebegehren auf Leistung nur mit erheblichen Schwierigkeiten, die durch eine solche Abrechnung vermieden werden können, zu erheben vermag und dass die Auskunftserteilung dem Verpflichteten zumutbar ist. Es muss also die Interessenabwägung zugunsten des Kl ausfallen. 6 Ob 255/04 z.

5. Wenn das Ziel der Rechnungslegung darin besteht, es dem UhBer zu ermöglichen, ein unbestimmtes Leistungsbegehren konkretisieren zu können, **fällt das Rechtsschutzinteresse weg, wenn der Stufenkläger schon vor der begehrten Rechnungslegung sein Zahlungsbegehren konkretisiert und dazu nicht ausführt, dass es sich nur um ein Teilbegehren handelt und dass er die Rechnungslegung für weitere Ansprüche noch benötigt.** 6 Ob 255/04 z.

Anmerkung: Zu Rechnungslegungsbegehren bei UhAnspr vgl auch Rz 455 a, 751.

797 1. Da die UhAnspr nach § 91 *(nunmehr: § 94)* ABGB und § 69 EheG verschieden sind, begründet ein über den Anspruch nach § 91 *(nunmehr: § 94)* ABGB ergangenes Urteil nicht Rk für den Anspruch nach § 69 EheG. 2 Ob 564/51; 7 Ob 556/77.

2. Da mit rk Scheidungsurteil ausgesprochen wurde, dass der Bekl die Zerrüttung der Ehe allein verschuldet habe, und die RkWirkung dies auch für den UhStreit feststellt, ist der Bekl infolge der mit der Rk der E verbundenen **Präklusionswirkung** im (erst nach Abschluss des Scheidungsverfahrens fortgesetzten) UhProzess von allen Einwendungen ausgeschlossen, die er schon gegen den Schuldantrag der Kl im Scheidungsstreit hätte vorbringen müssen. 1 Ob 601/85 = EF 48.884.

798 1. Der im UhTitel enthaltene Beisatz „**abzügl bereits geleisteter Zahlungen**" stellt nur eine im Gesetz nicht vorgesehene Rechtsmittelbelehrung dar, mit der zum Ausdruck gebracht werden soll, dass allfällige Zahlungen des UhPfl, die bei der E nicht berücksichtigt werden konnten, auf den im Exekutionstitel festgestellten Anspruch anzurechnen sein werden. Wenn aber **Zahlungen vor Schaffung des Titels** geleistet wurden, hat der UhPfl Anspruch darauf, dass ihm keine höhere UhPflicht auferlegt wird, als sie sich unter Berücksichtigung dieser Zahlungen ergibt, zumal im Exekutionsverfahren gem § 35 Abs 1 EO diese in der Vergangenheit geleisteten Zahlungen nicht mit Einwendungen gegen den Anspruch geltend gemacht werden können. 5 Ob 38/99 w = EF 91.231.

2. Da UhEntscheidungen vorbehaltlich der clausula rebus sic stantibus ergehen, greift ein Urteil, „der UhAnspr der bekl Partei sei erloschen" (weil die Erträgnisse ihrer Erwerbstätigkeit ausreichen) bzw „er bestehe nicht mehr zu Recht", der Frage, ob der UhAnspr wieder aufleben kann, nicht vor. 1 Ob 519/50; 3 Ob 112/73 = EvBl 1973/266.

799 1. Eine **Bewertung eines UhVerzichts** der geschiedenen Ehegattin ist nicht möglich, wenn die Ehe einvernehmlich nach § 55 a EheG geschieden wurde und ein gesetzlicher UhAnspr ohne Vereinbarung daher nicht bestand. 2 Ob 579/84 = RZ 1985/40.

2. Nach § 224 Abs 1 Z 4 ZPO stellen **alle Streitigkeiten über den aus dem Gesetz gebührenden Uh,** also nicht nur solche auf Leistung, sondern auch solche auf Herabsetzung, Einstellung usw gerichtete Streitigkeiten **Ferialsachen** dar. 1 Ob 699/85; 7 Ob 115/98 g; 6 Ob 113/00 m.

3. Also auch ein **Feststellungsbegehren auf Ruhen des verglichenen UhAnspr** wegen bestehender LG der UhBer. 3 Ob 115/84; 8 Ob 506/88; 6 Ob 113/00 m.

4. Bei Häufung mehrerer Ansprüche in einer Klage, von denen einer bei gesonderter Geltendmachung die Rechtssache als Ferialsache qualifizieren würde, ist der gesamte Rechtsstreit einheitlich Ferialsache, weshalb auch UhSachen, die mit anderen Sachen verbunden sind, nicht anders zu behandeln sind als andere Ferialsachen. 8 Ob 573/87 = EF 55.026; 6 Ob 113/00 m.

800 1. Da das **Ruhen des UhAnspr** ein zeitweiliges Erlöschen (und nicht bloß eine Hemmung) bedeutet, war dies auch im Spruch betr das **Oppositionsbegehren** zum Ausdruck zu bringen. 3 Ob 204/99 t = JBl 2000, 530.

XIII. Unterhaltsverfahren mit Auslandsberührung

1. Zuständigkeit/Verfahrensart

801 1. **Anmerkung:** Vgl dazu die Ausführungen zum EhegattenUh in Rz 666. Durch Zitierung von § 49 Abs 2 Z 2 JN in § 76 a JN ist klargestellt, dass diesbzgl Ehegatten- und GeschiedenenUh gleich zu behandeln sind (vgl *Simotta* in Fasching[2] Rz 15 zu § 49 JN, Rz 9 zu § 76 a JN).

2. Unterhaltsstatut

802 1. Übt ein ausländisches Erkenntnis Tatbestandswirkung in der Richtung aus, dass eine **Ehe nach dem ausländischen Scheidungsrecht aufgelöst** wurde, ist das zur E über ein für die Zeit nach der Scheidung gestelltes UhBegehren angerufene inländische Gericht **nicht in der Weise gebunden,** dass es die Voraussetzungen des UhAnspr nur deshalb, weil die Ehe nach ausländischem Recht geschieden worden war, auch **nach diesem Recht** zu beurteilen hätte. 6 Ob 586/85 = SZ 59/124 = EvBl 1987/99; 4 Ob 595/88.

2. **Nachehel Uh und gesonderte E über die Verschuldensfrage** richten sich grundsätzlich nach dem Scheidungsstatut. Das für einzelne Scheidungswirkungen

maßgebliche Statut bestimmt sich aber unabhängig vom tatsächlich angewendeten Scheidungsrecht. 2 Ob 521/95 = EF 78.990 = SZ 68/57.

3. Trotz Fehlens des materiellrechtlichen Anspruchs auf einen Verschuldensausspruch im Scheidungsurteil selbst können Gerichte in einem nachfolgenden Verfahren an die Feststellungen des Scheidungsrichters **im Hinblick auf das Verschulden gebunden** sein. 7 Ob 32/00 g.

3. Einzelfragen

1. Besitzen Ehegatten **nach dem Zerfall Jugoslawiens** nicht mehr dieselbe Staatsbürgerschaft, bestimmt sich das Ehewirkungsstatut nach dem Recht des Staates, in dem beide Ehegatten ihren gewöhnlichen Aufenthalt haben bzw gehabt haben. 3 Ob 564/95 = SZ 68/182.

2. Das **schwedische Recht** verweist bzgl des UhAnspr des geschiedenen Ehegatten auf das Recht des Staates des gewöhnlichen Aufenthalts bzw des letzten gewöhnlichen Aufenthalts der geschiedenen Ehegatten. 8 Ob 64/99 s = EF 90.641.

1. Nach **türkischem Scheidungsrecht** werden mit der rk Scheidung alle Ehewirkungen beseitigt; **mit dem Bestand der Ehe hören die gegenseitigen UhAnspr** auf. An ihre Stelle treten die eigens einzuklagenden nachehel UhAnspr, entweder als Schadenersatz oder als BedürftigkeitsUh. 4 Ob 2004/96 a = SZ 69/61 = EF 87.870; 7 Ob 307/97 s = EF 87.870, 87.871, 87.872; 1 Ob 250/98 s = EF 87.870.

2. Der der geschiedenen Ehegattin zustehende **Schadenersatzanspruch** resultiert aus der Beeinträchtigung von Vermögensrechten und dem Verlust von Anwartschaften infolge der Scheidung, so auch aus dem Verlust des EhegattenUh während aufrechter Ehe. Der Schadenersatzanspruch setzt Schuldlosigkeit des begehrenden Teiles und ein Verschulden des verpflichteten Teiles an der Scheidung voraus, weiters muss das schuldhafte Verhalten nach der Eheschließung gesetzt worden sein. Der Genugtuungsanspruch soll die durch die Scheidung dem schuldlosen Teil entstandenen seelischen Leiden kompensieren helfen. Voraussetzung hiefür sind seelische Schädigung, Verschulden des Verletzers sowie adäquater Zusammenhang und Rechtswidrigkeit. 7 Ob 307/97 s = EF 87.873.

3. Einen **Verschuldensausspruch kennt das türkische Recht** allerdings **nicht**; es räumt einem wegen Zerrüttung der Ehe geklagten Ehegatten auch keinen Feststellungsanspruch ein, womit für Scheidungsfolgenansprüche bindend eine Grundlage geschaffen werden könnte. 6 Ob 581/95 = EF 78.991.

4. Die Ansprüche auf materiellen Schadenersatzanspruch bzw auf BedürfnisUh nach den Art 143 Abs 1, 144 tZGB gehen nicht verloren, wenn sie nicht spätestens bis zum Abschluss des Scheidungsverfahrens gerichtsanhängig gemacht werden. 5 Ob 22/97 i = EF 85.018 = ÖA 1997, 170.

5. Jedenfalls in Österreich besteht eine vom Scheidungsverfahren unabhängige (wenn auch nicht unbedingt zeitlich nachfolgende) Klagemöglichkeit zur Durchsetzung nachehel vermögensrechtlicher Ansprüche nach Art 143 f tZGB. 6 Ob 581/95 = EF 78.992; 5 Ob 22/97 i = EF 85.018 = ÖA 1997, 170.

6. Gem Art 145 Abs 2 tZGB kann der UhBer die **Erhöhung der UhRente** beanspruchen, falls sich seine finanzielle Lage verschlechtert bzw die finanzielle Lage des UhPfl verbessert. Da der türkische Gesetzgeber bei der Ehe von einer Schicksals-

gemeinschaft ausgeht, werden die Interessen der beiden Seiten durch den Abs 2 gleich bewertet. 7 Ob 307/97 s = EF 87.872.

7. Der UhAnspr der Kl hat sich weder allein nach ihrem Bedarf in der Türkei noch allein nach den verbesserten Einkommensverhältnissen des Bekl zu richten; gegen den Zuspruch eines „MischUh", der sich aus dem Bedarf der Kl in der Türkei und dem verbesserten Nettoeinkommen des Bekl in Österreich ausrichtet, bestehen keine Bedenken. 7 Ob 307/97 s = EF 87.874.

8. Unterliegt die türkische Währung einem kontinuierlichen Wertverfall, sodass die uhber Kl immer wieder zu einer Klagsführung genötigt ist, während der uhpfl Bekl im Lauf der Zeit einen immer geringeren Schilling(Euro)betrag benötigt, um seiner festgelegten UhPflicht nachzukommen, ist es geboten, den **UhTitel in österreichischer Währung** festzulegen; in diesem Fall ist allerdings das Wertsicherungsbegehren der Kl abzuweisen, weil sich dann die Frage des Kaufkraftverlusts der türkischen Währung nicht mehr stellt. 7 Ob 307/97 s = EF 87.874.

Anmerkung: Vgl idZ auch Rz 502.

6. Kapitel
Provisorialunterhalt

Literatur: *Wentzel*, Unterhaltspflicht und Prozeßkostentragung, ÖJZ 1948, 386; *Hoffmann*, Einstweiliger Rechtsschutz im Familienrecht (§ 382 Z 8 EO), AnwBl 1984, 87; *Huber,* Endgültige Zuweisung bei einstweiligem Unterhalt, JBl 1984, 182; *Knoll,* Kann der Unterhaltsanspruch gegen Großeltern durch einstweilige Verfügung nach § 382 Z 8 lit a EO gesichert werden? JBl 1985, 596; Vorläufiger Unterhalt, Regierungsvorlage sowie Stellungnahme des Vereines der Amtsvormünder Österreichs, ÖA 1987, 46; *Adensamer,* Vorläufiger Unterhalt – Ein Beitrag zur Unterhaltssicherung, ÖA 1987, 63; *Schober,* Vorläufiger Unterhalt für Minderjährige, ÖRpfl 1988, 18; *Mitrovic,* Probleme und Möglichkeiten der gerichtlichen UhEinbringung, ÖA 1989, 154; *Gitschthaler,* Zur Rückforderbarkeit zu Unrecht bezahlter Unterhaltsbeiträge, ÖJZ 1995, 652.

I. Einstweiliger Unterhalt nach § 382 Abs 1 Z 8 lit a EO

§ 382 EO. (1) Sicherungsmittel, die das Gericht je nach Beschaffenheit des im einzelnen Falle zu erreichenden Zweckes auf Antrag anordnen kann, sind insbesondere:

8. a) die Bestimmung eines einstweilen von einem Ehegatten oder einem geschiedenen Ehegatten dem anderen oder von einem Elternteil seinem Kind zu leistenden Unterhalts, jeweils im Zusammenhang mit einem Verfahren auf Leistung des Unterhalts; handelt es sich um die Unterhaltspflicht des Vaters eines unehelichen Kindes, so gilt dies nur, wenn die Vaterschaft festgestellt ist; im Fall des Unterhalts des Ehegatten oder eines ehelichen Kindes genügt der Zusammenhang mit einem Verfahren auf Scheidung, Aufhebung oder Nichtigerklärung der Ehe.

Übersicht:

	Rz
1. Allgemeines	805
2. Sicherungstaugliche (Unterhalts-)Ansprüche	
a) Kindesunterhalt	806, 807
b) Ehegattenunterhalt	808, 808 a
c) Geschiedenenunterhalt	809, 810
d) Ehewohnung	811–813
3. Nicht sicherungstaugliche Ansprüche	814, 815
4. Anspruchsvoraussetzungen/Bescheinigung	
a) Allgemeines	816
b) Unterhaltsverletzung	817–819
c) Verwirkungstatbestand	820
5. Sachverhaltsermittlung	821
6. Dauer des Zuspruchs	822–824
7. Höhe des Zuspruchs	825
8. Aufhebung der Einstweiligen Verfügung	826
9. Verfahrensvorschriften	827–827 b
10. Rechtsmittelverfahren	828–830

1. Allgemeines

805   1. Die **Auferlegung eines vorläufigen Uh** ist **begrifflich keine EV** iSd EO, weil dadurch nicht ein Leistungsanspruch gesichert werden soll, sondern dem UhBer **einstweilen ein Uh zugebilligt** wird. 6 Ob 120/75; 5 Ob 659/76 = EvBl 1977/31; 3 Ob 521/79 = EF 34.622 uva; 1 Ob 179/00 f; 6 Ob 22/02 g = EF 102.366; 2 Ob 94/02 s = EF 102.366; 6 Ob 299/05 x = EF-Z 2006/10 *(Gitschthaler)*.

2. Uzw **ein idR endgültig zustehender einstw Uh.** 1 Ob 615/76 = EvBl 1977/18 = SZ 49/69; 1 Ob 678/79 = EF 34.622 = SZ 52/151 uva; 4 Ob 143/01 k = EF 98.567; 6 Ob 299/05 x = EF-Z 2006/10 *(Gitschthaler)*.

3. Wodurch dem UhBer ein **Exekutionstitel verschafft** werden soll, mit dem er die Leistung des einstw Uh durchsetzen kann. 5 Ob 542/80 = 5 Ob 543/80 = EF 36.920; 3 Ob 520/87 = EF 55.205 = EvBl 1987/174 = SZ 60/97; 2 Ob 541/87 = EF 55.205; 3 Ob 300/99 k = 3 Ob 301/99 g.

4. Es gibt aber keinen im ordentlichen Verfahren durchzusetzenden normalen und unabhängig davon und zusätzlich dazu auch noch einen nur im Provisorialverfahren zu begründenden einstw UhAnspr. 3 Ob 176/82.

2. Sicherungstaugliche (Unterhalts-)Ansprüche

a) Kindesunterhalt

806   1. **UhAnspr von mj Kindern** können trotz anhängigem Ehescheidungsverfahren sowohl nach § 382 Abs 1 Z 8 lit a EO als auch im Pflegschaftsverfahren geltend gemacht werden. 5 Ob 907/76; 7 Ob 317/01 w = EF 102.378.

2. Uzw selbst dann, wenn iZm dem Ehescheidungsverfahren bereits einstw Uh beantragt worden ist. 7 Ob 317/01 w = EF 102.378.

3. In einem über Antrag des mj Kindes eingeleiteten außerstreitigen UhFestsetzungsverfahren kann die Berechtigung des Kindes, für sich einstw Uh zu begehren, nicht fraglich sein. 9 Ob 80/01 g = EF 102.377.

4. Im Ehescheidungsprozess der Eltern kann auch für das ehel Kind Uh in Geld begehrt werden, solange die Sorgepflicht für das Kind für die Dauer des Ehescheidungsverfahrens nicht strittig ist. 1 Ob 258/50 = SZ 23/204; 3 Ob 37/57; 3 Ob 547/57; 6 Ob 52/68; 8 Ob 238/70 = SZ 43/182 = RZ 1971, 88 = EvBl 1971/167.

Anmerkung: Vgl dazu auch Rz 432 ff.

807   1. Auch der **UhAnspr volljähriger,** aber noch nicht selbsterhaltungsfähiger **Kinder** ist sicherungsfähig. 6 Ob 310/70 = SZ 43/237 = EvBl 1971/221 = RZ 1971, 104.

2. **Ggt:** Die UhAnspr großjähriger Kinder gegen die Eltern können nicht durch EV nach § 382 Abs 1 Z 8 EO gesichert werden. 3 Ob 523/34 = SZ 16/131.

3. Besteht ein Zusammenhang mit dem Ehescheidungsverfahren der Eltern, dann kann auch ein volljähriges Kind einstw Uh verlangen, muss aber selbst als ASt auftreten. 7 Ob 568/92 = EF 70.057 = EvBl 1993/37 = JBl 1993, 194 = ÖA 1993, 31.

4. **Anmerkung:** Entgegen zweitinstanzlicher Rsp gilt dies auch für mj Kinder; auch sie sind Partei des Provisorialverfahrens und damit ASt.

b) Ehegattenunterhalt

808   1. Da die mit der Eheschließung entstehende UhPflicht des Ehemanns erst mit der rk Nichtigerklärung der Ehe erlischt, kann die Ehefrau während des **Nich-**

tigerklärungsverfahrens einstw Uh ansprechen. 7 Ob 674/89 = RZ 1990/49 = EF 60.132.

2. Oder auch **außerhalb des Scheidungsprozesses** während des Streites auf Leistung von Uh. 6 Ob 266/59 = EF 3610; 3 Ob 14/60; 7 Ob 43/64; 6 Ob 64/72; 8 Ob 138/72.

3. Oder **iZm einem Verfahren auf Ehescheidung,** ohne dass es einer UhKlage bedarf, wobei es ohne Bedeutung ist, von wem die Scheidung begehrt wurde. 6 Ob 266/59 = EF 3610; 7 Ob 43/64; 6 Ob 64/72; 6 Ob 120/75; 3 Ob 521/79 = EF 34.643, 34.634 uva; 3 Ob 300/99 k = 3 Ob 301/99 g.

4. Wobei der gem § 8 ZPO **im Ehescheidungsverfahren bestellte Kurator** auch berechtigt ist, die Bewilligung des einstw Uh zu begehren. 7 Ob 161/55 = JBl 1955, 579 = SZ 28/90.

1. Die Anwendung des § 382 Abs 1 Z 8 lit a EO kommt nur in jenen Fällen in Betracht, in denen der Ehepartner aus dem familienrechtlichen Naheverhältnis vom anderen Ehepartner aus dem Titel des Gesetzes Uh für sich begehrt. Aber auch der **durch Vereinbarung festgelegte Uh** behält grundsätzlich solange den Charakter eines gesetzlichen UhAnspr, als sich die Vereinbarung im Rahmen einer Fixierung und Konkretisierung des UhAnspr der Höhe und der Leistungsmodalitäten nach hält. Bei der Beurteilung, ob ein derartiger dem Gesetz entsprechender Uh vereinbart wurde, darf nicht engherzig vorgegangen werden. 6 Ob 228/01 z = ZfRV 2002, 75 = EvBl 2002/62; 6 Ob 274/02 s = EF 102.381. **808 a**

2. Zur Sicherung des Anspruchs auf Herabsetzung der in einem gerichtlichen Vergleich vereinbarten UhLeistung ist eine EV in der Form zugelassen, dass **der Ehegattin verboten wird, vom Exekutionstitel zur Hereinbringung eines den ermäßigten Uh übersteigenden Betrags Gebrauch zu machen.** Dies muss sinngemäß auch dann gelten, wenn das gänzliche Erlöschen des UhAnspr wegen geänderter Verhältnisse behauptet wird. 1 Ob 316/61.

c) Geschiedenenunterhalt

1. Dem **geschiedenen Ehegatten** kann einstw Uh bewilligt werden, wenn das Hauptverfahren bereits anhängig ist oder gem § 391 Abs 2 EO gerichtlich eine angemessene Frist für die Einbringung der entsprechenden Klage gesetzt wird. 1 Ob 571/77 = EF 30.332. **809**

2. Uzw auch **gem § 68 EheG zu bestimmender Uh.** 1 Ob 571/77 = EF 30.210.

3. Oder **Kosten zahnärztlicher Behandlung** als Teil des UhAnspr. 1 Ob 548/80 = EF 36.968.

4. Eine EV ist auch möglich, wenn die Ehe nach dem EheG geschieden und der Uh bereits bestimmt wurde. VerstSenat Präs 13/28 = JB Nr 32 neu = SZ 10/62; Präs 47/23 = JB Nr 7 neu = SZ 5/118; 3 Ob 456/49; 3 Ob 30/51; 3 Ob 621/50 = EvBl 1951/93.

1. Bei Teilurteil über die Scheidung kann der Richter einstw Uh festsetzen, während hinsichtlich des klageweise geltend gemachten (Geschiedenen)UhAnspr der **UhProzess bis zum endgültigen Verschuldensausspruch** zu **unterbrechen** wäre. 7 Ob 709/88 = RZ 1989/13 = JBl 1989, 320 = SZ 61/242 = EF XXV/7; 4 Ob 284/97 m; 2 Ob 318/99 z. **810**

2. Allerdings besteht **Zuständigkeit des Scheidungsrichters zur E über die EV** auch noch nach Rk des Urteils über die Scheidung einschließlich des Verschuldensausspruchs – und nicht nur bei rk Scheidungsausspruch, aber noch offener, jedenfalls noch nicht rk E über den Verschuldensausspruch – wegen des Zusammenhangs mit der Scheidung fort, wobei inhaltlich dem Begehren mit Rk des Ausspruchs über Scheidung und Verschulden an der Zerrüttung eine zeitliche Grenze gezogen ist. 8 Ob 559/85 = EF 49.592; 1 Ob 514/86 = EvBl 1986/179 = SZ 59/64; 1 Ob 2082/96 z = EF 82.506.

d) Ehewohnung

811 1. Der **wohnungsbedürftige Ehegatte** hat nach § 97 ABGB gegen den anderen, soweit dieser über „die Wohnung verfügungsberechtigt" ist, nicht bloß einen **Anspruch auf Unterlassung und bei schuldhafter Pflichtverletzung auf Schadenersatz**, sondern auch einen **Leistungsanspruch**. Nicht nur der Unterlassungsanspruch, sondern auch der Anspruch auf positives Tun können **bei drohendem Verlust der Wohnung** im Wege einer EV gesichert werden. 3 Ob 520/87 = EF 55.232 = EvBl 1987/174 = SZ 60/97; 8 Ob 540/91 = EF 67.152; 6 Ob 611/95 = EF 79.338 = RZ 1996/70.

2. Dieser **Anspruch nach § 97 ABGB** kann durch EV nach § 382 Abs 1 Z 4 oder 5 oder Z 8 lit c EO gesichert werden. 6 Ob 611/95 = EF 79.338 = RZ 1996/70; 6 Ob 611/95 = EF 79.338 = RZ 1996/70.

3. Oder auch durch EV nach § 382 e EO. 1 Ob 162/00 f.

4. **Anmerkung:** Diese Bestimmung wurde durch das EheRÄG 1999 zusätzlich zu den bisherigen Möglichkeiten eingeführt (so auch *E. Kodek* in Angst Rz 1 zu § 382 e EO). Im Hinblick auf die uhrechtliche Ausrichtung dieses Werkes kann auf die erwähnten EV jedoch nicht näher eingegangen werden.

812 1. Nicht gesichert werden kann dieser Anspruch zwar durch eine EV nach § 382 Z 8 lit a EO; der Zielsetzung des § 97 ABGB, der einen Ehegatten zur Sicherung seines Wohnbedürfnisses vor Willkürakten des anderen schützen soll, wird allerdings nur entsprochen, wenn dem wohnungsbedürftigen Eheteil der einstw zu leistende Uh so bemessen wird, dass ihm auch die **Mittel zur Erhaltung der Wohnung zur Verfügung stehen**. 3 Ob 520/87 = EF 55.232 = EvBl 1987/174 = SZ 60/97; 8 Ob 540/91 = EF 67.152; 6 Ob 611/95 = EF 79.338 = RZ 1996/70.

2. Uzw auch dann, wenn dem Ehegatten zwar **gar kein GeldUhAnspr zusteht**, wenn er andernfalls aber nicht in der Lage wäre, seine UhBed aus dem eigenen Einkommen zu bestreiten. 6 Ob 611/95 = EF 79.338 = RZ 1996/70; 6 Ob 151/97 t = EF 85.449; 4 Ob 55/07 b = EF-Z 2007/136 *(Gitschthaler)*.

3. IdZ kann auch der Anspruch auf positives Tun (etwa durch **Weiterzahlung der Kreditrückzahlungsraten und Fixkosten in Form von Versicherungsprämien und Gemeindeabgaben**) durch EV gesichert werden. 6 Ob 611/95 = EF 79.338 = RZ 1996/70.

4. Dabei hat der Ehegatte, der die Wohnung verlassen hat, dem anderen jenen Teil der Raten zu leisten, der seinem einkommensmäßigen Anteil entspricht, wenn zum Aufwand für die Ehewohnung im Verhältnis ihrer beiden Einkommen beigetragen wurde. 7 Ob 629/94 = EF 76.203; 6 Ob 611/95 = EF 79.347 = RZ 1996/70.

5. Wobei auch die Bezahlung der in der Vergangenheit vom UhPfl nicht bezahlten Mittel aufzutragen ist, weil nicht der GeldUh in Form eines einstw Uh nach

§ 382 Abs 1 Z 8 lit a EO, sondern der Anspruch nach § 97 ABGB, also die **dringende Begleichung von Kreditverbindlichkeiten zur Erhaltung der Ehewohnung zu sichern** ist. 6 Ob 611/95 = EF 79.338 = RZ 1996/70.

6. Allerdings muss im Rahmen des § 382 Z 8 lit a EO bedacht werden, dass sich **der durch das Wohnen bewirkte UhBed auf die Bemessung der Höhe des einstw zu leistenden Uh auswirkt.** Trägt der andere Eheteil die Kosten der Wohnung, so wird sich wegen der Deckung eines Teils der Lebensbedürfnisse der Geld-UhAnspr vermindern. Muss der UhBer hingegen auch die Kosten der Wohnung tragen, so hat er vollen Anspruch auf Leistung des Uh in Geld. 3 Ob 520/87 = SZ 60/97 = EvBl 1987/174 = EF 55.232; 6 Ob 700/90; 8 Ob 540/91 = EF 67.152 uva; 7 Ob 171/99 v.

7. Uzw nicht nur bei aufrechter Ehe, sondern auch nach deren rk Scheidung, wenn ein **Aufteilungsverfahren** über die Ehewohnung **noch nicht abgeschlossen** ist. 6 Ob 700/90 = tw EF 64.353.

8. Zumindest im Provisorialverfahren kann für die alleinige Benützung des Hauses durch den anderen Ehegatten kein **Benützungsentgelt** (in Höhe der halben Kreditraten) in Anspruch genommen werden. 1 Ob 237/99 f = EF 91.235.

9. **Anmerkung:** Zur Anrechnung von Naturalleistungen iZm der Ehewohnung vgl Rz 40, 53, 577, zur Verpflichtung des Ehegatten, der die Ehewohnung verlassen hat, sich weiterhin an deren Kosten zu beteiligen, insb Rz 577.

1. Voraussetzung ist anders als bei einem „reinen" vorläufigen Uh nach § 382 Abs 1 Z 8 lit a EO das **Vorliegen einer konkreten Gefährdung, also des drohenden Verlusts der Ehewohnung,** wobei **nach der allgemeinen Lebenserfahrung** kein Zweifel daran bestehen kann, dass bei Nichtzahlung fälliger Darlehensrückzahlungsraten an das kreditgewährende Kreditunternehmen letztlich der Verlust des als Ehewohnung bestimmten Einfamilienhauses durch Zwangsversteigerung droht. Ob bereits vom Kreditinstitut eine Klage erhoben wurde oder nicht, ist für die Frage der konkreten Gefährdung nicht von Bedeutung, wenn feststeht, dass der verfügungsberechtigte Ehegatte die Raten nicht weiter zahlt, sodass der auf die Wohnung angewiesene Ehegatte zur Vermeidung der nachteiligen Folgen zur Bezahlung dieser Kosten gezwungen ist, dies aber zur Gefährdung seiner übrigen UhBed führt. 8 Ob 540/91 = EF 67.152; 6 Ob 611/95 = EF 79.338 = RZ 1996/70. **813**

3. Nicht sicherungstaugliche Ansprüche

1. § 382 Z 8 EO ist auf **andere als die namentlich angeführten UhAnspr nicht anwendbar.** 3 Ob 379/35 = SZ 17/83; 1 Ob 207/53; 2 Ob 908/53; 8 Ob 238/70 = RZ 1971, 88 = EvBl 1971/167 = SZ 43/182; 1 Ob 133/72; 1 Ob 678/79; 2 Ob 61/92 = EvBl 1993/106. **814**

2. Also etwa nicht auf jene der **Eltern gegenüber Kindern.** 3 Ob 379/35 = SZ 17/83; 1 Ob 207/53.

3. Oder auf jene eines ue Kindes, dem der Ehemann der Mutter *(nach § 165 Abs 2 ABGB)* seinen Namen gab. 8 Ob 238/70 = RZ 1971, 88 = EvBl 1971/167 = SZ 43/182.

4. Oder auf jene der **Enkelkinder gegenüber ihren Großeltern.** 2 Ob 113/28 = SZ 10/96.

5. Oder auf **Ansprüche nach § 796 ABGB.** 1 Ob 641/50 = EvBl 1950/562 = SZ 23/329; 1 Ob 678/79 = SZ 52/121 = EF 34.625.

6. Oder auf UhAnspr der geschiedenen Gattin gegen den Nachlass des Mannes (§ 78 EheG) mangels Bestehens eines familienrechtlichen Naheverhältnisses. 6 Ob 91/58 = EvBl 1958/249; 1 Ob 678/79 = SZ 52/121.

7. Oder auf **Rentenansprüche nach § 1327 ABGB,** weil es sich bei solchen nicht um UhAnspr, sondern um Schadenersatzansprüche handelt. 2 Ob 61/92 = 2 Ob 62/92 = 2 Ob 63/92 = EF 70.032.

8. Grundsätzlich kann eine EV nach § 382 Z 8 a EO nur zur Durchsetzung eines dem ASt nach dem materiellen Recht zustehenden UhAnspr, nicht aber allfälliger sonstiger Ansprüche, etwa auch iS eines billigen Ausgleichs der von ihm erbrachten UhLeistungen, bewilligt werden. 3 Ob 542/79 = EF 34.624.

9. Besteht keine gesetzliche UhPfl, sind Geldleistungen, auf die auch sonst kein Rechtsanspruch des Empfängers besteht, unabhängig von der von den Parteien gewählten Bezeichnung als Schenkungen zu qualifizieren, die nicht durch die Sonderbestimmung des § 382 Abs 1 Z 8 lit a EO privilegiert sind. 6 Ob 274/02 s = EF 102.382.

815 **1.** Für UhForderungen, auf die § 382 Abs 1 Z 8 lit a EO nicht anwendbar ist, kann eine EV nach § 379 EO bewilligt werden, es stehen aber nur die **Sicherungsmittel des § 379 Abs 3 EO** zur Verfügung, welche Bestimmung im Gegensatz zu § 382 Abs 1 Z 8 lit a EO eine vorläufige Vorwegnahme der E zum Prozess nicht gestattet. 1 Ob 678/79 = SZ 52/121; 8 Ob 632/87; 4 Ob 2371/96 x; 6 Ob 274/02 s = EF 102.382.

4. Anspruchsvoraussetzungen/Bescheinigung

a) Allgemeines

816 **1. Die materiellrechtlichen Grundlagen sind im Haupt- und im Provisorialverfahren gleich.** 8 Ob 1647/91; 1 Ob 2082/96 z = EF 82.437; 1 Ob 12/98 s = EF 88.305 = ÖA 1998, 215/F 178 uva; 6 Ob 22/02 g = EF 102.368; 6 Ob 134/03 d = EF 106.123; 6 Ob 299/05 x = EF-Z 2006/10 *(Gitschthaler)*.

2. Außerdem hat auch bei der Geltendmachung von einstw Uh jede Partei die **tatsächlichen Voraussetzungen der ihr günstigen Rechtsnorm** zu beweisen. 4 Ob 2025/96 i = EF 82.511; 3 Ob 2101/96 h = EF 82.511.

3. Anmerkung: Im Rahmen des Kapitels „ProvisorialUh" sollen grundsätzlich nur – insb verfahrensspezifische – Detailfragen der Einstw (Uh)Verfügung dargestellt werden. Zu Fragen des materiellen UhRechts s bei den Kapiteln Kindes-, Ehegatten- oder GeschiedenenUh; ebenso zu grundlegenden formellen Fragen.

4. Maßgeblich für die Beurteilung, ob die Anspruchsgrundlagen für einen ProvisorialUh nach § 382 Abs 1 Z 8 lit a EO verwirklicht sind, sind grundsätzlich die **Behauptungen des ASt im Sicherungsantrag.** 6 Ob 299/05 x = EF-Z 2006/10 *(Gitschthaler)*.

5. Dabei ist das Antragsvorbringen im Provisorialverfahren aus einem spätestens gleichzeitigen Prozessvorbringen zu ergänzen, wobei es nicht der ausdrücklichen Berufung auf das Klagsvorbringen bedarf, wenn sich die den Antrag auf Erlassung der EV begründenden Tatsachen unmittelbar aus dem Klagevorbringen ergeben und letzteres daher eine geeignete Grundlage für den Antrag im Provisorialverfahren bildet. 6 Ob 299/05 x = EF-Z 2006/10 *(Gitschthaler)*; 1 Ob 186/06 v.

b) Unterhaltsverletzung

1. Für eine EV nach § 382 Z 8 lit a EO genügt, dass eine **Verletzung der UhPflicht** stattgefunden hat, wenn also die Leistungen des UhPfl hinter den ihm nach dem Gesetz obliegenden Leistungen zurückbleiben. 7 Ob 590/56 = EvBl 1957/115; 6 Ob 266/59 = JBl 1960, 103 = EF 3610; 5 Ob 366/61; 7 Ob 282/62; 7 Ob 43/64; 5 Ob 313/68; 4 Ob 562/69; 6 Ob 64/72; 8 Ob 138/72; 6 Ob 120/75; 4 Ob 540/76; 7 Ob 673/80; 2 Ob 56/01 a = EF 98.562.

2. Hat der UhPfl seine **UhPflicht erfüllt,** steht deshalb auch kein Anspruch auf einstw Uh nach § 382 Abs 1 Z 8 lit a EO zu. 2 Ob 259/00 b.

3. Also etwa dann, wenn der Bekl ein provisorisches Einverständnis der Parteien über den UhAnspr der Kl laufend erfüllt hat. 6 Ob 587/77 = EF 30.207.

4. Der **UhBer muss das Bestehen des Anspruchs und die Verletzung der UhPflicht bescheinigen.** 6 Ob 266/59 = EF 3610; 7 Ob 43/64; 6 Ob 64/72; 6 Ob 120/75; 3 Ob 521/79 = EF 34.643, 34.634 uva; 4 Ob 9/01 d = EF 98.563; 6 Ob 210/06 k.

5. Uzw auch im **KindesUhRecht.** 6 Ob 120/75; 7 Ob 761/78 = EF 34.645.

6. Zu den materiell-rechtlichen Anspruchsvoraussetzungen gehören bei Ehegatten Grund und Höhe des Anspruchs, die Leistungsfähigkeit des UhPfl, dessen Lebensumstände sowie die UhGrundlagen des § 94 Abs 2 ABGB bei aufrechter Ehe bzw die Unzumutbarkeit eigener Erwerbstätigkeit und das Fehlen von Vermögenserträgnissen nach Scheidung der Ehe. Dabei macht die UhBer ausreichend deutlich einen Ergänzungsanspruch gegen den besserverdienenden Ehegatten, der keinen Uh leistet, geltend, wenn sie nach Gegenüberstellung der wechselseitigen mtl durchschnittlichen Nettoeinkünfte eine Einkommensdifferenz darlegt. 6 Ob 299/05 x = EF-Z 2006/10 *(Gitschthaler);* 6 Ob 210/06 k.

7. Der Ehegatte muss aber auch behaupten und bescheinigen, dass die **Einkünfte aus Vermögen zur Deckung seines angemessenen Uh nicht ausreichen** und dass er sich durch eine Erwerbstätigkeit Uh nicht zu verschaffen in der Lage oder ihm eine solche Tätigkeit überhaupt nicht zumutbar ist. 7 Ob 561/82; 6 Ob 821/82; 8 Ob 639/91; 6 Ob 46/97 a; 8 Ob 121/99 y = EF 91.238; 3 Ob 130/00 i; 8 Ob 210/02 v = EF 102.387.

8. Kann er diese Umstände nicht glaubhaft machen oder stellt er entsprechende Behauptungen gar nicht auf, sind seine Einkünfte auf der Grundlage eines zwar tatsächlich nicht erzielten, aber erzielbaren Einkommens zu bemessen und als seinen UhAnspr mindernd oder zur Gänze beseitigend zu berücksichtigen. 8 Ob 210/02 v = EF 102.387.

9. Anmerkung: Voraussetzung dafür ist aber jedenfalls, dass der UhPfl Eigeneinkommen des UhBer behauptet.

1. Einstw Uh kann der Ehegattin im Ehescheidungsverfahren auch zuerkannt werden, wenn ihr ein **abgesonderter Wohnort nicht bewilligt** wurde. 3 Ob 338/28 = SZ 10/273; 3 Ob 547/57 = EvBl 1958/66; 8 Ob 222/63; 8 Ob 124/64.

2. Also auch wenn die Ehegatten noch im gemeinsamen ehel Schlafzimmer schlafen. 2 Ob 675/50.

3. Abw: Die Bewilligung eines einstw Uh ohne vorherige Bewilligung des abgesonderten Wohnorts ist nur in besonders gravierenden Fällen möglich. 2 Ob 258/24 = SZ 6/151; 3 Ob 699/52 = JBl 1953, 295; 1 Ob 459/53; 2 Ob 66/53; 2 Ob 437/55.

4. Anmerkung: Diese E sind jedenfalls seit dem EheRÄG 1999 als überholt anzusehen, weil nach § 94 Abs 2 letzter Satz ABGB nunmehr auch beim gemeinsamen Haushalt GeldUh begehrt werden kann.

819   1. Der **UhBer** muss **nicht auch** das Bestehen einer **Gefahr der Nichterfüllung des Anspruchs bescheinigen.** 6 Ob 266/59 = EF 3610; 7 Ob 43/64; 6 Ob 64/72; 6 Ob 120/75 uva; 3 Ob 300/99 k = 3 Ob 301/99 g.

2. Die UhPflicht muss aber entweder im Antragszeitpunkt oder zumindest bis zum Zeitpunkt der E über den Antrag verletzt worden sein. 2 Ob 56/01 a; 9 Ob 80/01 g = EF 102.372; 1 Ob 173/06 g.

3. Allerdings ist grundsätzlich auch bei der EV nach § 382 Abs 1 Z 8 lit a EO zur Sicherung von Geldforderungen die Gefährdung nach dem Zeitpunkt der E über den Sicherungsantrag zu beurteilen. Erfolgt daher **eine vollständige Zahlung des Uh zw Antragstellung und Beschlussfassung I. Instanz,** liegt die spezifische Gefährdung durch (bloße) UhVerletzung im maßgeblichen Zeitpunkt nicht mehr vor. Allein ein früherer, nunmehr behobener UhRückstand reicht für die Annahme der Gefährdung in einem solchen Fall nicht aus; vielmehr müssen **konkrete Umstände** vorliegen, aus denen **abzuleiten** ist, der **UhPfl werde auch in Zukunft seiner UhPflicht nicht nachkommen.** Es müssen ein Verhalten und Eigenschaften des UhPfl behauptet und bescheinigt werden, die ihn in einem Licht zeigen, aus dem sich die hohe Wahrscheinlichkeit von weiteren Gefährdungshandlungen ableiten lässt. Diese Annahme wäre va gerechtfertigt, wenn der UhPfl eine neuerliche UhVerletzung begeht. 3 Ob 300/99 k = 3 Ob 301/99 g.

c) Verwirkungstatbestand

820   1. Der Ehegatte ist auch im Provisorialverfahren berechtigt, die **Verwirkung des UhAnspr** zu behaupten und zu bescheinigen. 8 Ob 138/72; 5 Ob 240/72; 6 Ob 2/97 f = EF 85.433; 4 Ob 9/01 d = EF 98.568, 98.569; 10 Ob 34/03 b = EF 106.144.

5. Sachverhaltsermittlung

821   1. Weil UhLeistungen nicht rückforderbar sind und daher endgültig zustehen, ist der **Sachverhalt im Allgemeinen möglichst genau zu ermitteln.** 8 Ob 1647/91; 1 Ob 2082/96 z = EF 82.437; 1 Ob 235/98 k; 1 Ob 12/98 s = ÖA 1998, 215/F 178 = EF 88.305; 1 Ob 235/98 k = EF 88.305; 1 Ob 97/99 t = EF 91.228, 91.230; 4 Ob 217/99 m = EF 91.230; 1 Ob 179/00 f; 8 Ob 210/02 v = EF 102.367.

2. Dies bedeutet aber nicht, dass im Provisorialverfahren zu strittigen Tatfragen **Sachverständigengutachten** einzuholen wären. 1 Ob 12/98 s = EF 88.365 = ÖA 1998, 215/F 178; 1 Ob 97/99 t.

3. Bei Feststellung des Einkommens der gefährdeten Partei kann dieses daher unter Berücksichtigung der mangelnden Ausbildung, des geringen Lohnniveaus und der Tatsache, dass sie Einkommen nur während der Saison als Küchenhilfe erzielen kann, **gem § 273 ZPO** festgesetzt werden. 6 Ob 700/90 = EF 64.095.

4. Die daraus folgende allfällige Ungenauigkeit der UhBemessung ist im Provisorialverfahren besonders dann hinzunehmen, wenn die den UhBer zuerkannte

Alimentierung über dem Durchschnittsbedarf gleichaltriger Kinder liegt. 1 Ob 97/99 t = EF 91.292.

5. Anders als in einem Pflegschaftsverfahren zur Festsetzung des KindesUh oder im streitigen Verfahren über die Festsetzung des endgültigen Uh hat **im Provisorialverfahren** auch **eine Erörterung des Tatsachenvorbringens der Parteien** unter Anleitung des Gerichts iSd § 182 ZPO **nicht zu erfolgen,** weil sie ohnehin alle Umstände genau anzuführen und zu bescheinigen haben. 6 Ob 268/97 y = EF 85.489.

6. Dauer des Zuspruchs

1. Einstw Uh kann **für die Vergangenheit nicht begehrt werden,** weil er schon nach seinem Charakter als vorläufige Leistung laufender UhZahlungen zu verstehen ist. 7 Ob 810/81 = EF 41.904. **822**

2. Daran änderte auch die E des verstärkten Senats EF XXV/3 nichts. 2 Ob 608/90 = 2 Ob 609/90 = EvBl 1991/38 = ÖA 1991, 108 = EF 64.385 = SZ 63/205; 5 Ob 569/93 = 5 Ob 570/93 = EF 73.151; 7 Ob 629/94 = EF 76.194; 6 Ob 2/97 f = tw EF 85.427.

Anmerkung: Vgl Rz 62 ff.

3. Der maßgebende Zeitpunkt für den Beginn des Zuspruchs von einstw Uh ist vielmehr der **Tag der Antragstellung.** 7 Ob 810/81 = EF 41.904; 2 Ob 608/90 = 2 Ob 609/90 = EvBl 1991/38 = ÖA 1991, 108 = EF 64.385 = SZ 63/205; 6 Ob 2/97 f = EF 85.483; 1 Ob 179/00 f.

4. In § 72 EheG wird die Frage des einstw Uh und insb einer EV zugunsten rückständiger UhBeiträge nicht geregelt. 7 Ob 810/81.

1. Die Kl, die das **Scheidungsurteil wegen des Schuldausspruchs bekämpft,** kann bis zur rk E hierüber, also trotz des endgültigen Scheidungsausspruchs, **provisorischen Uh** begehren. 3 Ob 189/54 = SZ 27/80; 1 Ob 860/54; 2 Ob 263/55; 5 Ob 212/70 = EvBl 1971/62; 8 Ob 37/71; 5 Ob 542/80 = 5 Ob 543/80 = EF 36.925; 8 Ob 559/85 = EF 49.592; 1 Ob 514/86 = EvBl 1986/179 = SZ 59/64. **823**

2. Wobei **§ 66 EheG anzuwenden** ist und die insoferne ggt Rsp ausdrücklich abgelehnt wird. 1 Ob 504/78 = EF 30.637; 1 Ob 643/79; 5 Ob 542/80; 6 Ob 815/81 = JBl 1984, 188 (*Huber,* JBl 1984, 182) = EF 39.365; 8 Ob 559/85; 1 Ob 514/86 = EvBl 1986/179 = SZ 59/64; 7 Ob 709/88 = RZ 1989/13 = SZ 61/242 = EF XXV/7; 7 Ob 549/92 = ÖA 1993, 18/U 67; 8 Ob 503/95; 1 Ob 2082/96 z; 1 Ob 362/99 p.

3. Angesichts des noch fehlenden abschließenden Verschuldensausspruchs sind die anspruchsbegründenden Voraussetzungen im Rahmen des Provisorialverfahrens glaubhaft zu machen, wobei es genügt, dass die Scheidung der Ehe auch aus dem Verschulden des als uhpfl in Anspruch genommenen Bekl erfolgt ist. Ein auf die bezeichnete Art geschiedener Ehegatte hat einen provisorischen UhAnspr, der nur mit EV geltend gemacht werden kann. 5 Ob 542/80 = 5 Ob 543/80 = EF 36.926; 6 Ob 815/81 = EF 39.366; 7 Ob 549/92 = EF 70.056 = ÖA 1993, 18/U 67.

4. Dies gilt auch für den Fall **eines noch nicht gem § 382 Z 8 lit a EO gerichtlich bestimmten vorläufigen Uh;** es wäre der UhBer oblegen, nach Änderung der UhAnspruchsgrundlagen durch den Eintritt der Rk der Scheidung zu behaupten und zu bescheinigen, dass die Erträgnisse einer Erwerbstätigkeit, die von ihr den Umständen nach erwartet werden könnte, zur Deckung ihrer den Lebensverhältnissen angemessenen Bedürfnisse nicht hinreichten. 6 Ob 821/82 = 6 Ob 822/82 = EF 41.935.

824 1. Der im Rechtsstreit der Frau auf Scheidung und Uh „**für die Dauer des Rechtsstreits wegen Ehescheidung bis zu seiner rk Beendigung**" bewilligte einstw Uh für Frau und Kinder läuft – vorbehaltlich der Geltendmachung der Einschränkung der UhPflicht durch den Mann infolge Rk der Scheidung durch Antragstellung nach § 399 Abs 1 Z 2 EO – bzgl der Frau bis zur rk Beendigung des UhStreits, bzgl der Kinder bis zur rk Scheidung. 8 Ob 349/65 = EvBl 1966/142 = SZ 38/209.

2. Die **EV** betr den einstw Uh **tritt nicht schon mit Rk des Teilurteils** auf Scheidung der Ehe **außer Kraft**. 1 Ob 643/79 = 1 Ob 644/79 = EF 34.719.

3. Wurde die Ehe mit Teilurteil, in dem der Verschuldensausspruch dem Endurteil vorbehalten wurde, rk geschieden, kann zwar eine EV nach § 382 Z 8 lit a EO **aufrecht erhalten** werden, die gefährdete Partei trifft aber die Behauptungs- und Bescheinigungslast, dass ihr nach §§ 66 ff EheG auch nach Rk der Scheidung gesetzlicher Uh zusteht. 3 Ob 109/97 v.

4. Grundsätzlich kann daher eine **bestehende vorläufige UhRegelung als weiter anwendbar angesehen** werden, wobei jedoch die rk erfolgte Ehescheidung beachtet werden muss. 5 Ob 542/80 = 5 Ob 543/80 = EF 36.926; 6 Ob 815/81 = EF 39.366.

5. **Anmerkung:** Bei näherer Betrachtung handelte es sich in den letztgen Fällen tatsächlich immer um UhVereinbarungen, nicht um gerichtliche Regelungen.

7. Höhe des Zuspruchs

825 1. **Dass das Provisorialbegehren jenes des Hauptbegehrens übersteigt,** ist **zulässig,** handelt es sich doch bei dieser Art von EV um eine gesetzliche Sonderregelung mit dem Ziel, den UhAnspr für die Dauer des Prozessverfahrens zu regeln. Das Gesetz sieht für eine solche Regelung nur den „Zusammenhang" mit dem Verfahren auf Leistung des Uh, aber auch nicht mehr vor. Um eine Titelübereinstimmung zu erreichen, wäre der Kl eine Frist zu setzen, innerhalb der sie bei sonstigem Teilanspruchsverlust den Differenzbetrag im Hauptverfahren geltend zu machen hätte (§ 391 Abs 2 ZPO). 7 Ob 166/98 g = EF 88.308; 2 Ob 193/00 x.

2. Es kann daher mit der Gewährung einstw Uh **auch das Klagebegehren des UhProzesses vorweggenommen** werden. 1 Ob 548/80 = EF 36.921.

3. Gegenstand der EV ist ein einstw – **angemessener und nicht bloß notwendiger** – Uh. 8 Ob 1647/91; 1 Ob 2082/96 z = EF 82.437; 1 Ob 12/98 s = EF 88.305 = ÖA 1998, 215/F 178; 1 Ob 235/98 k = EF 88.305; 1 Ob 97/99 t = EF 91.228, 91.230; 4 Ob 217/99 m = EF 91.230; 1 Ob 179/00 f; 6 Ob 134/03 d = EF 106.132.

4. **Anmerkung:** Zu dieser Rsp ist allerdings krit anzumerken, dass das Provisorialverfahren ein Bescheinigungsverfahren mit eingeschränkten Verfahrensgarantien ist; manche Beweise (etwa die Beiziehung von Sachverständigen) sind praktisch ausgeschlossen. Hat der UhPfl aufgrund einer unrichtigen Uh-EV zuviel Uh bezahlt, scheidet aber eine Rückforderung praktisch aus. Gewährt man daher dem UhBer angemessenen, also Uh nach der Prozentwertmethode, stellt dies letztlich eine Ungleichbehandlung dar. War nämlich der ProvisorialUh zu gering bemessen, kann ihn der UhBer durchaus nachfordern; zuviel bezogenen braucht er hingegen nicht herauszugeben. Da die Uh-EV idR bis zur Beendigung des Hauptverfahrens erlassen

wird, braucht der UhBer lediglich die Feststellung seiner UhAnspr im Hauptverfahren hinauszuzögern. Es erschiene daher durchaus sachgerecht, bei Erlassung einer Uh-EV verstärkt darauf zu achten, ob tatsächlich die Lebenshaltung des UhBer gefährdet scheint. Dies wird insb in jenen Fällen nicht der Fall sein, in denen der gefährdete Ehegatte Eigeneinkommen bezieht und lediglich ErgänzungsUh geltend macht. Hiebei könnte man sich am Ausgleichszulagenrichtsatz bei Ehegatten und an den Regel- oder Durchschnittsbedarfssätzen bei Kindern orientieren. Auch *König*[3] (Rz 127) meint zutr, Uh könne aufgrund einer Uh-EV nur im unbedingt erforderlichen Ausmaß, soweit es zur bescheidenen Lebensführung erforderlich ist, gewährt werden.

5. Die **Anwendung der Prozentwertmethode** ist zulässig. 4 Ob 506/92; 8 Ob 639/91; 1 Ob 2082/96 z = EF 82.461, 82.462; 1 Ob 35/98 y = EF 88.321.

6. Das **EheG** enthält UhRegelungen nur für den Fall der Scheidung der Ehe; auf EV, die die UhLeistung während des Ehebestandes ordnen, können diese Bestimmungen **auch nicht sinngemäß angewendet** werden. 1 Ob 63/39 = DREvBl 1939/224; 3 Ob 37/39.

8. Aufhebung der Einstweiligen Verfügung

826 1. Auch EV **nach § 382 Z 8 lit a EO** sind der Rk fähig und können nur aus den Gründen des § 399 EO aufgehoben oder abgeändert werden. 2 Ob 74/58.

2. Etwa wenn der UhBer den UhAnspr wegen Rechtsmissbrauchs (§ 94 Abs 2 Satz 2 ABGB) durch das **Eingehen einer außerehel LG** verliert. 2 Ob 258/97 y.

3. Oder wenn aufgrund der rk Ehescheidung feststeht, dass der mit der EV **gesicherte Anspruch auf Uh während aufrechter Ehe nicht mehr besteht**. Dass der UhPfl das Erlöschen des UhAnspr auch mit negativer Feststellungsklage oder (nach Einleitung der Exekution) mit Oppositionsklage geltend machen könnte, schließt den Aufhebungsantrag nicht aus. 4 Ob 2004/96 a = SZ 69/61; 6 Ob 26/99 p.

4. Der Anspruch auf Uh wird durch den Umstand, dass die UhKlage wegen örtlicher Unzuständigkeit zurückgewiesen wurde, in keiner Weise berührt. 3 Ob 176/82.

5. Bei der Bestimmung des einstw zu leistenden Uh kommt im Fall des Ablaufs der Zeit, für die sie bewilligt worden war, die gänzliche Aufhebung mit rückwirkendem Anspruchsverlust für die ganze Dauer der getroffenen Regelung oder die **Aufhebung bloß für die Zukunft in Frage**. Im letzteren Fall bleibt der Titel für die bis zur Aufhebung fällig gewordenen UhBeiträge aufrecht; allfällige Rückstände können daher eingetrieben werden. 3 Ob 188/75.

9. Verfahrensvorschriften

827 1. Auch wenn es sich bei einer einstw UhBestimmung begrifflich um keine EV iSd **EO** handelt, gelten für sie deren **Verfahrensbestimmungen**. 2 Ob 541/87 = EF 55.302.

2. Weshalb zwar auch **im VaStr einstw Anordnungen** getroffen werden können, auf das Verfahren jedoch die **Vorschriften der EO** Anwendung finden. 3 Ob 268/61 = SZ 34/105; 5 Ob 325/69; 1 Ob 12/98 s = ÖA 1998, 215/F 178; 1 Ob 97/99 t = EF 91.272; 1 Ob 179/00 f.

3. Und im Rahmen gesetzlicher Verweisungen auch jene der **ZPO**. 1 Ob 97/99 t = EF 91.272.

4. Dies gilt auch für die einstw Regelung von Heiratsgut. 5 Ob 591/85.

5. Weshalb auch **Wiederaufnahmsanträge** – analog §§ 530 ff ZPO – im Sicherungsverfahren jedenfalls **zulässig** sind, soweit in diesem eine die Sache endgültig erledigende E ergangen ist, wie das bei der Bestimmung eines einstw Uh iZm einem Verfahren auf Auflösung der Ehe der Fall ist. 8 Ob 585/93 = EvBl 1994/60.

6. Ggt: Wiederaufnahmsanträge sind im Provisorialverfahren unzulässig. 6 Ob 626/93 = EF 73.159.

827 a   1. Dem Begehren auf einstw Uh im UhVerfahren steht die materielle Rk einer im parallel anhängigen Ehescheidungsverfahren EV gem § 382 Z 8 lit a EO nicht entgegen, wenn damit aufgrund eines geänderten Sachverhalts eine höhere UhLeistung nach § 94 ABGB und für die Zukunft, sohin auch nach Rk der Scheidung begehrt wird. Der bereits einstw bestimmte Uh ist ja zeitlich begrenzt. Die EV verliert für laufende Beträge nach Zeitablauf (Rk der Scheidung der Ehe) ihre Eignung als Exekutionstitel. Auch der klagsweise geltend gemachte Anspruch kann daher mittels einer EV gesichert werden, soweit dies nicht schon im Scheidungsverfahren geschehen ist. 7 Ob 172/02 y = EF 102.383.

2. Einstw Uh kann auch begehrt werden, wenn die gefährdete Partei den **Uh bereits eingeklagt** hat, über ihr Begehren aber noch nicht rk entschieden worden ist. 7 Ob 673/80 = EF 36.924.

3. Eine EV kann jedoch nicht mehr erlassen werden, wenn bereits ein gerichtlicher UhVergleich, der vollstreckbar ist, vorliegt. 1 Ob 2/55; 3 Ob 521/79 = EF 34.724.

4. Wurde **im Ehestreit** eine **EV** gem § 382 Abs 1 Z 8 EO **erlassen,** kann aber dennoch eine UhKlage erhoben werden. 2 Ob 10/50 = JBl 1950, 318; 1 Ob 501/76; 6 Ob 853/82.

5. Dass im ersten, dzt ruhenden Ehescheidungsprozess bereits mit EV ein einstw Uh zuerkannt worden ist, hindert nicht die Erlassung einer gleichartigen EV im zweiten, dzt allein betriebenen Scheidungsprozess. Dabei muss allerdings ausdrücklich ausgesprochen werden, dass die neue Regelung an die Stelle der alten tritt. 8 Ob 87/67 = EF 9135.

6. Durch einen **beim zuständigen BG anhängigen UhStreit** wird die im Zuge des **Scheidungsverfahrens** beantragte Ausmessung eines einstw Uh weder behindert noch beeinträchtigt. Deshalb stehen dem Provisorialverfahren weder Streitanhängigkeit noch mangelndes Rechtsschutzinteresse, aber auch keine grundsätzlichen Bedenken entgegen. Von einer Streitanhängigkeit könnte nur die Rede sein, wenn inhaltlich idente Provisorialansprüche geltend gemacht würden, was aber nicht der Fall ist, wenn einmal ein Prozesskostenvorschuss für das Scheidungsverfahren verlangt wird und einmal der laufende mtl Uh zu bemessen ist (selbst ein dort gestellter Antrag auf Kostenvorschuss für das UhVerfahren würde **keine Streitanhängigkeit** bewirken). 7 Ob 740/78 = EF 32.313.

827 b   1. **Anmerkung:** Dass für die E über einen Sicherungsantrag zw Ehegatten nicht der **Rechtspfleger,** sondern der Richter zuständig ist, bedarf keiner weiteren Erörterung (§ 19 RPflG). Fraglich ist allerdings, ob dies auch für den Sicherungsantrag eines uhber Kindes gilt, der im VaStr gestellt wurde. Zweitinstanzliche Rsp (LGZ Wien EF 112.482; LG Salzburg EF-Z 2007/23, 35 *[Gitschthaler]*) bejaht dies unter Hinweis auf *Fucik-Kloiber* (AußStrG, Anh 1 Art XXIII 3 Rz 6) und mit einem

Umkehrschluss aus § 19 Abs 1 RPflG; es wäre unerklärbar, warum die EV gem § 382 a EO dort eigens genannt ist, nicht jedoch die Unterhalts-EV gem § 382 Abs 1 Z 8 lit a EO. Diese Auffassung erscheint jedoch nicht zwingend: Vielleicht hat der Gesetzgeber schlicht auf diese EV vergessen? Nicht wegzuleugnen ist jedenfalls, dass durch die Außerstreitreform 2003 sämtliche UhVerfahren zw Eltern und Kindern in den Zuständigkeitsbereich des Rechtspflegers verschoben werden sollten (sogar die Ansprüche volljähriger Kinder!). Dies betraf neben den UhVerfahren selbst auch Verfahren nach dem UVG, die bislang dem Richter vorbehalten gewesen waren, wie etwa die Verfahren über Rückforderungsansprüche nach § 22 UVG.

10. Rechtsmittelverfahren

1. Das Rechtsmittelverfahren ist im Hinblick auf die Bestimmungen der EO **828** auch im Pflegschaftsverfahren **zweiseitig**. 1 Ob 12/98 s = ÖA 1998, 215/F 178; 1 Ob 97/99 t; 1 Ob 179/00 f.

2. Die Behauptung, dass sich für die UhBemessung wesentliche **Umstände nachträglich geändert** hätten, mag einem Antrag auf Einschränkung einstw Uh bzw einer Oppositionsklage als Grundlage dienen können, für die Nachprüfung einer E im Rechtsmittelverfahren ist ein solches Vorbringen dagegen nicht von Bedeutung. 1 Ob 35/98 y = EF 88.368.

3. Im Rekursverfahren herrscht **Neuerungsverbot.** 7 Ob 321/01 h = EF 102.442.

4. Im Sicherungsverfahren ist die Überprüfung der Beweiswürdigung soweit ausgeschlossen, als der Erstrichter den Sachverhalt aufgrund unmittelbarer Beweisaufnahme, nämlich vor ihm abgeleger Zeugen- und Parteiaussagen, als bescheinigt angenommen hat. VerstSenat 6 Ob 650/93 = EF 73.269 uva; 5 Ob 153/03 s; 1 Ob 182/03 a; 4 Ob 114/06 b.

5. Vor dem OGH, der auch im Verfahren über eine EV nur Rechts- und nicht Tatsacheninstanz ist, kann die Beweiswürdigung nicht bekämpft werden. 1 Ob 243/02 w = EF 102.444; 1 Ob 182/03 a.

6. Angebliche Mängel des Verfahrens erster Instanz, die vom RekursG verneint wurden, können im RevRekVerfahren nicht mehr geltend gemacht werden. 1 Ob 243/02 w = EF 102.445; 1 Ob 182/03 a.

1. Bei Ansprüchen auf den gesetzlichen Uh ist gem § 58 Abs 1 JN auch im Pro- **829** visorialverfahren **das 3-fache der Jahresleistung als Wert des strittigen Rechtes anzunehmen.** § 9 Abs 3 RATG, wonach der Anspruch auf Leistung des einstw Uh mit dem 1-fachen der Jahresleistung zu bewerten ist, ist nicht heranzuziehen, weil diese Bestimmung im § 500 Abs 3 ZPO, der gem § 526 Abs 3 ZPO auch im Rekursverfahren und gem §§ 402, 78 EO im Verfahren über einen Antrag auf Erlassung einer EV heranzuziehen ist, nicht aufgezählt ist. 10 Ob 53/00 t.

2. Überholt: Der im Exekutionsverfahren sowie im Verfahren über EV anzuwendende § 528 Abs 2 Z 1 ZPO enthält für UhStreitigkeiten (gesetzlicher Uh) keine dem § 502 Abs 3 ZPO vergleichbare Ausnahmebestimmung über die Wertunabhängigkeit des Rechtsmittels. 5 Ob 1597/90 = EvBl 1991/113; 3 Ob 90/92; 3 Ob 101/92; 3 Ob 9/94; 5 Ob 507/94 = ÖA 1995, 151/U 124; 1 Ob 2031/96 z; 1 Ob 2082/96 z; 1 Ob 114/98 s = EF 88.370; 6 Ob 122/98 d = EF 88.369.

3. Überholt: Der OGH sieht sich nicht veranlasst, von dieser Rsp abzugehen, wenngleich nunmehr in § 528 Abs 2 Z 1 ZPO idFd WGN 1997 eine entsprechende Ausnahme vorgesehen ist und dies in den Erläuterungen mit der Schließung einer ungewollten Regelungslücke begründet wird. 2 Ob 209/97 t.

4. Anmerkung: Wie sich aus der letzten E ergibt, sind die unter 2. und 3. angeführten E überholt, weil der Gesetzgeber der WGN 1997 in § 528 Abs 2 Z 1 ZPO einen Verweis ua auf § 502 Abs 4 ZPO aufgenommen hat, sodass nunmehr hinsichtlich der Wertabhängigkeit des Rechtsmittels in familienrechtlichen Streitigkeiten Gleichklang zw Revision und RevRek besteht (vgl *E. Kodek* in Rechberger² Rz 2 zu § 528 ZPO).

830 1. Wenn die Voraussetzungen für den geltend gemachten Provisorialanspruch gegeben sind, geht auch das **Rechtsschutzbedürfnis nicht deshalb verloren, weil gleichzeitig über den auch klageweise geltend gemachten UhAnspr die letztinstanzliche Sachentscheidung gefällt** wird. Nicht zuletzt die Möglichkeit einer aufgrund der erstinstanzlichen EV bereits vollzogenen und noch aufrechten Exekution begründete ein aufrechtes rechtliches Interesse an einer sachlichen Erledigung des Rechtsmittels gegen die den Provisorialantrag abweisende Rekursentscheidung. 6 Ob 634/81.

2. Ist der OGH im Gegensatz zum RekursG der Ansicht, dass die Kl ihren Anspruch auf vorläufigen Uh nicht verwirkt hat, dann kann er die EV des ErstG nicht gleich wieder herstellen, sondern er muss den Beschluss des RekursG zur Überprüfung der Höhe des zuerkannten Uh aufheben und dem RekursG diesbzgl eine neue E auftragen. 5 Ob 240/72.

3. Duch den **Tod der Ehefrau** wird die E über den Antrag auf vorläufige UhFestsetzung nicht gegenstandslos, weil bereits fällige UhLeistungen vererbbar sind und daher der Anspruch auf Zahlung der vom RekursG zugesprochenen Alimentation eine Nachlassforderung bildet. 3 Ob 699/52 = JBl 1953, 295.

II. Prozesskostenvorschuss

1. Kindesunterhalt

831 **1. Anmerkung:** Im KindesUhRecht wird die Zahlungspflicht des geldupfl Elternteils für Verfahrenskosten des uhber Kind unter dem Gesichtspunkt des Sonderbedarfs erörtert; vgl deshalb Rz 289.

2. Ehegattenunterhalt

832 1. Im Rahmen einer EV kann der **Ehefrau für die Kosten ihres Anwalts im Scheidungsstreit** ein Vorschuss zuerkannt werden. 5 Ob 53/68 = RZ 1968, 177 = EvBl 1968/338; 1 Ob 119/68 = EvBl 1969/24; 5 Ob 269/67 = RZ 1968, 137 uva; 2 Ob 590/83 = EF 46.802.

2. Und auch für einen **UhStreit.** 8 Ob 519/80 = EF 36.928; 2 Ob 590/83 = EF 46.807.

3. Wobei diese Leistungspflicht einen **Ausfluss der Pflicht zur Leistung des gesetzlichen Uh** darstellt. 7 Ob 738/79 = 7 Ob 739/79 = EF 34.626; 4 Ob 577/80 = 4 Ob 578/80 = EF 37.081; 8 Ob 519/80 = EF 37.081; 5 Ob 593/81 = EF 39.368; 2 Ob 603/93 = EvBl 1994/148; 2 Ob 595/94; 10 Ob 508/96.

4. **Notwendige Prozess- und Anwaltskosten** sind daher grundsätzlich aus dem UhAnspr zu decken und nicht als gesonderter Vorschuss außerhalb des einstw Uh zuzusprechen. Wenn sich allerdings aus der Prozessgefahr ein besonderer UhBed ergibt, den der UhBer aus den laufenden UhBeiträgen nicht decken kann, ist ein Prozesskostenvorschuss zuzusprechen, soferne dies dem UhPfl neben der laufenden UhLeistung zumutbar ist. 2 Ob 603/93 = EvBl 1994/148; 2 Ob 595/94; 10 Ob 508/96.

5. **Anmerkung:** Zur Frage, ob Prozess- und Anwaltskosten an sich deckungspflichtig sind, vgl Rz 292.

6. Der zu beurteilende Provisorialantrag ist dem § 382 Abs 1 Z 8 lit a EO zu unterstellen, auch wenn nicht laufender (mtl) Uh, sondern SonderUh geltend gemacht wird. Auch die Deckung „notwendiger" Prozess- und Anwaltskosten zählt zum Uh; reichen die laufenden UhBeiträge zur Begleichung derartiger Kosten nicht aus, hat der UhPfl aus Anlass eine solchen Sonderbedarfs zusätzliche Zahlungen zu leisten, soweit ihm dies nach seinen wirtschaftlichen Verhältnissen zumutbar ist. Eine solche Leistungspflicht im Rahmen der gesetzlichen UhPflicht besteht unabhängig davon, ob Prozesskosten in einem Verfahren gegen einen Dritten oder aber in einem gegen den UhPfl geführten Verfahren auflaufen.

Soweit in der Rsp die Auffassung vertreten wurde, einstw Uh könne nur ab dem Tag der Antragstellung zugesprochen werden, lagen dem stets Fälle zugrunde, in denen laufender Uh begehrt worden war. Die dafür entwickelte Begründung kann aber nicht ohne weiteres auf die Geltendmachung einer UhErhöhung wegen **Sonderbedarfs** – etwa in Form eines „Prozesskostenvorschusses" – übertragen werden, soweit der UhBer die den Sonderbedarf bildenden, seine wirtschaftlichen Möglichkeiten übersteigenden besonderen Verbindlichkeiten noch nicht beglichen hat, sondern erst in (naher) Zukunft begleichen muss. Dann ist ein Geldbedarf jedenfalls noch gegeben. 1 Ob 67/05 t = EF 112.423; 4 Ob 114/06 b = EF-Z 2006/74 *(Gitschthaler)*.

833 1. Die Verbindlichkeit des Ehemanns zur Leistung eines Prozesskostenvorschusses an die Frau für den Scheidungsstreit kann **nicht** einer von der sonstigen Beurteilung ihres Anspruchs auf einstw Uh **abweichenden Sonderlösung** zugeführt werden; solange die Ehefrau die eigenmächtig vollzogene Trennung ohne triftige Gründe aufrechterhält, kann der Ehemann nicht verhalten werden, ihr einstw Uh in Form einer vorschussweisen Leistung der Mittel zur Prozessführung zu leisten. 8 Ob 75/71 = SZ 44/50.

3. Verfahrensfragen

834 1. **Anmerkung:** Zur Frage der Streitanhängigkeit bei Geltendmachung von Uh und Prozesskostenvorschuss in verschiedenen Verfahren vgl Rz 808.

2. Der **Mangel der inländischen Gerichtsbarkeit** kann in höherer Instanz nicht mehr wahrgenommen werden, wenn bereits eine bindende E über diese Prozessvoraussetzung erfolgt ist. Dies gilt auch im Provisorialverfahren. Haben die Vorinstanzen die internationale Zuständigkeit des ErstG für die Erlassung der EV übereinstimmend und damit bindend bejaht, ist diese Frage zufolge § 42 Abs 3 JN einer weiteren Überprüfung durch den OGH entzogen. 1 Ob 173/06 g.

3. **Anmerkung:** Die Betonung liegt auf der Übereinstimmung der E der Vorinstanzen, sodass § 528 Abs 2 Z 2 ZPO zum Tragen kommt. Ansonst ist aber auf die

jüngere Rsp zu verweisen, wonach bei Verwerfung einer Prozesseinrede durch das RekursG in Abänderung der erstgerichtlichen E der OGH zur Überprüfung der rekursgerichtlichen E mit Revisionsrekurs angerufen werden kann, wenn nicht ein sonstiger die Zulässigkeit ausschließender Grund des § 528 ZPO vorliegt; in einem solchen Fall kommt nämlich – entgegen älterer Rsp (RIS-Justiz RS0054895) – mangels vergleichbarer Ausgangssituation eine analoge Anwendung der Anfechtungsbeschränkungen des § 519 ZPO nicht in Betracht (4 Ob 218/06 x; 6 Ob 276/06 s).

4. Ein RevRek betr einen Prozesskostenvorschuss ist nur dann zulässig, wenn das RekursG **erkennbar gesetzliche Bemessungsfaktoren unbeachtet** gelassen oder bei ihrer Beurteilung gegen den Willen des Gesetzgebers verstoßen hat. 10 Ob 508/ 96 = EF 82.524.

5. Da der Antrag der Bekl auf Leistung eines Prozesskostenvorschusses der Sicherung ihres UhAnspr dient, sind für die Beurteilung der Rechtsmittelzulässigkeit die Bestimmungen des § 502 Abs 2 Z 1 ZPO iVm §§ 402, 78 EO heranzuziehen. 4 Ob 577/80 = 4 Ob 578/80 = EF 37.081; 8 Ob 519/80 = EF 37.081.

6. Es geht nicht an, bei Fehlen jeglicher Begründung einen entsprechenden Entscheidungswillen anzunehmen, kann es doch den Parteien nicht zugemutet werden, Erwägungen darüber anzustellen, ob eine E ungeachtet des Fehlens eines entsprechenden Spruchs (hier: Prozesskostenvorschuss) und einer entsprechenden Begründung dennoch einen relevanten Entscheidungswillen des Gerichts zum Ausdruck bringt, der gegebenenfalls die Erhebung eines Rechtsmittels notwendig machen könnte. 6 Ob 2/97 f = EF 85.491.

III. Vorläufiger Unterhalt nach § 382 a EO

§ 382 a EO. (1) Ein Antrag eines Minderjährigen auf Gewährung vorläufigen Unterhalts durch einen Elternteil, in dessen Haushalt der Minderjährige nicht betreut wird, ist zu bewilligen, wenn der Elternteil dem Kind nicht bereits aus einem vollstreckbaren Unterhaltstitel zu Unterhalt verpflichtet ist und ein Verfahren zur Bemessung des Unterhalts des Minderjährigen gegen den Elternteil anhängig ist oder zugleich anhängig gemacht wird.

(2) Vorläufiger Unterhalt gemäß Abs. 1 kann höchstens bis zum Grundbetrag der Familienbeihilfe nach dem Familienlastenausgleichsgesetz bewilligt werden.

(3) Großeltern können nach Abs. 1 nicht zu vorläufigem Unterhalt verpflichtet werden, der Vater eines unehelichen Minderjährigen nur, wenn seine Vaterschaft festgestellt ist.

(4) Das Vorbringen des Minderjährigen ist für bescheinigt zu halten, soweit sich aus den Pflegschaftsakten, die ihn betreffen, nichts anderes ergibt. Über den Antrag ist ohne Anhörung des Elternteils unverzüglich zu entscheiden.

(5) Die Möglichkeit der Anordnung einer einstweiligen Verfügung nach § 382 Abs. 1 Z 8 lit. a bleibt unberührt.

Übersicht:

	Rz
1. Allgemeines	835, 836
2. Anspruchsvoraussetzungen	837, 837 a
3. Anspruchshöhe	838
4. Verfahrensfragen	839–843 a

1. Allgemeines

1. § 382 a EO soll den mj Kindern, von denen in den meisten Fällen anzunehmen ist, dass sie vermögens- und einkommenslos und daher auf den Uh zur Sicherung ihrer materiellen Existenz angewiesen sind, ein vereinfachtes Verfahren zur raschen Erledigung eines gewissen, an die FB gekoppelten Mindestbetrags ermöglichen. **Sinn des § 382 a EO ist es demnach, der Existenzgefährdung von auf UhZahlungen angewiesenen mj Kindern entgegenzuwirken.** Die durch § 382 a EO ermöglichte rasche Vorgangsweise gegen den UhPfl hat nicht den Zweck, den UhPfl zu pönalisieren, sondern die finanzielle Existenzgrundlage für das Kind zu sichern. 7 Ob 522/96 = EF 82.544 = ÖA 1997, 99; 2 Ob 293/03 g = EF 109.279, 109.281; 10 Ob 44/06 b.

835

2. Die **Voraussetzungen** zur Gewährung dieses vorläufigen Uh sind **ohne größeren Wertungsspielraum schablonenhaft umrissen.** Tatsächliche Entscheidungsgrundlage ist das Vorbringen des Kindes, soweit sich aus den das Kind betr Pflegschaftsakten nichts anderes ergibt. Dem in Anspruch genommenen Elternteil wird keine Beteiligung am Verfahren zur Schaffung des gegen ihn in Vollzug zu setzenden gerichtlichen Leistungsbefehls gewährt; selbst der Widerspruch ist ausgeschlossen. In verfahrensrechtlicher Hinsicht wurde für diese Sicherung eines Minimalbedarfs an Uh während eines UhFestsetzungsverfahrens die Sicherung nach dem zweiten Abschnitt des zweiten Titels der EO dienstbar gemacht. 6 Ob 679/88 = ÖA 1989, 46 *(Gamerith)* = JBl 1989, 118 = EF XXV/6.

3. Als **Ausgleich zum erleichterten Bewilligungsverfahren** dient die den AG begünstigende Sonderregelung der Aufhebung und Einschränkung der EV in § 399 a EO sowie der Rückforderung des zu Unrecht Empfangenen in § 399 b EO. 10 Ob 44/06 b.

1. Eine **analoge Anwendung** des § 382 a EO auf den Fall, dass der UhAnspr des Mj im Wege der Legalzession **auf den JWTr** überging, **kommt nicht in Betracht.** 7 Ob 522/96 = EF 82.544 = ÖA 1997, 99.

836

2. Unabhängig davon, ob aufgrund einer EV nach § 382 a EO ein „unechter" Titelvorschuss nach § 4 Z 5 oder ein „echter" Titelvorschuss nach §§ 3, 4 Z 1 UVG begehrt wird, ist der „vorläufige Unterhalt" kein Vorgriff auf den „erst festzusetzenden Uh", der eine nachträgliche „Anpassung" des auf einem Titel nach § 382 a EO beruhenden Vorschusses an den endgültigen Uh entsprechend § 19 Abs 2 UVG rechtfertigen könnte, sobald dieser festgesetzt ist. Vielmehr kann erst dann, wenn der (endgültige) Uh festgesetzt ist, erstmals auf dessen Basis ein Titelvorschuss beantragt werden, dessen Beginn und Dauer sich nach § 8 UVG richten. Dies gilt auch dann, wenn die endgültige UhFestsetzung in der Höhe des vorläufigen Uh erfolgt. Auch der Umstand, dass die EV nach § 382 a EO – entgegen § 399 a Abs 1 Z 2 EO – noch nicht aufgehoben wurde, ändert daran nichts. 2 Ob 113/07 t; 7 Ob 150/07 w; 1 Ob 183/07 d; 1 Ob 182/07 g; 10 Ob 100/07 i.

3. Ggt: Bei Vorliegen der entsprechenden Voraussetzungen kann das Kind aufgrund einer EV gem § 382 a EO die Vorschüsse auch nach § 3 Z 2, § 4 Z 1 UVG beantragen. Dies bringt ihm insofern einen (zeitlichen) Vorteil, als in diesem Fall Vorschüsse bereits vor der von § 4 Z 5 UVG geforderten Monatsfrist ab Zustellung der EV erreicht werden könnten. 3 Ob 147/00 i = ÖA 2000, 223/UV 177.

2. Anspruchsvoraussetzungen

837 1. Vorläufiger Uh ist **nur zu bewilligen, soweit** der **UhPfl nicht Uh leistet.** 4 Ob 508/96 = ÖA 1996, 127/U 161; 7 Ob 209/99 g = JBl 2000, 389 = ÖA 2000, 71/U 305.

2. § 382 a EO setzt einen Antrag eines Mj voraus; diesem kommt jedoch im Fall der Legalzession des § 34 JWG bzw § 40 WrJWG keine Antragslegitimation zu. 7 Ob 522/96 = EF 82.544 = ÖA 1997, 99.

3. **Gemeinsame Haushaltsführung der Eltern** hindert **auch bei Scheidungsabsicht** die Zuerkennung einstw Uh nach § 382 a EO. 3 Ob 565/92 = EF 70.116 = ÖA 1993, 139/U 75.

837 a 1. Vorläufiger Uh kann **nicht für die Vergangenheit,** sondern nur (frühestens) für die Zeit ab Antragstellung begehrt werden. 10 Ob 28/04 x = EF 109.304.

3. Anspruchshöhe

838 1. An vorläufigem Uh steht einem Mj ein den **Grundbetrag der FB** übersteigender Betrag nicht zu. 4 Ob 508/96 = ÖA 1996, 127/U 161; 7 Ob 209/99 g = JBl 2000, 389 = ÖA 2000, 71/U 305; 3 Ob 147/00 i = ÖA 2000, 223/UV 177.

2. Womit er sich **vom einstw Uh** nach § 382 Abs 1 Z 8 lit a EO **unterscheidet,** der eine solche Obergrenze nicht kennt. 3 Ob 147/00 i = ÖA 2000, 223/UV 177.

3. Dieser Grundbetrag bildet aber nur eine **Höchstgrenze,** weshalb etwa bei geringerer Leistungsfähigkeit des UhPfl auch die Gewährung vorläufigen Uh in geringerer Höhe verlangt werden kann. 2 Ob 556/88 = EvBl 1989/77 = SZ 61/219 = ÖA 1990, 78 = EF 58.068; 7 Ob 508/96 = EF 82.529 = ÖA 1996, 191/U 163.

4. Der **Grundbetrag** ist iSd § 9 Abs 2 FamLAG **vom Alter des Kindes abhängig,** also der unter **Einbeziehung des Alterszuschlags** als FB gewährte Betrag. 8 Ob 552/91 = ÖA 1992, 60; 4 Ob 508/96 = EF 82.538 = ÖA 1996, 127/U 161; 7 Ob 209/99 g = EF 91.296 = JBl 2000, 389 = ÖA 2000, 71/U 305; 7 Ob 200/02 s = JBl 2003, 324 = EF 102.448.

5. Der Grundbetrag der FB umfasst nicht die Zuschläge aufgrund der **Geschwisterstaffelung** nach § 8 Abs 3 FamLAG; die in 7 Ob 200/02 s vertretene Ansicht wird nicht aufrecht erhalten. 10 Ob 28/04 x = SZ 2004/90; 7 Ob 178/07 p.

6. Ggt: Auch der als „Geschwisterstaffelung" bezeichnete Erhöhungsbetrag ist unter den Begriff „Grundbetrag" zu subsumieren. 7 Ob 200/02 s = JBl 2003, 324 = EF 102.449.

4. Verfahrensfragen

839 1. Eine gerichtliche Zuständigkeit nach § 387 Abs 2 EO ist gem § 382 a Abs 1 EO ausgeschlossen; iSd § 382 a Abs 1 EO wird **praktisch ausnahmslos das mit den Aufgaben der Pflegschaft** über das Uh ansprechende Kind **betraute Gericht** für das Sicherungsverfahren zuständig sein. 6 Ob 679/88 = ÖA 1989, 46 (Gamerith) = JBl 1989, 118 = EF XXV/6.

2. Ein Elternteil ist nicht legitimiert, für **ein großjähriges Kind** im Rahmen des Ehescheidungsverfahrens vorläufigen Uh nach § 382 a EO zu verlangen. 7 Ob 568/92.

3. Die Antragslegitimation des nicht obsorgeberechtigten Elternteils zur Stellung des Provisorialbegehrens ist gegeben; es ist dabei nicht erforderlich, erst einem

Elternteil die Elternrechte zu entziehen, um dem anderen Teil die Möglichkeit zu geben, das Kind im UhVerfahren gegenüber dem anderen Elternteil zu vertreten. 3 Ob 72/97 b = EF 85.494 = ÖA 1998, 62/F 152.

Anmerkung: Vgl dazu auch Rz 432 ff.

1. § 382 a EO regelt zwar wesensmäßig eine **Angelegenheit des VaStr,** fällt **840** aber als **neue Form einer EV bzgl aller Verfahrensfragen** unter die Bestimmungen der EO. 7 Ob 557/90 = RZ 1990/119; 8 Ob 579/93 = EvBl 1994/28 = ÖA 1994, 72 = JBl 1994, 481 = RZ 1994/70; 1 Ob 576/93; 3 Ob 197/01 v = EF 98.641; 10 Ob 8/03 d = EF 106.248; 10 Ob 44/06 b.

2. Dabei ist eine teleologische Reduktion der Verweisung nach § 402 Abs 2, § 78 EO auf die Bestimmungen der ZPO über die **Kostenersatzpflicht** des ASt an den AG (§§ 41, 52 Abs 1 ZPO) in der Weise geboten, dass eine derartige Kostenersatzpflicht dann, wenn das Hauptverfahren ein außerstreitiges ist, **nicht stattfindet.** 2 Ob 556/88 = EvBl 1989/77 = EF 58.089 = SZ 61/219 = ÖA 1990, 78; 1 Ob 547/95 = SZ 68/104.

3. Ebenso wenig ist § 520 Abs 1 letzter Halbsatz ZPO (**Unterschrift eines Rechtsanwalts**) anwendbar. 6 Ob 679/88 = ÖA 1989, 46 *(Gamerith)* = JBl 1989, 118 = EF XXV/6; 7 Ob 557/90 = RZ 1990/119 = EF 70.112; 8 Ob 579/93 = EvBl 1994/28 = ÖA 1994, 72 = JBl 1994, 481 = RZ 1994/70; 7 Ob 508/94.

4. Oder die in § 521 a ZPO angeordnete **Zweiseitigkeit des Rechtsmittelverfahrens.** 8 Ob 579/93 = EF 73.279 = EvBl 1994/28 = ÖA 1994, 72 = JBl 1994, 481 = RZ 1994/70; 1 Ob 576/93 = EF 73.289; 7 Ob 508/94; 7 Ob 508/96 = ÖA 1996, 191/U 163; 7 Ob 147/01 w = EF 98.633.

5. Ggt: § 382 a EO fällt als neue Form einer EV bzgl aller Verfahrensfragen unter die für EV geltenden Bestimmungen der EO; gem § 402 Abs 1 EO ist § 521 a ZPO (**Rekursbeantwortung**) anzuwenden. 7 Ob 557/90.

6. Dies gilt zwar nicht für einen Rekurs der gefährdeten Partei gegen die Abweisung eines Antrags auf Erlassung einer EV, wenn der Gegner der gefährdeten Partei zu dem Antrag noch nicht einvernommen wurde, wohl aber für einen RevRek des Gegners der gefährdeten Partei gegen einen Beschluss des RekursG, mit dem in Abänderung der abweislichen E des ErstG eine EV erlassen wurde. 2 Ob 556/88 = EF 58.083 = EvBl 1989/77 = SZ 61/219 = ÖA 1990, 78.

7. **Anmerkung:** Auch wenn in Zweifelsfällen im Hinblick auf Art 6 EMRK jener Lösung der Vorzug zu geben ist, bei der das rechtliche Gehör gewahrt bleibt (also iZw für Zweiseitigkeit des Rechtsmittelverfahrens zu plädieren ist), muss in concreto doch der jüngeren Rsp der Vorzug gegeben werden, weil es wohl nicht sachgerecht wäre, den AG zwar im Verfahren I. Instanz überhaupt nicht einzubinden, ihm dann aber die Möglichkeit einer (Rev)RekBeantwortung zu geben, abgesehen davon, dass ihm ohnehin nach § 399 a Abs 2 Z 1 EO die Möglichkeit offen steht, die Aufhebung der EV zu beantragen, wenn er bescheinigt, dass er dem Mj zu Uh nicht verpflichtet ist oder eine Bewilligungsvoraussetzung nach § 382 a Abs 1 nicht vorliegt. Ein echtes Gehör- und Rechtsschutzdefizit liegt daher nicht vor; die vom EGMR gemachten Aussagen zum Grundsatz der Waffengleichheit (vgl Rz 461) kommen hier also nicht zur Anwendung.

8. Nach § 528 Abs 2 Z 2 ZPO sind **voll bestätigende Beschlüsse unanfechtbar,** wenn nicht der dort genannte Ausnahmetatbestand vorliegt. Für EV besteht

diesbzgl auch nach der WGN 1989 keine Ausnahme. 8 Ob 521/91 = ÖA 1992, 92 = EF 67.196 = ÖA 1992, 53/U 27.

841   1. Nach § 389 Abs 1 EO muss bei einem Antrag auf Gewährung vorläufigen Uh nach § 382a EO in ihm sowohl der **begehrte Uh betragsmäßig bezeichnet** als auch ein Sachverhalt behauptet werden, aus dem sich der behauptete UhAnspr schlüssig ableiten lässt. 2 Ob 556/88 = EvBl 1989/77 = SZ 61/219 = ÖA 1990, 78 = EF 58.068; 1 Ob 576/93 = ÖA 1994, 73 = EF 73.273; 10 Ob 1609/95; 7 Ob 508/96 = EF 82.528, 82.530 = ÖA 1996, 191/U 163.

2. Diese Behauptungen bilden nämlich die Grenzen der Prüfung, inwieweit die begehrte EV erlassen werden kann; es ist nicht von Amts wegen auf die Stoffsammlung oder ergänzendes Vorbringen zu dringen. 2 Ob 556/88 = EF 58.068 = EvBl 1989/77 = SZ 61/219 = ÖA 1990, 78.

3. **Zur ziffernmäßigen Bestimmung** eines nach § 382a EO geltend gemachten UhAnspr **reicht** allerdings **die Bezugnahme auf den mtl Grundbetrag** nach dem zur Zeit der Antragstellung geltenden § 8 FamLAG aus. 7 Ob 508/96 = ÖA 1996, 191/U 163.

4. Wird im UhVerfahren ein mtl Uh begehrt, der den im Provisorialverfahren möglichen Höchstbetrag übersteigt, ist außerdem der Schluss zulässig, dass im Provisorialverfahren der **Zuspruch des dort möglichen Höchstbetrags beantragt** wird. 1 Ob 576/93 = ÖA 1994, 73.

842   1. Es gilt grundsätzlich die Formel: **Vorbringen = Entscheidungsgrundlage.** 7 Ob 508/96 = ÖA 1996, 191/U 163 = EF 82.535; 2 Ob 293/03g = EF 109.286.

2. **Es sei denn, die Aktenlage würde dem Vorbringen des Kindes widersprechen.** 1 Ob 576/93 = ÖA 1994, 73 = EF 73.277; 3 Ob 537/93 = EF 73.277; 10 Ob 44/06b.

3. Werden also vom Gericht entgegen der Intention des Gesetzes Erhebungen über Umstände gepflogen, die die Berechtigung des Anspruchs betreffen, sind (auch) die Ergebnisse dieser Erhebungen der E zugrundezulegen. 10 Ob 44/06b.

4. Es ist grundsätzlich aber **ohne Anhörung des AG** zu entscheiden. 10 Ob 44/06b.

5. Das Vorbringen zum Antrag, dem Vater die Leistung eines bestimmten Uh für die Kinder aufzutragen, kann von dem weiteren, in demselben Schriftsatz gestellten Antrag auf Gewährung vorläufigen Uh für die Mj nicht getrennt werden. 7 Ob 508/96 = ÖA 1996, 191/U 163.

6. Ob im Einzelfall die **Bescheinigung gelungen** ist, stellt **keine Rechtsfrage von erheblicher Bedeutung** dar. 3 Ob 537/93.

843   1. Eine Unterbrechung des Verfahrens wegen Präjudizialität eines anderen Verfahrens (§ 190 ZPO) ist mit dem Zweck des Provisorialverfahrens, einstweiligen Rechtsschutz zu gewähren, nicht vereinbar. Dies gilt in gleicher Weise auch für den Fall des Verlusts der Prozessfähigkeit gem § 158 ZPO oder für den Fall des Vorgehens des Gerichts gem § 6a ZPO. 10 Ob 44/06b.

843a   1. **Eine zeitliche Begrenzung des vorläufigen Uh nach § 382a EO wird nicht angeordnet,** sondern ist nach § 399a Abs 2 Z 2 EO die EV aufzuheben, wenn das UhVerfahren beendet ist (ab der Verwirklichung des Aufhebungsgrundes); damit beseitigt aber die endgültige UhFestsetzung den Titel für die Vorschussgewährung nicht. 3 Ob 147/00i = ÖA 2000, 223/UV 177.

2. Der zum vorläufigen Uh nach § 382a EO Verpflichtete kann **Einschränkungs- und Aufhebungsgründe** gem § 399a EO im vereinfachten Verfahren zur Einschränkung und Aufhebung solcher EV auch **rückwirkend** geltend machen. Im Übrigen hat das Gericht **von Amts wegen** einzuschreiten, sobald ihm aus den Pflegschaftsakten bekannt wird, dass ein Einschränkungs- oder Aufhebungsgrund vorliegt. 8 Ob 521/91 = ÖA 1992, 92 = ÖA 1992, 53/U 27; 1 Ob 576/93.

IV. Provisorialverfahren mit Auslandsberührung

844 1. Auch dann, wenn sich der UhAnspr nach dem Personalstatut der UhBer (hier: türkisches Recht) richtet, hat seine Durchsetzung in Österreich ausschließlich nach den österreichischen zivilgerichtlichen Verfahrensvorschriften zu erfolgen, sodass die Kl im Rahmen der gerichtlichen Geltendmachung des „GeschiedenenUh" auch berechtigt ist, einen Antrag auf Erlassung einer EV nach § 382 Z 8 lit a EO zu stellen. 7 Ob 166/98 g = EF 88.356.

2. Es ist österreichisches Recht maßgebend, wenn sich die Auslegung der in Betracht kommenden Bestimmungen des rumänischen Familiengesetzbuchs **offensichtlich nicht ohne erheblichen, für das Provisorialverfahren nicht vertretbaren Zeitaufwand ermitteln** lassen. 2 Ob 11/98a = EF 88.306; 5 Ob 213/05t = EF 112.478.

3. Die Zulässigkeit einer bloß kursorischen Prüfung der materiellen Anspruchsvoraussetzungen auf dem Boden des jew maßgebenden Auslandsrechts folgt aus dem Zweck des Provisorialverfahrens, möglichst rasch Rechtsschutz zu gewähren. Ausländisches Sachrecht ist im Provisorialverfahren daher im Allgemeinen schon dann anzuwenden, wenn die Richtigkeit des erhobenen Materials wahrscheinlich ist. Jedenfalls im Eilverfahren zur Gewährung einstw Uh scheidet etwa auch die Einholung des Gutachtens eines Sachverständigen zur Klärung der relevanten ausländischen Rechtslage (primär) auf dem Boden der aktuellen ausländischen höchstgerichtlichen Rsp aus. 1 Ob 33/01 m.

7. Kapitel
Rückforderbarkeit zu Unrecht bezahlter Unterhaltsbeiträge

I. Gegenüber dem Unterhaltsempfänger

Literatur: *Steiner,* Zahlungsansprüche aus ärztlicher Behandlung gegen unterhaltspflichtige Dritte, JBl 1975, 406; *Koziol,* Unterhaltsansprüche für die Vergangenheit und Regreßansprüche eines Drittzahlers, JBl 1978, 626; *Ch. Huber,* Endgültige Zuweisung bei einstweiligem Unterhalt, JBl 1984, 182; *ders,* Die Verjährung von gesetzlichen Rückersatzansprüchen, JBl 1985, 395, 467, 531; *H. Pichler,* Probleme des Unterhalts, ÖA 1987, 91; *H. Hoyer,* Entscheidungsgründe im „besonders gelagerten Fall", JBl 1989, 199; *Eypeltauer,* Geltungsbereich des § 1480 ABGB, ÖJZ 1991, 222; *Gitschthaler,* Zur Rückforderbarkeit zu Unrecht bezahlter Unterhaltsbeiträge, ÖJZ 1995, 652; *Deixler-Hübner,* Wiederaufnahme im Verfahren nach § 382 Abs 1 Z 8 lit e EO, BeitrZPR V (1995) 10 ff; *Jacobi,* Der Unterhaltsregreß des Scheinvaters (2005).

Übersicht:

	Rz
1. Anspruchsgrundlagen	
a) Judikat Nr 33 neu	845, 846
b) Analogie zu § 399 b EO	847
2. Verbrauch	848
3. Redlichkeit (Gutgläubigkeit)	849–851
4. Verfahrensfragen	852–855
5. Unterhaltsleistungen aufgrund Einstweiliger Verfügungen	856

1. Anspruchsgrundlagen

a) Judikat Nr 33 neu

845 1. Für die **Rückforderung irrtümlich gezahlter UhBeiträge** gilt **Judikat Nr 33 sinngemäß.** 4 Ob 579/31 = SZ 13/262; 7 Ob 174/64 = JBl 1965, 37; 3 Ob 548/84 = ÖA 1985, 83 = EvBl 1984/69 uva; 3 Ob 219/98 x = EF 90.227; 1 Ob 35/00 d.

2. Danach können zu Unrecht ausgezahlte Dienstbezüge, sofern ihnen UhCharakter zukommt, nicht zurückgefordert werden, wenn sie der Arbeitnehmer in gutem Glauben empfangen und verbraucht hat. Die dem Judikat folgende Rsp wird nicht nur mit einem gewissen Schuldelement auf der Seite des Zahlenden begründet; es liegt ihr vielmehr vornehmlich der Gedanke zugrunde, dass bei gutgläubigem Verbrauch von UhLeistungen von einer echten Bereicherung nicht gesprochen werden kann. **Bei gutgläubigem Verbrauch können daher auch UhZahlungen mangels Bereicherung nicht zurückgefordert werden.** 3 Ob 2065/96 i = EF 81.593 = JBl 1996, 727; 1 Ob 2267/96 f = EF 81.592; 1 Ob 1/98 y = EF 87.416 uva; 1 Ob 295/00 i = EF 97.104 = JBl 2001, 381 = EvBl 2001/114; 6 Ob 217/02 h = EF 100.796.

3. Abw: Es ist grundsätzlich die Rückforderung von UhBeiträgen möglich, die aufgrund eines Urteils bis zu dessen Aufhebung bezahlt wurden. 1 Ob 29/32 = SZ 14/65; 7 Ob 174/64 = JBl 1965, 37.

4. Abw: Auch der gutgläubige Empfänger ist daher zur Rückzahlung verpflichtet. 1 Ob 5/62 = SZ 35/5.

5. Anmerkung: Diese letztgen E sind jedenfalls im Bereich des UhRechts vereinzelt geblieben (vgl *Gitschthaler,* ÖJZ 1995, 653).

1. Von der Rsp wurde im Falle eines einer Oppositionsklage stattgebenden Urteils die Rückforderung der während eines Oppositionsprozesses auch **ohne neuerliche Exekutionsführung geleisteten weiteren UhZahlungen** ebenso anerkannt wie die Rückforderung der Leistungen im Falle der **Zahlung einer Nichtschuld unter Vorbehalt der Rückforderung.** 8 Ob 600/78 = EF 33.860.

2. Die neuere Rsp hat die Grundsätze des Judikats 33 neu nicht auf UhLeistungen im eigentlichen Sinn beschränkt, sondern sie auch dann gelten lassen, wenn die irrtümlich erbrachte Leistung wirtschaftlich gesehen die Funktion hatte, dem LebensUh des Empfängers zu dienen. 2 Ob 9/96.

b) Analogie zu § 399b EO

1. **§ 399 b Abs 1 EO** bezieht sich auf den vorläufigen Uh von Mj gem § 382 a EO. Diese Regelung ist gleichfalls Ausdruck jenes Rechtsfürsorgedenkens, das alle Bestimmungen über den vorläufigen Uh an Mj trägt. Solche Erwägungen sind **auf das Rechtsverhältnis zw Erwachsenen nicht übertragbar;** diese nehmen die aus ihren Rechtsbeziehungen als geschiedene Ehegatten entspringenden Rechte und Pflichten eigenverantwortlich wahr und haben dabei (auch) die durch das Gebot gegenseitiger Rücksichtnahme bestimmten Verhaltensgrenzen zu respektieren. Nicht zu Unrecht wird daher im Schrifttum bezweifelt, ob sich § 399b Abs 1 EO als allgemeiner Maßstab für die Rückforderbarkeit anspruchslos gezahlten Uh eignet (*E. Kodek* in Angst Rz 51 zu § 382 EO), und davon abgeraten, die Rechtsunsicherheit reiner Billigkeitsentscheidungen als Leitgedanken für die Rückforderbarkeit einstw Uh zu übernehmen und so eine Verschärfung der Voraussetzungen für Ersatzansprüche in Kauf zu nehmen (*Zechner,* Sicherungsexekution und einstweilige Verfügung, § 382 Rz 8 iVm §§ 399a, 399b Rz 2). Die Ansicht *Gitschthalers* (ÖJZ 1995, 652), dem Verfügungsgegner einen Rückforderungsanspruch in Analogie zu § 399b Abs 1 EO nur nach Billigkeit zu gewähren, ist daher nicht überzeugend. 1 Ob 295/00i.

2. Anmerkung: Es mag zwar durchaus richtig sein, dass die analoge Anwendung des § 399b EO in der Lit Ablehnung gefunden hat; sowohl diese Meinungen als auch die E des OGH betonen jedoch – eher einseitig – die Verschärfung der Voraussetzungen für Ersatzansprüche, die offensichtlich nicht gewollt sein sollen; idR würde die Anwendung des § 399b EO jedoch eine Vereinfachung für den UhPfl darstellen, weil ja bei gutgläubigem Verbrauch nach hRsp überhaupt kein Konditionsanspruch mehr zusteht, in Anwendung des § 399b EO jedoch ein – zumindest teilweiser – Anspruch bestehen kann.

Offen gelassen hat die E des OGH letztlich die Frage, ob nicht die Analogiefähigkeit im Eltern-Kind-Verhältnis zum Tragen kommen könnte (Näheres dazu s *Gitschthaler,* ÖJZ 1996, 652); gerade hier sind Billigkeitsentscheidungen aber die Regel.

2. Verbrauch

848 1. **Anmerkung:** Maßgeblich ist hier, dass der zugeflossene Uh auch tatsächlich verbraucht wurde, also nicht mehr vorhanden ist, bzw dass sein Nochvorhandensein jedenfalls vom UhPfl nicht mehr bewiesen werden kann; vgl idZ auch Rz 854.

2. Im Vergleich waren **Ehegatten- und KindesUh** voneinander **getrennt festgelegt,** weshalb die Bekl nicht einfach hätte unterstellen dürfen, dass die Summe als GesamtUh zu verstehen sei. Meinte die Bekl, die Kinder würden mit diesen UhBeiträgen nicht das Auslangen finden, hätte sie beim Pflegschaftsgericht auf die Erhöhung dieser UhLeistungen dringen müssen. Dass sie die UhLeistungen, die für sie bestimmt waren, gutgläubig verbrauchte, kann somit nicht angenommen werden. 1 Ob 2267/96 f = EF 81.595.

3. Redlichkeit (Gutgläubigkeit)

849 1. Für die **Schlechtgläubigkeit** genügt, dass der Empfänger der Leistung – bei Anwendung der von ihm zu erwartenden Sorgfalt – an der Rechtmäßigkeit des empfangenen Betrags auch nur **Zweifel hätte haben müssen;** die Redlichkeit bezieht sich auf die Existenz des Kondiktionsanspruchs, wobei bereits **Fahrlässigkeit schadet.** 3 Ob 2065/96 i = EF 81.594 = JBl 1996, 727; 3 Ob 219/98 x; 1 Ob 1/98 y; 4 Ob 217/99 m; 1 Ob 35/00 d; 1 Ob 295/00 i = EF 97.106, 97.108 = JBl 2001, 381 = EvBl 2001/114; 6 Ob 217/02 h = EF 100.798.

2. Es ist **nicht ausschlaggebend,** ob der Uh „erschlichen" oder in auffallend sorgloser Weise entgegengenommen und verbraucht wurde. Die Redlichkeit des Empfängers fehlt daher nicht erst bei auffallender Sorglosigkeit oder gar Vorsatz, sondern schon, wenn der Empfänger zwar nicht nach seinem subjektiven Wissen, wohl aber bei objektiver Beurteilung an der Rechtmäßigkeit der (rechtsgrundlos) ausgezahlten Beträge auch nur zweifeln hätte müssen. 1 Ob 1/98 y = EF 87.417; 4 Ob 217/99 m = EF 90.229; 3 Ob 219/98 x; 1 Ob 35/00 d; 1 Ob 295/00 i.

3. Dabei liegt allerdings bereits (bedingter) Vorsatz vor, wenn dem UhBer **nach den Erfahrungen des täglichen Lebens bewusst** gewesen ist, dass er **trotz eines bestimmten Umstandes** (konkret: Ruhens des UhAnspr infolge Eingehens einer LG durch den geschiedenen Ehegatten) **weiterhin zu Unrecht UhZahlungen entgegennimmt,** und wenn er die hiedurch bewirkte **Schädigung des UhPfl** zumindest in Kauf nahm. 3 Ob 209/99 b = RZ 2001/5.

4. **Anmerkung:** Bei mj UhBer kommt es nicht (nur) auf den Kenntnis- und Wissensstand sowie die Redlichkeit oder Unredlichkeit des Kindes selbst an, sondern (auch) auf jenen des obsorgeberechtigten Elternteils (vgl dazu *Gitschthaler*, ÖJZ 1995, 653 mwN; *Honsell/Mader* in Schwimann[2] Rz 20 zu § 1437 ABGB).

850 1. Bekämpft der UhPfl den UhAnspr, so kann sich der UhBer ab dem **Zeitpunkt der Klagezustellung** bzw der Einbringung eines entsprechenden Antrags im VaStr nicht mehr auf gutgläubigen Verbrauch berufen. 2 Ob 514/85 = EvBl 1985/108 = SZ 58/57 = ÖA 1986, 47; 3 Ob 2065/96 i; 4 Ob 217/99 m = EF 90.233; 3 Ob 219/98 x.

2. Weil er **Zweifel an der Rechtmäßigkeit** der ihm (danach) ausgezahlten Beträge haben muss. 4 Ob 217/99 m; 3 Ob 219/98 x = EF 90.232.

3. Dies ist aber **lediglich der späteste Zeitpunkt der Unredlichkeit,** sodass die Annahme einer früheren Schlechtgläubigkeit des Empfängers der UhLeistungen aus anderen Umständen nicht ausgeschlossen ist, also etwa beim Bezug von Einkünften durch den UhBer, die bei der Bestimmung des Uh nicht berücksichtigt wurden, weil er sie nicht angegeben hat. 3 Ob 2065/96 i = EF 81.594 = JBl 1996, 727.

4. Nicht bezahlter einstw Uh, der den wahren UhAnspr übersteigt, kann jedenfalls dann nicht mehr gutgläubig verbraucht werden, wenn im Hauptverfahren eine geringere Leistungspflicht des UhPfl ermittelt wird. 1 Ob 179/00 f.

5. Von Bedeutung ist etwa der Tag, an dem der Bekl der Bescheid über die Zuerkennung der Arbeitsmarktförderungsbeiträge zugestellt wurde, weil sie vorher nicht davon ausgehen musste, dass sie über diese Beträge verfügen können werde. 3 Ob 2065/96 i = EF 81.594 = JBl 1996, 727.

6. Anders als in Judikat 33 neu kann von einer **Veranlassung des Verbrauchs durch Erhalt der UhBeiträge** keine Rede sein, wenn der Bekl Kenntnis vom UhEnthebungsantrag hatte und die UhZahlungen nur aufgrund der Gehaltsexekution erfolgten. 2 Ob 514/85 = EF XXII/6.

851 1. Im Fall einer **UhKlage nach rk Ehescheidung** hat der schuldlos – oder nur minder schuldig – geschiedene Ehegatte gem § 66 EheG erst dann einen UhAnspr gegen den allein oder überwiegend schuldigen Ehegatten, wenn (soweit) seine Einkünfte aus Vermögen oder die Erträgnisse einer Erwerbstätigkeit, die von ihm den Umständen nach erwartet werden kann, nicht zur Deckung des nach den Lebensverhältnissen der Ehegatten angemessenen Uh ausreichen. Jede gegen diese grundsätzlichen UhVoraussetzungen verstoßende (allenfalls auf entsprechender Belehrung beruhende) Auffassung eines schuldlos geschiedenen Ehegatten ist für sich gesehen als **vorwerfbare Fehleinschätzung** des UhAnspr anzusehen. 3 Ob 219/98 x = EF 90.234.

2. Ebenso wenn der Empfänger weiß, dass ihm die Leistung nicht gebührt, also konkret auch im Fall einer **exekutiv erwirkten Doppelzahlung eines UhAnspr.** 3 Ob 529/78 = EF 33.859.

3. Bei Zufluss von UhBeiträgen nach § 68 EheG ist bei Ermittlung der Gutgläubigkeit zu prüfen, ob die Bekl **der Überzeugung sein konnte,** die UhLeistungen des Kl trotz der Scheidung aus dem gleichteiligen Verschulden zu verbrauchen berechtigt zu sein, etwa wegen der krass unterschiedlichen Vermögens- und Einkommensverhältnisse und mangels Versorgung durch Angehörige. 1 Ob 1/98 y = EF 87.418.

4. Verfahrensfragen

852 1. Aus der Rsp, über einen für die Vergangenheit gestellten UhAntrag sei auch dann im VaStr zu entscheiden, wenn der UhBer behaupte, bei Abschluss eines diesen Zeitraum regelnden Vergleichs in Irrtum geführt worden zu sein, wobei es einer Anfechtung des Vergleichs im streitigen Verfahren nicht bedürfe, kann **nicht** abgeleitet werden, dass auch ein **Begehren auf Rückzahlung zuviel gezahlten Uh im VaStr zu erledigen** wäre. Das fehlende Kostenrisiko allein reicht nicht aus, um die Zulässigkeit des VaStr für eine den UhAnspr des Kindes betr Rechtssache zu begründen. 4 Ob 293/00 t.

2. Hingegen ist im VaStr über das Begehren des UhPfl, mit sofortiger EV zur **Vermeidung exekutiver Schritte zur allfälligen Rückforderung zu viel bezahlter UhBeiträge** den gerichtlichen Erlag eines Teiles des noch titelmäßig geschuldeten Uh aufzutragen, zu entscheiden, weil es sich dabei um die Festsetzung bestimmter Zahlungsmodalitäten für die laufenden KindesUhBeiträge handelt. 7 Ob 684/89 = EF 61.186.

853   1. Der Kl brachte eine Oppositionsklage ein, in der er vorbrachte, die Bekl, die gegen ihn wegen UhForderungen Exekution führe, lebe mit einem anderen Mann in LG. Mit einer Leistungsklage begehrt er die Rückzahlung von Beträgen, die der Bekl durch vom Drittschuldner vorgenommene Überweisungen im Exekutionswege geleistet wurden.

Schon die **Verschiedenheit der Begehren dieser Klagen schließt Streitanhängigkeit** zw diesen Klagen **aus**. Die E im Oppositionsprozess könnte zwar, insoweit sie das Bestehen oder Nichtbestehen der betriebenen UhAnspr feststellen sollte, für die E des Rechtsstreits über die Leistungsklage präjudiziell sein, doch kann der Kl nur mit der Leistungsklage die Rückforderung der von der Bekl im Exekutionsweg hereingebrachten UhBeiträge erreichen. 3 Ob 172/82 = EF 44.020.

2. **§ 49 JN** unterliegt auch ein Rechtsstreit, in dem zu klären ist, ob der uhber Ehegatte zuviel bezahlten Uh zurückzahlen muss, geht es doch auch dabei letztlich um die Frage, ob und bejahendenfalls in welchem Umfang der gesetzliche Uh gebührt. 1 Ob 1/98 y = EF 87.979.

854   1. **Anmerkung:** Dafür, dass die zu Unrecht bezahlten UhBeiträge noch nicht verbraucht worden sind, ist nicht der Rückfordernde beweispflichtig, sondern hat der **UhBer den Verbrauch zu beweisen,** wobei dies nach der hM (vgl die Nachweise bei *Honsell/Mader* in Schwimann³ Rz 19 zu § 1437 ABGB) vermutet wird; allerdings muss dem UhPfl, der – mangels Nähe zum Beweis – das Gegenteil nicht beweisen kann, wohl eine gewisse Beweiserleichterung dahingehend eingeräumt werden, dass er lediglich darzutun hat, warum eine derartige Vermutung in concreto nicht zwingend ist; dies wäre dann der Fall, wenn der UhBer etwa hohe UhLeistungen erhält und nicht ersichtlich ist, dass diese für seine bisherige relevante Lebensführung auch tatsächlich verbraucht worden sind, oder wenn dem UhBer etwa eine hohe UhNachzahlung zugeflossen ist, die nach allgemeiner Lebenserfahrung noch nicht verbraucht sein kann.

2. Es ist **jedoch** im Hinblick auf § 328 ABGB **Sache des kondizierenden Kl, die Unredlichkeit der Bekl zu behaupten und zu beweisen.** 4 Ob 217/99 m; 3 Ob 219/98 x = EF 90.230; 6 Ob 18/99 m = EF 90.230; 1 Ob 35/00 d.

3. Uzw die Unredlichkeit des UhEmpfängers beim Verbrauch des Uh. 1 Ob 295/00 i = EF 97.105 = JBl 2001, 381 = EvBl 2001/114; 6 Ob 217/02 h = EF 100.797.

4. Dabei ist nur der Gegenstand der positiven Kenntnis des sich auf den guten Glauben Berufenden eine unüberprüfbare Tatsachenfeststellung; **inwieweit die Partei nach den Umständen des Falles an der Rechtmäßigkeit der ihr zugekommenen Zahlungen hätte zweifeln müssen, ist jedoch eine Rechtsfrage.** 1 Ob 35/00 d.

855   1. Die **Verjährungsbestimmung** des § 1480 ABGB bezieht sich nicht auf Kondiktionsansprüche. 2 Ob 602/90 = EF 63.334 = ÖA 1992, 116/UV 35.

2. **Anmerkung:** Vgl jedoch zur Problematik verkürzter Verjährungsfristen bei Rückgriffsansprüchen Rz 869 a.

5. Unterhaltsleistungen aufgrund Einstweiliger Verfügungen

856 1. Der Grundsatz, dass ohne Rechtsgrundlage gezahlte UhBeiträge mangels echter Bereicherung dann nicht zurückgefordert werden können, wenn sie gutgläubig verbraucht wurden, findet auch auf im Rahmen eines einstw Uh nach § 382 Z 8 lit a EO erhaltene UhBeiträge aus der Erwägung Anwendung, die zugrunde liegende EV bilde für sich allein keine ausreichende rechtliche Grundlage, weil der so festgesetzte Uh nur vorschussweise zu zahlen sei, während die endgültige rechtliche Zuweisung vom Ergebnis des ordentlichen Verfahrens abhänge. **Im Rahmen des einstw Uh bezogene Beiträge könnten** daher **bei Schlechtgläubigkeit des Empfängers zurückgefordert werden, wenn sie nicht der sich aus dem Gesetz ergebenden UhPflicht entsprechen.** 3 Ob 2065/96 i = EF 81.594 = JBl 1996, 727; 1 Ob 235/98 k; 3 Ob 219/98 x = EF 90.228, 90.231; 4 Ob 217/99 m = EF 90.228, 90.231; 1 Ob 35/00 d.

2. Auch im Provisorialverfahren wird dem UhBer daher **nur ein „in der Regel" endgültig zustehender einstw Uh** zuerkannt. 1 Ob 179/00 f.

3. **Anmerkung:** Die Lehre (*Huber*, JBl 1984, 182 ff; *König*[3] Rz 4/18; *Deixler-Hübner*, BeitrZPR V (1995) 10 ff; *Rummel* in Rummel[3] Rz 12 zu § 1437 ABGB; *Honsell/Mader* in Schwimann[2] Rz 18 ff zu § 1437 ABGB) tritt für die Rückforderbarkeit einstw geleisteten Uh in einem weiteren Umfang ein, wobei die Rückforderbarkeit des Übergenusses aufgrund der EV zT unter Hinweis auf § 394 EO – unabhängig vom guten Glauben und mit einem schadenersatzrechtlichen Ansatz – bejaht wid (*König* aaO; *Huber* aaO), zT auch auf eine analoge Anwendung des § 399 b EO gestützt wird (*Gitschthaler*, ÖJZ 1995, 652). Der OGH ist beiden Ansätzen nicht gefolgt:

4. Es geht nicht an, die Rückforderbarkeit von Leistungen ohne UhPflicht nur nach § 394 EO zu beurteilen und den Empfänger mit dem Einwand eines gutgläubigen Verbrauchs nicht zu hören, weil sich § 382 Z 8 lit a EO nicht bruchlos in das vom Gesetzgeber sonst geschaffene System der EV einfügt und andernfalls die besonderen familienrechtlichen Wertungen auf der Strecke blieben. Ein Rückforderungsanspruch ist auch nicht nur nach Billigkeitserwägungen zu beurteilen (vgl *Gitschthaler*, ÖJZ 1995, 652). 1 Ob 295/00 i = JBl 2001, 381 = EvBl 2001/114 = EF 97.109.

II. Gegenüber einem Dritten (Bereicherungsausgleich)

Übersicht:

Rz

1. Allgemeines 857
2. Rückforderungswille 858, 859
3. Anspruchsberechtigte
   a) Unterhaltsberechtigter 860
   b) Betreuender Elternteil/Stiefelternteil 861
   c) Vermuteter (Nicht-)Vater 862
   d) Unterhaltspflichtiger 863
   e) Sonstige 864
4. Anspruchsgegner 865
5. Anspruchshöhe 866
6. Verfahrensfragen .... 867–869 a
7. Rückforderungsansprüche bei Auslandsberührung 870

1. Allgemeines

857 1. **Amerkung:** Zu den Behauptungspflichten iZm derartigen Ansprüchen vgl Rz 11, 858.

2. **Leistet ein Dritter** gesetzlichen Uh **in Erwartung des Ersatzes** vom UhPfl, ist die UhPflicht im Umfang erbrachter Leistungen erloschen; ihm steht aber (außer bei Schenkungsabsicht) der **Anspruch nach § 1042 ABGB** gegen den UhPfl zu. 5 Ob 185/61 = SZ 34/102 = EvBl 1961/400 = EF 1.648; verstSenat 6 Ob 544/87 = ÖA 1988, 79 = SZ 61/143 = JBl 1988, 586 (zust *Pichler*) = EvBl 1988/123 uva; 6 Ob 41/00 y.

3. Voraussetzung ist aber jedenfalls, dass der UhPfl von seiner Schuld befreit wurde, kann der konkrete Anspruch doch nur **entweder dem UhBer oder dem Drittzahler zustehen.** 3 Ob 606/90 = JBl 1991, 309 *(Apathy)* = SZ 63/202 = EF 63.305.

4. Einerseits **schadet ein Rückforderungsanspruch** gem § 1431 ABGB gegen den Empfänger **nicht,** andererseits kann der Drittzahler aber auf einen solchen gegenüber dem (wahrscheinlich vermögenslosen) Kind **nicht verwiesen** werden. 7 Ob 651/83 = EF 43.479; 3 Ob 542/84; 5 Ob 1592/94.

5. Für den Ersatzanspruch ist allein von Bedeutung, ob der getätigte Aufwand dem UhBer gegenüber **auf Kosten des Leistenden** tatsächlich erbracht wurde, nicht jedoch, ob er von diesem erfüllt wurde oder nicht (etwa bei Abschluss eines Pflegevertrags). 6 Ob 173/62.

6. Eine dem § 1042 ABGB unmittelbar entsprechende Bestimmung ist dem dBGB fremd; der BGH hat einer Ehefrau, die den Uh für ein gemeinsames Kind zur Gänze vorgeschossen hatte, gegen ihren uhpfl Ehegatten zwar primär einen familienrechtlichen Ausgleichsanspruch nach § 1360 b dBGB zuerkannt, zugleich aber ausdrücklich offen gelassen, ob sie einen solchen Ersatz nicht auch unter dem Gesichtspunkt der Geschäftsführung ohne Auftrag (§§ 683, 687 dBGB) oder der ungerechtfertigten Bereicherung (§§ 812 ff dBGB) erlangen könnte. 4 Ob 516/85 = RZ 1986/16 = SZ 58/120 = ÖA 1986, 48.

7. Die Kl behauptet, ihr seien die UhAnspr ihrer Mutter (gegen deren geschiedenen Ehegatten) abgetreten worden oder (zumindest) auf sie als subsidiär Leistungspflichtige nach § 71 Abs 2 EheG übergegangen. Beide Fälle schließen einen Anspruch nach § 1042 ABGB aus, weil es sich in jedem Fall weiterhin um auf die Kl übergegangene UhAnspr, welche der 3-jährigen Verjährung unterliegen (§ 1480 ABGB), handeln würde. 5 Ob 1592/94 = EF 75.395.

2. Rückforderungswille

858 1. Darunter ist die **Absicht desjenigen, der eine nach dem Gesetz an sich einem anderen obliegende Leistung erbringt, im Zeitpunkt seiner Leistung, Ersatz vom Zahlungspflichtigen zu verlangen,** zu verstehen. 1 Ob 618/84 = EF 46.024.

2. **Anmerkung:** Also der Verpflichtungswille, auch als (Rück-)Forderungswille bezeichnet.

3. Er **bedarf im Normalfall keines besonderen Beweises** des Kl, weil der Wille, jemanden aus einer Verpflichtung zu entlassen, von vornherein nicht angenommen werden kann, vielmehr grundsätzlich vermutet werden muss, dass eine Leistung entgeltlich erbracht wird. Der Bekl steht es jedoch frei, den Beweis zu erbringen, dass im Einzelfall dieser der menschlichen Natur entsprechende Grundsatz

der Eigennützigkeit nicht zutrifft, der Aufwand vielmehr in der Absicht gemacht worden ist, ihn endgültig aus eigenen Mitteln zu tragen. 1 Ob 665/57 = EvBl 1958/96 = RZ 1958, 75 = SZ 31/8; 6 Ob 63/58; 3 Ob 82/60 = SZ 33/41; 1 Ob 64/62; 5 Ob 341/62 uva; 6 Ob 551/92 = EvBl 1992/193 = ÖA 1993, 30.

4. Er ist sohin **iZw anzunehmen.** 3 Ob 379/54 = SZ 27/175; 7 Ob 121/57; 6 Ob 63/58; 5 Ob 569/59; 1 Ob 64/62 uva; 4 Ob 518/96 = SZ 69/40.

5. Es sei denn, es könnten **UhAnspr des UhBer für die Vergangenheit** noch geltend gemacht werden. 3 Ob 606/90 = JBl 1991, 309 *(Apathy)* = SZ 63/202 = EF 63.305; 1 Ob 633/90 = EF XXVIII/1.

6. Oder die Kl verdeutlicht den einen Anspruch nach § 1042 ABGB ausschließenden Charakter ihrer Leistungen, indem sie ausführt, sie habe nicht deshalb geleistet, weil der Bekl seiner UhPflicht nicht nachgekommen sei, sondern weil sie zu dieser Leistung gesetzlich verpflichtet gewesen sei. 5 Ob 1592/94 = EF 75.395.

7. Der Anspruch nach § 1042 ABGB hat nämlich bloß eine ergänzende Funktion und besteht dann nicht, wenn für die Vermögensverschiebung ein **ausreichender Rechtsgrund** vorliegt oder diese sonst durch das Gesetz gerechtfertigt oder geregelt ist; wurden die Leistungen daher im Rahmen einer Beistands- und subsidiären UhPflicht erbracht und nicht in der Erwartung eines späteren Ersatzes, fehlt es an den Voraussetzungen. 4 Ob 569/80 = EF 36.101.

1. Durch einen **Irrtum über die Person des Ersatzpflichtigen** wird der Animus obligandi nicht ausgeschlossen. 6 Ob 63/58; 6 Ob 551/92 = EvBl 1992/193 = ÖA 1993, 30. **859**

2. Es ist vielmehr ein hypothetischer Rückforderungswille anzunehmen, für dessen Fehlen derjenige beweispflichtig ist, von dem Ersatz verlangt wird; ein **Rückforderungsverzicht** wird jedenfalls **nicht vermutet.** 1 Ob 618/84 = EF 46.024 = SZ 57/121; 7 Ob 530/89 = JBl 1989, 649.

3. Ein nur **hypothetischer Rückforderungswille** wird anerkannt, wenn eine Leistung in der irrigen Annahme erbracht wurde, selbst verpflichtet zu sein, wie etwa die des vermeintlichen Vaters oder bei einem Irrtum über den Tod des primär UhPfl. 1 Ob 618/84 = EF 46.024 = SZ 57/121.

4. Mangels anderer – ausdrücklicher oder konkludenter – Vereinbarungen erfüllt allerdings der Vater mit den zum **Uh des Kindes, das als sein ehel galt,** erbrachten Leistungen seine eigene, diesem Kind gegenüber bestehende UhPflicht. 6 Ob 529/84 = EvBl 1984/123 = SZ 57/53.

5. Wenn ein Vater seiner Tochter und ihren Angehörigen, die mit ihm in häuslicher Gemeinschaft leben, NaturalUhLeistungen als Beitrag erbringt, damit der Tochter und dem Schwiegersohn die Schaffung einer ehel Wohnung ermöglicht wird, kann die Rückforderung gerade vom Schwiegersohn nicht eine zu vermutende Regel sein. Dass eine Ehe scheitern kann, ist bekannt und gehört zum Risiko, das im Allgemeinen nicht nur von den Eheleuten, sondern auch von deren Verwandten, die zur Erleichterung der Eheführung beitragen, hingenommen wird. 1 Ob 618/84 = EF 46.024 = SZ 57/121.

6. Hat die **Mutter den Vater des Kindes bei der Geburt nicht angegeben** und wurde erst Jahre später die Klage auf Feststellung der Vaterschaft und Leistung des Uh ab der Geburt eingebracht, so kann der dem Kind Uh leistenden Mutter nicht unterstellt werden, sie habe im Zuge der Versorgung des Kindes Beträge vorschießen wollen, um sich allenfalls nach Durchsetzung der unberührt gebliebenen UhAnspr des Kindes Ausgleich zu verschaffen. Sie kann die UhLeistung daher nur für den Vater erbracht haben, was zum Erlöschen des UhAnspr des Kindes führt. 2 Ob 506/93 = EF 72.231.

3. Anspruchsberechtigte

a) Unterhaltsberechtigter

860 1. Dem UhBer selbst, der einen **höheren Betrag als den tatsächlich geleisteten für den Uh aufgewendet** hat, steht ein Anspruch nach § 1042 ABGB nicht zu. 1 Ob 797/52 = EvBl 1953/64; 5 Ob 10/64 = EvBl 1964/222 = EF 1.632.

2. Der UhBer kann **nicht für die Vergangenheit** von dem zur UhLeistung Verpflichteten nach § 1042 ABGB eine Nachzahlung der Alimente verlangen, vielmehr stünde nur dem Drittzahler dieses Recht zu. 2 Ob 509/50; 2 Ob 292/60; 5 Ob 10/64 = EvBl 1964/222; 7 Ob 140/71; 7 Ob 76/72; 7 Ob 810/81 = RZ 1983/13; verstSenat 6 Ob 544/87 = JBl 1988, 586 (zust *Pichler*) = ÖA 1988, 79 = SZ 61/143.

3. **Weshalb die Ehefrau** nicht von ihr bezahlte **Operationskosten** neben dem laufenden Uh nachträglich vom Ehemann unter Berufung auf § 1358 bzw § 1042 ABGB ersetzt verlangen kann. 7 Ob 140/71.

4. **Anmerkung:** Diese E sind im Licht der damals hRsp zu sehen, dass Uh für die Vergangenheit nicht geltend gemacht werden konnte.

b) Betreuender Elternteil/Stiefelternteil

861 1. Soweit die **Mutter infolge Säumigkeit des Vaters** in der Vergangenheit vermehrt für den Uh der Mj aufgekommen ist, steht ihr ein Ersatzanspruch nach § 1042 ABGB zu. 7 Ob 268/99h = EF 88.910 = ÖA 2000, 72/U 306.

2. Dies gilt auch dann, wenn der Vater eines ue Kindes seiner vom Gericht festgesetzten UhPflicht zwar voll nachkommt, die Mutter **Beträge darüber hinaus aber für das Kind aufwendet** hat. 3 Ob 496/50 = SZ 23/334; 1 Ob 711/51; 5 Ob 15/61; 8 Ob 231/69 = SZ 42/169; 5 Ob 651/77.

3. Uzw insb bei einer plötzlichen, unerwarteten Erhöhung der Bedürfnisse, die in der normalen UhBemessung nicht berücksichtigt werden konnten (schwere Erkrankung, kostspielige Zahnbehandlung). 6 Ob 193/67 = EvBl 1968/232 = EF 8.376.

4. Aber auch dann, wenn von der Ehefrau für das ehel Kind Uh anstelle des Ehemanns geleistet wird, der irrig für tot gehalten wurde. 1 Ob 665/57 = EvBl 1958/96 = RZ 1958, 75 = SZ 31/8.

5. Dabei kann der betreuende Elternteil uU (auch) von **ihm zur Kapitalbeschaffung aufgewendete Zinsbeträge** gegen den GeldUhPfl geltend machen. Dem Kind selbst steht ein Anspruch auf Ersatz der von der betreuenden Mutter zu zahlenden Kreditzinsen nicht zu. 6 Ob 41/00y.

6. Die **Mutter** hat für die Mj die **FB** bezogen, wobei die von ihr getätigten Aufwendungen nur einen Teil davon ausmachten. Da die FB seit 1. 1. 1978 den Charakter einer Betreuungshilfe hat und idS ein Einkommen derjenigen Person darstellt, die diese Betreuung tatsächlich leistet, ohne dass der Betrag der FB unmittelbar dem Kind zuzuwenden wäre, ist sie als Einkommen der Kl anzusehen, von dem sie durchaus einen Aufwand für das Kind machen konnte, der nach dem Gesetz dem Vater obliegen wäre. 6 Ob 672/85 = EvBl 1987/30 = EF 51.459 = SZ 59/19.

7. Dies gilt jedoch nicht, wenn der **Stiefvater** die **FB** bezogen hat, weil er sie nicht für sich behalten kann, sondern an das Kind herauszugeben hat; nur dann, wenn er gegenüber dem UhBer Aufwendungen getätigt hat, die höher als die von ihm für das Kind bezogene FB waren, hat er Anspruch auf Ersatz derselben. Dass die FB nunmehr den Charakter einer Betreuungshilfe hat, ändert daran nichts, weil der Stiefvater zur Betreuung seines Stiefkindes nicht verpflichtet ist und im Verfahren auch nicht hervorgekommen ist, dass die Betreuung durch ihn erfolgte. 6 Ob 672/85 = EvBl 1987/30 = EF 51.459 = SZ 59/19.

c) Vermuteter (Nicht-)Vater

862 1. Es besteht ein Rückersatzanspruch hinsichtlich jener UhLeistungen, die der **vermutete Vater bis zur Feststellung des ue Vaters** erbracht hat, uzw gegen den wirklichen Vater. 3 Ob 82/60 = SZ 33/41; 2 Ob 570/92 = ÖA 1993, 25 = EF 69.052.

2. Und auch hinsichtlich jener des **früheren Ehemanns, dessen Nichtvaterschaft festgestellt** worden ist, gegen die Mutter des Kindes. 3 Ob 379/54 = SZ 27/175 = EF 1.640; 7 Ob 532/82; 6 Ob 529/84 = SZ 57/53 = EvBl 1984/123.

3. Ein Ersatzanspruch steht allerdings dem gerichtlich festgestellten ue Vater gegen den angeblichen natürlichen Vater des Kindes solange nicht zu, **als das Vaterschaftsurteil nicht außer Kraft gesetzt** ist. 7 Ob 85/56; 5 Ob 185/61 = EvBl 1961/400 = SZ 34/102 = EF 1.648; 8 Ob 649/86 = EF 54.188, 54.189.

4. Weil in diesem Fall der Kl durch die Zahlung von Uh an das Kind der Bekl nur seine eigenen aufgrund des gegen ihn im Vaterschaftsprozess ergangenen nach wie vor aufrechten Urteils erfließenden Verpflichtungen erfüllt, nicht aber eine fremde Schuld beglichen hat. 8 Ob 649/86 = EF 54.189.

d) Unterhaltspflichtiger

863 1. Einem aufgrund des Gesetzes selbst UhPfl steht **gegen einen vor ihm vertraglich UhPfl** Ersatz zu, dies ist aber umfänglich begrenzt mit dessen UhSchuld. 8 Ob 216/70 = SZ 43/175; 8 Ob 35/75 = EvBl 1975/253 = EF 24.768 = ÖA 1976, 70; 1 Ob 535/83 = EF 43.477; 7 Ob 705/88 = SZ 62/9.

2. Demjenigen, der im Ehebruch ein Kind gezeugt hat, steht gegen den Ehegatten der Kindesmutter, der infolge Versäumung der Ehelichkeitsbestreitungsfrist dem Kind gegenüber uhpfl ist, den Uh aber tatsächlich nicht leistete, ein Ersatzanspruch nicht zu. 4 Ob 147/33 = SZ 15/93.

3. **Dem primär UhPfl** steht **kein Anspruch gegen den subsidiär UhPfl** zu. 3 Ob 178/34 = SZ 16/52; 5 Ob 1592/94 = EF 75.395 = EF 75.396.

4. **Hat ein subsidiär UhPfl** (hier: Großmutter) nach dem von einem Dritten verschuldeten Tod der primär uhpfl Mutter UhLeistungen erbracht, so erfüllt er (sie) damit Schadenersatzansprüche des uhber Kind gegen den Schädiger und kann daher vom Schädiger nach § 1042 ABGB Ersatz begehren. 2 Ob 150/88 = JBl 1989, 729 = EF 59.992.

5. Ebenso der **Erbe des ue Vaters** wegen der von ihm an das ue Kind des Erblassers geleisteten UhBeiträge. 2 Ob 105/67 = SZ 40/56 = EF 8.377.

6. Es besteht ein Rückersatzanspruch hinsichtlich des Uh, den der väterliche ue Großvater leistete. 2 Ob 302/64 = EvBl 1965/143.

7. Eine subsidiäre UhPflicht der Kl gegenüber ihrer Mutter würde nach § 143 Abs 2 ABGB dann eintreten, wenn die Mutter der Kl den ihr primär vom Bekl ge-

schuldeten Uh wegen dessen Leistungsunfähigkeit nicht erlangen könnte. In einem solchen Fall würde aber auch keine Ersatzpflicht des Bekl gegenüber der uhpfl gewordenen Kl nach § 1042 ABGB bestehen. 5 Ob 1592/94 = EF 75.396.

e) Sonstige

864 1. Ein Ersatzanspruch steht auch hinsichtlich des **Honorars des** für ein Kind **beigezogenen Arztes** zu. Z 3087/07 = GlUNF 3.777 = ZBl 1907/192; Z 14.381/07 = GlUNF 3.990 = ZBl 1908/51.

2. Ebenso dem **öffentlichen Krankenhaus** gegen den UhPfl. 4 Ob 184/32 = ZBl 1932/201.

3. Abw: Der mit EV festgesetzte einstw Uh der Ehegattin deckt auch die Kosten der ärztlichen Behandlung (§ 672 ABGB). Daher besteht kein Anspruch eines Dritten gegen den uhpfl Ehegatten nach § 1042 ABGB wegen des Ersatzes ärztlicher Honorare. 1 Ob 435/58 = EvBl 1959/32; 8 Ob 158/68; 3 Ob 613/79 = EF 35.243.

4. Anspruchsgegner

865 1. Ein Dritter, der den Uh eines ue Kindes bestreitet, kann vom ue Vater den Ersatz seines Aufwandes von dem Zeitpunkte an verlangen, wo der vom ue Vater erlegte Abfindungsbetrag unzulänglich geworden ist. 2 Ob 80/24 = SZ 6/53.

2. Der säumige Vater haftet für die **Rechtsanwaltskosten,** welche die Mutter bei der Eintreibung der Alimente aufgewendet hat. 6 Ob 265/70.

3. Derjenige, durch dessen Verschulden der Vater eines ue Kindes getötet wurde, hat der Mutter des Kindes nach § 1042 ABGB den infolge des Ausfalls des uhpfl Vaters von ihr dem Kinde geleisteten Uh zu ersetzen. 1 Ob 332/53.

4. Wenn der **Uh gegen den Willen des Vaters außerhalb seines Hauses gereicht** worden ist, kann er nicht angehalten werden, die Kosten der UhLeistung zu ersetzen. 7 Ob 131/55 = SZ 28/112.

5. Abw: Es sei denn, dass ein gerechtfertigter Grund für die tatsächliche Pflege und Erziehung des Kindes durch den Dritten vorliegt. 1 Ob 707/83.

6. Die **nachträgliche Heranziehung des Vermögens des Kindes** zur Abgeltung des von den Eltern für den Uh gemachten Aufwandes ist idR ausgeschlossen. 5 Ob 54/63.

5. Anspruchshöhe

866 1. Bei der Beurteilung von Ersatzansprüchen nach § 1042 ABGB findet **keine UhBemessung** statt. 5 Ob 48/71; 6 Ob 555/81; 1 Ob 535/83; 4 Ob 516/85 = RZ 1986/16 = SZ 58/120 = ÖA 1986, 48.

2. Der Ersatzanspruch ist nämlich **kein UhAnspr.** 3 Ob 510/52 = SZ 25/259 = EF 1.637.

3. Er ist allerdings **durch die dem UhPfl nach dem Gesetz obliegende UhPflicht begrenzt,** uzw sowohl zeitlich als auch inhaltlich, sodass es doch darauf ankommt, in welchem Ausmaß der Bereicherte während der Zeit der UhGewährung selbst uhpfl war. 3 Ob 370/36 = SZ 18/90; 7 Ob 121/57; 8 Ob 64/74; 1 Ob 604/81 = EF 38.510; 1 Ob 535/83 = EF 43.477; 1 Ob 536/88 = EF 56.929.

4. Die **Feststellung des Ausmaßes der Verpflichtung** des UhPfl ist eine im Verfahren über einen Ersatzanspruch nach § 1042 ABGB **selbstständig zu prüfende**

Vorfrage, die sich auf all jene Umstände erstreckt, die für die seinerzeitige Leistungsfähigkeit des UhPfl oder deren Mangel ausschlaggebend gewesen sind. 2 Ob 506/79 = EF 33.715; 1 Ob 604/81 = EF 38.510.

5. Lediglich durch die Erfüllung der im Vergleich festgelegten UhPflicht durch den Kl ist einem Anspruch nach § 1042 ABGB nicht der Boden entzogen, weil das Ausmaß der **UhPflicht selbst dann** (neuerlich) als Vorfrage **zu prüfen ist, wenn das Ausmaß der UhPflicht im Verhältnis zw UhPfl und -Ber rk durch Urteil, pflegschaftsgerichtlichen Beschluss oder Vergleich festgestellt** ist. 6 Ob 672/85 = EF 51.458, 51.459 = EvBl 1987/30 = SZ 59/19.

6. **Anmerkung:** Diese Rsp hat daher dann Relevanz, wenn der bestehende Uh-Titel unrichtig ist; allerdings darf nicht übersehen werden, dass der Rückforderungsanspruch zw anderen Personen ausgetristen wird als jenen, die bei der Titelschaffung beteiligt waren. Schon allein aus prozessökonomischen und Rechtssicherheitsgründen müsste mE davon ausgegangen werden, dass grundsätzlich der bestehende UhTitel gilt und derjenige, der Abweichungen davon behauptet, diese auch beweisen muss.

7. Für den Rückersatzanspruch nach § 1042 ABGB bzgl UhLeistungen sind die zw dem primär und dem subsidiär UhPfl über die UhHöhe getroffenen Vereinbarungen zu beachten und können nicht, etwa unter Heranziehung der Anspannungstheorie, umgangen werden. 2 Ob 506/79.

8. Der gegen die Verlassenschaft des Vaters eines ue Kindes erhobene Anspruch auf Ersatz des geleisteten Uh setzt voraus, dass der Vater während der Zeit, für die der Ersatz begehrt wird, nach seinen Vermögensverhältnissen zur Leistung des Uh verpflichtet war. 3 Ob 370/36 = SZ 18/90; 7 Ob 121/57.

6. Verfahrensfragen

1. Die **rk UhFestsetzung** steht der Geltendmachung des Ersatzes einer über den festgesetzten Uh hinausgehenden Aufwendung für den UhBer gegen den UhPfl im Rechtsweg nicht entgegen. 8 Ob 231/69 = SZ 42/169. **867**

2. Es mangelt nicht am Rechtsschutzinteresse, wenn trotz Geltendmachung von UhAnspr für ein ehel Kind im VaStr die Kindesmutter gleichzeitig im Streitverfahren gem § 1042 ABGB **Ersatz für dieselben Auslagen** begehrt. 7 Ob 228/57.

3. Wird vor Feststellung der ue Vaterschaft von der Mutter gegen den angeblichen Vater wegen des für das Kind geleisteten Uh ein Anspruch nach § 1042 ABGB mit Klage oder Einrede geltend gemacht, dann ist die Frage der Vaterschaft als Vorfrage zu prüfen. 5 Ob 185/61 = SZ 34/102 = EvBl 1961/400.

1. Eine **Klage auf Ersatz des für ein ehel Kind geleisteten Aufwands** nach § 1042 ABGB unterliegt **§ 49 Abs 2 Z 2 JN.** 9 Ob 713/91 = EF 66.859= EvBl 1992/38 = ÖA 1992, 25; 2 Ob 81/98 w = EF 87.982 = EvBl 1998/148. **868**

2. Ebenso jene auf Ersatz der aufgrund falscher Behauptungen der Mutter vom Scheinvater geleisteten UhZahlungen (§ 49 Abs 2 Z 2 JN). 2 Ob 81/98 w = EF 87.982 = EvBl 1998/148.

1. Die **Beurteilung der Leistungsfähigkeit** bei Geltendmachung eines Anspruchs nach § 1042 ABGB ist keine Rechtsfrage von erheblicher Bedeutung iSd § 502 Abs 4 Z 1 ZPO. 4 Ob 516/85 = RZ 1986/16 = SZ 58/120 = ÖA 1986, 48. **869**

2. Die Prüfung, ob gem § 1042 ABGB ein Verpflichtungswille des Zahlenden (animus obligandi) zur Zeit der Erbringung des Aufwands vorhanden war, ist nicht rechtliche Beurteilung, sondern **Tatsachenfeststellung.** 6 Ob 292/05 t.

869a   1. Die **Verjährungsfrist** für einen Anspruch nach § 1042 ABGB folgt aus Gründen des Schuldnerschutzes jener der getilgten Forderung. 4 Ob 15/05 t = EF-Z 2006/9 *(Beclin).*

2. Dies gilt auch, wenn für ein Kind getragener UhAufwand gegenüber dem UhPfl eingefordert wird. 8 Ob 68/06 t = EF-Z 2006/50 *(Gitschthaler).*

3. **Anmerkung:** Damit verjähren derartige Ansprüche nunmehr bereits nach 3 Jahren, uzw nicht der Gesamtbetrag ab einem bestimmten Zeitpunkt, sondern jede einzelne Leistung binnen 3 Jahren ab ihrer Erbringung; maßgeblich ist ja die objektive Möglichkeit der Geltendmachung (*Beclin,* EF-Z 2006, 19 [Entscheidungsanmerkung]; *Dehn* in KBB[2] § 1478 ABGB Rz 2). Der Fristbeginn wird dabei nicht durch fehlende Kenntnis des Leistenden von den konkreten Umständen – hier also des Umstandes der Nichtvaterschaft – bei gewöhnlicher Sorgfalt hinausgeschoben (vgl Miet 38.245; fraglich ist allerdings, ob es der gewöhnlichen Sorgfalt eines vermuteten oder festgestellten Vaters entspricht, auch ohne konkrete Anhaltspunkte seine Vaterschaft in Frage zu stellen und vielleicht einen DNA-Test machen zu lassen).

ME kann man den – 3-jährigen – Fristbeginn frühestens mit jenem Zeitpunkt festsetzen, in dem dem Leistenden bei gewöhnlicher Sorgfalt konkret Bedenken an seiner Vaterschaft hätten kommen müssen. Oder man setzt den Fristbeginn überhaupt erst mit Feststellung seiner Nichtvaterschaft bzw Unwirksamerklärung seines Vaterschaftsanerkenntnisses fest, ist doch nach der Rsp jener Zeitpunkt maßgeblich, in dem der Rechtsausübung kein rechtliches Hindernis mehr entgegenstanden ist (*Dehn,* aaO mwN); bis zum Zeitpunkt der Feststellung der Nichtvaterschaft bzw der Unwirksamerklärung des Vaterschaftsanerkenntnisses war der Leistende jedoch zu dieser Leistung „rechtlich verpflichtet" (vgl auch Rz 862). Dieser Auffassung hat sich jüngst auch der OGH angeschlossen (4 Ob 201/07 y).

Ch. Huber (JBl 1985, 536) und *Eypeltauer* (ÖJZ 1991, 222) begründen die Anwendbarkeit der kurzen Verjährungsfrist auch auf „uhrechtliche" Bereicherungsansprüche nach § 1042 ABGB hingegen insb damit, es sei für den UhPfl unter dem Aspekt des drohenden Ruins durch akkumulierte wiederkehrende Leistungen gleichgültig, ob er vom UhBer oder von einem Dritten in Anspruch genommen werde, der die wiederkehrenden Leistungen an den UhBer erbracht hat; Ratio des § 1480 ABGB sei es aber gerade, den Schuldner vor der durch das Anhäufen von Rückständen drohenden Gefahr wirtschaftlicher Schwierigkeiten zu schützen. Diese Argumentation klingt allerdings zumindest in jenen Fällen zynisch, in denen der Bereicherungsgläubiger (etwa als vermuteter Vater) jahrelang wegen seiner „UhSchulden" bis auf das UhExistenzminimum gepfändet war, sich also ebenfalls in „wirtschaftlichen Schwierigkeiten" befunden hat. Gegen diese Auffassung spricht im Übrigen auch § 26 Abs 3 UVG, wonach die UhPflicht insoweit nicht verjährt, als Vorschüsse gewährt worden sind. Auf den Umstand, dass andernfalls Wertungswidersprüche zw öffentlicher Hand und privatem Gläubiger entstünden, hat *Chr. Huber* (JBl 1988, 531) selbst hingewiesen.

Folgt man diesen Lehrmeinungen, wird der Leistende in Zukunft auf Schadenersatzansprüche ausweichen müssen (hier läuft ja die Verjährungsfrist erst ab Kenntnis von Schaden und Schädiger); hier besteht aber die Problematik der Rechtswidrigkeit: ME kann es dabei mangels Rechtswidrigkeitszusammenhangs bzw mangelnder Adäquanz nicht auf die Umstände der Zeugung des Kindes (im Ehebruch oder unter Hineindrängen in eine Lebensgemeinschaft oder als einer von mehreren Geschlechtspartnern der Mutter im selben Zeitraum), sondern lediglich darauf ankommen, ob die Mutter bzw der tatsächliche Vater in Kenntnis von dessen Nichtvaterschaft „zusahen", wie der vermutete Vater Uh-Leistungen erbrachte oder seine Vaterschaft anerkannte (vgl *Gitschthaler*, EF-Z 2006, 90 [Entscheidungsanmerkung]). Allerdings stellt sich in einem solchen Fall schon auch hinsichtlich der bereicherungsrechtlichen Anspruchsgrundlage die Frage, ob nicht durch das „Zusehen" die beiden ihren Verjährungseinwand verwirkt haben; der vermutete Vater könnte dem Verjährungseinwand dann aber die replicatio doli entgegen halten und so doch auf die 30-jährige Verjährungsfrist kommen (vgl etwa *Dehn*, aaO).

Den auf den Titel des Schadenersatzes gestützten „Rückforderungsansprüchen" wird man außerdem die in den wrongful-conception-Fällen diskutierten Überlegungen entgegen zu halten versuchen: Das Entstehen der komplexen Eltern-Kind-Beziehung und damit etwa auch der immateriellen Vorteile („Freude am Kind") dürften nicht völlig unberücksichtigt gelassen werden; die besondere familienrechtliche Natur der UhVerbindlichkeit verbiete es, den zweifellos entstandenen Vermögensnachteil der Eltern völlig isoliert nach schadenersatzrechtlichen Grundsätzen zu behandeln (vgl 6 Ob 101/06 f = EF-Z 2006/79 *[M. Leitner]*; 2 Ob 172/06 t). Auch wenn diese Argumentation in jenen Fällen nicht greift, in denen der Rückforderungsgläubiger etwa infolge einer Scheidung von der Mutter des UhBer mit diesem keinen Kontakt (mehr) hatte, verbleiben aber doch jene Fälle, in denen der Gläubiger mit Mutter und Kind zusammenlebt, dieses als sein eigenes auch lieb gewinnt und erst später erfährt, dass es sich um ein Kuckuckskind handelt.

Geht man nunmehr von der 3-jährigen (bereicherungsrechtlichen) Verjährungsfrist aus, sind die folgenden E überholt. Die Prüfung des Animums obligandi aufgrund längerer Untätigkeit war lediglich im Hinblick auf die 30-jährige Verjährungsfrist notwendig.

4. Die Kl machte ihren **Ersatzanspruch erst nahezu 15 Jahre** später geltend. Bis dorthin hatte sie nicht einmal einen außergerichtlichen Versuch der Einforderung der von ihr für das Kind erbrachten UhLeistungen unternommen, woraus zu folgen ist, dass die Kl bei Erbringung der UhLeistungen nicht die Absicht hatte, einen Ersatz dieser UhKosten vom Bekl zu verlangen (vgl JBl 1932, 39 – der OGH schloss bereits aus einem 6- bis 9-jährigen Zeitraum der Nichtgeltendmachung auf Fehlen des animus obligandi; SZ 31/8). 6 Ob 551/92 = EF 69.050 = EvBl 1992/193 = ÖA 1993, 30.

5. Ein **Zeitraum von über 3 Jahren ab Kenntnis der Vaterschaft des Regresspflichtigen** wird im Allgemeinen für die Annahme eines Regressverzichts wegen erbrachter UhLeistungen für das Kind nicht ausreichen, weil der Regressberechtigte vom Ausgang des Vaterschaftsprozesses nicht verständigt wird und man von ihm nicht die Überwachung dieses Verfahrens verlangen kann. 7 Ob 530/89 = EF 59.963 = JBl 1989, 649.

7. Rückforderungsansprüche bei Auslandsberührung

1. Die va für den **Aufwandersatzanspruch** nach § 1042 ABGB geltende Regelung des **§ 46 Satz 2, 2. Halbsatz IPRG** beruht auf dem Gedanken, dass es angesichts

der Verwandtschaft dieses Anspruchs mit einer durch Legalzession erworbenen Forderung angemessen erscheint, ihn kollisionsrechtlich wie eine kraft Gesetzes abgetretene Forderung zu behandeln und deshalb das Statut der getilgten Schuld für anwendbar zu erklären. Dies gilt auch dann, wenn – wie dies für die Vorbehaltsregelung des BG BGBl 1961/295 zum Haager UhStatutabkommen zutrifft – die Anwendbarkeit österreichischen Rechtes ua davon abhängt, dass das UhBegehren bei einem österreichischen Gericht gestellt wird. 4 Ob 516/85 = RZ 1986/16 = SZ 58/120 = ÖA 1986, 48.

III. Rückforderungsansprüche der öffentlichen Hand
A. Des Sozialhilfeträgers

871 1. Die Besonderheit der Legalzession nach zahlreichen Landesgesetzen im Bereich des Sozialhilfe- und des Jugendwohlfahrtsrechts liegt darin, dass der **Rechtsübergang nicht selbsttätig** mit der Erbringung der Leistungen durch den Rechtsträger eintritt (wie etwa nach § 1358 ABGB), **sondern aufgeschoben bleibt, bis der Rechtsträger** dem Dritten **die UhGewährung schriftlich anzeigt,** was zur Folge hat, dass der UhAnspr des UhBer gegen den UhPfl im Umfang der vom Rechtsträger gewährten Unterstützung weder erlischt noch sofort selbsttätig auf den Rechtsträger übergeht, sondern bis zur Anzeige des Rechtsträgers an den Dritten aufrecht bleibt; wäre der UhAnspr erloschen, könnte er nicht später auf den Rechtsträger übergehen. Solange der Rechtsträger (SHTr) nicht den Übergang von UhAnspr des Mj (bzw Sozialhilfeempfängers) an ihn durch schriftliche Anzeige an den leistungspflichtigen Dritten bewirkt hat, kann der Mj (bzw Sozialhilfeempfänger) im eigenen Namen UhAnspr geltend machen (so zutr LG Salzburg ÖA 1984, 71).

Eine **Doppelversorgung des UhBer tritt auch bei aufgeschobener Legalzession regelmäßig nicht ein,** weil es der den Lebensbedarf gewährende Rechtsträger jedzt in der Hand hat, den Rechtsübergang zu bewirken. Kann er aber die entsprechenden Ersatzleistungen auch so problemlos hereinbringen, dann wird er darauf verzichten. Die UhAnspr des Kindes sind daher nicht erloschen. 4 Ob 560/87 = SZ 60/191 = EvBl 1988/16 = ÖA 1988, 49 = RZ 1988/2 = EF XXIV/5; 7 Ob 642/88 = RZ 1990/24; 8 Ob 550/89 = EF XXV/2; 8 Ob 591/91 = ÖA 1992, 52/U 26; 6 Ob 629/95 = EF 78.705.

2. Das bedeutet, dass im Fall eines UhBestimmungs- oder -erhöhungsbegehrens des Sozialhilfeempfängers gegen den UhPfl die Bemessung unter Außerachtlassung der – ihrem Zweck nach jedem UhAnspr subsidiären – Sozialhilfeleistungen zu erfolgen, ein Leistungsbefehl an den UhGläubiger aber zu unterbleiben und lediglich ein **Feststellungsausspruch** zu erfolgen hat. Gegenüber Exekutionstiteln aus der Zeit vor der Gewährung der Sozialhilfe wäre die dargelegte materiellrechtliche Anspruchsänderung für einen Verpflichteten als **Oppositionsgrund** anzuerkennen. Ein Herabsetzungsanspruch des UhPfl wäre nur insoweit berechtigt, als er unabhängig vom Empfang der Sozialhilfeleistungen durch den UhGläubiger bestünde. 6 Ob 569/91 = EF 65.132; 6 Ob 629/95 = EF 78.705; 6 Ob 2127/96 d.

3. Sollte ein Übergang des UhAnspr der Mj auf den SHTr (bereits) erfolgt sein, wäre der Enthebungsantrag des Vaters abzuweisen; sollte dies mangels schriftlicher Anzeige an den SHTr (noch) nicht erfolgt sein, wäre die E über den **Enthebungsantrag davon abhängig zu machen, ob der Uh der Mj durch die ihr gewährte Sozial-**

hilfe gedeckt ist. Auch wenn der Uh der Mj (bereits) durch die ihr zuerkannte Sozialhilfe gedeckt sein sollte, wäre eine gänzliche Enthebung des Vaters von seiner UhPflicht nicht möglich. In der E müsste vielmehr zum Ausdruck kommen, dass eine solche Enthebung nur unter der Voraussetzung erfolgt, dass der SHTr die im § 27 WrSHG normierte Legalzession nicht in Anspruch nimmt. 7 Ob 645/86 = EF 50.449; 8 Ob 623/87 = EF 53.188 = ÖA 1988, 78 *(Gamerith).*

4. Die Legalzession ist lediglich eine Folge der Tatsache, dass der Bekl die ihn sonst selbst treffenden **Betreuungspflichten an eine Einrichtung** der Kl **übertragen** hat. Dass hiefür ein Entgelt begehrt wird, kann verfassungsrechtliche Bedenken nicht erwecken. Durch die Legalzession wird der Bekl grundsätzlich besser gestellt als wenn er sonstwo einen Pflegevertrag abgeschlossen hätte, da in einem derartigen Fall die Entgeltshöhe nicht von der Höhe der UhPflicht begrenzt erscheint. 8 Ob 503/94 = RZ 1995/77 = EF 76.674.

872 1. Der UhAnspr verliert durch seinen Übergang auf den Fürsorgeverband (nunmehr: SHTr) nicht den UhCharakter. 1 Ob 795/54.

2. Weshalb die Ansprüche § 49 Abs 2 Z 2 JN zu unterstellen sind. 1 Ob 795/ 54; 6 Ob 232/98 f = ÖA 1999, 191/UV 128.

3. **Ggt:** Der UhAnspr verliert durch seinen Übergang auf den Fürsorgeverband (nunmehr: SHTr) den UhCharakter. 2 Ob 29/55 = EvBl 1955/204 = SZ 28/33; 3 Ob 132/53; 3 Ob 3/58 = RZ 1968, 68 = SZ 31/154; 6 Ob 151/60; 2 Ob 603/59; 6 Ob 249/61; 5 Ob 169/65 = RZ 1966, 104; 4 Ob 566/67; 7 Ob 46/69; 5 Ob 25/70 = SZ 43/ 41; 5 Ob 28/70; 8 Ob 260/70; 1 Ob 712/82 = ÖA 1983, 58.

B. Des Jugendwohlfahrtsträgers

873 1. Gem § 33 JWG haben die Kosten der vollen Erziehung der Mj und seine Eltern **im Rahmen ihrer UhPflicht nach bürgerlichem Recht** zu tragen, soweit sie nach ihren Lebensverhältnissen dazu imstande sind. Die Höhe der nach diesen Bestimmungen geltend gemachten Ersatzforderung hängt von der UhPflicht der in Anspruch genommenen Eltern ab. 7 Ob 586/95; 7 Ob 2337/96 v = ÖA 1997, 203/ S 12; 4 Ob 147/98 s = JBl 1998, 665 = ÖA 1999, 14/U 244; 2 Ob 65/00 y = ÖA 2000, 164/U 314; 2 Ob 77/00 p = ÖA 2000, 169/U 316; 7 Ob 86/04 d; 9 Ob 120/03 t; 7 Ob 78/05 d.

2. Die Kosten sind somit **in erster Linie aus eigenen Einkünften des Kindes** zu decken (§ 140 Abs 3 ABGB), in zweiter Linie durch UhLeistungen der Eltern (§ 140 Abs 1 und 2 ABGB). 2 Ob 65/00 y = ÖA 2000, 164/U 314.

874 1. Das **FamLAG** versteht – wie sich aus seinem klaren Wortlaut, insb auch aus § 46 a ergibt – unter „Person" **nur eine natürliche Person,** nicht aber auch eine Institution nach dem JWG, die Pflege und Erziehungsleistungen im Rahmen der Erziehungshilfe erbringt. Für eine direkte – wie auch indirekte – Inanspruchnahme der FB durch den die volle Erziehung nach dem JWG leistenden JWTr fehlen somit die gesetzlichen Voraussetzungen. Der JWTr kann seinen Anspruch nur gem § 40 JWG im Umfang des vom UhPfl zu leistenden Uh begehren. 4 Ob 147/98 s = JBl 1998, 665 = ÖA 1999, 14/U 244.

2. Aus Anlass der Kostentragungsregelung treffen weder § 33 JWG noch § 39 WrJWG eine Unterscheidung danach, ob die **volle Erziehung als einstw Maßnahme des JWTr nach § 215 ABGB oder über Anordnung des Gerichts iZm mit der end-**

gültigen Obsorgeregelung getroffen wurde. Dass der Gesetzgeber die Kostenersatzpflicht für die vorläufige Maßnahme hätte anders regeln wollen als die für eine vom Gericht angeordnete Maßnahme, ist nicht zu erkennen und auch wenig plausibel, weil in beiden Fällen unmittelbar vergleichbare Kosten entstehen. Der ausdrückliche Hinweis der Mat zu § 33 JWG auf § 1042 ABGB lässt vielmehr den Schluss zu, dass der Gesetzgeber den Anspruch auf Ersatz der Kosten der vollen Erziehung als Ersatz jener Aufwendungen verstanden wissen wollte, die sich der nach dem Gesetz UhPfl durch die volle Erziehung erspart. Diese Überlegung trifft aber nicht nur auf die vom Gericht angeordnete volle Erziehung zu, sondern auch auf eine derartige Maßnahme, wenn sie der JWTr bei Gefahr in Verzug einstweilig verhängt. Auch im Fall einer vorläufigen Maßnahme werden Mittel für die Pflege und Erziehung des Kindes aufgewendet und kommen diesem zu. Auch sie sind – den Kosten der endgültigen Unterbringung gleich – ein Aufwand iSd § 1042 ABGB, den die uhpfl Eltern nach dem Gesetz hätten erbringen müssen. 4 Ob 1/05 h = EF 110.134; 1 Ob 156/06 g.

874 a 1. Beim **Kostenersatz** des JWTr handelt es sich nicht um einen UhAnspr. 9 Ob 31/04 f = EF 106.998.

2. Dennoch richten sich Bestand und Umfang der Zahlungspflicht der Eltern **nach den Kriterien des § 140 ABGB**. 6 Ob 89/01 h = ÖA 2001, 312/U 341 = EF 95.358; 7 Ob 78/05 d.

3. Also also **nach familienrechtlichem UhRecht**. 7 Ob 78/05 d.

4. Es ist somit zu prüfen, ob die Voraussetzungen für die Anwendung der **Anspannungstheorie** zu Lasten der UhPfl gegeben sind; dies gilt auch nach § 48 Abs 1 NÖ JWG und dem Tiroler JWG. 9 Ob 120/03 t = EF 106.999; 9 Ob 31/04 f = EF 106.999.

5. Die UhPflicht **entfällt mit der Erreichung der Selbsterhaltungsfähigkeit** und damit auch die Kostenersatzpflicht. 7 Ob 586/95.

6. Der **JWTr**, der den Ersatz der Kosten der vollen Erziehung durch die UhPfl begehrt, kann sich **nicht auf § 1418 ABGB berufen**. 4 Ob 505/92 = ÖA 1992, 114/U 54; 7 Ob 2337/96 v = ÖA 1997, 203/S 12; 3 Ob 70/02 v = ÖA 2002, 178/U 361 = EvBl 2002/164; 9 Ob 31/04 f = EF 107.002.

7. Es kann zwar die Verpflichtung zum Ersatz erst künftig fällig werdender Kostenersätze ausgesprochen werden; als Fälligkeitstermin ist aber nicht der Erste eines Monats im Vorhinein, sondern jew nur ein angemessener Termin im Nachhinein festzusetzen, dh nach der Erbringung der Leistung durch den JWTr. 9 Ob 31/04 f = EF 107.002.

8. Übersteigen die Kosten der vollen Erziehung den **Regelbedarf**, der die Betreuungskosten nicht erfasst, nur mäßig und liegen va damit auch unter den Mindestpensionssätzen, dann sind sie bei der Ermittlung des vom Vater zu ersetzenden Kostenbeitrags nicht zu berücksichtigen, weil sie auch bei einem Kind, das im elterlichen Haushalt lebt, aufgelaufen wären. 2 Ob 77/00 p = ÖA 2000, 169/U 316.

874 b 1. Über einen Antrag auf Ersatz der Kosten der vollen Erziehung wird **im VaStr entschieden**. 4 Ob 505/92 = ÖA 1992, 114/U 54; 7 Ob 522/96; 6 Ob 152/00 x.

2. Uzw unabhängig davon, ob das Verfahren **vor oder nach Eintritt der Volljährigkeit** des Kindes eingeleitet wird, weil der JWTr eine eigene, ihm durch Gesetz auferlegte Verpflichtung erfüllt und keine UhLeistung für den UhPfl erbringt, sodass es auf die Verfahrensart bei Geltendmachung gesetzlicher UhAnspr von Kindern hier nicht ankommt. 2 Ob 65/00 y = ÖA 2000, 164/U 314.

3. Überholt: Daraus ergibt sich aber keineswegs die Anwendbarkeit des § 185 Abs 3 AußStrG 1854, weil das Wohl des Mj durch die dringende Erledigung des Ersatzantrags nicht gefördert wird. 4 Ob 505/92 = ÖA 1992, 114/U 54.

4. Anmerkung: Die Nachfolgebestimmung des § 185 Abs 3 AußStrG 1854, nämlich § 17 AußStrG, ist auf sämtliche VaStr anzuwenden (vgl dazu Rz 462 ff).

5. Oder eine analoge Anwendung des **§ 382 a EO,** uzw selbst dann, wenn der UhAnspr des Mj im Wege der Legalzession (§ 34 JWG) auf den JWTr überging. 7 Ob 522/96.

6. Oder der Ausnahmebestimmungen des § 14 Abs 3 *[nunmehr: § 62 Abs 3]* AußStrG. 6 Ob 1706/92 = EvBl 1993/149 = ÖA 1993, 113; 5 Ob 525/93; 7 Ob 2337/96 v = ÖA 1997, 203/S 12.

7. Macht der **JWTr Kostenersatzansprüche gegen die Eltern** des Mj iSd § 33 JWG geltend, begründet der Umstand, dass derselbe JWTr zum besonderen Sachwalter des Kindes gem § 213 ABGB (iVm § 212 ABGB) zur Durchsetzung von dessen UhAnspr bestellt wird, keinen Anlass, einen Kollisionskurator zu bestellen. 7 Ob 506/94 = ÖA 1995, 122/S 8.

8. Infolge des Parteibegriffs gem § 2 Abs 1 AußStrG könnte der Mutter nach Zurücknahme des ursprünglich auch gegen Sie gerichteten Antrags auf Ersatz der Kosten der durch den JWTr besorgten vollen Erziehung eines ihrer Kinder die Parteistellung im Ersatzverfahren nur nach § 2 Abs 1 Z 3 oder 4 AußStrG zukommen. Eine Parteistellung gem § 2 Abs 1 Z 4 AußStrG scheidet aus, weil weder das JWG 1989 noch das Stmk JWG 1991 noch das AußStrG die Beteiligung eines Elternteils, gegen den ein Ersatzbegehren entweder nicht erhoben oder – wie hier – noch vor einer E des ErstG zurückgenommen wurde, im Verfahren über ein Ersatzbegehren gegen den anderen Elternteil vorsehen. Eine Parteistellung der Mutter könnte daher lediglich nach § 2 Abs 1 Z 3 AußStrG vorliegen. Diese Bestimmung ist indes, wie aus deren Wortlaut und Zweck folgt, eng auszulegen. Die Rechtsstellung der Mutter wird durch ein nur gegen ihren Ehegatten als Vater gerichtetes Begehren auf Ersatz der Kosten einer durch den JWTr besorgten vollen Erziehung eines Kindes nicht unmittelbar beeinflusst. Dass sich die in Bezug auf den Vater zu treffende E allenfalls – als bloße Reflexwirkung – auf das Ausmaß eines UhAnspr der Mutter gegen ihren Ehegatten auswirken könnte, reicht für die Begründung einer Parteistellung gem § 2 Abs 1 Z 3 AußStrG nicht. 1 Ob 156/06 g.

8. Kapitel
Aufrechnung gegen Unterhaltsansprüche

I. Gesetzliche Unterhaltsansprüche

Übersicht:

Rz

1. Aufrechenbarkeit wegen Pfändbarkeit
   a) Allgemeines 875
   b) Vor der EO-Novelle 1991 (§ 4 LPfG) 876
   c) Seit der EO-Novelle 1991 (§ 290a Abs 1 Z 10 EO) 877
2. Aufrechenbarkeit trotz Unpfändbarkeit (§ 293 Abs 3 EO)
   a) Allgemeines 878
   b) Konnexität 879
   c) Vorschuss 880
   d) Vorsatz 881
3. Grundsätzlicher Aufrechnungsausschluss 882

1. Aufrechenbarkeit wegen Pfändbarkeit

a) Allgemeines

875   **1. Soweit eine UhForderung pfändbar ist, kann auch gegen sie aufgerechnet werden.** 3 Ob 372/60; 3 Ob 230/59; 5 Ob 214/64; 1 Ob 262/70 = SZ 42/229 = JBl 1971, 261 = RZ 1971, 86; 3 Ob 98/77; 3 Ob 102/78 = EF 32.198; 5 Ob 537/78; 6 Ob 693/78; 2 Ob 608/82; 6 Ob 667/89; 6 Ob 667/89 = EF 60.120; 3 Ob 101/00z.

2. Uzw auch **mit zuviel geleisteten UhBeiträgen** gegen die erst fällig werdenden UhRaten. 1 Ob 239/57.

3. Haben die Eltern jew für das beim anderen Elternteil befindliche Kind Uh zu leisten und vereinbaren sie, dass die **UhAnspr der Kinder gegeneinander „aufgerechnet"** werden sollen, so enthält diese Vereinbarung eine Erfüllungsübernahme iSd § 1404 ABGB, die zw den Eltern eines Kindes ohne weiteres geschlossen werden kann, weil hiedurch dessen Rechtsstellung nicht berührt wird. Die Vereinbarung bedeutet zugleich, dass der Uh statt in Geld in natura geleistet wird.

Allerdings geht es dabei nicht um die Aufrechnung der wechselseitigen UhForderungen der Kinder, sondern wurde ihr UhAnspr dadurch getilgt, dass ihr Vater die Kosten ihrer Lebensführung in demselben Ausmaß bestritt, wie er es getan hätte und tun hätte müssen, wenn ihm die UhBeiträge von der Mutter bezahlt worden wären. 3 Ob 43/91; 6 Ob 9/97k = ÖA 1998, 119/U 216 = EF 83.087.

4. Unterlässt es der nach der Vereinbarung primär gelduhpfl gewordene Elternteil aus welchen Gründen auch immer, seiner Verpflichtung nachzukommen, oder ist er dazu aufgrund seiner persönlichen Verhältnisse nicht mehr in der Lage, führt dies ab dem **Zeitpunkt der Schmälerung oder Gefährdung des GesamtUh des Kindes** zur Unwirksamkeit der Vereinbarung. Bei dieser Beurteilung ist von dem

dem Elternteil tatsächlich zur Verfügung stehenden Einkommen abzügl weiterer Sorgepflichten, der Lebenshaltungskosten und der Verbindlichkeiten (und nicht von einer fiktiven, allenfalls unter Anspannungsgrundsätzen zu ermittelnden UBGr) auszugehen und der daraus geleistete GeldUh jenem UhBeitrag gegenüberzustellen, der dem Kind von seinem nach dem Gesetz uhpfl Elternteil gebührte. 4 Ob 263/98 z = EF 88.931 = ÖA 1999, 184/U 282.

5. Ein – auch rückwirkendes – **Abgehen von dieser Regelung** ist nur aus besonderen Gründen möglich. Ein solcher Grund wäre eine Gefährdung oder doch Schmälerung des Uh des Kindes, etwa durch eine gegenüber dem Zeitpunkt der Vereinbarung erheblich verschlechterte Leistungsfähigkeit eines Elternteils. 3 Ob 524/92 = ÖA 1992, 146/U 62 = tw EF 67.826.

b) Vor der EO-Novelle 1991 (§ 4 LPfG)

876 **1.** Die Aufrechnung ist **unter den Voraussetzungen des § 4 Abs 2 LPfG gegen den pfändbaren Teil einer gesetzlichen UhForderung zulässig.** 3 Ob 372/60; 3 Ob 230/59; 5 Ob 214/64 uva; 6 Ob 667/89 = EF 60.120.

2. Unpfändbar sind UhForderungen somit insoweit, als sie das **zur standesgemäßen Lebenshaltung erforderliche Maß nicht überschreiten,** wodurch die **Aufrechnung** in diesem Umfang **ausgeschlossen** ist. 2 Ob 1017/35 = SZ 18/17; 1 Ob 262/70 = RZ 1971, 86 = JBl 1971, 261 = SZ 43/229; 1 Ob 76/73 = RZ 1973/172 = SZ 46/55; 2 Ob 608/82 = EF 43.582; 1 Ob 635/83 = EF 43.581.

3. Der aufrechnende **UhPfl** ist dafür **beweispflichtig,** dass die UhForderung nach den Umständen des Einzelfalls den für eine standesgemäße Lebensführung notwendigen Bedarf überschreitet. 3 Ob 10/70; 1 Ob 262/70 = RZ 1971, 86 = JBl 1971, 261 = SZ 43/229; 1 Ob 76/73 = RZ 1973/172 = SZ 46/55; 4 Ob 585/79; 2 Ob 608/82 = EF 43.582.

4. Wobei eine **Interessenabwägung vorzunehmen** ist. 1 Ob 76/73 = RZ 1973/172 = SZ 46/55.

5. Doch ist ein solcher Beweis unzulässig, wenn im konkreten Fall die **UhForderung auf einem richterlichen Urteil beruht** und damit bereits entschieden ist, was der anständige Uh erfordert. 3 Ob 10/70; 1 Ob 262/70 = RZ 1971, 86 = JBl 1971, 261 = SZ 43/229 uva; 2 Ob 608/82 = EF 43.582.

c) Seit der EO-Novelle 1991 (§ 290a Abs 1 Z 10 EO)

877 **1.** Gem § 290a Abs 1 Z 10 EO darf eine gesetzliche UhForderung **nur nach Maßgabe des § 291a oder des § 291b EO gepfändet** werden. 3 Ob 101/00 z = EF 98.522.

2. Die Aufrechnung gegen eine gesetzliche UhForderung ist nur **gegen ihren pfändbaren Teil unbeschränkt** zulässig, gegen ihren unpfändbaren Teil dagegen nur dann, wenn eine der Voraussetzungen des § 293 Abs 3 EO erfüllt ist. Dabei müssen freilich die Aufrechnungsvoraussetzungen der §§ 1438 ff ABGB vorliegen bzw dürfen die dort genannten Aufrechnungshindernisse nicht vorliegen. 3 Ob 80/03 s = EF 109.206, 109.207.

3. Anmerkung: Die Frage der Pfändbarkeit von UhBeiträgen – und damit die Frage der Aufrechenbarkeit gegen sie (*Rummel* in Rummel[3] Rz 19 zu § 1440 ABGB; *Gitschthaler*, ÖJZ 1995, 656) – richtet sich nunmehr nach § 290a Abs 1 Z 10 iVm §§ 291a, 291b und §§ 292a, 292b EO, dh Pfändbarkeit (und damit [generelle] Aufrechenbarkeit) ist nur hinsichtlich jener Teile gegeben, die im Einzelfall das – allenfalls hinauf- oder herabgesetzte – Existenzminimum des UhBer überschreiten.

4. Dabei kommt es aber **nicht allein** auf die **Höhe der gesetzlichen UhForderung** an, weil nach den in § 292 EO normierten Grundsätzen der **Zusammenrechnung mehrerer Einkünfte** auch die sonstigen Einkünfte des UhBer zu berücksichtigen sind, also etwa auch eine Pension. 3 Ob 101/00 z.

5. **Anmerkung:** Im Hinblick auf § 292 EO sind die GeldUhForderungen mit anderen beschränkt pfändbaren Geldforderungen zusammenzurechnen, also etwa mit einem allfälligen Einkommen des UhBer; aufgrund dieser Zusammenrechnung ist sodann der konkret pfändbare Teil aller Einkünfte des UhBer zu ermitteln. § 292 Abs 3 EO ordnet allerdings an, dass bei mehreren Drittschuldnern des UhBer (UhPfl, Arbeitgeber) die unpfändbaren Grundbeträge in erster Linie für die Forderung zu gewähren seien, die die wesentliche Grundlage der Lebenshaltung des UhPfl bilde. IdR wird dies zwar wohl die UhForderung sein, sodass mangels Pfändbarkeit auch die Aufrechnung durch den UhPfl ausscheidet, in analoger Anwendung des § 292 Abs 3 letzter Satz EO wird man dem UhPfl jedoch wohl die Möglichkeit einräumen müssen, vom Pflegschaftsgericht eine Bezeichnung jenes Drittschuldners zu verlangen, der die unpfändbaren Grundbeträge zu gewähren hat, mit anderen Worten: ob der UhPfl nun aufrechnen darf oder nicht (vgl dazu Rz 886).

Bezieht der UhBer Geld- und NaturalUhLeistungen, sind sie nach § 292 Abs 4 EO zusammenzurechnen, wobei der Wert letzterer in Anwendung des § 273 ZPO so anzunehmen ist, als ob der Uh in Geld zu leisten wäre. Aus dem Gesamtwert aller UhLeistungen ist der unpfändbare Freibetrag zu errechnen, der sodann um den Wert der NaturalUhLeistungen wieder zu verringern ist. Der restliche Geldbetrag ist unpfändbar, der diesen übersteigende hingegen pfändbar, sodass gegen letzteren aufgerechnet werden kann.

6. Der UhPfl kann den der UhBer für 61 Monate **geleisteten Uh** (mtl ATS 11.000 [= € 800], sohin ATS 671.000 [= € 48.765]), den die UhBer nicht gutgläubig verbraucht hat, **gem § 1431 ABGB zurückfordern;** außerdem hat er gegen die UhBer, die bei der Kondiktion der von ihr zu Unrecht empfangenen Geldleistungen unabhängig vom Zeitpunkt des Eintritts des Verzugs zur Verzinsung des Kapitals verpflichtet ist, **Anspruch auf gesetzliche Zinsen.**

Dieser beträgt mtl ATS 36,66 (= € 2,66) (4% von 11.000 = 440 : 12) und besteht bis zur Tilgung der Schuld der UhBer, die mit der durch die Klage erfolgten Aufrechnung anzunehmen ist. Dies bedeutet, dass der längst zurückliegende UhBeitrag für insgesamt 66 Monate, der zweitlängst zurückliegende für insgesamt 65 Monate usw und der letzte für 6 Monate zu verzinsen ist. Das ergibt für alle Monate einen Zinsenanspruch von ATS 80.505,36 (= € 5.850,55) **(36,66 × [66 + 61] × [61 : 2]).**

Insgesamt konnte der UhPfl daher mit ATS 751.505,36 (= € 54.614,02) aufrechnen, wobei bei der Zinsenberechnung iSd § 273 ZPO von einem regelmäßigen mtl Empfang der UhBeiträge ausgegangen wurde. Die betriebene Forderung in Höhe von ATS 808.117 (= € 58.730) an rückständigem Uh ist demnach durch die Aufrechnung im Umfang von ATS 751.505,36 (= € 54.614,02) erloschen. 3 Ob 219/98 x.

7. **Anmerkung:** Die Aufrechnung an sich ist hier problemlos möglich, weil der Kl ohnehin laufender Uh in nicht unbeträchtlicher Höhe zusteht und der Bekl lediglich gegen einen UhRückstand aufgerechnet hat. Für die Praxis interessant ist an dieser E die Zinsenberechnungsformel des OGH.

2. Aufrechenbarkeit trotz Unpfändbarkeit (§ 293 Abs 3 EO)

a) Allgemeines

878 1. Die Aufrechnung ist gegen einen UhAnspr **unter den Voraussetzungen des § 293 Abs 3 EO ohne Einschränkung zulässig**. 3 Ob 372/60; 3 Ob 230/59; 5 Ob 214/64 uva; 3 Ob 101/00 z; 4 Ob 204/02 g = EF 102.333.

2. Diese Bestimmung stellt **zwingendes Recht** dar. 3 Ob 306/98 s = JBl 2000, 390; 3 Ob 101/00 z.

3. Die Pfändungsbeschränkungen des § 293 Abs 3 EO sollen dem Schuldner (UhGläubiger) zeitbezogen das Existenzminimum sichern. Er soll über diese Beträge dann verfügen können. Eine Aufrechnung von exekutiv nach Ende der UhPflicht noch rechtswidrig hereingebrachtem mit für die Vergangenheit rückwirkend erhöhtem Uh ist daher zulässig. 8 Ob 32/06 y.

4. § 293 Abs 3 EO stellt kein Hindernis dar, dass der UhBer im Exekutionsverfahren des betreibenden UhPfl wegen einer Prozesskostenforderung **mit** einem pfändungsfreien Anspruch auf gesetzliche rückständige UhLeistungen einseitig aufrechnet. 3 Ob 43/02 y = EvBl 2003/12 = JBl 2003, 383.

b) Konnexität

879 1. Zuviel **bezahlte UhBeiträge** können grundsätzlich nicht gegen den laufenden Uh aufgerechnet werden. 3 Ob 47/67; 1 Ob 262/70 = RZ 1971, 86 = JBl 1971, 261 = SZ 43/229; 3 Ob 98/77 = EF 30.176; 6 Ob 667/89.

2. **Anmerkung:** Diese Rsp wird mit mangelnder Konnexität begründet, weil es sich beim Rückforderungs- um einen Bereicherungsanspruch handelt (vgl etwa *Oberhammer* in Angst Rz 7 zu § 293 EO mwN; vgl idZ allerdings nunmehr auch Rz 881, wo eine Aufrechnung gegen laufenden Uh für jenen Fall zugelassen wurde, in dem der UhBer vorsätzlich ihm nicht zustehenden Uh entgegengenommen hat).

3. Im VaStr fehlt eine dem § 391 Abs 3 ZPO entsprechende Bestimmung, weshalb mit der der ASt auferlegten **Ausgleichszahlung** gem § 94 EheG nicht gegen eine ihr zustehende UhForderung aufgerechnet werden kann. 3 Ob 552/81 = EF 39.192, 39.538.

4. Ebenso wenig mit einem **aus der Aufhebung einer Gütergemeinschaft resultierenden Teilungsanspruch**. 3 Ob 245/57 = EvBl 1957/304.

5. Oder mit **Exekutionskosten**, die zur Hereinbringung von UhBeiträgen entstanden sind. 1 Ob 380/29 = SZ 11/112.

6. Oder während aufrechter Ehe mit einem **Ausgleichsanspruch hinsichtlich gegenseitiger Aufwendungen** bzw einem Anspruch auf Ersatz **früherer eigener Aufwendungen** etwa für das Einfamilienhaus oder auf Honorierung von **Arbeitsleistungen**. 1 Ob 675/77.

c) Vorschuss

880 1. Die aufgrund einer später mit Wirkung vom Klagstag herabgesetzten UhPflicht **zu viel bezahlten UhBeiträge** sind **keine Vorauszahlung künftiger Alimente,** sondern geben dem UhPfl lediglich eine Forderung auf Rückzahlung der Mehrleistung. 3 Ob 129/38 = DREvBl 1938/249; 7 Ob 225/55; 7 Ob 155/65; 5 Ob 537/78.

2. **Vorschuss** ist nach allgemeinem Sprachgebrauch ein Geldbetrag, der jemandem vorausbezahlt wird, obgleich er erst später darauf einen Anspruch hat, oder ein Darlehen, was auch dann gilt, wenn der UhPfl in Erfüllung der ihn gegenüber der **Versicherungsanstalt öffentlich Bediensteter** treffenden gesetzlichen Verpflichtung den **Behandlungsbeitrag für die mitversicherte (frühere) Ehegattin gem § 63 Abs 4 B-KUVG entrichtet,** der ihm als Versicherten wegen der Inanspruchnahme ärztlicher Leistungen durch die UhBer vorgeschrieben wurde. Da es sich dabei um einen **Teil des Uh** handelte, den der Kl der Bekl schuldete, hat er durch die Zahlung, zu der er nach dem Gesetz verpflichtet war, Uh bevorschusst und daher bei der Geltendmachung der bezahlten Beträge tatsächlich mit einem von ihm geleisteten Vorschuss auf fällige UhRaten aufgerechnet. 3 Ob 306/98 s.

3. **Anmerkung:** In der Praxis wird sich diese E iZm Behandlungsbeiträgen im Hinblick auf deren Höhe nicht entscheidend bemerkbar machen, abgesehen davon, dass Behandlungsbeiträge ohnehin von der Masse der Sozialversicherten nicht zu tragen sind, doch ist diese Rsp wohl insoferne verallgemeinerungsfähig, als der UhPfl nunmehr mit sämtlichen NaturalUhLeistungen, die er – anrechenbarerweise (vgl dazu Rz 40 ff, 574) – erbringt und die darin bestehen, dass er Zahlungen an Dritte leistet, gegen fällige UhForderungen aufrechnen kann, also etwa mit Betriebskostenzahlungen für die von den UhBer benutzte Wohnung, Ambulanzgebühren, aber wohl auch mit Arzthonoraren, die er beglichen hat, wenn er dies in Erfüllung seiner UhPflicht getan hat; fraglich erscheint, ob er auch mit echten NaturalUhLeistungen aufrechnen kann (vgl dazu Rz 882).

d) Vorsatz

881   1. **Bedingter Vorsatz** liegt schon dann vor, wenn sich der Täter nicht bloß der Rechtswidrigkeit seines Verhaltens bewusst ist, sondern auch den schädlichen Erfolg vorhersieht und sich mit der möglichen Verwirklichung abfindet. Im Hinblick auf die Ausgestaltung des Verhältnisses der UhBer zu einem anderen Mann, das als **LG** zu qualifizieren ist, ist **nach den Erfahrungen des tgl Lebens** davon auszugehen, **dass der Bekl bewusst war, dass sie trotz Ruhens ihres UhAnspr weiterhin zu Unrecht UhZahlungen entgegennimmt, und dass sie die hiedurch bewirkte Schädigung des Kl zumindest in Kauf nahm.** Vorsätzliches Verhalten der Bekl liegt hier somit vor. Aus diesem Grund steht § 293 EO einer Aufrechnung mit den Ansprüchen des UhPfl auf Rückforderung des zu Unrecht von der UhBer empfangenen Uh nicht entgegen, uzw auch nicht hinsichtlich des laufenden Uh. 3 Ob 209/99 b = RZ 2001/5; 4 Ob 204/02 g = EF 100.978.

2. **Anmerkung:** Diese E sind durchaus zu begrüßen, erscheint es doch unbillig, dass UhPfl, die aus Gründen, die in der Sphäre des UhBer lagen, zu Unrecht (zumindest zu hohe) UhBeiträge bezahlten, zwar einen Titel erwirken, der die Rückzahlung dieser Leistungen anordnet (vgl dazu Rz 845 ff), letztlich mit diesem Titel aber nichts anfangen können, weil der UhBer über kein Vermögen verfügt, auf das der Rückforderungsgläubiger greifen könnte, und idR wohl auch kein pfändbares Einkommen vorhanden ist. Bei mj UhBer mag zwar die Aussicht trösten, dass der Rückforderungstitel erst in 30 Jahren verjährt, doch wird der gelduhpfl Elternteil nur sehr ungern das erste Einkommen seines Kindes für eine Schuld pfänden lassen, die Jahre zurückliegt und wo das Geld – de facto – dem betreuenden Elternteil zugekommen ist. Eine aktuelle (also zeitnahe) Aufrechnung mit den Rückforderungsansprüchen

gegen den laufenden Uh kommt in der Praxis demnach meist nicht in Betracht (Konnexität ist nicht gegeben [vgl Rz 879], Pfändbarkeit meistens nicht [vgl Rz 875 ff]).

Für jene Fälle, in denen dem UhBer UhBeiträge zugeflossen sind, die ihm aus in seiner Sphäre eingetretenen Änderungen nicht zugestanden hätten (solche wären etwa das Eingehen einer LG wie in 3 Ob 209/99 b = RZ 2001/5 oder aber auch die Erzielung eines Einkommens, der Antritt eines Erbes, aus dem Vermögenserträgnisse abreifen udgl), er jedoch letztlich doch nicht ganz und nicht endgültig selbsterhaltungsfähig wird, bietet diese nunmehrige Rsp-Linie, die auf § 293 Abs 3 EO Bedacht nimmt, eine Möglichkeit der Aufrechnung (auch) gegen laufende UhBeiträge dann, wenn dem UhBer bedingter Vorsatz iZm der Erwirkung des „Übergenusses" vorgeworfen werden kann. Dabei ist auf den Umstand Bedacht zu nehmen, ob dem UhBer nach den Erfahrungen des tgl Lebens bewusst gewesen ist, dass er zu Unrecht Uh-Zahlungen entgegennimmt, und ob er die hiedurch bewirkte Schädigung des Kl zumindest in Kauf nahm (bei den dargelegten Beispielen wird man davon wohl ausgehen müssen). Dem ist vollinhaltlich beizupflichten, trägt doch wohl auch der UhBer Mitverantwortung dafür, dass der „richtige" Uh bezahlt wird; tut er dies nicht und bezieht er zuviel Uh, soll er diesen wenigstens zurückzahlen oder seine Ansprüche in Hinkunft mäßigen müssen.

Die zum GeschiedenenUh ergangene Rsp lässt sich auch auf den Ehegatten- und den KindesUh anwenden (das Kind erbt eine Eigentumswohnung, die vermietet ist, und erzielt mtl Einkünfte daraus in Höhe von € 1.500, ist somit selbsterhaltungsfähig [vgl Rz 324]; der Vater weiß nichts davon und bezahlt den bisher festgesetzten Uh weiter; in weiterer Folge zieht das Kind mit der Mutter selbst in diese Wohnung ein, wodurch zwar ein Teil seines UhAnspr gedeckt wird, die Selbsterhaltungsfähigkeit aber wohl wieder wegfällt), wobei in letzterem Zusammenhang allerdings zu berücksichtigen ist, dass es hier hinsichtlich des Bewusstseins und des Inkaufnehmens nicht (nur) auf den Kenntnisstand des Kindes, sondern (auch) auf jenen des betreuenden Elternteils ankommen muss (vgl dazu auch Rz 849).

Nicht anwendbar ist diese Rsp auf jene Fälle, in denen der UhBer die ihm zugeflossenen UhBeiträge gutgläubig verbraucht hat (vgl Rz 845 ff), weil dann überhaupt kein Rückforderungsanspruch entstanden ist, oder auf jene Fälle, in denen zwar mangels Gutgläubigkeit ein Rückforderungsanspruch besteht, den UhBer aber kein Vorsatzvorwurf trifft; letzteres wären die Fahrlässigkeitsfälle, die zwar nicht die Rückforderung, wohl aber die Aufrechnung ausschließen.

Soweit es sich um Umstände in der Sphäre des UhBer handelt, wird der gutgläubige Verbrauch auch den (bedingten) Vorsatz ausschließen, während der bösgläubig verbrauchende UhBer wohl auch (bedingt) vorsätzlich handelt; bei Umständen in der Sphäre des UhPfl ist auch eine Zwischenstufe denkbar, so etwa wenn der UhPfl einen Herabsetzungsantrag mit der Begründung stellt, nunmehr weniger zu verdienen (damit wird die Gutgläubigkeit ausgeschlossen), der UhBer dies jedoch nicht glaubt und sich auf ein UhHerabsetzungsverfahren einlässt, in dem der UhPfl letztlich obsiegt; wusste der UhBer, dass die Behauptungen des UhPfl richtig waren, handelt er vorsätzlich, die Aufrechnung ist zulässig; hätte er Anhaltspunkte für deren Richtigkeit gehabt, handelt er wohl lediglich fahrlässig, eine Aufrechnung nach § 293 Abs 3 EO scheidet aus.

Der OGH hat offenbar bewusst in Kauf genommen, dass ein UhBer, der „Uh-Übergenüsse" bezogen hat, nunmehr uU auch während eines längeren Zeitraums infolge Aufrechnung überhaupt keine UhLeistungen erhält, was sich wohl auch aus § 293 Abs 3 EO erschließen lässt, findet sich doch im Gesetz eine allfällige Beschränkung der Aufrechnungszulässigkeit gegen laufende UhForderungen nicht (die Fälle des § 293 Abs 3 EO durchbrechen ja den Pfändungsschutz durch Aufrechnung!).

Da mE dieses Ergebnis jedoch nicht unbedingt mit dem Grundgedanken der UhGewährung (Zurverfügungstellen von Versorgung) im Einklang steht und sich doch die Frage stellt, wovon der UhBer leben soll, wenn der – zu viel bezogene – Uh bereits verbraucht worden ist, könnte in analoger Anwendung des § 19 Abs 1 Satz UVG bzw des § 399b EO überlegt werden, die Frage der Zulässigkeit einer Aufrechnung (und deren Umfanges) vom Gericht feststellen zu lassen (vgl dazu *Gitschthaler*, ÖJZ 1995, 652), wobei ein im Einzelfall angemessener UhBeitrag von der Aufrechnung ausgeschlossen werden könnte.

3. Grundsätzlicher Aufrechnungsausschluss

882 1. **Mangels Gegenseitigkeit** ist eine Aufrechnung zw der UhPflicht der Mutter für ein vom Vater betreutes Kind und der vom Vater nicht erfüllten UhPflicht für die im Haushalt der Mutter lebenden Kinder nicht möglich. 7 Ob 548/92.

2. Gegen **UhAnspr in Geld** können nicht **Ansprüche auf Ersatz von Naturalleistungen** aufgerechnet werden. 2 Ob 846/54 = JBl 1955, 405.

3. **Anmerkung:** Es erscheint fraglich, ob diese Rsp, die die Gleichartigkeit der wechselseitigen Ansprüche verneint, im Hinblick auf § 290a Abs 1 Z 10, § 292 Abs 5 EO noch aufrecht zu erhalten ist, ist doch nunmehr auch der Anspruch auf NaturalUh beschränkt pfändbar (vgl *Oberhammer* in Angst Rz 11 zu § 292 EO), wobei nach § 292 Abs 5 EO gesetzlicher NaturalUh so zu bewerten ist, als ob der Uh in Geld zu leisten wäre. Soweit daher gegen den konkreten (Geld-)UhAnspr aufgerechnet werden kann, ist dies mE auch mit NaturalUhAnspr möglich, die entsprechend zu bewerten wären.

II. Vertragliche Unterhaltsansprüche

883 1. Ein rein vertraglicher UhAnspr ist **pfändbar** und **kann** daher gegen ihn auch **aufgerechnet werden**. 1 Ob 1032/52 = SZ 26/6; 3 Ob 102/78 = EF 32.198.

2. **Anmerkung:** Der Charakter eines gesetzlichen UhAnspr geht durch eine darüber getroffene Vereinbarung so lange nicht verloren, als sich die Verbeinbarung im Rahmen der gesetzlichen Bestimmungen bewegt (s auch *Oberhammer* in Angst Rz 10 zu § 290a EO).

III. Verfahrensfragen

884 1. Im VaStr geltend zu machende (Uh-)Anspr können **im streitigen Verfahren nicht aufrechnungsweise als Gegenforderung eingewendet** werden, weil auch für die Aufrechnungseinrede die positiven Prozessvoraussetzungen – hier die Zulässigkeit des Rechtswegs – vorliegen müssen, es sei denn, derartige Ansprüche wären vom Außerstreitrichter schon rk zuerkannt worden; diesfalls läge ein **Aufrechnungseinwand zur Schuldtilgung** vor. 7 Ob 2334/96b = EF 81.596.

2. **Anmerkung:** Diese Überlegungen müssen auch für den umgekehrten Fall gelten, in dem in einem VaStr (wegen Festsetzung oder Erhöhung von KindesUh) mit in der Vergangenheit zu viel bezahlten UhBeiträgen aufgerechnet werden soll, es sei denn, auch hier würde bereits ein entsprechender Rückzahlungstitel des Streitrichters vorliegen: In diesem Fall müsste – jedenfalls bei Festsetzung rückständigen Uh – der Ausspruch zulässig sein, dass die Schuld bereits getilgt ist und daher eben ein geringerer Uh für die Vergangenheit festgelegt wird.

3. Eine **unzulässigerweise erklärte Aufrechnungseinrede** ist **abzuweisen;** es ist nicht auszusprechen, dass die Gegenforderung nicht zu Recht bestehe, weil auf ihre Berechtigung gar nicht einzugehen ist. 6 Ob 667/89 = EF 60.845.

4. Auch bei einer **einseitigen außergerichtlichen Aufrechnung,** bei der es sich um ein durch empfangsbedürftige Willenserklärung nur unbedingt und unbefristet auszuübendes Gestaltungsrecht handelt, ist im Rahmen der erforderlichen Aufrechnungserklärung die **Gegenforderung genau zu bezeichnen und ziffernmäßig festzulegen.** 1 Ob 122/97 s = EF 84.529.

885 1. Eine **familienrechtliche Streitigkeit** iSd § 502 Abs 3 Z 1 ZPO iVm § 49 Abs 2 Z 2 JN liegt nicht vor, wenn im Oppositionsprozess nur die Frage strittig ist, ob der UhAnspr des Bekl durch Aufrechnung erloschen ist. 3 Ob 34/93 = EF 73.025 = EvBl 1993/147; 3 Ob 68/93.

2. Wird gem dem eingeklagten bereicherungsrechtlichen Rückforderungsanspruch (allenfalls Schadenersatzanspruch) ein behaupteter UhAnspr als Gegenforderung eingewendet, so liegt kein UhStreit iSd § 49 Abs 2 Z 2 JN vor. 7 Ob 189/97 p = EF 85.161.

886 1. **Anmerkung:** Will ein UhPfl gegen UhAnspr aufrechnen und tritt dem der UhBer entgegen, kann ersterer nur die Aufrechnung erklären und seine Zahlungen (tw) einstellen, was zwangsläufig zum Exekutionsantrag des UhBer führen wird; gegen diese Exekutionsführung kann er sich dann mit Oppositionsklage wehren. Um dies zu vermeiden, erschiene es – jedenfalls im Rahmen des KindesUh – überdenkenswert, ob man nicht dem UhPfl die Möglichkeit geben sollte, beim Pflegschaftsgericht eine E zur Frage zu erwirken, ob und – wenn ja – inwieweit im Einzelfall tatsächlich die Aufrechnung gestattet sein soll; Anhaltspunkte ließen sich dabei aus § 19 UVG und § 399 b EO (vgl *Gitschthaler,* ÖJZ 1995, 652), aber auch aus § 292 Abs 3 letzter Satz EO gewinnen.

IV. Aufrechnung bei Auslandsberührung

887 1. Da es sich bei der **Aufrechnung** um ein **Institut des materiellen Rechts** handelt, muss Aufrechenbarkeit in Fällen mit Auslandsbeziehung zumindest auch nach dem Recht gegeben sein, dem die Forderung untersteht, gegen die aufgerechnet werden soll, uzw auch dann, wenn der Bekl im UhRechtsstreit eine Gegenforderung geltend gemacht hat. 6 Ob 518/78 = EF 31.927.

Stichwortverzeichnis

Die Zahlen verweisen auf die Randzahlen.

A

Abfertigung 99, 101 ff, 646, 691
Abfertigungsrückstellung 92, 727
abgesonderte Wohnungnahme 818
Abschiebung des Unterhaltspflichtigen ins Ausland 170
Abschluss an AHS 371
– an BHS 371 **Abschreibungsbeträge (steuerliche)** 727
absichtliches Herbeiführen der Erwerbslosigkeit 355
absichtliches Verschweigen von Einkommen 752
absolute Belastbarkeitsgrenze des Unterhaltspflichtigen 269
Abtreibung 518
Abtretung des Ausstattungsanspruchs 509
Abzüge von der UBGr 188 ff
abzüglich geleisteter Zahlungen 467, 664, 798
Abzug des Eigeneinkommens des Kindes 329
Abzugsposten, Amtshaftungsversicherung 199 a
–, Arbeitskleidung 352
–, Arbeitsplatzfahrtkosten 191 ff
–, Ausgaben allgemein 188 ff
–, Ausgaben des täglichen Lebens 189, 212
–, Ballettausbildung 190 a
–, berufliche Weiterbildung 194 f
–, Berufsschulkosten 352 f
–, Berufsvereinigungsbeiträge 196
–, Besuchsrechtskosten 45, 200
–, Betriebskosten für Wohnung 59, 223, 578
–, Bildungsveranstaltungen 195
–, Diätnahrung 201
–, Eigenheimanschaffungskredit 219
–, Einkommensquellenschaffung 199, 638, 644
–, Entfernungszulage 530
–, Existenzsicherung 197
–, Fachliteratur 194 f
–, Fahrtkosten zur Ausbildungsstelle 352
–, Fahrzeugbetriebskosten 190
–, Finanzierungskosten für Wohnung 216
–, Fitnessstudiokosten 202
–, Fortbildungkosten 195
–, Gaskosten 578
–, Getränkekosten 190
–, Gewerkschaftsbeitrag 196
–, Hauseinrichtungskredit 220
–, Haushaltsversicherung 530, 576
–, Haussanierungskosten 220
–, Investitionskosten 530
–, Kilometergeld 193
–, Kirchensteuer 190
–, Kleiderreinigungskosten 190
–, Kleidungskosten 1, 190, 568
–, Kontoüberziehung 212
–, Kosten der Erhaltung der Arbeitskraft 197 f
–, Lebensmittelkosten 190
–, Leibrentenzahlungen 217
–, Lenkerberechtigung 352
–, Mediationskosten 190
–, Mietkaution 222
–, Mitgliedsbeiträge 190
–, Nächtigungskosten 530
–, Nahrungskosten 1, 190, 568
–, Pensionsvorsorge 207
–, Pfändung von Einkommen 213
–, PKW-Kosten 530
–, Rechtsanwaltskosten 190
–, Richtervereinigungsbeitrag 196
–, Schaffung einer Einkommensquelle 199
–, Scheidungskosten 190
–, Schulden 208 ff, 293, 532
–, Schulmaterialkosten 194
–, Sozialversicherungskosten 190

–, Transsexualismus 204
–, UBGr 188 ff
–, Unfallversicherung 530
–, Unterbringungskosten 352
–, Unterhaltsleistungen 190
–, Unterhaltsrückstände 212
–, Vereinsmitgliedsbeiträge 190
–, Vermögenserwerb 530, 532
–, Verpflegung am Arbeitsplatz 352
–, Versicherungsprämien 214
–, Wohnaufwand 530
–, Wohnbauförderungsdarlehen 219
–, Wohnungsanschaffungskosten 219, 221, 530
–, Wohnungseinrichtungskredit 220 f
–, Wohnungsfixkosten 223
–, Wohnungskredit 219
–, Wohnungsrenovierungskosten 220
–, Wohnungssanierungskosten 220
–, Wohnungsverbesserungskosten 220
Adoptivkind 245
Änderung der Rechtslage 661, 663
Änderung der Verhältnisse s Sachverhaltsänderung
– s Umstandsklausel
ärztliche Betreuung 583
AfA 92
AHS-Eintritt 423
aktuelle Berechnungsformeln bei Teilselbsterhaltungsfähigkeit des Kindes 332
Alimentierungsgestaltungsfreiheit 36
Alkoholmissbrauch 594, 602
Allgemeinbedarf s Durchschnittsbedarf
Alter des Kindes, Betreuungsumfang 17 f
–, fiktive Selbsterhaltungsfähigkeit des Kindes 316, 354
Altersgruppenwechsel 423
Altersunterschied der Verlobten 518
Altersversorgung, Elternunterhalt 560
–, Großelternunterhalt 560
Amtshaftungsversicherung 199 a
Anerkenntnis im außerstreitigen Unterhaltsverfahren 478
Anfangsgehälter 253
Anfechtung eines Unterhaltsvergleichs 431
Angehörigenbehandlungsbeitrag nach B-KUVG 743, 880

Anhörungsrecht des Unterhaltspflichtigen bei Sonderbedarf 298
animus obligandi s Rückforderungswille
Anlauffrist bei selbstständiger Erwerbstätigkeit 166 f
Anrechnung von Aufwendungen bei gemeinsamer Obsorge 47 f
Anrechnung von Naturalunterhaltsleistungen 40
Anspannung des Unterhaltsberechtigten, Ehegattenunterhalt 639, 644
–, Geschiedenenunterhalt 693, 704, 716
–, Kindesunterhalt 357
Anspannung des Unterhaltspflichtigen, Abschiebung ins Ausland 170
–, Allgemeines 136, 138
–, Anlauffrist bei selbstständiger Erwerbstätigkeit 166 f
–, Anspannungseinkommen 147
–, Arbeitsplatzsuche 153
–, Arbeitsplatzverlust 160
–, Aufgabe des Arbeitsplatzes 143
–, Auslandswohnsitz 169
–, Beamter im Ruhestand 155
–, Berufswechsel 165 ff
–, Beurteilung von Entscheidungen 152
–, Beweispflichten 456
–, Bindung an Verwaltungsbescheid 157
–, Dienstgeberkündigung 162
–, Eigenkündigung 160
–, Einkommensverzicht 142
–, Einleitungsvoraussetzungen 140
–, Einzelfallentscheidung 137
–, Entlassung 161 f
–, Entwöhnungsanstalt 175
–, Fiktion bei Einkommen 693
–, gescheiterter Unternehmer 138, 144
–, Großeltern 398
–, Haft 173 f
–, Hochschulstudium 172
–, Insolvenz 142
–, Karenzurlaub 176 ff
–, Kenntnis von der Geburt 139
–, Kindesunterhalt 136 ff
–, Missbrauchsvorbehalt 151
–, Nebenbeschäftigung 159
–, passives Unternehmen 144
–, Regelbedarf 141
–, Sachverhaltsänderung 420
–, Schädigungsabsicht 160 ff

–, UBGr 147 ff
–, Überstundenleistung 158
–, unbekannter Aufenthalt des Unterhaltspflichtigen 457 f
–, Unterhaltsschädigungsabsicht 161
–, Unterlassung einer Antragstellung 146
–, Verhaltenspflichten 150
–, Verschaffung eines Pensionsanspruchs 207
–, Verschulden 151
–, Verschuldensmaßstab 151 ff
–, Weiterbildung 171
–, wirtschaftliche Dispositionen 162, 165
–, Zielstrebigkeit bei Berufsausbildung 158
–, Zuschläge 151
Anspannungseinkommen 68, 147 ff
Anspruchsberechtigung, Ausstattung 510
–, Kindesunterhalt 10
Antragsprinzip im außerstreitigen Unterhaltsverfahren 447 ff
Arbeitseinkommen, Ausstattung 527
–, Kindesunterhalt 97
Arbeitskleidung 352
Arbeitslosenunterstützung 119, 145
Arbeitslosigkeit, Sachverhaltsänderung 420
–, saisonbedingte 98
Arbeitsplatzfahrtkosten 191 ff
Arbeitsplatzsuche 153
Arbeitsplatzverlust 160, 356
Arbeitsscheu 517
Arbeitsunfähigkeit 73, 354
Arbeitsunwilligkeit 354
atypische Verhältnisse bei der Unterhaltsbemessung 241, 258, 265
Au-Pair-Mädchen 319
Aufforderung zur Rückkehr 594
Aufgabe des Arbeitsplatzes 143
aufgeschobene Legalzession 871 ff
Aufhebung der Haushaltsgemeinschaft 37 ff, 434, 570, 594
Aufrechnung gegen Unterhaltsansprüche 875 ff, 884
Aufteilungsverfahren der Eltern/Ehegatten 579
Aufwandsentschädigung 527, 673
Aufwendungen bei gemeinsamer Obsorge 47 ff

Ausbildung des Kindes, Allgemeines 359 ff
–, Diplomatische Akademie 368
–, Doktoratsstudium 382
–, Fachhochschulstudium 373 ff
–, Fachschule 368, 371
–, Fortkommen bei Hochschulstudium 375
–, Gerichtspraxis 368
–, Gymnasialausbildung 360
–, Handelsakademie 368
–, Handelsschule 368
–, Matura 369
–, Mittelschule 369
–, Profisportler 359
–, sozialer Aufstieg des Kindes 361
–, Studienwechsel 380
– sa Berufsausbildung
Ausbildungskosten 277, 545
Ausbildungsplatzwechsel 360
Ausbildungsunwilligkeit 354
Ausgaben des täglichen Lebens 189, 212
Ausgaben des Unterhaltspflichtigen 188 ff
Ausgedingsleistungen 96
Ausgleich s Insolvenz
Ausgleichszahlung gemäß § 94 EheG 228, 651, 692
Ausgleichszulage 126, 323, 650, 691
Ausgleichszulagenrichtsätze 323
Auskunftseinholung in Unterhaltssachen 449 ff
Ausländer 518
ausländisches Kind 504
Auslandsaufenthaltszuschuss 108
Auslandsberührung, Aufrechnung gegen Unterhaltsansprüche 887
–, Ehegattenunterhaltsverfahren 666
–, Geschiedenenunterhaltsverfahren 801
–, Kindesunterhaltsverfahren 489 ff
–, Provisorialunterhalt 844
–, Rückforderungsansprüche 870
Auslandseinsatzzulage 108
Auslandsstudium 381
Auslandsverwendungszulage 108
Auslandswohnsitz 107, 169, 500
Auslandszulage 108
Auslegung eines Unterhaltsvergleiches 729

Ausnahmecharakter des Sonderbedarfes 273
Ausschluss der Umstandsklausel, Ehegattenunterhalt 662
–, Geschiedenenunterhalt 732
–, Kindesunterhalt 412
außergerichtlicher Ausgleich 199
außergewöhnliche Belastungen 116
Außergewöhnlichkeit des Sonderbedarfes 271
außerhäusliche Betreuung 284 ff, 297
außerstreitiges Unterhaltsverfahren 427 ff
Aussetzung des außerstreitigen Unterhaltsverfahrens 478
Aussperren des Ehegatten 599
Ausstattung, Abzugsposten von UBGr 530
–, Altersunterschied der Verlobten 518
–, Anrechnung von sonstigen Leistungen 544
–, Anspruchsberechtigung 510
–, Anspruchsfälligkeit 511
–, Anspruchsvoraussetzungen 510 ff
–, Arbeitsscheu 517
–, Ausländer 518
–, Ausschlussgründe 513 ff
–, Beendigung der Ehe 523
–, Begriffsbestimmung 506
–, Billigung der Eheschließung 513, 519
–, Ehescheidung 518
–, Eheschließung 511
–, Einkommen des Berechtigten 521
–, Einkommen des Verpflichteten 527
–, Führerscheinkosten 545
–, Gehaltsvorschuss 527
–, Geschenke 544
–, Glaubensgrundsätze 518
–, Höhe des Anspruches 540 ff
–, Informationspflichten 515
–, konkludente Billigung der Eheschließung 513, 519
–, Kreditaufnahme 527
–, Liegenschaftsbesitz 528
–, mangelnde Leistungsfähigkeit des Verpflichteten 538
–, maßgeblicher Zeitpunkt für Bemessung 534
–, Missbilligung der Eheschließung 513 ff
–, Missbilligungsgründe 516 ff

–, Ratenzahlungen 547
–, Rechtslage 505
–, Rechtsnatur 508
–, Schenkung 508
–, Schwarzarbeit 517
–, Starthilfe 507
–, Tod des Berechtigten 524
–, Tod des Verpflichteten 526
–, UBGr 527 ff
–, Unternehmen 529
–, Verfahrensfragen 549 ff
–, Verheimlichung der Eheschließung 515, 519
–, Verlöbnis 511
–, Vermögen des Ausstattungsberechtigten 520
–, Vermögen des Verpflichteten 528
–, Verschuldung 517
–, Verzicht des Berechtigten 522
–, Vorempfänge 545
–, Vorstellung des Bräutigams 515
–, Vorstrafe 517
–, weitere Ausstattungspflichten 533
–, weitere Unterhaltspflichten 533
–, Zahlungsmodalitäten 546
–, Zweck 507
Ausstattungsanspruch, Abtretung 509
–, Einmaligkeit 511
–, mehrere Verpflichtete 525
–, Übertragung 509
Aussteuer s Ausstattung
auswärtige Ausbildung des Kindes 277
auswärtiges Studium des Kindes 379
Auswechseln des Türschlosses 599

B

Ballettausbildung 190 a
Bankschulden 90
Bausparvertrag 52, 215
Beamter im Ruhestand 155
Bedürfnissteigerung 423
Bedürftigkeit des Ehegatten 641 ff
Begräbniskosten, Elternunterhalt 563
–, Großelternunterhalt 563
–, Kindesunterhalt 1
Begriffsbestimmung, Betreuung des Kindes 17
–, Drittpflege 26
–, Durchschnittsbedarf 258

–, Eigenpflege 26
–, gemischter Unterhalt 40
–, Haushaltsführung 633
–, Haushaltstrennung 38
–, Lebensgemeinschaft 775
–, Not 730, 788
–, Regelunterhaltsleistung 259
–, Sonderbedarf 259, 271
Behandlungsbeitrag nach B-KUVG 743, 880
Beharren auf Ausschluss der Umstandsklausel 416, 662, 735
Beharren auf einer Unterhaltsvereinbarung 732
Behauptungs- und Beweislasten s Beweispflichten
behindertengerechtes Fahrzeug 287
Behinderung des Kindes 285
Belastbarkeitsgrenzen des Unterhaltspflichtigen 263 ff
Belastungsbeschränkungen bei Geschiedenen 740
Beleidigung des geschiedenen Ehegatten 773
Bemessungsgrundlage s UBGr
Bemessungsgrundsätze/-parameter in früherem Vergleich 413
beneficium competentiae 264, 396, 561
Benützungsentgelt für Wohnung 656, 706, 812
Beobachtungszeitraum für UBGr 85, 87, 98
Berechnungssysteme, Prozentwertmethode 237, 636, 685, 700, 712
–, Teilselbsterhaltungsfähigkeit des Kindes 330
Bereicherungsausgleich 11, 431, 857
berufliche Weiterbildung 171
beruflicher Mehraufwand 83, 97
Berufsausbildung, erste 359
–, fiktive Selbsterhaltungsfähigkeit des Kindes 354
–, Scheitern 354
–, weitere 361
– sa Ausbildung des Kindes
Berufsausbildungskosten 277, 352
Berufsausübungskosten 352
berufsbedingte Ausgaben 191 ff, 335, 352
Berufsschulkosten 352 f
Berufstätigkeit des Betreuenden 284

Berufsvereinigungsbeiträge 196
Berufswechsel 165 ff, 360
Beschimpfungen 603
Beschluss im außerstreitigen Unterhaltsverfahren 467 ff
Beschlussberichtigung 469
besseres Fortkommen durch weitere Ausbildung des Kindes 361 f
Besuchsrecht, Ablehnung/Verweigerung 73, 76
–, Kosten als Abzugsposten 45, 200
betragsmäßiges Begehren im außerstreitigen Unterhaltsverfahren 447
Betreuung des Kindes, Allgemeines 17
–, Alter 17 f
–, auswärtige Ausbildung 24
–, Auswirkung auf Geldunterhalt 18
–, Begriffsbestimmung 17
–, Billigkeitserwägungen 21 f
–, Drogensucht 23
–, eingeschränkte 23
–, Einkommensverhältnisse des Betreuenden 21 f
–, gelegentliche Besuche 23
–, Großeltern 23, 28, 133
–, Hort 23
–, Internatsunterbringung 23
–, konkurrierende Sorgepflichten 247
–, Lebensverhältnisse des Betreuenden 19
–, studierendes Kind 24
–, Umfang 17, 23
–, Versäumnisse 25
–, volljähriges Kind 24
–, vollwertiger Unterhaltsbeitrag 18
Betreuungskosten 1, 297
Betreuungspflichten für Kleinkinder 184, 694
Betriebskosten für Wohnung 59, 223, 578
Betriebspension 100
Beweispflichten im außerstreitigen Unterhaltsverfahren 448 ff, 456, 459
Beweispflicht des Unterhaltsberechtigten 452
– des Unterhaltspflichtigen 453
Bewertung von Unterhaltsforderungen 482, 829
Bezugszeitraum 98, 673, 699
Bilanzgeld 100
Bildungsveranstaltungen 195

Billigkeitserwägungen beim Geschiedenenunterhalt 704
Billigkeitsunterhalt 700, 717
Billigkeitsunterhalt idFd EheRÄG 1999 745
Billigung der Eheschließung 513, 519
Bindung an ausländische Entscheidung 504
Bindung an früheren Unterhaltsvergleich 413
Bindung an Verwaltungsbescheide 95, 157
bonus pater familias als Vergleichsmaßstab 61
Brillenkosten 287
Bruchteilstitel 470
Buwog-Wohnung 54

C
Computer 275, 294

D
Darlehensrückzahlungen des Unterhaltspflichtigen 706
Datenschutz bei Auskunftseinholung in Unterhaltssachen 449, 451
Deckungspflicht bei Sonderbedarf 299 f
Detektivkosten 785
Diäten 105
Diätnahrung 201
Dienstgeberkündigung 162
Dienstwohnung 572
Diplomatische Akademie 368
Dispositionsgrundsatz s Antragsprinzip
Doktoratsstudium 382
Doppelversorgung des Unterhaltsberechtigten 569, 698
Doppelvertretung des Kindes im Unterhaltsverfahren 441 f
Dotierung s Ausstattung
Dringlichkeit des Sonderbedarfes 271
Drittpflege, Begriffsbestimmung 26
–, Berechnungsformel 26
–, Betreuung durch Großeltern 28
–, Geldunterhaltsverpflichtungen 26 f
–, Gesamtunterhaltsbedarf 27
–, Zahlungspflicht hinsichtlich der Kosten 297
Drittschuldnerklage 436, 442

Drogensucht 23, 175, 355
Drohungen 603
durchschnittliche Lebensverhältnisse 322
Durchschnittsbedarf 258 ff, 321
Durchschnittsbedarfssätze 262
Durchschnittseinkommen 85, 98, 673, 699

E
effektive Ausgaben 83
Ehebruch 596
Ehegatte des Kindes 6
Ehegatte des Unterhaltspflichtigen 250
Ehegattenunterhalt, Änderung der Verhältnisse 657 ff
–, Allgemeines 568 ff
–, Anspannung des Unterhaltsberechtigten 639, 644
–, Dauer des Anspruches 613 ff
–, Eigeneinkommen des Unterhaltsberechtigten 637, 645 ff
–, Umstandsklausel 657 ff
–, Unterhaltshöhe 630
–, Verfahrensfragen 663 ff
–, Vermögen des Unterhaltsberechtigten 637
Ehelichkeitsbestreitung 421
Eheschließung 511
Ehewohnungskosten s Wohnungskosten
Ehrverletzungen 770
eigene Sorgepflicht des Kindes 317
Eigeneinkommen des Unterhaltsberechtigten 334 ff, 352 ff, 637, 645 ff, 689, 715
Eigenheimanschaffungskredit 219
Eigeninitiative bei Arbeitsplatzsuche 153
Eigenkündigung 160
Eigenpflege, Begriffsbestimmung 26
– sa Drittpflege
Eignung, Hochschulstudium des Kindes 375 f
–, weitere Ausbildung des Kindes 361, 364
einfache Lebensverhältnisse 322
einfachste Lebensverhältnisse 322
Einfamilienhaus 226
Eingriffe in wirtschaftliche Sphäre des Ehegatten 600
Einkommen des Ausstattungsberechtigten 521

Einkommen des Ausstattungspflichtigen 527
Einkommen des Kindes s Eigeneinkommen des Unterhaltsberechtigten
Einkommenserhöhung 419, 756
Einkommensminderung 419, 756
Einkommensquellenschaffung 199, 638, 644
Einkommensteuer 93
Einkommensteuerbescheid 95, 115
Einkommensunterschiede bei Ehegatten 642 f
Einkommensverhältnisse des Betreuenden 21 f
Einkommensverzicht 142
Einmalzahlung 99
Einstweilige Verfügung, ab Antragstellung 822
–, Allgemeines 805
–, Anspruchsvoraussetzungen 816 ff
–, Aufhebung 826
–, Bescheinigung 816
–, Dauer des Zuspruches 822, 824
–, Ehegatten 808
–, Ehewohnung 811
–, Geschiedene 809
–, Höhe 825
–, Kinder 806
–, Sachverhaltsermittlung 821
–, Verfahrensvorschriften 827 ff
–, Vergangenheit 822
– sa Provisorialunterhalt
einvernehmliche Scheidung s Unterhaltsvereinbarung
Einverständnis des Ehegatten bei Anrechnung von Naturalunterhaltsleistungen 574
Elternunterhalt, Allgemeines 556 ff
–, Anspruchsvoraussetzungen 560
–, mehrere Unterhaltspflichtige 559
–, Provisorialunterhalt 814
–, Unterhaltshöhe 562
Enkelkind 393 ff
Enterbungsgründe 516, 765
Entfernungszulage 109, 530
Entgeltscharakter von Einkommensbestandteilen 97
Enthebungsbegehren 428 f
Entlassung 161 f

Entnahmerecht nach Gesellschaftsvertrag 96
Entstehen des Unterhaltsanspruches 13
Entwöhnungsanstalt 175
Entziehung des Pflichtteiles 72
Erhaltung der Arbeitskraft 197 f
Erheblichkeit der Sachverhaltsänderung 417 ff
Erhöhungsbegehren 428 f
Erlöschen des Anspruchs bei Unterhaltsleistung durch einen Dritten 11 f
Ermächtigung des betreuenden Elternteiles zur Vertretung im Unterhaltsverfahren 434
erste Verfahrenshandlung im Unterhaltsverfahren 442
Erwerbslosigkeit 355 f
Erwerbstätigkeit 82
Erwerbsunfähigkeitspension 124
Erziehungs- und Betreuungsnotwendigkeiten 285
Erziehungsdefizit 354
Erziehungsheim 5
EU-Förderleistungen 96
Exekutionsverfahren, Jugendwohlfahrtsträger 436, 442
–, Unterhaltsansprüche 485 ff
Existenzgefährdung als Belastbarkeitsgrenze 268
Existenzminimum als Belastbarkeitsgrenze 267 ff
existenznotwendiger Sonderbedarf 300
Existenzsicherung 197

F

Fachhochschulstudium 373 ff
Fachliteratur 194 f
Fachschule 368, 371
Fahrrad 294
Fahrtkosten zur Ausbildungsstelle 352
Fahrzeugbetriebskosten 190
falsche Anschuldigungen 770
Familienbeihilfe, Bindung an Bescheid 378
–, Durchsetzung des Herausgabenspruchs 122
–, Eigeneinkommen des Kindes 336 ff
–, Eigeneinkommen des unterhaltsberechtigten Ehegatten 648

–, gemeinsamer Haushalt 35
–, UBGr 120 ff
–, verfassungskonforme Auslegung 337
Familienbetrieb 142, 357
familienrechtliches Wohnverhältnis 2
Familienvater 152, 188
Familienzulage für EG-Beamte 344
Familienzuschlag 119
Ferialsache 799
Ferienkosten 1
Fernsehgebühr 578
Feststellungsbegehren 473
Fiktion bei Einkommen 693
fiktive Selbsterhaltungsfähigkeit des Kindes, absichtliches Herbeiführen der Erwerbslosigkeit 355
–, Allgemeines 354 ff
–, Alter des Kindes 316, 354
–, Arbeitsplatzverlust 356
–, Arbeitsunfähigkeit 354
–, Arbeitsunwilligkeit 354
–, Ausbildungsunwilligkeit 354
–, Berufsausbildung 354
–, Erwerbslosigkeit 355 f
–, Erziehungsdefizit 354
–, Hilfsarbeitertätigkeiten 358
–, Misserfolg in der Schule 354
–, Nichtaufnahme einer Erwerbstätigkeit 356
–, Scheitern der Berufsausbildung 354
–, schulischer Misserfolg 354
–, Stellensuche 358
–, Verschulden 354
–, Wochengeldverlust 356
fiktiver Mietwert 582
fiktives Vermögen 230
Finanzierungskosten für Wohnung 216
Firmenwagen 82
Fitnessstudiokosten 202
Förderungsleistungen (EU) 96
Formvorschriften einer Unterhaltsvereinbarung 721
Fortbildungskosten 195
Fortkommen bei Hochschulstudium 375
freiwillig übernommene Unterhaltspflichten 246
freiwillige Weiterversicherung 575
Freizeitgestaltungskosten 1, 190, 294
Führerscheinkosten 545
Fürsorgeerziehung 5

G

Gaskosten 578
Geburt des Kindes 13
Gehaltsvorschuss 527
Geldentwertung s Inflation
Geldunterhalt, Anspruchsberechtigung 10
–, Beschluss 467
–, Tilgung 30
gemeinsame Obsorge, Anrechnung der Aufwendungen 47 f
–, Vertretung im Unterhaltsverfahren 434
gemischter Unterhalt 40
Gerichtspraxis 368
Gesamtschuld von Ehegatten 584
gescheiterter Unternehmer 144
Geschenke 48, 544
Geschiedenenunterhalt, Änderung der Verhältnisse 754 ff
–, Allgemeines 669 ff
–, Art der Unterhaltsgewährung 741
–, Beharren auf einer Unterhaltsvereinbarung 732
–, Belastungsbeschränkungen 740
–, Eigeneinkommen des Unterhaltsberechtigten 689
–, Geldrente 741
–, gleichteiliges Verschulden 695 ff
–, Haftungsprioritäten 744
–, Lebensgemeinschaft des Unterhaltsberechtigten 775 ff
–, Naturalunterhaltsleistungen 742
–, rückwirkender Unterhalt 748
–, Scheidung aus alleinigem Verschulden 669 ff
–, Scheidung aus anderen Gründen mit Schuldausspruch 704
–, Scheidung aus anderen Gründen ohne Schuldausspruch 717
–, Scheidung aus überwiegendem Verschulden 669 ff
–, Scheidung ohne Verschulden 739
–, UBGr 673, 727
–, Unterhaltshöhe 684, 700
–, Unterhaltsvereinbarung 718 ff
–, Unterhaltsverschweigung 746
–, Unterhaltsverzicht 730
–, Verfahrensfragen 793
–, Vergleichsrelationen 761 ff

–, Verwirkung des Unterhaltsanspruches 765 ff
–, Wiederverheiratung des Unterhaltsberechtigten 774
Geschwister 478
Gesellschaftsbeteiligungen des Unterhaltspflichtigen 86
Gesetzesänderung 402
gesetzliche Vertretung des Kindes im Unterhaltsverfahren 432
Gesundheitsbedarf 286
Getränkekosten 190
getrennter Haushalt s Haushaltstrennung
Gewerkschaftsbeitrag 196
Gewinnanteile 90
Gewinnentnahme 230
Gewinnrücklage 96
Gewinnthesaurierung 230
Glaubensgrundsätze 518
Gleichbehandlung der Eltern 327
Gleichbehandlung von Lehrlingen und Schülern 327
Gleichrangigkeit 15, 176, 274, 556
gleichteiliges Verschulden 695 ff
Großeltern, Betreuung des Kindes 23
–, Unterhaltsbedarfsdeckung des Kindes 8
–, Unterhaltspflicht 393 ff
–, Zuständigkeit für Unterhaltsanspruch 431
Großelternunterhalt, Allgemeines 556 ff
–, Anspruchsvoraussetzungen 560
–, mehrere Unterhaltspflichtige 559
–, Unterhaltshöhe 562
Grundwehrdienst s Präsenzdienst
gutgläubiger Verbrauch der Unterhaltsbeiträge 845
Gutgläubigkeit des Unterhaltsgläubigers 849
Gymnasialausbildung 360

H

Haft 173 f
Haftungsprioritäten beim Geschiedenenunterhalt 744
– sa Vorrang der Unterhaltspflicht des Geschiedenen
Haftungsumfang des Erben im Kindesunterhalt 387
Handelsakademie 368
Handelsschule 368

Hauptschuleintritt 423
Hauseinrichtungskredit 220
Haushaltsführung durch Ehegatten 632 f
Haushaltsgemeinschaft 29
Haushaltstrennung, Allgemeines 37
–, Begriffsbestimmung 38
–, Besuche 38
–, Ehegatten 570
–, Grund 39
–, mangelnde Zustimmung 39
–, Obsorge 39
–, Wohnversorgung des Kindes 37
Haushaltsversicherung 530, 576
Haussanierungskosten 220
Heiratsgut s Ausstattung
Heizungskosten 578
Herabsetzungsbegehren 428 f
Hilflosenzuschuss 649, 690
Hilfsarbeitertätigkeit des Kindes 358
Hochschulstudium des Kindes, Allgemeines 373 ff
–, Ausstattung 517
–, Betreuung 24
–, Sonderbedarf 280
–, weitere Ausbildung des Kindes 361 ff
Hochschulstudium des Unterhaltspflichtigen 172
Hochschulstudiumbeginn 423, 425
hohe Regelunterhaltsleistungen 275
homöopathische Medikamente 686
Hortaufenthalt des Kindes 23
Hygieneartikelkosten 1, 190

I

Individualbedarf s Sonderbedarf
Inflation, Ausstattung 537
–, Sachverhaltsänderung 419, 422, 424, 660, 734, 756
–, Vermögenserträgnisse 224
Informationspflichten des Ausstattungsberechtigten 515
inhaltsleeres Rechtsmittel 480
inländische Gerichtsbarkeit bei Kindesunterhaltsansprüchen 490
Insolvenz des Unterhaltspflichtigen 15, 142, 231 ff
Instandhaltungskosten der Ehewohnung 53
internationale Zuständigkeit bei Kindesunterhaltsansprüchen 490

Internatskosten 277, 352
Internatsunterbringung 5, 23
Invaliditätsentschädigung 701
Investitionsfreibetrag 94, 727
Investitionskosten 530
Investitionsrücklage 94
Irrtum bei Schaffung des Vortitels 408, 411

J

Jahresausgleich 116
Jahresfrist bei rückständigem Unterhalt Geschiedener 751
Journaldienstzulage 109
Jubiläumszahlung 99
Judikat 33 neu 845
Jugendwohlfahrtsträger, Aufsicht durch Pflegschaftsgericht 436
–, Enthebung 437
–, Exekutionsverfahren 436, 442
–, gewillkürte Sachwalterschaft 439 ff
–, Rückforderungsanspruch 873
–, Vertretung im Unterhaltsverfahren 436 ff

K

kärgliche Einkommensverhältnisse des Unterhaltspflichtigen 263
Kapitalanlage 230
Karenzurlaub des Kindes 356
– des Unterhaltspflichtigen 176 ff
Karenzurlaubsgeld 123
Kaufkraftausgleichszulage 108
Kaufkraftminderung s Inflation
Kaufkraftverlust s Inflation
Kaufkraftverringerung s Inflation
Kilometergeld 193
Kinderabsetzbetrag 117
Kinderbetreuungsgeld 343, 690
Kindergartenkosten 1
Kinderkostenanalyse 260
Kinderzuschüsse 125, 650
Kindesunterhalt 1 ff
Kirchenbeiträge 190, 586
Kirchensteuer 190
Klassenfahrt 281
Klassenvorstandsbelohnung 114
Klaviermiete 60, 282

Kleiderreinigungskosten 190
Kleidungskosten 1, 190, 568
Kleinkinder und Betreuungspflichten 184, 694
Kollegiengeldabgeltung 109
Kollisionskurator für Unterhaltsverfahren 433
Kongruenz bei Pflegegeld 288
konkludente Billigung der Eheschließung 513, 519
konkludenter Unterhaltsverzicht eines Ehegatten 605
konkurrierende Sorgepflichten, Adoptivkind 245
–, Ehegatte des Unterhaltspflichtigen 250
–, Ehegattenunterhalt 243 ff, 636, 643, 688
–, freiwillig übernommene Unterhaltspflichten 246
–, Lebensgefährte des Unterhaltspflichtigen 246
konkurrierende Vertretungsbefugnis im Unterhaltsverfahren 441
Konkurs s Insolvenz
Konkurseröffnung während des Unterhaltsverfahrens 474 ff, 665
Kontoüberziehung 212
Kopfteilregel bei Anrechnung von Naturalunterhaltsleistungen 43, 579
Kosten der vollen Erziehung 874
Kostenersatzpflicht im außerstreitigen Unterhaltsverfahren 478
Kostgeld 690
Krankenschwestern(pflege)schule 319, 368
Kranken(zusatz/weiter)versicherung 51, 214, 575, 713, 743
Krankheitskosten 1, 201, 205, 270, 285 ff, 583, 643
Kreditaufnahme 527
Kreditrückzahlungen 208 ff, 527, 576
kulturelle Bedürfnisse 1
Kuraufenthalt 569

L

Landwirt 96
laufender Unterhalt s Regelunterhaltsleistungen
Lebensbedarf/führungskosten s Unterhaltsbedürfnisse

Lebensgefährte des Kindes 7
– der Mutter 8
– des Unterhaltspflichtigen 246
Lebensgemeinschaft 146, 246, 598, 758, 775 ff
Lebensmittelkosten 190
Lebensstandard des Ehegatten 584
Lebensverhältnisse des Ausstattungsberechtigten 542
– des Ausstattungspflichtigen 541
– des Betreuenden 19
– des Unterhaltspflichtigen 237
Lebensverhältnisse der Eltern 373
Lebensversicherung 52, 575
Lebenswandel des Unterhaltsberechtigten 765
Leerläufe im Studium 375
Lehrlinge und Schüler 327
Lehrlingsentschädigung 335
Leibrentenzahlungen 217
Leistungsfähigkeit der Eltern, Hochschulstudium 374
–, weitere Ausbildung des Kindes 367
Leistungsgarantien bei weiterer Ausbildung des Kindes 361, 364
Lenkerberechtigung 352
Liegenschaftsbesitz 528
Lohnsteuerkinderzuschlag 117, 650
Lohnsteuerrückzahlungen 116
Lottogewinn 225, 229
Luxusgrenze s Unterhaltsstopp
Luxussonderbedarf 274

M

Mahnung wegen rückständigem Unterhalt Geschiedener 751
mathematische Berechnung des Unterhaltes 685
Matura 369
Maturavorbereitungskurs 281
Mediationskosten 190
medizinische Betreuung 1, 568, 583
Mieteinnahmen 216, 224, 230
Mietkaution 222
Mietkosten 54, 222, 580
Mietwert (fiktiver) 582
Mietzinsbeihilfe 131, 650, 699
Mietzinsreserve 578
Mietzuschuss 699

Mindestpensionshöhe s Ausgleichszulagenrichtsatz
Mischunterhalt bei Auslandswohnsitz 500
Missbilligung der Eheschließung 513 ff
Missbrauchsvorbehalt 151
Misserfolg in der Schule 354
Mitgliedsbeiträge 190
mittelbare Unterhaltsverpflichtung 180, 400, 585, 672
Mittelschule 369
Mitwirkungspflicht des Unterhaltspflichtigen im Unterhaltsverfahren 448
Montagezulage 109
mündliche Verhandlung im außerstreitigen Unterhaltsverfahren 478

N

Nachzahlung für Bereitschaftsdienst 100
Nadelgeld 568
Nächtigungskosten 530
nahe Angehörige des Kindes 8
Nahrungskosten 1, 190, 568
Naturalbezüge 82, 339
Naturalunterhaltsanspruch des Kindes, Allgemeines 29 ff
–, gerichtliche Geltendmachung 41
Naturalunterhaltsleistung, Allgemeines 572
–, Anrechnung 40, 42, 44, 574
–, Benützungsentgelt für Wohnung 59, 577 ff, 716 a
–, Beschluss/Urteilsformulierung 41, 467, 664
–, Besuchsrechtskosten 45
–, Betriebskosten 59
–, Dienstwohnung 572
–, Ehegattenunterhalt 570
–, Fernsehgebühr 578
–, fiktiver Mietwert 582
–, freiwillige Weiterversicherung 575
–, Freizeitgestaltungskosten 1, 190, 294
–, Geschenke 48
–, Heizungskosten 578
–, Kindesunterhalt 29 ff
–, Klaviermiete 60
–, Kopfquoten 43, 579
–, Mietkosten 54

–, pflegschaftsbehördliche Genehmigung 40 c
–, Rücklage nach WEG 578
–, Rückzahlungsraten 579
–, Rundfunkgebühr 578
–, Selbstbehalte für Angehörige nach B-KUVG 743, 880
–, Sommerhaus 576
–, Unterhaltscharakter 40 b
–, Unterhaltsverletzung 572
–, Urlaubskosten 47
–, vereinbarte Anrechnung 40 c
–, Vermögensbildung 52
–, Versicherungsprämien 51
–, Warmwasserboilerreparaturkosten 578
–, Weiterversicherung 575
–, Wohnungsbenützungskosten 44, 59, 579
–, Wohnungskosten 690
–, Wohnversorgungskosten 40, 53, 577
–, Zeitausgleich 575
Naturalunterhaltsleistungen, Aufrechnung gegen Unterhalt 880
–, Einverständnis des Ehegatten bei Anrechnung 574
–, Geschiedenenunterhalt 742
–, Kopfteilregel bei Anrechnung 43, 579
–, Würde des Ehegatten 41, 572
Nebenabreden bei Unterhaltsvereinbarung 306
Nebenbeschäftigung 159
Nebengebühren 97
Neubemessung des Unterhalts bei früherem Gesamtbegehren 407
Neuerungsverbot im außerstreitigen Unterhaltsverfahren 481
nicht sicherungstaugliche Ansprüche 814
Nichtaufnahme einer Erwerbstätigkeit 356
Nichtigkeit einer Unterhaltsvereinbarung 722
Nichtigkeitsgründe im außerstreitigen Unterhaltsverfahren 478
Not 730, 788
Notariatsakt 508
notdürftiger Unterhalt 72
Notenmaterial 282
Notstandshilfe 130 f, 647, 672, 691
Notstandsunterstützung 131

O

öffentlich-rechtliche Leistungen, Eigeneinkommen des Unterhaltsberechtigten 336, 647
–, UBGr 82, 118
Operationskosten 583
Oppositionsklage 488
Orientierungshilfe, Ausgleichszulagenrichtsatz 323
–, Durchschnittsbedarf 258
–, Existenzminimum 268
–, Prozentwertmethode 239, 636, 643, 685, 700, 712

P

pädagogisch unvertretbarer Unterhalt 252
passives Unternehmen 144
Passivierung durch Nebenbeschäftigung 199
Pensionsabfindung 100
Pensionsabgeltung 691
Pensionsantritt 660
Pensionsbezug 124
Pensionsvorsorge 207
Personenpflege 1
Pfändung von Einkommen 213
– von Unterhaltsansprüchen 875
Pfändungsfreigrenze als Belastbarkeitsgrenze 266
Pflegebedürftigkeit der Eltern (Großeltern) 560
Pflegegeld 127, 203, 288, 649
Pflege(eltern)geld 649, 690, 715
Pflegeheim 643, 686
Pflegekosten 568, 583
Pflegeleistungen der Mutter 690
pflegschaftsgerichtliche Genehmigung 305 ff, 313 ff
PKW-Kosten 530
Playboygrenze s Unterhaltsstopp
Postanweisung 30, 571
Postsparkassenkonto 571
Präsenzdienst 129, 339
Privatentnahmen, Eigeneinkommen des Unterhaltsberechtigten 691
–, UBGr 85 ff, 727
Privatsanatorium 287
Privatschulkosten 279

Privatstiftung 135, 309
Privatversicherungsleistungen 132
Provisorialunterhalt 805 ff, 844
Prozentmethode s Prozentwertmethode
Prozentsätze, Ehegattenunterhalt 636, 643
–, Geschiedenenunterhalt 686, 712
–, Kindesunterhalt 248
Prozentsatzmethode s Prozentwertmethode
Prozentwertmethode, Allgemeines 238, 636, 643, 686, 712
–, konkurrierende Sorgepflichten 243, 288
–, Offenlegung der Prozentsätze 240
–, Orientierungswert 239
–, Prozentsätze 248, 636, 643, 686, 712
Prozesskostenschulden, Sonderbedarf 290
Prozesskostenvorschuss, Ehegattenunterhalt 832
–, Kindesunterhalt 291, 831
–, Verfahrensfragen 428, 834
Psychotherapiekosten 686

R

Ratenzahlung bei Ausstattung 547
Reaktionshandlung 601
Rechnungslegungspflicht der Eltern 349 ff
rechtliches Gehör im außerstreitigen Unterhaltsverfahren 460 ff
Rechtsanwaltskosten 190
Rechtsbelehrung „abzüglich geleisteter Zahlungen" 467, 664, 798
Rechtsmissbrauch, Unterhaltsverwirkung des Ehegatten 587 ff
–, Unterhaltsverwirkung des Kindes 72
Rechtsmittelverfahren im außerstreitigen Unterhaltsverfahren 479 ff
Rechtspflegerentscheidung bei ausländischem Kind 504
Rechtsprechungsänderung 402
Regelbedarf 141
– sa Durchschnittsbedarf
Regelmäßigkeit des Sonderbedarfes 271
Regelunterhaltsleistung 259
Reifeprüfung s Matura
Reingewinn 84
Reiseaufwandsentschädigung 106

Reisekosten 105 f
Rekreationsbonus 712
Remunerationen 100
Renovierungskosten der Ehewohnung 53, 578
Reparaturkosten der Ehewohnung 53, 578
Richtervereinigungsbeitrag 196
Richtsätze für Selbsterhaltungsfähigkeit des Kindes 320 ff
Rückforderbarkeit zu Unrecht bezahlter Unterhaltsbeiträge 67, 431, 845 ff, 852, 855, 871
Rückforderungswille bei zu Unrecht geleistetem Unterhalt 858
Rückkehraufforderung 594
Rücklage nach WEG 578
rückwirkende Unterhaltsänderung beim Kindesunterhalt 62
Rückzahlungsraten 579
Rundfunkgebühr 578

S

Sachbezüge 82
Sachleistungen 133
Sachverhaltsänderung, Änderung der Rechtslage 661, 663
–, AHS-Eintritt 423
–, Allgemeines 401 ff
–, Altersgruppenwechsel 423
–, Arbeitslosigkeit 420
–, Bedürfnissteigerung 423
–, Ehegattenunterhalt 657 ff
–, Ehelichkeitsbestreitung 421
–, Einkommenserhöhung 419, 756
–, Einkommensminderung 419, 756
–, Erheblichkeit 417 ff
–, Geschiedenenunterhalt 754 ff
–, Gesetzesänderung 402
–, Hauptschuleintritt 423
–, Hochschulstudiumbeginn 423, 425
–, Pensionsantritt 660
–, Rechtsprechungsänderung 402
–, Schulwechsel 423
–, Sorgepflicht 421, 756
–, Tod eines Elternteiles 425
–, Unterhaltsvergleich 410 ff
–, Volksschuleintritt 423
–, Wesentlichkeit 417 ff
–, Wirksamkeitszeitpunkt 426, 760
–, Zession 422

Sachverständigenbeweis im Unterhaltsverfahren 448
Sachwalterschaft des Jugendwohlfahrtsträgers 439 ff
saisonbedingte Arbeitslosigkeit 98
Sanierung eines Vertretungsmangels im Unterhaltsverfahren 444
Schadenersatzansprüche eines Dritten 293
Schadensgutmachung durch Mutter 293
Schädigungsabsicht 160 ff
Schätzung der UBGr im Unterhaltsverfahren 448
Schaffung einer Einkommensquelle 199
Scheidung aus anderen Gründen mit Schuldausspruch 704
Scheidung aus anderen Gründen ohne Schuldausspruch 717
Scheidung bei alleinigem Verschulden 669 ff
Scheidung ohne Verschulden 739
Scheidung wegen überwiegenden Verschuldens 669 ff
Scheidungskosten 190
Scheidungsteilurteil und Provisorialunterhalt 823
Scheidungsvergleich, Vertretung des Kindes 442
– sa Unterhaltsvereinbarung
Scheinvater des Kindes 9
Scheitern der Berufsausbildung 354
Schenkung 508
Schiausrüstung 294
Schmerzengeld 229
Schüler und Lehrlinge 327
Schulbedarf 282
Schulbesuchsbestätigung des Kindes 73, 369
Schulden 208 ff, 293, 532
Schuldenregulierungsverfahren, außerstreitiges Unterhaltsverfahren 474
– sa Insolvenz
schulischer Misserfolg 354
Schulkosten 1
Schullandwoche 281
Schulmaterialkosten 194
Schulprojektwoche 278
Schulschikurskosten 281
Schulsportwoche 281
Schulwechsel 423

Schwarzarbeit 517
Schwarzgeldkonten 770
Schwerstbeschädigtenzulage 124, 650
Selbstbehalte nach B-KUVG 743, 880
Selbsterhaltungsfähigkeit des Kindes, Allgemeines 315 ff
–, Alter 316
–, Au-Pair-Mädchen 319
–, Ausgleichszulagenrichtsatz 323
–, durchschnittliche Lebensverhältnisse 322
–, Durchschnittsbedarfssätze 321
–, einfache Lebensverhältnisse 322
–, einfachste Lebensverhältnisse 322
–, fiktive 354 ff
–, Leerläufe im Studium 375
–, Prozentwertmethode 321
–, Richtsätze 320 ff
–, Teilselbsterhaltungsfähigkeit 325 ff
–, überdurchschnittliche Verhältnisse 324
–, volle 318 ff
–, Wegfall 384
selbstständig Erwerbstätiger 84
Seniorenheim 565
sexuelle Beziehungen 769
Sicherungsantrag s Provisorialunterhalt
sicherungstaugliche Ansprüche 806
Sittenwidrigkeit des Unterhaltsvergleiches im Kindesunterhalt 416
Sittlichkeitsdelikte 771
Sommerhaus 576
Sonderausgaben 116
Sonderbedarf, Anhörungsrecht des Geldunterhaltspflichtigen 298
–, Anspruchsvoraussetzungen 273
–, Ausbildungskosten 277 ff
–, außerhäusliche Betreuung 284 ff
–, Behinderung des Kindes 285
–, Berufstätigkeit des Betreuenden 284
–, Beweispflichten 459
–, Brillenkosten 287
–, Computer 275, 294
–, Ehegatten 578, 643
–, Erziehungs- und Betreuungsnotwendigkeiten 285
–, Fahrrad 294
–, förderungswürdiges Kind 300
–, Freizeitbedarf 294
–, Geschiedenenunterhalt 686
–, Gesundheitsbedarf 286

–, gleichmäßige Aufteilung 275, 294
–, hohe Regelunterhaltsleistungen 275
–, homöopathische Medikamente 686
–, Kind 271 ff
–, Klassenfahrt 281
–, Kosten der außerhäuslichen Betreuung 284 ff, 297
–, Kosten eines behindertengerechten Fahrzeuges 287
–, Krankheitskosten 286 ff
–, Leistungsfähigkeitsgrenze 299 ff
–, Maturavorbereitungskurs 281
–, mehrere Alternativen 274, 279
–, mehrere Kinder 272, 274
–, Notenmaterial 282
–, Privatsanatorium 287
–, Privatschulkosten 279
–, Schadenersatzansprüche eines Dritten 293
–, Schadensgutmachung durch Mutter 293
–, Schiausrüstung 294
–, Schulbedarf 282
–, Schulden des Kindes 293
–, Schullandwoche 281
–, Schulprojektwoche 278
–, Schulschikurskosten 281
–, Schulsportwoche 281
–, Sprachferien 278
–, Sprachwoche 278
–, Tagesmutter 284
–, Tennisausrüstung 294
–, Überschreitung der Prozentkomponente 300
–, Übersiedlungskosten 295
–, Verfahrensart 428
–, Verfahrenshilfeanspruch 292
–, Verfahrenskosten 289
–, Vergangenheit 62
–, Verteidigungskosten 290
–, Zahlungspflicht 285, 296 ff
–, Zahnregulierungskosten 287
–, Zahnzusatzversicherung 275
Sonderbedarfsdeckungspflicht 299 f
Sonderbedarfsleistungsfähigkeitsgrenze 299 ff
Sondernotstandshilfe 131
Sonderzahlungen 112
Sorgepflicht 421, 756
Sorgepflichten (konkurrierende) 243

soziale Bedürfnisse 1
Sozialhilfe 130, 145, 343, 671, 698
Sozialhilfeträgerrückforderungsansprüche 871
Sozialleistungen s Sozialhilfe
Sozialversicherungskosten 190
Sozialversicherungsleistungen 342
Sparbuch 52, 257, 349
Sparsamkeit beim Hochschulstudium 379
Spitalskosten 287, 583
sportliche Bedürfnisse 1, 283
Sprachferien 278
Sprachwoche 278
Starthilfe 507
Stellensuche 358
Steuer 91, 115
Steuerabschreibungen 91, 94, 727
Steuerbegünstigungen 91, 673
Steuerbemessungsgrundlage 91, 673
Steuerrückzahlungen 116
Steuerzahlungspflicht 116
Stiefvater des Kindes 8
Stilllegung des außerstreitigen Unterhaltsverfahrens 478
Stockablöse 100
Strafhaft 341
Straftat 765
Strombezug 82, 578
Studienaufenthalt 381
Studienbeihilfe 343
Studienbeitrag 248, 280, 373
Studiengebühren s Studienbeitrag
Studienwechsel 380
Studium s Hochschulstudium
subsidiäre Unterhaltspflicht, aufgrund einer Vereinbarung 303
– sa Großeltern

T

Tabelle, Ausgleichszulagenrichtsätze 323
–, Durchschnittsbedarfssätze 262
Tagesmutter 284
Taggelder 107
Taschengeld allgemein 1, 3, 181, 568
Taschengeld der Krankenpflegeschülerin 344
Taschengeldanspruchsdurchsetzung im Unterhaltsverfahren 446

tatsächliche Bedürftigkeit des Ehegatten 641 ff
Teilbegehren des Unterhalts 406
Teilselbsterhaltungsfähigkeit des Kindes, Abzug des Eigeneinkommens 329
–, aktuelle Berechnungsformeln 332
–, Allgemeines 325 ff
–, Berechnungssysteme 330, 332
–, Geldquote 330
–, Gleichbehandlung der Eltern 327
–, Hälfteregelung 330
–, Zweidrittelregelung 331
Teilurteil bei Scheidung 614, 823
Teilzeitbeschäftigung 111, 143
Telefonkosten 578
Tennisausrüstung 294
Therapiekosten 201, 686
Tilgung des Unterhaltsanspruches 30, 571
Titelschaffung bei Unterhaltsverletzung 571
Tod des Ausstattungsberechtigten 524
– des Ausstattungspflichtigen 526
– des Ehegatten 652
– des Kindes 16, 445, 557
– des Unterhaltsberechtigten 789
– des Unterhaltspflichtigen 385 ff, 790
– eines Elternteiles 425
Transsexualismus 204
Trennungsgeld 107
Treueprämie 100
Trinkgelder 344

U

UBGr, Abfindung von Erbansprüchen 229
–, Abzugsposten 188 ff
–, Allgemeines 81
–, Aufwandsentschädigung 673
–, Ausgaben des täglichen Lebens 189
–, Ausgedingsleistungen 96
–, Ausgleichszahlung gemäß § 94 EheG 228
–, Auslandsaufenthaltszuschuss 108
–, Auslandseinsatzzulage 108
–, Auslandsverwendungszulage 108
–, Auslandszulage 108
–, außergewöhnliche Belastungen 116
–, Ausstattung 527 ff

–, Bankschulden 90
–, beruflicher Mehraufwand 83, 97
–, berufsbedingte Ausgaben 83, 191 ff
–, Beschlussbegründung 468
–, Besuchsrechtskosten 201
–, Betriebspension 100
–, Bezugszeitraum 98, 673, 699
–, Bilanzgeld 100
–, Diäten 105
–, effektive Ausgaben 83
–, Einfamilienhaus 226
–, Einkommensteuer 93
–, Einkommensteuerbescheid 95, 115
–, Einmalzahlung 99
–, Entfernungszulage 109, 530
–, Entgeltcharakter von Einkommensbestandteilen 97
–, Entnahmerecht nach Gesellschaftsvertrag 96
–, Erwerbstätigkeit 82
–, Erwerbsunfähigkeitspension 124
–, Familienbeihilfe 120 ff
–, Familienzuschlag 119
–, fiktives Vermögen 230
–, Firmenwagen 82
–, Förderungsleistungen (EU) 96
–, Geschiedenenunterhalt 673, 699, 727
–, Gesellschaftsbeteiligung des Unterhaltspflichtigen 86
–, Gewinnanteile 90
–, Gewinnentnahme 230
–, Gewinnrücklage 96
–, Gewinnthesaurierung 230
–, Insolvenz des Unterhaltspflichtigen 231 ff
–, Invaliditätsentschädigung 701
–, Investitionsrücklage 94
–, Jahresausgleich 116
–, Journaldienstzulage 109
–, Jubiläumszahlung 99
–, Kapitalanlage 230
–, Karenzurlaubsgeld 123
–, Kaufkraftausgleichszulage 108
–, Kinderabsetzbetrag 117
–, Klassenvorstandsbelohnung 114
–, Kollegiengeldabgeltung 109
–, Kosten eines außergerichtlichen Ausgleiches 199
–, Krankheitskosten 201
–, Kreditrückzahlungen 208 ff

–, Landwirt 96
–, Lohnsteuerrückzahlungen 116
–, Lottogewinn 225, 229
–, Mieteinnahmen 216, 224, 230
–, Mietkosten 222
–, Mietzuschuss 699
–, Montagezulage 109
–, Nachzahlung für Bereitschaftsdienst 100
–, Naturalbezüge 82
–, Nebengebühren 97
–, Notstandshilfe 130 f
–, Notstandsunterstützung 131
–, öffentlich-rechtliche Leistungen 82, 118
–, Pensionsabfindung 100
–, Pensionsbezug 124
–, Pensionsvorsorge 207
–, Pflegegeld 127
–, Präsenzdienst 129
–, Privatentnahmen 85 ff, 727
–, Privatstiftungen 135
–, Privatversicherungsleistungen 132
–, Reingewinn 84
–, Reiseaufwandsentschädigung 106
–, Reisekosten 105 f
–, Remunerationen 100
–, Sachbezüge 82
–, Sachleistungen 133
–, saisonbedingte Arbeitslosigkeit 98
–, Schmerzengeld 229
–, Schulden 208 ff
–, selbstständig Erwerbstätiger 84
–, Sonderausgaben 116
–, Sondernotstandshilfe 131
–, Sonderzahlungen 112
–, Sozialhilfe 130
–, Steuer 91, 115
–, Steuerabschreibungen 91, 94
–, Steuerbegünstigungen 91, 673
–, Stockablöse 100
–, Strombezug 82, 578
–, Taggelder 107
–, tatsächliche Einkünfte 81
–, Trennungsgeld 107
–, Treueprämie 100
–, Übergangsgeld 131
–, Überstundenentlohnung 112
–, Unfallversicherungsleistungen 530
–, unpfändbare Leistungen 82
–, unselbstständig Erwerbstätiger 97

–, Unterhaltsempfänge des Unterhaltspflichtigen 133 f
–, Unternehmensaussichten 86
–, Urlaubsentschädigung 112
–, Verdienstentgangsrente 132
–, verlustbringendes Nebeneinkommen 199
–, Vermögen 82, 215 ff, 224 ff
–, Versicherungsprämien 214
–, Wegegelder 106
–, Werbungskosten 115
–, wirtschaftliche Lage 81
–, Wochengeld 123
–, Wohnungskredit 219
–, Wohnversorgung 218
–, Zivildienst 129
–, Zulagen 129
–, Zuständigkeit 124
Überalimentierung in einem Teilbereich 42
Überbrückungshilfefunktion der Abfertigung 102
überdurchschnittliche Verhältnisse 324
Übergangsbestimmungen zum Billigkeitsunterhalt idFd EheRÄG 1999 745
Übergangsgeld 131
Überschreitung der Prozentkomponente 300
– bei existenznotwendigem Sonderbedarf 300
Übersiedlungskosten 295
Überstundenentlohnung 112
Überstundenleistung 158
Überweisungsauftrag 571
Umstandsänderung s Sachverhaltsänderung
Umstandsklausel, Ausschluss 662, 732
–, Beharren auf Ausschluss 735
–, Ehegattenunterhalt 657 ff
–, Geschiedenenunterhalt 754 ff
–, Inflation 734
–, Unterhaltsvergleich 410
–, Verzicht 412
– sa Sachverhaltsänderung
unbekannter Aufenthalt des Unterhaltspflichtigen 457 f
Unfallversicherung 132, 530, 701
Unfallversicherungsleistungen 530
unpfändbare Leistungen 82

Unpfändbarkeit von Unterhaltsansprüchen 878
unselbstständig Erwerbstätiger 97
Unterbringungskosten 352
Unterhaltsabfindung 246
Unterhaltsanspruch, Ende 16
–, Entstehung 13
–, Fälligkeit 14
–, Gleichrangigkeit 15, 176
Unterhaltsbedarfsdeckung des Ehegatten durch Dritte 569
– durch öffentliche Hand 569
Unterhaltsbedarfsdeckung des Geschiedenen 671, 698
Unterhaltsbedarfsdeckung des Kindes durch Ehegatten des Kindes 6
– durch Großeltern 8
– durch Lebensgefährten der Mutter 8
– durch Lebensgefährten des Kindes 7
– durch nahe Angehörige des Kindes 8
– durch öffentliche Hand 5
– durch Scheinvater des Kindes 9
– durch Stiefvater des Kindes 8
– durch Wahlvater des Kindes 9
Unterhaltsbedürfnisse des Kindes 1, 4, 297, 568
Unterhaltsbemessung 239
Unterhaltsbemessungsgrundlage s UBGr
Unterhaltsberechnung 239
Unterhaltscharakter von Naturalunterhaltsleistungen 65, 574
Unterhaltsempfänge des Unterhaltspflichtigen 133 f
Unterhaltsenthebung für die Vergangenheit 66
Unterhaltserhöhung für die Vergangenheit 63
Unterhaltsexistenzminimum als Belastbarkeitsgrenze 268 ff
Unterhaltsforderungen mehrerer Kinder 15
Unterhaltsherabsetzung für die Vergangenheit 66
Unterhaltshöhe, Ehegattenunterhalt 630
–, Geschiedenenunterhalt 684, 700
–, Kindesunterhalt 237 ff
Unterhaltsleistung durch Dritten 11 f
Unterhaltsleistungen als Abzugsposten 190

Unterhaltspflicht der Großeltern, Allgemeines 393
–, Anspannung 398
–, Anspruchsvoraussetzungen 394
–, beneficium competentiae 396
–, Haftungsbeschränkungen 396
–, Haftungsteilung 400
–, Unterhaltshöhe 397
Unterhaltsrückstände 212
Unterhaltsschädigungsabsicht 161
Unterhaltssonderbedarf s Sonderbedarf
Unterhaltsstatut, Ehegattenunterhalt 667
–, Geschiedenenunterhaltsverfahren 802
–, Kindesunterhalt 492 ff
Unterhaltsstatutabkommen 492, 494 ff
Unterhaltsstopp 252 f, 468, 712
Unterhaltsüberschuss 349
Unterhaltsvereinbarung, Auslegung 414, 729
–, Ehegattenunterhalt 608 ff
–, einvernehmliche Scheidung 723
–, Formvorschriften 721
–, geänderte Verhältnisse 724
–, Geschiedenenunterhalt 718 ff
–, Kindesunterhalt 303 ff
–, Neubemessung des Unterhalts 410 ff
–, Nichtigkeit 722
–, pflegschaftsgerichtliche Genehmigung 305 ff
–, Sittenwidrigkeit 416
–, Umstandsklausel 410, 724
–, Vergleichsrelationen 659
–, Wegfall 728
Unterhaltsverfahren, Anerkenntnis 478
–, Antragsprinzip 447 ff
–, Auskunftseinholung 449 ff
–, außerstreitiges 427 ff
–, Aussetzung 478
–, Beschluss 467 ff
–, Beweislast 448 ff
–, Bewertungsausspruch 482
–, Jugendwohlfahrtsträger 436 ff
–, Konkurseröffnung 474 ff
–, Kostenersatzpflicht 478
–, mündliche Verhandlung 478
–, Neuerungsverbot 481
–, Nichtigkeitsgründe 478
–, rechtliches Gehör 460 ff
–, Rechtsmittelverfahren 479 ff
–, Stilllegung 478

–, Tod des Kindes 445
–, Untersuchungsgrundsatz 448 ff
–, Verfahrensart 428 ff
–, Vertretung des Kindes 432 ff
–, Vertretungsmangel 444
–, Zuständigkeit 428 ff
–, Zustimmungsfiktion (§ 17 AußStrG) 462 ff
Unterhaltsvergleich s Unterhaltsvereinbarung
Unterhaltsverletzung, Allgemeines 31, 35
–, Auslandsberührung 498
–, Beseitigung 14
–, drohende 31
–, Ehegatten 571
–, Geldunterhalt 31 f, 34
–, Provisorialunterhalt 816
–, teilweise 32
–, Titelschaffung 31, 35, 571
–, verspätete Zahlung 33
–, Wohnbedarf 34 f
Unterhaltsverschweigung, Ehegattenunterhalt 605
–, Geschiedenenunterhalt 746, 752
–, Kindesunterhalt 69, 71, 79
Unterhaltsverwirkung des Ehegatten, Alkoholmissbrauch 594, 602
–, Allgemeines 587 ff
–, Aufforderung zur Rückkehr 594
–, Aussperren des Ehegatten 599
–, Auswechseln des Türschlosses 599
–, Beschimpfungen 603
–, Beweispflichten 592
–, Drohungen 603
–, Ehebruch 596
–, Eingriffe in die wirtschaftliche Sphäre des anderen 600 f
–, Einzelfälle 593 ff
–, Geltendmachung 592
–, Reaktionshandlung 601
–, Rückkehraufforderung 594
–, Unterlassung eigener Erwerbstätigkeit 600
–, Verflüchtigung des Ehewillens 589, 594
–, Verlassen des Ehegatten 594
–, Verschulden 588 ff
–, Wertungsfragen 588 f
Unterhaltsverwirkung des Geschiedenen, Allgemeines 765 ff
–, Beleidigung 773

–, Ehrverletzungen 770
–, falsche Anschuldigungen 770
–, Lebenswandel des Unterhaltsberechtigten 765
–, Schwarzgeldkonten 770
–, sexuelle Beziehungen 769
–, Sittlichkeitsdelikte 771
–, Straftat 765
–, Verletzung von Geheimnissen 770
–, Verweigerung des Besuchsrechtes 772
Unterhaltsverwirkung des Kindes, Ablehnung/Verweigerung des Besuchsrechtes 73, 76
–, Allgemeines 39, 72
–, Eigenverhalten des Kindes 73
–, Rechtsmissbrauch 72
–, Verhinderung der Arbeitsfähigkeit 73
Unterhaltsverwirkung und Provisorialunterhalt 820
Unterhaltsverzicht, Ehegatten 605
–, einvernehmliche Scheidung 723
–, Geschiedenenunterhalt 730
–, Kind 77, 80
–, Not 730
–, pflegschaftsgerichtliche Genehmigung 310
Unterhaltsvorschussgewährung 436 ff
Unterlassung eigener Erwerbstätigkeit 600
Unterlassung einer Antragstellung 146
Unternehmen 529
Unternehmensaussichten 86
Untersuchungsgrundsatz im außerstreitigen Unterhaltsverfahren 448 ff
Untersuchungshaft 341, 420
Urlaubsentschädigung 112
Urlaubskosten 47, 190

V

Veranlagung von Vermögen 716
Verbrauch von Unterhaltsbeiträgen 845
Verbrauchsausgabenstatistik 258, 260
Verdienstentgangsrente 132
Vereinsmitgliedsbeiträge 190
Verfahrensfragen, Ehegattenunterhalt 663 ff
–, Geschiedenenunterhalt 793 ff
–, Kindesunterhalt 427 ff
–, Provisorialunterhalt 827 ff, 839 ff
– sa Unterhaltsverfahren

Verfahrenshilfeanspruch 292
Verfahrenskosten 289
Verflüchtigung des Ehewillens 589, 594
Vergangenheit, Provisorialunterhalt 822
–, Sonderbedarf 62
–, Unterhaltsansprüche 62, 64, 748
Vergleich mit intakter Familie 61, 299 f, 357
Vergleichsanfechtung 411
Vergleichsauslegung 312
Vergleichsprotokollierung 314
Vergleichsrelationen 413 ff, 659, 725, 761 ff
Verhalten des Obsorgeberechtigten 74
Verhaltenspflichten 150
Verheimlichung der Eheschließung 515, 519
Verhinderung der Arbeitsfähigkeit 73
Verjährung, Ehegattenunterhalt 586
–, Geschiedenenunterhalt 748
–, Kindesunterhalt 69
Verjährungshemmung 70
Verlassen des Ehegatten 594
Verletzung von Geheimnissen 770
Verlöbnis 511
verlustbringendes Nebeneinkommen 199
Vermögen des Ausstattungsberechtigten 520
– des Ausstattungspflichtigen 528
– des Unterhaltsberechtigten 346, 692, 637, 651, 715
–, fiktive Erträgnisse 692
–, UBGr 82, 224 ff
Vermögensanlage 215 f, 692 a
Vermögensauseinandersetzung der Eltern 313
Vermögensbildung 52, 215 ff, 530, 532, 579
Vermögenserträgnisse 347, 692
Vermögenslosigkeit Eltern(Großeltern)unterhalt 560
vermögensrechtliche Vereinbarungen der Ehegatten 610
Vermögensstamm 225 f
Verpflegung 1
– am Arbeitsplatz 352
Verpflichtungswille s Rückforderungswille

Verrechnungsscheck 571
Versäumnisse bei der Betreuung des Kindes 25
Verschulden, Anspannung des Unterhaltspflichtigen 151
–, fiktive Selbsterhaltungsfähigkeit des Kindes 354
–, Unterhaltsverwirkung des Ehegatten 588 ff
Verschuldensmaßstab bei Anspannung des Unterhaltspflichtigen 151 f
Verschuldung 517
Verschweigung, Ehegattenunterhalt 605
–, Geschiedenenunterhalt 746, 752
–, Kindesunterhalt 69, 71, 79
Versicherungsprämien, Abzugsposten 214
–, Naturalunterhaltsleistung 51
Versteinerung bei früherem Unterhaltsvergleich 413
Verteidigungskosten 290
Vertretung des Kindes im Unterhaltsverfahren 432 ff, 493
Vertretungsmangel im Unterhaltsverfahren 444
Verweigerung des Besuchsrechts durch die Mutter 772
Verzicht auf Ausstattungsanspruch 522
Verzicht auf Umstandsklausel 412
Verzug des Unterhaltspflichtigen bei rückständigem Unterhalt Geschiedener 751
Verzugszinsen 428, 472
Volksschuleintritt 423
volle Erziehung 874
volle Selbsterhaltungsfähigkeit des Kindes 318 ff
volljähriges Kind, Betreuung 24
–, Verfahrensart für Unterhaltsanspruch 429 f
Vollmachtserteilung im Unterhaltsverfahren 432
voreheliche Sorgepflichten des Ehegatten 630
Vorempfänge 545
vorläufiger Unterhalt, Allgemeines 835
–, Anspruchsvoraussetzungen 837
–, Höhe 838
–, Jugendwohlfahrtsträger 836

–, Unterhaltsvorschüsse 836
–, Verfahrensvorschriften 839 ff
– sa Provisorialunterhalt
Vorrang der Unterhaltspflicht des Geschiedenen 744
Vorstellung des Bräutigams 515
Vorstrafe 517
Vortitel, Beschluss 404 ff
–, Irrtum 408, 411
–, Urteil 404 ff
–, Vergleich 410 ff

W

Währungsstatut 502, 804
Wahlvater des Kindes 9
Waisenpension 342
Warmwasserboilerreparaturkosten 578
Wegegelder 106
Wegfall der Selbsterhaltungsfähigkeit 384
– der Unterhaltsvereinbarung 728
Weiterbildung 171
weitere Sorgepflichten s konkurrierende Sorgepflichten
Weiterversicherung 575
Werbungskosten 115
Wert der Verlassenschaft 389
Wertsicherungsklausel 401, 471, 487, 548, 756
wesentliche Änderung s Sachverhaltsänderung
Wesentlichkeit der Sachverhaltsänderung 417 ff
widmungswidrige Verwendung von Unterhaltszahlungen 75
Wiederaufleben eines Unterhaltsanspruches 361, 591, 787
Wiederverheiratung des Unterhaltsberechtigten 774
Wirksamkeitszeitpunkt 426, 760
wirtschaftliche Dispositionen 162, 165
wirtschaftliche Lage 81
Wirtschaftsgeld 690
Wochenendhauskosten 584
Wochengeld 123
Wochengeldverlust 356
Wohnaufwand 530

Wohnbauförderungsdarlehen 219
Wohnbeihilfe 650, 715
Wohngemeinschaft des Kindes 5
Wohnmöglichkeit für Kind 2
Wohnrecht 670, 690
Wohnungsanschaffungskosten 219, 221, 530
Wohnungsbenützungskosten 44, 59, 579
Wohnungseinrichtungskredit 220 f
Wohnungsfixkosten 223
Wohnungskosten, Naturalunterhaltsleistung 690
–, Provisorialunterhalt 811
Wohnungskredit 219
Wohnungsrenovierungskosten 220
Wohnungssanierungskosten 220
Wohnungsverbesserungskosten 220
Wohnversorgungskosten 37, 40, 53, 218, 568, 577
Würde des Ehegatten bei Erbringung von Naturalunterhaltsleistungen 572

Z

Zahlungsmodalitäten bei Austattung 546 ff
Zahlungspflicht bei Sonderbedarf 285, 296 ff
Zahnregulierungskosten 287, 296
Zahnzusatzversicherung 575
Zeitausgleich 158
Zielstrebigkeit bei Berufsausbildung 364
Zielstrebigkeit bei Hochschulstudium 375
Zinserträgnisse 224, 346, 651
Zivildienst 129
Zulagen 79, 108, 699
Zumutbarkeit bei Anspannung 150
Zurechnungszuschlag 124
Zuschläge 146
Zuständigkeit 428 ff, 490, 666
Zustimmungsfiktion (§ 17 AußStrG) 462
Zwangsausgleich s Insolvenz
Zwangsmaßnahmen im Unterhaltsverfahren 449
Zweidrittelregelung 331